刑法
适用要点与裁判依据

类案检索

指导案例+典型案例

郝银钟　罗书平　等　编著

法律出版社
LAW PRESS·CHINA

北京

图书在版编目(CIP)数据

刑法适用要点与裁判依据 : 类案检索 : 指导案例 + 典型案例 / 郝银钟等编著. -- 北京 : 法律出版社, 2023

ISBN 978 - 7 - 5197 - 8022 - 7

Ⅰ. ①刑… Ⅱ. ①郝… Ⅲ. ①刑法 - 案例 - 中国 Ⅳ. ①D924.05

中国国家版本馆 CIP 数据核字(2023)第 113751 号

刑法适用要点与裁判依据
(类案检索 : 指导案例 + 典型案例)
XINGFA SHIYONG YAODIAN YU CAIPAN YIJU
(LEIAN JIANSUO:ZHIDAO ANLI + DIANXING ANLI)

郝银钟 罗书平 等 编著

责任编辑 似 玉
装帧设计 汪奇峰

出版发行 法律出版社
编辑统筹 法律应用出版分社
责任校对 王晓萍
责任印制 刘晓伟
经　　销 新华书店

开本 A5
印张 50.625　**字数** 1362 千
版本 2023 年 7 月第 1 版
印次 2023 年 7 月第 1 次印刷
印刷 北京盛通印刷股份有限公司

地址:北京市丰台区莲花池西里 7 号(100073)
网址:www.lawpress.com.cn
投稿邮箱:info@lawpress.com.cn
举报盗版邮箱:jbwq@lawpress.com.cn
销售电话:010 - 83938349
客服电话:010 - 83938350
咨询电话:010 - 63939796

书号:ISBN 978 - 7 - 5197 - 8022 - 7　**定价**:248.00 元

凡购买本社图书,如有印装错误,我社负责退换。电话:010 - 83938349

权威、务实、便捷的刑事办案工具书和法治宣传指导手册

（推荐序）

银钟教授是我的学生，他为人公道正派，做事踏实严谨，为学勇于创新。他长期在政法一线工作，曾经是最高人民法院出色的刑事法官，办理过一系列重大疑难复杂案件，系首届全国审判业务专家；也曾经在多个地方高级人民法院和中级人民法院担任领导职务，直接分管刑事审判工作，审判经验丰富，多次立功受奖，业界口碑颇佳。但他不仅"政法工作经历丰富"，更是我国刑事法学界的后起之秀，参与过最高人民法院很多重大调研活动和司法解释起草工作，笔耕不缀，著作颇丰，学术影响巨大，逐步成长为我国应用法学研究的一面旗帜，享受国务院政府特殊津贴。现在，他又由最高人民法院的一级高级法官"转行"去广东外语外贸大学任云山领军学者、广东法治研究院（涉外法治研究院）院长，博士生导师、博士后导师，刑事法学学科带头人。从司法实务中来，再到法学理论研究中去，彻底回归学术，勇气可嘉，也可喜可贺。经过多年的学术积累，他最近推出了最新研究成果：由他领衔编著的两本刑事司法适用的工具书——《刑法适用要点与裁判依据（类案检索：指导案例＋典型案例）》《刑事诉讼法适用要点与裁判依据（类案检索：指导案例＋典型案例）》。我拜读后认为，这两本书的最大亮点有二：

一是权威。与目前类似法律适用工具书对法律依据大多采取"粘贴"的方式不同，本书在刑法、刑事诉讼法的每个"法条"之后提

供的“适用要点”、“裁判依据”和“类案检索指引”都以现行有效的法律法规、司法解释和其他规范性文件以及最高人民法院、最高人民检察院发布的具有法律效力的指导性案例、典型案例中确定的规则作为“标准答案”，真正做到了有法可依、有章可循，可以拿来就用，具有很强的权威性和说服力。

二是实用。对于立法机关通过其他法律（如监察法、反有组织犯罪法、法律援助法等）对现行刑法、刑事诉讼法作了补充修改的内容，如对职务犯罪案件中留置期间如何折抵刑期，办理有组织犯罪案件中可以适用异地羁押和异地执行刑罚，对因组织、领导黑社会性质组织被判处刑罚的人员公安机关可以决定其自刑罚执行完毕之日起报告个人财产及日常活动等内容，分别纳入刑法、刑事诉讼法相应的词条中，便于读者检索使用，非常便捷。同时，这两本书又通俗易懂，雅俗共赏，确实是刑事法治宣传的好教材。

为此，特向社会各界隆重推荐郝银钟博士领衔编著的这两本刑事法工具书。

“人民教育家”国家荣誉称号获得者
中国人民大学荣誉一级教授

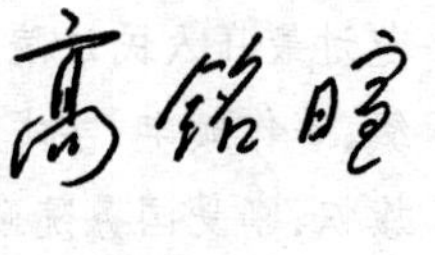

向所有人敞开刑事法律之门

——由电视剧《底线》中的“法条姐”说起

（代序）

自2022年9月19日起，由湖南卫视、芒果TV、爱奇艺等媒体同时播出的四十集电视剧《底线》中的案例，大多是根据发生在司法界的真实事例改编而成。该剧全景式地展示了方远、周亦安、叶芯等法院人在一件件关乎人民群众切身利益的司法案件中不畏艰难，践行使命，坚守法治信仰的动人故事，引发社会各界强烈反响，尽管现实生活中的法院人常常被调侃为“司法民工”，看后总有一种“五味杂陈”的感觉。

作为本书的编著者，之所以产生出书的冲动，可以说在很大程度上源于这个在热播中的电视剧的感染和启发。对于电视剧，我们都是观众，但对于电视剧所刻画的“法官”来说，我们都是名副其实的“同事”。尤其是电视剧中法官助理“法条姐”叶芯这个角色，相信绝大多数的法律人都不陌生——不过，剧中将其冠名为“法条姐”，似乎更可以理解为是对“法呆子”的调侃，尽管电视剧的后半部分，“法条姐”已成长为一名优秀的法官助理。

电视剧中的叶芯是从最高人民法院选派到基层人民法院锻炼的青年法官助理，一出场就疯狂输出法条，并且因为过于理想主义的言论给“师父”方远庭长添了不少麻烦。因为太不接地气儿，一度还被观众评选为该剧最不讨喜的角色。

其实，“法条姐”何错之有？作为一名出了家门、进了法学院的校门,最后跨入法院大门的“三门”法官人,能够做到法条不离手、法理不离口,这本身就是选择这个职业的一个“基本功”和“必修课”,本无可厚非。然而,为什么“法条姐”在业内大都与“法呆子”相提并论?大概缘于不少人总是习惯性地认为:仅凭几个法条、只有空洞理论,是不能圆满解决一个个鲜活、具体的矛盾纠纷的,“什么叫水平?抹平就是水平!”

不得不说,这是一种偏见和误解。习近平总书记提出的“努力让人民群众在每一个司法案件中感受到公平正义”的司法工作总目标,怎么可能通过那种离开“法条”而用“和稀泥”的方式实现呢?!

剧中的“法条姐”叶芯虽是“学霸”,但在基层人民法院的同事看来,没办过几个案子,只会纸上谈兵,自然还需要在理论与实践的交锋中磨练。“法条姐”的成长经历试图在诠释一个朴素的道理:真正领会法条要义、洞悉法律精义,把法律条文和法律精神准确应用于司法实践,才算是真的学会弄通了法条,才能有效地运用到司法实务中,做到案结事了,让社会公平正义的光辉温暖所有人。

相信不少法律界的“过来人”都有这样的一种感觉:当我们在法学院读书乃至准备“法考”时,为了节约去图书馆查阅资料的时间,就特别希望拥有一本可以在“法条”书中同时看到融法律精义、司法解释、适用要点、裁判规则、权威案例为一体的工具书,这就有了尽快跨入法律之门的捷径。

必须承认,面对错综复杂的诉讼案件,客观事实已经发生,需要法律人通过法定程序去揭示;法律关系已经存在,有待法律人通过专业知识去厘清其中的是非曲直。我国是成文法国家,对于已经发生并对簿公堂的案件并不是仅凭几个“法条”就能迎刃而解的,所谓“徒法不足以自行”中的“法”并不只是干巴巴的“法条”。事实上,从“事实”到“法条”再到“裁判”的过程中,往往还需要紧密结合立法解释、司法解释等具有法律效力且必不可少的规范性文件,才能确保国家法律统一实施,避免同案不同判,影响司法公信力。

正是基于这一点,我们编著了刑事法工具书——《刑法适用要点与裁判依据(类案检索:指导案例+典型案例)》《刑事诉讼法适用要点与裁判依据(类案检索:指导案例+典型案例)》,希望能够为所有的法律人打开洞悉刑事法律、促进刑事法律统一适用的"方便之门",以此承担着由"事实"到"法条"再到"裁判"的"纽带"。

于我而言,尽管常被朋友们揶揄为"政法工作经历丰富",但也始终与刑事法结伴而行,颇有刑事法"情结"。自从1991年投奔到恩师苏惠渔教授、吕振溪教授、胡锡庆教授门下开始研习刑事法,至今已32年有余。这期间,无论是在华东政法大学获得全日制刑法学硕士学位、中国人民大学获得全日制刑事诉讼法学博士学位、中国社会科学院法学研究所获得刑法学专业博士后证书,还是在山东省聊城市公安局、北京市高级人民法院刑二庭、中共北京市委政法委员会、四川省高级人民法院、四川省眉山市中级人民法院、西藏自治区高级人民法院、最高人民法院第五巡回法庭(辖西南五省市区)、最高人民法院刑三庭和刑四庭,以及中国青年政治学院、国家法官学院、广东外语外贸大学、大连海事大学、华东政法大学等,时常穿梭于理论与实践、实践与理论之间,但全部工作经历与学术旨趣都聚焦于刑事法学,日积月累,感慨良多。面对刑事法治的缓慢进程,面对刑事执法司法不规范而导致的种种难题,面对因司法能力恐慌而导致公众对司法公正和司法公信力的种种疑虑,十多年前,我就想编一套通俗易懂、内容全面、解读权威、操作简便、实用管用、体系完整的实务性刑事法工具书,为所有需要者打开"方便之门",但终因整日陷于烦琐的具体事务而被搁置。直到2022年6月再次回到最高人民法院从事刑事审判工作,与业内几位志同道合的老朋友沟通交流,当即达成共识。经过半年多的艰苦努力,终于把"想法"变成了"办法",把枯燥的刑事法典,变成了法律人的"智慧钥匙"。概而言之,本书有三个亮点:

一是全面权威。本书中的"适用要点"和"裁判依据"都源于鲜活的司法实践,是所有法律人已经遇到或者可能遇到的问题,也是公众关注的焦点。为了解决这些问题,编著者提供的"依据"都力图做到有法可依、有章可循，均以现行有效的法律法规、司法解释和司法规范性文件中确定的规则作为“标准答案”。此外，对于《中华人民共和国监察法》《中华人民共和国反有组织犯罪法》《中华人民共和国法律援助法》等具备实体法和程序法功能、贯穿刑事司法和行政执法领域的法律规范中，同时涉及刑法(如对职务犯罪案件中留置期间折抵刑期)、刑事诉讼法(如对办理有组织犯罪案件中可以适用异地羁押和异地执行刑罚)等内容，分别纳入相应的刑法、刑事诉讼法词条中，并以“适用要点与裁判依据”的方式加以释明，系统全面，极大地增强了本书的权威性。

二是便捷实用。据了解，在目前出版界关于刑法、刑事诉讼法适用的同类出版物中，有关刑事法律方面的汇编、指南、一本通之类的工具书不少，但能同时做到以“便捷”和“实用”为出发点精心梳理、科学分类、精准阐释，最终提供的“裁判依据”可以直接引用的却不多见——更多的是在法条后直接“附上”没有提炼要点的司法规范性文件(全文)，让读者自己去“各取所需”。由于同一个司法规范性文件往往解决的是数个法条的法律适用问题，采用“附上”的方式不可避免地存在不利于读者检索查阅，而且重复太多，体积庞大，徒增购书成本的弊端。《刑法适用要点与裁判依据(类案检索：指导案例+典型案例)》和《刑事诉讼法适用要点与裁判依据(类案检索：指导案例+典型案例)》较好地解决了这个难题，极大地为法律人提高了“寻找法条”的效率和质量，节约了查阅的时间成本。

三是快速检索。作为办案工具书，为有效解决“类案不同判”问题，编著者率先将“两高”近十多年来公开发布的“指导案例”和“典型案例”中有关刑法、刑事诉讼案例的关键词、裁判要旨、典型意义等分类编辑，提炼要点，置入“法条”之下，旨在解决最高司法机关全面推行类案检索制度并陆续发布近百批次、数百个指导案例和典型案例以来，法律人往往找不到、不好找、找不齐、找不准相关的指导案例和典型案例的困惑。如对于检察院提起刑事附带民事公益诉讼、对侦查机关“长期挂案”“退而不查”的监督、附条件不起诉、合规不起诉，以及对于法院发现减刑裁定确有错误依法撤销减刑等案例，编著者在刑法、刑事诉讼法的相关词条中以“类案检索指引”的形式收录，从而使这些具有法律效力的指导案例和典型案例所确定的“要旨”与“法条”实现有机结合、无缝对接。希望通过这些来自最高司法机关的权威案例确定的法律适用规则，让法律人有一种接地气、有底气、很好用的感觉，有助于全方位、多视角地思考和处理相关法律问题，避免陷入“盲人摸象”式的思维误区。

当然，“鞋子合不合脚，只有穿的人才知道”。以上三点是否“亮点”？能否“发光”？得到“认可”？都有待实践检验，期待读者评判。

是为序。

郝银钟
广东外语外贸大学云山领军学者
广东法治研究院（涉外法治研究院）院长
2023 年 5 月于广州

编写说明

《刑法适用要点与裁判依据(类案检索:指导案例+典型案例)》以《中华人民共和国刑法》(根据十一个刑法修正案增补修订本)为基础和主线,按其编、章、节、条的体例编排,刑法中的法条即为本书词条,便于检索。

本书词条主要由【法条】、【法条名称】(总则)、【法条罪名】(分则)、【立法动态】、【适用要点与裁判依据】、【类案检索指引】组成,其中刑法分则的部分词条还包括【立案标准】、【量刑指导】。其中:

【法条】 包括条文序号、名称与正文。其中条文名称(罪名)由编著者添加;条文序号和正文以根据《刑法修正案(十一)》修正后的刑法为准,使之成为迄今为止我国《刑法》的"最新法律文本"。

【法条名称】 对于《刑法》总则的全部法条和《刑法》分则中部分没有具体罪名的法条,由编著者根据立法原意拟定。

【立法动态】 介绍本法条的来源。对于法条在实施中的立法修正情况,逐一介绍"本条根据《中华人民共和国刑法修正案××》第×条修改""原本条规定为""修改的主要内容""本条系根据《刑法修正案××》增加(或删除)"。对于同一法条经过多次修改的情况,则按"第一次修改""第二次修改"……的方式介绍。

【立案标准】 以最高人民检察院、公安部最新发布的有关刑事案件立案标准的司法文件为主,如《最高人民检察院、公安部关于公安机关管辖的刑事案件立案追诉标准的规定(一)》(2017年4月27日修正 公通字〔2017〕12号)。

【量刑指导】 主要以《最高人民法院、最高人民检察院关于常见犯罪的量刑指导意见(试行)》(2021年6月16日 法发〔2021〕21号)中确定的二十三个常见犯罪的量刑指导意见为准。

【适用要点与裁判依据】 “适用要点”为编著者针对该法条在司法实践中已经出现的法律适用问题,对法律法规和立法机关、司法机关制定并公开发布的立法解释、司法解释等规范性文件中应当或可以适用于本法条的相关内容进行梳理、提炼而成;“裁判依据”则是解决这些“适用要点”问题的答案,读者可以直接、便捷地援引。

【类案检索指引】 本书将最高人民法院、最高人民检察院公开发布的“指导案例”和“典型案例”中有关适用刑法的案例,按对应的词条序号,将关键词、裁判要旨、典型意义、发布机关、发布时间、发布主题等收录其中,供读者参考引用。

本书由曾任最高人民法院刑事审判第四庭副庭长、第五巡回法庭分党组副书记、副庭长(主持日常工作)、国家法官学院第一副院长、教授,现任广东外语外贸大学云山领军学者、广东法治研究院(涉外法治研究院)院长、中国行为法学会常务理事兼法律风险防控委员会会长、博士生导师郝银钟博士;中国行为法学会法律风险防控委员会常务理事、国家法官学院教授罗书平法学硕士;四川省高级人民法院刑事审判第一庭副庭长范玉法学博士;四川省高级人民法院刑事审判第一庭法官助理田佳法学硕士;四川省高级人民法院刑事审判第二庭法官助理杨笛法学硕士编著。并由罗书平统稿,郝银钟审定。

本书收录的国家刑事法律、最高人民法院及最高人民检察院公开发布的司法文件和指导案例、典型案例等截止日期为2023年5月10日。

对于本书编写中存在的不足,诚请读者朋友不吝赐教。在编写本书过程中,也参考、借鉴了此类书籍的一些有益做法和相关内容,在此一并感谢。

编著者

2023年5月15日

目　录

中华人民共和国刑法

(1979年7月1日第五届全国人民代表大会第二次会议通过 1997年3月14日第八届全国人民代表大会第五次会议修订 根据1998年12月29日第九届全国人民代表大会常务委员会第六次会议通过的《全国人民代表大会常务委员会关于惩治骗购外汇、逃汇和非法买卖外汇犯罪的决定》、1999年12月25日第九届全国人民代表大会常务委员会第十三次会议通过的《中华人民共和国刑法修正案》、2001年8月31日第九届全国人民代表大会常务委员会第二十三次会议通过的《中华人民共和国刑法修正案(二)》、2001年12月29日第九届全国人民代表大会常务委员会第二十五次会议通过的《中华人民共和国刑法修正案(三)》、2002年12月28日第九届全国人民代表大会常务委员会第三十一次会议通过的《中华人民共和国刑法修正案(四)》、2005年2月28日第十届全国人民代表大会常务委员会第十四次会议通过的《中华人民共和国刑法修正案(五)》、2006年6月29日第十届全国人民代表大会常务委员会第二十二次会议通过的《中华人民共和国刑法修正案(六)》、2009年2月28日第十一届全国人民代表大会常务委员会第七次会议通过的《中华人民共和国刑法修正案(七)》、2009年8月27日第十一届全国人民代表大会常务委员会第十次会议通过的《全国人民代表大会常务委员会关于修改部分法律的决定》、2011年2月25日第十一届全国人民代表大会常务委员会第十九次会议通过的《中华人民共和国刑法修正案(八)》、2015年8月29日第十二届全国人民代表大会常务委员会第十六次会议通过的《中华人民共和国刑法修正案(九)》、2017年11

月4日第十二届全国人民代表大会常务委员会第三十次会议通过的《中华人民共和国刑法修正案(十)》和2020年12月26日第十三届全国人民代表大会常务委员会第二十四次会议通过的《中华人民共和国刑法修正案(十一)》修正)

第一编　总　　则

第一章　刑法的任务、基本原则和适用范围

第一条　【立法目的及立法根据】为了惩罚犯罪，保护人民，根据宪法，结合我国同犯罪作斗争的具体经验及实际情况，制定本法。

立法动态

本条源自《中华人民共和国刑法》（1997 年 3 月 14 日第八届全国人民代表大会第五次会议修订，自 1997 年 10 月 1 日起施行）。

第二条　【刑法的任务】中华人民共和国刑法的任务，是用刑罚同一切犯罪行为作斗争，以保卫国家安全，保卫人民民主专政的政权和社会主义制度，保护国有财产和劳动群众集体所有的财产，保护公民私人所有的财产，保护公民的人身权利、民主权利和其他权利，维护社会秩序、经济秩序，保障社会主义建设事业的顺利进行。

立法动态

本条源自《中华人民共和国刑法》（1997 年 3 月 14 日第八届全国人民代表大会第五次会议修订，自 1997 年 10 月 1 日起施行）。

第三条　【罪刑法定原则】法律明文规定为犯罪行为的，依照法律定罪处刑；法律没有明文规定为犯罪行为的，不得定罪处刑。

立法动态

本条源自《中华人民共和国刑法》（1997 年 3 月 14 日第八届全国人民代表大会第五次会议修订，自 1997 年 10 月 1 日起施行）。

适用要点与裁判依据

★香港特别行政区维护国家安全法对适用罪刑法定原则的规定

《中华人民共和国香港特别行政区维护国家安全法》（2020 年 6 月 30 日　主席令第 49 号）

第五条　防范、制止和惩治危害国家安全犯罪，应当坚持法治原则。法律规定为犯罪行为的，依照法律定罪处刑；法律没有规定为犯罪行为的，不得定罪处刑。

任何人未经司法机关判罪之前均假定无罪。保障犯罪嫌疑人、被告人和其他诉讼参与人依法享有的辩护权和其他诉讼权利。任何人已经司法程序被最终确定有罪或者宣告无罪的，不得就同一行为再予审判或者惩罚。

第四条　【适用刑法人人平等原则】对任何人犯罪，在适用法律上一律平等。不允许任何人有超越法律的特权。

立法动态

本条源自《中华人民共和国刑法》（1997 年 3 月 14 日第八届全国人民代表大会第五次会议修订，自 1997 年 10 月 1 日起施行）。

第五条 【罪责刑相适应原则】刑罚的轻重,应当与犯罪分子所犯罪行和承担的刑事责任相适应。

立法动态

本条源自《中华人民共和国刑法》(1997 年 3 月 14 日第八届全国人民代表大会第五次会议修订,自 1997 年 10 月 1 日起施行)。

适用要点与裁判依据

★量刑应当做到罪责刑相适应

《最高人民法院、最高人民检察院关于常见犯罪的量刑指导意见(试行)》(2021 年 6 月 16 日 法发〔2021〕21 号)

一、量刑的指导原则

(一)量刑应当以事实为根据,以法律为准绳,根据犯罪的事实、性质、情节和对于社会的危害程度,决定判处的刑罚。

(二)量刑既要考虑被告人所犯罪行的轻重,又要考虑被告人应负刑事责任的大小,做到罪责刑相适应,实现惩罚和预防犯罪的目的。

(三)量刑应当贯彻宽严相济的刑事政策,做到该宽则宽,当严则严,宽严相济,罚当其罪,确保裁判政治效果、法律效果和社会效果的统一。

(四)量刑要客观、全面把握不同时期不同地区的经济社会发展和治安形势的变化,确保刑法任务的实现;对于同一地区同一时期案情相似的案件,所判处的刑罚应当基本均衡。

★常见量刑情节的适用

《最高人民法院、最高人民检察院关于常见犯罪的量刑指导意见(试行)》(2021 年 6 月 16 日 法发〔2021〕21 号)

三、常见量刑情节的适用

量刑时应当充分考虑各种法定和酌定量刑情节,根据案件的全部犯罪事实以及量刑情节的不同情形，依法确定量刑情节的适用及其调节比例。对黑恶势力犯罪、严重暴力犯罪、毒品犯罪、性侵未成年人犯罪等危害严重的犯罪，在确定从宽的幅度时，应当从严掌握；对犯罪情节较轻的犯罪，应当充分体现从宽。具体确定各个量刑情节的调节比例时，应当综合平衡调节幅度与实际增减刑罚量的关系，确保罪责刑相适应。

第六条 【属地管辖权】凡在中华人民共和国领域内犯罪的，除法律有特别规定的以外，都适用本法。

凡在中华人民共和国船舶或者航空器内犯罪的，也适用本法。

犯罪的行为或者结果有一项发生在中华人民共和国领域内的，就认为是在中华人民共和国领域内犯罪。

立法动态

本条源自《中华人民共和国刑法》（1997 年 3 月 14 日第八届全国人民代表大会第五次会议修订，自 1997 年 10 月 1 日起施行）。

适用要点与裁判依据

★香港特别行政区维护国家安全法对适用属地管辖权的规定

《中华人民共和国香港特别行政区维护国家安全法》（2020 年 6 月 30 日 主席令第 49 号）

第三十六条 任何人在香港特别行政区内实施本法规定的犯罪的，适用本法。犯罪的行为或者结果有一项发生在香港特别行政区内的，就认为是在香港特别行政区内犯罪。

在香港特别行政区注册的船舶或者航空器内实施本法规定的犯罪的，也适用本法。

第三十七条 香港特别行政区永久性居民或者在香港特别行政

区成立的公司、团体等法人或者非法人组织在香港特别行政区以外实施本法规定的犯罪的,适用本法。

第三十八条 不具有香港特别行政区永久性居民身份的人在香港特别行政区以外针对香港特别行政区实施本法规定的犯罪的,适用本法。

第三十九条 本法施行以后的行为,适用本法定罪处刑。

第七条 【属人管辖权】中华人民共和国公民在中华人民共和国领域外犯本法规定之罪的,适用本法,但是按本法规定的最高刑为三年以下有期徒刑的,可以不予追究。

中华人民共和国国家工作人员和军人在中华人民共和国领域外犯本法规定之罪的,适用本法。

立法动态

本条源自《中华人民共和国刑法》(1997 年 3 月 14 日第八届全国人民代表大会第五次会议修订,自 1997 年 10 月 1 日起施行)。

第八条 【保护管辖权】外国人在中华人民共和国领域外对中华人民共和国国家或者公民犯罪,而按本法规定的最低刑为三年以上有期徒刑的,可以适用本法,但是按照犯罪地的法律不受处罚的除外。

立法动态

本条源自《中华人民共和国刑法》(1997 年 3 月 14 日第八届全国人民代表大会第五次会议修订,自 1997 年 10 月 1 日起施行)。

第九条　【普遍管辖权】对于中华人民共和国缔结或者参加的国际条约所规定的罪行，中华人民共和国在所承担条约义务的范围内行使刑事管辖权的，适用本法。

立法动态

本条源自《中华人民共和国刑法》（1997 年 3 月 14 日第八届全国人民代表大会第五次会议修订，自 1997 年 10 月 1 日起施行）。

第十条　【刑事管辖权不受外国审判约束】凡在中华人民共和国领域外犯罪，依照本法应当负刑事责任的，虽然经过外国审判，仍然可以依照本法追究，但是在外国已经受过刑罚处罚的，可以免除或者减轻处罚。

立法动态

本条源自《中华人民共和国刑法》（1997 年 3 月 14 日第八届全国人民代表大会第五次会议修订，自 1997 年 10 月 1 日起施行）。

第十一条　【外交特权和豁免权的刑事责任】享有外交特权和豁免权的外国人的刑事责任，通过外交途径解决。

立法动态

本条源自《中华人民共和国刑法》（1997 年 3 月 14 日第八届全国人民代表大会第五次会议修订，自 1997 年 10 月 1 日起施行）。

第十二条　【刑法的溯及力】中华人民共和国成立以后本法施行以前的行为，如果当时的法律不认为是犯罪的，适用当时的法律；如果当时的法律认为是犯罪的，依照本法总则第四章第八节的规定应当追诉的，按照当时的法律追究刑事责任，但是如果本法不认为是犯罪或者处刑较轻的，适用本法。

本法施行以前，依照当时的法律已经作出的生效判决，继续有效。

立法动态

本条源自《中华人民共和国刑法》（1997 年 3 月 14 日第八届全国人民代表大会第五次会议修订，自 1997 年 10 月 1 日起施行）。

适用要点与裁判依据

★1997 年刑法修订后，“从旧兼从轻原则”的适用

《最高人民法院关于适用刑法时间效力规定若干问题的解释》

（1997 年 9 月 25 日　法释〔1997〕5 号）

第一条　对于行为人 1997 年 9 月 30 日以前实施的犯罪行为，在人民检察院、公安机关、国家安全机关立案侦查或者在人民法院受理案件以后，行为人逃避侦查或者审判，超过追诉期限或者被害人在追诉期限内提出控告，人民法院、人民检察院、公安机关应当立案而不予立案，超过追诉期限的，是否追究行为人的刑事责任，适用修订前的刑法第七十七条的规定。

第二条　犯罪分子 1997 年 9 月 30 日以前犯罪，不具有法定减轻处罚情节，但是根据案件的具体情况需要在法定刑以下判处刑罚的，适用修订前的刑法第五十九条第二款的规定。

★1997年刑法修订后,累犯的认定

《最高人民法院关于适用刑法时间效力规定若干问题的解释》（1997年9月25日 法释〔1997〕5号）

第三条 前罪判处的刑罚已经执行完毕或者赦免,在1997年9月30日以前又犯应当判处有期徒刑以上刑罚之罪,是否构成累犯,适用修订前的刑法第六十一条的规定;1997年10月1日以后又犯应当判处有期徒刑以上刑罚之罪的,是否构成累犯,适用刑法第六十五条的规定。

★1997年刑法修订后,自首与立功的认定

《最高人民法院关于适用刑法时间效力规定若干问题的解释》（1997年9月25日 法释〔1997〕5号）

第四条 1997年9月30日以前被采取强制措施的犯罪嫌疑人、被告人或者1997年9月30日以前犯罪,1997年10月1日以后仍在服刑的罪犯,如实供述司法机关还未掌握的本人其他罪行的,适用刑法第六十七条第二款的规定。

第五条 1997年9月30日以前犯罪的犯罪分子,有揭发他人犯罪行为,或者提供重要线索,从而得以侦破其他案件等立功表现的,适用刑法第六十八条的规定。

★1997年刑法修订后,缓刑的适用

《最高人民法院关于适用刑法时间效力规定若干问题的解释》（1997年9月25日 法释〔1997〕5号）

第六条 1997年9月30日以前犯罪被宣告缓刑的犯罪分子,在1997年10月1日以后的缓刑考验期间又犯新罪、被发现漏罪或者违反法律、行政法规或者国务院公安部门有关缓刑的监督管理规定,情节严重的,适用刑法第七十七条的规定,撤销缓刑。

★1997年刑法修订后,假释的适用

《最高人民法院关于适用刑法时间效力规定若干问题的解释》（1997年9月25日 法释〔1997〕5号）

第七条 1997年9月30日以前犯罪,1997年10月1日以后仍在服刑的犯罪分子，因特殊情况，需要不受执行刑期限制假释的，适用刑法第八十一条第一款的规定，报经最高人民法院核准。

第八条　1997年9月30日以前犯罪，1997年10月1日以后仍在服刑的累犯以及因杀人、爆炸、抢劫、强奸、绑架等暴力性犯罪被判处十年以上有期徒刑、无期徒刑的犯罪分子，适用修订前的刑法第七十三条的规定，可以假释。

第九条　1997年9月30日以前被假释的犯罪分子，在1997年10月1日以后的假释考验期内，又犯新罪、被发现漏罪或者违反法律、行政法规或者国务院公安部门有关假释的监督管理规定的，适用刑法第八十六条的规定，撤销假释。

★1997年刑法修订后，再审案件的法律适用

《最高人民法院关于适用刑法时间效力规定若干问题的解释》(1997年9月25日　法释〔1997〕5号)

第十条　按照审判监督程序重新审判的案件，适用行为时的法律。

★1997年刑法修订后，"处刑较轻"的确定

《最高人民法院关于适用刑法第十二条几个问题的解释》(1997年12月31日　法释〔1997〕12号)

第一条　刑法第十二条规定的"处刑较轻"，是指刑法对某种犯罪规定的刑罚即法定刑比修订前刑法轻。法定刑较轻是指法定最高刑较轻；如果法定最高刑相同，则指法定最低刑较轻。

第二条　如果刑法规定的某一犯罪只有一个法定刑幅度，法定最高刑或者最低刑是指该法定刑幅度的最高刑或者最低刑；如果刑法规定的某一犯罪有两个以上的法定刑幅度，法定最高刑或者最低刑是指具体犯罪行为应当适用的法定刑幅度的最高刑或者最低刑。

★1997年刑法修订前后定罪处刑标准、法定刑相同的，适用修订前的刑法

《最高人民法院关于适用刑法第十二条几个问题的解释》(1997年12月31日　法释〔1997〕12号)

第三条　一九九七年十月一日以后审理一九九七年九月三十日

以前发生的刑事案件，如果刑法规定的定罪处刑标准、法定刑与修订前刑法相同的，应当适用修订前的刑法。

★"其他依照法律从事公务的人员"立法解释的效力确定

《最高人民检察院关于〈全国人民代表大会常务委员会关于中华人民共和国刑法第九十三条第二款的解释〉的时间效力的批复》(2000年6月29日 高检发研字〔2000〕15号)

《全国人民代表大会常务委员会关于〈中华人民共和国刑法〉第九十三条第二款的解释》是对刑法第九十三条第二款关于"其他依照法律从事公务的人员"规定的进一步明确，并不是对刑法的修改。因此，该《解释》的效力适用于修订刑法的施行日期，其溯及力适用修订刑法第12条的规定。

★适用刑事司法解释时间效力的确定

《最高人民法院、最高人民检察院关于适用刑事司法解释时间效力问题的规定》(2001年12月7日 高检发释字〔2001〕5号)

一、司法解释是最高人民法院对审判工作中具体应用法律问题和最高人民检察院对检察工作中具体应用法律问题所作的具有法律效力的解释，自发布或者规定之日起施行，效力适用于法律的施行期间。

二、对于司法解释实施前发生的行为，行为时没有相关司法解释，司法解释施行后尚未处理或者正在处理的案件，依照司法解释的规定办理。

三、对于新的司法解释实施前发生的行为，行为时已有相关司法解释，依照行为时的司法解释办理，但适用新的司法解释对犯罪嫌疑人、被告人有利的，适用新的司法解释。

四、对于在司法解释施行前已办结的案件，按照当时的法律和司法解释，认定事实和适用法律没有错误的，不再变动。

★刑法修正案(八)施行后，禁止令的适用

《最高人民法院关于〈中华人民共和国刑法修正案(八)〉时间效力问题的解释》(2011年4月25日 法释〔2011〕9号)

第一条 对于2011年4月30日以前犯罪，依法应当判处管制或者宣告缓刑的，人民法院根据犯罪情况，认为确有必要同时禁止犯罪分子在管制期间或者缓刑考验期内从事特定活动，进入特定区域、场所，接触特定人的，适用修正后刑法第三十八条第二款或者第七十二条第二款的规定。

犯罪分子在管制期间或者缓刑考验期内，违反人民法院判决中的禁止令的，适用修正后刑法第三十八条第四款或者第七十七条第二款的规定。

★刑法修正案(八)施行后，死缓案件限制减刑的适用

《最高人民法院关于〈中华人民共和国刑法修正案(八)〉时间效力问题的解释》(2011年4月25日　法释〔2011〕9号)

第二条　2011年4月30日以前犯罪，判处死刑缓期执行的，适用修正前刑法第五十条的规定。

被告人具有累犯情节，或者所犯之罪是故意杀人、强奸、抢劫、绑架、放火、爆炸、投放危险物质或者有组织的暴力性犯罪，罪行极其严重，根据修正前刑法判处死刑缓期执行不能体现罪刑相适应原则，而根据修正后刑法判处死刑缓期执行同时决定限制减刑可以罚当其罪的，适用修正后刑法第五十条第二款的规定。

★刑法修正案(八)施行后，累犯的认定

《最高人民法院关于〈中华人民共和国刑法修正案(八)〉时间效力问题的解释》(2011年4月25日　法释〔2011〕9号)

第三条　被判处有期徒刑以上刑罚，刑罚执行完毕或者赦免以后，在2011年4月30日以前再犯应当判处有期徒刑以上刑罚之罪的，是否构成累犯，适用修正前刑法第六十五条的规定；但是，前罪实施时不满十八周岁的，是否构成累犯，适用修正后刑法第六十五条的规定。

曾犯危害国家安全犯罪，刑罚执行完毕或者赦免以后，在2011年4月30日以前再犯危害国家安全犯罪的，是否构成累犯，适用修正前刑法第六十六条的规定。

曾被判处有期徒刑以上刑罚，或者曾犯危害国家安全犯罪、恐怖活动犯罪、黑社会性质的组织犯罪,在2011年5月1日以后再犯罪的,是否构成累犯,适用修正后刑法第六十五条、第六十六条的规定。

★刑法修正案(八)施行后,自首、立功的认定

《最高人民法院关于〈中华人民共和国刑法修正案(八)〉时间效力问题的解释》(2011年4月25日 法释〔2011〕9号)

第四条 2011年4月30日以前犯罪,虽不具有自首情节,但是如实供述自己罪行的,适用修正后刑法第六十七条第三款的规定。

第五条 2011年4月30日以前犯罪,犯罪后自首又有重大立功表现的,适用修正前刑法第六十八条第二款的规定。

★刑法修正案(八)施行后,数罪并罚的适用

《最高人民法院关于〈中华人民共和国刑法修正案(八)〉时间效力问题的解释》(2011年4月25日 法释〔2011〕9号)

第六条 2011年4月30日以前一人犯数罪,应当数罪并罚的,适用修正前刑法第六十九条的规定;2011年4月30日前后一人犯数罪,其中一罪发生在2011年5月1日以后的,适用修正后刑法第六十九条的规定。

★刑法修正案(八)施行后,无期徒刑罪犯减刑、假释的适用

《最高人民法院关于〈中华人民共和国刑法修正案(八)〉时间效力问题的解释》(2011年4月25日 法释〔2011〕9号)

第七条 2011年4月30日以前犯罪,被判处无期徒刑的罪犯,减刑以后或者假释前实际执行的刑期,适用修正前刑法第七十八条第二款、第八十一条第一款的规定。

★刑法修正案(八)施行后仍在服刑的累犯能否假释,适用修正后的刑法

《最高人民法院关于〈中华人民共和国刑法修正案(八)〉时间效力问题的解释》(2011年4月25日 法释〔2011〕9号)

第八条 2011年4月30日以前犯罪,因具有累犯情节或者系故意杀人、强奸、抢劫、绑架、放火、爆炸、投放危险物质或者有组织的暴力性犯罪并被判处十年以上有期徒刑、无期徒刑的犯罪分子,2011年

5月1日以后仍在服刑的，能否假释，适用修正前刑法第八十一条第二款的规定；2011年4月30日以前犯罪，因其他暴力性犯罪被判处十年以上有期徒刑、无期徒刑的犯罪分子，2011年5月1日以后仍在服刑的，能否假释，适用修正后刑法第八十一条第二款、第三款的规定。

★刑法修正案（八）施行后，减刑、假释案件的法律适用

《最高人民法院关于执行〈关于办理减刑、假释案件具体应用法律若干问题的规定〉有关问题的通知》（2013年9月11日　法〔2013〕201号）

一、原生效裁判在《中华人民共和国刑法修正案（八）》生效后作出的，适用《规定》。

二、原生效裁判在《中华人民共和国刑法修正案（八）》生效前作出的，适用1997年《最高人民法院关于办理减刑、假释案件具体应用法律若干问题的规定》（以下简称《1997年规定》）。但适用《规定》对罪犯有利的，适用《规定》。

三、原生效裁判在《中华人民共和国刑法修正案（八）》生效后作出，但犯罪行为发生在《中华人民共和国刑法修正案（八）》生效前，且适用《中华人民共和国刑法修正案（八）》生效前刑法定罪量刑的，适用《1997年规定》。但适用《规定》对罪犯有利的，适用《规定》。

★刑法修订后，虚报注册资本和虚假出资抽逃出资刑事案件溯及力的法律适用

《最高人民检察院、公安部关于严格依法办理虚报注册资本和虚假出资抽逃出资刑事案件的通知》（2014年5月20日　公经〔2014〕247号）

三、依法妥善处理跨时限案件。各级公安机关、检察机关对发生在2014年3月1日以前尚未处理或者正在处理的虚报注册资本和虚假出资、抽逃出资刑事案件，应当按照刑法第十二条规定的精神处理：除依法实行注册资本实缴登记制的公司以外，依照新修改的公司法不再符合犯罪构成要件的案件，公安机关已经立案侦查的，应当撤销案件；检察机关已经批准逮捕的，应当撤销批准逮捕决定，并监督公安机关撤销案件;检察机关审查起诉的,应当作出不起诉决定;检察机关已经起诉的,应当撤回起诉并作出不起诉决定;检察机关已经抗诉的,应当撤回抗诉。

★刑法修正案(九)施行后,从业禁止的适用

《最高人民法院关于〈中华人民共和国刑法修正案(九)〉时间效力问题的解释》(2015年10月29日 法释〔2015〕19号)

第一条 对于2015年10月31日以前因利用职业便利实施犯罪,或者实施违背职业要求的特定义务的犯罪的,不适用修正后刑法第三十七条之一第一款的规定。其他法律、行政法规另有规定的,从其规定。

★刑法修正案(九)施行后,死缓期间故意犯罪的法律适用

《最高人民法院关于〈中华人民共和国刑法修正案(九)〉时间效力问题的解释》(2015年10月29日 法释〔2015〕19号)

第二条 对于被判处死刑缓期执行的犯罪分子,在死刑缓期执行期间,且在2015年10月31日以前故意犯罪的,适用修正后刑法第五十条第一款的规定。

★刑法修正案(九)施行后,数罪并罚的法律适用

《最高人民法院关于〈中华人民共和国刑法修正案(九)〉时间效力问题的解释》(2015年10月29日 法释〔2015〕19号)

第三条 对于2015年10月31日以前一人犯数罪,数罪中有判处有期徒刑和拘役,有期徒刑和管制,或者拘役和管制,予以数罪并罚的,适用修正后刑法第六十九条第二款的规定。

★刑法修正案(九)施行后,"终身监禁,不得减刑、假释"的法律适用

《最高人民法院关于〈中华人民共和国刑法修正案(九)〉时间效力问题的解释》(2015年10月29日 法释〔2015〕19号)

第八条 对于2015年10月31日以前实施贪污、受贿行为,罪行极其严重,根据修正前刑法判处死刑缓期执行不能体现罪刑相适应原则,而根据修正后刑法判处死刑缓期执行同时决定在其死刑缓期执行二年期满依法减为无期徒刑后,终身监禁,不得减刑、假释可以罚当其罪的,适用修正后刑法第三百八十三条第四款的规定。根据修正前刑法判处死刑缓期执行足以罚当其罪的,不适用修正后刑法第三百八十三条第四款的规定。

★刑法修正案(十一)施行后,罪名的确定

《最高人民法院、最高人民检察院、公安部、司法部关于适用〈中华人民共和国刑法修正案(十一)〉有关问题的通知》(2021年5月20日　法发〔2021〕16号)

二、2021年2月28日以前发生的行为,2021年3月1日以后尚未处理或者正在处理的,依照《中华人民共和国刑法》第十二条和相关司法解释办理。

办理前款规定的案件,适用经《刑法修正案(十一)》修正的《中华人民共和国刑法》规定的,依照《最高人民法院、最高人民检察院关于执行〈中华人民共和国刑法〉确定罪名的补充规定(七)》(法释〔2021〕2号)确定罪名。

★刑法修正案(十一)施行后,主刑、附加刑的法律适用

《最高人民法院、最高人民检察院、公安部、司法部关于适用〈中华人民共和国刑法修正案(十一)〉有关问题的通知》(2021年5月20日　法发〔2021〕16号)

三、修正前刑法规定的主刑较重但未规定附加刑,修正后刑法规定的主刑较轻但规定并处附加刑的,应当适用修正后刑法的有关规定,在判处主刑时并处附加刑,但应当妥当把握主刑、附加刑的幅度,确保体现从旧兼从轻的原则。

★自新型冠状病毒感染实施"乙类乙管"起,对有关疫情防控行为不再定罪处罚

《最高人民法院、最高人民检察院、公安部、司法部、海关总署联合关于适应新阶段疫情防控政策调整依法妥善办理相关刑事案件的通知》(2023年1月7日)

自2023年1月8日对新型冠状病毒感染实施"乙类乙管"、不再纳入检疫传染病管理之日起，对违反新型冠状病毒感染疫情预防、控制措施和国境卫生检疫规定的行为，不再以刑法第三百三十条妨害传染病防治罪、第三百三十二条妨害国境卫生检疫罪定罪处罚。目前正在办理的相关案件，依照我国刑法、刑事诉讼法相关规定，及时妥善处理。犯罪嫌疑人、被告人处于被羁押状态的，各办案机关应当依法及时解除羁押强制措施；涉案财物被查封、扣押、冻结的，应当依法及时解除。

第二章 犯 罪

第一节 犯罪和刑事责任

第十三条 【犯罪概念】一切危害国家主权、领土完整和安全，分裂国家、颠覆人民民主专政的政权和推翻社会主义制度，破坏社会秩序和经济秩序，侵犯国有财产或者劳动群众集体所有的财产，侵犯公民私人所有的财产，侵犯公民的人身权利、民主权利和其他权利，以及其他危害社会的行为，依照法律应当受刑罚处罚的，都是犯罪，但是情节显著轻微危害不大的，不认为是犯罪。

立法动态

本条源自《中华人民共和国刑法》（1997年3月14日第八届全国人民代表大会第五次会议修订，自1997年10月1日起施行）。

适用要点与裁判依据

★未成年人刑事案件中“不认为是犯罪”及“不按犯罪处理”的情形

《最高人民法院关于审理未成年人刑事案件具体应用法律若干问题的解释》(2006年1月11日　法释〔2006〕1号)

第六条　已满十四周岁不满十六周岁的人偶尔与幼女发生性行为,情节轻微、未造成严重后果的,不认为是犯罪。

第七条　已满十四周岁不满十六周岁的人使用轻微暴力或者威胁,强行索要其他未成年人随身携带的生活、学习用品或者钱财数量不大,且未造成被害人轻微伤以上或者不敢正常到校学习、生活等危害后果的,不认为是犯罪。

已满十六周岁不满十八周岁的人具有前款规定情形的,一般也不认为是犯罪。

第九条　已满十六周岁不满十八周岁的人实施盗窃行为未超过三次,盗窃数额虽已达到“数额较大”标准,但案发后能如实供述全部盗窃事实并积极退赃,且具有下列情形之一的,可以认定为“情节显著轻微危害不大”,不认为是犯罪:

(一)系又聋又哑的人或者盲人;

(二)在共同盗窃中起次要或者辅助作用,或者被胁迫;

(三)具有其他轻微情节的。

已满十六周岁不满十八周岁的人盗窃未遂或者中止的,可不认为是犯罪。

已满十六周岁不满十八周岁的人盗窃自己家庭或者近亲属财物,或者盗窃其他亲属财物但其他亲属要求不予追究的,可不按犯罪处理。

★未成年人偶尔盗窃、抢夺、诈骗，数额刚达到较大标准可不作为犯罪处理的情形

《最高人民法院关于贯彻宽严相济刑事政策的若干意见》(2010年2月8日 法发〔2010〕9号)

20. 对于未成年人犯罪，在具体考虑其实施犯罪的动机和目的、犯罪性质、情节和社会危害程度的同时，还要充分考虑其是否属于初犯，归案后是否悔罪，以及个人成长经历和一贯表现等因素，坚持"教育为主、惩罚为辅"的原则和"教育、感化、挽救"的方针进行处理。对于偶尔盗窃、抢夺、诈骗，数额刚达到较大的标准，案发后能如实交代并积极退赃的，可以认定为情节显著轻微，不作为犯罪处理。对于罪行较轻的，可以依法适当多适用缓刑或者判处管制、单处罚金等非监禁刑；依法可免予刑事处罚的，应当免予刑事处罚。对于犯罪情节严重的未成年人，也应当依照刑法第十七条第三款的规定予以从轻或者减轻处罚。对于已满十四周岁不满十六周岁的未成年犯罪人，一般不判处无期徒刑。

★对于依法可不监禁的，尽量适用缓刑或者判处管制、单处罚金等非监禁刑

《最高人民法院关于贯彻宽严相济刑事政策的若干意见》(2010年2月8日 法发〔2010〕9号)

14. 宽严相济刑事政策中的从"宽"，主要是指对于情节较轻、社会危害性较小的犯罪，或者罪行虽然严重，但具有法定、酌定从宽处罚情节，以及主观恶性相对较小、人身危险性不大的被告人，可以依法从轻、减轻或者免除处罚；对于具有一定社会危害性，但情节显著轻微危害不大的行为，不作为犯罪处理；对于依法可不监禁的，尽量适用缓刑或者判处管制、单处罚金等非监禁刑。

★偷拿家庭成员或者近亲属的财物获得谅解的，可不认为是犯罪

《最高人民法院、最高人民检察院关于办理盗窃刑事案件适用法律若干问题的解释》(2013年4月2日 法释〔2013〕8号)

偷拿家庭成员或者近亲属的财物，获得谅解的，一般可不认为是犯罪;追究刑事责任的,应当酌情从宽。

★对实施家庭暴力"情节显著轻微危害不大不构成犯罪"的处理方式

《最高人民法院、最高人民检察院、公安部、司法部关于依法办理家庭暴力犯罪案件的意见》(2015年3月2日　法发〔2015〕4号)

18. 切实贯彻宽严相济刑事政策。……

对于实施家庭暴力情节显著轻微危害不大不构成犯罪的,应当撤销案件、不起诉,或者宣告无罪。

……

第十四条　【故意犯罪】明知自己的行为会发生危害社会的结果,并且希望或者放任这种结果发生,因而构成犯罪的,是故意犯罪。

故意犯罪,应当负刑事责任。

立法动态

本条源自《中华人民共和国刑法》(1997年3月14日第八届全国人民代表大会第五次会议修订,自1997年10月1日起施行)。

第十五条　【过失犯罪】应当预见自己的行为可能发生危害社会的结果,因为疏忽大意而没有预见,或者已经预见而轻信能够避免,以致发生这种结果的,是过失犯罪。

过失犯罪,法律有规定的才负刑事责任。

立法动态

本条源自《中华人民共和国刑法》(1997年3月14日第八届全国人民代表大会第五次会议修订,自1997年10月1日起施行)。

第十六条 【不可抗力与意外事件】行为在客观上虽然造成了损害结果，但是不是出于故意或者过失，而是由于不能抗拒或者不能预见的原因所引起的，不是犯罪。

立法动态

本条源自《中华人民共和国刑法》(1997 年 3 月 14 日第八届全国人民代表大会第五次会议修订，自 1997 年 10 月 1 日起施行)。

第十七条 【刑事责任年龄】已满十六周岁的人犯罪，应当负刑事责任。

已满十四周岁不满十六周岁的人，犯故意杀人、故意伤害致人重伤或者死亡、强奸、抢劫、贩卖毒品、放火、爆炸、投放危险物质罪的，应当负刑事责任。

已满十二周岁不满十四周岁的人，犯故意杀人、故意伤害罪，致人死亡或者以特别残忍手段致人重伤造成严重残疾，情节恶劣，经最高人民检察院核准追诉的，应当负刑事责任。

对依照前三款规定追究刑事责任的不满十八周岁的人，应当从轻或者减轻处罚。

因不满十六周岁不予刑事处罚的，责令其父母或者其他监护人加以管教；在必要的时候，依法进行专门矫治教育。

立法动态

本条源自《中华人民共和国刑法》(1997 年 3 月 14 日第八届全国人民代表大会第五次会议修订，自 1997 年 10 月 1 日起施行)。

本条根据《中华人民共和国刑法修正案(十一)》(自 2021 年 3 月 1 日起施行)第一条修改。

原本条规定为:第十七条　(第一款)已满十六周岁的人犯罪,应当负刑事责任。(第二款)已满十四周岁不满十六周岁的人,犯故意杀人、故意伤害致人重伤或者死亡、强奸、抢劫、贩卖毒品、放火、爆炸、投毒罪的,应当负刑事责任。(第三款)已满十四周岁不满十八周岁的人犯罪,应当从轻或者减轻处罚。(第四款)因不满十六周岁不予刑事处罚的,责令他的家长或者监护人加以管教;在必要的时候,也可以由政府收容教养。

本条修改的主要内容为:一是将原本条第二款中的"投毒罪"修改为"投放危险物质罪";二是增加规定"已满十二周岁不满十四周岁的人,犯故意杀人、故意伤害罪,致人死亡或者以特别残忍手段致人重伤造成严重残疾,情节恶劣,经最高人民检察院核准追诉的,应当负刑事责任",作为第三款;三是将原第三款修改为"对依照前三款规定追究刑事责任的不满十八周岁的人,应当从轻或者减轻处罚",并调整为第四款;四是将原第四款中"也可以由政府收容教养"修改为"依法进行专门矫治教育",并调整为第五款。

适用要点与裁判依据

★刑法第十七条第二款规定的是指"犯罪行为"而不是"具体罪名"

《全国人民代表大会常务委员会法制工作委员会关于已满十四周岁不满十六周岁的人承担刑事责任范围问题的答复意见》(2002年7月24日　法工委复字[2002]12号)

刑法第十七条第二款规定的八种犯罪,是指具体犯罪行为而不是具体罪名。对于刑法第十七条中规定的"犯故意杀人、故意伤害致人重伤或者死亡",是指只要故意实施了杀人、伤害行为并且造成了致人重伤、死亡后果的,都应负刑事责任。而不是指只有犯故意杀人罪、故意伤害罪的,才负刑事责任。……对司法实践中出现的已满十四周岁不满十六周岁的人绑架人质后杀害被绑架人、拐卖妇女、儿童而故意造成被拐卖妇女、儿童重伤或死亡的行为，依据刑法是应当追究其刑事责任。

★未成年人实施犯罪时刑事责任年龄的计算

《最高人民法院关于审理未成年人刑事案件具体应用法律若干问题的解释》(2006年1月11日 法释〔2006〕1号)

第二条 刑法第十七条规定的“周岁”，按照公历的年、月、日计算，从周岁生日的第二天起算。

第三条 审理未成年人刑事案件，应当查明被告人实施被指控的犯罪时的年龄。裁判文书中应当写明被告人出生的年、月、日。

第四条 对于没有充分证据证明被告人实施被指控的犯罪时已经达到法定刑事责任年龄且确实无法查明的，应当推定其没有达到相应法定刑事责任年龄。

相关证据足以证明被告人实施被指控的犯罪时已经达到法定刑事责任年龄，但是无法准确查明被告人具体出生日期的，应当认定其达到相应法定刑事责任年龄。

★未成年人同时实施刑法第十七条第二款及其以外的行为时罪名的确定

《最高人民法院关于审理未成年人刑事案件具体应用法律若干问题的解释》(2006年1月11日 法释〔2006〕1号)

第五条 已满十四周岁不满十六周岁的人实施刑法第十七条第二款规定以外的行为，如果同时触犯了刑法第十七条第二款规定的，应当依照刑法第十七条第二款的规定确定罪名，定罪处罚。

★审理未成年人刑事案件中“不认为是犯罪”的情形

《最高人民法院关于审理未成年人刑事案件具体应用法律若干问题的解释》(2006年1月11日 法释〔2006〕1号)

第六条 已满十四周岁不满十六周岁的人偶尔与幼女发生性行为，情节轻微、未造成严重后果的，不认为是犯罪。

第七条 已满十四周岁不满十六周岁的人使用轻微暴力或者威胁，强行索要其他未成年人随身携带的生活、学习用品或者钱财数量不大，且未造成被害人轻微伤以上或者不敢正常到校学习、生活等危害后果的，不认为是犯罪。

已满十六周岁不满十八周岁的人具有前款规定情形的，一般也不认为是犯罪。

第九条　已满十六周岁不满十八周岁的人实施盗窃行为未超过三次，盗窃数额虽已达到"数额较大"标准，但案发后能如实供述全部盗窃事实并积极退赃，且具有下列情形之一的，可以认定为"情节显著轻微危害不大"，不认为是犯罪：

（一）系又聋又哑的人或者盲人；

（二）在共同盗窃中起次要或者辅助作用，或者被胁迫；

（三）具有其他轻微情节的。

已满十六周岁不满十八周岁的人盗窃未遂或者中止的，可不认为是犯罪。

已满十六周岁不满十八周岁的人盗窃自己家庭或者近亲属财物，或者盗窃其他亲属财物但其他亲属要求不予追究的，可不按犯罪处理。

★未成年人欺凌其他未成年人情节严重的，以寻衅滋事罪定罪处罚

《最高人民法院关于审理未成年人刑事案件具体应用法律若干问题的解释》（2006年1月11日　法释〔2006〕1号）

第八条　已满十六周岁不满十八周岁的人出于以大欺小、以强凌弱或者寻求精神刺激，随意殴打其他未成年人、多次对其他未成年人强拿硬要或者任意损毁公私财物，扰乱学校及其他公共场所秩序，情节严重的，以寻衅滋事罪定罪处罚。

★对符合条件的未成年罪犯依法适用管制、缓刑、单处罚金或者免予刑事处罚

《最高人民法院关于审理未成年人刑事案件具体应用法律若干问题的解释》（2006年1月11日　法释〔2006〕1号）

第十一条　对未成年罪犯适用刑罚，应当充分考虑是否有利于未成年罪犯的教育和矫正。

对未成年罪犯量刑应当依照刑法第六十一条的规定，并充分考虑未成年人实施犯罪行为的动机和目的、犯罪时的年龄、是否初次犯罪、犯罪后的悔罪表现、个人成长经历和一贯表现等因素。对符合管制、缓刑、单处罚金或者免予刑事处罚适用条件的未成年罪犯，应当依法适用管制、缓刑、单处罚金或者免予刑事处罚。

★达到法定刑事责任年龄前后实施犯罪行为的刑事责任

《最高人民法院关于审理未成年人刑事案件具体应用法律若干问题的解释》(2006 年 1 月 11 日　法释〔2006〕1 号)

第十二条　行为人在达到法定刑事责任年龄前后均实施了危害社会的行为，只能依法追究其达到法定刑事责任年龄后实施的危害社会的行为的刑事责任。

行为人在年满十八周岁前后实施了不同种犯罪行为，对其年满十八周岁以前实施的犯罪应当依法从轻或者减轻处罚。行为人在年满十八周岁前后实施了同种犯罪行为，在量刑时应当考虑对年满十八周岁以前实施的犯罪，适当给予从轻或者减轻处罚。

★已满十四周岁不满十六周岁的人犯罪，一般不判处无期徒刑

《最高人民法院关于审理未成年人刑事案件具体应用法律若干问题的解释》(2006 年 1 月 11 日　法释〔2006〕1 号)

第十三条　未成年人犯罪只有罪行极其严重的，才可以适用无期徒刑。对已满十四周岁不满十六周岁的人犯罪一般不判处无期徒刑。

★对未成年罪犯，一般不判处附加剥夺政治权利

《最高人民法院关于审理未成年人刑事案件具体应用法律若干问题的解释》(2006 年 1 月 11 日　法释〔2006〕1 号)

第十四条　除刑法规定“应当”附加剥夺政治权利外，对未成年罪犯一般不判处附加剥夺政治权利。

如果对未成年罪犯判处附加剥夺政治权利的，应当依法从轻判处。

对实施被指控犯罪时未成年、审判时已成年的罪犯判处附加剥夺政治权利,适用前款的规定。

★监护人或者其他人自愿代未成年罪犯垫付罚金的,应当允许

《最高人民法院关于审理未成年人刑事案件具体应用法律若干问题的解释》(2006年1月11日　法释〔2006〕1号)

第十五条　对未成年罪犯实施刑法规定的"并处"没收财产或者罚金的犯罪,应当依法判处相应的财产刑;对未成年罪犯实施刑法规定的"可以并处"没收财产或者罚金的犯罪,一般不判处财产刑。

对未成年罪犯判处罚金刑时,应当依法从轻或者减轻判处,并根据犯罪情节,综合考虑其缴纳罚金的能力,确定罚金数额。但罚金的最低数额不得少于五百元人民币。

对被判处罚金刑的未成年罪犯,其监护人或者其他人自愿代为垫付罚金的,人民法院应当允许。

★对未成年罪犯"应当宣告缓刑"的三种情形

《最高人民法院关于审理未成年人刑事案件具体应用法律若干问题的解释》(2006年1月11日　法释〔2006〕1号)

第十六条　对未成年罪犯符合刑法第七十二条第一款规定的,可以宣告缓刑。如果同时具有下列情形之一,对其适用缓刑确实不致再危害社会的,应当宣告缓刑:

(一)初次犯罪;

(二)积极退赃或赔偿被害人经济损失;

(三)具备监护、帮教条件。

★对未成年罪犯"应当免予刑事处罚"的情形

《最高人民法院关于审理未成年人刑事案件具体应用法律若干问题的解释》(2006年1月11日　法释〔2006〕1号)

第十七条　未成年罪犯根据其所犯罪行,可能被判处拘役、三年以下有期徒刑,如果悔罪表现好,并具有下列情形之一的,应当依照刑法第三十七条的规定免予刑事处罚:

(一)系又聋又哑的人或者盲人;

（二）防卫过当或者避险过当；

（三）犯罪预备、中止或者未遂；

（四）共同犯罪中从犯、胁从犯；

（五）犯罪后自首或者有立功表现；

（六）其他犯罪情节轻微不需要判处刑罚的。

★对未成年罪犯的减刑、假释标准可以依法适度放宽

《最高人民法院关于审理未成年人刑事案件具体应用法律若干问题的解释》（2006年1月11日　法释〔2006〕1号）

第十八条　对未成年罪犯的减刑、假释，在掌握标准上可以比照成年罪犯依法适度放宽。

未成年罪犯能认罪服法，遵守监规，积极参加学习、劳动的，即可视为"确有悔改表现"予以减刑，其减刑的幅度可以适当放宽，间隔的时间可以相应缩短。符合刑法第八十一条第一款规定的，可以假释。

未成年罪犯在服刑期间已经成年的，对其减刑、假释可以适用上述规定。

★未成年被告人有个人财产的，由本人承担民事赔偿责任

《最高人民法院关于审理未成年人刑事案件具体应用法律若干问题的解释》（2006年1月11日　法释〔2006〕1号）

第十九条　刑事附带民事案件的未成年被告人有个人财产的，应当由本人承担民事赔偿责任，不足部分由监护人予以赔偿，但单位担任监护人的除外。

被告人对被害人物质损失的赔偿情况，可以作为量刑情节予以考虑。

★已满十四周岁不满十六周岁的人偶尔与幼女发生性关系的处理

《最高人民法院、最高人民检察院、公安部、司法部关于依法惩治性侵害未成年人犯罪的意见》（2013年10月23日　法发〔2013〕12号）

27. 已满十四周岁不满十六周岁的人偶尔与幼女发生性关系，情节轻微、未造成严重后果的,不认为是犯罪。

★未成年人犯罪常见量刑情节的适用

《最高人民法院、最高人民检察院关于常见犯罪的量刑指导意见(试行)》(2021年6月16日 法发〔2021〕21号)

三、常见量刑情节的适用

(一)对于未成年人犯罪,综合考虑未成年人对犯罪的认知能力、实施犯罪行为的动机和目的、犯罪时的年龄、是否初犯、偶犯、悔罪表现、个人成长经历和一贯表现等情况,应当予以从宽处罚。

1. 已满十二周岁不满十六周岁的未成年人犯罪,减少基准刑的30%-60%;

2. 已满十六周岁不满十八周岁的未成年人犯罪,减少基准刑的10%-50%。

★对已满十二周岁不满十四周岁的未成年人追究刑事责任报请最高人民检察院核准追诉的启动程序

《最高人民检察院关于刑法修正案(十一)相关问题的解答》

一、对已满十二周岁不满十四周岁的人追究刑事责任,报请高检院核准追诉应当以何种方式进行,有无时间限制?

答:对符合条件的已满12周岁不满14周岁的未成年人追究刑事责任,刑法修正案(十一)作出了严格的程序限制,即须经最高人民检察院核准追诉。实践中对此类案件,一般应当由公安机关启动报请核准追诉的程序,由同级人民检察院受理并以书面方式层报最高人民检察院审查决定。未经最高人民检察院核准,不得对案件提起公诉。

第十七条之一 【老年人的刑事责任】已满七十五周岁的人故意犯罪的,可以从轻或者减轻处罚;过失犯罪的,应当从轻或者减轻处罚。

立法动态

本条根据《中华人民共和国刑法修正案（八）》（自2011年5月1日起施行）第一条增加。

适用要点与裁判依据

★老年人故意犯罪量刑情节的适用

《最高人民法院、最高人民检察院关于常见犯罪的量刑指导意见（试行）》（2021年6月16日　法发〔2021〕21号）

三、常见量刑情节的适用

（二）对于已满七十五周岁的老年人故意犯罪，综合考虑犯罪的性质、情节、后果等情况，可以减少基准刑的40%以下；过失犯罪的，减少基准刑的20%－50%。

第十八条　【精神病人和醉酒的人犯罪的刑事责任】精神病人在不能辨认或者不能控制自己行为的时候造成危害结果，经法定程序鉴定确认的，不负刑事责任，但是应当责令他的家属或者监护人严加看管和医疗；在必要的时候，由政府强制医疗。

间歇性的精神病人在精神正常的时候犯罪，应当负刑事责任。

尚未完全丧失辨认或者控制自己行为能力的精神病人犯罪的，应当负刑事责任，但是可以从轻或者减轻处罚。

醉酒的人犯罪，应当负刑事责任。

立法动态

本条源自《中华人民共和国刑法》（1997年3月14日第八届全国人民代表大会第五次会议修订，自1997年10月1日起施行）。

第十九条　【又聋又哑的人或者盲人犯罪的刑事责任】又聋又哑的人或者盲人犯罪，可以从轻、减轻或者免除处罚。

立法动态

本条源自《中华人民共和国刑法》(1997年3月14日第八届全国人民代表大会第五次会议修订，自1997年10月1日起施行)。

适用要点与裁判依据

★又聋又哑、盲人常见犯罪量刑情节的适用

《最高人民法院、最高人民检察院关于常见犯罪的量刑指导意见(试行)》(2021年6月16日　法发〔2021〕21号)

三、常见量刑情节的适用

(三)对于又聋又哑的人或者盲人犯罪，综合考虑犯罪性质、情节、后果以及聋哑人或者盲人犯罪时的控制能力等情况，可以减少基准刑的50%以下；犯罪较轻的，可以减少基准刑的50%以上或者依法免除处罚。

第二十条　【正当防卫】为了使国家、公共利益、本人或者他人的人身、财产和其他权利免受正在进行的不法侵害，而采取的制止不法侵害的行为，对不法侵害人造成损害的，属于正当防卫，不负刑事责任。

正当防卫明显超过必要限度造成重大损害的，应当负刑事责任，但是应当减轻或者免除处罚。

对正在进行行凶、杀人、抢劫、强奸、绑架以及其他严重危及人身安全的暴力犯罪，采取防卫行为，造成不法侵害人伤亡的，不属于防卫过当，不负刑事责任。

立法动态

本条源自《中华人民共和国刑法》(1997年3月14日第八届全国人民代表大会第五次会议修订,自1997年10月1日起施行)。

适用要点与裁判依据

★乘客制止正在进行的妨害安全驾驶的违法犯罪行为应当认定为正当防卫

《最高人民法院、最高人民检察院、公安部关于依法惩治妨害公共交通工具安全驾驶违法犯罪行为的指导意见》(2019年1月8日　公通字〔2019〕1号)

一、准确认定行为性质,依法从严惩处妨害安全驾驶犯罪

(四)对正在进行的妨害安全驾驶的违法犯罪行为,乘客等人员有权采取措施予以制止。制止行为造成违法犯罪行为人损害,符合法定条件的,应当认定为正当防卫。

★"不法侵害"既包括犯罪行为,也包括违法行为

《最高人民法院、最高人民检察院、公安部关于依法适用正当防卫制度的指导意见》(2020年8月28日　法发〔2020〕31号)

5.准确把握正当防卫的起因条件。正当防卫的前提是存在不法侵害。不法侵害既包括侵犯生命、健康权利的行为,也包括侵犯人身自由、公私财产等权利的行为;既包括犯罪行为,也包括违法行为。不应将不法侵害不当限缩为暴力侵害或者犯罪行为。对于非法限制他人人身自由、非法侵入他人住宅等不法侵害,可以实行防卫。不法侵害既包括针对本人的不法侵害,也包括危害国家、公共利益或者针对他人的不法侵害。对于正在进行的拉拽方向盘、殴打司机等妨害安全驾驶、危害公共安全的违法犯罪行为,可以实行防卫。成年人对于未成年人正在实施的针对其他未成年人的不法侵害,应当劝阻、制止;劝阻、制止无效的,可以实行防卫。

★“不法侵害仍在进行”的认定

《最高人民法院、最高人民检察院、公安部关于依法适用正当防卫制度的指导意见》(2020年8月28日　法发〔2020〕31号)

6. 准确把握正当防卫的时间条件。正当防卫必须是针对正在进行的不法侵害。对于不法侵害已经形成现实、紧迫危险的,应当认定为不法侵害已经开始;对于不法侵害虽然暂时中断或者被暂时制止,但不法侵害人仍有继续实施侵害的现实可能性的,应当认定为不法侵害仍在进行;在财产犯罪中,不法侵害人虽已取得财物,但通过追赶、阻击等措施能够追回财物的,可以视为不法侵害仍在进行;对于不法侵害人确已失去侵害能力或者确已放弃侵害的,应当认定为不法侵害已经结束。对于不法侵害是否已经开始或者结束,应当立足防卫人在防卫时所处情境,按照社会公众的一般认知,依法作出合乎情理的判断,不能苛求防卫人。对于防卫人因为恐慌、紧张等心理,对不法侵害是否已经开始或者结束产生错误认识的,应当根据主客观相统一原则,依法作出妥当处理。

★明知侵害人无刑事责任能力,但没有其他方式可以避免、制止不法侵害的,可以进行反击

《最高人民法院、最高人民检察院、公安部关于依法适用正当防卫制度的指导意见》(2020年8月28日　法发〔2020〕31号)

7. 准确把握正当防卫的对象条件。正当防卫必须针对不法侵害人进行。对于多人共同实施不法侵害的,既可以针对直接实施不法侵害的人进行防卫,也可以针对在现场共同实施不法侵害的人进行防卫。明知侵害人是无刑事责任能力人或者限制刑事责任能力人的,应当尽量使用其他方式避免或者制止侵害;没有其他方式可以避免、制止不法侵害,或者不法侵害严重危及人身安全的,可以进行反击。

★对于故意以语言、行为等挑动对方侵害自己再予以反击的防卫挑拨,不应认定为防卫行为

《最高人民法院、最高人民检察院、公安部关于依法适用正当防卫制度的指导意见》(2020年8月28日　法发〔2020〕31号)

8. 准确把握正当防卫的意图条件。正当防卫必须是为了使国家、公共利益、本人或者他人的人身、财产和其他权利免受不法侵害。对于故意以语言、行为等挑动对方侵害自己再予以反击的防卫挑拨，不应认定为防卫行为。

★双方因琐事发生冲突结束后，一方又实施不法侵害，对方还击的，一般应当认定为防卫行为

《最高人民法院、最高人民检察院、公安部关于依法适用正当防卫制度的指导意见》(2020年8月28日　法发〔2020〕31号)

9. 准确界分防卫行为与相互斗殴。防卫行为与相互斗殴具有外观上的相似性，准确区分两者要坚持主客观相统一原则，通过综合考量案发起因、对冲突升级是否有过错、是否使用或者准备使用凶器、是否采用明显不相当的暴力、是否纠集他人参与打斗等客观情节，准确判断行为人的主观意图和行为性质。

因琐事发生争执，双方均不能保持克制而引发打斗，对于有过错的一方先动手且手段明显过激，或者一方先动手，在对方努力避免冲突的情况下仍继续侵害的，还击一方的行为一般应当认定为防卫行为。

双方因琐事发生冲突，冲突结束后，一方又实施不法侵害，对方还击，包括使用工具还击的，一般应当认定为防卫行为。不能仅因行为人事先进行防卫准备，就影响对其防卫意图的认定。

★对于显著轻微的不法侵害直接使用足以致人重伤或者死亡的方式进行制止的，不应认定为防卫行为

《最高人民法院、最高人民检察院、公安部关于依法适用正当防卫制度的指导意见》(2020年8月28日　法发〔2020〕31号)

10. 防止将滥用防卫权的行为认定为防卫行为。对于显著轻微的不法侵害，行为人在可以辨识的情况下，直接使用足以致人重伤或者死亡的方式进行制止的，不应认定为防卫行为。不法侵害系因行为人的重大过错引发，行为人在可以使用其他手段避免侵害的情况下，仍故意使用足以致人重伤或者死亡的方式还击的，不应认定为防卫行为。

★认定防卫过当应当同时具备“明显超过必要限度”和“造成重大损害”两个条件

《最高人民法院、最高人民检察院、公安部关于依法适用正当防卫制度的指导意见》(2020年8月28日 法发〔2020〕31号)

11.准确把握防卫过当的认定条件。根据刑法第二十条第二款的规定,认定防卫过当应当同时具备“明显超过必要限度”和“造成重大损害”两个条件,缺一不可。

12.准确认定“明显超过必要限度”。防卫是否“明显超过必要限度”,应当综合不法侵害的性质、手段、强度、危害程度和防卫的时机、手段、强度、损害后果等情节,考虑双方力量对比,立足防卫人防卫时所处情境,结合社会公众的一般认知作出判断。在判断不法侵害的危害程度时,不仅要考虑已经造成的损害,还要考虑造成进一步损害的紧迫危险性和现实可能性。不应当苛求防卫人必须采取与不法侵害基本相当的反击方式和强度。通过综合考量,对于防卫行为与不法侵害相差悬殊、明显过激的,应当认定防卫明显超过必要限度。

13.准确认定“造成重大损害”。“造成重大损害”是指造成不法侵害人重伤、死亡。造成轻伤及以下损害的,不属于重大损害。防卫行为虽然明显超过必要限度但没有造成重大损害的,不应认定为防卫过当。

★对于严重贬损他人人格尊严、严重违反伦理道德的不法侵害等引发的防卫过当行为,在量刑时应当充分考虑

《最高人民法院、最高人民检察院、公安部关于依法适用正当防卫制度的指导意见》(2020年8月28日 法发〔2020〕31号)

14.准确把握防卫过当的刑罚裁量。防卫过当应当负刑事责任,但是应当减轻或者免除处罚。要综合考虑案件情况,特别是不法侵害人的过错程度、不法侵害的严重程度以及防卫人面对不法侵害的恐慌、紧张等心理,确保刑罚裁量适当、公正。对于因侵害人实施严重贬损他人人格尊严、严重违反伦理道德的不法侵害,或者多次、长期实施不法侵害所引发的防卫过当行为,在量刑时应当充分考虑,以确保案件处理既经得起法律检验,又符合社会公平正义观念。

★准确理解和把握“行凶”

《最高人民法院、最高人民检察院、公安部关于依法适用正当防卫制度的指导意见》(2020年8月28日 法发〔2020〕31号)

15.准确理解和把握“行凶”。根据刑法第二十条第三款的规定,下列行为应当认定为“行凶”:(1)使用致命性凶器,严重危及他人人身安全的;(2)未使用凶器或者未使用致命性凶器,但是根据不法侵害的人数、打击部位和力度等情况,确已严重危及他人人身安全的。虽然尚未造成实际损害,但已对人身安全造成严重、紧迫危险的,可以认定为“行凶”。

★准确理解和把握“杀人、抢劫、强奸、绑架”

《最高人民法院、最高人民检察院、公安部关于依法适用正当防卫制度的指导意见》(2020年8月28日 法发〔2020〕31号)

16.准确理解和把握“杀人、抢劫、强奸、绑架”。刑法第二十条第三款规定的“杀人、抢劫、强奸、绑架”,是指具体犯罪行为而不是具体罪名。在实施不法侵害过程中存在杀人、抢劫、强奸、绑架等严重危及人身安全的暴力犯罪行为的,如以暴力手段抢劫枪支、弹药、爆炸物或者以绑架手段拐卖妇女、儿童的,可以实行特殊防卫。有关行为没有严重危及人身安全的,应当适用一般防卫的法律规定。

★准确理解和把握“其他严重危及人身安全的暴力犯罪”

《最高人民法院、最高人民检察院、公安部关于依法适用正当防卫制度的指导意见》(2020年8月28日 法发〔2020〕31号)

17.准确理解和把握“其他严重危及人身安全的暴力犯罪”。刑法第二十条第三款规定的“其他严重危及人身安全的暴力犯罪”,应当是与杀人、抢劫、强奸、绑架行为相当,并具有致人重伤或者死亡的紧迫危险和现实可能的暴力犯罪。

★准确区分正当防卫与互殴型故意伤害

《最高人民检察院、公安部关于依法妥善办理轻伤害案件的指导意见》(2022年12月22日 高检发办字〔2022〕167号)

一、基本要求

(九)准确区分正当防卫与互殴型故意伤害。人民检察院、公安机关要坚持主客观相统一的原则，综合考察案发起因、对冲突升级是否有过错、是否使用或者准备使用凶器、是否采用明显不相当的暴力、是否纠集他人参与打斗等客观情节，准确判断犯罪嫌疑人的主观意图和行为性质。因琐事发生争执，双方均不能保持克制而引发打斗，对于过错的一方先动手且手段明显过激，或者一方先动手，在对方努力避免冲突的情况下仍继续侵害，还击一方造成对方伤害的，一般应当认定为正当防卫。故意挑拨对方实施不法侵害，借机伤害对方的，一般不认定为正当防卫。

类案检索指引

★对正在进行的非法限制他人人身自由的行为，应当认定为“不法侵害”

《于欢故意伤害案》（2018年6月20日最高人民法院发布第18批指导性案例：指导案例93号）

【关键词】

刑事　故意伤害罪　非法限制人身自由　正当防卫　防卫过当

【裁判要点】

1. 对正在进行的非法限制他人人身自由的行为，应当认定为刑法第二十条第一款规定的“不法侵害”，可以进行正当防卫。

2. 对非法限制他人人身自由并伴有侮辱、轻微殴打的行为，不应当认定为刑法第二十条第三款规定的“严重危及人身安全的暴力犯罪”。

3. 判断防卫是否过当，应当综合考虑不法侵害的性质、手段、强度、危害程度，以及防卫行为的性质、时机、手段、强度、所处环境和损害后果等情节。对非法限制他人人身自由并伴有侮辱、轻微殴打，且并不十分紧迫的不法侵害，进行防卫致人死亡重伤的，应当认定为刑法第二十条第二款规定的“明显超过必要限度造成重大损害”。

4. 防卫过当案件，如系因被害人实施严重贬损他人人格尊严或者亵渎人伦的不法侵害引发的，量刑时对此应予充分考虑，以确保司法裁判既经得起法律检验，也符合社会公平正义观念。

★防卫行为虽然造成了重大损害，但是防卫措施并未明显超过必要限度的，不属于防卫过当

《陈某正当防卫案》（2018 年 12 月 18 日最高人民检察院发布第十二批指导性案例：检例第 45 号）

【关键词】

未成年人　故意伤害　正当防卫　不批准逮捕

【要旨】

在被人殴打、人身权利受到不法侵害的情况下，防卫行为虽然造成了重大损害的客观后果，但是防卫措施并未明显超过必要限度的，不属于防卫过当，依法不负刑事责任。

【指导意义】

刑法第二十条第一款规定，“为了使国家、公共利益、本人或者他人的人身、财产和其他权利免受正在进行的不法侵害，而采取的制止不法侵害的行为，对不法侵害人造成损害的，属于正当防卫，不负刑事责任”。司法实践通常称这种正当防卫为“一般防卫”。

一般防卫有限度要求，超过限度的属于防卫过当，需要负刑事责任。刑法规定的限度条件是“明显超过必要限度造成重大损害”，具体而言，行为人的防卫措施虽明显超过必要限度但防卫结果客观上并未造成重大损害，或者防卫结果虽客观上造成重大损害但防卫措施并未明显超过必要限度，均不能认定为防卫过当。本案中，陈某为了保护自己的人身安全而持刀反击，就所要保护的权利性质以及与侵害方的手段强度比较来看，不能认为防卫措施明显超过了必要限度，所以即使防卫结果在客观上造成了重大损害，也不属于防卫过当。

★对非法侵入住宅的防卫行为强度不具有必要性并致不法侵害人重伤、死亡的，属于防卫过当

《朱凤山故意伤害(防卫过当)案》(2018 年 12 月 18 日最高人民检察院发布第十二批指导性案例:检例第 46 号)

【关键词】

民间矛盾 故意伤害 防卫过当 二审检察

【要旨】

在民间矛盾激化过程中，对正在进行的非法侵入住宅、轻微人身侵害行为，可以进行正当防卫，但防卫行为的强度不具有必要性并致不法侵害人重伤、死亡的，属于明显超过必要限度造成重大损害，应当负刑事责任，但是应当减轻或者免除处罚。

★对犯罪故意的具体内容虽不确定，但足以严重危及人身安全的暴力侵害行为，应当认定为"行凶"

《于海明正当防卫案》(2018 年 12 月 18 日最高人民检察院发布第十二批指导性案例:检例第 47 号)

【关键词】

行凶 正当防卫 撤销案件

【要旨】

对于犯罪故意的具体内容虽不确定，但足以严重危及人身安全的暴力侵害行为，应当认定为刑法第二十条第三款规定的"行凶"。行凶已经造成严重危及人身安全的紧迫危险，即使没有发生严重的实害后果，也不影响正当防卫的成立。

★单方聚众斗殴的属于不法侵害，没有斗殴故意的一方可以进行正当防卫

《侯雨秋正当防卫案》(2018 年 12 月 18 日最高人民检察院发布第十二批指导性案例:检例第 48 号)

【关键词】

聚众斗殴 故意伤害 正当防卫 不起诉

【要旨】

单方聚众斗殴的,属于不法侵害,没有斗殴故意的一方可以进行正当防卫。单方持械聚众斗殴,对他人的人身安全造成严重危险的,应当认定为刑法第二十条第三款规定的“其他严重危及人身安全的暴力犯罪”。

★不法侵害虽然被暂时制止,但不法侵害人仍有可能继续实施侵害的,应当认定为不法侵害仍在进行

《甘肃省泾川县王某民正当防卫不批捕案——准确理解和把握“正在进行”“行凶”等严重危及人身安全的暴力犯罪》(2020年11月27日最高人民检察院发布正当防卫不捕不诉典型案例)

【要旨】

根据最高人民法院、最高人民检察院、公安部《关于依法适用正当防卫制度的指导意见》的规定,使用致命性凶器,严重危及他人人身安全的行为,应当认定为刑法第二十条第三款规定的“行凶”。正当防卫必须是针对“正在进行”的不法侵害。对于不法侵害已经形成现实、紧迫危险的,应当认定为不法侵害已经开始;对于不法侵害虽然被暂时制止,但不法侵害人仍有可能继续实施侵害的,应当认定为不法侵害仍在进行;对于不法侵害人确已失去侵害能力或者确已放弃侵害的,应当认定为不法侵害已经结束。对于不法侵害是否已经开始或者结束,要立足防卫人在防卫时所处情景,按照社会公众的一般认知,依法作出合乎情理的判断,不能苛求防卫人。

对于因婚姻家庭矛盾引发的不法侵害,首先,要正确判断不法侵害是一般侵害还是严重暴力侵害;其次,要正确判断严重暴力侵害是否正在进行。据此来确定是否适用刑法关于特殊防卫的规定。

★面对非法暴力强拆而阻止，没有明显超过必要限度的，应当认定为正当防卫

《河北省辛集市耿某华正当防卫不批捕案——为保护住宅安宁、人身和财产安全实施防卫致人重伤的认定》（2020年11月27日最高人民检察院发布正当防卫不捕不诉典型案例）

【要旨】

最高人民法院、最高人民检察院、公安部《关于依法适用正当防卫制度的指导意见》规定“正当防卫的前提是存在不法侵害。不法侵害既包括侵犯生命、健康权利的行为，也包括侵犯人身自由、公私财产等权利的行为；既包括犯罪行为，也包括违法行为。不应将不法侵害不当限缩为暴力侵害或者犯罪行为。对于非法限制他人人身自由、非法侵入他人住宅等不法侵害，可以实行防卫”。

面对非法暴力强拆，防卫人为保护自己和家人的人身安全和财产安全而阻止暴力拆迁的行为，符合正当防卫的前提条件，综合不法侵害行为和防卫行为的性质、手段、强度、力量对比、所处环境等因素全面分析，防卫行为没有明显超过必要限度的，应当认定为正当防卫，依法不负刑事责任。

★对于正在进行的共同不法侵害行为进行反击造成暴力程度较低的不法侵害人死亡的，不影响防卫强度的整体判断

《湖南省宁乡市文某丰正当防卫不起诉案——对共同侵害人实施防卫的认定》（2020年11月27日最高人民检察院发布正当防卫不捕不诉典型案例）

【要旨】

最高人民法院、最高人民检察院、公安部《关于依法适用正当防卫制度的指导意见》规定“正当防卫必须针对不法侵害人进行。对于多人共同实施不法侵害的，既可以针对直接实施不法侵害的人进行防卫，也可以针对在现场共同实施不法侵害的人进行防卫”。对于正在进行的共同不法侵害行为，防卫人反击，造成暴力程度较低的不法侵害人死亡的，不影响防卫强度的整体判断。

★面对多人围殴持刀反击造成伤亡结果的,应慎重考虑防卫行为是否明显超过必要限度

《江西省宜春市高某波正当防卫不起诉案——对“明显超过必要限度”的认定》(2020年11月27日最高人民检察院发布正当防卫不捕不诉典型案例)

【要旨】

根据刑法第二十条第二款的规定,认定防卫过当应当同时具备“明显超过必要限度”和“造成重大损害”两个条件,缺一不可。“造成重大损害”是指造成不法侵害人重伤、死亡,对此不难判断。实践中较难把握的是相关防卫行为是否明显超过必要限度,不少案件处理中存在认识分歧。最高人民法院、最高人民检察院、公安部《关于依法适用正当防卫制度的指导意见》规定,防卫是否“明显超过必要限度”,应当综合考虑不法侵害的性质、手段、强度、危害程度和防卫的时机、手段、强度、损害后果等情节,考虑双方力量对比,立足防卫人防卫时所处情境,结合社会公众的一般认知作出判断。在判断不法侵害的危害程度时,不仅要考虑已经造成的损害,还要考虑造成进一步损害的急迫危险性和现实可能性。

防卫人被骗入传销组织,在人身自由、健康、安全遭受传销人员不法侵害时,面对多人围殴,尽管不法侵害人没有持器械,防卫人持刀反击,造成伤亡结果的,应当从防卫人的角度设身处地考虑防卫行为是否明显超过必要限度。

★涉强奸正当防卫案件认定侵害强度及是否处于持续状态时,应体现有利于防卫人的原则

《安徽省枞阳县周某某正当防卫不起诉案——对强奸行为实施特殊防卫的认定》(2020年11月27日最高人民检察院发布正当防卫不捕不诉典型案例)

【要旨】

我国刑法第二十条第三款规定,对正在进行行凶、杀人、抢劫、强奸、绑架以及其他严重危及人身安全的暴力犯罪,采取防卫行为,造成不法侵害人伤亡的,不属于防卫过当,不负刑事责任。“强奸”与行凶、杀人、抢劫、绑架是并列规定的。根据最高人民法院、最高人民检察院、公安部《关于依法适用正当防卫制度的指导意见》的规定,“杀人、抢劫、强奸、绑架”,是指具体犯罪行为而不是具体罪名。在实施不法侵害过程中存在杀人、抢劫、强奸、绑架等严重危及人身安全的暴力犯罪行为的,可以实行特殊防卫。

在强奸犯罪中,严重危及人身安全的表现形式,就是强行与女性发生性关系,而不是要求危及到生命安全。对强奸行为实行特殊防卫不要求侵害行为已经达到严重危及生命安全的程度,防卫人才可以实行特殊防卫。实践中,强奸案件具有证据相对薄弱的特点,在涉强奸的正当防卫案件办理中,在证据采信上要采取口供补强原则,在认定不法侵害人的侵害意图、侵害能力、侵害强度和不法侵害是否处于持续状态时,应体现有利于防卫人的原则。要充分考虑防卫人面临不法侵害时的紧迫状态和紧张心理,防止在事后以正常情况下冷静理性、客观精确的标准去评判防卫人。

★因琐事发生争执而引发打斗,对于有过错的一方先动手且手段明显过激的,还击一方一般应当认定为防卫行为

《湖北省京山市余某正当防卫不起诉案——准确界分相互斗殴与正当防卫》(2020年11月27日最高人民检察院发布正当防卫不捕不诉典型案例)

【要旨】

准确界分相互斗殴与正当防卫的界限,关键看行为人在主观意图上是为了防卫合法利益还是故意不法侵害他人。根据最高人民法院、最高人民检察院、公安部《关于依法适用正当防卫制度的指导意见》的规定,判断行为人是否具有防卫意图,应当坚持主客观相统一原则,通过综合考量案发起因、对冲突升级是否有过错、是否使用或者准备使用凶器、是否采用明显不相当的暴力、是否纠集他人参与打斗等客观情节,准确判断行为人的主观意图和行为性质。因琐事发生争执,双方均不能保持克制而引发打斗,对于有过错的一方先动手且手段明显过激的，还击一方的行为一般应当认定为防卫行为。

在道路行车纠纷中，一方正常行驶，另一方违章驾驶，主动挑衅，引发打斗的，在判断行为人是互殴还是防卫时，要从谁引发矛盾，谁造成矛盾升级，以及行为手段和后果等方面进行综合分析评判。要结合社会公众的一般认知依法准确认定，司法结论应彰显公平公正、邪不压正的价值理念。

★部分不法侵害人已被制伏，但其他不法侵害人仍在继续实施侵害的，仍然可以进行防卫

《张那木拉正当防卫案》（2020年12月29日最高人民法院发布第26批指导性案例：指导案例144号）

【关键词】

刑事　正当防卫　特殊防卫　行凶　宣告无罪

【裁判要点】

1.对于使用致命性凶器攻击他人要害部位，严重危及他人人身安全的行为，应当认定为刑法第二十条第三款规定的“行凶”，可以适用特殊防卫的有关规定。

2.对于多人共同实施不法侵害，部分不法侵害人已被制伏，但其他不法侵害人仍在继续实施侵害的，仍然可以进行防卫。

★判断暴力侵害是否正在进行时，要设身处地考虑防卫人所处的具体情境，作出法理情相统一的认定

《黑龙江任甲正当防卫案——通过听证以案释法，走进村屯开展普法教育》（2022年2月24日最高人民检察院发布检察机关深化司法民主建设　推进全过程人民民主典型案例）

【典型意义】

判断暴力侵害是否正在进行时要设身处地考虑防卫人所处的具体情境，作出法理情相统一的认定，彰显“法不能向不法让步”的法治精神。检察机关根据案件情况，选择在涉案村召开听证会，让听证员、检察官能够充分以案释法、以理服人，讲清、讲透、讲明国法、天理、人情。对特定案件采用回访方式修复社会关系、抚慰当事人心理，充分体现了司法为民、公正司法的检察担当。

第二十一条 【紧急避险】为了使国家、公共利益、本人或者他人的人身、财产和其他权利免受正在发生的危险，不得已采取的紧急避险行为，造成损害的，不负刑事责任。

紧急避险超过必要限度造成不应有的损害的，应当负刑事责任，但是应当减轻或者免除处罚。

第一款中关于避免本人危险的规定，不适用于职务上、业务上负有特定责任的人。

立法动态

本条源自《中华人民共和国刑法》(1997 年 3 月 14 日第八届全国人民代表大会第五次会议修订，自 1997 年 10 月 1 日起施行)。

适用要点与裁判依据

★驾驶人员遭到妨害安全驾驶行为侵害采取躲避措施造成损害，应当认定为紧急避险

《最高人民法院、最高人民检察院、公安部关于依法惩治妨害公共交通工具安全驾驶违法犯罪行为的指导意见》(2019 年 1 月 8 日 公通字〔2019〕1 号)

一、准确认定行为性质，依法从严惩处妨害安全驾驶犯罪

(五)正在驾驶公共交通工具的驾驶人员遭到妨害安全驾驶行为侵害时，为避免公共交通工具倾覆或者人员伤亡等危害后果发生，采取紧急制动或者躲避措施，造成公共交通工具、交通设施损坏或者人身损害，符合法定条件的，应当认定为紧急避险。

第二节　犯罪的预备、未遂和中止

第二十二条　【犯罪预备】为了犯罪，准备工具、制造条件的，是犯罪预备。

对于预备犯，可以比照既遂犯从轻、减轻处罚或者免除处罚。

立法动态

本条源自《中华人民共和国刑法》（1997 年 3 月 14 日第八届全国人民代表大会第五次会议修订，自 1997 年 10 月 1 日起施行）。

第二十三条　【犯罪未遂】已经着手实行犯罪，由于犯罪分子意志以外的原因而未得逞的，是犯罪未遂。

对于未遂犯，可以比照既遂犯从轻或者减轻处罚。

立法动态

本条源自《中华人民共和国刑法》（1997 年 3 月 14 日第八届全国人民代表大会第五次会议修订，自 1997 年 10 月 1 日起施行）。

适用要点与裁判依据

★未遂犯常见量刑情节的适用

《最高人民法院、最高人民检察院关于常见犯罪的量刑指导意见（试行）》（2021 年 6 月 16 日　法发〔2021〕21 号）

三、常见量刑情节的适用

（四）对于未遂犯，综合考虑犯罪行为的实行程度、造成损害的大小、犯罪未得逞的原因等情况，可以比照既遂犯减少基准刑的 50% 以下。

第二十四条 【犯罪中止】在犯罪过程中，自动放弃犯罪或者自动有效地防止犯罪结果发生的，是犯罪中止。

对于中止犯，没有造成损害的，应当免除处罚；造成损害的，应当减轻处罚。

立法动态

本条源自《中华人民共和国刑法》(1997 年 3 月 14 日第八届全国人民代表大会第五次会议修订，自 1997 年 10 月 1 日起施行)。

第三节 共同犯罪

第二十五条 【普通共同犯罪】共同犯罪是指二人以上共同故意犯罪。

二人以上共同过失犯罪，不以共同犯罪论处；应当负刑事责任的，按照他们所犯的罪分别处罚。

立法动态

本条源自《中华人民共和国刑法》(1997 年 3 月 14 日第八届全国人民代表大会第五次会议修订，自 1997 年 10 月 1 日起施行)。

适用要点与裁判依据

★准确认定故意伤害案件中的共同犯罪

《最高人民检察院、公安部关于依法妥善办理轻伤害案件的指导意见》(2022 年 12 月 22 日 高检发办字〔2022〕167 号)

一、基本要求

(十)准确认定共同犯罪。二人以上对同一被害人共同故意实施伤害行为，无论是否能够证明伤害结果具体由哪一犯罪嫌疑人的行为造成的，均应当按照共同犯罪认定处理，并根据各犯罪嫌疑人在共同犯罪中的地位、作用、情节等追究刑事责任。

犯罪嫌疑人对被害人实施伤害时，对虽然在场但并无伤害故意和伤害行为的人员，不能认定为共同犯罪。

对虽然有一定参与但犯罪情节轻微，依照刑法规定不需要判处刑罚或者免除刑罚的，可以依法作出不起诉处理。对情节显著轻微、危害不大，不认为是犯罪的，应当撤销案件，或者作出不起诉处理。

第二十六条　【主犯、犯罪集团及处罚原则】组织、领导犯罪集团进行犯罪活动的或者在共同犯罪中起主要作用的，是主犯。

三人以上为共同实施犯罪而组成的较为固定的犯罪组织，是犯罪集团。

对组织、领导犯罪集团的首要分子，按照集团所犯的全部罪行处罚。

对于第三款规定以外的主犯，应当按照其所参与的或者组织、指挥的全部犯罪处罚。

立法动态

本条源自《中华人民共和国刑法》(1997 年 3 月 14 日第八届全国人民代表大会第五次会议修订，自 1997 年 10 月 1 日起施行)。

类案检索指引

★认定恶势力犯罪集团应当具备“为非作恶、欺压百姓”的特征

《吴强等敲诈勒索、抢劫、故意伤害案》(2022 年 11 月 29 日最高人民法发布第 33 批指导性案例：指导案例 187 号)

【关键词】

刑事　犯罪集团　恶势力犯罪集团　公然性

【裁判要点】

恶势力犯罪集团是符合犯罪集团法定条件的恶势力犯罪组织。恶势力犯罪集团应当具备"为非作恶、欺压百姓"特征,其行为"造成较为恶劣的社会影响",因而实施违法犯罪活动必然具有一定的公然性,且手段应具有较严重的强迫性、压制性。普通犯罪集团实施犯罪活动如仅为牟取不法经济利益,缺乏造成较为恶劣社会影响的意图,在行为方式的公然性、犯罪手段的强迫压制程度等方面与恶势力犯罪集团存在区别,可按犯罪集团处理,但不应认定为恶势力犯罪集团。

第二十七条　【从犯及处罚原则】在共同犯罪中起次要或者辅助作用的,是从犯。

对于从犯,应当从轻、减轻处罚或者免除处罚。

立法动态

本条源自《中华人民共和国刑法》(1997 年 3 月 14 日第八届全国人民代表大会第五次会议修订,自 1997 年 10 月 1 日起施行)。

适用要点与裁判依据

★对于从犯常见量刑情节的适用

《最高人民法院、最高人民检察院关于常见犯罪的量刑指导意见(试行)》(2021 年 6 月 16 日　法发〔2021〕21 号)

三、常见量刑情节的适用

(五)对于从犯,综合考虑其在共同犯罪中的地位、作用等情况,应当予以从宽处罚,减少基准刑的 20% -50%;犯罪较轻的,减少基准刑的 50% 以上或者依法免除处罚。

第二十八条 【胁从犯的处罚原则】对于被胁迫参加犯罪的，应当按照他的犯罪情节减轻处罚或者免除处罚。

立法动态

本条源自《中华人民共和国刑法》(1997年3月14日第八届全国人民代表大会第五次会议修订，自1997年10月1日起施行)。

适用要点与裁判依据

★在境外受胁迫或者受诱骗参加敌对组织、间谍组织，可以不予追究的情形

《中华人民共和国反间谍法》(2023年4月26日修订 主席令第4号)

第五十五条第二款 在境外受胁迫或者受诱骗参加间谍组织、敌对组织，从事危害中华人民共和国国家安全的活动，及时向中华人民共和国驻外机构如实说明情况，或者入境后直接或者通过所在单位及时向国家安全机关如实说明情况，并有悔改表现的，可以不予追究。

第二十九条 【教唆犯及处罚原则】教唆他人犯罪的，应当按照他在共同犯罪中所起的作用处罚。教唆不满十八周岁的人犯罪的，应当从重处罚。

如果被教唆的人没有犯被教唆的罪，对于教唆犯，可以从轻或者减轻处罚。

立法动态

本条源自《中华人民共和国刑法》(1997年3月14日第八届全国人民代表大会第五次会议修订，自1997年10月1日起施行)。

第四节 单位犯罪

第三十条 【单位犯罪的刑事责任】公司、企业、事业单位、机关、团体实施的危害社会的行为，法律规定为单位犯罪的，应当负刑事责任。

立法动态

本条源自《中华人民共和国刑法》（1997 年 3 月 14 日第八届全国人民代表大会第五次会议修订，自 1997 年 10 月 1 日起施行）。

适用要点与裁判依据

★单位犯罪的主体范围

《最高人民法院关于审理单位犯罪案件具体应用法律有关问题的解释》（1999 年 6 月 25 日 法释〔1999〕14 号）

第一条 刑法第三十条规定的“公司、企业、事业单位”，既包括国有、集体所有的公司、企业、事业单位，也包括依法设立的合资经营、合作经营企业和具有法人资格的独资、私营等公司、企业、事业单位。

★不以单位犯罪论处的情形

《最高人民法院关于审理单位犯罪案件具体应用法律有关问题的解释》（1999 年 6 月 25 日 法释〔1999〕14 号）

第二条 个人为进行违法犯罪活动而设立的公司、企业、事业单位实施犯罪的，或者公司、企业、事业单位设立后，以实施犯罪为主要活动的，不以单位犯罪论处。

★盗用单位名义实施犯罪的，依照自然人犯罪的规定定罪处罚

《最高人民法院关于审理单位犯罪案件具体应用法律有关问题的解释》(1999年6月25日　法释〔1999〕14号)

第三条　盗用单位名义实施犯罪，违法所得由实施犯罪的个人私分的，依照刑法有关自然人犯罪的规定定罪处罚。

★审理单位犯罪案件可不区分主犯、从犯

《最高人民法院关于审理单位犯罪案件对其直接负责的主管人员和其他直接责任人员是否区分主犯、从犯问题的批复》(2000年9月30日　法释〔2000〕31号)

在审理单位故意犯罪案件时，对其直接负责的主管人员和其他直接责任人员，可不区分主犯、从犯，按照其在单位犯罪中所起的作用判处刑罚。

★单位走私犯罪及其主管人员和责任人员的认定

《最高人民法院、最高人民检察院、海关总署关于办理走私刑事案件适用法律若干问题的意见》(2002年7月8日　法〔2002〕139号)

十八、关于单位走私犯罪及其直接负责的主管人员和直接责任人员的认定问题

具备下列特征的，可以认定为单位走私犯罪：(1)以单位的名义实施走私犯罪，即由单位集体研究决定，或者由单位的负责人或者被授权的其他人员决定、同意；(2)为单位谋取不正当利益或者违法所得大部分归单位所有。

依照《最高人民法院关于审理单位犯罪案件具体应用法律有关问题的解释》第二条的规定，个人为进行违法犯罪活动而设立的公司、企业、事业单位实施犯罪的，或者个人设立公司、企业、事业单位后，以实施犯罪为主要活动的，不以单位犯罪论处。单位是否以实施犯罪为主要活动，应根据单位实施走私行为的次数、频度、持续时间、单位进行合法经营的状况等因素综合考虑认定。

根据单位人员在单位走私犯罪活动中所发挥的不同作用，对其直接

负责的主管人员和其他直接责任人员，可以确定为一人或者数人。对于受单位领导指派而积极参与实施走私犯罪行为的人员，如果其行为在走私犯罪的主要环节起重要作用的，可以认定为单位犯罪的直接责任人员。

第三十一条 【单位犯罪的处罚原则】单位犯罪的，对单位判处罚金，并对其直接负责的主管人员和其他直接责任人员判处刑罚。本法分则和其他法律另有规定的，依照规定。

立法动态

本条源自《中华人民共和国刑法》（1997 年 3 月 14 日第八届全国人民代表大会第五次会议修订，自 1997 年 10 月 1 日起施行）。

适用要点与裁判依据

★单位实施危害社会行为，刑法分则和其他法律未规定追究刑事责任的处理

《全国人民代表大会常务委员会关于〈中华人民共和国刑法〉第三十条的解释》（2014 年 4 月 24 日）

公司、企业、事业单位、机关、团体等单位实施刑法规定的危害社会的行为，刑法分则和其他法律未规定追究单位的刑事责任的，对组织、策划、实施该危害社会行为的人依法追究刑事责任。

★应当认定为单位犯罪的案件，检察院只作为自然人犯罪起诉的法律适用

《最高人民法院关于适用〈中华人民共和国刑事诉讼法〉的解释》（2021 年 1 月 26 日 法释〔2021〕1 号）

第三百四十条 对应当认定为单位犯罪的案件，人民检察院只作为自然人犯罪起诉的，人民法院应当建议人民检察院对犯罪单位追加起诉。人民检察院仍以自然人犯罪起诉的，人民法院应当依法审理，按照单位犯罪直接负责的主管人员或者其他直接责任人员追究刑事责任，并援引刑法分则关于追究单位犯罪中直接负责的主管人员和其他直接责任人员刑事责任的条款。

第三章 刑 罚

第一节 刑罚的种类

第三十二条 【刑罚的种类】刑罚分为主刑和附加刑。

立法动态

本条源自《中华人民共和国刑法》（1997 年 3 月 14 日第八届全国人民代表大会第五次会议修订，自 1997 年 10 月 1 日起施行）。

第三十三条 【主刑的种类】主刑的种类如下：

（一）管制；

（二）拘役；

（三）有期徒刑；

（四）无期徒刑；

（五）死刑。

立法动态

本条源自《中华人民共和国刑法》（1997 年 3 月 14 日第八届全国人民代表大会第五次会议修订，自 1997 年 10 月 1 日起施行）。

第三十四条　【附加刑的种类及适用】附加刑的种类如下：

（一）罚金；

（二）剥夺政治权利；

（三）没收财产。

附加刑也可以独立适用。

立法动态

本条源自《中华人民共和国刑法》（1997年3月14日第八届全国人民代表大会第五次会议修订，自1997年10月1日起施行）。

第三十五条　【驱逐出境】对于犯罪的外国人，可以独立适用或者附加适用驱逐出境。

立法动态

本条源自《中华人民共和国刑法》（1997年3月14日第八届全国人民代表大会第五次会议修订，自1997年10月1日起施行）。

适用要点与裁判依据

★香港特别行政区维护国家安全法对适用驱逐出境的规定

《中华人民共和国香港特别行政区维护国家安全法》（2020年6月30日　主席令第49号）

第三十四条　不具有香港特别行政区永久性居民身份的人实施本法规定的犯罪的，可以独立适用或者附加适用驱逐出境。

不具有香港特别行政区永久性居民身份的人违反本法规定，因任何原因不对其追究刑事责任的，也可以驱逐出境。

第三十六条 【赔偿经济损失与民事赔偿责任】由于犯罪行为而使被害人遭受经济损失的，对犯罪分子除依法给予刑事处罚外，并应根据情况判处赔偿经济损失。

承担民事赔偿责任的犯罪分子，同时被判处罚金，其财产不足以全部支付的，或者被判处没收财产的，应当先承担对被害人的民事赔偿责任。

立法动态

本条源自《中华人民共和国刑法》（1997 年 3 月 14 日第八届全国人民代表大会第五次会议修订，自 1997 年 10 月 1 日起施行）。

第三十七条 【免予刑事处罚】对于犯罪情节轻微不需要判处刑罚的，可以免予刑事处罚，但是可以根据案件的不同情况，予以训诫或者责令具结悔过、赔礼道歉、赔偿损失，或者由主管部门予以行政处罚或者行政处分。

立法动态

本条源自《中华人民共和国刑法》（1997 年 3 月 14 日第八届全国人民代表大会第五次会议修订，自 1997 年 10 月 1 日起施行）。

适用要点与裁判依据

★对于农民被告人依法免予刑事处罚的情形

《全国法院维护农村稳定刑事审判工作座谈会纪要》（1999 年 10 月 27 日 法〔1999〕217 号）

三

（二）关于对农民被告人依法判处缓刑、管制、免予刑事处罚问题对农民被告人适用刑罚，既要严格遵循罪刑相适应的原则，又要充分考虑到农民犯罪主体的特殊性。要依靠当地党委做好相关部门的工作，依法适当多适用非监禁刑罚。对于已经构成犯罪，但不需要判处刑罚的，或者法律规定有管制刑的，应当依法免予刑事处罚或判处管制刑。对于罪行较轻且认罪态度好，符合宣告缓刑条件的，应当依法适用缓刑。

……

★对于未成年罪犯应当免予刑事处罚的六种情形

《最高人民法院关于审理未成年人刑事案件具体应用法律若干问题的解释》（2006年1月11日　法释〔2006〕1号）

第十七条　未成年罪犯根据其所犯罪行，可能被判处拘役、三年以下有期徒刑，如果悔罪表现好，并具有下列情形之一的，应当依照刑法第三十七条的规定免予刑事处罚：

（一）系又聋又哑的人或者盲人；

（二）防卫过当或者避险过当；

（三）犯罪预备、中止或者未遂；

（四）共同犯罪中从犯、胁从犯；

（五）犯罪后自首或者有立功表现；

（六）其他犯罪情节轻微不需要判处刑罚的。

★依法不需要判处刑罚，可以免予刑事处罚的情形

《最高人民法院关于贯彻宽严相济刑事政策的若干意见》（2010年2月8日　法发〔2010〕9号）

15. 被告人的行为已经构成犯罪，但犯罪情节轻微，或者未成年人、在校学生实施的较轻犯罪，或者被告人具有犯罪预备、犯罪中止、从犯、胁从犯、防卫过当、避险过当等情节，依法不需要判处刑罚的，可以免予刑事处罚。对免予刑事处罚的，应当根据刑法第三十七条规定，做好善后、帮教工作或者交由有关部门进行处理，争取更好的社会效果。

19. 对于较轻犯罪的初犯、偶犯，应当综合考虑其犯罪的动机、手段、情节、后果和犯罪时的主观状态，酌情予以从宽处罚。对于犯罪情节轻微的初犯、偶犯，可以免予刑事处罚；依法应当予以刑事处罚的，也应当尽量适用缓刑或者判处管制、单处罚金等非监禁刑。

20. 对于未成年人犯罪，在具体考虑其实施犯罪的动机和目的、犯罪性质、情节和社会危害程度的同时，还要充分考虑其是否属于初犯，归案后是否悔罪，以及个人成长经历和一贯表现等因素，坚持"教育为主、惩罚为辅"的原则和"教育、感化、挽救"的方针进行处理。对于偶尔盗窃、抢夺、诈骗，数额刚达到较大的标准，案发后能如实交代并积极退赃的，可以认定为情节显著轻微，不作为犯罪处理。对于罪行较轻的，可以依法适当多适用缓刑或者判处管制、单处罚金等非监禁刑；依法可免予刑事处罚的，应当免予刑事处罚。

23. 被告人案发后对被害人积极进行赔偿，并认罪、悔罪的，依法可以作为酌定量刑情节予以考虑。因婚姻家庭等民间纠纷激化引发的犯罪，被害人及其家属对被告人表示谅解的，应当作为酌定量刑情节予以考虑。犯罪情节轻微，取得被害人谅解的，可以依法从宽处理，不需判处刑罚的，可以免予刑事处罚。

★自诉案件被告人可以免予刑事处罚的情形

《最高人民法院关于贯彻宽严相济刑事政策的若干意见》(2010年2月8日　法发〔2010〕9号)

40. 对于刑事自诉案件，要尽可能多做化解矛盾的调解工作，促进双方自行和解。对于经过司法机关做工作，被告人认罪悔过，愿意赔偿被害人损失，取得被害人谅解，从而达成和解协议的，可以由自诉人撤回起诉，或者对被告人依法从轻或免予刑事处罚。对于可公诉、也可自诉的刑事案件，检察机关提起公诉的，人民法院应当依法进行审理，依法定罪处罚。对民间纠纷引发的轻伤害等轻微刑事案件，诉至法院后当事人自行和解的，应当予以准许并记录在案。人民法院也可以在不违反法律规定的前提下，对此类案件尝试做一些促进和解的工作。

★对职务犯罪分子一般不适用免予刑事处罚的九种情形

《最高人民法院、最高人民检察院关于办理职务犯罪案件严格适用缓刑、免予刑事处罚若干问题的意见》(2012年8月8日　法发〔2012〕17号)

一、严格掌握职务犯罪案件缓刑、免予刑事处罚的适用。职务犯罪案件的刑罚适用直接关系反腐败工作的实际效果。人民法院、人民检察院要深刻认识职务犯罪的严重社会危害性,正确贯彻宽严相济刑事政策,充分发挥刑罚的惩治和预防功能。要在全面把握犯罪事实和量刑情节的基础上严格依照刑法规定的条件适用缓刑、免予刑事处罚,既要考虑从宽情节,又要考虑从严情节;既要做到刑罚与犯罪相当,又要做到刑罚执行方式与犯罪相当,切实避免缓刑、免予刑事处罚不当适用造成的消极影响。

二、具有下列情形之一的职务犯罪分子,一般不适用缓刑或者免予刑事处罚:

(一)不如实供述罪行的;

(二)不予退缴赃款赃物或者将赃款赃物用于非法活动的;

(三)属于共同犯罪中情节严重的主犯的;

(四)犯有数个职务犯罪依法实行并罚或者以一罪处理的;

(五)曾因职务违纪违法行为受过行政处分的;

(六)犯罪涉及的财物属于救灾、抢险、防汛、优抚、扶贫、移民、救济、防疫等特定款物的;

(七)受贿犯罪中具有索贿情节的;

(八)渎职犯罪中徇私舞弊情节或者滥用职权情节恶劣的;

(九)其他不应适用缓刑、免予刑事处罚的情形。

四、人民法院审理职务犯罪案件时应当注意听取检察机关、被告人、辩护人提出的量刑意见,分析影响性案件案发前后的社会反映,必要时可以征求案件查办等机关的意见。对于情节恶劣、社会反映强烈的职务犯罪案件,不得适用缓刑、免予刑事处罚。

★检察院、法院对职务犯罪案件有必要决定(建议)适用缓刑或者免予刑事处罚的程序

《最高人民法院、最高人民检察院关于办理职务犯罪案件严格适用缓刑、免予刑事处罚若干问题的意见》(2012年8月8日 法发〔2012〕17号)

五、对于具有本意见第二条规定的情形之一,但根据全案事实和量刑情节,检察机关认为确有必要适用缓刑或者免予刑事处罚并据此提出量刑建议的,应经检察委员会讨论决定;审理法院认为确有必要适用缓刑或者免予刑事处罚的,应经审判委员会讨论决定。

★行贿犯罪一般不适用免予刑事处罚的情形

《最高人民法院、最高人民检察院关于办理行贿刑事案件具体应用法律若干问题的解释》(2012年12月26日 法释〔2012〕22号)

第十条 实施行贿犯罪,具有下列情形之一的,一般不适用缓刑和免予刑事处罚:

(一)向三人以上行贿的;

(二)因行贿受过行政处罚或者刑事处罚的;

(三)为实施违法犯罪活动而行贿的;

(四)造成严重危害后果的;

(五)其他不适用缓刑和免予刑事处罚的情形。

具有刑法第三百九十条第二款规定的情形的,不受前款规定的限制。

第三十七条之一 【从业禁止】因利用职业便利实施犯罪,或者实施违背职业要求的特定义务的犯罪被判处刑罚的,人民法院可以根据犯罪情况和预防再犯罪的需要,禁止其自刑罚执行完毕之日或者假释之日起从事相关职业,期限为三年至五年。

被禁止从事相关职业的人违反人民法院依照前款规定作出的决定的,由公安机关依法给予处罚;情节严重的,依照本法第三百一十三条的规定定罪处罚。

其他法律、行政法规对其从事相关职业另有禁止或者限制性规定的，从其规定。

立法动态

本条根据《中华人民共和国刑法修正案（九）》（自 2015 年 11 月 1 日起施行）第一条增加。

适用要点与裁判依据

★对于实施危害生产安全犯罪适用缓刑的犯罪分子，可以禁止其从事与安全生产相关联的特定活动

《最高人民法院、最高人民检察院关于办理危害生产安全刑事案件适用法律若干问题的解释》（2015 年 12 月 14 日　法释〔2015〕22 号）

第十六条　对于实施危害生产安全犯罪适用缓刑的犯罪分子，可以根据犯罪情况，禁止其在缓刑考验期限内从事与安全生产相关联的特定活动；对于被判处刑罚的犯罪分子，可以根据犯罪情况和预防再犯罪的需要，禁止其自刑罚执行完毕之日或者假释之日起三年至五年内从事与安全生产相关的职业。

★对于黑社会性质组织成员，应当依法禁止其从事相关职业

《最高人民法院、最高人民检察院、公安部、司法部关于办理黑恶势力犯罪案件若干问题的指导意见》（2018 年 1 月 16 日　法发〔2018〕1 号）

12. 对于组织者、领导者和因犯参加黑社会性质组织罪被判处五年以上有期徒刑的积极参加者，可以根据《刑法》第五十六条第一款的规定适用附加剥夺政治权利。对于符合《刑法》第三十七条之一规定的组织成员，应当依法禁止其从事相关职业。符合《刑法》第六十六条规定的组织成员,应当认定为累犯,依法从重处罚。

★对于恶势力的纠集者、恶势力犯罪集团的首要分子等可以禁止其从事相关职业

《最高人民法院、最高人民检察院、公安部、司法部关于办理恶势力刑事案件若干问题的意见》(2019年4月9日 法发〔2019〕10号)

三、正确运用宽严相济刑事政策的有关要求

13. 对于恶势力的纠集者、恶势力犯罪集团的首要分子、重要成员以及恶势力、恶势力犯罪集团共同犯罪中罪责严重的主犯,要正确运用法律规定加大惩处力度,对依法应当判处重刑或死刑的,坚决判处重刑或死刑。同时要严格掌握取保候审,严格掌握不起诉,严格掌握缓刑、减刑、假释,严格掌握保外就医适用条件,充分利用资格刑、财产刑等法律手段全方位从严惩处。对于符合刑法第三十七条之一规定的,可以依法禁止其从事相关职业。

★对于"套路贷"犯罪分子可以禁止从事相关职业

《最高人民法院、最高人民检察院、公安部、司法部关于办理"套路贷"刑事案件若干问题的意见》(2019年2月28日 法发〔2019〕11号)

9. 对于"套路贷"犯罪分子,应当根据其所触犯的具体罪名,依法加大财产刑适用力度。符合刑法第三十七条之一规定的,可以依法禁止从事相关职业。

★对于利用未成年人实施黑恶势力犯罪的应当禁止其从事相关职业

《最高人民法院、最高人民检察院、公安部、司法部关于依法严惩利用未成年人实施黑恶势力犯罪的意见》(2020年3月23日 高检发〔2020〕4号)

(五)人民法院要对利用未成年人实施黑恶势力犯罪案件及时审判,从严处罚。严格掌握缓刑、减刑、假释的适用,严格掌握暂予监外执行的适用条件。依法运用财产刑、资格刑,最大限度铲除黑恶势力"经济基础"。对于符合刑法第三十七条之一规定的,应当依法禁止其从事相关职业。

★对于教职员工利用职业便利实施犯罪的可以禁止其从事相关职业

《最高人民法院、最高人民检察院、教育部关于落实从业禁止制度的意见》（2022年11月10日　法发〔2022〕32号）

一、依照《刑法》第三十七条之一的规定，教职员工利用职业便利实施犯罪，或者实施违背职业要求的特定义务的犯罪被判处刑罚的，人民法院可以根据犯罪情况和预防再犯罪的需要，禁止其在一定期限内从事相关职业。其他法律、行政法规对其从事相关职业另有禁止或者限制性规定的，从其规定。

《未成年人保护法》、《教师法》属于前款规定的法律，《教师资格条例》属于前款规定的行政法规。

★对于教职员工实施性侵害、虐待、拐卖、暴力伤害等犯罪的，禁止从事密切接触未成年人的工作

《最高人民法院、最高人民检察院、教育部关于落实从业禁止制度的意见》（2022年11月10日　法发〔2022〕32号）

二、依照《未成年人保护法》第六十二条的规定，实施性侵害、虐待、拐卖、暴力伤害等违法犯罪的人员，禁止从事密切接触未成年人的工作。

依照《教师法》第十四条、《教师资格条例》第十八条规定，受到剥夺政治权利或者故意犯罪受到有期徒刑以上刑罚的，不能取得教师资格；已经取得教师资格的，丧失教师资格，且不能重新取得教师资格。

三、教职员工实施性侵害、虐待、拐卖、暴力伤害等犯罪的，人民法院应当依照《未成年人保护法》第六十二条的规定，判决禁止其从事密切接触未成年人的工作。

教职员工实施前款规定以外的其他犯罪，人民法院可以根据犯罪情况和预防再犯罪的需要，依照《刑法》第三十七条之一第一款的规定，判决禁止其自刑罚执行完毕之日或者假释之日起从事相关职业,期限为三年至五年;或者依照刑法第三十八条第二款、第七十二条第二款的规定,对其适用禁止令。

★违反网络安全法规定受到刑事处罚的人员,终身不得从事网络安全管理和网络运营关键岗位的工作

《中华人民共和国网络安全法》(2016年11月7日 主席令第53号)

第六十三条 违反本法第二十七条规定,从事危害网络安全的活动,或者提供专门用于从事危害网络安全活动的程序、工具,或者为他人从事危害网络安全的活动提供技术支持、广告推广、支付结算等帮助,尚不构成犯罪的,由公安机关没收违法所得,处五日以下拘留,可以并处五万元以上五十万元以下罚款;情节较重的,处五日以上十五日以下拘留,可以并处十万元以上一百万元以下罚款。

单位有前款行为的,由公安机关没收违法所得,处十万元以上一百万元以下罚款,并对直接负责的主管人员和其他直接责任人员依照前款规定处罚。

违反本法第二十七条规定,受到治安管理处罚的人员,五年内不得从事网络安全管理和网络运营关键岗位的工作;受到刑事处罚的人员,终身不得从事网络安全管理和网络运营关键岗位的工作。

★香港特别行政区维护国家安全法对单位犯罪适用从业禁止的规定

《中华人民共和国香港特别行政区维护国家安全法》(2020年6月30日 主席令第49号)

第三十一条 公司、团体等法人或者非法人组织实施本法规定的犯罪的,对该组织判处罚金。

公司、团体等法人或者非法人组织因犯本法规定的罪行受到刑事处罚的,应责令其暂停运作或者吊销其执照或者营业许可证。

第二节 管 制

第三十八条 【管制的期限、禁止令及社区矫正】管制的期限，为三个月以上二年以下。

判处管制，可以根据犯罪情况，同时禁止犯罪分子在执行期间从事特定活动，进入特定区域、场所，接触特定的人。

对判处管制的犯罪分子，依法实行社区矫正。

违反第二款规定的禁止令的，由公安机关依照《中华人民共和国治安管理处罚法》的规定处罚。

立法动态

本条源自《中华人民共和国刑法》(1997 年 3 月 14 日第八届全国人民代表大会第五次会议修订，自 1997 年 10 月 1 日起施行)。

本条根据《刑法修正案(八)》(自 2011 年 5 月 1 日起施行)第二条修改，其中第二款、第四款系增加，第三款系对原第二款的修改。

原第二款为：被判处管制的犯罪分子，由公安机关执行。

对第二款修改的内容为：对被判处管制的犯罪分子“由公安机关执行”修改为“依法实行社区矫正”。

适用要点与裁判依据

★对判处管制的犯罪分子适用禁止令应当充分考虑的因素

《最高人民法院、最高人民检察院、公安部、司法部关于对判处管制、宣告缓刑的犯罪分子适用禁止令有关问题的规定(试行)》(2011 年 4 月 28 日 法发〔2011〕9 号)

第二条 人民法院宣告禁止令，应当根据犯罪分子的犯罪原因、犯罪性质、犯罪手段、犯罪后的悔罪表现、个人一贯表现等情况，充分考虑与犯罪分子所犯罪行的关联程度,有针对性地决定禁止其在管制执行期间、缓刑考验期限内“从事特定活动,进入特定区域、场所,接触特定的人”的一项或者几项内容。

★可以禁止判处管制的犯罪分子从事的活动

《最高人民法院、最高人民检察院、公安部、司法部关于对判处管制、宣告缓刑的犯罪分子适用禁止令有关问题的规定(试行)》(2011年4月28日 法发〔2011〕9号)

第三条 人民法院可以根据犯罪情况,禁止判处管制、宣告缓刑的犯罪分子在管制执行期间、缓刑考验期限内从事以下一项或者几项活动:

(一)个人为进行违法犯罪活动而设立公司、企业、事业单位或者在设立公司、企业、事业单位后以实施犯罪为主要活动的,禁止设立公司、企业、事业单位;

(二)实施证券犯罪、贷款犯罪、票据犯罪、信用卡犯罪等金融犯罪的,禁止从事证券交易、申领贷款、使用票据或者申领、使用信用卡等金融活动;

(三)利用从事特定生产经营活动实施犯罪的,禁止从事相关生产经营活动;

(四)附带民事赔偿义务未履行完毕,违法所得未追缴、退赔到位,或者罚金尚未足额缴纳的,禁止从事高消费活动;

(五)其他确有必要禁止从事的活动。

★可以禁止判处管制的犯罪分子进入的区域、场所

《最高人民法院、最高人民检察院、公安部、司法部关于对判处管制、宣告缓刑的犯罪分子适用禁止令有关问题的规定(试行)》(2011年4月28日 法发〔2011〕9号)

第四条 人民法院可以根据犯罪情况,禁止判处管制、宣告缓刑的犯罪分子在管制执行期间、缓刑考验期限内进入以下一类或者几类区域、场所:

(一)禁止进入夜总会、酒吧、迪厅、网吧等娱乐场所;

（二）未经执行机关批准，禁止进入举办大型群众性活动的场所；

（三）禁止进入中小学校区、幼儿园园区及周边地区，确因本人就学、居住等原因，经执行机关批准的除外；

（四）其他确有必要禁止进入的区域、场所。

★可以禁止判处管制的犯罪分子接触的人员

《最高人民法院、最高人民检察院、公安部、司法部关于对判处管制、宣告缓刑的犯罪分子适用禁止令有关问题的规定（试行）》（2011年4月28日　法发〔2011〕9号）

第五条　人民法院可以根据犯罪情况，禁止判处管制、宣告缓刑的犯罪分子在管制执行期间、缓刑考验期限内接触以下一类或者几类人员：

（一）未经对方同意，禁止接触被害人及其法定代理人、近亲属；

（二）未经对方同意，禁止接触证人及其法定代理人、近亲属；

（三）未经对方同意，禁止接触控告人、批评人、举报人及其法定代理人、近亲属；

（四）禁止接触同案犯；

（五）禁止接触其他可能遭受其侵害、滋扰的人或者可能诱发其再次危害社会的人。

★判处管制的禁止令的期限

《最高人民法院、最高人民检察院、公安部、司法部关于对判处管制、宣告缓刑的犯罪分子适用禁止令有关问题的规定（试行）》（2011年4月28日　法发〔2011〕9号）

第六条　禁止令的期限，既可以与管制执行、缓刑考验的期限相同，也可以短于管制执行、缓刑考验的期限，但判处管制的，禁止令的期限不得少于三个月，宣告缓刑的，禁止令的期限不得少于二个月。

判处管制的犯罪分子在判决执行以前先行羁押以致管制执行的期限少于三个月的，禁止令的期限不受前款规定的最短期限的限制。

禁止令的执行期限，从管制、缓刑执行之日起计算。

★移送审查起诉、提起公诉时,可以提出宣告禁止令的建议

《最高人民法院、最高人民检察院、公安部、司法部关于对判处管制、宣告缓刑的犯罪分子适用禁止令有关问题的规定(试行)》(2011年4月28日 法发〔2011〕9号)

第七条 人民检察院在提起公诉时,对可能判处管制、宣告缓刑的被告人可以提出宣告禁止令的建议。当事人、辩护人、诉讼代理人可以就应否对被告人宣告禁止令提出意见,并说明理由。

公安机关在移送审查起诉时,可以根据犯罪嫌疑人涉嫌犯罪的情况,就应否宣告禁止令及宣告何种禁止令,向人民检察院提出意见。

★应当在裁判文书主文部分将禁止令单独作为一项予以宣告

《最高人民法院、最高人民检察院、公安部、司法部关于对判处管制、宣告缓刑的犯罪分子适用禁止令有关问题的规定(试行)》(2011年4月28日 法发〔2011〕9号)

第八条 人民法院对判处管制、宣告缓刑的被告人宣告禁止令的,应当在裁判文书主文部分单独作为一项予以宣告。

★禁止令的执行与监督

《最高人民法院、最高人民检察院、公安部、司法部关于对判处管制、宣告缓刑的犯罪分子适用禁止令有关问题的规定(试行)》(2011年4月28日 法发〔2011〕9号)

第九条 禁止令由司法行政机关指导管理的社区矫正机构负责执行。

第十条 人民检察院对社区矫正机构执行禁止令的活动实行监督。发现有违反法律规定的情况,应当通知社区矫正机构纠正。

第十一条 判处管制的犯罪分子违反禁止令,或者被宣告缓刑的犯罪分子违反禁止令尚不属情节严重的,由负责执行禁止令的社区矫正机构所在地的公安机关依照《中华人民共和国治安管理处罚法》第六十条的规定处罚。

第十二条 被宣告缓刑的犯罪分子违反禁止令,情节严重的,应当撤销缓刑,执行原判刑罚。原作出缓刑裁判的人民法院应当自收到当地社区矫正机构提出的撤销缓刑建议书之日起一个月内依法作出裁定。人民法院撤销缓刑的裁定一经作出,立即生效。

违反禁止令,具有下列情形之一的,应当认定为"情节严重":

(一)三次以上违反禁止令的;

(二)因违反禁止令被治安管理处罚后,再次违反禁止令的;

(三)违反禁止令,发生较为严重危害后果的;

(四)其他情节严重的情形。

★对实施家庭暴力构成犯罪被判处管制的犯罪分子,应充分运用禁止令及社区矫正措施

《最高人民法院、最高人民检察院、公安部、司法部关于依法办理家庭暴力犯罪案件的意见》(2015年3月2日 法发〔2015〕4号)

21. 充分运用禁止令措施。人民法院对实施家庭暴力构成犯罪被判处管制或者宣告缓刑的犯罪分子,为了确保被害人及其子女和特定亲属的人身安全,可以依照刑法第三十八条第二款、第七十二条第二款的规定,同时禁止犯罪分子再次实施家庭暴力,侵扰被害人的生活、工作、学习,进行酗酒、赌博等活动;经被害人申请且有必要的,禁止接近被害人及其未成年子女。

24. 充分运用社区矫正措施。社区矫正机构对因实施家庭暴力构成犯罪被判处管制、宣告缓刑、假释或者暂予监外执行的犯罪分子,应当依法开展家庭暴力行为矫治,通过制定有针对性的监管、教育和帮助措施,矫正犯罪分子的施暴心理和行为恶习。

★对因犯罪在大陆受审、执行刑罚的我国台湾地区居民判处管制并实行社区矫正的法律适用

《最高人民法院、最高人民检察院、公安部、司法部关于对因犯罪在大陆受审的台湾居民依法适用缓刑实行社区矫正有关问题的意见》(2016年7月26日 法发〔2016〕33号)

第十一条 对因犯罪在大陆受审、执行刑罚的台湾居民判处管制、裁定假释、决定或者批准暂予监外执行，实行社区矫正的，可以参照适用本意见的有关规定。

★教职员工实施性侵害、虐待、拐卖、暴力伤害以外其他犯罪的，可以适用禁止令

《最高人民法院、最高人民检察院、教育部关于落实从业禁止制度的意见》（2022年11月10日　法发〔2022〕32号）

三、教职员工实施性侵害、虐待、拐卖、暴力伤害等犯罪的，人民法院应当依照《未成年人保护法》第六十二条的规定，判决禁止其从事密切接触未成年人的工作。

教职员工实施前款规定以外的其他犯罪，人民法院可以根据犯罪情况和预防再犯罪的需要，依照《刑法》第三十七条之一第一款的规定，判决禁止其自刑罚执行完毕之日或者假释之日起从事相关职业，期限为三年至五年；或者依照《刑法》第三十八条第二款、第七十二条第二款的规定，对其适用禁止令。

第三十九条　【管制的内容】被判处管制的犯罪分子，在执行期间，应当遵守下列规定：

（一）遵守法律、行政法规，服从监督；

（二）未经执行机关批准，不得行使言论、出版、集会、结社、游行、示威自由的权利；

（三）按照执行机关规定报告自己的活动情况；

（四）遵守执行机关关于会客的规定；

（五）离开所居住的市、县或者迁居，应当报经执行机关批准。

对于被判处管制的犯罪分子，在劳动中应当同工同酬。

立法动态

本条源自《中华人民共和国刑法》（1997年3月14日第八届全

国人民代表大会第五次会议修订,自 1997 年 10 月 1 日起施行)。

第四十条 【管制的解除】被判处管制的犯罪分子,管制期满,执行机关应即向本人和其所在单位或者居住地的群众宣布解除管制。

立法动态

本条源自《中华人民共和国刑法》(1997 年 3 月 14 日第八届全国人民代表大会第五次会议修订,自 1997 年 10 月 1 日起施行)。

第四十一条 【管制的刑期】管制的刑期,从判决执行之日起计算;判决执行以前先行羁押的,羁押一日折抵刑期二日。

立法动态

本条源自《中华人民共和国刑法》(1997 年 3 月 14 日第八届全国人民代表大会第五次会议修订,自 1997 年 10 月 1 日起施行)。

适用要点与裁判依据

★留置人员被依法判处管制的,留置一日折抵管制二日

《中华人民共和国监察法》(2018 年 3 月 20 日 主席令第 3 号)

第四十四条 对被调查人采取留置措施后,应当在二十四小时以内,通知被留置人员所在单位和家属,但有可能毁灭、伪造证据,干扰证人作证或者串供等有碍调查情形的除外。有碍调查的情形消失后,应当立即通知被留置人员所在单位和家属。

监察机关应当保障被留置人员的饮食、休息和安全,提供医疗服务。讯问被留置人员应当合理安排讯问时间和时长,讯问笔录由被讯问人阅看后签名。

被留置人员涉嫌犯罪移送司法机关后，被依法判处管制、拘役和有期徒刑的，留置一日折抵管制二日，折抵拘役、有期徒刑一日。

第三节 拘 役

第四十二条 【拘役的期限】拘役的期限，为一个月以上六个月以下。

立法动态

本条源自《中华人民共和国刑法》(1997 年 3 月 14 日第八届全国人民代表大会第五次会议修订，自 1997 年 10 月 1 日起施行)。

第四十三条 【拘役的执行】被判处拘役的犯罪分子，由公安机关就近执行。

在执行期间，被判处拘役的犯罪分子每月可以回家一天至两天；参加劳动的，可以酌量发给报酬。

立法动态

本条源自《中华人民共和国刑法》(1997 年 3 月 14 日第八届全国人民代表大会第五次会议修订，自 1997 年 10 月 1 日起施行)。

第四十四条 【拘役的刑期】拘役的刑期，从判决执行之日起计算；判决执行以前先行羁押的，羁押一日折抵刑期一日。

立法动态

本条源自《中华人民共和国刑法》(1997 年 3 月 14 日第八届全国人民代表大会第五次会议修订,自 1997 年 10 月 1 日起施行)。

适用要点与裁判依据

★留置人员被依法判处拘役的,留置一日折抵拘役一日

《中华人民共和国监察法》(2018 年 3 月 20 日　主席令第 3 号)

第四十四条　对被调查人采取留置措施后,应当在二十四小时以内,通知被留置人员所在单位和家属,但有可能毁灭、伪造证据,干扰证人作证或者串供等有碍调查情形的除外。有碍调查的情形消失后,应当立即通知被留置人员所在单位和家属。

监察机关应当保障被留置人员的饮食、休息和安全,提供医疗服务。讯问被留置人员应当合理安排讯问时间和时长,讯问笔录由被讯问人阅看后签名。

被留置人员涉嫌犯罪移送司法机关后,被依法判处管制、拘役和有期徒刑的,留置一日折抵管制二日,折抵拘役、有期徒刑一日。

第四节　有期徒刑、无期徒刑

第四十五条　【有期徒刑的期限】有期徒刑的期限,除本法第五十条、第六十九条规定外,为六个月以上十五年以下。

立法动态

本条源自《中华人民共和国刑法》(1997 年 3 月 14 日第八届全国人民代表大会第五次会议修订,自 1997 年 10 月 1 日起施行)。

第四十六条 【有期徒刑、无期徒刑的执行】被判处有期徒刑、无期徒刑的犯罪分子，在监狱或者其他执行场所执行；凡有劳动能力的，都应当参加劳动，接受教育和改造。

立法动态

本条源自《中华人民共和国刑法》(1997年3月14日第八届全国人民代表大会第五次会议修订，自1997年10月1日起施行)。

第四十七条 【有期徒刑的刑期】有期徒刑的刑期，从判决执行之日起计算；判决执行以前先行羁押的，羁押一日折抵刑期一日。

立法动态

本条源自《中华人民共和国刑法》(1997年3月14日第八届全国人民代表大会第五次会议修订，自1997年10月1日起施行)。

适用要点与裁判依据

★留置人员被依法判处有期徒刑的，留置一日折抵有期徒刑一日

《中华人民共和国监察法》(2018年3月20日 主席令第3号)

第四十四条 对被调查人采取留置措施后，应当在二十四小时以内，通知被留置人员所在单位和家属，但有可能毁灭、伪造证据，干扰证人作证或者串供等有碍调查情形的除外。有碍调查的情形消失后，应当立即通知被留置人员所在单位和家属。

监察机关应当保障被留置人员的饮食、休息和安全，提供医疗服务。讯问被留置人员应当合理安排讯问时间和时长，讯问笔录由被

讯问人阅看后签名。

被留置人员涉嫌犯罪移送司法机关后，被依法判处管制、拘役和有期徒刑的，留置一日折抵管制二日，折抵拘役、有期徒刑一日。

第五节　死　　刑

第四十八条　【死刑的适用及核准权】死刑只适用于罪行极其严重的犯罪分子。对于应当判处死刑的犯罪分子，如果不是必须立即执行的，可以判处死刑同时宣告缓期二年执行。

死刑除依法由最高人民法院判决的以外，都应当报请最高人民法院核准。死刑缓期执行的，可以由高级人民法院判决或者核准。

立法动态

本条源自《中华人民共和国刑法》(1997 年 3 月 14 日第八届全国人民代表大会第五次会议修订，自 1997 年 10 月 1 日起施行)。

适用要点与裁判依据

★“保留死刑，严格控制和慎重适用死刑”的政策要求

《最高人民法院关于贯彻宽严相济刑事政策的若干意见》(2010 年 2 月 8 日　法发〔2010〕9 号)

29. 要准确理解和严格执行“保留死刑，严格控制和慎重适用死刑”的政策。对于罪行极其严重的犯罪分子，论罪应当判处死刑的，要坚决依法判处死刑。要依法严格控制死刑的适用，统一死刑案件的裁判标准，确保死刑只适用于极少数罪行极其严重的犯罪分子。拟判处死刑的具体案件定罪或者量刑的证据必须确实、充分，得出唯一结论。对于罪行极其严重，但只要是依法可不立即执行的，就不应当判处死刑立即执行。

第四十九条 【不适用死刑的情形】犯罪的时候不满十八周岁的人和审判的时候怀孕的妇女，不适用死刑。

审判的时候已满七十五周岁的人，不适用死刑，但以特别残忍手段致人死亡的除外。

立法动态

本条源自《中华人民共和国刑法》(1997 年 3 月 14 日第八届全国人民代表大会第五次会议修订，自 1997 年 10 月 1 日起施行)。

本条第二款根据《中华人民共和国刑法修正案(八)》(2011 年 5 月 1 日起施行)第三条增加。

适用要点与裁判依据

★怀孕妇女羁押期间自然流产后，又因同一事实被起诉、交付审判的，依法不适用死刑

《最高人民法院关于对怀孕妇女在羁押期间自然流产审判时是否可以适用死刑问题的批复》(1998 年 8 月 7 日 法释〔1998〕18 号)

怀孕妇女因涉嫌犯罪在羁押期间自然流产后，又因同一事实被起诉、交付审判的，应当视为“审判的时候怀孕的妇女”，依法不适用死刑。

第五十条 【死刑缓期执行与限制减刑】判处死刑缓期执行的，在死刑缓期执行期间，如果没有故意犯罪，二年期满以后，减为无期徒刑；如果确有重大立功表现，二年期满以后，减为二十五年有期徒刑；如果故意犯罪，情节恶劣的，报请最高人民法院核准后执行死刑;对于故意犯罪未执行死刑的,死刑缓期执行的期间重新计算,并报最高人民法院备案。

对被判处死刑缓期执行的累犯以及因故意杀人、强奸、抢劫、绑架、放火、爆炸、投放危险物质或者有组织的暴力性犯罪被判处死刑缓期执行的犯罪分子,人民法院根据犯罪情节等情况可以同时决定对其限制减刑。

立法动态

本条源自《中华人民共和国刑法》(1997 年 3 月 14 日第八届全国人民代表大会第五次会议修订,自 1997 年 10 月 1 日起施行)。

本条曾经全国人大常委会两次修改:

原本条只有一款,即第五十条规定:判处死刑缓期执行的,在死刑缓期执行期间,如果没有故意犯罪,二年期满以后,减为无期徒刑;如果确有重大立功表现,二年期满以后,减为十五年以上二十年以下有期徒刑;如果故意犯罪,查证属实的,由最高人民法院核准,执行死刑。

本条第一次根据《中华人民共和国刑法修正案(八)》(自 2011 年 5 月 1 日起施行)第四条修改,修改的主要内容为:一是对被判处死刑缓期执行的犯罪分子"确有重大立功表现,二年期满后"的减刑幅度由原来的"十五年以上二十年以下有期徒刑"修改为"二十五年有期徒刑";二是增加了对被判处死刑缓期执行的累犯以及因故意杀人、强奸、抢劫、绑架、放火、爆炸、投放危险物质或者有组织的暴力性犯罪被判处死刑缓期执行的犯罪分子,人民法院根据犯罪情节等可以同时决定对其限制减刑的刑罚执行制度,并作为本条第二款。

本条第二次根据《中华人民共和国刑法修正案(九)》(自 2015 年 11 月 1 日起施行)第二条修改,修改的主要内容为对第一款进行了修改:一是将死缓执行死刑的条件限制为"故意犯罪,情节恶劣";二是补充规定"死刑缓期执行的期间重新计算,并报最高人民法院备案"。

适用要点与裁判依据

★被告人对一审法院限制减刑判决不服的，可以提出上诉

《最高人民法院关于死刑缓期执行限制减刑案件审理程序若干问题的规定》(2011年4月25日　法释〔2011〕8号)

第一条　根据刑法第五十条第二款的规定，对被判处死刑缓期执行的累犯以及因故意杀人、强奸、抢劫、绑架、放火、爆炸、投放危险物质或者有组织的暴力性犯罪被判处死刑缓期执行的犯罪分子，人民法院根据犯罪情节、人身危险性等情况，可以在作出裁判的同时决定对其限制减刑。

第二条　被告人对第一审人民法院作出的限制减刑判决不服的，可以提出上诉。被告人的辩护人和近亲属，经被告人同意，也可以提出上诉。

★高级人民法院复核死刑缓期执行案件，认为限制减刑不当的，应当改判，撤销限制减刑

《最高人民法院关于死刑缓期执行限制减刑案件审理程序若干问题的规定》(2011年4月25日　法释〔2011〕8号)

第三条　高级人民法院审理或者复核判处死刑缓期执行并限制减刑的案件，认为原判对被告人判处死刑缓期执行适当，但判决限制减刑不当的，应当改判，撤销限制减刑。

★高级人民法院复核死刑缓期执行案件，不得直接改判限制减刑

《最高人民法院关于死刑缓期执行限制减刑案件审理程序若干问题的规定》(2011年4月25日　法释〔2011〕8号)

第四条　高级人民法院审理判处死刑缓期执行没有限制减刑的上诉案件，认为原判事实清楚、证据充分，但应当限制减刑的，不得直接改判，也不得发回重新审判。确有必要限制减刑的，应当在第二审判决、裁定生效后，按照审判监督程序重新审判。

高级人民法院复核判处死刑缓期执行没有限制减刑的案件，认为应当限制减刑的，不得以提高审级等方式对被告人限制减刑。

★高级人民法院审理判处死刑的二审案件，对被告人改判死刑缓期执行的，可以同时决定对其限制减刑

《最高人民法院关于死刑缓期执行限制减刑案件审理程序若干问题的规定》(2011年4月25日　法释〔2011〕8号)

第五条　高级人民法院审理判处死刑的第二审案件，对被告人改判死刑缓期执行的，如果符合刑法第五十条第二款的规定，可以同时决定对其限制减刑。

高级人民法院复核判处死刑后没有上诉、抗诉的案件，认为应当改判死刑缓期执行并限制减刑的，可以提审或者发回重新审判。

★最高人民法院复核死刑案件，认为对被告人可以限制减刑的，应当撤销原判，发回重新审判

《最高人民法院关于死刑缓期执行限制减刑案件审理程序若干问题的规定》(2011年4月25日　法释〔2011〕8号)

第六条　最高人民法院复核死刑案件，认为对被告人可以判处死刑缓期执行并限制减刑的，应当裁定不予核准，并撤销原判，发回重新审判。

一案中两名以上被告人被判处死刑，最高人民法院复核后，对其中部分被告人改判死刑缓期执行的，如果符合刑法第五十条第二款的规定，可以同时决定对其限制减刑。

★对被判处死刑缓期执行的被告人所作的限制减刑决定，应当在判决书主文部分单独宣告

《最高人民法院关于死刑缓期执行限制减刑案件审理程序若干问题的规定》(2011年4月25日　法释〔2011〕8号)

第七条　人民法院对被判处死刑缓期执行的被告人所作的限制减刑决定，应当在判决书主文部分单独作为一项予以宣告。

★刑法修正案(八)施行后，判处死刑缓期执行案件的法律适用

《最高人民法院关于〈中华人民共和国刑法修正案(八)〉时间效力问题的解释》(2011年4月25日　法释〔2011〕9号)

第二条　2011年4月30日以前犯罪，判处死刑缓期执行的，适用修正前刑法第五十条的规定。

被告人具有累犯情节，或者所犯之罪是故意杀人、强奸、抢劫、绑架、放火、爆炸、投放危险物质或者有组织的暴力性犯罪，罪行极其严重，根据修正前刑法判处死刑缓期执行不能体现罪刑相适应原则，而根据修正后刑法判处死刑缓期执行同时决定限制减刑可以罚当其罪的，适用修正后刑法第五十条第二款的规定。

★刑法修正案（九）施行后，判处死刑缓期执行案件的法律适用

《最高人民法院关于〈中华人民共和国刑法修正案（九）〉时间效力问题的解释》（2015年10月29日 法释〔2015〕19号）

第二条 对于被判处死刑缓期执行的犯罪分子，在死刑缓期执行期间，且在2015年10月31日以前故意犯罪的，适用修正后刑法第五十条第一款的规定。

第八条 对于2015年10月31日以前实施贪污、受贿行为，罪行极其严重，根据修正前刑法判处死刑缓期执行不能体现罪刑相适应原则，而根据修正后刑法判处死刑缓期执行同时决定在其死刑缓期执行二年期满依法减为无期徒刑后，终身监禁，不得减刑、假释可以罚当其罪的，适用修正后刑法第三百八十三条第四款的规定。根据修正前刑法判处死刑缓期执行足以罚当其罪的，不适用修正后刑法第三百八十三条第四款的规定。

类案检索指引

★因恋爱、婚姻矛盾激化引发的故意杀人案件，可以依法判处死刑缓期执行，同时决定限制减刑

《王志才故意杀人案》（2011年12月20日最高人民法院发布第一批指导性案例：指导案例4号）

【关键词】

刑事　故意杀人罪　婚恋纠纷引发　坦白悔罪　死刑缓期执行　限制减刑

【裁判要点】

因恋爱、婚姻矛盾激化引发的故意杀人案件,被告人犯罪手段残忍,论罪应当判处死刑,但被告人具有坦白悔罪、积极赔偿等从轻处罚情节,同时被害人亲属要求严惩的,人民法院根据案件性质、犯罪情节、危害后果和被告人的主观恶性及人身危险性,可以依法判处被告人死刑,缓期二年执行,同时决定限制减刑,以有效化解社会矛盾,促进社会和谐。

★因民间矛盾引发的故意杀人案件,可以依法判处死刑缓期执行限制减刑

《李X故意杀人案》(2012年9月18日最高人民法院发布第三批指导性案例:指导案例12号)

【关键词】

刑事　故意杀人罪　民间矛盾引发　亲属协助抓捕　累犯　死刑缓期执行　限制减刑

【裁判要点】

对于因民间矛盾引发的故意杀人案件,被告人犯罪手段残忍,且系累犯,论罪应当判处死刑,但被告人亲属主动协助公安机关将其抓捕归案,并积极赔偿的,人民法院根据案件具体情节,从尽量化解社会矛盾角度考虑,可以依法判处被告人死刑,缓期二年执行,同时决定限制减刑。

第五十一条　【死刑缓期执行的期间】死刑缓期执行的期间,从判决确定之日起计算。死刑缓期执行减为有期徒刑的刑期,从死刑缓期执行期满之日起计算。

立法动态

本条源自《中华人民共和国刑法》(1997年3月14日第八届全国人民代表大会第五次会议修订,自1997年10月1日起施行)。

第六节 罚 金

第五十二条 【罚金数额的决定】判处罚金,应当根据犯罪情节决定罚金数额。

立法动态

本条源自《中华人民共和国刑法》(1997 年 3 月 14 日第八届全国人民代表大会第五次会议修订,自 1997 年 10 月 1 日起施行)。

适用要点与裁判依据

★判处罚金应综合考虑的情形

《最高人民法院关于适用财产刑若干问题的规定》(2000 年 12 月 13 日 法释〔2000〕45 号)

第二条 人民法院应当根据犯罪情节,如违法所得数额、造成损失的大小等,并综合考虑犯罪分子缴纳罚金的能力,依法判处罚金。刑法没有明确规定罚金数额标准的,罚金的最低数额不能少于一千元。

对未成年人犯罪应当从轻或者减轻判处罚金,但罚金的最低数额不能少于五百元。

★一人犯数罪同时并处罚金和没收财产的,应当合并执行

《最高人民法院关于适用财产刑若干问题的规定》(2000 年 12 月 13 日 法释〔2000〕45 号)

第三条 依法对犯罪分子所犯数罪分别判处罚金的,应当实行并罚,将所判处的罚金数额相加,执行总和数额。

一人犯数罪依法同时并处罚金和没收财产的,应当合并执行;但并处没收全部财产的,只执行没收财产刑。

★可以单处罚金的七种情形

《最高人民法院关于适用财产刑若干问题的规定》(2000 年 12 月 13 日 法释〔2000〕45 号)

第四条 犯罪情节较轻,适用单处罚金不致再危害社会并具有下列情形之一的,可以依法单处罚金:

(一)偶犯或者初犯;

(二)自首或者有立功表现的;

(三)犯罪时不满十八周岁的;

(四)犯罪预备、中止或者未遂的;

(五)被胁迫参加犯罪的;

(六)全部退赃并有悔罪表现的;

(七)其他可以依法单处罚金的情形。

第五十三条 【罚金的缴纳】罚金在判决指定的期限内一次或者分期缴纳。期满不缴纳的,强制缴纳。对于不能全部缴纳罚金的,人民法院在任何时候发现被执行人有可以执行的财产,应当随时追缴。

由于遭遇不能抗拒的灾祸等原因缴纳确实有困难的,经人民法院裁定,可以延期缴纳、酌情减少或者免除。

立法动态

本条源自《中华人民共和国刑法》(1997 年 3 月 14 日第八届全国人民代表大会第五次会议修订,自 1997 年 10 月 1 日起施行)。

本条根据《中华人民共和国刑法修正案(九)》(2015 年 11 月 1 日起施行)第三条修改。

原本条规定为:第五十三条 罚金在判决指定的期限内一次或者分期缴纳。期满不缴纳的,强制缴纳。对于不能全部缴纳罚金的,人民法院在任何时候发现被执行人有可以执行的财产,应当随时追缴。如果由于遭遇不能抗拒的灾祸缴纳确实有困难的,可以酌情减少或者免除。

本条修改的主要内容为:一是补充规定在遇到不可抗力的情况下"可以延期缴纳";二是将原条文拆分为两款。

适用要点与裁判依据

★"判决指定的期限"的确定

《最高人民法院关于适用财产刑若干问题的规定》(2000年12月13日　法释〔2000〕45号)

第五条　刑法第五十三条规定的"判决指定的期限"应当在判决书中予以确定;"判决指定的期限"应为从判决发生法律效力第二日起最长不超过三个月。

★"由于遭遇不能抗拒的灾祸缴纳确实有困难"的情形

《最高人民法院关于适用财产刑若干问题的规定》(2000年12月13日　法释〔2000〕45号)

第六条　刑法第五十三条规定的"由于遭遇不能抗拒的灾祸缴纳确实有困难的",主要是指因遭受火灾、水灾、地震等灾祸而丧失财产;罪犯因重病、伤残等而丧失劳动能力,或者需要罪犯抚养的近亲属患有重病,需支付巨额医药费等,确实没有财产可供执行的情形。

具有刑法第五十三条规定"可以酌情减少或者免除"事由的,由罪犯本人、亲属或者犯罪单位向负责执行的人民法院提出书面申请,并提供相应的证明材料。人民法院审查以后,根据实际情况,裁定减少或者免除应当缴纳的罚金数额。

★财产刑由第一审法院执行

《最高人民法院关于适用财产刑若干问题的规定》(2000年12月13日　法释〔2000〕45号)

第十条　财产刑由第一审人民法院执行。

犯罪分子的财产在异地的，第一审人民法院可以委托财产所在地人民法院代为执行。

★强制缴纳罚金的情形

《最高人民法院关于适用财产刑若干问题的规定》(2000年12月13日 法释〔2000〕45号)

第十一条 自判决指定的期限届满第二日起，人民法院对于没有法定减免事由不缴纳罚金的，应当强制其缴纳。

对于隐藏、转移、变卖、损毁已被扣押、冻结财产情节严重的，依照刑法第三百一十四条的规定追究刑事责任。

★未成年罪犯的监护人或者其他人可自愿代为垫付罚金

《最高人民法院关于审理未成年人刑事案件具体应用法律若干问题的解释》(2006年1月11日 法释〔2006〕1号)

第十五条 对未成年罪犯实施刑法规定的“并处”没收财产或者罚金的犯罪，应当依法判处相应的财产刑；对未成年罪犯实施刑法规定的“可以并处”没收财产或者罚金的犯罪，一般不判处财产刑。

对未成年罪犯判处罚金刑时，应当依法从轻或者减轻判处，并根据犯罪情节，综合考虑其缴纳罚金的能力，确定罚金数额。但罚金的最低数额不得少于五百元人民币。

对被判处罚金刑的未成年罪犯，其监护人或者其他人自愿代为垫付罚金的，人民法院应当允许。

第七节 剥夺政治权利

第五十四条 【剥夺政治权利的内容】剥夺政治权利是剥夺下列权利：

(一)选举权和被选举权；

(二)言论、出版、集会、结社、游行、示威自由的权利；

(三)担任国家机关职务的权利；

（四）担任国有公司、企业、事业单位和人民团体领导职务的权利。

立法动态

本条源自《中华人民共和国刑法》(1997 年 3 月 14 日第八届全国人民代表大会第五次会议修订,自 1997 年 10 月 1 日起施行)。

适用要点与裁判依据

★香港特别行政区维护国家安全法对适用剥夺政治权利的规定

《中华人民共和国香港特别行政区维护国家安全法》(2020 年 6 月 30 日　主席令第 49 号)

第三十五条　任何人经法院判决犯危害国家安全罪行的,即丧失作为候选人参加香港特别行政区举行的立法会、区议会选举或者出任香港特别行政区任何公职或者行政长官选举委员会委员的资格;曾经宣誓或者声明拥护中华人民共和国香港特别行政区基本法、效忠中华人民共和国香港特别行政区的立法会议员、政府官员及公务人员、行政会议成员、法官及其他司法人员、区议员,即时丧失该等职务,并丧失参选或者出任上述职务的资格。

前款规定资格或者职务的丧失,由负责组织、管理有关选举或者公职任免的机构宣布。

第五十五条　【剥夺政治权利的期限】剥夺政治权利的期限,除本法第五十七条规定外,为一年以上五年以下。

判处管制附加剥夺政治权利的,剥夺政治权利的期限与管制的期限相等,同时执行。

立法动态

本条源自《中华人民共和国刑法》(1997年3月14日第八届全国人民代表大会第五次会议修订,自1997年10月1日起施行)。

第五十六条　【剥夺政治权利的适用】对于危害国家安全的犯罪分子应当附加剥夺政治权利;对于故意杀人、强奸、放火、爆炸、投毒、抢劫等严重破坏社会秩序的犯罪分子,可以附加剥夺政治权利。

独立适用剥夺政治权利的,依照本法分则的规定。

立法动态

本条源自《中华人民共和国刑法》(1997年3月14日第八届全国人民代表大会第五次会议修订,自1997年10月1日起施行)。

适用要点与裁判依据

★对故意伤害、盗窃等严重破坏社会秩序的犯罪分子可以依法附加剥夺政治权利

《最高人民法院关于对故意伤害、盗窃等严重破坏社会秩序的犯罪分子能否附加剥夺政治权利问题的批复》(1997年12月31日　法释〔1997〕11号)

根据刑法第五十六条规定,对于故意杀人、强奸、放火、爆炸、投毒、抢劫等严重破坏社会秩序的犯罪分子,可以附加剥夺政治权利。对故意伤害、盗窃等其他严重破坏社会秩序的犯罪,犯罪分子主观恶性较深、犯罪情节恶劣、罪行严重的,也可以依法附加剥夺政治权利。

★对未成年罪犯一般不判处附加剥夺政治权利

《最高人民法院关于审理未成年人刑事案件具体应用法律若干问题的解释》(2006年1月11日　法释〔2006〕1号)

第十四条　除刑法规定"应当"附加剥夺政治权利外,对未成年罪犯一般不判处附加剥夺政治权利。

如果对未成年罪犯判处附加剥夺政治权利的,应当依法从轻判处。

对实施被指控犯罪时未成年、审判时已成年的罪犯判处附加剥夺政治权利,适用前款的规定。

★对组织者、领导者和因犯参加黑社会性质组织罪被判处五年以上有期徒刑的积极参加者,可以附加剥夺政治权利

《最高人民法院、最高人民检察院、公安部、司法部关于办理黑恶势力犯罪案件若干问题的指导意见》(2018年1月16日　法发〔2018〕1号)

12. 对于组织者、领导者和因犯参加黑社会性质组织罪被判处五年以上有期徒刑的积极参加者,可以根据《刑法》第五十六条第一款的规定适用附加剥夺政治权利。对于符合《刑法》第三十七条之一规定的组织成员,应当依法禁止其从事相关职业。符合《刑法》第六十六条规定的组织成员,应当认定为累犯,依法从重处罚。

★对组织、利用邪教组织破坏法律实施等严重破坏社会秩序的犯罪分子可以附加剥夺政治权利

《最高人民法院、最高人民检察院关于办理组织、利用邪教组织破坏法律实施等刑事案件适用法律若干问题的解释》(2017年1月25日　法释〔2017〕3号)

第十四条　对于犯组织、利用邪教组织破坏法律实施罪、组织、利用邪教组织致人重伤、死亡罪,严重破坏社会秩序的犯罪分子,根据刑法第五十六条的规定,可以附加剥夺政治权利。

第五十七条　【剥夺政治权利终身的适用】对于被判处死刑、无期徒刑的犯罪分子,应当剥夺政治权利终身。

在死刑缓期执行减为有期徒刑或者无期徒刑减为有期徒刑的时候,应当把附加剥夺政治权利的期限改为三年以上十年以下。

立法动态

本条源自《中华人民共和国刑法》(1997 年 3 月 14 日第八届全国人民代表大会第五次会议修订,自 1997 年 10 月 1 日起施行)。

第五十八条　【剥夺政治权利的执行】附加剥夺政治权利的刑期,从徒刑、拘役执行完毕之日或者从假释之日起计算;剥夺政治权利的效力当然施用于主刑执行期间。

被剥夺政治权利的犯罪分子,在执行期间,应当遵守法律、行政法规和国务院公安部门有关监督管理的规定,服从监督;不得行使本法第五十四条规定的各项权利。

立法动态

本条源自《中华人民共和国刑法》(1997 年 3 月 14 日第八届全国人民代表大会第五次会议修订,自 1997 年 10 月 1 日起施行)。

适用要点与裁判依据

★对执行附加刑剥夺政治权利期间犯新罪的处理

《最高人民法院关于在执行附加刑剥夺政治权利期间犯新罪应如何处理的批复》(2009 年 5 月 25 日　法释〔2009〕10 号)

一、对判处有期徒刑并处剥夺政治权利的罪犯,主刑已执行完毕,在执行附加刑剥夺政治权利期间又犯新罪,如果所犯新罪无须附加剥夺政治权利的,依照刑法第七十一条的规定数罪并罚。

二、前罪尚未执行完毕的附加刑剥夺政治权利的刑期从新罪的主刑有期徒刑执行之日起停止计算，并依照刑法第五十八条规定从新罪的主刑有期徒刑执行完毕之日或者假释之日起继续计算；附加刑剥夺政治权利的效力施用于新罪的主刑执行期间。

三、对判处有期徒刑的罪犯，主刑已执行完毕，在执行附加刑剥夺政治权利期间又犯新罪，如果所犯新罪也剥夺政治权利的，依照刑法第五十五条、第五十七条、第七十一条的规定并罚。

第八节　没收财产

第五十九条　【没收财产的范围】没收财产是没收犯罪分子个人所有财产的一部或者全部。没收全部财产的，应当对犯罪分子个人及其扶养的家属保留必需的生活费用。

在判处没收财产的时候，不得没收属于犯罪分子家属所有或者应有的财产。

立法动态

本条源自《中华人民共和国刑法》(1997年3月14日第八届全国人民代表大会第五次会议修订，自1997年10月1日起施行)。

适用要点与裁判依据

★犯数罪同时并处罚金和没收财产的，应当合并执行

《最高人民法院关于适用财产刑若干问题的规定》(2000年12月13日　法释〔2000〕45号)

第一条　刑法规定“并处”没收财产或者罚金的犯罪，人民法院在对犯罪分子判处主刑的同时，必须依法判处相应的财产刑；刑法规定“可以并处”没收财产或者罚金的犯罪，人民法院应当根据案件具体情况及犯罪分子的财产状况，决定是否适用财产刑。

第三条　依法对犯罪分子所犯数罪分别判处罚金的，应当实行并罚，将所判处的罚金数额相加，执行总和数额。

一人犯数罪依法同时并处罚金和没收财产的，应当合并执行；但并处没收全部财产的，只执行没收财产刑。

★对是否属于犯罪分子的个人财产提出异议的处理

《最高人民法院研究室关于如何执行没收个人全部财产问题的复函》（2010年12月2日）

二、如果判决时没有详细注明没收的财产种类和数额，只是笼统判决没收个人全部财产，在执行阶段，犯罪分子及其家属或者案外人对是否属于犯罪分子的个人财产提出异议时，应当依法组成合议庭进行审理并作出裁决，生效裁决可以成为执行依据。

第六十条　【正当债务的处理】没收财产以前犯罪分子所负的正当债务，需要以没收的财产偿还的，经债权人请求，应当偿还。

立法动态

本条源自《中华人民共和国刑法》（1997年3月14日第八届全国人民代表大会第五次会议修订，自1997年10月1日起施行）。

适用要点与裁判依据

★“没收财产以前犯罪分子所负的正当债务”的认定

《最高人民法院关于适用财产刑若干问题的规定》（2000年12月13日　法释〔2000〕45号）

第七条　刑法第六十条规定的“没收财产以前犯罪分子所负的正当债务”，是指犯罪分子在判决生效前所负他人的合法债务。

第四章 刑罚的具体运用

第一节 量 刑

第六十一条 【量刑根据】对于犯罪分子决定刑罚的时候，应当根据犯罪的事实、犯罪的性质、情节和对于社会的危害程度，依照本法的有关规定判处。

立法动态

本条源自《中华人民共和国刑法》(1997 年 3 月 14 日第八届全国人民代表大会第五次会议修订，自 1997 年 10 月 1 日起施行)。

适用要点与裁判依据

★对未成年罪犯适用刑罚，应当充分考虑是否有利于教育和矫正

《最高人民法院关于审理未成年人刑事案件具体应用法律若干问题的解释》(2006 年 1 月 11 日 法释〔2006〕1 号)

第十一条 对未成年罪犯适用刑罚，应当充分考虑是否有利于未成年罪犯的教育和矫正。

对未成年罪犯量刑应当依照刑法第六十一条的规定，并充分考虑未成年人实施犯罪行为的动机和目的、犯罪时的年龄、是否初次犯罪、犯罪后的悔罪表现、个人成长经历和一贯表现等因素。……

★量刑的指导原则

《最高人民法院、最高人民检察院关于常见犯罪的量刑指导意见(试行)》(2021年6月16日　法发〔2021〕21号)

一、量刑的指导原则

(一)量刑应当以事实为根据,以法律为准绳,根据犯罪的事实、性质、情节和对于社会的危害程度,决定判处的刑罚。

(二)量刑既要考虑被告人所犯罪行的轻重,又要考虑被告人应负刑事责任的大小,做到罪责刑相适应,实现惩罚和预防犯罪的目的。

(三)量刑应当贯彻宽严相济的刑事政策,做到该宽则宽,当严则严,宽严相济,罚当其罪,确保裁判政治效果、法律效果和社会效果的统一。

(四)量刑要客观、全面把握不同时期不同地区的经济社会发展和治安形势的变化,确保刑法任务的实现;对于同一地区同一时期案情相似的案件,所判处的刑罚应当基本均衡。

★量刑的步骤、调节基准刑、确定宣告刑等基本方法

《最高人民法院、最高人民检察院关于常见犯罪的量刑指导意见(试行)》(2021年6月16日　法发〔2021〕21号)

二、量刑的基本方法

量刑时,应当以定性分析为主,定量分析为辅,依次确定量刑起点、基准刑和宣告刑。

(一)量刑步骤

1. 根据基本犯罪构成事实在相应的法定刑幅度内确定量刑起点。

2. 根据其他影响犯罪构成的犯罪数额、犯罪次数、犯罪后果等犯罪事实,在量刑起点的基础上增加刑罚量确定基准刑。

3. 根据量刑情节调节基准刑,并综合考虑全案情况,依法确定宣告刑。

（二）调节基准刑的方法

1. 具有单个量刑情节的，根据量刑情节的调节比例直接调节基准刑。

2. 具有多个量刑情节的，一般根据各个量刑情节的调节比例，采用同向相加、逆向相减的方法调节基准刑；具有未成年人犯罪、老年人犯罪、限制行为能力的精神病人犯罪、又聋又哑的人或者盲人犯罪，防卫过当、避险过当、犯罪预备、犯罪未遂、犯罪中止，从犯、胁从犯和教唆犯等量刑情节的，先适用该量刑情节对基准刑进行调节，在此基础上，再适用其他量刑情节进行调节。

3. 被告人犯数罪，同时具有适用于个罪的立功、累犯等量刑情节的，先适用该量刑情节调节个罪的基准刑，确定个罪所应判处的刑罚，再依法实行数罪并罚，决定执行的刑罚。

（三）确定宣告刑的方法

1. 量刑情节对基准刑的调节结果在法定刑幅度内，且罪责刑相适应的，可以直接确定为宣告刑；具有应当减轻处罚情节的，应当依法在法定最低刑以下确定宣告刑。

2. 量刑情节对基准刑的调节结果在法定最低刑以下，具有法定减轻处罚情节，且罪责刑相适应的，可以直接确定为宣告刑；只有从轻处罚情节的，可以依法确定法定最低刑为宣告刑；但是根据案件的特殊情况，经最高人民法院核准，也可以在法定刑以下判处刑罚。

3. 量刑情节对基准刑的调节结果在法定最高刑以上的，可以依法确定法定最高刑为宣告刑。

4. 综合考虑全案情况，独任审判员或合议庭可以在20%的幅度内对调节结果进行调整，确定宣告刑。当调节后的结果仍不符合罪责刑相适应原则的，应当提交审判委员会讨论，依法确定宣告刑。

5. 综合全案犯罪事实和量刑情节，依法应当判处无期徒刑以上刑罚、拘役、管制或者单处附加刑、缓刑、免予刑事处罚的，应当依法适用。

（四）判处罚金刑，应当以犯罪情节为根据，并综合考虑被告人缴纳罚金的能力,依法决定罚金数额。

(五)适用缓刑,应当综合考虑被告人的犯罪情节、悔罪表现、再犯罪的危险以及宣告缓刑对所居住社区的影响,依法作出决定。

★十八种常见量刑情节的适用

《最高人民法院、最高人民检察院关于常见犯罪的量刑指导意见(试行)》(2021年6月16日　法发〔2021〕21号)

三、常见量刑情节的适用

量刑时应当充分考虑各种法定和酌定量刑情节,根据案件的全部犯罪事实以及量刑情节的不同情形,依法确定量刑情节的适用及其调节比例。对黑恶势力犯罪、严重暴力犯罪、毒品犯罪、性侵未成年人犯罪等危害严重的犯罪,在确定从宽的幅度时,应当从严掌握;对犯罪情节较轻的犯罪,应当充分体现从宽。具体确定各个量刑情节的调节比例时,应当综合平衡调节幅度与实际增减刑罚量的关系,确保罪责刑相适应。

(一)对于未成年人犯罪,综合考虑未成年人对犯罪的认知能力、实施犯罪行为的动机和目的、犯罪时的年龄、是否初犯、偶犯、悔罪表现、个人成长经历和一贯表现等情况,应当予以从宽处罚。

1. 已满十二周岁不满十六周岁的未成年人犯罪,减少基准刑的30% -60%;

2. 已满十六周岁不满十八周岁的未成年人犯罪,减少基准刑的10% -50%。

(二)对于已满七十五周岁的老年人故意犯罪,综合考虑犯罪的性质、情节、后果等情况,可以减少基准刑的40%以下;过失犯罪的,减少基准刑的20% -50%。

(三)对于又聋又哑的人或者盲人犯罪,综合考虑犯罪性质、情节、后果以及聋哑人或者盲人犯罪时的控制能力等情况,可以减少基准刑的50%以下;犯罪较轻的,可以减少基准刑的50%以上或者依法免除处罚。

(四)对于未遂犯,综合考虑犯罪行为的实行程度、造成损害的大小、犯罪未得逞的原因等情况,可以比照既遂犯减少基准刑的50%以下。

(五)对于从犯,综合考虑其在共同犯罪中的地位、作用等情况,应当予以从宽处罚,减少基准刑的20%－50%;犯罪较轻的,减少基准刑的50%以上或者依法免除处罚。

(六)对于自首情节,综合考虑自首的动机、时间、方式、罪行轻重、如实供述罪行的程度以及悔罪表现等情况,可以减少基准刑的40%以下;犯罪较轻的,可以减少基准刑的40%以上或者依法免除处罚。恶意利用自首规避法律制裁等不足以从宽处罚的除外。

(七)对于坦白情节,综合考虑如实供述罪行的阶段、程度、罪行轻重以及悔罪表现等情况,确定从宽的幅度。

1. 如实供述自己罪行的,可以减少基准刑的20%以下;

2. 如实供述司法机关尚未掌握的同种较重罪行的,可以减少基准刑的10%－30%;

3. 因如实供述自己罪行,避免特别严重后果发生的,可以减少基准刑的30%－50%。

(八)对于当庭自愿认罪的,根据犯罪的性质、罪行的轻重、认罪程度以及悔罪表现等情况,可以减少基准刑的10%以下。依法认定自首、坦白的除外。

(九)对于立功情节,综合考虑立功的大小、次数、内容、来源、效果以及罪行轻重等情况,确定从宽的幅度。

1. 一般立功的,可以减少基准刑的20%以下;

2. 重大立功的,可以减少基准刑的20%－50%;犯罪较轻的,减少基准刑的50%以上或者依法免除处罚。

(十)对于退赃、退赔的,综合考虑犯罪性质,退赃、退赔行为对损害结果所能弥补的程度,退赃、退赔的数额及主动程度等情况,可以减少基准刑的30%以下;对抢劫等严重危害社会治安犯罪的,应当从严掌握。

(十一)对于积极赔偿被害人经济损失并取得谅解的,综合考虑犯罪性质、赔偿数额、赔偿能力以及认罪悔罪表现等情况，可以减少基准刑的40%以下；积极赔偿但没有取得谅解的，可以减少基准刑的30%以下；尽管没有赔偿，但取得谅解的，可以减少基准刑的20%以下。对抢劫、强奸等严重危害社会治安犯罪的，应当从严掌握。

（十二）对于当事人根据刑事诉讼法第二百八十八条达成刑事和解协议的，综合考虑犯罪性质、赔偿数额、赔礼道歉以及真诚悔罪等情况，可以减少基准刑的50%以下；犯罪较轻的，可以减少基准刑的50%以上或者依法免除处罚。

（十三）对于被告人在羁押期间表现好的，可以减少基准刑的10%以下。

（十四）对于被告人认罪认罚的，综合考虑犯罪的性质、罪行的轻重、认罪认罚的阶段、程度、价值、悔罪表现等情况，可以减少基准刑的30%以下；具有自首、重大坦白、退赃退赔、赔偿谅解、刑事和解等情节的，可以减少基准刑的60%以下，犯罪较轻的，可以减少基准刑的60%以上或者依法免除处罚。认罪认罚与自首、坦白、当庭自愿认罪、退赃退赔、赔偿谅解、刑事和解、羁押期间表现好等量刑情节不作重复评价。

（十五）对于累犯，综合考虑前后罪的性质、刑罚执行完毕或赦免以后至再犯罪时间的长短以及前后罪罪行轻重等情况，应当增加基准刑的10%－40%，一般不少于3个月。

（十六）对于有前科的，综合考虑前科的性质、时间间隔长短、次数、处罚轻重等情况，可以增加基准刑的10%以下。前科犯罪为过失犯罪和未成年人犯罪的除外。

（十七）对于犯罪对象为未成年人、老年人、残疾人、孕妇等弱势人员的，综合考虑犯罪的性质、犯罪的严重程度等情况，可以增加基准刑的20%以下。

（十八）对于在重大自然灾害、预防、控制突发传染病疫情等灾害期间故意犯罪的，根据案件的具体情况，可以增加基准刑的20%以下。

★香港特别行政区维护国家安全法对量刑情节的规定

《中华人民共和国香港特别行政区维护国家安全法》(2020年6月30日　主席令第49号)

第三十三条　有以下情形的,对有关犯罪行为人、犯罪嫌疑人、被告人可以从轻、减轻处罚;犯罪较轻的,可以免除处罚:

(一)在犯罪过程中,自动放弃犯罪或者自动有效地防止犯罪结果发生的;

(二)自动投案,如实供述自己的罪行的;

(三)揭发他人犯罪行为,查证属实,或者提供重要线索得以侦破其他案件的。

被采取强制措施的犯罪嫌疑人、被告人如实供述执法、司法机关未掌握的本人犯有本法规定的其他罪行的,按前款第二项规定处理。

第六十二条　【从重处罚与从轻处罚】犯罪分子具有本法规定的从重处罚、从轻处罚情节的,应当在法定刑的限度以内判处刑罚。

立法动态

本条源自《中华人民共和国刑法》(1997年3月14日第八届全国人民代表大会第五次会议修订,自1997年10月1日起施行)。

第六十三条　【减轻处罚】犯罪分子具有本法规定的减轻处罚情节的,应当在法定刑以下判处刑罚;本法规定有数个量刑幅度的,应当在法定量刑幅度的下一个量刑幅度内判处刑罚。

犯罪分子虽然不具有本法规定的减轻处罚情节,但是根据案件的特殊情况,经最高人民法院核准,也可以在法定刑以下判处刑罚。

立法动态

本条源自《中华人民共和国刑法》(1997 年 3 月 14 日第八届全国人民代表大会第五次会议修订,自 1997 年 10 月 1 日起施行)。

本条第一款根据《中华人民共和国刑法修正案(八)》(自 2011 年 5 月 1 日起施行)第五条修改。

原本条第一款规定为:犯罪分子具有本法规定的减轻处罚情节的,应当在法定刑以下判处刑罚。

修改的主要内容为:增加规定适用减轻处罚时,在有数个量刑幅度的情况下,应当在法定量刑幅度的"下一个量刑幅度内"判处刑罚。

适用要点与裁判依据

★对于犯罪情节严重的未成年人,也应当依法从轻或者减轻处罚

《最高人民法院关于贯彻宽严相济刑事政策的若干意见》(2010 年 2 月 8 日　法发〔2010〕9 号)

20. 对于未成年人犯罪,在具体考虑其实施犯罪的动机和目的、犯罪性质、情节和社会危害程度的同时,还要充分考虑其是否属于初犯,归案后是否悔罪,以及个人成长经历和一贯表现等因素,坚持"教育为主、惩罚为辅"的原则和"教育、感化、挽救"的方针进行处理。对于偶尔盗窃、抢夺、诈骗,数额刚达到较大的标准,案发后能如实交代并积极退赃的,可以认定为情节显著轻微,不作为犯罪处理。对于罪行较轻的,可以依法适当多适用缓刑或者判处管制、单处罚金等非监禁刑;依法可免予刑事处罚的,应当免予刑事处罚。对于犯罪情节严重的未成年人,也应当依照刑法第十七条第三款的规定予以从轻或者减轻处罚。对于已满十四周岁不满十六周岁的未成年犯罪人,一般不判处无期徒刑。

★检举、揭发其他犯罪案件中罪行同样严重的犯罪分子,原则上应予从轻或者减轻处罚

《最高人民法院关于贯彻宽严相济刑事政策的若干意见》(2010年2月8日　法发〔2010〕9号)

33.在共同犯罪案件中,对于主犯或首要分子检举、揭发同案地位、作用较次犯罪分子构成立功的,从轻或者减轻处罚应当从严掌握,如果从轻处罚可能导致全案量刑失衡的,一般不予从轻处罚;如果检举、揭发的是其他犯罪案件中罪行同样严重的犯罪分子,或者协助抓获的是同案中的其他主犯、首要分子的,原则上应予依法从轻或者减轻处罚。对于从犯或犯罪集团中的一般成员立功,特别是协助抓获主犯、首要分子的,应当充分体现政策,依法从轻、减轻或者免除处罚。

★"在法定刑以下判处刑罚"的理解

《最高人民法院研究室关于如何理解"在法定刑以下判处刑罚"问题的答复》(2012年5月30日　法研〔2012〕67号)

刑法第六十三条第一款规定的"在法定刑以下判处刑罚",是指在法定量刑幅度的最低刑以下判处刑罚。刑法分则中规定的"处十年以上有期徒刑、无期徒刑或者死刑",是一个量刑幅度,而不是"十年以上有期徒刑"、"无期徒刑"和"死刑"三个量刑幅度。

★报请最高人民法院核准在法定刑以下判处刑罚的情形和处理程序

《最高人民法院关于适用〈中华人民共和国刑事诉讼法〉的解释》(2021年1月26日　法释〔2021〕1号)

第四百一十四条　报请最高人民法院核准在法定刑以下判处刑罚的案件,应当按照下列情形分别处理:

(一)被告人未上诉、人民检察院未抗诉的,在上诉、抗诉期满后三日以内报请上一级人民法院复核。上级人民法院同意原判的,应当书面层报最高人民法院核准;不同意的,应当裁定发回重新审判,或者按照第二审程序提审;

(二)被告人上诉或者人民检察院抗诉的,上一级人民法院维持原判,或者改判后仍在法定刑以下判处刑罚的,应当依照前项规定层报最高人民法院核准。

第四百一十五条　对符合刑法第六十三条第二款规定的案件,第一审人民法院未在法定刑以下判处刑罚的,第二审人民法院可以在法定刑以下判处刑罚,并层报最高人民法院核准。

第四百一十六条　报请最高人民法院核准在法定刑以下判处刑罚的案件,应当报送判决书、报请核准的报告各五份,以及全部案卷、证据。

第四百一十七条　对在法定刑以下判处刑罚的案件,最高人民法院予以核准的,应当作出核准裁定书;不予核准的,应当作出不核准裁定书,并撤销原判决、裁定,发回原审人民法院重新审判或者指定其他下级人民法院重新审判。

第四百一十八条　依照本解释第四百一十四条、第四百一十七条规定发回第二审人民法院重新审判的案件,第二审人民法院可以直接改判;必须通过开庭查清事实、核实证据或者纠正原审程序违法的,应当开庭审理。

第四百一十九条　最高人民法院和上级人民法院复核在法定刑以下判处刑罚案件的审理期限,参照适用刑事诉讼法第二百四十三条的规定。

★具有应当减轻处罚情节的,应当在法定最低刑以下确定宣告刑

《最高人民法院、最高人民检察院关于常见犯罪的量刑指导意见(试行)》(2021年6月16日　法发〔2021〕21号)

二、量刑的基本方法

(三)确定宣告刑的方法

1. 量刑情节对基准刑的调节结果在法定刑幅度内,且罪责刑相适应的,可以直接确定为宣告刑;具有应当减轻处罚情节的,应当依法在法定最低刑以下确定宣告刑。

2. 量刑情节对基准刑的调节结果在法定最低刑以下，具有法定减轻处罚情节，且罪责刑相适应的，可以直接确定为宣告刑；只有从轻处罚情节的，可以依法确定法定最低刑为宣告刑；但是根据案件的特殊情况，经最高人民法院核准，也可以在法定刑以下判处刑罚。

第六十四条　【犯罪物品的处理】犯罪分子违法所得的一切财物，应当予以追缴或者责令退赔；对被害人的合法财产，应当及时返还；违禁品和供犯罪所用的本人财物，应当予以没收。没收的财物和罚金，一律上缴国库，不得挪用和自行处理。

立法动态

本条源自《中华人民共和国刑法》（1997 年 3 月 14 日第八届全国人民代表大会第五次会议修订，自 1997 年 10 月 1 日起施行）。

适用要点与裁判依据

★赃款赃物尚在的应一律追缴，已被用掉、毁坏或挥霍的应责令退赔

《全国法院维护农村稳定刑事审判工作座谈会纪要》（1999 年 10 月 27 日　法〔1999〕217 号）

三

（五）关于刑事附带民事诉讼问题

人民法院审理附带民事诉讼案件的受案范围，应只限于被害人因人身权利受到犯罪行为侵犯和财物被犯罪行为损毁而遭受的物质损失，不包括因犯罪分子非法占有、处置被害人财产而使其遭受的物质损失。对因犯罪分子非法占有、处置被害人财产而使其遭受的物质损失，应当根据刑法第六十四条的规定处理，即应通过追缴赃款赃物、责令退赔的途径解决。如赃款赃物尚在的，应一律追缴；已被用掉、毁坏或挥霍的,应责令退赔。无法退赃的,在决定刑罚时,应作为酌定从重处罚的情节予以考虑。

★被告人非法占有、处置被害人财产的,应当予以追缴或者责令退赔

《最高人民法院关于适用刑法第六十四条有关问题的批复》(2013年10月21日 法〔2013〕229号)

根据刑法第六十四条和《最高人民法院关于适用〈中华人民共和国刑事诉讼法〉的解释》第一百三十八条、第一百三十九条的规定,被告人非法占有、处置被害人财产的,应当依法予以追缴或者责令退赔。据此,追缴或者责令退赔的具体内容,应当在判决主文中写明;其中,判决前已经发还被害人的财产,应当注明。被害人提起附带民事诉讼,或者另行提起民事诉讼请求返还被非法占有、处置的财产的,人民法院不予受理。

★罚没财物与罚没收入的认定

《罚没财物管理办法》(2020年12月17日 财税〔2020〕54号)

第三条 本办法所称罚没财物,是指执法机关依法对自然人、法人和非法人组织作出行政处罚决定,没收、追缴决定或者法院生效裁定、判决取得的罚款、罚金、违法所得、非法财物,没收的保证金、个人财产等,包括现金、有价票证、有价证券、动产、不动产和其他财产权利等。

本办法所称执法机关,是指各级行政机关、监察机关、审判机关、检察机关,法律法规授权的具有管理公共事务职能的事业单位和组织。

本办法所称罚没收入是指罚款、罚金等现金收入,罚没财物处置收入及其孳息。

★罚没财物的处置应当遵循公开、公平、公正原则

《罚没财物管理办法》(2020年12月17日 财税〔2020〕54号)

第十二条 罚没财物的处置应当遵循公开、公平、公正原则,依法分类、定期处置,提高处置效率,降低仓储成本和处置成本,实现处置价值最大化。

★香港特别行政区维护国家安全法对违法所得及犯罪资金、工具的规定

《中华人民共和国香港特别行政区维护国家安全法》(2020年6月30日 主席令第49号)

第三十二条 因实施本法规定的犯罪而获得的资助、收益、报酬等违法所得以及用于或者意图用于犯罪的资金和工具,应当予以追缴、没收。

★建立中央政法机关交办案件涉案财物上缴中央国库制度

《中共中央办公厅、国务院办公厅关于进一步规范刑事诉讼涉案财物处置工作的意见》(2015年1月24日 中办发〔2015〕7号)

十、建立中央政法机关交办案件涉案财物上缴中央国库制度。凡由最高人民检察院、公安部立案或者由其指定地方异地查办的重特大案件,涉案财物应当纳入中央政法机关的涉案财物账户;判决生效后,涉案财物除依法返还被害人外,一律通过中央财政汇缴专户缴入中央国库。

建立中央政法机关交办案件办案经费安排制度。凡中央政法机关指定地方异地查办的重特大案件,办案经费由中央财政保障,必要时提前预拨办案经费。涉案财物上缴中央国库后,由中央政法委员会会同中央政法机关对承办案件单位办案经费提出安排意见,财政部通过转移支付及时核拨地方财政,并由地方财政部门将经费按实际支出拨付承办案件单位。

第二节 累 犯

第六十五条 【一般累犯】被判处有期徒刑以上刑罚的犯罪分子,刑罚执行完毕或者赦免以后,在五年以内再犯应当判处有期徒刑以上刑罚之罪的,是累犯,应当从重处罚,但是过失犯罪和不满十八周岁的人犯罪的除外。

前款规定的期限,对于被假释的犯罪分子,从假释期满之日起计算。

立法动态

本条源自《中华人民共和国刑法》(1997 年 3 月 14 日第八届全国人民代表大会第五次会议修订,自 1997 年 10 月 1 日起施行)。

本条第一款根据《中华人民共和国刑法修正案(八)》(2011 年 5 月 1 日起施行)第六条修改。

原本条第一款规定为:被判处有期徒刑以上刑罚的犯罪分子,刑罚执行完毕或者赦免以后,在五年以内再犯应当判处有期徒刑以上刑罚之罪的,是累犯,应当从重处罚,但是过失犯罪除外。

本条第一款修改的主要内容为:增加规定对犯罪时不满十八周岁的人不构成累犯。

适用要点与裁判依据

★1997 年修订后的刑法施行前刑罚已经执行完毕或者赦免又犯罪的,是否构成累犯,适用修订前的刑法

《最高人民法院关于适用刑法时间效力规定若干问题的解释》(1997 年 9 月 25 日 法释〔1997〕5 号)

第三条 前罪判处的刑罚已经执行完毕或者赦免,在 1997 年 9

月30日以前又犯应当判处有期徒刑以上刑罚之罪，是否构成累犯，适用修订前的刑法第六十一条的规定；1997年10月1日以后又犯应当判处有期徒刑以上刑罚之罪的，是否构成累犯，适用刑法第六十五条的规定。

★刑法修正案（八）施行后，是否构成累犯的法律适用

《最高人民法院关于〈中华人民共和国刑法修正案（八）〉时间效力问题的解释》（2011年4月25日 法释〔2011〕9号）

第三条 被判处有期徒刑以上刑罚，刑罚执行完毕或者赦免以后，在2011年4月30日以前再犯应当判处有期徒刑以上刑罚之罪的，是否构成累犯，适用修正前刑法第六十五条的规定；但是，前罪实施时不满十八周岁的，是否构成累犯，适用修正后刑法第六十五条的规定。

曾犯危害国家安全犯罪，刑罚执行完毕或者赦免以后，在2011年4月30日以前再犯危害国家安全犯罪的，是否构成累犯，适用修正前刑法第六十六条的规定。

曾被判处有期徒刑以上刑罚，或者曾犯危害国家安全犯罪、恐怖活动犯罪、黑社会性质的组织犯罪，在2011年5月1日以后再犯罪的，是否构成累犯，适用修正后刑法第六十五条、第六十六条的规定。

★刑罚执行完毕以后"五年以内"起始日期的计算

《最高人民检察院关于认定累犯如何确定刑罚执行完毕以后"五年以内"起始日期的批复》（2018年12月28日 高检发释字〔2018〕2号）

刑法第六十五条第一款规定的"刑罚执行完毕"，是指刑罚执行到期应予释放之日。认定累犯，确定刑罚执行完毕以后"五年以内"的起始日期，应当从刑满释放之日起计算。

★缓刑犯在考验期满后五年内再犯罪的，不应认定为累犯

《最高人民法院、最高人民检察院关于缓刑犯在考验期满后五年内再犯应当判处有期徒刑以上刑罚之罪应否认定为累犯问题的批复》（2020年1月17日 高检发释字〔2020〕1号）

被判处有期徒刑宣告缓刑的犯罪分子，在缓刑考验期满后五年内再犯应当判处有期徒刑以上刑罚之罪的，因前罪判处的有期徒刑并未执行，不具备刑法第六十五条规定的“刑罚执行完毕”的要件，故不应认定为累犯，但可作为对新罪确定刑罚的酌定从重情节予以考虑。

第六十六条　【特别累犯】危害国家安全犯罪、恐怖活动犯罪、黑社会性质的组织犯罪的犯罪分子，在刑罚执行完毕或者赦免以后，在任何时候再犯上述任一类罪的，都以累犯论处。

立法动态

本条源自《中华人民共和国刑法》（1997 年 3 月 14 日第八届全国人民代表大会第五次会议修订，自 1997 年 10 月 1 日起施行）。

本条根据《中华人民共和国刑法修正案（八）》（自 2011 年 5 月 1 日起施行）第七条修改。

原本条规定为：危害国家安全的犯罪分子在刑罚执行完毕或者赦免以后，在任何时候再犯危害国家安全罪的，都以累犯论处。

本条修改的主要内容为：补充规定恐怖活动犯罪、黑社会性质的组织犯罪的犯罪分子，在刑罚执行完毕或者赦免以后，在任何时候再犯上述任一类罪的，都以累犯论处。

适用要点与裁判依据

★刑法修正案（八）施行后，是否构成累犯的法律适用

《最高人民法院关于〈中华人民共和国刑法修正案（八）〉时间效力问题的解释》（2011 年 4 月 25 日　法释〔2011〕9 号）

第三条　被判处有期徒刑以上刑罚，刑罚执行完毕或者赦免以后，在 2011 年 4 月 30 日以前再犯应当判处有期徒刑以上刑罚之罪的，是否构成累犯，适用修正前刑法第六十五条的规定；但是，前罪实施时不满十八周岁的，是否构成累犯，适用修正后刑法第六十五条的规定。

曾犯危害国家安全犯罪，刑罚执行完毕或者赦免以后，在2011年4月30日以前再犯危害国家安全犯罪的，是否构成累犯，适用修正前刑法第六十六条的规定。

曾被判处有期徒刑以上刑罚，或者曾犯危害国家安全犯罪、恐怖活动犯罪、黑社会性质的组织犯罪，在2011年5月1日以后再犯罪的，是否构成累犯，适用修正后刑法第六十五条、第六十六条的规定。

★符合特别累犯规定的黑社会性质组织成员，应当认定为累犯

《最高人民法院、最高人民检察院、公安部、司法部关于办理黑恶势力犯罪案件若干问题的指导意见》（2018年1月16日 法发〔2018〕1号）

12. 对于组织者、领导者和因犯参加黑社会性质组织罪被判处五年以上有期徒刑的积极参加者，可以根据《刑法》第五十六条第一款的规定适用附加剥夺政治权利。对于符合《刑法》第三十七条之一规定的组织成员，应当依法禁止其从事相关职业。符合《刑法》第六十六条规定的组织成员，应当认定为累犯，依法从重处罚。

第三节 自首和立功

第六十七条 【自首与如实供述】犯罪以后自动投案，如实供述自己的罪行的，是自首。对于自首的犯罪分子，可以从轻或者减轻处罚。其中，犯罪较轻的，可以免除处罚。

被采取强制措施的犯罪嫌疑人、被告人和正在服刑的罪犯，如实供述司法机关还未掌握的本人其他罪行的，以自首论。

犯罪嫌疑人虽不具有前两款规定的自首情节，但是如实供述自己罪行的，可以从轻处罚；因其如实供述自己罪行，避免特别严重后果发生的，可以减轻处罚。

立法动态

本条源自《中华人民共和国刑法》(1997年3月14日第八届全国人民代表大会第五次会议修订,自1997年10月1日起施行)。

本条第三款根据《中华人民共和国刑法修正案(八)》(自2011年5月1日起施行)第八条增加。

适用要点与裁判依据

★"自动投案"与"如实供述自己的罪行"的认定

《最高人民法院关于处理自首和立功具体应用法律若干问题的解释》(1998年4月17日　法释〔1998〕8号)

第一条　根据刑法第六十七条第一款的规定,犯罪以后自动投案,如实供述自己的罪行的,是自首。

(一)自动投案,是指犯罪事实或者犯罪嫌疑人未被司法机关发觉,或者虽被发觉,但犯罪嫌疑人尚未受到讯问、未被采取强制措施时,主动、直接向公安机关、人民检察院或者人民法院投案。

犯罪嫌疑人向其所在单位、城乡基层组织或者其他有关负责人员投案的;犯罪嫌疑人因病、伤或者为了减轻犯罪后果,委托他人先代为投案,或者先以信电投案的;罪行尚未被司法机关发觉,仅因形迹可疑,被有关组织或者司法机关盘问、教育后,主动交代自己的罪行的;犯罪后逃跑,在被通缉、追捕过程中,主动投案的;经查实确已准备去投案,或者正在投案途中,被公安机关捕获的,应当视为自动投案。

并非出于犯罪嫌疑人主动,而是经亲友规劝、陪同投案的;公安机关通知犯罪嫌疑人的亲友,或者亲友主动报案后,将犯罪嫌疑人送去投案的,也应当视为自动投案。

犯罪嫌疑人自动投案后又逃跑的,不能认定为自首。

(二)如实供述自己的罪行,是指犯罪嫌疑人自动投案后,如实交代自己的主要犯罪事实。

犯有数罪的犯罪嫌疑人仅如实供述所犯数罪中部分犯罪的，只对如实供述部分犯罪的行为，认定为自首。

共同犯罪案件中的犯罪嫌疑人，除如实供述自己的罪行，还应当供述所知的同案犯，主犯则应当供述所知其他同案犯的共同犯罪事实，才能认定为自首。

犯罪嫌疑人自动投案并如实供述自己的罪行后又翻供的，不能认定为自首；但在一审判决前又能如实供述的，应当认定为自首。

★对自首的犯罪分子的处罚

《最高人民法院关于处理自首和立功具体应用法律若干问题的解释》（1998年4月17日 法释〔1998〕8号）

第三条 根据刑法第六十七条第一款的规定，对于自首的犯罪分子，可以从轻或者减轻处罚；对于犯罪较轻的，可以免除处罚。具体确定从轻、减轻还是免除处罚，应当根据犯罪轻重，并考虑自首的具体情节。

★被告人对行为性质的辩解不影响自首的成立

《最高人民法院关于被告人对行为性质的辩解是否影响自首成立问题的批复》（2004年3月26日 法释〔2004〕2号）

根据刑法第六十七条第一款和最高人民法院《关于处理自首和立功具体应用法律若干问题的解释》第一条的规定，犯罪以后自动投案，如实供述自己的罪行的，是自首。被告人对行为性质的辩解不影响自首的成立。

★职务犯罪自首的认定和处理

《最高人民法院、最高人民检察院关于办理职务犯罪案件认定自首、立功等量刑情节若干问题的意见》（2009年3月12日 法发〔2009〕13号）

一、关于自首的认定和处理

根据刑法第六十七条第一款的规定，成立自首需同时具备自动投案和如实供述自己的罪行两个要件。犯罪事实或者犯罪分子未被办案机关掌握,或者虽被掌握,但犯罪分子尚未受到调查谈话、讯问,或者未被宣布采取调查措施或者强制措施时,向办案机关投案的,是自动投案。在此期间如实交代自己的主要犯罪事实的,应当认定为自首。

犯罪分子向所在单位等办案机关以外的单位、组织或者有关负责人员投案的,应当视为自动投案。

没有自动投案,在办案机关调查谈话、讯问、采取调查措施或者强制措施期间,犯罪分子如实交代办案机关掌握的线索所针对的事实的,不能认定为自首。

没有自动投案,但具有以下情形之一的,以自首论:(1)犯罪分子如实交代办案机关未掌握的罪行,与办案机关已掌握的罪行属不同种罪行的;(2)办案机关所掌握线索针对的犯罪事实不成立,在此范围外犯罪分子交代同种罪行的。

单位犯罪案件中,单位集体决定或者单位负责人决定而自动投案,如实交代单位犯罪事实的,或者单位直接负责的主管人员自动投案,如实交代单位犯罪事实的,应当认定为单位自首。单位自首的,直接负责的主管人员和直接责任人员未自动投案,但如实交代自己知道的犯罪事实的,可以视为自首;拒不交代自己知道的犯罪事实或者逃避法律追究的,不应当认定为自首。单位没有自首,直接责任人员自动投案并如实交代自己知道的犯罪事实的,对该直接责任人员应当认定为自首。

对于具有自首情节的犯罪分子,办案机关移送案件时应当予以说明并移交相关证据材料。

对于具有自首情节的犯罪分子,应当根据犯罪的事实、性质、情节和对于社会的危害程度,结合自动投案的动机、阶段、客观环境,交代犯罪事实的完整性、稳定性以及悔罪表现等具体情节,依法决定是否从轻、减轻或者免除处罚以及从轻、减轻处罚的幅度。

★职务犯罪分子依法不成立自首，但如实交代犯罪事实，可以或者应当从轻处罚的情形

《最高人民法院、最高人民检察院关于办理职务犯罪案件认定自首、立功等量刑情节若干问题的意见》（2009年3月12日　法发〔2009〕13号）

三、关于如实交代犯罪事实的认定和处理

犯罪分子依法不成立自首，但如实交代犯罪事实，有下列情形之一的，可以酌情从轻处罚：（1）办案机关掌握部分犯罪事实，犯罪分子交代了同种其他犯罪事实的；（2）办案机关掌握的证据不充分，犯罪分子如实交代有助于收集定案证据的。

犯罪分子如实交代犯罪事实，有下列情形之一的，一般应当从轻处罚：（1）办案机关仅掌握小部分犯罪事实，犯罪分子交代了大部分未被掌握的同种犯罪事实的；（2）如实交代对于定案证据的收集有重要作用的。

★被告人为规避法律而自首的，应从严掌握是否从轻处罚

《最高人民法院关于审理故意杀人、故意伤害案件正确适用死刑问题的指导意见》（2009年8月3日　法发〔2009〕44号）

五、关于被告人有自首、立功情节的死刑适用

自首和立功是刑法明确规定的、司法实践中适用较多的两种法定从轻或减轻处罚情节。对于具备这两种情节之一的，一般都应依法从轻处罚。对于具有自首、立功情节，同时又有累犯、前科等法定、酌定从重处罚情节的，要综合分析从重因素和从轻因素哪方面更突出一些，依法体现宽严相济的基本刑事政策。

对于被告人未自首，但被告人亲属协助抓获被告人，或者提供被告人犯罪的主要证据对定案起到重要作用等情况的，应作为酌定从宽情节，予以充分考虑。

对于具有犯罪后果特别严重、犯罪动机特别卑劣或者被告人为规避法律而自首等情形的，对被告人是否从轻处罚，要从严掌握。

……

★对自首的被告人，一般均应依法从宽处罚

《最高人民法院关于贯彻宽严相济刑事政策的若干意见》（2010年2月8日　法发〔2010〕9号）

17. 对于自首的被告人，除了罪行极其严重、主观恶性极深、人身危险性极大，或者恶意地利用自首规避法律制裁者以外，一般均应当依法从宽处罚。

对于亲属以不同形式送被告人归案或协助司法机关抓获被告人而认定为自首的，原则上都应当依法从宽处罚；有的虽然不能认定为自首，但考虑到被告人亲属支持司法机关工作，促使被告人到案、认罪、悔罪，在决定对被告人具体处罚时，也应当予以充分考虑。

★犯罪嫌疑人具有五种情形之一的，应视为自动投案

《最高人民法院关于处理自首和立功若干具体问题的意见》（2010年12月22日　法发〔2010〕60号）

一、关于"自动投案"的具体认定

《解释》第一条第（一）项规定七种应当视为自动投案的情形，体现了犯罪嫌疑人投案的主动性和自愿性。根据《解释》第一条第（一）项的规定，犯罪嫌疑人具有以下情形之一的，也应当视为自动投案：1. 犯罪后主动报案，虽未表明自己是作案人，但没有逃离现场，在司法机关询问时交代自己罪行的；2. 明知他人报案而在现场等待，抓捕时无拒捕行为，供认犯罪事实的；3. 在司法机关未确定犯罪嫌疑人，尚在一般性排查询问时主动交代自己罪行的；4. 因特定违法行为被采取劳动教养、行政拘留、司法拘留、强制隔离戒毒等行政、司法强制措施期间，主动向执行机关交代尚未被掌握的犯罪行为的；5. 其他符合立法本意，应当视为自动投案的情形。

罪行未被有关部门、司法机关发觉，仅因形迹可疑被盘问、教育后，主动交代了犯罪事实的，应当视为自动投案，但有关部门、司法机关在其身上、随身携带的物品、驾乘的交通工具等处发现与犯罪有关的物品的，不能认定为自动投案。

交通肇事后保护现场、抢救伤者，并向公安机关报告的，应认定为自动投案,构成自首的,因上述行为同时系犯罪嫌疑人的法定义务,对其是否从宽、从宽幅度要适当从严掌握。交通肇事逃逸后自动投案,如实供述自己罪行的,应认定为自首,但应依法以较重法定刑为基准,视情决定对其是否从宽处罚以及从宽处罚的幅度。

犯罪嫌疑人被亲友采用捆绑等手段送到司法机关,或者在亲友带领侦查人员前来抓捕时无拒捕行为,并如实供认犯罪事实的,虽然不能认定为自动投案,但可以参照法律对自首的有关规定酌情从轻处罚。

★"如实供述自己的罪行"的具体认定

《最高人民法院关于处理自首和立功若干具体问题的意见》(2010年12月22日 法发〔2010〕60号)

二、关于"如实供述自己的罪行"的具体认定

《解释》第一条第(二)项规定如实供述自己的罪行,除供述自己的主要犯罪事实外,还应包括姓名、年龄、职业、住址、前科等情况。犯罪嫌疑人供述的身份等情况与真实情况虽有差别,但不影响定罪量刑的,应认定为如实供述自己的罪行。犯罪嫌疑人自动投案后隐瞒自己的真实身份等情况,影响对其定罪量刑的,不能认定为如实供述自己的罪行。

犯罪嫌疑人多次实施同种罪行的,应当综合考虑已交代的犯罪事实与未交代的犯罪事实的危害程度,决定是否认定为如实供述主要犯罪事实。虽然投案后没有交代全部犯罪事实,但如实交代的犯罪情节重于未交代的犯罪情节,或者如实交代的犯罪数额多于未交代的犯罪数额,一般应认定为如实供述自己的主要犯罪事实。无法区分已交代的与未交代的犯罪情节的严重程度,或者已交代的犯罪数额与未交代的犯罪数额相当,一般不认定为如实供述自己的主要犯罪事实。

犯罪嫌疑人自动投案时虽然没有交代自己的主要犯罪事实,但在司法机关掌握其主要犯罪事实之前主动交代的,应认定为如实供述自己的罪行。

★“司法机关还未掌握的本人其他罪行”与“不同种罪行”的认定

《最高人民法院关于处理自首和立功若干具体问题的意见》(2010年12月22日　法发〔2010〕60号)

三、关于“司法机关还未掌握的本人其他罪行”和“不同种罪行”的具体认定

犯罪嫌疑人、被告人在被采取强制措施期间,向司法机关主动如实供述本人的其他罪行,该罪行能否认定为司法机关已掌握,应根据不同情形区别对待。如果该罪行已被通缉,一般应以该司法机关是否在通缉令发布范围内作出判断,不在通缉令发布范围内的,应认定为还未掌握,在通缉令发布范围内的,应视为已掌握;如果该罪行已录入全国公安信息网络在逃人员信息数据库,应视为已掌握。如果该罪行未被通缉、也未录入全国公安信息网络在逃人员信息数据库,应以该司法机关是否已实际掌握该罪行为标准。

犯罪嫌疑人、被告人在被采取强制措施期间如实供述本人其他罪行,该罪行与司法机关已掌握的罪行属同种罪行还是不同种罪行,一般应以罪名区分。虽然如实供述的其他罪行的罪名与司法机关已掌握犯罪的罪名不同,但如实供述的其他犯罪与司法机关已掌握的犯罪属选择性罪名或者在法律、事实上密切关联,如因受贿被采取强制措施后,又交代因受贿为他人谋取利益行为,构成滥用职权罪的,应认定为同种罪行。

★对自首证据材料的审查

《最高人民法院关于处理自首和立功若干具体问题的意见》(2010年12月22日　法发〔2010〕60号)

七、关于自首、立功证据材料的审查

人民法院审查的自首证据材料,应当包括被告人投案经过、有罪供述以及能够证明其投案情况的其他材料。投案经过的内容一般应包括被告人投案时间、地点、方式等。证据材料应加盖接受被告人投案的单位的印章,并有接受人员签名。

……

人民法院经审查认为证明被告人自首、立功的材料不规范、不全面的，应当由检察机关、侦查机关予以完善或者提供补充材料。

上述证据材料在被告人被指控的犯罪一、二审审理时已形成的，应当经庭审质证。

★同时具有自首、立功情节又有累犯、毒品再犯等情节的处罚

《最高人民法院关于处理自首和立功若干具体问题的意见》(2010年12月22日 法发〔2010〕60号)

八、关于对自首、立功的被告人的处罚

对具有自首、立功情节的被告人是否从宽处罚、从宽处罚的幅度，应当考虑其犯罪事实、犯罪性质、犯罪情节、危害后果、社会影响、被告人的主观恶性和人身危险性等。自首的还应考虑投案的主动性、供述的及时性和稳定性等。

……

具有自首或者立功情节的，一般应依法从轻、减轻处罚；犯罪情节较轻的，可以免除处罚。类似情况下，对具有自首情节的被告人的从宽幅度要适当宽于具有立功情节的被告人。

虽然具有自首或者立功情节，但犯罪情节特别恶劣、犯罪后果特别严重、被告人主观恶性深、人身危险性大，或者在犯罪前即为规避法律、逃避处罚而准备自首、立功的，可以不从宽处罚。

对于被告人具有自首、立功情节，同时又有累犯、毒品再犯等法定从重处罚情节的，既要考虑自首、立功的具体情节，又要考虑被告人的主观恶性、人身危险性等因素，综合分析判断，确定从宽或者从严处罚。累犯的前罪为非暴力犯罪的，一般可以从宽处罚，前罪为暴力犯罪或者前、后罪为同类犯罪的，可以不从宽处罚。

在共同犯罪案件中，对具有自首、立功情节的被告人的处罚，应注意共同犯罪人以及首要分子、主犯、从犯之间的量刑平衡。

……

★刑法修正案(八)施行后,对"如实供述"的法律适用

《最高人民法院关于〈中华人民共和国刑法修正案(八)〉时间效力问题的解释》(2011年4月25日 法释〔2011〕9号)

第四条 2011年4月30日以前犯罪,虽不具有自首情节,但是如实供述自己罪行的,适用修正后刑法第六十七条第三款的规定。

★实施间谍行为,有自首表现的,可以从轻、减轻或者免除处罚

《中华人民共和国反间谍法》(2023年4月26日修订 主席令第4号)

第五十五条第一款 实施间谍行为,有自首或者立功表现的,可以从轻、减轻或者免除处罚;有重大立功表现的,给予奖励。

★对具有自首、坦白情节的从宽幅度

《最高人民法院、最高人民检察院关于常见犯罪的量刑指导意见(试行)》(2021年6月16日 法发〔2021〕21号)

三、常见量刑情节的适用

(六)对于自首情节,综合考虑自首的动机、时间、方式、罪行轻重、如实供述罪行的程度以及悔罪表现等情况,可以减少基准刑的40%以下;犯罪较轻的,可以减少基准刑的40%以上或者依法免除处罚。恶意利用自首规避法律制裁等不足以从宽处罚的除外。

(七)对于坦白情节,综合考虑如实供述罪行的阶段、程度、罪行轻重以及悔罪表现等情况,确定从宽的幅度。

1. 如实供述自己罪行的,可以减少基准刑的20%以下;

2. 如实供述司法机关尚未掌握的同种较重罪行的,可以减少基准刑的10%-30%;

3. 因如实供述自己罪行,避免特别严重后果发生的,可以减少基准刑的30%-50%。

第六十八条　【立功】犯罪分子有揭发他人犯罪行为，查证属实的，或者提供重要线索，从而得以侦破其他案件等立功表现的，可以从轻或者减轻处罚；有重大立功表现的，可以减轻或者免除处罚。

立法动态

本条源自《中华人民共和国刑法》（1997 年 3 月 14 日第八届全国人民代表大会第五次会议修订，自 1997 年 10 月 1 日起施行）。

原本条第二款根据《中华人民共和国刑法修正案（八）》（自 2011 年 5 月 1 日起施行）第九条删去。

原本条第二款的规定为：犯罪后自首又有重大立功表现的，应当减轻或者免除处罚。

适用要点与裁判依据

★应当认定为有立功表现的情形

《最高人民法院关于处理自首和立功具体应用法律若干问题的解释》（1998 年 4 月 17 日　法释〔1998〕8 号）

第五条　根据刑法第六十八条第一款的规定，犯罪分子到案后有检举、揭发他人犯罪行为，包括共同犯罪案件中的犯罪分子揭发同案犯共同犯罪以外的其他犯罪，经查证属实；提供侦破其他案件的重要线索，经查证属实；阻止他人犯罪活动；协助司法机关抓捕其他犯罪嫌疑人（包括同案犯）；具有其他有利于国家和社会的突出表现的，应当认定为有立功表现。

★共同犯罪案件犯罪分子到案后揭发同案犯共同犯罪事实的处罚

《最高人民法院关于处理自首和立功具体应用法律若干问题的解释》（1998 年 4 月 17 日　法释〔1998〕8 号）

第六条　共同犯罪案件的犯罪分子到案后，揭发同案犯共同犯罪事实的，可以酌情予以从轻处罚。

★“重大犯罪”“重大案件”“重大犯罪嫌疑人”的认定标准

《最高人民法院关于处理自首和立功具体应用法律若干问题的解释》(1998年4月17日　法释〔1998〕8号)

第七条　根据刑法第六十八条第一款的规定,犯罪分子有检举、揭发他人重大犯罪行为,经查证属实;提供侦破其他重大案件的重要线索,经查证属实;阻止他人重大犯罪活动;协助司法机关抓捕其他重大犯罪嫌疑人(包括同案犯);对国家和社会有其他重大贡献等表现的,应当认定为有重大立功表现。

前款所称“重大犯罪”、“重大案件”、“重大犯罪嫌疑人”的标准,一般是指犯罪嫌疑人、被告人可能被判处无期徒刑以上刑罚或者案件在本省、自治区、直辖市或者全国范围内有较大影响等情形。

★职务犯罪案件中不应认定为立功表现的情形

《最高人民法院、最高人民检察院关于办理职务犯罪案件认定自首、立功等量刑情节若干问题的意见》(2009年3月12日　法发〔2009〕13号)

二、关于立功的认定和处理

立功必须是犯罪分子本人实施的行为。为使犯罪分子得到从轻处理,犯罪分子的亲友直接向有关机关揭发他人犯罪行为,提供侦破其他案件的重要线索,或者协助司法机关抓捕其他犯罪嫌疑人的,不应当认定为犯罪分子的立功表现。

据以立功的他人罪行材料应当指明具体犯罪事实;据以立功的线索或者协助行为对于侦破案件或者抓捕犯罪嫌疑人要有实际作用。犯罪分子揭发他人犯罪行为时没有指明具体犯罪事实的;揭发的犯罪事实与查实的犯罪事实不具有关联性的;提供的线索或者协助行为对于其他案件的侦破或者其他犯罪嫌疑人的抓捕不具有实际作用的,不能认定为立功表现。

犯罪分子揭发他人犯罪行为,提供侦破其他案件重要线索的,必须经查证属实,才能认定为立功。审查是否构成立功,不仅要审查办案机关的说明材料,还要审查有关事实和证据以及与案件定性处罚相关的法律文书,如立案决定书、逮捕决定书、侦查终结报告、起诉意见书、起诉书或者判决书等。

据以立功的线索、材料来源有下列情形之一的,不能认定为立功:(1)本人通过非法手段或者非法途径获取的;(2)本人因原担任的查禁犯罪等职务获取的;(3)他人违反监管规定向犯罪分子提供的;(4)负有查禁犯罪活动职责的国家机关工作人员或者其他国家工作人员利用职务便利提供的。

……

★职务犯罪案件中应认定为“重大立功表现”的情形

《最高人民法院、最高人民检察院关于办理职务犯罪案件认定自首、立功等量刑情节若干问题的意见》(2009年3月12日 法发〔2009〕13号)

二、关于立功的认定和处理

……

犯罪分子检举、揭发的他人犯罪,提供侦破其他案件的重要线索,阻止他人的犯罪活动,或者协助司法机关抓捕的其他犯罪嫌疑人,犯罪嫌疑人、被告人依法可能被判处无期徒刑以上刑罚的,应当认定为有重大立功表现。其中,可能被判处无期徒刑以上刑罚,是指根据犯罪行为的事实、情节可能判处无期徒刑以上刑罚。案件已经判决的,以实际判处的刑罚为准。但是,根据犯罪行为的事实、情节应当判处无期徒刑以上刑罚,因被判刑人有法定情节经依法从轻、减轻处罚后判处有期徒刑的,应当认定为重大立功。

……

★对罪该判处死刑的被告人具有立功表现的是否从轻处罚,应当以立功是否足以抵罪为标准

《最高人民法院关于审理故意杀人、故意伤害案件正确适用死刑问题的指导意见》(2009年8月3日 法发〔2009〕44号)

五、关于被告人有自首、立功情节的死刑适用

自首和立功是刑法明确规定的、司法实践中适用较多的两种法

定从轻或减轻处罚情节。对于具备这两种情节之一的，一般都应依法从轻处罚。对于具有自首、立功情节，同时又有累犯、前科等法定、酌定从重处罚情节的，要综合分析从重因素和从轻因素哪方面更突出一些，依法体现宽严相济的基本刑事政策。

……

对于罪该判处死刑的被告人具有立功表现的，是否从轻处罚，应当以立功是否足以抵罪为标准。被告人确有重大立功表现的，一般应当考虑从轻处罚；被告人有一般立功表现，经综合考虑足以从轻的，也可以考虑对被告人从轻处罚；被告人亲属为使被告人得到从轻处罚，检举、揭发他人犯罪或者协助司法机关抓捕其他犯罪嫌疑人的，虽不能视为被告人立功，也可以作为酌情从宽情节考虑。对于黑社会性质组织犯罪的首要分子、犯罪集团的首要分子等，犯罪主体的特殊性决定了其有可能掌握他人较多的犯罪线索，即使其检举揭发与其犯罪有关联的人或是构成重大立功的，从轻处罚也要从严掌握。如果被告人罪行极其严重，只有一般立功表现，经综合考虑不足以从轻的，可不予从轻处罚。

★立功线索来源的具体认定

《最高人民法院关于处理自首和立功若干具体问题的意见》(2010年12月22日　法发〔2010〕60号)

四、关于立功线索来源的具体认定

犯罪分子通过贿买、暴力、胁迫等非法手段，或者被羁押后与律师、亲友会见过程中违反监管规定，获取他人犯罪线索并“检举揭发”的，不能认定为有立功表现。

犯罪分子将本人以往查办犯罪职务活动中掌握的，或者从负有查办犯罪、监管职责的国家工作人员处获取的他人犯罪线索予以检举揭发的，不能认定为有立功表现。

犯罪分子亲友为使犯罪分子“立功”，向司法机关提供他人犯罪线索、协助抓捕犯罪嫌疑人的，不能认定为犯罪分子有立功表现。

★“协助抓捕其他犯罪嫌疑人”的认定

《最高人民法院关于处理自首和立功若干具体问题的意见》(2010年12月22日　法发〔2010〕60号)

五、关于“协助抓捕其他犯罪嫌疑人”的具体认定

犯罪分子具有下列行为之一,使司法机关抓获其他犯罪嫌疑人的,属于《解释》第五条规定的“协助司法机关抓捕其他犯罪嫌疑人”:1.按照司法机关的安排,以打电话、发信息等方式将其他犯罪嫌疑人(包括同案犯)约至指定地点的;2.按照司法机关的安排,当场指认、辨认其他犯罪嫌疑人(包括同案犯)的;3.带领侦查人员抓获其他犯罪嫌疑人(包括同案犯)的;4.提供司法机关尚未掌握的其他案件犯罪嫌疑人的联络方式、藏匿地址的,等等。

犯罪分子提供同案犯姓名、住址、体貌特征等基本情况,或者提供犯罪前、犯罪中掌握、使用的同案犯联络方式、藏匿地址,司法机关据此抓捕同案犯的,不能认定为协助司法机关抓捕同案犯。

★立功线索的查证程序与具体认定

《最高人民法院关于处理自首和立功若干具体问题的意见》(2010年12月22日　法发〔2010〕60号)

六、关于立功线索的查证程序和具体认定

被告人在一、二审审理期间检举揭发他人犯罪行为或者提供侦破其他案件的重要线索,人民法院经审查认为该线索内容具体、指向明确的,应及时移交有关人民检察院或者公安机关依法处理。

侦查机关出具材料,表明在三个月内还不能查证并抓获被检举揭发的人,或者不能查实的,人民法院审理案件可不再等待查证结果。

被告人检举揭发他人犯罪行为或者提供侦破其他案件的重要线索经查证不属实,又重复提供同一线索,且没有提出新的证据材料的,可以不再查证。

根据被告人检举揭发破获的他人犯罪案件,如果已有审判结果,应当依据判决确认的事实认定是否查证属实;如果被检举揭发的他

人犯罪案件尚未进入审判程序，可以依据侦查机关提供的书面查证情况认定是否查证属实。检举揭发的线索经查确有犯罪发生，或者确定了犯罪嫌疑人，可能构成重大立功，只是未能将犯罪嫌疑人抓获归案的，对可能判处死刑的被告人一般要留有余地，对其他被告人原则上应酌情从轻处罚。

被告人检举揭发或者协助抓获的人的行为构成犯罪，但因法定事由不追究刑事责任、不起诉、终止审理的，不影响对被告人立功表现的认定；被告人检举揭发或者协助抓获的人的行为应判处无期徒刑以上刑罚，但因具有法定、酌定从宽情节，宣告刑为有期徒刑或者更轻刑罚的，不影响对被告人重大立功表现的认定。

★立功证据材料的审查

《最高人民法院关于处理自首和立功若干具体问题的意见》(2010年12月22日　法发〔2010〕60号)

七、关于自首、立功证据材料的审查

人民法院审查的立功证据材料，一般应包括被告人检举揭发材料及证明其来源的材料、司法机关的调查核实材料、被检举揭发人的供述等。被检举揭发案件已立案、侦破，被检举揭发人被采取强制措施、公诉或者审判的，还应审查相关的法律文书。证据材料应加盖接收被告人检举揭发材料的单位的印章，并有接收人员签名。

人民法院经审查认为证明被告人自首、立功的材料不规范、不全面的，应当由检察机关、侦查机关予以完善或者提供补充材料。

上述证据材料在被告人被指控的犯罪一、二审审理时已形成的，应当经庭审质证。

★对立功的处理应贯彻宽严相济刑事政策

《最高人民法院关于贯彻宽严相济刑事政策的若干意见》(2010年2月8日　法发〔2010〕9号)

18. 对于被告人检举揭发他人犯罪构成立功的，一般均应当依法从宽处罚。对于犯罪情节不是十分恶劣，犯罪后果不是十分严重的被告人立功的,从宽处罚的幅度应当更大。

四、准确把握和正确适用宽严"相济"的政策要求

26. 在对严重刑事犯罪依法从严惩处的同时,对被告人具有自首、立功、从犯等法定或酌定从宽处罚情节的,还要注意宽以济严,根据犯罪的具体情况,依法应当或可以从宽的,都应当在量刑上予以充分考虑。

33. 在共同犯罪案件中,对于主犯或首要分子检举、揭发同案地位、作用较次犯罪分子构成立功的,从轻或者减轻处罚应当从严掌握,如果从轻处罚可能导致全案量刑失衡的,一般不予从轻处罚;如果检举、揭发的是其他犯罪案件中罪行同样严重的犯罪分子,或者协助抓获的是同案中的其他主犯、首要分子的,原则上应予依法从轻或者减轻处罚。对于从犯或犯罪集团中的一般成员立功,特别是协助抓获主犯、首要分子的,应当充分体现政策,依法从轻、减轻或者免除处罚。

★对立功的被告人的处罚

《最高人民法院关于处理自首和立功若干具体问题的意见》(2010年12月22日　法发〔2010〕60号)

八、关于对自首、立功的被告人的处罚

对具有自首、立功情节的被告人是否从宽处罚、从宽处罚的幅度,应当考虑其犯罪事实、犯罪性质、犯罪情节、危害后果、社会影响、被告人的主观恶性和人身危险性等。自首的还应考虑投案的主动性、供述的及时性和稳定性等。立功的还应考虑检举揭发罪行的轻重、被检举揭发的人可能或者已经被判处的刑罚、提供的线索对侦破案件或者协助抓捕其他犯罪嫌疑人所起作用的大小等。

具有自首或者立功情节的,一般应依法从轻、减轻处罚;犯罪情节较轻的,可以免除处罚。类似情况下,对具有自首情节的被告人的从宽幅度要适当宽于具有立功情节的被告人。

虽然具有自首或者立功情节,但犯罪情节特别恶劣、犯罪后果特别严重、被告人主观恶性深、人身危险性大,或者在犯罪前即为规避

法律、逃避处罚而准备自首、立功的，可以不从宽处罚。

对于被告人具有自首、立功情节，同时又有累犯、毒品再犯等法定从重处罚情节的，既要考虑自首、立功的具体情节，又要考虑被告人的主观恶性、人身危险性等因素，综合分析判断，确定从宽或者从严处罚。累犯的前罪为非暴力犯罪的，一般可以从宽处罚，前罪为暴力犯罪或者前、后罪为同类犯罪的，可以不从宽处罚。

在共同犯罪案件中，对具有自首、立功情节的被告人的处罚，应注意共同犯罪人以及首要分子、主犯、从犯之间的量刑平衡。犯罪集团的首要分子、共同犯罪的主犯检举揭发或者协助司法机关抓捕同案地位、作用较次的犯罪分子的，从宽处罚与否应当从严掌握，如果从轻处罚可能导致全案量刑失衡的，一般不从轻处罚；如果检举揭发或者协助司法机关抓捕的是其他案件中罪行同样严重的犯罪分子，一般应依法从宽处罚。对于犯罪集团的一般成员、共同犯罪的从犯立功的，特别是协助抓捕首要分子、主犯的，应当充分体现政策，依法从宽处罚。

★刑法修正案（八）施行后，对“犯罪后自首又有重大立功表现”的法律适用

《最高人民法院关于〈中华人民共和国刑法修正案（八）〉时间效力问题的解释》（2011年4月25日　法释〔2011〕9号）

第五条　2011年4月30日以前犯罪，犯罪后自首又有重大立功表现的，适用修正前刑法第六十八条第二款的规定。

★行贿人在被追诉前主动交待行贿行为而破获相关受贿案件的，可以减轻或者免除处罚

《最高人民法院、最高人民检察院关于办理行贿刑事案件具体应用法律若干问题的解释》（2012年12月26日　法释〔2012〕22号）

第七条　因行贿人在被追诉前主动交待行贿行为而破获相关受贿案件的，对行贿人不适用刑法第六十八条关于立功的规定，依照刑法第三百九十条第二款的规定，可以减轻或者免除处罚。

单位行贿的，在被追诉前，单位集体决定或者单位负责人决定主动交待单位行贿行为的，依照刑法第三百九十条第二款的规定，对单位及相关责任人员可以减轻处罚或者免除处罚；受委托直接办理单位行贿事项的直接责任人员在被追诉前主动交待自己知道的单位行贿行为的，对该直接责任人员可以依照刑法第三百九十条第二款的规定减轻处罚或者免除处罚。

★行贿人揭发受贿人与其行贿无关的其他犯罪行为，应认定为立功

《最高人民法院、最高人民检察院关于办理行贿刑事案件具体应用法律若干问题的解释》（2012年12月26日　法释〔2012〕22号）

第九条　行贿人揭发受贿人与其行贿无关的其他犯罪行为，查证属实的，依照刑法第六十八条关于立功的规定，可以从轻、减轻或者免除处罚。

★实施间谍行为，有立功表现的，可以从轻、减轻或者免除处罚

《中华人民共和国反间谍法》（2023年4月26日修订　主席令第4号）

第五十五条第一款　实施间谍行为，有自首或者立功表现的，可以从轻、减轻或者免除处罚；有重大立功表现的，给予奖励。

★对跨省异地执行刑罚的黑恶势力罪犯在服刑期间立功表现的认定及法律适用

《最高人民法院、最高人民检察院、公安部、司法部关于跨省异地执行刑罚的黑恶势力罪犯坦白检举构成自首立功若干问题的意见》（2019年10月21日　司发〔2019〕5号）

10. 跨省异地执行刑罚的黑恶势力罪犯在服刑期间，检举揭发他人犯罪、提供重要线索，或者协助司法机关抓捕其他犯罪嫌疑人的，办案侦查机关应当在人民法院判决生效后十日内根据人民法院判决对罪犯是否构成立功或重大立功提出书面意见，与案件相关材料一并送交监狱。

11. 跨省异地执行刑罚的黑恶势力罪犯在原审判决生效前，检举揭发他人犯罪活动、提供重要线索，或者协助司法机关抓捕其他犯罪嫌疑人的,在原审判决生效后才被查证属实的,参照本意见第10条情形办理。

12. 跨省异地执行刑罚的黑恶势力罪犯检举揭发他人犯罪,构成立功或者重大立功的,监狱依法向人民法院提请减刑。对于检举他人犯罪行为基本属实,但未构成立功或者重大立功的,监狱可以根据有关规定给予日常考核奖励或者物质奖励。

★立功情节的从宽处罚幅度

《最高人民法院、最高人民检察院关于常见犯罪的量刑指导意见(试行)》(2021年6月16日　法发〔2021〕21号)

三、常见量刑情节的适用

(九)对于立功情节,综合考虑立功的大小、次数、内容、来源、效果以及罪行轻重等情况,确定从宽的幅度。

1. 一般立功的,可以减少基准刑的20%以下;

2. 重大立功的,可以减少基准刑的20%-50%;犯罪较轻的,减少基准刑的50%以上或者依法免除处罚。

第四节　数罪并罚

第六十九条　【判决宣告前一人犯数罪的并罚】判决宣告以前一人犯数罪的,除判处死刑和无期徒刑的以外,应当在总和刑期以下、数刑中最高刑期以上,酌情决定执行的刑期,但是管制最高不能超过三年,拘役最高不能超过一年,有期徒刑总和刑期不满三十五年的,最高不能超过二十年,总和刑期在三十五年以上的,最高不能超过二十五年。

数罪中有判处有期徒刑和拘役的,执行有期徒刑。数罪中有判处有期徒刑和管制,或者拘役和管制的,有期徒刑、拘役执行完毕后,管制仍须执行。

数罪中有判处附加刑的,附加刑仍须执行,其中附加刑种类相同的,合并执行,种类不同的,分别执行。

立法动态

本条源自《中华人民共和国刑法》(1997年3月14日第八届全国人民代表大会第五次会议修订,自1997年10月1日起施行)。

本条曾经全国人大常委会两次修改。

原本条规定为:第六十九条 (第一款)判决宣告以前一人犯数罪的,除判处死刑和无期徒刑的以外,应当在总和刑期以下、数刑中最高刑期以上,酌情决定执行的刑期,但是管制最高不能超过三年,拘役最高不能超过一年,有期徒刑最高不能超过二十年。(第二款)如果数罪中有判处附加刑的,附加刑仍须执行。

本条第一次根据《中华人民共和国刑法修正案(八)》(自2011年5月1日起施行)第十条修改。本次修改的主要内容为:一是补充规定有期徒刑总和刑期在三十五年以上的,决定执行的刑期"最高不能超过二十五年",即可以达到二十五年;二是明确规定对种类不同的附加刑"分别执行"。

本条第二次根据《中华人民共和国刑法修正案(九)》(自2015年11月1日起施行)第四条修改,本次修改的主要内容为增加了第二款,相应地,将原第二款调整为第三款。

适用要点与裁判依据

★刑法修正案(八)施行前后,一人犯数罪的法律适用

《最高人民法院关于〈中华人民共和国刑法修正案(八)〉时间效力问题的解释》(2011年4月25日 法释〔2011〕9号)

第六条 2011年4月30日以前一人犯数罪,应当数罪并罚的,适用修正前刑法第六十九条的规定;2011年4月30日前后一人犯数罪，其中一罪发生在2011年5月1日以后的，适用修正后刑法第六十九条的规定。

★刑法修正案（九）施行前，一人犯数罪的法律适用

《最高人民法院关于〈中华人民共和国刑法修正案（九）〉时间效力问题的解释》（2015年10月29日　法释〔2015〕19号）

第三条　对于2015年10月31日以前一人犯数罪，数罪中有判处有期徒刑和拘役，有期徒刑和管制，或者拘役和管制，予以数罪并罚的，适用修正后刑法第六十九条第二款的规定。

第七十条　【漏罪的并罚】判决宣告以后，刑罚执行完毕以前，发现被判刑的犯罪分子在判决宣告以前还有其他罪没有判决的，应当对新发现的罪作出判决，把前后两个判决所判处的刑罚，依照本法第六十九条的规定，决定执行的刑罚。已经执行的刑期，应当计算在新判决决定的刑期以内。

立法动态

本条源自《中华人民共和国刑法》（1997年3月14日第八届全国人民代表大会第五次会议修订，自1997年10月1日起施行）。

适用要点与裁判依据

★减刑后被发现漏罪而数罪并罚时，减去的刑期不计入已经执行的刑期

《最高人民法院关于罪犯因漏罪、新罪数罪并罚时原减刑裁定应如何处理的意见》（2012年1月18日　法〔2012〕44号）

罪犯被裁定减刑后，因被发现漏罪或者又犯新罪而依法进行数罪并罚时，经减刑裁定减去的刑期不计入已经执行的刑期。

在此后对因漏罪数罪并罚的罪犯依法减刑，决定减刑的频次、幅度时，应当对其原经减刑裁定减去的刑期酌予考虑。

第七十一条 【新罪的并罚】判决宣告以后，刑罚执行完毕以前，被判刑的犯罪分子又犯罪的，应当对新犯的罪作出判决，把前罪没有执行的刑罚和后罪所判处的刑罚，依照本法第六十九条的规定，决定执行的刑罚。

立法动态

本条源自《中华人民共和国刑法》(1997年3月14日第八届全国人民代表大会第五次会议修订，自1997年10月1日起施行)。

适用要点与裁判依据

★执行附加剥夺政治权利期间犯新罪的处理

《最高人民法院关于在执行附加刑剥夺政治权利期间犯新罪应如何处理的批复》(2009年5月25日 法释〔2009〕10号)

一、对判处有期徒刑并处剥夺政治权利的罪犯，主刑已执行完毕，在执行附加刑剥夺政治权利期间又犯新罪，如果所犯新罪无须附加剥夺政治权利的，依照刑法第七十一条的规定数罪并罚。

二、前罪尚未执行完毕的附加刑剥夺政治权利的刑期从新罪的主刑有期徒刑执行之日起停止计算，并依照刑法第五十八条规定从新罪的主刑有期徒刑执行完毕之日或者假释之日起继续计算；附加刑剥夺政治权利的效力施用于新罪的主刑执行期间。

三、对判处有期徒刑的罪犯，主刑已执行完毕，在执行附加刑剥夺政治权利期间又犯新罪，如果所犯新罪也剥夺政治权利的，依照刑法第五十五条、第五十七条、第七十一条的规定并罚。

★裁定减刑后,因又犯新罪而数罪并罚时,减去的刑期不计入已经执行的刑期

《最高人民法院关于罪犯因漏罪、新罪数罪并罚时原减刑裁定应如何处理的意见》(2012年1月18日　法〔2012〕44号)

罪犯被裁定减刑后,因被发现漏罪或者又犯新罪而依法进行数罪并罚时,经减刑裁定减去的刑期不计入已经执行的刑期。

在此后对因漏罪数罪并罚的罪犯依法减刑,决定减刑的频次、幅度时,应当对其原经减刑裁定减去的刑期酌予考虑。

第五节　缓　　刑

第七十二条　【缓刑的适用】对于被判处拘役、三年以下有期徒刑的犯罪分子,同时符合下列条件的,可以宣告缓刑,对其中不满十八周岁的人、怀孕的妇女和已满七十五周岁的人,应当宣告缓刑:

(一)犯罪情节较轻;

(二)有悔罪表现;

(三)没有再犯罪的危险;

(四)宣告缓刑对所居住社区没有重大不良影响。

宣告缓刑,可以根据犯罪情况,同时禁止犯罪分子在缓刑考验期限内从事特定活动,进入特定区域、场所,接触特定的人。

被宣告缓刑的犯罪分子,如果被判处附加刑,附加刑仍须执行。

立法动态

本条源自《中华人民共和国刑法》(1997年3月14日第八届全国人民代表大会第五次会议修订,自1997年10月1日起施行)。

本条根据《中华人民共和国刑法修正案(八)》(自2011年5月1日起施行)第十一条修改。

原本条规定为:第七十二条 (第一款)对于被判处拘役、三年以下有期徒刑的犯罪分子,根据犯罪分子的犯罪情节和悔罪表现,适用缓刑确实不致再危害社会的,可以宣告缓刑。(第二款)被宣告缓刑的犯罪分子,如果被判处附加刑,附加刑仍须执行。

本条修改的主要内容为:一是对"可以宣告缓刑"的条件具体列举了四项,便于认定;二是对不满十八周岁的人、怀孕的妇女和已满七十五周岁的人,规定"应当宣告缓刑";三是补充规定对宣告缓刑的犯罪分子,人民法院可以根据犯罪情况发布禁止令。

适用要点与裁判依据

★审理农村刑事案件和农民犯罪案件中适用缓刑应该注意的问题

《全国法院维护农村稳定刑事审判工作座谈会纪要》(1999年10月27日 法〔1999〕217号)

三

(二)关于对农民被告人依法判处缓刑、管制、免予刑事处罚问题

对农民被告人适用刑罚,既要严格遵循罪刑相适应的原则,又要充分考虑到农民犯罪主体的特殊性。要依靠当地党委做好相关部门的工作,依法适当多适用非监禁刑罚。对于已经构成犯罪,但不需要判处刑罚的,或者法律规定有管制刑的,应当依法免予刑事处罚或判处管制刑。对于罪行较轻且认罪态度好,符合宣告缓刑条件的,应当依法适用缓刑。

要努力配合有关部门落实非监禁刑的监管措施。在监管措施落实问题上可以探索多种有效的方式,如在城市应加强与适用缓刑的犯罪人原籍的政府和基层组织联系落实帮教措施;在农村应通过基层组织和被告人亲属、家属、好友做好帮教工作等等。

（四）关于财产刑问题

……

……对于应当并处罚金刑的犯罪，如被告人能积极缴纳罚金，认罪态度较好，且判处的罚金数量较大，自由刑可适当从轻，或考虑宣告缓刑。……

……

★刑法修正案（八）施行前犯罪，依法应当宣告缓刑的，可以适用禁止令

《最高人民法院关于〈中华人民共和国刑法修正案（八）〉时间效力问题的解释》（2011年4月25日　法释〔2011〕9号）

第一条　对于2011年4月30日以前犯罪，依法应当判处管制或者宣告缓刑的，人民法院根据犯罪情况，认为确有必要同时禁止犯罪分子在管制期间或者缓刑考验期内从事特定活动，进入特定区域、场所，接触特定人的，适用修正后刑法第三十八条第二款或者第七十二条第二款的规定。

犯罪分子在管制期间或者缓刑考验期内，违反人民法院判决中的禁止令的，适用修正后刑法第三十八条第四款或者第七十七条第二款的规定。

★可以禁止缓刑考验期限内从事一项或者几项活动

《最高人民法院、最高人民检察院、公安部、司法部关于对判处管制、宣告缓刑的犯罪分子适用禁止令有关问题的规定（试行）》（2011年4月28日　法发〔2011〕9号）

第三条　人民法院可以根据犯罪情况，禁止判处管制、宣告缓刑的犯罪分子在管制执行期间、缓刑考验期限内从事以下一项或者几项活动：

（一）个人为进行违法犯罪活动而设立公司、企业、事业单位或者在设立公司、企业、事业单位后以实施犯罪为主要活动的，禁止设立公司、企业、事业单位；

（二）实施证券犯罪、贷款犯罪、票据犯罪、信用卡犯罪等金融犯

罪的,禁止从事证券交易、申领贷款、使用票据或者申领、使用信用卡等金融活动;

(三)利用从事特定生产经营活动实施犯罪的,禁止从事相关生产经营活动;

(四)附带民事赔偿义务未履行完毕,违法所得未追缴、退赔到位,或者罚金尚未足额缴纳的,禁止从事高消费活动;

(五)其他确有必要禁止从事的活动。

★可以禁止缓刑考验期限内进入一类或者几类区域、场所

《最高人民法院、最高人民检察院、公安部、司法部关于对判处管制、宣告缓刑的犯罪分子适用禁止令有关问题的规定(试行)》(2011年4月28日 法发〔2011〕9号)

第四条 人民法院可以根据犯罪情况,禁止判处管制、宣告缓刑的犯罪分子在管制执行期间、缓刑考验期限内进入以下一类或者几类区域、场所:

(一)禁止进入夜总会、酒吧、迪厅、网吧等娱乐场所;

(二)未经执行机关批准,禁止进入举办大型群众性活动的场所;

(三)禁止进入中小学校区、幼儿园园区及周边地区,确因本人就学、居住等原因,经执行机关批准的除外;

(四)其他确有必要禁止进入的区域、场所。

★可以禁止缓刑考验期限内接触一类或者几类人员

《最高人民法院、最高人民检察院、公安部、司法部关于对判处管制、宣告缓刑的犯罪分子适用禁止令有关问题的规定(试行)》(2011年4月28日 法发〔2011〕9号)

第五条 人民法院可以根据犯罪情况,禁止判处管制、宣告缓刑的犯罪分子在管制执行期间、缓刑考验期限内接触以下一类或者几类人员:

(一)未经对方同意,禁止接触被害人及其法定代理人、近亲属;

(二)未经对方同意,禁止接触证人及其法定代理人、近亲属;

（三）未经对方同意，禁止接触控告人、批评人、举报人及其法定代理人、近亲属；

（四）禁止接触同案犯；

（五）禁止接触其他可能遭受其侵害、滋扰的人或者可能诱发其再次危害社会的人。

★禁止令期限的确定与执行

《最高人民法院、最高人民检察院、公安部、司法部关于对判处管制、宣告缓刑的犯罪分子适用禁止令有关问题的规定（试行）》（2011年4月28日 法发〔2011〕9号）

第六条 禁止令的期限，既可以与管制执行、缓刑考验的期限相同，也可以短于管制执行、缓刑考验的期限，但判处管制的，禁止令的期限不得少于三个月，宣告缓刑的，禁止令的期限不得少于二个月。

判处管制的犯罪分子在判决执行以前先行羁押以致管制执行的期限少于三个月的，禁止令的期限不受前款规定的最短期限的限制。

禁止令的执行期限，从管制、缓刑执行之日起计算。

★提起公诉时可以提出宣告禁止令的建议，当事人、辩护人等可以提出意见并说明理由

《最高人民法院、最高人民检察院、公安部、司法部关于对判处管制、宣告缓刑的犯罪分子适用禁止令有关问题的规定（试行）》（2011年4月28日 法发〔2011〕9号）

第七条 人民检察院在提起公诉时，对可能判处管制、宣告缓刑的被告人可以提出宣告禁止令的建议。当事人、辩护人、诉讼代理人可以就应否对被告人宣告禁止令提出意见，并说明理由。

公安机关在移送审查起诉时，可以根据犯罪嫌疑人涉嫌犯罪的情况，就应否宣告禁止令及宣告何种禁止令，向人民检察院提出意见。

★适用禁止令的，应当在裁判文书主文部分单独宣告

《最高人民法院、最高人民检察院、公安部、司法部关于对判处管制、宣告缓刑的犯罪分子适用禁止令有关问题的规定(试行)》(2011年4月28日 法发〔2011〕9号)

第八条 人民法院对判处管制、宣告缓刑的被告人宣告禁止令的，应当在裁判文书主文部分单独作为一项予以宣告。

★禁止令的执行与监督

《最高人民法院、最高人民检察院、公安部、司法部关于对判处管制、宣告缓刑的犯罪分子适用禁止令有关问题的规定(试行)》(2011年4月28日 法发〔2011〕9号)

第九条 禁止令由司法行政机关指导管理的社区矫正机构负责执行。

第十条 人民检察院对社区矫正机构执行禁止令的活动实行监督。发现有违反法律规定的情况，应当通知社区矫正机构纠正。

★违反禁止令"情节严重"的情形

《最高人民法院、最高人民检察院、公安部、司法部关于对判处管制、宣告缓刑的犯罪分子适用禁止令有关问题的规定(试行)》(2011年4月28日 法发〔2011〕9号)

第十二条 被宣告缓刑的犯罪分子违反禁止令，情节严重的，应当撤销缓刑，执行原判刑罚。原作出缓刑裁判的人民法院应当自收到当地社区矫正机构提出的撤销缓刑建议书之日起一个月内依法作出裁定。人民法院撤销缓刑的裁定一经作出，立即生效。

违反禁止令，具有下列情形之一的，应当认定为"情节严重"：

(一)三次以上违反禁止令的；

(二)因违反禁止令被治安管理处罚后，再次违反禁止令的；

(三)违反禁止令，发生较为严重危害后果的；

(四)其他情节严重的情形。

★被宣告禁止令的犯罪分子被依法减刑时,禁止令的期限可以相应缩短

《最高人民法院、最高人民检察院、公安部、司法部关于对判处管制、宣告缓刑的犯罪分子适用禁止令有关问题的规定(试行)》(2011年4月28日　法发〔2011〕9号)

第十三条　被宣告禁止令的犯罪分子被依法减刑时,禁止令的期限可以相应缩短,由人民法院在减刑裁定中确定新的禁止令。

★对实施家庭暴力被宣告缓刑的犯罪分子,经被害人申请且有必要的,禁止接近被害人及其未成年子女

《最高人民法院、最高人民检察院、公安部、司法部关于依法办理家庭暴力犯罪案件的意见》(2015年3月2日　法发〔2015〕4号)

21. 充分运用禁止令措施。人民法院对实施家庭暴力构成犯罪被判处管制或者宣告缓刑的犯罪分子,为了确保被害人及其子女和特定亲属的人身安全,可以依照刑法第三十八条第二款、第七十二条第二款的规定,同时禁止犯罪分子再次实施家庭暴力,侵扰被害人的生活、工作、学习,进行酗酒、赌博等活动;经被害人申请且有必要的,禁止接近被害人及其未成年子女。

★对于因犯罪在大陆受审的我国台湾地区居民可以依法适用缓刑

《最高人民法院、最高人民检察院、公安部、司法部关于对因犯罪在大陆受审的台湾居民依法适用缓刑实行社区矫正有关问题的意见》(2016年7月26日　法发〔2016〕33号)

第一条　对因犯罪被判处拘役、三年以下有期徒刑的台湾居民,如果其犯罪情节较轻、有悔罪表现、没有再犯罪的危险且宣告缓刑对所居住社区没有重大不良影响的,人民法院可以宣告缓刑,对其中不满十八周岁的人、怀孕的妇女和已满七十五周岁的人,应当宣告缓刑。

第二条　人民检察院建议对被告人宣告缓刑的,应当说明依据和理由。

被告人及其法定代理人、辩护人提出宣告缓刑的请求，应当说明理由，必要时需提交经过台湾地区公证机关公证的被告人在台湾地区无犯罪记录证明等相关材料。

★可以适用缓刑的部分常见犯罪

《最高人民法院、最高人民检察院关于常见犯罪的量刑指导意见（试行）》（2021年6月16日 法发〔2021〕21号）

四、常见犯罪的量刑

（一）交通肇事罪

3.构成交通肇事罪的，综合考虑事故责任、危害后果、赔偿谅解等犯罪事实、量刑情节，以及被告人的主观恶性、人身危险性、认罪悔罪表现等因素，决定缓刑的适用。

（二）危险驾驶罪

3.构成危险驾驶罪的，综合考虑危险驾驶行为、危害后果等犯罪事实、量刑情节，以及被告人主观恶性、人身危险性、认罪悔罪表现等因素，决定缓刑的适用。

（三）非法吸收公众存款罪

5.构成非法吸收公众存款罪的，综合考虑非法吸收存款数额、存款人人数、给存款人造成的直接经济损失数额、清退资金数额等犯罪事实、量刑情节，以及被告人主观恶性、人身危险性、认罪悔罪表现等因素，决定缓刑的适用。

（四）集资诈骗罪

4.构成集资诈骗罪的，综合考虑犯罪数额、诈骗对象、危害后果、退赃退赔等犯罪事实、量刑情节，以及被告人主观恶性、人身危险性、认罪悔罪表现等因素，决定缓刑的适用。

（五）信用卡诈骗罪

4.构成信用卡诈骗罪的，综合考虑诈骗手段、犯罪数额、危害后果、退赃退赔等犯罪事实、量刑情节，以及被告人主观恶性、人身危险性、认罪悔罪表现等因素，决定缓刑的适用。

（六）合同诈骗罪

4. 构成合同诈骗罪的，综合考虑诈骗手段、犯罪数额、危害后果、退赃退赔等犯罪事实、量刑情节，以及被告人主观恶性、人身危险性、认罪悔罪表现等因素，决定缓刑的适用。

（七）故意伤害罪

3. 构成故意伤害罪的，综合考虑故意伤害的起因、手段、危害后果、赔偿谅解等犯罪事实、量刑情节，以及被告人的主观恶性、人身危险性、认罪悔罪表现等因素，决定缓刑的适用。

（八）强奸罪

3. 构成强奸罪的，综合考虑强奸的手段、危害后果等犯罪事实、量刑情节，以及被告人的主观恶性、人身危险性、认罪悔罪表现等因素，从严把握缓刑的适用。

（九）非法拘禁罪

4. 构成非法拘禁罪的，综合考虑非法拘禁的起因、时间、危害后果等犯罪事实、量刑情节，以及被告人的主观恶性、人身危险性、认罪悔罪表现等因素，决定缓刑的适用。

（十）抢劫罪

4. 构成抢劫罪的，综合考虑抢劫的起因、手段、危害后果等犯罪事实、量刑情节，以及被告人的主观恶性、人身危险性、认罪悔罪表现等因素，从严把握缓刑的适用。

（十一）盗窃罪

4. 构成盗窃罪的，综合考虑盗窃的起因、数额、次数、手段、退赃退赔等犯罪事实、量刑情节，以及被告人的主观恶性、人身危险性、认罪悔罪表现等因素，决定缓刑的适用。

（十二）诈骗罪

4. 构成诈骗罪的，综合考虑诈骗的起因、手段、数额、危害后果、退赃退赔等犯罪事实、量刑情节，以及被告人的主观恶性、人身危险性、认罪悔罪表现等因素，决定缓刑的适用。对实施电信网络诈骗的，从严把握缓刑的适用。

（十三）抢夺罪

4. 构成抢夺罪的，综合考虑抢夺的起因、数额、手段、次数、危害后果、退赃退赔等犯罪事实、量刑情节，以及被告人的主观恶性、人身危险性、认罪悔罪表现等因素，决定缓刑的适用。

（十四）职务侵占罪

4. 构成职务侵占罪的，综合考虑职务侵占的数额、手段、危害后果、退赃退赔等犯罪事实、量刑情节，以及被告人的主观恶性、人身危险性、认罪悔罪表现等因素，决定缓刑的适用。

（十五）敲诈勒索罪

4. 构成敲诈勒索罪的，综合考虑敲诈勒索的手段、数额、次数、危害后果、退赃退赔等犯罪事实、量刑情节，以及被告人的主观恶性、人身危险性、认罪悔罪表现等因素，决定缓刑的适用。

（十六）妨害公务罪

4. 构成妨害公务罪的，综合考虑妨害公务的手段、造成的人身伤害、财物的毁损及社会影响等犯罪事实、量刑情节，以及被告人的主观恶性、人身危险性、认罪悔罪表现等因素，决定缓刑的适用。

（十七）聚众斗殴罪

3. 构成聚众斗殴罪的，综合考虑聚众斗殴的手段、危害后果等犯罪事实、量刑情节，以及被告人的主观恶性、人身危险性、认罪悔罪表现等因素，决定缓刑的适用。

（十八）寻衅滋事罪

4. 构成寻衅滋事罪的，综合考虑寻衅滋事的具体行为、危害后果、对社会秩序的破坏程度等犯罪事实、量刑情节，以及被告人的主观恶性、人身危险性、认罪悔罪表现等因素，决定缓刑的适用。

（十九）掩饰、隐瞒犯罪所得、犯罪所得收益罪

4. 构成掩饰、隐瞒犯罪所得、犯罪所得收益罪的，综合考虑掩饰、隐瞒犯罪所得及其收益的数额、危害后果、上游犯罪的危害程度等犯罪事实、量刑情节，以及被告人的主观恶性、人身危险性、认罪悔罪表

现等因素,决定缓刑的适用。

(二十)走私、贩卖、运输、制造毒品罪

6. 构成走私、贩卖、运输、制造毒品罪的,综合考虑走私、贩卖、运输、制造毒品的种类、数量、危害后果等犯罪事实、量刑情节,以及被告人的主观恶性、人身危险性、认罪悔罪表现等因素,从严把握缓刑的适用。

(二十一)非法持有毒品罪

4. 构成非法持有毒品罪的,综合考虑非法持有毒品的种类、数量等犯罪事实、量刑情节,以及被告人主观恶性、人身危险性、认罪悔罪表现等因素,从严把握缓刑的适用。

(二十二)容留他人吸毒罪

4. 构成容留他人吸毒罪的,综合考虑容留他人吸毒的人数、次数、危害后果等犯罪事实、量刑情节,以及被告人主观恶性、人身危险性、认罪悔罪表现等因素,决定缓刑的适用。

(二十三)引诱、容留、介绍卖淫罪

5. 构成引诱、容留、介绍卖淫罪的,综合考虑引诱、容留、介绍卖淫的人数、次数、危害后果等犯罪事实、量刑情节,以及被告人主观恶性、人身危险性、认罪悔罪表现等因素,决定缓刑的适用。

★教职员工实施性侵害、虐待、拐卖、暴力伤害以外其他犯罪的,可在宣告缓刑同时适用禁止令

《最高人民法院、最高人民检察院、教育部关于落实从业禁止制度的意见》(2022年11月10日　法发〔2022〕32号)

三、教职员工实施性侵害、虐待、拐卖、暴力伤害等犯罪的,人民法院应当依照《未成年人保护法》第六十二条的规定,判决禁止其从事密切接触未成年人的工作。

教职员工实施前款规定以外的其他犯罪,人民法院可以根据犯罪情况和预防再犯罪的需要,依照《刑法》第三十七条之一第一款的规定,判决禁止其自刑罚执行完毕之日或者假释之日起从事相关职业,期限为三年至五年;或者依照《刑法》第三十八条第二款、第七十二条第二款的规定,对其适用禁止令。

类案检索指引

★对未成年人因上网诱发犯罪的,可以禁止其在一定期限内进入网吧等特定场所

《董某某、宋某某抢劫案》(2013年1月31日最高人民法院发布第四批指导性案例:指导案例14号)

【关键词】

刑事　抢劫罪　未成年人犯罪　禁止令

【裁判要点】

对判处管制或者宣告缓刑的未成年被告人,可以根据其犯罪的具体情况以及禁止事项与所犯罪行的关联程度,对其适用"禁止令"。对于未成年人因上网诱发犯罪的,可以禁止其在一定期限内进入网吧等特定场所。

★检察机关对未成年人遭受家庭成员虐待的案件,可以建议适用禁止令

《于某虐待案》(2018年11月9日最高人民检察院发布第十一批指导性案例:检例第44号)

【关键词】

虐待罪　告诉能力　支持变更抚养权

【指导意义】

《中华人民共和国刑法》第二百六十条规定,虐待家庭成员,情节恶劣的,告诉的才处理,但被害人没有能力告诉,或者因受到强制、威吓无法告诉的除外。虐待未成年人犯罪案件中,未成年人往往没有能力告诉,应按照公诉案件处理,由检察机关提起公诉,维护未成年被害人的合法权利。

《最高人民法院、最高人民检察院、公安部、司法部关于对判处管制、宣告缓刑的犯罪分子适用禁止令有关问题的规定(试行)》

第七条规定，人民检察院在提起公诉时，对可能宣告缓刑的被告人，可以建议禁止其从事特定活动，进入特定区域、场所，接触特定的人。对未成年人遭受家庭成员虐待的案件，结合犯罪情节，检察机关可以在提出量刑建议的同时，有针对性地向人民法院提出适用禁止令的建议，禁止被告人再次对被害人实施家庭暴力，依法保障未成年人合法权益，督促被告人在缓刑考验期内认真改造。

夫妻离婚后，与未成年子女共同生活的一方不尽抚养义务，对未成年人实施虐待或者其他严重侵害合法权益的行为，不适宜继续担任抚养人的，根据《中华人民共和国民事诉讼法》第十五条的规定，检察机关可以支持未成年人或者其他监护人向人民法院提起变更抚养权诉讼，切实维护未成年人合法权益。

第七十三条 【缓刑的考验期限】拘役的缓刑考验期限为原判刑期以上一年以下，但是不能少于二个月。

有期徒刑的缓刑考验期限为原判刑期以上五年以下，但是不能少于一年。

缓刑考验期限，从判决确定之日起计算。

立法动态

本条源自《中华人民共和国刑法》(1997 年 3 月 14 日第八届全国人民代表大会第五次会议修订，自 1997 年 10 月 1 日起施行)。

第七十四条 【不适用缓刑的情形】对于累犯和犯罪集团的首要分子，不适用缓刑。

立法动态

本条源自《中华人民共和国刑法》(1997 年 3 月 14 日第八届全国人民代表大会第五次会议修订,自 1997 年 10 月 1 日起施行)。

本条根据《中华人民共和国刑法修正案(八)》(自 2011 年 5 月 1 日起施行)第十二条修改。

原本条规定为:第七十四条　对于累犯,不适用缓刑。

本条修改的主要内容为:补充规定对“犯罪集团的首要分子”不适用缓刑。

适用要点与裁判依据

★职务犯罪一般不适用缓刑的九种情形

《最高人民法院、最高人民检察院关于办理职务犯罪案件严格适用缓刑、免予刑事处罚若干问题的意见》(2012 年 8 月 8 日　法发〔2012〕17 号)

二、具有下列情形之一的职务犯罪分子,一般不适用缓刑或者免予刑事处罚:

(一)不如实供述罪行的;

(二)不予退缴赃款赃物或者将赃款赃物用于非法活动的;

(三)属于共同犯罪中情节严重的主犯的;

(四)犯有数个职务犯罪依法实行并罚或者以一罪处理的;

(五)曾因职务违纪违法行为受过行政处分的;

(六)犯罪涉及的财物属于救灾、抢险、防汛、优抚、扶贫、移民、救济、防疫等特定款物的;

(七)受贿犯罪中具有索贿情节的;

(八)渎职犯罪中徇私舞弊情节或者滥用职权情节恶劣的;

(九)其他不应适用缓刑、免予刑事处罚的情形。

★对行贿犯罪一般不适用缓刑的五种情形

《最高人民法院、最高人民检察院关于办理行贿刑事案件具体应用法律若干问题的解释》(2012年12月26日　法释〔2012〕22号)

第十条　实施行贿犯罪,具有下列情形之一的,一般不适用缓刑和免予刑事处罚:

(一)向三人以上行贿的;

(二)因行贿受过行政处罚或者刑事处罚的;

(三)为实施违法犯罪活动而行贿的;

(四)造成严重危害后果的;

(五)其他不适用缓刑和免予刑事处罚的情形。

具有刑法第三百九十条第二款规定的情形的,不受前款规定的限制。

★在特定期间假冒抢险救灾、防疫物资等商品的注册商标等情形,一般不适用缓刑

《最高人民法院关于依法加大知识产权侵权行为惩治力度的意见》(2020年9月14日　法发〔2020〕33号)

三、依法加大赔偿力度

15. 对于主要以侵犯知识产权为业、在特定期间假冒抢险救灾、防疫物资等商品的注册商标以及因侵犯知识产权受到行政处罚后再次侵犯知识产权构成犯罪的情形,依法从重处罚,一般不适用缓刑。

第七十五条　【缓刑期间应当遵守的规定】被宣告缓刑的犯罪分子,应当遵守下列规定:

(一)遵守法律、行政法规,服从监督;

(二)按照考察机关的规定报告自己的活动情况;

(三)遵守考察机关关于会客的规定;

(四)离开所居住的市、县或者迁居,应当报经考察机关批准。

立法动态

本条源自《中华人民共和国刑法》(1997 年 3 月 14 日第八届全国人民代表大会第五次会议修订,自 1997 年 10 月 1 日起施行)。

类案检索指引

★检察院应当监督社区矫正机构依法履行审批职责

《社区矫正对象管某某申请外出监督案》(2022 年 1 月 30 日最高人民检察院发布第三十三批指导性案例:检例第 134 号)

【关键词】

社区矫正监督　生产经营需要　申请外出　依申请监督　跟进监督

【要旨】

人民检察院开展社区矫正法律监督工作,应当监督社区矫正机构依法履行社区矫正对象申请外出的审批职责。社区矫正对象因生产经营需要等正当理由申请外出,社区矫正机构未予批准,申请人民检察院监督的,人民检察院应当在调查核实后依法监督社区矫正机构批准。社区矫正机构批准外出的,人民检察院应当监督社区矫正机构加强对社区矫正对象外出期间的动态监督管理,确保社区矫正对象"放得出""管得住"。

★社区矫正对象因正常工作、生活需要申请经常性跨市县活动的,依法予以批准

《社区矫正对象贾某某申请经常性跨市县活动监督案》(2022 年 1 月 30 日最高人民检察院发布第三十三批指导性案例:检例第 135 号)

【关键词】

社区矫正监督　经常性跨市县活动　依申请监督　简化审批

【要旨】

人民检察院开展社区矫正法律监督工作,应当切实加强社区矫正对象合法权益保障,着力解决人民群众“急难愁盼”问题。对于社区矫正对象因正常工作、生活需要申请经常性跨市县(包含跨不同省份之间的市、县)活动的,人民检察院应当监督社区矫正机构依法予以批准,并简化批准程序和方式。

第七十六条　【缓刑考验期间,实行社区矫正】对宣告缓刑的犯罪分子,在缓刑考验期限内,依法实行社区矫正,如果没有本法第七十七条规定的情形,缓刑考验期满,原判的刑罚就不再执行,并公开予以宣告。

立法动态

本条源自《中华人民共和国刑法》(1997 年 3 月 14 日第八届全国人民代表大会第五次会议修订,自 1997 年 10 月 1 日起施行)。

第七十七条　【缓刑的撤销】被宣告缓刑的犯罪分子,在缓刑考验期限内犯新罪或者发现判决宣告以前还有其他罪没有判决的,应当撤销缓刑,对新犯的罪或者新发现的罪作出判决,把前罪和后罪所判处的刑罚,依照本法第六十九条的规定,决定执行的刑罚。

被宣告缓刑的犯罪分子,在缓刑考验期限内,违反法律、行政法规或者国务院有关部门关于缓刑的监督管理规定,或者违反人民法院判决中的禁止令,情节严重的,应当撤销缓刑,执行原判刑罚。

立法动态

本条源自《中华人民共和国刑法》(1997 年 3 月 14 日第八届全国人民代表大会第五次会议修订,自 1997 年 10 月 1 日起施行)。

本条第二款根据《中华人民共和国刑法修正案(八)》(自 2011 年 5 月 1 日起施行)第十四条修改。

原本条第二款规定为:被宣告缓刑的犯罪分子,在缓刑考验期限内,违反法律、行政法规或者国务院公安部门有关缓刑的监督管理规定,情节严重的,应当撤销缓刑,执行原判刑罚。

本条第二款修改的主要内容为:补充规定对被宣告缓刑的犯罪分子,在缓刑考验期内"违反人民法院判决中的禁止令,情节严重的",也应当"撤销缓刑,执行原判刑罚"。

适用要点与裁判依据

★撤销缓刑执行原判刑罚的,对其在宣告缓刑前羁押的时间应当折抵刑期

《最高人民法院关于撤销缓刑时罪犯在宣告缓刑前羁押的时间能否折抵刑期问题的批复》(2002 年 4 月 10 日 法释〔2002〕11 号)

根据刑法第七十七条的规定,对被宣告缓刑的犯罪分子撤销缓刑执行原判刑罚的,对其在宣告缓刑前羁押的时间应当折抵刑期。

★对公安部门拟撤销未成年犯罪人的缓刑或假释报告的审查

《最高人民法院关于贯彻宽严相济刑事政策的若干意见》(2010 年 2 月 8 日 法发〔2010〕9 号)

39. 要建立健全符合未成年人特点的刑事案件审理机制,寓教于审,惩教结合,通过科学、人性化的审理方式,更好地实现"教育、感化、挽救"的目的,促使未成年犯罪人早日回归社会。要积极推动有利于未成年犯罪人改造和管理的各项制度建设。对公安部门针对未成年人在缓刑、假释期间违法犯罪情况报送的拟撤销未成年犯罪人的缓刑或假释的报告，要及时审查，并在法定期限内及时做出决定，以真正形成合力，共同做好未成年人犯罪的惩戒和预防工作。

★刑法修正案（八）施行前犯罪，在缓刑考验期内违反禁止令的法律适用

《最高人民法院关于〈中华人民共和国刑法修正案（八）〉时间效力问题的解释》（2011年4月25日　法释〔2011〕9号）

第一条　对于2011年4月30日以前犯罪，依法应当判处管制或者宣告缓刑的，人民法院根据犯罪情况，认为确有必要同时禁止犯罪分子在管制期间或者缓刑考验期内从事特定活动，进入特定区域、场所，接触特定人的，适用修正后刑法第三十八条第二款或者第七十二条第二款的规定。

犯罪分子在管制期间或者缓刑考验期内，违反人民法院判决中的禁止令的，适用修正后刑法第三十八条第四款或者第七十七条第二款的规定。

类案检索指引

★对宣告缓刑的社区矫正对象违反规定的，应当准确认定是否属于“情节严重”应予撤销缓刑情形

《社区矫正对象孙某某撤销缓刑监督案》（2022年1月30日最高人民检察院发布第三十三批指导性案例：检例第131号）

【关键词】

社区矫正监督　违反规定外出、出境　调查核实　撤销缓刑

【要旨】

人民检察院应当加强对社区矫正机构监督管理和教育帮扶社区矫正对象等社区矫正工作的法律监督，保证社区矫正活动依法进行。人民检察院开展社区矫正法律监督，应当综合运用查阅档案、调查询问、信息核查等多种方式，查明社区矫正中是否存在违法情形，精准

提出监督意见。对宣告缓刑的社区矫正对象违反法律、行政法规和监督管理规定的，应当结合违法违规的客观事实和主观情节，准确认定是否属于"情节严重"应予撤销缓刑情形。对符合撤销缓刑情形但社区矫正机构未依法向人民法院提出撤销缓刑建议的，人民检察院应当向社区矫正机构提出纠正意见；对社区矫正工作中存在普遍性、倾向性违法问题或者有重大隐患的，人民检察院应当提出检察建议。

第六节　减　　刑

第七十八条　【减刑的适用】被判处管制、拘役、有期徒刑、无期徒刑的犯罪分子，在执行期间，如果认真遵守监规，接受教育改造，确有悔改表现的，或者有立功表现的，可以减刑；有下列重大立功表现之一的，应当减刑：

（一）阻止他人重大犯罪活动的；

（二）检举监狱内外重大犯罪活动，经查证属实的；

（三）有发明创造或者重大技术革新的；

（四）在日常生产、生活中舍己救人的；

（五）在抗御自然灾害或者排除重大事故中，有突出表现的；

（六）对国家和社会有其他重大贡献的。

减刑以后实际执行的刑期不能少于下列期限：

（一）判处管制、拘役、有期徒刑的，不能少于原判刑期的二分之一；

（二）判处无期徒刑的，不能少于十三年；

（三）人民法院依照本法第五十条第二款规定限制减刑的死刑缓期执行的犯罪分子，缓期执行期满后依法减为无期徒刑的，不能少于二十五年，缓期执行期满后依法减为二十五年有期徒刑的，不能少于二十年。

立法动态

本条源自《中华人民共和国刑法》(1997年3月14日第八届全国人民代表大会第五次会议修订,自1997年10月1日起施行)。

本条第二款根据《中华人民共和国刑法修正案(八)》(自2011年5月1日起施行)第十五条修改。

原本条第二款的规定为:减刑以后实际执行的刑期,判处管制、拘役、有期徒刑的,不能少于原判刑期的二分之一;判处无期徒刑的,不能少于十年。

本条第二款修改的主要内容为:一是将被判处无期徒刑的犯罪分子减刑以后实际执行的刑期"不能少于十年"修改为"不能少于十三年";二是补充规定"限制减刑的死刑缓期执行的犯罪分子,缓期执行期满后依法减为无期徒刑的,不能少于二十五年,缓期执行期满后依法减为二十五年有期徒刑的,不能少于二十年"。

适用要点与裁判依据

★对危害国家安全犯罪等严重犯罪者减刑时,应当从严掌握

《最高人民法院关于贯彻宽严相济刑事政策的若干意见》(2010年2月8日　法发〔2010〕9号)

34. 对于危害国家安全犯罪、故意危害公共安全犯罪、严重暴力犯罪、涉众型经济犯罪等严重犯罪;恐怖组织犯罪、邪教组织犯罪、黑恶势力犯罪等有组织犯罪的领导者、组织者和骨干分子;毒品犯罪再犯的严重犯罪者;确有执行能力而拒不依法积极主动缴付财产执行财产刑或确有履行能力而不积极主动履行附带民事赔偿责任的,在依法减刑、假释时,应当从严掌握。对累犯减刑时,应当从严掌握。拒不交代真实身份或对减刑、假释材料弄虚作假,不符合减刑、假释条件的,不得减刑、假释。

对于因犯故意杀人、爆炸、抢劫、强奸、绑架等暴力犯罪,致人死亡或严重残疾而被判处死刑缓期二年执行或无期徒刑的罪犯，要严格控制减刑的频度和每次减刑的幅度，要保证其相对较长的实际服刑期限，维护公平正义，确保改造效果。

★对主观恶性不深、人身危险性不大的罪犯减刑时，应当从宽掌握

《最高人民法院关于贯彻宽严相济刑事政策的若干意见》（2010年2月8日　法发〔2010〕9号）

34. ……

……

对于未成年犯、老年犯、残疾罪犯、过失犯、中止犯、胁从犯、积极主动缴付财产执行财产刑或履行民事赔偿责任的罪犯、因防卫过当或避险过当而判处徒刑的罪犯以及其他主观恶性不深、人身危险性不大的罪犯，在依法减刑、假释时，应当根据悔改表现予以从宽掌握。对认罪服法，遵守监规，积极参加学习、劳动，确有悔改表现的，依法予以减刑，减刑的幅度可以适当放宽，间隔的时间可以相应缩短。符合刑法第八十一条第一款规定的假释条件的，应当依法多适用假释。

★办理符合“可以减刑”条件的案件时应综合考虑的因素

《最高人民法院关于办理减刑、假释案件具体应用法律的规定》（2016年11月14日　法释〔2016〕23号）

第二条　对于罪犯符合刑法第七十八条第一款规定“可以减刑”条件的案件，在办理时应当综合考察罪犯犯罪的性质和具体情节、社会危害程度、原判刑罚及生效裁判中财产性判项的履行情况、交付执行后的一贯表现等因素。

★认定“确有悔改表现”应当同时具备的四项条件

《最高人民法院关于办理减刑、假释案件具体应用法律的规定》（2016年11月14日　法释〔2016〕23号）

第三条　“确有悔改表现”是指同时具备以下条件：

（一）认罪悔罪；

（二）遵守法律法规及监规，接受教育改造；

（三）积极参加思想、文化、职业技术教育；

（四）积极参加劳动，努力完成劳动任务。

对职务犯罪、破坏金融管理秩序和金融诈骗犯罪、组织（领导、参加、包庇、纵容）黑社会性质组织犯罪等罪犯，不积极退赃、协助追缴赃款赃物、赔偿损失，或者服刑期间利用个人影响力和社会关系等不正当手段意图获得减刑、假释的，不认定其“确有悔改表现”。

罪犯在刑罚执行期间的申诉权利应当依法保护，对其正当申诉不能不加分析地认为是不认罪悔罪。

★“有立功表现”的认定

《最高人民法院关于办理减刑、假释案件具体应用法律的规定》

（2016年11月14日 法释〔2016〕23号）

第四条 具有下列情形之一的，可以认定为有“立功表现”：

（一）阻止他人实施犯罪活动的；

（二）检举、揭发监狱内外犯罪活动，或者提供重要的破案线索，经查证属实的；

（三）协助司法机关抓捕其他犯罪嫌疑人的；

（四）在生产、科研中进行技术革新，成绩突出的；

（五）在抗御自然灾害或者排除重大事故中，表现积极的；

（六）对国家和社会有其他较大贡献的。

第（四）项、第（六）项中的技术革新或者其他较大贡献应当由罪犯在刑罚执行期间独立或者为主完成，并经省级主管部门确认。

★“有重大立功表现”的认定

《最高人民法院关于办理减刑、假释案件具体应用法律的规定》

（2016年11月14日 法释〔2016〕23号）

第五条 具有下列情形之一的，应当认定为有“重大立功表现”：

（一）阻止他人实施重大犯罪活动的；

（二）检举监狱内外重大犯罪活动，经查证属实的；

（三）协助司法机关抓捕其他重大犯罪嫌疑人的；

（四）有发明创造或者重大技术革新的；

（五）在日常生产、生活中舍己救人的；

（六）在抗御自然灾害或者排除重大事故中，有突出表现的；

（七）对国家和社会有其他重大贡献的。

第（四）项中的发明创造或者重大技术革新应当是罪犯在刑罚执行期间独立或者为主完成并经国家主管部门确认的发明专利，且不包括实用新型专利和外观设计专利；第（七）项中的其他重大贡献应当由罪犯在刑罚执行期间独立或者为主完成，并经国家主管部门确认。

★有期徒刑罪犯减刑的起始时间、间隔时间及减刑幅度

《最高人民法院关于办理减刑、假释案件具体应用法律的规定》（2016年11月14日 法释〔2016〕23号）

第六条 被判处有期徒刑的罪犯减刑起始时间为：不满五年有期徒刑的，应当执行一年以上方可减刑；五年以上不满十年有期徒刑的，应当执行一年六个月以上方可减刑；十年以上有期徒刑的，应当执行二年以上方可减刑。有期徒刑减刑的起始时间自判决执行之日起计算。

确有悔改表现或者有立功表现的，一次减刑不超过九个月有期徒刑；确有悔改表现并有立功表现的，一次减刑不超过一年有期徒刑；有重大立功表现的，一次减刑不超过一年六个月有期徒刑；确有悔改表现并有重大立功表现的，一次减刑不超过二年有期徒刑。

被判处不满十年有期徒刑的罪犯，两次减刑间隔时间不得少于一年；被判处十年以上有期徒刑的罪犯，两次减刑间隔时间不得少于一年六个月。减刑间隔时间不得低于上次减刑减去的刑期。

罪犯有重大立功表现的，可以不受上述减刑起始时间和间隔时间的限制。

★几类需要"从严掌握"减刑幅度及间隔时间的案件

《最高人民法院关于办理减刑、假释案件具体应用法律的规定》（2016年11月14日　法释〔2016〕23号）

第七条　对符合减刑条件的职务犯罪罪犯，破坏金融管理秩序和金融诈骗犯罪罪犯，组织、领导、参加、包庇、纵容黑社会性质组织犯罪罪犯，危害国家安全犯罪罪犯，恐怖活动犯罪罪犯，毒品犯罪集团的首要分子及毒品再犯，累犯，确有履行能力而不履行或者不全部履行生效裁判中财产性判项的罪犯，被判处十年以下有期徒刑的，执行二年以上方可减刑，减刑幅度应当比照本规定第六条从严掌握，一次减刑不超过一年有期徒刑，两次减刑之间应当间隔一年以上。

对被判处十年以上有期徒刑的前款罪犯，以及因故意杀人、强奸、抢劫、绑架、放火、爆炸、投放危险物质或者有组织的暴力性犯罪被判处十年以上有期徒刑的罪犯，数罪并罚且其中两罪以上被判处十年以上有期徒刑的罪犯，执行二年以上方可减刑，减刑幅度应当比照本规定第六条从严掌握，一次减刑不超过一年有期徒刑，两次减刑之间应当间隔一年六个月以上。

罪犯有重大立功表现的，可以不受上述减刑起始时间和间隔时间的限制。

★无期徒刑罪犯的减刑幅度及间隔时间的确定

《最高人民法院关于办理减刑、假释案件具体应用法律的规定》（2016年11月14日　法释〔2016〕23号）

第八条　被判处无期徒刑的罪犯在刑罚执行期间，符合减刑条件的，执行二年以上，可以减刑。减刑幅度为：确有悔改表现或者有立功表现的，可以减为二十二年有期徒刑；确有悔改表现并有立功表现的，可以减为二十一年以上二十二年以下有期徒刑；有重大立功表现的，可以减为二十年以上二十一年以下有期徒刑；确有悔改表现并有重大立功表现的，可以减为十九年以上二十年以下有期徒刑。无期徒刑罪犯减为有期徒刑后再减刑时，减刑幅度依照本规定第六条的规定执行。两次减刑间隔时间不得少于二年。

罪犯有重大立功表现的，可以不受上述减刑起始时间和间隔时间的限制。

第九条 对被判处无期徒刑的职务犯罪罪犯，破坏金融管理秩序和金融诈骗犯罪罪犯，组织、领导、参加、包庇、纵容黑社会性质组织犯罪罪犯，危害国家安全犯罪罪犯，恐怖活动犯罪罪犯，毒品犯罪集团的首要分子及毒品再犯，累犯以及因故意杀人、强奸、抢劫、绑架、放火、爆炸、投放危险物质或者有组织的暴力性犯罪的罪犯，确有履行能力而不履行或者不全部履行生效裁判中财产性判项的罪犯，数罪并罚被判处无期徒刑的罪犯，符合减刑条件的，执行三年以上方可减刑，减刑幅度应当比照本规定第八条从严掌握，减刑后的刑期最低不得少于二十年有期徒刑；减为有期徒刑后再减刑时，减刑幅度比照本规定第六条从严掌握，一次不超过一年有期徒刑，两次减刑之间应当间隔二年以上。

罪犯有重大立功表现的，可以不受上述减刑起始时间和间隔时间的限制。

★死缓罪犯的减刑幅度、间隔时间及最少应实际执行的刑期

《最高人民法院关于办理减刑、假释案件具体应用法律的规定》(2016年11月14日 法释〔2016〕23号)

第十条 被判处死刑缓期执行的罪犯减为无期徒刑后，符合减刑条件的，执行三年以上方可减刑。减刑幅度为：确有悔改表现或者有立功表现的，可以减为二十五年有期徒刑；确有悔改表现并有立功表现的，可以减为二十四年以上二十五年以下有期徒刑；有重大立功表现的，可以减为二十三年以上二十四年以下有期徒刑；确有悔改表现并有重大立功表现的，可以减为二十二年以上二十三年以下有期徒刑。

被判处死刑缓期执行的罪犯减为有期徒刑后再减刑时，比照本规定第八条的规定办理。

第十一条 对被判处死刑缓期执行的职务犯罪罪犯，破坏金融管理秩序和金融诈骗犯罪罪犯,组织、领导、参加、包庇、纵容黑社会性质组织犯罪罪犯,危害国家安全犯罪罪犯,恐怖活动犯罪罪犯,毒品犯罪集团的首要分子及毒品再犯,累犯以及因故意杀人、强奸、抢劫、绑架、放火、爆炸、投放危险物质或者有组织的暴力性犯罪的罪犯,确有履行能力而不履行或者不全部履行生效裁判中财产性判项的罪犯,数罪并罚被判处死刑缓期执行的罪犯,减为无期徒刑后,符合减刑条件的,执行三年以上方可减刑,一般减为二十五年有期徒刑,有立功表现或者重大立功表现的,可以比照本规定第十条减为二十三年以上二十五年以下有期徒刑;减为有期徒刑后再减刑时,减刑幅度比照本规定第六条从严掌握,一次不超过一年有期徒刑,两次减刑之间应当间隔二年以上。

第十二条 被判处死刑缓期执行的罪犯经过一次或者几次减刑后,其实际执行的刑期不得少于十五年,死刑缓期执行期间不包括在内。

死刑缓期执行罪犯在缓期执行期间不服从监管、抗拒改造,尚未构成犯罪的,在减为无期徒刑后再减刑时应当适当从严。

★被限制减刑的死刑缓期执行罪犯的减刑幅度、间隔时间

《最高人民法院关于办理减刑、假释案件具体应用法律的规定》(2016年11月14日 法释〔2016〕23号)

第十三条 被限制减刑的死刑缓期执行罪犯,减为无期徒刑后,符合减刑条件的,执行五年以上方可减刑。减刑间隔时间和减刑幅度依照本规定第十一条的规定执行。

第十四条 被限制减刑的死刑缓期执行罪犯,减为有期徒刑后再减刑时,一次减刑不超过六个月有期徒刑,两次减刑间隔时间不得少于二年。有重大立功表现的,间隔时间可以适当缩短,但一次减刑不超过一年有期徒刑。

★对被判处终身监禁的罪犯，在死缓期满减为无期徒刑的裁定中应当明确“终身监禁，不得再减刑或者假释”

《最高人民法院关于办理减刑、假释案件具体应用法律的规定》（2016年11月14日 法释〔2016〕23号）

第十五条 对被判处终身监禁的罪犯，在死刑缓期执行期满依法减为无期徒刑的裁定中，应当明确终身监禁，不得再减刑或者假释。

★被判处管制、拘役的以及刑期不满二年有期徒刑的罪犯的减刑

《最高人民法院关于办理减刑、假释案件具体应用法律的规定》（2016年11月14日 法释〔2016〕23号）

第十六条 被判处管制、拘役的罪犯，以及判决生效后剩余刑期不满二年有期徒刑的罪犯，符合减刑条件的，可以酌情减刑，减刑起始时间可以适当缩短，但实际执行的刑期不得少于原判刑期的二分之一。

★被判处拘役或者三年以下有期徒刑并宣告缓刑的罪犯，一般不适用减刑

《最高人民法院关于办理减刑、假释案件具体应用法律的规定》（2016年11月14日 法释〔2016〕23号）

第十八条 被判处拘役或者三年以下有期徒刑，并宣告缓刑的罪犯，一般不适用减刑。

前款规定的罪犯在缓刑考验期内有重大立功表现的，可以参照刑法第七十八条的规定予以减刑，同时应当依法缩减其缓刑考验期。缩减后，拘役的缓刑考验期限不得少于二个月，有期徒刑的缓刑考验期限不得少于一年。

★服刑期间不满十八周岁，且不属于累犯或者暴力性犯罪的罪犯，减刑幅度可以适当放宽

《最高人民法院关于办理减刑、假释案件具体应用法律的规定》（2016年11月14日 法释〔2016〕23号）

第十九条 对在报请减刑前的服刑期间不满十八周岁，且所犯罪行不属于刑法第八十一条第二款规定情形的罪犯，认罪悔罪，遵守法律法规及监规，积极参加学习、劳动，应当视为确有悔改表现。

对上述罪犯减刑时，减刑幅度可以适当放宽，或者减刑起始时间、间隔时间可以适当缩短，但放宽的幅度和缩短的时间不得超过本规定中相应幅度、时间的三分之一。

★老年罪犯、患严重疾病罪犯或者身体残疾罪犯，减刑幅度可以适当放宽

《最高人民法院关于办理减刑、假释案件具体应用法律的规定》（2016年11月14日　法释〔2016〕23号）

第二十条　老年罪犯、患严重疾病罪犯或者身体残疾罪犯减刑时，应当主要考察其认罪悔罪的实际表现。

对基本丧失劳动能力，生活难以自理的上述罪犯减刑时，减刑幅度可以适当放宽，或者减刑起始时间、间隔时间可以适当缩短，但放宽的幅度和缩短的时间不得超过本规定中相应幅度、时间的三分之一。

★对有期徒刑、无期徒刑罪犯服刑期间故意犯罪，以及死刑缓期执行期间故意犯罪的减刑限制

《最高人民法院关于办理减刑、假释案件具体应用法律的规定》（2016年11月14日　法释〔2016〕23号）

第二十一条　被判处有期徒刑、无期徒刑的罪犯在刑罚执行期间又故意犯罪，新罪被判处有期徒刑的，自新罪判决确定之日起三年内不予减刑；新罪被判处无期徒刑的，自新罪判决确定之日起四年内不予减刑。

罪犯在死刑缓期执行期间又故意犯罪，未被执行死刑的，死刑缓期执行的期间重新计算，减为无期徒刑后，五年内不予减刑。

被判处死刑缓期执行罪犯减刑后，在刑罚执行期间又故意犯罪的，依照第一款规定处理。

★被撤销假释的罪犯，一般不得再假释

《最高人民法院关于办理减刑、假释案件具体应用法律的规定》（2016年11月14日　法释〔2016〕23号）

第三十条　依照刑法第八十六条规定被撤销假释的罪犯，一般不得再假释。但依照该条第二款被撤销假释的罪犯，如果罪犯对漏罪曾作如实供述但原判未予认定，或者漏罪系其自首，符合假释条件的，可以再假释。

被撤销假释的罪犯，收监后符合减刑条件的，可以减刑，但减刑起始时间自收监之日起计算。

★按照审判监督程序重新审理的案件，原减刑裁定的效力确定

《最高人民法院关于办理减刑、假释案件具体应用法律的规定》（2016年11月14日　法释〔2016〕23号）

第三十二条　人民法院按照审判监督程序重新审理的案件，裁定维持原判决、裁定的，原减刑、假释裁定继续有效。

再审裁判改变原判决、裁定的，原减刑、假释裁定自动失效，执行机关应当及时报请有管辖权的人民法院重新作出是否减刑、假释的裁定。重新作出减刑裁定时，不受本规定有关减刑起始时间、间隔时间和减刑幅度的限制。重新裁定时应综合考虑各方面因素，减刑幅度不得超过原裁定减去的刑期总和。

再审改判为死刑缓期执行或者无期徒刑的，在新判决减为有期徒刑之时，原判决已经实际执行的刑期一并扣减。

再审裁判宣告无罪的，原减刑、假释裁定自动失效。

★减刑后因故意犯罪而数罪并罚时，减去的刑期不计入已经执行的刑期

《最高人民法院关于办理减刑、假释案件具体应用法律的规定》（2016年11月14日　法释〔2016〕23号）

第三十三条　罪犯被裁定减刑后，刑罚执行期间因故意犯罪而数罪并罚时，经减刑裁定减去的刑期不计入已经执行的刑期。原判死刑缓期执行减为无期徒刑、有期徒刑，或者无期徒刑减为有期徒刑的裁定继续有效。

★减刑后因发现漏罪而数罪并罚的,原减刑裁定自动失效

《最高人民法院关于办理减刑、假释案件具体应用法律的规定》(2016年11月14日 法释〔2016〕23号)

第三十四条 罪犯被裁定减刑后,刑罚执行期间因发现漏罪而数罪并罚的,原减刑裁定自动失效。如漏罪系罪犯主动交代的,对其原减去的刑期,由执行机关报请有管辖权的人民法院重新作出减刑裁定,予以确认;如漏罪系有关机关发现或者他人检举揭发的,由执行机关报请有管辖权的人民法院,在原减刑裁定减去的刑期总和之内,酌情重新裁定。

第三十六条 被判处死刑缓期执行的罪犯,在死刑缓期执行期满后被发现漏罪,依据刑法第七十条规定数罪并罚,决定执行死刑缓期执行的,交付执行时对罪犯实际执行无期徒刑,死缓考验期不再执行,但漏罪被判处死刑缓期执行的除外。

在无期徒刑减为有期徒刑时,前罪死刑缓期执行减为无期徒刑之日起至新判决生效之日止已经实际执行的刑期,应当计算在减刑裁定决定执行的刑期以内。

原减刑裁定减去的刑期依照本规定第三十四条处理。

★无期徒刑罪犯减为有期徒刑后发现漏罪的刑期确定及减刑适用

《最高人民法院关于办理减刑、假释案件具体应用法律的规定》(2016年11月14日 法释〔2016〕23号)

第三十七条 被判处无期徒刑的罪犯在减为有期徒刑后因发现漏罪,依据刑法第七十条规定数罪并罚,决定执行无期徒刑的,前罪无期徒刑生效之日起至新判决生效之日止已经实际执行的刑期,应当在新判决的无期徒刑减为有期徒刑时,在减刑裁定决定执行的刑期内扣减。

无期徒刑罪犯减为有期徒刑后因发现漏罪判处三年有期徒刑以下刑罚,数罪并罚决定执行无期徒刑的,在新判决生效后执行一年以上，符合减刑条件的，可以减为有期徒刑，减刑幅度依照本规定第八条、第九条的规定执行。

原减刑裁定减去的刑期依照本规定第三十四条处理。

★贪污贿赂罪犯拒不认罪悔罪或者拒不履行财产性判项的，一般不予减刑

《最高人民法院关于办理减刑、假释案件具体应用法律的补充规定》（2019年4月24日 法释〔2019〕6号）

第一条 对拒不认罪悔罪的，或者确有履行能力而不履行或者不全部履行生效裁判中财产性判项的，不予假释，一般不予减刑。

★贪污贿赂罪犯的减刑起始时间、间隔时间和幅度

《最高人民法院关于办理减刑、假释案件具体应用法律的补充规定》（2019年4月24日 法释〔2019〕6号）

第二条 被判处十年以上有期徒刑，符合减刑条件的，执行三年以上方可减刑；被判处不满十年有期徒刑，符合减刑条件的，执行二年以上方可减刑。

确有悔改表现或者有立功表现的，一次减刑不超过六个月有期徒刑；确有悔改表现并有立功表现的，一次减刑不超过九个月有期徒刑；有重大立功表现的，一次减刑不超过一年有期徒刑。

被判处十年以上有期徒刑的，两次减刑之间应当间隔二年以上；被判处不满十年有期徒刑的，两次减刑之间应当间隔一年六个月以上。

第三条 被判处无期徒刑，符合减刑条件的，执行四年以上方可减刑。

确有悔改表现或者有立功表现的，可以减为二十三年有期徒刑；确有悔改表现并有立功表现的，可以减为二十二年以上二十三年以下有期徒刑；有重大立功表现的，可以减为二十一年以上二十二年以下有期徒刑。

无期徒刑减为有期徒刑后再减刑时，减刑幅度比照本规定第二条的规定执行。两次减刑之间应当间隔二年以上。

第四条　被判处死刑缓期执行的,减为无期徒刑后,符合减刑条件的,执行四年以上方可减刑。

确有悔改表现或者有立功表现的,可以减为二十五年有期徒刑;确有悔改表现并有立功表现的,可以减为二十四年六个月以上二十五年以下有期徒刑;有重大立功表现的,可以减为二十四年以上二十四年六个月以下有期徒刑。

减为有期徒刑后再减刑时,减刑幅度比照本规定第二条的规定执行。两次减刑之间应当间隔二年以上。

第五条　罪犯有重大立功表现的,减刑时可以不受上述起始时间和间隔时间的限制。

第七十九条　【减刑的程序】对于犯罪分子的减刑,由执行机关向中级以上人民法院提出减刑建议书。人民法院应当组成合议庭进行审理,对确有悔改或者立功事实的,裁定予以减刑。非经法定程序不得减刑。

立法动态

本条源自《中华人民共和国刑法》(1997 年 3 月 14 日第八届全国人民代表大会第五次会议修订,自 1997 年 10 月 1 日起施行)。

适用要点与裁判依据

★执行机关应当报经省级监狱管理机关复核后提请法院裁定减刑的案件范围

《中华人民共和国反有组织犯罪法》(2021 年 12 月 24 日　主席令第 101 号)

第三十六条　对被判处十年以上有期徒刑、无期徒刑、死刑缓期二年执行的黑社会性质组织的组织者、领导者或者恶势力组织的首要分子减刑的，执行机关应当依法提出减刑建议，报经省、自治区、直辖市监狱管理机关复核后，提请人民法院裁定。

对黑社会性质组织的组织者、领导者或者恶势力组织的首要分子假释的，适用前款规定的程序。

★法院审理减刑案件应当依法组成合议庭进行

《最高人民法院关于减刑、假释案件审理程序的规定》（2014年4月23日 法释〔2014〕5号）

第四条 人民法院审理减刑、假释案件，应当依法由审判员或者由审判员和人民陪审员组成合议庭进行。

★审理减刑案件，应当综合考虑犯罪的具体情节、财产刑执行、附带民事裁判履行情况

《最高人民法院关于减刑、假释案件审理程序的规定》（2014年4月23日 法释〔2014〕5号）

第五条 人民法院审理减刑、假释案件，除应当审查罪犯在执行期间的一贯表现外，还应当综合考虑犯罪的具体情节、原判刑罚情况、财产刑执行情况、附带民事裁判履行情况、罪犯退赃退赔等情况。

人民法院审理假释案件，除应当审查第一款所列情形外，还应当综合考虑罪犯的年龄、身体状况、性格特征、假释后生活来源以及监管条件等影响再犯罪的因素。

执行机关以罪犯有立功表现或重大立功表现为由提出减刑的，应当审查立功或重大立功表现是否属实。涉及发明创造、技术革新或者其他贡献的，应当审查该成果是否系罪犯在执行期间独立完成，并经有关主管机关确认。

★裁定调整减刑幅度或者不予减刑的，应当说明理由

《最高人民法院关于减刑、假释案件审理程序的规定》（2014年4月23日 法释〔2014〕5号）

第十七条 减刑、假释裁定书应当写明罪犯原判和历次减刑情况，确有悔改表现或者立功、重大立功表现的事实和理由，以及减刑、假释的法律依据。

裁定减刑的，应当注明刑期的起止时间；裁定假释的，应当注明假释考验期的起止时间。

裁定调整减刑幅度或者不予减刑、假释的，应当在裁定书中说明理由。

第八十条　【无期徒刑减刑的刑期计算】无期徒刑减为有期徒刑的刑期，从裁定减刑之日起计算。

立法动态

本条源自《中华人民共和国刑法》（1997 年 3 月 14 日第八届全国人民代表大会第五次会议修订，自 1997 年 10 月 1 日起施行）。

第七节　假　　释

第八十一条　【假释的适用】被判处有期徒刑的犯罪分子，执行原判刑期二分之一以上，被判处无期徒刑的犯罪分子，实际执行十三年以上，如果认真遵守监规，接受教育改造，确有悔改表现，没有再犯罪的危险的，可以假释。如果有特殊情况，经最高人民法院核准，可以不受上述执行刑期的限制。

对累犯以及因故意杀人、强奸、抢劫、绑架、放火、爆炸、投放危险物质或者有组织的暴力性犯罪被判处十年以上有期徒刑、无期徒刑的犯罪分子，不得假释。

对犯罪分子决定假释时，应当考虑其假释后对所居住社区的影响。

立法动态

本条源自《中华人民共和国刑法》(1997年3月14日第八届全国人民代表大会第五次会议修订,自1997年10月1日起施行)。

本条根据《中华人民共和国刑法修正案(八)》(自2011年5月1日起施行)第十六条修改。

原本条规定为:第八十一条 (第一款)被判处有期徒刑的犯罪分子,执行原判刑期二分之一以上,被判处无期徒刑的犯罪分子,实际执行十年以上,如果认真遵守监规,接受教育改造,确有悔改表现,假释后不致再危害社会的,可以假释。如果有特殊情况,经最高人民法院核准,可以不受上述执行刑期的限制。(第二款)对累犯以及因杀人、爆炸、抢劫、强奸、绑架等暴力性犯罪被判处十年以上有期徒刑、无期徒刑的犯罪分子,不得假释。

本条修改的主要内容为:一是补充规定对被判处无期徒刑的犯罪分子适用假释的,必须实际执行十三年以上;二是在不得适用假释的犯罪中,增加了投放危险物质和有组织的暴力性犯罪;三是增加了一款(第三款),补充规定对犯罪分子决定假释时,"应当考虑其假释后对所居住社区的影响"。

适用要点与裁判依据

★对未成年罪犯的假释,可以比照成年罪犯依法适度放宽

《最高人民法院关于审理未成年人刑事案件具体应用法律若干问题的解释》(2006年1月11日 法释〔2006〕1号)

第十八条 对未成年罪犯的减刑、假释,在掌握标准上可以比照成年罪犯依法适度放宽。

未成年罪犯能认罪服法,遵守监规,积极参加学习、劳动的,即可视为"确有悔改表现"予以减刑,其减刑的幅度可以适当放宽,间隔的时间可以相应缩短。符合刑法第八十一条第一款规定的,可以假释。

未成年罪犯在服刑期间已经成年的,对其减刑、假释可以适用上述规定。

★对严重犯罪者适用假释应当从严掌握

《最高人民法院关于贯彻宽严相济刑事政策的若干意见》(2010年2月8日 法发〔2010〕9号)

34. 对于危害国家安全犯罪、故意危害公共安全犯罪、严重暴力犯罪、涉众型经济犯罪等严重犯罪;恐怖组织犯罪、邪教组织犯罪、黑恶势力犯罪等有组织犯罪的领导者、组织者和骨干分子;毒品犯罪再犯的严重犯罪者;确有执行能力而拒不依法积极主动缴付财产执行财产刑或确有履行能力而不积极主动履行附带民事赔偿责任的,在依法减刑、假释时,应当从严掌握。对累犯减刑时,应当从严掌握。拒不交代真实身份或对减刑、假释材料弄虚作假,不符合减刑、假释条件的,不得减刑、假释。

……

★对主观恶性不深、人身危险性不大的罪犯适用假释应当从宽掌握

《最高人民法院关于贯彻宽严相济刑事政策的若干意见》(2010年2月8日 法发〔2010〕9号)

34. ……

……

对于未成年犯、老年犯、残疾罪犯、过失犯、中止犯、胁从犯、积极主动缴付财产执行财产刑或履行民事赔偿责任的罪犯、因防卫过当或避险过当而判处徒刑的罪犯以及其他主观恶性不深、人身危险性不大的罪犯,在依法减刑、假释时,应当根据悔改表现予以从宽掌握。对认罪服法,遵守监规,积极参加学习、劳动,确有悔改表现的,依法予以减刑,减刑的幅度可以适当放宽,间隔的时间可以相应缩短。符合刑法第八十一条第一款规定的假释条件的,应当依法多适用假释。

★刑法修正案(八)施行后,假释的法律适用

《最高人民法院关于〈中华人民共和国刑法修正案(八)〉时间效力问题的解释》(2011年4月25日　法释〔2011〕9号)

第七条　2011年4月30日以前犯罪,被判处无期徒刑的罪犯,减刑以后或者假释前实际执行的刑期,适用修正前刑法第七十八条第二款、第八十一条第一款的规定。

第八条　2011年4月30日以前犯罪,因具有累犯情节或者系故意杀人、强奸、抢劫、绑架、放火、爆炸、投放危险物质或者有组织的暴力性犯罪并被判处十年以上有期徒刑、无期徒刑的犯罪分子,2011年5月1日以后仍在服刑的,能否假释,适用修正前刑法第八十一条第二款的规定;2011年4月30日以前犯罪,因其他暴力性犯罪被判处十年以上有期徒刑、无期徒刑的犯罪分子,2011年5月1日以后仍在服刑的,能否假释,适用修正后刑法第八十一条第二款、第三款的规定。

★"暴力性犯罪"的认定

《最高人民法院研究室关于假释时间效力法律适用问题的答复》(2011年7月15日　法研〔2011〕97号)

二、经《中华人民共和国刑法修正案(八)》修正前刑法第八十一条第二款规定的"暴力性犯罪",不仅包括杀人、爆炸、抢劫、强奸、绑架五种,也包括故意伤害等其他暴力性犯罪。

★"确有悔改表现"的认定

《最高人民法院关于办理减刑、假释案件具体应用法律的规定》(2016年11月14日　法释〔2016〕23号)

第三条　"确有悔改表现"是指同时具备以下条件:

(一)认罪悔罪;

(二)遵守法律法规及监规,接受教育改造;

(三)积极参加思想、文化、职业技术教育;

(四)积极参加劳动,努力完成劳动任务。

对职务犯罪、破坏金融管理秩序和金融诈骗犯罪、组织(领导、参加、包庇、纵容)黑社会性质组织犯罪等罪犯,不积极退赃、协助追缴赃款赃物、赔偿损失,或者服刑期间利用个人影响力和社会关系等不正当手段意图获得减刑、假释的,不认定其“确有悔改表现”。

罪犯在刑罚执行期间的申诉权利应当依法保护,对其正当申诉不能不加分析地认为是不认罪悔罪。

★对被判处终身监禁的罪犯,在死刑缓期执行期满减为无期徒刑的裁定中,应当明确“终身监禁,不得再减刑或者假释”

《最高人民法院关于办理减刑、假释案件具体应用法律的规定》(2016年11月14日 法释〔2016〕23号)

第十五条 对被判处终身监禁的罪犯,在死刑缓期执行期满依法减为无期徒刑的裁定中,应当明确终身监禁,不得再减刑或者假释。

★“没有再犯罪的危险”的认定

《最高人民法院关于办理减刑、假释案件具体应用法律的规定》(2016年11月14日 法释〔2016〕23号)

第二十二条 办理假释案件,认定“没有再犯罪的危险”,除符合刑法第八十一条规定的情形外,还应当根据犯罪的具体情节、原判刑罚情况,在刑罚执行中的一贯表现,罪犯的年龄、身体状况、性格特征,假释后生活来源以及监管条件等因素综合考虑。

★假释期间的计算

《最高人民法院关于办理减刑、假释案件具体应用法律的规定》(2016年11月14日 法释〔2016〕23号)

第二十三条 被判处有期徒刑的罪犯假释时,执行原判刑期二分之一的时间,应当从判决执行之日起计算,判决执行以前先行羁押的,羁押一日折抵刑期一日。

被判处无期徒刑的罪犯假释时,刑法中关于实际执行刑期不得少于十三年的时间,应当从判决生效之日起计算。判决生效以前先行羁押的时间不予折抵。

被判处死刑缓期执行的罪犯减为无期徒刑或者有期徒刑后,实际执行十五年以上，方可假释，该实际执行时间应当从死刑缓期执行期满之日起计算。死刑缓期执行期间不包括在内，判决确定以前先行羁押的时间不予折抵。

★办理假释案件中对于“特殊情况”的认定

《最高人民法院关于办理减刑、假释案件具体应用法律的规定》（2016年11月14日　法释〔2016〕23号）

第二十四条　刑法第八十一条第一款规定的“特殊情况”，是指有国家政治、国防、外交等方面特殊需要的情况。

★累犯及暴力性犯罪的罪犯被减为无期徒刑、有期徒刑后，也不得假释

《最高人民法院关于办理减刑、假释案件具体应用法律的规定》（2016年11月14日　法释〔2016〕23号）

第二十五条　对累犯以及因故意杀人、强奸、抢劫、绑架、放火、爆炸、投放危险物质或者有组织的暴力性犯罪被判处十年以上有期徒刑、无期徒刑的罪犯，不得假释。

因前款情形和犯罪被判处死刑缓期执行的罪犯，被减为无期徒刑、有期徒刑后，也不得假释。

★可以依法从宽掌握适用假释的情形

《最高人民法院关于办理减刑、假释案件具体应用法律的规定》（2016年11月14日　法释〔2016〕23号）

第二十六条第一款　对下列罪犯适用假释时可以依法从宽掌握：

（一）过失犯罪的罪犯、中止犯罪的罪犯、被胁迫参加犯罪的罪犯；

（二）因防卫过当或者紧急避险过当而被判处有期徒刑以上刑罚的罪犯；

（三）犯罪时未满十八周岁的罪犯；

（四）基本丧失劳动能力、生活难以自理，假释后生活确有着落的老年罪犯、患严重疾病罪犯或者身体残疾罪犯；

（五）服刑期间改造表现特别突出的罪犯；

（六）具有其他可以从宽假释情形的罪犯。

★同时符合法定减刑、假释条件的，优先适用假释

《最高人民法院关于办理减刑、假释案件具体应用法律的规定》（2016年11月14日 法释〔2016〕23号）

第二十六条 对下列罪犯适用假释时可以依法从宽掌握：

（一）过失犯罪的罪犯、中止犯罪的罪犯、被胁迫参加犯罪的罪犯；

（二）因防卫过当或者紧急避险过当而被判处有期徒刑以上刑罚的罪犯；

（三）犯罪时未满十八周岁的罪犯；

（四）基本丧失劳动能力、生活难以自理，假释后生活确有着落的老年罪犯、患严重疾病罪犯或者身体残疾罪犯；

（五）服刑期间改造表现特别突出的罪犯；

（六）具有其他可以从宽假释情形的罪犯。

罪犯既符合法定减刑条件，又符合法定假释条件的，可以优先适用假释。

第三十一条 年满八十周岁、身患疾病或者生活难以自理、没有再犯罪危险的罪犯，既符合减刑条件，又符合假释条件的，优先适用假释；不符合假释条件的，参照本规定第二十条有关的规定从宽处理。

★确有履行能力而不履行或者不全部履行财产性判项的，不予假释

《最高人民法院关于办理减刑、假释案件具体应用法律的规定》（2016年11月14日 法释〔2016〕23号）

第二十七条 对于生效裁判中有财产性判项，罪犯确有履行能力而不履行或者不全部履行的，不予假释。

★罪犯减刑后又适用假释的间隔时间

《最高人民法院关于办理减刑、假释案件具体应用法律的规定》(2016年11月14日　法释〔2016〕23号)

第二十八条　罪犯减刑后又假释的,间隔时间不得少于一年;对一次减去一年以上有期徒刑后,决定假释的,间隔时间不得少于一年六个月。

罪犯减刑后余刑不足二年,决定假释的,可以适当缩短间隔时间。

★按照审判监督程序重新审理的案件,原假释裁定的效力确定

《最高人民法院关于办理减刑、假释案件具体应用法律的规定》(2016年11月14日　法释〔2016〕23号)

第三十二条　人民法院按照审判监督程序重新审理的案件,裁定维持原判决、裁定的,原减刑、假释裁定继续有效。

再审裁判改变原判决、裁定的,原减刑、假释裁定自动失效,执行机关应当及时报请有管辖权的人民法院重新作出是否减刑、假释的裁定。重新作出减刑裁定时,不受本规定有关减刑起始时间、间隔时间和减刑幅度的限制。重新裁定时应综合考虑各方面因素,减刑幅度不得超过原裁定减去的刑期总和。

再审改判为死刑缓期执行或者无期徒刑的,在新判决减为有期徒刑之时,原判决已经实际执行的刑期一并扣减。

再审裁判宣告无罪的,原减刑、假释裁定自动失效。

★对黑恶势力违法犯罪以及"保护伞"案件,应严格掌握假释的适用条件

《最高人民法院、最高人民检察院、公安部、司法部关于办理黑恶势力犯罪案件若干问题的指导意见》(2018年1月16日　法发〔2018〕1号)

1. 各级人民法院、人民检察院、公安机关和司法行政机关应充分发挥职能作用,密切配合,相互支持,相互制约,形成打击合力,加强预防惩治黑恶势力犯罪长效机制建设。正确运用法律规定加大对黑恶势力违法犯罪以及“保护伞”惩处力度,在侦查、起诉、审判、执行各阶段体现依法从严惩处精神,严格掌握取保候审,严格掌握不起诉,严格掌握缓刑、减刑、假释,严格掌握保外就医适用条件,充分运用《刑法》总则关于共同犯罪和犯罪集团的规定加大惩处力度,充分利用资格刑、财产刑降低再犯可能性。对黑恶势力犯罪,注意串并研判、深挖彻查,防止就案办案,依法加快办理。坚持依法办案、坚持法定标准、坚持以审判为中心,加强法律监督,强化程序意识和证据意识,正确把握“打早打小”与“打准打实”的关系,贯彻落实宽严相济刑事政策,切实做到宽严有据,罚当其罪,实现政治效果、法律效果和社会效果的统一。

★对有组织的暴力性犯罪被判处十年以上有期徒刑、无期徒刑的黑社会性质组织犯罪分子,不得假释

《最高人民法院、最高人民检察院、公安部、司法部关于办理黑恶势力犯罪案件若干问题的指导意见》(2018年1月16日 法发〔2018〕1号)

12. 对于组织者、领导者和因犯参加黑社会性质组织罪被判处五年以上有期徒刑的积极参加者,可以根据《刑法》第五十六条第一款的规定适用附加剥夺政治权利。对于符合《刑法》第三十七条之一规定的组织成员,应当依法禁止其从事相关职业。符合《刑法》第六十六条规定的组织成员,应当认定为累犯,依法从重处罚。

对于因有组织的暴力性犯罪被判处死刑缓期执行的黑社会性质组织犯罪分子,可以根据《刑法》第五十条第二款的规定同时决定对其限制减刑。对于因有组织的暴力性犯罪被判处十年以上有期徒刑、无期徒刑的黑社会性质组织犯罪分子,应当根据《刑法》第八十一条第二款规定,不得假释。

第82条

类案检索指引

★对未成年罪犯适用假释,应当结合犯罪的具体情节等综合认定

《罪犯康某假释监督案》(2020年2月28日最高人民检察院发布第十九批指导性案例:检例第71号)

【关键词】

未成年罪犯　假释适用　帮教

【要旨】

人民检察院办理未成年罪犯减刑、假释监督案件,应当比照成年罪犯依法适当从宽把握假释条件。对既符合法定减刑条件又符合法定假释条件的,可以建议刑罚执行机关优先适用假释。审查未成年罪犯是否符合假释条件时,应当结合犯罪的具体情节、原判刑罚情况、刑罚执行中的表现、家庭帮教能力和条件等因素综合认定。

第八十二条　【假释的程序】对于犯罪分子的假释,依照本法第七十九条规定的程序进行。非经法定程序不得假释。

立法动态

本条源自《中华人民共和国刑法》(1997年3月14日第八届全国人民代表大会第五次会议修订,自1997年10月1日起施行)。

适用要点与裁判依据

★执行机关应当报经省级监狱管理机关复核后提请法院裁定假释的案件范围

《中华人民共和国反有组织犯罪法》(2021年12月24日　主席令第101号)

第三十六条　对被判处十年以上有期徒刑、无期徒刑、死刑缓期二年执行的黑社会性质组织的组织者、领导者或者恶势力组织的首要分子减刑的,执行机关应当依法提出减刑建议,报经省、自治区、直辖市监狱管理机关复核后,提请人民法院裁定。

对黑社会性质组织的组织者、领导者或者恶势力组织的首要分子假释的,适用前款规定的程序。

★审理假释案件,应当综合考虑犯罪的具体情节、财产刑执行情况、附带民事裁判履行情况等

《最高人民法院关于减刑、假释案件审理程序的规定》(2014年4月23日　法释〔2014〕5号)

第五条　人民法院审理减刑、假释案件,除应当审查罪犯在执行期间的一贯表现外,还应当综合考虑犯罪的具体情节、原判刑罚情况、财产刑执行情况、附带民事裁判履行情况、罪犯退赃退赔等情况。

人民法院审理假释案件,除应当审查第一款所列情形外,还应当综合考虑罪犯的年龄、身体状况、性格特征、假释后生活来源以及监管条件等影响再犯罪的因素。

执行机关以罪犯有立功表现或重大立功表现为由提出减刑的,应当审查立功或重大立功表现是否属实。涉及发明创造、技术革新或者其他贡献的,应当审查该成果是否系罪犯在执行期间独立完成,并经有关主管机关确认。

★裁定不予假释的,应当说明理由

《最高人民法院关于减刑、假释案件审理程序的规定》(2014年4月23日 法释〔2014〕5号)

第十七条 减刑、假释裁定书应当写明罪犯原判和历次减刑情况,确有悔改表现或者立功、重大立功表现的事实和理由,以及减刑、假释的法律依据。

裁定减刑的,应当注明刑期的起止时间;裁定假释的,应当注明假释考验期的起止时间。

裁定调整减刑幅度或者不予减刑、假释的,应当在裁定书中说明理由。

★裁定假释的,应当将裁定书送达社区矫正机构或者基层组织

《最高人民法院关于减刑、假释案件审理程序的规定》(2014年4月23日 法释〔2014〕5号)

第十八条 人民法院作出减刑、假释裁定后,应当在七日内送达报请减刑、假释的执行机关、同级人民检察院以及罪犯本人。作出假释裁定的,还应当送达社区矫正机构或者基层组织。

第八十三条 【假释考验期限】有期徒刑的假释考验期限,为没有执行完毕的刑期;无期徒刑的假释考验期限为十年。

假释考验期限,从假释之日起计算。

立法动态

本条源自《中华人民共和国刑法》(1997年3月14日第八届全国人民代表大会第五次会议修订,自1997年10月1日起施行)。

第八十四条　【假释期间应当遵守的规定】被宣告假释的犯罪分子，应当遵守下列规定：

（一）遵守法律、行政法规，服从监督；

（二）按照监督机关的规定报告自己的活动情况；

（三）遵守监督机关关于会客的规定；

（四）离开所居住的市、县或者迁居，应当报经监督机关批准。

立法动态

本条源自《中华人民共和国刑法》（1997年3月14日第八届全国人民代表大会第五次会议修订，自1997年10月1日起施行）。

第八十五条　【假释考验期间，实行社区矫正】对假释的犯罪分子，在假释考验期限内，依法实行社区矫正，如果没有本法第八十六条规定的情形，假释考验期满，就认为原判刑罚已经执行完毕，并公开予以宣告。

立法动态

本条源自《中华人民共和国刑法》（1997年3月14日第八届全国人民代表大会第五次会议修订，自1997年10月1日起施行）。

本条根据《中华人民共和国刑法修正案（八）》（自2011年5月1日起施行）第十七条修改。

原本条规定为：第八十五条　被假释的犯罪分子，在假释考验期限内，由公安机关予以监督，如果没有本法第八十六条规定的情形，假释考验期满，就认为原判刑罚已经执行完毕，并公开予以宣告。

本条修改的主要内容为：对被假释的犯罪分子的执行，由“公安机关予以监督”修改为“依法实行社区矫正”。

第八十六条　【假释的撤销】被假释的犯罪分子，在假释考验期限内犯新罪，应当撤销假释，依照本法第七十一条的规定实行数罪并罚。

在假释考验期限内，发现被假释的犯罪分子在判决宣告以前还有其他罪没有判决的，应当撤销假释，依照本法第七十条的规定实行数罪并罚。

被假释的犯罪分子，在假释考验期限内，有违反法律、行政法规或者国务院有关部门关于假释的监督管理规定的行为，尚未构成新的犯罪的，应当依照法定程序撤销假释，收监执行未执行完毕的刑罚。

立法动态

本条源自《中华人民共和国刑法》（1997年3月14日第八届全国人民代表大会第五次会议修订，自1997年10月1日起施行）。

本条第三款根据《中华人民共和国刑法修正案（八）》（自2011年5月1日起施行）第十八条修改。

原本条第三款规定为：被假释的犯罪分子，在假释考验期限内，有违反法律、行政法规或者国务院公安部门有关假释的监督管理规定的行为，尚未构成新的犯罪的，应当依照法定程序撤销假释，收监执行未执行完毕的刑罚。

本条第三款修改的主要内容为：将假释考验期内违反“国务院公安部门”的有关假释的监督管理规定修改为违反“国务院有关部门”的监督管理规定。

适用要点与裁判依据

★收到撤销假释建议书后，法院应当及时审查作出裁定

《最高人民法院关于办理减刑、假释案件具体应用法律的规定》（2016年11月14日 法释〔2016〕23号）

第二十九条 罪犯在假释考验期内违反法律、行政法规或者国务院有关部门关于假释的监督管理规定的，作出假释裁定的人民法院，应当在收到报请机关或者检察机关撤销假释建议书后及时审查，作出是否撤销假释的裁定，并送达报请机关，同时抄送人民检察院、公安机关和原刑罚执行机关。

罪犯在逃的，撤销假释裁定书可以作为对罪犯进行追捕的依据。

★被撤销假释的罪犯，一般不得再假释

《最高人民法院关于办理减刑、假释案件具体应用法律的规定》（2016年11月14日 法释〔2016〕23号）

第三十条 依照刑法第八十六条规定被撤销假释的罪犯，一般不得再假释。但依照该条第二款被撤销假释的罪犯，如果罪犯对漏罪曾作如实供述但原判未予认定，或者漏罪系其自首，符合假释条件的，可以再假释。

被撤销假释的罪犯，收监后符合减刑条件的，可以减刑，但减刑起始时间自收监之日起计算。

第八节 时 效

第八十七条 【犯罪的追诉时效期限】犯罪经过下列期限不再追诉：

（一）法定最高刑为不满五年有期徒刑的，经过五年；

（二）法定最高刑为五年以上不满十年有期徒刑的，经过十年；

（三）法定最高刑为十年以上有期徒刑的，经过十五年；

（四）法定最高刑为无期徒刑、死刑的，经过二十年。如果二十年以后认为必须追诉的，须报请最高人民检察院核准。

立法动态

本条源自《中华人民共和国刑法》（1997 年 3 月 14 日第八届全国人民代表大会第五次会议修订，自 1997 年 10 月 1 日起施行）。

类案检索指引

★对严重危害社会治安的犯罪，经过二十年追诉期限，仍然严重影响人民群众安全感的，应当追诉

《马世龙（抢劫）核准追诉案》（2015 年 7 月 3 日最高人民检察院发布第六批指导性案例：检例第 20 号）

【关键词】

核准追诉　后果严重　影响恶劣

【要旨】

故意杀人、抢劫、强奸、绑架、爆炸等严重危害社会治安的犯罪，经过二十年追诉期限，仍然严重影响人民群众安全感，被害方、案发地群众、基层组织等强烈要求追究犯罪嫌疑人刑事责任，不追诉可能影响社会稳定或者产生其他严重后果的，对犯罪嫌疑人应当追诉。

★涉嫌犯罪情节恶劣、后果严重，且积极逃避侦查，经过二十年追诉期限，应当追诉

《丁国山等（故意伤害）核准追诉案》（2015 年 7 月 3 日最高人民检察院发布第六批指导性案例：检例第 21 号）

【关键词】

核准追诉　情节恶劣　无悔罪表现

【要旨】

涉嫌犯罪情节恶劣、后果严重，并且犯罪后积极逃避侦查，经过二十年追诉期限，犯罪嫌疑人没有明显悔罪表现，也未通过赔礼道歉、赔偿损失等获得被害方谅解，犯罪造成的社会影响没有消失，不追诉可能影响社会稳定或者产生其他严重后果的，对犯罪嫌疑人应当追诉。

★因民间矛盾激化引发的犯罪，经过二十年追诉期限，可以不再追诉

《杨菊云（故意杀人）不核准追诉案》（2015年7月3日最高人民检察院发布第六批指导性案例：检例第22号）

【关键词】

不予核准追诉　家庭矛盾　被害人谅解

【要旨】

1. 因婚姻家庭等民间矛盾激化引发的犯罪，经过二十年追诉期限，犯罪嫌疑人没有再犯罪危险性，被害人及其家属对犯罪嫌疑人表示谅解，不追诉有利于化解社会矛盾、恢复正常社会秩序，同时不会影响社会稳定或者产生其他严重后果的，对犯罪嫌疑人可以不再追诉。

2. 须报请最高人民检察院核准追诉的案件，侦查机关在核准之前可以依法对犯罪嫌疑人采取强制措施。侦查机关报请核准追诉并提请逮捕犯罪嫌疑人，人民检察院经审查认为必须追诉而且符合法定逮捕条件的，可以依法批准逮捕。

★已过二十年追诉期限，没有再犯罪危险性，不追诉不会影响社会稳定或者产生其他严重后果的，不再追诉

《蔡金星、陈国辉等（抢劫）不核准追诉案》（2015年7月3日最高人民检察院发布第六批指导性案例：检例第23号）

【关键词】

不予核准追诉　悔罪表现　共同犯罪

【要旨】

1. 涉嫌犯罪已过二十年追诉期限，犯罪嫌疑人没有再犯罪危险性，并且通过赔礼道歉、赔偿损失等方式积极消除犯罪影响，被害方对犯罪嫌疑人表示谅解，犯罪破坏的社会秩序明显恢复，不追诉不会影响社会稳定或者产生其他严重后果的，对犯罪嫌疑人可以不再追诉。

2. 1997 年 9 月 30 日以前实施的共同犯罪，已被司法机关采取强制措施的犯罪嫌疑人逃避侦查或者审判的，不受追诉期限限制。司法机关在追诉期限内未发现或者未采取强制措施的犯罪嫌疑人，应当受追诉期限限制；涉嫌犯罪应当适用的法定量刑幅度的最高刑为无期徒刑、死刑，犯罪行为发生二十年以后认为必须追诉的，须报请最高人民检察院核准。

第八十八条　【不受追诉期限限制的情形】在人民检察院、公安机关、国家安全机关立案侦查或者在人民法院受理案件以后，逃避侦查或者审判的，不受追诉期限的限制。

被害人在追诉期限内提出控告，人民法院、人民检察院、公安机关应当立案而不予立案的，不受追诉期限的限制。

立法动态

本条源自《中华人民共和国刑法》（1997 年 3 月 14 日第八届全国人民代表大会第五次会议修订，自 1997 年 10 月 1 日起施行）。

第八十九条　【追诉期限的计算】追诉期限从犯罪之日起计算；犯罪行为有连续或者继续状态的，从犯罪行为终了之日起计算。

在追诉期限以内又犯罪的，前罪追诉的期限从犯后罪之日起计算。

立法动态

本条源自《中华人民共和国刑法》(1997年3月14日第八届全国人民代表大会第五次会议修订,自1997年10月1日起施行)。

适用要点与裁判依据

★渎职犯罪的追诉期限,从危害结果发生之日起计算

《最高人民法院、最高人民检察院关于办理渎职刑事案件适用法律若干问题的解释(一)》(2012年12月7日　法释〔2012〕18号)

第六条　以危害结果为条件的渎职犯罪的追诉期限,从危害结果发生之日起计算;有数个危害结果的,从最后一个危害结果发生之日起计算。

第五章　其他规定

第九十条　【民族自治地方对刑法适用的变通】民族自治地方不能全部适用本法规定的,可以由自治区或者省的人民代表大会根据当地民族的政治、经济、文化的特点和本法规定的基本原则,制定变通或者补充的规定,报请全国人民代表大会常务委员会批准施行。

立法动态

本条源自《中华人民共和国刑法》(1997年3月14日第八届全国人民代表大会第五次会议修订,自1997年10月1日起施行)。

第九十一条 【公共财产】本法所称公共财产，是指下列财产：

（一）国有财产；

（二）劳动群众集体所有的财产；

（三）用于扶贫和其他公益事业的社会捐助或者专项基金的财产。

在国家机关、国有公司、企业、集体企业和人民团体管理、使用或者运输中的私人财产，以公共财产论。

立法动态

本条源自《中华人民共和国刑法》（1997 年 3 月 14 日第八届全国人民代表大会第五次会议修订，自 1997 年 10 月 1 日起施行）。

第九十二条 【公民私人所有财产】本法所称公民私人所有的财产，是指下列财产：

（一）公民的合法收入、储蓄、房屋和其他生活资料；

（二）依法归个人、家庭所有的生产资料；

（三）个体户和私营企业的合法财产；

（四）依法归个人所有的股份、股票、债券和其他财产。

立法动态

本条源自《中华人民共和国刑法》（1997 年 3 月 14 日第八届全国人民代表大会第五次会议修订，自 1997 年 10 月 1 日起施行）。

第九十三条 【国家工作人员】本法所称国家工作人员，是指国家机关中从事公务的人员。

国有公司、企业、事业单位、人民团体中从事公务的人员和国家机关、国有公司、企业、事业单位委派到非国有公司、企业、事业单位、社会团体从事公务的人员，以及其他依照法律从事公务的人员，以国家工作人员论。

立法动态

本条源自《中华人民共和国刑法》（1997年3月14日第八届全国人民代表大会第五次会议修订，自1997年10月1日起施行）。

适用要点与裁判依据

★属于"其他依照法律从事公务的人员"的七类人员

《全国人民代表大会常务委员会关于〈中华人民共和国刑法〉第九十三条第二款的解释》（2009年8月27日　主席令第18号）

村民委员会等村基层组织人员协助人民政府从事下列行政管理工作，属于刑法第九十三条第二款规定的"其他依照法律从事公务的人员"：

（一）救灾、抢险、防汛、优抚、扶贫、移民、救济款物的管理；

（二）社会捐助公益事业款物的管理；

（三）国有土地的经营和管理；

（四）土地征收、征用补偿费用的管理；

（五）代征、代缴税款；

（六）有关计划生育、户籍、征兵工作；

（七）协助人民政府从事的其他行政管理工作。

村民委员会等村基层组织人员从事前款规定的公务，利用职务上的便利，非法占有公共财物、挪用公款、索取他人财物或者非法收受他人财物，构成犯罪的，适用刑法第三百八十二条和第三百八十三条贪污罪、第三百八十四条挪用公款罪、第三百八十五条和第三百八十六条受贿罪的规定。

★对“其他依照法律从事公务的人员”立法解释的适用

《最高人民检察院关于〈全国人民代表大会常务委员会关于中华人民共和国刑法第九十三条第二款的解释〉的时间效力的批复》(2000年6月29日 高检发研字〔2000〕15号)

《全国人民代表大会常务委员会关于〈中华人民共和国刑法〉第九十三条第二款的解释》是对刑法第九十三条第二款关于“其他依照法律从事公务的人员”规定的进一步明确，并不是对刑法的修改。因此，该《解释》的效力适用于修订刑法的施行日期，其溯及力适用修订刑法第十二条的规定。

★委派到农村合作基金会兼职从事管理工作“以国家工作人员论”的情形

《最高人民法院研究室关于国家工作人员在农村合作基金会兼职从事管理工作如何认定身份问题的答复》[2000年6月29日 法(研)明传〔2000〕12号]

国家工作人员自行到农村合作基金会兼职从事管理工作的，因其兼职工作与国家工作人员身份无关，应认定为农村合作基金会一般从业人员；国家机关、国有公司、企业、事业单位委派到农村合作基金会兼职从事管理工作的人员，以国家工作人员论。

★“国家机关工作人员”的认定

《全国法院审理经济犯罪案件工作座谈会纪要》(2003年11月13日 法发〔2003〕167号)

一、关于贪污贿赂犯罪和渎职犯罪的主体

(一)国家机关工作人员的认定

刑法中所称的国家机关工作人员，是指在国家机关中从事公务的人员，包括在各级国家权力机关、行政机关、司法机关和军事机关中从事公务的人员。

根据有关立法解释的规定，在依照法律、法规规定行使国家行政管理职权的组织中从事公务的人员，或者在受国家机关委托代表国家行使职权的组织中从事公务的人员，或者虽未列入国家机关人员编制但在国家机关中从事公务的人员，视为国家机关工作人员。在乡（镇）以上中国共产党机关、人民政协机关中从事公务的人员，司法实践中也应当视为国家机关工作人员。

★“国家机关、国有公司、企业、事业单位委派到非国有公司、企业、事业单位、社会团体从事公务的人员”的认定

《全国法院审理经济犯罪案件工作座谈会纪要》（2003 年 11 月 13 日　法发〔2003〕167 号）

一、关于贪污贿赂犯罪和渎职犯罪的主体

（二）国家机关、国有公司、企业、事业单位委派到非国有公司、企业、事业单位、社会团体从事公务的人员的认定

所谓委派，即委任、派遣，其形式多种多样，如任命、指派、提名、批准等。不论被委派的人身份如何，只要是接受国家机关、国有公司、企业、事业单位委派，代表国家机关、国有公司、企业、事业单位在非国有公司、企业、事业单位、社会团体中从事组织、领导、监督、管理等工作，都可以认定为国家机关、国有公司、企业、事业单位委派到非国有公司、企业、事业单位、社会团体从事公务的人员。如国家机关、国有公司、企业、事业单位委派在国有控股或者参股的股份有限公司从事组织、领导、监督、管理等工作的人员，应当以国家工作人员论。国有公司、企业改制为股份有限公司后，原国有公司、企业的工作人员和股份有限公司新任命的人员中，除代表国有投资主体行使监督、管理职权的人外，不以国家工作人员论。

★“其他依照法律从事公务的人员”的认定

《全国法院审理经济犯罪案件工作座谈会纪要》（2003 年 11 月 13 日　法发〔2003〕167 号）

一、关于贪污贿赂犯罪和渎职犯罪的主体

（三）“其他依照法律从事公务的人员”的认定

刑法第九十三条第二款规定的“其他依照法律从事公务的人员”应当具有两个特征：一是在特定条件下行使国家管理职能；二是依照

法律规定从事公务。具体包括：

(1)依法履行职责的各级人民代表大会代表；

(2)依法履行审判职责的人民陪审员；

(3)协助乡镇人民政府、街道办事处从事行政管理工作的村民委员会、居民委员会等农村和城市基层组织人员；

(4)其他由法律授权从事公务的人员。

★公务主要表现为与职权相联系的公共事务以及监督、管理国有财产的职务活动

《全国法院审理经济犯罪案件工作座谈会纪要》(2003年11月13日 法发〔2003〕167号)

一、关于贪污贿赂犯罪和渎职犯罪的主体

(四)关于"从事公务"的理解

从事公务，是指代表国家机关、国有公司、企业、事业单位、人民团体等履行组织、领导、监督、管理等职责。公务主要表现为与职权相联系的公共事务以及监督、管理国有财产的职务活动。如国家机关工作人员依法履行职责，国有公司的董事、经理、监事、会计、出纳人员等管理、监督国有财产等活动，属于从事公务。那些不具备职权内容的劳务活动、技术服务工作，如售货员、售票员等所从事的工作，一般不认为是公务。

第九十四条 【司法工作人员】本法所称司法工作人员，是指有侦查、检察、审判、监管职责的工作人员。

立法动态

本条源自《中华人民共和国刑法》(1997年3月14日第八届全国人民代表大会第五次会议修订，自1997年10月1日起施行)。

适用要点与裁判依据

★被聘用受委托履行监管职责过程中私放在押人员的在编监管人员，视为“司法工作人员”

《最高人民检察院关于工人等非监管机关在编监管人员私放在押人员行为和失职致使在押人员脱逃行为适用法律问题的解释》（2001年3月2日　高检发释字〔2001〕2号）

工人等非监管机关在编监管人员在被监管机关聘用受委托履行监管职责的过程中私放在押人员的，应当依照刑法第四百条第一款的规定，以私放在押人员罪追究刑事责任；由于严重不负责任，致使在押人员脱逃，造成严重后果的，应当依照刑法第四百条第二款的规定，以失职致使在押人员脱逃罪追究刑事责任。

第九十五条　【重伤的情形】本法所称重伤，是指有下列情形之一的伤害：

（一）使人肢体残废或者毁人容貌的；

（二）使人丧失听觉、视觉或者其他器官机能的；

（三）其他对于人身健康有重大伤害的。

立法动态

本条源自《中华人民共和国刑法》（1997年3月14日第八届全国人民代表大会第五次会议修订，自1997年10月1日起施行）。

适用要点与裁判依据

★明知自己感染艾滋病病毒而与他人发生性关系致使他人感染的,应认定为“有重大伤害”的“重伤”

《最高人民法院、最高人民检察院关于办理组织、强迫、引诱、容留、介绍卖淫刑事案件适用法律若干问题的解释》(2017年7月21日 法释〔2017〕13号)

第十二条 明知自己患有艾滋病或者感染艾滋病病毒而卖淫、嫖娼的,依照刑法第三百六十条的规定,以传播性病罪定罪,从重处罚。

具有下列情形之一,致使他人感染艾滋病病毒的,认定为刑法第九十五条第三项“其他对于人身健康有重大伤害”所指的“重伤”,依照刑法第二百三十四条第二款的规定,以故意伤害罪定罪处罚:

(一)明知自己感染艾滋病病毒而卖淫、嫖娼的;

(二)明知自己感染艾滋病病毒,故意不采取防范措施而与他人发生性关系的。

第九十六条 【违反国家规定】本法所称违反国家规定,是指违反全国人民代表大会及其常务委员会制定的法律和决定,国务院制定的行政法规、规定的行政措施、发布的决定和命令。

立法动态

本条源自《中华人民共和国刑法》(1997年3月14日第八届全国人民代表大会第五次会议修订,自1997年10月1日起施行)。

适用要点与裁判依据

★以国务院办公厅名义制发的文件，视为刑法中的“国家规定”

《最高人民法院关于准确理解和适用刑法中“国家规定”的有关问题的通知》(2011年4月8日 法发〔2011〕155号)

一、根据刑法第九十六条的规定，刑法中的“国家规定”是指，全国人民代表大会及其常务委员会制定的法律和决定，国务院制定的行政法规、规定的行政措施、发布的决定和命令。其中，“国务院规定的行政措施”应当由国务院决定，通常以行政法规或者国务院制发文件的形式加以规定。以国务院办公厅名义制发的文件，符合以下条件的，亦应视为刑法中的“国家规定”：

(1)有明确的法律依据或者同相关行政法规不相抵触；

(2)经国务院常务会议讨论通过或者经国务院批准；

(3)在国务院公报上公开发布。

二、各级人民法院在刑事审判工作中，对有关案件所涉及的“违反国家规定”的认定，要依照相关法律、行政法规及司法解释的规定准确把握。对于规定不明确的，要按照本通知的要求审慎认定。对于违反地方性法规、部门规章的行为，不得认定为“违反国家规定”。对被告人的行为是否“违反国家规定”存在争议的，应当作为法律适用问题，逐级向最高人民法院请示。

第九十七条 【首要分子】本法所称首要分子，是指在犯罪集团或者聚众犯罪中起组织、策划、指挥作用的犯罪分子。

立法动态

本条源自《中华人民共和国刑法》(1997年3月14日第八届全国人民代表大会第五次会议修订，自1997年10月1日起施行)。

第九十八条　【告诉才处理】本法所称告诉才处理，是指被害人告诉才处理。如果被害人因受强制、威吓无法告诉的，人民检察院和被害人的近亲属也可以告诉。

立法动态

本条源自《中华人民共和国刑法》（1997 年 3 月 14 日第八届全国人民代表大会第五次会议修订，自 1997 年 10 月 1 日起施行）。

适用要点与裁判依据

★法院直接受理的自诉案件范围

《最高人民法院关于适用〈中华人民共和国刑事诉讼法〉的解释》（2021 年 1 月 26 日　法释〔2021〕1 号）

第一条　人民法院直接受理的自诉案件包括：

（一）告诉才处理的案件：

1. 侮辱、诽谤案（刑法第二百四十六条规定的，但严重危害社会秩序和国家利益的除外）；

2. 暴力干涉婚姻自由案（刑法第二百五十七条第一款规定的）；

3. 虐待案（刑法第二百六十条第一款规定的，但被害人没有能力告诉或者因受到强制、威吓无法告诉的除外）；

4. 侵占案（刑法第二百七十条规定的）。

★法定代理人、近亲属告诉或者代为告诉的情形

《最高人民法院关于适用〈中华人民共和国刑事诉讼法〉的解释》（2021 年 1 月 26 日　法释〔2021〕1 号）

第三百一十七条　本解释第一条规定的案件，如果被害人死亡、丧失行为能力或者因受强制、威吓等无法告诉，或者是限制行为能力人以及因年老、患病、盲、聋、哑等不能亲自告诉，其法定代理人、近亲属告诉或者代为告诉的，人民法院应当依法受理。

被害人的法定代理人、近亲属告诉或者代为告诉的，应当提供与被害人关系的证明和被害人不能亲自告诉的原因的证明。

第九十九条　【以上、以下、以内的界定】本法所称以上、以下、以内，包括本数。

立法动态

本条源自《中华人民共和国刑法》（1997 年 3 月 14 日第八届全国人民代表大会第五次会议修订，自 1997 年 10 月 1 日起施行）。

第一百条　【前科报告制度】依法受过刑事处罚的人，在入伍、就业的时候，应当如实向有关单位报告自己曾受过刑事处罚，不得隐瞒。

犯罪的时候不满十八周岁被判处五年有期徒刑以下刑罚的人，免除前款规定的报告义务。

立法动态

本条源自《中华人民共和国刑法》（1997 年 3 月 14 日第八届全国人民代表大会第五次会议修订，自 1997 年 10 月 1 日起施行）。

本条第二款根据《中华人民共和国刑法修正案（八）》（自 2011 年 5 月 1 日起施行）第十九条增加。

适用要点与裁判依据

★对于犯罪记录被封存的未成年人，在入伍、就业时免除犯罪记录的报告义务

《最高人民法院、最高人民检察院、公安部、司法部关于未成年人犯罪记录封存的实施办法》(2022 年 5 月 24 日)

第九条 未成年人犯罪记录封存应当贯彻及时、有效的原则。对于犯罪记录被封存的未成年人，在入伍、就业时免除犯罪记录的报告义务。

被封存犯罪记录的未成年人因涉嫌再次犯罪接受司法机关调查时，应当主动、如实地供述其犯罪记录情况，不得回避、隐瞒。

★被封存犯罪记录的未成年人及其法定代理人申请出具无犯罪记录证明的，受理单位应当出具

《最高人民法院、最高人民检察院、公安部、司法部关于未成年人犯罪记录封存的实施办法》(2022 年 5 月 24 日)

第十四条 公安机关、人民检察院、人民法院和司法行政机关分别负责受理、审核和处理各自职权范围内有关犯罪记录的封存、查询工作。

第十五条 被封存犯罪记录的未成年人本人或者其法定代理人申请为其出具无犯罪记录证明的，受理单位应当在三个工作日内出具无犯罪记录的证明。

第一百零一条 【总则适用的效力】本法总则适用于其他有刑罚规定的法律，但是其他法律有特别规定的除外。

立法动态

本条源自《中华人民共和国刑法》(1997 年 3 月 14 日第八届全国人民代表大会第五次会议修订，自 1997 年 10 月 1 日起施行)。

适用要点与裁判依据

★香港特别行政区维护国家安全法对本法与其他相关法律适用效力的规定

《中华人民共和国香港特别行政区维护国家安全法》(2020 年 6 月 30 日　主席令第 49 号)

第六十四条　香港特别行政区适用本法时,本法规定的“有期徒刑”“无期徒刑”“没收财产”和“罚金”分别指“监禁”“终身监禁”“充公犯罪所得”和“罚款”,“拘役”参照适用香港特别行政区相关法律规定的“监禁”“入劳役中心”“入教导所”,“管制”参照适用香港特别行政区相关法律规定的“社会服务令”“入感化院”,“吊销执照或者营业许可证”指香港特别行政区相关法律规定的“取消注册或者注册豁免,或者取消牌照”。

第二编 分 则

第一章 危害国家安全罪

第一百零二条 【背叛国家罪】勾结外国，危害中华人民共和国的主权、领土完整和安全的，处无期徒刑或者十年以上有期徒刑。

与境外机构、组织、个人相勾结，犯前款罪的，依照前款的规定处罚。

立法动态

本条源自《中华人民共和国刑法》(1997 年 3 月 14 日第八届全国人民代表大会第五次会议修订，自 1997 年 10 月 1 日起施行)。

第一百零三条 【分裂国家罪】组织、策划、实施分裂国家、破坏国家统一的，对首要分子或者罪行重大的，处无期徒刑或者十年以上有期徒刑；对积极参加的，处三年以上十年以下有期徒刑；对其他参加的，处三年以下有期徒刑、拘役、管制或者剥夺政治权利。

【煽动分裂国家罪】煽动分裂国家、破坏国家统一的，处五年以下有期徒刑、拘役、管制或者剥夺政治权利；首要分子或者罪行重大的，处五年以上有期徒刑。

立法动态

本条源自《中华人民共和国刑法》(1997 年 3 月 14 日第八届全国人民代表大会第五次会议修订,自 1997 年 10 月 1 日起施行)。

适用要点与裁判依据

第103条

★明知出版物中载有煽动分裂国家、破坏国家统一的内容而予以出版、印刷、复制、发行、传播的刑事责任

《最高人民法院关于审理非法出版物刑事案件具体应用法律若干问题的解释》(1998 年 12 月 17 日　法释〔1998〕30 号)

第一条　明知出版物中载有煽动分裂国家、破坏国家统一或者煽动颠覆国家政权、推翻社会主义制度的内容,而予以出版、印刷、复制、发行、传播的,依照刑法第一百零三条第二款或者第一百零五条第二款的规定,以煽动分裂国家罪或者煽动颠覆国家政权罪定罪处罚。

★利用互联网煽动分裂国家、破坏国家统一的刑事责任

《全国人民代表大会常务委员会关于维护互联网安全的决定》(2009 年 8 月 27 日)

二、为了维护国家安全和社会稳定,对有下列行为之一,构成犯罪的,依照刑法有关规定追究刑事责任:

(一)利用互联网造谣、诽谤或者发表、传播其他有害信息,煽动颠覆国家政权、推翻社会主义制度,或者煽动分裂国家、破坏国家统一;

(二)通过互联网窃取、泄露国家秘密、情报或者军事秘密;

(三)利用互联网煽动民族仇恨、民族歧视,破坏民族团结;

(四)利用互联网组织邪教组织、联络邪教组织成员,破坏国家法律、行政法规实施。

★组织、利用邪教组织破坏法律实施中，又实施其他犯罪行为的，实行数罪并罚

《最高人民法院、最高人民检察院关于办理组织和利用邪教组织破坏法律实施等刑事案件适用法律若干问题的解释》规定（2017年1月25日　法释〔2017〕3号）

第十条　组织、利用邪教组织破坏国家法律、行政法规实施过程中，又有煽动分裂国家、煽动颠覆国家政权或者侮辱、诽谤他人等犯罪行为的，依照数罪并罚的规定定罪处罚。

★香港特别行政区维护国家安全法对分裂国家罪的规定

《中华人民共和国香港特别行政区维护国家安全法》（2020年6月30日　主席令第49号）

第二十条　任何人组织、策划、实施或者参与实施以下旨在分裂国家、破坏国家统一行为之一的，不论是否使用武力或者以武力相威胁，即属犯罪：

（一）将香港特别行政区或者中华人民共和国其他任何部分从中华人民共和国分离出去；

（二）非法改变香港特别行政区或者中华人民共和国其他任何部分的法律地位；

（三）将香港特别行政区或者中华人民共和国其他任何部分转归外国统治。

犯前款罪，对首要分子或者罪行重大的，处无期徒刑或者十年以上有期徒刑；对积极参加的，处三年以上十年以下有期徒刑；对其他参加的，处三年以下有期徒刑、拘役或者管制。

第二十一条　任何人煽动、协助、教唆、以金钱或者其他财物资助他人实施本法第二十条规定的犯罪的，即属犯罪。情节严重的，处五年以上十年以下有期徒刑；情节较轻的，处五年以下有期徒刑、拘役或者管制。

第一百零四条 【武装叛乱、暴乱罪】组织、策划、实施武装叛乱或者武装暴乱的，对首要分子或者罪行重大的，处无期徒刑或者十年以上有期徒刑；对积极参加的，处三年以上十年以下有期徒刑；对其他参加的，处三年以下有期徒刑、拘役、管制或者剥夺政治权利。

策动、胁迫、勾引、收买国家机关工作人员、武装部队人员、人民警察、民兵进行武装叛乱或者武装暴乱的，依照前款的规定从重处罚。

立法动态

本条源自《中华人民共和国刑法》(1997 年 3 月 14 日第八届全国人民代表大会第五次会议修订，自 1997 年 10 月 1 日起施行)。

第一百零五条 【颠覆国家政权罪】组织、策划、实施颠覆国家政权、推翻社会主义制度的，对首要分子或者罪行重大的，处无期徒刑或者十年以上有期徒刑；对积极参加的，处三年以上十年以下有期徒刑；对其他参加的，处三年以下有期徒刑、拘役、管制或者剥夺政治权利。

【煽动颠覆国家政权罪】以造谣、诽谤或者其他方式煽动颠覆国家政权、推翻社会主义制度的，处五年以下有期徒刑、拘役、管制或者剥夺政治权利；首要分子或者罪行重大的，处五年以上有期徒刑。

立法动态

本条源自《中华人民共和国刑法》(1997 年 3 月 14 日第八届全国人民代表大会第五次会议修订，自 1997 年 10 月 1 日起施行)。

适用要点与裁判依据

★组织、利用邪教组织破坏法律实施中,又煽动颠覆国家政权的,实行数罪并罚

《最高人民法院、最高人民检察院关于办理组织和利用邪教组织破坏法律实施等刑事案件适用法律若干问题的解释》规定(2017年1月25日 法释〔2017〕3号)

第十条 组织、利用邪教组织破坏国家法律、行政法规实施过程中,又有煽动分裂国家、煽动颠覆国家政权或者侮辱、诽谤他人等犯罪行为的,依照数罪并罚的规定定罪处罚。

★香港特别行政区维护国家安全法对颠覆国家政权罪的规定

《中华人民共和国香港特别行政区维护国家安全法》(2020年6月30日 主席令第49号)

第二十二条 任何人组织、策划、实施或者参与实施以下以武力、威胁使用武力或者其他非法手段旨在颠覆国家政权行为之一的,即属犯罪:

(一)推翻、破坏中华人民共和国宪法所确立的中华人民共和国根本制度;

(二)推翻中华人民共和国中央政权机关或者香港特别行政区政权机关;

(三)严重干扰、阻挠、破坏中华人民共和国中央政权机关或者香港特别行政区政权机关依法履行职能;

(四)攻击、破坏香港特别行政区政权机关履职场所及其设施,致使其无法正常履行职能。

犯前款罪,对首要分子或者罪行重大的,处无期徒刑或者十年以上有期徒刑;对积极参加的,处三年以上十年以下有期徒刑;对其他参加的,处三年以下有期徒刑、拘役或者管制。

第二十三条 任何人煽动、协助、教唆、以金钱或者其他财物资助他人实施本法第二十二条规定的犯罪的，即属犯罪。情节严重的，处五年以上十年以下有期徒刑；情节较轻的，处五年以下有期徒刑、拘役或者管制。

第一百零六条 【与境外勾结的刑事责任】与境外机构、组织、个人相勾结，实施本章第一百零三条、第一百零四条、第一百零五条规定之罪的，依照各该条的规定从重处罚。

立法动态

本条源自《中华人民共和国刑法》（1997年3月14日第八届全国人民代表大会第五次会议修订，自1997年10月1日起施行）。

适用要点与裁判依据

★香港特别行政区维护国家安全法对勾结外国或者境外势力危害国家安全罪的规定

《中华人民共和国香港特别行政区维护国家安全法》（2020年6月30日 主席令第49号）

第二十九条 为外国或者境外机构、组织、人员窃取、刺探、收买、非法提供涉及国家安全的国家秘密或者情报的；请求外国或者境外机构、组织、人员实施，与外国或者境外机构、组织、人员串谋实施，或者直接或者间接接受外国或者境外机构、组织、人员的指使、控制、资助或者其他形式的支援实施以下行为之一的，均属犯罪：

（一）对中华人民共和国发动战争，或者以武力或者武力相威胁，对中华人民共和国主权、统一和领土完整造成严重危害；

（二）对香港特别行政区政府或者中央人民政府制定和执行法律、政策进行严重阻挠并可能造成严重后果；

（三）对香港特别行政区选举进行操控、破坏并可能造成严重后果；

（四）对香港特别行政区或者中华人民共和国进行制裁、封锁或者采取其他敌对行动；

（五）通过各种非法方式引发香港特别行政区居民对中央人民政府或者香港特别行政区政府的憎恨并可能造成严重后果。

犯前款罪，处三年以上十年以下有期徒刑；罪行重大的，处无期徒刑或者十年以上有期徒刑。

本条第一款规定涉及的境外机构、组织、人员，按共同犯罪定罪处刑。

第三十条　为实施本法第二十条、第二十二条规定的犯罪，与外国或者境外机构、组织、人员串谋，或者直接或者间接接受外国或者境外机构、组织、人员的指使、控制、资助或者其他形式的支援的，依照本法第二十条、第二十二条的规定从重处罚。

第一百零七条　【资助危害国家安全犯罪活动罪】境内外机构、组织或者个人资助实施本章第一百零二条、第一百零三条、第一百零四条、第一百零五条规定之罪的，对直接责任人员，处五年以下有期徒刑、拘役、管制或者剥夺政治权利；情节严重的，处五年以上有期徒刑。

立法动态

本条源自《中华人民共和国刑法》（1997 年 3 月 14 日第八届全国人民代表大会第五次会议修订，自 1997 年 10 月 1 日起施行）。

本条根据《中华人民共和国刑法修正案（八）》（自 2011 年 5 月 1 日起施行）第二十条修改。

原本条规定为：第一百零七条　境内外机构、组织或者个人资助境内组织或者个人实施本章第一百零二条、第一百零三条、第一百零四条、第一百零五条规定之罪的，对直接责任人员，处五年以下有期徒刑、拘役、管制或者剥夺政治权利；情节严重的，处五年以上有期徒刑。

本条修改的主要内容为：取消接受“资助”的对象仅为“境内组织或者个人”的限制，即无论资助的对象是境内还是境外的组织或者个人，都构成本罪。

第一百零八条 【投敌叛变罪】投敌叛变的，处三年以上十年以下有期徒刑；情节严重或者带领武装部队人员、人民警察、民兵投敌叛变的，处十年以上有期徒刑或者无期徒刑。

立法动态

本条源自《中华人民共和国刑法》（1997 年 3 月 14 日第八届全国人民代表大会第五次会议修订，自 1997 年 10 月 1 日起施行）。

第一百零九条 【叛逃罪】国家机关工作人员在履行公务期间，擅离岗位，叛逃境外或者在境外叛逃的，处五年以下有期徒刑、拘役、管制或者剥夺政治权利；情节严重的，处五年以上十年以下有期徒刑。

掌握国家秘密的国家工作人员叛逃境外或者在境外叛逃的，依照前款的规定从重处罚。

立法动态

本条源自《中华人民共和国刑法》（1997 年 3 月 14 日第八届全国人民代表大会第五次会议修订，自 1997 年 10 月 1 日起施行）。

本条根据《中华人民共和国刑法修正案（八）》（自 2011 年 5 月 1 日起施行）第二十一条修改。

原本条规定为:第一百零九条　(第一款)国家机关工作人员在履行公务期间,擅离岗位,叛逃境外或者在境外叛逃,危害中华人民共和国国家安全的,处五年以下有期徒刑、拘役、管制或者剥夺政治权利;情节严重的,处五年以上十年以下有期徒刑。(第二款)掌握国家秘密的国家工作人员犯前款罪的,依照前款的规定从重处罚。

本条修改的主要内容为:取消构成本罪须以"危害中华人民共和国国家安全"为要件的限制。

第一百一十条　【间谍罪】有下列间谍行为之一,危害国家安全的,处十年以上有期徒刑或者无期徒刑;情节较轻的,处三年以上十年以下有期徒刑:

(一)参加间谍组织或者接受间谍组织及其代理人的任务的;

(二)为敌人指示轰击目标的。

立法动态

本条源自《中华人民共和国刑法》(1997 年 3 月 14 日第八届全国人民代表大会第五次会议修订,自 1997 年 10 月 1 日起施行)。

适用要点与裁判依据

★间谍行为的认定

《中华人民共和国反间谍法》(2023 年 4 月 26 日修订　主席令第 4 号)

第四条　本法所称间谍行为,是指下列行为:

(一)间谍组织及其代理人实施或者指使、资助他人实施,或者境内外机构、组织、个人与其相勾结实施的危害中华人民共和国国家安全的活动;

(二)参加间谍组织或者接受间谍组织及其代理人的任务,或者投靠间谍组织及其代理人；

（三）间谍组织及其代理人以外的其他境外机构、组织、个人实施或者指使、资助他人实施，或者境内机构、组织、个人与其相勾结实施的窃取、刺探、收买、非法提供国家秘密、情报以及其他关系国家安全和利益的文件、数据、资料、物品，或者策动、引诱、胁迫、收买国家工作人员叛变的活动；

（四）间谍组织及其代理人实施或者指使、资助他人实施，或者境内外机构、组织、个人与其相勾结实施针对国家机关、涉密单位或者关键信息基础设施等的网络攻击、侵入、干扰、控制、破坏等活动；

（五）为敌人指示攻击目标；

（六）进行其他间谍活动。

间谍组织及其代理人在中华人民共和国领域内，或者利用中华人民共和国的公民、组织或者其他条件，从事针对第三国的间谍活动，危害中华人民共和国国家安全的，适用本法。

★境内外机构、组织、个人相勾结实施的间谍行为，都必须受到法律追究

《中华人民共和国反间谍法》（2023 年 4 月 26 日修订 主席令第 4 号）

第十条 境外机构、组织、个人实施或者指使、资助他人实施的，或者境内机构、组织、个人与境外机构、组织、个人相勾结实施的危害中华人民共和国国家安全的间谍行为，都必须受到法律追究。

第一百一十一条 【为境外窃取、刺探、收买、非法提供国家秘密、情报罪】为境外的机构、组织、人员窃取、刺探、收买、非法提供国家秘密或者情报的，处五年以上十年以下有期徒刑；情节特别严重的，处十年以上有期徒刑或者无期徒刑；情节较轻的，处五年以下有期徒刑、拘役、管制或者剥夺政治权利。

立法动态

本条源自《中华人民共和国刑法》(1997 年 3 月 14 日第八届全国人民代表大会第五次会议修订,自 1997 年 10 月 1 日起施行)。

适用要点与裁判依据

★"国家秘密""情报"的认定

《最高人民法院关于审理为境外窃取、刺探、收买、非法提供国家秘密、情报案件具体应用法律若干问题的解释》(2001 年 1 月 17 日 法释〔2001〕4 号)

第一条 刑法第一百一十一条规定的"国家秘密",是指《中华人民共和国保守国家秘密法》第二条、第八条以及《中华人民共和国保守国家秘密法实施办法》第四条确定的事项。

刑法第一百一十一条规定的"情报",是指关系国家安全和利益、尚未公开或者依照有关规定不应公开的事项。

对为境外机构、组织、人员窃取、刺探、收买、非法提供国家秘密之外的情报的行为,以为境外窃取、刺探、收买、非法提供情报罪定罪处罚。

★"情节特别严重""情节较轻"的认定

《最高人民法院关于审理为境外窃取、刺探、收买、非法提供国家秘密、情报案件具体应用法律若干问题的解释》(2001 年 1 月 17 日 法释〔2001〕4 号)

第二条 为境外窃取、刺探、收买、非法提供国家秘密或者情报,具有下列情形之一的,属于"情节特别严重",处十年以上有期徒刑、无期徒刑,可以并处没收财产:

(一)为境外窃取、刺探、收买、非法提供绝密级国家秘密的;

(二)为境外窃取、刺探、收买、非法提供三项以上机密级国家秘密的;

(三)为境外窃取、刺探、收买、非法提供国家秘密或者情报,对国家安全和利益造成其他特别严重损害的。

实施前款行为，对国家和人民危害特别严重、情节特别恶劣的，可以判处死刑，并处没收财产。

第三条　为境外窃取、刺探、收买、非法提供国家秘密或者情报，具有下列情形之一的，处五年以上十年以下有期徒刑，可以并处没收财产：

（一）为境外窃取、刺探、收买、非法提供机密级国家秘密的；

（二）为境外窃取、刺探、收买、非法提供三项以上秘密级国家秘密的；

（三）为境外窃取、刺探、收买、非法提供国家秘密或者情报，对国家安全和利益造成其他严重损害的。

第四条　为境外窃取、刺探、收买、非法提供秘密级国家秘密或者情报，属于"情节较轻"，处五年以下有期徒刑、拘役、管制或者剥夺政治权利，可以并处没收财产。

★知道或者应当知道没有标明密级的事项关系国家安全和利益而为境外窃取、刺探、收买、非法提供的刑事责任

《最高人民法院关于审理为境外窃取、刺探、收买、非法提供国家秘密、情报案件具体应用法律若干问题的解释》（2001年1月17日 法释〔2001〕4号）

第五条　行为人知道或者应当知道没有标明密级的事项关系国家安全和利益，而为境外窃取、刺探、收买、非法提供的，依照刑法第一百一十一条的规定以为境外窃取、刺探、收买、非法提供国家秘密罪定罪处罚。

★通过互联网将国家秘密或者情报非法发送给境外的机构、组织、个人的刑事责任

《最高人民法院关于审理为境外窃取、刺探、收买、非法提供国家秘密、情报案件具体应用法律若干问题的解释》（2001年1月17日 法释〔2001〕4号）

第六条　通过互联网将国家秘密或者情报非法发送给境外的机

构、组织、个人的，依照刑法第一百一十一条的规定定罪处罚；将国家秘密通过互联网予以发布，情节严重的，依照刑法第三百九十八条的规定定罪处罚。

★对有关事项是否属于情报，由国家保密工作部门或者省级保密工作部门鉴定

《最高人民法院、国家保密局关于执行〈关于审理为境外窃取、刺探、收买、非法提供国家秘密、情报案件具体应用法律若干问题的解释〉有关问题的通知》（2001年8月22日 法发〔2001〕117号）

为正确执行最高人民法院法释〔2001〕4号《关于审理为境外窃取、刺探、收买、非法提供国家秘密、情报案件具体应用法律若干问题的解释》，审理好涉及情报的刑事案件，现就有关情报的鉴定问题通知如下：

人民法院审理为境外窃取、刺探、收买、非法提供情报案件，需要对有关事项是否属于情报进行鉴定的，由国家保密工作部门或者省、自治区、直辖市保密工作部门鉴定。

★犯本罪，如实说明情况并有悔改表现的，可以不予追究

《中华人民共和国反间谍法》（2023年4月26日修订 主席令第4号）

第五十五条 实施间谍行为，有自首或者立功表现的，可以从轻、减轻或者免除处罚；有重大立功表现的，给予奖励。

在境外受胁迫或者受诱骗参加间谍组织、敌对组织，从事危害中华人民共和国国家安全的活动，及时向中华人民共和国驻外机构如实说明情况，或者入境后直接或者通过所在单位及时向国家安全机关如实说明情况，并有悔改表现的，可以不予追究。

第一百一十二条 【资敌罪】战时供给敌人武器装备、军用物资资敌的，处十年以上有期徒刑或者无期徒刑；情节较轻的，处三年以上十年以下有期徒刑。

立法动态

本条源自《中华人民共和国刑法》(1997 年 3 月 14 日第八届全国人民代表大会第五次会议修订,自 1997 年 10 月 1 日起施行)。

第一百一十三条 【犯本章之罪死刑、没收财产的适用】本章上述危害国家安全罪行中,除第一百零三条第二款、第一百零五条、第一百零七条、第一百零九条外,对国家和人民危害特别严重、情节特别恶劣的,可以判处死刑。

犯本章之罪的,可以并处没收财产。

立法动态

本条源自《中华人民共和国刑法》(1997 年 3 月 14 日第八届全国人民代表大会第五次会议修订,自 1997 年 10 月 1 日起施行)。

第二章 危害公共安全罪

第一百一十四条 【放火罪】【决水罪】【爆炸罪】【投放危险物质罪】【以危险方法危害公共安全罪】放火、决水、爆炸以及投放毒害性、放射性、传染病病原体等物质或者以其他危险方法危害公共安全,尚未造成严重后果的,处三年以上十年以下有期徒刑。

立法动态

本条源自《中华人民共和国刑法》(1997 年 3 月 14 日第八届全国人民代表大会第五次会议修订,

国人民代表大会第五次会议修订，自 1997 年 10 月 1 日起施行）。

本条根据《中华人民共和国刑法修正案（三）》（自 2001 年 12 月 29 日起施行）第一条修改。

原本条规定为：第一百一十四条 放火、决水、爆炸、投毒或者以其他危险方法破坏工厂、矿场、油田、港口、河流、水源、仓库、住宅、森林、农场、谷场、牧场、重要管道、公共建筑物或者其他公私财产，危害公共安全，尚未造成严重后果的，处三年以上十年以下有期徒刑。

本条修改的主要内容为：一是将原条文中的“投毒”修改为“投放毒害性、放射性、传染病病原体等物质”；二是删去“破坏工厂、矿场、油田、港口、河流、水源、仓库、住宅、森林、农场、谷场、牧场、重要管道、公共建筑物或者其他公私财产”的列举性规定。

适用要点与裁判依据

★邪教组织人员以自焚、自爆或者其他危险方法危害公共安全的刑事责任

《最高人民法院、最高人民检察院关于办理组织、利用邪教组织破坏法律实施等刑事案件适用法律若干问题的解释》（2017 年 1 月 25 日 法释〔2017〕3 号）

第十二条 邪教组织人员以自焚、自爆或者其他危险方法危害公共安全的，依照刑法第一百一十四条、第一百一十五条的规定，以放火罪、爆炸罪、以危险方法危害公共安全罪等定罪处罚。

★乘客等妨害安全驾驶行为，尚未造成严重后果的刑事责任

《最高人民法院、最高人民检察院、公安部关于依法惩治妨害公共交通工具安全驾驶违法犯罪行为的指导意见》（2019 年 1 月 8 日 公通字〔2019〕1 号）

一、准确认定行为性质，依法从严惩处妨害安全驾驶犯罪

（一）乘客在公共交通工具行驶过程中，抢夺方向盘、变速杆等操

纵装置，殴打、拉拽驾驶人员，或者有其他妨害安全驾驶行为，危害公共安全，尚未造成严重后果的，依照刑法第一百一十四条的规定，以以危险方法危害公共安全罪定罪处罚；致人重伤、死亡或者使公私财产遭受重大损失的，依照刑法第一百一十五条第一款的规定，以以危险方法危害公共安全罪定罪处罚。

实施前款规定的行为，具有以下情形之一的，从重处罚：

1. 在夜间行驶或者恶劣天气条件下行驶的公共交通工具上实施的；

2. 在临水、临崖、急弯、陡坡、高速公路、高架道路、桥隧路段及其他易发生危险的路段实施的；

3. 在人员、车辆密集路段实施的；

4. 在实际载客10人以上或者时速60公里以上的公共交通工具上实施的；

5. 经他人劝告、阻拦后仍然继续实施的；

6. 持械袭击驾驶人员的；

7. 其他严重妨害安全驾驶的行为。

实施上述行为，即使尚未造成严重后果，一般也不得适用缓刑。

（二）乘客在公共交通工具行驶过程中，随意殴打其他乘客，追逐、辱骂他人，或者起哄闹事，妨害公共交通工具运营秩序，符合刑法第二百九十三条规定的，以寻衅滋事罪定罪处罚；妨害公共交通工具安全行驶，危害公共安全的，依照刑法第一百一十四条、第一百一十五条第一款的规定，以以危险方法危害公共安全罪定罪处罚。

（三）驾驶人员在公共交通工具行驶过程中，与乘客发生纷争后违规操作或者擅离职守，与乘客厮打、互殴，危害公共安全，尚未造成严重后果的，依照刑法第一百一十四条的规定，以以危险方法危害公共安全罪定罪处罚；致人重伤、死亡或者使公私财产遭受重大损失的，依照刑法第一百一十五条第一款的规定，以以危险方法危害公共安全罪定罪处罚。

★高空抛弃物品，尚未造成严重后果，但足以危害公共安全的刑事责任

《最高人民法院关于依法妥善审理高空抛物、坠物案件的意见》(2019年10月21日 法发〔2019〕25号)

二、依法惩处构成犯罪的高空抛物、坠物行为，切实维护人民群众生命财产安全

5.准确认定高空抛物犯罪。对于高空抛物行为，应当根据行为人的动机、抛物场所、抛掷物的情况以及造成的后果等因素，全面考量行为的社会危害程度，准确判断行为性质，正确适用罪名，准确裁量刑罚。

故意从高空抛弃物品，尚未造成严重后果，但足以危害公共安全的，依照刑法第一百一十四条规定的以危险方法危害公共安全罪定罪处罚；致人重伤、死亡或者使公私财产遭受重大损失的，依照刑法第一百一十五条第一款的规定处罚。为伤害、杀害特定人员实施上述行为的，依照故意伤害罪、故意杀人罪定罪处罚。

★盗窃、破坏人员密集往来的生产生活、人员聚集场所的窨井盖，足以危害公共安全，尚未造成严重后果的刑事责任

《最高人民法院、最高人民检察院、公安部关于办理涉窨井盖相关刑事案件的指导意见》(2020年3月16日 高检发〔2020〕3号)

二、盗窃、破坏人员密集往来的非机动车道、人行道以及车站、码头、公园、广场、学校、商业中心、厂区、社区、院落等生产生活、人员聚集场所的窨井盖，足以危害公共安全，尚未造成严重后果的，依照刑法第一百一十四条的规定，以以危险方法危害公共安全罪定罪处罚；致人重伤、死亡或者使公私财产遭受重大损失的，依照刑法第一百一十五条第一款的规定处罚。

过失致人重伤、死亡或者使公私财产遭受重大损失的，依照刑法第一百一十五条第二款的规定，以过失以危险方法危害公共安全罪定罪处罚。

第一百一十五条　【放火罪】【决水罪】【爆炸罪】【投放危险物质罪】【以危险方法危害公共安全罪】放火、决水、爆炸以及投放毒害性、放射性、传染病病原体等物质或者以其他危险方法致人重伤、死亡或者使公私财产遭受重大损失的，处十年以上有期徒刑、无期徒刑或者死刑。

【失火罪】【过失决水罪】【过失爆炸罪】【过失投放危险物质罪】【过失以危险方法危害公共安全罪】过失犯前款罪的，处三年以上七年以下有期徒刑；情节较轻的，处三年以下有期徒刑或者拘役。

立法动态

本条源自《中华人民共和国刑法》(1997 年 3 月 14 日第八届全国人民代表大会第五次会议修订，自 1997 年 10 月 1 日起施行)。

立案标准

《最高人民检察院、公安部关于公安机关管辖的刑事案件立案追诉标准的规定(一)》(2017 年 4 月 27 日修正　公通字〔2017〕12 号)

第一条　［失火案(刑法第一百一十五条第二款)］过失引起火灾，涉嫌下列情形之一的，应予立案追诉：

(一)造成死亡一人以上，或者重伤三人以上的；

(二)造成公共财产或者他人财产直接经济损失五十万元以上的；

(三)造成十户以上家庭的房屋以及其他基本生活资料烧毁的；

(四)造成森林火灾，过火有林地面积二公顷以上，或者过火疏林地、灌木林地、未成林地、苗圃地面积四公顷以上的；

(五)其他造成严重后果的情形。本条和本规定第十五条规定的"有林地""疏林地""灌木林地""未成林地""苗圃地"，按照国家林业主管部门的有关规定确定。

适用要点与裁判依据

★邪教组织人员以自焚、自爆或者其他危险方法危害公共安全的刑事责任

《最高人民法院、最高人民检察院关于办理组织、利用邪教组织破坏法律实施等刑事案件适用法律若干问题的解释》(2017年1月25日 法释〔2017〕3号)

第十二条 邪教组织人员以自焚、自爆或者其他危险方法危害公共安全的,依照刑法第一百一十四条、第一百一十五条的规定,以放火罪、爆炸罪、以危险方法危害公共安全罪等定罪处罚。

★乘客等妨害安全驾驶行为的刑事责任

《最高人民法院、最高人民检察院、公安部关于依法惩治妨害公共交通工具安全驾驶违法犯罪行为的指导意见》(2019年1月8日 公通字〔2019〕1号)

一、准确认定行为性质,依法从严惩处妨害安全驾驶犯罪

(一)乘客在公共交通工具行驶过程中,抢夺方向盘、变速杆等操纵装置,殴打、拉拽驾驶人员,或者有其他妨害安全驾驶行为,危害公共安全,尚未造成严重后果的,依照刑法第一百一十四条的规定,以以危险方法危害公共安全罪定罪处罚;致人重伤、死亡或者使公私财产遭受重大损失的,依照刑法第一百一十五条第一款的规定,以以危险方法危害公共安全罪定罪处罚。

实施前款规定的行为,具有以下情形之一的,从重处罚:

1. 在夜间行驶或者恶劣天气条件下行驶的公共交通工具上实施的;

2. 在临水、临崖、急弯、陡坡、高速公路、高架道路、桥隧路段及其他易发生危险的路段实施的;

3. 在人员、车辆密集路段实施的;

4. 在实际载客10人以上或者时速60公里以上的公共交通工具上实施的；

5. 经他人劝告、阻拦后仍然继续实施的；

6. 持械袭击驾驶人员的；

7. 其他严重妨害安全驾驶的行为。

实施上述行为，即使尚未造成严重后果，一般也不得适用缓刑。

（二）乘客在公共交通工具行驶过程中，随意殴打其他乘客，追逐、辱骂他人，或者起哄闹事，妨害公共交通工具运营秩序，符合刑法第二百九十三条规定的，以寻衅滋事罪定罪处罚；妨害公共交通工具安全行驶，危害公共安全的，依照刑法第一百一十四条、第一百一十五条第一款的规定，以以危险方法危害公共安全罪定罪处罚。

（三）驾驶人员在公共交通工具行驶过程中，与乘客发生纷争后违规操作或者擅离职守，与乘客厮打、互殴，危害公共安全，尚未造成严重后果的，依照刑法第一百一十四条的规定，以以危险方法危害公共安全罪定罪处罚；致人重伤、死亡或者使公私财产遭受重大损失的，依照刑法第一百一十五条第一款的规定，以以危险方法危害公共安全罪定罪处罚。

★故意从高空抛弃物品，致人重伤、死亡或者使公私财产遭受重大损失的刑事责任

《最高人民法院关于依法妥善审理高空抛物、坠物案件的意见》（2019年10月21日　法发〔2019〕25号）

二、依法惩处构成犯罪的高空抛物、坠物行为，切实维护人民群众生命财产安全

5. 准确认定高空抛物犯罪。对于高空抛物行为，应当根据行为人的动机、抛物场所、抛掷物的情况以及造成的后果等因素，全面考量行为的社会危害程度，准确判断行为性质，正确适用罪名，准确裁量刑罚。

故意从高空抛弃物品，尚未造成严重后果，但足以危害公共安全的，依照刑法第一百一十四条规定的以危险方法危害公共安全罪定

罪处罚；致人重伤、死亡或者使公私财产遭受重大损失的，依照刑法第一百一十五条第一款的规定处罚。为伤害、杀害特定人员实施上述行为的，依照故意伤害罪、故意杀人罪定罪处罚。

★盗窃、破坏人员密集往来的生产生活、人员聚集场所的窨井盖的刑事责任

《最高人民法院、最高人民检察院、公安部关于办理涉窨井盖相关刑事案件的指导意见》（2020年3月16日　高检发〔2020〕3号）

二、盗窃、破坏人员密集往来的非机动车道、人行道以及车站、码头、公园、广场、学校、商业中心、厂区、社区、院落等生产生活、人员聚集场所的窨井盖，足以危害公共安全，尚未造成严重后果的，依照刑法第一百一十四条的规定，以以危险方法危害公共安全罪定罪处罚；致人重伤、死亡或者使公私财产遭受重大损失的，依照刑法第一百一十五条第一款的规定处罚。

过失致人重伤、死亡或者使公私财产遭受重大损失的，依照刑法第一百一十五条第二款的规定，以过失以危险方法危害公共安全罪定罪处罚。

★因敲击、拆解未爆弹药等行为引发爆炸，构成过失爆炸罪

《最高人民法院、最高人民检察院、公安部、商务部、国家市场监督管理总局、中央军委后勤保障部、中央军委装备发展部、中央军委训练管理部、中央军委国防动员部关于军地共同加强部队训练场未爆弹药安全风险防控的意见》（2022年10月22日　军训〔2022〕181号）

（十三）打击违法犯罪。非法进入训练场、不听制止的，破坏训练场围墙、围网等周界防护设施的，依照军事设施保护法的有关规定处罚，符合刑法第三百六十九条第一款、第三百七十一条规定的，分别以破坏军事设施罪、聚众冲击军事禁区罪、聚众扰乱军事管理区秩序罪定罪处罚。挖捡、非法买卖未爆弹药，符合刑法第一百二十七条第一款、第一百二十五条第一款规定的，分别以盗窃弹药、爆炸物罪和非法买卖弹药、爆炸物罪定罪处罚。非法买卖未爆弹药拆解的炮弹引信、火炸药，符合刑法第一百二十五条第一款规定的，以非法买卖弹药、爆炸物罪定罪处罚。非法进入训练场挖捡炮弹残片，符合刑法第二百六十四条规定的，以盗窃罪定罪处罚。因敲击、拆解未爆弹药等行为引发爆炸，符合刑法第一百一十五条第二款、第二百三十三条、第二百三十五条规定的，分别以过失爆炸罪、过失致人死亡罪、过失致人重伤罪定罪处罚。明知是非法拆解的未爆弹药或者非法挖捡的炮弹残片及其所产生的收益而窝藏、转移、代为销售或者以其他方法掩饰、隐瞒，符合刑法第三百一十二条规定的，以掩饰、隐瞒犯罪所得、犯罪所得收益罪定罪处罚。有非法挖捡买卖行为，经教育后确有悔改表现，上交未爆弹药、炮弹残片或者销售炮弹残片违法所得的，可以依法从宽处罚；情节显著轻微危害不大不构成犯罪、构成违反治安管理行为的，依法给予治安管理处罚。

类案检索指引

★扔烟头引发大面积草原火灾的刑事责任

《泽某甲失火案》（2022年12月5日最高人民法院发布生物多样性司法保护典型案例）

【典型意义】

红原大草原是黄河上游的重要水源涵养地和动植物物种资源库，孕育了喜马拉雅山旱獭、藏狐、斑羚、猞猁等珍稀动物200余种，广产贝母、甘松、大黄、羌活、虫草等500余种中药材，被联合国教科文组织授予“中国湿地保护区”。维护草原生态平衡，对于坚持山水林田湖草沙一体化保护和系统治理具有重要意义。本案系因扔烟头引发的大面积草原火灾，对公共安全和生态环境造成了较为严重的后果。人民法院依法惩处危害草原防火安全的犯罪行为，坚守高原公平，维护云端正义，为提高全民防火意识，守护“中华水塔”生态环境，筑牢长江、黄河上游生态屏障，维护区域生物多样性提供了有力司法保障。

第一百一十六条 【破坏交通工具罪】破坏火车、汽车、电车、船只、航空器，足以使火车、汽车、电车、船只、航空器发生倾覆、毁坏危险，尚未造成严重后果的，处三年以上十年以下有期徒刑。

立法动态

本条源自《中华人民共和国刑法》(1997年3月14日第八届全国人民代表大会第五次会议修订，自1997年10月1日起施行)。

第一百一十七条 【破坏交通设施罪】破坏轨道、桥梁、隧道、公路、机场、航道、灯塔、标志或者进行其他破坏活动，足以使火车、汽车、电车、船只、航空器发生倾覆、毁坏危险，尚未造成严重后果的，处三年以上十年以下有期徒刑。

立法动态

本条源自《中华人民共和国刑法》(1997年3月14日第八届全国人民代表大会第五次会议修订，自1997年10月1日起施行)。

适用要点与裁判依据

★盗窃、破坏正在使用中的社会机动车通行道路上的窨井盖，尚未造成严重后果的刑事责任

《最高人民法院、最高人民检察院、公安部关于办理涉窨井盖相关刑事案件的指导意见》(2020年3月16日 高检发〔2020〕3号)

一、盗窃、破坏正在使用中的社会机动车通行道路上的窨井盖，足以使汽车、电车发生倾覆、毁坏危险，尚未造成严重后果的，依照刑法第一百一十七条的规定，以破坏交通设施罪定罪处罚；造成严重后果的，依照刑法第一百一十九条第一款的规定处罚。

第一百一十八条 【破坏电力设备罪】【破坏易燃易爆设备罪】破坏电力、燃气或者其他易燃易爆设备，危害公共安全，尚未造成严重后果的，处三年以上十年以下有期徒刑。

立法动态

本条源自《中华人民共和国刑法》（1997 年 3 月 14 日第八届全国人民代表大会第五次会议修订，自 1997 年 10 月 1 日起施行）。

适用要点与裁判依据

★实施盗窃油气等行为过程中破坏正在使用的油气设备的刑事责任

《最高人民法院、最高人民检察院关于办理盗窃油气、破坏油气设备等刑事案件具体应用法律若干问题的解释》（2007 年 1 月 15 日 法释〔2007〕3 号）

第一条 在实施盗窃油气等行为过程中，采用切割、打孔、撬砸、拆卸、开关等手段破坏正在使用的油气设备的，属于刑法第一百一十八条规定的“破坏燃气或者其他易燃易爆设备”的行为；危害公共安全，尚未造成严重后果的，依照刑法第一百一十八条的规定定罪处罚。

★实施盗窃油气等行为过程中破坏正在使用的油气设备，构成“危害公共安全”

《最高人民法院、最高人民检察院、公安部关于办理盗窃油气、破坏油气设备等刑事案件适用法律若干问题的意见》（2018 年 9 月 28 日 法发〔2018〕18 号）

一、关于危害公共安全的认定

在实施盗窃油气等行为过程中，破坏正在使用的油气设备，具有下列情形之一的，应当认定为刑法第一百一十八条规定的“危害公共安全”：

（一）采用切割、打孔、撬砸、拆卸手段的，但是明显未危害公共安全的除外；

（二）采用开、关等手段，足以引发火灾、爆炸等危险的。

第一百一十九条 【破坏交通工具罪】【破坏交通设施罪】【破坏电力设备罪】【破坏易燃易爆设备罪】破坏交通工具、交通设施、电力设备、燃气设备、易燃易爆设备，造成严重后果的，处十年以上有期徒刑、无期徒刑或者死刑。

【过失破坏交通工具罪】【过失破坏交通设施罪】【过失破坏电力设备罪】【过失破坏易燃易爆设备罪】过失犯前款罪的，处三年以上七年以下有期徒刑；情节较轻的，处三年以下有期徒刑或者拘役。

立法动态

本条源自《中华人民共和国刑法》（1997 年 3 月 14 日第八届全国人民代表大会第五次会议修订，自 1997 年 10 月 1 日起施行）。

第一百二十条 【组织、领导、参加恐怖组织罪】组织、领导恐怖活动组织的，处十年以上有期徒刑或者无期徒刑，并处没收财产；积极参加的，处三年以上十年以下有期徒刑，并处罚金；其他参加的，处三年以下有期徒刑、拘役、管制或者剥夺政治权利，可以并处罚金。

犯前款罪并实施杀人、爆炸、绑架等犯罪的，依照数罪并罚的规定处罚。

单位犯前两款罪的，对单位判处罚金，并对其直接负责的主管人员和其他直接责任人员，依照第一款的规定处罚。

立法动态

本条源自《中华人民共和国刑法》(1997 年 3 月 14 日第八届全国人民代表大会第五次会议修订,自 1997 年 10 月 1 日起施行)。

本条曾经全国人大常委会两次修改。

原本条规定为:第一百二十条　(第一款)组织、领导和积极参加恐怖活动组织的,处三年以上十年以下有期徒刑;其他参加的,处三年以下有期徒刑、拘役或者管制。(第二款)犯前款罪并实施杀人、爆炸、绑架等犯罪的,依照数罪并罚的规定处罚。

本条第一次根据《中华人民共和国刑法修正案(三)》(自 2001 年 12 月 29 日起施行)第三条修改。本次修改的主要内容为:一是将"组织、领导恐怖活动组织的"与"其他参加的"的罪状和法定刑分别作出了规定;二是提高了"组织、领导恐怖活动组织罪"的法定刑,由"三年以上十年以下有期徒刑"提高为"十年以上有期徒刑或者无期徒刑;三是对"其他参加的"法定刑在"三年以下有期徒刑、拘役或者管制"的基础上增加规定了"剥夺政治权利"的刑种。

本条第二次根据《中华人民共和国刑法修正案(九)》(自 2015 年 11 月 1 日起施行)第五条修改。本次修改的主要内容为:一是对组织、领导恐怖活动组织的犯罪增加并处没收财产;二是在其他两档的法定刑中增加"并处罚金"。

第 120 条

适用要点与裁判依据

★"恐怖活动""恐怖活动组织"的认定

《中华人民共和国反恐怖主义法》(2018 年 4 月 27 日修正　主席令第 6 号)

第二条　本法所称恐怖主义,是指通过暴力、破坏、恐吓等手段,制造社会恐慌、危害公共安全、侵犯人身财产,或者胁迫国家机关、国际组织,以实现其政治、意识形态等目的的主张和行为。

本法所称恐怖活动，是指恐怖主义性质的下列行为：

（一）组织、策划、准备实施、实施造成或者意图造成人员伤亡、重大财产损失、公共设施损坏、社会秩序混乱等严重社会危害的活动的；

（二）宣扬恐怖主义，煽动实施恐怖活动，或者非法持有宣扬恐怖主义的物品，强制他人在公共场所穿戴宣扬恐怖主义的服饰、标志的；

（三）组织、领导、参加恐怖活动组织的；

（四）为恐怖活动组织、恐怖活动人员、实施恐怖活动或者恐怖活动培训提供信息、资金、物资、劳务、技术、场所等支持、协助、便利的；

（五）其他恐怖活动。

本法所称恐怖活动组织，是指三人以上为实施恐怖活动而组成的犯罪组织。

本法所称恐怖活动人员，是指实施恐怖活动的人和恐怖活动组织的成员。

本法所称恐怖事件，是指正在发生或者已经发生的造成或者可能造成重大社会危害的恐怖活动。

★“组织、领导恐怖活动组织”“积极参加”的认定及数罪并罚的适用

《最高人民法院、最高人民检察院、公安部、司法部关于办理恐怖活动和极端主义犯罪案件适用法律若干问题的意见》（2018年3月16日 高检会〔2018〕1号）

一、准确认定犯罪

（一）具有下列情形之一的，应当认定为刑法第一百二十条规定的“组织、领导恐怖活动组织”，以组织、领导恐怖组织罪定罪处罚：

1. 发起、建立恐怖活动组织的；

2. 恐怖活动组织成立后，对组织及其日常运行负责决策、指挥、管理的；

3. 恐怖活动组织成立后，组织、策划、指挥该组织成员进行恐怖活动的；

4. 其他组织、领导恐怖活动组织的情形。

具有下列情形之一的，应当认定为刑法第一百二十条规定的“积极参加”，以参加恐怖组织罪定罪处罚：

1. 纠集他人共同参加恐怖活动组织的；

2. 多次参加恐怖活动组织的；

3. 曾因参加恐怖活动组织、实施恐怖活动被追究刑事责任或者二年内受过行政处罚，又参加恐怖活动组织的；

4. 在恐怖活动组织中实施恐怖活动且作用突出的；

5. 在恐怖活动组织中积极协助组织、领导者实施组织、领导行为的；

6. 其他积极参加恐怖活动组织的情形。

参加恐怖活动组织，但不具有前两款规定情形的，应当认定为刑法第一百二十条规定的“其他参加”，以参加恐怖组织罪定罪处罚。

犯刑法第一百二十条规定的犯罪，又实施杀人、放火、爆炸、绑架、抢劫等犯罪的，依照数罪并罚的规定定罪处罚。

★犯本罪，同时构成关联犯罪的，择一重处

《最高人民法院、最高人民检察院、公安部、司法部关于办理恐怖活动和极端主义犯罪案件适用法律若干问题的意见》（2018年3月16日　高检会〔2018〕1号）

一、准确认定犯罪

（八）犯刑法第一百二十条规定的犯罪，同时构成刑法第一百二十条之一至之六规定的犯罪的，依照处罚较重的规定定罪处罚。

犯刑法第一百二十条之一至之六规定的犯罪，同时构成其他犯罪的，依照处罚较重的规定定罪处罚。

★香港特别行政区维护国家安全法对恐怖活动罪的规定

《中华人民共和国香港特别行政区维护国家安全法》（2020年6月30日　主席令第49号）

第二十四条　为胁迫中央人民政府、香港特别行政区政府或者国际组织或者威吓公众以图实现政治主张，组织、策划、实施、参与实施或者威胁实施以下造成或者意图造成严重社会危害的恐怖活动之一的，即属犯罪：

（一）针对人的严重暴力；

（二）爆炸、纵火或者投放毒害性、放射性、传染病病原体等物质；

（三）破坏交通工具、交通设施、电力设备、燃气设备或者其他易燃易爆设备；

（四）严重干扰、破坏水、电、燃气、交通、通讯、网络等公共服务和管理的电子控制系统；

（五）以其他危险方法严重危害公众健康或者安全。

犯前款罪，致人重伤、死亡或者使公私财产遭受重大损失的，处无期徒刑或者十年以上有期徒刑；其他情形，处三年以上十年以下有期徒刑。

第二十五条　组织、领导恐怖活动组织的，即属犯罪，处无期徒刑或者十年以上有期徒刑，并处没收财产；积极参加的，处三年以上十年以下有期徒刑，并处罚金；其他参加的，处三年以下有期徒刑、拘役或者管制，可以并处罚金。

本法所指的恐怖活动组织，是指实施或者意图实施本法第二十四条规定的恐怖活动罪行或者参与或者协助实施本法第二十四条规定的恐怖活动罪行的组织。

第一百二十条之一　【帮助恐怖活动罪】资助恐怖活动组织、实施恐怖活动的个人的，或者资助恐怖活动培训的，处五年以下有期徒刑、拘役、管制或者剥夺政治权利，并处罚金；情节严重的，处五年以上有期徒刑，并处罚金或者没收财产。

为恐怖活动组织、实施恐怖活动或者恐怖活动培训招募、运送人员的，依照前款的规定处罚。

单位犯前两款罪的，对单位判处罚金，并对其直接负责的主管人员和其他直接责任人员，依照第一款的规定处罚。

立法动态

本条根据《中华人民共和国刑法修正案(三)》(自2001年12月29日起施行)第四条增加,并根据《中华人民共和国刑法修正案(九)》(自2015年11月1日起施行)第六条修改。

原本条的内容为:第一百二十条之一　(第一款)资助恐怖活动组织或者实施恐怖活动的个人的,处五年以下有期徒刑、拘役、管制或者剥夺政治权利,并处罚金;情节严重的,处五年以上有期徒刑,并处罚金或者没收财产。(第二款)单位犯前款罪的,对单位判处罚金,并对其直接负责的主管人员和其他直接责任人员,依照前款的规定处罚。

本条修改的主要内容为:一是将"资助恐怖活动培训"和"为恐怖活动组织、实施恐怖活动或者恐怖活动培训招募、运送人员"的行为规定为犯罪;二是将原本条第一款调整为两款,将原第二款调整为第三款。

立案标准

《最高人民检察院、公安部关于公安机关管辖的刑事案件立案追诉标准的规定(二)》(2022年4月6日修订　公通字〔2022〕12号)

第一条　[帮助恐怖活动案(刑法第一百二十条之一第一款)]资助恐怖活动组织、实施恐怖活动的个人的,或者资助恐怖活动培训的,应予立案追诉。

适用要点与裁判依据

★"恐怖活动""恐怖活动组织""恐怖活动人员"的认定

《中华人民共和国反恐怖主义法》(2018年4月27日修正　主席令第6号)

第三条　本法所称恐怖主义,是指通过暴力、破坏、恐吓等手段,制造社会恐慌、危害公共安全、侵犯人身财产，或者胁迫国家机关、国际组织，以实现其政治、意识形态等目的的主张和行为。

本法所称恐怖活动，是指恐怖主义性质的下列行为：

（一）组织、策划、准备实施、实施造成或者意图造成人员伤亡、重大财产损失、公共设施损坏、社会秩序混乱等严重社会危害的活动的；

（二）宣扬恐怖主义，煽动实施恐怖活动，或者非法持有宣扬恐怖主义的物品，强制他人在公共场所穿戴宣扬恐怖主义的服饰、标志的；

（三）组织、领导、参加恐怖活动组织的；

（四）为恐怖活动组织、恐怖活动人员、实施恐怖活动或者恐怖活动培训提供信息、资金、物资、劳务、技术、场所等支持、协助、便利的；

（五）其他恐怖活动。

本法所称恐怖活动组织，是指三人以上为实施恐怖活动而组成的犯罪组织。

本法所称恐怖活动人员，是指实施恐怖活动的人和恐怖活动组织的成员。

本法所称恐怖事件，是指正在发生或者已经发生的造成或者可能造成重大社会危害的恐怖活动。

★以帮助恐怖活动罪定罪处罚的情形

《最高人民法院、最高人民检察院、公安部、司法部关于办理恐怖活动和极端主义犯罪案件适用法律若干问题的意见》（2018年3月16日　高检会〔2018〕1号）

一、准确认定犯罪

（二）具有下列情形之一的，依照刑法第一百二十条之一的规定，以帮助恐怖活动罪定罪处罚：

1. 以募捐、变卖房产、转移资金等方式为恐怖活动组织、实施恐怖活动的个人、恐怖活动培训筹集、提供经费，或者提供器材、设备、交通工具、武器装备等物资，或者提供其他物质便利的；

2. 以宣传、招收、介绍、输送等方式为恐怖活动组织、实施恐怖活动、恐怖活动培训招募人员的；

3. 以帮助非法出入境，或者为非法出入境提供中介服务、中转运送、停留住宿、伪造身份证明材料等便利，或者充当向导、帮助探查偷越国（边）境路线等方式，为恐怖活动组织、实施恐怖活动、恐怖活动培训运送人员的；

4. 其他资助恐怖活动组织、实施恐怖活动的个人、恐怖活动培训，或者为恐怖活动组织、实施恐怖活动、恐怖活动培训招募、运送人员的情形。

实施恐怖活动的个人，包括已经实施恐怖活动的个人，也包括准备实施、正在实施恐怖活动的个人。包括在我国领域内实施恐怖活动的个人，也包括在我国领域外实施恐怖活动的个人。包括我国公民，也包括外国公民和无国籍人。

帮助恐怖活动罪的主观故意，应当根据案件具体情况，结合行为人的具体行为、认知能力、一贯表现和职业等综合认定。

明知是恐怖活动犯罪所得及其产生的收益，为掩饰、隐瞒其来源和性质，而提供资金账户，协助将财产转换为现金、金融票据、有价证券，通过转账或者其他结算方式协助资金转移，协助将资金汇往境外的，以洗钱罪定罪处罚。事先通谋的，以相关恐怖活动犯罪的共同犯罪论处。

★犯本罪，同时构成关联犯罪的，择一重处

《最高人民法院、最高人民检察院、公安部、司法部关于办理恐怖活动和极端主义犯罪案件适用法律若干问题的意见》（2018年3月16日　高检会〔2018〕1号）

一、准确认定犯罪

（八）犯刑法第一百二十条规定的犯罪，同时构成刑法第一百二十条之一至之六规定的犯罪的，依照处罚较重的规定定罪处罚。

犯刑法第一百二十条之一至之六规定的犯罪，同时构成其他犯罪的，依照处罚较重的规定定罪处罚。

★香港特别行政区维护国家安全法对恐怖活动罪的规定

《中华人民共和国香港特别行政区维护国家安全法》(2020年6月30日 主席令第49号)

第二十六条 为恐怖活动组织、恐怖活动人员、恐怖活动实施提供培训、武器、信息、资金、物资、劳务、运输、技术或者场所等支持、协助、便利,或者制造、非法管有爆炸性、毒害性、放射性、传染病病原体等物质以及以其他形式准备实施恐怖活动的,即属犯罪。情节严重的,处五年以上十年以下有期徒刑,并处罚金或者没收财产;其他情形,处五年以下有期徒刑、拘役或者管制,并处罚金。

有前款行为,同时构成其他犯罪的,依照处罚较重的规定定罪处罚。

第一百二十条之二 【准备实施恐怖活动罪】有下列情形之一的,处五年以下有期徒刑、拘役、管制或者剥夺政治权利,并处罚金;情节严重的,处五年以上有期徒刑,并处罚金或者没收财产:

(一)为实施恐怖活动准备凶器、危险物品或者其他工具的;

(二)组织恐怖活动培训或者积极参加恐怖活动培训的;

(三)为实施恐怖活动与境外恐怖活动组织或者人员联络的;

(四)为实施恐怖活动进行策划或者其他准备的。

有前款行为,同时构成其他犯罪的,依照处罚较重的规定定罪处罚。

立法动态

本条根据《中华人民共和国刑法修正案(九)》(自2015年11月1日起施行)第七条增加。

适用要点与裁判依据

★以准备实施恐怖活动罪定罪处罚的情形

《最高人民法院、最高人民检察院、公安部、司法部关于办理恐怖活动和极端主义犯罪案件适用法律若干问题的意见》(2018 年 3 月 16 日　高检会〔2018〕1 号)

一、准确认定犯罪

(三)具有下列情形之一的,依照刑法第一百二十条之二的规定,以准备实施恐怖活动罪定罪处罚:

1. 为实施恐怖活动制造、购买、储存、运输凶器,易燃易爆易制爆品,腐蚀性、放射性、传染性、毒害性物品等危险物品,或者其他工具的;

2. 以当面传授、开办培训班、组建训练营、开办论坛、组织收听收看音频视频资料等方式,或者利用网站、网页、论坛、博客、微博客、网盘、即时通信、通讯群组、聊天室等网络平台、网络应用服务组织恐怖活动培训的,或者积极参加恐怖活动心理体能培训,传授、学习犯罪技能方法或者进行恐怖活动训练的;

3. 为实施恐怖活动,通过拨打电话、发送短信、电子邮件等方式,或者利用网站、网页、论坛、博客、微博客、网盘、即时通信、通讯群组、聊天室等网络平台、网络应用服务与境外恐怖活动组织、人员联络的;

4. 为实施恐怖活动出入境或者组织、策划、煽动、拉拢他人出入境的;

5. 为实施恐怖活动进行策划或者其他准备的情形。

★犯本罪,同时构成关联犯罪的,择一重处

《最高人民法院、最高人民检察院、公安部、司法部关于办理恐怖活动和极端主义犯罪案件适用法律若干问题的意见》(2018 年 3 月 16 日　高检会〔2018〕1 号)

一、准确认定犯罪

(八)犯刑法第一百二十条规定的犯罪,同时构成刑法第一百二

十条之一至之六规定的犯罪的，依照处罚较重的规定定罪处罚。

犯刑法第一百二十条之一至之六规定的犯罪，同时构成其他犯罪的，依照处罚较重的规定定罪处罚。

★香港特别行政区维护国家安全法对准备实施恐怖活动罪的规定

《中华人民共和国香港特别行政区维护国家安全法》(2020年6月30日　主席令第49号)

第二十六条　为恐怖活动组织、恐怖活动人员、恐怖活动实施提供培训、武器、信息、资金、物资、劳务、运输、技术或者场所等支持、协助、便利，或者制造、非法管有爆炸性、毒害性、放射性、传染病病原体等物质以及以其他形式准备实施恐怖活动的，即属犯罪。情节严重的，处五年以上十年以下有期徒刑，并处罚金或者没收财产；其他情形，处五年以下有期徒刑、拘役或者管制，并处罚金。

有前款行为，同时构成其他犯罪的，依照处罚较重的规定定罪处罚。

第一百二十条之三　【宣扬恐怖主义、极端主义、煽动实施恐怖活动罪】以制作、散发宣扬恐怖主义、极端主义的图书、音频视频资料或者其他物品，或者通过讲授、发布信息等方式宣扬恐怖主义、极端主义的，或者煽动实施恐怖活动的，处五年以下有期徒刑、拘役、管制或者剥夺政治权利，并处罚金；情节严重的，处五年以上有期徒刑，并处罚金或者没收财产。

立法动态

本条根据《中华人民共和国刑法修正案(九)》(自2015年11月1日起施行)第七条增加。

适用要点与裁判依据

★"恐怖主义""恐怖活动""恐怖活动组织""恐怖活动人员""恐怖事件"的认定

《中华人民共和国反恐怖主义法》(2018年4月27日修正 主席令第6号)

第三条 本法所称恐怖主义,是指通过暴力、破坏、恐吓等手段,制造社会恐慌、危害公共安全、侵犯人身财产,或者胁迫国家机关、国际组织,以实现其政治、意识形态等目的的主张和行为。

本法所称恐怖活动,是指恐怖主义性质的下列行为:

(一)组织、策划、准备实施、实施造成或者意图造成人员伤亡、重大财产损失、公共设施损坏、社会秩序混乱等严重社会危害的活动的;

(二)宣扬恐怖主义,煽动实施恐怖活动,或者非法持有宣扬恐怖主义的物品,强制他人在公共场所穿戴宣扬恐怖主义的服饰、标志的;

(三)组织、领导、参加恐怖活动组织的;

(四)为恐怖活动组织、恐怖活动人员、实施恐怖活动或者恐怖活动培训提供信息、资金、物资、劳务、技术、场所等支持、协助、便利的;

(五)其他恐怖活动。

本法所称恐怖活动组织,是指三人以上为实施恐怖活动而组成的犯罪组织。

本法所称恐怖活动人员,是指实施恐怖活动的人和恐怖活动组织的成员。

本法所称恐怖事件,是指正在发生或者已经发生的造成或者可能造成重大社会危害的恐怖活动。

★以宣扬恐怖主义、极端主义、煽动实施恐怖活动罪定罪处罚的情形

《最高人民法院、最高人民检察院、公安部、司法部关于办理恐怖活动和极端主义犯罪案件适用法律若干问题的意见》(2018年3月16日　高检会〔2018〕1号)

一、准确认定犯罪

(四)实施下列行为之一,宣扬恐怖主义、极端主义或者煽动实施恐怖活动的,依照刑法第一百二十条之三的规定,以宣扬恐怖主义、极端主义、煽动实施恐怖活动罪定罪处罚:

1. 编写、出版、印刷、复制、发行、散发、播放载有宣扬恐怖主义、极端主义内容的图书、报刊、文稿、图片或者音频视频资料的;

2. 设计、生产、制作、销售、租赁、运输、托运、寄递、散发、展示带有宣扬恐怖主义、极端主义内容的标识、标志、服饰、旗帜、徽章、器物、纪念品等物品的;

3. 利用网站、网页、论坛、博客、微博客、网盘、即时通信、通讯群组、聊天室等网络平台、网络应用服务等登载、张贴、复制、发送、播放、演示载有恐怖主义、极端主义内容的图书、报刊、文稿、图片或者音频视频资料的;

4. 网站、网页、论坛、博客、微博客、网盘、即时通信、通讯群组,聊天室等网络平台、网络应用服务的建立、开办、经营、管理者,明知他人利用网络平台、网络应用服务散布、宣扬恐怖主义、极端主义内容,经相关行政主管部门处罚后仍允许或者放任他人发布的;

5. 利用教经、讲经、解经、学经、婚礼、葬礼、纪念、聚会和文体活动等宣扬恐怖主义、极端主义、煽动实施恐怖活动的;

6. 其他宣扬恐怖主义、极端主义、煽动实施恐怖活动的行为。

★犯本罪,同时构成关联犯罪的,择一重处

《最高人民法院、最高人民检察院、公安部、司法部关于办理恐怖活动和极端主义犯罪案件适用法律若干问题的意见》(2018年3月16日　高检会〔2018〕1号)

一、准确认定犯罪

(八)犯刑法第一百二十条规定的犯罪,同时构成刑法第一百二

十条之一至之六规定的犯罪的,依照处罚较重的规定定罪处罚。

犯刑法第一百二十条之一至之六规定的犯罪,同时构成其他犯罪的,依照处罚较重的规定定罪处罚。

★香港特别行政区维护国家安全法对宣扬恐怖主义、煽动实施恐怖活动罪的规定

《中华人民共和国香港特别行政区维护国家安全法》(2020 年 6 月 30 日　主席令第 49 号)

第二十七条　宣扬恐怖主义、煽动实施恐怖活动的,即属犯罪。情节严重的,处五年以上十年以下有期徒刑,并处罚金或者没收财产;其他情形,处五年以下有期徒刑、拘役或者管制,并处罚金。

第一百二十条之四　【利用极端主义破坏国家法律实施罪】利用极端主义煽动、胁迫群众破坏国家法律确立的婚姻、司法、教育、社会管理等制度实施的,处三年以下有期徒刑、拘役或者管制,并处罚金;情节严重的,处三年以上七年以下有期徒刑,并处罚金;情节特别严重的,处七年以上有期徒刑,并处罚金或者没收财产。

立法动态

本条根据《中华人民共和国刑法修正案(九)》(自 2015 年 11 月 1 日起施行)第七条增加。

适用要点与裁判依据

★以利用极端主义破坏法律实施罪定罪处罚的情形

《最高人民法院、最高人民检察院、公安部、司法部关于办理恐怖活动和极端主义犯罪案件适用法律若干问题的意见》(2018 年 3 月 16 日　高检会〔2018〕1 号)

一、准确认定犯罪

(五)利用极端主义,实施下列行为之一的,依照刑法第一百二十条之四的规定，以利用极端主义破坏法律实施罪定罪处罚：

1. 煽动、胁迫群众以宗教仪式取代结婚、离婚登记，或者干涉婚姻自由的；

2. 煽动、胁迫群众破坏国家法律确立的司法制度实施的；

3. 煽动、胁迫群众干涉未成年人接受义务教育，或者破坏学校教育制度、国家教育考试制度等国家法律规定的教育制度的；

4. 煽动、胁迫群众抵制人民政府依法管理，或者阻碍国家机关工作人员依法执行职务的；

5. 煽动、胁迫群众损毁居民身份证、居民户口簿等国家法定证件以及人民币的；

6. 煽动、胁迫群众驱赶其他民族、有其他信仰的人员离开居住地，或者干涉他人生活和生产经营的；

7. 其他煽动、胁迫群众破坏国家法律制度实施的行为。

★犯本罪，同时构成关联犯罪的，择一重处

《最高人民法院、最高人民检察院、公安部、司法部关于办理恐怖活动和极端主义犯罪案件适用法律若干问题的意见》（2018 年 3 月 16 日　高检会〔2018〕1 号）

一、准确认定犯罪

（八）犯刑法第一百二十条规定的犯罪，同时构成刑法第一百二十条之一至之六规定的犯罪的，依照处罚较重的规定定罪处罚。

犯刑法第一百二十条之一至之六规定的犯罪，同时构成其他犯罪的，依照处罚较重的规定定罪处罚。

第一百二十条之五　【强制穿戴宣扬恐怖主义、极端主义服饰、标志罪】以暴力、胁迫等方式强制他人在公共场所穿着、佩戴宣扬恐怖主义、极端主义服饰、标志的，处三年以下有期徒刑、拘役或者管制，并处罚金。

立法动态

本条根据《中华人民共和国刑法修正案(九)》(自2015年11月1日起施行)第七条增加。

适用要点与裁判依据

★以强制穿戴宣扬恐怖主义、极端主义服饰、标志罪定罪处罚的情形

《最高人民法院、最高人民检察院、公安部、司法部关于办理恐怖活动和极端主义犯罪案件适用法律若干问题的意见》(2018年3月16日　高检会〔2018〕1号)

一、准确认定犯罪

(六)具有下列情形之一的,依照刑法第一百二十条之五的规定,以强制穿戴宣扬恐怖主义、极端主义服饰、标志罪定罪处罚:

1. 以暴力、胁迫等方式强制他人在公共场所穿着、佩戴宣扬恐怖主义、极端主义服饰的;

2. 以暴力、胁迫等方式强制他人在公共场所穿着、佩戴含有恐怖主义、极端主义的文字、符号、图形、口号、徽章的服饰标志的;

3. 其他强制他人穿戴宣扬恐怖主义、极端主义服饰、标志的情形。

★犯本罪,同时构成关联犯罪的,择一重处

《最高人民法院、最高人民检察院、公安部、司法部关于办理恐怖活动和极端主义犯罪案件适用法律若干问题的意见》(2018年3月16日　高检会〔2018〕1号)

一、准确认定犯罪

(八)犯刑法第一百二十条规定的犯罪,同时构成刑法第一百二十条之一至之六规定的犯罪的,依照处罚较重的规定定罪处罚。

犯刑法第一百二十条之一至之六规定的犯罪,同时构成其他犯罪的,依照处罚较重的规定定罪处罚。

第一百二十条之六　【非法持有宣扬恐怖主义、极端主义物品罪】明知是宣扬恐怖主义、极端主义的图书、音频视频资料或者其他物品而非法持有，情节严重的，处三年以下有期徒刑、拘役或者管制，并处或者单处罚金。

立法动态

本条根据《中华人民共和国刑法修正案（九）》（自2015年11月1日起施行）第七条增加。

适用要点与裁判依据

★以非法持有宣扬恐怖主义、极端主义物品罪定罪处罚的情形

《最高人民法院、最高人民检察院、公安部、司法部关于办理恐怖活动和极端主义犯罪案件适用法律若干问题的意见》（2018年3月16日　高检会〔2018〕1号）

一、准确认定犯罪

（七）明知是载有宣扬恐怖主义、极端主义内容的图书、报刊、文稿、图片、音频视频资料、服饰、标志或者其他物品而非法持有，达到下列数量标准之一的，依照刑法第一百二十条之六的规定，以非法持有宣扬恐怖主义、极端主义物品罪定罪处罚：

1. 图书、刊物二十册以上，或者电子图书、刊物五册以上的；

2. 报纸一百份（张）以上，或者电子报纸二十份（张）以上的；

3. 文稿、图片一百篇（张）以上，或者电子文稿、图片二十篇（张）以上，或者电子文档五十万字符以上的；

4. 录音带、录像带等音像制品二十个以上，或者电子音频视频资料五个以上，或者电子音频视频资料二十分钟以上的；

5. 服饰、标志二十件以上的。

非法持有宣扬恐怖主义、极端主义的物品，虽未达到前款规定的数量标准,但具有多次持有,持有多类物品,造成严重后果或者恶劣社会影响,曾因实施恐怖活动、极端主义违法犯罪被追究刑事责任或者二年内受过行政处罚等情形之一的,也可以定罪处罚。

多次非法持有宣扬恐怖主义、极端主义的物品,未经处理的数量应当累计计算。非法持有宣扬恐怖主义、极端主义的物品涉及不同种类或者形式的,可以根据本条规定的不同数量标准的相应比例折算后累计计算。

非法持有宣扬恐怖主义、极端主义物品罪主观故意中的"明知",应当根据案件具体情况,以行为人实施的客观行为为基础,结合其一贯表现,具体行为、程度、手段、事后态度,以及年龄、认知和受教育程度、所从事的职业等综合审查判断。

具有下列情形之一,行为人不能做出合理解释的,可以认定其"明知",但有证据证明确属被蒙骗的除外:

1. 曾因实施恐怖活动、极端主义违法犯罪被追究刑事责任,或者二年内受过行政处罚,或者被责令改正后又实施的;

2. 在执法人员检查时,有逃跑、丢弃携带物品或者逃避、抗拒检查等行为,在其携带、藏匿或者丢弃的物品中查获宣扬恐怖主义、极端主义的物品的;

3. 采用伪装、隐匿、暗语、手势、代号等隐蔽方式制作、散发、持有宣扬恐怖主义、极端主义的物品的;

4. 以虚假身份、地址或者其他虚假方式办理托运,寄递手续,在托运、寄递的物品中查获宣扬恐怖主义、极端主义的物品的;

5. 有其他证据足以证明行为人应当知道的情形。

★犯本罪,同时构成关联犯罪的,择一重处

《最高人民法院、最高人民检察院、公安部、司法部关于办理恐怖活动和极端主义犯罪案件适用法律若干问题的意见》(2018 年 3 月 16 日 高检会〔2018〕1 号)

一、准确认定犯罪

(八)犯刑法第一百二十条规定的犯罪,同时构成刑法第一百二

十条之一至之六规定的犯罪的,依照处罚较重的规定定罪处罚。

犯刑法第一百二十条之一至之六规定的犯罪,同时构成其他犯罪的,依照处罚较重的规定定罪处罚。

第一百二十一条 【劫持航空器罪】以暴力、胁迫或者其他方法劫持航空器的,处十年以上有期徒刑或者无期徒刑;致人重伤、死亡或者使航空器遭受严重破坏的,处死刑。

立法动态

本条源自《中华人民共和国刑法》(1997年3月14日第八届全国人民代表大会第五次会议修订,自1997年10月1日起施行)。

第一百二十二条 【劫持船只、汽车罪】以暴力、胁迫或者其他方法劫持船只、汽车的,处五年以上十年以下有期徒刑;造成严重后果的,处十年以上有期徒刑或者无期徒刑。

立法动态

本条源自《中华人民共和国刑法》(1997年3月14日第八届全国人民代表大会第五次会议修订,自1997年10月1日起施行)。

第一百二十三条 【暴力危及飞行安全罪】对飞行中的航空器上的人员使用暴力,危及飞行安全,尚未造成严重后果的,处五年以下有期徒刑或者拘役;造成严重后果的,处五年以上有期徒刑。

立法动态

本条源自《中华人民共和国刑法》(1997 年 3 月 14 日第八届全国人民代表大会第五次会议修订,自 1997 年 10 月 1 日起施行)。

第一百二十四条 【破坏广播电视设施、公用电信设施罪】破坏广播电视设施、公用电信设施,危害公共安全的,处三年以上七年以下有期徒刑;造成严重后果的,处七年以上有期徒刑。

【过失损坏广播电视设施、公用电信设施罪】过失犯前款罪的,处三年以上七年以下有期徒刑;情节较轻的,处三年以下有期徒刑或者拘役。

立法动态

本条源自《中华人民共和国刑法》(1997 年 3 月 14 日第八届全国人民代表大会第五次会议修订,自 1997 年 10 月 1 日起施行)。

适用要点与裁判依据

★构成破坏公用电信设施罪"危害公共安全"的情形及法定刑

《最高人民法院关于审理破坏公用电信设施刑事案件具体应用法律若干问题的解释》(2004 年 12 月 30 日 法释〔2004〕21 号)

第一条 采用截断通信线路、损毁通信设备或者删除、修改、增加电信网计算机信息系统中存储、处理或者传输的数据和应用程序等手段,故意破坏正在使用的公用电信设施,具有下列情形之一的,属于刑法第一百二十四条规定的"危害公共安全",依照刑法第一百二十四条第一款规定,以破坏公用电信设施罪处三年以上七年以下有期徒刑:

(一)造成火警、匪警、医疗急救、交通事故报警、救灾、抢险、防汛等通信中断或者严重障碍,并因此贻误救助、救治、救灾、抢险等,致使人员死亡一人、重伤三人以上或者造成财产损失三十万元以上的;

(二)造成二千以上不满一万用户通信中断一小时以上,或者一万以上用户通信中断不满一小时的;

(三)在一个本地网范围内,网间通信全阻、关口局至某一局向全部中断或网间某一业务全部中断不满二小时或者直接影响范围不满五万(用户×小时)的;

(四)造成网间通信严重障碍,一日内累计二小时以上不满十二小时的;

(五)其他危害公共安全的情形。

★构成破坏公用电信设施罪"严重后果"的情形及法定刑

《最高人民法院关于审理破坏公用电信设施刑事案件具体应用法律若干问题的解释》(2004年12月30日 法释〔2004〕21号)

第二条 实施本解释第一条规定的行为,具有下列情形之一的,属于刑法第一百二十四条第一款规定的"严重后果",以破坏公用电信设施罪处七年以上有期徒刑:

(一)造成火警、匪警、医疗急救、交通事故报警、救灾、抢险、防汛等通信中断或者严重障碍,并因此贻误救助、救治、救灾、抢险等,致使人员死亡二人以上、重伤六人以上或者造成财产损失六十万元以上的;

(二)造成一万以上用户通信中断一小时以上的;

(三)在一个本地网范围内,网间通信全阻、关口局至某一局向全部中断或网间某一业务全部中断二小时以上或者直接影响范围五万(用户×小时)以上的;

(四)造成网间通信严重障碍,一日内累计十二小时以上的;

(五)造成其他严重后果的。

★盗窃公用电信设施同时构成盗窃罪和破坏公用电信设施罪的,择一重处

《最高人民法院关于审理破坏公用电信设施刑事案件具体应用法律若干问题的解释》(2004年12月30日 法释〔2004〕21号)

第三条 故意破坏正在使用的公用电信设施尚未危害公共安

全，或者故意毁坏尚未投入使用的公用电信设施，造成财物损失，依照刑法第二百七十五条规定，以故意毁坏财物罪定罪处罚。

盗窃公用电信设施价值数额不大，但是构成危害公共安全犯罪的，依照刑法第一百二十四条的规定定罪处罚；盗窃公用电信设施同时构成盗窃罪和破坏公用电信设施罪的，依照处罚较重的规定定罪处罚。

★破坏公用电信设施按照共同犯罪定罪处罚的情形

《最高人民法院关于审理破坏公用电信设施刑事案件具体应用法律若干问题的解释》（2004年12月30日　法释〔2004〕21号）

第四条　指使、组织、教唆他人实施本解释规定的故意犯罪行为的，按照共犯定罪处罚。

盗窃军事通信线路、设备，同时构成其他犯罪的，依照处罚较重的规定定罪处罚。

★破坏、过失损坏军事通信，并造成公用电信设施损毁，危害公共安全，同时构成其他犯罪的，择一重处

《最高人民法院关于审理危害军事通信刑事案件具体应用法律若干问题的解释》（2007年6月26日　法释〔2007〕13号）

第六条　破坏、过失损坏军事通信，并造成公用电信设施损毁，危害公共安全，同时构成刑法第一百二十四条和第三百六十九条规定的犯罪的，依照处罚较重的规定定罪处罚。

盗窃军事通信线路、设备，不构成盗窃罪，但破坏军事通信的，依照刑法第三百六十九条第一款的规定定罪处罚；同时构成刑法第一百二十四条、第二百六十四条和第三百六十九条第一款规定的犯罪的，依照处罚较重的规定定罪处罚。

★破坏正在使用的广播电视设施构成犯罪的基准法定刑

《最高人民法院关于审理破坏广播电视设施等刑事案件具体应用法律若干问题的解释》（2011年6月7日　法释〔2011〕13号）

第一条　采取拆卸、毁坏设备，剪割缆线，删除、修改、增加广播电视设备系统中存储、处理、传输的数据和应用程序，非法占用频率等手段,破坏正在使用的广播电视设施,具有下列情形之一的,依照刑法第一百二十四条第一款的规定,以破坏广播电视设施罪处三年以上七年以下有期徒刑:

(一)造成救灾、抢险、防汛和灾害预警等重大公共信息无法发布的;

(二)造成县级、地市(设区的市)级广播电视台中直接关系节目播出的设施无法使用,信号无法播出的;

(三)造成省级以上广播电视传输网内的设施无法使用,地市(设区的市)级广播电视传输网内的设施无法使用三小时以上,县级广播电视传输网内的设施无法使用十二小时以上,信号无法传输的;

(四)其他危害公共安全的情形。

★破坏正在使用的广播电视设施构成犯罪并“造成严重后果”的刑事责任

《最高人民法院关于审理破坏广播电视设施等刑事案件具体应用法律若干问题的解释》(2011年6月7日 法释〔2011〕13号)

第二条 实施本解释第一条规定的行为,具有下列情形之一的,应当认定为刑法第一百二十四条第一款规定的“造成严重后果”,以破坏广播电视设施罪处七年以上有期徒刑:

(一)造成救灾、抢险、防汛和灾害预警等重大公共信息无法发布,因此贻误排除险情或者疏导群众,致使一人以上死亡、三人以上重伤或者财产损失五十万元以上,或者引起严重社会恐慌、社会秩序混乱的;

(二)造成省级以上广播电视台中直接关系节目播出的设施无法使用,信号无法播出的;

(三)造成省级以上广播电视传输网内的设施无法使用三小时以上,地市(设区的市)级广播电视传输网内的设施无法使用十二小时以上,县级广播电视传输网内的设施无法使用四十八小时以上,信号无法传输的;

(四)造成其他严重后果的。

★过失损坏广播电视设施构成犯罪,可以酌情从宽处罚的情形

《最高人民法院关于审理破坏广播电视设施等刑事案件具体应用法律若干问题的解释》(2011年6月7日 法释〔2011〕13号)

第三条 过失损坏正在使用的广播电视设施,造成本解释第二条规定的严重后果的,依照刑法第一百二十四条第二款的规定,以过失损坏广播电视设施罪处三年以上七年以下有期徒刑;情节较轻的,处三年以下有期徒刑或者拘役。

过失损坏广播电视设施构成犯罪,但能主动向有关部门报告,积极赔偿损失或者修复被损坏设施的,可以酌情从宽处罚。

★建设、施工过程中,故意或者过失损毁正在使用的广播电视设施的刑事责任

《最高人民法院关于审理破坏广播电视设施等刑事案件具体应用法律若干问题的解释》(2011年6月7日 法释〔2011〕13号)

第四条 建设、施工单位的管理人员、施工人员,在建设、施工过程中,违反广播电视设施保护规定,故意或者过失损毁正在使用的广播电视设施,构成犯罪的,以破坏广播电视设施罪或者过失损坏广播电视设施罪定罪处罚。其定罪量刑标准适用本解释第一至三条的规定。

★盗窃正在使用的广播电视设施,以破坏广播电视设施罪定罪处罚的情形

《最高人民法院关于审理破坏广播电视设施等刑事案件具体应用法律若干问题的解释》(2011年6月7日 法释〔2011〕13号)

第五条 盗窃正在使用的广播电视设施,尚未构成盗窃罪,但具有本解释第一条、第二条规定情形的,以破坏广播电视设施罪定罪处罚;同时构成盗窃罪和破坏广播电视设施罪的,依照处罚较重的规定定罪处罚。

★破坏正在使用的广播电视设施未危及公共安全的刑事责任

《最高人民法院关于审理破坏广播电视设施等刑事案件具体应用法律若干问题的解释》(2011年6月7日 法释〔2011〕13号)

第六条 破坏正在使用的广播电视设施未危及公共安全,或者故意毁坏尚未投入使用的广播电视设施，造成财物损失数额较大或者有其他严重情节的，以故意毁坏财物罪定罪处罚。

★实施破坏广播电视设施犯罪，同时构成其他犯罪的，择一重处

《最高人民法院关于审理破坏广播电视设施等刑事案件具体应用法律若干问题的解释》（2011年6月7日　法释〔2011〕13号）

第七条　实施破坏广播电视设施犯罪，并利用广播电视设施实施煽动分裂国家、煽动颠覆国家政权、煽动民族仇恨、民族歧视或者宣扬邪教等行为，同时构成其他犯罪的，依照处罚较重的规定定罪处罚。

★非法使用"伪基站"设备干扰公用电信网络信号危害公共安全的刑事责任

《最高人民法院、最高人民检察院、公安部、国家安全部关于依法办理非法生产销售使用"伪基站"设备案件的意见》（2014年3月14日　公通字〔2014〕13号）

一、准确认定行为性质

（二）非法使用"伪基站"设备干扰公用电信网络信号，危害公共安全的，依照《刑法》第一百二十四条第一款的规定，以破坏公用电信设施罪追究刑事责任；同时构成虚假广告罪、非法获取公民个人信息罪、破坏计算机信息系统罪、扰乱无线电通讯管理秩序罪的，依照处罚较重的规定追究刑事责任。

除法律、司法解释另有规定外，利用"伪基站"设备实施诈骗等其他犯罪行为，同时构成破坏公用电信设施罪的，依照处罚较重的规定追究刑事责任。

第一百二十五条　【非法制造、买卖、运输、邮寄、储存枪支、弹药、爆炸物罪】非法制造、买卖、运输、邮寄、储存枪支、弹药、爆炸物的，处三年以上十年以下有期徒刑；情节严重的，处十年以上有期徒刑、无期徒刑或者死刑。

【非法制造、买卖、运输、储存危险物质罪】非法制造、买卖、运输、储存毒害性、放射性、传染病病原体等物质，危害公共安全的，依照前款的规定处罚。

单位犯前两款罪的，对单位判处罚金，并对其直接负责的主管人员和其他直接责任人员，依照第一款的规定处罚。

立法动态

本条源自《中华人民共和国刑法》(1997年3月14日第八届全国人民代表大会第五次会议修订，自1997年10月1日起施行)。

本条第二款根据《中华人民共和国刑法修正案(三)》(自2001年12月29日起施行)第五条修改。

原本条第二款的内容为：非法买卖、运输核材料的，依照前款的规定处罚。

本条第二款修改的主要内容为：一是将"非法买卖、运输"扩展为"非法制造、买卖、运输、储存"，二是将"核材料"修改为"毒害性、放射性、传染病病原体等物质"。

立案标准

《最高人民检察院、公安部关于公安机关管辖的刑事案件立案追诉标准的规定(一)》(2017年4月27日修正 公通字〔2017〕12号)

第二条 ［非法制造、买卖、运输、储存危险物质案(刑法第一百二十五条第二款)］非法制造、买卖、运输、储存毒害性、放射性、传染病病原体等物质，危害公共安全，涉嫌下列情形之一的，应予立案追诉：

(一)造成人员重伤或者死亡的；

(二)造成直接经济损失十万元以上的；

(三)非法制造、买卖、运输、储存毒鼠强、氟乙酰胺、氟乙酰钠、毒鼠硅、甘氟原粉、原液、制剂五十克以上，或者饵料二千克以上的；

（四）造成急性中毒、放射性疾病或者造成传染病流行、暴发的；

（五）造成严重环境污染的；

（六）造成毒害性、放射性、传染病病原体等危险物质丢失、被盗、被抢或者被他人利用进行违法犯罪活动的；

（七）其他危害公共安全的情形。

适用要点与裁判依据

★以非法制造、买卖、运输、邮寄、储存枪支、弹药、爆炸物罪定罪处罚的九种情形

《最高人民法院关于审理非法制造、买卖、运输枪支、弹药、爆炸物等刑事案件具体应用法律若干问题的解释》（2009年11月16日　法释〔2009〕18号）

第一条　个人或者单位非法制造、买卖、运输、邮寄、储存枪支、弹药、爆炸物，具有下列情形之一的，依照刑法第一百二十五条第一款的规定，以非法制造、买卖、运输、邮寄、储存枪支、弹药、爆炸物罪定罪处罚：

（一）非法制造、买卖、运输、邮寄、储存军用枪支一支以上的；

（二）非法制造、买卖、运输、邮寄、储存以火药为动力发射枪弹的非军用枪支一支以上或者以压缩气体等为动力的其他非军用枪支二支以上的；

（三）非法制造、买卖、运输、邮寄、储存军用子弹十发以上、气枪铅弹五百发以上或者其他非军用子弹一百发以上的；

（四）非法制造、买卖、运输、邮寄、储存手榴弹一枚以上的；

（五）非法制造、买卖、运输、邮寄、储存爆炸装置的；

（六）非法制造、买卖、运输、邮寄、储存炸药、发射药、黑火药一千克以上或者烟火药三千克以上、雷管三十枚以上或者导火索、导爆索三十米以上的；

（七）具有生产爆炸物品资格的单位不按照规定的品种制造，或者具有销售、使用爆炸物品资格的单位超过限额买卖炸药、发射药、黑火药十千克以上或者烟火药三十千克以上、雷管三百枚以上或者导火索、导爆索三百米以上的；

（八）多次非法制造、买卖、运输、邮寄、储存弹药、爆炸物的；

（九）虽未达到上述最低数量标准，但具有造成严重后果等其他恶劣情节的。

介绍买卖枪支、弹药、爆炸物的，以买卖枪支、弹药、爆炸物罪的共犯论处。

★非法制造、买卖、运输、邮寄、储存枪支、弹药、爆炸物构成“情节严重”的四种情形

《最高人民法院关于审理非法制造、买卖、运输枪支、弹药、爆炸物等刑事案件具体应用法律若干问题的解释》（2009年11月16日 法释〔2009〕18号）

第二条 非法制造、买卖、运输、邮寄、储存枪支、弹药、爆炸物，具有下列情形之一的，属于刑法第一百二十五条第一款规定的“情节严重”：

（一）非法制造、买卖、运输、邮寄、储存枪支、弹药、爆炸物的数量达到本解释第一条第（一）、（二）、（三）、（六）、（七）项规定的最低数量标准五倍以上的；

（二）非法制造、买卖、运输、邮寄、储存手榴弹三枚以上的；

（三）非法制造、买卖、运输、邮寄、储存爆炸装置，危害严重的；

（四）达到本解释第一条规定的最低数量标准，并具有造成严重后果等其他恶劣情节的。

★“非法储存”的认定

《最高人民法院关于审理非法制造、买卖、运输枪支、弹药、爆炸物等刑事案件具体应用法律若干问题的解释》（2009年11月16日 法释〔2009〕18号）

第八条 刑法第一百二十五条第一款规定的“非法储存”，是指明知是他人非法制造、买卖、运输、邮寄的枪支、弹药而为其存放的行为，或者非法存放爆炸物的行为。

刑法第一百二十八条第一款规定的"非法持有"，是指不符合配备、配置枪支、弹药条件的人员，违反枪支管理法律、法规的规定，擅自持有枪支、弹药的行为。

刑法第一百二十八条第一款规定的"私藏"，是指依法配备、配置枪支、弹药的人员，在配备、配置枪支、弹药的条件消除后，违反枪支管理法律、法规的规定，私自藏匿所配备、配置的枪支、弹药且拒不交出的行为。

★可以依法从轻处罚或者免除处罚的情形

《最高人民法院关于审理非法制造、买卖、运输枪支、弹药、爆炸物等刑事案件具体应用法律若干问题的解释》(2009年11月16日法释〔2009〕18号)

第九条 因筑路、建房、打井、整修宅基地和土地等正常生产、生活需要，以及因从事合法的生产经营活动而非法制造、买卖、运输、邮寄、储存爆炸物，数量达到本解释第一条规定标准，没有造成严重社会危害，并确有悔改表现的，可依法从轻处罚；情节轻微的，可以免除处罚。

具有前款情形，数量虽达到本解释第二条规定标准的，也可以不认定为刑法第一百二十五条第一款规定的"情节严重"。

在公共场所、居民区等人员集中区域非法制造、买卖、运输、邮寄、储存爆炸物，或者因非法制造、买卖、运输、邮寄、储存爆炸物三年内受到两次以上行政处罚又实施上述行为，数量达到本解释规定标准的，不适用前两款量刑的规定。

★有关涉及"其他弹药、爆炸物品"行为的定罪量刑标准

《最高人民法院关于审理非法制造、买卖、运输枪支、弹药、爆炸物等刑事案件具体应用法律若干问题的解释》(2009年11月16日法释〔2009〕18号)

第十条 实施非法制造、买卖、运输、邮寄、储存、盗窃、抢夺、持有、私藏其他弹药、爆炸物品等行为,参照本解释有关条文规定的定罪量刑标准处罚。

★非法生产、经营烟花爆竹及相关行为构成非法制造、买卖、运输、邮寄、储存爆炸物罪的刑事责任

《最高人民法院、最高人民检察院、公安部、国家安全监管总局关于依法加强对涉嫌犯罪的非法生产经营烟花爆竹行为刑事责任追究的通知》(2012年9月6日 安监总管三〔2012〕116号)

一、非法生产、经营烟花爆竹及相关行为涉及非法制造、买卖、运输、邮寄、储存黑火药、烟火药,构成非法制造、买卖、运输、邮寄、储存爆炸物罪的,应当依照刑法第一百二十五条的规定定罪处罚;非法生产、经营烟花爆竹及相关行为涉及生产、销售伪劣产品或不符合安全标准产品,构成生产、销售伪劣产品罪或生产、销售不符合安全标准产品罪的,应当依照刑法第一百四十条、第一百四十六条的规定定罪处罚;非法生产、经营烟花爆竹及相关行为构成非法经营罪的,应当依照刑法第二百二十五条的规定定罪处罚。上述非法生产经营烟花爆竹行为的定罪量刑和立案追诉标准,分别按照《最高人民法院关于审理非法制造、买卖、运输枪支、弹药、爆炸物等刑事案件具体应用法律若干问题的解释》(法释〔2009〕18号)、《最高人民法院最高人民检察院关于办理生产、销售伪劣商品刑事案件具体应用法律若干问题的解释》(法释〔2001〕10号)、《最高人民检察院、公安部关于公安机关管辖的刑事案件立案追诉标准的规定(一)》(公通字〔2008〕36号)、《最高人民检察院、公安部关于公安机关管辖的刑事案件立案追诉标准的规定(二)》(公通字〔2010〕23号)等有关规定执行。

★涉以压缩气体为动力的枪支、气枪铅弹刑事案件的刑事责任

《最高人民法院、最高人民检察院关于涉以压缩气体为动力的枪支、气枪铅弹刑事案件定罪量刑问题的批复》(2018年3月8日 法释〔2018〕8号)

一、对于非法制造、买卖、运输、邮寄、储存、持有、私藏、走私以压缩气体为动力且枪口比动能较低的枪支的行为,在决定是否追究刑事责任以及如何裁量刑罚时,不仅应当考虑涉案枪支的数量,而且应当充分考虑涉案枪支的外观、材质、发射物、购买场所和渠道、价格、用途、致伤力大小、是否易于通过改制提升致伤力,以及行为人的主观认知、动机目的、一贯表现、违法所得、是否规避调查等情节,综合评估社会危害性,坚持主客观相统一,确保罪责刑相适应。

二、对于非法制造、买卖、运输、邮寄、储存、持有、私藏、走私气枪铅弹的行为,在决定是否追究刑事责任以及如何裁量刑罚时,应当综合考虑气枪铅弹的数量、用途以及行为人的动机目的、一贯表现、违法所得、是否规避调查等情节,综合评估社会危害性,确保罪责刑相适应。

★非法买卖未爆弹药的刑事责任

《最高人民法院、最高人民检察院、公安部、商务部、国家市场监督管理总局、中央军委后勤保障部、中央军委装备发展部、中央军委训练管理部、中央军委国防动员部关于军地共同加强部队训练场未爆弹药安全风险防控的意见》(2022年10月22日 军训〔2022〕181号)

(十三)打击违法犯罪。非法进入训练场、不听制止的,破坏训练场围墙、围网等周界防护设施的,依照军事设施保护法的有关规定处罚,符合刑法第三百六十九条第一款、第三百七十一条规定的,分别以破坏军事设施罪、聚众冲击军事禁区罪、聚众扰乱军事管理区秩序罪定罪处罚。挖捡、非法买卖未爆弹药,符合刑法第一百二十七条第一款、第一百二十五条第一款规定的,分别以盗窃弹药、爆炸物罪和非法买卖弹药、爆炸物罪定罪处罚。非法买卖未爆弹药拆解的炮弹引信、火炸药,符合刑法第一百二十五条第一款规定的,以非法买卖弹药、爆炸物罪定罪处罚。非法进入训练场挖捡炮弹残片,符合刑法第二百六十四条规定的,以盗窃罪定罪处罚。因敲击、拆解未爆弹药等行为引发爆炸,符合刑法第一百一十五条第二款、第二百三十三条、第二百三十五条规定的,分别以过失爆炸罪、过失致人死亡罪、过失致人重伤罪定罪处罚。明知是非法拆解的未爆弹药或者非法挖捡的炮弹残片及其所产生的收益而窝藏、转移、代为销售或者以其他方法掩饰、隐瞒，符合刑法第三百一十二条规定的，以掩饰、隐瞒犯罪所得、犯罪所得收益罪定罪处罚。有非法挖捡买卖行为，经教育后确有悔改表现，上交未爆弹药、炮弹残片或者销售炮弹残片违法所得的，可以依法从宽处罚；情节显著轻微危害不大不构成犯罪、构成违反治安管理行为的，依法给予治安管理处罚。

第一百二十六条　【违规制造、销售枪支罪】依法被指定、确定的枪支制造企业、销售企业，违反枪支管理规定，有下列行为之一的，对单位判处罚金，并对其直接负责的主管人员和其他直接责任人员，处五年以下有期徒刑；情节严重的，处五年以上十年以下有期徒刑；情节特别严重的，处十年以上有期徒刑或者无期徒刑：

（一）以非法销售为目的，超过限额或者不按照规定的品种制造、配售枪支的；

（二）以非法销售为目的，制造无号、重号、假号的枪支的；

（三）非法销售枪支或者在境内销售为出口制造的枪支的。

立法动态

本条源自《中华人民共和国刑法》（1997 年 3 月 14 日第八届全国人民代表大会第五次会议修订，自 1997 年 10 月 1 日起施行）。

立案标准

《最高人民检察院、公安部关于公安机关管辖的刑事案件立案追诉标准的规定（一）》（2017 年 4 月 27 日修正　公通字〔2017〕12 号）

第三条　［违规制造、销售枪支案（刑法第一百二十六条）］依法被指定、确定的枪支制造企业、销售企业，违反枪支管理规定，以非法销售为目的，超过限额或者不按照规定的品种制造、配售枪支，或者以非法销售为目的,制造无号、重号、假号的枪支,或者非法销售枪支或者在境内销售为出口制造的枪支,涉嫌下列情形之一的,应予立案追诉:

(一)违规制造枪支五支以上的;

(二)违规销售枪支二支以上的;

(三)虽未达到上述数量标准,但具有造成严重后果等其他恶劣情节的。

本条和本规定第四条、第七条规定的"枪支",包括枪支散件。成套枪支散件,以相应数量的枪支计;非成套枪支散件,以每三十件为一成套枪支散件计。

适用要点与裁判依据

★本罪的构成要件及"情节严重""情节特别严重"的认定

《最高人民法院关于审理非法制造、买卖、运输枪支、弹药、爆炸物等刑事案件具体应用法律若干问题的解释》(2009年11月16日法释〔2009〕18号)

第三条 依法被指定或者确定的枪支制造、销售企业,实施刑法第一百二十六条规定的行为,具有下列情形之一的,以违规制造、销售枪支罪定罪处罚:

(一)违规制造枪支五支以上的;

(二)违规销售枪支二支以上的;

(三)虽未达到上述最低数量标准,但具有造成严重后果等其他恶劣情节的。

具有下列情形之一的,属于刑法第一百二十六条规定的"情节严重":

(一)违规制造枪支二十支以上的;

(二)违规销售枪支十支以上的;

(三)达到本条第一款规定的最低数量标准,并具有造成严重后果等其他恶劣情节的。

具有下列情形之一的，属于刑法第一百二十六条规定的“情节特别严重”：

（一）违规制造枪支五十支以上的；

（二）违规销售枪支三十支以上的；

（三）达到本条第二款规定的最低数量标准，并具有造成严重后果等其他恶劣情节的。

第一百二十七条 【盗窃、抢夺枪支、弹药、爆炸物、危险物质罪】盗窃、抢夺枪支、弹药、爆炸物的，或者盗窃、抢夺毒害性、放射性、传染病病原体等物质，危害公共安全的，处三年以上十年以下有期徒刑；情节严重的，处十年以上有期徒刑、无期徒刑或者死刑。

【抢劫枪支、弹药、爆炸物、危险物质罪】抢劫枪支、弹药、爆炸物的，或者抢劫毒害性、放射性、传染病病原体等物质，危害公共安全的，或者盗窃、抢夺国家机关、军警人员、民兵的枪支、弹药、爆炸物的，处十年以上有期徒刑、无期徒刑或者死刑。

立法动态

本条源自《中华人民共和国刑法》（1997 年 3 月 14 日第八届全国人民代表大会第五次会议修订，自 1997 年 10 月 1 日起施行）。

本条根据《中华人民共和国刑法修正案（三）》（自 2001 年 12 月 29 日起施行）第六条修改。

原本条规定为：第一百二十七条 （第一款）盗窃、抢夺枪支、弹药、爆炸物的，处三年以上十年以下有期徒刑；情节严重的，处十年以上有期徒刑、无期徒刑或者死刑。（第二款）抢劫枪支、弹药、爆炸物或者盗窃、抢夺国家机关、军警人员、民兵的枪支、弹药、爆炸物的，处十年以上有期徒刑、无期徒刑或者死刑。

本条修改的主要内容为：将盗窃、抢夺、抢劫的对象由“枪支、弹药、爆炸物”扩展为“枪支、弹药、爆炸物或者毒害性、放射性、传染病病原体等物质”。

适用要点与裁判依据

★盗窃、抢夺枪支、弹药、爆炸物罪的构成要件及“情节严重”的认定标准

《最高人民法院关于审理非法制造、买卖、运输枪支、弹药、爆炸物等刑事案件具体应用法律若干问题的解释》(2009 年 11 月16 日 法释〔2009〕18 号)

第四条 盗窃、抢夺枪支、弹药、爆炸物,具有下列情形之一的,依照刑法第一百二十七条第一款的规定,以盗窃、抢夺枪支、弹药、爆炸物罪定罪处罚:

(一)盗窃、抢夺以火药为动力的发射枪弹非军用枪支一支以上或者以压缩气体等为动力的其他非军用枪支二支以上的;

(二)盗窃、抢夺军用子弹十发以上、气枪铅弹五百发以上或者其他非军用子弹一百发以上的;

(三)盗窃、抢夺爆炸装置的;

(四)盗窃、抢夺炸药、发射药、黑火药一千克以上或者烟火药三千克以上、雷管三十枚以上或者导火索、导爆索三十米以上的;

(五)虽未达到上述最低数量标准,但具有造成严重后果等其他恶劣情节的。

具有下列情形之一的,属于刑法第一百二十七条第一款规定的“情节严重”:

(一)盗窃、抢夺枪支、弹药、爆炸物的数量达到本条第一款规定的最低数量标准五倍以上的;

(二)盗窃、抢夺军用枪支的;

(三)盗窃、抢夺手榴弹的;

(四)盗窃、抢夺爆炸装置,危害严重的;

（五）达到本条第一款规定的最低数量标准，并具有造成严重后果等其他恶劣情节的。

★抢劫、抢夺民警枪支的刑事责任

《最高人民法院、最高人民检察院、公安部关于依法惩治袭警违法犯罪行为的指导意见》（2020年1月10日）

四、抢劫、抢夺民警枪支，符合刑法第一百二十七条第二款规定的，应当以抢劫枪支罪、抢夺枪支罪定罪。

五、民警在非工作时间，依照《中华人民共和国人民警察法》等法律履行职责的，应当视为执行职务。

★挖捡未爆弹药的，以盗窃弹药、爆炸物罪定罪处罚

《最高人民法院、最高人民检察院、公安部、商务部、国家市场监督管理总局、中央军委后勤保障部、中央军委装备发展部、中央军委训练管理部、中央军委国防动员部关于军地共同加强部队训练场未爆弹药安全风险防控的意见》（2022年10月22日　军训〔2022〕181号）

（十三）打击违法犯罪。非法进入训练场、不听制止的，破坏训练场围墙、围网等周界防护设施的，依照军事设施保护法的有关规定处罚，符合刑法第三百六十九条第一款、第三百七十一条规定的，分别以破坏军事设施罪、聚众冲击军事禁区罪、聚众扰乱军事管理区秩序罪定罪处罚。挖捡、非法买卖未爆弹药，符合刑法第一百二十七条第一款、第一百二十五条第一款规定的，分别以盗窃弹药、爆炸物罪和非法买卖弹药、爆炸物罪定罪处罚。非法买卖未爆弹药拆解的炮弹引信、火炸药，符合刑法第一百二十五条第一款规定的，以非法买卖弹药、爆炸物罪定罪处罚。非法进入训练场挖捡炮弹残片，符合刑法第二百六十四条规定的，以盗窃罪定罪处罚。因敲击、拆解未爆弹药等行为引发爆炸，符合刑法第一百一十五条第二款、第二百三十三条、第二百三十五条规定的，分别以过失爆炸罪、过失致人死亡罪、过失致人重伤罪定罪处罚。明知是非法拆解的未爆弹药或者非法挖捡的炮弹残片及其所产生的收益而窝藏、转移、代为销售或者以其他方法掩饰、隐瞒，符合刑法第三百一十二条规定的，以掩饰、隐瞒犯罪所得、犯罪所得收益罪定罪处罚。有非法挖捡买卖行为，经教育后确有悔改表现，上交未爆弹药、炮弹残片或者销售炮弹残片违法所得的，可以依法从宽处罚；情节显著轻微危害不大不构成犯罪、构成违反治安管理行为的，依法给予治安管理处罚。

第一百二十八条 【非法持有、私藏枪支、弹药罪】违反枪支管理规定，非法持有、私藏枪支、弹药的，处三年以下有期徒刑、拘役或者管制；情节严重的，处三年以上七年以下有期徒刑。

【非法出租、出借枪支罪】依法配备公务用枪的人员，非法出租、出借枪支的，依照前款的规定处罚。

【非法出租、出借枪支罪】依法配置枪支的人员，非法出租、出借枪支，造成严重后果的，依照第一款的规定处罚。

单位犯第二款、第三款罪的，对单位判处罚金，并对其直接负责的主管人员和其他直接责任人员，依照第一款的规定处罚。

立法动态

本条源自《中华人民共和国刑法》(1997年3月14日第八届全国人民代表大会第五次会议修订，自1997年10月1日起施行)。

立案标准

《最高人民检察院、公安部关于公安机关管辖的刑事案件立案追诉标准的规定(一)》(2017年4月27日修正 公通字〔2017〕12号)

第四条 ［非法持有、私藏枪支、弹药案(刑法第一百二十八条第一款)］违反枪支管理规定，非法持有、私藏枪支、弹药，涉嫌下列情形之一的，应予立案追诉：

(一)非法持有、私藏军用枪支一支以上的；

(二)非法持有、私藏以火药为动力发射枪弹的非军用枪支一支

以上,或者以压缩气体等为动力的其他非军用枪支二支以上的;

(三)非法持有、私藏军用子弹二十发以上、气枪铅弹一千发以上或者其他非军用子弹二百发以上的;

(四)非法持有、私藏手榴弹、炸弹、地雷、手雷等具有杀伤性弹药一枚以上的;

(五)非法持有、私藏的弹药造成人员伤亡、财产损失的。

本条规定的"非法持有",是指不符合配备、配置枪支、弹药条件的人员,擅自持有枪支、弹药的行为;"私藏",是指依法配备、配置枪支、弹药的人员,在配备、配置枪支、弹药的条件消除后,私自藏匿所配备、配置的枪支、弹药且拒不交出的行为。

第五条 [非法出租、出借枪支案(刑法第一百二十八条第二、三、四款)]依法配备公务用枪的人员或单位,非法将枪支出租、出借给未取得公务用枪配备资格的人员或单位,或者将公务用枪用作借债质押物的,应予立案追诉。依法配备公务用枪的人员或单位,非法将枪支出租、出借给具有公务用枪配备资格的人员或单位,以及依法配置民用枪支的人员或单位,非法出租、出借民用枪支,涉嫌下列情形之一的,应予立案追诉:

(一)造成人员轻伤以上伤亡事故的;

(二)造成枪支丢失、被盗、被抢的;

(三)枪支被他人利用进行违法犯罪活动的;

(四)其他造成严重后果的情形。

适用要点与裁判依据

★非法持有、私藏枪支、弹药罪的构成要件及"情节严重"的认定标准

《最高人民法院关于审理非法制造、买卖、运输枪支、弹药、爆炸物等刑事案件具体应用法律若干问题的解释》(2009年11月16日 法释〔2009〕18号)

第五条 具有下列情形之一的,依照刑法第一百二十八条第一款的规定，以非法持有、私藏枪支、弹药罪定罪处罚：

（一）非法持有、私藏军用枪支一支的；

（二）非法持有、私藏以火药为动力发射枪弹的非军用枪支一支或者以压缩气体等为动力的其他非军用枪支二支以上的；

（三）非法持有、私藏军用子弹二十发以上，气枪铅弹一千发以上或者其他非军用子弹二百发以上的；

（四）非法持有、私藏手榴弹一枚以上的；

（五）非法持有、私藏的弹药造成人员伤亡、财产损失的。

具有下列情形之一的，属于刑法第一百二十八条第一款规定的"情节严重"：

（一）非法持有、私藏军用枪支二支以上的；

（二）非法持有、私藏以火药为动力发射枪弹的非军用枪支二支以上或者以压缩气体等为动力的其他非军用枪支五支以上的；

（三）非法持有、私藏军用子弹一百发以上，气枪铅弹五千发以上或者其他非军用子弹一千发以上的；

（四）非法持有、私藏手榴弹三枚以上的；

（五）达到本条第一款规定的最低数量标准，并具有造成严重后果等其他恶劣情节的。

★"非法储存""非法持有""私藏"的认定

《最高人民法院关于审理非法制造、买卖、运输枪支、弹药、爆炸物等刑事案件具体应用法律若干问题的解释》（2009年11月16日　法释〔2009〕18号）

第八条　刑法第一百二十五条第一款规定的"非法储存"，是指明知是他人非法制造、买卖、运输、邮寄的枪支、弹药而为其存放的行为，或者非法存放爆炸物的行为。

刑法第一百二十八条第一款规定的"非法持有"，是指不符合配备、配置枪支、弹药条件的人员，违反枪支管理法律、法规的规定，擅自持有枪支、弹药的行为。

刑法第一百二十八条第一款规定的"私藏"，是指依法配备、配置枪支、弹药的人员，在配备、配置枪支、弹药的条件消除后，违反枪支管理法律、法规的规定，私自藏匿所配备、配置的枪支、弹药且拒不交出的行为。

第一百二十九条　【丢失枪支不报罪】依法配备公务用枪的人员，丢失枪支不及时报告，造成严重后果的，处三年以下有期徒刑或者拘役。

立法动态

本条源自《中华人民共和国刑法》（1997年3月14日第八届全国人民代表大会第五次会议修订，自1997年10月1日起施行）。

立案标准

《最高人民检察院、公安部关于公安机关管辖的刑事案件立案追诉标准的规定（一）》（2017年4月27日修正　公通字〔2017〕12号）

第六条　［丢失枪支不报案（刑法第一百二十九条）］依法配备公务用枪的人员，丢失枪支不及时报告，涉嫌下列情形之一的，应予立案追诉：

（一）丢失的枪支被他人使用造成人员轻伤以上伤亡事故的；

（二）丢失的枪支被他人利用进行违法犯罪活动的；

（三）其他造成严重后果的情形。

第一百三十条　【非法携带枪支、弹药、管制刀具、危险物品危及公共安全罪】非法携带枪支、弹药、管制刀具或者爆炸性、易燃性、放射性、毒害性、腐蚀性物品，进入公共场所或者公共交通工具，危及公共安全，情节严重的，处三年以下有期徒刑、拘役或者管制。

立法动态

本条源自《中华人民共和国刑法》(1997 年 3 月 14 日第八届全国人民代表大会第五次会议修订,自 1997 年 10 月 1 日起施行)。

立案标准

《最高人民检察院、公安部关于公安机关管辖的刑事案件立案追诉标准的规定(一)》(2017 年 4 月 27 日修正 公通字〔2017〕12 号)

第七条 [非法携带枪支、弹药、管制刀具、危险物品危及公共安全案(刑法第一百三十条)]非法携带枪支、弹药、管制刀具或者爆炸性、易燃性、放射性、毒害性、腐蚀性物品,进入公共场所或者公共交通工具,危及公共安全,涉嫌下列情形之一的,应予立案追诉:

(一)携带枪支一支以上或者手榴弹、炸弹、地雷、手雷等具有杀伤性弹药一枚以上的;

(二)携带爆炸装置一套以上的;

(三)携带炸药、发射药、黑火药五百克以上或者烟火药一千克以上、雷管二十枚以上或者导火索、导爆索二十米以上,或者虽未达到上述数量标准,但拒不交出的;

(四)携带的弹药、爆炸物在公共场所或者公共交通工具上发生爆炸或者燃烧,尚未造成严重后果的;

(五)携带管制刀具二十把以上,或者虽未达到上述数量标准,但拒不交出,或者用来进行违法活动尚未构成其他犯罪的;

(六)携带的爆炸性、易燃性、放射性、毒害性、腐蚀性物品在公共场所或者公共交通工具上发生泄漏、遗洒,尚未造成严重后果的;

(七)其他情节严重的情形。

适用要点与裁判依据

★非法携带枪支、弹药、管制器具等进入医疗机构，危及公共安全，情节严重的刑事责任

《最高人民法院、最高人民检察院、公安部、司法部、国家卫生和计划生育委员会关于依法惩处涉医违法犯罪维护正常医疗秩序的意见》（2014 年 4 月 22 日　法发〔2014〕5 号）

二、严格依法惩处涉医违法犯罪

（五）非法携带枪支、弹药、管制器具或者爆炸性、放射性、毒害性、腐蚀性物品进入医疗机构的，依照治安管理处罚法第三十条、第三十二条的规定处罚；危及公共安全情节严重，构成非法携带枪支、弹药、管制刀具、危险物品危及公共安全罪的，依照刑法的有关规定定罪处罚。

第一百三十一条　【重大飞行事故罪】航空人员违反规章制度，致使发生重大飞行事故，造成严重后果的，处三年以下有期徒刑或者拘役；造成飞机坠毁或者人员死亡的，处三年以上七年以下有期徒刑。

立法动态

本条源自《中华人民共和国刑法》（1997 年 3 月 14 日第八届全国人民代表大会第五次会议修订，自 1997 年 10 月 1 日起施行）。

第一百三十二条　【铁路运营安全事故罪】铁路职工违反规章制度，致使发生铁路运营安全事故，造成严重后果的，处三年以下有期徒刑或者拘役；造成特别严重后果的，处三年以上七年以下有期徒刑。

立法动态

本条源自《中华人民共和国刑法》(1997 年 3 月 14 日第八届全国人民代表大会第五次会议修订,自 1997 年 10 月 1 日起施行)。

适用要点与裁判依据

★“造成严重后果”“发生重大伤亡事故或者造成其他严重后果”的认定标准

《最高人民法院、最高人民检察院关于办理危害生产安全刑事案件适用法律若干问题的解释》(2015 年 12 月 14 日 法释〔2015〕22 号)

第六条第一款 实施刑法第一百三十二条、第一百三十四条第一款、第一百三十五条、第一百三十五条之一、第一百三十六条、第一百三十九条规定的行为,因而发生安全事故,具有下列情形之一的,应当认定为“造成严重后果”或者“发生重大伤亡事故或者造成其他严重后果”,对相关责任人员,处三年以下有期徒刑或者拘役:

(一)造成死亡一人以上,或者重伤三人以上的;

(二)造成直接经济损失一百万元以上的;

(三)其他造成严重后果或者重大安全事故的情形。

★犯本罪,对相关责任人员,处三年以上七年以下有期徒刑的情形

《最高人民法院、最高人民检察院关于办理危害生产安全刑事案件适用法律若干问题的解释》(2015 年 12 月 14 日 法释〔2015〕22 号)

第七条第一款 实施刑法第一百三十二条、第一百三十四条第一款、第一百三十五条、第一百三十五条之一、第一百三十六条、第一百三十九条规定的行为,因而发生安全事故,具有下列情形之一的,对相关责任人员,处三年以上七年以下有期徒刑:

(一)造成死亡三人以上或者重伤十人以上,负事故主要责任的;

(二)造成直接经济损失五百万元以上,负事故主要责任的;

（三）其他造成特别严重后果、情节特别恶劣或者后果特别严重的情形。

★犯本罪，应当从重处罚的七种情形

《最高人民法院、最高人民检察院关于办理危害生产安全刑事案件适用法律若干问题的解释》（2015年12月14日　法释〔2015〕22号）

第十二条第一款　实施刑法第一百三十二条、第一百三十四条至第一百三十九条之一规定的犯罪行为，具有下列情形之一的，从重处罚：

（一）未依法取得安全许可证件或者安全许可证件过期、被暂扣、吊销、注销后从事生产经营活动的；

（二）关闭、破坏必要的安全监控和报警设备的；

（三）已经发现事故隐患，经有关部门或者个人提出后，仍不采取措施的；

（四）一年内曾因危害生产安全违法犯罪活动受过行政处罚或者刑事处罚的；

（五）采取弄虚作假、行贿等手段，故意逃避、阻挠负有安全监督管理职责的部门实施监督检查的；

（六）安全事故发生后转移财产意图逃避承担责任的；

（七）其他从重处罚的情形。

第一百三十三条　【交通肇事罪】违反交通运输管理法规，因而发生重大事故，致人重伤、死亡或者使公私财产遭受重大损失的，处三年以下有期徒刑或者拘役；交通运输肇事后逃逸或者有其他特别恶劣情节的，处三年以上七年以下有期徒刑；因逃逸致人死亡的，处七年以上有期徒刑。

有前两款行为，同时构成其他犯罪的，依照处罚较重的规定定罪处罚。

立法动态

本条源自《中华人民共和国刑法》(1997年3月14日第八届全国人民代表大会第五次会议修订,自1997年10月1日起施行)。

量刑指导

《最高人民法院、最高人民检察院关于常见犯罪的量刑指导意见(试行)》(2021年6月16日 法发〔2021〕21号)

四、常见犯罪的量刑

(一)交通肇事罪

1.构成交通肇事罪的,根据下列情形在相应的幅度内确定量刑起点:

(1)致人重伤、死亡或者使公私财产遭受重大损失的,在二年以下有期徒刑、拘役幅度内确定量刑起点。

(2)交通运输肇事后逃逸或者有其他特别恶劣情节的,在三年至五年有期徒刑幅度内确定量刑起点。

(3)因逃逸致一人死亡的,在七年至十年有期徒刑幅度内确定量刑起点。

2.在量刑起点的基础上,根据事故责任、致人重伤、死亡的人数或者财产损失的数额以及逃逸等其他影响犯罪构成的犯罪事实增加刑罚量,确定基准刑。

3.构成交通肇事罪的,综合考虑事故责任、危害后果、赔偿谅解等犯罪事实、量刑情节,以及被告人的主观恶性、人身危险性、认罪悔罪表现等因素,决定缓刑的适用。

适用要点与裁判依据

★交通肇事致人重伤、死亡、致使或者造成公共财产或者他人财产直接损失构成本罪的情形

《最高人民法院关于审理交通肇事刑事案件具体应用法律若干问题的解释》(2000 年 11 月 15 日 〔2000〕33 号)

第一条 从事交通运输人员或者非交通运输人员,违反交通运输管理法规发生重大交通事故,在分清事故责任的基础上,对于构成犯罪的,依照刑法第一百三十三条的规定定罪处罚。

第二条 交通肇事具有下列情形之一的,处三年以下有期徒刑或者拘役:

(一)死亡一人或者重伤三人以上,负事故全部或者主要责任的;

(二)死亡三人以上,负事故同等责任的;

(三)造成公共财产或者他人财产直接损失,负事故全部或者主要责任,无能力赔偿数额在三十万元以上的。

交通肇事致一人以上重伤,负事故全部或者主要责任,并具有下列情形之一的,以交通肇事罪定罪处罚:

(一)酒后、吸食毒品后驾驶机动车辆的;

(二)无驾驶资格驾驶机动车辆的;

(三)明知是安全装置不全或者安全机件失灵的机动车辆而驾驶的;

(四)明知是无牌证或者已报废的机动车辆而驾驶的;

(五)严重超载驾驶的;

(六)为逃避法律追究逃离事故现场的。

★“交通运输肇事后逃逸”的认定

《最高人民法院关于审理交通肇事刑事案件具体应用法律若干问题的解释》(2000 年 11 月 15 日 法释〔2000〕33 号)

第三条 “交通运输肇事后逃逸”,是指行为人具有本解释第二条第一款规定和第二款第(一)至(五)项规定的情形之一,在发生交通事故后,为逃避法律追究而逃跑的行为。

第
133
条

★交通肇事后“有其他特别恶劣情节”的认定及刑事责任

《最高人民法院关于审理交通肇事刑事案件具体应用法律若干问题的解释》(2000年11月15日　法释〔2000〕33号)

第四条　交通肇事具有下列情形之一的,属于“有其他特别恶劣情节”,处三年以上七年以下有期徒刑:

(一)死亡二人以上或者重伤五人以上,负事故全部或者主要责任的;

(二)死亡六人以上,负事故同等责任的;

(三)造成公共财产或者他人财产直接损失,负事故全部或者主要责任,无能力赔偿数额在六十万元以上的。

★交通肇事后“因逃逸致人死亡”的认定及刑事责任

《最高人民法院关于审理交通肇事刑事案件具体应用法律若干问题的解释》(2000年11月15日　法释〔2000〕33号)

第五条　“因逃逸致人死亡”,是指行为人在交通肇事后为逃避法律追究而逃跑,致使被害人因得不到救助而死亡的情形。

交通肇事后,单位主管人员、机动车辆所有人、承包人或者乘车人指使肇事人逃逸,致使被害人因得不到救助而死亡的,以交通肇事罪的共犯论处。

★交通肇事后将被害人带离事故现场后隐藏或者遗弃的刑事责任

《最高人民法院关于审理交通肇事刑事案件具体应用法律若干问题的解释》(2000年11月15日　法释〔2000〕33号)

第六条　行为人在交通肇事后为逃避法律追究,将被害人带离事故现场后隐藏或者遗弃,致使被害人无法得到救助而死亡或者严重残疾的,应当分别依照刑法第二百三十二条、第二百三十四条第二款的规定,以故意杀人罪或者故意伤害罪定罪处罚。

★指使、强令他人违章驾驶造成重大交通事故的刑事责任

《最高人民法院关于审理交通肇事刑事案件具体应用法律若干问题的解释》(2000年11月15日　法释〔2000〕33号)

第七条　单位主管人员、机动车辆所有人或者机动车辆承包人指使、强令他人违章驾驶造成重大交通事故，具有本解释第二条规定情形之一的，以交通肇事罪定罪处罚。

★在实行公共交通管理的范围内发生重大交通事故的刑事责任

《最高人民法院关于审理交通肇事刑事案件具体应用法律若干问题的解释》(2000年11月15日 法释〔2000〕33号)

第八条 在实行公共交通管理的范围内发生重大交通事故的，依照刑法第一百三十三条和本解释的有关规定办理。

在公共交通管理的范围外，驾驶机动车辆或者使用其他交通工具致人伤亡或者致使公共财产或者他人财产遭受重大损失，构成犯罪的，分别依照刑法第一百三十四条、第一百三十五条、第二百三十三条等规定定罪处罚。

★"造成公共财产或者他人财产直接损失"的起点数额标准

《最高人民法院关于审理交通肇事刑事案件具体应用法律若干问题的解释》(2000年11月15日 法释〔2000〕33号)

第九条 各省、自治区、直辖市高级人民法院可以根据本地实际情况，在三十万元至六十万元、六十万元至一百万元的幅度内，确定本地区执行本解释第二条第一款第(三)项、第四条第(三)项的起点数额标准，并报最高人民法院备案。

★实施"碰瓷"因而发生重大事故，致人重伤、死亡或者使公私财物遭受重大损失的刑事责任

《最高人民法院、最高人民检察院、公安部关于依法办理"碰瓷"违法犯罪案件的指导意见》(2020年9月22日 公通字〔2020〕12号)

六、实施"碰瓷"，驾驶机动车对其他机动车进行追逐、冲撞、挤别、拦截或者突然加减速、急刹车等可能影响交通安全的行为，因而发生重大事故，致人重伤、死亡或者使公私财物遭受重大损失，符合刑法第一百三十三条规定的，以交通肇事罪定罪处罚。

第一百三十三条之一 【危险驾驶罪】在道路上驾驶机动车，有下列情形之一的，处拘役，并处罚金：

（一）追逐竞驶，情节恶劣的；

（二）醉酒驾驶机动车的；

（三）从事校车业务或者旅客运输，严重超过额定乘员载客，或者严重超过规定时速行驶的；

（四）违反危险化学品安全管理规定运输危险化学品，危及公共安全的。

机动车所有人、管理人对前款第三项、第四项行为负有直接责任的，依照前款的规定处罚。

有前两款行为，同时构成其他犯罪的，依照处罚较重的规定定罪处罚。

立法动态

本条根据《中华人民共和国刑法修正案（八）》（自2011年5月1日起施行）第二十二条增加，并根据《中华人民共和国刑法修正案（九）》（自2015年11月1日起施行）第八条修改。

原本条规定为：第一百三十三条之一 （第一款）在道路上驾驶机动车追逐竞驶，情节恶劣的，或者在道路上醉酒驾驶机动车的，处拘役，并处罚金。（第二款）有前款行为，同时构成其他犯罪的，依照处罚较重的规定定罪处罚。

本条修改的主要内容为：一是将本条第一款“追逐竞驶，情节恶劣的，或者在道路上醉酒驾驶机动车的”分解为第（一）、（二）项；二是增加“从事校车业务或者旅客运输，严重超过额定乘员载客，或者严重超过规定时速行驶的”并作为第（三）项；三是增加“违反危险化学品安全管理规定运输危险化学品，危及公共安全的”，作为第（四）项；四是增加规定机动车所有人、管理人的刑事责任作为第二款。

量刑指导

《最高人民法院、最高人民检察院关于常见犯罪的量刑指导意见（试行）》（2021 年 6 月 16 日　法发〔2021〕21 号）

四、常见犯罪的量刑

（二）危险驾驶罪

1. 构成危险驾驶罪的，依法在一个月至六个月拘役幅度内确定宣告刑。

2. 构成危险驾驶罪的，根据危险驾驶行为、实际损害后果等犯罪情节，综合考虑被告人缴纳罚金的能力，决定罚金数额。

3. 构成危险驾驶罪的，综合考虑危险驾驶行为、危害后果等犯罪事实、量刑情节，以及被告人主观恶性、人身危险性、认罪悔罪表现等因素，决定缓刑的适用。

适用要点与裁判依据

★危险驾驶罪的构成要件及“道路”“机动车”的认定

《最高人民法院、最高人民检察院、公安部关于办理醉酒驾驶机动车刑事案件适用法律若干问题的意见》（2013 年 12 月 28 日　法发〔2013〕15 号）

一、在道路上驾驶机动车，血液酒精含量达到 80 毫克/100 毫升以上的，属于醉酒驾驶机动车，依照刑法第一百三十三条之一第一款的规定，以危险驾驶罪定罪处罚。

前款规定的“道路”“机动车”，适用道路交通安全法的有关规定。

★犯本罪，应当“从重处罚”的八种情形

《最高人民法院、最高人民检察院、公安部关于办理醉酒驾驶机动车刑事案件适用法律若干问题的意见》（2013 年 12 月 28 日　法发〔2013〕15 号）

二、醉酒驾驶机动车，具有下列情形之一的，依照刑法第一百三十三条之一第一款的规定，从重处罚：

（一）造成交通事故且负事故全部或者主要责任，或者造成交通事故后逃逸，尚未构成其他犯罪的；

（二）血液酒精含量达到200毫克/100毫升以上的；

（三）在高速公路、城市快速路上驾驶的；

（四）驾驶载有乘客的营运机动车的；

（五）有严重超员、超载或者超速驾驶，无驾驶资格驾驶机动车，使用伪造或者变造的机动车牌证等严重违反道路交通安全法的行为的；

（六）逃避公安机关依法检查，或者拒绝、阻碍公安机关依法检查尚未构成其他犯罪的；

（七）曾因酒后驾驶机动车受过行政处罚或者刑事追究的；

（八）其他可以从重处罚的情形。

★犯本罪，应当数罪并罚的情形

《最高人民法院、最高人民检察院、公安部关于办理醉酒驾驶机动车刑事案件适用法律若干问题的意见》（2013年12月28日　法发〔2013〕15号）

三、醉酒驾驶机动车，以暴力、威胁方法阻碍公安机关依法检查，又构成妨害公务罪等其他犯罪的，依照数罪并罚的规定处罚。

★犯本罪，判处罚金数额的确定

《最高人民法院、最高人民检察院、公安部关于办理醉酒驾驶机动车刑事案件适用法律若干问题的意见》（2013年12月28日　法发〔2013〕15号）

四、对醉酒驾驶机动车的被告人判处罚金，应当根据被告人的醉酒程度、是否造成实际损害、认罪悔罪态度等情况，确定与主刑相适应的罚金数额。

★对酒精含量的确定

《最高人民法院、最高人民检察院、公安部关于办理醉酒驾驶机动车刑事案件适用法律若干问题的意见》（2013年12月28日　法发〔2013〕15号）

五、公安机关在查处醉酒驾驶机动车的犯罪嫌疑人时，对查获经过、呼气酒精含量检验和抽取血样过程应当制作记录；有条件的，应当拍照、录音或者录像；有证人的，应当收集证人证言。

六、血液酒精含量检验鉴定意见是认定犯罪嫌疑人是否醉酒的依据。犯罪嫌疑人经呼气酒精含量检验达到本意见第一条规定的醉酒标准，在抽取血样之前脱逃的，可以以呼气酒精含量检验结果作为认定其醉酒的依据。

犯罪嫌疑人在公安机关依法检查时，为逃避法律追究，在呼气酒精含量检验或者抽取血样前又饮酒，经检验其血液酒精含量达到本意见第一条规定的醉酒标准的，应当认定为醉酒。

★对酒精含量的测定适用标准

《司法部司法鉴定管理局关于车辆驾驶人员血液中酒精含量测定适用标准有关意见的函》（2018年5月3日　司鉴函〔2018〕5号）

根据国家标准《车辆驾驶人员血液、呼气酒精含量阈值与检验（GB 19522—2010）》（国家质检总局、国家标准委2011年1月14日发布，2011年7月1日起实施）和《关于批准发布GB 19522—2010〈车辆驾驶人员血液、呼气酒精含量阈值与检验〉国家标准第1号修改单的公告》（国家标准委2017年2月28日印发）的规定，车辆驾驶人员血液中酒精含量检验方法按照GA/T 1073或者GA/T 842的规定，强制执行。

《生物样品血液、尿液中乙醇、甲醇、正丙醇、乙醛、丙酮、异丙醇和正丁醇的顶空—气相色谱检验方法》（GA/T 1073—2013）和《血液中乙醇的测定顶空气相色谱法》（SF/ZJD 0107001—2016）均为司法部司法鉴定科学研究院（原司法部司法鉴定科学技术研究所）起草制定，在对人体血液中酒精含量进行测定时，两种方法具有同一性。

司法鉴定机构接受委托对车辆驾驶人员血液中酒精含量进行检测，是司法鉴定机构服务诉讼和行政执法活动的一项重要职责任务。为正确适用标准，保障诉讼和行政执法活动顺利进行，司法鉴定机构对车辆驾驶人员血液中酒精含量进行检测时，应当按照国家标准GB 19522的要求，采用GA/T 1073或者GA/T 842的规定。

第一百三十三条之二　【妨害安全驾驶罪】对行驶中的公共交通工具的驾驶人员使用暴力或者抢控驾驶操纵装置，干扰公共交通工具正常行驶，危及公共安全的，处一年以下有期徒刑、拘役或者管制，并处或者单处罚金。

前款规定的驾驶人员在行驶的公共交通工具上擅离职守，与他人互殴或者殴打他人，危及公共安全的，依照前款的规定处罚。

有前两款行为，同时构成其他犯罪的，依照处罚较重的规定定罪处罚。

立法动态

本条根据《中华人民共和国刑法修正案（十一）》（自 2021 年 3 月 1 日起施行）第二条增加。

第一百三十四条　【重大责任事故罪】在生产、作业中违反有关安全管理的规定，因而发生重大伤亡事故或者造成其他严重后果的，处三年以下有期徒刑或者拘役；情节特别恶劣的，处三年以上七年以下有期徒刑。

【强令、组织他人违章冒险作业罪】强令他人违章冒险作业，或者明知存在重大事故隐患而不排除，仍冒险组织作业，因而发生重大伤亡事故或者造成其他严重后果的，处五年以下有期徒刑或者拘役；情节特别恶劣的，处五年以上有期徒刑。

立法动态

本条源自《中华人民共和国刑法》（1997 年 3 月 14 日第八届全国人民代表大会第五次会议修订，自 1997 年 10 月 1 日起施行）。

本条经全国人大常委会两次修改。

原本条只有一款，内容为：第一百三十条　工厂、矿山、林场、建筑企业或者其他企业、事业单位的职工，由于不服管理、违反规章制度，或者强令工人违章冒险作业，因而发生重大伤亡事故或者造成其他严重后果的，处三年以下有期徒刑或者拘役；情节特别恶劣的，处三年以上七年以下有期徒刑。

本条第一次根据《中华人民共和国刑法修正案（六）》（自 2006 年 6 月 29 日起施行）第一条修改。本次修改的主要内容为：一是取消了“工厂、矿山、林场、建筑企业或者其他企业、事业单位的职工”犯罪主体的限制，二是将构成本罪的行为由“由于不服管理、违反规章制度，或者强令工人违章冒险作业”修改为“在生产、作业中违反有关安全管理的规定”。

本条第二次根据《中华人民共和国刑法修正案（十一）》（自 2021 年 3 月 1 日起施行）第三条对本条第二款内容作了修改。本次修改的主要内容为：将“强令他人违章冒险作业，因而发生重大伤亡事故或者造成其他严重后果”扩展为“强令他人违章冒险作业，或者明知存在重大事故隐患而不排除，仍冒险组织作业，因而发生重大伤亡事故或者造成其他严重后果”。

立案标准

《最高人民检察院、公安部关于公安机关管辖的刑事案件立案追诉标准的规定（一）》（2017 年 4 月 27 日修正　公通字〔2017〕12 号）

第八条　［重大责任事故案（刑法第一百三十四条第一款）］在生产、作业中违反有关安全管理的规定，涉嫌下列情形之一的，应予立案追诉：

（一）造成死亡一人以上，或者重伤三人以上；

（二）造成直接经济损失五十万元以上的；

（三）发生矿山生产安全事故，造成直接经济损失一百万元以上的；

（四）其他造成严重后果的情形。

第九条　［强令违章冒险作业案（刑法第一百三十四条第二款）］强令他人违章冒险作业，涉嫌下列情形之一的，应予立案追诉：

（一）造成死亡一人以上，或者重伤三人以上；

（二）造成直接经济损失五十万元以上的；

（三）发生矿山生产安全事故，造成直接经济损失一百万元以上的；

（四）其他造成严重后果的情形。

适用要点与裁判依据

★在公共交通管理范围外驾驶机动车辆致人伤亡等构成犯罪的刑事责任

《最高人民法院关于审理交通肇事刑事案件具体应用法律若干问题的解释》（2000年11月15日　法释〔2000〕33号）

第八条　在实行公共交通管理的范围内发生重大交通事故的，依照刑法第一百三十三条和本解释的有关规定办理。

在公共交通管理的范围外，驾驶机动车辆或者使用其他交通工具致人伤亡或者致使公共财产或者他人财产遭受重大损失，构成犯罪的，分别依照刑法第一百三十四条、第一百三十五条、第二百三十三条等规定定罪处罚。

★重大责任事故罪的犯罪主体

《最高人民法院、最高人民检察院关于办理危害生产安全刑事案件适用法律若干问题的解释》（2015年12月14日　法释〔2015〕22号）

第一条　刑法第一百三十四条第一款规定的犯罪主体，包括对生产、作业负有组织、指挥或者管理职责的负责人、管理人员、实际控制人、投资人等人员，以及直接从事生产、作业的人员。

★强令、组织他人违章冒险作业罪的犯罪主体

《最高人民法院、最高人民检察院关于办理危害生产安全刑事案件适用法律若干问题的解释》(2015年12月14日　法释〔2015〕22号)

第二条　刑法第一百三十四条第二款规定的犯罪主体,包括对生产、作业负有组织、指挥或者管理职责的负责人、管理人员、实际控制人、投资人等人员。

★"强令他人违章冒险作业"的认定

《最高人民法院、最高人民检察院关于办理危害生产安全刑事案件适用法律若干问题的解释》(2015年12月14日　法释〔2015〕22号)

第五条　明知存在事故隐患、继续作业存在危险,仍然违反有关安全管理的规定,实施下列行为之一的,应当认定为刑法第一百三十四条第二款规定的"强令他人违章冒险作业":

(一)利用组织、指挥、管理职权,强制他人违章作业的;

(二)采取威逼、胁迫、恐吓等手段,强制他人违章作业的;

(三)故意掩盖事故隐患,组织他人违章作业的;

(四)其他强令他人违章作业的行为。

★"造成严重后果"或者"发生重大伤亡事故或者造成其他严重后果"的认定

《最高人民法院、最高人民检察院关于办理危害生产安全刑事案件适用法律若干问题的解释》(2015年12月14日　法释〔2015〕22号)

第六条　实施刑法第一百三十二条、第一百三十四条第一款、第一百三十五条、第一百三十五条之一、第一百三十六条、第一百三十九条规定的行为,因而发生安全事故,具有下列情形之一的,应当认定为"造成严重后果"或者"发生重大伤亡事故或者造成其他严重后果",对相关责任人员,处三年以下有期徒刑或者拘役:

(一)造成死亡一人以上,或者重伤三人以上的;

（二）造成直接经济损失一百万元以上的；

（三）其他造成严重后果或者重大安全事故的情形。

实施刑法第一百三十四条第二款规定的行为，因而发生安全事故，具有本条第一款规定情形的，应当认定为“发生重大伤亡事故或者造成其他严重后果”，对相关责任人员，处五年以下有期徒刑或者拘役。

实施刑法第一百三十七条规定的行为，因而发生安全事故，具有本条第一款规定情形的，应当认定为“造成重大安全事故”，对直接责任人员，处五年以下有期徒刑或者拘役，并处罚金。

实施刑法第一百三十八条规定的行为，因而发生安全事故，具有本条第一款第一项规定情形的，应当认定为“发生重大伤亡事故”，对直接责任人员，处三年以下有期徒刑或者拘役。

★犯重大责任事故罪，对相关责任人员处三年以上七年以下有期徒刑的情形

《最高人民法院、最高人民检察院关于办理危害生产安全刑事案件适用法律若干问题的解释》（2015年12月14日 法释〔2015〕22号）

第七条 实施刑法第一百三十二条、第一百三十四条第一款、第一百三十五条、第一百三十五条之一、第一百三十六条、第一百三十九条规定的行为，因而发生安全事故，具有下列情形之一的，对相关责任人员，处三年以上七年以下有期徒刑：

（一）造成死亡三人以上或者重伤十人以上，负事故主要责任的；

（二）造成直接经济损失五百万元以上，负事故主要责任的；

（三）其他造成特别严重后果、情节特别恶劣或者后果特别严重的情形。

实施刑法第一百三十四条第二款规定的行为，因而发生安全事故，具有本条第一款规定情形的，对相关责任人员，处五年以上有期徒刑。

★犯本条之罪,应当从重处罚的七种情形

《最高人民法院、最高人民检察院关于办理危害生产安全刑事案件适用法律若干问题的解释》(2015年12月14日　法释〔2015〕22号)

第十二条　实施刑法第一百三十二条、第一百三十四条至第一百三十九条之一规定的犯罪行为,具有下列情形之一的,从重处罚:

(一)未依法取得安全许可证件或者安全许可证件过期、被暂扣、吊销、注销后从事生产经营活动的;

(二)关闭、破坏必要的安全监控和报警设备的;

(三)已经发现事故隐患,经有关部门或者个人提出后,仍不采取措施的;

(四)一年内曾因危害生产安全违法犯罪活动受过行政处罚或者刑事处罚的;

(五)采取弄虚作假、行贿等手段,故意逃避、阻挠负有安全监督管理职责的部门实施监督检查的;

(六)安全事故发生后转移财产意图逃避承担责任的;

(七)其他从重处罚的情形。

实施前款第五项规定的行为,同时构成刑法第三百八十九条规定的犯罪的,依照数罪并罚的规定处罚。

★犯本条之罪,可以酌情从轻处罚的情形

《最高人民法院、最高人民检察院关于办理危害生产安全刑事案件适用法律若干问题的解释》(2015年12月14日　法释〔2015〕22号)

第十三条　实施刑法第一百三十二条、第一百三十四条至第一百三十九条之一规定的犯罪行为,在安全事故发生后积极组织、参与事故抢救,或者积极配合调查、主动赔偿损失的,可以酌情从轻处罚。

★在生产、作业中违反规定,擅自移动窨井盖等,发生重大伤亡事故的刑事责任

《最高人民法院、最高人民检察院、公安部关于办理涉窨井盖相关刑事案件的指导意见》(2020年3月16日　高检发〔2020〕3号)

五、在生产、作业中违反有关安全管理的规定,擅自移动窨井盖或者未做好安全防护措施等,发生重大伤亡事故或者造成其他严重后果的,依照刑法第一百三十四条第一款的规定,以重大责任事故罪定罪处罚。

窨井盖建设、设计、施工、工程监理单位违反国家规定,降低工程质量标准,造成重大安全事故的,依照刑法第一百三十七条的规定,以工程重大安全事故罪定罪处罚。

★"强令他人违章冒险作业""冒险组织作业"的认定

《最高人民法院、最高人民检察院关于办理危害生产安全刑事案件适用法律若干问题的解释(二)》(2022年12月15日　法释〔2022〕19号)

第一条　明知存在事故隐患,继续作业存在危险,仍然违反有关安全管理的规定,有下列情形之一的,属于刑法第一百三十四条第二款规定的"强令他人违章冒险作业":

(一)以威逼、胁迫、恐吓等手段,强制他人违章作业的;

(二)利用组织、指挥、管理职权,强制他人违章作业的;

(三)其他强令他人违章冒险作业的情形。

明知存在重大事故隐患,仍然违反有关安全管理的规定,不排除或者故意掩盖重大事故隐患,组织他人作业的,属于刑法第一百三十四条第二款规定的"冒险组织作业"。

★以不正当手段"拒不执行"同时构成行贿罪的,实行数罪并罚

《最高人民法院、最高人民检察院关于办理危害生产安全刑事案件适用法律若干问题的解释(二)》(2022年12月15日　法释〔2022〕19号)

第三条　因存在重大事故隐患被依法责令停产停业、停止施工、停止使用有关设备、设施、场所或者立即采取排除危险的整改措施,有下列情形之一的,属于刑法第一百三十四条之一第二项规定的"拒不执行":

(一)无正当理由故意不执行各级人民政府或者负有安全生产监督管理职责的部门依法作出的上述行政决定、命令的;

（二）虚构重大事故隐患已经排除的事实，规避、干扰执行各级人民政府或者负有安全生产监督管理职责的部门依法作出的上述行政决定、命令的；

（三）以行贿等不正当手段，规避、干扰执行各级人民政府或者负有安全生产监督管理职责的部门依法作出的上述行政决定、命令的。

有前款第三项行为，同时构成刑法第三百八十九条行贿罪、第三百九十三条单位行贿罪等犯罪的，依照数罪并罚的规定处罚。

认定是否属于“拒不执行”，应当综合考虑行政决定、命令是否具有法律、行政法规等依据，行政决定、命令的内容和期限要求是否明确、合理，行为人是否具有按照要求执行的能力等因素进行判断。

★“重大事故隐患”的认定

《最高人民法院、最高人民检察院关于办理危害生产安全刑事案件适用法律若干问题的解释（二）》（2022年12月15日 法释〔2022〕19号）

第四条 刑法第一百三十四条第二款和第一百三十四条之一第二项规定的“重大事故隐患”，依照法律、行政法规、部门规章、强制性标准以及有关行政规范性文件进行认定。

刑法第一百三十四条之一第三项规定的“危险物品”，依照安全生产法第一百一十七条的规定确定。

对于是否属于“重大事故隐患”或者“危险物品”难以确定的，可以依据司法鉴定机构出具的鉴定意见、地市级以上负有安全生产监督管理职责的部门或者其指定的机构出具的意见，结合其他证据综合审查，依法作出认定。

类案检索指引

★对导致建筑物倒塌、坍塌事故发生负有首要责任的行为人顶格处刑

《杨某锵等重大责任事故、伪造国家机关证件、行贿案——依法严惩生产安全事故首要责任人》(2022年12月15日最高人民法院、最高人民检察院发布人民法院、检察机关依法惩治危害生产安全犯罪典型案例)

【典型意义】

一段时期以来,因为违法违规建设施工导致的用于经营活动的建筑物倒塌、坍塌事故时有发生,部分事故造成重大人员伤亡和高额财产损失,人民群众反应强烈。司法机关要加大对此类违法犯罪行为的打击力度,依法从严惩治建筑施工过程中存在的无证施工、随意改扩建、随意加层、擅自改变建筑物功能结构布局等违法违规行为,对于危及公共安全、构成犯罪的,要依法从严追究刑事责任。特别是对于导致建筑物倒塌、坍塌事故发生负有首要责任、行为构成重大责任事故罪等危害生产安全犯罪罪名的行为人,该顶格处刑的要在法定量刑幅度范围内顶格判处刑罚,充分体现从严惩处危害生产安全犯罪的总体政策,切实保障人民群众生命财产安全。

★对于受他人强令违章冒险作业的一线生产、作业人员,应当综合考虑确定刑事责任

《李某、王某华、焦某东等强令违章冒险作业、重大责任事故案——准确认定强令违章冒险作业罪》(2022年12月15日最高人民法院、最高人民检察院发布人民法院、检察机关依法惩治危害生产安全犯罪典型案例)

【典型意义】

对生产、作业负有组织、指挥或者管理职责的人员出于追求高额利润等目的,明知存在事故隐患,违背生产、作业人员的主观意愿,强令生产、作业人员违章冒险作业,极易导致发生重大事故,社会危害性大，应当予以从严惩处。《刑法修正案（六）》增设的刑法第134条第2款规定了强令违章冒险作业罪，“两高”《关于办理危害生产安全刑事案件适用法律若干问题的解释》第5条对强令违章冒险作业罪的行为方式作了列举式规定。《刑法修正案（十一）》对刑法第134条第2款规定的行为进行了扩充，罪名修改为强令、组织他人违章冒险作业罪。实践中，对生产、作业负有组织、指挥或者管理职责的人员虽未采取威逼、胁迫、恐吓等手段，但利用自己的组织、指挥、管理职权强制他人违章作业的，也可以构成强令违章冒险作业罪（强令他人违章冒险作业罪）。对于受他人强令违章冒险作业的一线生产、作业人员，应当综合考虑其所受到强令的程度、各自行为对引发事故所起作用大小，依法确定刑事责任。

第一百三十四条之一　【危险作业罪】在生产、作业中违反有关安全管理的规定，有下列情形之一，具有发生重大伤亡事故或者其他严重后果的现实危险的，处一年以下有期徒刑、拘役或者管制：

（一）关闭、破坏直接关系生产安全的监控、报警、防护、救生设备、设施，或者篡改、隐瞒、销毁其相关数据、信息的；

（二）因存在重大事故隐患被依法责令停产停业、停止施工、停止使用有关设备、设施、场所或者立即采取排除危险的整改措施，而拒不执行的；

（三）涉及安全生产的事项未经依法批准或者许可，擅自从事矿山开采、金属冶炼、建筑施工，以及危险物品生产、经营、储存等高度危险的生产作业活动的。

立法动态

本条根据《中华人民共和国刑法修正案（十一）》（自2021年3

月1日起施行)第四条新增。

适用要点与裁判依据

★以危险作业罪定罪处罚的四种情形

《最高人民法院、最高人民检察院、公安部、工业和信息化部、住房和城乡建设部、交通运输部、应急管理部、国家铁路局、中国民用航空局、国家邮政局关于依法惩治涉枪支、弹药、爆炸物、易燃易爆危险物品犯罪的意见》(2021年12月28日　法发〔2021〕35号)

二、正确认定犯罪

5.违反危险化学品安全管理规定,未经依法批准或者许可擅自从事易燃易爆危险物品道路运输活动,或者实施其他违反危险化学品安全管理规定通过道路运输易燃易爆危险物品的行为,危及公共安全的,依照刑法第一百三十三条之一第一款第四项的规定,以危险驾驶罪定罪处罚。

在易燃易爆危险物品生产、经营、储存等高度危险的生产作业活动中违反有关安全管理的规定,有下列情形之一,具有发生重大伤亡事故或者其他严重后果的现实危险的,依照刑法第一百三十四条之一第三项的规定,以危险作业罪定罪处罚:

(1)委托无资质企业或者个人储存易燃易爆危险物品的;

(2)在储存的普通货物中夹带易燃易爆危险物品的;

(3)将易燃易爆危险物品谎报或者匿报为普通货物申报、储存的;

(4)其他涉及安全生产的事项未经依法批准或者许可,擅自从事易燃易爆危险物品生产、经营、储存等活动的情形。

实施前两款行为,同时构成刑法第一百三十条规定之罪等其他犯罪的,依照处罚较重的规定定罪处罚;导致发生重大伤亡事故或者其他严重后果,符合刑法第一百三十四条、第一百三十五条、第一百三十六条等规定的,依照各该条的规定定罪从重处罚。

★构成本罪的犯罪主体的认定

《最高人民法院、最高人民检察院关于办理危害生产安全刑事案件适用法律若干问题的解释(二)》(2022 年 12 月 15 日 法释〔2022〕19 号)

第二条 刑法第一百三十四条之一规定的犯罪主体,包括对生产、作业负有组织、指挥或者管理职责的负责人、管理人员、实际控制人、投资人等人员,以及直接从事生产、作业的人员。

★"重大事故隐患""危险物品"的认定

《最高人民法院、最高人民检察院关于办理危害生产安全刑事案件适用法律若干问题的解释(二)》(2022 年 12 月 15 日 法释〔2022〕19 号)

第四条 刑法第一百三十四条第二款和第一百三十四条之一第二项规定的"重大事故隐患",依照法律、行政法规、部门规章、强制性标准以及有关行政规范性文件进行认定。

刑法第一百三十四条之一第三项规定的"危险物品",依照安全生产法第一百一十七条的规定确定。

对于是否属于"重大事故隐患"或者"危险物品"难以确定的,可以依据司法鉴定机构出具的鉴定意见、地市级以上负有安全生产监督管理职责的部门或者其指定的机构出具的意见,结合其他证据综合审查,依法作出认定。

★在生产、作业中违反有关安全管理的规定,因而发生重大伤亡事故或者造成其他严重后果的刑事责任

《最高人民法院、最高人民检察院关于办理危害生产安全刑事案件适用法律若干问题的解释(二)》(2022 年 12 月 15 日 法释〔2022〕19 号)

第五条 在生产、作业中违反有关安全管理的规定,有刑法第一百三十四条之一规定情形之一,因而发生重大伤亡事故或者造成其他严重后果,构成刑法第一百三十四条、第一百三十五条至第一百三十九条等规定的重大责任事故罪、重大劳动安全事故罪、危险物品肇事罪、工程重大安全事故罪等犯罪的，依照该规定定罪处罚。

★犯本罪，可以依法从宽处罚的情形

《最高人民法院、最高人民检察院关于办理危害生产安全刑事案件适用法律若干问题的解释（二）》（2022年12月15日　法释〔2022〕19号）

第十条　有刑法第一百三十四条之一行为，积极配合公安机关或者负有安全生产监督管理职责的部门采取措施排除事故隐患，确有悔改表现，认罪认罚的，可以依法从宽处罚；犯罪情节轻微不需要判处刑罚的，可以不起诉或者免予刑事处罚；情节显著轻微危害不大的，不作为犯罪处理。

第十一条　有本解释规定的行为，被不起诉或者免予刑事处罚，需要给予行政处罚、政务处分或者其他处分的，依法移送有关主管机关处理。

类案检索指引

★对专业性强、认定难度大的，可委托有关监管部门出具是否存在"现实危险"的评估意见

《辽宁省东港市于某香等人危险作业案》（2022年6月22日最高人民检察院发布检察机关落实"八号检察建议"典型案例）

【典型意义】

危险作业罪的依法准确适用，可以有效防患于未然，避免生产安全事故发生。认定生产作业中违反有关安全管理规定的行为是否构成危险作业罪，判断行为是否"具有发生重大伤亡事故或者其他严重后果的现实危险"是关键。"具有发生重大伤亡事故或者其他严重后果的现实危险"，一般是指现实存在的、紧迫的危险，如果这种危险持续存在，将可能随时导致发生重大伤亡事故或者其他严重后果，应当结合行业属性、行为对象、现场环境、违规行为严重程度、纠正整改措施的及时性和有效性等因素，进行综合判断。专业性强、认定难度大的,可委托有关监管部门或有关机构出具是否存在"现实危险"的评估意见,结合其他证据进行判断。认定本罪要把握好罪与非罪的界限,要注重宽严相济刑事政策的运用,积极适用认罪认罚从宽制度,着力促进涉案企业认真整治风险隐患。同时,要注重以案促治,提高敏锐性,针对案件反映出的相关行业领域存在的安全隐患,要推动相关部门进行排查整改,切实防范化解安全风险隐患。

★注意区别对待,依法作出不起诉决定,体现宽严相济刑事政策

《高某海等危险作业案——贯彻宽严相济刑事政策依法惩处违法经营存储危化品犯罪》(2022 年 12 月 15 日最高人民法院、最高人民检察院发布人民法院、检察机关依法惩治危害生产安全犯罪典型案例)

【典型意义】

根据《危险化学品目录(2015 版)》规定,汽油属于危险化学品。根据《危险化学品安全管理条例》第 33 条的规定,国家对危险化学品经营实行许可制度,未经许可,任何单位和个人不得经营危险化学品。销售、储存汽油均应取得相应证照,操作人员应当经过专业培训、规范操作,储存汽油应当具备相应条件。司法机关在办理具体案件过程中,对于行为人在未经专业培训、无经营资质、无专业设备、无安全储存条件、无应急处理能力情况下,在居民楼附近擅自从事危险物品生产、经营、储存等高度危险的生产作业活动,并由于不规范操作造成行为人本人重度烧伤、周围物品烧毁的后果的,综合考虑其行为方式、案发地点及危害后果,可以认定为刑法第 134 条之一危险作业罪中"具有发生重大伤亡事故或者其他严重后果的现实危险"。同时,应当注意区别对待,对于其他为行为人提供便利条件、参与分装赚取差价的人员,综合考虑其在共同犯罪中所起作用以及认罪认罚等情节,可以依法作出不起诉决定,体现宽严相济刑事政策。

★是否“具有发生重大伤亡事故或者其他严重后果的现实危险”应进行综合判断

《李某远危险作业案——关闭消防安全设备“现实危险”的把握标准》(2022年12月15日最高人民法院、最高人民检察院发布人民法院、检察机关依法惩治危害生产安全犯罪典型案例)

【典型意义】

根据刑法第134条之一规定,危险作业罪中“具有发生重大伤亡事故或者其他严重后果的现实危险”,是指客观存在的、紧迫的危险,这种危险未及时消除、持续存在,将可能随时导致发生重大伤亡事故或者其他严重后果。司法实践中,是否属于“具有发生重大伤亡事故或者其他严重后果的现实危险”,应当结合行业属性、行为对象、现场环境、违规行为严重程度、纠正整改措施的及时性和有效性等具体因素,进行综合判断。司法机关在办理具体案件过程中要准确把握立法原意,对于行为人关闭、破坏直接关系生产安全的监控、报警、防护、救生设备、设施,已经出现重大险情,或者发生了“小事故”,由于偶然性的客观原因而未造成重大严重后果的情形,可以认定为“具有发生重大伤亡事故或者其他严重后果的现实危险”。

★全面准确规范落实少捕慎诉慎押刑事司法政策

《赵某宽、赵某龙危险作业不起诉案——矿山开采危险作业“现实危险”的把握标准》(2022年12月15日最高人民法院、最高人民检察院发布人民法院、检察机关依法惩治危害生产安全犯罪典型案例)

【典型意义】

司法机关在办理具体案件过程中,对于涉及安全生产的事项未经依法批准或者许可,擅自从事矿山开采、金属冶炼、建筑施工等生产作业活动,已经发生安全事故,因开展有效救援尚未造成重大严重后果的情形,可以认定为刑法第134条之一危险作业罪中“具有发生重大伤亡事故或者其他严重后果的现实危险”。办案中,司法机关应当依法适用认罪认罚从宽制度,全面准确规范落实少捕慎诉慎押刑事司法政策，对于犯罪情节轻微不需要判处刑罚的危险作业犯罪，可以作出不起诉决定。同时，应当注意与应急管理、自然资源等部门加强行刑双向衔接，督促集中排查整治涉案企业风险隐患，推动溯源治理，实现“治罪”与“治理”并重。

第一百三十五条　【重大劳动安全事故罪】安全生产设施或者安全生产条件不符合国家规定，因而发生重大伤亡事故或者造成其他严重后果的，对直接负责的主管人员和其他直接责任人员，处三年以下有期徒刑或者拘役；情节特别恶劣的，处三年以上七年以下有期徒刑。

立法动态

本条源自《中华人民共和国刑法》（1997 年 3 月 14 日第八届全国人民代表大会第五次会议修订，自 1997 年 10 月 1 日起施行）。

本条根据《中华人民共和国刑法修正案（六）》（自 2006 年 6 月 29 日起施行）第二条修改。

原本条规定为：第一百三十五条　工厂、矿山、林场、建筑企业或者其他企业、事业单位的劳动安全设施不符合国家规定，经有关部门或者单位职工提出后，对事故隐患仍不采取措施，因而发生重大伤亡事故或者造成其他严重后果的，对直接责任人员，处三年以下有期徒刑或者拘役；情节特别恶劣的，处三年以上七年以下有期徒刑。

本条修改的主要内容为：一是取消了构成本条之罪必须是“工厂、矿山、林场、建筑企业或者其他企业、事业单位”的限制；二是将“直接责任人员”修改为“直接负责的主管人员或其他直接责任人员”。

立案标准

《最高人民检察院、公安部关于公安机关管辖的刑事案件立案追诉标准的规定(一)》(2017 年 4 月 27 日修正　公通字〔2017〕12 号)

第十条　[重大劳动安全事故案(刑法第一百三十五条)]安全生产设施或者安全生产条件不符合国家规定,涉嫌下列情形之一的,应予立案追诉:

(一)造成死亡一人以上,或者重伤三人以上;

(二)造成直接经济损失五十万元以上的;

(三)发生矿山生产安全事故,造成直接经济损失一百万元以上的;

(四)其他造成严重后果的情形。

适用要点与裁判依据

★在公共交通管理的范围外,驾驶机动车辆致人伤亡等构成犯罪的刑事责任

《最高人民法院关于审理交通肇事刑事案件具体应用法律若干问题的解释》(2000 年 11 月 15 日　法释〔2000〕33 号)

第八条　在实行公共交通管理的范围内发生重大交通事故的,依照刑法第一百三十三条和本解释的有关规定办理。

在公共交通管理的范围外,驾驶机动车辆或者使用其他交通工具致人伤亡或者致使公共财产或者他人财产遭受重大损失,构成犯罪的,分别依照刑法第一百三十四条、第一百三十五条、第二百三十三条等规定定罪处罚。

★"直接负责的主管人员和其他直接责任人员"的认定

《最高人民法院、最高人民检察院关于办理危害生产安全刑事案件适用法律若干问题的解释》(2015 年 12 月 14 日　法释〔2015〕22 号)

第三条　刑法第一百三十五条规定的"直接负责的主管人员和

其他直接责任人员”，是指对安全生产设施或者安全生产条件不符合国家规定负有直接责任的生产经营单位负责人、管理人员、实际控制人、投资人，以及其他对安全生产设施或者安全生产条件负有管理、维护职责的人员。

★“造成严重后果”或者“发生重大伤亡事故或者造成其他严重后果”的认定

《最高人民法院、最高人民检察院关于办理危害生产安全刑事案件适用法律若干问题的解释》（2015年12月14日　法释〔2015〕22号）

第六条　实施刑法第一百三十二条、第一百三十四条第一款、第一百三十五条、第一百三十五条之一、第一百三十六条、第一百三十九条规定的行为，因而发生安全事故，具有下列情形之一的，应当认定为“造成严重后果”或者“发生重大伤亡事故或者造成其他严重后果”，对相关责任人员，处三年以下有期徒刑或者拘役：

（一）造成死亡一人以上，或者重伤三人以上的；

（二）造成直接经济损失一百万元以上的；

（三）其他造成严重后果或者重大安全事故的情形。

实施刑法第一百三十四条第二款规定的行为，因而发生安全事故，具有本条第一款规定情形的，应当认定为“发生重大伤亡事故或者造成其他严重后果”，对相关责任人员，处五年以下有期徒刑或者拘役。

实施刑法第一百三十七条规定的行为，因而发生安全事故，具有本条第一款规定情形的，应当认定为“造成重大安全事故”，对直接责任人员，处五年以下有期徒刑或者拘役，并处罚金。

实施刑法第一百三十八条规定的行为，因而发生安全事故，具有本条第一款第一项规定情形的，应当认定为“发生重大伤亡事故”，对直接责任人员，处三年以下有期徒刑或者拘役。

★犯本罪，对相关责任人员，处三年以上七年以下有期徒刑的情形

《最高人民法院、最高人民检察院关于办理危害生产安全刑事案件适用法律若干问题的解释》（2015年12月14日　法释〔2015〕22号）

第七条第一款　实施刑法第一百三十二条、第一百三十四条第一款、第一百三十五条、第一百三十五条之一、第一百三十六条、第一百三十九条规定的行为，因而发生安全事故，具有下列情形之一的，对相关责任人员，处三年以上七年以下有期徒刑：

（一）造成死亡三人以上或者重伤十人以上，负事故主要责任的；

（二）造成直接经济损失五百万元以上，负事故主要责任的；

（三）其他造成特别严重后果、情节特别恶劣或者后果特别严重的情形。

★犯本罪，应当从重处罚的七种情形

《最高人民法院、最高人民检察院关于办理危害生产安全刑事案件适用法律若干问题的解释》（2015年12月14日　法释〔2015〕22号）

第十二条　实施刑法第一百三十二条、第一百三十四条至第一百三十九条之一规定的犯罪行为，具有下列情形之一的，从重处罚：

（一）未依法取得安全许可证件或者安全许可证件过期、被暂扣、吊销、注销后从事生产经营活动的；

（二）关闭、破坏必要的安全监控和报警设备的；

（三）已经发现事故隐患，经有关部门或者个人提出后，仍不采取措施的；

（四）一年内曾因危害生产安全违法犯罪活动受过行政处罚或者刑事处罚的；

（五）采取弄虚作假、行贿等手段，故意逃避、阻挠负有安全监督管理职责的部门实施监督检查的；

（六）安全事故发生后转移财产意图逃避承担责任的；

（七）其他从重处罚的情形。

实施前款第五项规定的行为，同时构成刑法第三百八十九条规定的犯罪的，依照数罪并罚的规定处罚。

★犯本罪，可以酌情从轻处罚的情形

《最高人民法院、最高人民检察院关于办理危害生产安全刑事案件适用法律若干问题的解释》（2015年12月14日　法释〔2015〕22号）

第十三条　实施刑法第一百三十二条、第一百三十四条至第一百三十九条之一规定的犯罪行为，在安全事故发生后积极组织、参与事故抢救，或者积极配合调查、主动赔偿损失的，可以酌情从轻处罚。

★国家工作人员犯本罪应当从重处罚或者数罪并罚的情形

《最高人民法院、最高人民检察院关于办理危害生产安全刑事案件适用法律若干问题的解释》（2015年12月14日　法释〔2015〕22号）

第十四条　国家工作人员违反规定投资入股生产经营，构成本解释规定的有关犯罪的，或者国家工作人员的贪污、受贿犯罪行为与安全事故发生存在关联性的，从重处罚；同时构成贪污、受贿犯罪和危害生产安全犯罪的，依照数罪并罚的规定处罚。

第一百三十五条之一　【大型群众性活动重大安全事故罪】举办大型群众性活动违反安全管理规定，因而发生重大伤亡事故或者造成其他严重后果的，对直接负责的主管人员和其他直接责任人员，处三年以下有期徒刑或者拘役；情节特别恶劣的，处三年以上七年以下有期徒刑。

立法动态

本条根据《中华人民共和国刑法修正案（六）》（自2006年6月29日起施行）第三条增加。

立案标准

《最高人民检察院、公安部关于公安机关管辖的刑事案件立案追诉标准的规定(一)》(2017年4月27日修正　公通字〔2017〕12号)

第十一条　[大型群众性活动重大安全事故案(刑法第一百三十五条之一)]举办大型群众性活动违反安全管理规定,涉嫌下列情形之一的,应予立案追诉:

(一)造成死亡一人以上,或者重伤三人以上;

(二)造成直接经济损失五十万元以上的;

(三)其他造成严重后果的情形。

适用要点与裁判依据

★"造成严重后果"或者"发生重大伤亡事故或者造成其他严重后果"的认定

《最高人民法院、最高人民检察院关于办理危害生产安全刑事案件适用法律若干问题的解释》(2015年12月14日　法释〔2015〕22号)

第六条第一款　实施刑法第一百三十二条、第一百三十四条第一款、第一百三十五条、第一百三十五条之一、第一百三十六条、第一百三十九条规定的行为,因而发生安全事故,具有下列情形之一的,应当认定为"造成严重后果"或者"发生重大伤亡事故或者造成其他严重后果",对相关责任人员,处三年以下有期徒刑或者拘役:

(一)造成死亡一人以上,或者重伤三人以上的;

(二)造成直接经济损失一百万元以上的;

(三)其他造成严重后果或者重大安全事故的情形。

★犯本罪,对相关责任人员,应当处三年以上七年以下有期徒刑的情形

《最高人民法院、最高人民检察院关于办理危害生产安全刑事案件适用法律若干问题的解释》(2015年12月14日　法释〔2015〕22号)

第七条第一款　实施刑法第一百三十二条、第一百三十四条第一款、第一百三十五条、第一百三十五条之一、第一百三十六条、第一百三十九条规定的行为,因而发生安全事故,具有下列情形之一的,对相关责任人员,处三年以上七年以下有期徒刑:

(一)造成死亡三人以上或者重伤十人以上,负事故主要责任的;

(二)造成直接经济损失五百万元以上,负事故主要责任的;

(三)其他造成特别严重后果、情节特别恶劣或者后果特别严重的情形。

★犯本罪,应当从重处罚的七种情形

《最高人民法院、最高人民检察院关于办理危害生产安全刑事案件适用法律若干问题的解释》(2015年12月14日　法释〔2015〕22号)

第十二条　实施刑法第一百三十二条、第一百三十四条至第一百三十九条之一规定的犯罪行为,具有下列情形之一的,从重处罚:

(一)未依法取得安全许可证件或者安全许可证件过期、被暂扣、吊销、注销后从事生产经营活动的;

(二)关闭、破坏必要的安全监控和报警设备的;

(三)已经发现事故隐患,经有关部门或者个人提出后,仍不采取措施的;

(四)一年内曾因危害生产安全违法犯罪活动受过行政处罚或者刑事处罚的;

(五)采取弄虚作假、行贿等手段,故意逃避、阻挠负有安全监督管理职责的部门实施监督检查的;

(六)安全事故发生后转移财产意图逃避承担责任的;

（七）其他从重处罚的情形。

实施前款第五项规定的行为，同时构成刑法第三百八十九条规定的犯罪的，依照数罪并罚的规定处罚。

★犯本罪，可以酌情从轻处罚的情形

《最高人民法院、最高人民检察院关于办理危害生产安全刑事案件适用法律若干问题的解释》（2015年12月14日 法释〔2015〕22号）

第十三条 实施刑法第一百三十二条、第一百三十四条至第一百三十九条之一规定的犯罪行为，在安全事故发生后积极组织、参与事故抢救，或者积极配合调查、主动赔偿损失的，可以酌情从轻处罚。

★国家工作人员犯本罪，应当从重处罚或者数罪并罚的情形

《最高人民法院、最高人民检察院关于办理危害生产安全刑事案件适用法律若干问题的解释》（2015年12月14日 法释〔2015〕22号）

第十四条 国家工作人员违反规定投资入股生产经营，构成本解释规定的有关犯罪的，或者国家工作人员的贪污、受贿犯罪行为与安全事故发生存在关联性的，从重处罚；同时构成贪污、受贿犯罪和危害生产安全犯罪的，依照数罪并罚的规定处罚。

第一百三十六条 【危险物品肇事罪】违反爆炸性、易燃性、放射性、毒害性、腐蚀性物品的管理规定，在生产、储存、运输、使用中发生重大事故，造成严重后果的，处三年以下有期徒刑或者拘役；后果特别严重的，处三年以上七年以下有期徒刑。

立法动态

本条源自《中华人民共和国刑法》（1997年3月14日第八届全国人民代表大会第五次会议修订，自1997年10月1日起施行）。

立案标准

《最高人民检察院、公安部关于公安机关管辖的刑事案件立案追诉标准的规定(一)》(2017年4月27日修正　公通字〔2017〕12号)

第十二条　[危险物品肇事案(刑法第一百三十六条)]违反爆炸性、易燃性、放射性、毒害性、腐蚀性物品的管理规定,在生产、储存、运输、使用中发生重大事故,涉嫌下列情形之一的,应予立案追诉:

(一)造成死亡一人以上,或者重伤三人以上;

(二)造成直接经济损失五十万元以上的;

(三)其他造成严重后果的情形。

适用要点与裁判依据

★"造成严重后果""发生重大伤亡事故或者造成其他严重后果"的认定

《最高人民法院、最高人民检察院关于办理危害生产安全刑事案件适用法律若干问题的解释》(2015年12月14日　法释〔2015〕22号)

第六条第一款　实施刑法第一百三十二条、第一百三十四条第一款、第一百三十五条、第一百三十五条之一、第一百三十六条、第一百三十九条规定的行为,因而发生安全事故,具有下列情形之一的,应当认定为"造成严重后果"或者"发生重大伤亡事故或者造成其他严重后果",对相关责任人员,处三年以下有期徒刑或者拘役:

(一)造成死亡一人以上,或者重伤三人以上的;

(二)造成直接经济损失一百万元以上的;

(三)其他造成严重后果或者重大安全事故的情形。

★犯本罪,对相关责任人员,应当处三年以上七年以下有期徒刑的情形

《最高人民法院、最高人民检察院关于办理危害生产安全刑事案件适用法律若干问题的解释》(2015年12月14日 法释〔2015〕22号)

第七条第一款 实施刑法第一百三十二条、第一百三十四条第一款、第一百三十五条、第一百三十五条之一、第一百三十六条、第一百三十九条规定的行为,因而发生安全事故,具有下列情形之一的,对相关责任人员,处三年以上七年以下有期徒刑:

(一)造成死亡三人以上或者重伤十人以上,负事故主要责任的;

(二)造成直接经济损失五百万元以上,负事故主要责任的;

(三)其他造成特别严重后果、情节特别恶劣或者后果特别严重的情形。

★犯本罪,应当从重处罚的七种情形

《最高人民法院、最高人民检察院关于办理危害生产安全刑事案件适用法律若干问题的解释》(2015年12月14日 法释〔2015〕22号)

第十二条 实施刑法第一百三十二条、第一百三十四条至第一百三十九条之一规定的犯罪行为,具有下列情形之一的,从重处罚:

(一)未依法取得安全许可证件或者安全许可证件过期、被暂扣、吊销、注销后从事生产经营活动的;

(二)关闭、破坏必要的安全监控和报警设备的;

(三)已经发现事故隐患,经有关部门或者个人提出后,仍不采取措施的;

(四)一年内曾因危害生产安全违法犯罪活动受过行政处罚或者刑事处罚的;

(五)采取弄虚作假、行贿等手段,故意逃避、阻挠负有安全监督管理职责的部门实施监督检查的;

(六)安全事故发生后转移财产意图逃避承担责任的；

(七)其他从重处罚的情形。

实施前款第五项规定的行为，同时构成刑法第三百八十九条规定的犯罪的，依照数罪并罚的规定处罚。

★犯本罪，可以酌情从轻处罚的情形

《最高人民法院、最高人民检察院关于办理危害生产安全刑事案件适用法律若干问题的解释》(2015年12月14日　法释〔2015〕22号)

第十三条　实施刑法第一百三十二条、第一百三十四条至第一百三十九条之一规定的犯罪行为，在安全事故发生后积极组织、参与事故抢救，或者积极配合调查、主动赔偿损失的，可以酌情从轻处罚。

★在易燃易爆危险物品生产、储存、运输、使用中违反规定，导致发生重大事故，造成严重后果的刑事责任

《最高人民法院、最高人民检察院等部门关于依法惩治涉枪支、弹药、爆炸物、易燃易爆危险物品犯罪的意见》(2021年12月28日　法发〔2021〕35号)

二、正确认定犯罪

5. 违反危险化学品安全管理规定，未经依法批准或者许可擅自从事易燃易爆危险物品道路运输活动，或者实施其他违反危险化学品安全管理规定通过道路运输易燃易爆危险物品的行为，危及公共安全的，依照刑法第一百三十三条之一第一款第四项的规定，以危险驾驶罪定罪处罚。

在易燃易爆危险物品生产、经营、储存等高度危险的生产作业活动中违反有关安全管理的规定，有下列情形之一，具有发生重大伤亡事故或者其他严重后果的现实危险的，依照刑法第一百三十四条之一第三项的规定，以危险作业罪定罪处罚：

(1)委托无资质企业或者个人储存易燃易爆危险物品的；

(2)在储存的普通货物中夹带易燃易爆危险物品的；

(3)将易燃易爆危险物品谎报或者匿报为普通货物申报、储存的；

（4）其他涉及安全生产的事项未经依法批准或者许可，擅自从事易燃易爆危险物品生产、经营、储存等活动的情形。

实施前两款行为，同时构成刑法第一百三十条规定之罪等其他犯罪的，依照处罚较重的规定定罪处罚；导致发生重大伤亡事故或者其他严重后果，符合刑法第一百三十四条、第一百三十五条、第一百三十六条等规定的，依照各该条的规定定罪从重处罚。

6. 在易燃易爆危险物品生产、储存、运输、使用中违反有关安全管理的规定，实施本意见第5条前两款规定以外的其他行为，导致发生重大事故，造成严重后果，符合刑法第一百三十六条等规定的，以危险物品肇事罪等罪名定罪处罚。

★犯本罪，向负有安全生产监督管理职责的部门不报、谎报或者迟报相关情况的，从重处罚

《最高人民法院、最高人民检察院等部门关于依法惩治涉枪支、弹药、爆炸物、易燃易爆危险物品犯罪的意见》（2021年12月28日　法发〔2021〕35号）

二、正确认定犯罪

7. 实施刑法第一百三十六条规定等行为，向负有安全生产监督管理职责的部门不报、谎报或者迟报相关情况的，从重处罚；同时构成刑法第一百三十九条之一规定之罪的，依照数罪并罚的规定处罚。

第一百三十七条　【工程重大安全事故罪】建设单位、设计单位、施工单位、工程监理单位违反国家规定，降低工程质量标准，造成重大安全事故的，对直接责任人员，处五年以下有期徒刑或者拘役，并处罚金；后果特别严重的，处五年以上十年以下有期徒刑，并处罚金。

立法动态

本条源自《中华人民共和国刑法》(1997年3月14日第八届全国人民代表大会第五次会议修订,自1997年10月1日起施行)。

立案标准

《最高人民检察院、公安部关于公安机关管辖的刑事案件立案追诉标准的规定(一)》(2017年4月27日修正　公通字〔2017〕12号)

第十三条　[工程重大安全事故案(刑法第一百三十七条)]建设单位、设计单位、施工单位、工程监理单位违反国家规定,降低工程质量标准,涉嫌下列情形之一的,应予立案追诉:

(一)造成死亡一人以上,或者重伤三人以上;

(二)造成直接经济损失五十万元以上的;

(三)其他造成严重后果的情形。

适用要点与裁判依据

★"造成重大安全事故"的认定标准及法定刑

《最高人民法院、最高人民检察院关于办理危害生产安全刑事案件适用法律若干问题的解释》(2015年12月14日　法释〔2015〕22号)

第六条　实施刑法第一百三十二条、第一百三十四条第一款、第一百三十五条、第一百三十五条之一、第一百三十六条、第一百三十九条规定的行为,因而发生安全事故,具有下列情形之一的,应当认定为"造成严重后果"或者"发生重大伤亡事故或者造成其他严重后果",对相关责任人员,处三年以下有期徒刑或者拘役:

(一)造成死亡一人以上,或者重伤三人以上的;

(二)造成直接经济损失一百万元以上的;

(三)其他造成严重后果或者重大安全事故的情形。

实施刑法第一百三十四条第二款规定的行为，因而发生安全事故，具有本条第一款规定情形的，应当认定为“发生重大伤亡事故或者造成其他严重后果”，对相关责任人员，处五年以下有期徒刑或者拘役。

实施刑法第一百三十七条规定的行为，因而发生安全事故，具有本条第一款规定情形的，应当认定为“造成重大安全事故”，对直接责任人员，处五年以下有期徒刑或者拘役，并处罚金。

实施刑法第一百三十八条规定的行为，因而发生安全事故，具有本条第一款第一项规定情形的，应当认定为“发生重大伤亡事故”，对直接责任人员，处三年以下有期徒刑或者拘役。

★犯本罪，对相关责任人员，应当处三年以上七年以下有期徒刑的情形

《最高人民法院、最高人民检察院关于办理危害生产安全刑事案件适用法律若干问题的解释》（2015年12月14日 法释〔2015〕22号）

第七条 实施刑法第一百三十二条、第一百三十四条第一款、第一百三十五条、第一百三十五条之一、第一百三十六条、第一百三十九条规定的行为，因而发生安全事故，具有下列情形之一的，对相关责任人员，处三年以上七年以下有期徒刑：

（一）造成死亡三人以上或者重伤十人以上，负事故主要责任的；

（二）造成直接经济损失五百万元以上，负事故主要责任的；

（三）其他造成特别严重后果、情节特别恶劣或者后果特别严重的情形。

实施刑法第一百三十四条第二款规定的行为，因而发生安全事故，具有本条第一款规定情形的，对相关责任人员，处五年以上有期徒刑。

实施刑法第一百三十七条规定的行为，因而发生安全事故，具有本条第一款规定情形的，对直接责任人员，处五年以上十年以下有期徒刑，并处罚金。

实施刑法第一百三十八条规定的行为，因而发生安全事故，具有下列情形之一的，对直接责任人员，处三年以上七年以下有期徒刑：

（一）造成死亡三人以上或者重伤十人以上，负事故主要责任的；

（二）具有本解释第六条第一款第一项规定情形，同时造成直接经济损失五百万元以上并负事故主要责任的，或者同时造成恶劣社会影响的。

★犯本罪，应当从重处罚的七种情形

《最高人民法院、最高人民检察院关于办理危害生产安全刑事案件适用法律若干问题的解释》（2015年12月14日　法释〔2015〕22号）

第十二条　实施刑法第一百三十二条、第一百三十四条至第一百三十九条之一规定的犯罪行为，具有下列情形之一的，从重处罚：

（一）未依法取得安全许可证件或者安全许可证件过期、被暂扣、吊销、注销后从事生产经营活动的；

（二）关闭、破坏必要的安全监控和报警设备的；

（三）已经发现事故隐患，经有关部门或者个人提出后，仍不采取措施的；

（四）一年内曾因危害生产安全违法犯罪活动受过行政处罚或者刑事处罚的；

（五）采取弄虚作假、行贿等手段，故意逃避、阻挠负有安全监督管理职责的部门实施监督检查的；

（六）安全事故发生后转移财产意图逃避承担责任的；

（七）其他从重处罚的情形。

实施前款第五项规定的行为，同时构成刑法第三百八十九条规定的犯罪的，依照数罪并罚的规定处罚。

★犯本罪，可以酌情从轻处罚的情形

《最高人民法院、最高人民检察院关于办理危害生产安全刑事案件适用法律若干问题的解释》（2015年12月14日　法释〔2015〕22号）

第十三条　实施刑法第一百三十二条、第一百三十四条至第一百三十九条之一规定的犯罪行为，在安全事故发生后积极组织、参与事故抢救，或者积极配合调查、主动赔偿损失的，可以酌情从轻处罚。

★窨井盖建设、设计、施工、工程监理单位违反国家规定，降低工程质量标准，造成重大安全事故的刑事责任

《最高人民法院、最高人民检察院、公安部关于办理涉窨井盖相关刑事案件的指导意见》（2020年3月16日 高检发〔2020〕3号）

五、在生产、作业中违反有关安全管理的规定，擅自移动窨井盖或者未做好安全防护措施等，发生重大伤亡事故或者造成其他严重后果的，依照刑法第一百三十四条第一款的规定，以重大责任事故罪定罪处罚。

窨井盖建设、设计、施工、工程监理单位违反国家规定，降低工程质量标准，造成重大安全事故的，依照刑法第一百三十七条的规定，以工程重大安全事故罪定罪处罚。

第一百三十八条 【教育设施重大安全事故罪】明知校舍或者教育教学设施有危险，而不采取措施或者不及时报告，致使发生重大伤亡事故的，对直接责任人员，处三年以下有期徒刑或者拘役；后果特别严重的，处三年以上七年以下有期徒刑。

立法动态

本条源自《中华人民共和国刑法》（1997年3月14日第八届全国人民代表大会第五次会议修订，自1997年10月1日起施行）。

立案标准

《最高人民检察院、公安部关于公安机关管辖的刑事案件立案追诉标准的规定（一）》（2017年4月27日修正 公通字〔2017〕12号）

第十四条 ［教育设施重大安全事故案（刑法第一百三十八

条)]明知校舍或者教育教学设施有危险,而不采取措施或者不及时报告,涉嫌下列情形之一的,应予立案追诉:

(一)造成死亡一人以上、重伤三人以上或者轻伤十人以上的;

(二)其他致使发生重大伤亡事故的情形。

适用要点与裁判依据

★犯本罪,对相关责任人员,应当处三年以上七年以下有期徒刑的情形

《最高人民法院、最高人民检察院关于办理危害生产安全刑事案件适用法律若干问题的解释》(2015年12月14日 法释〔2015〕22号)

第七条 实施刑法第一百三十二条、第一百三十四条第一款、第一百三十五条、第一百三十五条之一、第一百三十六条、第一百三十九条规定的行为,因而发生安全事故,具有下列情形之一的,对相关责任人员,处三年以上七年以下有期徒刑:

(一)造成死亡三人以上或者重伤十人以上,负事故主要责任的;

(二)造成直接经济损失五百万元以上,负事故主要责任的;

(三)其他造成特别严重后果、情节特别恶劣或者后果特别严重的情形。

实施刑法第一百三十四条第二款规定的行为,因而发生安全事故,具有本条第一款规定情形的,对相关责任人员,处五年以上有期徒刑。

实施刑法第一百三十七条规定的行为,因而发生安全事故,具有本条第一款规定情形的,对直接责任人员,处五年以上十年以下有期徒刑,并处罚金。

实施刑法第一百三十八条规定的行为,因而发生安全事故,具有下列情形之一的,对直接责任人员,处三年以上七年以下有期徒刑:

(一)造成死亡三人以上或者重伤十人以上,负事故主要责任的;

（二）具有本解释第六条第一款第一项规定情形，同时造成直接经济损失五百万元以上并负事故主要责任的，或者同时造成恶劣社会影响的。

★犯本罪，应当从重处罚的七种情形

《最高人民法院、最高人民检察院关于办理危害生产安全刑事案件适用法律若干问题的解释》（2015年12月14日　法释〔2015〕22号）

第十二条　实施刑法第一百三十二条、第一百三十四条至第一百三十九条之一规定的犯罪行为，具有下列情形之一的，从重处罚：

（一）未依法取得安全许可证件或者安全许可证件过期、被暂扣、吊销、注销后从事生产经营活动的；

（二）关闭、破坏必要的安全监控和报警设备的；

（三）已经发现事故隐患，经有关部门或者个人提出后，仍不采取措施的；

（四）一年内曾因危害生产安全违法犯罪活动受过行政处罚或者刑事处罚的；

（五）采取弄虚作假、行贿等手段，故意逃避、阻挠负有安全监督管理职责的部门实施监督检查的；

（六）安全事故发生后转移财产意图逃避承担责任的；

（七）其他从重处罚的情形。

实施前款第五项规定的行为，同时构成刑法第三百八十九条规定的犯罪的，依照数罪并罚的规定处罚。

★犯本罪，可以酌情从轻处罚的情形

《最高人民法院、最高人民检察院关于办理危害生产安全刑事案件适用法律若干问题的解释》（2015年12月14日　法释〔2015〕22号）

第十三条　实施刑法第一百三十二条、第一百三十四条至第一百三十九条之一规定的犯罪行为，在安全事故发生后积极组织、参与事故抢救，或者积极配合调查、主动赔偿损失的，可以酌情从轻处罚。

★应当认定为"发生重大伤亡事故"的情形及法定刑

《最高人民法院、最高人民检察院关于办理危害生产安全刑事案件适用法律若干问题的解释》(2015年12月14日　法释〔2015〕22号)

第六条　实施刑法第一百三十二条、第一百三十四条第一款、第一百三十五条、第一百三十五条之一、第一百三十六条、第一百三十九条规定的行为,因而发生安全事故,具有下列情形之一的,应当认定为"造成严重后果"或者"发生重大伤亡事故或者造成其他严重后果",对相关责任人员,处三年以下有期徒刑或者拘役:

(一)造成死亡一人以上,或者重伤三人以上的;

(二)造成直接经济损失一百万元以上的;

(三)其他造成严重后果或者重大安全事故的情形。

实施刑法第一百三十四条第二款规定的行为,因而发生安全事故,具有本条第一款规定情形的,应当认定为"发生重大伤亡事故或者造成其他严重后果",对相关责任人员,处五年以下有期徒刑或者拘役。

实施刑法第一百三十七条规定的行为,因而发生安全事故,具有本条第一款规定情形的,应当认定为"造成重大安全事故",对直接责任人员,处五年以下有期徒刑或者拘役,并处罚金。

实施刑法第一百三十八条规定的行为,因而发生安全事故,具有本条第一款第一项规定情形的,应当认定为"发生重大伤亡事故",对直接责任人员,处三年以下有期徒刑或者拘役。

第一百三十九条　【消防责任事故罪】违反消防管理法规,经消防监督机构通知采取改正措施而拒绝执行,造成严重后果的,对直接责任人员,处三年以下有期徒刑或者拘役;后果特别严重的,处三年以上七年以下有期徒刑。

立法动态

本条源自《中华人民共和国刑法》(1997 年 3 月 14 日第八届全国人民代表大会第五次会议修订,自 1997 年 10 月 1 日起施行)。

立案标准

《最高人民检察院、公安部关于公安机关管辖的刑事案件立案追诉标准的规定(一)》(2017 年 4 月 27 日修正　公通字〔2017〕12 号)

第十五条　[消防责任事故案(刑法第一百三十九条)]违反消防管理法规,经消防监督机构通知采取改正措施而拒绝执行,涉嫌下列情形之一的,应予立案追诉:

(一)造成死亡一人以上,或者重伤三人以上;

(二)造成直接经济损失五十万元以上的;

(三)造成森林火灾,过火有林地面积二公顷以上,或者过火疏林地、灌木林地、未成林地、苗圃地面积四公顷以上的;

(四)其他造成严重后果的情形。

适用要点与裁判依据

★"负有报告职责的人员"的认定

《最高人民法院、最高人民检察院关于办理危害生产安全刑事案件适用法律若干问题的解释》(2015 年 12 月 14 日　法释〔2015〕22 号)

第四条　刑法第一百三十九条之一规定的"负有报告职责的人员",是指负有组织、指挥或者管理职责的负责人、管理人员、实际控制人、投资人,以及其他负有报告职责的人员。

★"造成严重后果""发生重大伤亡事故或者造成其他严重后果"的认定

《最高人民法院、最高人民检察院关于办理危害生产安全刑事案件适用法律若干问题的解释》(2015年12月14日　法释〔2015〕22号)

第六条　实施刑法第一百三十二条、第一百三十四条第一款、第一百三十五条、第一百三十五条之一、第一百三十六条、第一百三十九条规定的行为,因而发生安全事故,具有下列情形之一的,应当认定为"造成严重后果"或者"发生重大伤亡事故或者造成其他严重后果",对相关责任人员,处三年以下有期徒刑或者拘役:

(一)造成死亡一人以上,或者重伤三人以上的;

(二)造成直接经济损失一百万元以上的;

(三)其他造成严重后果或者重大安全事故的情形。

实施刑法第一百三十四条第二款规定的行为,因而发生安全事故,具有本条第一款规定情形的,应当认定为"发生重大伤亡事故或者造成其他严重后果",对相关责任人员,处五年以下有期徒刑或者拘役。

实施刑法第一百三十七条规定的行为,因而发生安全事故,具有本条第一款规定情形的,应当认定为"造成重大安全事故",对直接责任人员,处五年以下有期徒刑或者拘役,并处罚金。

实施刑法第一百三十八条规定的行为,因而发生安全事故,具有本条第一款第一项规定情形的,应当认定为"发生重大伤亡事故",对直接责任人员,处三年以下有期徒刑或者拘役。

★犯本罪,对相关责任人员,处三年以上七年以下有期徒刑的情形

《最高人民法院、最高人民检察院关于办理危害生产安全刑事案件适用法律若干问题的解释》(2015年12月14日　法释〔2015〕22号)

第七条　实施刑法第一百三十二条、第一百三十四条第一款、第一百三十五条、第一百三十五条之一、第一百三十六条、第一百三十九条规定的行为，因而发生安全事故，具有下列情形之一的，对相关责任人员，处三年以上七年以下有期徒刑：

（一）造成死亡三人以上或者重伤十人以上，负事故主要责任的；

（二）造成直接经济损失五百万元以上，负事故主要责任的；

（三）其他造成特别严重后果、情节特别恶劣或者后果特别严重的情形。

实施刑法第一百三十四条第二款规定的行为，因而发生安全事故，具有本条第一款规定情形的，对相关责任人员，处五年以上有期徒刑。

实施刑法第一百三十七条规定的行为，因而发生安全事故，具有本条第一款规定情形的，对直接责任人员，处五年以上十年以下有期徒刑，并处罚金。

实施刑法第一百三十八条规定的行为，因而发生安全事故，具有下列情形之一的，对直接责任人员，处三年以上七年以下有期徒刑：

（一）造成死亡三人以上或者重伤十人以上，负事故主要责任的；

（二）具有本解释第六条第一款第一项规定情形，同时造成直接经济损失五百万元以上并负事故主要责任的，或者同时造成恶劣社会影响的。

★犯本罪，应当从重处罚的七种情形

《最高人民法院、最高人民检察院关于办理危害生产安全刑事案件适用法律若干问题的解释》（2015年12月14日　法释〔2015〕22号）

第十二条　实施刑法第一百三十二条、第一百三十四条至第一百三十九条之一规定的犯罪行为，具有下列情形之一的，从重处罚：

（一）未依法取得安全许可证件或者安全许可证件过期、被暂扣、吊销、注销后从事生产经营活动的；

（二）关闭、破坏必要的安全监控和报警设备的；

（三）已经发现事故隐患，经有关部门或者个人提出后，仍不采取措施的；

（四）一年内曾因危害生产安全违法犯罪活动受过行政处罚或者刑事处罚的；

（五）采取弄虚作假、行贿等手段，故意逃避、阻挠负有安全监督管理职责的部门实施监督检查的；

（六）安全事故发生后转移财产意图逃避承担责任的；

（七）其他从重处罚的情形。

实施前款第五项规定的行为，同时构成刑法第三百八十九条规定的犯罪的，依照数罪并罚的规定处罚。

★犯本罪，可以酌情从轻处罚的情形

《最高人民法院、最高人民检察院关于办理危害生产安全刑事案件适用法律若干问题的解释》（2015年12月14日 法释〔2015〕22号）

第十三条 实施刑法第一百三十二条、第一百三十四条至第一百三十九条之一规定的犯罪行为，在安全事故发生后积极组织、参与事故抢救，或者积极配合调查、主动赔偿损失的，可以酌情从轻处罚。

第十四条 国家工作人员违反规定投资入股生产经营，构成本解释规定的有关犯罪的，或者国家工作人员的贪污、受贿犯罪行为与安全事故发生存在关联性的，从重处罚；同时构成贪污、受贿犯罪和危害生产安全犯罪的，依照数罪并罚的规定处罚。

第一百三十九条之一 【不报、谎报安全事故罪】在安全事故发生后，负有报告职责的人员不报或者谎报事故情况，贻误事故抢救，情节严重的，处三年以下有期徒刑或者拘役；情节特别严重的，处三年以上七年以下有期徒刑。

立法动态

本条根据《中华人民共和国刑法修正案（六）》（自2006年6月29日起施行）第四条增加。

立案标准

《最高人民检察院、公安部关于公安机关管辖的刑事案件立案追诉标准的规定(一)》(2017年4月27日修正 公通字〔2017〕12号)

第十五条之一 ［不报、谎报安全事故案(刑法第一百三十九条之一)］在安全事故发生后,负有报告职责的人员不报或者谎报事故情况,贻误事故抢救,涉嫌下列情形之一的,应予立案追诉:

(一)导致事故后果扩大,增加死亡1人以上,或者增加重伤3人以上,或者增加直接经济损失100万元以上的;

(二)实施下列行为之一,致使不能及时有效开展事故抢救的:

1. 决定不报、迟报、谎报事故情况或者指使、串通有关人员不报、迟报、谎报事故情况的;

2. 在事故抢救期间擅离职守或者逃匿的;

3. 伪造、破坏事故现场,或者转移、藏匿、毁灭遇难人员尸体,或者转移、藏匿受伤人员的;

4. 毁灭、伪造、隐匿与事故有关的图纸、记录、计算机数据等资料以及其他证据的;

(三)其他不报、谎报安全事故情节严重的情形。

本条规定的"负有报告职责的人员",是指负有组织、指挥或者管理职责的负责人、管理人员、实际控制人、投资人,以及其他负有报告职责的人员。

适用要点与裁判依据

★"负有报告职责的人员"的认定

《最高人民法院、最高人民检察院关于办理危害生产安全刑事案件适用法律若干问题的解释》(2015年12月14日 法释〔2015〕22号)

第四条 刑法第一百三十九条之一规定的"负有报告职责的人

员”，是指负有组织、指挥或者管理职责的负责人、管理人员、实际控制人、投资人，以及其他负有报告职责的人员。

★“情节严重”“情节特别严重”的认定

《最高人民法院、最高人民检察院关于办理危害生产安全刑事案件适用法律若干问题的解释》（2015年12月14日　法释〔2015〕22号）

第八条　在安全事故发生后，负有报告职责的人员不报或者谎报事故情况，贻误事故抢救，具有下列情形之一的，应当认定为刑法第一百三十九条之一规定的“情节严重”：

（一）导致事故后果扩大，增加死亡一人以上，或者增加重伤三人以上，或者增加直接经济损失一百万元以上的；

（二）实施下列行为之一，致使不能及时有效开展事故抢救的：

1. 决定不报、迟报、谎报事故情况或者指使、串通有关人员不报、迟报、谎报事故情况的；

2. 在事故抢救期间擅离职守或者逃匿的；

3. 伪造、破坏事故现场，或者转移、藏匿、毁灭遇难人员尸体，或者转移、藏匿受伤人员的；

4. 毁灭、伪造、隐匿与事故有关的图纸、记录、计算机数据等资料以及其他证据的；

（三）其他情节严重的情形。

具有下列情形之一的，应当认定为刑法第一百三十九条之一规定的“情节特别严重”：

（一）导致事故后果扩大，增加死亡三人以上，或者增加重伤十人以上，或者增加直接经济损失五百万元以上的；

（二）采用暴力、胁迫、命令等方式阻止他人报告事故情况，导致事故后果扩大的；

（三）其他情节特别严重的情形。

★犯本罪，以共犯论处的情形

《最高人民法院、最高人民检察院关于办理危害生产安全刑事案件适用法律若干问题的解释》（2015年12月14日　法释〔2015〕22号）

第九条　在安全事故发生后，与负有报告职责的人员串通，不报或者谎报事故情况，贻误事故抢救，情节严重的，依照刑法第一百三十九条之一的规定，以共犯论处。

★犯本罪，应当从重处罚的情形

《最高人民法院、最高人民检察院关于办理危害生产安全刑事案件适用法律若干问题的解释》（2015年12月14日　法释〔2015〕22号）

第十二条　实施刑法第一百三十二条、第一百三十四条至第一百三十九条之一规定的犯罪行为，具有下列情形之一的，从重处罚：

（一）未依法取得安全许可证件或者安全许可证件过期、被暂扣、吊销、注销后从事生产经营活动的；

（二）关闭、破坏必要的安全监控和报警设备的；

（三）已经发现事故隐患，经有关部门或者个人提出后，仍不采取措施的；

（四）一年内曾因危害生产安全违法犯罪活动受过行政处罚或者刑事处罚的；

（五）采取弄虚作假、行贿等手段，故意逃避、阻挠负有安全监督管理职责的部门实施监督检查的；

（六）安全事故发生后转移财产意图逃避承担责任的；

（七）其他从重处罚的情形。

实施前款第五项规定的行为，同时构成刑法第三百八十九条规定的犯罪的，依照数罪并罚的规定处罚。

★犯本罪，可以酌情从轻处罚的情形

《最高人民法院、最高人民检察院关于办理危害生产安全刑事案件适用法律若干问题的解释》（2015年12月14日　法释〔2015〕22号）

第十三条　实施刑法第一百三十二条、第一百三十四条至第一百三十九条之一规定的犯罪行为，在安全事故发生后积极组织、参与事故抢救，或者积极配合调查、主动赔偿损失的，可以酌情从轻处罚。

第三章　破坏社会主义经济秩序罪

第一节　生产、销售伪劣产品罪

第一百四十条　【生产、销售伪劣产品罪】生产者、销售者在产品中掺杂、掺假，以假充真，以次充好或者以不合格产品冒充合格产品，销售金额五万元以上不满二十万元的，处二年以下有期徒刑或者拘役，并处或者单处销售金额百分之五十以上二倍以下罚金；销售金额二十万元以上不满五十万元的，处二年以上七年以下有期徒刑，并处销售金额百分之五十以上二倍以下罚金；销售金额五十万元以上不满二百万元的，处七年以上有期徒刑，并处销售金额百分之五十以上二倍以下罚金；销售金额二百万元以上的，处十五年有期徒刑或者无期徒刑，并处销售金额百分之五十以上二倍以下罚金或者没收财产。

立法动态

本条源自《中华人民共和国刑法》（1997 年 3 月 14 日第八届全国人民代表大会第五次会议修订，自 1997 年 10 月 1 日起施行）。

立案标准

《最高人民检察院、公安部关于公安机关管辖的刑事案件立案追诉标准的规定（一）》（2017 年 4 月 27 日修正　公通字〔2017〕12 号）

第十六条　［生产、销售伪劣产品案（刑法第一百四十条）］生产

者、销售者在产品中掺杂、掺假,以假充真,以次充好或者以不合格产品冒充合格产品,涉嫌下列情形之一的,应予立案追诉:

(一)伪劣产品销售金额五万元以上的;

(二)伪劣产品尚未销售,货值金额十五万元以上的;

(三)伪劣产品销售金额不满五万元,但将已销售金额乘以三倍后,与尚未销售的伪劣产品货值金额合计十五万元以上的。

本条规定的"掺杂、掺假",是指在产品中掺入杂质或者异物,致使产品质量不符合国家法律、法规或者产品明示质量标准规定的质量要求,降低、失去应有使用性能的行为;"以假充真",是指以不具有某种使用性能的产品冒充具有该种使用性能的产品的行为;"以次充好",是指以低等级、低档次产品冒充高等级、高档次产品,或者以残次、废旧零配件组合、拼装后冒充正品或者新产品的行为;"不合格产品",是指不符合《中华人民共和国产品质量法》规定的质量要求的产品。

对本条规定的上述行为难以确定的,应当委托法律、行政法规规定的产品质量检验机构进行鉴定。本条规定的"销售金额",是指生产者、销售者出售伪劣产品后所得和应得的全部违法收入;"货值金额",以违法生产、销售的伪劣产品的标价计算;没有标价的,按照同类合格产品的市场中间价格计算。货值金额难以确定的,按照《扣押、追缴、没收物品估价管理办法》的规定,委托估价机构进行确定。

适用要点与裁判依据

★"掺杂、掺假""以假充真""以次充好""不合格产品"的认定

《最高人民法院、最高人民检察院关于办理生产、销售伪劣商品刑事案件具体应用法律若干问题的解释》(2001年4月9日 法释〔2001〕10号)

第一条 刑法第一百四十条规定的"在产品中掺杂、掺假",是指在产品中掺入杂质或者异物，致使产品质量不符合国家法律、法规或者产品明示质量标准规定的质量要求，降低、失去应有使用性能的行为。

刑法第一百四十条规定的“以假充真”，是指以不具有某种使用性能的产品冒充具有该种使用性能的产品的行为。

刑法第一百四十条规定的“以次充好”，是指以低等级、低档次产品冒充高等级、高档次产品，或者以残次、废旧零配件组合、拼装后冒充正品或者新产品的行为。

刑法第一百四十条规定的“不合格产品”，是指不符合《中华人民共和国产品质量法》第二十六条第二款规定的质量要求的产品。

对本条规定的上述行为难以确定的，应当委托法律、行政法规规定的产品质量检验机构进行鉴定。

★“销售金额”的认定标准

《最高人民法院、最高人民检察院关于办理生产、销售伪劣商品刑事案件具体应用法律若干问题的解释》（2001年4月9日　法释〔2001〕10号）

第二条　刑法第一百四十条、第一百四十九条规定的“销售金额”，是指生产者、销售者出售伪劣产品后所得和应得的全部违法收入。

伪劣产品尚未销售，货值金额达到刑法第一百四十条规定的销售金额三倍以上的，以生产、销售伪劣产品罪（未遂）定罪处罚。

货值金额以违法生产、销售的伪劣产品的标价计算；没有标价的，按照同类合格产品的市场中间价格计算。货值金额难以确定的，按照国家计划委员会、最高人民法院、最高人民检察院、公安部1997年4月22日联合发布的《扣押、追缴、没收物品估价管理办法》的规定，委托指定的估价机构确定。

多次实施生产、销售伪劣产品行为，未经处理的，伪劣产品的销售金额或者货值金额累计计算。

★以生产、销售伪劣商品犯罪“共犯论处”的情形

《最高人民法院、最高人民检察院关于办理生产、销售伪劣商品刑事案件具体应用法律若干问题的解释》(2001 年 4 月 9 日　法释〔2001〕10 号)

第九条　知道或者应当知道他人实施生产、销售伪劣商品犯罪，而为其提供贷款、资金、账号、发票、证明、许可证件，或者提供生产、经营场所或者运输、仓储、保管、邮寄等便利条件，或者提供制假生产技术的，以生产、销售伪劣商品犯罪的共犯论处。

★犯本罪，同时侵犯知识产权、非法经营等其他犯罪的，择一重处

《最高人民法院、最高人民检察院关于办理生产、销售伪劣商品刑事案件具体应用法律若干问题的解释》(2001 年 4 月 9 日　法释〔2001〕10 号)

第十条　实施生产、销售伪劣商品犯罪，同时构成侵犯知识产权、非法经营等其他犯罪的，依照处罚较重的规定定罪处罚。

★犯本罪，又以暴力、威胁方法抗拒查处构成其他犯罪的，实行数罪并罚

《最高人民法院、最高人民检察院关于办理生产、销售伪劣商品刑事案件具体应用法律若干问题的解释》(2001 年 4 月 9 日　法释〔2001〕10 号)

第十一条　实施刑法第一百四十条至第一百四十八条规定的犯罪，又以暴力、威胁方法抗拒查处，构成其他犯罪的，依照数罪并罚的规定处罚。

第十二条　国家机关工作人员参与生产、销售伪劣商品犯罪的，从重处罚。

★对是否属于“以不合格产品冒充合格产品”难以确定的，由公诉机关委托产品质量检验机构进行鉴定

《最高人民法院关于审理生产、销售伪劣商品刑事案件有关鉴定问题的通知》(2001 年 5 月 21 日　法〔2001〕70 号)

一、对于提起公诉的生产、销售伪劣产品、假冒商标、非法经营等严重破坏社会主义市场经济秩序的犯罪案件，所涉生产、销售的产品是否属于“以假充真”、“以次充好”、“以不合格产品冒充合格产品”难以确定的，应当根据《解释》第一条第五款的规定，由公诉机关委托法律、行政法规规定的产品质量检验机构进行鉴定。

★犯本罪，同时构成侵犯知识产权、非法经营等其他犯罪的，择一重处

《最高人民法院关于审理生产、销售伪劣商品刑事案件有关鉴定问题的通知》（2001 年 5 月 21 日　法〔2001〕70 号）

三、经鉴定确系伪劣商品，被告人的行为既构成生产、销售伪劣产品罪，又构成生产、销售假药罪或者生产、销售不符合卫生标准的食品罪，或者同时构成侵犯知识产权、非法经营等其他犯罪的，根据刑法第一百四十九条第二款和《解释》第十条的规定，应当依照处罚较重的规定定罪处罚。

★疫情防控期间生产、销售伪劣产品的，依法从重处罚

《最高人民法院、最高人民检察院关于办理妨害预防、控制突发传染病疫情等灾害的刑事案件具体应用法律若干问题的解释》（2003 年 5 月 14 日　法释〔2003〕8 号）

第二条　在预防、控制突发传染病疫情等灾害期间，生产、销售伪劣的防治、防护产品、物资，或者生产、销售用于防治传染病的假药、劣药，构成犯罪的，分别依照刑法第一百四十条、第一百四十一条、第一百四十二条的规定，以生产、销售伪劣产品罪，生产、销售假药罪或者生产、销售劣药罪定罪，依法从重处罚。

★生产伪劣烟草制品尚未销售或者尚未完全销售行为的刑事责任

《最高人民法院、最高人民检察院、公安部、国家烟草专卖局关于办理假冒伪劣烟草制品等刑事案件适用法律问题座谈会纪要》（2003 年 12 月 23 日　商检会〔2003〕4 号）

一、关于生产、销售伪劣烟草制品行为适用法律问题

（一）关于生产伪劣烟草制品尚未销售或者尚未完全销售行为定罪量刑问题

根据刑法第一百四十条的规定，生产、销售伪劣烟草制品，销售

金额在五万元以上的，构成生产、销售伪劣产品罪。

根据《最高人民法院、最高人民检察院关于办理生产、销售伪劣商品刑事案件具体应用法律若干问题的解释》的有关规定，销售金额是指生产者、销售者出售伪劣烟草制品后所得和应得的全部违法收入。伪劣烟草制品尚未销售，货值金额达到刑法第一百四十条规定的销售金额三倍（十五万元）以上的，以生产、销售伪劣产品罪（未遂）定罪处罚。货值金额以违法生产、销售的伪劣产品的标价计算；没有标价的，按照同类合格产品的市场中间价格计算。货值金额难以确定的，按照国家计划委员会、最高人民法院、最高人民检察院、公安部1997年4月22日联合发布的《扣押、追缴、没收物品估价管理办法》的规定，委托指定的估价机构确定。

伪劣烟草制品尚未销售，货值金额分别达到十五万元以上不满二十万元、二十万元以上不满五十万元、五十万元以上不满二百万元、二百万元以上的，分别依照刑法第一百四十条规定的各量刑档次定罪处罚。

伪劣烟草制品的销售金额不满五万元，但与尚未销售的伪劣烟草制品的货值金额合计达到十五万元以上的，以生产、销售伪劣产品罪（未遂）定罪处罚。

生产伪劣烟草制品尚未销售，无法计算货值金额，有下列情形之一的，以生产、销售伪劣产品罪（未遂）定罪处罚：

1. 生产伪劣烟用烟丝数量在1000公斤以上的；

2. 生产伪劣烟用烟叶数量在1500公斤以上的。

★非法生产、拼装、销售烟草专用机械的刑事责任

《最高人民法院、最高人民检察院、公安部、国家烟草专卖局关于办理假冒伪劣烟草制品等刑事案件适用法律问题座谈会纪要》（2003年12月23日　商检会〔2003〕4号）

一、关于生产、销售伪劣烟草制品行为适用法律问题

（二）关于非法生产、拼装、销售烟草专用机械行为定罪处罚问题

非法生产、拼装、销售烟草专用机械行为，依照刑法第一百四十

条的规定，以生产、销售伪劣产品罪追究刑事责任。

★构成本罪共犯的认定

《最高人民法院、最高人民检察院、公安部、国家烟草专卖局关于办理假冒伪劣烟草制品等刑事案件适用法律问题座谈会纪要》(2003年12月23日　商检会〔2003〕4号)

四、关于共犯问题

知道或者应当知道他人实施本《纪要》第一条至第三条规定的犯罪行为，仍实施下列行为之一的，应认定为共犯，依法追究刑事责任：

1. 直接参与生产、销售假冒伪劣烟草制品或者销售假冒烟用注册商标的烟草制品或者直接参与非法经营烟草制品并在其中起主要作用的；

2. 提供房屋、场地、设备、车辆、贷款、资金、账号、发票、证明、技术等设施和条件，用于帮助生产、销售、储存、运输假冒伪劣烟草制品、非法经营烟草制品的；

3. 运输假冒伪劣烟草制品的。

上述人员中有检举他人犯罪经查证属实，或者提供重要线索，有立功表现的，可以从轻或减轻处罚；有重大立功表现的，可以减轻或者免除处罚。

★国家机关工作人员参与实施生产、销售伪劣商品的，从重处罚

《最高人民法院、最高人民检察院、公安部、国家烟草专卖局关于办理假冒伪劣烟草制品等刑事案件适用法律问题座谈会纪要》(2003年12月23日　商检会〔2003〕4号)

五、国家机关工作人员参与实施本《纪要》第一条至第三条规定的犯罪行为的处罚问题

根据《最高人民法院、最高人民检察院关于办理生产、销售伪劣商品刑事案件具体应用法律若干问题的解释》的规定，国家机关工作人员参与实施本《纪要》第一条至第二条规定的犯罪行为的，从重处罚。

★犯本罪,一罪与数罪的认定

《最高人民法院、最高人民检察院、公安部、国家烟草专卖局关于办理假冒伪劣烟草制品等刑事案件适用法律问题座谈会纪要》(2003年12月23日　商检会〔2003〕4号)

六、关于一罪与数罪问题

行为人的犯罪行为同时构成生产、销售伪劣产品罪、销售假冒注册商标的商品罪、非法经营罪等罪的,依照处罚较重的规定定罪处罚。

★窝藏、转移非法制售的烟草制品,事前与犯罪分子通谋的,以共同犯罪论处

《最高人民法院、最高人民检察院、公安部、国家烟草专卖局关于办理假冒伪劣烟草制品等刑事案件适用法律问题座谈会纪要》(2003年12月23日　商检会〔2003〕4号)

七、关于窝藏、转移非法制售的烟草制品行为的定罪处罚问题

明知是非法制售的烟草制品而予以窝藏、转移的,依照刑法第三百一十二条的规定,以窝藏、转移赃物罪定罪处罚。

窝藏、转移非法制售的烟草制品,事前与犯罪分子通谋的,以共同犯罪论处。

★伪劣烟草专卖品尚未销售,货值金额达到定罪起点数额标准的三倍以上的,以本罪(未遂)定罪处罚

《最高人民法院、最高人民检察院关于办理非法生产、销售烟草专卖品等刑事案件具体应用法律若干问题的解释》(2010年3月2日　法释〔2010〕7号)

第二条　伪劣卷烟、雪茄烟等烟草专卖品尚未销售,货值金额达到刑法第一百四十条规定的销售金额定罪起点数额标准的三倍以上的,或者销售金额未达到五万元,但与未销售货值金额合计达到十五万元以上的,以生产、销售伪劣产品罪(未遂)定罪处罚。

销售金额和未销售货值金额分别达到不同的法定刑幅度或者均达到同一法定刑幅度的,在处罚较重的法定刑幅度内酌情从重处罚。

查获的未销售的伪劣卷烟、雪茄烟，能够查清销售价格的，按照实际销售价格计算。无法查清实际销售价格，有品牌的，按照该品牌卷烟、雪茄烟的查获地省级烟草专卖行政主管部门出具的零售价格计算；无品牌的，按照查获地省级烟草专卖行政主管部门出具的上年度卷烟平均零售价格计算。

★无法查清销售或者购买价格的，对非法经营数额的计算方法

《最高人民法院、最高人民检察院关于办理非法生产、销售烟草专卖品等刑事案件具体应用法律若干问题的解释》（2010年3月2日 法释〔2010〕7号）

第四条 非法经营烟草专卖品，能够查清销售或者购买价格的，按照其销售或者购买的价格计算非法经营数额。无法查清销售或者购买价格的，按照下列方法计算非法经营数额：

（一）查获的卷烟、雪茄烟的价格，有品牌的，按照该品牌卷烟、雪茄烟的查获地省级烟草专卖行政主管部门出具的零售价格计算；无品牌的，按照查获地省级烟草专卖行政主管部门出具的上年度卷烟平均零售价格计算；

（二）查获的复烤烟叶、烟叶的价格按照查获地省级烟草专卖行政主管部门出具的上年度烤烟调拨平均基准价格计算；

（三）烟丝的价格按照第（二）项规定价格计算标准的一点五倍计算；

（四）卷烟辅料的价格，有品牌的，按照该品牌辅料的查获地省级烟草专卖行政主管部门出具的价格计算；无品牌的，按照查获地省级烟草专卖行政主管部门出具的上年度烟草行业生产卷烟所需该类卷烟辅料的平均价格计算；

（五）非法生产、销售、购买烟草专用机械的价格按照国务院烟草专卖行政主管部门下发的全国烟草专用机械产品指导价格目录进行计算；目录中没有该烟草专用机械的，按照省级以上烟草专卖行政主管部门出具的目录中同类烟草专用机械的平均价格计算。

★犯本罪，同时构成其他犯罪的，择一重处

《最高人民法院、最高人民检察院关于办理非法生产、销售烟草专卖品等刑事案件具体应用法律若干问题的解释》（2010年3月2日 法释〔2010〕7号）

第五条 行为人实施非法生产、销售烟草专卖品犯罪，同时构成生产、销售伪劣产品罪、侵犯知识产权犯罪、非法经营罪的，依照处罚较重的规定定罪处罚。

★明知他人实施本罪而为其提供贷款、资金、账号等便利条件的，按照共犯追究刑事责任

《最高人民法院、最高人民检察院关于办理非法生产、销售烟草专卖品等刑事案件具体应用法律若干问题的解释》（2010年3月2日 法释〔2010〕7号）

第六条 明知他人实施本解释第一条所列犯罪，而为其提供贷款、资金、账号、发票、证明、许可证件，或者提供生产、经营场所、设备、运输、仓储、保管、邮寄、代理进出口等便利条件，或者提供生产技术、卷烟配方的，应当按照共犯追究刑事责任。

★"烟草专卖品""卷烟辅料""烟草专用机械""同类烟草专用机械"的认定

《最高人民法院、最高人民检察院关于办理非法生产、销售烟草专卖品等刑事案件具体应用法律若干问题的解释》（2010年3月2日 法释〔2010〕7号）

第九条 本解释所称"烟草专卖品"，是指卷烟、雪茄烟、烟丝、复烤烟叶、烟叶、卷烟纸、滤嘴棒、烟用丝束、烟草专用机械。

本解释所称"卷烟辅料"，是指卷烟纸、滤嘴棒、烟用丝束。

本解释所称"烟草专用机械"，是指由国务院烟草专卖行政主管部门烟草专用机械名录所公布的，在卷烟、雪茄烟、烟丝、复烤烟叶、烟叶、卷烟纸、滤嘴棒、烟用丝束的生产加工过程中，能够完成一项或者多项特定加工工序，可以独立操作的机械设备。

本解释所称"同类烟草专用机械"，是指在卷烟、雪茄烟、烟丝、复烤烟叶、烟叶、卷烟纸、滤嘴棒、烟用丝束的生产加工过程中，能够完成相同加工工序的机械设备。

★非法生产、经营烟花爆竹涉及生产、销售伪劣产品的刑事责任

《最高人民法院、最高人民检察院、公安部、国家安全监管总局关于依法加强对涉嫌犯罪的非法生产经营烟花爆竹行为刑事责任追究的通知》(2012年9月6日 安监总管三〔2012〕116号)

一、非法生产、经营烟花爆竹及相关行为涉及非法制造、买卖、运输、邮寄、储存黑火药、烟火药，构成非法制造、买卖、运输、邮寄、储存爆炸物罪的，应当依照刑法第一百二十五条的规定定罪处罚；非法生产、经营烟花爆竹及相关行为涉及生产、销售伪劣产品或不符合安全标准产品，构成生产、销售伪劣产品罪或生产、销售不符合安全标准产品罪的，应当依照刑法第一百四十条、第一百四十六条的规定定罪处罚；非法生产、经营烟花爆竹及相关行为构成非法经营罪的，应当依照刑法第二百二十五条的规定定罪处罚。上述非法生产经营烟花爆竹行为的定罪量刑和立案追诉标准，分别按照《最高人民法院关于审理非法制造、买卖、运输枪支、弹药、爆炸物等刑事案件具体应用法律若干问题的解释》(法释〔2009〕18号)、《最高人民法院、最高人民检察院关于办理生产、销售伪劣商品刑事案件具体应用法律若干问题的解释》(法释〔2001〕10号)、《最高人民检察院、公安部关于公安机关管辖的刑事案件立案追诉标准的规定(一)》(公通字〔2008〕36号)、《最高人民检察院、公安部关于公安机关管辖的刑事案件立案追诉标准的规定(二)》(公通字〔2010〕23号)等有关规定执行。

★经认定属于劣药，但尚未达到销售劣药罪的定罪量刑标准的刑事责任

《最高人民检察院法律政策研究室对〈关于具有药品经营资质的企业通过非法渠道从私人手中购进药品后销售的如何适用律问题的请示〉的答复》(2015年10月26日 高检研〔2015〕19号)

二是对于经认定属于劣药，但尚未达到《药品解释》规定的销售劣药罪的定罪量刑标准的，可以依据刑法第一百四十九条、第一百四十条的规定,以销售伪劣产品罪追究刑事责任。

★在销售的成品油中掺杂、掺假,以假充真,以次充好或者以不合格油品冒充合格油品,构成本罪

《打击非设关地成品油走私专题研讨会会议纪要》(2019年10月24日 署缉发〔2019〕210号)

一、关于定罪处罚

走私成品油,构成犯罪的,依照刑法第一百五十三条的规定,以走私普通货物罪定罪处罚。

对不构成走私共犯的收购人,直接向走私人购买走私的成品油,数额较大的,依照刑法第一百五十五条第(一)项的规定,以走私罪论处;向非直接走私人购买走私的成品油的,根据其主观故意,分别依照刑法第一百九十一条规定的洗钱罪或者第三百一十二条规定的掩饰、隐瞒犯罪所得、犯罪所得收益罪定罪处罚。

在办理非设关地走私成品油刑事案件中,发现行为人在销售的成品油中掺杂、掺假,以假充真,以次充好或者以不合格油品冒充合格油品,构成犯罪的,依照刑法第一百四十条的规定,对该行为以生产、销售伪劣产品罪定罪处罚。

……

类案检索指引

★对涉及创新产品的争议案件,可以通过听证方式开展审查

《刘远鹏涉嫌生产、销售“伪劣产品”案》(2020年12月3日最高人民检察院发布第二十三批指导性案例:检例第85号)

【关键词】

民营企业 创新产品 强制标准 听证 不起诉

【要旨】

检察机关办理涉企案件,应当注意保护企业创新发展。对涉及创新的争议案件,可以通过听证方式开展审查。对专业性问题,应当加强与行业主管部门沟通，充分听取行业意见和专家意见，促进完善相关行业领域标准。

★明知涉案辣椒种子质量不合格而冒充合格种子销售，构成本罪

《酒泉某豫农业科技有限公司、王某某生产、销售伪劣产品案》（2021年9月7日最高人民法院发布种业知识产权司法保护典型案例）

【裁判要旨】

被告单位和被告人明知涉案辣椒种子质量不合格，在辣椒种子包装上虚假标注亩产、纯度等重要指标，以不合格种子冒充合格种子销售，构成生产、销售伪劣产品罪。

★未取得兽药经营资质销售不合格兽药，构成本罪

《申洲明、王和中销售伪劣产品案》（2022年3月18日最高人民法院发布“农资打假”典型案例）

【裁判要旨】

被告人不具备兽药经营资质，多次以明显低于市场价格购进甲磺酸加替杀星、阿莫西林等十余种兽药，将部分兽药销售给他人。他人在明知该兽药可能为伪劣产品的情况下，将部分兽药销售给农户的行为，构成销售伪劣产品罪。

★以燃料油冒充柴油进行销售，构成本罪

《王某某销售伪劣产品案》（2022年3月15日最高人民检察院发布检察机关依法惩治制售假冒伪劣商品犯罪典型案例）

【关键词】

销售伪劣产品　成品油　行刑衔接　社会治理

【要旨】

成品油是关乎国计民生的重要商品，打击伪劣成品油犯罪，整治成品油市场，有利于维护规范有序的市场经济秩序，保障消费者的合法权益。燃料油和柴油的制造工艺、用途均不同，是两种不同的油品，以燃料油冒充柴油进行销售，符合《刑法》第一百四十条的规定，以销售伪劣产品罪定罪处罚。

★在屠宰过程中对活牛注水，属于“在产品中掺杂、掺假”

《赵某涛等人生产、销售伪劣产品案》（2022年3月14日最高人民检察院发布检察机关依法惩治制售假冒伪劣商品犯罪典型案例）

【关键词】

生产、销售伪劣产品　注水牛肉　销售金额　社会治理

【要旨】

在屠宰过程中对活牛注水，违反国家相关质量要求，降低牛肉产品的品质，属于刑法第一百四十条规定的“在产品中掺杂、掺假”的行为。长期生产、销售注水牛肉，在以往已售产品已灭失情况下，可以结合电子数据、交易记录、被告人供述、市场交易习惯等综合认定。在案件办理过程中，检察机关要注重与行政主管机关、公安机关协作，针对案件中发现的监管漏洞积极开展社会综合治理，实现“1＋1＞2”的办案效果。

★正规生产厂商对产品未经质检即出具产品合格证的，构成本罪

《H电缆公司生产、销售伪劣产品案》（2022年3月14日最高人民检察院发布检察机关依法惩治制售假冒伪劣商品犯罪典型案例）

【关键词】

生产、销售伪劣产品　不合格电线电缆　追加起诉　社会治理

【要旨】

正规生产厂商对产品未经质检即出具产品合格证，放任不合格产品流入市场，构成生产、销售伪劣产品罪。检察机关办理生产、销售伪劣产品犯罪案件，要全面审查案件事实证据，依法追诉漏罪漏犯，并阐明不合格产品的实质危害，着力维护市场经济秩序，消除安全隐患，保护消费者合法权益。

★香油生产厂家在生产过程中，掺杂掺假，构成本罪

《孔某某等人生产、销售伪劣产品案》（2022年3月14日最高人民检察院发布检察机关依法惩治制售假冒伪劣商品犯罪典型案例）

【关键词】

生产、销售伪劣产品　以假充真　食品安全

【要旨】

将掺杂棉籽油的玉米大豆调和油,销售给香油生产厂家;相关香油生产厂家在香油制品生产过程中,掺杂掺假,应以生产、销售伪劣产品罪定罪处罚。针对案件中暴露出的危害人民群众身体健康的食品安全问题,制发检察建议,促进食品安全社会治理。

★将化肥生产原料随意配比、伪造检验报告、合格证的,构成本罪

《四川K化肥有限公司生产、销售伪劣产品案》(2022年3月14日最高人民检察院发布检察机关依法惩治制售假冒伪劣商品犯罪典型案例)

【关键词】

生产、销售伪劣产品　不合格化肥　提前介入　司法救助

【要旨】

涉农案件事关国家粮食安全和百姓民生福祉,检察机关要主动作为,通过提前介入引导公安机关全面取证,为指控犯罪夯实证据基础。要在依法严厉打击涉农资安全犯罪行为的同时,积极保障被害农户的权益,及时全面开展司法救助,参与社会综合治理,最大限度帮助被害农户恢复正常生产生活秩序,做好司法办案"后半篇文章"。

★将低浓度农药重新灌装冒充高浓度农药销售的,构成本罪

《李某生产、销售伪劣产品案——无生产、经营资质而生产、销售不合格农药》(2023年3月11日最高人民法院发布"农资打假"典型案例——依法严惩农资犯罪,切实保障农民增收)

【简要案情】

被告人李某不具备农药生产、经营资质。2020年9月至2021年9月间,李某虚构青岛某生物科技有限公司营业执照,购置灌装机等设备,将购进的低浓度农药重新灌装冒充高浓度农药,并制作标签、说明书,生产30余种农药。为销售上述农药,李某在河南省周口市淮阳区某小区内租赁房屋作为办公室,招聘郭某、冯某等人作为销售人员,通过网络、电话推广销售,销售金额共计500余万元。经检验,

第
140
条

涉案农药所标明成分的质量分数不符合标明值要求，为不合格产品。

【裁判结果】

法院经审理认为，被告人李某生产、销售伪劣产品，销售金额达500余万元，其行为已构成生产、销售伪劣产品罪。李某到案后如实供述自己的罪行，认罪认罚，可从轻处罚。据此，以生产、销售伪劣产品罪判处被告人李某有期徒刑十五年，剥夺政治权利三年，并处罚金人民币三百万元。

★在生产的伪劣灭火器中填充滑石粉销售的，构成本罪

《王某、陈某某生产、销售伪劣产品案》（2023年3月14日最高人民检察院发布检察机关依法惩治制售伪劣商品犯罪典型案例）

【关键词】

生产、销售伪劣产品　灭火器　一体履职　行业治理

【典型意义】

（一）从严惩治，守牢消防安全底线。灭火器是一种应用广泛的轻便消防器材，也是火灾发生后用于初期灭火的重要工具，对于减少火灾损失、控制火势发展起到重要作用。王某等人在所生产的伪劣灭火器中填充滑石粉，不但不具有灭火功能，反而存在粉尘爆炸的隐患。检察机关对制售假劣灭火器的犯罪行为从严惩治，追捕追诉上下游涉案人员，实现犯罪全链条打击，守牢消防安全的底线，维护人民群众生命财产安全和公共安全。

（二）一体履职，推动行业规范治理。临沂经济技术开发区检察院审查该案中发现，相关生产、销售活动涉及多个县区，遂将线索报送临沂市检察院。临沂市检察院调查核实后，向市市场监督管理局、市消防救援支队发出行政公益诉讼诉前检察建议2份，推动从市级层面解决灭火器行业管理中存在的问题隐患。相关单位采纳检察建议，部署开展灭火器专项督查检查和执法行动。针对销售行为通过电商平台进行等问题，检察机关建议市场监管部门依托第三方平台组织对消防器材网络抽查，将监测结果和处罚情况录入信用公示系统，将不合格企业信息推送电商平台，推动了灭火器行业的规范治

理、系统治理。当地市场监管部门对149家市场流通主体、120家电商销售户进行拉网摸排,召回问题灭火器1200具。

(三)联合宣传,维护消费者合法权益。灭火器是一次性产品,一般只有遇到火灾、火情才会使用。普通消费者难以辨别灭火器真伪。检察机关联合市场监管、消防、公安等部门开展消防安全教育,充分利用安全生产月、国际消防日、科技活动周等时间节点开展宣传活动15次,通过设立宣传服务站、咨询台,开展消防产品实物展示、真假消防产品鉴别及消防产品功能演示等活动,提高消费者对消防产品的识别判断能力。

★依法严厉打击生产、销售伪劣润滑油的犯罪行为

《郝某甲等人生产、销售伪劣产品案》(2023年3月14日最高人民检察院发布检察机关依法惩治制售伪劣商品犯罪典型案例)

【关键词】

生产、销售伪劣产品　润滑油　消费者权益保护　诉源治理

【典型意义】

(一)立足严厉打击,保护消费者合法权益,助力经济高质量发展。润滑油是人民群众生产、生活中的重要化工产品,使用伪劣润滑油产品不但起不到润滑机器的效果,还有可能导致发动机损坏甚至引发爆炸。生产、销售伪劣润滑油犯罪扰乱正常的市场经济秩序,给消费者生命和财产安全带来严重的安全隐患,检察机关应当依法严厉打击生产、销售伪劣润滑油的犯罪行为,切实保障消费者合法权益,维护社会安全稳定。生产、销售假冒知名品牌润滑油行为,同时构成生产、销售伪劣产品罪和假冒注册商标罪或销售假冒注册商标的商品罪的,应当择一重罪处罚。

(二)注重诉源治理,依法能动履职,提升综合治理水平。检察机关在办案过程中发现,相关职能部门存在对物流园区仓库、民房检查不到位,物流企业落实寄递安全"三个百分百"要求不严格等情况。针对以上问题,检察机关向当地公安机关制发检察建议,建议加强对物流企业监管、加大查处力度、加强宣传教育等。收到检察建议后,

当地公安机关组织开展了物流园区仓库、民房专项检查,并联合相关职能部门对物流公司、快递点进行检查,查出并整改问题 10 余个。检察机关注重发挥检察建议在促进社会治理方面的积极作用,通过推动相关职能部门积极履职,加强监管力度,推动解决刑事案件涉及的消费者权益保护和社会治理问题,为促进社会治理水平提升贡献检察力量。

★对于涉案人数众多的销售伪劣产品犯罪,做到分类处理,突出打击重点

《郑某某等人销售伪劣产品案》(2023 年 3 月 14 日最高人民检察院发布检察机关依法惩治制售伪劣商品犯罪典型案例)

【关键词】

销售伪劣产品　电缆　反向移送　行业治理

【典型意义】

(一)依法严厉打击制假售假犯罪,维护消费者合法权益。检察机关能动履职,通过自行补充侦查等夯实证据、厘清事实,准确适用法律,全链条打击制售假冒伪劣犯罪,切实维护消费者合法权益;同时会同公安机关摸排查清电缆流向,尤其关注是否有流入亚运建设工程和其他民生保障工程,及时追回问题电线电缆,保障人民群众生产生活安全和公共安全。

(二)宽严相济分层处理,把握打击重点。对于涉案人数众多的销售伪劣产品犯罪,检察机关在审查逮捕阶段就做到分类处理,突出打击重点。本案中检察机关对于主观恶性大、情节严重的 7 名犯罪嫌疑人批准逮捕,对于从犯、认罪认罚以及有未成年子女需要抚养的犯罪嫌疑人取保候审。对于已经执行逮捕的人员,在审查起诉阶段根据情况变化及时进行羁押必要性审查,对 4 人变更为取保候审。检察机关根据犯罪层级、作用、地位的不同,对地位作用突出、涉案金额巨大的犯罪分子依法从严追诉,对犯罪情节轻微、具有法定从轻减轻情节以及主动退赃退赔的涉案人员作出相对不起诉处理。

(三)积极参与社会治理,促进行业规范。电线电缆是用于电力传输的重要材料，直接关系到施工质量及人民群众生命财产安全。检察机关在查办刑事案件的同时，重视深挖案件背后行业毒瘤顽疾，践行检察监督职能，彰显检察担当。针对电线电缆行业的治理漏洞向相关部门制发治理类检察建议，推动电线电缆行业专项治理，切实维护消费者合法权益；会同相关部门共同出台协同治理相关工作机制，强化线索移送和协作配合机制，为营造法治营商环境贡献检察力量。

★对过期食品的上游供货渠道、中间冷链运输环节、下游销售网络全面取证，追根溯源、深挖犯罪

《马某某等人销售伪劣产品案》（2023年3月14日最高人民检察院发布检察机关依法惩治制售伪劣商品犯罪典型案例）

【关键词】

销售伪劣产品　过期食品　行刑衔接　法治宣传

【典型意义】

（一）严惩销售过期食品犯罪，守护百姓“舌尖安全”。民以食为天，食以安为先。过期食品特别是过期肉类食品容易产生致病菌或其他有害物质，消费者食用过期食品，可能会引起胃肠道疾病或者肝肾功能衰竭等危害。本案中马某某等人销售的猪副产品已过期半年之久，不仅缺乏营养价值，还严重危害消费者的身体健康和生命安全。检察机关认真贯彻落实食品药品“四个最严”要求，依法惩治销售过期食品犯罪，切实维护百姓健康和权益。

（二）加强检警协作配合，摧毁跨区“利益链条”。危害食品安全犯罪中，购销环节关联紧密。本案中，检察机关提出明确补充侦查提纲，就案件定性、作用地位等向公安机关提出意见。公安机关在检察机关建议下补充调取了微信交易记录、银行账户交易记录，以及现场检查、扣押等视频资料，强化固定证据，精准认定销售金额。同时对过期食品的上游供货渠道、中间冷链运输环节、下游销售网络全面取证，追根溯源、深挖犯罪，最终摧毁销售“链条”，关联犯罪得到有效打击。

（三）有力促进行刑衔接，筑牢食品“安全屏障”。食品安全关系千家万户，保障食品安全就是保障民生。检察机关以此案为契机，充分发挥行政执法与刑事司法衔接作用，在办案中促进食品安全社会治理，以“我管”促“都管”。联合当地市场监督管理部门、公安机关召开座谈会，充分研讨食品类犯罪案件预防和打击举措，建议市场监督管理部门定期开展食品安全检查专项治理活动，特别要加大对冷冻食品市场的检查力度，对发现的涉嫌犯罪案件及时移送。

（四）积极拓宽普法宣传渠道，借力做好“以案释法”。检察机关在依法从严惩治危害食品安全犯罪的同时，积极落实“谁执法、谁普法”的普法责任制，全力做好犯罪预防工作。庭审中，公诉人充分释法说理，促使被告人当庭真诚悔罪；庭审外，检察机关以该案为题材制作“守护舌尖上的安全”短视频，并通过检察公众号、政府公众号等平台发布，宣传食品安全法律法规，提示消费风险，多维度、多举措展现检察机关依法有力保障人民群众“舌尖安全”的坚定决心和能动作为。

★加强电子数据客观性审查，准确认定犯罪数额

《谢某某等人生产、销售伪劣产品，非法经营案》（2023年4月20日最高人民检察院发布5件检察机关依法惩治制售伪劣农资犯罪典型案例）

【关键词】

生产、销售伪劣产品　非法经营　农药　全链条打击　社会治理

【典型意义】

（一）全链条打击制售伪劣农药犯罪，保障农资安全。制售伪劣农药犯罪危及粮食安全，损害农民合法权益和人民群众生命健康，必须从严惩处。百草枯被列入《禁限用农药目录》，属于禁用农药。近年来，农业农村部门多次开展百草枯专项整治工作。本案中，14名被告人分别实施了销售百草枯原液、使用原液生产假农药、利用网络平台全国性销售等行为，形成完整的犯罪链条。检察机关发挥诉前主

导作用，通过引导侦查固定证据，依法追捕假农药生产者，对原材料提供端、假农药生产端、销售端进行全链条打击，跨区域捣毁制假售假源头，全力保障农资安全。

（二）加强电子数据客观性审查，准确认定犯罪数额。网络销售伪劣农资类案件涉及地域范围广、消费者众多，在侦查取证、数额认定等方面存在困难。检察机关办理该类案件时，应当加强电子数据的客观性和关联性审查。本案中，检察机关通过对涉案人员的微信聊天记录、物流单据、资金走向等信息进行比对，形成证据闭环，对行为人提出的正常交易、合法收入等合理辩解，查证属实后，依法予以扣除，综合认定销售数额。

（三）能动履职延伸检察职能，实现“治罪”与“治理”并重。打击制售伪劣农资犯罪，需要检察机关、公安机关、行政机关协作配合，推进诉源治理。本案中，检察机关结合办案中发现的问题、隐患，向当地农业农村部门通报案情，推动该部门开展农资生产执法检查，共检查农资经营店248家次，抽检农药45批次，依法对4起涉及无证生产经营农药、经营假农药等违法行为给予行政处罚。同时，针对网络寄递销售的特点，向当地邮政管理部门制发检察建议，推动开展县域寄递行业安全专项整治，完善全链条治理机制，形成社会共治。

★严惩制售伪劣农资犯罪，切实保障粮食安全

《龚某等人生产、销售伪劣产品案》（2023年4月20日最高人民检察院发布5件检察机关依法惩治制售伪劣农资犯罪典型案例）

【关键词】

生产、销售伪劣产品　农药　化肥　行刑衔接

【典型意义】

（一）严惩制售伪劣农资犯罪，切实保障粮食安全。粮食安全是战略问题，是国家安全的重要基础，保障粮食安全任何时候都不能放松。制售伪劣农资违法犯罪危及粮食安全和农产品质量安全，必须依法从严惩处。本案犯罪活动时间长、销售范围广、犯罪数额巨大、受害农户遍及全国且重点危害河南粮食主产区。经检察机关依法履

职，家族式制售伪劣农资团伙被依法打击，有效净化农资市场，保障粮食安全，维护了广大农民群众的切身利益。

（二）推动行刑衔接，加强诉源治理。检察机关注重延伸职能，积极能动履职，认真做好案件办理的"后半篇文章"，为促进社会治理水平提升贡献检察力量。一是加强行刑衔接，向相关行政部门制发检察意见，建议对龚某等人冒用他人农药登记证进行无证经营的行为给予行政处罚。收到检察意见后，行政部门依法对甲公司作出行政处罚。二是被查封扣押的大量农药、化肥及原材料具有污染环境等安全隐患，针对此种情况，检察机关与行政部门会商，并向上级检察机关汇报，推动提出行之有效的处置方案，保证了人民群众人身安全和环境安全。

★多部门密切协作，促进兽药行业规范经营

《柴某某生产、销售伪劣产品案》（2023年4月20日最高人民检察院发布5件检察机关依法惩治制售伪劣农资犯罪典型案例）

【关键词】

生产、销售伪劣产品 兽药 检察建议

【典型意义】

（一）维护畜禽养殖安全。涉案兽药系用于提高养殖畜禽免疫力和治疗畜禽疾病的药物。使用不合格兽药，既可能导致疫病蔓延，影响畜禽养殖户的正常经营，产生经济损失，也可能造成人畜共患疾病传播，危及人体健康。柴某某具有兽药专业大学本科学历，对兽药安全的重要意义有着充分的认识，但为了牟取利益，自行或委托他人生产伪劣兽药并对外销售，销售金额巨大，应当依法予以惩治。

（二）多部门密切协作，促进兽药行业规范经营。该案系公安机关根据农业农村部门移送涉嫌犯罪案件而立案侦查，并邀请检察机关派员介入。案件办理期间，检察机关与公安机关、农业农村部门多次进行案件会商，共同提升办案质效。农业农村部门专业人员作为特邀检察官助理从介入侦查阶段即参与案件办理，就兽药管理规范、伪劣兽药检验等问题提供意见，对案件顺利办理发挥了重要作用。

针对办案中发现的问题,检察机关向当地农业农村部门制发检察建议,提出完善兽药行业监督执法的四项措施建议。农业农村部门收到检察建议后,联合公安机关、市场监管部门等组织农资专项检查,广泛开展农资安全宣传,引导兽药产销主体依法生产经营,有效维护农资市场秩序。

第一百四十一条 【生产、销售、提供假药罪】生产、销售假药的,处三年以下有期徒刑或者拘役,并处罚金;对人体健康造成严重危害或者有其他严重情节的,处三年以上十年以下有期徒刑,并处罚金;致人死亡或者有其他特别严重情节的,处十年以上有期徒刑、无期徒刑或者死刑,并处罚金或者没收财产。

药品使用单位的人员明知是假药而提供给他人使用的,依照前款的规定处罚。

立法动态

本条源自《中华人民共和国刑法》(1997 年 3 月 14 日第八届全国人民代表大会第五次会议修订,自 1997 年 10 月 1 日起施行)。

本条经全国人大常委会两次修改。

本条原内容为:第一百四十一条 (第一款)生产、销售假药,足以严重危害人体健康的,处三年以下有期徒刑或者拘役,并处或者单处销售金额百分之五十以上二倍以下罚金;对人体健康造成严重危害的,处三年以上十年以下有期徒刑,并处销售金额百分之五十以上二倍以下罚金;致人死亡或者对人体健康造成特别严重危害的,处十年以上有期徒刑、无期徒刑或者死刑,并处销售金额百分之五十以上二倍以下罚金或者没收财产。(第二款)本条所称假药,是指依照《中华人民共和国药品管理法》的规定属于假药和按假药处理的药品、非药品。

本条第一次根据《中华人民共和国刑法修正案(八)》(自 2011 年 5 月 1 日起施行)第二十三条对第一款作了修改。本次修改的主要内容为:一是删除了"足以严重危害人体健康"的入罪条件,将生产、销售假药罪由危险犯修改为行为犯;二是对罚金刑作了修改,删除了对生产、销售假药罪可以单处罚金的规定,同时将根据销售数额确定的倍比罚金修改为无限额罚金;三是完善了加重犯的规定,明确除"对人体健康造成严重危害"外,"有其他严重情节的",也应处三年以上十年以下有期徒刑,并处罚金。同时,将应判处十年以上有期徒刑、无期徒刑、死刑的情形,由原来规定的"对人体健康造成特别严重危害的"修改为包容性更大的"其他特别严重情节"。

本条第二次根据《中华人民共和国刑法修正案(十一)》(自 2021 年 3 月 1 日起施行)第五条修改。本次修改的主要内容为,将本条第二款"本条所称假药,是指依照《中华人民共和国药品管理法》的规定属于假药和按假药处理的药品、非药品"予以删除,增加规定"药品使用单位的人员明知是假药而提供给他人使用的,依照前款的规定处罚"。

立案标准

《最高人民检察院、公安部关于公安机关管辖的刑事案件立案追诉标准的规定(一)》(2017 年 4 月 27 日修正 公通字〔2017〕12 号)

第十七条 [生产、销售假药案(刑法第一百四十一条)]生产、销售假药的,应予立案追诉。但销售少量根据民间传统配方私自加工的药品,或者销售少量未经批准进口的国外、境外药品,没有造成他人伤害后果或者延误诊治,情节显著轻微危害不大的除外。

以生产、销售假药为目的,具有下列情形之一的,属于本条规定的"生产":

(一)合成、精制、提取、储存、加工炮制药品原料的;

(二)将药品原料、辅料、包装材料制成成品过程中,进行配料、混合、制剂、储存、包装的；

（三）印制包装材料、标签、说明书的。

医疗机构、医疗机构工作人员明知是假药而有偿提供给他人使用，或者为出售而购买、储存的，属于本条规定的"销售"。

本条规定的"假药"，是指依照《中华人民共和国药品管理法》的规定属于假药和按假药处理的药品、非药品。是否属于假药难以确定的，可以根据地市级以上药品监督管理部门出具的认定意见等相关材料进行认定。必要时，可以委托省级以上药品监督管理部门设置或者确定的药品检验机构进行检验。

适用要点与裁判依据

★"足以严重危害人体健康"的认定

《最高人民法院、最高人民检察院关于办理生产、销售伪劣商品刑事案件具体应用法律若干问题的解释》（2001年4月9日　法释〔2001〕10号）

第三条　经省级以上药品监督管理部门设置或者确定的药品检验机构鉴定，生产、销售的假药具有下列情形之一的，应认定为刑法第一百四十一条规定的"足以严重危害人体健康"：

（一）含有超标准的有毒有害物质的；

（二）不含所标明的有效成份，可能贻误诊治的；

（三）所标明的适应症或者功能主治超出规定范围，可能造成贻误诊治的；

（四）缺乏所标明的急救必需的有效成份的。

生产、销售的假药被使用后，造成轻伤、重伤或者其他严重后果的，应认定为"对人体健康造成严重危害"。

生产、销售的假药被使用后，致人严重残疾，三人以上重伤、十人以上轻伤或者造成其他特别严重后果的，应认定为"对人体健康造成特别严重危害"。

★犯本罪,又以暴力、威胁方法抗拒查处,构成其他犯罪的,实行数罪并罚

《最高人民法院、最高人民检察院关于办理生产、销售伪劣商品刑事案件具体应用法律若干问题的解释》(2001年4月9日　法释〔2001〕10号)

第十一条　实施刑法第一百四十条至第一百四十八条规定的犯罪,又以暴力、威胁方法抗拒查处,构成其他犯罪的,依照数罪并罚的规定处罚。

★受理生产、销售假药犯罪案件,需有省级以上行政主管部门确定的机构出具鉴定结论

《最高人民法院关于审理生产、销售伪劣商品刑事案件有关鉴定问题的通知》(2001年5月21日　法〔2001〕70号)

二、根据《解释》第三条和第四条的规定,人民法院受理的生产、销售假药犯罪案件和生产、销售不符合卫生标准的食品犯罪案件,均需有"省级以上药品监督管理部门设置或者确定的药品检验机构"和"省级以上卫生行政部门确定的机构"出具的鉴定结论。

★既构成"生产、销售伪劣产品罪",又构成"生产、销售假药罪"的,择一重处

《最高人民法院关于审理生产、销售伪劣商品刑事案件有关鉴定问题的通知》(2001年5月21日　法〔2001〕70号)

三、经鉴定确系伪劣商品,被告人的行为既构成生产、销售伪劣产品罪,又构成生产、销售假药罪或者生产、销售不符合卫生标准的食品罪,或者同时构成侵犯知识产权、非法经营等其他犯罪的,根据刑法第一百四十九条第二款和《解释》第十条的规定,应当依照处罚较重的规定定罪处罚。

★疫情防控期间,生产、销售用于防治传染病的假药、劣药的刑事责任

《最高人民法院、最高人民检察院关于办理妨害预防、控制突发传染病疫情等灾害的刑事案件具体应用法律若干问题的解释》(2003年5月14日　法释〔2003〕8号)

第二条　在预防、控制突发传染病疫情等灾害期间,生产、销售伪劣的防治、防护产品、物资,或者生产、销售用于防治传染病的假药、劣药,构成犯罪的,分别依照刑法第一百四十条、第一百四十一条、第一百四十二条的规定,以生产、销售伪劣产品罪,生产、销售假药罪或者生产、销售劣药罪定罪,依法从重处罚。

★犯本罪,应当酌情从重处罚的情形

《最高人民法院、最高人民检察院关于办理危害药品安全刑事案件适用法律若干问题的解释》(2022年3月3日　高检发释字〔2022〕1号)

第一条　生产、销售、提供假药,具有下列情形之一的,应当酌情从重处罚:

(一)涉案药品以孕产妇、儿童或者危重病人为主要使用对象的;

(二)涉案药品属于麻醉药品、精神药品、医疗用毒性药品、放射性药品、生物制品,或者以药品类易制毒化学品冒充其他药品的;

(三)涉案药品属于注射剂药品、急救药品的;

(四)涉案药品系用于应对自然灾害、事故灾难、公共卫生事件、社会安全事件等突发事件的;

(五)药品使用单位及其工作人员生产、销售假药的;

(六)其他应当酌情从重处罚的情形。

★犯本罪,应当认定为"对人体健康造成严重危害"的情形

《最高人民法院、最高人民检察院关于办理危害药品安全刑事案件适用法律若干问题的解释》(2022年3月3日　高检发释字〔2022〕1号)

第二条　生产、销售、提供假药,具有下列情形之一的,应当认定为刑法第一百四十一条规定的"对人体健康造成严重危害":

(一)造成轻伤或者重伤的;

(二)造成轻度残疾或者中度残疾的;

(三)造成器官组织损伤导致一般功能障碍或者严重功能障碍的;

(四)其他对人体健康造成严重危害的情形。

★犯本罪,应当认定为"其他严重情节"的情形

《最高人民法院、最高人民检察院关于办理危害药品安全刑事案件适用法律若干问题的解释》(2022 年 3 月 3 日　高检发释字〔2022〕1 号)

第三条　生产、销售、提供假药,具有下列情形之一的,应当认定为刑法第一百四十一条规定的"其他严重情节":

(一)引发较大突发公共卫生事件的;

(二)生产、销售、提供假药的金额二十万元以上不满五十万元的;

(三)生产、销售、提供假药的金额十万元以上不满二十万元,并具有本解释第一条规定情形之一的;

(四)根据生产、销售、提供的时间、数量、假药种类、对人体健康危害程度等,应当认定为情节严重的。

★犯本罪,应当认定为"其他特别严重情节"的情形

《最高人民法院、最高人民检察院关于办理危害药品安全刑事案件适用法律若干问题的解释》(2022 年 3 月 3 日　高检发释字〔2022〕1 号)

第四条　生产、销售、提供假药,具有下列情形之一的,应当认定为刑法第一百四十一条规定的"其他特别严重情节":

(一)致人重度残疾以上的;

(二)造成三人以上重伤、中度残疾或者器官组织损伤导致严重功能障碍的;

(三)造成五人以上轻度残疾或者器官组织损伤导致一般功能障碍的;

(四)造成十人以上轻伤的;

(五)引发重大、特别重大突发公共卫生事件的;

(六)生产、销售、提供假药的金额五十万元以上的;

(七)生产、销售、提供假药的金额二十万元以上不满五十万元,并具有本解释第一条规定情形之一的;

（八）根据生产、销售、提供的时间、数量、假药种类、对人体健康危害程度等，应当认定为情节特别严重的。

★犯本罪，应当认定为“生产”“销售”“提供”的情形

《最高人民法院、最高人民检察院关于办理危害药品安全刑事案件适用法律若干问题的解释》（2022 年 3 月 3 日　高检发释字〔2022〕1 号）

第六条　以生产、销售、提供假药、劣药为目的，合成、精制、提取、储存、加工炮制药品原料，或者在将药品原料、辅料、包装材料制成成品过程中，进行配料、混合、制剂、储存、包装的，应当认定为刑法第一百四十一条、第一百四十二条规定的“生产”。

药品使用单位及其工作人员明知是假药、劣药而有偿提供给他人使用的，应当认定为刑法第一百四十一条、第一百四十二条规定的“销售”；无偿提供给他人使用的，应当认定为刑法第一百四十一条、第一百四十二条规定的“提供”。

★犯本罪，应当“以共同犯罪论处”的情形

《最高人民法院、最高人民检察院关于办理危害药品安全刑事案件适用法律若干问题的解释》（2022 年 3 月 3 日　高检发释字〔2022〕1 号）

第九条　明知他人实施危害药品安全犯罪，而有下列情形之一的，以共同犯罪论处：

（一）提供资金、贷款、账号、发票、证明、许可证件的；

（二）提供生产、经营场所、设备或者运输、储存、保管、邮寄、销售渠道等便利条件的；

（三）提供生产技术或者原料、辅料、包装材料、标签、说明书的；

（四）提供虚假药物非临床研究报告、药物临床试验报告及相关材料的；

（五）提供广告宣传的；

（六）提供其他帮助的。

★犯本罪,对行为人主观故意的认定

《最高人民法院、最高人民检察院关于办理危害药品安全刑事案件适用法律若干问题的解释》(2022年3月3日 高检发释字〔2022〕1号)

第十条 办理生产、销售、提供假药、生产、销售、提供劣药、妨害药品管理等刑事案件,应当结合行为人的从业经历、认知能力、药品质量、进货渠道和价格、销售渠道和价格以及生产、销售方式等事实综合判断认定行为人的主观故意。具有下列情形之一的,可以认定行为人有实施相关犯罪的主观故意,但有证据证明确实不具有故意的除外:

(一)药品价格明显异于市场价格的;

(二)向不具有资质的生产者、销售者购买药品,且不能提供合法有效的来历证明的;

(三)逃避、抗拒监督检查的;

(四)转移、隐匿、销毁涉案药品、进销货记录的;

(五)曾因实施危害药品安全违法犯罪行为受过处罚,又实施同类行为的;

(六)其他足以认定行为人主观故意的情形。

★犯本罪,罚金数额的确定

《最高人民法院、最高人民检察院关于办理危害药品安全刑事案件适用法律若干问题的解释》(2022年3月3日 高检发释字〔2022〕1号)

第十五条 对于犯生产、销售、提供假药罪、生产、销售、提供劣药罪、妨害药品管理罪的,应当结合被告人的犯罪数额、违法所得,综合考虑被告人缴纳罚金的能力,依法判处罚金。罚金一般应当在生产、销售、提供的药品金额二倍以上;共同犯罪的,对各共同犯罪人合计判处的罚金一般应当在生产、销售、提供的药品金额二倍以上。

★犯本罪,应严格缓刑、免予刑事处罚的适用

《最高人民法院、最高人民检察院关于办理危害药品安全刑事案件适用法律若干问题的解释》(2022年3月3日　高检发释字〔2022〕1号)

第十六条　对于犯生产、销售、提供假药罪、生产、销售、提供劣药罪、妨害药品管理罪的,应当依照刑法规定的条件,严格缓刑、免予刑事处罚的适用。对于被判处刑罚的,可以根据犯罪情况和预防再犯罪的需要,依法宣告职业禁止或者禁止令。《中华人民共和国药品管理法》等法律、行政法规另有规定的,从其规定。

对于被不起诉或者免予刑事处罚的行为人,需要给予行政处罚、政务处分或者其他处分的,依法移送有关主管机关处理。

★单位犯本罪的刑事责任

《最高人民法院、最高人民检察院关于办理危害药品安全刑事案件适用法律若干问题的解释》(2022年3月3日　高检发释字〔2022〕1号)

第十七条　单位犯生产、销售、提供假药罪、生产、销售、提供劣药罪、妨害药品管理罪的,对单位判处罚金,并对直接负责的主管人员和其他直接责任人员,依照本解释规定的自然人犯罪的定罪量刑标准处罚。

单位犯罪的,对被告单位及其直接负责的主管人员、其他直接责任人员合计判处的罚金一般应当在生产、销售、提供的药品金额二倍以上。

★不应当认定为犯罪的情形

《最高人民法院、最高人民检察院关于办理危害药品安全刑事案件适用法律若干问题的解释》(2022年3月3日　高检发释字〔2022〕1号)

第十八条　根据民间传统配方私自加工药品或者销售上述药品,数量不大,且未造成他人伤害后果或者延误诊治的,或者不以营利为目的实施带有自救、互助性质的生产、进口、销售药品的行为,不应当认定为犯罪。

对于是否属于民间传统配方难以确定的，根据地市级以上药品监督管理部门或者有关部门出具的认定意见，结合其他证据作出认定。

★犯本罪，对“假药”的认定

《最高人民法院、最高人民检察院关于办理危害药品安全刑事案件适用法律若干问题的解释》（2022年3月3日　高检发释字〔2022〕1号）

第十九条　刑法第一百四十一条、第一百四十二条规定的“假药”“劣药”，依照《中华人民共和国药品管理法》的规定认定。

对于《中华人民共和国药品管理法》第九十八条第二款第二项、第四项及第三款第三项至第六项规定的假药、劣药，能够根据现场查获的原料、包装，结合犯罪嫌疑人、被告人供述等证据材料作出判断的，可以由地市级以上药品监督管理部门出具认定意见。对于依据《中华人民共和国药品管理法》第九十八条第二款、第三款的其他规定认定假药、劣药，或者是否属于第九十八条第二款第二项、第三款第六项规定的假药、劣药存在争议的，应当由省级以上药品监督管理部门设置或者确定的药品检验机构进行检验，出具质量检验结论。司法机关根据认定意见、检验结论，结合其他证据作出认定。

★犯本罪，对于生产、提供、销售药品的金额及违法所得的计算

《最高人民法院、最高人民检察院关于办理危害药品安全刑事案件适用法律若干问题的解释》（2022年3月3日　高检发释字〔2022〕1号）

第二十条　对于生产、提供药品的金额，以药品的货值金额计算；销售药品的金额，以所得和可得的全部违法收入计算。

★具有药品经营资质的企业通过非法渠道从私人手中购进药品后销售的刑事责任

《最高人民检察院法律政策研究室对〈关于具有药品经营资质的企业通过非法渠道从私人手中购进药品后销售的如何适用律问题的请示〉的答复》（2015年10月26日　高检研〔2015〕19号）

司法机关应当根据《中华人民共和国药品管理法》的有关规定，

对具有药品经营资质的企业通过非法渠道从私人手中购销的药品的性质进行认定,区分不同情况,分别定性处理:

一是对于经认定属于假药、劣药,且达到“两高”《关于办理危害药品安全刑事案件适用法律若干问题的解释》(以下称《药品解释》)规定的销售假药罪、销售劣药罪的定罪量刑标准的,应当以销售假药罪、销售劣药罪依法追究刑事责任。

二是对于经认定属于劣药,但尚未达到《药品解释》规定的销售劣药罪的定罪量刑标准的,可以依据刑法第一百四十九条、第一百四十条的规定,以销售伪劣产品罪追究刑事责任。

三是对于无法认定属于假药、劣药的,可以由药品监督管理部门依照《中华人民共和国药品管理法》的规定给予行政处罚,不宜以非法经营罪追究刑事责任。

★非法行医中涉及生产、销售假药的刑事责任

《最高人民法院关于审理非法行医刑事案件具体应用法律若干问题的解释》(2016年12月16日 法释〔2016〕27号)

第五条 实施非法行医犯罪,同时构成生产、销售假药罪,生产、销售劣药罪,诈骗罪等其他犯罪的,依照刑法处罚较重的规定定罪处罚。

★药品管理法中“对假药、劣药的处罚决定,应当依法载明药品检验机构的质量检验结论”的理解与适用

《国家药监局综合司关于假药劣药认定有关问题的复函》(2020年7月10日 药监综法函〔2020〕431号)

《中华人民共和国药品管理法》(以下简称《药品管理法》)颁布实施以来,各地对第一百二十一条“对假药、劣药的处罚决定,应当依法载明药品检验机构的质量检验结论”的适用产生了不同理解。经商全国人大法工委,现函复如下:

关于假药、劣药的认定,按照《最高人民法院、最高人民检察院关于办理危害药品安全刑事案件适用法律若干问题的解释》(法释〔2014〕14号)第十四条规定处理,即是否属于假药、劣药难以确定的，司法机关可以根据地市级以上药品监督管理部门出具的认定意见等相关材料进行认定。必要时，可以委托省级以上药品监督管理部门设置或者确定的药品检验机构进行检验。

★审理危害药品安全刑事案件，准确适用财产刑、职业禁止或者禁止令

《药品行政执法与刑事司法衔接工作办法》（2023 年 1 月 10 日 国药监法〔2022〕41 号）

第七条　人民法院应当充分发挥刑事审判职能，依法审理危害药品安全刑事案件，准确适用财产刑、职业禁止或者禁止令，提高法律震慑力。

★行政罚款对罚金数额的折抵、行政拘留对拘役或者有期徒刑的折抵

《药品行政执法与刑事司法衔接工作办法》（2023 年 1 月 10 日 国药监法〔2022〕41 号）

第十五条第三款、第四款　已经作出罚款行政处罚并已全部或者部分执行的，人民法院在判处罚金时，在罚金数额范围内对已经执行的罚款进行折抵。

违法行为构成犯罪，人民法院判处拘役或者有期徒刑时，公安机关已经给予当事人行政拘留并执行完毕的，应当依法折抵相应刑期。

★多次实施危害药品安全违法犯罪行为的，涉案金额累计计算

《药品行政执法与刑事司法衔接工作办法》（2023 年 1 月 10 日 国药监法〔2022〕41 号）

第二十条　多次实施危害药品安全违法犯罪行为，未经处理，且依法应当追诉的，涉案产品的销售金额或者货值金额累计计算。

类案检索指引

★正规药品公司通过非法渠道采购并销售假药,构成销售假药罪

《北京某肿瘤药品有限公司销售假药案》(2022年4月28日最高人民法院发布10个涉药品安全的刑事、行政和民事典型案例)

【裁判要旨】

正规药品企业通过非法渠道低价购得没有合法手续且与国家标准不符的药品予以销售的行为,构成销售假药罪。

★假冒正规厂家的药品且经检验系不符合国家药品标准的,系假药

《安徽李某某等生产、销售假药案》(2021年2月19日最高人民检察院等三部门联合发布落实食品药品安全"四个最严"要求专项行动典型案例)

【要旨】

生产假冒正规厂家的药品且经检验系不符合国家药品标准的药品,系假药。

★不具备经营资质却从非法渠道低价购入药品予以销售,构成销售假药罪

《杨某某、金某某销售假药案》(2022年3月5日最高人民检察院发布检察机关依法惩治危害药品安全犯罪典型案例)

【关键词】

销售假药罪 主观明知 公益诉讼 普法宣传

【要旨】

不具备药品经营资质,以明显低于市场价的价格从非正规渠道购入处方药并通过网络渠道加价对外出售至多地,构成销售假药罪。

★购买国药准字号药品另装入其他包装袋、包装瓶中,系假药

《孟某甲等人生产、销售假药案》(2022年3月5日最高人民检察院发布检察机关依法惩治危害药品安全犯罪典型案例)

【关键词】

生产、销售假药罪 以他种药品冒充此种药品 主观明知 行

刑衔接

【要旨】

未取得药品生产许可证、药品经营许可证，购买国药准字号药品另装入其他包装袋、包装瓶中，改头换面后重新命名的药品，系假药。

★购买成分不明的粉末进行制剂、包装、冒充国药予以销售，构成销售假药罪

《辽宁省大连市甘井子区人民检察院诉邹某等人生产销售假药刑事附带民事公益诉讼案》（2022年3月15日最高人民检察院发布“3·15”检察机关食品药品安全公益诉讼典型案例）

【关键词】

刑事附带民事公益诉讼　生产销售假药　惩罚性赔偿

【要旨】

针对生产销售假药的刑事犯罪，可以同时提起刑事附带民事公益诉讼，提出惩罚性赔偿诉讼请求。

★全链条打击医疗美容领域违法犯罪

《李某某等人生产、销售假药假冒注册商标销售假冒注册商标的商品案》（2023年4月6日最高人民检察院发布6件检察机关依法惩治医疗美容领域违法犯罪典型案例）

【关键词】

生产、销售假药　假冒注册商标　销售假冒注册商标的商品　医疗美容产品　检察建议

【典型意义】

（一）充分发挥特邀检察官助理作用，提升检察履职专业化水平。本案涉及医疗美容注射剂美容产品，案件类型新且专业性强。检察机关在办案过程中，充分借助“外脑”，邀请特邀检察官助理与办案人员一起研究案件证据。特邀检察官助理从专业视角出发，依托自身药品专业知识和行政执法实践，当好检察办案的“参谋”，为检察机关审查起诉工作提供了有力支持。同时充分发挥特邀检察官助理的“联络员”作用，深化检察机关与行政执法部门的协作配合，统筹“行

政 + 检察”力量，切实有效提升办案专业化水平。

（二）全链条打击医疗美容领域违法犯罪，充分保障权利人和消费者合法权益。为有效打击涉医疗美容行业违法犯罪，切实加强知识产权保护，检察机关一方面以打源头、斩链条为目标，推进部门融合履职，提起刑事附带民事公益诉讼，在追究行为人刑事责任的同时要求其承担惩罚性赔偿金，并向社会公众公开赔礼道歉、消除危害，提高违法成本，将“四个最严”要求落到实处。另一方面，着力强化与市场监管部门、公安机关之间的沟通协调，健全完善个案协作、信息交流、案件通报、联席会议等机制，确保实现从生产源头到销售终端全链条打击，从药品安全到知识产权全方位保护。

（三）依法制发检察建议，积极参与社会综合治理。医疗美容领域涉及化妆品、药品和医疗器械等多种产品，事关人民群众身体健康和生命安全。在办案过程中，检察机关以对人民高度负责的态度，依法能动履职，针对发现的监管漏洞及时制发检察建议，推动市场监管部门加强对医疗美容行业的规范管理。市场监管部门收到检察建议后高度重视，迅即在全市范围内组织开展涉医疗美容服务专项整治工作，对 90 余家医疗美容机构进行全面检查，并联合相关部门开展法治宣传，提升医疗美容机构依法执业意识，引导人民群众增强对医疗美容产品和服务的辨识能力，有效促进了当地医疗美容行业规范有序发展，取得了良好的法律效果和社会效果。

第一百四十二条　【生产、销售、提供劣药罪】生产、销售劣药，对人体健康造成严重危害的，处三年以上十年以下有期徒刑，并处罚金；后果特别严重的，处十年以上有期徒刑或者无期徒刑，并处罚金或者没收财产。

药品使用单位的人员明知是劣药而提供给他人使用的，依照前款的规定处罚。

立法动态

本条源自《中华人民共和国刑法》(1997 年 3 月 14 日第八届全国人民代表大会第五次会议修订,自 1997 年 10 月 1 日起施行)。

本条根据《中华人民共和国刑法修正案(十一)》(自 2021 年 3 月 1 日起施行)第六条修改。

原本条规定为:第一百四十二条　(第一款)生产、销售劣药,对人体健康造成严重危害的,处三年以上十年以下有期徒刑,并处销售金额百分之五十以上二倍以下罚金;后果特别严重的,处十年以上有期徒刑或者无期徒刑,并处销售金额百分之五十以上二倍以下罚金或者没收财产。(第二款)本条所称劣药,是指依照《中华人民共和国药品管理法》的规定属于劣药的药品。

本条修改的主要内容为:一是取消了本条第一款中并处罚金的数额标准;二是将本条第二款中"本条所称劣药,是指依照《中华人民共和国药品管理法》的规定属于劣药的药品"删除,增加规定"药品使用单位的人员明知是劣药而提供给他人使用的,依照前款的规定处罚。"

立案标准

《最高人民检察院、公安部关于公安机关管辖的刑事案件立案追诉标准的规定(一)》(2017 年 4 月 27 日修正　公通字〔2017〕12 号)

第十八条　[生产、销售劣药案(刑法第一百四十二条)]生产(包括配制)、销售劣药,涉嫌下列情形之一的,应予立案追诉:

(一)造成人员轻伤、重伤或者死亡的;

(二)其他对人体健康造成严重危害的情形。本条规定的劣药,是指依照《中华人民共和国药品管理法》的规定,药品成份的含量不符合国家药品标准的药品和按劣药论处的药品。

适用要点与裁判依据

★疫情防控期间，对生产、销售劣药罪应依法从重处罚

《最高人民法院、最高人民检察院关于办理妨害预防、控制突发传染病疫情等灾害的刑事案件具体应用法律若干问题的解释》（2003年5月14日　法释〔2003〕8号）

第二条　在预防、控制突发传染病疫情等灾害期间，生产、销售伪劣的防治、防护产品、物资，或者生产、销售用于防治传染病的假药、劣药，构成犯罪的，分别依照刑法第一百四十条、第一百四十一条、第一百四十二条的规定，以生产、销售伪劣产品罪，生产、销售假药罪或者生产、销售劣药罪定罪，依法从重处罚。

★犯本罪，应当认定为"对人体健康造成严重危害""后果特别严重"的情形

《最高人民法院、最高人民检察院关于办理危害药品安全刑事案件适用法律若干问题的解释》（2022年3月3日　高检发释字〔2022〕1号）

生产、销售、提供劣药，具有本解释第二条规定情形之一的，应当认定为刑法第一百四十二条规定的"对人体健康造成严重危害"。

生产、销售、提供劣药，致人死亡，或者具有本解释第四条第一项至第五项规定情形之一的，应当认定为刑法第一百四十二条规定的"后果特别严重"。

★犯本罪，应当认定为"生产""销售""提供"的情形

《最高人民法院、最高人民检察院关于办理危害药品安全刑事案件适用法律若干问题的解释》（2022年3月3日　高检发释字〔2022〕1号）

第六条　以生产、销售、提供假药、劣药为目的，合成、精制、提取、储存、加工炮制药品原料，或者在将药品原料、辅料、包装材料制成成品过程中，进行配料、混合、制剂、储存、包装的，应当认定为刑法第一百四十一条、第一百四十二条规定的"生产"。

药品使用单位及其工作人员明知是假药、劣药而有偿提供给他人使用的，应当认定为刑法第一百四十一条、第一百四十二条规定的“销售”；无偿提供给他人使用的，应当认定为刑法第一百四十一条、第一百四十二条规定的“提供”。

★犯本罪，应当认定为“足以严重危害人体健康”的情形

《最高人民法院、最高人民检察院关于办理危害药品安全刑事案件适用法律若干问题的解释》（2022年3月3日 高检发释字〔2022〕1号）

第七条 实施妨害药品管理的行为，具有下列情形之一的，应当认定为刑法第一百四十二条之一规定的“足以严重危害人体健康”：

（一）生产、销售国务院药品监督管理部门禁止使用的药品，综合生产、销售的时间、数量、禁止使用原因等情节，认为具有严重危害人体健康的现实危险的；

（二）未取得药品相关批准证明文件生产药品或者明知是上述药品而销售，涉案药品属于本解释第一条第一项至第三项规定情形的；

（三）未取得药品相关批准证明文件生产药品或者明知是上述药品而销售，涉案药品的适应症、功能主治或者成分不明的；

（四）未取得药品相关批准证明文件生产药品或者明知是上述药品而销售，涉案药品没有国家药品标准，且无核准的药品质量标准，但检出化学药成分的；

（五）未取得药品相关批准证明文件进口药品或者明知是上述药品而销售，涉案药品在境外也未合法上市的；

（六）在药物非临床研究或者药物临床试验过程中故意使用虚假试验用药品，或者瞒报与药物临床试验用药品相关的严重不良事件的；

（七）故意损毁原始药物非临床研究数据或者药物临床试验数据，或者编造受试动物信息、受试者信息、主要试验过程记录、研究数据、检测数据等药物非临床研究数据或者药物临床试验数据，影响药品的安全性、有效性和质量可控性的；

(八)编造生产、检验记录,影响药品的安全性、有效性和质量可控性的;

(九)其他足以严重危害人体健康的情形。

对于涉案药品是否在境外合法上市,应当根据境外药品监督管理部门或者权利人的证明等证据,结合犯罪嫌疑人、被告人及其辩护人提供的证据材料综合审查,依法作出认定。

对于"足以严重危害人体健康"难以确定的,根据地市级以上药品监督管理部门出具的认定意见,结合其他证据作出认定。

★犯本罪,应当认定为"对人体健康造成严重危害""有其他严重情节"的情形

《最高人民法院、最高人民检察院关于办理危害药品安全刑事案件适用法律若干问题的解释》(2022年3月3日 高检发释字〔2022〕1号)

第八条 实施妨害药品管理的行为,具有本解释第二条规定情形之一的,应当认定为刑法第一百四十二条之一规定的"对人体健康造成严重危害"。

实施妨害药品管理的行为,足以严重危害人体健康,并具有下列情形之一的,应当认定为刑法第一百四十二条之一规定的"有其他严重情节":

(一)生产、销售国务院药品监督管理部门禁止使用的药品,生产、销售的金额五十万元以上的;

(二)未取得药品相关批准证明文件生产、进口药品或者明知是上述药品而销售,生产、销售的金额五十万元以上的;

(三)药品申请注册中提供虚假的证明、数据、资料、样品或者采取其他欺骗手段,造成严重后果的;

(四)编造生产、检验记录,造成严重后果的;

(五)造成恶劣社会影响或者具有其他严重情节的情形。

实施刑法第一百四十二条之一规定的行为,同时又构成生产、销售、提供假药罪、生产、销售、提供劣药罪或者其他犯罪的,依照处罚较重的规定定罪处罚。

★犯本罪，应当“以共同犯罪论处”的情形

《最高人民法院、最高人民检察院关于办理危害药品安全刑事案件适用法律若干问题的解释》（2022年3月3日　高检发释字〔2022〕1号）

第九条　明知他人实施危害药品安全犯罪，而有下列情形之一的，以共同犯罪论处：

（一）提供资金、贷款、账号、发票、证明、许可证件的；

（二）提供生产、经营场所、设备或者运输、储存、保管、邮寄、销售渠道等便利条件的；

（三）提供生产技术或者原料、辅料、包装材料、标签、说明书的；

（四）提供虚假药物非临床研究报告、药物临床试验报告及相关材料的；

（五）提供广告宣传的；

（六）提供其他帮助的。

★犯本罪，对行为人主观故意的认定

《最高人民法院、最高人民检察院关于办理危害药品安全刑事案件适用法律若干问题的解释》（2022年3月3日　高检发释字〔2022〕1号）

第十条　办理生产、销售、提供假药、生产、销售、提供劣药、妨害药品管理等刑事案件，应当结合行为人的从业经历、认知能力、药品质量、进货渠道和价格、销售渠道和价格以及生产、销售方式等事实综合判断认定行为人的主观故意。具有下列情形之一的，可以认定行为人有实施相关犯罪的主观故意，但有证据证明确实不具有故意的除外：

（一）药品价格明显异于市场价格的；

（二）向不具有资质的生产者、销售者购买药品，且不能提供合法有效的来历证明的；

（三）逃避、抗拒监督检查的；

(四)转移、隐匿、销毁涉案药品、进销货记录的;

(五)曾因实施危害药品安全违法犯罪行为受过处罚,又实施同类行为的;

(六)其他足以认定行为人主观故意的情形。

★犯本罪,罚金数额的确定

《最高人民法院、最高人民检察院关于办理危害药品安全刑事案件适用法律若干问题的解释》(2022年3月3日 高检发释字〔2022〕1号)

第十五条 对于犯生产、销售、提供假药罪、生产、销售、提供劣药罪、妨害药品管理罪的,应当结合被告人的犯罪数额、违法所得,综合考虑被告人缴纳罚金的能力,依法判处罚金。罚金一般应当在生产、销售、提供的药品金额二倍以上;共同犯罪的,对各共同犯罪人合计判处的罚金一般应当在生产、销售、提供的药品金额二倍以上。

★犯本罪,应严格缓刑、免予刑事处罚的适用

《最高人民法院、最高人民检察院关于办理危害药品安全刑事案件适用法律若干问题的解释》(2022年3月3日 高检发释字〔2022〕1号)

第十六条 对于犯生产、销售、提供假药罪、生产、销售、提供劣药罪、妨害药品管理罪的,应当依照刑法规定的条件,严格缓刑、免予刑事处罚的适用。对于被判处刑罚的,可以根据犯罪情况和预防再犯罪的需要,依法宣告职业禁止或者禁止令。《中华人民共和国药品管理法》等法律、行政法规另有规定的,从其规定。

对于被不起诉或者免予刑事处罚的行为人,需要给予行政处罚、政务处分或者其他处分的,依法移送有关主管机关处理。

★单位犯本罪的刑事责任

《最高人民法院、最高人民检察院关于办理危害药品安全刑事案件适用法律若干问题的解释》(2022年3月3日 高检发释字〔2022〕1号)

第十七条 单位犯生产、销售、提供假药罪、生产、销售、提供劣药药罪、妨害药品管理罪的，对单位判处罚金，并对直接负责的主管人员和其他直接责任人员，依照本解释规定的自然人犯罪的定罪量刑标准处罚。

单位犯罪的，对被告单位及其直接负责的主管人员、其他直接责任人员合计判处的罚金一般应当在生产、销售、提供的药品金额二倍以上。

★不应当认定为犯罪的情形

《最高人民法院、最高人民检察院关于办理危害药品安全刑事案件适用法律若干问题的解释》（2022年3月3日 高检发释字〔2022〕1号）

第十八条 根据民间传统配方私自加工药品或者销售上述药品，数量不大，且未造成他人伤害后果或者延误诊治的，或者不以营利为目的实施带有自救、互助性质的生产、进口、销售药品的行为，不应当认定为犯罪。

对于是否属于民间传统配方难以确定的，根据地市级以上药品监督管理部门或者有关部门出具的认定意见，结合其他证据作出认定。

★犯本罪，对"劣药"的认定

《最高人民法院、最高人民检察院关于办理危害药品安全刑事案件适用法律若干问题的解释》（2022年3月3日 高检发释字〔2022〕1号）

第十九条 刑法第一百四十一条、第一百四十二条规定的"假药""劣药"，依照《中华人民共和国药品管理法》的规定认定。

对于《中华人民共和国药品管理法》第九十八条第二款第二项、第四项及第三款第三项至第六项规定的假药、劣药，能够根据现场查获的原料、包装，结合犯罪嫌疑人、被告人供述等证据材料作出判断的，可以由地市级以上药品监督管理部门出具认定意见。对于依据《中华人民共和国药品管理法》第九十八条第二款、第三款的其他规定认定假药、劣药，或者是否属于第九十八条第二款第二项、第三款第六项规定的假药、劣药存在争议的,应当由省级以上药品监督管理部门设置或者确定的药品检验机构进行检验,出具质量检验结论。司法机关根据认定意见、检验结论,结合其他证据作出认定。

★犯本罪,对于生产、提供、销售药品的金额及违法所得的计算

《最高人民法院、最高人民检察院关于办理危害药品安全刑事案件适用法律若干问题的解释》(2022年3月3日　高检发释字〔2022〕1号)

第二十条　对于生产、提供药品的金额,以药品的货值金额计算;销售药品的金额,以所得和可得的全部违法收入计算。

★实施非法行医罪,同时构成生产、销售劣药的,择一重处

《最高人民法院关于审理非法行医刑事案件具体应用法律若干问题的解释》(2016年12月16日　法释〔2016〕27号)

第五条　实施非法行医犯罪,同时构成生产、销售假药罪,生产、销售劣药罪,诈骗罪等其他犯罪的,依照刑法处罚较重的规定定罪处罚。

★"对假药、劣药的处罚决定,应当依法载明药品检验机构的质量检验结论"的适用

《国家药监局综合司关于假药劣药认定有关问题的复函》(2020年7月10日　药监综法函〔2020〕431号)

《中华人民共和国药品管理法》(以下简称《药品管理法》)颁布实施以来,各地对第一百二十一条"对假药、劣药的处罚决定,应当依法载明药品检验机构的质量检验结论"的适用产生了不同理解。经商全国人大法工委,现函复如下:

……关于假药、劣药的认定,按照《最高人民法院最高人民检察院关于办理危害药品安全刑事案件适用法律若干问题的解释》(法释〔2014〕14号)第十四条规定处理,即是否属于假药、劣药难以确定的,司法机关可以根据地市级以上药品监督管理部门出具的认定意见等相关材料进行认定。必要时,可以委托省级以上药品监督管理部门设置或者确定的药品检验机构进行检验。……

★审理危害药品安全刑事案件，准确适用财产刑、职业禁止或者禁止令

《药品行政执法与刑事司法衔接工作办法》(2023年1月10日国药监法〔2022〕41号)

第七条 人民法院应当充分发挥刑事审判职能，依法审理危害药品安全刑事案件，准确适用财产刑、职业禁止或者禁止令，提高法律震慑力。

★行政罚款对罚金数额的折抵、行政拘留对拘役或者有期徒刑的折抵

《药品行政执法与刑事司法衔接工作办法》(2023年1月10日国药监法〔2022〕41号)

第十五条第三款、第四款 已经作出罚款行政处罚并已全部或者部分执行的，人民法院在判处罚金时，在罚金数额范围内对已经执行的罚款进行折抵。

违法行为构成犯罪，人民法院判处拘役或者有期徒刑时，公安机关已经给予当事人行政拘留并执行完毕的，应当依法折抵相应刑期。

★多次实施危害药品安全违法犯罪行为的，涉案金额累计计算

《药品行政执法与刑事司法衔接工作办法》(2023年1月10日国药监法〔2022〕41号)

第二十条 多次实施危害药品安全违法犯罪行为，未经处理，且依法应当追诉的，涉案产品的销售金额或者货值金额累计计算。

第一百四十二条之一 【妨害药品管理罪】违反药品管理法规，有下列情形之一，足以严重危害人体健康的，处三年以下有期徒刑或者拘役，并处或者单处罚金；对人体健康造成严重危害或者有其他严重情节的，处三年以上七年以下有期徒刑，并处罚金：

（一）生产、销售国务院药品监督管理部门禁止使用的药品的；

（二）未取得药品相关批准证明文件生产、进口药品或者明知是上述药品而销售的；

（三）药品申请注册中提供虚假的证明、数据、资料、样品或者采取其他欺骗手段的；

（四）编造生产、检验记录的。

有前款行为，同时又构成本法第一百四十一条、第一百四十二条规定之罪或者其他犯罪的，依照处罚较重的规定定罪处罚。

立法动态

本条根据《中华人民共和国刑法修正案（十一）》（自2021年3月1日起施行）第七条增加。

适用要点与裁判依据

★审理危害药品安全刑事案件，准确适用财产刑、职业禁止或者禁止令

《药品行政执法与刑事司法衔接工作办法》（2023年1月10日 国药监法〔2022〕41号）

第七条 人民法院应当充分发挥刑事审判职能，依法审理危害药品安全刑事案件，准确适用财产刑、职业禁止或者禁止令，提高法律震慑力。

★行政罚款对罚金数额的折抵、行政拘留对拘役或者有期徒刑的折抵

《药品行政执法与刑事司法衔接工作办法》（2023年1月10日 国药监法〔2022〕41号）

第十五条第三款、第四款 已经作出罚款行政处罚并已全部或者部分执行的，人民法院在判处罚金时，在罚金数额范围内对已经执行的罚款进行折抵。

违法行为构成犯罪，人民法院判处拘役或者有期徒刑时，公安机关已经给予当事人行政拘留并执行完毕的，应当依法折抵相应刑期。

★多次实施危害药品安全违法犯罪行为的，涉案金额累计计算

《药品行政执法与刑事司法衔接工作办法》（2023 年 1 月 10 日国药监法〔2022〕41 号）

第二十条 多次实施危害药品安全违法犯罪行为，未经处理，且依法应当追诉的，涉案产品的销售金额或者货值金额累计计算。

类案检索指引

★准确判断涉案药品对人体健康的危害程度

《王某某等人妨害药品管理案》（2022 年 3 月 5 日最高人民检察院发布检察机关依法惩治危害药品安全犯罪典型案例）

【关键词】

妨害药品管理罪 未取得药品批准证明文件 足以严重危害人体健康 引导取证

【典型意义】

准确判断涉案药品对人体健康的危害程度，依法严惩危害药品安全犯罪。王某某等人销售的药品号称主治风湿哮喘，经检验其中含有多种化学药物成份。上述化学药物在使用剂量或使用方法等方面有严格规定，有的为处方药，存在配伍禁忌，有的治疗中主要通过吸入途径给药，需在医生指导下用药，若在长期不知情下服用，会导致脏器损伤或延误疾病治疗，诱发或加重疾病，足以危害患者身体健康。销售此类药品不仅严重扰乱了正常的药品管理秩序，还可能造成贻误诊治、加重病情，甚至危害患者生命的严重后果。检察机关依法从严打击此类犯罪行为，有力震慑危害药品安全违法犯罪活动，切实维护药品安全和人民群众生命健康。

第一百四十三条　【生产、销售不符合安全标准的食品罪】生产、销售不符合食品安全标准的食品，足以造成严重食物中毒事故或者其他严重食源性疾病的，处三年以下有期徒刑或者拘役，并处罚金；对人体健康造成严重危害或者有其他严重情节的，处三年以上七年以下有期徒刑，并处罚金；后果特别严重的，处七年以上有期徒刑或者无期徒刑，并处罚金或者没收财产。

立法动态

本条源自《中华人民共和国刑法》（1997年3月14日第八届全国人民代表大会第五次会议修订，自1997年10月1日起施行）。

本条根据《中华人民共和国刑法修正案（八）》（自2011年5月1日起施行）第二十四条修改。

原本条规定为：第一百四十三条　生产、销售不符合卫生标准的食品，足以造成严重食物中毒事故或者其他严重食源性疾患的，处三年以下有期徒刑或者拘役，并处或者单处销售金额百分之五十以上二倍以下罚金；对人体健康造成严重危害的，处三年以上七年以下有期徒刑，并处销售金额百分之五十以上二倍以下罚金；后果特别严重的，处七年以上有期徒刑或者无期徒刑，并处销售金额百分之五十以上二倍以下罚金或者没收财产。

本条修改的主要内容为：一是将生产、销售的对象由“不符合卫生标准”修改为“不符合安全标准”；二是取消罚金数额的比例限制；三是在“对人体健康造成严重危害”之后增加了“其他严重情节”；四是将“疾患”修改为“疾病”。

立案标准

《最高人民检察院、公安部关于公安机关管辖的刑事案件立案追诉标准的规定（一）》（2017年4月27日修正　公通字〔2017〕12号）

第十九条　［生产、销售不符合安全标准的食品案（刑法第143

条）]生产、销售不符合食品安全标准的食品，涉嫌下列情形之一的，应予立案追诉：

（一）食品含有严重超出标准限量的致病性微生物、农药残留、兽药残留、重金属、污染物质以及其他危害人体健康的物质的；

（二）属于病死、死因不明或者检验检疫不合格的畜、禽、兽、水产动物及其肉类、肉类制品的；

（三）属于国家为防控疾病等特殊需要明令禁止生产、销售的食品的；

（四）婴幼儿食品中生长发育所需营养成分严重不符合食品安全标准的；

（五）其他足以造成严重食物中毒事故或者严重食源性疾病的情形。

在食品加工、销售、运输、贮存等过程中，违反食品安全标准，超限量或者超范围滥用食品添加剂，足以造成严重食物中毒事故或者其他严重食源性疾病的，应予立案追诉。

在食用农产品种植、养殖、销售、运输、贮存等过程中，违反食品安全标准，超限量或者超范围滥用添加剂、农药、兽药等，足以造成严重食物中毒事故或者其他严重食源性疾病的，应予立案追诉。

适用要点与裁判依据

★犯本罪，又以暴力、威胁方法抗拒查处的，实行数罪并罚

《最高人民法院、最高人民检察院关于办理生产、销售伪劣商品刑事案件具体应用法律若干问题的解释》（2001年4月9日　法释〔2001〕10号）

第十一条　实施刑法第一百四十条至第一百四十八条规定的犯罪，又以暴力、威胁方法抗拒查处，构成其他犯罪的，依照数罪并罚的规定处罚。

★犯本罪，“足以造成严重食物中毒事故或者其他严重食源性疾病”的认定

《最高人民法院、最高人民检察院关于办理危害食品安全刑事案件适用法律若干问题的解释》（2021年12月30日　法释〔2021〕24号）

第一条　生产、销售不符合食品安全标准的食品，具有下列情形之一的，应当认定为刑法第一百四十三条规定的“足以造成严重食物中毒事故或者其他严重食源性疾病”：

（一）含有严重超出标准限量的致病性微生物、农药残留、兽药残留、生物毒素、重金属等污染物质以及其他严重危害人体健康的物质的；

（二）属于病死、死因不明或者检验检疫不合格的畜、禽、兽、水产动物肉类及其制品的；

（三）属于国家为防控疾病等特殊需要明令禁止生产、销售的；

（四）特殊医学用途配方食品、专供婴幼儿的主辅食品营养成分严重不符合食品安全标准的；

（五）其他足以造成严重食物中毒事故或者严重食源性疾病的情形。

★犯本罪，“对人体健康造成严重危害”的认定

《最高人民法院、最高人民检察院关于办理危害食品安全刑事案件适用法律若干问题的解释》（2021年12月30日　法释〔2021〕24号）

第二条　生产、销售不符合食品安全标准的食品，具有下列情形之一的，应当认定为刑法第一百四十三条规定的“对人体健康造成严重危害”：

（一）造成轻伤以上伤害的；

（二）造成轻度残疾或者中度残疾的；

（三）造成器官组织损伤导致一般功能障碍或者严重功能障碍的；

（四）造成十人以上严重食物中毒或者其他严重食源性疾病的；

（五）其他对人体健康造成严重危害的情形。

★犯本罪，“其他严重情节”的认定

《最高人民法院、最高人民检察院关于办理危害食品安全刑事案件适用法律若干问题的解释》（2021年12月30日 法释〔2021〕24号）

第三条 生产、销售不符合食品安全标准的食品，具有下列情形之一的，应当认定为刑法第一百四十三条规定的“其他严重情节”：

（一）生产、销售金额二十万元以上的；

（二）生产、销售金额十万元以上不满二十万元，不符合食品安全标准的食品数量较大或者生产、销售持续时间六个月以上的；

（三）生产、销售金额十万元以上不满二十万元，属于特殊医学用途配方食品、专供婴幼儿的主辅食品的；

（四）生产、销售金额十万元以上不满二十万元，且在中小学校园、托幼机构、养老机构及周边面向未成年人、老年人销售的；

（五）生产、销售金额十万元以上不满二十万元，曾因危害食品安全犯罪受过刑事处罚或者二年内因危害食品安全违法行为受过行政处罚的；

（六）其他情节严重的情形。

★犯本罪，“后果特别严重”的认定

《最高人民法院、最高人民检察院关于办理危害食品安全刑事案件适用法律若干问题的解释》（2021年12月30日 法释〔2021〕24号）

第四条 生产、销售不符合食品安全标准的食品，具有下列情形之一的，应当认定为刑法第一百四十三条规定的“后果特别严重”：

（一）致人死亡的；

（二）造成重度残疾以上的；

（三）造成三人以上重伤、中度残疾或者器官组织损伤导致严重功能障碍的；

（四）造成十人以上轻伤、五人以上轻度残疾或者器官组织损伤导致一般功能障碍的；

（五）造成三十人以上严重食物中毒或者其他严重食源性疾病的；

（六）其他特别严重的后果。

★食品生产、销售、运输、贮存以及食用农产品种植、养殖、销售、运输、贮存等过程中构成本罪的情形

《最高人民法院、最高人民检察院关于办理危害食品安全刑事案件适用法律若干问题的解释》（2021年12月30日　法释〔2021〕24号）

第五条　在食品生产、销售、运输、贮存等过程中，违反食品安全标准，超限量或者超范围滥用食品添加剂，足以造成严重食物中毒事故或者其他严重食源性疾病的，依照刑法第一百四十三条的规定以生产、销售不符合安全标准的食品罪定罪处罚。

在食用农产品种植、养殖、销售、运输、贮存等过程中，违反食品安全标准，超限量或者超范围滥用添加剂、农药、兽药等，足以造成严重食物中毒事故或者其他严重食源性疾病的，适用前款的规定定罪处罚。

★使用不符合食品安全标准的食品包装材料、容器、洗涤剂、消毒剂，或者用于食品生产经营的工具、设备等造成食品被污染构成本罪的情形

《最高人民法院、最高人民检察院关于办理危害食品安全刑事案件适用法律若干问题的解释》（2021年12月30日　法释〔2021〕24号）

第十二条　在食品生产、销售、运输、贮存等过程中，使用不符合食品安全标准的食品包装材料、容器、洗涤剂、消毒剂，或者用于食品生产经营的工具、设备等，造成食品被污染，符合刑法第一百四十三条、第一百四十四条规定的，以生产、销售不符合安全标准的食品罪或者生产、销售有毒、有害食品罪定罪处罚。

★犯本罪，同时构成其他犯罪的，择一重罪处罚

《最高人民法院、最高人民检察院关于办理危害食品安全刑事案件适用法律若干问题的解释》(2021年12月30日　法释〔2021〕24号)

第十三条　生产、销售不符合食品安全标准的食品，有毒、有害食品，符合刑法第一百四十三条、第一百四十四条规定的，以生产、销售不符合安全标准的食品罪或者生产、销售有毒、有害食品罪定罪处罚。同时构成其他犯罪的，依照处罚较重的规定定罪处罚。

生产、销售不符合食品安全标准的食品，无证据证明足以造成严重食物中毒事故或者其他严重食源性疾病，不构成生产、销售不符合安全标准的食品罪，但构成生产、销售伪劣产品罪，妨害动植物防疫、检疫罪等其他犯罪的，依照该其他犯罪定罪处罚。

★犯本罪，以共犯论处的情形

《最高人民法院、最高人民检察院关于办理危害食品安全刑事案件适用法律若干问题的解释》(2021年12月30日　法释〔2021〕24号)

第十四条　明知他人生产、销售不符合食品安全标准的食品，有毒、有害食品，具有下列情形之一的，以生产、销售不符合安全标准的食品罪或者生产、销售有毒、有害食品罪的共犯论处：

(一)提供资金、贷款、账号、发票、证明、许可证件的；

(二)提供生产、经营场所或者运输、贮存、保管、邮寄、销售渠道等便利条件的；

(三)提供生产技术或者食品原料、食品添加剂、食品相关产品或者有毒、有害的非食品原料的；

(四)提供广告宣传的；

(五)提供其他帮助行为的。

★同时构成生产、销售不符合安全标准的食品罪，生产、销售不符合安全标准的产品罪等其他犯罪的，择一重罪处罚

《最高人民法院、最高人民检察院关于办理危害食品安全刑事案件适用法律若干问题的解释》（2021 年 12 月 30 日　法释〔2021〕24 号）

第十五条　生产、销售不符合食品安全标准的食品添加剂，用于食品的包装材料、容器、洗涤剂、消毒剂，或者用于食品生产经营的工具、设备等，符合刑法第一百四十条规定的，以生产、销售伪劣产品罪定罪处罚。

生产、销售用超过保质期的食品原料、超过保质期的食品、回收食品作为原料的食品，或者以更改生产日期、保质期、改换包装等方式销售超过保质期的食品、回收食品，适用前款的规定定罪处罚。

实施前两款行为，同时构成生产、销售不符合安全标准的食品罪，生产、销售不符合安全标准的产品罪等其他犯罪的，依照处罚较重的规定定罪处罚。

第143条

★犯本罪，罚金数额的确定

《最高人民法院、最高人民检察院关于办理危害食品安全刑事案件适用法律若干问题的解释》（2021 年 12 月 30 日　法释〔2021〕24 号）

第二十一条　犯生产、销售不符合安全标准的食品罪，生产、销售有毒、有害食品罪，一般应当依法判处生产、销售金额二倍以上的罚金。

共同犯罪的，对各共同犯罪人合计判处的罚金一般应当在生产、销售金额的二倍以上。

★犯本罪，应严格缓刑、免予刑事处罚的适用

《最高人民法院、最高人民检察院关于办理危害食品安全刑事案件适用法律若干问题的解释》（2021 年 12 月 30 日　法释〔2021〕24 号）

第二十二条　对实施本解释规定之犯罪的犯罪分子，应当依照刑法规定的条件，严格适用缓刑、免予刑事处罚。对于依法适用缓刑的，可以根据犯罪情况，同时宣告禁止令。

对于被不起诉或者免予刑事处罚的行为人，需要给予行政处罚、政务处分或者其他处分的，依法移送有关主管机关处理。

★单位犯本罪的刑事责任

《最高人民法院、最高人民检察院关于办理危害食品安全刑事案件适用法律若干问题的解释》（2021年12月30日　法释〔2021〕24号）

第二十三条　单位实施本解释规定的犯罪的，对单位判处罚金，并对直接负责的主管人员和其他直接责任人员，依照本解释规定的定罪量刑标准处罚。

★“二年内”受行政处罚的起算时间与间隔时间的计算

《最高人民法院、最高人民检察院关于办理危害食品安全刑事案件适用法律若干问题的解释》（2021年12月30日　法释〔2021〕24号）

第二十五条　本解释所称“二年内”，以第一次违法行为受到行政处罚的生效之日与又实施相应行为之日的时间间隔计算确定。

★生产、销售含有兴奋剂目录所列物质的食品的刑事责任

《最高人民法院关于审理走私、非法经营、非法使用兴奋剂刑事案件适用法律若干问题的解释》（2019年11月18日　法释〔2019〕16号）

第五条　生产、销售含有兴奋剂目录所列物质的食品，符合刑法第一百四十三条、第一百四十四条规定的，以生产、销售不符合安全标准的食品罪、生产、销售有毒、有害食品罪定罪处罚。

★将“危害专供婴幼儿的主辅食品安全”作为加重处罚情节

《最高人民法院关于为促进消费提供司法服务和保障的意见》（2022年12月26日　法发〔2022〕35号）

一、加强消费者权益司法保护

14. 加强未成年消费者权益保护。妥善处理生育、托育、教育等服务合同纠纷,促进育幼服务消费发展,助力提升教育服务质量。学校、托幼机构等单位的食堂未严格遵守法律、行政法规和食品安全标准,未从取得食品生产经营许可的企业订餐,或者未按照要求对订购的食品进行查验,导致提供的食品不符合食品安全标准,消费者请求其承担赔偿责任的,人民法院应当依法支持。依法办理危害食品安全刑事案件,将"危害专供婴幼儿的主辅食品安全"作为加重处罚情节,加强对未成年人食品安全的特殊保护。网络游戏、网络直播服务提供者违反法律规定向未成年人提供网络游戏、网络直播服务,收取充值费用、接受直播打赏,消费者请求返还游戏充值费、打赏费的,人民法院应当依法支持。限制民事行为能力人未经其监护人同意,通过参与网络付费游戏或者网络直播平台打赏等方式支出与其年龄、智力不相适应的款项,消费者请求返还该款项的,人民法院应当依法支持。加大对网络违法行为整治力度,积极营造健康、清朗、有利于未成年人成长的网络环境。

第143条

★审理危害药品安全刑事案件,准确适用财产刑、职业禁止或者禁止令

《药品行政执法与刑事司法衔接工作办法》(2023年1月10日 **国药监法〔2022〕41号**)

第七条　人民法院应当充分发挥刑事审判职能,依法审理危害药品安全刑事案件,准确适用财产刑、职业禁止或者禁止令,提高法律震慑力。

★行政罚款对罚金数额的折抵、行政拘留对拘役或者有期徒刑的折抵

《药品行政执法与刑事司法衔接工作办法》(2023年1月10日 **国药监法〔2022〕41号**)

第十五条第三款、第四款　已经作出罚款行政处罚并已全部或者部分执行的,人民法院在判处罚金时,在罚金数额范围内对已经执行的罚款进行折抵。

违法行为构成犯罪,人民法院判处拘役或者有期徒刑时,公安机关已经给予当事人行政拘留并执行完毕的，应当依法折抵相应刑期。

★多次实施危害药品安全违法犯罪行为的，涉案金额累计计算

《药品行政执法与刑事司法衔接工作办法》（2023 年 1 月 10 日国药监法〔2022〕41 号）

第二十条　多次实施危害药品安全违法犯罪行为，未经处理，且依法应当追诉的，涉案产品的销售金额或者货值金额累计计算。

类案检索指引

★购买走私入境的冷冻牛肉、牛肚等产品，构成本罪

《江苏谢某、王某某等生产、销售不符合安全标准的食品系列案》（2021 年 2 月 19 日最高人民检察院等三部门联合发布落实食品药品安全"四个最严"要求专项行动典型案例）

【要旨】

明知销售未经检验检疫的走私冷冻牛肉制品系违法，却购买走私入境的冷冻牛肉、牛肚等产品且该产品来自我国禁止输入肉类产品的地区，构成销售不符合安全标准的食品罪。

★生产湿米粉过程中，使用国家明令禁止添加剂明矾，构成本罪

《贵州省遵义市红花岗区人民检察院诉刘某美等三人生产、销售不符合安全标准食品刑事附带民事公益诉讼案》（2021 年 3 月 15 日最高人民检察院发布"3·15"食品药品安全消费者权益保护检察公益诉讼典型案例）

【关键词】

刑事附带民事公益诉讼　食品安全　非食用添加剂　惩罚性赔偿

【要旨】

检察机关在依法严惩生产销售不符合安全标准食品犯罪的同时，对违法行为侵害社会公共利益的，依法提起刑事附带民事公益诉讼，要求行为人承担惩罚性赔偿责任。

★使用地下井水灌装桶装水假冒知名纯洁水品牌，构成“足以造成严重食源性疾病”

《申某某等人生产、销售伪劣桶装水案》（2022年3月15日最高人民检察院发布检察机关依法惩治制售假冒伪劣商品犯罪典型案例）

【关键词】

生产、销售不符合安全标准的食品　假冒注册商标　桶装水　致病菌超标

【要旨】

涉案食品中致病菌严重超标，可以结合专家意见认定为“足以造成严重食源性疾病”。对危害食品安全犯罪案件，检察机关可以提前介入侦查，引导公安机关调查取证，全链条打击犯罪行为，彻底铲除犯罪网络。积极开展知识产权权利人权利义务告知工作，推动权利人实质性参与刑事诉讼，在保护消费者合法权益的同时，保护知识产权权利人合法权益。

第一百四十四条　【生产、销售有毒、有害食品罪】在生产、销售的食品中掺入有毒、有害的非食品原料的，或者销售明知掺有有毒、有害的非食品原料的食品的，处五年以下有期徒刑，并处罚金；对人体健康造成严重危害或者有其他严重情节的，处五年以上十年以下有期徒刑，并处罚金；致人死亡或者有其他特别严重情节的，依照本法第一百四十一条的规定处罚。

立法动态

本条源自《中华人民共和国刑法》（1997年3月14日第八届全国人民代表大会第五次会议修订，自1997年10月1日起施行）。

本条根据《中华人民共和国刑法修正案（八）》（自2011年5月1

日起施行)第二十五条修改。

本条原规定为:在生产、销售的食品中掺入有毒、有害的非食品原料的,或者销售明知掺有有毒、有害的非食品原料的食品的,处五年以下有期徒刑或者拘役,并处或者单处销售金额百分之五十以上二倍以下罚金;造成严重食物中毒事故或者其他严重食源性疾患,对人体健康造成严重危害的,处五年以上十年以下有期徒刑,并处销售金额百分之五十以上二倍以下罚金;致人死亡或者对人体健康造成特别严重危害的,依照本法第一百四十一条的规定处罚。

本条修改的主要内容为:一是在法定刑中取消了"拘役"的刑种;二是取消了罚金数额的比例限制;三是将"造成严重食物中毒事故或者其他严重食源性疾患"修改为"有其他严重情节";四是将"对人体健康造成特别严重危害"修改为"有其他特别严重情节"。

立案标准

《最高人民检察院、公安部关于公安机关管辖的刑事案件立案追诉标准的规定(一)》(2017年4月27日修正 公通字〔2017〕12号)

第二十条 [生产、销售有毒、有害食品案(刑法第144条)]在生产、销售的食品中掺入有毒、有害的非食品原料的,或者销售明知掺有有毒、有害的非食品原料的食品的,应予立案追诉。

在食品加工、销售、运输、贮存等过程中,掺入有毒、有害的非食品原料,或者使用有毒、有害的非食品原料加工食品的,应予立案追诉。

在食用农产品种植、养殖、销售、运输、贮存等过程中,使用禁用农药、兽药等禁用物质或者其他有毒、有害物质的,应予立案追诉。

在保健食品或者其他食品中非法添加国家禁用药物等有毒、有害物质的,应予立案追诉。

下列物质应当认定为本条规定的"有毒、有害的非食品原料":

(一)法律、法规禁止在食品生产经营活动中添加、使用的物质;

（二）国务院有关部门公布的《食品中可能违法添加的非食用物质名单》《保健食品中可能非法添加的物质名单》中所列物质；

（三）国务院有关部门公告禁止使用的农药、兽药以及其他有毒、有害物质；

（四）其他危害人体健康的物质。

★"对人体健康造成严重危害"的认定

《最高人民法院、最高人民检察院关于办理生产、销售伪劣商品刑事案件具体应用法律若干问题的解释》（2001年4月9日　法释〔2001〕10号）

第五条　生产、销售的有毒、有害食品被食用后，造成轻伤、重伤或者其他严重后果的，应认定为刑法第一百四十四条规定的"对人体健康造成严重危害"。

生产、销售的有毒、有害食品被食用后，致人严重残疾、三人以上重伤、十人以上轻伤或者造成其他特别严重后果的，应认定为"对人体健康造成特别严重危害"。

★犯本罪，又以暴力、威胁方法抗拒查处，构成其他犯罪的，实行数罪并罚

《最高人民法院、最高人民检察院关于办理生产、销售伪劣商品刑事案件具体应用法律若干问题的解释》（2001年4月9日　法释〔2001〕10号）

第十一条　实施刑法第一百四十条至第一百四十八条规定的犯罪，又以暴力、威胁方法抗拒查处，构成其他犯罪的，依照数罪并罚的规定处罚。

★生产、销售不符合卫生标准的食品犯罪案件，需有省级以上决策部门确定的机构出具鉴定结论

《最高人民法院关于审理生产、销售伪劣商品刑事案件有关鉴定问题的通知》（2001年5月21日　法〔2001〕70号）

二、根据《解释》第三条和第四条的规定，人民法院受理的生产、销售假药犯罪案件和生产、销售不符合卫生标准的食品犯罪案件，均需有“省级以上药品监督管理部门设置或者确定的药品检验机构”和“省级以上卫生行政部门确定的机构”出具的鉴定结论。

★销售明知是非法生产、销售、使用禁止在饲料和动物饮用水中使用的药品的刑事责任

《最高人民法院、最高人民检察院关于办理非法生产、销售、使用禁止在饲料和动物饮用水中使用的药品等刑事案件具体应用法律若干问题的解释》(2002年8月16日　法释〔2002〕26号)

第三条　使用盐酸克仑特罗等禁止在饲料和动物饮用水中使用的药品或者含有该类药品的饲料养殖供人食用的动物,或者销售明知是使用该类药品或者含有该类药品的饲料养殖的供人食用的动物的,依照刑法第一百四十四条的规定,以生产、销售有毒、有害食品罪追究刑事责任。

第四条　明知是使用盐酸克仑特罗等禁止在饲料和动物饮用水中使用的药品或者含有该类药品的饲料养殖的供人食用的动物,而提供屠宰等加工服务,或者销售其制品的,依照刑法第一百四十四条的规定,以生产、销售有毒、有害食品罪追究刑事责任。

★犯本罪,“对人体健康造成严重危害”的认定

《最高人民法院、最高人民检察院关于办理危害食品安全刑事案件适用法律若干问题的解释》(2021年12月30日　法释〔2021〕24号)

第六条　生产、销售有毒、有害食品,具有本解释第二条规定情形之一的,应当认定为刑法第一百四十四条规定的“对人体健康造成严重危害”。

★犯本罪,“其他严重情节”的认定

《最高人民法院、最高人民检察院关于办理危害食品安全刑事案件适用法律若干问题的解释》(2021年12月30日　法释〔2021〕24号)

第七条　生产、销售有毒、有害食品,具有下列情形之一的,应当认定为刑法第一百四十四条规定的“其他严重情节”:

（一）生产、销售金额二十万元以上不满五十万元的；

（二）生产、销售金额十万元以上不满二十万元，有毒、有害食品数量较大或者生产、销售持续时间六个月以上的；

（三）生产、销售金额十万元以上不满二十万元，属于特殊医学用途配方食品、专供婴幼儿的主辅食品的；

（四）生产、销售金额十万元以上不满二十万元，且在中小学校园、托幼机构、养老机构及周边面向未成年人、老年人销售的；

（五）生产、销售金额十万元以上不满二十万元，曾因危害食品安全犯罪受过刑事处罚或者二年内因危害食品安全违法行为受过行政处罚的；

（六）有毒、有害的非食品原料毒害性强或者含量高的；

（七）其他情节严重的情形。

第144条

★犯本罪，“其他特别严重情节”的认定

《最高人民法院、最高人民检察院关于办理危害食品安全刑事案件适用法律若干问题的解释》（2021年12月30日　法释〔2021〕24号）

第八条　生产、销售有毒、有害食品，生产、销售金额五十万元以上，或者具有本解释第四条第二项至第六项规定的情形之一的，应当认定为刑法第一百四十四条规定的“其他特别严重情节”。

★犯本罪，“有毒、有害的非食品原料”的认定

《最高人民法院、最高人民检察院关于办理危害食品安全刑事案件适用法律若干问题的解释》（2021年12月30日　法释〔2021〕24号）

第九条　下列物质应当认定为刑法第一百四十四条规定的“有毒、有害的非食品原料”：

（一）因危害人体健康，被法律、法规禁止在食品生产经营活动中添加、使用的物质；

（二）因危害人体健康，被国务院有关部门列入《食品中可能违法添加的非食用物质名单》《保健食品中可能非法添加的物质名单》

和国务院有关部门公告的禁用农药、《食品动物中禁止使用的药品及其他化合物清单》等名单上的物质；

（三）其他有毒、有害的物质。

★犯本罪，可以认定为“明知”的情形

《最高人民法院、最高人民检察院关于办理危害食品安全刑事案件适用法律若干问题的解释》（2021年12月30日　法释〔2021〕24号）

第144条

第十条　刑法第一百四十四条规定的“明知”，应当综合行为人的认知能力、食品质量、进货或者销售的渠道及价格等主、客观因素进行认定。

具有下列情形之一的，可以认定为刑法第一百四十四条规定的“明知”，但存在相反证据并经查证属实的除外：

（一）长期从事相关食品、食用农产品生产、种植、养殖、销售、运输、贮存行业，不依法履行保障食品安全义务的；

（二）没有合法有效的购货凭证，且不能提供或者拒不提供销售的相关食品来源的；

（三）以明显低于市场价格进货或者销售且无合理原因的；

（四）在有关部门发出禁令或者食品安全预警的情况下继续销售的；

（五）因实施危害食品安全行为受过行政处罚或者刑事处罚，又实施同种行为的；

（六）其他足以认定行为人明知的情形。

★食品生产、食用农产品种植过程中以及在保健食品或者其他食品中非法添加有毒、有害的非食品原料构成本罪的情形

《最高人民法院、最高人民检察院关于办理危害食品安全刑事案件适用法律若干问题的解释》（2021年12月30日　法释〔2021〕24号）

第十一条　在食品生产、销售、运输、贮存等过程中，掺入有毒、有害的非食品原料，或者使用有毒、有害的非食品原料生产食品的，依照刑法第一百四十四条的规定以生产、销售有毒、有害食品罪定罪处罚。

在食用农产品种植、养殖、销售、运输、贮存等过程中，使用禁用农药、食品动物中禁止使用的药品及其他化合物等有毒、有害的非食品原料，适用前款的规定定罪处罚。

在保健食品或者其他食品中非法添加国家禁用药物等有毒、有害的非食品原料的，适用第一款的规定定罪处罚。

★使用不符合食品安全标准的食品包装材料、容器、洗涤剂、消毒剂，或者用于食品生产经营的工具、设备等造成食品被污染构成本罪的情形

《最高人民法院、最高人民检察院关于办理危害食品安全刑事案件适用法律若干问题的解释》(2021年12月30日　法释〔2021〕24号)

第十二条　在食品生产、销售、运输、贮存等过程中，使用不符合食品安全标准的食品包装材料、容器、洗涤剂、消毒剂，或者用于食品生产经营的工具、设备等，造成食品被污染，符合刑法第一百四十三条、第一百四十四条规定的，以生产、销售不符合安全标准的食品罪或者生产、销售有毒、有害食品罪定罪处罚。

★犯本罪，同时构成其他犯罪的，择一重罪处罚

《最高人民法院、最高人民检察院关于办理危害食品安全刑事案件适用法律若干问题的解释》(2021年12月30日　法释〔2021〕24号)

第十三条　生产、销售不符合食品安全标准的食品，有毒、有害食品，符合刑法第一百四十三条、第一百四十四条规定的，以生产、销售不符合安全标准的食品罪或者生产、销售有毒、有害食品罪定罪处罚。同时构成其他犯罪的，依照处罚较重的规定定罪处罚。

生产、销售不符合食品安全标准的食品，无证据证明足以造成严重食物中毒事故或者其他严重食源性疾病，不构成生产、销售不符合安全标准的食品罪，但构成生产、销售伪劣产品罪，妨害动植物防疫、检疫罪等其他犯罪的,依照该其他犯罪定罪处罚。

★犯本罪,以共犯论处的情形

《最高人民法院、最高人民检察院关于办理危害食品安全刑事案件适用法律若干问题的解释》(2021年12月30日　法释〔2021〕24号)

第十四条　明知他人生产、销售不符合食品安全标准的食品,有毒、有害食品,具有下列情形之一的,以生产、销售不符合安全标准的食品罪或者生产、销售有毒、有害食品罪的共犯论处:

(一)提供资金、贷款、账号、发票、证明、许可证件的;

(二)提供生产、经营场所或者运输、贮存、保管、邮寄、销售渠道等便利条件的;

(三)提供生产技术或者食品原料、食品添加剂、食品相关产品或者有毒、有害的非食品原料的;

(四)提供广告宣传的;

(五)提供其他帮助行为的。

★同时构成生产、销售不符合安全标准的食品罪,生产、销售不符合安全标准的产品罪等其他犯罪的,择一重罪处罚

《最高人民法院、最高人民检察院关于办理危害食品安全刑事案件适用法律若干问题的解释》(2021年12月30日　法释〔2021〕24号)

第十五条　生产、销售不符合食品安全标准的食品添加剂,用于食品的包装材料、容器、洗涤剂、消毒剂,或者用于食品生产经营的工具、设备等,符合刑法第一百四十条规定的,以生产、销售伪劣产品罪定罪处罚。

生产、销售用超过保质期的食品原料、超过保质期的食品、回收食品作为原料的食品,或者以更改生产日期、保质期、改换包装等方式销售超过保质期的食品、回收食品,适用前款的规定定罪处罚。

实施前两款行为,同时构成生产、销售不符合安全标准的食品罪,生产、销售不符合安全标准的产品罪等其他犯罪的,依照处罚较重的规定定罪处罚。

★犯本罪,罚金数额的确定

《最高人民法院、最高人民检察院关于办理危害食品安全刑事案件适用法律若干问题的解释》(2021年12月30日 法释〔2021〕24号)

第二十一条 犯生产、销售不符合安全标准的食品罪,生产、销售有毒、有害食品罪,一般应当依法判处生产、销售金额二倍以上的罚金。

共同犯罪的,对各共同犯罪人合计判处的罚金一般应当在生产、销售金额的二倍以上。

★犯本罪,应严格缓刑、免予刑事处罚的适用

《最高人民法院、最高人民检察院关于办理危害食品安全刑事案件适用法律若干问题的解释》(2021年12月30日 法释〔2021〕24号)

第二十二条 对实施本解释规定之犯罪的犯罪分子,应当依照刑法规定的条件,严格适用缓刑、免予刑事处罚。对于依法适用缓刑的,可以根据犯罪情况,同时宣告禁止令。

对于被不起诉或者免予刑事处罚的行为人,需要给予行政处罚、政务处分或者其他处分的,依法移送有关主管机关处理。

★单位犯本罪的刑事责任

《最高人民法院、最高人民检察院关于办理危害食品安全刑事案件适用法律若干问题的解释》(2021年12月30日 法释〔2021〕24号)

第二十三条 单位实施本解释规定的犯罪的,对单位判处罚金,并对直接负责的主管人员和其他直接责任人员,依照本解释规定的定罪量刑标准处罚。

★"二年内"受行政处罚的起算时间与间隔时间的计算

《最高人民法院、最高人民检察院关于办理危害食品安全刑事案件适用法律若干问题的解释》(2021年12月30日 法释〔2021〕24号)

第二十五条 本解释所称"二年内",以第一次违法行为受到行政处罚的生效之日与又实施相应行为之日的时间间隔计算确定。

★生产、销售含有兴奋剂目录所列物质的食品构成犯罪的刑事责任

《最高人民法院关于审理走私、非法经营、非法使用兴奋剂刑事案件适用法律若干问题的解释》(2019年11月18日 法释〔2019〕16号)

第五条 生产、销售含有兴奋剂目录所列物质的食品,符合刑法第一百四十三条、第一百四十四条规定的,以生产、销售不符合安全标准的食品罪、生产、销售有毒、有害食品罪定罪处罚。

第七条 实施本解释规定的行为,涉案物质属于毒品、制毒物品等,构成有关犯罪的,依照相应犯罪定罪处罚。

第八条 对于是否属于本解释规定的"兴奋剂""兴奋剂目录所列物质""体育运动""国内、国际重大体育竞赛"等专门性问题,应当依据《中华人民共和国体育法》《反兴奋剂条例》等法律法规,结合国务院体育主管部门出具的认定意见等证据材料作出认定。

★审理危害药品安全刑事案件,准确适用财产刑、职业禁止或者禁止令

《药品行政执法与刑事司法衔接工作办法》(2023年1月10日 **国药监法〔2022〕41号**)

第七条 人民法院应当充分发挥刑事审判职能,依法审理危害药品安全刑事案件,准确适用财产刑、职业禁止或者禁止令,提高法律震慑力。

★行政罚款对罚金数额的折抵、行政拘留对拘役或者有期徒刑的折抵

《药品行政执法与刑事司法衔接工作办法》(2023年1月10日 **国药监法〔2022〕41号**)

第十五条第三款、第四款 已经作出罚款行政处罚并已全部或者部分执行的,人民法院在判处罚金时,在罚金数额范围内对已经执行的罚款进行折抵。

违法行为构成犯罪,人民法院判处拘役或者有期徒刑时,公安机关已经给予当事人行政拘留并执行完毕的,应当依法折抵相应刑期。

★多次实施危害药品安全违法犯罪行为的,涉案金额累计计算

《药品行政执法与刑事司法衔接工作办法》(2023年1月10日国药监法〔2022〕41号)

第二十条 多次实施危害药品安全违法犯罪行为,未经处理,且依法应当追诉的,涉案产品的销售金额或者货值金额累计计算。

类案检索指引

★销售"地沟油"加工而成的劣质油脂,构成本罪

《柳立国等人生产、销售有毒、有害食品,生产、销售伪劣产品案》(2014年2月20日最高人民检察院发布第四批指导性案例:检例第12号)

【关键词】

生产、销售有毒、有害食品罪 生产、销售伪劣产品罪

【要旨】

明知对方是食用油经销者,仍将用餐厨废弃油(俗称"地沟油")加工而成的劣质油脂销售给对方,导致劣质油脂流入食用油市场供人食用的,构成生产、销售有毒、有害食品罪;明知油脂经销者向饲料生产企业和药品生产企业等单位销售豆油等食用油,仍将用餐厨废弃油加工而成的劣质油脂销售给对方,导致劣质油脂流向饲料生产企业和药品生产企业等单位的,构成生产、销售伪劣产品罪。

★使用有毒、有害的非食品原料工业松香对生猪脱毛并出售,构成本罪

《徐孝伦等人生产、销售有害食品案》(2014年2月20日最高人民检察院发布第四批指导件案例:检例第13号)

【关键词】

生产、销售有害食品罪

【要旨】

在食品加工过程中,使用有毒、有害的非食品原料加工食品并出售的,应当认定为生产、销售有毒、有害食品罪;明知是他人使用有毒、有害的非食品原料加工出的食品仍然购买并出售的,应当认定为销售有毒、有害食品罪。

★在养殖供人食用动物的饲料和饮用水中使用“瘦肉精”,构成本罪

《孙建亮等人生产、销售有毒、有害食品案》(2014 年 2 月 20 日最高人民检察院发布第四批指导性案例:检例第 14 号)

【关键词】

生产、销售有毒、有害食品罪　共犯

【要旨】

明知盐酸克伦特罗(俗称“瘦肉精”)是国家禁止在饲料和动物饮用水中使用的药品,而用以养殖供人食用的动物并出售的,应当认定为生产、销售有毒、有害食品罪。明知盐酸克伦特罗是国家禁止在饲料和动物饮用水中使用的药品,而买卖和代买盐酸克伦特罗片,供他人用以养殖供人食用的动物的,应当认定为生产、销售有毒、有害食品罪的共犯。

★犯本罪,为逃避查处向负有食品安全监管职责的国家工作人员行贿的,实行数罪并罚

《胡林贵等人生产、销售有毒、有害食品,行贿;骆梅等人销售伪劣产品;朱伟全等人生产、销售伪劣产品;黎达文等人受贿,食品监管渎职案》(2014 年2 月20 日最高人民检察院发布第四批指导性案例:检例第 15 号)

【关键词】

生产、销售有毒、有害食品罪　生产、销售伪劣产品罪　食品监管渎职罪　受贿罪　行贿罪

【要旨】

实施生产、销售有毒、有害食品犯罪,为逃避查处向负有食品安全

全监管职责的国家工作人员行贿的，应当以生产、销售有毒、有害食品罪和行贿罪实行数罪并罚。

负有食品安全监督管理职责的国家机关工作人员，滥用职权，向生产、销售有毒、有害食品的犯罪分子通风报信，帮助逃避处罚的，应当认定为食品监管渎职罪；在渎职过程中受贿的，应当以食品监管渎职罪和受贿罪实行数罪并罚。

★与两个"物质名单"中的物质具有同等属性且对人体有同等危害的，构成"有毒、有害的非食品原料"

《北京阳光一佰生物技术开发有限公司、习文有等生产、销售有毒、有害食品案》（2016年12月28日最高人民法院发布第15批指导性案例：指导案例70号）

第
144
条

【关键词】

生产、销售有毒、有害食品罪　有毒有害的非食品原料

【裁判要点】

行为人在食品生产经营中添加的虽然不是国务院有关部门公布的《食品中可能违法添加的非食用物质名单》和《保健食品中可能非法添加的物质名单》中的物质，但如果该物质与上述名单中所列物质具有同等属性，并且根据检验报告和专家意见等相关材料能够确定该物质对人体具有同等危害的，应当认定为《中华人民共和国刑法》第一百四十四条规定的"有毒、有害的非食品原料"。

★自行生产加工减肥胶囊、果蔬酵素粉等食品，出售给众多不特定消费者的，构成本罪

《浙江省松阳县人民检察院诉刘某某、纪某某生产、销售有毒、有害食品刑事附带民事公益诉讼案》（2021年3月15日最高人民检察院发布"3·15"食品药品安全消费者权益保护检察公益诉讼典型案例）

【关键词】

刑事附带民事公益诉讼　食品安全　惩罚性赔偿

【要旨】

生产、销售有毒、有害食品的违法犯罪行为，检察机关通过提起

刑事附带民事公益诉讼，提出惩罚性赔偿诉讼请求，让违法者在被追究刑事责任的同时承担惩罚性赔偿责任。结合办案，检察机关推动构建食品安全领域"刑事司法＋公益诉讼＋行政执法"常态化协同治理机制，织密食品安全防护网。

★在食品生产中非法添加国家明令禁止添加到食品中的物质，构成本罪

《陈某某等人生产、销售有毒、有害食品案》（2022 年 3 月 14 日最高人民检察院发布检察机关依法惩治制售假冒伪劣商品犯罪典型案例）

【关键词】

生产、销售有毒、有害食品　非法添加物质　主观明知　以案释法

【要旨】

在食品生产中非法添加西地那非、他达拉非等国家明令禁止添加到食品中的物质，或明知系添加上述物质的食品而销售的，构成生产、销售有毒、有害食品罪。检察机关在全面把握证据的基础上，准确判断各犯罪嫌疑人的主观明知，实现对有毒、有害食品生产方和销售方的全链条打击。同时充分发挥检察机关以案释法优势，围绕案件积极开展普法教育，宣传食品安全法律规定，警示违法犯罪分子，助力消费者提升食品安全意识。

★在食用农产品加工、销售、贮存等过程中，使用工业硫磺等有毒、有害的非食品原料的，构成本罪

《彭某某、李某某生产、销售有毒、有害食品案》（2022 年 3 月 14 日最高人民检察院发布检察机关依法惩治制售假冒伪劣商品犯罪典型案例）

【关键词】

生产、销售有毒、有害食品　工业硫磺　行刑衔接　国家农产品地理标志

【要旨】

在食用农产品加工、销售、贮存等过程中，使用工业硫磺等有毒、有害的非食品原料的，以生产、销售有毒、有害食品罪定罪处罚；检察机关要强化行刑衔接，增强检察监督实效；坚持宽严相济，当严则严，有力震慑危害食品安全的违法犯罪行为；通过"以案释法"等方式促进企业和个人守法经营，有效维护农产品区域公用品牌公信力。

★检察院可以依法要求违法行为人承担十倍惩罚性赔偿责任，确保应查尽查、应罚尽罚

《杨某阁销售有毒、有害食品刑事附带民事公益诉讼案》[最高人民检察院2022年11月9日发布检察机关惩治养老诈骗违法犯罪典型案例(第二批)]

【关键词】

养老诈骗　销售有毒、有害食品罪　刑事附带民事公益诉讼　行政公益诉讼

【典型意义】

健康是老年人安享晚年的"本钱"，但也往往成为不法分子实施违法犯罪所依托的对象，市场上治疗老年疾病的产品层出不穷，其中不乏圈钱的骗局。不法分子蓄意编造"玄妙"的理论，将根本不具有任何功效的产品宣传成可以包治百病的良方或者将含有药品成分的产品包装成日常保健食品，通过各种方式向老年人推销盈利，所谓的产品不仅治不了病，还损失了养老钱，甚至耽误正规治疗，危害老年人的身心健康。老年人在追求健康生活的过程中，不能轻信能包治各种老年疾病的产品宣传，购买前看清楚产品的成分、生产批号等，对于"三无"产品不要购买。检察机关在办理此类案件时，要注意同步审查是否存在损害社会公共利益事实或行政处罚执法线索，融合刑事检察、公益诉讼检察等职能，在惩治刑事犯罪的同时，及时、敏锐发现公益诉讼线索，将查证属实的事实区分不同性质予以准确认定，坚持落实食品药品安全"四个最严"要求，依法要求违法行为人承担十倍惩罚性赔偿责任，确保应查尽查、应罚尽罚。

★对禁用原料的提供者和有毒、有害食品的生产者、销售者，实施全链条打击

《刘某、夏某某等人生产、销售有毒、有害食品案》(2023年3月14日最高人民检察院发布检察机关依法惩治制售伪劣商品犯罪典型案例)

【关键词】

生产、销售有毒、有害食品　含西布曲明减肥食品　全链条打击　能动履职

【典型意义】

(一)依法严惩网络销售有毒、有害食品犯罪，守护百姓生命健康安全。在网络销售食品逐渐深入百姓生活后，大量无正规生产厂家、无许可证编码、无产品标志的食品也进入到市场中，给人民群众生命健康带来极大的危害。2010年国家食品药品监督管理局要求停止西布曲明制剂和原料药在我国生产、销售和使用，已上市销售的药品由生产企业负责召回销毁。2012年西布曲明被列入《保健食品中可能非法添加的物质名单(第一批)》。刘某、夏某某等人在生产食品过程中罔顾百姓生命健康安全非法添加此类物质，并销售至全国多个省市地区，已有多名购买者出现不良反应，甚至造成一人死亡。检察机关坚决贯彻"四个最严"要求，从严打击危害食品安全犯罪，切实维护了消费者在食品安全领域的合法权益。

(二)准确认定罪名及数额，全链条摧毁犯罪网络。检察机关建议公安机关对西布曲明原料提供者、含西布曲明减肥食品生产者、代加工者、各级销售者进行全链条取证，有效打击网络销售有毒、有害食品犯罪。检察机关根据微信聊天记录、交易记录、支付明细以及物流信息等，准确认定各被告人的犯罪行为与犯罪数额。对禁用原料的提供者和有毒、有害食品的生产者、销售者，实施全链条打击，有力维护网络营销秩序。

(三)能动履职强化行政监管，增强检察监督实效。检察机关结合办案中发现的问题和本地实际，向市场监督管理部门制发检察建

议。市场监督管理部门采纳检察机关意见，对于因食品、药品安全犯罪被判处有期徒刑以上刑罚的人员和被宣告禁止令的人员，设立禁入人员"黑名单"，并在市场准入许可中进行筛查，加强准入监管。同时检察机关还通过各类媒体广泛宣传食品药品安全法律法规及危害后果，提升社会公众食品药品安全意识。

第一百四十五条　【生产、销售不符合标准的医用器材罪】生产不符合保障人体健康的国家标准、行业标准的医疗器械、医用卫生材料，或者销售明知是不符合保障人体健康的国家标准、行业标准的医疗器械、医用卫生材料，足以严重危害人体健康的，处三年以下有期徒刑或者拘役，并处销售金额百分之五十以上二倍以下罚金；对人体健康造成严重危害的，处三年以上十年以下有期徒刑，并处销售金额百分之五十以上二倍以下罚金；后果特别严重的，处十年以上有期徒刑或者无期徒刑，并处销售金额百分之五十以上二倍以下罚金或者没收财产。

立法动态

本条源自《中华人民共和国刑法》（1997 年 3 月 14 日第八届全国人民代表大会第五次会议修订，自 1997 年 10 月 1 日起施行）。

本条根据《中华人民共和国刑法修正案（四）》（自 2002 年 12 月 28 日起施行）第一条修改。

本条原规定为：第一百四十五条　生产不符合保障人体健康的国家标准、行业标准的医疗器械、医用卫生材料，或者销售明知是不符合保障人体健康的国家标准、行业标准的医疗器械、医用卫生材料，对人体健康造成严重危害的，处五年以下有期徒刑，并处销售金额百分之五十以上二倍以下罚金；后果特别严重的，处五年以上十年以下有期徒刑，并处销售金额百分之五十以上二倍以下罚金，其中情节特别恶劣的，处十年以上有期徒刑或者无期徒刑。

本条修改的主要内容：一是将“足以严重危害人体健康”的情形补充规定为犯罪；二是将“对人体健康造成严重危害”的法定刑由“五年以下有期徒刑”提升为“三年以上十年以下有期徒刑；三是将“后果特别严重”情形的法定刑由“五年以上十年以下有期徒刑”提升为“十年以上有期徒刑或者无期徒刑”；四是删去“情节特别恶劣”的情形。

立案标准

《最高人民检察院、公安部关于公安机关管辖的刑事案件立案追诉标准的规定（一）》（2017年4月27日修正　公通字〔2017〕12号）

第二十一条　［生产、销售不符合标准的医用器材案（刑法第一百四十五条）］生产不符合保障人体健康的国家标准、行业标准的医疗器械、医用卫生材料，或者销售明知是不符合保障人体健康的国家标准、行业标准的医疗器械、医用卫生材料，涉嫌下列情形之一的，应予立案追诉：

（一）进入人体的医疗器械的材料中含有超过标准的有毒有害物质的；

（二）进入人体的医疗器械的有效性指标不符合标准要求，导致治疗、替代、调节、补偿功能部分或者全部丧失，可能造成贻误诊治或者人体严重损伤的；

（三）用于诊断、监护、治疗的有源医疗器械的安全指标不合符强制性标准要求，可能对人体构成伤害或者潜在危害的；

（四）用于诊断、监护、治疗的有源医疗器械的主要性能指标不合格，可能造成贻误诊治或者人体严重损伤的；

（五）未经批准，擅自增加功能或者适用范围，可能造成贻误诊治或者人体严重损伤的；

（六）其他足以严重危害人体健康或者对人体健康造成严重危害的情形。

医疗机构或者个人知道或者应当知道是不符合保障人体健康的

国家标准、行业标准的医疗器械、医用卫生材料而购买并有偿使用的，视为本条规定的“销售”。

适用要点与裁判依据

★“对人体健康造成严重危害”“后果特别严重”的认定标准

《最高人民法院、最高人民检察院关于办理生产、销售伪劣商品刑事案件具体应用法律若干问题的解释》（2001年4月9日　法释〔2001〕10号）

第六条　生产、销售不符合标准的医疗器械、医用卫生材料，致人轻伤或者其他严重后果的，应认定为刑法第一百四十五条规定的“对人体健康造成严重危害”。

生产、销售不符合标准的医疗器械、医用卫生材料，造成感染病毒性肝炎等难以治愈的疾病，一人以上重伤、三人以上轻伤或者其他严重后果的，应认定为“后果特别严重”。

生产、销售不符合标准的医疗器械、医用卫生材料，致人死亡、严重残疾、感染艾滋病、三人以上重伤、十人以上轻伤或者造成其他特别严重后果的，应认定为“情节特别恶劣”。

医疗机构或者个人，知道或者应当知道是不符合保障人体健康的国家标准、行业标准的医疗器械、医用卫生材料而购买、使用，对人体健康造成严重危害的，以销售不符合标准的医用器材罪定罪处罚。

没有国家标准、行业标准的医疗器械，注册产品标准可视为“保障人体健康的行业标准”。

★犯本罪，又以暴力、威胁方法抗拒查处，构成其他犯罪的，实行数罪并罚

《最高人民法院、最高人民检察院关于办理生产、销售伪劣商品刑事案件具体应用法律若干问题的解释》（2001年4月9日　法释〔2001〕10号）

第十一条　实施刑法第一百四十条至第一百四十八条规定的犯

罪，又以暴力、威胁方法抗拒查处，构成其他犯罪的，依照数罪并罚的规定处罚。

★疫情防控期间犯本罪的，依法从重处罚

《最高人民法院、最高人民检察院关于办理妨害预防、控制突发传染病疫情等灾害的刑事案件具体应用法律若干问题的解释》（2003年5月14日 法释〔2003〕8号）

第145条

第三条 在预防、控制突发传染病疫情等灾害期间，生产用于防治传染病的不符合保障人体健康的国家标准、行业标准的医疗器械、医用卫生材料，或者销售明知是用于防治传染病的不符合保障人体健康的国家标准、行业标准的医疗器械、医用卫生材料，不具有防护、救治功能，足以严重危害人体健康的，依照刑法第一百四十五条的规定，以生产、销售不符合标准的医用器材罪定罪，依法从重处罚。

医疗机构或者个人，知道或者应当知道系前款规定的不符合保障人体健康的国家标准、行业标准的医疗器械、医用卫生材料而购买并有偿使用的，以销售不符合标准的医用器材罪定罪，依法从重处罚。

★审理危害药品安全刑事案件，准确适用财产刑、职业禁止或者禁止令

《药品行政执法与刑事司法衔接工作办法》（2023年1月10日 国药监法〔2022〕41号）

第七条 人民法院应当充分发挥刑事审判职能，依法审理危害药品安全刑事案件，准确适用财产刑、职业禁止或者禁止令，提高法律震慑力。

★行政罚款对罚金数额的折抵、行政拘留对拘役或者有期徒刑的折抵

《药品行政执法与刑事司法衔接工作办法》（2023年1月10日 国药监法〔2022〕41号）

第十五条第三款、第四款 已经作出罚款行政处罚并已全部或者部分执行的，人民法院在判处罚金时，在罚金数额范围内对已经执行的罚款进行折抵。

违法行为构成犯罪，人民法院判处拘役或者有期徒刑时，公安机关已经给予当事人行政拘留并执行完毕的，应当依法折抵相应刑期。

★多次实施危害药品安全违法犯罪行为的，涉案金额累计计算

《药品行政执法与刑事司法衔接工作办法》（2023年1月10日 国药监法〔2022〕41号）

第二十条 多次实施危害药品安全违法犯罪行为，未经处理，且依法应当追诉的，涉案产品的销售金额或者货值金额累计计算。

第一百四十六条 【生产、销售不符合安全标准的产品罪】生产不符合保障人身、财产安全的国家标准、行业标准的电器、压力容器、易燃易爆产品或者其他不符合保障人身、财产安全的国家标准、行业标准的产品，或者销售明知是以上不符合保障人身、财产安全的国家标准、行业标准的产品，造成严重后果的，处五年以下有期徒刑，并处销售金额百分之五十以上二倍以下罚金；后果特别严重的，处五年以上有期徒刑，并处销售金额百分之五十以上二倍以下罚金。

立法动态

本条源自《中华人民共和国刑法》（1997年3月14日第八届全国人民代表大会第五次会议修订，自1997年10月1日起施行）。

立案标准

《最高人民检察院、公安部关于公安机关管辖的刑事案件立案追诉标准的规定（一）》（2017年4月27日修正 公通字〔2017〕12号）

第二十二条 ［生产、销售不符合安全标准的产品案（刑法第一百四十六条）］生产不符合保障人身、财产安全的国家标准、行业标准的电器、压力容器、易燃易爆或者其他不符合保障人身、财产安全的国家标准、行业标准的产品，或者销售明知是以上不符合保障人身、财产安全的国家标准、行业标准的产品，涉嫌下列情形之一的，应予立案追诉：

（一）造成人员重伤或者死亡的；

（二）造成直接经济损失十万元以上的；

（三）其他造成严重后果的情形。

适用要点与裁判依据

★生产不符合保障人身、财产安全标准的安全设备等，致使发生安全事故，造成严重后果的，构成本罪

《最高人民法院、最高人民检察院关于办理危害生产安全刑事案件适用法律若干问题的解释》（2015年12月14日 法释〔2015〕22号）

第十一条 生产不符合保障人身、财产安全的国家标准、行业标准的安全设备，或者明知安全设备不符合保障人身、财产安全的国家标准、行业标准而进行销售，致使发生安全事故，造成严重后果的，依照刑法第一百四十六条的规定，以生产、销售不符合安全标准的产品罪定罪处罚。

★犯本罪，又以暴力、威胁方法抗拒查处，构成其他犯罪的，实行数罪并罚

《最高人民法院、最高人民检察院关于办理生产、销售伪劣商品刑事案件具体应用法律若干问题的解释》（2001年4月9日 法释〔2001〕10号）

第十一条 实施刑法第一百四十条至第一百四十八条规定的犯罪，又以暴力、威胁方法抗拒查处，构成其他犯罪的，依照数罪并罚的规定处罚。

★非法生产、经营烟花爆竹及相关行为涉及不符合安全标准产品的刑事责任

《最高人民法院、最高人民检察院、公安部、国家安全监管总局关于依法加强对涉嫌犯罪的非法生产经营烟花爆竹行为刑事责任追究的通知》(2012年9月6日　安监总管三〔2012〕116号)

一、非法生产、经营烟花爆竹及相关行为涉及非法制造、买卖、运输、邮寄、储存黑火药、烟火药，构成非法制造、买卖、运输、邮寄、储存爆炸物罪的，应当依照刑法第一百二十五条的规定定罪处罚；非法生产、经营烟花爆竹及相关行为涉及生产、销售伪劣产品或不符合安全标准产品，构成生产、销售伪劣产品罪或生产、销售不符合安全标准产品罪的，应当依照刑法第一百四十条、第一百四十六条的规定定罪处罚；非法生产、经营烟花爆竹及相关行为构成非法经营罪的，应当依照刑法第二百二十五条的规定定罪处罚。上述非法生产经营烟花爆竹行为的定罪量刑和立案追诉标准，分别按照《最高人民法院关于审理非法制造、买卖、运输枪支、弹药、爆炸物等刑事案件具体应用法律若干问题的解释》(法释〔2009〕18号)、《最高人民法院最高人民检察院关于办理生产、销售伪劣商品刑事案件具体应用法律若干问题的解释》(法释〔2001〕10号)、《最高人民检察院、公安部关于公安机关管辖的刑事案件立案追诉标准的规定(一)》(公通字〔2008〕36号)、《最高人民检察院、公安部关于公安机关管辖的刑事案件立案追诉标准的规定(二)》(公通字〔2010〕23号)等有关规定执行。

★生产、销售不符合保障人身、财产安全的国家标准、行业标准的安全设备的刑事责任

《最高人民法院、最高人民检察院关于办理危害生产安全刑事案件适用法律若干问题的解释》(2015年12月14日　法释〔2015〕22号)

第十一条　生产不符合保障人身、财产安全的国家标准、行业标准的安全设备，或者明知安全设备不符合保障人身、财产安全的国家标准、行业标准而进行销售，致使发生安全事故，造成严重后果的，依照刑法第一百四十六条的规定，以生产、销售不符合安全标准的产品罪定罪处罚。

★生产、销售不符合保障人身、财产安全的国家标准、行业标准的窨井盖的刑事责任

《最高人民法院、最高人民检察院、公安部关于办理涉窨井盖相关刑事案件的指导意见》（2020年3月16日　高检发〔2020〕3号）

六、生产不符合保障人身、财产安全的国家标准、行业标准的窨井盖，或者销售明知是不符合保障人身、财产安全的国家标准、行业标准的窨井盖，造成严重后果的，依照刑法第一百四十六条的规定，以生产、销售不符合安全标准的产品罪定罪处罚。

第一百四十七条　【生产、销售伪劣农药、兽药、化肥、种子罪】生产假农药、假兽药、假化肥，销售明知是假的或者失去使用效能的农药、兽药、化肥、种子，或者生产者、销售者以不合格的农药、兽药、化肥、种子冒充合格的农药、兽药、化肥、种子，使生产遭受较大损失的，处三年以下有期徒刑或者拘役，并处或者单处销售金额百分之五十以上二倍以下罚金；使生产遭受重大损失的，处三年以上七年以下有期徒刑，并处销售金额百分之五十以上二倍以下罚金；使生产遭受特别重大损失的，处七年以上有期徒刑或者无期徒刑，并处销售金额百分之五十以上二倍以下罚金或者没收财产。

立法动态

本条源自《中华人民共和国刑法》（1997年3月14日第八届全国人民代表大会第五次会议修订，自1997年10月1日起施行）。

立案标准

《最高人民检察院、公安部关于公安机关管辖的刑事案件立案追诉标准的规定(一)》(2017年4月27日修正 公通字〔2017〕12号)

第二十三条 [生产、销售伪劣农药、兽药、化肥、种子案(刑法第一百四十七条)]生产假农药、假兽药、假化肥,销售明知是假的或者失去使用效能的农药、兽药、化肥、种子,或者生产者、销售者以不合格的农药、兽药、化肥、种子冒充合格的农药、兽药、化肥、种子,涉嫌下列情形之一的,应予立案追诉:

(一)使生产遭受损失二万元以上的;

(二)其他使生产遭受较大损失的情形。

适用要点与裁判依据

★犯本罪,"较大损失""重大损失""特别重大损失""情节严重"的认定

《最高人民法院、最高人民检察院关于办理生产、销售伪劣商品刑事案件具体应用法律若干问题的解释》(2001年4月9日 法释〔2001〕10号)

第七条 刑法第一百四十七条规定的生产、销售伪劣农药、兽药、化肥、种子罪中"使生产遭受较大损失",一般以二万元为起点;"重大损失",一般以十万元为起点;"特别重大损失",一般以五十万元为起点。

第八条 国家机关工作人员徇私舞弊,对生产、销售伪劣商品犯罪不履行法律规定的查处职责,具有下列情形之一的,属于刑法第四百一十四条规定的"情节严重":

(一)放纵生产、销售假药或者有毒、有害食品犯罪行为的;

(二)放纵依法可能判处二年有期徒刑以上刑罚的生产、销售、伪劣商品犯罪行为的;

(三)对三个以上有生产、销售伪劣商品犯罪行为的单位或者个人不履行追究职责的；

（四）致使国家和人民利益遭受重大损失或者造成恶劣影响的。

★犯本罪，又以暴力、威胁方法抗拒查处，构成其他犯罪的，实行数罪并罚

《最高人民法院、最高人民检察院关于办理生产、销售伪劣商品刑事案件具体应用法律若干问题的解释》（2001 年 4 月 9 日　法释〔2001〕10 号）

第十一条　实施刑法第一百四十条至第一百四十八条规定的犯罪，又以暴力、威胁方法抗拒查处，构成其他犯罪的，依照数罪并罚的规定处罚。

类案检索指引

★以同一科属的此品种种子冒充彼品种种子，属于“假种子”

《王敏生产、销售伪劣种子案》（2019 年 12 月 20 日最高人民检察院发布第十六批指导性案例：检例第 61 号）

【关键词】

生产、销售伪劣种子罪　假种子　农业生产损失认定

【要旨】

以同一科属的此品种种子冒充彼品种种子，属于刑法上的“假种子”。行为人对假种子进行小包装分装销售，使农业生产遭受较大损失的，应当以生产、销售伪劣种子罪追究刑事责任。

★未取得农药登记证的企业或者个人借证生产农药及生产损失的计算方法

《南京百分百公司等生产、销售伪劣农药案》（2019 年 12 月 20 日最高人民检察院发布第十六批指导性案例：检例第 62 号）

【关键词】

生产、销售伪劣农药罪　借证生产农药　田间试验

【要旨】

1. 未取得农药登记证的企业或者个人，借用他人农药登记证、生产许可证、质量标准证等许可证明文件生产、销售农药，使生产遭受较大损失的，以生产、销售伪劣农药罪追究刑事责任。

2. 对于使用伪劣农药造成的农业生产损失，可采取田间试验的方法确定受损原因，并以农作物绝收折损面积、受害地区前三年该类农作物的平均亩产量和平均销售价格为基准，综合计算认定损失金额。

★生产、销售伪劣农药造成农作物减产的，构成本罪

《张传义生产、销售伪劣农药案——生产、销售伪劣农药造成农作物减产》(2022年3月18日最高人民法院发布“农资打假”典型案例)

【裁判结果】

法院经审理认为，被告人张传义伙同他人生产、销售不合格的农药，使生产遭受特别重大损失，其行为已构成生产、销售伪劣农药罪。张传义案发后能够主动退赔部分经济损失，可酌情从轻处罚。据此，以生产、销售伪劣农药罪判处被告人张传义有期徒刑七年六个月，并处罚金人民币二万元。

★生产、销售伪劣种子造成农作物减产的，构成本罪

《马志杰等生产、销售伪劣种子案——生产、销售伪劣种子造成农作物减产》(2022年3月18日最高人民法院发布“农资打假”典型案例)

【裁判结果】

法院经审理认为，被告人马志杰生产、销售伪劣种子，使生产遭受特别重大损失，其行为已构成生产、销售伪劣种子罪；被告人尹明华、刘德堂销售伪劣种子，使生产遭受特别重大损失，其行为均已构成销售伪劣种子罪。马志杰、尹明华归案后如实供述，具有坦白情节；刘德堂自动投案，并如实供述所犯罪行，具有自首情节；尹明华、刘德堂积极赔偿被害人损失，并得到被害人谅解。法院经综合考量，以生产、销售伪劣种子罪判处被告人马志杰有期徒刑九年，并处罚金人民币三十五万元；以销售伪劣种子罪判处被告人尹明华有期徒刑七年，并处罚金人民币二十五万元；以销售伪劣种子罪判处被告人刘德堂有期徒刑三年，并处罚金人民币十万元。

★明知所售种子系三无产品仍销售，构成本罪

《陆某某、李某某、赵某某销售伪劣种子案》（2022年4月1日最高人民法院发布第二批人民法院种业知识产权司法保护典型案例）

【典型意义】

种子质量和安全关乎农民收入、农业效益和农村稳定。人民法院通过依法处理“农资打假”案件，保持对农资制假、售假犯罪的高压态势和打击力度，最大限度保护农民利益。本案三被告人明知所售种子系三无产品假种子依然销售，坑农害农，社会危害严重，本案的处理体现了人民法院充分发挥司法保障农民权益、服务经济发展的职能作用。

★销售伪劣种子罪证据不足的，以销售伪劣产品罪定罪处罚

《薛某某销售伪劣种子、卢某某销售伪劣产品案》（2022年4月1日最高人民法院发布第二批人民法院种业知识产权司法保护典型案例）

【典型意义】

本案因认定卢某某构成销售伪劣种子罪证据不足，故根据刑法一百四十九条的规定，人民法院对卢某某以销售伪劣产品罪定罪处罚，体现了不枉不纵、严惩犯罪的司法态度。审理过程中，人民法院通过释法说理，积极沟通，二被告人均主动赔偿农户经济损失并取得谅解。人民法院不仅判处二被告人监禁刑，还依法判处相应的罚金，严厉打击损害农民利益的犯罪分子，彰显了对危害民生的犯罪活动从严惩处的精神。

★未依法取得农药登记证而生产的农药，按照假农药处理

《张某某等人生产、销售伪劣农药案》（2022年3月21日最高人民检察院发布检察机关依法惩治危害农资安全犯罪典型案例）

【关键词】

生产、销售伪劣产品罪　伪劣农药　委托生产　网络销售

【典型意义】

(一)严惩制售伪劣农药犯罪,切实保障粮食安全和农民权益。制售伪劣农药违法犯罪危及粮食安全,损害农民权益,必须从严惩处。本案伪劣农药销往全国多个省市,销售量大,涉及范围广。涉案犯罪行为包括了从原材料购进、假农资生产到全国性销售全过程,三被告人均被判十五年有期徒刑,有效打击了制售伪劣农药犯罪,震慑了潜在不法分子,维护了粮食安全。

(二)加强引导侦查,准确认定伪劣农药。《农药管理条例》第四十四条规定,未依法取得农药登记证而生产的农药,按照假农药处理。本案中,检察机关并未单纯以无生产资质作为认定标准,而是要求公安机关重点围绕查获农药的实际效果以及是否符合农药标准进行取证。经引导侦查,公安机关查找到多名购买农药的实际用户,证实从被告处购买的农药使用效果不好;委托检验机构对现场查扣的农药进行检验,确定均为不合格农药。最终检察机关依据检验报告和农药实际用户的证言综合认定涉案农药为伪劣农药。

(三)精准认定被告人犯罪数额,有效指控犯罪。本案伪劣农药通过互联网销售,涉及全国各地买家近千人,由公安机关逐一寻访购买人取证并不现实。检察机关根据公安机关查获张某某的19本手写记账笔记本,以及调取的7个银行账户的交易明细,将逐条整理出的近2000条销售信息与涉案银行账户5年的交易流水进行对比,确认张某某、霍某某的犯罪金额;又根据张某某对自己记账习惯、常用符号的解释,通过比对账簿记录与王某某银行账户的交易流水情况,甄别出王某某的犯罪金额,最终精准认定犯罪数额,有效指控犯罪。

★坚持实质认定假兽药,揭示犯罪社会危害性

《易某某等人生产、销售假兽药案》(2022年3月21日最高人民检察院发布检察机关依法惩治危害农资安全犯罪典型案例)

【关键词】

生产、销售伪劣产品罪　假兽药　全链条打击　销售金额　行刑衔接

第
147
条

【典型意义】

(一)坚持实质认定假兽药,揭示犯罪社会危害性。假兽药不仅不能治疗、预防动物疫病,甚至可能会因为控制疫情不及时,导致疫病在动物间传播,给养殖户造成巨大经济损失,患疫病动物被人食用也容易产生食品安全风险。本案中,检察机关与农业行政主管机关经科学研判,准确认定"假兽药"。检察机关通过讯问被告人掌握涉案兽药的生产流程,要求公安机关委托检验机构对涉案兽药进行检验,确认涉案兽药片剂、粉剂均不含兽药有效成份,从而揭示假兽药的危害性。通过依法惩治犯罪,坚决杜绝假兽药流入市场,最大限度维护养殖户合法权益,保障食品安全。

(二)积极引导侦查取证,准确认定销售金额。对于涉案兽药无法认定使生产遭受较大损失,不构成生产、销售伪劣兽药罪,但是销售金额在5万元以上的,应根据刑法第一百四十九条第一款的规定,依照刑法第一百四十条的规定以生产、销售伪劣产品罪定罪处罚。本案中各犯罪行为人长期生产假兽药,并通过微信向全国各地销售,其销售金额计算系案件审查难点。检察机关在审查过程中,引导公安机关对扣押手机进行电子数据勘查,同时主动开展自行补充侦查,从海量微信聊天记录、账户交易明细中,逐笔逐单梳理涉案假兽药销售金额。最终将易某某销售总金额从案件伊始的19万余元追加认定至39万余元,准确认定本案假兽药的销售金额,合理提出量刑建议,确保罚当其罪。

(三)加强行刑衔接,全链条打击制售假兽药犯罪。上海市人民检察院第三分院、上海铁路运输检察院集中管辖全市危害农资安全案件,通过同堂业务培训、典型案例讲评、专项调研走访等形式,与市、区农业行政主管机关、公安机关形成长期稳定的协作关系,在具体案件办理过程中始终注重提升行刑衔接质效。本案中,针对上游生产批发、下游销售,以及明知是假兽药仍提供假冒正规产品包装材料的全链条犯罪团伙,上海两级检察机关与农业、公安机关在线索研判、假农药检验认定、引导侦查取证等方面积极协作,最终实现对犯罪全链条打击,捣毁制假售假源头,全力保障农资安全。同时,检察机关以案释法,通过检察官说法、制作宣传手册、拍摄宣传片等形式开展普法宣传,向养殖户揭示假兽药的危害,普及分辨真假兽药的技巧。

★在打击犯罪的同时,积极帮助被害农户挽回损失

《刘某某销售伪劣种子案》(2022年3月21日最高人民检察院发布检察机关依法惩治危害农资安全犯罪典型案例)

【关键词】

销售伪劣种子罪 伪劣种子 损失鉴定 赔偿被害人

【典型意义】

(一)涉种子犯罪危及粮食安全源头,必须依法严厉打击。粮食安全是国家安全的重要基础,确保粮食安全是我国经济社会稳定发展的根本,种业安全关系粮食安全和农业持续发展。销售伪劣种子的行为严重危害粮食安全,损害农民合法利益。检察机关通过依法及时、准确打击此类犯罪,充分保障粮食安全,保护农民权益。审查起诉期间,检察机关将案件退回公安机关补充侦查,要求查明伪劣种子来源、成交价格,取得上游卖家证言,说明鉴定方式方法,为依法准确认定犯罪事实奠定基础。

(二)在检察履职过程中最大限度保护农民利益。农作物收入是普通农户家庭收入的主要来源。该案被害农户十余户,在当地引起较大反响。行政执法部门经田间鉴定,计算出平均每公顷损失产量。依据鉴定的损失产量及平均市场价格,扶余市价格认证中心对农户损失价值作出鉴定。检察机关在打击犯罪的同时,积极帮助被害农户挽回损失。审查逮捕期间,办案人员逐户走访被害农户了解情况,敦促犯罪嫌疑人进行赔偿。经沟通协调,犯罪嫌疑人对全部被害农户进行了赔偿,取得了农户谅解。不仅让农户免受经济困顿之苦,也有效修复了被破坏的农村社会关系。

(三)农民消费者应注意辨别真伪,谨防购买伪劣种子。"春种一粒粟,秋收万颗子"。种子的优劣,决定了一年的收成。根据《中华人民共和国种子法》规定，以非种子冒充种子的为假种子，涉案种子系以普通土豆冒充，应认定为假种子。广大农民购买种子时，应注意通过正规渠道购买，从包装等方面进行辨别，正规的种子包装上有品牌标识、种子类别、品种名称、品种审定或者登记编号、种子生产经营许可证编号等基本信息。应提高维权意识和能力，注意养成索要发票或其他消费凭证的习惯，保留相关证据，一旦发现购买了伪劣种子，及时向当地农业、市场监管部门等投诉举报，对可能涉嫌犯罪的及时报案。

★积极追赃挽损，维护被害农户经济权益

《于某某生产、销售伪劣化肥案》（2022年3月21日最高人民检察院发布检察机关依法惩治危害农资安全犯罪典型案例）

【关键词】

生产、销售伪劣产品罪　伪劣化肥　赔偿农户损失　检察建议

【典型意义】

（一）准确适用法律，坚持化肥实质效能判断。对于假冒伪劣化肥的性质认定，检察机关结合检验报告、被告人供述、物证等证据材料综合判断。在明确化肥性质后，仍应全面审查生产、销售伪劣化肥是否造成生产损失。对于无法认定涉案化肥使生产遭受较大损失，不构成生产、销售伪劣化肥罪，但是销售金额在5万元以上的，应当按照刑法第一百四十九条的规定，以生产、销售伪劣产品罪定罪处罚。

（二）积极追赃挽损，维护被害农户经济权益。本案被害农户有39名，虽然被告人于某某在案发前已赔偿部分农户损失，但仍有不少农户损失尚未挽回。检察机关第一时间听取被害人意见，引导公安机关查明于某某生产、销售伪劣化肥的数量、销售金额和获利情况，并对农户的生产损失数额进行核实。经过多次沟通，说服于某某及其家属向被害农户赔礼道歉、赔偿农户损失，最终帮助被害农户挽回损失，充分保障当事人权益。

（三）延伸检察职能，全方位净化农资市场。检察机关将依法惩

治涉农资犯罪与推动社会治理相融合，联合行政主管部门共同保障农资安全。本案中，检察机关及时向当地农业主管部门通报案情，建议对农资生产开展执法检查，防患于未然。同时向当地市场监管部门制发《检察建议书》，建议针对农资领域无资质公司、个人或者挂靠生产、倒买倒卖农资产品等问题开展整治。当地市场监管部门采纳建议，及时组织开展农资打假活动，提升部门协作质效，加强宣传教育，引导农民理性购买、科学使用农资，进一步净化了当地农资市场，有力保障农民权益。

★犯本罪，认罪认罚并赔偿部分被害人损失、取得部分被害人谅解的，依法予以从轻处罚

《刘某等人销售伪劣化肥案——销售伪劣化肥使农户遭受重大损失》（2023年3月11日最高人民法院发布"农资打假"典型案例——依法严惩农资犯罪，切实保障农民增收）

【裁判结果】

法院经审理认为，被告人刘某等人销售伪劣化肥，使生产遭受重大损失，其行为构成销售伪劣化肥罪。刘某具有坦白情节，且认罪认罚，并赔偿部分被害人损失，取得部分被害人谅解，依法予以从轻处罚。岳某具有坦白情节，且认罪认罚，并赔偿全部被害人损失，取得被害人谅解，依法予以从轻处罚。丁某具有自首情节，且认罪认罚，并赔偿全部被害人损失，取得被害人谅解，依法予以减轻处罚。据此，以销售伪劣化肥罪判处被告人刘某有期徒刑四年，并处罚金人民币二十万元；以销售伪劣化肥罪判处被告人岳某、丁某缓刑，并处罚金。

★最大限度地保护受害农户利益，实现法律效果和社会效果的有机统一

《巩某某销售伪劣种子案》（2023年3月14日最高人民检察院发布检察机关依法惩治制售伪劣商品犯罪典型案例）

【关键词】

销售伪劣种子　行刑衔接　生产损失计算　司法救助　追赃

挽损

【典型意义】

（一）坚持为民司法，保障粮食安全和农民合法权益。农业是全面建成小康社会、实现国家现代化的基础，农资是农业生产的基础，农资打假事关农业增效、农民增收、农村稳定。本案伪劣种子销往省内多个农业县，且多为主要粮食产地，农民对土地依赖程度较高。购买涉案伪劣种子的被害农户多，主要是中老年人，多家农户因此遭遇生活困难。检察机关能动履职，依法惩治销售伪劣种子犯罪，维护了农业生产安全和农民群众的合法权益。

（二）积极履行主导责任，推动形成打击合力。本案巩某某销售的种子导致农户减产，农户举报到农业农村局，但无证据证实涉案种子是假种子。检察机关掌握该线索后，建议将线索移送行政执法机关开展调查，明确涉案种子定性。发现涉嫌犯罪后，建议行政执法机关向公安机关移送。案件侦查阶段，检察机关提出对受害农户遭受的生产损失进行认定，并力推市区行政机关与公安机关各司其职，开展田间鉴定、减产土地面积测绘、损失数量认定等工作。在各部门通力合作下，案件事实和损失数额得以准确认定，实现精准打击犯罪。

（三）司法救助追赃挽损，全力维护受害农户利益。为受损农户挽回经济损失，及时追缴违法所得，能够实现案件办理的最优效果。本案一审阶段，部分受害农户在索赔无果的情况下，多次信访反映农业减产导致生活困难问题。检察机关及时依法启动司法救助程序，对受害农户的减产情况及家庭情况进行实地考察，决定对15名生活困难的老年人进行司法救助，缓解燃眉之急。二审阶段，检察机关对被告人加强释法说理，积极开展追赃挽损工作，最终帮助受害农户挽回经济损失，被告人退缴违法所得。检察机关在坚持依法惩处犯罪的基础上，通过司法手段最大限度地保护受害农户利益，实现了案件办理法律效果和社会效果的有机统一。

★以假种子冒充合格种子销售的，构成销售伪劣种子罪

《魏某华销售伪劣种子案》（2023年4月1日最高人民法院发布第三批人民法院种业知识产权司法保护典型案例）

【裁判结果】

河南省永城市人民法院一审认为，魏某华明知是假种子，仍冒充合格种子进行销售，使生产遭受重大经济损失，其行为已构成销售伪劣种子罪。魏某华归案后能够如实供述犯罪事实，依法可从轻处罚；积极赔偿被害人损失，取得被害人谅解，依法可酌情从轻处罚。一审法院以销售伪劣种子罪，判处被告人魏某华有期徒刑四年六个月，并处罚金人民币五万元。一审判决后，被告人未上诉。

【典型意义】

本案是依法严惩销售伪劣种子的刑事案件。人民法院查明伪劣种子来源、成交价格，进行损失鉴定并说明鉴定方式方法，依法准确认定犯罪事实。在判处有期徒刑的同时，并处罚金，体现了严惩涉种子犯罪的鲜明态度。在打击犯罪的同时，人民法院积极帮助被害农户挽回损失，取得了有效维护品种权和净化种业市场秩序的良好法律效果。

★依法严惩危害种业安全犯罪，积极推动行业规范有序发展

《王某某生产、销售伪劣种子案》（2023年4月20日最高人民检察院发布5件检察机关依法惩治制售伪劣农资犯罪典型案例）

【关键词】

生产、销售伪劣种子　种业安全　支持起诉　检察建议

【典型意义】

（一）依法严惩危害种业安全犯罪，为种业振兴创造良好法治环境。马铃薯作为四大主食之一，事关国家粮食安全。为保证马铃薯种业安全，我国专门制定了马铃薯种薯的国家标准（GB 18133—2012），规定马铃薯种薯的病毒、细菌、真菌、昆虫等允许率均应符合最低标准要求。以商品薯冒充种薯行为具有一定的隐蔽性，难以通过肉眼观察予以判断，往往在种薯发芽率低、农作物收成欠佳时才被发现，危害后果已经形成，难以补救。制售伪劣种薯的行为给农民造

成严重经济损失，扰乱种业市场秩序，危害国家粮食安全，必须依法严厉惩治。本案中检察机关依法通过刑事严惩、行政监督、民事支持起诉等方式综合能动履职，确保重拳出击、整治到底、震慑到位，形成对农资安全、种业创新和农民权益的全方位保护。

（二）治罪与治理并重，积极推动行业规范有序发展。牢固树立“抓前端、治未病”理念，由“案内”审查向“案外”治理延伸，全力净化农资市场。靖边县是农业大县，又是西北地区马铃薯的主要产地，针对该地区制售伪劣种子坑农害农行为时有发生的情况，检察机关系统梳理行政监管漏洞向相关部门制发检察建议，从加大对种子生产经营者的监管力度、完善举报投诉激励制度建设等方面建议相关部门依法履行监管职责。当地农业农村部门高度重视，制定整改方案，组织开展专项检查，制止无证经营行为，坚决取缔无证经营场所。通过专项检查责令整改 15 家，当场处罚 2 家，立案查处 1 家；督促辖区内 76 家种子门店完善经营台账，对镇、村种植大户、制种公司工作人员 80 余人开展培训，促进规范合法经营。

（三）加强行刑衔接联动履职，共促形成“都管”大格局。为提升行刑衔接质效，合力保障农资安全，检察机关主动联合县农业农村局、林业局等 12 家单位共同签发《靖边县行政执法与刑事司法衔接工作办法（试行）》，在案件线索发现、线索审查、线索移送等环节加强配合、精准发力，净化农资市场。检察机关与当地农业农村、市场监管等 6 部门联合制定《涉知识产权违法犯罪行刑衔接工作实施办法（试行）》，进一步完善涉种子违法犯罪行刑衔接机制，凝聚惩治合力，保护激励种业创新，为种业健康发展筑牢协同保护的基石。

★能动履职，上挖源头、下追流向，实现全链条打击

《张某某等人生产、销售伪劣化肥，假冒注册商标案》（2023 年 4 月 20 日最高人民检察院发布 5 件检察机关依法惩治制售伪劣农资犯罪典型案例）

【关键词】

生产、销售伪劣化肥　假冒注册商标　全链条打击　因果关系

认定

【典型意义】

（一）依法全链条严惩制售伪劣化肥犯罪，全面保障粮食安全。化肥是农业生产最基础的重要物质投入之一，对农作物生产起到至关重要的作用。伪劣化肥产品直接影响农作物产量与品质，严重危害农民合法权益，影响国家农业安全和乡村振兴。本案犯罪行为涉及地域广，伪劣化肥生产地为山东，销售地为吉林省内多地，各被告人采取跨省作案模式，链条长且隐蔽，受害农户多且损失大。针对伪劣农资产品犯罪，检察机关能动履职，上挖源头、下追流向，最终实现全链条打击，5 名被告人均被判处刑罚，有力震慑了潜在不法分子，全力保障农业生产正常有序，切实维护国家农业生产根基。

（二）加强部门联动配合，合力维护农民合法权益。适用生产、销售伪劣化肥罪以“使生产遭受较大损失”为前提，损失认定及计算、使用伪劣化肥与农民生产损失之间的因果关系认定是办理此类案件的难点，涉及检验、田间鉴定、粮食等级认定、价格认定等多个环节，需要各部门大力合作，共同推进，才能保证办案质量和效果。本案办理过程中，农业农村部门、公安机关、检察机关相互配合，专家及检验、鉴定机构提供技术支持，确保案件及时准确办理。同时，检察机关与法律援助律师共同配合法院开展调解工作，推动社会矛盾化解，农民合法权益得到切实维护，广大农民“放心购、安心种”的信心进一步提振。

第一百四十八条　【生产、销售不符合卫生标准的化妆品罪】生产不符合卫生标准的化妆品，或者销售明知是不符合卫生标准的化妆品，造成严重后果的，处三年以下有期徒刑或者拘役，并处或者单处销售金额百分之五十以上二倍以下罚金。

立法动态

本条源自《中华人民共和国刑法》(1997 年 3 月 14 日第八届全国人民代表大会第五次会议修订,自 1997 年 10 月 1 日起施行)。

立案标准

《最高人民检察院、公安部关于公安机关管辖的刑事案件立案追诉标准的规定(一)》(2017 年 4 月 27 日修正　公通字〔2017〕12 号)

第二十四条　[生产、销售不符合卫生标准的化妆品案(刑法第一百四十八条)]生产不符合卫生标准的化妆品,或者销售明知是不符合卫生标准的化妆品,涉嫌下列情形之一的,应予立案追诉:

(一)造成他人容貌毁损或者皮肤严重损伤的;

(二)造成他人器官组织损伤导致严重功能障碍的;

(三)致使他人精神失常或者自杀、自残造成重伤、死亡的;

(四)其他造成严重后果的情形。

适用要点与裁判依据

★审理危害药品安全刑事案件,准确适用财产刑、职业禁止或者禁止令

《药品行政执法与刑事司法衔接工作办法》(2023 年 1 月 10 日　国药监法〔2022〕41 号)

第七条　人民法院应当充分发挥刑事审判职能,依法审理危害药品安全刑事案件,准确适用财产刑、职业禁止或者禁止令,提高法律震慑力。

★行政罚款对罚金数额的折抵、行政拘留对拘役或者有期徒刑的折抵

《药品行政执法与刑事司法衔接工作办法》(2023 年 1 月 10 日　国药监法〔2022〕41 号)

第十五条第三款、第四款　已经作出罚款行政处罚并已全部或者部分执行的,人民法院在判处罚金时,在罚金数额范围内对已经执行的罚款进行折抵。

违法行为构成犯罪，人民法院判处拘役或者有期徒刑时，公安机关已经给予当事人行政拘留并执行完毕的，应当依法折抵相应刑期。

★多次实施危害药品安全违法犯罪行为的，涉案金额累计计算

《药品行政执法与刑事司法衔接工作办法》(2023 年 1 月 10 日　国药监法〔2022〕41 号)

第二十条　多次实施危害药品安全违法犯罪行为，未经处理，且依法应当追诉的，涉案产品的销售金额或者货值金额累计计算。

第一百四十九条　【对生产、销售伪劣商品行为的法律适用原则】生产、销售本节第一百四十一条至第一百四十八条所列产品，不构成各该条规定的犯罪，但是销售金额在五万元以上的，依照本节第一百四十条的规定定罪处罚。

生产、销售本节第一百四十一条至第一百四十八条所列产品，构成各该条规定的犯罪，同时又构成本节第一百四十条规定之罪的，依照处罚较重的规定定罪处罚。

立法动态

本条源自《中华人民共和国刑法》(1997 年 3 月 14 日第八届全国人民代表大会第五次会议修订，自 1997 年 10 月 1 日起施行)。

适用要点与裁判依据

★实施生产、销售为伪劣商品犯罪，同时构成其他犯罪的，择一重处

《最高人民法院、最高人民检察院关于办理生产、销售伪劣商品刑事案件具体应用法律若干问题的解释》(2001 年 4 月 9 日　法释〔2001〕10 号)

第十条　实施生产、销售伪劣商品犯罪，同时构成侵犯知识产权、非法经营等其他犯罪的，依照处罚较重的规定定罪处罚。

★具有药品经营资质的企业通过非法渠道购进药品后销售的刑事责任

《最高人民检察院法律政策研究室对〈关于具有药品经营资质的企业通过非法渠道从私人手中购进药品后销售的如何适用律问题的请示〉的答复》（2015 年 10 月 26 日 高检研〔2015〕19 号）

司法机关应当根据《中华人民共和国药品管理法》的有关规定，对具有药品经营资质的企业通过非法渠道从私人手中购销的药品的性质进行认定，区分不同情况，分别定性处理：

一是对于经认定属于假药、劣药，且达到“两高”《关于办理危害药品安全刑事案件适用法律若干问题的解释》（以下称《药品解释》）规定的销售假药罪、销售劣药罪的定罪量刑标准的，应当以销售假药罪、销售劣药罪依法追究刑事责任。

二是对于经认定属于劣药，但尚未达到《药品解释》规定的销售劣药罪的定罪量刑标准的，可以依据刑法第一百四十九条、第一百四十条的规定，以销售伪劣产品罪追究刑事责任。

三是对于无法认定属于假药、劣药的，可以由药品监督管理部门依照《中华人民共和国药品管理法》的规定给予行政处罚，不宜以非法经营罪追究刑事责任。

第一百五十条 【单位犯本节之罪的刑事责任】单位犯本节第一百四十条至第一百四十八条规定之罪的，对单位判处罚金，并对其直接负责的主管人员和其他直接责任人员，依照各该条的规定处罚。

立法动态

本条源自《中华人民共和国刑法》（1997 年 3 月 14 日第八届全国人民代表大会第五次会议修订，自 1997 年 10 月 1 日起施行）。

适用要点与裁判依据

★单位犯本罪的刑事责任

《最高人民法院、最高人民检察院关于办理危害药品安全刑事案件适用法律若干问题的解释》(2022年3月3日 高检发释字〔2022〕1号)

第十七条 单位犯生产、销售、提供假药罪、生产、销售、提供劣药罪、妨害药品管理罪的,对单位判处罚金,并对直接负责的主管人员和其他直接责任人员,依照本解释规定的自然人犯罪的定罪量刑标准处罚。

单位犯罪的,对被告单位及其直接负责的主管人员、其他直接责任人员合计判处的罚金一般应当在生产、销售、提供的药品金额二倍以上。

第二节 走 私 罪

第一百五十一条 【走私武器、弹药罪】【走私核材料罪】【走私假币罪】走私武器、弹药、核材料或者伪造的货币的,处七年以上有期徒刑,并处罚金或者没收财产;情节特别严重的,处无期徒刑,并处没收财产;情节较轻的,处三年以上七年以下有期徒刑,并处罚金。

【走私文物罪】【走私贵重金属罪】【走私珍贵动物、珍贵动物制品罪】走私国家禁止出口的文物、黄金、白银和其他贵重金属或者国家禁止进出口的珍贵动物及其制品的,处五年以上十年以下有期徒刑,并处罚金;情节特别严重的,处十年以上有期徒刑或者无期徒刑,并处没收财产;情节较轻的,处五年以下有期徒刑,并处罚金。

【走私国家禁止进出口的货物、物品罪】走私珍稀植物及其制品等国家禁止进出口的其他货物、物品的,处五年以下有期徒刑或者拘役,并处或者单处罚金;情节严重的,处五年以上有期徒刑,并处罚金。

单位犯本条规定之罪的,对单位判处罚金,并对其直接负责的主管人员和其他直接责任人员,依照本条各款的规定处罚。

立法动态

本条源自《中华人民共和国刑法》(1997年3月14日第八届全国人民代表大会第五次会议修订,自1997年10月1日起施行)。

本条曾全国人大常委会三次修改。

本条原规定为:第一百五十一条 (第一款)走私武器、弹药、核材料或者伪造的货币的,处七年以上有期徒刑,并处罚金或者没收财产;情节较轻的,处三年以上七年以下有期徒刑,并处罚金。(第二款)走私国家禁止出口的文物、黄金、白银和其他贵重金属或者国家禁止进出口的珍贵动物及其制品的,处五年以上有期徒刑,并处罚金;情节较轻的,处五年以下有期徒刑,并处罚金。(第三款)走私国家禁止进出口的珍稀植物及其制品的,处五年以下有期徒刑,并处或者单处罚金;情节严重的,处五年以上有期徒刑,并处罚金。(第四款)犯第一款、第二款罪,情节特别严重的,处无期徒刑或者死刑,并处没收财产。(第五款)单位犯本条规定之罪的,对单位判处罚金,并对其直接负责的主管人员和其他直接责任人员,依照本条各款的规定处罚。

本条第一次根据《中华人民共和国刑法修正案(七)》(自2009年2月28日起施行)第一条修改。修改的主要内容为:一是补充规定“走私国家禁止进出口的其他货物、物品”构成本罪;二是在第一个法定刑“五年以下有期徒刑,并处或者单处罚金”中增加了“拘役”的刑种。

本条第二次修改根据《中华人民共和国刑法修正案(八)》(自2011年5月1日起施行)第二十六条修改,修改的主要内容为:一是在第一款罪的法定刑中规定了"情节特别严重的,处无期徒刑或者死刑,并处没收财产";二是将第二款的法定刑由两档改为三档,并提高了法定最高刑,由有期徒刑提高到无期徒刑;三是删去了原文中的第四款,即取消了原文对"犯第一款、第二款罪"均可适用死刑的规定。

本条第三次根据《中华人民共和国刑法修正案(九)》(自2015年11月1日起施行)第九条修改,本次对本条第一款修改的主要内容为:取消了对本条走私武器、弹药罪,走私核材料罪,走私假币罪三罪的死刑。

立案标准

★走私珍稀植物、珍稀植物制品案的立案标准

《国家林业局、公安部关于森林和陆生野生动物刑事案件管辖及立案标准》(2001年5月9日　林安字〔2001〕156号)

二、森林和陆生野生动物刑事案件的立案标准

(五)走私珍稀植物、珍稀植物制品案

走私国家禁止进出口的珍稀植物、珍稀植物制品的应当立案;走私珍稀植物2株以上、珍稀植物制品价值在2万元以上的,为重大案件;走私珍稀植物10株以上、珍稀植物制品价值在10万元以上的,为特别重大案件。

★走私珍贵动物、珍贵动物制品案的立案标准

《国家林业局、公安部关于森林和陆生野生动物刑事案件管辖及立案标准》(2001年5月9日　林安字〔2001〕156号)

二、森林和陆生野生动物刑事案件的立案标准

(十一)走私珍贵动物、珍贵动物制品案

走私国家重点保护和《濒危野生动植物种国际贸易公约》附录一、附录二的陆生野生动物及其制品的应当立案;走私国家重点保护的陆生野生动物重大案件和特别重大案件按附表的标准执行。

走私国家重点保护和《濒危野生动植物种国际贸易公约》附录

一、附录二的陆生野生动物制品价值10万元以上的，应当立为重大案件；走私国家重点保护和《濒危野生动植物种国际贸易公约》附录一、附录二的陆生野生动物制品价值20万元以上的，应当立为特别重大案件。

★走私假币案的立案标准

《最高人民检察院、公安部关于公安机关管辖的刑事案件立案追诉标准的规定(二)》(2022年4月6日修订 公通字〔2022〕12号)

第二条 ［走私假币案(刑法第一百五十一条第一款)］走私伪造的货币，涉嫌下列情形之一的，应予立案追诉：

(一)总面额在二千元以上或者币量在二百张(枚)以上的；

(二)总面额在一千元以上或者币量在一百张(枚)以上，二年内因走私假币受过行政处罚，又走私假币的；

(三)其他走私假币应予追究刑事责任的情形。

适用要点与裁判依据

★走私行为人主观故意的认定

《最高人民法院、最高人民检察院、海关总署关于办理走私刑事案件适用法律若干问题的意见》(2002年7月8日 法〔2002〕139号)

五、关于走私犯罪嫌疑人、被告人主观故意的认定问题

行为人明知自己的行为违反国家法律法规，逃避海关监管，偷逃进出境货物、物品的应缴税额，或者逃避国家有关进出境的禁止性管理，并且希望或者放任危害结果发生的，应认定为具有走私的主观故意。

走私主观故意中的“明知”是指行为人知道或者应当知道所从事的行为是走私行为。具有下列情形之一的，可以认定为“明知”，但有证据证明确属被蒙骗的除外：

(一)逃避海关监管，运输、携带、邮寄国家禁止进出境的货物、物品的；

（二）用特制的设备或者运输工具走私货物、物品的；

（三）未经海关同意，在非设关的码头、海（河）岸、陆路边境等地点，运输（驳载）、收购或者贩卖非法进出境货物、物品的；

（四）提供虚假的合同、发票、证明等商业单证委托他人办理通关手续的；

（五）以明显低于货物正常进（出）口的应缴税额委托他人代理进（出）口业务的；

（六）曾因同一种走私行为受过刑事处罚或者行政处罚的；

（七）其他有证据证明的情形。

★走私珍贵动物制品行为的刑事责任

《最高人民法院、最高人民检察院、海关总署关于办理走私刑事案件适用法律若干问题的意见》（2002年7月8日 法〔2002〕139号）

七、关于走私珍贵动物制品行为的处罚问题

走私珍贵动物制品的，应当根据刑法第一百五十一条第二、四、五款和《最高人民法院关于审理走私刑事案件具体应用法律若干问题的解释》（以下简称《解释》）第四条的有关规定予以处罚，但同时具有下列情形，情节较轻的，一般不以犯罪论处：

（一）珍贵动物制品购买地允许交易；

（二）入境人员为留作纪念或者作为礼品而携带珍贵动物制品进境，不具有牟利目的的。

同时具有上述两种情形，达到《解释》第四条第三款规定的量刑标准的，一般处五年以下有期徒刑，并处罚金；达到《解释》第四条第四款规定的量刑标准的，一般处五年以上有期徒刑，并处罚金。

★伪报价格走私犯罪案件中实际成交价格的认定

《最高人民法院、最高人民检察院、海关总署关于办理走私刑事案件适用法律若干问题的意见》（2002年7月8日 法〔2002〕139号）

十一、关于伪报价格走私犯罪案件中实际成交价格的认定问题走私犯罪案件中的伪报价格行为，是指犯罪嫌疑人、被告人在进出口货物、物品时，向海关申报进口或者出口的货物、物品的价格低于或者高于进出口货物的实际成交价格。

对实际成交价格的认定，在无法提取真、伪两套合同、发票等单证的情况下，可以根据犯罪嫌疑人、被告人的付汇渠道、资金流向、会计账册、境内外收发货人的真实交易方式，以及其他能够证明进出口货物实际成交价格的证据材料综合认定。

★单位走私犯罪及其直接负责的主管人员和直接责任人员的认定

《最高人民法院、最高人民检察院、海关总署关于办理走私刑事案件适用法律若干问题的意见》（2002年7月8日 法〔2002〕139号）

十八、关于单位走私犯罪及其直接负责的主管人员和直接责任人员的认定问题

具备下列特征的，可以认定为单位走私犯罪：(1)以单位的名义实施走私犯罪，即由单位集体研究决定，或者由单位的负责人或者被授权的其他人员决定、同意；(2)为单位谋取不正当利益或者违法所得大部分归单位所有。

依照《最高人民法院关于审理单位犯罪案件具体应用法律有关问题的解释》第二条的规定，个人为进行违法犯罪活动而设立的公司、企业、事业单位实施犯罪的，或者个人设立公司、企业、事业单位后，以实施犯罪为主要活动的，不以单位犯罪论处。单位是否以实施犯罪为主要活动，应根据单位实施走私行为的次数、频度、持续时间、单位进行合法经营的状况等因素综合考虑认定。

根据单位人员在单位走私犯罪活动中所发挥的不同作用，对其直接负责的主管人员和其他直接责任人员，可以确定为一人或者数人。对于受单位领导指派而积极参与实施走私犯罪行为的人员，如果其行为在走私犯罪的主要环节起重要作用的，可以认定为单位犯罪的直接责任人员。

★单位走私犯罪后发生分立、合并或者其他资产重组情形以及单位被依法注销、宣告破产的刑事责任

《最高人民法院、最高人民检察院、海关总署关于办理走私刑事案件适用法律若干问题的意见》(2002年7月8日 法〔2002〕139号)

十九、关于单位走私犯罪后发生分立、合并或者其他资产重组情形以及单位被依法注销、宣告破产等情况下，如何追究刑事责任的问题

单位走私犯罪后，单位发生分立、合并或者其他资产重组等情况的，只要承受该单位权利义务的单位存在，应当追究单位走私犯罪的刑事责任。走私单位发生分立、合并或者其他资产重组后，原单位名称发生更改的，仍以原单位(名称)作为被告单位。承受原单位权利义务的单位法定代表人或者负责人为诉讼代表人。

单位走私犯罪后，发生分立、合并或者其他资产重组情形，以及被依法注销、宣告破产等情况的，无论承受该单位权利义务的单位是否存在，均应追究原单位直接负责的主管人员和其他直接责任人员的刑事责任。

人民法院对原走私单位判处罚金的，应当将承受原单位权利义务的单位作为被执行人。罚金超出新单位所承受的财产的，可在执行中予以减除。

★单位走私犯罪案件自首的认定

《最高人民法院、最高人民检察院、海关总署关于办理走私刑事案件适用法律若干问题的意见》(2002年7月8日 法〔2002〕139号)

二十一、关于单位走私犯罪案件自首的认定问题

在办理单位走私犯罪案件中，对单位集体决定自首的，或者单位直接负责的主管人员自首的，应当认定单位自首。认定单位自首后，如实交代主要犯罪事实的单位负责的其他主管人员和其他直接责任人员，可视为自首，但对拒不交代主要犯罪事实或逃避法律追究的人

员，不以自首论。

★共同走私犯罪案件罚金刑的适用

《最高人民法院、最高人民检察院、海关总署关于办理走私刑事案件适用法律若干问题的意见》（2002年7月8日　法〔2002〕139号）

二十二、关于共同走私犯罪案件如何判处罚金刑问题

审理共同走私犯罪案件时，对各共同犯罪人判处罚金的总额应掌握在共同走私行为偷逃应缴税额的一倍以上五倍以下。

★走私武器、弹药"情节较轻""情节特别严重"的认定

《最高人民法院、最高人民检察院关于办理走私刑事案件适用法律若干问题的解释》（2014年8月12日　法释〔2014〕10号）

第一条　走私武器、弹药，具有下列情形之一的，可以认定为刑法第一百五十一条第一款规定的"情节较轻"：

（一）走私以压缩气体等非火药为动力发射枪弹的枪支二支以上不满五支的；

（二）走私气枪铅弹五百发以上不满二千五百发，或者其他子弹十发以上不满五十发的；

（三）未达到上述数量标准，但属于犯罪集团的首要分子，使用特种车辆从事走私活动，或者走私的武器、弹药被用于实施犯罪等情形的；

（四）走私各种口径在六十毫米以下常规炮弹、手榴弹或者枪榴弹等分别或者合计不满五枚的。

具有下列情形之一的，依照刑法第一百五十一条第一款的规定处七年以上有期徒刑，并处罚金或者没收财产：

（一）走私以火药为动力发射枪弹的枪支一支，或者以压缩气体等非火药为动力发射枪弹的枪支五支以上不满十支的；

（二）走私第一款第二项规定的弹药，数量在该项规定的最高数量以上不满最高数量五倍的；

（三）走私各种口径在六十毫米以下常规炮弹、手榴弹或者枪榴

弹等分别或者合计达到五枚以上不满十枚,或者各种口径超过六十毫米以上常规炮弹合计不满五枚的;

(四)达到第一款第一、二、四项规定的数量标准,且属于犯罪集团的首要分子,使用特种车辆从事走私活动,或者走私的武器、弹药被用于实施犯罪等情形的。

具有下列情形之一的,应当认定为刑法第一百五十一条第一款规定的“情节特别严重”:

(一)走私第二款第一项规定的枪支,数量超过该项规定的数量标准的;

(二)走私第一款第二项规定的弹药,数量在该项规定的最高数量标准五倍以上的;

(三)走私第二款第三项规定的弹药,数量超过该项规定的数量标准,或者走私具有巨大杀伤力的非常规炮弹一枚以上的;

(四)达到第二款第一项至第三项规定的数量标准,且属于犯罪集团的首要分子,使用特种车辆从事走私活动,或者走私的武器、弹药被用于实施犯罪等情形的。

走私其他武器、弹药,构成犯罪的,参照本条各款规定的标准处罚。

★“武器、弹药”种类的确定

《最高人民法院、最高人民检察院关于办理走私刑事案件适用法律若干问题的解释》(2014年8月12日　法释〔2014〕10号)

第二条　刑法第一百五十一条第一款规定的“武器、弹药”的种类,参照《中华人民共和国进口税则》及《中华人民共和国禁止进出境物品表》的有关规定确定。

★走私枪支散件的计量标准

《最高人民法院、最高人民检察院关于办理走私刑事案件适用法律若干问题的解释》(2014年8月12日　法释〔2014〕10号)

第三条　走私枪支散件,构成犯罪的,依照刑法第一百五十一条第一款的规定,以走私武器罪定罪处罚。成套枪支散件以相应数量的枪支计,非成套枪支散件以每三十件为一套枪支散件计。

★走私各种弹药的弹头、弹壳,构成犯罪的标准

《最高人民法院、最高人民检察院关于办理走私刑事案件适用法律若干问题的解释》(2014年8月12日　法释〔2014〕10号)

第四条　走私各种弹药的弹头、弹壳,构成犯罪的,依照刑法第一百五十一条第一款的规定,以走私弹药罪定罪处罚。具体的定罪量刑标准,按照本解释第一条规定的数量标准的五倍执行。

走私报废或者无法组装并使用的各种弹药的弹头、弹壳,构成犯罪的,依照刑法第一百五十三条的规定,以走私普通货物、物品罪定罪处罚;属于废物的,依照刑法第一百五十二条第二款的规定,以走私废物罪定罪处罚。

弹头、弹壳是否属于前款规定的"报废或者无法组装并使用"或者"废物",由国家有关技术部门进行鉴定。

★走私国家禁止或者限制进出口的仿真枪、管制刀具的定罪量刑标准

《最高人民法院、最高人民检察院关于办理走私刑事案件适用法律若干问题的解释》(2014年8月12日　法释〔2014〕10号)

第五条　走私国家禁止或者限制进出口的仿真枪、管制刀具,构成犯罪的,依照刑法第一百五十一条第三款的规定,以走私国家禁止进出口的货物、物品罪定罪处罚。具体的定罪量刑标准,适用本解释第十一条第一款第六、七项和第二款的规定。

走私的仿真枪经鉴定为枪支,构成犯罪的,依照刑法第一百五十一条第一款的规定,以走私武器罪定罪处罚。不以牟利或者从事违法犯罪活动为目的,且无其他严重情节的,可以依法从轻处罚;情节轻微不需要判处刑罚的,可以免予刑事处罚。

★走私伪造的货币不同数额和情节的量刑标准

《最高人民法院、最高人民检察院关于办理走私刑事案件适用法律若干问题的解释》(2014年8月12日　法释〔2014〕10号)

第六条　走私伪造的货币,数额在二千元以上不满二万元,或者数量在二百张(枚)以上不满二千张(枚)的,可以认定为刑法第一百五十一条第一款规定的“情节较轻”。

具有下列情形之一的,依照刑法第一百五十一条第一款的规定处七年以上有期徒刑,并处罚金或者没收财产:

(一)走私数额在二万元以上不满二十万元,或者数量在二千张(枚)以上不满二万张(枚)的;

(二)走私数额或者数量达到第一款规定的标准,且具有走私的伪造货币流入市场等情节的。

具有下列情形之一的,应当认定为刑法第一百五十一条第一款规定的“情节特别严重”:

(一)走私数额在二十万元以上,或者数量在二万张(枚)以上的;

(二)走私数额或者数量达到第二款第一项规定的标准,且属于犯罪集团的首要分子,使用特种车辆从事走私活动,或者走私的伪造货币流入市场等情形的。

★伪造的境外货币数额,折合成人民币计算

《最高人民法院、最高人民检察院关于办理走私刑事案件适用法律若干问题的解释》(2014年8月12日 法释〔2014〕10号)

第七条 刑法第一百五十一条第一款规定的“货币”,包括正在流通的人民币和境外货币。伪造的境外货币数额,折合成人民币计算。

★走私国家禁止出口的三级文物“情节较轻”“情节特别严重”的认定

《最高人民法院、最高人民检察院关于办理走私刑事案件适用法律若干问题的解释》(2014年8月12日 法释〔2014〕10号)

第八条 走私国家禁止出口的三级文物二件以下的,可以认定为刑法第一百五十一条第二款规定的“情节较轻”。

具有下列情形之一的,依照刑法第一百五十一条第二款的规定处五年以上十年以下有期徒刑,并处罚金:

（一）走私国家禁止出口的二级文物不满三件，或者三级文物三件以上不满九件的；

（二）走私国家禁止出口的三级文物不满三件，且具有造成文物严重毁损或者无法追回等情节的。

具有下列情形之一的，应当认定为刑法第一百五十一条第二款规定的"情节特别严重"：

（一）走私国家禁止出口的一级文物一件以上，或者二级文物三件以上，或者三级文物九件以上的；

（二）走私国家禁止出口的文物达到第二款第一项规定的数量标准，且属于犯罪集团的首要分子，使用特种车辆从事走私活动，或者造成文物严重毁损、无法追回等情形的。

★走私国家一、二级保护动物"情节较轻"和"情节特别严重"的认定

《最高人民法院、最高人民检察院关于办理走私刑事案件适用法律若干问题的解释》（2014年8月12日　法释〔2014〕10号）

第九条　走私国家一、二级保护动物未达到本解释附表中（一）规定的数量标准，或者走私珍贵动物制品数额不满二十万元的，可以认定为刑法第一百五十一条第二款规定的"情节较轻"。

具有下列情形之一的，依照刑法第一百五十一条第二款的规定处五年以上十年以下有期徒刑，并处罚金：

（一）走私国家一、二级保护动物达到本解释附表中（一）规定的数量标准的；

（二）走私珍贵动物制品数额在二十万元以上不满一百万元的；

（三）走私国家一、二级保护动物未达到本解释附表中（一）规定的数量标准，但具有造成该珍贵动物死亡或者无法追回等情节的。

具有下列情形之一的，应当认定为刑法第一百五十一条第二款规定的"情节特别严重"：

（一）走私国家一、二级保护动物达到本解释附表中（二）规定的数量标准的；

数量标准的；

（二）走私珍贵动物制品数额在一百万元以上的；

（三）走私国家一、二级保护动物达到本解释附表中（一）规定的数量标准，且属于犯罪集团的首要分子，使用特种车辆从事走私活动，或者造成该珍贵动物死亡、无法追回等情形的。

不以牟利为目的，为留作纪念而走私珍贵动物制品进境，数额不满十万元的，可以免予刑事处罚；情节显著轻微的，不作为犯罪处理。

★“珍贵动物”的认定

《最高人民法院、最高人民检察院关于办理走私刑事案件适用法律若干问题的解释》（2014年8月12日　法释〔2014〕10号）

第十条　刑法第一百五十一条第二款规定的“珍贵动物”，包括列入《国家重点保护野生动物名录》中的国家一、二级保护野生动物，《濒危野生动植物种国际贸易公约》附录Ⅰ、附录Ⅱ中的野生动物，以及驯养繁殖的上述动物。

走私本解释附表中未规定的珍贵动物的，参照附表中规定的同属或者同科动物的数量标准执行。

走私本解释附表中未规定珍贵动物的制品的，按照《最高人民法院、最高人民检察院、国家林业局、公安部、海关总署关于破坏野生动物资源刑事案件中涉及的CITES附录Ⅰ和附录Ⅱ所列陆生野生动物制品价值核定问题的通知》（林濒发〔2012〕239号）的有关规定核定价值。

★走私国家禁止进出口的货物、物品的量刑标准

《最高人民法院、最高人民检察院关于办理走私刑事案件适用法律若干问题的解释》（2014年8月12日　法释〔2014〕10号）

第十一条　走私国家禁止进出口的货物、物品，具有下列情形之一的，依照刑法第一百五十一条第三款的规定处五年以下有期徒刑或者拘役，并处或者单处罚金：

（一）走私国家一级保护野生植物五株以上不满二十五株，国家二级保护野生植物十株以上不满五十株，或者珍稀植物、珍稀植物制品数额在二十万元以上不满一百万元的；

（二）走私重点保护古生物化石或者未命名的古生物化石不满十件，或者一般保护古生物化石十件以上不满五十件的；

（三）走私禁止进出口的有毒物质一吨以上不满五吨，或者数额在二万元以上不满十万元的；

（四）走私来自境外疫区的动植物及其产品五吨以上不满二十五吨，或者数额在五万元以上不满二十五万元的；

（五）走私木炭、硅砂等妨害环境、资源保护的货物、物品十吨以上不满五十吨，或者数额在十万元以上不满五十万元的；

（六）走私旧机动车、切割车、旧机电产品或者其他禁止进出口的货物、物品二十吨以上不满一百吨，或者数额在二十万元以上不满一百万元的；

（七）数量或者数额未达到本款第一项至第六项规定的标准，但属于犯罪集团的首要分子，使用特种车辆从事走私活动，造成环境严重污染，或者引起甲类传染病传播、重大动植物疫情等情形的。

具有下列情形之一的，应当认定为刑法第一百五十一条第三款规定的“情节严重”：

（一）走私数量或者数额超过前款第一项至第六项规定的标准的；

（二）达到前款第一项至第六项规定的标准，且属于犯罪集团的首要分子，使用特种车辆从事走私活动，造成环境严重污染，或者引起甲类传染病传播、重大动植物疫情等情形的。

★“珍稀植物”“古生物化石”的认定

《最高人民法院、最高人民检察院关于办理走私刑事案件适用法律若干问题的解释》（2014年8月12日 法释〔2014〕10号）

第十二条 刑法第一百五十一条第三款规定的“珍稀植物”，包括列入《国家重点保护野生植物名录》《国家重点保护野生药材物种名录》《国家珍贵树种名录》中的国家一、二级保护野生植物、国家重点保护的野生药材、珍贵树木，《濒危野生动植物种国际贸易公约》附录Ⅰ、附录Ⅱ中的野生植物，以及人工培育的上述植物。

本解释规定的“古生物化石”，按照《古生物化石保护条例》的规定予以认定。走私具有科学价值的古脊椎动物化石、古人类化石，构成犯罪的，依照刑法第一百五十一条第二款的规定，以走私文物罪定罪处罚。

★未经许可进出口国家限制进出口的货物、物品的刑事责任

《最高人民法院、最高人民检察院关于办理走私刑事案件适用法律若干问题的解释》(2014年8月12日　法释〔2014〕10号)

第二十一条　未经许可进出口国家限制进出口的货物、物品，构成犯罪的，应当依照刑法第一百五十一条、第一百五十二条的规定，以走私国家禁止进出口的货物、物品罪等罪名定罪处罚；偷逃应缴税额，同时又构成走私普通货物、物品罪的，依照处罚较重的规定定罪处罚。

取得许可，但超过许可数量进出口国家限制进出口的货物、物品，构成犯罪的，依照刑法第一百五十三条的规定，以走私普通货物、物品罪定罪处罚。

租用、借用或者使用购买的他人许可证，进出口国家限制进出口的货物、物品的，适用本条第一款的规定定罪处罚。

★在走私的货物、物品中藏匿特定的货物、物品的刑事责任

《最高人民法院、最高人民检察院关于办理走私刑事案件适用法律若干问题的解释》(2014年8月12日　法释〔2014〕10号)

第二十二条　在走私的货物、物品中藏匿刑法第一百五十一条、第一百五十二条、第三百四十七条、第三百五十条规定的货物、物品，构成犯罪的，以实际走私的货物、物品定罪处罚；构成数罪的，实行数罪并罚。

★实施走私犯罪应当认定为犯罪既遂的情形

《最高人民法院、最高人民检察院关于办理走私刑事案件适用法律若干问题的解释》(2014年8月12日　法释〔2014〕10号)

第二十三条　实施走私犯罪，具有下列情形之一的，应当认定为犯罪既遂：

（一）在海关监管现场被查获的；

（二）以虚假申报方式走私，申报行为实施完毕的；

（三）以保税货物或者特定减税、免税进口的货物、物品为对象走私，在境内销售的，或者申请核销行为实施完毕的。

★单位犯本条之罪的定罪处罚标准

《最高人民法院、最高人民检察院关于办理走私刑事案件适用法律若干问题的解释》（2014年8月12日　法释〔2014〕10号）

第二十四条　单位犯刑法第一百五十一条、第一百五十二条规定之罪，依照本解释规定的标准定罪处罚。

单位犯走私普通货物、物品罪，偷逃应缴税额在二十万元以上不满一百万元的，应当依照刑法第一百五十三条第二款的规定，对单位判处罚金，并对其直接负责的主管人员和其他直接责任人员，处三年以下有期徒刑或者拘役；偷逃应缴税额在一百万元以上不满五百万元的，应当认定为"情节严重"；偷逃应缴税额在五百万元以上的，应当认定为"情节特别严重"。

★"国家禁止出口的文物""情节特别严重""情节较轻"的认定

《最高人民法院、最高人民检察院关于办理妨害文物管理等刑事案件适用法律若干问题的解释》（2015年12月30日　法释〔2015〕23号）

第一条　刑法第一百五十一条规定的"国家禁止出口的文物"，依照《中华人民共和国文物保护法》规定的"国家禁止出境的文物"的范围认定。

走私国家禁止出口的二级文物的，应当依照刑法第一百五十一条第二款的规定，以走私文物罪处五年以上十年以下有期徒刑，并处罚金；走私国家禁止出口的一级文物的，应当认定为刑法第一百五十一条第二款规定的"情节特别严重"；走私国家禁止出口的三级文物的，应当认定为刑法第一百五十一条第二款规定的"情节较轻"。

走私国家禁止出口的文物，无法确定文物等级，或者按照文物等级定罪量刑明显过轻或者过重的，可以按照走私的文物价值定罪量刑。走私的文物价值在二十万元以上不满一百万元的，应当依照刑法第一百五十一条第二款的规定，以走私文物罪处五年以上十年以下有期徒刑，并处罚金；文物价值在一百万元以上的，应当认定为刑法第一百五十一条第二款规定的“情节特别严重”；文物价值在五万元以上不满二十万元的，应当认定为刑法第一百五十一条第二款规定的“情节较轻”。

★单位实施走私文物、倒卖文物等行为的刑事责任

《最高人民法院、最高人民检察院关于办理妨害文物管理等刑事案件适用法律若干问题的解释》(2015年12月30日 法释〔2015〕23号)

第十一条 单位实施走私文物、倒卖文物等行为，构成犯罪的，依照本解释规定的相应自然人犯罪的定罪量刑标准，对直接负责的主管人员和其他直接责任人员定罪处罚，并对单位判处罚金。

公司、企业、事业单位、机关、团体等单位实施盗窃文物，故意损毁文物、名胜古迹，过失损毁文物，盗掘古文化遗址、古墓葬等行为的，依照本解释规定的相应定罪量刑标准，追究组织者、策划者、实施者的刑事责任。

★针对不可移动文物整体实施走私、盗窃、倒卖等行为的刑事责任

《最高人民法院、最高人民检察院关于办理妨害文物管理等刑事案件适用法律若干问题的解释》(2015年12月30日 法释〔2015〕23号)

第十二条 针对不可移动文物整体实施走私、盗窃、倒卖等行为的，根据所属不可移动文物的等级，依照本解释第一条、第二条、第六条的规定定罪量刑：

(一)尚未被确定为文物保护单位的不可移动文物，适用一般文物的定罪量刑标准；

(二)市、县级文物保护单位，适用二级文物的定罪量刑标准；

(三)全国重点文物保护单位、省级文物保护单位，适用二级以上文物的定罪量刑标准。

针对不可移动文物中的建筑构件、壁画、雕塑、石刻等实施走私、盗窃、倒卖等行为的，根据建筑构件、壁画、雕塑、石刻等文物本身的等级或者价值，依照本解释第一条、第二条、第六条的规定定罪量刑。建筑构件、壁画、雕塑、石刻等所属不可移动文物的等级，应当作为量刑情节予以考虑。

★案件涉及不同等级的文物的法律适用

《最高人民法院、最高人民检察院关于办理妨害文物管理等刑事案件适用法律若干问题的解释》（2015年12月30日　法释〔2015〕23号）

第十三条　案件涉及不同等级的文物的，按照高级别文物的量刑幅度量刑；有多件同级文物的，五件同级文物视为一件高一级文物，但是价值明显不相当的除外。

★依照文物价值定罪量刑的法律适用

《最高人民法院、最高人民检察院关于办理妨害文物管理等刑事案件适用法律若干问题的解释》（2015年12月30日　法释〔2015〕23号）

第十四条　依照文物价值定罪量刑的，根据涉案文物的有效价格证明认定文物价值；无有效价格证明，或者根据价格证明认定明显不合理的，根据销赃数额认定，或者结合本解释第十五条规定的鉴定意见、报告认定。

★可以认定为犯罪情节轻微，不起诉或者免予刑事处罚的情形

《最高人民法院、最高人民检察院关于办理妨害文物管理等刑事案件适用法律若干问题的解释》（2015年12月30日　法释〔2015〕23号）

第十六条　实施本解释第一条、第二条、第六条至第九条规定的行为，虽已达到应当追究刑事责任的标准，但行为人系初犯，积极退回或者协助追回文物，未造成文物损毁，并确有悔罪表现的，可以认定为犯罪情节轻微，不起诉或者免予刑事处罚。

实施本解释第三条至第五条规定的行为，虽已达到应当追究刑事责任的标准，但行为人系初犯，积极赔偿损失，并确有悔罪表现的，可以认定为犯罪情节轻微，不起诉或者免予刑事处罚。

★走私兴奋剂目录所列物质，涉案物质属于国家禁止进出口的货物、物品的刑事责任

《最高人民法院关于审理走私、非法经营、非法使用兴奋剂刑事案件适用法律若干问题的解释》(2019年11月18日　法释〔2019〕16号)

第一条　运动员、运动员辅助人员走私兴奋剂目录所列物质，或者其他人员以在体育竞赛中非法使用为目的走私兴奋剂目录所列物质，涉案物质属于国家禁止进出口的货物、物品，具有下列情形之一的，应当依照刑法第一百五十一条第三款的规定，以走私国家禁止进出口的货物、物品罪定罪处罚：

(一)一年内曾因走私被给予二次以上行政处罚后又走私的；

(二)用于或者准备用于未成年人运动员、残疾人运动员的；

(三)用于或者准备用于国内、国际重大体育竞赛的；

(四)其他造成严重恶劣社会影响的情形。

实施前款规定的行为，涉案物质不属于国家禁止进出口的货物、物品，但偷逃应缴税额一万元以上或者一年内曾因走私被给予二次以上行政处罚后又走私的，应当依照刑法第一百五十三条的规定，以走私普通货物、物品罪定罪处罚。

对于本条第一款、第二款规定以外的走私兴奋剂目录所列物质行为，适用《最高人民法院、最高人民检察院关于办理走私刑事案件适用法律若干问题的解释》(法释〔2014〕10号)规定的定罪量刑标准。

★"兴奋剂""兴奋剂目录所列物质""体育运动""国内、国际重大体育竞赛"的认定

《最高人民法院关于审理走私、非法经营、非法使用兴奋剂刑事案件适用法律若干问题的解释》(2019年11月18日　法释〔2019〕16号)

第八条　对于是否属于本解释规定的"兴奋剂""兴奋剂目录所列

第151条

列物质”“体育运动”“国内、国际重大体育竞赛”等专门性问题，应当依据《中华人民共和国体育法》《反兴奋剂条例》等法律法规，结合国务院体育主管部门出具的认定意见等证据材料作出认定。

★走私国家禁止进出口的珍贵动物及其制品的定罪处罚

《最高人民法院、最高人民检察院、公安部、司法部关于依法惩治非法野生动物交易犯罪的指导意见》(2020年12月18日　公通字〔2020〕19号)

二、依法严厉打击非法收购、运输、出售、进出口野生动物及其制品的犯罪行为，切断非法野生动物交易的利益链条。

非法收购、运输、出售国家重点保护的珍贵、濒危野生动物及其制品，符合刑法第三百四十一条第一款规定的，以非法收购、运输、出售珍贵、濒危野生动物、珍贵、濒危野生动物制品罪定罪处罚。

走私国家禁止进出口的珍贵动物及其制品，符合刑法第一百五十一条第二款规定的，以走私珍贵动物、珍贵动物制品罪定罪处罚。

★粤港澳海上跨境走私冻品构成犯罪的刑事责任

《最高人民法院、最高人民检察院、海关总署、公安部、中国海警局关于打击粤港澳海上跨境走私犯罪适用法律若干问题的指导意见》(2021年12月14日　署缉发〔2021〕141号)

一、非设关地走私进口未取得国家检验检疫准入证书的冻品，应认定为国家禁止进口的货物，构成犯罪的，按走私国家禁止进出口的货物罪定罪处罚。其中，对走私来自境外疫区的冻品，依据《最高人民法院、最高人民检察院关于办理走私刑事案件适用法律若干问题的解释》(法释〔2014〕10号，以下简称《解释》)第十一条第一款第四项和第二款规定定罪处罚。对走私来自境外非疫区的冻品，或者无法查明是否来自境外疫区的冻品，依据《解释》第十一条第一款第六项和第二款规定定罪处罚。

二、走私犯罪分子在实施走私犯罪或者逃避追缉过程中，实施碰撞、挤别、抛撒障碍物、超高速行驶、强光照射驾驶人员等危险行为，危害公共安全的，以走私罪和以危险方法危害公共安全罪数罪并罚。

以暴力、威胁方法抗拒缉私执法，以走私罪和袭警罪或者妨害公务罪数罪并罚。武装掩护走私的，依照刑法第一百五十一条第一款规定从重处罚。

类案检索指引

★共同走私国家禁止进出口的珍贵动物制品，构成走私珍贵动物制品罪

《被告人赵均锐、谭炽洪走私珍贵动物制品案》（2020年5月8日最高人民法院发布2019年度人民法院环境资源典型案例）

【裁判结果】

广西壮族自治区桂林市中级人民法院一审认为，被告人赵均锐、谭炽洪违反海关法规，逃避海关监管，共同走私国家禁止进出口的珍贵动物制品，其行为均已构成走私珍贵动物制品罪。被告人赵均锐起主要作用，是主犯；谭炽洪起次要作用，是从犯。以走私珍贵动物制品罪判处被告人赵均锐有期徒刑五年，并处罚金5万元；判处被告人谭炽洪有期徒刑二年，并处罚金3万元。

【典型意义】

本案系走私《濒危野生动植物种国际贸易公约》附录I所列野生动物制品的刑事案件，也系国家海关总署督办的走私珍贵动物制品案件。加利福尼亚湾石首鱼系墨西哥加利福尼亚湾特有的鱼种，构成生物多样性的重要组成部分。近年来，因广被猎杀而濒危。本案中，人民法院依法认定案涉鱼鳔同时构成我国国家一级保护水生野生动物制品，彰显了积极履行国际公约义务，严厉打击濒危物种走私违法犯罪的决心。本案判决，对于惩治震慑犯罪分子，教育警示社会公众，自觉保护生态环境尤其是野生动植物资源，具有良好的示范作用。

★严厉打击象牙走私犯罪

《戴某走私珍贵动物制品案》（2022 年 12 月 5 日最高人民法院发布生物多样性司法保护典型案例）

【典型意义】

长期以来，国际象牙贸易猖獗，走私象牙犯罪活动屡禁不止。疯狂的盗猎导致野生象群数量持续锐减，在部分区域已呈濒危状态，野生象面临几十年内功能性灭绝之虞。我国是《生物多样性公约》缔约国，严厉打击象牙走私犯罪，全面停止商业性加工销售象牙及制品活动是我国对全世界作出的庄严承诺。本案中，被告人戴某将大量象牙绕关入境，既严重破坏国家对外贸易管制秩序，又对全球生物多样性构成极大威胁。人民法院通过依法惩治涉野生动物犯罪，斩断走私珍贵野生动物制品非法链条，充分展现我国在维护全球生物多样性和生态安全方面的大国担当。同时教育引导社会公众增强珍贵野生动物保护意识，摒弃购买、使用珍贵野生动物制品的行为，共同维护全球生态系统，守护我们赖以生存的地球家园。

第一百五十二条　【走私淫秽物品罪】以牟利或者传播为目的，走私淫秽的影片、录像带、录音带、图片、书刊或者其他淫秽物品的，处三年以上十年以下有期徒刑，并处罚金；情节严重的，处十年以上有期徒刑或者无期徒刑，并处罚金或者没收财产；情节较轻的，处三年以下有期徒刑、拘役或者管制，并处罚金。

【走私废物罪】逃避海关监管将境外固体废物、液态废物和气态废物运输进境，情节严重的，处五年以下有期徒刑，并处或者单处罚金；情节特别严重的，处五年以上有期徒刑，并处罚金。

单位犯前两款罪的，对单位判处罚金，并对其直接负责的主管人员和其他直接责任人员，依照前两款的规定处罚。

立法动态

本条源自《中华人民共和国刑法》(1997年3月14日第八届全国人民代表大会第五次会议修订,自1997年10月1日起施行)。

本条第二款根据《中华人民共和国刑法修正案(四)》(自2002年12月28日起施行)第二条增加,并对原第二款修改后调整为第三款。

原本条第二款规定为:单位犯前款罪的,对单位判处罚金,并对其直接负责的主管人员和其他直接责任人员,依照前款的规定处罚。

对原本条第二款修改的主要内容为:一是增加了"走私废物罪";二是将"单位犯前款罪的"修改为"单位犯前两款罪的"。

立案标准

《最高人民检察院、公安部关于公安机关管辖的刑事案件立案追诉标准的规定(一)》(2017年4月27日修正 公通字〔2017〕12号)

第二十五条 [走私淫秽物品案(刑法第一百五十二条第一款)]以牟利或者传播为目的,走私淫秽的影片、录像带、录音带、图片、书刊或者其他通过文字、声音、形象等形式表现淫秽内容的影碟、音碟、电子出版物等物品,涉嫌下列情形之一的,应予立案追诉:

(一)走私淫秽录像带、影碟五十盘(张)以上的;

(二)走私淫秽录音带、音碟一百盘(张)以上的;

(三)走私淫秽扑克、书刊、画册一百副(册)以上的;

(四)走私淫秽照片、画片五百张以上的;

(五)走私其他淫秽物品相当于上述数量的;

(六)走私淫秽物品数量虽未达到本条第(一)项至第(四)项规定标准,但分别达到其中两项以上标准的百分之五十以上的。

适用要点与裁判依据

★走私淫秽物品"情节较轻""情节严重"的认定标准

《最高人民法院、最高人民检察院关于办理走私刑事案件适用法律若干问题的解释》(2014年8月12日 法释〔2014〕10号)

第152条

第十三条 以牟利或者传播为目的,走私淫秽物品,达到下列数量之一的,可以认定为刑法第一百五十二条第一款规定的"情节较轻":

(一)走私淫秽录像带、影碟五十盘(张)以上不满一百盘(张)的;

(二)走私淫秽录音带、音碟一百盘(张)以上不满二百盘(张)的;

(三)走私淫秽扑克、书刊、画册一百副(册)以上不满二百副(册)的;

(四)走私淫秽照片、画片五百张以上不满一千张的;

(五)走私其他淫秽物品相当于上述数量的。

走私淫秽物品在前款规定的最高数量以上不满最高数量五倍的,依照刑法第一百五十二条第一款的规定处三年以上十年以下有期徒刑,并处罚金。

走私淫秽物品在第一款规定的最高数量五倍以上,或者在第一款规定的最高数量以上不满五倍,但属于犯罪集团的首要分子,使用特种车辆从事走私活动等情形的,应当认定为刑法第一百五十二条第一款规定的"情节严重"。

★走私国家禁止进口的废物或者限制进口的可用作原料的废物"情节严重""情节特别严重"的认定标准

《最高人民法院、最高人民检察院关于办理走私刑事案件适用法律若干问题的解释》(2014年8月12日 法释〔2014〕10号)

第十四条 走私国家禁止进口的废物或者国家限制进口的可用作原料的废物,具有下列情形之一的,应当认定为刑法第一百五十二条第二款规定的"情节严重":

（一）走私国家禁止进口的危险性固体废物、液态废物分别或者合计达到一吨以上不满五吨的；

（二）走私国家禁止进口的非危险性固体废物、液态废物分别或者合计达到五吨以上不满二十五吨的；

（三）走私国家限制进口的可用作原料的固体废物、液态废物分别或者合计达到二十吨以上不满一百吨的；

（四）未达到上述数量标准，但属于犯罪集团的首要分子，使用特种车辆从事走私活动，或者造成环境严重污染等情形的。

具有下列情形之一的，应当认定为刑法第一百五十二条第二款规定的"情节特别严重"：

（一）走私数量超过前款规定的标准的；

（二）达到前款规定的标准，且属于犯罪集团的首要分子，使用特种车辆从事走私活动，或者造成环境严重污染等情形的；

（三）未达到前款规定的标准，但造成环境严重污染且后果特别严重的。

走私置于容器中的气态废物，构成犯罪的，参照前两款规定的标准处罚。

类案检索指引

★严厉打击走私、运输、倒卖"洋垃圾"等犯罪行为

《被告人田昌蓉、罗伟等18人走私废物案》（2020年5月8日最高人民法院发布2019年度人民法院环境资源典型案例）

【典型意义】

本案系跨越国边境走私废物案件。2018年1月起，中国全面禁止"洋垃圾"入境，大力推进固体废物进口管理制度改革，成效显著。但仍有部分企业、个人为谋取非法利益不惜铤而走险，"洋垃圾"非法入境问题时有发生。本案犯罪地点位于西双版纳国边境区域，被告人采取更为隐蔽的家庭小作坊式站点，通过边境小道违法走私固体废物入境后倒运、贩卖，增加了监管难度。人民法院充分利用刑罚手段，严厉打击走私、运输、倒卖“洋垃圾”等犯罪行为，彰显了将“洋垃圾”拒于国门之外的决心和力度，有利于强化国家固体废物进口管理制度，防治固体废物污染，促进国内固体废物无害化、资源化利用，有效维护国家生态环境安全和人民群众生命健康安全。

第153条

第一百五十三条　【走私普通货物、物品罪】走私本法第一百五十一条、第一百五十二条、第三百四十七条规定以外的货物、物品的，根据情节轻重，分别依照下列规定处罚：

（一）走私货物、物品偷逃应缴税额较大或者一年内曾因走私被给予二次行政处罚后又走私的，处三年以下有期徒刑或者拘役，并处偷逃应缴税额一倍以上五倍以下罚金。

（二）走私货物、物品偷逃应缴税额巨大或者有其他严重情节的，处三年以上十年以下有期徒刑，并处偷逃应缴税额一倍以上五倍以下罚金。

（三）走私货物、物品偷逃应缴税额特别巨大或者有其他特别严重情节的，处十年以上有期徒刑或者无期徒刑，并处偷逃应缴税额一倍以上五倍以下罚金或者没收财产。

单位犯前款罪的，对单位判处罚金，并对其直接负责的主管人员和其他直接责任人员，处三年以下有期徒刑或者拘役；情节严重的，处三年以上十年以下有期徒刑；情节特别严重的，处十年以上有期徒刑。

对多次走私未经处理的，按照累计走私货物、物品的偷逃应缴税额处罚。

立法动态

本条源自《中华人民共和国刑法》（1997 年 3 月 14 日第八届全国人民代表大会第五次会议修订，自 1997 年 10 月 1 日起施行）。

本条第一款根据《中华人民共和国刑法修正案(八)》(自2011年5月1日起施行)第二十七条修改。

原本条第一款内容为:第一百五十三条　走私本法第一百五十一条、第一百五十二条、第三百四十七条规定以外的货物、物品的,根据情节轻重,分别依照下列规定处罚:(一)走私货物、物品偷逃应缴税额在五十万元以上的,处十年以上有期徒刑或者无期徒刑,并处偷逃应缴税额一倍以上五倍以下罚金或者没收财产;情节特别严重的,依照本法第一百五十一条第四款的规定处罚。(二)走私货物、物品偷逃应缴税额在十五万元以上不满五十万元的,处三年以上十年以下有期徒刑,并处偷逃应缴税额一倍以上五倍以下罚金;情节特别严重的,处十年以上有期徒刑或者无期徒刑,并处偷逃应缴税额一倍以上五倍以下罚金或者没收财产。(三)走私货物、物品偷逃应缴税额在五万元以上不满十五万元的,处三年以下有期徒刑或者拘役,并处偷逃应缴税额一倍以上五倍以下罚金。

原本条第一款修改的主要内容为:一是对不同情节的犯罪及法定刑由原条文的"由重到轻"排列调整为"由轻到重"排列;二是以偷逃税款额"较大""巨大""特别巨大"分别取代原条文中的具体数额幅度;三是在基本犯罪构成中,补充规定"一年内曾因走私被给予二次行政处罚后又走私的"也构成本罪。

适用要点与裁判依据

★擅自将批准进口的进料加工的保税货物,在境内销售牟利,偷逃应缴税额的刑事责任

《最高人民检察院关于擅自销售进料加工保税货物的行为法律适用问题的解释》(2000年10月16日　高检发释字〔2000〕3号)

保税货物是指经海关批准未办理纳税手续进境,在境内储存、加工、装配后复运出境的货物。经海关批准进口的进料加工的货物属于保税货物。未经海关许可并且未补缴应缴税额,擅自将批准进口的进料加工的原材料、零件、制成品、设备等保税货物,在境内销售牟利,偷逃应缴税额在五万元以上的,依照刑法第一百五十四条、第一百五十三条的规定,以走私普通货物、物品罪追究刑事责任。

★利用购买的涉税单证进口货物行为的定性处理

《最高人民法院、最高人民检察院、海关总署关于办理走私刑事案件适用法律若干问题的意见》(2002年7月8日 法〔2002〕139号)

九、关于利用购买的加工贸易登记手册、特定减免税批文等涉税单证进口货物行为的定性处理问题

加工贸易登记手册、特定减免税批文等涉税单证是海关根据国家法律法规以及有关政策性规定,给予特定企业用于保税货物经营管理和减免税优惠待遇的凭证。利用购买的加工贸易登记手册、特定减免税批文等涉税单证进口货物,实质是将一般贸易货物伪报为加工贸易保税货物或者特定减免税货物进口,以达到偷逃应缴税款的目的,应当适用刑法第一百五十三条以走私普通货物、物品罪定罪处罚。如果行为人与走私分子通谋出售上述涉税单证,或者在出卖批文后又以提供印章、向海关伪报保税货物、特定减免税货物等方式帮助买方办理进口通关手续的,对卖方依照刑法第一百五十六条以走私罪共犯定罪处罚。买卖上述涉税单证情节严重尚未进口货物的,依照刑法第二百八十条的规定定罪处罚。

★单位与个人共同走私普通货物、物品案件的刑事责任

《最高人民法院、最高人民检察院、海关总署关于办理走私刑事案件适用法律若干问题的意见》(2002年7月8日 法〔2002〕139号)

二十、关于单位与个人共同走私普通货物、物品案件的处理问题

单位和个人(不包括单位直接负责的主管人员和其他直接责任人员)共同走私的,单位和个人均应对共同走私所偷逃应缴税额负责。

对单位和个人共同走私偷逃应缴税额为5万元以上不满25万元的，应当根据其在案件中所起的作用，区分不同情况做出处理。单位起主要作用的，对单位和个人均不追究刑事责任，由海关予以行政处理；个人起主要作用的，对个人依照刑法有关规定追究刑事责任，对单位由海关予以行政处理。无法认定单位或个人起主要作用的，对个人和单位分别按个人犯罪和单位犯罪的标准处理。

单位和个人共同走私偷逃应缴税额超过25万元且能区分主、从犯的，应当按照刑法关于主、从犯的有关规定，对从犯从轻、减轻处罚或者免除处罚。

★偷逃“应缴税额较大”“应缴税额巨大”“应缴税额特别巨大”“其他严重情节”“其他特别严重情节”的认定标准

《最高人民法院、最高人民检察院关于办理走私刑事案件适用法律若干问题的解释》（2014年8月12日　法释〔2014〕10号）

第十六条　走私普通货物、物品，偷逃应缴税额在十万元以上不满五十万元的，应当认定为刑法第一百五十三条第一款规定的“偷逃应缴税额较大”；偷逃应缴税额在五十万元以上不满二百五十万元的，应当认定为“偷逃应缴税额巨大”；偷逃应缴税额在二百五十万元以上的，应当认定为“偷逃应缴税额特别巨大”。

走私普通货物、物品，具有下列情形之一，偷逃应缴税额在三十万元以上不满五十万元的，应当认定为刑法第一百五十三条第一款规定的“其他严重情节”；偷逃应缴税额在一百五十万元以上不满二百五十万元的，应当认定为“其他特别严重情节”：

（一）犯罪集团的首要分子；

（二）使用特种车辆从事走私活动的；

（三）为实施走私犯罪，向国家机关工作人员行贿的；

（四）教唆、利用未成年人、孕妇等特殊人群走私的；

（五）聚众阻挠缉私的。

★走私货物、物品“一年内”“被给予二次行政处罚”“又走私”的认定

《最高人民法院、最高人民检察院关于办理走私刑事案件适用法律若干问题的解释》（2014年8月12日 法释〔2014〕10号）

第十七条 刑法第一百五十三条第一款规定的“一年内曾因走私被给予二次行政处罚后又走私”中的“一年内”，以因走私第一次受到行政处罚的生效之日与“又走私”行为实施之日的时间间隔计算确定；“被给予二次行政处罚”的走私行为，包括走私普通货物、物品以及其他货物、物品；“又走私”行为仅指走私普通货物、物品。

★走私货物、物品偷逃“应缴税额”“多次走私未经处理”的认定标准

《最高人民法院、最高人民检察院关于办理走私刑事案件适用法律若干问题的解释》（2014年8月12日 法释〔2014〕10号）

第十八条 刑法第一百五十三条规定的“应缴税额”，包括进出口货物、物品应当缴纳的进出口关税和进口环节海关代征税的税额。应缴税额以走私行为实施时的税则、税率、汇率和完税价格计算；多次走私的，以每次走私行为实施时的税则、税率、汇率和完税价格逐票计算；走私行为实施时间不能确定的，以案发时的税则、税率、汇率和完税价格计算。

刑法第一百五十三条第三款规定的“多次走私未经处理”，包括未经行政处理和刑事处理。

★直接向走私人非法收购走私进口的货物、物品的刑事责任

《最高人民法院、最高人民检察院关于办理走私刑事案件适用法律若干问题的解释》（2014年8月12日 法释〔2014〕10号）

第二十条 直接向走私人非法收购走私进口的货物、物品，在内海、领海、界河、界湖运输、收购、贩卖国家禁止进出口的物品，或者没有合法证明，在内海、领海、界河、界湖运输、收购、贩卖国家限制进出口的货物、物品，构成犯罪的，应当按照走私货物、物品的种类，分别依照刑法第一百五十一条、第一百五十二条、第一百五十三条、第三百四十七条、第三百五十条的规定定罪处罚。

刑法第一百五十五条第二项规定的“内海”，包括内河的入海口水域。

★走私成品油的刑事责任

《打击非设关地成品油走私专题研讨会会议纪要》（2019年10月24日　署缉发〔2019〕210号）

一、关于定罪处罚

走私成品油，构成犯罪的，依照刑法第一百五十三条的规定，以走私普通货物罪定罪处罚。

对不构成走私共犯的收购人，直接向走私人购买走私的成品油，数额较大的，依照刑法第一百五十五条第（一）项的规定，以走私罪论处；向非直接走私人购买走私的成品油的，根据其主观故意，分别依照刑法第一百九十一条规定的洗钱罪或者第三百一十二条规定的掩饰、隐瞒犯罪所得、犯罪所得收益罪定罪处罚。

在办理非设关地走私成品油刑事案件中，发现行为人在销售的成品油中掺杂、掺假，以假充真，以次充好或者以不合格油品冒充合格油品，构成犯罪的，依照刑法第一百四十条的规定，对该行为以生产、销售伪劣产品罪定罪处罚。

行为人与他人事先通谋或者明知他人从事走私成品油犯罪活动，而在我国专属经济区或者公海向其贩卖、过驳成品油的，应当按照走私犯罪的共犯追究刑事责任。

明知他人从事走私成品油犯罪活动而为其提供资金、贷款、账号、发票、证明、许可文件，或者提供运输、仓储等其他便利条件的，应当按照走私犯罪的共犯追究刑事责任。

对成品油走私共同犯罪或者犯罪集团中的主要出资者、组织者，应当认定为主犯；对受雇用的联络员、船长等管理人员，可以认定为从犯，如其在走私犯罪中起重要作用的，应当认定为主犯；对其他参与人员，如船员、司机、“黑引水”、盯梢望风人员等，不以其职业、身份判断是否追究刑事责任，应当按照其在走私活动中的实际地位、作用、涉案金额、参与次数等确定是否追究刑事责任。

对在非设关地走私成品油的犯罪嫌疑人、被告人,人民检察院、人民法院应当依法严格把握不起诉、缓刑适用条件。

七、其他问题

本纪要中的成品油是指汽油、煤油、柴油以及其他具有相同用途的乙醇汽油和生物柴油等替代燃料(包括添加染色剂的"红油""白油""蓝油"等)。

办理非设关地走私白糖、冻品等刑事案件的相关问题,可以参照本纪要的精神依法处理。

★走私兴奋剂的刑事责任

《最高人民法院关于审理走私、非法经营、非法使用兴奋剂刑事案件适用法律若干问题的解释》(2019年11月18日　法释〔2019〕16号)

第一条　运动员、运动员辅助人员走私兴奋剂目录所列物质,或者其他人员以在体育竞赛中非法使用为目的走私兴奋剂目录所列物质,涉案物质属于国家禁止进出口的货物、物品,具有下列情形之一的,应当依照刑法第一百五十一条第三款的规定,以走私国家禁止进出口的货物、物品罪定罪处罚:

(一)一年内曾因走私被给予二次以上行政处罚后又走私的;

(二)用于或者准备用于未成年人运动员、残疾人运动员的;

(三)用于或者准备用于国内、国际重大体育竞赛的;

(四)其他造成严重恶劣社会影响的情形。

实施前款规定的行为,涉案物质不属于国家禁止进出口的货物、物品,但偷逃应缴税额一万元以上或者一年内曾因走私被给予二次以上行政处罚后又走私的,应当依照刑法第一百五十三条的规定,以走私普通货物、物品罪定罪处罚。

对于本条第一款、第二款规定以外的走私兴奋剂目录所列物质行为,适用《最高人民法院、最高人民检察院关于办理走私刑事案件适用法律若干问题的解释》(法释〔2014〕10号)规定的定罪量刑标准。

第八条　对于是否属于本解释规定的“兴奋剂”“兴奋剂目录所列物质”“体育运动”“国内、国际重大体育竞赛”等专门性问题，应当依据《中华人民共和国体育法》《反兴奋剂条例》等法律法规，结合国务院体育主管部门出具的认定意见等证据材料作出认定。

★利用离岛免税政策走私行为性质的认定

《最高人民法院、最高人民检察院、海关总署关于办理利用海南离岛旅客免税购物政策走私刑事案件有关问题的指导意见》(2022年8月25日　法〔2022〕192号)

一、关于利用离岛免税政策走私行为的认定。

违反海关监管规定，组织利用他人离岛免税购物资格和额度分散购买免税商品后再次销售牟利的，系伪报贸易性质的走私行为，构成犯罪的，依照第一百五十三条的规定，以走私普通货物罪定罪处罚。

旅客违反海关监管规定，以转售牟利为目的，利用自身免税额度购买免税商品后销售的，系走私行为，构成犯罪的，依照刑法第一百五十三条的规定，以走私普通货物罪定罪处罚。案发后主动退缴违法所得，情节显著轻微的，可不作为犯罪处理。明知他人利用离岛免税政策走私免税商品仍直接向其收购，数额较大的，依照刑法第一百五十五条第(一)项的规定，以走私罪论处，但对于普通消费者利用离岛免税政策委托他人代购商品自用的，不作为犯罪处理。

第154条

第一百五十四条　【走私普通货物、物品罪】下列走私行为，根据本节规定构成犯罪的，依照本法第一百五十三条的规定定罪处罚：

(一)未经海关许可并且未补缴应缴税额，擅自将批准进口的来料加工、来件装配、补偿贸易的原材料、零件、制成品、设备等保税货物，在境内销售牟利的；

(二)未经海关许可并且未补缴应缴税额，擅自将特定减税、免税进口的货物、物品，在境内销售牟利的。

立法动态

本条源自《中华人民共和国刑法》(1997 年 3 月 14 日第八届全国人民代表大会第五次会议修订,自 1997 年 10 月 1 日起施行)。

适用要点与裁判依据

★未经海关许可并且未补缴应缴税额,擅自将保税货物在境内销售牟利的刑事责任

《最高人民检察院关于擅自销售进料加工保税货物的行为法律适用问题的解释》(2000 年 10 月 16 日 高检发释字〔2000〕3 号)

保税货物是指经海关批准未办理纳税手续进境,在境内储存、加工、装配后复运出境的货物。经海关批准进口的进料加工的货物属于保税货物。未经海关许可并且未补缴应缴税额,擅自将批准进口的进料加工的原材料、零件、制成品、设备等保税货物,在境内销售牟利,偷逃应缴税额在五万元以上的,依照刑法第一百五十四条、第一百五十三条的规定,以走私普通货物、物品罪追究刑事责任。

★"销售谋利"的认定标准

《最高人民法院、最高人民检察院、海关总署关于办理走私刑事案件适用法律若干问题的意见》(2002 年 7 月 8 日 法〔2002〕139 号)

十三、关于刑法第一百五十四条规定的"销售牟利"的理解问题

刑法第一百五十四条第(一)(二)项规定的"销售牟利",是指行为人主观上为了牟取非法利益而擅自销售海关监管的保税货物、特定减免税货物。该种行为是否构成犯罪,应当根据偷逃的应缴税额是否达到刑法第一百五十三条及相关司法解释规定的数额标准予以认定。实际获利与否或者获利多少并不影响其定罪。

★“保税货物”的认定标准

《最高人民法院、最高人民检察院关于办理走私刑事案件适用法律若干问题的解释》(2014年8月12日 法释〔2014〕10号)

第十九条 刑法第一百五十四条规定的“保税货物”,是指经海关批准,未办理纳税手续进境,在境内储存、加工、装配后应予复运出境的货物,包括通过加工贸易、补偿贸易等方式进口的货物,以及在保税仓库、保税工厂、保税区或者免税商店内等储存、加工、寄售的货物。

第一百五十五条 【以走私罪论处】下列行为,以走私罪论处,依照本节的有关规定处罚:

(一)直接向走私人非法收购国家禁止进口物品的,或者直接向走私人非法收购走私进口的其他货物、物品,数额较大的;

(二)在内海、领海、界河、界湖运输、收购、贩卖国家禁止进出口物品的,或者运输、收购、贩卖国家限制进出口货物、物品,数额较大,没有合法证明的。

立法动态

本条源自《中华人民共和国刑法》(1997年3月14日第八届全国人民代表大会第五次会议修订,自1997年10月1日起施行)。

本条根据《中华人民共和国刑法修正案(四)》(自2002年12月28日起施行)第三条的规定修改。

原本条规定为:第一百五十五条 下列行为,以走私罪论处,依照本节的有关规定处罚:(一)直接向走私人非法收购国家禁止进口物品的,或者直接向走私人非法收购走私进口的其他货物、物品,数额较大的;(二)在内海、领海运输、收购、贩卖国家禁止进出口物品的,或者运输、收购、贩卖国家限制进出口货物、物品,数额较大,没有合法证明的;(三)逃避海关监管将境外固体废物运输进境的。

本条修改的主要内容:一是将原条规定的“内海、领海”扩展为“内海、领海、界河、界湖”;二是删去了原本条第(三)项。

适用要点与裁判依据

★海上走私犯罪案件运输人的刑事责任

《最高人民法院、最高人民检察院、海关总署关于办理走私刑事案件适用法律若干问题的意见》(2002年7月8日 法〔2002〕139号)

十四、关于海上走私犯罪案件如何追究运输人的刑事责任问题

对刑法第一百五十五条第(二)项规定的实施海上走私犯罪行为的运输人、收购人或者贩卖人应当追究刑事责任。对运输人,一般追究运输工具的负责人或者主要责任人的刑事责任,但对于事先通谋的、集资走私的、或者使用特殊的走私运输工具从事走私犯罪活动的,可以追究其他参与人员的刑事责任。

★在内海、领海、界河、界湖运输、收购、贩卖国家禁止进出口的物品等行为的刑事责任

《最高人民法院、最高人民检察院关于办理走私刑事案件适用法律若干问题的解释》(2014年8月12日 法释〔2014〕10号)

第二十条 直接向走私人非法收购走私进口的货物、物品,在内海、领海、界河、界湖运输、收购、贩卖国家禁止进出口的物品,或者没有合法证明,在内海、领海、界河、界湖运输、收购、贩卖国家限制进出口的货物、物品,构成犯罪的,应当按照走私货物、物品的种类,分别依照刑法第一百五十一条、第一百五十二条、第一百五十三条、第三百四十七条、第三百五十条的规定定罪处罚。

刑法第一百五十五条第二项规定的“内海”,包括内河的入海口水域。

★不构成走私共犯的收购人直接向走私人购买走私的成品油数额较大的，以走私罪论处

《打击非设关地成品油走私专题研讨会会议纪要》（2019 年 10 月 24 日　署缉发〔2019〕210 号）

一、关于定罪处罚

走私成品油，构成犯罪的，依照刑法第一百五十三条的规定，以走私普通货物罪定罪处罚。

对不构成走私共犯的收购人，直接向走私人购买走私的成品油，数额较大的，依照刑法第一百五十五条第（一）项的规定，以走私罪论处；向非直接走私人购买走私的成品油的，根据其主观故意，分别依照刑法第一百九十一条规定的洗钱罪或者第三百一十二条规定的掩饰、隐瞒犯罪所得、犯罪所得收益罪定罪处罚。

第一百五十六条　【以走私罪共犯论处】与走私罪犯通谋，为其提供贷款、资金、账号、发票、证明，或者为其提供运输、保管、邮寄或者其他方便的，以走私罪的共犯论处。

立法动态

本条源自《中华人民共和国刑法》（1997 年 3 月 14 日第八届全国人民代表大会第五次会议修订，自 1997 年 10 月 1 日起施行）。

适用要点与裁判依据

★“与走私罪犯通谋”的理解

《最高人民法院、最高人民检察院、海关总署关于办理走私刑事案件适用法律若干问题的意见》（2002 年 7 月 8 日　法〔2002〕139 号）

十五、关于刑法第一百五十六条规定的“与走私罪犯通谋”的理

解问题

通谋是指犯罪行为人之间事先或者事中形成的共同的走私故意。下列情形可以认定为通谋：

(一)对明知他人从事走私活动而同意为其提供贷款、资金、账号、发票、证明、海关单证，提供运输、保管、邮寄或者其他方便的；

(二)多次为同一走私犯罪分子的走私行为提供前项帮助的。

第157条

第一百五十七条　【武装掩护走私、抗拒缉私的处罚】武装掩护走私的，依照本法第一百五十一条第一款的规定从重处罚。

以暴力、威胁方法抗拒缉私的，以走私罪和本法第二百七十七条规定的阻碍国家机关工作人员依法执行职务罪，依照数罪并罚的规定处罚。

立法动态

本条源自《中华人民共和国刑法》(1997 年 3 月 14 日第八届全国人民代表大会第五次会议修订，自 1997 年 10 月 1 日起施行)。

本条第一款根据《中华人民共和国刑法修正案(八)》(2011 年 5 月 1 日起施行)第二十八条修改。

原本条第一款的内容为：武装掩护走私的，依照本法第一百五十一条第一款、第四款的规定从重处罚。

本条第一款修改的内容为：取消了原本条第一款中有关单位构成本条之罪的规定(本法第一百五十一条第四款)。

第三节 妨害对公司、企业的管理秩序罪

第一百五十八条 【虚报注册资本罪】申请公司登记使用虚假证明文件或者采取其他欺诈手段虚报注册资本，欺骗公司登记主管部门，取得公司登记，虚报注册资本数额巨大、后果严重或者有其他严重情节的，处三年以下有期徒刑或者拘役，并处或者单处虚报注册资本金额百分之一以上百分之五以下罚金。

单位犯前款罪的，对单位判处罚金，并对其直接负责的主管人员和其他直接责任人员，处三年以下有期徒刑或者拘役。

立法动态

本条源自《中华人民共和国刑法》(1997 年 3 月 14 日第八届全国人民代表大会第五次会议修订，自 1997 年 10 月 1 日起施行)。

立案标准

《最高人民检察院、公安部关于公安机关管辖的刑事案件立案追诉标准的规定(二)》(2022 年 4 月 6 日修订 公通字〔2022〕12 号)

第三条 ［虚报注册资本案(刑法第一百五十八条)］申请公司登记使用虚假证明文件或者采取其他欺诈手段虚报注册资本，欺骗公司登记主管部门，取得公司登记，涉嫌下列情形之一的，应予立案追诉：

(一)法定注册资本最低限额在六百万元以下，虚报数额占其应缴出资数额百分之六十以上的；

(二)法定注册资本最低限额超过六百万元，虚报数额占其应缴出资数额百分之三十以上的；

(三)造成投资者或者其他债权人直接经济损失累计数额在五十万元以上的；

（四）虽未达到上述数额标准，但具有下列情形之一的：

1. 二年内因虚报注册资本受过二次以上行政处罚，又虚报注册资本的；

2. 向公司登记主管人员行贿的；

3. 为进行违法活动而注册的。

（五）其他后果严重或者有其他严重情节的情形。

本条只适用于依法实行注册资本实缴登记制的公司。

适用要点与裁判依据

★本罪只适用于"依法实行注册资本实缴登记制的公司"

《全国人民代表大会常务委员会关于〈中华人民共和国刑法〉第一百五十八条、第一百五十九条的解释》（2014年4月24日）

刑法第一百五十八条、第一百五十九条的规定，只适用于依法实行注册资本实缴登记制的公司。

★除依法实行注册资本实缴登记制的公司以外，对申请公司登记的单位和个人不得以虚报注册资本罪追究刑事责任

《最高人民检察院、公安部关于严格依法办理虚报注册资本和虚假出资抽逃出资刑事案件的通知》（2014年5月20日 公经〔2014〕247号）

二、严格把握罪与非罪的界限。根据新修改的公司法和全国人大常委会立法解释，自2014年3月1日起，除依法实行注册资本实缴登记制的公司（参见《国务院关于印发注册资本登记制度改革方案的通知》（国发〔2014〕7号））以外，对申请公司登记的单位和个人不得以虚报注册资本罪追究刑事责任；对公司股东、发起人不得以虚假出资、抽逃出资罪追究刑事责任。对依法实行注册资本实缴登记制的公司涉嫌虚报注册资本和虚假出资、抽逃出资犯罪的，各级公安机关、检察机关依照刑法和《立案追诉标准（二）》的相关规定追究刑事责任时，应当认真研究行为性质和危害后果，确保执法办案的法律效果和社会效果。

类案检索指引

★使用虚假证明文件置换无形资产出资的事实存在，但未造成严重后果且无形资产占比较低，情节显著轻微危害不大，不认为是犯罪

《顾雏军虚报注册资本、违规披露、不披露重要信息、挪用资金案》（2019年5月16日最高人民法院发布依法平等保护民营企业家人身财产安全十大典型案例）

【裁判要旨】

1. 行为人在申请公司变更登记过程中，使用虚假证明文件置换无形资产出资的事实存在，但未造成严重后果，且相关法律在原审时已进行修改，使以不实货币置换的超出法定上限的无形资产所占比例由原来的55%降低至5%，行为情节显著轻微危害不大，不认为是犯罪；

2. 行为人将虚增利润编入财会报告予以披露的事实存在，但由于在案证据不足以证实提供虚假财会报告的行为已造成刑法规定的"严重损害股东或者其他人利益"的后果，不应追究相关人员的刑事责任。

第一百五十九条 【虚假出资、抽逃出资罪】公司发起人、股东违反公司法的规定未交付货币、实物或者未转移财产权，虚假出资，或者在公司成立后又抽逃其出资，数额巨大、后果严重或者有其他严重情节的，处五年以下有期徒刑或者拘役，并处或者单处虚假出资金额或者抽逃出资金额百分之二以上百分之十以下罚金。

单位犯前款罪的，对单位判处罚金，并对其直接负责的主管人员和其他直接责任人员，处五年以下有期徒刑或者拘役。

立法动态

本条源自《中华人民共和国刑法》(1997 年 3 月 14 日第八届全国人民代表大会第五次会议修订,自 1997 年 10 月 1 日起施行)。

立案标准

《最高人民检察院、公安部关于公安机关管辖的刑事案件立案追诉标准的规定(二)》(2022 年 4 月 6 日修订 公通字〔2022〕12 号)

第四条 [虚假出资、抽逃出资案(刑法第一百五十九条)]公司发起人、股东违反公司法的规定未交付货币、实物或者未转移财产权,虚假出资,或者在公司成立后又抽逃其出资,涉嫌下列情形之一的,应予立案追诉:

(一)法定注册资本最低限额在六百万元以下,虚假出资、抽逃出资数额占其应缴出资数额百分之六十以上的;

(二)法定注册资本最低限额超过六百万元,虚假出资、抽逃出资数额占其应缴出资数额百分之三十以上的;

(三)造成公司、股东、债权人的直接经济损失累计数额在五十万元以上的;

(四)虽未达到上述数额标准,但具有下列情形之一的:

1. 致使公司资不抵债或者无法正常经营的;

2. 公司发起人、股东合谋虚假出资、抽逃出资的;

3. 二年内因虚假出资、抽逃出资受过二次以上行政处罚,又虚假出资、抽逃出资的;

4. 利用虚假出资、抽逃出资所得资金进行违法活动的。

(五)其他后果严重或者有其他严重情节的情形。

本条只适用于依法实行注册资本实缴登记制的公司。

适用要点与裁判依据

★本罪只适用于“依法实行注册资本实缴登记制的公司”

《全国人民代表大会常务委员会关于〈中华人民共和国刑法〉第一百五十八条、第一百五十九条的解释》(2014年4月24日)

刑法第一百五十八条、第一百五十九条的规定,只适用于依法实行注册资本实缴登记制的公司。

★对申请公司登记的单位和个人不得以虚报注册资本罪追究刑事责任

《最高人民检察院、公安部关于严格依法办理虚报注册资本和虚假出资抽逃出资刑事案件的通知》(2014年5月20日　公经〔2014〕247号)

二、严格把握罪与非罪的界限。根据新修改的公司法和全国人大常委会立法解释,自2014年3月1日起,除依法实行注册资本实缴登记制的公司(参见《国务院关于印发注册资本登记制度改革方案的通知》(国发〔2014〕7号))以外,对申请公司登记的单位和个人不得以虚报注册资本罪追究刑事责任;对公司股东、发起人不得以虚假出资、抽逃出资罪追究刑事责任。对依法实行注册资本实缴登记制的公司涉嫌虚报注册资本和虚假出资、抽逃出资犯罪的,各级公安机关、检察机关依照刑法和《立案追诉标准(二)》的相关规定追究刑事责任时,应当认真研究行为性质和危害后果,确保执法办案的法律效果和社会效果。

第一百六十条　【欺诈发行证券罪】在招股说明书、认股书、公司、企业债券募集办法等发行文件中隐瞒重要事实或者编造重大虚假内容,发行股票或者公司、企业债券、存托凭证或者国务院依法认定的其他证券,数额巨大、后果严重或者有其他严重情节的,处五年以下有期徒刑或者拘役,并处或者单处罚金;数额特别巨大、后果特别严重或者有其他特别严重情节的，处五年以上有期徒刑，并处罚金。

控股股东、实际控制人组织、指使实施前款行为的，处五年以下有期徒刑或者拘役，并处或者单处非法募集资金金额百分之二十以上一倍以下罚金；数额特别巨大、后果特别严重或者有其他特别严重情节的，处五年以上有期徒刑，并处非法募集资金金额百分之二十以上一倍以下罚金。

单位犯前两款罪的，对单位判处非法募集资金金额百分之二十以上一倍以下罚金，并对其直接负责的主管人员和其他直接责任人员，依照第一款的规定处罚。

立法动态

本条源自《中华人民共和国刑法》(1997年3月14日第八届全国人民代表大会第五次会议修订，自1997年10月1日起施行)。

本条根据《中华人民共和国刑法修正案(十一)》(自2021年3月1日起施行)第八条修改。

原本条规定为：第一百六十条 (第一款)在招股说明书、认股书、公司、企业债券募集办法中隐瞒重要事实或者编造重大虚假内容，发行股票或者公司、企业债券，数额巨大、后果严重或者有其他严重情节的，处五年以下有期徒刑或者拘役，并处或者单处非法募集资金金额百分之一以上百分之五以下罚金。(第二款)单位犯前款罪的，对单位判处罚金，并对其直接负责的主管人员和其他直接责任人员，处五年以下有期徒刑或者拘役。

本条修改的主要内容为：一是在第一款规定的犯罪行为中增加了“等发行文件”，在“隐瞒”或者“编造”的对象中增加了“存托凭证或者国务院依法认定的其他证券”，取消了并处或者单处罚金的数额标准，增加了“数额特别巨大、后果特别严重或者有其他特别严重情节的，处五年以上有期徒刑，并处罚金”的法定刑；二是增加了第二款；三是将原条文第二款作为第三款，规定单位犯前两款罪的判处罚金的数额标准，并规定对其直接负责的主管人员和其他直接责任人员的刑事责任“依照第一款的规定处罚”。

立案标准

《最高人民检察院、公安部关于公安机关管辖的刑事案件立案追诉标准的规定（二）》（2022年4月6日修订　公通字〔2022〕12号）

第五条　［欺诈发行证券案（刑法第一百六十条）］在招股说明书、认股书、公司、企业债券募集办法等发行文件中隐瞒重要事实或者编造重大虚假内容，发行股票或者公司、企业债券、存托凭证或者国务院依法认定的其他证券，涉嫌下列情形之一的，应予立案追诉：

（一）非法募集资金金额在一千万元以上的；

（二）虚增或者虚减资产达到当期资产总额百分之三十以上的；

（三）虚增或者虚减营业收入达到当期营业收入总额百分之三十以上的；

（四）虚增或者虚减利润达到当期利润总额百分之三十以上的；

（五）隐瞒或者编造的重大诉讼、仲裁、担保、关联交易或者其他重大事项所涉及的数额或者连续十二个月的累计数额达到最近一期披露的净资产百分之五十以上的；

（六）造成投资者直接经济损失数额累计在一百万元以上的；

（七）为欺诈发行证券而伪造、变造国家机关公文、有效证明文件或者相关凭证、单据的；

（八）为欺诈发行证券向负有金融监督管理职责的单位或者人员行贿的；

（九）募集的资金全部或者主要用于违法犯罪活动的；

（十）其他后果严重或者有其他严重情节的情形。

类案检索指引

★严厉惩治中介机构参与财务造假,促进落实“看门人”责任

《中某通机械制造有限公司、卢某旺等人欺诈发行债券、出具证明文件重大失实、非国家工作人员受贿案》(2020年11月6日最高人民检察院、中国证券监督管理委员会联合发布证券违法犯罪典型案例)

【典型意义】

1. 坚持保护资本市场创新发展和惩治证券违法犯罪并重,促进证券市场健康发展。为规范中小企业私募债券业务,拓宽中小微型企业融资渠道,服务实体经济发展,深圳证券交易所和上海证券交易所于2011年开展了中小企业私募债券业务试点;在总结中小企业私募债试点经验的基础上,证监会于2015年发布《公司债券发行与交易管理办法》,全面建立了非公开发行债券制度。中小企业私募债券市场是多层次资本市场的重要组成部分,是解决中小企业融资问题的有益创新,但一些中小企业的欺诈发行行为,严重损害了私募债券市场信心,侵害了投资者合法权益。对于私募债券、新三板、科创板等资本市场中的创新活动,检察机关应当坚持保护创新和惩治犯罪并重,坚定地维护资本市场正常运行秩序,依法惩治财务造假、信息披露违法等严重破坏资本市场秩序的犯罪,为资本市场健康发展提供司法保障。

2. 严厉惩治中介机构参与财务造假,促进落实“看门人”责任。资本市场中的证券公司、会计师事务所、律师事务所等中介机构是信息披露、投资人保护相关制度得以有效实施的“看门人”,中介机构不依法依规履职将严重影响资本市场的健康运行。在惩治市场主体财务造假行为的同时,应当主动开展“一案双查”,同步审查相关中介机构是否存在提供虚假证明文件、出具证明文件重大失实以及非国家工作人员受贿等违法犯罪行为,并依法追究相关主体的法律责任,引导市场主体合法经营和中介机构依法依规履职。

3. 注重结合办案提出检察建议,促进资本市场制度机制不断健全。对于办案当中发现的相关中介机构及其执业人员违反职业操守、职业规范,以及相关监督管理缺失问题,检察机关应当深入分析原因,向有关主管机关提出改进工作、完善监管的检察建议,促进社会治理。

★依法从严惩治资本市场财务造假行为

《欣某股份有限公司、温某乙、刘某胜欺诈发行股票、违规披露重要信息案》(2020年11月6日最高人民检察院、中国证券监督管理委员会发布证券违法犯罪典型案例)

典型意义

1. 依法从严惩治资本市场财务造假行为。上市司在发行、持续信息被露中的财务造假行为,严重虹蚀资本市场的诚信基础,破坏市场信心,损害投资者利益,必须严厉惩治。资本市场财务造假行为主要通过信息按露的方式表现出来,损害投资者利益。对于不同阶段涉财务造假信息的违规披露行为,刑法规定了不同的罪名和相应刑罚。司法办案当中要注意区分不同时期信息被露行为触犯的刑法规范,根据刑法规定的构成要件分别适用不同罪名,数罪并罚,对于审查发现新的犯罪事实和线索,通过退回公安机关补充侦查或者自行侦查,查清事实,依法追诉。

2. 综合发挥行政执法和刑事司法职能作用。财务造假和信息披露违法行为,可能同时违反行政监管法律规范和刑法规范,触发行政处罚程序和刑事追诉程序。证券监督管理部门和司法机关应当发挥各自职能作用,根据执法司法工作的需要,及时追究相关市场主体的法律责任。证券监督管理部门作出行政处罚后,认为相关人员构成犯罪的,应当及时移送公安机关立案侦查,加强行政执法与刑事司法之间的有效衔接,防止以罚代刑,已经作出的行政处罚决定不影响司法机关追究刑事责任。对于欺诈发行、违规披露信息的上市公司,符合退市条件的,还应当由证券交易所依法强制退市。

3. 注重维护投资者的合法权益。2020年3月实施的新修订证券法进一步完善了投资者保护制度,先行赔付、证券代表人诉讼等规定为更好地保护投资人合法权益提供了法律依据。本案办理过程中,主承销商设立先行赔付专项基金,投资人的损失得到相应赔偿,维护了投资者的合法权益,取得了较好的社会效果。

第一百六十一条 【违规披露、不披露重要信息罪】依法负有信息披露义务的公司、企业向股东和社会公众提供虚假的或者隐瞒重要事实的财务会计报告,或者对依法应当披露的其他重要信息不按照规定披露,严重损害股东或者其他人利益,或者有其他严重情节的,对其直接负责的主管人员和其他直接责任人员,处五年以下有期徒刑或者拘役,并处或者单处罚金;情节特别严重的,处五年以上十年以下有期徒刑,并处罚金。

前款规定的公司、企业的控股股东、实际控制人实施或者组织、指使实施前款行为的,或者隐瞒相关事项导致前款规定的情形发生的,依照前款的规定处罚。

犯前款罪的控股股东、实际控制人是单位的,对单位判处罚金,并对其直接负责的主管人员和其他直接责任人员,依照第一款的规定处罚。

立法动态

本条源自《中华人民共和国刑法》(1997 年 3 月 14 日第八届全国人民代表大会第五次会议修订,自 1997 年 10 月 1 日起施行)。

本条曾经全国人大常委会两次修改。

原本条规定为:第一百六十一条 公司向股东和社会公众提供虚假的或者隐瞒重要事实的财务会计报告,严重损害股东或者其他人利益的,对其直接负责的主管人员和其他直接责任人员,处三年以下有期徒刑或者拘役,并处或者单处二万元以上二十万元以下罚金。

本条第一次根据《中华人民共和国刑法修正案(六)》(自 2006

年6月29日起施行)第五条修改。修改的主要内容为:一是将“公司”明确界定为“依法负有信息披露义务的公司、企业”;二是增加“对依法应当披露的其他重要信息不按照规定披露”的亦构成本罪;三是增加“其他严重情节的”的兜底条款。

本条第二次根据《中华人民共和国刑法修正案(十一)》(自2021年3月1日起施行)第九条修改。修改的主要内容为:一是取消了本条第一款对本罪并处或者单处罚金的数额标准,提高了本罪的法定刑;二是增加了第二款、第三款。

立案标准

《最高人民检察院、公安部关于公安机关管辖的刑事案件立案追诉标准的规定(二)》(2022年4月6日修订　公通字〔2022〕12号)

第六条　[违规披露、不披露重要信息案(刑法第一百六十一条)]依法负有信息披露义务的公司、企业向股东和社会公众提供虚假的或者隐瞒重要事实的财务会计报告,或者对依法应当披露的其他重要信息不按照规定披露,涉嫌下列情形之一的,应予立案追诉:

(一)造成股东、债权人或者其他人直接经济损失数额累计在一百万元以上的;

(二)虚增或者虚减资产达到当期披露的资产总额百分之三十以上的;

(三)虚增或者虚减营业收入达到当期披露的营业收入总额百分之三十以上的;

(四)虚增或者虚减利润达到当期披露的利润总额百分之三十以上的;

(五)未按照规定披露的重大诉讼、仲裁、担保、关联交易或者其他重大事项所涉及的数额或者连续十二个月的累计数额达到最近一期披露的净资产百分之五十以上的;

（六）致使不符合发行条件的公司、企业骗取发行核准或者注册并且上市交易的；

（七）致使公司、企业发行的股票或者公司、企业债券、存托凭证或者国务院依法认定的其他证券被终止上市交易的；

（八）在公司财务会计报告中将亏损披露为盈利，或者将盈利披露为亏损的；

（九）多次提供虚假的或者隐瞒重要事实的财务会计报告，或者多次对依法应当披露的其他重要信息不按照规定披露的；

（十）其他严重损害股东、债权人或者其他人利益，或者有其他严重情节的情形。

类案检索指引

★本罪只处罚单位直接负责的主管人员和其他直接责任人员，对单位依法作出不起诉决定

《博元投资股份有限公司、余蒂妮等人违规披露、不披露重要信息案》（2020年2月5日最高人民检察院发布第十七批指导性案例：检例第66号）

【关键词】

违规披露、不披露重要信息　犯罪与刑罚

【要旨】

刑法规定违规披露、不披露重要信息罪只处罚单位直接负责的主管人员和其他直接责任人员，不处罚单位。公安机关以本罪将单位移送起诉的，检察机关应当对单位直接负责的主管人员及其他直接责任人员提起公诉，对单位依法作出不起诉决定。对单位需要给予行政处罚的，检察机关应当提出检察意见，移送证券监督管理部门依法处理。

★依法严惩财务造假、违规披露“一条龙”犯罪行为，压紧压实“关键少数”主体责任和“看门人”把关责任

《马某田等人违规披露、不披露重要信息、操纵证券市场案》（2022年9月8日最高人民法院、最高人民检察院、公安部、中国证券监督管理委员会联合发布依法从严打击证券犯罪典型案例）

【关键词】

违规披露、不披露重要信息罪　操纵证券市场罪　上市公司财务造假　特别代表人诉讼

【典型意义】

1. 严格把握信息披露真实、准确、完整的基本原则，依法严惩上市公司财务造假、违规披露“一条龙”犯罪行为。信息披露制度是资本市场规范运行的基础。证券法要求，信息披露义务人披露的信息应当真实、准确、完整，不得有虚假记载、误导性陈述或重大遗漏。近年来，资本市场财务造假行为屡禁不绝，部分上市公司经营业绩不佳，但为了获取政策支持、提高融资额度等利益，编造虚假财务信息向市场披露或隐瞒应当披露的财务信息不按规定披露，周期长、涉案金额大，严重侵害投资者合法权益，削弱资本市场资源配置功能，应当依法从严惩处。对信息披露义务人违反披露规定构成犯罪的行为，应当区分行为发生在股票发行、持续信息披露等不同时期，分别以欺诈发行证券罪，违规披露、不披露重要信息罪依法追究刑事责任，构成两种犯罪的依法数罪并罚。

2. 切实发挥刑法的警示预防作用，压紧压实“关键少数”主体责任和“看门人”把关责任，提高上市公司质量。上市公司控股股东、实际控制人、董事、监事、高级管理人员是公司治理的“关键少数”；证券公司、会计师事务所、律师事务所等中介机构是信息披露、投资人保护制度等得以有效实施的“看门人”。“关键少数”利用对公司的控制权实施违法犯罪行为、“看门人”不依法依规履职都将严重影响资本市场的健康运行。办理涉上市公司证券犯罪案件，应当重点审查“关键少数”是否存在财务造假、违规披露，侵占、挪用上市公

司资产，操纵上市公司股价等违法犯罪行为。同时，应当坚持“一案双查”，查明中介机构存在提供虚假证明文件、出具证明文件重大失实以及非国家工作人员受贿等犯罪的，依法追究“看门人”的刑事责任。

3. 运用新制度充分保护投资者的合法权益。2020 年新修订的证券法进一步完善了投资者保护措施，其中规定了“特别代表人诉讼”的新制度。本案系我国首起特别代表人诉讼案件，中证中小投资者服务中心依法接受 50 名以上投资者委托，对康某药业启动特别代表人诉讼，经人民法院登记确认后，对所有投资者按照“默示加入、明示退出”原则，大幅降低了投资者的维权成本和诉讼负担。人民法院经审理，判决康某药业组织策划造假、未勤勉尽责以及存在过失的责任人员和注册会计师事务所的责任人员，按照过错程度承担连带民事责任，5 万余名投资人的损失得到相应赔偿，既维护了投资者的合法权益，也大幅提高了违法犯罪成本，取得了较好的社会效果。

★上市公司以外的其他信息披露义务人，提供虚假信息经上市公司公开披露，严重损害股东或者其他人利益的，构成本罪

《郭某军等人违规披露、不披露重要信息案》（2022 年 9 月 8 日最高人民法院、最高人民检察院、公安部、中国证券监督管理委员会联合发布依法从严打击证券犯罪典型案例）

【关键词】

违规披露、不披露重要信息罪　信息披露义务人　重大资产重组　单位刑事责任　认罪认罚从宽

【典型意义】

1. 刑法规定的“依法负有信息披露义务的公司、企业”不限于上市公司，也包括其他披露义务人，其他信息披露义务人提供虚假信息，构成犯罪的，应当依法承担刑事责任。根据中国证监会《上市公司重大资产重组管理办法》《上市公司信息披露管理办法》等相关规定，刑法第一百六十一条规定的“依法负有信息披露义务的公司、企

业”，除上市公司外还包括进行收购、重大资产重组、再融资、重大交易的有关各方以及破产管理人等。其他信息披露义务人应当向上市公司提供真实、准确、完整的信息，由上市公司向社会公开披露，这些义务人向上市公司提供虚假信息或隐瞒应当披露的重要信息，构成犯罪的，依法以违规披露、不披露重要信息罪追究刑事责任。

2. 准确把握本罪的追责对象，区分单位承担刑事责任的不同情形。由于上市公司等负有信息披露义务的公司、企业所涉利益群体多元，为避免中小股东利益遭受双重损害，刑法规定对依法负有信息披露义务的公司、企业，只追究其直接负责的主管人员和其他直接责任人员的刑事责任，不追究单位的刑事责任。但是，为加大对控股股东、实际控制人等“关键少数”的惩治力度，刑法修正案（十一）增加规定，依法负有信息披露义务的公司、企业的控股股东、实际控制人是单位的，既追究该单位的刑事责任，也追究该单位直接负责的主管人员和其他直接责任人员的刑事责任。实践中，彻底查清事实并准确区分单罚与双罚适用的不同情形需要一定过程，因此行政机关向公安机关移送涉嫌犯罪案件、公安机关向检察机关移送起诉时，追诉对象可能既有单位也有个人，检察机关在审查时则应将单罚与双罚两种情形区分清楚，准确提起公诉。本案根据刑法规定，依法起诉郭某军等自然人而未起诉作为单位的九某集团，是正确的。

3. 依法严惩证券犯罪，根据各被告人的地位作用、退缴违法所得、认罪认罚等情况，区别对待、罚当其罪。本案被告人郭某军虽当庭认罪，但其系犯罪的决策者和组织者，依法判处实刑；被告人宋某生、杜某芳、王某听从郭某军的指挥，地位作用相对较小且自愿认罪认罚，其中王某还成立自首，对该三人均适用缓刑，起到了震慑犯罪与分化瓦解的双重作用。

第一百六十二条　【妨害清算罪】公司、企业进行清算时，隐匿财产，对资产负债表或者财产清单作虚伪记载或者在未清偿债务前分配公司、企业财产，严重损害债权人或者其他人利益的，对其直接负责的主管人员和其他直接责任人员，处五年以下有期徒刑或者拘役，并处或者单处二万元以上二十万元以下罚金。

立法动态

本条源自《中华人民共和国刑法》(1997年3月14日第八届全国人民代表大会第五次会议修订，自1997年10月1日起施行)。

立案标准

《最高人民检察院、公安部关于公安机关管辖的刑事案件立案追诉标准的规定(二)》(2022年4月6日修订　公通字〔2022〕12号)

第七条　［妨害清算案(刑法第一百六十二条)］公司、企业进行清算时，隐匿财产，对资产负债表或者财产清单作虚伪记载或者在未清偿债务前分配公司、企业财产，涉嫌下列情形之一的，应予立案追诉：

(一)隐匿财产价值在五十万元以上的；

(二)对资产负债表或者财产清单作虚伪记载涉及金额在五十万元以上的；

(三)在未清偿债务前分配公司、企业财产价值在五十万元以上的；

(四)造成债权人或者其他人直接经济损失数额累计在十万元以上的；

(五)虽未达到上述数额标准，但应清偿的职工的工资、社会保险费用和法定补偿金得不到及时清偿，造成恶劣社会影响的；

(六)其他严重损害债权人或者其他人利益的情形。

第一百六十二条之一　【隐匿、故意销毁会计凭证、会计账簿、财务会计报告罪】隐匿或者故意销毁依法应当保存的会计凭证、会计账簿、财务会计报告，情节严重的，处五年以下有期徒刑或者拘役，并处或者单处二万元以上二十万元以下罚金。

单位犯前款罪的，对单位判处罚金，并对其直接负责的主管人员和其他直接责任人员，依照前款的规定处罚。

立法动态

本条根据《中华人民共和国刑法修正案》（自1999年12月25日起施行）第一条增加。

立案标准

《最高人民检察院、公安部关于公安机关管辖的刑事案件立案追诉标准的规定（二）》（2022年4月6日修订　公通字〔2022〕12号）

第八条　［隐匿、故意销毁会计凭证、会计账簿、财务会计报告案（刑法第一百六十二条之一）］隐匿或者故意销毁依法应当保存的会计凭证、会计帐簿、财务会计报告，涉嫌下列情形之一的，应予立案追诉：

（一）隐匿、故意销毁的会计凭证、会计帐簿、财务会计报告涉及金额在五十万元以上的；

（二）依法应当向监察机关、司法机关、行政机关、有关主管部门等提供而隐匿、故意销毁或者拒不交出会计凭证、会计账簿、财务会计报告的；

（三）其他情节严重的情形。

适用要点与裁判依据

★对依法应当保存的会计凭证、会计账簿、财务会计报告进行隐匿、销毁，情节严重的，构成本罪

《全国人民代表大会常务委员会法制工作委员会关于对“隐匿、销毁会计凭证、会计账簿、财务会计报告构成犯罪的主体范围”问题的答复意见》(2002年1月14日　法工委复字〔2002〕3号)

任何单位和个人在办理会计事务时对依法应当保存的会计凭证、会计账簿、财务会计报告，进行隐匿、销毁，情节严重的，构成犯罪，应当依法追究其刑事责任。

第一百六十二条之二　【虚假破产罪】公司、企业通过隐匿财产、承担虚构的债务或者以其他方法转移、处分财产，实施虚假破产，严重损害债权人或者其他人利益的，对其直接负责的主管人员和其他直接责任人员，处五年以下有期徒刑或者拘役，并处或者单处二万元以上二十万元以下罚金。

立法动态

本条根据《中华人民共和国刑法修正案(六)》(自2006年6月29日起施行)第六条增加。

立案标准

《最高人民检察院、公安部关于公安机关管辖的刑事案件立案追诉标准的规定(二)》(2022年4月6日修订　公通字〔2022〕12号)

第九条　［虚假破产案(刑法第一百六十二条之二)］公司、企业通过隐匿财产、承担虚构的债务或者以其他方法转移、处分财产，实施虚假破产，涉嫌下列情形之一的，应予立案追诉：

（一）隐匿财产价值在五十万元以上的；

（二）承担虚构的债务涉及金额在五十万元以上的；

（三）以其他方法转移、处分财产价值在五十万元以上的；

（四）造成债权人或者其他人直接经济损失数额累计在十万元以上的；

（五）虽未达到上述数额标准，但应清偿的职工的工资、社会保险费用和法定补偿金得不到及时清偿，造成恶劣社会影响的；

（六）其他严重损害债权人或者其他人利益的情形。

第一百六十三条　【非国家工作人员受贿罪】公司、企业或者其他单位的工作人员，利用职务上的便利，索取他人财物或者非法收受他人财物，为他人谋取利益，数额较大的，处三年以下有期徒刑或者拘役，并处罚金；数额巨大或者有其他严重情节的，处三年以上十年以下有期徒刑，并处罚金；数额特别巨大或者有其他特别严重情节的，处十年以上有期徒刑或者无期徒刑，并处罚金。

公司、企业或者其他单位的工作人员在经济往来中，利用职务上的便利，违反国家规定，收受各种名义的回扣、手续费，归个人所有的，依照前款的规定处罚。

国有公司、企业或者其他国有单位中从事公务的人员和国有公司、企业或者其他国有单位委派到非国有公司、企业以及其他单位从事公务的人员有前两款行为的，依照本法第三百八十五条、第三百八十六条的规定定罪处罚。

立法动态

本条源自《中华人民共和国刑法》（1997 年 3 月 14 日第八届全国人民代表大会第五次会议修订，自 1997 年 10 月 1 日起施行）。

本条曾经全国人大常委会两次修改。

原本条规定为：第一百六十三条　（第一款）公司、企业的工作人员利用职务上的便利，索取他人财物或者非法收受他人财物，为他人谋取利益，数额较大的，处五年以下有期徒刑或者拘役；数额巨大的，处五年以上有期徒刑，可以并处没收财产。（第二款）公司、企业的工作人员在经济往来中，违反国家规定，收受各种名义的回扣、手续费，归个人所有的，依照前款的规定处罚。（第三款）国有公司、企业中从事公务的人员和国有公司、企业委派到非国有公司、企业从事公务的人员有前两款行为的，依照本法第三百八十五条、第三百八十六条的规定定罪处罚。

本条第一次根据《中华人民共和国刑法修正案（六）》（自2006年6月29日起施行）第七条修改。修改的主要内容为：一是在“公司、企业的工作人员”的基础上增加“或者其他单位的工作人员”作为犯罪主体；二是在第二款中增加“利用职务上的便利”作为构成本罪的客观方面要件。

本条第二次根据《中华人民共和国刑法修正案（十一）》（自2021年3月1日起施行）第十条对第一款进行修改。修改的主要内容为：一是提高了本罪的法定刑；二是将“可以并处没收财产”修改为“并处罚金”。

立案标准

《最高人民检察院、公安部关于公安机关管辖的刑事案件立案追诉标准的规定（二）》（2022年4月6日修订 公通字〔2022〕12号）

第十条 ［非国家工作人员受贿案（刑法第一百六十三条）］公司、企业或者其他单位的工作人员利用职务上的便利，索取他人财物或者非法收受他人财物，为他人谋取利益，或者在经济往来中，利用职务上的便利，违反国家规定，收受各种名义的回扣、手续费，归个人所有，数额在三万元以上的，应予立案追诉。

适用要点与裁判依据

★国有控股、参股的股份有限公司中的国有公司、企业人员认定标准

《最高人民法院关于如何认定国有控股、参股股份有限公司中的国有公司、企业人员的解释》(2005年8月1日　法释〔2005〕10号)

为准确认定刑法分则第三章第三节中的国有公司、企业人员,现对国有控股、参股的股份有限公司中的国有公司、企业人员解释如下:

国有公司、企业委派到国有控股、参股公司从事公务的人员,以国有公司、企业人员论。

★“其他单位”“公司、企业或者其他单位的工作人员”的认定

《最高人民法院、最高人民检察院关于办理商业贿赂刑事案件适用法律若干问题的意见》(2008年11月20日　法发〔2008〕33号)

二、刑法第一百六十三条、第一百六十四条规定的“其他单位”,既包括事业单位、社会团体、村民委员会、居民委员会、村民小组等常设性的组织,也包括为组织体育赛事、文艺演出或者其他正当活动而成立的组委会、筹委会、工程承包队等非常设性的组织。

三、刑法第一百六十三条、第一百六十四条规定的“公司、企业或者其他单位的工作人员”,包括国有公司、企业以及其他国有单位中的非国家工作人员。

★学校及其他教育机构中的非国家工作人员有本条行为的,构成本罪

《最高人民法院、最高人民检察院关于办理商业贿赂刑事案件适用法律若干问题的意见》(2008年11月20日　法发〔2008〕33号)

五、学校及其他教育机构中的国家工作人员,在教材、教具、校服或者其他物品的采购等活动中,利用职务上的便利,索取销售方财物,或者非法收受销售方财物,为销售方谋取利益,构成犯罪的,依照刑法第三百八十五条的规定,以受贿罪定罪处罚。

学校及其他教育机构中的非国家工作人员，有前款行为，数额较大的，依照刑法第一百六十三条的规定，以非国家工作人员受贿罪定罪处罚。

学校及其他教育机构中的教师，利用教学活动的职务便利，以各种名义非法收受教材、教具、校服或者其他物品销售方财物，为教材、教具、校服或者其他物品销售方谋取利益，数额较大的，依照刑法第一百六十三条的规定，以非国家工作人员受贿罪定罪处罚。

★谈判小组、询价小组的组成人员有本条行为的，构成本罪

《最高人民法院、最高人民检察院关于办理商业贿赂刑事案件适用法律若干问题的意见》(2008年11月20日 法发〔2008〕33号)

六、依法组建的评标委员会、竞争性谈判采购中谈判小组、询价采购中询价小组的组成人员，在招标、政府采购等事项的评标或者采购活动中，索取他人财物或者非法收受他人财物，为他人谋取利益，数额较大的，依照刑法第一百六十三条的规定，以非国家工作人员受贿罪定罪处罚。

依法组建的评标委员会、竞争性谈判采购中谈判小组、询价采购中询价小组中国家机关或者其他国有单位的代表有前款行为的，依照刑法第三百八十五条的规定，以受贿罪定罪处罚。

★非国家工作人员与国家工作人员通谋实施本条行为的刑事责任

《最高人民法院、最高人民检察院关于办理商业贿赂刑事案件适用法律若干问题的意见》(2008年11月20日 法发〔2008〕33号)

十一、非国家工作人员与国家工作人员通谋，共同收受他人财物，构成共同犯罪的，根据双方利用职务便利的具体情形分别定罪追究刑事责任：

(1)利用国家工作人员的职务便利为他人谋取利益的，以受贿罪追究刑事责任。

(2)利用非国家工作人员的职务便利为他人谋取利益的，以非国家工作人员受贿罪追究刑事责任。

(3)分别利用各自的职务便利为他人谋取利益的，按照主犯的犯罪性质追究刑事责任,不能分清主从犯的,可以受贿罪追究刑事责任。

★犯本罪,"数额较大""数额巨大"的认定

《最高人民法院、最高人民检察院关于办理贪污贿赂刑事案件适用法律若干问题的解释》(2016年4月18日 法释〔2016〕9号)

第十一条 刑法第一百六十三条规定的非国家工作人员受贿罪、第二百七十一条规定的职务侵占罪中的"数额较大""数额巨大"的数额起点,按照本解释关于受贿罪、贪污罪相对应的数额标准规定的二倍、五倍执行。

刑法第二百七十二条规定的挪用资金罪中的"数额较大""数额巨大"以及"进行非法活动"情形的数额起点,按照本解释关于挪用公款罪"数额较大""情节严重"以及"进行非法活动"的数额标准规定的二倍执行。

刑法第一百六十四条第一款规定的对非国家工作人员行贿罪中的"数额较大""数额巨大"的数额起点,按照本解释第七条、第八条第一款关于行贿罪的数额标准规定的二倍执行。

类案检索指引

★平台员工收受贿赂后违规为行贿人提供帮助,构成本罪

《冯某、黄某某非国家工作人员受贿案》(2022年8月4日最高人民检察院发布检察机关依法惩治破坏市场竞争秩序犯罪典型案例)

【关键词】

非国家工作人员受贿 公平竞争 宽严相济

【典型意义】

(一)发挥审前主导作用,依法打击犯罪。本案是具有市场支配地位企业员工的个人违法犯罪行为影响市场公平竞争环境的典型案例,平台内经营者在交易上高度依赖S公司平台,平台员工在收受贿赂后违规为行贿人提供优惠补贴、流量卡等帮助,使行贿人获得不正当竞争优势，严重危害了相关市场的公平竞争环境。检察机关在办理具有市场支配地位企业相关职务犯罪案件时应积极引导侦查，调取上游资金流水等证据，准确锁定行贿资金来源，夯实案件证据基础。

（二）注重社会治理，促进行业合规经营。健康合规的平台环境对平台内经营者至关重要，是构建公平竞争市场环境的重要组成部分。在办案中，检察机关在严格依法办案的同时，特别关注大型互联网平台员工的犯罪行为可能对市场公平竞争环境的破坏和影响，并有针对性地制发检察建议，督促平台进一步健全内控制度，加强佣金费率、流量加权、平台补贴等方面政策的监管力度，采取有效措施防范平台内经营者的舞弊行为；同时引导平台落实保护中小微企业的相关国家政策，协助在疫情期间受到冲击较大的平台内经营者摆脱困境，恢复市场活力。

第一百六十四条 【对非国家工作人员行贿罪】为谋取不正当利益，给予公司、企业或者其他单位的工作人员以财物，数额较大的，处三年以下有期徒刑或者拘役，并处罚金；数额巨大的，处三年以上十年以下有期徒刑，并处罚金。

【对外国公职人员、国际公共组织官员行贿罪】为谋取不正当商业利益，给予外国公职人员或者国际公共组织官员以财物的，依照前款的规定处罚。

单位犯前两款罪的，对单位判处罚金，并对其直接负责的主管人员和其他直接责任人员，依照第一款的规定处罚。

行贿人在被追诉前主动交待行贿行为的，可以减轻处罚或者免除处罚。

立法动态

本条源自《中华人民共和国刑法》（1997 年 3 月 14 日第八届全国人民代表大会第五次会议修订，自 1997 年 10 月 1 日起施行）。

本条曾经全国人大常委会三次修改。

本条原规定为：第一百六十四条　（第一款）为谋取不正当利益，给予公司、企业的工作人员以财物，数额较大的，处三年以下有期徒刑或者拘役；数额巨大的，处三年以上十年以下有期徒刑，并处罚金。（第二款）单位犯前款罪的，对单位判处罚金，并对其直接负责的主管人员和其他直接责任人员，依照前款的规定处罚。（第三款）行贿人在被追诉前主动交待行贿行为的，可以减轻处罚或者免除处罚。

本条第一次根据《中华人民共和国刑法修正案（六）》（自2006年6月29日起施行）第八条修改。修改的主要内容为：在行贿的对象中增加了"其他单位的工作人员"。

本条第二次根据《中华人民共和国刑法修正案（八）》（自2011年5月1日起施行）第二十九条修改。修改的主要内容增加规定"对外国公职人员、国际公共组织官员行贿罪"。

本条第三次根据《中华人民共和国刑法修正案（九）》（自2015年11月1日起施行）第十条对第一款进行修改。修改的主要内容在本罪第一档法定刑中增加了"并处罚金"。

立案标准

《最高人民检察院、公安部关于公安机关管辖的刑事案件立案追诉标准的规定（二）》（2022年4月6日修订　公通字〔2022〕12号）

第十一条　［对非国家工作人员行贿案（刑法第一百六十四条第一款）］为谋取不正当利益，给予公司、企业或者其他单位的工作人员以财物，个人行贿数额在三万元以上的，单位行贿数额在二十万元以上的，应予立案追诉。

第十二条　［对外国公职人员、国际公共组织官员行贿案（刑法第一百六十四条第二款）］为谋取不正当商业利益，给予外国公职人员或者国际公共组织官员以财物，个人行贿数额在三万元以上的，单位行贿数额在二十万元以上的，应予立案追诉。

适用要点与裁判依据

★“其他单位”“公司、企业或者其他单位的工作人员”的认定

《最高人民法院、最高人民检察院关于办理商业贿赂刑事案件适用法律若干问题的意见》(2008年11月20日 法发〔2008〕33号)

二、刑法第一百六十三条、第一百六十四条规定的“其他单位”,既包括事业单位、社会团体、村民委员会、居民委员会、村民小组等常设性的组织,也包括为组织体育赛事、文艺演出或者其他正当活动而成立的组委会、筹委会、工程承包队等非常设性的组织。

三、刑法第一百六十三条、第一百六十四条规定的“公司、企业或者其他单位的工作人员”,包括国有公司、企业以及其他国有单位中的非国家工作人员。

★犯本罪,“数额较大”“数额巨大”的认定

《最高人民法院、最高人民检察院关于办理贪污贿赂刑事案件适用法律若干问题的解释》(2016年4月18日 法释〔2016〕9号)

第十一条 刑法第一百六十三条规定的非国家工作人员受贿罪、第二百七十一条规定的职务侵占罪中的“数额较大”“数额巨大”的数额起点,按照本解释关于受贿罪、贪污罪相对应的数额标准规定的二倍、五倍执行。

刑法第二百七十二条规定的挪用资金罪中的“数额较大”“数额巨大”以及“进行非法活动”情形的数额起点,按照本解释关于挪用公款罪“数额较大”“情节严重”以及“进行非法活动”的数额标准规定的二倍执行。

刑法第一百六十四条第一款规定的对非国家工作人员行贿罪中的“数额较大”“数额巨大”的数额起点,按照本解释第七条、第八条第一款关于行贿罪的数额标准规定的二倍执行。

第一百六十五条 【非法经营同类营业罪】国有公司、企业的董事、经理利用职务便利，自己经营或者为他人经营与其所任职公司、企业同类的营业，获取非法利益，数额巨大的，处三年以下有期徒刑或者拘役，并处或者单处罚金；数额特别巨大的，处三年以上七年以下有期徒刑，并处罚金。

立法动态

本条源自《中华人民共和国刑法》(1997年3月14日第八届全国人民代表大会第五次会议修订，自1997年10月1日起施行)。

适用要点与裁判依据

★国有公司、企业委派人员的认定

《最高人民法院关于如何认定国有控股、参股股份有限公司中的国有公司、企业人员的解释》(2005年8月1日 法释〔2005〕10号)

为准确认定刑法分则第三章第三节中的国有公司、企业人员，现对国有控股、参股的股份有限公司中的国有公司、企业人员解释如下：

国有公司、企业委派到国有控股、参股公司从事公务的人员，以国有公司、企业人员论。

第一百六十六条 【为亲友非法牟利罪】国有公司、企业、事业单位的工作人员，利用职务便利，有下列情形之一，使国家利益遭受重大损失的，处三年以下有期徒刑或者拘役，并处或者单处罚金；致使国家利益遭受特别重大损失的，处三年以上七年以下有期徒刑，并处罚金：

(一)将本单位的盈利业务交由自己的亲友进行经营的；

(二)以明显高于市场的价格向自己的亲友经营管理的单位采

购商品或者以明显低于市场的价格向自己的亲友经营管理的单位销售商品的；

（三）向自己的亲友经营管理的单位采购不合格商品的。

立法动态

本条源自《中华人民共和国刑法》（1997 年 3 月 14 日第八届全国人民代表大会第五次会议修订，自 1997 年 10 月 1 日起施行）。

适用要点与裁判依据

★国有公司、企业委派人员的认定

《最高人民法院关于如何认定国有控股、参股股份有限公司中的国有公司、企业人员的解释》（2005 年 8 月 1 日　法释〔2005〕10 号）

为准确认定刑法分则第三章第三节中的国有公司、企业人员，现对国有控股、参股的股份有限公司中的国有公司、企业人员解释如下：

国有公司、企业委派到国有控股、参股公司从事公务的人员，以国有公司、企业人员论。

第一百六十七条　【签订、履行合同失职被骗罪】国有公司、企业、事业单位直接负责的主管人员，在签订、履行合同过程中，因严重不负责任被诈骗，致使国家利益遭受重大损失的，处三年以下有期徒刑或者拘役；致使国家利益遭受特别重大损失的，处三年以上七年以下有期徒刑。

立法动态

本条源自《中华人民共和国刑法》（1997 年 3 月 14 日第八届全国人民代表大会第五次会议修订，自 1997 年 10 月 1 日起施行）。

适用要点与裁判依据

★金融机构工作人员严重不负责任，造成大量外汇被骗购或者逃汇，致使国家利益遭受重大损失的，构成本罪

《全国人民代表大会常务委员会关于惩治骗购外汇、逃汇和非法买卖外汇犯罪的决定》（1998年12月29日　主席令第14号）

第七条　金融机构、从事对外贸易经营活动的公司、企业的工作人员严重不负责任，造成大量外汇被骗购或者逃汇，致使国家利益遭受重大损失的，依照刑法第一百六十七条的规定定罪处罚。

第一百六十八条　【国有公司、企业、事业单位人员失职罪】【国有公司、企业、事业单位人员滥用职权罪】国有公司、企业的工作人员，由于严重不负责任或者滥用职权，造成国有公司、企业破产或者严重损失，致使国家利益遭受重大损失的，处三年以下有期徒刑或者拘役；致使国家利益遭受特别重大损失的，处三年以上七年以下有期徒刑。

国有事业单位的工作人员有前款行为，致使国家利益遭受重大损失的，依照前款的规定处罚。

国有公司、企业、事业单位的工作人员，徇私舞弊，犯前两款罪的，依照第一款的规定从重处罚。

立法动态

本条源自《中华人民共和国刑法》（1997年3月14日第八届全国人民代表大会第五次会议修订，自1997年10月1日起施行）。

原本条规定为：第一百六十八条　国有公司、企业直接负责的主管人员，徇私舞弊，造成国有公司、企业破产或者严重亏损，致使国家利益遭受重大损失的，处三年以下有期徒刑或者拘役。

本条根据《中华人民共和国刑法修正案》(1999 年 12 月 25 日起施行)第二条修改。修改的内容为:一是将“国有公司、企业直接负责的主管人员”修改为“国有公司、企业的工作人员”,扩大了犯罪主体范围;二是增加了第二款,将“国有事业单位的工作人员”的此种行为入罪;三是将原条文的行为方式“徇私舞弊”修改为“严重不负责任或者滥用职权”;四是增加第三款专门规定“徇私舞弊”的法定刑,由原条文的“处三年以下有期徒刑或者拘役”修改为“依照第一款的规定从重处罚”。

适用要点与裁判依据

★国有电信企业的工作人员严重不负责任或者滥用职权,致使国家利益遭受重大损失的刑事责任

《最高人民法院关于审理扰乱电信市场管理秩序案件具体应用法律若干问题的解释》(2000 年 5 月 12 日 法释〔2000〕12 号)

第六条 国有电信企业的工作人员,由于严重不负责任或者滥用职权,造成国有电信企业破产或者严重损失,致使国家利益遭受重大损失的,依照刑法第一百六十八条的规定定罪处罚。

★疫情防控工作中国有公司、企业、事业单位工作人员渎职的刑事责任

《最高人民法院、最高人民检察院关于办理妨害预防、控制突发传染病疫情等灾害的刑事案件具体应用法律若干问题的解释》(2003 年 5 月 14 日 法释〔2003〕8 号)

第四条 国有公司、企业、事业单位的工作人员,在预防、控制突发传染病疫情等灾害的工作中,由于严重不负责任或者滥用职权,造成国有公司、企业破产或者严重损失,致使国家利益遭受重大损失的,依照刑法第一百六十八条的规定,以国有公司、企业、事业单位人员失职罪或者国有公司、企业、事业单位人员滥用职权罪定罪处罚。

★国有公司、企业委派人员的认定

《最高人民法院关于如何认定国有控股、参股股份有限公司中的国有公司、企业人员的解释》(2005年8月1日　法释〔2005〕10号)

为准确认定刑法分则第三章第三节中的国有公司、企业人员，现对国有控股、参股的股份有限公司中的国有公司、企业人员解释如下：

国有公司、企业委派到国有控股、参股公司从事公务的人员，以国有公司、企业人员论。

★国家出资企业中的国家工作人员严重不负责任或者滥用职权，致使国家利益遭受重大损失的刑事责任

《最高人民法院、最高人民检察院关于办理国家出资企业中职务犯罪案件具体应用法律若干问题的意见》(2010年11月26日　法发〔2010〕49号)

四、关于国家工作人员在企业改制过程中的渎职行为的处理

国家出资企业中的国家工作人员在公司、企业改制或者国有资产处置过程中严重不负责任或者滥用职权，致使国家利益遭受重大损失的，依照刑法第一百六十八条的规定，以国有公司、企业人员失职罪或者国有公司、企业人员滥用职权罪定罪处罚。

……

第一百六十九条　【徇私舞弊低价折股、出售国有资产罪】国有公司、企业或者其上级主管部门直接负责的主管人员，徇私舞弊，将国有资产低价折股或者低价出售，致使国家利益遭受重大损失的，处三年以下有期徒刑或者拘役；致使国家利益遭受特别重大损失的，处三年以上七年以下有期徒刑。

立法动态

本条源自《中华人民共和国刑法》(1997年3月14日第八届全国人民代表大会第五次会议修订，自1997年10月1日起施行)。

适用要点与裁判依据

★国家出资企业中的国家工作人员徇私舞弊，致使国家利益遭受重大损失的，构成本罪

《最高人民法院、最高人民检察院关于办理国家出资企业中职务犯罪案件具体应用法律若干问题的意见》（2010年11月26日　法发〔2010〕49号）

四、关于国家工作人员在企业改制过程中的渎职行为的处理

……

国家出资企业中的国家工作人员在公司、企业改制或者国有资产处置过程中徇私舞弊，将国有资产低价折股或者低价出售给其本人未持有股份的公司、企业或者其他个人，致使国家利益遭受重大损失的，依照刑法第一百六十九条的规定，以徇私舞弊低价折股、出售国有资产罪定罪处罚。

……

第一百六十九条之一　【背信损害上市公司利益罪】上市公司的董事、监事、高级管理人员违背对公司的忠实义务，利用职务便利，操纵上市公司从事下列行为之一，致使上市公司利益遭受重大损失的，处三年以下有期徒刑或者拘役，并处或者单处罚金；致使上市公司利益遭受特别重大损失的，处三年以上七年以下有期徒刑，并处罚金：

（一）无偿向其他单位或者个人提供资金、商品、服务或者其他资产的；

（二）以明显不公平的条件，提供或者接受资金、商品、服务或者其他资产的；

（三）向明显不具有清偿能力的单位或者个人提供资金、商品、服务或者其他资产的；

（四）为明显不具有清偿能力的单位或者个人提供担保，或者无正当理由为其他单位或者个人提供担保的；

（五）无正当理由放弃债权、承担债务的；

（六）采用其他方式损害上市公司利益的。

上市公司的控股股东或者实际控制人，指使上市公司董事、监事、高级管理人员实施前款行为的，依照前款的规定处罚。

犯前款罪的上市公司的控股股东或者实际控制人是单位的，对单位判处罚金，并对其直接负责的主管人员和其他直接责任人员，依照第一款的规定处罚。

立法动态

本条根据《中华人民共和国刑法修正案（六）》（自2006年6月29日起施行）第九条增加。

立案标准

《最高人民检察院、公安部关于公安机关管辖的刑事案件立案追诉标准的规定（二）》（2022年4月6日修订　公通字〔2022〕12号）

第十三条　［背信损害上市公司利益案（刑法第一百六十九条之一）］上市公司的董事、监事、高级管理人员违背对公司的忠实义务，利用职务便利，操纵上市公司从事损害上市公司利益的行为，以及上市公司的控股股东或者实际控制人，指使上市公司董事、监事、高级管理人员实施损害上市公司利益的行为，涉嫌下列情形之一的，应予立案追诉：

（一）无偿向其他单位或者个人提供资金、商品、服务或者其他资产，致使上市公司直接经济损失数额在一百五十万元以上的；

（二）以明显不公平的条件，提供或者接受资金、商品、服务或者其他资产，致使上市公司直接经济损失数额在一百五十万元以上的；

（三）向明显不具有清偿能力的单位或者个人提供资金、商品、服务或者其他资产，致使上市公司直接经济损失数额在一百五十万元以上的；

（四）为明显不具有清偿能力的单位或者个人提供担保，或者无正当理由为其他单位或者个人提供担保，致使上市公司直接经济损失数额在一百五十万元以上的；

（五）无正当理由放弃债权、承担债务，致使上市公司直接经济损失数额在一百五十万元以上的；

（六）致使公司、企业发行的股票或者公司、企业债券、存托凭证或者国务院依法认定的其他证券被终止上市交易的；

（七）其他致使上市公司利益遭受重大损失的情形。

类案检索指引

★依法从严打击证券违法活动，加大违法成本，强化震慑效应

《鲜某背信损害上市公司利益、操纵证券市场案》（2022年9月8日最高人民法院、最高人民检察院、公安部、中国证监会发布依法从严打击证券犯罪典型案例）

【关键词】

背信损害上市公司利益罪　操纵证券市场罪　信息型操纵　价量影响

【典型意义】

1. 准确把握背信损害上市公司利益罪违背忠实义务，将上市公司利益向个人或其他单位输送的实质。背信损害上市公司利益犯罪的手段多种多样，如与关联公司不正当交易、伪造支付名目、违规担保、无偿提供资金等，并且多采用复杂的资金流转、股权控制方式掩饰违法行为，究其实质，均系违背对上市公司的忠实义务、输送公司利益。本案中，汉某公司系上市公司的并表子公司，鲜某将汉某公司资金转入个人控制账户，相比直接转移上市公司资金隐蔽性更强，由于相关财务数据计入上市公司，最终仍然致使上市公司利益遭受重大损失。办案中，应当透过合同、资金流转、股权关系等表象，准确认识行为实质，依法追究责任。

2. 在信息型操纵证券案件中，应当结合当事人控制信息的手段、对证券交易价格、交易量的影响、情节严重程度等认定是否构成操纵证券市场犯罪。上市公司实际控制人、高级管理人员利用其特殊地位，迎合市场热点，控制信息的生成或信息披露的内容、时点、节奏，进行误导性披露，是信息型操纵证券犯罪的重要手段。其本质是行为人通过控制公开披露的信息，误导投资者作出投资决策，扭曲证券价格正常形成机制，影响证券交易价格或者证券交易量。该类信息型操纵属于刑法第一百八十二条第一款第七项（刑法修正案十一之前的第四项）规定的"以其他方法操纵证券、期货市场的"行为，最高人民检察院、公安部《关于公安机关管辖的刑事案件立案追诉标准的规定（二）》（2010年规定第三十九条第六项、2022年规定第三十四条第六项）以及最高人民法院、最高人民检察院《关于办理操纵证券、期货市场刑事案件适用法律若干问题的解释》（第一条第四项）对此均作了列举规定。办案中需要注意，信息型操纵与交易型操纵认定"情节严重"的标准不同，前者主要以证券交易成交额、违法所得数额来判断，而后者主要以持股占比、成交量占比来判断。

3. 坚持依法从严惩治，加大违法犯罪成本，遏制资本市场的违法犯罪行为。为维护资本市场秩序、防范化解重大风险，中共中央办公厅、国务院办公厅印发《关于依法从严打击证券违法活动的意见》，要求依法严厉查处证券违法犯罪案件，加强诚信约束惩戒，强化震慑效应。本案系行政机关、司法机关对上市公司实际控制人挑战法律底线、屡次实施违法违规行为进行彻查严处的标杆案件。根据鲜某违法犯罪行为性质、情节、违法所得数额等，行政处罚顶格处以违法所得5倍罚金、终身市场禁入；刑事处罚依法认定构成数罪，判处有期徒刑并处罚金，追缴违法所得。通过全方位的从重追责，加大资本市场违法成本，震慑违法犯罪活动，营造崇法守信的市场法治环境。

第四节 破坏金融管理秩序罪

第一百七十条 【伪造货币罪】伪造货币的，处三年以上十年以下有期徒刑，并处罚金；有下列情形之一的，处十年以上有期徒刑或者无期徒刑，并处罚金或者没收财产：

（一）伪造货币集团的首要分子；

（二）伪造货币数额特别巨大的；

（三）有其他特别严重情节的。

立法动态

本条源自《中华人民共和国刑法》（1997年3月14日第八届全国人民代表大会第五次会议修订，自1997年10月1日起施行）。

本条原内容为：伪造货币的，处三年以上十年以下有期徒刑，并处五万元以上五十万元以下罚金；有下列情形之一的，处十年以上有期徒刑、无期徒刑或者死刑，并处五万元以上五十万元以下罚金或者没收财产：（一）伪造货币集团的首要分子；（二）伪造货币数额特别巨大的；（三）有其他特别严重情节的。

本条根据《中华人民共和国刑法修正案（九）》（自2015年11月1日起施行）第十一条修改。修改的主要内容为：一是取消对伪造货币罪的死刑；二是取消对并处罚金的数额限制。

立案标准

《最高人民检察院、公安部关于公安机关管辖的刑事案件立案追诉标准的规定（二）》（2022年4月6日修订 公通字〔2022〕12号）

第十四条 ［伪造货币案（刑法第一百七十条）］伪造货币，涉嫌下列情形之一的，应予立案追诉：

(一)总面额在二千元以上或者币量在二百张(枚)以上的;

(二)总面额在一千元以上或者币量在一百张(枚)以上,二年内因伪造货币受过行政处罚,又伪造货币的;

(三)制造货币版样或者为他人伪造货币提供版样的;

(四)其他伪造货币应予追究刑事责任的情形。

适用要点与裁判依据

★犯本罪的起刑点及"货币""伪造货币数额特别巨大"的认定

《最高人民法院关于审理伪造货币等案件具体应用法律若干问题的解释》(2000年9月8日 法释〔2000〕26号)

第一条 伪造货币的总面额在二千元以上不满三万元或者币量在二百张(枚)以上不足三千张(枚)的,依照刑法第一百七十条的规定,处三年以上十年以下有期徒刑,并处五万元以上五十万元以下罚金。

伪造货币的总面额在三万元以上的,属于"伪造货币数额特别巨大"。

行为人制造货币版样或者与他人事前通谋,为他人伪造货币提供版样的,依照刑法第一百七十条的规定定罪处罚。

第七条 本解释所称"货币"是指可在国内市场流通或者兑换的人民币和境外货币。

货币面额应当以人民币计算,其他币种以案发时国家外汇管理机关公布的外汇牌价折算成人民币。

★"伪造货币"与"变造货币"的认定

《最高人民法院关于审理伪造货币等案件具体应用法律若干问题的解释(二)》(2010年10月20日 法释〔2010〕14号)

第一条 仿照真货币的图案、形状、色彩等特征非法制造假币,冒充真币的行为,应当认定为刑法第一百七十条规定的"伪造货币"。

对真货币采用剪贴、挖补、揭层、涂改、移位、重印等方法加工处理,改变真币形态、价值的行为,应当认定为刑法第一百七十三条规定的"变造货币"。

第二条　同时采用伪造和变造手段,制造真伪拼凑货币的行为,依照刑法第一百七十条的规定,以伪造货币罪定罪处罚。

★以正在流通的境外货币为对象的假币犯罪的刑事责任

《最高人民法院关于审理伪造货币等案件具体应用法律若干问题的解释(二)》(2010年10月20日　法释〔2010〕14号)

第三条　以正在流通的境外货币为对象的假币犯罪,依照刑法第一百七十条至第一百七十三条的规定定罪处罚。

假境外货币犯罪的数额,按照案发当日中国外汇交易中心或者中国人民银行授权机构公布的人民币对该货币的中间价折合成人民币计算。中国外汇交易中心或者中国人民银行授权机构未公布汇率中间价的境外货币,按照案发当日境内银行人民币对该货币的中间价折算成人民币,或者该货币在境内银行、国际外汇市场对美元汇率,与人民币对美元汇率中间价进行套算。

★以普通纪念币和贵金属纪念币为对象的假币犯罪的刑事责任

《最高人民法院关于审理伪造货币等案件具体应用法律若干问题的解释(二)》(2010年10月20日　法释〔2010〕14号)

第四条　以中国人民银行发行的普通纪念币和贵金属纪念币为对象的假币犯罪,依照刑法第一百七十条至第一百七十三条的规定定罪处罚。

假普通纪念币犯罪的数额,以面额计算;假贵金属纪念币犯罪的数额,以贵金属纪念币的初始发售价格计算。

第一百七十一条　【出售、购买、运输假币罪】出售、购买伪造的货币或者明知是伪造的货币而运输,数额较大的,处三年以下有期徒刑或者拘役,并处二万元以上二十万元以下罚金;数额巨大的,处三年以上十年以下有期徒刑,并处五万元以上五十万元以下罚金；数额特别巨大的，处十年以上有期徒刑或者无期徒刑，并处五万元以上五十万元以下罚金或者没收财产。

【金融工作人员购买假币、以假币换取货币罪】银行或者其他金融机构的工作人员购买伪造的货币或者利用职务上的便利，以伪造的货币换取货币的，处三年以上十年以下有期徒刑，并处二万元以上二十万元以下罚金；数额巨大或者有其他严重情节的，处十年以上有期徒刑或者无期徒刑，并处二万元以上二十万元以下罚金或者没收财产；情节较轻的，处三年以下有期徒刑或者拘役，并处或者单处一万元以上十万元以下罚金。

伪造货币并出售或者运输伪造的货币的，依照本法第一百七十条的规定定罪从重处罚。

立法动态

本条源自《中华人民共和国刑法》(1997年3月14日第八届全国人民代表大会第五次会议修订，自1997年10月1日起施行)。

立案标准

《最高人民检察院、公安部关于公安机关管辖的刑事案件立案追诉标准的规定(二)》(2022年4月6日修订　公通字〔2022〕12号)

第十五条　[出售、购买、运输假币案(刑法第一百七十一条第一款)]出售、购买伪造的货币或者明知是伪造的货币而运输，涉嫌下列情形之一的，应予立案追诉：

(一)总面额在四千元以上或者币量在四百张(枚)以上的；

(二)总面额在二千元以上或者币量在二百张(枚)以上，二年内因出售、购买、运输假币受过行政处罚，又出售、购买、运输假币的；

(三)其他出售、购买、运输假币应予追究刑事责任的情形。

在出售假币时被抓获的，除现场查获的假币应认定为出售假币的数额外,现场之外在行为人住所或者其他藏匿地查获的假币,也应认定为出售假币的数额。

第十六条　[金融工作人员购买假币、以假币换取货币案(刑法第一百七十一条第二款)]银行或者其他金融机构的工作人员购买伪造的货币或者利用职务上的便利,以伪造的货币换取货币,总面额在二千元以上或者币量在二百张(枚)以上的,应予立案追诉。

适用要点与裁判依据

★购买假币后使用以及出售、运输假币同时使用的定罪处罚

《最高人民法院关于审理伪造货币等案件具体应用法律若干问题的解释》(2000年9月8日　法释〔2000〕26号)

第二条　行为人购买假币后使用,构成犯罪的,依照刑法第一百七十一条的规定,以购买假币罪定罪,从重处罚。

行为人出售、运输假币构成犯罪,同时有使用假币行为的,依照刑法第一百七十一条、第一百七十二条的规定,实行数罪并罚。

★出售、购买假币或者明知是假币而运输的定罪处罚

《最高人民法院关于审理伪造货币等案件具体应用法律若干问题的解释》(2000年9月8日　法释〔2000〕26号)

第三条　出售、购买假币或者明知是假币而运输,总面额在四千元以上不满五万元的,属于"数额较大";总面额在五万元以上不满二十万元的,属于"数额巨大";总面额在二十万元以上的,属于"数额特别巨大",依照刑法第一百七十一条第一款的规定定罪处罚。

★金融机构的工作人员购买假币或者利用职务上的便利,以假币换取货币的定罪处罚

《最高人民法院关于审理伪造货币等案件具体应用法律若干问题的解释》(2000年9月8日　法释〔2000〕26号)

第四条　银行或者其他金融机构的工作人员购买假币或者利用职务上的便利,以假币换取货币,总面额在四千元以上不满五万元或者币量在四百张(枚)以上不足五千张(枚)的,处三年以上十年以下有期徒刑,并处二万元以上二十万元以下罚金;总面额在五万元以上或者币量在五千张(枚)以上或者有其他严重情节的,处十年以上有期徒刑或者无期徒刑,并处二万元以上二十万元以下罚金或者没收财产;总面额不满人民币四千元或者币量不足四百张(枚)或者具有其他情节较轻情形的,处三年以下有期徒刑或者拘役,并处或者单处一万元以上十万元以下罚金。

★以普通纪念币和贵金属纪念币为对象的假币犯罪的定罪处罚

《最高人民法院关于审理伪造货币等案件具体应用法律若干问题的解释(二)》(2010年10月20日　法释〔2010〕14号)

第四条　以中国人民银行发行的普通纪念币和贵金属纪念币为对象的假币犯罪,依照刑法第一百七十条至第一百七十三条的规定定罪处罚。

假普通纪念币犯罪的数额,以面额计算;假贵金属纪念币犯罪的数额,以贵金属纪念币的初始发售价格计算。

第一百七十二条　【持有、使用假币罪】明知是伪造的货币而持有、使用,数额较大的,处三年以下有期徒刑或者拘役,并处或者单处一万元以上十万元以下罚金;数额巨大的,处三年以上十年以下有期徒刑,并处二万元以上二十万元以下罚金;数额特别巨大的,处十年以上有期徒刑,并处五万元以上五十万元以下罚金或者没收财产。

立法动态

本条源自《中华人民共和国刑法》(1997年3月14日第八届全国人民代表大会第五次会议修订,自1997年10月1日起施行)。

立案标准

《最高人民检察院、公安部关于公安机关管辖的刑事案件立案追诉标准的规定(二)》(2022 年 4 月 6 日修订　公通字〔2022〕12 号)

第十七条　[持有、使用假币案(刑法第一百七十二条)]明知是伪造的货币而持有、使用,涉嫌下列情形之一的,应予立案追诉:

(一)总面额在四千元以上或者币量在四百张(枚)以上的;

(二)总面额在二千元以上或者币量在二百张(枚)以上,二年内因持有、使用假币受过行政处罚,又持有、使用假币的;

(三)其他持有、使用假币应予追究刑事责任的情形。

适用要点与裁判依据

★犯本罪,"数额较大""数额巨大""数额特别巨大"的认定

《最高人民法院关于审理伪造货币等案件具体应用法律若干问题的解释》(2000 年 9 月 8 日　法释〔2000〕26 号)

第五条　明知是假币而持有、使用,总面额在四千元以上不满五万元的,属于"数额较大";总面额在五万元以上不满二十万元的,属于"数额巨大";总面额在二十万元以上的,属于"数额特别巨大",依照刑法第一百七十二条的规定定罪处罚。

第一百七十三条　【变造货币罪】变造货币,数额较大的,处三年以下有期徒刑或者拘役,并处或者单处一万元以上十万元以下罚金;数额巨大的,处三年以上十年以下有期徒刑,并处二万元以上二十万元以下罚金。

立法动态

本条源自《中华人民共和国刑法》(1997 年 3 月 14 日第八届全

国人民代表大会第五次会议修订,自1997年10月1日起施行)。

立案标准

《最高人民检察院、公安部关于公安机关管辖的刑事案件立案追诉标准的规定(二)》(2022年4月6日修订 公通字〔2022〕12号)

第十八条 [变造货币案(刑法第一百七十三条)]变造货币,涉嫌下列情形之一的,应予立案追诉:

(一)总面额在二千元以上或者币量在二百张(枚)以上的;

(二)总面额在一千元以上或者币量在一百张(枚)以上,二年内因变造货币受过行政处罚,又变造货币的;

(三)其他变造货币应予追究刑事责任的情形。

适用要点与裁判依据

★变造货币"数额较大""数额巨大"的认定

《最高人民法院关于审理伪造货币等案件具体应用法律若干问题的解释》(2000年9月8日 法释〔2000〕26号)

第六条 变造货币的总面额在二千元以上不满三万元的,属于"数额较大";总面额在三万元以上的,属于"数额巨大",依照刑法第一百七十三条的规定定罪处罚。

第七条 本解释所称"货币"是指可在国内市场流通或者兑换的人民币和境外货币。

货币面额应当以人民币计算,其他币种以案发时国家外汇管理机关公布的外汇牌价折算成人民币。

★"变造货币"的认定

《最高人民法院关于审理伪造货币等案件具体应用法律若干问题的解释(二)》(2010年10月20日 法释〔2010〕14号)

第一条 仿照真货币的图案、形状、色彩等特征非法制造假币,冒充真币的行为,应当认定为刑法第一百七十条规定的"伪造货币"。

对真货币采用剪贴、挖补、揭层、涂改、移位、重印等方法加工处理，改变真币形态、价值的行为，应当认定为刑法第一百七十三条规定的“变造货币”。

★同时采用伪造和变造手段，制造真伪拼凑货币的定罪处罚

《最高人民法院关于审理伪造货币等案件具体应用法律若干问题的解释(二)》(2010年10月20日 法释〔2010〕14号)

第二条 同时采用伪造和变造手段，制造真伪拼凑货币的行为，依照刑法第一百七十条的规定，以伪造货币罪定罪处罚。

★以正在流通的境外货币为对象的假币犯罪的定罪处罚

《最高人民法院关于审理伪造货币等案件具体应用法律若干问题的解释(二)》(2010年10月20日 法释〔2010〕14号)

第三条 以正在流通的境外货币为对象的假币犯罪，依照刑法第一百七十条至第一百七十三条的规定定罪处罚。

假境外货币犯罪的数额，按照案发当日中国外汇交易中心或者中国人民银行授权机构公布的人民币对该货币的中间价折合成人民币计算。中国外汇交易中心或者中国人民银行授权机构未公布汇率中间价的境外货币，按照案发当日境内银行人民币对该货币的中间价折算成人民币，或者该货币在境内银行、国际外汇市场对美元汇率，与人民币对美元汇率中间价进行套算。

★以普通纪念币和贵金属纪念币为对象的假币犯罪的定罪处罚

《最高人民法院关于审理伪造货币等案件具体应用法律若干问题的解释(二)》(2010年10月20日 法释〔2010〕14号)

第四条 以中国人民银行发行的普通纪念币和贵金属纪念币为对象的假币犯罪，依照刑法第一百七十条至第一百七十三条的规定定罪处罚。

假普通纪念币犯罪的数额，以面额计算；假贵金属纪念币犯罪的数额，以贵金属纪念币的初始发售价格计算。

★对外国残损、变形硬币进行加工修复可以认定为“变造货币”的情形

《最高人民法院研究室关于对外国残损、变形硬币进行加工修复是否属于“变造货币”征求意见的复函》(2012 年 6 月　法研〔2012〕57 号)

公安部经济犯罪侦查局：

贵部办公厅《关于对外国残损、变形硬币进行加工修复是否属于“变造货币”征求意见的函》(公经〔2012〕131 号)收悉。经研究，提出如下意见：

对从废旧金属、洋垃圾中分拣的外国残损、变形硬币进行加工修复行为所涉情形较为复杂，应当区分情况处理：对其中内芯、外圈分离的硬币进行重新拼装，加工修复的，可以认定为“变造货币”；对分拣出的外国硬币进行清洗、挑选，或者对扭曲变形的外国硬币进行敲打、压平，不应认定为“变造货币”。

第一百七十四条　【擅自设立金融机构罪】未经国家有关主管部门批准，擅自设立商业银行、证券交易所、期货交易所、证券公司、期货经纪公司、保险公司或者其他金融机构的，处三年以下有期徒刑或者拘役，并处或者单处二万元以上二十万元以下罚金；情节严重的，处三年以上十年以下有期徒刑，并处五万元以上五十万元以下罚金。

【伪造、变造、转让金融机构经营许可证、批准文件罪】伪造、变造、转让商业银行、证券交易所、期货交易所、证券公司、期货经纪公司、保险公司或者其他金融机构的经营许可证或者批准文件的，依照前款的规定处罚。

单位犯前两款罪的，对单位判处罚金，并对其直接负责的主管人员和其他直接责任人员，依照第一款的规定处罚。

立法动态

本条源自《中华人民共和国刑法》(1997 年 3 月 14 日第八届全国人民代表大会第五次会议修订,自 1997 年 10 月 1 日起施行)。

原本条规定为:第一百七十四条 (第一款)未经中国人民银行批准,擅自设立商业银行或者其他金融机构的,处三年以下有期徒刑或者拘役,并处或者单处二万元以上二十万元以下罚金;情节严重的,处三年以上十年以下有期徒刑,并处五万元以上五十万元以下罚金。(第二款)伪造、变造、转让商业银行或者其他金融机构经营许可证的,依照前款的规定处罚。(第三款)单位犯前两款罪的,对单位判处罚金,并对其直接负责的主管人员和其他直接责任人员,依照第一款的规定处罚。

本条根据《中华人民共和国刑法修正案》(1999 年 12 月 25 日起施行)第三条修改。

本条修改的主要内容为:一是在第一款中将"未经中国人民银行批准"修改为"未经国家有关主管部门批准",并将"擅自设立商业银行或者其他金融机构"修改为"擅自设立商业银行、证券交易所、期货交易所、证券公司、期货经纪公司、保险公司或者其他金融机构",扩展了构成本罪的主体范围;二是在第二款中将"伪造、变造、转让商业银行或者其他金融机构经营许可证的"修改为"伪造、变造、转让商业银行、证券交易所、期货交易所、证券公司、期货经纪公司、保险公司或者其他金融机构的经营许可证或者批准文件的",从而与第一款相一致,并增加了"伪造、变造……虚假文件"的内容。

立案标准

《最高人民检察院、公安部关于公安机关管辖的刑事案件立案追诉标准的规定(二)》(2022 年 4 月 6 日修订 公通字〔2022〕12 号)

第十九条 [擅自设立金融机构案(刑法第一百七十四条第一款)]未经国家有关主管部门批准,擅自设立金融机构,涉嫌下列情形

之一的,应予立案追诉:

(一)擅自设立商业银行、证券交易所、期货交易所、证券公司、期货公司、保险公司或者其他金融机构的;

(二)擅自设立金融机构筹备组织的。

第二十条　[伪造、变造、转让金融机构经营许可证、批准文件案(刑法第一百七十四条第二款)]伪造、变造、转让商业银行、证券交易所、期货交易所、证券公司、期货公司、保险公司或者其他金融机构的经营许可证或者批准文件的,应予立案追诉。

适用要点与裁判依据

★犯本罪,应当择一重处、数罪并罚、酌情从重处罚的情形

《最高人民法院、最高人民检察院、公安部、司法部关于办理非法放贷刑事案件若干问题的意见》(2019年7月23日　法发〔2019〕24号)

六、为从事非法放贷活动,实施擅自设立金融机构、套取金融机构资金高利转贷、骗取贷款、非法吸收公众存款等行为,构成犯罪的,应当择一重罪处罚。

为强行索要因非法放贷而产生的债务,实施故意杀人、故意伤害、非法拘禁、故意毁坏财物、寻衅滋事等行为,构成犯罪的,应当数罪并罚。

纠集、指使、雇佣他人采用滋扰、纠缠、哄闹、聚众造势等手段强行索要债务,尚不单独构成犯罪,但实施非法放贷行为已构成非法经营罪的,应当按照非法经营罪的规定酌情从重处罚。

以上规定的情形,刑法、司法解释另有规定的除外。

第一百七十五条 【高利转贷罪】以转贷牟利为目的，套取金融机构信贷资金高利转贷他人，违法所得数额较大的，处三年以下有期徒刑或者拘役，并处违法所得一倍以上五倍以下罚金；数额巨大的，处三年以上七年以下有期徒刑，并处违法所得一倍以上五倍以下罚金。

单位犯前款罪的，对单位判处罚金，并对其直接负责的主管人员和其他直接责任人员，处三年以下有期徒刑或者拘役。

立法动态

本条源自《中华人民共和国刑法》（1997年3月14日第八届全国人民代表大会第五次会议修订，自1997年10月1日起施行）。

立案标准

《最高人民检察院、公安部关于公安机关管辖的刑事案件立案追诉标准的规定（二）》（2022年4月6日修订 公通字〔2022〕12号）

第二十一条 ［高利转贷案（刑法第一百七十五条）］以转贷牟利为目的，套取金融机构信贷资金高利转贷他人，违法所得数额在五十万元以上的，应予立案追诉。

适用要点与裁判依据

★犯本罪，应当择一重处或者数罪并罚的情形

《最高人民法院、最高人民检察院、公安部、司法部关于办理非法放贷刑事案件若干问题的意见》（2019年7月3日 法发〔2019〕24号）

六、为从事非法放贷活动，实施擅自设立金融机构、套取金融机构资金高利转贷、骗取贷款、非法吸收公众存款等行为，构成犯罪的，应当择一重罪处罚。

为强行索要因非法放贷而产生的债务，实施故意杀人、故意伤害、非法拘禁、故意毁坏财物、寻衅滋事等行为，构成犯罪的，应当数罪并罚。

纠集、指使、雇佣他人采用滋扰、纠缠、哄闹、聚众造势等手段强行索要债务，尚不单独构成犯罪，但实施非法放贷行为已构成非法经营罪的，应当按照非法经营罪的规定酌情从重处罚。

以上规定的情形，刑法、司法解释另有规定的除外。

第一百七十五条之一　【骗取贷款、票据承兑、金融票证罪】以欺骗手段取得银行或者其他金融机构贷款、票据承兑、信用证、保函等，给银行或者其他金融机构造成重大损失的，处三年以下有期徒刑或者拘役，并处或者单处罚金；给银行或者其他金融机构造成特别重大损失或者有其他特别严重情节的，处三年以上七年以下有期徒刑，并处罚金。

单位犯前款罪的，对单位判处罚金，并对其直接负责的主管人员和其他直接责任人员，依照前款的规定处罚。

立法动态

本条根据《中华人民共和国刑法修正案（六）》（自 2006 年 6 月 29 日起施行）第十条增加。

本条第一款根据《中华人民共和国刑法修正案（十一）》（自 2021 年 3 月 1 日起施行）第十一条修改。

本条原第一款内容为：以欺骗手段取得银行或者其他金融机构贷款、票据承兑、信用证、保函等，给银行或者其他金融机构造成重大损失或者有其他严重情节的，处三年以下有期徒刑或者拘役，并处或者单处罚金；给银行或者其他金融机构造成特别重大损失或者有其他特别严重情节的，处三年以上七年以下有期徒刑，并处罚金。

本条第一款修改的主要内容为：在本罪的犯罪构成要件中取消

了“或者有其他严重情节”的情形。

立案标准

《最高人民检察院、公安部关于公安机关管辖的刑事案件立案追诉标准的规定(二)》(2022年4月6日修订　公通字〔2022〕12号)

第二十二条　[骗取贷款、票据承兑、金融票证案(刑法第一百七十五条之一)]以欺骗手段取得银行或者其他金融机构贷款、票据承兑、信用证、保函等,给银行或者其他金融机构造成直接经济损失数额在五十万元以上的,应予立案追诉。

适用要点与裁判依据

★刑法修正案(十一)删除“或者有其他严重情节”的入罪条件后,对立案追诉标准和“其他特别严重情节”的把握

《最高人民检察院关于刑法修正案(十一)相关问题的解答》

九、刑法修正案(十一)删除了175条之一中的“或者有其他严重500 刑法适用要点与裁判依据情节”的入罪条件后,如何把握骗取贷款罪的立案追诉标准和“其他特别严重情节”?

答:刑法修正案(十一)删除了175条之一中的“或者有其他严重情节”的入罪条件,意味着给银行或者其他金融机构造成重大损失的才构成本罪。最高人民检察院、公安部《关于公安机关管辖的刑事案件立案追诉标准的规定(二)》第27条第一、三项以及第四项中的“或者有其他严重情节的情形”已不适用。

第二档法定刑升格则仍然保留了“其他特别严重情节”的规定,即给银行或者其他金融机构造成重大损失或者有其他特别严重情节。适用“其他特别严重情节”,应当以给银行或者其他金融机构造成重大损失为前提,没有造成重大损失的,不能径直按照“其他特别严重情节”定罪处罚。在司法解释未明确之前,对于损失数额接近于但尚未达到特别重大损失的案件,可以结合骗取贷款手段的恶劣程度、造成社会危害的严重程度等综合判断是否构成“其他特别严重情节”。

第一百七十六条 【非法吸收公众存款罪】非法吸收公众存款或者变相吸收公众存款，扰乱金融秩序的，处三年以下有期徒刑或者拘役，并处或者单处罚金；数额巨大或者有其他严重情节的，处三年以上十年以下有期徒刑，并处罚金；数额特别巨大或者有其他特别严重情节的，处十年以上有期徒刑，并处罚金。

单位犯前款罪的，对单位判处罚金，并对其直接负责的主管人员和其他直接责任人员，依照前款的规定处罚。

有前两款行为，在提起公诉前积极退赃退赔，减少损害结果发生的，可以从轻或者减轻处罚。

立法动态

本条源自《中华人民共和国刑法》(1997 年 3 月 14 日第八届全国人民代表大会第五次会议修订，自 1997 年 10 月 1 日起施行)。

原本条规定为：第一百七十六条(第一款)非法吸收公众存款或者变相吸收公众存款，扰乱金融秩序的，处三年以下有期徒刑或者拘役，并处或者单处二万元以上二十万元以下罚金；数额巨大或者有其他严重情节的，处三年以上十年以下有期徒刑，并处五万元以上五十万元以下罚金。(第二款)单位犯前款罪的，对单位判处罚金，并对其直接负责的主管人员和其他直接责任人员，依照前款的规定处罚。

本条根据《中华人民共和国刑法修正案(十一)》(自 2021 年 3 月 1 日起施行)第十二条修改。

本条修改的主要内容为：一是取消了并处或者单处罚金的数额标准；二是提高了本罪的法定刑，新设了第三档，即“数额特别巨大或者有其他特别严重情节的”；三是增加规定第三款“有前两款行为，在提起公诉前积极退赃退赔，减少损害结果发生的，可以从轻或者减轻处罚”。

第176条

立案标准

《最高人民检察院、公安部关于公安机关管辖的刑事案件立案追诉标准的规定(二)》(2022年4月6日修订　公通字〔2022〕12号)

第二十三条　[非法吸收公众存款案(刑法第一百七十六条)]非法吸收公众存款或者变相吸收公众存款,扰乱金融秩序,涉嫌下列情形之一的,应予立案追诉:

(一)非法吸收或者变相吸收公众存款数额在一百万元以上的;

(二)非法吸收或者变相吸收公众存款对象一百五十人以上的;

(三)非法吸收或者变相吸收公众存款,给集资参与人造成直接经济损失数额在五十万元以上的;

非法吸收或者变相吸收公众存款数额在五十万元以上或者给集资参与人造成直接经济损失数额在二十五万元以上,同时涉嫌下列情形之一的,应予立案追诉:

(一)因非法集资受过刑事追究的;

(二)二年内因非法集资受过行政处罚的;

(三)造成恶劣社会影响或者其他严重后果的。

量刑指导

《最高人民法院、最高人民检察院关于常见犯罪的量刑指导意见(试行)》(2021年6月16日　法发〔2021〕21号)

四、常见犯罪的量刑

(三)非法吸收公众存款罪

1. 构成非法吸收公众存款罪的,根据下列情形在相应的幅度内确定量刑起点:

(1)犯罪情节一般的,在一年以下有期徒刑、拘役幅度内确定量刑起点。

(2)达到数额巨大起点或者有其他严重情节的,在三年至四年有期徒刑幅度内确定量刑起点。

(3)达到数额特别巨大起点或者有其他特别严重情节的,在十年至十二年有期徒刑幅度内确定量刑起点。

2. 在量刑起点的基础上,根据非法吸收存款数额等其他影响犯罪构成的犯罪事实增加刑罚量,确定基准刑。

3. 对于在提起公诉前积极退赃退赔,减少损害结果发生的,可以减少基准刑的40%以下;犯罪较轻的,可以减少基准刑的40%以上或者依法免除处罚。

4. 构成非法吸收公众存款罪的,根据非法吸收公众存款数额、存款人人数、给存款人造成的直接经济损失数额等犯罪情节,综合考虑被告人缴纳罚金的能力,决定罚金数额。

5. 构成非法吸收公众存款罪的,综合考虑非法吸收存款数额、存款人人数、给存款人造成的直接经济损失数额、清退资金数额等犯罪事实、量刑情节,以及被告人主观恶性、人身危险性、认罪悔罪表现等因素,决定缓刑的适用。

适用要点与裁判依据

★以发行证券为幌子实施非法证券活动的,构成本罪

《最高人民法院、最高人民检察院、公安部、中国证券监督管理委员会关于整治非法证券活动有关问题的通知》(2008年1月2日　证监发〔2008〕1号)

二、明确法律政策界限,依法打击非法证券活动

(二)关于擅自发行证券的责任追究。未经依法核准,擅自发行证券,涉嫌犯罪的,依照《刑法》第一百七十九条之规定,以擅自发行股票、公司、企业债券罪追究刑事责任。未经依法核准,以发行证券为幌子,实施非法证券活动,涉嫌犯罪的,依照《刑法》第一百七十六条、第一百九十二条等规定,以非法吸收公众存款罪、集资诈骗罪等罪名追究刑事责任。未构成犯罪的,依照《证券法》和有关法律的规定给予行政处罚。

★犯本罪,"非法吸收公众存款或者变相吸收公众存款"的认定

《最高人民法院关于审理非法集资刑事案件具体应用法律若干问题的解释》(2022年2月23日 法释〔2022〕5号)

第一条 违反国家金融管理法律规定,向社会公众(包括单位和个人)吸收资金的行为,同时具备下列四个条件的,除刑法另有规定的以外,应当认定为刑法第一百七十六条规定的"非法吸收公众存款或者变相吸收公众存款":

(一)未经有关部门依法许可或者借用合法经营的形式吸收资金;

(二)通过网络、媒体、推介会、传单、手机信息等途径向社会公开宣传;

(三)承诺在一定期限内以货币、实物、股权等方式还本付息或者给付回报;

(四)向社会公众即社会不特定对象吸收资金。

未向社会公开宣传,在亲友或者单位内部针对特定对象吸收资金的,不属于非法吸收或者变相吸收公众存款。

★犯本罪,应当"以非法吸收公众存款罪定罪处罚"的情形

《最高人民法院关于审理非法集资刑事案件具体应用法律若干问题的解释》(2022年2月23日 法释〔2022〕5号)

第二条 实施下列行为之一,符合本解释第一条第一款规定的条件的,应当依照刑法第一百七十六条的规定,以非法吸收公众存款罪定罪处罚:

(一)不具有房产销售的真实内容或者不以房产销售为主要目的,以返本销售、售后包租、约定回购、销售房产份额等方式非法吸收资金的;

(二)以转让林权并代为管护等方式非法吸收资金的;

(三)以代种植(养殖)、租种植(养殖)、联合种植(养殖)等方式非法吸收资金的;

(四)不具有销售商品、提供服务的真实内容或者不以销售商品、提供服务为主要目的,以商品回购、寄存代售等方式非法吸收资金的;

（五）不具有发行股票、债券的真实内容，以虚假转让股权、发售虚构债券等方式非法吸收资金的；

（六）不具有募集基金的真实内容，以假借境外基金、发售虚构基金等方式非法吸收资金的；

（七）不具有销售保险的真实内容，以假冒保险公司、伪造保险单据等方式非法吸收资金的；

（八）以网络借贷、投资入股、虚拟币交易等方式非法吸收资金的；

（九）以委托理财、融资租赁等方式非法吸收资金的；

（十）以提供"养老服务"、投资"养老项目"、销售"老年产品"等方式非法吸收资金的；

（十一）利用民间"会""社"等组织非法吸收资金的；

（十二）其他非法吸收资金的行为。

第三条　非法吸收或者变相吸收公众存款，具有下列情形之一的，应当依法追究刑事责任：

（一）非法吸收或者变相吸收公众存款数额在100万元以上的；

（二）非法吸收或者变相吸收公众存款对象150人以上的；

（三）非法吸收或者变相吸收公众存款，给存款人造成直接经济损失数额在50万元以上的。

非法吸收或者变相吸收公众存款数额在50万元以上或者给存款人造成直接经济损失数额在25万元以上，同时具有下列情节之一的，应当依法追究刑事责任：

（一）曾因非法集资受过刑事追究的；

（二）二年内曾因非法集资受过行政处罚的；

（三）造成恶劣社会影响或者其他严重后果的。

★犯本罪，应当认定为"数额巨大或者有其他严重情节"的情形

《最高人民法院关于审理非法集资刑事案件具体应用法律若干问题的解释》（2022年2月23日　法释〔2022〕5号）

第四条　非法吸收或者变相吸收公众存款，具有下列情形之一的，应当认定为刑法第一百七十六条规定的"数额巨大或者有其他严

重情节”:

(一)非法吸收或者变相吸收公众存款数额在500万元以上的;

(二)非法吸收或者变相吸收公众存款对象500人以上的;

(三)非法吸收或者变相吸收公众存款,给存款人造成直接经济损失数额在250万元以上的。

非法吸收或者变相吸收公众存款数额在250万元以上或者给存款人造成直接经济损失数额在150万元以上,同时具有本解释第三条第二款第三项情节的,应当认定为“其他严重情节”。

★犯本罪,应当认定为“数额特别巨大或者有其他特别严重情节”的情形

《最高人民法院关于审理非法集资刑事案件具体应用法律若干问题的解释》(2022年2月23日 法释〔2022〕5号)

第五条 非法吸收或者变相吸收公众存款,具有下列情形之一的,应当认定为刑法第一百七十六条规定的“数额特别巨大或者有其他特别严重情节”:

(一)非法吸收或者变相吸收公众存款数额在5000万元以上的;

(二)非法吸收或者变相吸收公众存款对象5000人以上的;

(三)非法吸收或者变相吸收公众存款,给存款人造成直接经济损失数额在2500万元以上的。

非法吸收或者变相吸收公众存款数额在2500万元以上或者给存款人造成直接经济损失数额在1500万元以上,同时具有本解释第三条第二款第三项情节的,应当认定为“其他特别严重情节”。

★犯本罪,可以从轻或者减轻处罚、不作犯罪处理的情形

《最高人民法院关于审理非法集资刑事案件具体应用法律若干问题的解释》(2022年2月23日 法释〔2022〕5号)

第六条 非法吸收或者变相吸收公众存款的数额,以行为人所吸收的资金全额计算。在提起公诉前积极退赃退赔,减少损害结果发生的,可以从轻或者减轻处罚;在提起公诉后退赃退赔的,可以作为量刑情节酌情考虑。

非法吸收或者变相吸收公众存款，主要用于正常的生产经营活动，能够在提起公诉前清退所吸收资金，可以免予刑事处罚；情节显著轻微危害不大的，不作为犯罪处理。

对依法不需要追究刑事责任或者免予刑事处罚的，应当依法将案件移送有关行政机关。

★犯本罪，罚金数额的确定

《最高人民法院关于审理非法集资刑事案件具体应用法律若干问题的解释》(2022年2月23日　法释〔2022〕5号)

第九条　犯非法吸收公众存款罪，判处三年以下有期徒刑或者拘役，并处或者单处罚金的，处五万元以上一百万元以下罚金；判处三年以上十年以下有期徒刑的，并处十万元以上五百万元以下罚金；判处十年以上有期徒刑的，并处五十万元以上罚金。

犯集资诈骗罪，判处三年以上七年以下有期徒刑的，并处十万元以上五百万元以下罚金；判处七年以上有期徒刑或者无期徒刑的，并处五十万元以上罚金或者没收财产。

★犯本罪，同时又构成组织、领导传销活动罪的，依照处罚较重的规定定罪处罚

《最高人民法院关于审理非法集资刑事案件具体应用法律若干问题的解释》(2022年2月23日　法释〔2022〕5号)

第十三条　通过传销手段向社会公众非法吸收资金，构成非法吸收公众存款罪或者集资诈骗罪，同时又构成组织、领导传销活动罪的，依照处罚较重的规定定罪处罚。

★单位犯本罪的刑事责任

《最高人民法院关于审理非法集资刑事案件具体应用法律若干问题的解释》(2022年2月23日　法释〔2022〕5号)

第十四条　单位实施非法吸收公众存款、集资诈骗犯罪的，依照本解释规定的相应自然人犯罪的定罪量刑标准，对单位判处罚金，并对其直接负责的主管人员和其他直接责任人员定罪处罚。

★将非法吸收的资金及其转换财物用于清偿债务或者转让给他人，应当依法追缴的五种情形

《最高人民法院、最高人民检察院、公安部关于依法处理非法集资犯罪的通告》(2015 年 9 月 29 日)

五、向社会公众非法吸收的资金属于违法所得。以吸收的资金向集资参与人支付的利息、分红等回报，以及向帮助吸收资金人员支付的代理费、好处费、返点费、佣金、提成等费用，应当依法追缴。集资参与人本金尚未归还的，所支付的回报可予折抵本金。

将非法吸收的资金及其转换财物用于清偿债务或者转让给他人，有下列情形之一的，应当依法追缴：

(一)他人明知是上述资金及财物而收取的；

(二)他人无偿取得上述资金及财物的；

(三)他人以明显低于市场的价格取得上述资金及财物的；

(四)他人取得上述资金及财物系源于非法债务或者违法犯罪活动的；

(五)其他依法应当追缴的情形。

★涉互联网金融活动未经批准，公开宣传并向不特定公众吸收资金的刑事责任

《最高人民检察院关于办理涉互联网金融犯罪案件有关问题座谈会纪要》(2017 年 6 月 2 日　高检诉〔2017〕14 号)

6 涉互联网金融活动在未经有关部门依法批准的情形下，公开宣传并向不特定公众吸收资金，承诺在一定期限内还本付息的，应当依法追究刑事责任。其中，应重点审查互联网金融活动相关主体是否存在归集资金、沉淀资金，致使投资人资金存在被挪用、侵占等重大风险等情形。

★三类网络借贷领域的非法吸收公众资金的行为，构成本罪

《最高人民检察院关于办理涉互联网金融犯罪案件有关问题座谈会纪要》(2017 年 6 月 2 日　高检诉〔2017〕14 号)

8 对以下网络借贷领域的非法吸收公众资金的行为，应当以非法吸收公众存款罪分别追究相关行为主体的刑事责任：

(1)中介机构以提供信息中介服务为名,实际从事直接或间接归集资金、甚至自融或变相自融等行为,应当依法追究中介机构的刑事责任。特别要注意识别变相自融行为,如中介机构通过拆分融资项目期限、实行债权转让等方式为自己吸收资金的,应当认定为非法吸收公众存款。

(2)中介机构与借款人存在以下情形之一的,应当依法追究刑事责任:①中介机构与借款人合谋或者明知借款人存在违规情形,仍为其非法吸收公众存款提供服务的;中介机构与借款人合谋,采取向出借人提供信用担保、通过电子渠道以外的物理场所开展借贷业务等违规方式向社会公众吸收资金的;②双方合谋通过拆分融资项目期限、实行债权转让等方式为借款人吸收资金的。在对中介机构、借款人进行追诉时,应根据各自在非法集资中的地位、作用确定其刑事责任。中介机构虽然没有直接吸收资金,但是通过大肆组织借款人开展非法集资并从中收取费用数额巨大、情节严重的,可以认定为主犯。

(3)借款人故意隐瞒事实,违反规定,以自己名义或借用他人名义利用多个网络借贷平台发布借款信息,借款总额超过规定的最高限额,或将吸收资金用于明确禁止的投资股票、场外配资、期货合约等高风险行业,造成重大损失和社会影响的,应当依法追究借款人的刑事责任。对于借款人将借款主要用于正常的生产经营活动,能够及时清退所吸收资金,不作为犯罪处理。

★犯本罪,认定主观故意不要求以明知法律的禁止性规定为要件

《最高人民检察院关于办理涉互联网金融犯罪案件有关问题座谈会纪要》(2017年6月2日 高检诉〔2017〕14号)

9 在非法吸收公众存款罪中,原则上认定主观故意并不要求以明知法律的禁止性规定为要件。特别是具备一定涉金融活动相关从业经历、专业背景或在犯罪活动中担任一定管理职务的犯罪嫌疑人,应当知晓相关金融法律管理规定,如果有证据证明其实际从事的行为应当批准而未经批准,行为在客观上具有非法性,原则上就可以认定其具有非法吸收公众存款的主观故意。在证明犯罪嫌疑人的主观故意时,可以收集运用犯罪嫌疑人的任职情况、职业经历、专业背景、培训经历、此前任职单位或者其本人因从事同类行为受到处罚情况等证据,证明犯罪嫌疑人提出的“不知道相关行为被法律所禁止,故不具有非法吸收公众存款的主观故意”等辩解不能成立。除此之外,还可以收集运用以下证据进一步印证犯罪嫌疑人知道或应当知道其所从事行为具有非法性,比如犯罪嫌疑人故意规避法律以逃避监管的相关证据:自己或要求下属与投资人签订虚假的亲友关系确认书,频繁更换宣传用语逃避监管,实际推介内容与宣传用语、实际经营状况不一致,刻意向投资人夸大公司兑付能力,在培训课程中传授或接受规避法律的方法,等等。

10 对于无相关职业经历、专业背景,且从业时间短暂,在单位犯罪中层级较低,纯属执行单位领导指令的犯罪嫌疑人提出辩解的,如确实无其他证据证明其具有主观故意的,可以不作为犯罪处理。另外,实践中还存在犯罪嫌疑人提出因信赖行政主管部门出具的相关意见而陷入错误认识的辩解。如果上述辩解确有证据证明,不应作为犯罪处理,但应当对行政主管部门出具的相关意见及其出具过程进行查证,如存在以下情形之一,仍应认定犯罪嫌疑人具有非法吸收公众存款的主观故意:

(1)行政主管部门出具意见所涉及的行为与犯罪嫌疑人实际从事的行为不一致的;

(2)行政主管部门出具的意见未对是否存在非法吸收公众存款问题进行合法性审查,仅对其他合法性问题进行审查的;

(3)犯罪嫌疑人在行政主管部门出具意见时故意隐瞒事实、弄虚作假的;

(4)犯罪嫌疑人与出具意见的行政主管部门的工作人员存在利益输送行为的;

(5)犯罪嫌疑人存在其他影响和干扰行政主管部门出具意见公正性的情形的。

对于犯罪嫌疑人提出因信赖专家学者、律师等专业人士、主流新闻媒体宣传或有关行政主管部门工作人员的个人意见而陷入错误认识的辩解,不能作为犯罪嫌疑人判断自身行为合法性的根据和排除主观故意的理由。

★不应计入犯罪嫌疑人非法吸收公众存款金额的情形

《最高人民检察院关于办理涉互联网金融犯罪案件有关问题座谈会纪要》(2017年6月2日　高检诉〔2017〕14号)

11 负责或从事吸收资金行为的犯罪嫌疑人非法吸收公众存款金额,根据其实际参与吸收的全部金额认定。但以下金额不应计入该犯罪嫌疑人的吸收金额:

(1)犯罪嫌疑人自身及其近亲属所投资的资金金额;

(2)记录在犯罪嫌疑人名下,但其未实际参与吸收且未从中收取任何形式好处的资金。

吸收金额经过司法会计鉴定的,可以将前述不计入部分直接扣除。但是,前述两项所涉金额仍应计入相对应的上一级负责人及所在单位的吸收金额。

★认定非法集资的"非法性"应当以国家金融管理法律法规为依据

《最高人民法院、最高人民检察院、公安部关于办理非法集资刑事案件若干问题的意见》(2019年1月30日　高检会〔2019〕2号)

一、关于非法集资的"非法性"认定依据问题

人民法院、人民检察院、公安机关认定非法集资的"非法性",应当以国家金融管理法律法规作为依据。对于国家金融管理法律法规仅作原则性规定的,可以根据法律规定的精神并参考中国人民银行、中国银行保险监督管理委员会、中国证券监督管理委员会等行政主管部门依照国家金融管理法律法规制定的部门规章或者国家有关金融管理的规定、办法、实施细则等规范性文件的规定予以认定。

★个人为进行非法集资犯罪活动设立的单位实施犯罪的,不以单位犯罪论处

《最高人民法院、最高人民检察院、公安部关于办理非法集资刑事案件若干问题的意见》(2019年1月30日　高检会〔2019〕2号)

二、关于单位犯罪的认定问题

单位实施非法集资犯罪活动，全部或者大部分违法所得归单位所有的，应当认定为单位犯罪。

个人为进行非法集资犯罪活动而设立的单位实施犯罪的，或者单位设立后，以实施非法集资犯罪活动为主要活动的，不以单位犯罪论处，对单位中组织、策划、实施非法集资犯罪活动的人员应当以自然人犯罪依法追究刑事责任。

判断单位是否以实施非法集资犯罪活动为主要活动，应当根据单位实施非法集资的次数、频度、持续时间、资金规模、资金流向、投入人力物力情况、单位进行正当经营的状况以及犯罪活动的影响、后果等因素综合考虑认定。

★对非法吸收公众存款主观故意的认定

《最高人民法院、最高人民检察院、公安部关于办理非法集资刑事案件若干问题的意见》(2019年1月30日　高检会〔2019〕2号)

四、关于主观故意的认定问题

认定犯罪嫌疑人、被告人是否具有非法吸收公众存款的犯罪故意，应当依据犯罪嫌疑人、被告人的任职情况、职业经历、专业背景、培训经历、本人因同类行为受到行政处罚或者刑事追究情况以及吸收资金方式、宣传推广、合同资料、业务流程等证据，结合其供述，进行综合分析判断。

犯罪嫌疑人、被告人使用诈骗方法非法集资，符合《最高人民法院关于审理非法集资刑事案件具体应用法律若干问题的解释》第四条规定的，可以认定为集资诈骗罪中“以非法占有为目的”。

办案机关在办理非法集资刑事案件中，应当根据案件具体情况注意收集运用涉及犯罪嫌疑人、被告人的以下证据：是否使用虚假身份信息对外开展业务；是否虚假订立合同、协议；是否虚假宣传，明显超出经营范围或者夸大经营、投资、服务项目及盈利能力；是否吸收资金后隐匿、销毁合同、协议、账目；是否传授或者接受规避法律、逃避监管的方法，等等。

★向亲友或者单位内部人员吸收的资金应当与向不特定对象吸收的资金一并计入犯罪数额

《最高人民法院、最高人民检察院、公安部关于办理非法集资刑事案件若干问题的意见》(2019年1月30日 高检会〔2019〕2号)

五、关于犯罪数额的认定问题

非法吸收或者变相吸收公众存款构成犯罪,具有下列情形之一的,向亲友或者单位内部人员吸收的资金应当与向不特定对象吸收的资金一并计入犯罪数额:

(一)在向亲友或者单位内部人员吸收资金的过程中,明知亲友或者单位内部人员向不特定对象吸收资金而予以放任的;

(二)以吸收资金为目的,将社会人员吸收为单位内部人员,并向其吸收资金的;

(三)向社会公开宣传,同时向不特定对象、亲友或者单位内部人员吸收资金的。

非法吸收或者变相吸收公众存款的数额,以行为人所吸收的资金全额计算。集资参与人收回本金或者获得回报后又重复投资的数额不予扣除,但可以作为量刑情节酌情考虑。

★办理非法集资刑事案件,应当做到惩处少数、教育挽救大多数

《最高人民法院、最高人民检察院、公安部关于办理非法集资刑事案件若干问题的意见》(2019年1月30日 高检会〔2019〕2号)

六、关于宽严相济刑事政策把握问题

办理非法集资刑事案件,应当贯彻宽严相济刑事政策,依法合理把握追究刑事责任的范围,综合运用刑事手段和行政手段处置和化解风险,做到惩处少数、教育挽救大多数。要根据行为人的客观行为、主观恶性、犯罪情节及其地位、作用、层级、职务等情况,综合判断行为人的责任轻重和刑事追究的必要性,按照区别对待原则分类处理涉案人员,做到罚当其罪、罪责刑相适应。

重点惩处非法集资犯罪活动的组织者、领导者和管理人员,包括单位犯罪中的上级单位(总公司、母公司)的核心层、管理层和骨干人员，下属单位（分公司、子公司）的管理层和骨干人员，以及其他发挥主要作用的人员。

对于涉案人员积极配合调查、主动退赃退赔、真诚认罪悔罪的，可以依法从轻处罚；其中情节轻微的，可以免除处罚；情节显著轻微、危害不大的，不作为犯罪处理。

★对于被查封、扣押、冻结的涉案财物，一般应在诉讼终结后返还集资参与人

《最高人民法院、最高人民检察院、公安部关于办理非法集资刑事案件若干问题的意见》（2019年1月30日　高检会〔2019〕2号）

九、关于涉案财物追缴处置问题

办理跨区域非法集资刑事案件，案件主办地办案机关应当及时归集涉案财物，为统一资产处置做好基础性工作。其他涉案地办案机关应当及时查明涉案财物，明确其来源、去向、用途、流转情况，依法办理查封、扣押、冻结手续，并制作详细清单，对扣押款项应当设立明细账，在扣押后立即存入办案机关唯一合规账户，并将有关情况提供案件主办地办案机关。

人民法院、人民检察院、公安机关应当严格依照刑事诉讼法和相关司法解释的规定，依法移送、审查、处理查封、扣押、冻结的涉案财物。对审判时尚未追缴到案或者尚未足额退赔的违法所得，人民法院应当判决继续追缴或者责令退赔，并由人民法院负责执行，处置非法集资职能部门、人民检察院、公安机关等应当予以配合。

人民法院对涉案财物依法作出判决后，有关地方和部门应当在处置非法集资职能部门统筹协调下，切实履行协作义务，综合运用多种手段，做好涉案财物清运、财产变现、资金归集、资金清退等工作，确保最大限度减少实际损失。

根据有关规定，查封、扣押、冻结的涉案财物，一般应在诉讼终结后返还集资参与人。涉案财物不足全部返还的，按照集资参与人的集资额比例返还。退赔集资参与人的损失一般优先于其他民事债务以及罚金、没收财产的执行。

★为强行索要因非法放贷而产生的债务，实施非法拘禁、寻衅滋事的，实行数罪并罚

《最高人民法院、最高人民检察院、公安部、司法部关于办理非法放贷刑事案件若干问题的意见》(2019年7月23日　法发〔2019〕24号)

六、为从事非法放贷活动，实施擅自设立金融机构、套取金融机构资金高利转贷、骗取贷款、非法吸收公众存款等行为，构成犯罪的，应当择一重罪处罚。

为强行索要因非法放贷而产生的债务，实施故意杀人、故意伤害、非法拘禁、故意毁坏财物、寻衅滋事等行为，构成犯罪的，应当数罪并罚。

纠集、指使、雇佣他人采用滋扰、纠缠、哄闹、聚众造势等手段强行索要债务，尚不单独构成犯罪，但实施非法放贷行为已构成非法经营罪的，应当按照非法经营罪的规定酌情从重处罚。

以上规定的情形，刑法、司法解释另有规定的除外。

★冒充国家机关工作人员或者军人招摇撞骗，同时构成非法吸收公众存款罪等犯罪的，择一重处

《最高人民法院、最高人民检察院、公安部关于依法惩治招摇撞骗等违法犯罪行为的指导意见》(2021年12月16日　公通字〔2021〕21号)

四、冒充国家机关工作人员或者军人招摇撞骗，同时构成非法吸收公众存款罪、集资诈骗罪、合同诈骗罪、组织、领导传销活动罪、诈骗罪的，依照处罚较重的规定定罪处罚。

★犯本罪，行为人在立案侦查前退赃以及退还集资参与人的数额，应当从集资诈骗犯罪数额中扣除

《最高人民检察院关于刑法修正案(十一)相关问题的解答》

十二、非法吸收公众存款和集资诈骗案件中，犯罪嫌疑人、被告人在立案侦查前退赃的数额是否计入犯罪数额？

答：在非法吸收公众存款罪中，犯罪嫌疑人、被告人实际吸收的存款数额是犯罪数额，立案侦查前退赃数额不影响非法吸收公众存款犯罪数额的认定。但是根据刑法修正案(十一)出台后刑法第176条的规定,提起公诉前积极退赃退赔,减少损害结果发生的,可以从轻或者减轻处罚。

对于集资诈骗罪的犯罪数额,2010年《最高人民法院关于审理非法集资刑事案件具体应用法律若干问题的解释》第五条第三款规定,集资诈骗的数额以行为人实际骗取的数额计算,案发前已归还的数额应予扣除。因此,在立案侦查前退还集资参与人的数额应当从集资诈骗犯罪数额中扣除。

类案检索指引

★假借开展网络借贷信息中介业务之名,擅自归集不特定公众的资金的,构成本罪

《杨卫国等人非法吸收公众存款案》(最高人民检察院2020年2月5日发布第十七批指导性案例:检例第64号)

【关键词】

非法吸收公众存款　网络借贷　资金池

【要旨】

单位或个人假借开展网络借贷信息中介业务之名,未经依法批准,归集不特定公众的资金设立资金池,控制、支配资金池中的资金,并承诺还本付息的,构成非法吸收公众存款罪。

★打着投资养老公寓、入股养生基地等幌子,诱骗老年人投资,骗取老年人钱财的,构成本罪

《鲁鹏非法吸收公众存款案》(2022年8月24日最高人民法院发布人民法院重点打击六类养老诈骗犯罪典型案例)

【典型意义】

本案是以投资"养老项目"为名侵害老年人合法权益的典型犯罪案件,该类犯罪主要表现为以开办养老院、购买养老公寓、入股养生基地等为由,以售后定期返点、高额分红为诱饵,诱骗老年人参与投资。开办养老院、养老公寓等“养老项目”关系到老年人晚年幸福生活，国家出台政策予以扶持，但一些“养老项目”监管还存在滞后，犯罪分子打着投资养老公寓、入股养生基地等幌子，诱骗老年人投资，骗取老年人钱财。被告人鲁鹏以承诺高额福利消费卡、货币等返本付息为幌子，引诱老年人投资太阳山老年公司“养老公寓”项目，实施非法集资，最终造成51名老年人的“养老钱”遭受损失，部分老年人因基本生活无法得到保障而经常懊恼自责，诱发了各种疾病，身心健康受到极大摧残，破坏家庭和谐、社会稳定。人民法院针对发现的行业监管漏洞和风险隐患，向当地市场监督管理部门发送司法建议书，建议加强营业执照办理和企业日常经营活动监管，有力促进行业源头治理。人民法院提示老年人要谨慎投资高额返利项目，多与子女沟通商量，投资“养老项目”时要“三看一抵制”：一看“养老项目”是否有登记、备案，二看“养老项目”是否真实合法，三看“养老项目”收益是否符合市场规律；抵制高利诱惑，拒绝非法集资，捂紧“钱袋子”。

★通过“广场舞”应用软件向老年人非法集资的，构成本罪

《刘某平等人非法吸收公众存款案》（2022年11月9日最高人民检察院发布检察机关惩治养老诈骗违法犯罪典型案例）

【关键词】

养老诈骗　非法吸收公众存款罪　广场舞　互联网应用软件　延伸治理

【典型意义】

当前，我国社会老龄化和互联网产业的高速发展，金融市场的不断创新，“银发族”与“互联网”“金融圈”的交集不断扩大。不法分子利用老年人网络风险意识不高、互联网运用不熟练等特点，专门针对老年人的兴趣爱好设计兼具交友、投资等功能的应用软件从事非法集资、诈骗等犯罪活动。这类犯罪以老年人的兴趣爱好为引子，以高额回报为诱饵，再通过身边人身边事打消老年人警惕心理，极易使老年人陷入骗局。老年人要牢记，任何未经金融管理部门批准，以高额回报为幌子吸收资金的行为，都是非法金融活动。检察机关在办理此类新型非法集资案件时，应当能动履职，延伸开展治理工作，从个案中研判类案风险，通过公益诉讼、线索移转等方式，积极协同有关监管部门开展相关行业领域溯源治理，实现“惩治一案、治理一片”的效果。对于手段翻新的养老诈骗案件，还可以通过视频短片等形式进行以案释法，及时向社会公众揭示新型犯罪手段，开展警示教育，提高防范意识。

第一百七十七条　【伪造、变造金融票证罪】有下列情形之一，伪造、变造金融票证的，处五年以下有期徒刑或者拘役，并处或者单处二万元以上二十万元以下罚金；情节严重的，处五年以上十年以下有期徒刑，并处五万元以上五十万元以下罚金；情节特别严重的，处十年以上有期徒刑或者无期徒刑，并处五万元以上五十万元以下罚金或者没收财产：

（一）伪造、变造汇票、本票、支票的；

（二）伪造、变造委托收款凭证、汇款凭证、银行存单等其他银行结算凭证的；

（三）伪造、变造信用证或者附随的单据、文件的；

（四）伪造信用卡的。

单位犯前款罪的，对单位判处罚金，并对其直接负责的主管人员和其他直接责任人员，依照前款的规定处罚。

立法动态

本条源自《中华人民共和国刑法》（1997 年 3 月 14 日第八届全国人民代表大会第五次会议修订，自 1997 年 10 月 1 日起施行）。

立案标准

《最高人民检察院、公安部关于公安机关管辖的刑事案件立案追诉标准的规定(二)》(2022年4月6日修订 公通字〔2022〕12号)

第二十四条 [伪造、变造金融票证案(刑法第一百七十七条)]伪造、变造金融票证,涉嫌下列情形之一的,应予立案追诉:

(一)伪造、变造汇票、本票、支票,或者伪造、变造委托收款凭证、汇款凭证、银行存单等其他银行结算凭证,或者伪造、变造信用证或者附随的单据、文件,总面额在一万元以上或者数量在十张以上的;

(二)伪造信用卡一张以上,或者伪造空白信用卡十张以上的。

第177条

适用要点与裁判依据

★复制他人信用卡、伪造他人信用卡的刑事责任

《最高人民法院、最高人民检察院关于办理妨害信用卡管理刑事案件具体应用法律若干问题的解释》(2018年11月28日 法释〔2018〕19号)

第一条 复制他人信用卡、将他人信用卡信息资料写入磁条介质、芯片或者以其他方法伪造信用卡一张以上的,应当认定为刑法第一百七十七条第一款第四项规定的"伪造信用卡",以伪造金融票证罪定罪处罚。

伪造空白信用卡十张以上的,应当认定为刑法第一百七十七条第一款第四项规定的"伪造信用卡",以伪造金融票证罪定罪处罚。

伪造信用卡,有下列情形之一的,应当认定为刑法第一百七十七条规定的"情节严重":

(一)伪造信用卡五张以上不满二十五张的;

(二)伪造的信用卡内存款余额、透支额度单独或者合计数额在二十万元以上不满一百万元的;

(三)伪造空白信用卡五十张以上不满二百五十张的;

(四)其他情节严重的情形。

伪造信用卡,有下列情形之一的,应当认定为刑法第一百七十七条规定的"情节特别严重":

(一)伪造信用卡二十五张以上的;

(二)伪造的信用卡内存款余额、透支额度单独或者合计数额在一百万元以上的;

(三)伪造空白信用卡二百五十张以上的;

(四)其他情节特别严重的情形。

本条所称"信用卡内存款余额、透支额度",以信用卡被伪造后发卡行记录的最高存款余额、可透支额度计算。

第一百七十七条之一　【妨害信用卡管理罪】有下列情形之一,妨害信用卡管理的,处三年以下有期徒刑或者拘役,并处或者单处一万元以上十万元以下罚金;数量巨大或者有其他严重情节的,处三年以上十年以下有期徒刑,并处二万元以上二十万元以下罚金:

(一)明知是伪造的信用卡而持有、运输的,或者明知是伪造的空白信用卡而持有、运输,数量较大的;

(二)非法持有他人信用卡,数量较大的;

(三)使用虚假的身份证明骗领信用卡的;

(四)出售、购买、为他人提供伪造的信用卡或者以虚假的身份证明骗领的信用卡的。

【窃取、收买、非法提供信用卡信息罪】窃取、收买或者非法提供他人信用卡信息资料的,依照前款规定处罚。

银行或者其他金融机构的工作人员利用职务上的便利,犯第二款罪的,从重处罚。

立法动态

本条根据《中华人民共和国刑法修正案(五)》(自2005年2月28日起施行)第一条增加。

立案标准

《最高人民检察院、公安部关于公安机关管辖的刑事案件立案追诉标准的规定(二)》(2022 年 4 月 6 日修订　公通字〔2022〕12 号)

第二十五条　[妨害信用卡管理案(刑法第一百七十七条之一第一款)]妨害信用卡管理,涉嫌下列情形之一的,应予立案追诉:

(一)明知是伪造的信用卡而持有、运输的;

(二)明知是伪造的空白信用卡而持有、运输,数量累计在十张以上的;

(三)非法持有他人信用卡,数量累计在五张以上的;

(四)使用虚假的身份证明骗领信用卡的;

(五)出售、购买、为他人提供伪造的信用卡或者以虚假的身份证明骗领的信用卡的。

违背他人意愿,使用其居民身份证、军官证、士兵证、港澳居民往来内地通行证、台湾居民来往大陆通行证、护照等身份证明申领信用卡的,或者使用伪造、变造的身份证明申领信用卡的,应当认定为"使用虚假的身份证明骗领信用卡"。

第二十六条　[窃取、收买、非法提供信用卡信息案(刑法第一百七十七条之一第二款)]窃取、收买或者非法提供他人信用卡信息资料,足以伪造可进行交易的信用卡,或者足以使他人以信用卡持卡人名义进行交易,涉及信用卡一张以上的,应予立案追诉。

适用要点与裁判依据

★非法持有他人信用卡的刑事责任

《最高人民法院、最高人民检察院、公安部关于办理电信网络诈骗等刑事案件适用法律若干问题的意见》(2016 年 12 月 19 日　法发〔2016〕32 号)

三、全面惩处关联犯罪

(四)非法持有他人信用卡,没有证据证明从事电信网络诈骗犯罪活动,符合刑法第一百七十七条之一第一款第(二)项规定的,以妨害信用卡管理罪追究刑事责任。

★犯本罪,"数量较大""数量巨大""使用虚假的身份证明骗领信用卡"的认定

《最高人民法院、最高人民检察院关于办理妨害信用卡管理刑事案件具体应用法律若干问题的解释》(2018年11月28日　法释〔2018〕19号)

第二条　明知是伪造的空白信用卡而持有、运输十张以上不满一百张的,应当认定为刑法第一百七十七条之一第一款第一项规定的"数量较大";非法持有他人信用卡五张以上不满五十张的,应当认定为刑法第一百七十七条之一第一款第二项规定的"数量较大"。

有下列情形之一的,应当认定为刑法第一百七十七条之一第一款规定的"数量巨大":

(一)明知是伪造的信用卡而持有、运输十张以上的;

(二)明知是伪造的空白信用卡而持有、运输一百张以上的;

(三)非法持有他人信用卡五十张以上的;

(四)使用虚假的身份证明骗领信用卡十张以上的;

(五)出售、购买、为他人提供伪造的信用卡或者以虚假的身份证明骗领的信用卡十张以上的。

违背他人意愿,使用其居民身份证、军官证、士兵证、港澳居民往来内地通行证、台湾居民来往大陆通行证、护照等身份证明申领信用卡的,或者使用伪造、变造的身份证明申领信用卡的,应当认定为刑法第一百七十七条之一第一款第三项规定的"使用虚假的身份证明骗领信用卡"。

第三条　窃取、收买、非法提供他人信用卡信息资料,足以伪造可进行交易的信用卡,或者足以使他人以信用卡持卡人名义进行交易,涉及信用卡一张以上不满五张的,依照刑法第一百七十七条之一第二款的规定,以窃取、收买、非法提供信用卡信息罪定罪处罚;涉及信用卡五张以上的,应当认定为刑法第一百七十七条之一第一款规定的"数量巨大"。

类案检索指引

★伙同他人采用网络黑客技术攻击境外购物网站，窃取信用卡信息，并非法提供给他人使用的，构成本罪

《赵某某窃取、非法提供信用卡信息案》(2014 年 11 月 24 日最高人民法院发布未成年人审判工作典型案例98 例)

【裁判结果】

上海市长宁区人民法院经审理认为，被告人赵某某伙同他人采用网络黑客技术攻击境外购物网站，窃取信用卡信息，并非法提供给他人使用，数量巨大，其行为已构成窃取、非法提供信用卡信息罪，依法应当承担刑事责任。被告人赵某某犯罪时已满 16 周岁不满 18 周岁，依法减轻处罚；到案后能如实供述，依法应当从轻处罚；在审理时能自愿认罪，酌定从轻处罚。被告人赵某某在犯罪后有积极悔罪表现，在观护帮教期间表现良好，得到所在学校的充分肯定，并继续自己的学业，宣告缓刑不致对其所居住社区有重大不良影响，可依法对其宣告缓刑。据此，长宁法院依法认定被告人赵某某犯窃取、非法提供信用卡信息罪，判处有期徒刑二年，缓刑二年，并处罚金人民币 20000 元；违法所得予以追缴。

判决生效后，长宁法院与南京市栖霞区公检法司召开联席会议，决定共同对该被告人探索进行该区第一例未成年人的轻罪封存，为其放下包袱继续学业打下良好基础。鉴于赵某某在网络方面学有所长但需要加强引导的情况，长宁法院法官又与上海市有关网络安全技术部门联手，多次赴南京对其进行帮教，引导其利用所学知识运用到网络安全技术服务上来。缓刑考验期间，长宁法院在上海有关部门支持下，安排其到上海某知名网络公司进行实习，帮助其不断提高技术水平。赵某某在缓刑考验期，发现国内知名网站存在安全漏洞，并提交报告至相关部门及时进行弥补，因此，两次获得中国网络安全协会颁发的奖励证书。目前，赵某某已顺利毕业，并与他人合作共同开办了一家网络安全公司。

【案例评析】

从本案来看，在判决后，长宁法院少年庭的法官继续做好判后帮教工作，与多个部门密切合作进行异地帮教。对赵某帮教工作的成功，是上海与异地社区矫正部门共同努力所取得的成果，同时也为少年审判中整合力量开展外来未成年人的帮教带来新的启示。本案被告人从一名少年黑客转变为一名网络卫士的成功转型，体现了对未成年人开展判后帮教工作的积极社会意义。

★购买大量他人银行卡、接力传递，运送至境外的，构成本罪

《施某凌等18人妨害信用卡管理案》（2022年4月21日最高人民检察院发布检察机关打击治理电信网络诈骗及关联犯罪典型案例）

【关键词】

妨害信用卡管理罪　银行卡　物流寄递

【要旨】

当前，银行卡已成为电信网络诈骗犯罪的基础工具，围绕银行卡的买卖、运输形成一条黑色产业链。检察机关要严厉打击境内运输银行卡犯罪行为，深入推进“断卡”行动，全力阻断境外电信网络诈骗犯罪物料运输通道。结合司法办案，推动物流寄递业监管，压实企业责任，提高从业人员的法治意识。

第一百七十八条　【伪造、变造国家有价证券罪】伪造、变造国库券或者国家发行的其他有价证券，数额较大的，处三年以下有期徒刑或者拘役，并处或者单处二万元以上二十万元以下罚金；数额巨大的，处三年以上十年以下有期徒刑，并处五万元以上五十万元以下罚金；数额特别巨大的，处十年以上有期徒刑或者无期徒刑，并处五万元以上五十万元以下罚金或者没收财产。

【伪造、变造股票、公司、企业债券罪】伪造、变造股票或者公司、企业债券，数额较大的，处三年以下有期徒刑或者拘役，并处或者单处一万元以上十万元以下罚金；数额巨大的，处三年以上十年以下有期徒刑，并处二万元以上二十万元以下罚金。

单位犯前两款罪的，对单位判处罚金，并对其直接负责的主管人员和其他直接责任人员，依照前两款的规定处罚。

立法动态

本条源自《中华人民共和国刑法》(1997 年 3 月 14 日第八届全国人民代表大会第五次会议修订，自 1997 年 10 月 1 日起施行)。

立案标准

《最高人民检察院、公安部关于公安机关管辖的刑事案件立案追诉标准的规定(二)》(2022 年 4 月 6 日修订　公通字〔2022〕12 号)

第二十七条　[伪造、变造国家有价证券案(刑法第一百七十八条第一款)]伪造、变造国库券或者国家发行的其他有价证券，总面额在二千元以上的，应予立案追诉。

第二十八条　[伪造、变造股票、公司、企业债券案(刑法第一百七十八条第二款)]伪造、变造股票或者公司、企业债券，总面额在三万元以上的，应予立案追诉。

第一百七十九条　【擅自发行股票、公司、企业债券罪】未经国家有关主管部门批准，擅自发行股票或者公司、企业债券，数额巨大、后果严重或者有其他严重情节的，处五年以下有期徒刑或者拘役，并处或者单处非法募集资金金额百分之一以上百分之五以下罚金。

单位犯前款罪的，对单位判处罚金，并对其直接负责的主管人员和其他直接责任人员，处五年以下有期徒刑或者拘役。

立法动态

本条源自《中华人民共和国刑法》(1997 年 3 月 14 日第八届全国人民代表大会第五次会议修订,自 1997 年 10 月 1 日起施行)。

立案标准

《最高人民检察院、公安部关于公安机关管辖的刑事案件立案追诉标准的规定(二)》(2022 年 4 月 6 日修订　公通字〔2022〕12 号)

第二十九条　［擅自发行股票、公司、企业债券案(刑法第一百七十九条)］未经国家有关主管部门批准或者注册,擅自发行股票或者公司、企业债券,涉嫌下列情形之一的,应予立案追诉:

(一)非法募集资金金额在一百万元以上的;

(二)造成投资者直接经济损失数额累计在五十万元以上的;

(三)募集的资金全部或者主要用于违法犯罪活动的;

(四)其他后果严重或者有其他严重情节的情形。

本条规定的"擅自发行股票或者公司、企业债券",是指向社会不特定对象发行、以转让股权等方式变相发行股票或者公司、企业债券,或者向特定对象发行、变相发行股票或者公司、企业债券累计超过二百人的行为。

适用要点与裁判依据

★擅自转让股票、擅自发行证券、非法经营证券业务的刑事责任

《最高人民法院、最高人民检察院、公安部、中国证券监督管理委员会关于整治非法证券活动有关问题的通知》(2008 年 1 月 2 日　证监发〔2008〕1 号)

二、明确法律政策界限,依法打击非法证券活动

(一)关于公司及其股东向社会公众擅自转让股票行为的性质认定。《证券法》第十条第三款规定:"非公开发行证券,不得采用广

告、公开劝诱和变相公开方式。"国办发99号文规定:"严禁任何公司股东自行或委托他人以公开方式向社会公众转让股票。向特定对象转让股票,未依法报经证监会核准的,转让后,公司股东累计不得超过200人。"公司、公司股东违反上述规定,擅自向社会公众转让股票,应当追究其擅自发行股票的责任。公司与其股东合谋,实施上述行为的,公司与其股东共同承担责任。

(二)关于擅自发行证券的责任追究。未经依法核准,擅自发行证券,涉嫌犯罪的,依照《刑法》第一百七十九条之规定,以擅自发行股票、公司、企业债券罪追究刑事责任。未经依法核准,以发行证券为幌子,实施非法证券活动,涉嫌犯罪的,依照《刑法》第一百七十六条、第一百九十二条等规定,以非法吸收公众存款罪、集资诈骗罪等罪名追究刑事责任。未构成犯罪的,依照《证券法》和有关法律的规定给予行政处罚。

(三)关于非法经营证券业务的责任追究。任何单位和个人经营证券业务,必须经证监会批准。未经批准的,属于非法经营证券业务,应予以取缔;涉嫌犯罪的,依照《刑法》第二百二十五条之规定,以非法经营罪追究刑事责任。对于中介机构非法代理买卖非上市公司股票,涉嫌犯罪的,应当依照《刑法》第二百二十五条之规定,以非法经营罪追究刑事责任;所代理的非上市公司涉嫌擅自发行股票,构成犯罪的,应当依照《刑法》第一百七十九条之规定,以擅自发行股票罪追究刑事责任。非上市公司和中介机构共谋擅自发行股票,构成犯罪的,以擅自发行股票罪的共犯论处。未构成犯罪的,依照《证券法》和有关法律的规定给予行政处罚。

★"擅自发行股票或者公司、企业债券"的认定

《最高人民法院关于审理非法集资刑事案件具体应用法律若干问题的解释》(2022年2月23日　法释〔2022〕5号)

第十条　未经国家有关主管部门批准,向社会不特定对象发行、以转让股权等方式变相发行股票或者公司、企业债券,或者向特定对象发行、变相发行股票或者公司、企业债券累计超过200人的,应当认定为刑法第一百七十九条规定的"擅自发行股票或者公司、企业债券"。构成犯罪的,以擅自发行股票、公司、企业债券罪定罪处罚。

第180条

第一百八十条 【内幕交易、泄露内幕信息罪】证券、期货交易内幕信息的知情人员或者非法获取证券、期货交易内幕信息的人员,在涉及证券的发行,证券、期货交易或者其他对证券、期货交易价格有重大影响的信息尚未公开前,买入或者卖出该证券,或者从事与该内幕信息有关的期货交易,或者泄露该信息,或者明示、暗示他人从事上述交易活动,情节严重的,处五年以下有期徒刑或者拘役,并处或者单处违法所得一倍以上五倍以下罚金;情节特别严重的,处五年以上十年以下有期徒刑,并处违法所得一倍以上五倍以下罚金。

单位犯前款罪的,对单位判处罚金,并对其直接负责的主管人员和其他直接责任人员,处五年以下有期徒刑或者拘役。

内幕信息、知情人员的范围,依照法律、行政法规的规定确定。

【利用未公开信息交易罪】证券交易所、期货交易所、证券公司、期货经纪公司、基金管理公司、商业银行、保险公司等金融机构的从业人员以及有关监管部门或者行业协会的工作人员,利用因职务便利获取的内幕信息以外的其他未公开的信息,违反规定,从事与该信息相关的证券、期货交易活动,或者明示、暗示他人从事相关交易活动,情节严重的,依照第一款的规定处罚。

立法动态

本条源自《中华人民共和国刑法》(1997 年 3 月 14 日第八届全国人民代表大会第五次会议修订,自 1997 年 10 月 1 日起施行)。

本条曾经全国人大常委会两次修改。

本条原规定为:第一百八十条 (第一款)证券交易内幕信息的知情人员或者非法获取证券交易内幕信息的人员,在涉及证券的发行、交易或者其他对证券的价格有重大影响的信息尚未公开前，买入或者卖出该证券，或者泄露该信息，情节严重的，处五年以下有期徒刑或者拘役，并处或者单处违法所得一倍以上五倍以下罚金；情节特别严重的，处五年以上十年以下有期徒刑，并处违法所得一倍以上五倍以下罚金。（第二款）单位犯前款罪的，对单位判处罚金，并对其直接负责的主管人员和其他直接责任人员，处五年以下有期徒刑或者拘役。（第三款）内幕信息的范围，依照法律、行政法规的规定确定。（第四款）知情人员的范围，依照法律、行政法规的规定确定。

本条第一次根据《中华人民共和国刑法修正案》（1999 年 12 月 25 日起施行）第四条修改。修改的主要内容为：一是将犯罪领域扩大到期货交易；二是将原本条的第三款与第四款合并为本条的第三款。

本条第二次根据《中华人民共和国刑法修正案（七）》（2009 年 2 月 28 日起施行）第二条修改。修改的主要内容为：一是补充规定"明示、暗示他人从事上述交易活动，情节严重的"的情形亦可构成本罪；二是增加规定第四款。

立案标准

《最高人民检察院、公安部关于公安机关管辖的刑事案件立案追诉标准的规定（二）》（2022 年 4 月 6 日修订 公通字〔2022〕12 号）

第三十条 ［内幕交易、泄露内幕信息案（刑法第一百八十条第一款）］证券、期货交易内幕信息的知情人员、单位或者非法获取证券、期货交易内幕信息的人员、单位，在涉及证券的发行，证券、期货交易或者其他对证券、期货交易价格有重大影响的信息尚未公开前，买入或者卖出该证券，或者从事与该内幕信息有关的期货交易，或者泄露该信息，或者明示、暗示他人从事上述交易活动，涉嫌下列情形之一的，应予立案追诉：

（一）获利或者避免损失数额在五十万元以上的；

（二）证券交易成交额在二百万元以上的；

（三）期货交易占用保证金数额在一百万元以上的；

（四）二年内三次以上实施内幕交易、泄露内幕信息行为的；

（五）明示、暗示三人以上从事与内幕信息相关的证券、期货交易活动的；

（六）具有其他严重情节的。

内幕交易获利或者避免损失数额在二十五万元以上，或者证券交易成交额在一百万元以上，或者期货交易占用保证金数额在五十万元以上，同时涉嫌下列情形之一的，应予立案追诉：

（一）证券法规定的证券交易内幕信息的知情人实施或者与他人共同实施内幕交易行为的；

（二）以出售或者变相出售内幕信息等方式，明示、暗示他人从事与该内幕信息相关的交易活动的；

（三）因证券、期货犯罪行为受过刑事追究的；

（四）二年内因证券、期货违法行为受过行政处罚的；

（五）造成其他严重后果的。

第三十一条 ［利用未公开信息交易案（刑法第一百八十条第四款）］证券交易所、期货交易所、证券公司、期货公司、基金管理公司、商业银行、保险公司等金融机构的从业人员以及有关监管部门或者行业协会的工作人员，利用因职务便利获取的内幕信息以外的其他未公开的信息，违反规定，从事与该信息相关的证券、期货交易活动，或者明示、暗示他人从事相关交易活动，涉嫌下列情形之一的，应予立案追诉：

（一）获利或者避免损失数额在一百万元以上的；

（二）二年内三次以上利用未公开信息交易的；

（三）明示、暗示三人以上从事相关交易活动的；

（四）具有其他严重情节的。

利用未公开信息交易，获利或者避免损失数额在五十万元以上，或者证券交易成交额在五百万元以上，或者期货交易占用保证金数额在一百万元以上，同时涉嫌下列情形之一的，应予立案追诉：

（一）以出售或者变相出售未公开信息等方式，明示、暗示他人从事相关交易活动的；

（二）因证券、期货犯罪行为受过刑事追究的；

（三）二年内因证券、期货违法行为受过行政处罚的；

（四）造成其他严重后果的。

适用要点与裁判依据

★“证券、期货交易内幕信息的知情人员”的认定

《最高人民法院、最高人民检察院关于办理内幕交易、泄露内幕信息刑事案件具体应用法律若干问题的解释》（2012年3月29日 法释〔2012〕6号）

第一条 下列人员应当认定为刑法第一百八十条第一款规定的“证券、期货交易内幕信息的知情人员”：

（一）证券法第七十四条规定的人员；

（二）期货交易管理条例第八十五条第十二项规定的人员。

★“非法获取证券、期货交易内幕信息的人员”的认定

《最高人民法院、最高人民检察院关于办理内幕交易、泄露内幕信息刑事案件具体应用法律若干问题的解释》（2012年3月29日 法释〔2012〕6号）

第二条 具有下列行为的人员应当认定为刑法第一百八十条第一款规定的“非法获取证券、期货交易内幕信息的人员”：

（一）利用窃取、骗取、套取、窃听、利诱、刺探或者私下交易等手段获取内幕信息的；

（二）内幕信息知情人员的近亲属或者其他与内幕信息知情人员关系密切的人员，在内幕信息敏感期内，从事或者明示、暗示他人从事，或者泄露内幕信息导致他人从事与该内幕信息有关的证券、期货交易，相关交易行为明显异常，且无正当理由或者正当信息来源的；

（三）在内幕信息敏感期内，与内幕信息知情人员联络、接触，从事或者明示、暗示他人从事，或者泄露内幕信息导致他人从事与该内幕信息有关的证券、期货交易，相关交易行为明显异常，且无正当理由或者正当信息来源的。

★“相关交易行为明显异常”的认定

《最高人民法院、最高人民检察院关于办理内幕交易、泄露内幕信息刑事案件具体应用法律若干问题的解释》（2012年3月29日 法释〔2012〕6号）

第三条 本解释第二条第二项、第三项规定的“相关交易行为明显异常”，要综合以下情形，从时间吻合程度、交易背离程度和利益关联程度等方面予以认定：

（一）开户、销户、激活资金账户或者指定交易（托管）、撤销指定交易（转托管）的时间与该内幕信息形成、变化、公开时间基本一致的；

（二）资金变化与该内幕信息形成、变化、公开时间基本一致的；

（三）买入或者卖出与内幕信息有关的证券、期货合约时间与内幕信息的形成、变化和公开时间基本一致的；

（四）买入或者卖出与内幕信息有关的证券、期货合约时间与获悉内幕信息的时间基本一致的；

（五）买入或者卖出证券、期货合约行为明显与平时交易习惯不同的；

（六）买入或者卖出证券、期货合约行为，或者集中持有证券、期货合约行为与该证券、期货公开信息反映的基本面明显背离的；

（七）账户交易资金进出与该内幕信息知情人员或者非法获取人员有关联或者利害关系的；

（八）其他交易行为明显异常情形。

★不属于“从事与内幕信息有关的证券、期货交易”的情形

《最高人民法院、最高人民检察院关于办理内幕交易、泄露内幕信息刑事案件具体应用法律若干问题的解释》（2012年3月29日 法释〔2012〕6号）

第四条 具有下列情形之一的，不属于刑法第一百八十条第一款规定的从事与内幕信息有关的证券、期货交易：

（一）持有或者通过协议、其他安排与他人共同持有上市公司百分之五以上股份的自然人、法人或者其他组织收购该上市公司股份的；

（二）按照事先订立的书面合同、指令、计划从事相关证券、期货交易的；

（三）依据已被他人披露的信息而交易的；

（四）交易具有其他正当理由或者正当信息来源的。

★"内幕信息敏感期"的认定

《最高人民法院、最高人民检察院关于办理内幕交易、泄露内幕信息刑事案件具体应用法律若干问题的解释》（2012年3月29日　法释〔2012〕6号）

第五条　本解释所称"内幕信息敏感期"是指内幕信息自形成至公开的期间。

证券法第六十七条第二款所列"重大事件"的发生时间，第七十五条规定的"计划"、"方案"以及期货交易管理条例第八十五条第十一项规定的"政策"、"决定"等的形成时间，应当认定为内幕信息的形成之时。

影响内幕信息形成的动议、筹划、决策或者执行人员，其动议、筹划、决策或者执行初始时间，应当认定为内幕信息的形成之时。

内幕信息的公开，是指内幕信息在国务院证券、期货监督管理机构指定的报刊、网站等媒体披露。

★犯内幕交易、泄露内幕信息罪，"情节严重"与"情节特别严重"的认定

《最高人民法院、最高人民检察院关于办理内幕交易、泄露内幕信息刑事案件具体应用法律若干问题的解释》（2012年3月29日　法释〔2012〕6号）

第六条　在内幕信息敏感期内从事或者明示、暗示他人从事或者泄露内幕信息导致他人从事与该内幕信息有关的证券、期货交易，

具有下列情形之一的,应当认定为刑法第一百八十条第一款规定的“情节严重”:

(一)证券交易成交额在五十万元以上的;

(二)期货交易占用保证金数额在三十万元以上的;

(三)获利或者避免损失数额在十五万元以上的;

(四)三次以上的;

(五)具有其他严重情节的。

第七条　在内幕信息敏感期内从事或者明示、暗示他人从事或者泄露内幕信息导致他人从事与该内幕信息有关的证券、期货交易,具有下列情形之一的,应当认定为刑法第一百八十条第一款规定的“情节特别严重”:

(一)证券交易成交额在二百五十万元以上的;

(二)期货交易占用保证金数额在一百五十万元以上的;

(三)获利或者避免损失数额在七十五万元以上的;

(四)具有其他特别严重情节的。

★“对相关交易数额依法累计计算”与“按照处罚较重的数额定罪处罚”

《最高人民法院、最高人民检察院关于办理内幕交易、泄露内幕信息刑事案件具体应用法律若干问题的解释》(2012年3月29日法释〔2012〕6号)

第八条　二次以上实施内幕交易或者泄露内幕信息行为,未经行政处理或者刑事处理的,应当对相关交易数额依法累计计算。

第九条　同一案件中,成交额、占用保证金额、获利或者避免损失额分别构成情节严重、情节特别严重的,按照处罚较重的数额定罪处罚。

构成共同犯罪的,按照共同犯罪行为人的成交总额、占用保证金总额、获利或者避免损失总额定罪处罚,但判处各被告人罚金的总额应掌握在获利或者避免损失总额的一倍以上五倍以下。

★犯内幕交易、泄露内幕信息罪,"违法所得"的认定

《最高人民法院、最高人民检察院关于办理内幕交易、泄露内幕信息刑事案件具体应用法律若干问题的解释》(2012 年 3 月 29 日 法释〔2012〕6 号)

第十条 刑法第一百八十条第一款规定的"违法所得",是指通过内幕交易行为所获利益或者避免的损失。

内幕信息的泄露人员或者内幕交易的明示、暗示人员未实际从事内幕交易的,其罚金数额按照因泄露而获悉内幕信息人员或者被明示、暗示人员从事内幕交易的违法所得计算。

★犯利用未公开信息交易罪,"内幕信息以外的其他未公开的信息"的认定

《最高人民法院、最高人民检察院关于办理利用未公开信息交易刑事案件适用法律若干问题的解释》(2019 年 6 月 27 日 法释〔2019〕10 号)

第一条 刑法第一百八十条第四款规定的"内幕信息以外的其他未公开的信息",包括下列信息:

(一)证券、期货的投资决策、交易执行信息;

(二)证券持仓数量及变化、资金数量及变化、交易动向信息;

(三)其他可能影响证券、期货交易活动的信息。

第二条 内幕信息以外的其他未公开的信息难以认定的,司法机关可以在有关行政主(监)管部门的认定意见的基础上,根据案件事实和法律规定作出认定。

★犯利用未公开信息交易罪,"违反规定"的认定

《最高人民法院、最高人民检察院关于办理利用未公开信息交易刑事案件适用法律若干问题的解释》(2019 年 6 月 27 日 法释〔2019〕10 号)

第三条 刑法第一百八十条第四款规定的"违反规定",是指违反法律、行政法规、部门规章、全国性行业规范有关证券、期货未公开信息保护的规定,以及行为人所在的金融机构有关信息保密、禁止交易、禁止利益输送等规定。

★犯利用未公开信息交易罪，“明示、暗示他人从事相关交易活动”的认定

《最高人民法院、最高人民检察院关于办理利用未公开信息交易刑事案件适用法律若干问题的解释》（2019 年 6 月 27 日 法释〔2019〕10 号）

第四条 刑法第一百八十条第四款规定的行为人“明示、暗示他人从事相关交易活动”，应当综合以下方面进行认定：

（一）行为人具有获取未公开信息的职务便利；

（二）行为人获取未公开信息的初始时间与他人从事相关交易活动的初始时间具有关联性；

（三）行为人与他人之间具有亲友关系、利益关联、交易终端关联等关联关系；

（四）他人从事相关交易的证券、期货品种、交易时间与未公开信息所涉证券、期货品种、交易时间等方面基本一致；

（五）他人从事的相关交易活动明显不具有符合交易习惯、专业判断等正当理由；

（六）行为人对明示、暗示他人从事相关交易活动没有合理解释。

★犯利用未公开信息交易罪，“情节严重”“情节特别严重”的认定

《最高人民法院、最高人民检察院关于办理利用未公开信息交易刑事案件适用法律若干问题的解释》（2019 年 6 月 27 日 法释〔2019〕10 号）

第五条 利用未公开信息交易，具有下列情形之一的，应当认定为刑法第一百八十条第四款规定的“情节严重”：

（一）违法所得数额在一百万元以上的；

（二）二年内三次以上利用未公开信息交易的；

（三）明示、暗示三人以上从事相关交易活动的。

第六条 利用未公开信息交易，违法所得数额在五十万元以上，或者证券交易成交额在五百万元以上，或者期货交易占用保证金数额在一百万元以上，具有下列情形之一的，应当认定为刑法第一百八十条第四款规定的“情节严重”：

（一）以出售或者变相出售未公开信息等方式，明示、暗示他人从事相关交易活动的；

（二）因证券、期货犯罪行为受过刑事追究的；

（三）二年内因证券、期货违法行为受过行政处罚的；

（四）造成恶劣社会影响或者其他严重后果的。

第七条 刑法第一百八十条第四款规定的“依照第一款的规定处罚”，包括该条第一款关于“情节特别严重”的规定。

利用未公开信息交易，违法所得数额在一千万元以上的，应当认定为“情节特别严重”。

违法所得数额在五百万元以上，或者证券交易成交额在五千万元以上，或者期货交易占用保证金数额在一千万元以上，具有本解释第六条规定的四种情形之一的，应当认定为“情节特别严重”。

★“相关交易数额或者违法所得数额累计计算”与“违法所得”的认定

《最高人民法院、最高人民检察院关于办理利用未公开信息交易刑事案件适用法律若干问题的解释》（2019年6月27日 法释〔2019〕10号）

第八条 二次以上利用未公开信息交易，依法应予行政处理或者刑事处理而未经处理的，相关交易数额或者违法所得数额累计计算。

第九条 本解释所称“违法所得”，是指行为人利用未公开信息从事与该信息相关的证券、期货交易活动所获利益或者避免的损失。

行为人明示、暗示他人利用未公开信息从事相关交易活动，被明示、暗示人员从事相关交易活动所获利益或者避免的损失，应当认定为“违法所得”。

第十条 行为人未实际从事与未公开信息相关的证券、期货交易活动的，其罚金数额按照被明示、暗示人员从事相关交易活动的违法所得计算。

★犯利用未公开信息交易罪,可以从轻处罚或者免予刑事处罚的情形

《最高人民法院、最高人民检察院关于办理利用未公开信息交易刑事案件适用法律若干问题的解释》(2019年6月27日 法释〔2019〕10号)

第十一条 符合本解释第五条、第六条规定的标准,行为人如实供述犯罪事实,认罪悔罪,并积极配合调查,退缴违法所得的,可以从轻处罚;其中犯罪情节轻微的,可以依法不起诉或者免予刑事处罚。

符合刑事诉讼法规定的认罪认罚从宽适用范围和条件的,依照刑事诉讼法的规定处理。

类案检索指引

★证券交易内幕信息知情人在有重大影响的信息尚未公开前买入该证券、次日信息公告披露后卖出该证券的,构成内幕交易罪

《周文伟内幕交易案》(2020年9月24日最高人民法院发布7件证券、期货犯罪典型案例)

【典型意义】

内幕交易违反证券市场公开、公平、公正的证券交易原则,严重扰乱证券市场秩序,损害广大投资者合法利益。根据证券法的规定,证券交易内幕信息的知情人员和非法获取内幕信息的人员,在内幕信息公开前,不得买卖该公司的证券,或者泄露该信息,或者建议他人买卖该证券。本案被告人周文伟作为证券交易内幕信息知情人员,利用证券交易内幕信息从事内幕交易,证券交易成交额特别巨大,应当认定为“情节特别严重”。本案的正确处理,体现了从严惩处的精神,对证券交易所等证券监管人员从事内幕交易违法犯罪具有重要的警示作用。

★非法获取证券交易内幕信息的知情人员从事内幕交易的，构成内幕交易罪

《顾立安内幕交易案》(2020年9月24日最高人民法院发布7件证券、期货犯罪典型案例)

【典型意义】

本案是非法获取证券交易内幕信息的人员从事内幕交易的典型案例。最高人民法院、最高人民检察《关于办理内幕交易、泄露内幕交易刑事案件具体应用法律若干问题的解释》明确了“非法获取证券交易内幕信息的人员”的范围，并明确了内幕交易“情节严重”“情节特别严重”的认定标准。本案中，顾立安作为非法获取证券交易内幕信息的人员，从内幕信息知情人员处非法获取内幕信息后，从事与该内幕信息有关的证券交易。根据上述司法解释的规定，本案证券交易成交额和违法所得数额均已达到“情节特别严重”的认定标准。本案的正确处理，充分体现了从严惩处的精神，警示广大股民从中汲取教训，千万不要打探内幕信息、从事内幕交易。

★在内幕信息尚未公开前，从事与内幕信息有关的股票交易的，构成内幕交易、泄露内幕信息罪

《陈海啸内幕交易、泄露内幕信息案》(2020年9月24日最高人民法院发布7件证券、期货犯罪典型案例)

【典型意义】

本案是内幕交易、泄露内幕信息的典型案例。根据最高人民法院、最高人民检察《关于办理内幕交易、泄露内幕交易刑事案件具体应用法律若干问题的解释》的规定，非法获取证券、期货内幕信息的人员包括三类：一是利用窃取、骗取、套取、窃听、利诱、刺探或者私下交易等手段获取内幕信息的；二是内幕信息知情人员的近亲属或者其他与内幕信息知情人员关系密切的人员获取内幕信息的；三是在内幕信息敏感期内，与内幕信息知情人员联络、接触并获取内幕信息的。本案中，被告人陈海啸为了牟取非法利益，积极联系、接触证券交易内幕信息知情人，非法获取内幕信息，从事内幕交易，并泄露内幕信息导致他人从事内幕交易,情节特别严重,应依法严惩。

★内幕信息敏感期内,从事与内幕信息有关的股票交易的,构成内幕交易罪

《王某、王某玉等人内幕交易、泄露内幕信息案》(2020 年 11 月 6 日最高人民检察院、中国证券监督管理委员会发布证券违法犯罪典型案例)

【要旨】

内幕信息敏感期内,单独或伙同他人从事与内幕信息有关的股票交易的,构成内幕交易罪。

【典型意义】

1. 依法惩治内幕交易违法犯罪,促使内幕信息知情人严格依法履职。证券期货从业人员及上市公司高管、员工应当恪守职业道德,严格依照证券期货法律法规的规定,对可能影响市场行情的敏感信息履行保密义务,不得主动、被动向第三人透露相关内幕信息,不得直接或变相利用掌握的相关内幕信息谋取利益,自觉维护证券从业市场生态。

2. 准确把握内幕交易犯罪的证据特点和证据运用规则,全面准确认定案件事实。犯罪嫌疑人、被告人不供认犯罪事实,依靠间接证据同样可以证明犯罪事实。在指控证明过程中,要根据内幕交易行为的特征,围绕内幕信息知情人员与内幕交易行为人之间的密切关系、联络行为,相关交易行为与内幕信息敏感期的时间吻合程度、交易背离程度、利益关联程度等证明要求,有针对性地引导侦查取证,全面收集交易数据、行程轨迹、通讯记录、资金往来、社会关系等相关证据,按照证据特点和证据运用规则,对各类证据进行综合分析判断,构建证明体系。犯罪嫌疑人、被告人不供述犯罪事实,其他在案证据能够形成证明链条,排除其他可能性,证明结论唯一的,可以认定犯罪事实,依法追究刑事责任。

3. 贯彻落实宽严相济刑事政策,当宽则宽、该严则严。在办理共同犯罪案件时,对于主动认罪悔罪、退赃退赔的犯罪嫌疑人、被告人,应当依法从宽处理；对于拒不供认犯罪事实的犯罪嫌疑人、被告人，应当依法从严惩处。检察机关在办案当中要注重做好对犯罪嫌疑人、被告人的释法说理工作，通过讲法律、讲政策、讲危害、讲后果，促使其认识犯罪行为的社会危害性，主动认罪认罚、退缴违法所得，尽可能挽回犯罪造成的损失。

★内幕交易情节是否特别严重不以是否盈利为要件

《王某、李某内幕交易案》（2022 年 9 月 8 日最高人民法院、最高人民检察院、公安部、中国证券监督管理委员会印发依法从严打击证券犯罪典型案例）

【关键词】

内幕交易　泄露内幕信息罪　共同犯罪　客观证据　证明体系

【典型意义】

1. 以风险、收益是否共担为标准，准确区分内幕交易的共同犯罪与泄露内幕信息罪。内幕信息知情人将内幕信息泄露给他人，并对内幕交易共担风险、共享收益的，属于内幕交易的共同犯罪。内幕信息知情人仅泄露内幕信息给他人，不承担风险、不参与分赃的，单独认定为泄露内幕信息罪。本案中，虽然用于交易的证券账户和资金账户均在李某名下，但王某和李某资金混合，作为共同财产支配使用，二人不是泄露内幕信息与利用内幕信息交易的前后手犯罪关系，而是合谋利用内幕信息进行证券交易的共同犯罪，均应对内幕交易的成交总额、占用保证金总额、获利或避免损失总额承担责任。

2. 被告人不供述犯罪，间接证据形成完整证明体系的，可以认定被告人有罪和判处刑罚。内幕交易犯罪隐蔽性强，经常出现内幕信息知情人与内幕交易行为人订立攻守同盟、否认信息传递，企图以拒不供认来逃避惩罚的现象。对此，应通过收集行为人职务职责、参与涉内幕信息相关工作等证据证明其系内幕信息知情人；通过收集内幕信息知情人与内幕交易行为人之间的联络信息证明双方传递内幕信息的动机和条件；通过收集交易数据、资金往来、历史交易、大盘基本面等证据,证明相关交易行为是否存在明显异常等。对于间接证据均查证属实且相互印证,形成完整的证明体系,能够得出唯一结论的,应当依法定案。

3. 在内幕信息敏感期反复交易的,对交易成交额累计计算;实施内幕交易并亏损,交易成交额符合追诉标准的,也要依法追究刑事责任。内幕交易犯罪以谋利为意图,破坏证券市场公平交易秩序,司法解释、立案追诉标准均规定,证券交易成交额、获利或者避免损失数额等其中之一达到相关标准的,即应当认定为刑法第一百八十条第一款规定的"情节严重"。内幕交易成交额达到"情节严重"标准的,严重破坏了证券市场公平交易秩序,无论获利或者亏损,均应当依法追究刑事责任,且数次交易的交易数额应当依法累计计算。本案中,李某从王某处获悉内幕信息后两次实施内幕交易,虽然亏损9万元,但两次交易累计成交额为412万元,属于情节特别严重,依法判处其有期徒刑五年,体现了司法机关依法从严惩处证券犯罪、维护资本市场公平交易秩序的决心和力度。

★利用未公开信息交易罪为援引法定刑的情形,应当是对第一款法定刑的全部援引

《马乐利用未公开信息交易案》(2016年5月31日最高人民检察院发布第七批指导性案例:检例第24号)

【关键词】

适用法律错误　刑事抗诉　援引法定刑　情节特别严重

【要旨】

刑法第一百八十条第四款利用未公开信息交易罪为援引法定刑的情形,应当是对第一款法定刑的全部援引。其中,"情节严重"是入罪标准,在处罚上应当依照本条第一款内幕交易、泄露内幕信息罪的全部法定刑处罚,即区分不同情形分别依照第一款规定的"情节严重"和"情节特别严重"两个量刑档次处罚。

★利用未公开信息交易罪“情节严重”“情节特别严重”的适用

《马乐利用未公开信息交易案》(2016 年 6 月 30 日最高人民法院发布第 13 批指导性案例:指导案例 61 号)

【关键词】

刑事　利用未公开信息交易罪　援引法定刑　情节特别严重

【裁判要点】

刑法第一百八十条第四款规定的利用未公开信息交易罪援引法定刑的情形,应当是对第一款内幕交易、泄露内幕信息罪全部法定刑的引用,即利用未公开信息交易罪应有“情节严重”“情节特别严重”两种情形和两个量刑档次。

★以间接证据认定利用未公开信息交易犯罪

《王鹏等人利用未公开信息交易案》(2020 年 2 月 5 日最高人民检察院发布第十七批指导性案例:检例第 65 号)

【关键词】

利用未公开信息交易　间接证据　证明方法

【要旨】

具有获取未公开信息职务便利条件的金融机构从业人员及其近亲属从事相关证券交易行为明显异常,且与未公开信息相关交易高度趋同,即使其拒不供述未公开信息传递过程等犯罪事实,但其他证据之间相互印证,能够形成证明利用未公开信息犯罪的完整证明体系,足以排除其他可能的,可以依法认定犯罪事实。

★利用金融机构的未公开信息实施趋同交易的,构成本罪

《姜某君、柳某利用未公开信息交易案》(2022 年 9 月 8 日最高人民法院、最高人民检察院、公安部、中国证券监督管理委员会印发依法从严打击证券犯罪典型案例)

【关键词】

利用未公开信息交易罪　金融机构从业人员　趋同交易　私募基金　公募基金

【典型意义】

1. 私募基金从业人员可以成为利用未公开信息交易罪的共犯，私募基金账户趋同交易金额和获利金额应计入交易成交额和违法所得数额。利用未公开信息交易罪的犯罪主体是金融机构从业人员，根据《中华人民共和国证券投资基金法》等规定，公募基金管理公司属于金融机构，公募基金从业人员与私募基金从业人员共同利用公募基金从业人员职务便利获取的未公开信息，从事相关证券、期货交易活动的，构成利用未公开信息交易罪共同犯罪。利用未公开信息交易行为严重破坏证券市场的公平交易秩序，其社会危害性以及对证券市场秩序的侵害程度，应当以所有趋同交易的成交数额和违法所得数额来衡量，即不仅包括实际利益归属于被告人的相关账户趋同交易数额，也包括实际利益归属于特定投资人的私募基金账户趋同交易数额。

2. 全面把握利用未公开信息交易犯罪的特点和证明标准，准确认定案件事实。利用未公开信息交易行为具有专业、隐蔽的特征，行为人也具有智商高、脱罪能力强的特点，常以自身金融专业判断等理由进行辩解，侦查取证和指控证明的难度较大。行政调查和司法办案中，应当全面把握本罪的特点和证明方法，准确认定犯罪事实，防止打击不力。工作中一般应当注意以下问题：一是重点调取、对比审查客观证据，如未公开信息所涉证券（期货）品种、交易时间记录与涉案的相应品种、记录等，以对比证明交易的趋同性；行为人的职务权限、行为信息等，以证明交易信息的来源；二是在证明方法上，本罪的构成要件和隐蔽实施的行为特点决定，能够证明行为人知悉未公开信息并实施了趋同交易的，就认为行为人"利用"了未公开信息，至于该未公开信息是否系行为人决定交易的唯一信息，即行为人是否同时使用了"自身研究成果"，不影响本罪的认定。

3. 金融从业人员要依法履行保密、忠实义务。基金、银行、保险、券商等金融机构从业人员，在履行职责过程中掌握、知悉大量投资决策、交易动向、资金变化等未公开信息，应当严格依照商业银行法、证券法、保险法、证券投资基金法等法律法规的规定履行保密、忠实义务，无论主动被动均不得向第三人透露相关未公开信息，不得直接或变相利用未公开信息谋取利益。触碰、逾越上述界限，属于违法犯罪行为，将会受到法律的惩治。

第一百八十一条 【编造并传播证券、期货交易虚假信息罪】编造并且传播影响证券、期货交易的虚假信息，扰乱证券、期货交易市场，造成严重后果的，处五年以下有期徒刑或者拘役，并处或者单处一万元以上十万元以下罚金。

【诱骗投资者买卖证券、期货合约罪】证券交易所、期货交易所、证券公司、期货经纪公司的从业人员，证券业协会、期货业协会或者证券期货监督管理部门的工作人员，故意提供虚假信息或者伪造、变造、销毁交易记录，诱骗投资者买卖证券、期货合约，造成严重后果的，处五年以下有期徒刑或者拘役，并处或者单处一万元以上十万元以下罚金；情节特别恶劣的，处五年以上十年以下有期徒刑，并处二万元以上二十万元以下罚金。

单位犯前两款罪的，对单位判处罚金，并对其直接负责的主管人员和其他直接责任人员，处五年以下有期徒刑或者拘役。

立法动态

本条源自《中华人民共和国刑法》(1997 年 3 月 14 日第八届全国人民代表大会第五次会议修订，自 1997 年 10 月 1 日起施行)。

原本条规定为：第一百八十一条 (第一款)编造并且传播影响证券交易的虚假信息，扰乱证券交易市场，造成严重后果的，处五年以下有期徒刑或者拘役，并处或者单处一万元以上十万元以下罚金。(第二款)证券交易所、证券公司的从业人员，证券业协会或者证券管理部门的工作人员，故意提供虚假信息或者伪造、变造、销毁交易记录，诱骗投资者买卖证券，造成严重后果的，处五年以下有期徒刑或者拘役，并处或者单处一万元以上十万元以下罚金；情节特别恶劣的，处五年以上十年以下有期徒刑，并处二万元以上二十万元以下罚金。（第三款）单位犯前两款罪的，对单位判处罚金，并对其直接负责的主管人员和其他直接责任人员，处五年以下有期徒刑或者拘役。

本条根据《中华人民共和国刑法修正案》（自 1999 年 12 月 25 日起施行）第五条修改。修改的主要内容为增加了有关“期货交易”的规定。

立案标准

《最高人民检察院、公安部关于公安机关管辖的刑事案件立案追诉标准的规定（二）》（2022 年 4 月 6 日修订 公通字〔2022〕12 号）

第三十二条 ［编造并传播证券、期货交易虚假信息案（刑法第一百八十一条第一款）］编造并且传播影响证券、期货交易的虚假信息，扰乱证券、期货交易市场，涉嫌下列情形之一的，应予立案追诉：

（一）获利或者避免损失数额在五万元以上的；

（二）造成投资者直接经济损失数额在五十万元以上的；

（三）虽未达到上述数额标准，但多次编造并且传播影响证券、期货交易的虚假信息的；

（四）致使交易价格或者交易量异常波动的；

（五）造成其他严重后果的。

第三十三条 ［诱骗投资者买卖证券、期货合约案（刑法第一百八十一条第二款）］证券交易所、期货交易所、证券公司、期货公司的从业人员，证券业协会、期货业协会或者证券期货监督管理部门的工作人员，故意提供虚假信息或者伪造、变造、销毁交易记录，诱骗投资者买卖证券、期货合约，涉嫌下列情形之一的，应予立案追诉：

（一）获利或者避免损失数额在五万元以上的；

（二）造成投资者直接经济损失数额在五十万元以上的；

（三）虽未达到上述数额标准，但多次诱骗投资者买卖证券、期货合约的；

（四）致使交易价格或者交易量异常波动的；

（五）造成其他严重后果的。

适用要点与裁判依据

★利用互联网编造并传播影响证券、期货交易虚假信息的，构成本罪

《全国人民代表大会常务委员会关于维护互联网安全的决定》（2009年8月27日修正）

三、为了维护社会主义市场经济秩序和社会管理秩序，对有下列行为之一，构成犯罪的，依照刑法有关规定追究刑事责任：

……

（四）利用互联网编造并传播影响证券、期货交易或者其他扰乱金融秩序的虚假信息；

……

第一百八十二条　【操纵证券、期货市场罪】有下列情形之一，操纵证券、期货市场，影响证券、期货交易价格或者证券、期货交易量，情节严重的，处五年以下有期徒刑或者拘役，并处或者单处罚金；情节特别严重的，处五年以上十年以下有期徒刑，并处罚金：

（一）单独或者合谋，集中资金优势、持股或者持仓优势或者利用信息优势联合或者连续买卖的；

（二）与他人串通，以事先约定的时间、价格和方式相互进行证券、期货交易的；

（三）在自己实际控制的帐户之间进行证券交易，或者以自己为交易对象，自买自卖期货合约的；

（四）不以成交为目的，频繁或者大量申报买入、卖出证券、期货合约并撤销申报的；

（五）利用虚假或者不确定的重大信息，诱导投资者进行证券、期货交易的；

（六）对证券、证券发行人、期货交易标的公开作出评价、预测或者投资建议，同时进行反向证券交易或者相关期货交易的；

（七）以其他方法操纵证券、期货市场的。

单位犯前款罪的，对单位判处罚金，并对其直接负责的主管人员和其他直接责任人员，依照前款的规定处罚。

立法动态

本条源自《中华人民共和国刑法》（1997 年 3 月 14 日第八届全国人民代表大会第五次会议修订，自 1997 年 10 月 1 日起施行）。

本条曾经全国人大常委会三次修改：

原本条规定为：第一百八十二条（第一款）有下列情形之一，操纵证券交易价格，获取不正当利益或者转嫁风险，情节严重的，处五年以下有期徒刑或者拘役，并处或者单处违法所得一倍以上五倍以下罚金：（一）单独或者合谋，集中资金优势、持股优势或者利用信息优势联合或者连续买卖，操纵证券交易价格的；（二）与他人串通，以事先约定的时间、价格和方式相互进行证券交易或者相互买卖并不持有的证券，影响证券交易价格或者证券交易量的；（三）以自己为交易对象，进行不转移证券所有权的自买自卖，影响证券交易价格或者证券交易量的；（四）以其他方法操纵证券交易价格的。（第二款）单位犯前款罪的，对单位判处罚金，并对其直接负责的主管人员和其他直接责任人员，处五年以下有期徒刑或者拘役。

本条第一次根据《中华人民共和国刑法修正案》（自 1999 年 12 月 25 日起施行）第六条修改。修改的主要内容为：一是增加了对“期货交易”的规定；二是在第（一）项中增加“持仓优势”；三是在第（三）项中增加“以自己为交易对象，自买自卖期货合约”。

本条第二次根据《中华人民共和国刑法修正案(六)》(自2006年6月29日起施行)第十一条修改。修改的主要内容为:一是取消了构成本罪须以“获取不正当利益或者转嫁风险”为前提的限制条件;二是增加了“情节特别严重的,处五年以上十年以下有期徒刑,并处罚金”,提高了本罪的法定刑;三是取消了关于罚金数额的“处违法所得一倍以上五倍以下”的数额限制。

本条第三次根据《中华人民共和国刑法修正案(十一)》(自2021年3月1日起施行)第十三条对第一款进行修改。修改的主要内容为:一是在第一款中增加了“影响证券、期货交易价格或者证券、期货交易量”的犯罪构成要件;二是取消了第一款(一)(二)(三)项情形中“操纵证券、期货交易价格或者证券、期货交易量”“影响证券、期货交易价格或者证券、期货交易量”“影响证券、期货交易价格或者证券、期货交易量”的内容;三是增加了(四)(五)(六)项情形。

立案标准

《最高人民检察院、公安部关于公安机关管辖的刑事案件立案追诉标准的规定(二)》(2022年4月6日修订　公通字〔2022〕12号)

第三十四条　［操纵证券、期货市场案(刑法第一百八十二条)］操纵证券、期货市场,影响证券、期货交易价格或者证券、期货交易量,涉嫌下列情形之一的,应予立案追诉:

(一)持有或者实际控制证券的流通股份数量达到该证券的实际流通股份总量百分之十以上,实施刑法第一百八十二条第一款第一项操纵证券市场行为,连续十个交易日的累计成交量达到同期该证券总成交量百分之二十以上的;

(二)实施刑法第一百八十二条第一款第二项、第三项操纵证券市场行为,连续十个交易日的累计成交量达到同期该证券总成交量百分之二十以上的;

（三）利用虚假或者不确定的重大信息，诱导投资者进行证券交易，行为人进行相关证券交易的成交额在一千万元以上的；

（四）对证券、证券发行人公开作出评价、预测或者投资建议，同时进行反向证券交易，证券交易成交额在一千万元以上的；

（五）通过策划、实施资产收购或者重组、投资新业务、股权转让、上市公司收购等虚假重大事项，误导投资者作出投资决策，并进行相关交易或者谋取相关利益，证券交易成交额在一千万元以上的；

（六）通过控制发行人、上市公司信息的生成或者控制信息披露的内容、时点、节奏，误导投资者作出投资决策，并进行相关交易或者谋取相关利益，证券交易成交额在一千万元以上的；

（七）实施刑法第一百八十二条第一款第一项操纵期货市场行为，实际控制的账户合并持仓连续十个交易日的最高值超过期货交易所限仓标准的二倍，累计成交量达到同期该期货合约总成交量百分之二十以上，且期货交易占用保证金数额在五百万元以上的；

（八）通过囤积现货，影响特定期货品种市场行情，并进行相关期货交易，实际控制的账户合并持仓连续十个交易日的最高值超过期货交易所限仓标准的二倍，累计成交量达到同期该期货合约总成交量百分之二十以上，且期货交易占用保证金数额在五百万元以上的；

（九）实施刑法第一百八十二条第一款第二项、第三项操纵期货市场行为，实际控制的账户连续十个交易日的累计成交量达到同期该期货合约总成交量百分之二十以上，且期货交易占用保证金数额在五百万元以上的；

（十）利用虚假或者不确定的重大信息，诱导投资者进行期货交易，行为人进行相关期货交易，实际控制的账户连续十个交易日的累计成交量达到同期该期货合约总成交量百分之二十以上，且期货交易占用保证金数额在五百万元以上的；

（十一）对期货交易标的公开作出评价、预测或者投资建议，同时进行相关期货交易，实际控制的账户连续十个交易日的累计成交量达到同期该期货合约总成交量的百分之二十以上，且期货交易占用保证金数额在五百万元以上的；

（十二）不以成交为目的，频繁或者大量申报买入、卖出证券、期货合约并撤销申报，当日累计撤回申报量达到同期该证券、期货合约总申报量百分之五十以上，且证券撤回申报额在一千万元以上、撤回申报的期货合约占用保证金数额在五百万元以上的；

（十三）实施操纵证券、期货市场行为，获利或者避免损失数额在一百万元以上的。

操纵证券、期货市场，影响证券、期货交易价格或者证券、期货交易量，获利或者避免损失数额在五十万元以上，同时涉嫌下列情形之一的，应予立案追诉：

（一）发行人、上市公司及其董事、监事、高级管理人员、控股股东或者实际控制人实施操纵证券、期货市场行为的；

（二）收购人、重大资产重组的交易对方及其董事、监事、高级管理人员、控股股东或者实际控制人实施操纵证券、期货市场行为的；

（三）行为人明知操纵证券、期货市场行为被有关部门调查，仍继续实施的；

（四）因操纵证券、期货市场行为受过刑事追究的；

（五）二年内因操纵证券、期货市场行为受过行政处罚的；

（六）在市场出现重大异常波动等特定时段操纵证券、期货市场的；

（七）造成其他严重后果的。

对于在全国中小企业股份转让系统中实施操纵证券市场行为，社会危害性大，严重破坏公平公正的市场秩序的，比照本条的规定执行，但本条第一款第一项和第二项除外。

适用要点与裁判依据

★“以其他方法操纵证券、期货市场”的认定

《最高人民法院、最高人民检察院关于办理操纵证券、期货市场刑事案件适用法律若干问题的解释》(2019年6月27日 法释〔2019〕9号)

第一条 行为人具有下列情形之一的,可以认定为刑法第一百八十二条第一款第四项规定的“以其他方法操纵证券、期货市场”:

(一)利用虚假或者不确定的重大信息,诱导投资者作出投资决策,影响证券、期货交易价格或者证券、期货交易量,并进行相关交易或者谋取相关利益的;

(二)通过对证券及其发行人、上市公司、期货交易标的公开作出评价、预测或者投资建议,误导投资者作出投资决策,影响证券、期货交易价格或者证券、期货交易量,并进行与其评价、预测、投资建议方向相反的证券交易或者相关期货交易的;

(三)通过策划、实施资产收购或者重组、投资新业务、股权转让、上市公司收购等虚假重大事项,误导投资者作出投资决策,影响证券交易价格或者证券交易量,并进行相关交易或者谋取相关利益的;

(四)通过控制发行人、上市公司信息的生成或者控制信息披露的内容、时点、节奏,误导投资者作出投资决策,影响证券交易价格或者证券交易量,并进行相关交易或者谋取相关利益的;

(五)不以成交为目的,频繁申报、撤单或者大额申报、撤单,误导投资者作出投资决策,影响证券、期货交易价格或者证券、期货交易量,并进行与申报相反的交易或者谋取相关利益的;

(六)通过囤积现货,影响特定期货品种市场行情,并进行相关期货交易的;

(七)以其他方法操纵证券、期货市场的。

★操纵证券、期货市场“情节严重”“情节特别严重”的认定

《最高人民法院、最高人民检察院关于办理操纵证券、期货市场刑事案件适用法律若干问题的解释》(2019 年 6 月 27 日　法释〔2019〕9 号)

第二条　操纵证券、期货市场,具有下列情形之一的,应当认定为刑法第一百八十二条第一款规定的“情节严重”:

(一)持有或者实际控制证券的流通股份数量达到该证券的实际流通股份总量百分之十以上,实施刑法第一百八十二条第一款第一项操纵证券市场行为,连续十个交易日的累计成交量达到同期该证券总成交量百分之二十以上的;

(二)实施刑法第一百八十二条第一款第二项、第三项操纵证券市场行为,连续十个交易日的累计成交量达到同期该证券总成交量百分之二十以上的;

(三)实施本解释第一条第一项至第四项操纵证券市场行为,证券交易成交额在一千万元以上的;

(四)实施刑法第一百八十二条第一款第一项及本解释第一条第六项操纵期货市场行为,实际控制的账户合并持仓连续十个交易日的最高值超过期货交易所限仓标准的二倍,累计成交量达到同期该期货合约总成交量百分之二十以上,且期货交易占用保证金数额在五百万元以上的;

(五)实施刑法第一百八十二条第一款第二项、第三项及本解释第一条第一项、第二项操纵期货市场行为,实际控制的账户连续十个交易日的累计成交量达到同期该期货合约总成交量百分之二十以上,且期货交易占用保证金数额在五百万元以上的;

(六)实施本解释第一条第五项操纵证券、期货市场行为,当日累计撤回申报量达到同期该证券、期货合约总申报量百分之五十以上,且证券撤回申报额在一千万元以上、撤回申报的期货合约占用保证金数额在五百万元以上的;

(七)实施操纵证券、期货市场行为,违法所得数额在一百万元以上的。

第三条 操纵证券、期货市场，违法所得数额在五十万元以上，具有下列情形之一的，应当认定为刑法第一百八十二条第一款规定的“情节严重”：

（一）发行人、上市公司及其董事、监事、高级管理人员、控股股东或者实际控制人实施操纵证券、期货市场行为的；

（二）收购人、重大资产重组的交易对方及其董事、监事、高级管理人员、控股股东或者实际控制人实施操纵证券、期货市场行为的；

（三）行为人明知操纵证券、期货市场行为被有关部门调查，仍继续实施的；

（四）因操纵证券、期货市场行为受过刑事追究的；

（五）二年内因操纵证券、期货市场行为受过行政处罚的；

（六）在市场出现重大异常波动等特定时段操纵证券、期货市场的；

（七）造成恶劣社会影响或者其他严重后果的。

第四条 具有下列情形之一的，应当认定为刑法第一百八十二条第一款规定的“情节特别严重”：

（一）持有或者实际控制证券的流通股份数量达到该证券的实际流通股份总量百分之十以上，实施刑法第一百八十二条第一款第一项操纵证券市场行为，连续十个交易日的累计成交量达到同期该证券总成交量百分之五十以上的；

（二）实施刑法第一百八十二条第一款第二项、第三项操纵证券市场行为，连续十个交易日的累计成交量达到同期该证券总成交量百分之五十以上的；

（三）实施本解释第一条第一项至第四项操纵证券市场行为，证券交易成交额在五千万元以上的；

（四）实施刑法第一百八十二条第一款第一项及本解释第一条第六项操纵期货市场行为，实际控制的账户合并持仓连续十个交易日的最高值超过期货交易所限仓标准的五倍，累计成交量达到同期该

期货合约总成交量百分之五十以上,且期货交易占用保证金数额在二千五百万元以上的;

(五)实施刑法第一百八十二条第一款第二项、第三项及本解释第一条第一项、第二项操纵期货市场行为,实际控制的账户连续十个交易日的累计成交量达到同期该期货合约总成交量百分之五十以上,且期货交易占用保证金数额在二千五百万元以上的;

(六)实施操纵证券、期货市场行为,违法所得数额在一千万元以上的。

实施操纵证券、期货市场行为,违法所得数额在五百万元以上,并具有本解释第三条规定的七种情形之一的,应当认定为"情节特别严重"。

★"自己实际控制的账户"的认定

《最高人民法院、最高人民检察院关于办理操纵证券、期货市场刑事案件适用法律若干问题的解释》(2019年6月27日　法释〔2019〕9号)

第五条　下列账户应当认定为刑法第一百八十二条中规定的"自己实际控制的账户":

(一)行为人以自己名义开户并使用的实名账户;

(二)行为人向账户转入或者从账户转出资金,并承担实际损益的他人账户;

(三)行为人通过第一项、第二项以外的方式管理、支配或者使用的他人账户;

(四)行为人通过投资关系、协议等方式对账户内资产行使交易决策权的他人账户;

(五)其他有证据证明行为人具有交易决策权的账户。

有证据证明行为人对前款第一项至第三项账户内资产没有交易决策权的除外。

★实施操纵证券、期货市场行为，相关交易数额或者违法所得数额累计计算

《最高人民法院、最高人民检察院关于办理操纵证券、期货市场刑事案件适用法律若干问题的解释》(2019年6月27日　法释〔2019〕9号)

第六条　二次以上实施操纵证券、期货市场行为，依法应予行政处理或者刑事处理而未经处理的，相关交易数额或者违法所得数额累计计算。

★犯本罪，可以从轻处罚或者免予刑事处罚的情形

《最高人民法院、最高人民检察院关于办理操纵证券、期货市场刑事案件适用法律若干问题的解释》(2019年6月27日　法释〔2019〕9号)

第七条　符合本解释第二条、第三条规定的标准，行为人如实供述犯罪事实，认罪悔罪，并积极配合调查，退缴违法所得的，可以从轻处罚；其中犯罪情节轻微的，可以依法不起诉或者免予刑事处罚。

符合刑事诉讼法规定的认罪认罚从宽适用范围和条件的，依照刑事诉讼法的规定处理。

★单位犯本罪的刑事责任

《最高人民法院、最高人民检察院关于办理操纵证券、期货市场刑事案件适用法律若干问题的解释》(2019年6月27日　法释〔2019〕9号)

第八条　单位实施刑法第一百八十二条第一款行为的，依照本解释规定的定罪量刑标准，对其直接负责的主管人员和其他直接责任人员定罪处罚，并对单位判处罚金。

★"违法所得"与"连续十个交易日"的认定

《最高人民法院、最高人民检察院关于办理操纵证券、期货市场刑事案件适用法律若干问题的解释》(2019年6月27日　法释〔2019〕9号)

第九条　本解释所称"违法所得"，是指通过操纵证券、期货市场所获利益或者避免的损失。

本解释所称"连续十个交易日"，是指证券、期货市场开市交易的连续十个交易日，并非指行为人连续交易的十个交易日。

类案检索指引

★证券公司工作人员买卖或者持有证券，通过预期的市场波动反向操作谋取利益的，构成本罪

《朱炜明操纵证券市场案》（2018年7月3日最高人民检察院发布第十批指导案例：检例第39号）

【关键词】

操纵证券市场　"抢帽子"交易　公开荐股

【要旨】

证券公司、证券咨询机构、专业中介机构及其工作人员违背从业禁止规定，买卖或者持有证券，并在对相关证券作出公开评价、预测或者投资建议后，通过预期的市场波动反向操作，谋取利益，情节严重的，以操纵证券市场罪追究其刑事责任。

★准确把握本罪违背忠实义务，将上市公司利益向个人或其他单位输送的实质

《鲜某背信损害上市公司利益、操纵证券市场案》（2022年9月8日最高人民法院、最高人民检察院、公安部、中国证券监督管理委员会印发依法从严打击证券犯罪典型案例）

【关键词】

背信损害上市公司利益罪　操纵证券市场罪　信息型操纵　价量影响

【典型意义】

1. 准确把握背信损害上市公司利益罪违背忠实义务，将上市公司利益向个人或其他单位输送的实质。背信损害上市公司利益犯罪的手段多种多样，如与关联公司不正当交易、伪造支付名目、违规担保、无偿提供资金等，并且多采用复杂的资金流转、股权控制方式掩饰违法行为，究其实质，均系违背对上市公司的忠实义务、输送公司利益。本案中，汉某公司系上市公司的并表子公司，鲜某将汉某公司资金转入个人控制账户，相比直接转移上市公司资金隐蔽性更强，由于相关财务数据计入上市公司，最终仍然致使上市公司利益遭受重大损失。办案中，应当透过合同、资金流转、股权关系等表象，准确认识行为实质，依法追究责任。

2. 在信息型操纵证券案件中，应当结合当事人控制信息的手段，对证券交易价格、交易量的影响，情节严重程度等认定是否构成操纵证券市场犯罪。上市公司实际控制人、高级管理人员利用其特殊地位，迎合市场热点，控制信息的生成或信息披露的内容、时点、节奏，进行误导性披露，是信息型操纵证券犯罪的重要手段。其本质是行为人通过控制公开披露的信息，误导投资者作出投资决策，扭曲证券价格正常形成机制，影响证券交易价格或者证券交易量……

3. 坚持依法从严惩治，加大违法犯罪成本，遏制资本市场的违法犯罪行为。为维护资本市场秩序、防范化解重大风险，中共中央办公厅、国务院办公厅印发《关于依法从严打击证券违法活动的意见》，要求依法严厉查处证券违法犯罪案件，加强诚信约束惩戒，强化震慑效应。本案系行政机关、司法机关对上市公司实际控制人挑战法律底线、屡次实施违法违规行为进行彻查严处的标杆案件。根据鲜某违法犯罪行为性质、情节、违法所得数额等，行政处罚顶格处以违法所得5倍罚金、终身市场禁入；刑事处罚依法认定构成数罪，判处有期徒刑并处罚金，追缴违法所得。通过全方位的从重追责，加大资本市场违法成本，震慑违法犯罪活动，营造崇法守信的市场法治环境。

★非法利用技术优势操纵期货市场的，构成本罪

《张家港保税区伊世顿国际贸易有限公司、金文献等操纵期货市场案——非法利用技术优势操纵期货市场》（2022年9月22日最高人民法院发布人民法院依法惩治金融犯罪典型案例）

【典型意义】

本案是新型操纵期货市场犯罪的典型案例，法律、司法解释对本案中操纵方法没有明确规定。本案中，被告单位伊世顿公司、被告人金文献等人违反有关规定，隐瞒实际控制伊世顿账户组、大量账户从事高频程序化交易等情况，规避中金所对风险控制的监管措施，将自行研发的报单交易系统非法接入中金所交易系统，利用以逃避期货公司资金和持仓验证等非法手段获取的交易速度优势，大量操纵股指期货交易，影响期货交易价格或者期货交易量，其行为符合操纵期货市场罪的构成要件。伊世顿公司的操纵行为严重破坏了股指期货市场的公平交易秩序和原则，与刑法规定的连续交易、自买自卖等操纵行为的本质相同，可以认定为"以其他方法操纵证券、期货市场的"情形。本案的正确处理，既符合刑法规定，也符合宽严相济的刑事政策，实现了法律效果和社会效果的统一。

★以囤积现货影响期货行情等手段操纵期货市场

《远大石化有限公司、吴向东操纵期货市场案》（2022年9月22日最高人民法院发布人民法院依法惩治金融犯罪典型案例）

【典型意义】

本案系以囤积现货影响期货行情等手段实施操纵期货市场犯罪的典型案例。刑法第一百八十二条第一款规定了多种常见操纵证券、期货市场的方法，"两高"《关于办理操纵证券、期货市场刑事案件适用法律若干问题的解释》第一条规定了七种其他操纵证券、期货市场的方法，"跨期、现货市场操纵"是其中之一。本案被告单位通过直接采购、代采代持、售后回购等多种方式囤积现货，影响期货品种市场行情，就属于"跨期、现货市场操纵"的情形。同时被告单位利用实际控制的多个期货账户，集中资金优势连续交易期货合约，操纵期货合约价格，违法所得数亿元，应认定为"情节特别严重"。法院根据本案的犯罪事实、性质、情节和社会危害程度，依法对被告单位、被告人定罪处罚，于法有据。这个案件的正确处理对增强资本市场各类主体和投资者的法治意识、规范和保障资本市场秩序具有重要警示教育作用。各类资本市场主体和广大投资者要敬畏市场、敬畏法治，共同维护证券、期货市场管理秩序和广大投资者合法权益，促进国家资本市场健康稳定发展。

第一百八十三条　【职务侵占罪】保险公司的工作人员利用职务上的便利，故意编造未曾发生的保险事故进行虚假理赔，骗取保险金归自己所有的，依照本法第二百七十一条的规定定罪处罚。

【贪污罪】国有保险公司工作人员和国有保险公司委派到非国有保险公司从事公务的人员有前款行为的，依照本法第三百八十二条、第三百八十三条的规定定罪处罚。

立法动态

本条源自《中华人民共和国刑法》(1997 年 3 月 14 日第八届全国人民代表大会第五次会议修订，自 1997 年 10 月 1 日起施行)。

第一百八十四条　【非国家工作人员受贿罪】银行或者其他金融机构的工作人员在金融业务活动中索取他人财物或者非法收受他人财物，为他人谋取利益的，或者违反国家规定，收受各种名义的回扣、手续费，归个人所有的，依照本法第一百六十三条的规定定罪处罚。

国有金融机构工作人员和国有金融机构委派到非国有金融机构从事公务的人员有前款行为的，依照本法第三百八十五条、第三百八十六条的规定定罪处罚。

立法动态

本条源自《中华人民共和国刑法》(1997 年 3 月 14 日第八届全国人民代表大会第五次会议修订，自 1997 年 10 月 1 日起施行)。

第一百八十五条 【挪用资金罪】商业银行、证券交易所、期货交易所、证券公司、期货经纪公司、保险公司或者其他金融机构的工作人员利用职务上的便利，挪用本单位或者客户资金的，依照本法第二百七十二条的规定定罪处罚。

【挪用公款罪】国有商业银行、证券交易所、期货交易所、证券公司、期货经纪公司、保险公司或者其他国有金融机构的工作人员和国有商业银行、证券交易所、期货交易所、证券公司、期货经纪公司、保险公司或者其他国有金融机构委派到前款规定中的非国有机构从事公务的人员有前款行为的，依照本法第三百八十四条的规定定罪处罚。

立法动态

本条源自《中华人民共和国刑法》(1997年3月14日第八届全国人民代表大会第五次会议修订，自1997年10月1日起施行)。

本条原规定为：第一百八十五条 (第一款)银行或者其他金融机构的工作人员利用职务上的便利，挪用本单位或者客户资金的，依照本法第二百七十二条的规定定罪处罚。(第二款)国有金融机构工作人员和国有金融机构委派到非国有金融机构从事公务的人员有前款行为的，依照本法第三百八十四条的规定定罪处罚。

本条根据《中华人民共和国刑法修正案》(自1999年12月25日起施行)第七条修改。

本条修改的主要内容为：将“银行或者其他金融机构的工作人员”扩展规定为“商业银行、证券交易所、期货交易所、证券公司、期货经纪公司、保险公司或者其他金融机构的工作人员”。

第一百八十五条之一　【背信运用受托财产罪】商业银行、证券交易所、期货交易所、证券公司、期货经纪公司、保险公司或者其他金融机构，违背受托义务，擅自运用客户资金或者其他委托、信托的财产，情节严重的，对单位判处罚金，并对其直接负责的主管人员和其他直接责任人员，处三年以下有期徒刑或者拘役，并处三万元以上三十万元以下罚金；情节特别严重的，处三年以上十年以下有期徒刑，并处五万元以上五十万元以下罚金。

【违法运用资金罪】社会保障基金管理机构、住房公积金管理机构等公众资金管理机构，以及保险公司、保险资产管理公司、证券投资基金管理公司，违反国家规定运用资金的，对其直接负责的主管人员和其他直接责任人员，依照前款的规定处罚。

立法动态

本条根据《中华人民共和国刑法修正案（六）》（自2006年6月29日起施行）第十二条增加。

立案标准

《最高人民检察院、公安部关于公安机关管辖的刑事案件立案追诉标准的规定（二）》（2022年4月6日修订　公通字〔2022〕12号）

第三十五条　［背信运用受托财产案（刑法第一百八十五条之一第一款）］商业银行、证券交易所、期货交易所、证券公司、期货公司、保险公司或者其他金融机构，违背受托义务，擅自运用客户资金或者其他委托、信托的财产，涉嫌下列情形之一的，应予立案追诉：

（一）擅自运用客户资金或者其他委托、信托的财产数额在三十万元以上的；

（二）虽未达到上述数额标准，但多次擅自运用客户资金或者其他委托、信托的财产，或者擅自运用多个客户资金或者其他委托、信托的财产的；

（三）其他情节严重的情形。

第三十六条 ［违法运用资金案（刑法第一百八十五条之一第二款）］社会保障基金管理机构、住房公积金管理机构等公众资金管理机构，以及保险公司、保险资产管理公司、证券投资基金管理公司，违反国家规定运用资金，涉嫌下列情形之一的，应予立案追诉：

（一）违反国家规定运用资金数额在三十万元以上的；

（二）虽未达到上述数额标准，但多次违反国家规定运用资金的；

（三）其他情节严重的情形。

第一百八十六条 【违法发放贷款罪】银行或者其他金融机构的工作人员违反国家规定发放贷款，数额巨大或者造成重大损失的，处五年以下有期徒刑或者拘役，并处一万元以上十万元以下罚金；数额特别巨大或者造成特别重大损失的，处五年以上有期徒刑，并处二万元以上二十万元以下罚金。

银行或者其他金融机构的工作人员违反国家规定，向关系人发放贷款的，依照前款的规定从重处罚。

单位犯前两款罪的，对单位判处罚金，并对其直接负责的主管人员和其他直接责任人员，依照前两款的规定处罚。

关系人的范围，依照《中华人民共和国商业银行法》和有关金融法规确定。

立法动态

本条源自《中华人民共和国刑法》（1997 年 3 月 14 日第八届全国人民代表大会第五次会议修订，自 1997 年 10 月 1 日起施行）。

本条原一、二款内容为：（第一款）银行或者其他金融机构的工作人员违反法律、行政法规规定，向关系人发放信用贷款或者发放担保贷款的条件优于其他借款人同类贷款的条件，造成较大损失的，处五年以下有期徒刑或者拘役,并处一万元以上十万元以下罚金;造成重大损失的,处五年以上有期徒刑,并处二万元以上二十万元以下罚金。(第二款)银行或者其他金融机构的工作人员违反法律、行政法规规定,向关系人以外的其他人发放贷款,造成重大损失的,处五年以下有期徒刑或者拘役,并处一万元以上十万元以下罚金;造成特别重大损失的,处五年以上有期徒刑,并处二万元以上二十万元以下罚金。

本条第一、二款根据《中华人民共和国刑法修正案(六)》(自2006年6月29日起施行)第十三条修改。修改的主要内容为:一是将原规定"违反法律、行政法规"修改为"违反国家规定",扩宽了入罪范围;二是在第二款中增加了"从重处罚"的规定;三是将"造成重大损失",修改为"数额巨大"或"造成重大损失"。

立案标准

《最高人民检察院、公安部关于公安机关管辖的刑事案件立案追诉标准的规定(二)》(2022年4月6日修订 公通字〔2022〕12号)

第三十七条 [违法发放贷款案(刑法第一百八十六条)]银行或者其他金融机构及其工作人员违反国家规定发放贷款,涉嫌下列情形之一的,应予立案追诉:

(一)违法发放贷款,数额在二百万元以上的;

(二)违法发放贷款,造成直接经济损失数额在五十万元以上的。

第一百八十七条 【吸收客户资金不入帐罪】银行或者其他金融机构的工作人员吸收客户资金不入帐,数额巨大或者造成重大损失的,处五年以下有期徒刑或者拘役,并处二万元以上二十万元以下罚金;数额特别巨大或者造成特别重大损失的,处五年以上有期徒刑,并处五万元以上五十万元以下罚金。

单位犯前款罪的,对单位判处罚金,并对其直接负责的主管人员和其他直接责任人员,依照前款的规定处罚。

立法动态

本条源自《中华人民共和国刑法》(1997 年 3 月 14 日第八届全国人民代表大会第五次会议修订,自 1997 年 10 月 1 日起施行)。

本条第一款根据《中华人民共和国刑法修正案(六)》(自 2006 年 6 月 29 日起施行)第十四条修改。

原本条第一款内容为:银行或者其他金融机构的工作人员以牟利为目的,采取吸收客户资金不入账的方式,将资金用于非法拆借、发放贷款,造成重大损失的,处五年以下有期徒刑或者拘役,并处二万元以上二十万元以下罚金;造成特别重大损失的,处五年以上有期徒刑,并处五万元以上五十万元以下罚金。

本条第一款修改的主要内容为:一是取消了原规定中“以牟利为目的”“将资金用于非法拆借、发放贷款”的内容;二是增加了对“数额巨大”“数额特别巨大”犯罪的法定刑。

立案标准

《最高人民检察院、公安部关于公安机关管辖的刑事案件立案追诉标准的规定(二)》(2022 年 4 月 6 日修订　公通字〔2022〕12 号)

第三十八条　[吸收客户资金不入账案(刑法第一百八十七条)]银行或者其他金融机构及其工作人员吸收客户资金不入账,涉嫌下列情形之一的,应予立案追诉:

(一)吸收客户资金不入账,数额在二百万元以上的;

(二)吸收客户资金不入账,造成直接经济损失数额在五十万元以上的。

第一百八十八条 【违规出具金融票证罪】银行或者其他金融机构的工作人员违反规定，为他人出具信用证或者其他保函、票据、存单、资信证明，情节严重的，处五年以下有期徒刑或者拘役；情节特别严重的，处五年以上有期徒刑。

单位犯前款罪的，对单位判处罚金，并对其直接负责的主管人员和其他直接责任人员，依照前款的规定处罚。

立法动态

本条源自《中华人民共和国刑法》（1997 年 3 月 14 日第八届全国人民代表大会第五次会议修订，自 1997 年 10 月 1 日起施行）。

本条原第一款规定为：银行或者其他金融机构的工作人员违反规定，为他人出具信用证或者其他保函、票据、存单、资信证明，造成较大损失的，处五年以下有期徒刑或者拘役；造成重大损失的，处五年以上有期徒刑。

本条第一款根据《中华人民共和国刑法修正案（六）》（自 2006 年 6 月 29 日起施行）第十五条修改。修改的主要内容为：一是将“造成较大损失”改为“情节严重”；二是将“造成重大损失”修改为“情节特别严重”。

立案标准

《最高人民检察院、公安部关于公安机关管辖的刑事案件立案追诉标准的规定（二）》（2022 年 4 月 6 日修订 公通字〔2022〕12 号）

第三十九条 ［违规出具金融票证案（刑法第一百八十八条）］银行或者其他金融机构及其工作人员违反规定，为他人出具信用证或者其他保函、票据、存单、资信证明，涉嫌下列情形之一的，应予立案追诉：

（一）违反规定为他人出具信用证或者其他保函、票据、存单、资

信证明,数额在二百万元以上的;

(二)违反规定为他人出具信用证或者其他保函、票据、存单、资信证明,造成直接经济损失数额在五十万元以上的;

(三)多次违规出具信用证或者其他保函、票据、存单、资信证明的;

(四)接受贿赂违规出具信用证或者其他保函、票据、存单、资信证明的;

(五)其他情节严重的情形。

第一百八十九条 【对违法票据承兑、付款、保证罪】银行或者其他金融机构的工作人员在票据业务中,对违反票据法规定的票据予以承兑、付款或者保证,造成重大损失的,处五年以下有期徒刑或者拘役;造成特别重大损失的,处五年以上有期徒刑。

单位犯前款罪的,对单位判处罚金,并对其直接负责的主管人员和其他直接责任人员,依照前款的规定处罚。

立法动态

本条源自《中华人民共和国刑法》(1997年3月14日第八届全国人民代表大会第五次会议修订,自1997年10月1日起施行)。

立案标准

《最高人民检察院、公安部关于公安机关管辖的刑事案件立案追诉标准的规定(二)》(2022年4月6日修订 公通字〔2022〕12号)

第四十条 [对违法票据承兑、付款、保证案(刑法第一百八十九条)]银行或者其他金融机构及其工作人员在票据业务中,对违反票据法规定的票据予以承兑、付款或者保证,造成直接经济损失数额在五十万元以上的,应予立案追诉。

第一百九十条　【逃汇罪】公司、企业或者其他单位，违反国家规定，擅自将外汇存放境外，或者将境内的外汇非法转移到境外，数额较大的，对单位判处逃汇数额百分之五以上百分之三十以下罚金，并对其直接负责的主管人员和其他直接责任人员，处五年以下有期徒刑或者拘役；数额巨大或者有其他严重情节的，对单位判处逃汇数额百分之五以上百分之三十以下罚金，并对其直接负责的主管人员和其他直接责任人员，处五年以上有期徒刑。

立法动态

本条源自《中华人民共和国刑法》（1997年3月14日第八届全国人民代表大会第五次会议修订，自1997年10月1日起施行）。

原本条规定为：国有公司、企业或者其他国有单位，违反国家规定，擅自将外汇存放境外，或者将境内的外汇非法转移到境外，情节严重的，对单位判处罚金，并对其直接负责的主管人员和其他直接责任人员，处五年以下有期徒刑或者拘役。

本条根据《全国人民代表大会常务委员会关于惩治骗购外汇、逃汇和非法买卖外汇犯罪的决定》（自1998年12月29日起施行）第三条修改。

本条修改的主要内容为：一是取消了“国有”的规定；二是将“情节严重”修改为“数额较大”“数额巨大或者有其他严重情节的”；三是将本罪的法定刑提高为“五年以上有期徒刑”。

立案标准

《最高人民检察院、公安部关于公安机关管辖的刑事案件立案追诉标准的规定（二）》（2022年4月6日修订　公通字〔2022〕12号）

第四十一条　［逃汇案（刑法第一百九十条）］公司、企业或者其他单位，违反国家规定，擅自将外汇存放境外，或者将境内的外汇非法转移到境外，单笔在二百万美元以上或者累计数额在五百万美元以上的，应予立案追诉。

适用要点与裁判依据

★使用虚假、无效的凭证、商业单据或者采取其他手段向外汇指定银行骗购外汇等行为的刑事责任

《最高人民法院关于审理骗购外汇、非法买卖外汇刑事案件具体应用法律若干问题的解释》(1998年8月28日　法释〔1998〕20号)

第一条　以进行走私、逃汇、洗钱、骗税等犯罪活动为目的，使用虚假、无效的凭证、商业单据或者采取其他手段向外汇指定银行骗购外汇的，应当分别按照刑法分则第三章第二节、第一百九十条、第一百九十一条和第二百零四条等规定定罪处罚。

非国有公司、企业或者其他单位，与国有公司、企业或者其他国有单位勾结逃汇的，以逃汇罪的共犯处罚。

第六条　实施本解释规定的行为，同时触犯二个以上罪名的，择一重罪从重处罚。

第七条　根据刑法第六十四条规定，骗购外汇、非法买卖外汇的，其违法所得予以追缴，用于骗购外汇、非法买卖外汇的资金予以没收，上缴国库。

第八条　骗购、非法买卖不同币种的外汇的，以案发时国家外汇管理机关制定的统一折算率折合后依照本解释处罚。

第一百九十一条　【洗钱罪】为掩饰、隐瞒毒品犯罪、黑社会性质的组织犯罪、恐怖活动犯罪、走私犯罪、贪污贿赂犯罪、破坏金融管理秩序犯罪、金融诈骗犯罪的所得及其产生的收益的来源和性质，有下列行为之一的，没收实施以上犯罪的所得及其产生的收益，处五年以下有期徒刑或者拘役，并处或者单处罚金；情节严重的，处五年以上十年以下有期徒刑，并处罚金：

（一）提供资金帐户的；

（二）将财产转换为现金、金融票据、有价证券的；

（三）通过转帐或者其他支付结算方式转移资金的；

（四）跨境转移资产的；

（五）以其他方法掩饰、隐瞒犯罪所得及其收益的来源和性质的。

单位犯前款罪的，对单位判处罚金，并对其直接负责的主管人员和其他直接责任人员，依照前款的规定处罚。

立法动态

本条源自《中华人民共和国刑法》(1997 年 3 月 14 日第八届全国人民代表大会第五次会议修订，自 1997 年 10 月 1 日起施行)。

本条曾经全国人大常委会三次修改。

原本条规定为：第一百九十一条 （第一款）明知是毒品犯罪、黑社会性质的组织犯罪、走私犯罪的违法所得及其产生的收益，为掩饰、隐瞒其来源和性质，有下列行为之一的，没收实施以上犯罪的违法所得及其产生的收益，处五年以下有期徒刑或者拘役，并处或者单处洗钱数额百分之五以上百分之二十以下罚金；情节严重的，处五年以上十年以下有期徒刑，并处洗钱数额百分之五以上百分之二十以下罚金：(一)提供资金账户的；(二)协助将财产转换为现金或者金融票据的；(三)通过转账或者其他结算方式协助资金转移的；(四)协助将资金汇往境外的；(五)以其他方法掩饰、隐瞒犯罪的违法所得及其收益的性质和来源的。(第二款)单位犯前款罪的，对单位判处罚金，并对其直接负责的主管人员和其他直接责任人员，处五年以下有期徒刑或者拘役。

本条第一次根据《中华人民共和国刑法修正案(三)》(自 2001 年 12 月 29 日起施行)第七条修改。修改的主要内容为：一是将“恐怖活动犯罪”增加为本罪的上源犯罪；二是加大了对单位犯罪的打击力度,补充规定“情节严重的,处五年以上十年以下有期徒刑”。

本条第二次根据《中华人民共和国刑法修正案(六)》(自2006年6月29日起施行)第十六条修改。修改的主要内容为:一是增加“贪污贿赂犯罪、破坏金融管理秩序犯罪、金融诈骗犯罪”作为本罪的上游犯罪;二是增加“有价证券”的情形;三是删去本款“违法所得”中的“违法”二字。

本条第三次根据《中华人民共和国刑法修正案(十一)》(自2021年3月1日起施行)第十四条修改。修改的主要内容为:一是将本条犯罪构成中的“明知”修改为“为掩饰、隐瞒”;二是取消了并处或者单处罚金中的数额标准;三是在(三)(四)项犯罪情形中取消了“协助”资金转移和“协助”将资金汇往境外的限制。

立案标准

第191条

《最高人民检察院、公安部关于公安机关管辖的刑事案件立案追诉标准的规定(二)》(2022年4月6日修订　公通字〔2022〕12号)

第四十三条　[洗钱案(刑法第一百九十一条)]为掩饰、隐瞒毒品犯罪、黑社会性质的组织犯罪、恐怖活动犯罪、走私犯罪、贪污贿赂犯罪、破坏金融管理秩序犯罪、金融诈骗犯罪的所得及其产生的收益的来源和性质,涉嫌下列情形之一的,应予立案追诉:

(一)提供资金账户的;

(二)将财产转换为现金、金融票据、有价证券的;

(三)通过转账或者其他支付结算方式转移资金的;

(四)跨境转移资产的;

(五)以其他方法掩饰、隐瞒犯罪所得及其收益的来源和性质的。

适用要点与裁判依据

★使用虚假、无效的凭证、商业单据或者采取其他手段向外汇指定银行骗购外汇的刑事责任

《最高人民法院关于审理骗购外汇、非法买卖外汇刑事案件具体应用法律若干问题的解释》(1998年8月28日 法释〔1998〕20号)

第一条 以进行走私、逃汇、洗钱、骗税等犯罪活动为目的,使用虚假、无效的凭证、商业单据或者采取其他手段向外汇指定银行骗购外汇的,应当分别按照刑法分则第三章第二节、第一百九十条、第一百九十一条和第二百零四条等规定定罪处罚。

非国有公司、企业或者其他单位,与国有公司、企业或者其他国有单位勾结逃汇的,以逃汇罪的共犯处罚。

★犯本罪,同时又构成其他犯罪的,择一重处

《最高人民法院关于审理洗钱等刑事案件具体应用法律若干问题的解释》(2009年11月4日 法释〔2009〕15号)

第三条 明知是犯罪所得及其产生的收益而予以掩饰、隐瞒,构成刑法第三百一十二条规定的犯罪,同时又构成刑法第一百九十一条或者第三百四十九条规定的犯罪的,依照处罚较重的规定定罪处罚。

★本罪应当以上游犯罪事实成立为认定前提

《最高人民法院关于审理洗钱等刑事案件具体应用法律若干问题的解释》(2009年11月4日 法释〔2009〕15号)

第四条 刑法第一百九十一条、第三百一十二条、第三百四十九条规定的犯罪,应当以上游犯罪事实成立为认定前提。上游犯罪尚未依法裁判,但查证属实的,不影响刑法第一百九十一条、第三百一十二条、第三百四十九条规定的犯罪的审判。

上游犯罪事实可以确认,因行为人死亡等原因依法不予追究刑事责任的,不影响刑法第一百九十一条、第三百一十二条、第三百四十九条规定的犯罪的认定。

上游犯罪事实可以确认，依法以其他罪名定罪处罚的，不影响刑法第一百九十一条、第三百一十二条、第三百四十九条规定的犯罪的认定。

本条所称"上游犯罪"，是指产生刑法第一百九十一条、第三百一十二条、第三百四十九条规定的犯罪所得及其收益的各种犯罪行为。

★非法集资中洗钱行为的刑事责任

《最高人民法院、最高人民检察院、公安部关于依法处理非法集资犯罪的通告》(2015年9月29日)

四、明知是非法吸收公众存款犯罪、集资诈骗犯罪的违法所得及其产生的收益，为其提供资金账户的，协助将财产转换为现金或者金融票据的，通过转账或者其他结算方式协助资金转移的，协助将资金汇往境外的，以及以其他方法掩饰、隐瞒犯罪的违法所得及其收益的性质和来源的，依据《中华人民共和国刑法》第一百九十一条之规定以洗钱罪依法追究刑事责任。

★非法从事资金支付结算业务或者非法买卖外汇，构成非法经营罪，同时又构成洗钱罪的，择一重处

《最高人民法院、最高人民检察院关于办理非法从事资金支付结算业务、非法买卖外汇刑事案件适用法律若干问题的解释》(2019年1月31日 法释〔2019〕1号)

第五条 非法从事资金支付结算业务或者非法买卖外汇，构成非法经营罪，同时又构成刑法第一百二十条之一规定的帮助恐怖活动罪或者第一百九十一条规定的洗钱罪的，依照处罚较重的规定定罪处罚。

★向非直接走私人购买走私的成品油的刑事责任

《打击非设关地成品油走私专题研讨会会议纪要》(2019年10月24日 署缉发〔2019〕210号)

一、关于定罪处罚

走私成品油，构成犯罪的，依照刑法第一百五十三条的规定，以走私普通货物罪定罪处罚。

对不构成走私共犯的收购人,直接向走私人购买走私的成品油,数额较大的,依照刑法第一百五十五条第(一)项的规定,以走私罪论处;向非直接走私人购买走私的成品油的,根据其主观故意,分别依照刑法第一百九十一条规定的洗钱罪或者第三百一十二条规定的掩饰、隐瞒犯罪所得、犯罪所得收益罪定罪处罚。

……

★刑法修正案(十一)删除“明知”条件后,对洗钱行为人主观认知的认定

《最高人民检察院关于刑法修正案(十一)相关问题的解答》

十、刑法修正案(十一)删除了原刑法第191条中的“明知”一词,是否还需要证明洗钱行为人的主观明知?

答:刑法修正案(十一)删除了原刑法第191条中的“明知”一词,并不意味着“明知”不再作为构成要件。在“自洗钱”中,上游犯罪行为人的“明知”是不证自明的,“他洗钱”中,仍应证明行为人主观上是否“明知”。

根据刑法第191条的规定,在“他洗钱”情况下,行为人主观上应当认识到是刑法第191条规定的上游犯罪所得及其产生的收益。主观上认识到是刑法第191条规定的上游犯罪的所得及其产生的收益,是指对上游犯罪客观事实的认识,而非对行为性质的认识。将某一上游犯罪所得及其产生的收益认为是该条规定的其他上游犯罪的所得及其产生的收益的,不影响主观认知的认定。

行为人不供述、也没有直接证据证明其“知道”的,可以根据犯罪嫌疑人、被告人的身份背景、职业经历、认知能力及其所接触、接收的信息,与上游犯罪嫌疑人、被告人的关系、交往情况,接触、接收他人犯罪所得及其收益的情况,犯罪所得及其收益的种类、数额,犯罪所得及其收益的转换、转移方式,交易行为、资金账户的异常情况,以及其他犯罪嫌疑人、被告人的供述及证人证言等进行综合分析,判断其是否应当知道。目前“两高”正在研究起草《关于办理洗钱刑事案件适用法律若干问题的解释》。

★刑法修正案（十一）实施后，“自洗钱”也构成洗钱罪

《最高人民检察院关于刑法修正案（十一）相关问题的解答》

十一、刑法修正案（十一）实施后，“自洗钱”也构成洗钱罪，对此如何认识和把握？

答：在总体国家安全观确立后，我国开始从国家战略高度认识反洗钱，在顶层进行制度设计。2017年，国务院办公厅发布《关于完善反洗钱、反恐怖融资和反逃税监管体制机制的意见》，要求“研究扩大洗钱罪的上游犯罪范围，将上游犯罪本犯纳入洗钱罪的主体范围”。为了落实顶层设计的指引性要求，强化对洗钱罪的刑事打击效果，刑法修正案（十一）通过删除第191条关于洗钱罪罪状表述中的“明知”“协助”等表述，从而将“自洗钱”行为纳入到刑事惩治的范围。在具体适用时，要特别关注新增“自洗钱”行为构成洗钱罪的规定，上游犯罪分子实施犯罪后，又实施掩饰、隐瞒犯罪所得及其产生的收益的来源和性质的，应当对上游犯罪和洗钱罪实行数罪并罚。要注意把握好罪责刑相适应原则，既要体现自洗钱入罪对上游犯罪本犯的预防惩戒意义，又要注意罪刑平衡。

《最高人民法院、最高人民检察院、公安部关于办理洗钱刑事案件若干问题的意见》（2020年11月6日　法发〔2020〕41号）

2. 坚持以事实为根据，以法律为准绳。人民法院、人民检察院、公安机关办理洗钱刑事案件，必须坚持以事实为根据，以法律为准绳，正确区分罪与非罪、此罪与彼罪的界限，确保每一起洗钱刑事案件事实清楚，证据确实、充分，定罪准确，量刑适当。要坚持证据裁判和疑罪从无原则，严格按照证据裁判标准和要求，全面收集、固定、审查和认定证据，依法排除非法证据，确保洗钱刑事案件办案质量。要切实贯彻宽严相济的刑事政策，依法从严惩处洗钱犯罪，加大财产刑力度，严格控制缓刑适用，同时对具有法定从宽处罚情节的要依法体现政策，做到罪责刑相适应，确保法律效果、政治效果和社会效果的统一。

★切实改变“重上游犯罪、轻洗钱犯罪”倾向,充分发挥职能作用

《最高人民法院、最高人民检察院、公安部关于办理洗钱刑事案件若干问题的意见》(2020 年 11 月 6 日 法发〔2020〕41 号)

3. 坚持分工负责、互相配合、互相制约。人民法院、人民检察院、公安机关要切实改变“重上游犯罪、轻洗钱犯罪”的倾向,充分发挥职能作用,切实强化洗钱刑事案件的侦查、起诉和审判工作。要加强工作协调配合,健全完善工作机制,形成工作合力,依法、及时、有效惩治洗钱犯罪。要坚持以审判为中心,按照刑事诉讼制度改革要求,不断强化证据意识和程序意识,充分发挥庭审在查明事实、认定证据、保护诉权、公正裁判中的决定性作用,有效加强法律监督,确保严格执法、公正司法。

★同时符合洗钱罪和第掩饰、隐瞒犯罪所得、犯罪所得收益罪的,以洗钱罪定罪处罚

《最高人民法院、最高人民检察院、公安部关于办理洗钱刑事案件若干问题的意见》(2020 年 11 月 6 日 法发〔2020〕41 号)

4. 刑法第一百九十一条规定的洗钱罪与刑法第三百一十二条规定的掩饰、隐瞒犯罪所得、犯罪所得收益罪是刑法特别规定与一般规定的关系。掩饰、隐瞒犯罪所得、犯罪所得收益罪包含传统的窝藏犯罪和普通的洗钱犯罪,洗钱罪是针对毒品犯罪、黑社会性质的组织犯罪、恐怖活动犯罪、走私犯罪、贪污贿赂犯罪、破坏金融管理秩序犯罪、金融诈骗犯罪等严重犯罪而为其洗钱的行为所作的特别规定。同时符合刑法第一百九十一条和第三百一十二条规定的,优先适用第一百九十一条特别规定。

★对洗钱罪中“黑社会性质的组织犯罪所得及其产生的收益”的认定

《最高人民法院、最高人民检察院、公安部关于办理洗钱刑事案件若干问题的意见》(2020 年 11 月 6 日 法发〔2020〕41 号)

5. 刑法第一百九十一条规定的“黑社会性质的组织犯罪所得及其产生的收益”,是指黑社会性质组织及其成员实施的各种犯罪所得及其产生的收益，包括黑社会性质组织的形成、发展过程中，该组织及组织成员通过违法犯罪活动或其他不正当手段聚敛的全部财物、财产性权益及其孳息、收益。

6. 主观上认识到是刑法第一百九十一条规定的上游犯罪的所得及其产生的收益，并实施该条第一款规定的洗钱行为的，可以认定其具有掩饰、隐瞒犯罪所得及其收益的来源和性质的目的，但有证据证明不是为掩饰、隐瞒犯罪所得及其收益的来源和性质的除外。

★上游犯罪是否既遂，不影响洗钱罪的认定

《最高人民法院、最高人民检察院、公安部关于办理洗钱刑事案件若干问题的意见》（2020 年 11 月 6 日　法发〔2020〕41 号）

7. 刑法第一百九十一条规定的洗钱罪，应当以上游犯罪事实成立为认定前提。上游犯罪是否既遂，不影响洗钱罪的认定。上游犯罪尚未依法裁判，但查证属实的，不影响洗钱罪的认定。

上游犯罪事实经查证属实，因行为人死亡、未达到刑事责任年龄等原因依法不予追究刑事责任的，不影响洗钱罪的认定。

★犯本罪，"知道"与"应当知道"的认定

《最高人民法院、最高人民检察院、公安部关于办理洗钱刑事案件若干问题的意见》（2020 年 11 月 6 日　法发〔2020〕41 号）

8. 主观上认识到是刑法第一百九十一条规定的上游犯罪的所得及其产生的收益，包括知道或者应当知道。其中："知道"是指根据犯罪嫌疑人、被告人的供述、证人证言等证据，可以直接证明犯罪嫌疑人、被告人知悉、了解其所掩饰、隐瞒的是刑法第一百九十一条规定的上游犯罪的所得及其产生的收益；"应当知道"是指结合查证的主、客观证据，可以证明犯罪嫌疑人、被告人知悉、了解其所掩饰、隐瞒的是刑法第一百九十一条规定的上游犯罪的所得及其产生的收益。

认定主观认知，应当结合犯罪嫌疑人、被告人的身份背景、职业经历、认知能力及其所接触、接收的信息，与上游犯罪嫌疑人、被告人的亲属关系、上下级关系、交往情况、了解程度、信任程度，接触、接收他人犯罪所得及其收益的情况，犯罪所得及其收益的种类、数额，犯罪所得及其收益的转换、转移方式，交易行为、资金账户的异常情况，以及犯罪嫌疑人、被告人的供述及证人证言等主、客观因素，进行综合分析判断。对于犯罪嫌疑人、被告人的供述和辩解，要结合全案证据进行审查判断。

9. 主观上认识到是刑法第一百九十一条规定的上游犯罪的所得及其产生的收益，是指对上游犯罪客观事实的认识，而非对行为性质的认识。将某一上游犯罪的所得及其产生的收益认为是该条规定的其他上游犯罪的所得及其产生的收益的，不影响主观认知的认定。

★具有同一事实既构成洗钱罪，又构成其他犯罪的，从一重处

《最高人民法院、最高人民检察院、公安部关于办理洗钱刑事案件若干问题的意见》（2020年11月6日　法发〔2020〕41号）

10. 实施刑法第一百九十一条规定的洗钱行为，构成洗钱罪的同时，又构成刑法第三百四十九条规定的窝藏、转移、隐瞒毒赃罪，刑法第一百二十条之一规定的帮助恐怖活动罪，或者刑法第二百二十五条规定的非法经营罪的，依照处罚较重的规定定罪处罚。法律和司法解释另有规定的除外。

具有刑法第一百九十一条规定的上游犯罪的犯罪事实，又具有为其他不是同一事实的上游犯罪洗钱的犯罪事实的，分别以上游犯罪、洗钱罪定罪处罚，依法实行数罪并罚。

★构成洗钱罪"情节严重"的标准及量刑情节

《最高人民法院、最高人民检察院、公安部关于办理洗钱刑事案件若干问题的意见》（2020年11月6日　法发〔2020〕41号）

12. 洗钱数额在十万元以上的，或者洗钱数额在五万元以上，且具有下列情形之一的，可以认定为"情节严重"：(1)多次实施洗钱行为的；(2)曾因洗钱行为受过刑事追究的；(3)拒不交代涉案资金去向或者拒不配合追缴工作，致使赃款无法追缴的；(4)造成重大损失或者其他严重后果的。

二次以上实施洗钱犯罪行为，依法应予刑事处理而未经处理的，洗钱数额累计计算。

13. 地下钱庄实施洗钱犯罪的，或者金融机构及其从业人员实施洗钱犯罪的，可以依法从重处罚。

★单位犯洗钱罪的定罪量刑标准

《最高人民法院、最高人民检察院、公安部关于办理洗钱刑事案件若干问题的意见》(2020 年 11 月 6 日 法发〔2020〕41 号)

14. 单位实施洗钱犯罪行为的，与自然人犯罪的定罪量刑标准相同，对单位判处罚金，并依法对其直接负责的主管人员和其他直接责任人员定罪处罚。

★犯洗钱罪，罚金数额的确定标准

《最高人民法院、最高人民检察院、公安部关于办理洗钱刑事案件若干问题的意见》(2020 年 11 月 6 日 法发〔2020〕41 号)

15. 要依法用足用好财产刑，从经济上最大限度制裁洗钱犯罪分子。对洗钱犯罪判处罚金，应当根据被告人的犯罪情节，在法律规定的数额幅度内决定罚金数额，充分体现从重处罚的政策精神。对于自然人洗钱犯罪“情节严重”的，一般可并处洗钱数额百分之十以上百分之二十以下罚金。对单位犯罪，一般可判处洗钱数额百分之十以上罚金。

★犯洗钱罪，可以依法从宽处理的情形

《最高人民法院、最高人民检察院、公安部关于办理洗钱刑事案件若干问题的意见》(2020 年 11 月 6 日 法发〔2020〕41 号)

16. 对于行为人如实供述犯罪事实，认罪悔罪，并如实交代涉案资金去向，积极配合调查和追缴工作，符合刑事诉讼法规定的认罪认罚从宽适用范围和条件的，可以依法从宽处理。

★从严掌握洗钱犯罪的缓刑适用

《最高人民法院、最高人民检察院、公安部关于办理洗钱刑事案件若干问题的意见》(2020 年 11 月 6 日 法发〔2020〕41 号)

17. 要从严掌握洗钱犯罪的缓刑适用。适用缓刑，应当综合考虑犯罪情节、悔罪表现、再犯罪的危险以及宣告缓刑对所居住社区的影响，依法作出决定。对于地下钱庄犯罪分子，以洗钱为业，多次实施洗钱行为，或者拒不交代涉案资金去向的，一般不适用缓刑。

★以“追踪资金”为重点，深挖洗钱犯罪线索，依法惩治洗钱犯罪和上游犯罪

《最高人民法院、最高人民检察院、公安部关于办理洗钱刑事案件若干问题的意见》(2020年11月6日　法发〔2020〕41号)

18. 人民法院、人民检察院、公安机关在办理毒品犯罪、黑社会性质的组织犯罪、恐怖活动犯罪、走私犯罪、贪污贿赂犯罪、破坏金融管理秩序犯罪、金融诈骗犯罪案件过程中，要以“追踪资金”为重点，深挖洗钱犯罪线索，依法惩治洗钱犯罪和上游犯罪。进一步加大对涉地下钱庄洗钱犯罪的惩治力度，在办理地下钱庄犯罪案件中，深挖洗钱犯罪和上游犯罪线索，坚决遏制职业化、专业化、组织化的洗钱犯罪活动。

★公安机关要加强对洗钱刑事案件的上游犯罪开展“一案双查”

《最高人民法院、最高人民检察院、公安部关于办理洗钱刑事案件若干问题的意见》(2020年11月6日　法发〔2020〕41号)

19. 公安机关要加强对洗钱刑事案件的侦查取证工作，深入查明犯罪事实。对刑法第一百九十一条规定的上游犯罪开展“一案双查”，发现涉嫌洗钱犯罪的，依法立案侦查。在侦查工作中，紧紧围绕洗钱犯罪的犯罪构成事实，就行为人主观上是否认识到是洗钱罪的上游犯罪的所得及其产生的收益，是否具有掩饰、隐瞒犯罪所得及其收益的来源和性质的目的，以及实施的具体洗钱行为等进行调查取证，及时收集固定证据，依法移送起诉。对跨境、跨区域或重大、复杂的洗钱刑事案件，及时与人民检察院沟通，必要时可以商请人民检察院适时介入侦查活动，提供指导。

★检察机关要积极履行在刑事诉讼中指控证明犯罪的主导责任

《最高人民法院、最高人民检察院、公安部关于办理洗钱刑事案件若干问题的意见》(2020年11月6日　法发〔2020〕41号)

20. 人民检察院要积极履行在刑事诉讼中指控证明犯罪的主导责任，加强对洗钱刑事案件证据的审查，对审查发现可能影响洗钱罪认定的事实证据问题,要引导公安机关按照洗钱罪的构成要件及时补充侦查、完善证据。要注重从上游犯罪的事实证据中挖掘、发现洗钱犯罪线索,办理刑法第一百九十一条规定的上游犯罪案件时,同步审查是否涉嫌洗钱罪,审查发现洗钱犯罪线索的,及时要求公安机关开展侦查,引导侦查人员收集完善证据,会同相关部门加大对洗钱犯罪的查处力度。

22. 公安机关对人民法院、人民检察院、监察机关、中国人民银行等相关部门移送的洗钱犯罪线索,要及时进行调查,对涉嫌洗钱、犯罪的要及时立案侦查,必要时可请相关部门予以协助并提供相关证据材料。人民检察院要加强刑事立案监督、侦查活动监督工作,督促公安机关利用反洗钱工具和措施进行追踪、监测,对洗钱犯罪行为及时依法追诉。

★人民法院要注重从上游犯罪的事实证据中挖掘洗钱犯罪线索

《最高人民法院、最高人民检察院、公安部关于办理洗钱刑事案件若干问题的意见》(2020年11月6日　法发〔2020〕41号)

21. 人民法院要强化对洗钱刑事案件证据的审查、判断,综合运用证据,就行为人主观上是否认识到是洗钱罪的七类上游犯罪的所得及其产生的收益,是否通过实施洗钱行为掩饰、隐瞒犯罪所得及其收益的来源和性质等犯罪事实进行审查、认定,确保案件事实清楚,证据确实、充分。同时要注重从上游犯罪的事实证据中挖掘洗钱犯罪线索,发现洗钱犯罪线索或者新的洗钱犯罪事实的,应当及时将有关材料移送公安机关,或者建议人民检察院补充、追加或者变更起诉。

★办理洗钱刑事案件中,应当依法查询、查封、扣押、冻结全部涉案财产

《最高人民法院、最高人民检察院、公安部关于办理洗钱刑事案件若干问题的意见》(2020年11月6日　法发〔2020〕41号)

23. 人民法院、人民检察院、公安机关办理洗钱刑事案件,应当依法查询、查封、扣押、冻结全部涉案财产。对于依法查封、扣押、冻结的涉案财产,应当全面收集、审查证明其来源、性质、用途、权属及价值大小等有关证据。

对于涉及洗钱犯罪及其上游犯罪的违法所得及其产生的收益，应当依法追缴、没收。依法应当追缴、没收的财产无法找到、价值灭失或者与其他合法财产混合且不可分割的，可以追缴、没收洗钱犯罪行为人的其他等值财产。人民法院可以依法判决责令行为人以其他等值财产在违法所得范围内退赔。

对于依法查封、扣押、冻结的涉案财产，有证据证明确属被害人合法财产，或者确与行为人及其犯罪活动无关的，应予返还。

★司法机关及有关部门要合力预防和惩治洗钱犯罪

《最高人民法院、最高人民检察院、公安部关于办理洗钱刑事案件若干问题的意见》（2020年11月6日　法发〔2020〕41号）

24. 人民法院、人民检察院、公安机关要健全完善洗钱刑事案件立案侦查、审查起诉、审判执行等相关工作机制，建立健全专业化、一体化、规范化执法司法协作工作机制，形成工作合力，规范调查取证、审查起诉、审判执行工作，及时立案侦查、审查起诉、审判执行，确保办案质量、办案效率和办案效果。办案中遇到重大争议问题，及时层报最高人民法院、最高人民检察院、公安部。

25. 人民法院、人民检察院、公安机关要加强与中国人民银行等相关部门协作配合，充分发挥反洗钱工作联席会议机制，健全完善情报会商、信息交流、数据共享、案件反馈机制，加强对洗钱犯罪线索的分析研判，建立健全可疑交易线索移交合作机制，及时发现、有效预防和惩治洗钱犯罪。对于案情复杂、性质认定疑难案件，必要时可以听取中国人民银行等相关部门的意见，并根据案件事实和法律规定作出认定。

★完善刑事司法协助、引渡、警务合作制度机制和工作程序，强化打击跨国（境）洗钱犯罪

《最高人民法院、最高人民检察院、公安部关于办理洗钱刑事案件若干问题的意见》（2020年11月6日　法发〔2020〕41号）

26. 人民法院、人民检察院、公安机关要加强洗钱刑事案件的国际合作，完善刑事司法协助、引渡、警务合作制度机制和工作程序，强化打击跨国(境)洗钱犯罪,提升惩治跨国(境)洗钱犯罪效能。要规范跨国(境)刑事案件证据收集、移交、审查工作,依照国际条约或者互惠原则,提请证据材料所在地司法机关收集,或通过国际警务合作、国际刑警组织渠道收集的境外证据材料,公安机关应对其来源、提取人、提取时间或者提供人、提供时间以及保管移交的过程等作出说明;对其他来自境外的证据材料,应当对其来源、提供人、提供时间以及提取人、提取时间进行审查。能够证明案件事实的,可以作为证据使用。

27. 人民法院、人民检察院、公安机关要加强反洗钱数据统计,在案件侦查、起诉、审判环节、扣押、冻结、没收犯罪资产、国际合作等工作中细化数据统计,按照要求梳理、统计相关信息、数据和案例;建立健全全国洗钱犯罪案件数据库,运用大数据、人工智能、云计算等信息技术为反洗钱工作提供支持。

28. 人民法院、人民检察院、公安机关要结合工作实际,进一步健全办案机构,加强办案力量,加大办案工作力度,要加强反洗钱工作执法司法队伍专业化建设,鼓励、支持省级人民法院、人民检察院、公安机关辖区内专业办案能力建设和培养。通过联合调研、联合培训、发布典型案例等方式,进一步统一思想认识,统一执法司法尺度,提高办理洗钱刑事案件的能力和水平。

类案检索指引

★地下钱庄实施洗钱犯罪的刑事责任

《袁钢志洗钱案》(2022 年 9 月 22 日最高人民法院发布人民法院依法惩治金融犯罪典型案例)

【典型意义】

本案是地下钱庄实施洗钱犯罪的典型案件。近年来,随着国内外经济形势变化,恐怖主义犯罪国际化,走私犯罪和跨境毒品犯罪增加,以及我国加大对贪污贿赂犯罪的打击力度,涉地下钱庄刑事案件不断增多。地下钱庄已成为不法分子从事洗钱和转移资金的最主要通道,不但涉及经济金融领域的犯罪,还日益成为电信诈骗、网络赌博等犯罪活动转移赃款的渠道,成为贪污腐败分子和恐怖活动的"洗钱工具"和"帮凶",不但严重破坏市场管理秩序,而且严重危害国家经济金融安全和社会稳定,必须依法严惩。本案依法以洗钱罪对地下钱庄经营者追究刑事责任,充分体现对涉地下钱庄洗钱犯罪的严厉打击,更好发挥打财断血的作用。

★跨境转移贪污公款实施洗钱犯罪的刑事责任

《周张成洗钱案》(2022年9月22日最高人民法院发布人民法院依法惩治金融犯罪典型案例)

【典型意义】

本案是通过地下钱庄跨境转移贪污的公款实施洗钱犯罪的典型案件。被告人周张成明知同案被告人倪乐菊用于赌博的资金来自于公款,为非法谋利,将自己在澳门赌场开设的账户提供给倪乐菊用于赌博,再通过提供自己银行账户或者联系赌场、地下钱庄提供银行账户,帮助倪乐菊接收倪乐平侵吞后汇入到境外的公款,并与赌场对账确认,完成公款的跨境转移。在办理洗钱罪的上游犯罪案件时,要以"追踪资金"为重点,深挖洗钱犯罪线索,对洗钱犯罪同步跟进,落实"一案双查"的工作机制,依法惩治洗钱犯罪和上游犯罪。在本案办理过程中,发现大量赃款流向境外,遂坚持"一案双查",深挖彻查职务犯罪背后的洗钱犯罪,并予以依法严惩,充分体现了从严打击洗钱犯罪的精神,不仅对维护良好的经济金融秩序起到积极作用,而且能够有效摧毁贪污贿赂犯罪等上游犯罪的利益链条,有效遏制上游犯罪的发生。

★准确认定黑社会性质组织的犯罪所得及收益,严惩洗钱犯罪助力"打财断血"

《曾某洗钱案》(2021年3月19日最高人民检察院、中国人民银行联合发布6个惩治洗钱犯罪典型案例)

【典型意义】

1. 检察机关办理涉黑案件时,要对与黑社会性质组织及其违法犯罪活动有关的财产进行深入审查,深挖为黑社会性质组织转移、隐匿财产的洗钱犯罪线索，打财断血，摧毁其死灰复燃的经济基础。发现洗钱犯罪线索的，应当通知公安机关立案侦查；发现遗漏应当移送起诉的犯罪嫌疑人和犯罪事实的，应当要求公安机关补充移送起诉；犯罪事实清楚，证据确实、充分的，可以直接提起公诉。

2. 黑社会性质的组织犯罪所得及其产生的收益，包括在黑社会性质组织的形成、发展过程中，该组织及组织成员通过违法犯罪活动或其他不正当手段聚敛的全部财物、财产性权益及其孳息、收益。认定黑社会性质组织及其成员实施的各种犯罪所得及其产生的收益，可以从涉案财产是否为该组织及其成员通过违法犯罪行为获取、是否系利用黑社会性质组织影响力和控制力获取、是否用于黑社会性质组织的日常开支和发展壮大等方面综合判断。

3. 对上游犯罪所得及其产生的收益的认识，包括知道或者应当知道。检察机关办理涉黑洗钱案件，要注意审查洗钱犯罪嫌疑人与黑社会性质组织成员交往细节、密切程度、身份背景、从业经历等证据，补强其了解、知悉黑社会性质组织及具体犯罪行为的证据；对黑社会性质组织称霸一方实施违法犯罪的事实知情，辩称对相关行为的法律定性不知情的，不影响对主观故意的认定。

4. 发挥行政、司法职能作用，做好行刑衔接与配合。人民银行是反洗钱行政主管部门，要加强对大额交易和可疑交易信息的收集分析监测，发现重大嫌疑主动开展反洗钱调查，并向司法机关提供洗钱犯罪线索和侦查协助。人民检察院办案中发现洗钱犯罪线索，可以主动向人民银行调取所涉账户资金来源、去向的证据，对大额取现、频繁划转、使用关联人账户等异常资金流转情况可以联同公安机关、人民银行反洗钱部门等进行分析研判，及时固定洗钱犯罪主要证据。

★准确认定以隐匿资金流转痕迹为目的的多种洗钱手段

《雷某、李某洗钱案》（2021年3月19日最高人民检察院、中国人民银行发布6个惩治洗钱犯罪典型案例）

【典型意义】

1. 在非法集资等犯罪持续期间帮助转移犯罪所得及收益的行

为,可以构成洗钱罪。非法集资等犯罪存在较长期的持续状态,在犯罪持续期间帮助犯罪分子转移犯罪所得及收益,符合刑法第 191 条规定的,应当认定为洗钱罪。上游犯罪是否结束,不影响洗钱罪的构成,洗钱行为在上游犯罪实施终了前着手实施的,可以认定洗钱罪。

2. 洗钱犯罪手段多样,变化频繁,本质都是通过隐匿资金流转关系,掩饰、隐瞒犯罪所得及收益的来源和性质。本案被告人为隐匿资金真实去向,大额取现或者将大额赃款在多个账户间进行频繁划转;为避免直接转账留下痕迹,将转账拆分为先取现后存款,人为割裂交易链条,利用银行支付结算业务采取了多种手段实施洗钱犯罪。实践中除上述方式外,还有利用汇兑、托收承付、委托收款或者开立票据、信用证以及利用第三方支付、第四方支付等互联网支付业务实施的洗钱犯罪,资金转移方式更专业,洗钱手段更隐蔽。检察机关在办案中要透过资金往来表象,认识行为本质,准确识别各类洗钱手段。

3. 充分发挥金融机构、行政监管和刑事司法反洗钱工作合力,共同落实反洗钱义务和责任。金融机构应当建立并严格执行反洗钱内部控制制度,履行客户尽职调查义务、大额交易和可疑交易报告义务,充分发挥反洗钱"第一防线"的作用。人民银行要加强监管,对涉嫌洗钱的可疑交易活动进行反洗钱调查,对金融机构反洗钱履职不力的违法行为作出行政处罚,涉嫌犯罪的,应当及时移送公安机关立案侦查。人民检察院要充分发挥法律监督职能作用和刑事诉讼中指控证明犯罪的主导责任,准确追诉犯罪,发现金融机构涉嫌行政违法的,及时移送人民银行调查处理,促进行业治理。

★上游犯罪查证属实未判决的,不影响洗钱罪的认定

《陈某枝洗钱案》(2021 年 3 月 19 日最高人民检察院、中国人民银行发布 6 个惩治洗钱犯罪典型案例)

【典型意义】

1. 利用虚拟货币跨境兑换,将犯罪所得及收益转换成境外法定货币或者财产,是洗钱犯罪新手段,洗钱数额以兑换虚拟货币实际支付的资金数额计算。虽然我国监管机关明确禁止代币发行融资和兑换活动,但由于各个国家和地区对比特币等虚拟货币采取的监管政策存在差异,通过境外虚拟货币服务商、交易所,可实现虚拟货币与法定货币的自由兑换,虚拟货币被利用成为跨境清洗资金的新手段。

2. 根据利用虚拟货币洗钱犯罪的交易特点收集运用证据,查清法定货币与虚拟货币的转换过程。要按照虚拟货币交易流程,收集行为人将赃款转换为虚拟货币、将虚拟货币兑换成法定货币或者使用虚拟货币的交易记录等证据,包括比特币地址、密钥,行为人与比特币持有者的联络信息和资金流向数据等。

3. 上游犯罪查证属实,尚未依法裁判,或者依法不追究刑事责任的,不影响洗钱罪的认定和起诉。在追诉犯罪过程中,可能存在上游犯罪与洗钱犯罪的侦查、起诉以及审判活动不同步的情形,或者因上游犯罪嫌疑人潜逃、死亡、未达到刑事责任年龄等原因出现暂时无法追究刑事责任或者依法不追究刑事责任等情形。洗钱罪虽是下游犯罪,但是仍然是独立的犯罪,从惩治犯罪的必要性和及时性考虑,存在上述情形时,可以将上游犯罪作为洗钱犯罪的案内事实进行审查,根据相关证据能够认定上游犯罪的,上游犯罪未经刑事判决确认不影响对洗钱罪的认定。

4. 人民检察院对办案当中发现的洗钱犯罪新手段新类型新情况,要及时向人民银行通报反馈,提示犯罪风险、提出意见建议,帮助丰富反洗钱监测模型、完善监管措施。人民银行要充分发挥反洗钱国际合作职能,向国际反洗钱组织主动提供成功案例,通报新型洗钱手段和应对措施,深度参与反洗钱国际治理,向世界展示中国作为负责任的大国在反洗钱工作方面的决心和力度。

★严厉惩治家族化洗钱犯罪,斩断毒品犯罪资金链条

《林某娜、林某吟等人洗钱案》(2021年3月19日最高人民检察院、中国人民银行发布6个惩治洗钱犯罪典型案例)

【典型意义】

1. 检察机关办理毒品案件时,应当深挖毒资毒赃,同步审查是否涉嫌洗钱犯罪。针对毒资毒赃清洗家族化、团伙化的特点,要重点审查家族成员、团伙成员之间资金来往情况，斩断毒品犯罪恶性循环的资金链条。对涉毒品洗钱犯罪提起公诉的，应当提出涉毒资产处理意见和财产刑量刑建议，并加强对适用财产刑的审判监督。

2. 广义的洗钱犯罪包括掩饰、隐瞒犯罪所得、犯罪所得收益罪，洗钱罪，窝藏、转移、隐瞒毒赃罪，应当准确区分适用。第一，洗钱犯罪是故意犯罪，三罪都要求对上游犯罪有认识、知悉。第二，掩饰、隐瞒犯罪所得、犯罪所得收益罪是一般规定，洗钱罪和窝藏、转移、隐瞒毒赃罪是特别规定，一般规定和特别规定的主要区别在于犯罪所得及其收益是否来自于特定的上游犯罪，两个特别规定的主要区别在于是否改变资金、财物的性质。第三，适用具体罪名时要能够全面准确地概括评价洗钱行为，一个行为同时构成数罪的，依照处罚较重的规定定罪处罚；数个行为分别构成数罪的，数罪并罚。

3. 穿透隐匿表象，准确识别利用现金和“投资”清洗毒品犯罪所得及收益的行为本质。毒品犯罪现金交易频繁，下游洗钱犯罪也大量使用现金，留痕少、隐匿性强。将毒品犯罪所得及收益用于公司注册、公司运营、投资房地产等使资金直接“合法化”，是上游毒品犯罪分子试图漂白资金的惯用手法。办案当中要通过审查与涉案现金持有、转移、使用过程相关的证据，查清毒资毒赃的来源和去向，同步惩治上下游犯罪。

★依法严惩跨境洗钱犯罪

《黄某洗钱案》（最高人民检察院2022年11月3日发布检察机关惩治洗钱犯罪典型案例）

【关键词】

洗钱罪　跨境洗钱　介入侦查　资金流向　追赃挽损

【典型意义】

1. 跨境洗钱犯罪不仅造成上游犯罪赃款追缴困难，而且严重危害国家金融安全，必须依法严惩。办案当中发现跨境洗钱线索的，要着力查清资金流向和流转过程，加强对境内相关资金交易记录等证据的收集。要注重引导公安机关查明资金流出的起始账户、途经账户和跨境转移的具体方式，为认定洗钱犯罪和追赃挽损夯实证据基础。对于资金流转账户多、流转过程复杂的案件，要加强与人民银行反洗钱部门等专业机构的协作，提升侦查取证和审查质效。

2. 查清非法集资资金实际去向，既是追缴涉案资金，提升追赃挽损实际成效的重要措施，也是发现洗钱犯罪线索的有力抓手。在办理涉非法集资洗钱案件过程中，不仅要查清洗钱手段，还要尽可能查清洗钱后资金的实际去向，及时查封、扣押、冻结被转移、隐匿、转换的上游犯罪所得及其收益，依法追缴洗钱人员的违法所得，不让任何人从洗钱犯罪中得到经济利益。

★知道或者应当知道犯罪所得及其收益是来自特定上游犯罪的，构成本罪

《丁某环、朱某洗钱，鹿某掩饰、隐瞒犯罪所得收益案》（2022年11月3日最高人民检察院发布检察机关惩治洗钱犯罪典型案例）

【关键词】

洗钱罪　掩饰、隐瞒犯罪所得、犯罪所得收益罪　检察技术辅助审查　股权交易

【典型意义】

1. 对于资金交易复杂、电子数据海量的非法集资犯罪案件，检察机关同步审查洗钱线索时，要注意发挥检察技术辅助审查的作用。电子数据中含有大量与证明犯罪有关的信息，对于证明上游犯罪、发现下游犯罪具有重要价值。检察机关对电子数据需要作针对性挖掘梳理时，可以要求公安机关或者委托专门机构作专业技术分析，也可以应邀参与辅助审查。检察官要结合犯罪特征以及指控证明犯罪思路明确审查目的，提出审查的重点方向和具体要求，并与检察技术人员共同会商研判实现审查目的的技术路径及可行性。检察技术人员应根据审查目的运用专业方法对手机、电脑、电子设备存储电子数据等进行针对性审查，从已有电子数据中挖掘与上游犯罪及洗钱行为有关的数据信息。可以借鉴反洗钱大额交易监测、可疑交易分析等方法，对电子数据中有关大额资金流向及交易背景等，运用技术手段

进行穿透式审查分析，并通过对电子数据与其他主客观证据的比对碰撞，发现及证明犯罪。

2. 股权交易是非法集资犯罪转移、隐匿犯罪所得及其收益的常见方法，频繁转让股权、虚假投资股权是洗钱的重要手段。检察机关在审查非法集资资金去向时发现股权转让、股权投资等情况，要跟进审查股权交易人员之间的关系、股权交易价格、股权交易后的实际控制人等相关证据，判断股权交易是否真实，发现洗钱犯罪线索，及时移送公安机关立案侦查。

3. 对于共同实施掩饰、隐瞒犯罪所得及其收益的人员，应当结合其接触上游犯罪的程度、身份背景、职业经历、交易方式等情况，分别判断其对上游犯罪的主观认识，并根据其认识内容准确定罪。知道或者应当知道犯罪所得及其收益是来自于刑法第一百九十一条规定的七类上游犯罪的，应当认定为洗钱罪；知道或者应当知道犯罪所得及其收益是来自其他犯罪的，应当认定为掩饰、隐瞒犯罪所得、犯罪所得收益罪。

★洗钱行为与洗钱后使用犯罪所得及其收益行为的刑事责任

《李某华洗钱案》(2022年11月3日最高人民检察院发布检察机关惩治洗钱犯罪典型案例)

【关键词】

洗钱罪　黑社会性质组织犯罪　主观认识　洗钱数额

【典型意义】

1. 主观上认识到是黑社会性质组织犯罪所得及其产生的收益，是构成为他人的黑社会性质组织犯罪所得及其产生的收益洗钱的要件之一，认识内容是对黑社会性质组织犯罪事实的认识，而不是对法律性质的认识。对黑社会性质组织犯罪事实的认识，包括对上游犯罪人员从事的体现黑社会性质组织犯罪组织特征、经济特征、行为特征、危害性特征相关具体事实的认识。公安司法机关公开征集涉黑犯罪线索、发布涉黑犯罪公告、对相关黑社会性质组织成员采取强制措施后，仍帮助黑社会性质组织成员转移涉案资金的，可以认定其知道或者应当知道是黑社会性质组织犯罪所得及其产生的收益。

2. 为掩饰、隐瞒刑法第一百九十一条规定的七类上游犯罪所得及其产生的收益的来源和性质，将上游犯罪所得及其收益在不同账户中划转，或者转换为股票、金融票据，或者转移到境外的，即属刑法规定的洗钱犯罪，转移、转换的资金数额即为洗钱犯罪数额。要注意区分洗钱行为与洗钱后使用犯罪所得及其收益行为的不同性质，犯罪所得及其收益经转移、转换后的资金使用行为不影响洗钱罪的成立，转移、转换后的资金用途不影响洗钱数额的认定。

★洗钱罪与掩饰、隐瞒犯罪所得的区别

《马某益受贿、洗钱案》(2022 年 11 月 3 日最高人民检察院发布检察机关惩治洗钱犯罪典型案例)

【关键词】

洗钱罪　掩饰、隐瞒犯罪所得、犯罪所得收益罪　受贿共犯　变更起诉　同步审查

【典型意义】

1. 根据事实、证据和刑法规定的犯罪构成，准确区分洗钱罪与上游犯罪的共犯。洗钱罪是在上游犯罪完成、取得或控制犯罪所得及其收益后实施的新的犯罪活动，与上游犯罪分别具有独立的构成。在上游犯罪实行过程中提供资金账户、协助转账汇款等帮助上游犯罪实现的行为，是上游犯罪的组成部分，应当认定为上游犯罪的共犯，不能认定洗钱罪。上游犯罪完成后掩饰、隐瞒犯罪所得及其收益的来源和性质的行为，才成立洗钱罪。办案当中要根据行为人实施掩饰、隐瞒等行为所发生时间节点及其与上游犯罪关系，准确区分上游犯罪与洗钱罪，不能将为上游犯罪提供账户、转账等上游犯罪共犯行为以洗钱罪追诉。

2. 刑法第一百九十一条规定的洗钱罪与刑法第三百一十二条规定的掩饰、隐瞒犯罪所得、犯罪所得收益罪是刑法特别规定与一般规定的关系，掩饰、隐瞒犯罪所得及其产生的收益，构成刑法第一百九十一条规定的洗钱罪，同时又构成刑法第三百一十二条规定的掩饰、

隐瞒犯罪所得、犯罪所得收益罪的，依照刑法第一百九十一条洗钱罪的规定追究刑事责任。

3. 审查贪污贿赂犯罪案件过程中发现涉嫌洗钱犯罪线索的，可以商监察机关后移送公安机关立案侦查；对于洗钱犯罪事实清楚，证据确实、充分的，可以商监察机关、公安机关后，直接以洗钱罪追加、补充起诉。移送起诉将洗钱罪不当认定为其他犯罪的，应当商监察机关、公安机关后，依法变更起诉罪名为洗钱罪。

★自洗钱犯罪的刑事责任

《冯某才等人贩卖毒品、洗钱案》（2022年11月3日最高人民检察院发布检察机关惩治洗钱犯罪典型案例）

【关键词】

自洗钱　贩卖毒品　犯罪构成　洗钱故意　数罪并罚

【典型意义】

第191条

1. 对上游犯罪人员的自洗钱行为以洗钱罪追究刑事责任，是刑法修正案（十一）根据反洗钱形势任务作出的重大调整，检察机关应当认真贯彻执行。办理刑法第一百九十一条规定的上游犯罪案件，要根据犯罪所得及其收益的去向，同步审查上游犯罪人员是否涉嫌洗钱犯罪。发现洗钱犯罪线索需要侦查进一步搜集证据的，应当及时移送公安机关立案侦查。公安机关移送起诉上游犯罪，检察机关审查认为洗钱罪（包括上游犯罪人员自洗钱和上游犯罪共犯以外的人员帮助洗钱）的事实清楚，证据确实、充分，符合起诉条件的，可以直接将洗钱罪与上游犯罪一并提起公诉，对上游犯罪共犯以外的人员帮助洗钱犯罪可以一并追诉。

2. 完整把握刑法规定的犯罪构成条件，准确认定洗钱罪。要坚持主观因素与客观因素相统一的刑事责任评价原则，“为掩饰、隐瞒上游犯罪所得及其产生的收益的来源和性质”和“有下列行为之一”都是构成洗钱罪的必要条件，主观上具有掩饰、隐瞒犯罪所得及其产生的收益来源和性质的故意，客观上实施了掩饰、隐瞒犯罪所得及其产生的收益的来源和性质的行为，同时符合主客观两方面条件的，应当承担刑事责任，并与上游犯罪数罪并罚。认定上游犯罪和自洗钱犯罪，都应当符合各自独立的犯罪构成，上游犯罪行为人完成上游犯罪并取得或控制犯罪所得后，进一步实施的掩饰、隐瞒犯罪所得及其产生的收益的来源和性质的行为，属于自洗钱行为。上游犯罪实施过程中的接收、接受资金行为，属于上游犯罪的完成行为，是上游犯罪既遂的必要条件，不宜重复认定为洗钱行为，帮助接收、接受犯罪所得的人员可以成立上游犯罪的共犯。对于连续、持续进行的上游犯罪和洗钱犯罪，应当逐一分别评价，准确认定。

★查明毒赃流转情况，依法追捕追诉涉毒洗钱犯罪

《天津孟某、苏某飞贩卖毒品、洗钱案》（2022年11月23日最高人民检察院发布5件检察机关落实“七号检察建议”典型案例）

【关键词】

贩卖毒品罪　洗钱罪　引导补充侦查　一案双查

【典型意义】

检察机关审查毒品案件时，应当着重从毒品流通链条和毒赃流转链条进行审查。对涉案财物的来源和去向进行全面查证，详细审查银行账户和第三方支付交易明细等客观性证据，查明毒赃流转情况，依法追捕追诉涉毒洗钱犯罪。对于遗漏犯罪事实或者遗漏犯罪嫌疑人的，应当及时引导公安机关补充侦查或者自行补充侦查，完善证据体系，及时进行补充起诉。针对犯罪分子利用快递贩运毒品等问题，通过制发检察建议，广泛开展预防寄递毒品宣传教育工作等方式堵塞漏洞，推动寄递行业依法规范经营。

第五节　金融诈骗罪

第一百九十二条　【集资诈骗罪】以非法占有为目的，使用诈骗方法非法集资，数额较大的，处三年以上七年以下有期徒刑，并处罚金；数额巨大或者有其他严重情节的，处七年以上有期徒刑或者无期徒刑，并处罚金或者没收财产。

单位犯前款罪的，对单位判处罚金，并对其直接负责的主管人员和其他直接责任人员，依照前款的规定处罚。

立法动态

本条源自《中华人民共和国刑法》(1997 年 3 月 14 日第八届全国人民代表大会第五次会议修订，自 1997 年 10 月 1 日起施行)。

原本条只有一款，内容为：第一百九十二条　以非法占有为目的，使用诈骗方法非法集资，数额较大的，处五年以下有期徒刑或者拘役，并处二万元以上二十万元以下罚金；数额巨大或者有其他严重情节的，处五年以上十年以下有期徒刑，并处五万元以上五十万元以下罚金；数额特别巨大或者有其他特别严重情节的，处十年以上有期徒刑或者无期徒刑，并处五万元以上五十万元以下罚金或者没收财产。

本条根据《中华人民共和国刑法修正案(十一)》(自 2021 年 3 月 1 日起施行)第十五条修改。

本条修改的主要内容为：一是提高了本罪的法定刑；二是取消了并处罚金的数额标准；三是增加了第二款，规定“单位犯前款罪的，对单位判处罚金，并对其直接负责的主管人员和其他直接责任人员，依照前款的规定处罚”。

立案标准

《最高人民检察院、公安部关于公安机关管辖的刑事案件立案追诉标准的规定(二)》(2022 年 4 月 6 日修订　公通字〔2022〕12 号)

第四十四条　［集资诈骗案(刑法第一百九十二条)］以非法占有为目的，使用诈骗方法非法集资，数额在十万元以上的，应予立案追诉。

量刑指导

《最高人民法院、最高人民检察院关于常见犯罪的量刑指导意见(试行)》(2021 年 6 月 16 日 法发〔2021〕21 号)

四、常见犯罪的量刑

(四)集资诈骗罪

1. 构成集资诈骗罪的,根据下列情形在相应的幅度内确定量刑起点:

(1)达到数额较大起点的,在三年至四年有期徒刑幅度内确定量刑起点。

(2)达到数额巨大起点或者有其他严重情节的,在七年至九年有期徒刑幅度内确定量刑起点。依法应当判处无期徒刑的除外。

2. 在量刑起点的基础上,根据集资诈骗数额等其他影响犯罪构成的犯罪事实增加刑罚量,确定基准刑。

3. 构成集资诈骗罪的,根据犯罪数额、危害后果等犯罪情节,综合考虑被告人缴纳罚金的能力,决定罚金数额。

4. 构成集资诈骗罪的,综合考虑犯罪数额、诈骗对象、危害后果、退赃退赔等犯罪事实、量刑情节,以及被告人主观恶性、人身危险性、认罪悔罪表现等因素,决定缓刑的适用。

适用要点与裁判依据

★以发行证券为幌子,实施非法证券活动的刑事责任

《最高人民法院、最高人民检察院、公安部、中国证券监督管理委员会关于整治非法证券活动有关问题的通知》(2008 年 1 月 2 日 证监发〔2008〕1 号)

二、明确法律政策界限,依法打击非法证券活动

(二)关于擅自发行证券的责任追究。未经依法核准,擅自发行证券,涉嫌犯罪的,依照《刑法》第一百七十九条之规定,以擅自发行股票、公司、企业债券罪追究刑事责任。未经依法核准,以发行证券

为幌子，实施非法证券活动，涉嫌犯罪的，依照《刑法》第一百七十六条、第一百九十二条等规定，以非法吸收公众存款罪、集资诈骗罪等罪名追究刑事责任。未构成犯罪的，依照《证券法》和有关法律的规定给予行政处罚。

★犯本罪，可以认定为"以非法占有为目的"的情形

《最高人民法院关于审理非法集资刑事案件具体应用法律若干问题的解释》(2022年2月23日 法释〔2022〕5号)

第七条 以非法占有为目的，使用诈骗方法实施本解释第二条规定所列行为的，应当依照刑法第一百九十二条的规定，以集资诈骗罪定罪处罚。

使用诈骗方法非法集资，具有下列情形之一的，可以认定为"以非法占有为目的"：

(一)集资后不用于生产经营活动或者用于生产经营活动与筹集资金规模明显不成比例，致使集资款不能返还的；

(二)肆意挥霍集资款，致使集资款不能返还的；

(三)携带集资款逃匿的；

(四)将集资款用于违法犯罪活动的；

(五)抽逃、转移资金、隐匿财产，逃避返还资金的；

(六)隐匿、销毁账目，或者搞假破产、假倒闭，逃避返还资金的；

(七)拒不交代资金去向，逃避返还资金的；

(八)其他可以认定非法占有目的的情形。

集资诈骗罪中的非法占有目的，应当区分情形进行具体认定。行为人部分非法集资行为具有非法占有目的的，对该部分非法集资行为所涉集资款以集资诈骗罪定罪处罚；非法集资共同犯罪中部分行为人具有非法占有目的，其他行为人没有非法占有集资款的共同故意和行为的，对具有非法占有目的的行为人以集资诈骗罪定罪处罚。

★犯本罪,"数额较大""数额巨大""其他严重情节"的认定

《最高人民法院关于审理非法集资刑事案件具体应用法律若干问题的解释》(2022年2月23日 法释〔2022〕5号)

第八条 集资诈骗数额在10万元以上的,应当认定为"数额较大";数额在100万元以上的,应当认定为"数额巨大"。

集资诈骗数额在50万元以上,同时具有本解释第三条第二款第三项情节的,应当认定为刑法第一百九十二条规定的"其他严重情节"。

集资诈骗的数额以行为人实际骗取的数额计算,在案发前已归还的数额应予扣除。行为人为实施集资诈骗活动而支付的广告费、中介费、手续费、回扣,或者用于行贿、赠与等费用,不予扣除。行为人为实施集资诈骗活动而支付的利息,除本金未归还可予折抵本金以外,应当计入诈骗数额。

★犯本罪,罚金数额的确定

《最高人民法院关于审理非法集资刑事案件具体应用法律若干问题的解释》(2022年2月23日 法释〔2022〕5号)

第九条 犯非法吸收公众存款罪,判处三年以下有期徒刑或者拘役,并处或者单处罚金的,处五万元以上一百万元以下罚金;判处三年以上十年以下有期徒刑的,并处十万元以上五百万元以下罚金;判处十年以上有期徒刑的,并处五十万元以上罚金。

犯集资诈骗罪,判处三年以上七年以下有期徒刑的,并处十万元以上五百万元以下罚金;判处七年以上有期徒刑或者无期徒刑的,并处五十万元以上罚金或者没收财产。

★原则上可以认定具有非法占有目的的五种情形

《最高人民检察院关于办理涉互联网金融犯罪案件有关问题座谈会纪要》(2017年6月2日 高检诉〔2017〕14号)

14 以非法占有为目的,使用诈骗方法非法集资,是集资诈骗罪的本质特征。是否具有非法占有目的,是区分非法吸收公众存款罪和集资诈骗罪的关键要件,对此要重点围绕融资项目真实性、资金去

向、归还能力等事实进行综合判断。犯罪嫌疑人存在以下情形之一的,原则上可以认定具有非法占有目的:

(1)大部分资金未用于生产经营活动,或名义上投入生产经营但又通过各种方式抽逃转移资金的;

(2)资金使用成本过高,生产经营活动的盈利能力不具有支付全部本息的现实可能性的;

(3)对资金使用的决策极度不负责任或肆意挥霍造成资金缺口较大的;

(4)归还本息主要通过借新还旧来实现的;

(5)其他依照有关司法解释可以认定为非法占有目的的情形。

★共同犯罪或单位犯罪案件中,不同层级的犯罪嫌疑人的犯罪目的明显不同的,应当分别认定

《最高人民检察院关于办理涉互联网金融犯罪案件有关问题座谈会纪要》(2017年6月2日　高检诉〔2017〕14号)

15 对于共同犯罪或单位犯罪案件中,不同层级的犯罪嫌疑人之间存在犯罪目的发生转化或者犯罪目的明显不同的,应当根据犯罪嫌疑人的犯罪目的分别认定。

(1)注意区分犯罪目的发生转变的时间节点。犯罪嫌疑人在初始阶段仅具有非法吸收公众存款的故意,不具有非法占有目的,但在发生经营失败、资金链断裂等问题后,明知没有归还能力仍然继续吸收公众存款的,这一时间节点之后的行为应当认定为集资诈骗罪,此前的行为应当认定为非法吸收公众存款罪。

(2)注意区分犯罪嫌疑人的犯罪目的的差异。在共同犯罪或单位犯罪中,犯罪嫌疑人由于层级、职责分工、获取收益方式、对全部犯罪事实的知情程度等不同,其犯罪目的也存在不同。在非法集资犯罪中,有的犯罪嫌疑人具有非法占有的目的,有的则不具有非法占有目的,对此,应当分别认定为集资诈骗罪和非法吸收公众存款罪。

★集资诈骗的数额,应当以犯罪嫌疑人实际骗取的金额计算

《最高人民检察院关于办理涉互联网金融犯罪案件有关问题座谈会纪要》(2017 年 6 月 2 日 高检诉〔2017〕14 号)

17 集资诈骗的数额,应当以犯罪嫌疑人实际骗取的金额计算。犯罪嫌疑人为吸收公众资金制造还本付息的假象,在诈骗的同时对部分投资人还本付息的,集资诈骗的金额以案发时实际未兑付的金额计算。案发后,犯罪嫌疑人主动退还集资款项的,不能从集资诈骗的金额中扣除,但可以作为量刑情节考虑。

★非法集资"非法性"的认定

《最高人民法院、最高人民检察院、公安部关于办理非法集资刑事案件若干问题的意见》(2019 年 1 月 30 日 高检会〔2019〕2 号)

一、关于非法集资的"非法性"认定依据问题

人民法院、人民检察院、公安机关认定非法集资的"非法性",应当以国家金融管理法律法规作为依据。对于国家金融管理法律法规仅作原则性规定的,可以根据法律规定的精神并参考中国人民银行、中国银行保险监督管理委员会、中国证券监督管理委员会等行政主管部门依照国家金融管理法律法规制定的部门规章或者国家有关金融管理的规定、办法、实施细则等规范性文件的规定予以认定。

★非法集资"单位犯罪"的认定

《最高人民法院、最高人民检察院、公安部关于办理非法集资刑事案件若干问题的意见》(2019 年 1 月 30 日 高检会〔2019〕2 号)

二、关于单位犯罪的认定问题

单位实施非法集资犯罪活动,全部或者大部分违法所得归单位所有的,应当认定为单位犯罪。

个人为进行非法集资犯罪活动而设立的单位实施犯罪的,或者单位设立后,以实施非法集资犯罪活动为主要活动的,不以单位犯罪论处,对单位中组织、策划、实施非法集资犯罪活动的人员应当以自然人犯罪依法追究刑事责任。

判断单位是否以实施非法集资犯罪活动为主要活动，应当根据单位实施非法集资的次数、频度、持续时间、资金规模、资金流向、投入人力物力情况、单位进行正当经营的状况以及犯罪活动的影响、后果等因素综合考虑认定。

★非法集资涉案下属单位的处理

《最高人民法院、最高人民检察院、公安部关于办理非法集资刑事案件若干问题的意见》(2019 年 1 月 30 日　高检会〔2019〕2 号)

三、关于涉案下属单位的处理问题

办理非法集资刑事案件中，人民法院、人民检察院、公安机关应当全面查清涉案单位，包括上级单位(总公司、母公司)和下属单位(分公司、子公司)的主体资格、层级、关系、地位、作用、资金流向等，区分情况依法作出处理。

上级单位已被认定为单位犯罪，下属单位实施非法集资犯罪活动，且全部或者大部分违法所得归下属单位所有的，对该下属单位也应当认定为单位犯罪。上级单位和下属单位构成共同犯罪的，应当根据犯罪单位的地位、作用，确定犯罪单位的刑事责任。

上级单位已被认定为单位犯罪，下属单位实施非法集资犯罪活动，但全部或者大部分违法所得归上级单位所有的，对下属单位不单独认定为单位犯罪。下属单位中涉嫌犯罪的人员，可以作为上级单位的其他直接责任人员依法追究刑事责任。

上级单位未被认定为单位犯罪，下属单位被认定为单位犯罪的，对上级单位中组织、策划、实施非法集资犯罪的人员，一般可以与下属单位按照自然人与单位共同犯罪处理。

上级单位与下属单位均未被认定为单位犯罪的，一般以上级单位与下属单位中承担组织、领导、管理、协调职责的主管人员和发挥主要作用的人员作为主犯，以其他积极参加非法集资犯罪的人员作为从犯，按照自然人共同犯罪处理。

★非法集资案件中主观故意的认定

《最高人民法院、最高人民检察院、公安部关于办理非法集资刑事案件若干问题的意见》(2019年1月30日　高检会〔2019〕2号)

四、关于主观故意的认定问题

认定犯罪嫌疑人、被告人是否具有非法吸收公众存款的犯罪故意,应当依据犯罪嫌疑人、被告人的任职情况、职业经历、专业背景、培训经历、本人因同类行为受到行政处罚或者刑事追究情况以及吸收资金方式、宣传推广、合同资料、业务流程等证据,结合其供述,进行综合分析判断。

犯罪嫌疑人、被告人使用诈骗方法非法集资,符合《最高人民法院关于审理非法集资刑事案件具体应用法律若干问题的解释》第四条规定的,可以认定为集资诈骗罪中"以非法占有为目的"。

办案机关在办理非法集资刑事案件中,应当根据案件具体情况注意收集运用涉及犯罪嫌疑人、被告人的以下证据:是否使用虚假身份信息对外开展业务;是否虚假订立合同、协议;是否虚假宣传,明显超出经营范围或者夸大经营、投资、服务项目及盈利能力;是否吸收资金后隐匿、销毁合同、协议、账目;是否传授或者接受规避法律、逃避监管的方法,等等。

★犯本罪,犯罪数额的认定

《最高人民法院、最高人民检察院、公安部关于办理非法集资刑事案件若干问题的意见》(2019年1月30日　高检会〔2019〕2号)

五、关于犯罪数额的认定问题

非法吸收或者变相吸收公众存款构成犯罪,具有下列情形之一的,向亲友或者单位内部人员吸收的资金应当与向不特定对象吸收的资金一并计入犯罪数额:

(一)在向亲友或者单位内部人员吸收资金的过程中,明知亲友或者单位内部人员向不特定对象吸收资金而予以放任的;

(二)以吸收资金为目的,将社会人员吸收为单位内部人员,并向其吸收资金的;

（三）向社会公开宣传，同时向不特定对象、亲友或者单位内部人员吸收资金的。

非法吸收或者变相吸收公众存款的数额，以行为人所吸收的资金全额计算。集资参与人收回本金或者获得回报后又重复投资的数额不予扣除，但可以作为量刑情节酌情考虑。

★办理非法集资刑事案件应当贯彻宽严相济刑事政策

《最高人民法院、最高人民检察院、公安部关于办理非法集资刑事案件若干问题的意见》（2019 年 1 月 30 日　高检会〔2019〕2 号）

六、关于宽严相济刑事政策把握问题

办理非法集资刑事案件，应当贯彻宽严相济刑事政策，依法合理把握追究刑事责任的范围，综合运用刑事手段和行政手段处置和化解风险，做到惩处少数、教育挽救大多数。要根据行为人的客观行为、主观恶性、犯罪情节及其地位、作用、层级、职务等情况，综合判断行为人的责任轻重和刑事追究的必要性，按照区别对待原则分类处理涉案人员，做到罚当其罪、罪责刑相适应。

重点惩处非法集资犯罪活动的组织者、领导者和管理人员，包括单位犯罪中的上级单位（总公司、母公司）的核心层、管理层和骨干人员，下属单位（分公司、子公司）的管理层和骨干人员，以及其他发挥主要作用的人员。

对于涉案人员积极配合调查、主动退赃退赔、真诚认罪悔罪的，可以依法从轻处罚；其中情节轻微的，可以免除处罚；情节显著轻微、危害不大的，不作为犯罪处理。

★犯本罪，行为人在立案侦查前退赃以及退还集资参与人的数额，应当从集资诈骗犯罪数额中扣除

《最高人民检察院关于刑法修正案（十一）相关问题的解答》

十二、非法吸收公众存款和集资诈骗案件中，犯罪嫌疑人、被告人在立案侦查前退赃的数额是否计入犯罪数额？

答：在非法吸收公众存款罪中，犯罪嫌疑人、被告人实际吸收的存款数额是犯罪数额，立案侦查前退赃数额不影响非法吸收公众存款犯罪数额的认定。但是根据刑法修正案(十一)出台后刑法第176条的规定,提起公诉前积极退赃退赔,减少损害结果发生的,可以从轻或者减轻处罚。

对于集资诈骗罪的犯罪数额,2010年《最高人民法院关于审理非法集资刑事案件具体应用法律若干问题的解释》第五条第三款规定,集资诈骗的数额以行为人实际骗取的数额计算,案发前已归还的数额应予扣除。因此,在立案侦查前退还集资参与人的数额应当从集资诈骗犯罪数额中扣除。

★冒充国家机关工作人员或者军人招摇撞骗,同时构成集资诈骗罪等犯罪的,择一重处

《最高人民法院、最高人民检察院、公安部关于依法惩治招摇撞骗等违法犯罪行为的指导意见》(2021年12月16日　公通字〔2021〕21号)

四、冒充国家机关工作人员或者军人招摇撞骗,同时构成非法吸收公众存款罪、集资诈骗罪、合同诈骗罪、组织、领导传销活动罪、诈骗罪的,依照处罚较重的规定定罪处罚。

类案检索指引

★所得资金主要用于借新还旧和个人挥霍的,应认定为具有非法占有目的,构成本罪

《周辉集资诈骗案》(2018年7月3日最高人民检察院发布第十批指导性案例:检例第40号)

【关键词】

集资诈骗　非法占有目的　网络借贷信息中介机构

【要旨】

网络借贷信息中介机构或其控制人,利用网络借贷平台发布虚假信息,非法建立资金池募集资金,所得资金大部分未用于生产经营活动,主要用于借新还旧和个人挥霍,无法归还所募资金数额巨大,应认定为具有非法占有目的,以集资诈骗罪追究刑事责任。

★以投资养老产业为名的集资诈骗

《曹某铭集资诈骗案——以投资养老产业为名集资诈骗》(2022年6月8日最高人民检察院印发检察机关打击整治养老诈骗犯罪典型案例)

【关键词】

投资养老产业 集资诈骗 非法吸收公众存款 洗钱 追赃挽损

【典型意义】

(一)严格把握金融活动特许经营的基本原则,依法惩治以投资养老产业为名进行非法集资等非法金融活动。随着我国进入老龄化社会,中共中央、国务院先后印发了《关于加强新时代老龄工作的意见》《"十四五"国家老龄事业发展和养老服务体系规划》等文件,部署实施积极应对人口老龄化国家战略,推动老龄事业和产业协同发展,着力构建和完善兜底型、普惠型、多样化的养老服务体系。养老产业的发展离不开金融体系的支持,但是涉及养老产业金融活动同样必须遵守金融法律规定,坚持金融活动特许经营原则。向不特定社会公众公开吸收存款,必须取得国务院金融管理部门相关行政许可,否则便构成非法集资。对于非法集资行为人,根据其主观上是否具有非法占有目的,分别以集资诈骗罪和非法吸收公众存款罪追究刑事责任。认定行为人是否具有非法占有目的,应根据其在非法集资中的层级、职责分工、获取收益方式、是否参与对资金处置以及对资金实际用途知情程度等方面综合审查判断。

(二)办理非法集资案件必须同步审查洗钱犯罪线索,最大限度做好追赃挽损工作。追赃挽损工作关系到参与集资的老年人的切身利益,检察机关应当把追赃挽损作为办理非法集资案件的重要工作内容。但在非法集资案件中,往往因非法集资人将集资款用于还本付息、个人挥霍或者不负责任的投资,导致案发时资金链断裂,给追赃挽损带来诸多客观困难。检察机关在追赃挽损中要积极采取措施，最大限度做到应追尽追。要注意同步审查洗钱犯罪线索，依法追究洗钱行为人的刑事责任，并从中发现、追缴涉案财物，提升追赃挽损的实际效果。

（三）投资养老产业时注意辨识合法融资与非法集资，依法理性开展金融投资活动。社会公众投资养老产业时，要根据公司企业经营状况、宣传项目是否真实存在、是否许诺回报或分红、许诺的回报或分红是否超出合理范围、是否具有给付所承诺回报的盈利能力等方面，分辨融资活动是否属于吸收公众存款、公开发行证券等公开募集资金行为甚至诈骗行为。对于公开募集资金行为，还要进一步了解相关公司企业是否具有相应金融业务许可，判断是合法融资还是非法集资。没有取得相关金融业务许可，以入股、投资、预定等名义许诺还本付息或者给付其他投资回报，向不特定社会公众公开吸收资金的，就是非法集资，不能因其以养老产业政策、公司前景、承诺高额回报等为噱头，就误以为是合法业务，不顾风险进行投资。

★以预定养老公寓床位为名向老年人非法集资的，构成本罪

《戴某平等人集资诈骗、非法吸收公众存款案——以预定养老公寓床位为名向老年人非法集资》（2022年6月8日最高人民检察院印发检察机关打击整治养老诈骗犯罪典型案例）

【关键词】

预定养老公寓　集资诈骗　非法吸收公众存款　非法占有目的　从严惩治

【典型意义】

（一）注重对非法集资款实际去向的引导取证和全面审查，准确判断非法集资人有无非法占有目的。非法集资人是否具有非法占有目的，直接关系其构成非法吸收公众存款罪还是集资诈骗罪，进而影响其刑罚轻重。办理非法集资案件过程中，检察机关要注意引导公安机关加强对集资款实际去向相关证据进行全面侦查取证，通过对集资款实际去向的审查，准确判断非法集资人是否具有非法占有目的。对于明知没有归还能力,仍然以非法集资方式吸收资金,集资款主要用于归还个人债务、还本付息、业务员提成等非经营用途的,应当认定具有非法占有目的。

（二）对于以老年人为犯罪对象的非法集资案件,应当依法从严惩治。老年人的积蓄是老年人幸福生活、安度晚年的重要保障,针对老年人的欺诈犯罪性质恶劣,检察机关在办理涉养老领域非法集资案件时,应当坚持依法从严的主基调。专门以老年人为犯罪对象的,可以结合犯罪手段恶劣程度、追赃挽损情况等,提出酌情从重处罚的量刑建议。此外,还要注意准确把握罪与非罪、轻罪与重罪的界限,对于以非法吸收公众存款罪移送起诉、提起公诉的案件,经过认真审查和补充侦查等工作发现构成集资诈骗罪的,应当及时变更罪名,做到不枉不纵。

（三）养老服务行业要依法规范经营,老年人要防范以缴纳预定金享受养老服务的推销陷阱。养老公寓、养老旅游等养老服务行业关系老年人晚年生活的幸福,国家出台了一系列规范文件和扶持政策,从业者应当依法规范经营。以享受定期高额回报,或者若干年后返还全部预定金并享受免费入住、免费度假旅游等为幌子,收取预定金、投资款等养老"促销",实际是吸收公众资金的金融活动,没有取得国务院金融管理部门依法许可,不能擅自开展。对于此类非法营销,老年人要抵制诱惑、谨防受骗,否则这些预先缴纳的资金因不受任何监管,可能被经营者随意支配使用,给资金安全带来重大风险隐患,容易遭受巨大损失。

★以亲情关怀、溢价回购手段向老年人集资诈骗

《许某燕集资诈骗案——以亲情关怀、溢价回购手段向老年人集资诈骗》(2022年6月8日最高人民检察院印发检察机关打击整治养老诈骗犯罪典型案例)

【关键词】

亲情关怀　溢价回购　集资诈骗　认罪认罚　追赃挽损

【典型意义】

（一）准确把握集资诈骗罪的犯罪构成要件，妥善区分诈骗罪与集资诈骗罪。当前，以销售收藏品等名目骗取老年人钱财的案件增多，有的构成诈骗罪，有的则构成集资诈骗罪，检察机关在办案时应当根据刑法规定的两罪的构成要件准确认定。通过承诺溢价回购等方式销售商品，向不特定社会公众非法吸收资金的行为，实际上销售商品不是主要目的、吸收资金才是主要目的，违反了《防范和处置非法集资条例》等金融法律规定，侵犯了金融管理秩序，属于非法集资。以非法占有为目的实施上述行为的，应当以集资诈骗罪追究刑事责任。对于主要通过虚假宣传等方式掩盖商品的真实价值，使购买者陷入“物有所值”的错误认识，并以虚高价格出售获取非法利益的，应当以诈骗罪追究刑事责任。

（二）注重把追赃挽损融入认罪认罚工作，根据退赃退赔情况确定从宽幅度。非法集资犯罪嫌疑人、被告人是否退赃退赔，是评价其是否真诚认罪认罚的重要因素之一。检察机关对涉养老领域非法集资案件的犯罪嫌疑人、被告人开展认罪认罚工作时，要将追赃挽损工作融入其中，督促引导犯罪嫌疑人、被告人主动退赃退赔。提出量刑建议时，要把退赃退赔表现、老年人损失挽回情况等作为从宽幅度的重要因素。

（三）谨防陌生人亲情关怀陷阱，避免“关怀”变“伤害”。现代社会老年人与子女各自生活逐渐成为常态。不法分子利用老年人需要亲情关怀、缺乏投资专业知识等特点，通过嘘寒问暖、上门服务等方式发起“亲情”攻势，骗取老年人的信任，灌输各种错误投资理财、健康养生等观念，以实现骗取老年人财物的最终目的。对于这种虚假伪善的“亲情关怀”，老年人要注意识别防范，不能轻易将养老钱托付他人。同时，为人子女，要更多地关心老年人的生活近况，勤联系、多关注、善提醒，让老年人能老有所养、老有所依、老有所乐、老有所安，不要让“伪亲情”成为养老诈骗的温床。

★以提供"养老服务"为名实施的非法集资犯罪

《肖开俊、陈荣集资诈骗案——以提供"养老服务"为名实施非法集资犯罪》(2022年8月24日最高人民法院发布人民法院重点打击六类养老诈骗犯罪典型案例)

【典型意义】

本案是以提供"养老服务"为名侵害老年人合法权益的典型犯罪案件,该类犯罪主要表现为以预售养老床位、虚构养老服务项目等名义,通过办理会员卡、明显超过床位供给能力承诺服务、预交养老服务费用等手段,诈骗老年人钱财。被告人肖开俊、陈荣利用老年人寻求养老保障的心理,承诺高息回报、享受床位优先居住权、入住打折等,诱骗老年人大额预存消费投资,实施非法集资。二被告人明知"养老基地"不可能建成使用,将集资款的45%~50%用于融资团队提成,并按比例分赃,集资款未用于投资建设"养老基地",具有明显的非法占有目的。一、二审法院以集资诈骗罪对二被告人定罪处罚,于法有据。人民法院提示广大老年人选择具有正规资质的养老服务机构,发现犯罪分子以"养老服务"进行非法集资的,要不听、不信、不参与,并及时向有关部门提供线索。同时,相关部门要规范养老服务行业准入,加强行业监管,保障养老服务行业健康发展,为广大老年人安享幸福晚年营造良好环境。

★以宣称"以房养老"为名实施的非法集资犯罪

《沈移平集资诈骗、顾乃祥非法吸收公众存款案——以宣称"以房养老"为名实施非法集资犯罪》(2022年8月24日最高人民法院发布人民法院重点打击六类养老诈骗犯罪典型案例)

【典型意义】

本案是以宣称"以房养老"为名侵害老年人合法权益的典型犯罪案件,该类犯罪主要表现为以"房本在家无用""不耽误自住或出租"等类似话术为借口,诱骗老年人签订房产抵押担保的借贷合同或相关协议,将抵押房屋获得的资金购买其推介的所谓理财产品,借助诉讼、仲裁、公证等手段,非法占有老年人房屋。"以房养老"作为解决人口老龄化问题，缓解社会及家庭养老压力的可行方式，引起了社会广泛关注。然而，很多不法分子打着国家政策的旗号，营造“养老恐慌”，利用老年人金融防范意识较差的特点，恶意设套，借“以房养老”实施非法集资。被告人沈移平、顾乃祥诱使老年人抵押房屋以获得资金，再购买所谓高收益理财产品，最终因理财公司资金链断裂，房屋被行使抵押权，老年人落得“钱房两空”。人民法院根据案件事实、情节以及二人在共同犯罪中的地位和作用，分别以集资诈骗罪、非法吸收公众存款罪对沈移平、顾乃祥定罪处罚，充分体现了宽严相济的刑事政策，罚当其罪。人民法院提示老年人增强金融风险防范意识，投资理财时不要盲目被高收益诱惑，同时子女也要关心、照顾老人，国家、社会、家庭和个人联动起来，最大限度挤压犯罪分子“行骗空间”，让养老诈骗无处遁形，守护老年人幸福晚年。

★借互联网金融名义实施的非法集资犯罪

《“e租宝”集资诈骗、非法吸收公众存款案——借互联网金融名义实施非法集资犯罪》(2022年9月22日最高人民法院发布人民法院依法惩治金融犯罪典型案例)

【典型意义】

本案是利用互联网金融模式实施非法集资犯罪的典型案例。被告单位安徽钰诚控股集团、钰诚国际控股集团有限公司打着“金融创新”的旗号，依托互联网金融平台，以互联网金融创新、虚拟货币投资、网络借贷等为幌子，以高额利息为诱饵，虚构融资租赁项目，持续采用借旧还新、自我担保等方式进行非法集资活动，是一个彻头彻尾的“庞氏骗局”。本案涉案数额特别巨大，涉及众多集资参与人，造成集资参与人巨额经济损失，严重损害投资者合法权益，严重危害国家金融安全，犯罪情节、后果特别严重，应依法严惩。法院以集资诈骗罪判处被告人丁宁、丁甸无期徒刑，并判处被告单位安徽钰诚控股集团、钰诚国际控股集团有限公司巨额罚金，充分体现了从严惩处的精神。

第192条

★以“养老投资”为名实施的非法集资犯罪

《沈阳“老妈乐”集资诈骗案——以“养老投资”为名实施非法集资犯罪》（2022年9月22日最高人民法院发布人民法院依法惩治金融犯罪典型案例）

【典型意义】

本案系以“养老投资”为名实施养老诈骗犯罪的典型案例。近年来，随着老年人口数量不断增长，养老服务需求不断增加，一些不法分子以提供养老服务、投资养老项目、销售养老产品等名义，利用老年人网络知识不足、辨识能力不强等特点，采用投资理财高额回报手段设置陷阱、诱导投资，虚假宣传，实施养老诈骗犯罪，骗取老年人钱财。被告人金家福创建老妈乐公司，以会员投资返利为名，在全国20多个省市区设立1000多个门店，以欺诈方法针对老年人进行非法集资，集资参与人达170万余人，造成经济损失约20亿元，严重损害老年人合法权益，社会危害巨大。法院依法以集资诈骗罪分别对三名被告人判处十年以上有期徒刑、无期徒刑，充分表明了人民法院依法从严惩处养老诈骗犯罪、坚决维护老年人“养老钱”的鲜明态度和坚定决心。同时，提醒人民群众尤其是老年群体要谨慎投资，提高识骗防骗能力，避免陷入犯罪分子设置的圈套。

★以投资区块链免费养老为名诈骗老年人

《汪某、唐某等人集资诈骗、非法吸收公众存款案——以投资区块链免费养老为名诈骗老年人》［2022年11月9日最高人民检察院发布检察机关惩治养老诈骗违法犯罪典型案例（第二批）］

【关键词】

养老诈骗　集资诈骗罪　区块链　免费养老　立案监督

【典型意义】

随着老百姓生活日益富足，部分不法分子利用老年人经济宽裕投资需求旺盛，但对互联网金融等新生事物认识不足、缺乏投资专业知识等情况，以“区块链”“元宇宙”等新科技概念为噱头或者假借“一带一路”“乡村振兴”等重大国家政策蹭热点、搞虚假营销，并再以"投资获取高息""赠送养老服务"等为诱饵吸引老年人等社会公众"投资",实际上所吸收资金用途与其宣称科技项目、国家政策毫无关系,目的是骗取老年人的养老钱。老年人在将养老钱用于投资理财时,要树立理性投资观念,既要了解所投资的项目,又要了解关于投资理财的相关规定,不要盲目跟风不了解或一知半解的新事物,不要投资于未经批准的非法金融活动。特别是在接触吸收新事物、新知识时,要注意了解社会上伴随出现的新型养老诈骗手法,增强防范意识,守好自己的钱袋子。

第一百九十三条 【贷款诈骗罪】有下列情形之一,以非法占有为目的,诈骗银行或者其他金融机构的贷款,数额较大的,处五年以下有期徒刑或者拘役,并处二万元以上二十万元以下罚金;数额巨大或者有其他严重情节的,处五年以上十年以下有期徒刑,并处五万元以上五十万元以下罚金;数额特别巨大或者有其他特别严重情节的,处十年以上有期徒刑或者无期徒刑,并处五万元以上五十万元以下罚金或者没收财产:

(一)编造引进资金、项目等虚假理由的;

(二)使用虚假的经济合同的;

(三)使用虚假的证明文件的;

(四)使用虚假的产权证明作担保或者超出抵押物价值重复担保的;

(五)以其他方法诈骗贷款的。

立法动态

本条源自《中华人民共和国刑法》(1997 年 3 月 14 日第八届全国人民代表大会第五次会议修订,自 1997 年 10 月 1 日起施行)。

立案标准

《最高人民检察院、公安部关于公安机关管辖的刑事案件立案追诉标准的规定(二)》(2022年4月6日修订　公通字〔2022〕12号)

第四十五条　［贷款诈骗案(刑法第一百九十三条)］以非法占有为目的,诈骗银行或者其他金融机构的贷款,数额在五万元以上的,应予立案追诉。

第一百九十四条　【票据诈骗罪】有下列情形之一,进行金融票据诈骗活动,数额较大的,处五年以下有期徒刑或者拘役,并处二万元以上二十万元以下罚金;数额巨大或者有其他严重情节的,处五年以上十年以下有期徒刑,并处五万元以上五十万元以下罚金;数额特别巨大或者有其他特别严重情节的,处十年以上有期徒刑或者无期徒刑,并处五万元以上五十万元以下罚金或者没收财产:

(一)明知是伪造、变造的汇票、本票、支票而使用的;

(二)明知是作废的汇票、本票、支票而使用的;

(三)冒用他人的汇票、本票、支票的;

(四)签发空头支票或者与其预留印鉴不符的支票,骗取财物的;

(五)汇票、本票的出票人签发无资金保证的汇票、本票或者在出票时作虚假记载,骗取财物的。

【金融凭证诈骗罪】使用伪造、变造的委托收款凭证、汇款凭证、银行存单等其他银行结算凭证的,依照前款的规定处罚。

立法动态

本条源自《中华人民共和国刑法》(1997年3月14日第八届全国人民代表大会第五次会议修订,自1997年10月1日起施行)。

立案标准

《最高人民检察院、公安部关于公安机关管辖的刑事案件立案追诉标准的规定(二)》(2022年4月6日修订　公通字〔2022〕12号)

第四十六条　[票据诈骗案(刑法第一百九十四条第一款)]进行金融票据诈骗活动,数额在五万元以上的,应予立案追诉。

第四十七条　[金融凭证诈骗案(刑法第一百九十四条第二款)]使用伪造、变造的委托收款凭证、汇款凭证、银行存单等其他银行结算凭证进行诈骗活动,数额在五万元以上的,应予立案追诉。

第一百九十五条　【信用证诈骗罪】有下列情形之一,进行信用证诈骗活动的,处五年以下有期徒刑或者拘役,并处二万元以上二十万元以下罚金;数额巨大或者有其他严重情节的,处五年以上十年以下有期徒刑,并处五万元以上五十万元以下罚金;数额特别巨大或者有其他特别严重情节的,处十年以上有期徒刑或者无期徒刑,并处五万元以上五十万元以下罚金或者没收财产:

(一)使用伪造、变造的信用证或者附随的单据、文件的;

(二)使用作废的信用证的;

(三)骗取信用证的;

(四)以其他方法进行信用证诈骗活动的。

立法动态

本条源自《中华人民共和国刑法》(1997年3月14日第八届全国人民代表大会第五次会议修订,自1997年10月1日起施行)。

立案标准

《最高人民检察院、公安部关于公安机关管辖的刑事案件立案追诉标准的规定(二)》(2022 年 4 月 6 日修订　公通字〔2022〕12 号)

第四十八条　[信用证诈骗案(刑法第一百九十五条)]进行信用证诈骗活动,涉嫌下列情形之一的,应予立案追诉:

(一)使用伪造、变造的信用证或者附随的单据、文件的;

(二)使用作废的信用证的;

(三)骗取信用证的;

(四)以其他方法进行信用证诈骗活动的。

第196条

第一百九十六条　【信用卡诈骗罪】有下列情形之一,进行信用卡诈骗活动,数额较大的,处五年以下有期徒刑或者拘役,并处二万元以上二十万元以下罚金;数额巨大或者有其他严重情节的,处五年以上十年以下有期徒刑,并处五万元以上五十万元以下罚金;数额特别巨大或者有其他特别严重情节的,处十年以上有期徒刑或者无期徒刑,并处五万元以上五十万元以下罚金或者没收财产:

(一)使用伪造的信用卡,或者使用以虚假的身份证明骗领的信用卡的;

(二)使用作废的信用卡的;

(三)冒用他人信用卡的;

(四)恶意透支的。

前款所称恶意透支,是指持卡人以非法占有为目的,超过规定限额或者规定期限透支,并且经发卡银行催收后仍不归还的行为。

【盗窃罪】盗窃信用卡并使用的,依照本法第二百六十四条的规定定罪处罚。

立法动态

本条源自《中华人民共和国刑法》(1997 年 3 月 14 日第八届全国人民代表大会第五次会议修订,自 1997 年 10 月 1 日起施行)。

本条根据《中华人民共和国刑法修正案(五)》(自 2005 年 2 月 28 日起施行)第二条修改。

原本条规定为:第一百九十六条 (第一款)有下列情形之一,进行信用卡诈骗活动,数额较大的,处五年以下有期徒刑或者拘役,并处二万元以上二十万元以下罚金;数额巨大或者有其他严重情节的,处五年以上十年以下有期徒刑,并处五万元以上五十万元以下罚金;数额特别巨大或者有其他特别严重情节的,处十年以上有期徒刑或者无期徒刑,并处五万元以上五十万元以下罚金或者没收财产:(一)使用伪造的信用卡的;(二)使用作废的信用卡的;(三)冒用他人信用卡的;(四)恶意透支的。(第二款)前款所称恶意透支,是指持卡人以非法占有为目的,超过规定限额或者规定期限透支,并且经发卡银行催收后仍不归还的行为。(第三款)盗窃信用卡并使用的,依照本法第二百六十四条的规定定罪处罚。

本条修改的主要内容为:在第一款第(一)项中增加了"使用以虚假的身份证明骗领的信用卡的"。

立案标准

《最高人民检察院、公安部关于公安机关管辖的刑事案件立案追诉标准的规定(二)》(2022 年 4 月 6 日修订 公通字〔2022〕12 号)

第四十九条 [信用卡诈骗案(刑法第一百九十六条)]进行信用卡诈骗活动,涉嫌下列情形之一的,应予立案追诉:

(一)使用伪造的信用卡、以虚假的身份证明骗领的信用卡、作废的信用卡或者冒用他人信用卡,进行诈骗活动,数额在五千元以上的;

(二)恶意透支,数额在五万元以上的。

本条规定的“恶意透支”，是指持卡人以非法占有为目的，超过规定限额或者规定期限透支，经发卡银行两次有效催收后超过三个月仍不归还的。

恶意透支的数额，是指公安机关刑事立案时尚未归还的实际透支的本金数额，不包括利息、复利、滞纳金、手续费等发卡银行收取的费用。归还或者支付的数额，应当认定为归还实际透支的本金。

恶意透支，数额在五万元以上不满五十万元的，在提起公诉前全部归还或者具有其他情节轻微情形的，可以不起诉。但是，因信用卡诈骗受过二次以上处罚的除外。

量刑指导

《最高人民法院、最高人民检察院关于常见犯罪的量刑指导意见（试行）》（2021年6月16日　法发〔2021〕21号）

四、常见犯罪的量刑

（五）信用卡诈骗罪

1. 构成信用卡诈骗罪的，根据下列情形在相应的幅度内确定量刑起点：

（1）达到数额较大起点的，在二年以下有期徒刑、拘役幅度内确定量刑起点。

（2）达到数额巨大起点或者有其他严重情节的，在五年至六年有期徒刑幅度内确定量刑起点。

（3）达到数额特别巨大起点或者有其他特别严重情节的，在十年至十二年有期徒刑幅度内确定量刑起点。依法应当判处无期徒刑的除外。

2. 在量刑起点的基础上，根据信用卡诈骗数额等其他影响犯罪构成的犯罪事实增加刑罚量，确定基准刑。

3. 构成信用卡诈骗罪的，根据诈骗手段、犯罪数额、危害后果等犯罪情节,综合考虑被告人缴纳罚金的能力,决定罚金数额。

4.构成信用卡诈骗罪的,综合考虑诈骗手段、犯罪数额、危害后果、退赃退赔等犯罪事实、量刑情节,以及被告人主观恶性、人身危险性、认罪悔罪表现等因素,决定缓刑的适用。

适用要点与裁判依据

★“信用卡”的认定

《全国人民代表大会常务委员会关于〈中华人民共和国刑法〉有关信用卡规定的解释》(2004年12月29日)

刑法规定的“信用卡”,是指由商业银行或者其他金融机构发行的具有消费支付、信用贷款、转账结算、存取现金等全部功能或者部分功能的电子支付卡。

★“冒用他人信用卡”的认定

《最高人民检察院关于拾得他人信用卡并在自动柜员机(ATM机)上使用的行为如何定性问题的批复》(2008年4月18日　高检发释字〔2008〕1号)

拾得他人信用卡并在自动柜员机(ATM机)上使用的行为,属于刑法第一百九十六条第一款第(三)项规定的“冒用他人信用卡”的情形,构成犯罪的,以信用卡诈骗罪追究刑事责任。

★“数额较大”“数额巨大”“数额特别巨大”“冒用他人信用卡”的认定

《最高人民法院、最高人民检察院关于办理妨害信用卡管理刑事案件具体应用法律若干问题的解释》(2018年11月28日　法释〔2018〕19号)

第五条　使用伪造的信用卡、以虚假的身份证明骗领的信用卡、作废的信用卡或者冒用他人信用卡,进行信用卡诈骗活动,数额在五千元以上不满五万元的,应当认定为刑法第一百九十六条规定的“数额较大”;数额在五万元以上不满五十万元的,应当认定为刑法第一百九十六条规定的“数额巨大”;数额在五十万元以上的,应当认定为刑法第一百九十六条规定的“数额特别巨大”。

刑法第一百九十六条第一款第三项所称“冒用他人信用卡”,包括以下情形:

(一)拾得他人信用卡并使用的;

(二)骗取他人信用卡并使用的;

(三)窃取、收买、骗取或者以其他非法方式获取他人信用卡信息资料,并通过互联网、通讯终端等使用的;

(四)其他冒用他人信用卡的情形。

★“恶意透支”及“以非法占有为目的”的认定

《最高人民法院、最高人民检察院关于办理妨害信用卡管理刑事案件具体应用法律若干问题的解释》(2018 年 11 月 28 日　法释〔2018〕19 号)

第六条　持卡人以非法占有为目的,超过规定限额或者规定期限透支,经发卡银行两次有效催收后超过三个月仍不归还的,应当认定为刑法第一百九十六条规定的“恶意透支”。

对于是否以非法占有为目的,应当综合持卡人信用记录、还款能力和意愿、申领和透支信用卡的状况、透支资金的用途、透支后的表现、未按规定还款的原因等情节作出判断。不得单纯依据持卡人未按规定还款的事实认定非法占有目的。

具有以下情形之一的,应当认定为刑法第一百九十六条第二款规定的“以非法占有为目的”,但有证据证明持卡人确实不具有非法占有目的的除外:

(一)明知没有还款能力而大量透支,无法归还的;

(二)使用虚假资信证明申领信用卡后透支,无法归还的;

(三)透支后通过逃匿、改变联系方式等手段,逃避银行催收的;

(四)抽逃、转移资金,隐匿财产,逃避还款的;

(五)使用透支的资金进行犯罪活动的;

(六)其他非法占有资金,拒不归还的情形。

★“有效催收”的认定

《最高人民法院、最高人民检察院关于办理妨害信用卡管理刑事案件具体应用法律若干问题的解释》(2018年11月28日 法释〔2018〕19号)

第七条 催收同时符合下列条件的,应当认定为本解释第六条规定的“有效催收”:

(一)在透支超过规定限额或者规定期限后进行;

(二)催收应当采用能够确认持卡人收悉的方式,但持卡人故意逃避催收的除外;

(三)两次催收至少间隔三十日;

(四)符合催收的有关规定或者约定。

对于是否属于有效催收,应当根据发卡银行提供的电话录音、信息送达记录、信函送达回执、电子邮件送达记录、持卡人或者其家属签字以及其他催收原始证据材料作出判断。

发卡银行提供的相关证据材料,应当有银行工作人员签名和银行公章。

★恶意透支“数额较大”“数额巨大”“数额特别巨大”的认定

《最高人民法院、最高人民检察院关于办理妨害信用卡管理刑事案件具体应用法律若干问题的解释》(2018年11月28日 法释〔2018〕19号)

第八条 恶意透支,数额在五万元以上不满五十万元的,应当认定为刑法第一百九十六条规定的“数额较大”;数额在五十万元以上不满五百万元的,应当认定为刑法第一百九十六条规定的“数额巨大”;数额在五百万元以上的,应当认定为刑法第一百九十六条规定的“数额特别巨大”。

第九条 恶意透支的数额,是指公安机关刑事立案时尚未归还的实际透支的本金数额,不包括利息、复利、滞纳金、手续费等发卡银行收取的费用。归还或者支付的数额,应当认定为归还实际透支的本金。

检察机关在审查起诉、提起公诉时,应当根据发卡银行提供的交易明细、分类账单(透支账单、还款账单)等证据材料,结合犯罪嫌疑人、被告人及其辩护人所提辩解、辩护意见及相关证据材料,审查认定恶意透支的数额;恶意透支的数额难以确定的,应当依据司法会计、审计报告,结合其他证据材料审查认定。人民法院在审判过程中,应当在对上述证据材料查证属实的基础上,对恶意透支的数额作出认定。

发卡银行提供的相关证据材料,应当有银行工作人员签名和银行公章。

★恶意透支数额较大,提起公诉前全部归还的可以不起诉;一审判决前全部归还的可以免予刑事处罚

《最高人民法院、最高人民检察院关于办理妨害信用卡管理刑事案件具体应用法律若干问题的解释》(2018 年 11 月 28 日　法释〔2018〕19 号)

第十条　恶意透支数额较大,在提起公诉前全部归还或者具有其他情节轻微情形的,可以不起诉;在一审判决前全部归还或者具有其他情节轻微情形的,可以免予刑事处罚。但是,曾因信用卡诈骗受过两次以上处罚的除外。

★发卡银行违规以信用卡透支形式变相发放贷款的,不适用"恶意透支"的规定

《最高人民法院、最高人民检察院关于办理妨害信用卡管理刑事案件具体应用法律若干问题的解释》(2018 年 11 月 28 日　法释〔2018〕19 号)

第十一条　发卡银行违规以信用卡透支形式变相发放贷款,持卡人未按规定归还的,不适用刑法第一百九十六条"恶意透支"的规定。构成其他犯罪的,以其他犯罪论处。

第一百九十七条 【有价证券诈骗罪】使用伪造、变造的国库券或者国家发行的其他有价证券，进行诈骗活动，数额较大的，处五年以下有期徒刑或者拘役，并处二万元以上二十万元以下罚金；数额巨大或者有其他严重情节的，处五年以上十年以下有期徒刑，并处五万元以上五十万元以下罚金；数额特别巨大或者有其他特别严重情节的，处十年以上有期徒刑或者无期徒刑，并处五万元以上五十万元以下罚金或者没收财产。

立法动态

本条源自《中华人民共和国刑法》(1997 年 3 月 14 日第八届全国人民代表大会第五次会议修订，自 1997 年 10 月 1 日起施行)。

立案标准

《最高人民检察院、公安部关于公安机关管辖的刑事案件立案追诉标准的规定(二)》(2022 年 4 月 6 日修订 公通字〔2022〕12 号)

第五十条 ［有价证券诈骗案(刑法第一百九十七条)］使用伪造、变造的国库券或者国家发行的其他有价证券进行诈骗活动，数额在五万元以上的，应予立案追诉。

第一百九十八条 【保险诈骗罪】有下列情形之一，进行保险诈骗活动，数额较大的，处五年以下有期徒刑或者拘役，并处一万元以上十万元以下罚金；数额巨大或者有其他严重情节的，处五年以上十年以下有期徒刑，并处二万元以上二十万元以下罚金；数额特别巨大或者有其他特别严重情节的，处十年以上有期徒刑，并处二万元以上二十万元以下罚金或者没收财产：

(一)投保人故意虚构保险标的，骗取保险金的；

（二）投保人、被保险人或者受益人对发生的保险事故编造虚假的原因或者夸大损失的程度，骗取保险金的；

（三）投保人、被保险人或者受益人编造未曾发生的保险事故，骗取保险金的；

（四）投保人、被保险人故意造成财产损失的保险事故，骗取保险金的；

（五）投保人、受益人故意造成被保险人死亡、伤残或者疾病，骗取保险金的。

有前款第四项、第五项所列行为，同时构成其他犯罪的，依照数罪并罚的规定处罚。

单位犯第一款罪的，对单位判处罚金，并对其直接负责的主管人员和其他直接责任人员，处五年以下有期徒刑或者拘役；数额巨大或者有其他严重情节的，处五年以上十年以下有期徒刑；数额特别巨大或者有其他特别严重情节的，处十年以上有期徒刑。

保险事故的鉴定人、证明人、财产评估人故意提供虚假的证明文件，为他人诈骗提供条件的，以保险诈骗的共犯论处。

立法动态

本条源自《中华人民共和国刑法》（1997 年 3 月 14 日第八届全国人民代表大会第五次会议修订，自 1997 年 10 月 1 日起施行）。

立案标准

《最高人民检察院、公安部关于公安机关管辖的刑事案件立案追诉标准的规定（二）》（2022 年 4 月 6 日修订 公通字〔2022〕12 号）

第五十一条 ［保险诈骗案（刑法第一百九十八条）］进行保险诈骗活动，数额在五万元以上的，应予立案追诉。

适用要点与裁判依据

★实施"碰瓷"骗取保险金的,构成本罪

《最高人民法院、最高人民检察院、公安部关于依法办理"碰瓷"违法犯罪案件的指导意见》(2020 年 9 月 22 日　公通字〔2020〕12 号)

一、实施"碰瓷",虚构事实、隐瞒真相,骗取赔偿,符合刑法第二百六十六条规定的,以诈骗罪定罪处罚;骗取保险金,符合刑法第一百九十八条规定的,以保险诈骗罪定罪处罚。

……

第一百九十九条　(此条已删除)。

立法动态

本条源自《中华人民共和国刑法》(1997 年 3 月 14 日第八届全国人民代表大会第五次会议修订,自 1997 年 10 月 1 日起施行)。

本条曾经全国人大常委会两次修改。

原本条规定为:第一百九十九条　犯本节第一百九十二条、第一百九十四条、第一百九十五条规定之罪,数额特别巨大并且给国家和人民利益造成特别重大损失的,处无期徒刑或者死刑,并处没收财产。

本条第一次根据《中华人民共和国刑法修正案(八)》(自 2011 年 5 月 1 日起施行)第三十条修改为:犯本节第一百九十二条规定之罪,数额特别巨大并且给国家和人民利益造成特别重大损失的,处无期徒刑或者死刑,并处没收财产。此次修改的主要内容为:取消了对票据诈骗罪、信用证诈骗罪可以适用死刑的规定。

本条第二次根据《中华人民共和国刑法修正案(九)》(自 2015 年 11 月 1 日起施行)第十二条修改时,删去此条。

第二百条　【单位犯金融诈骗罪的处罚规定】单位犯本节第一百九十四条、第一百九十五条规定之罪的，对单位判处罚金，并对其直接负责的主管人员和其他直接责任人员，处五年以下有期徒刑或者拘役，可以并处罚金；数额巨大或者有其他严重情节的，处五年以上十年以下有期徒刑，并处罚金；数额特别巨大或者有其他特别严重情节的，处十年以上有期徒刑或者无期徒刑，并处罚金。

立法动态

本条源自《中华人民共和国刑法》（1997 年 3 月 14 日第八届全国人民代表大会第五次会议修订，自 1997 年 10 月 1 日起施行）。

本条曾经全国人大常委会两次修改。

原本条规定为：第二百条　单位犯本节第一百九十二条、第一百九十四条、第一百九十五条规定之罪的，对单位判处罚金，并对其直接负责的主管人员和其他直接责任人员，处五年以下有期徒刑或者拘役；数额巨大或者有其他严重情节的，处五年以上十年以下有期徒刑；数额特别巨大或者有其他特别严重情节的，处十年以上有期徒刑或者无期徒刑。

本条第一次根据《中华人民共和国刑法修正案（八）》（自 2011 年 5 月 1 日起施行）第三十一条修改的内容为：对构成犯罪的直接负责的主管人员和其他直接责任人员在法定刑中增加了“并处罚金”的规定。

本条第二次根据《中华人民共和国刑法修正案（十一）》（自 2021 年 3 月 1 日起施行）第十六条修改的内容为：在有关单位犯本节之罪的条文中删除了“第一百九十二条”。

第六节 危害税收征管罪

第二百零一条 【逃税罪】纳税人采取欺骗、隐瞒手段进行虚假纳税申报或者不申报,逃避缴纳税款数额较大并且占应纳税额百分之十以上的,处三年以下有期徒刑或者拘役,并处罚金;数额巨大并且占应纳税额百分之三十以上的,处三年以上七年以下有期徒刑,并处罚金。

扣缴义务人采取前款所列手段,不缴或者少缴已扣、已收税款,数额较大的,依照前款的规定处罚。

对多次实施前两款行为,未经处理的,按照累计数额计算。

有第一款行为,经税务机关依法下达追缴通知后,补缴应纳税款,缴纳滞纳金,已受行政处罚的,不予追究刑事责任;但是,五年内因逃避缴纳税款受过刑事处罚或者被税务机关给予二次以上行政处罚的除外。

立法动态

本条源自《中华人民共和国刑法》(1997 年 3 月 14 日第八届全国人民代表大会第五次会议修订,自 1997 年 10 月 1 日起施行)。

原本条规定为:第二百零一条 (第一款)纳税人采取伪造、变造、隐匿、擅自销毁帐簿、记帐凭证,在帐簿上多列支出或者不列、少列收入,经税务机关通知申报而拒不申报或者进行虚假的纳税申报的手段,不缴或者少缴应纳税款,偷税数额占应纳税额的百分之十以上不满百分之三十并且偷税数额在一万元以上不满十万元的,或者因偷税被税务机关给予二次行政处罚又偷税的,处三年以下有期徒刑或者拘役,并处偷税数额一倍以上五倍以下罚金;偷税数额占应纳税额的百分之三十以上并且偷税数额在十万元以上的,处三年以上七年以下有期徒刑,并处偷税数额一倍以上五倍以下罚金。(第二款)扣缴义务人采取前款所列手段,不缴或者少缴已扣、已收税款,数额占应缴税额的百分之十以上并且数额在一万元以上的,依照前款的规定处罚。(第三款)对多次犯有前两款行为,未经处理的,按照累计数额计算。

本条根据《中华人民共和国刑法修正案(七)》(自2009年2月28日起施行)第三条修改。

修改的主要内容为:一是将原"采取伪造、变造、隐匿、擅自销毁帐簿、记帐凭证,在帐簿上多列支出或者不列、少列收入,经税务机关通知申报而拒不申报或者进行虚假的纳税申报的手段"的具体性规定修改为"欺骗、隐瞒手段进行虚假纳税申报或者不申报"的概括性规定;二是取消"偷税数额在一万元以上不满十万元"、"十万元以上"的具体性规定;三是取消关于罚金的"一倍以上五倍以下罚金"的具体规定;四是增加"不予追究刑事责任"的情形。

立案标准

《最高人民检察院、公安部关于公安机关管辖的刑事案件立案追诉标准的规定(二)》(2022年4月6日修订 公通字〔2022〕12号)

第五十二条 [逃税案(刑法第二百零一条)]逃避缴纳税款,涉嫌下列情形之一的,应予立案追诉:

(一)纳税人采取欺骗、隐瞒手段进行虚假纳税申报或者不申报,逃避缴纳税款,数额在十万元以上并且占各税种应纳税总额百分之十以上,经税务机关依法下达追缴通知后,不补缴应纳税款、不缴纳滞纳金或者不接受行政处罚的;

(二)纳税人五年内因逃避缴纳税款受过刑事处罚或者被税务机关给予二次以上行政处罚,又逃避缴纳税款,数额在十万元以上并且占各税种应纳税总额百分之十以上的;

(三)扣缴义务人采取欺骗、隐瞒手段,不缴或者少缴已扣、已收税款,数额在十万元以上的。

纳税人在公安机关立案后再补缴应纳税款、缴纳滞纳金或者接受行政处罚的，不影响刑事责任的追究。

适用要点与裁判依据

★逃税的行为方式及数额标准

《最高人民法院关于审理偷税抗税刑事案件具体应用法律若干问题的解释》(2002年11月5日　法释〔2002〕33号)

第一条　纳税人实施下列行为之一，不缴或者少缴应纳税款，偷税数额占应纳税额的百分之十以上且偷税数额在一万元以上的，依照刑法第二百零一条第一款的规定定罪处罚：

(一)伪造、变造、隐匿、擅自销毁帐簿、记帐凭证；

(二)在帐簿上多列支出或者不列、少列收入；

(三)经税务机关通知申报而拒不申报纳税；

(四)进行虚假纳税申报；

(五)缴纳税款后，以假报出口或者其他欺骗手段，骗取所缴纳的税款。

扣缴义务人实施前款行为之一，不缴或者少缴已扣、已收税款，数额在一万元以上且占应缴税额百分之十以上的，依照刑法第二百零一条第一款的规定定罪处罚。扣缴义务人书面承诺代纳税人支付税款的，应当认定扣缴义务人"已扣、已收税款"。

实施本条第一款、第二款规定的行为，偷税数额在五万元以下，纳税人或者扣缴义务人在公安机关立案侦查以前已经足额补缴应纳税款和滞纳金，犯罪情节轻微，不需要判处刑罚的，可以免予刑事处罚。

★"经税务机关通知申报""虚假的纳税申报""未经处理"的情形

《最高人民法院关于审理偷税抗税刑事案件具体应用法律若干问题的解释》(2002年11月5日　法释〔2002〕33号)

第二条　纳税人伪造、变造、隐匿、擅自销毁用于记帐的发票等原始凭证的行为,应当认定为刑法第二百零一条第一款规定的伪造、变造、隐匿、擅自销毁记帐凭证的行为。

具有下列情形之一的,应当认定为刑法第二百零一条第一款规定的“经税务机关通知申报”:

(一)纳税人、扣缴义务人已经依法办理税务登记或者扣缴税款登记的;

(二)依法不需要办理税务登记的纳税人,经税务机关依法书面通知其申报的;

(三)尚未依法办理税务登记、扣缴税款登记的纳税人、扣缴义务人,经税务机关依法书面通知其申报的。

刑法第二百零一条第一款规定的“虚假的纳税申报”,是指纳税人或者扣缴义务人向税务机关报送虚假的纳税申报表、财务报表、代扣代缴、代收代缴税款报告表或者其他纳税申报资料,如提供虚假申请,编造减税、免税、抵税、先征收后退还税款等虚假资料等。

刑法第二百零一条第三款规定的“未经处理”,是指纳税人或者扣缴义务人在五年内多次实施偷税行为,但每次偷税数额均未达到刑法第二百零一条规定的构成犯罪的数额标准,且未受行政处罚的情形。

纳税人、扣缴义务人因同一偷税犯罪行为受到行政处罚,又被移送起诉的,人民法院应当依法受理。依法定罪并判处罚金的,行政罚款折抵罚金。

★偷税数额的认定

《最高人民法院关于审理偷税抗税刑事案件具体应用法律若干问题的解释》(2002年11月5日 法释〔2002〕33号)

第三条 偷税数额,是指在确定的纳税期间,不缴或者少缴各税种税款的总额。

偷税数额占应纳税额的百分比,是指一个纳税年度中的各税种偷税总额与该纳税年度应纳税总额的比例。不按纳税年度确定纳税期的其他纳税人,偷税数额占应纳税额的百分比,按照行为人最后一次偷税行为发生之日前一年中各税种偷税总额与该年纳税总额的比例确定。纳税义务存续期间不足一个纳税年度的，偷税数额占应纳税额的百分比，按照各税种偷税总额与实际发生纳税义务期间应当缴纳税款总额的比例确定。

偷税行为跨越若干个纳税年度，只要其中一个纳税年度的偷税数额及百分比达到刑法第二百零一条第一款规定的标准，即构成偷税罪。各纳税年度的偷税数额应当累计计算，偷税百分比应当按照最高的百分比确定。

第二百零二条　【抗税罪】以暴力、威胁方法拒不缴纳税款的，处三年以下有期徒刑或者拘役，并处拒缴税款一倍以上五倍以下罚金；情节严重的，处三年以上七年以下有期徒刑，并处拒缴税款一倍以上五倍以下罚金。

立法动态

本条源自《中华人民共和国刑法》（1997 年 3 月 14 日第八届全国人民代表大会第五次会议修订，自 1997 年 10 月 1 日起施行）。

立案标准

《最高人民检察院、公安部关于公安机关管辖的刑事案件立案追诉标准的规定（二）》（2022 年 4 月 6 日修订　公通字〔2022〕12 号）

第五十三条　［抗税案（刑法第二百零二条）］以暴力、威胁方法拒不缴纳税款，涉嫌下列情形之一的，应予立案追诉：

（一）造成税务工作人员轻微伤以上的；

（二）以给税务工作人员及其亲友的生命、健康、财产等造成损害为威胁，抗拒缴纳税款的；

（三）聚众抗拒缴纳税款的；

（四）以其他暴力、威胁方法拒不缴纳税款的。

适用要点与裁判依据

★犯本罪，"情节严重"的五种情形

《最高人民法院关于审理偷税抗税刑事案件具体应用法律若干问题的解释》(2002年11月5日 法释〔2002〕33号)

第五条 实施抗税行为具有下列情形之一的，属于刑法第二百零二条规定的"情节严重"：

(一)聚众抗税的首要分子；

(二)抗税数额在十万元以上的；

(三)多次抗税的；

(四)故意伤害致人轻伤的；

(五)具有其他严重情节。

★与纳税人或者扣缴义务人共同实施抗税行为的，以抗税罪的共犯依法处罚

《最高人民法院关于审理偷税抗税刑事案件具体应用法律若干问题的解释》(2002年11月5日 法释〔2002〕33号)

第六条 实施抗税行为致人重伤、死亡，构成故意伤害罪、故意杀人罪的，分别依照刑法第二百三十四条第二款、第二百三十二条的规定定罪处罚。

与纳税人或者扣缴义务人共同实施抗税行为的，以抗税罪的共犯依法处罚。

第二百零三条 【逃避追缴欠税罪】纳税人欠缴应纳税款，采取转移或者隐匿财产的手段，致使税务机关无法追缴欠缴的税款，数额在一万元以上不满十万元的，处三年以下有期徒刑或者拘役，并处或者单处欠缴税款一倍以上五倍以下罚金；数额在十万元以上的，处三年以上七年以下有期徒刑，并处欠缴税款一倍以上五倍以下罚金。

立法动态

本条源自《中华人民共和国刑法》(1997 年 3 月 14 日第八届全国人民代表大会第五次会议修订,自 1997 年 10 月 1 日起施行)。

立案标准

《最高人民检察院、公安部关于公安机关管辖的刑事案件立案追诉标准的规定(二)》(2022 年 4 月 6 日修订 公通字〔2022〕12 号)

第五十四条 ［逃避追缴欠税案(刑法第二百零三条)］纳税人欠缴应纳税款,采取转移或者隐匿财产的手段,致使税务机关无法追缴欠缴的税款,数额在一万元以上的,应予立案追诉。

第二百零四条 【骗取出口退税罪】以假报出口或者其他欺骗手段,骗取国家出口退税款,数额较大的,处五年以下有期徒刑或者拘役,并处骗取税款一倍以上五倍以下罚金;数额巨大或者有其他严重情节的,处五年以上十年以下有期徒刑,并处骗取税款一倍以上五倍以下罚金;数额特别巨大或者有其他特别严重情节的,处十年以上有期徒刑或者无期徒刑,并处骗取税款一倍以上五倍以下罚金或者没收财产。

【逃税罪、骗取出口退税罪】纳税人缴纳税款后,采取前款规定的欺骗方法,骗取所缴纳的税款的,依照本法第二百零一条的规定定罪处罚;骗取税款超过所缴纳的税款部分,依照前款的规定处罚。

立法动态

本条源自《中华人民共和国刑法》(1997 年 3 月 14 日第八届全国人民代表大会第五次会议修订,自 1997 年 10 月 1 日起施行)。

立案标准

《最高人民检察院、公安部关于公安机关管辖的刑事案件立案追诉标准的规定(二)》(2022年4月6日修订 公通字〔2022〕12号)

第五十五条 [骗取出口退税案(刑法第二百零四条)]以假报出口或者其他欺骗手段,骗取国家出口退税款,数额在十万元以上的,应予立案追诉。

适用要点与裁判依据

★"假报出口"与"其他欺骗手段"的认定

《最高人民法院关于审理骗取出口退税刑事案件具体应用法律若干问题的解释》(2002年9月17日 法释〔2002〕30号)

第一条 刑法第二百零四条规定的"假报出口",是指以虚构已税货物出口事实为目的,具有下列情形之一的行为:

(一)伪造或者签订虚假的买卖合同;

(二)以伪造、变造或者其他非法手段取得出口货物报关单、出口收汇核销单、出口货物专用缴款书等有关出口退税单据、凭证;

(三)虚开、伪造、非法购买增值税专用发票或者其他可以用于出口退税的发票;

(四)其他虚构已税货物出口事实的行为。

第二条 具有下列情形之一的,应当认定为刑法第二百零四条规定的"其他欺骗手段":

(一)骗取出口货物退税资格的;

(二)将未纳税或者免税货物作为已税货物出口的;

(三)虽有货物出口,但虚构该出口货物的品名、数量、单价等要素,骗取未实际纳税部分出口退税款的;

(四)以其他手段骗取出口退税款的。

★"数额较大""数额巨大""数额特别巨大"的认定标准

《最高人民法院关于审理骗取出口退税刑事案件具体应用法律若干问题的解释》(2002年9月17日 法释〔2002〕30号)

第三条 骗取国家出口退税款5万元以上的,为刑法第二百零四条规定的"数额较大";骗取国家出口退税款50万元以上的,为刑法第二百零四条规定的"数额巨大";骗取国家出口退税款250万元以上的,为刑法第二百零四条规定的"数额特别巨大"。

★"其他严重情节""其他特别严重情节"的认定

《最高人民法院关于审理骗取出口退税刑事案件具体应用法律若干问题的解释》(2002年9月17日 法释〔2002〕30号)

第四条 具有下列情形之一的,属于刑法第二百零四条规定的"其他严重情节":

(一)造成国家税款损失30万元以上并且在第一审判决宣告前无法追回的;

(二)因骗取国家出口退税行为受过行政处罚,两年内又骗取国家出口退税款数额在30万元以上的;

(三)情节严重的其他情形。

第五条 具有下列情形之一的,属于刑法第二百零四条规定的"其他特别严重情节":

(一)造成国家税款损失150万元以上并且在第一审判决宣告前无法追回的;

(二)因骗取国家出口退税行为受过行政处罚,两年内又骗取国家出口退税款数额在150万元以上的;

(三)情节特别严重的其他情形。

★明知他人意欲骗取国家出口退税款,仍允许他人自行报关以骗取国家出口退税款的刑事责任

《最高人民法院关于审理骗取出口退税刑事案件具体应用法律若干问题的解释》(2002年9月17日 法释〔2002〕30号)

第六条 有进出口经营权的公司、企业,明知他人意欲骗取国家出口退税款，仍违反国家有关进出口经营的规定，允许他人自带客户、自带货源、自带汇票并自行报关，骗取国家出口退税款的，依照刑法第二百零四条第一款、第二百一十一条的规定定罪处罚。

★犯本罪，可以从轻或者减轻处罚、从重处罚的情节

《最高人民法院关于审理骗取出口退税刑事案件具体应用法律若干问题的解释》（2002年9月17日 法释〔2002〕30号）

第七条 实施骗取国家出口退税行为，没有实际取得出口退税款的，可以比照既遂犯从轻或者减轻处罚。

第八条 国家工作人员参与实施骗取出口退税犯罪活动的，依照刑法第二百零四条第一款的规定从重处罚。

★"出口退税、抵扣税款的其他发票"的认定

《全国人民代表大会常务委员会关于〈中华人民共和国刑法〉有关出口退税、抵扣税款的其他发票规定的解释》（2005年12月29日）

"出口退税、抵扣税款的其他发票"，是指除增值税专用发票以外的，具有出口退税、抵扣税款功能的收付款凭证或者完税凭证。

第二百零五条 【虚开增值税专用发票、用于骗取出口退税、抵扣税款发票罪】虚开增值税专用发票或者虚开用于骗取出口退税、抵扣税款的其他发票的，处三年以下有期徒刑或者拘役，并处二万元以上二十万元以下罚金；虚开的税款数额较大或者有其他严重情节的，处三年以上十年以下有期徒刑，并处五万元以上五十万元以下罚金；虚开的税款数额巨大或者有其他特别严重情节的，处十年以上有期徒刑或者无期徒刑，并处五万元以上五十万元以下罚金或者没收财产。

单位犯本条规定之罪的，对单位判处罚金，并对其直接负责的主管人员和其他直接责任人员，处三年以下有期徒刑或者拘役；虚开的税款数额较大或者有其他严重情节的，处三年以上十年以下有期徒刑;虚开的税款数额巨大或者有其他特别严重情节的,处十年以上有期徒刑或者无期徒刑。

虚开增值税专用发票或者虚开用于骗取出口退税、抵扣税款的其他发票,是指有为他人虚开、为自己虚开、让他人为自己虚开、介绍他人虚开行为之一的。

立法动态

本条源自《中华人民共和国刑法》(1997 年 3 月 14 日第八届全国人民代表大会第五次会议修订,自 1997 年 10 月 1 日起施行)。

本条第二款根据《中华人民共和国刑法修正案(八)》(2011 年 5 月 1 日起施行)第三十二条删去。

原本条第二款内容为:有前款行为骗取国家税款,数额特别巨大,情节特别严重,给国家利益造成特别重大损失的,处无期徒刑或者死刑,并处没收财产。

立案标准

《最高人民检察院、公安部关于公安机关管辖的刑事案件立案追诉标准的规定(二)》(2022 年 4 月 6 日修订 公通字〔2022〕12 号)

第五十六条 [虚开增值税专用发票、用于骗取出口退税、抵扣税款发票案(刑法第二百零五条)]虚开增值税专用发票或者虚开用于骗取出口退税、抵扣税款的其他发票,虚开的税款数额在十万元以上或者造成国家税款损失数额在五万元以上的,应予立案追诉。

适用要点与裁判依据

★“出口退税、抵扣税款的其他发票”的认定

《全国人民代表大会常务委员会关于〈中华人民共和国刑法〉有关出口退税、抵扣税款的其他发票规定的解释》（2005 年 12 月 29 日）

“出口退税、抵扣税款的其他发票”，是指除增值税专用发票以外的，具有出口退税、抵扣税款功能的收付款凭证或者完税凭证。

★虚开增值税专用发票“数额较大”“数额巨大”的认定标准

《最高人民法院关于虚开增值税专用发票定罪量刑标准有关问题的通知》（2018 年 8 月 22 日　法〔2018〕226 号）

二、在新的司法解释颁行前，对虚开增值税专用发票刑事案件定罪量刑的数额标准，可以参照《最高人民法院关于审理骗取出口退税刑事案件具体应用法律若干问题的解释》（法释〔2002〕30 号）第三条的规定执行，即虚开的税款数额在五万元以上的，以虚开增值税专用发票罪处三年以下有期徒刑或者拘役，并处二万元以上二十万元以下罚金；虚开的税款数额在五十万元以上的，认定为刑法第二百零五条规定的“数额较大”；虚开的税款数额在二百五十万元以上的，认定为刑法第二百零五条规定的“数额巨大”。

第二百零五条之一　【虚开发票罪】虚开本法第二百零五条规定以外的其他发票，情节严重的，处二年以下有期徒刑、拘役或者管制，并处罚金；情节特别严重的，处二年以上七年以下有期徒刑，并处罚金。

单位犯前款罪的，对单位判处罚金，并对其直接负责的主管人员和其他直接责任人员，依照前款的规定处罚。

立法动态

本条根据《中华人民共和国刑法修正案(八)》(自2011年5月1日起施行)第三十三条增加。

立案标准

《最高人民检察院、公安部关于公安机关管辖的刑事案件立案追诉标准的规定(二)》(2022年4月6日修订 公通字〔2022〕12号)

第五十七条 [虚开发票案(刑法第二百零五条之一)]虚开刑法第二百零五条规定以外的其他发票,涉嫌下列情形之一的,应予立案追诉:

(一)虚开发票金额累计在五十万元以上的;

(二)虚开发票一百份以上且票面金额在三十万元以上的;

(三)五年内因虚开发票受过刑事处罚或者二次以上行政处罚,又虚开发票,数额达到第一、二项标准百分之六十以上的。

适用要点与裁判依据

★"出口退税、抵扣税款的其他发票"的认定

《全国人民代表大会常务委员会关于〈中华人民共和国刑法〉有关出口退税、抵扣税款的其他发票规定的解释》(2005年12月29日)

"出口退税、抵扣税款的其他发票",是指除增值税专用发票以外的,具有出口退税、抵扣税款功能的收付款凭证或者完税凭证。

第二百零八条 【伪造、出售伪造的增值税专用发票罪】伪造或者出售伪造的增值税专用发票的,处三年以下有期徒刑、拘役或者管制,并处二万元以上二十万元以下罚金;数量较大或者有其他严重情节的，处三年以上十年以下有期徒刑，并处五万元以上五十万元以下罚金；数量巨大或者有其他特别严重情节的，处十年以上有期徒刑或者无期徒刑，并处五万元以上五十万元以下罚金或者没收财产。

单位犯本条规定之罪的，对单位判处罚金，并对其直接负责的主管人员和其他直接责任人员，处三年以下有期徒刑、拘役或者管制；数量较大或者有其他严重情节的，处三年以上十年以下有期徒刑；数量巨大或者有其他特别严重情节的，处十年以上有期徒刑或者无期徒刑。

立法动态

本条源自《中华人民共和国刑法》（1997 年 3 月 14 日第八届全国人民代表大会第五次会议修订，自 1997 年 10 月 1 日起施行）。

原本条第二款内容为：伪造并出售伪造的增值税专用发票，数量特别巨大，情节特别严重，严重破坏经济秩序的，处无期徒刑或者死刑，并处没收财产。

原本条第二款根据《中华人民共和国刑法修正案（八）》（自 2011 年 5 月 1 日起施行）第三十四条删去。

立案标准

《最高人民检察院、公安部关于公安机关管辖的刑事案件立案追诉标准的规定（二）》（2022 年 4 月 6 日修订 公通字〔2022〕12 号）

第五十八条 ［伪造、出售伪造的增值税专用发票案（刑法第二百零六条）］伪造或者出售伪造的增值税专用发票，涉嫌下列情形之一的，应予立案追诉：

（一）票面税额累计在十万元以上的；

（二）伪造或者出售伪造的增值税专用发票十份以上且票面税额

在六万元以上的；

（三）非法获利数额在一万元以上的。

第二百零七条　【非法出售增值税专用发票罪】非法出售增值税专用发票的，处三年以下有期徒刑、拘役或者管制，并处二万元以上二十万元以下罚金；数量较大的，处三年以上十年以下有期徒刑，并处五万元以上五十万元以下罚金；数量巨大的，处十年以上有期徒刑或者无期徒刑，并处五万元以上五十万元以下罚金或者没收财产。

立法动态

本条源自《中华人民共和国刑法》（1997 年 3 月 14 日第八届全国人民代表大会第五次会议修订，自 1997 年 10 月 1 日起施行）。

立案标准

《最高人民检察院、公安部关于公安机关管辖的刑事案件立案追诉标准的规定（二）》（2022 年 4 月 6 日修订　公通字〔2022〕12 号）

第五十九条　［非法出售增值税专用发票案（刑法第二百零七条）］非法出售增值税专用发票，涉嫌下列情形之一的，应予立案追诉：

（一）票面税额累计在十万元以上的；

（二）非法出售增值税专用发票十份以上且票面税额在六万元以上的；

（三）非法获利数额在一万元以上的。

第二百零八条 【非法购买增值税专用发票、购买伪造的增值税专用发票罪】非法购买增值税专用发票或者购买伪造的增值税专用发票的，处五年以下有期徒刑或者拘役，并处或者单处二万元以上二十万元以下罚金。

非法购买增值税专用发票或者购买伪造的增值税专用发票又虚开或者出售的，分别依照本法第二百零五条、第二百零六条、第二百零七条的规定定罪处罚。

立法动态

本条源自《中华人民共和国刑法》（1997 年 3 月 14 日第八届全国人民代表大会第五次会议修订，自 1997 年 10 月 1 日起施行）。

立案标准

《最高人民检察院、公安部关于公安机关管辖的刑事案件立案追诉标准的规定（二）》（2022 年 4 月 6 日修订 公通字〔2022〕12 号）

第六十条 ［非法购买增值税专用发票、购买伪造的增值税专用发票案（刑法第二百零八条第一款）］非法购买增值税专用发票或者购买伪造的增值税专用发票，涉嫌下列情形之一的，应予立案追诉：

（一）非法购买增值税专用发票或者购买伪造的增值税专用发票二十份以上且票面税额在十万元以上的；

（二）票面税额累计在二十万元以上的。

第二百零九条 【非法制造、出售非法制造的用于骗取出口退税、抵扣税款发票罪】伪造、擅自制造或者出售伪造、擅自制造的可以用于骗取出口退税、抵扣税款的其他发票的，处三年以下有期徒刑、拘役或者管制，并处二万元以上二十万元以下罚金；数量巨大的，处三年以上七年以下有期徒刑，并处五万元以上五十万元以下罚金；数量特别巨大的，处七年以上有期徒刑，并处五万元以上五十万元以下罚金或者没收财产。

【非法制造、出售非法制造的发票罪】伪造、擅自制造或者出售伪造、擅自制造的前款规定以外的其他发票的，处二年以下有期徒刑、拘役或者管制，并处或者单处一万元以上五万元以下罚金；情节严重的，处二年以上七年以下有期徒刑，并处五万元以上五十万元以下罚金。

【非法出售用于骗取出口退税、抵扣税款发票罪】非法出售可以用于骗取出口退税、抵扣税款的其他发票的，依照第一款的规定处罚。

【非法出售发票罪】非法出售第三款规定以外的其他发票的，依照第二款的规定处罚。

立法动态

本条源自《中华人民共和国刑法》(1997 年 3 月 14 日第八届全国人民代表大会第五次会议修订，自 1997 年 10 月 1 日起施行)。

立案标准

《最高人民检察院、公安部关于公安机关管辖的刑事案件立案追诉标准的规定(二)》(2022 年 4 月 6 日修订 公通字〔2022〕12 号)

第六十一条 ［非法制造、出售非法制造的用于骗取出口退税、抵扣税款发票案(刑法第二百零九条第一款)］伪造、擅自制造或者出售伪造、擅自制造的用于骗取出口退税、抵扣税款的其他发票，涉嫌下列情形之一的，应予立案追诉：

(一)票面可以退税、抵扣税额累计在十万元以上的；

(二)伪造、擅自制造或者出售伪造、擅自制造的发票十份以上且

票面可以退税、抵扣税额在六万元以上的;

(三)非法获利数额在一万元以上的。

第六十二条　[非法制造、出售非法制造的发票案(刑法第二百零九条第二款)]伪造、擅自制造或者出售伪造、擅自制造的不具有骗取出口退税、抵扣税款功能的其他发票,涉嫌下列情形之一的,应予立案追诉:

(一)伪造、擅自制造或者出售伪造、擅自制造的不具有骗取出口退税、抵扣税款功能的其他发票一百份以上且票面金额累计在三十万元以上的;

(二)票面金额累计在五十万元以上的;

(三)非法获利数额在一万元以上的。

第六十三条　[非法出售用于骗取出口退税、抵扣税款发票案(刑法第二百零九条第三款)]非法出售可以用于骗取出口退税、抵扣税款的其他发票,涉嫌下列情形之一的,应予立案追诉:

第
209
条

(一)票面可以退税、抵扣税额累计在十万元以上的;

(二)非法出售用于骗取出口退税、抵扣税款的其他发票十份以上且票面可以退税、抵扣税额在六万元以上的;

(三)非法获利数额在一万元以上的。

第六十四条　[非法出售发票案(刑法第二百零九条第四款)]非法出售增值税专用发票、用于骗取出口退税、抵扣税款的其他发票以外的发票,涉嫌下列情形之一的,应予立案追诉:

(一)非法出售增值税专用发票、用于骗取出口退说、抵扣税款的其他发票以外的发票一百份以上且票面金额累计在三十万元以上的;

(二)票面金额累计在五十万元以上的;

(三)非法获利数额在一万元以上的。

适用要点与裁判依据

★“伪造、擅自制造，或者出售伪造、擅自制造的前款规定以外的其他发票”的认定

《全国人民代表大会常务委员会法制工作委员会刑法室关于对变造、出售变造普通发票行为的定性问题的意见》（2005 年 1 月 17 日 刑发〔2005〕1 号）

“伪造、擅自制造，或者出售伪造、擅自制造的前款规定以外的其他发票”的行为，包括变造、出售变造的普通发票的行为。

第二百一十条　【盗窃、骗取发票的刑事责任】盗窃增值税专用发票或者可以用于骗取出口退税、抵扣税款的其他发票的，依照本法第二百六十四条的规定定罪处罚。

【诈骗罪】使用欺骗手段骗取增值税专用发票或者可以用于骗取出口退税、抵扣税款的其他发票的，依照本法第二百六十六条的规定定罪处罚。

立法动态

本条源自《中华人民共和国刑法》（1997 年 3 月 14 日第八届全国人民代表大会第五次会议修订，自 1997 年 10 月 1 日起施行）。

适用要点与裁判依据

★“出口退税、抵扣税款的其他发票”的认定

《全国人民代表大会常务委员会关于〈中华人民共和国刑法〉有关出口退税、抵扣税款的其他发票规定的解释》（2005 年 12 月 29 日）

“出口退税、抵扣税款的其他发票”，是指除增值税专用发票以外的，具有出口退税、抵扣税款功能的收付款凭证或者完税凭证。

第二百一十条之一 【持有伪造的发票罪】明知是伪造的发票而持有，数量较大的，处二年以下有期徒刑、拘役或者管制，并处罚金；数量巨大的，处二年以上七年以下有期徒刑，并处罚金。

单位犯前款罪的，对单位判处罚金，并对其直接负责的主管人员和其他直接责任人员，依照前款的规定处罚。

立法动态

本条根据《中华人民共和国刑法修正案（八）》（自2011年5月1日起施行）第三十五条增加。

立案标准

《最高人民检察院、公安部关于公安机关管辖的刑事案件立案追诉标准的规定（二）》（2022年4月6日修订 公通字〔2022〕12号）

第六十五条 ［持有伪造的发票案（刑法第二百一十条之一）］明知是伪造的发票而持有，涉嫌下列情形之一的，应予立案追诉：

（一）持有伪造的增值税专用发票或者可以用于骗取出口退税、抵扣税款的其他发票五十份以上且票面税额累计在二十五万元以上的；

（二）持有伪造的增值税专用发票或者可以用于骗取出口退税、抵扣税款的其他发票票面税额累计在五十万元以上的；

（三）持有伪造的第一项规定以外的其他发票一百份以上且票面金额在五十万元以上的；

（四）持有伪造的第一项规定以外的其他发票票面金额累计在一百万元以上的。

第二百一十一条　【单位犯危害税收征管罪的刑事责任】单位犯本节第二百零一条、第二百零三条、第二百零四条、第二百零七条、第二百零八条、第二百零九条规定之罪的，对单位判处罚金，并对其直接负责的主管人员和其他直接责任人员，依照各该条的规定处罚。

立法动态

本条源自《中华人民共和国刑法》(1997 年 3 月 14 日第八届全国人民代表大会第五次会议修订，自 1997 年 10 月 1 日起施行)。

适用要点与裁判依据

★明知他人意欲骗取国家出口退税款，仍允许他人自行报关以骗取国家出口退税款的刑事责任

《最高人民法院关于审理骗取出口退税刑事案件具体应用法律若干问题的解释》(2002 年 9 月 17 日　法释〔2002〕30 号)

第六条　有进出口经营权的公司、企业，明知他人意欲骗取国家出口退税款，仍违反国家有关进出口经营的规定，允许他人自带客户、自带货源、自带汇票并自行报关，骗取国家出口退税款的，依照刑法第二百零四条第一款、第二百一十一条的规定定罪处罚。

第二百一十二条　【税收征缴优先原则】犯本节第二百零一条至第二百零五条规定之罪，被判处罚金、没收财产的，在执行前，应当先由税务机关追缴税款和所骗取的出口退税款。

立法动态

本条源自《中华人民共和国刑法》(1997 年 3 月 14 日第八届全

国人民代表大会第五次会议修订,自 1997 年 10 月 1 日起施行)。

第七节　侵犯知识产权罪

第二百一十三条　【假冒注册商标罪】未经注册商标所有人许可,在同一种商品、服务上使用与其注册商标相同的商标,情节严重的,处三年以下有期徒刑,并处或者单处罚金;情节特别严重的,处三年以上十年以下有期徒刑,并处罚金。

立法动态

本条源自《中华人民共和国刑法》(1997 年 3 月 14 日第八届全国人民代表大会第五次会议修订,自 1997 年 10 月 1 日起施行)。

原本条规定为:第二百一十三条　未经注册商标所有人许可,在同一种商品上使用与其注册商标相同的商标,情节严重的,处三年以下有期徒刑或者拘役,并处或者单处罚金;情节特别严重的,处三年以上七年以下有期徒刑,并处罚金。

本条根据《中华人民共和国刑法修正案(十一)》(自 2021 年 3 月 1 日起施行)第十七条修改。

本条修改的主要内容为:一是将犯罪构成中"在同一种商品上使用"扩展为"在同一种商品、服务上使用";二是提高了本罪的法定刑。

适用要点与裁判依据

★犯本罪,“情节严重”“情节特别严重”的认定

《最高人民法院、最高人民检察院关于办理侵犯知识产权刑事案件具体应用法律若干问题的解释》(2004 年 12 月 8 日　法释〔2004〕19 号)

第一条　未经注册商标所有人许可,在同一种商品上使用与其注册商标相同的商标,具有下列情形之一的,属于刑法第二百一十三条规定的“情节严重”,应当以假冒注册商标罪判处三年以下有期徒刑或者拘役,并处或者单处罚金:

(一)非法经营数额在五万元以上或者违法所得数额在三万元以上的;

(二)假冒两种以上注册商标,非法经营数额在三万元以上或者违法所得数额在二万元以上的;

(三)其他情节严重的情形。

具有下列情形之一的,属于刑法第二百一十三条规定的“情节特别严重”,应当以假冒注册商标罪判处三年以上七年以下有期徒刑,并处罚金:

(一)非法经营数额在二十五万元以上或者违法所得数额在十五万元以上的;

(二)假冒两种以上注册商标,非法经营数额在十五万元以上或者违法所得数额在十万元以上的;

(三)其他情节特别严重的情形。

★犯本罪,“相同的商标”与“使用”的认定

《最高人民法院、最高人民检察院关于办理侵犯知识产权刑事案件具体应用法律若干问题的解释》(2004 年 12 月 8 日　法释〔2004〕19 号)

第八条　刑法第二百一十三条规定的“相同的商标”,是指与被假冒的注册商标完全相同,或者与被假冒的注册商标在视觉上基本无差别、足以对公众产生误导的商标。

刑法第二百一十三条规定的“使用”,是指将注册商标或者假冒的注册商标用于商品、商品包装或者容器以及产品说明书、商品交易文书,或者将注册商标或者假冒的注册商标用于广告宣传、展览以及其他商业活动等行为。

★犯本罪,“非法经营数额”和“件”的认定

《最高人民法院、最高人民检察院关于办理侵犯知识产权刑事案件具体应用法律若干问题的解释》(2004年12月8日 法释〔2004〕19号)

第十二条 本解释所称“非法经营数额”,是指行为人在实施侵犯知识产权行为过程中,制造、储存、运输、销售侵权产品的价值。已销售的侵权产品的价值,按照实际销售的价格计算。制造、储存、运输和未销售的侵权产品的价值,按照标价或者已经查清的侵权产品的实际销售平均价格计算。侵权产品没有标价或者无法查清其实际销售价格的,按照被侵权产品的市场中间价格计算。

多次实施侵犯知识产权行为,未经行政处理或者刑事处罚的,非法经营数额、违法所得数额或者销售金额累计计算。

本解释第三条所规定的“件”,是指标有完整商标图样的一份标识。

★犯本罪,又销售该假冒注册商标的商品构成犯罪的,以本罪定罪处罚

《最高人民法院、最高人民检察院关于办理侵犯知识产权刑事案件具体应用法律若干问题的解释》(2004年12月8日 法释〔2004〕19号)

第十三条第一款 实施刑法第二百一十三条规定的假冒注册商标犯罪,又销售该假冒注册商标的商品,构成犯罪的,应当依照刑法第二百一十三条的规定,以假冒注册商标罪定罪处罚。

★犯本罪，又销售明知是他人的假冒注册商标的商品的，实行数罪并罚

《最高人民法院、最高人民检察院关于办理侵犯知识产权刑事案件具体应用法律若干问题的解释》（2004 年 12 月 8 日　法释〔2004〕19 号）

第十三条第二款　实施刑法第二百一十三条规定的假冒注册商标犯罪，又销售明知是他人的假冒注册商标的商品，构成犯罪的，应当实行数罪并罚。

★明知他人实施侵犯知识产权犯罪而为其提供便利条件、帮助的，以共犯论处

《最高人民法院、最高人民检察院关于办理侵犯知识产权刑事案件具体应用法律若干问题的解释》（2004 年 12 月 8 日　法释〔2004〕19 号）

第十六条　明知他人实施侵犯知识产权犯罪，而为其提供贷款、资金、账号、发票、证明、许可证件，或者提供生产、经营场所或者运输、储存、代理进出口等便利条件、帮助的，以侵犯知识产权犯罪的共犯论处。

★侵犯知识产权罪，一般不适用缓刑的四种情形

《最高人民法院、最高人民检察院关于办理侵犯知识产权刑事案件具体应用法律若干问题的解释（二）》（2007 年 4 月 5 日　法释〔2007〕6 号）

第三条　侵犯知识产权犯罪，符合刑法规定的缓刑条件的，依法适用缓刑。有下列情形之一的，一般不适用缓刑：

（一）因侵犯知识产权被刑事处罚或者行政处罚后，再次侵犯知识产权构成犯罪的；

（二）不具有悔罪表现的；

（三）拒不交出违法所得的；

（四）其他不宜适用缓刑的情形。

★对侵犯知识产权犯罪判处罚金数额的确定

《最高人民法院、最高人民检察院关于办理侵犯知识产权刑事案件具体应用法律若干问题的解释(二)》(2007年4月5日　法释〔2007〕6号)

第四条　对于侵犯知识产权犯罪的,人民法院应当综合考虑犯罪的违法所得、非法经营数额、给权利人造成的损失、社会危害性等情节,依法判处罚金。罚金数额一般在违法所得的一倍以上五倍以下,或者按照非法经营数额的50%以上一倍以下确定。

★单位实施侵犯知识产权犯罪的定罪量刑标准

《最高人民法院、最高人民检察院关于办理侵犯知识产权刑事案件具体应用法律若干问题的解释(二)》(2007年4月5日　法释〔2007〕6号)

第六条　单位实施刑法第二百一十三条至第二百一十九条规定的行为,按照《最高人民法院、最高人民检察院关于办理侵犯知识产权刑事案件具体应用法律若干问题的解释》和本解释规定的相应个人犯罪的定罪量刑标准定罪处罚。

★未经注册商标所有人许可,在卷烟、雪茄烟等烟草专卖品上使用与其注册商标相同的商标的,构成本罪

《最高人民法院、最高人民检察院关于办理非法生产、销售烟草专卖品等刑事案件具体应用法律若干问题的解释》(2010年3月2日　法释〔2010〕7号)

第一条　生产、销售伪劣卷烟、雪茄烟等烟草专卖品,销售金额在五万元以上的,依照刑法第一百四十条的规定,以生产、销售伪劣产品罪定罪处罚。

未经卷烟、雪茄烟等烟草专卖品注册商标所有人许可,在卷烟、雪茄烟等烟草专卖品上使用与其注册商标相同的商标,情节严重的,依照刑法第二百一十三条的规定,以假冒注册商标罪定罪处罚。

销售明知是假冒他人注册商标的卷烟、雪茄烟等烟草专卖品,销售金额较大的,依照刑法第二百一十四条的规定,以销售假冒注册商标的商品罪定罪处罚。

伪造、擅自制造他人卷烟、雪茄烟注册商标标识或者销售伪造、擅自制造的卷烟、雪茄烟注册商标标识，情节严重的，依照刑法第二百一十五条的规定，以非法制造、销售非法制造的注册商标标识罪定罪处罚。

违反国家烟草专卖管理法律法规，未经烟草专卖行政主管部门许可，无烟草专卖生产企业许可证、烟草专卖批发企业许可证、特种烟草专卖经营企业许可证、烟草专卖零售许可证等许可证明，非法经营烟草专卖品，情节严重的，依照刑法第二百二十五条的规定，以非法经营罪定罪处罚。

★“与其注册商标相同的商标”的认定

《最高人民法院、最高人民检察院关于办理侵犯知识产权刑事案件具体应用法律若干问题的解释（三）》（2020年9月12日　法释〔2020〕10号）

第一条　具有下列情形之一的，可以认定为刑法第二百一十三条规定的“与其注册商标相同的商标”：

（一）改变注册商标的字体、字母大小写或者文字横竖排列，与注册商标之间基本无差别的；

（二）改变注册商标的文字、字母、数字等之间的间距，与注册商标之间基本无差别的；

（三）改变注册商标颜色，不影响体现注册商标显著特征的；

（四）在注册商标上仅增加商品通用名称、型号等缺乏显著特征要素，不影响体现注册商标显著特征的；

（五）与立体注册商标的三维标志及平面要素基本无差别的；

（六）其他与注册商标基本无差别、足以对公众产生误导的商标。

★假冒注册商标“应当依法予以没收和销毁”的材料和工具

《最高人民法院、最高人民检察院关于办理侵犯知识产权刑事案件具体应用法律若干问题的解释（三）》（2020年9月12日　法释〔2020〕10号）

第七条　除特殊情况外，假冒注册商标的商品、非法制造的注册商标标识、侵犯著作权的复制品、主要用于制造假冒注册商标的商品、注册商标标识或者侵权复制品的材料和工具,应当依法予以没收和销毁。

上述物品需要作为民事、行政案件的证据使用的,经权利人申请,可以在民事、行政案件终结后或者采取取样、拍照等方式对证据固定后予以销毁。

★犯侵犯知识产权罪"可以酌情从重处罚"的四种情形

《最高人民法院、最高人民检察院关于办理侵犯知识产权刑事案件具体应用法律若干问题的解释(三)》(2020年9月12日 法释〔2020〕10号)

第八条 具有下列情形之一的,可以酌情从重处罚,一般不适用缓刑:

(一)主要以侵犯知识产权为业的;

(二)因侵犯知识产权被行政处罚后再次侵犯知识产权构成犯罪的;

(三)在重大自然灾害、事故灾难、公共卫生事件期间,假冒抢险救灾、防疫物资等商品的注册商标的;

(四)拒不交出违法所得的。

★犯侵犯知识产权罪"可以酌情从轻处罚"的四种情形

《最高人民法院、最高人民检察院关于办理侵犯知识产权刑事案件具体应用法律若干问题的解释(三)》(2020年9月12日 法释〔2020〕10号)

第九条 具有下列情形之一的,可以酌情从轻处罚:

(一)认罪认罚的;

(二)取得权利人谅解的;

(三)具有悔罪表现的;

(四)以不正当手段获取权利人的商业秘密后尚未披露、使用或者允许他人使用的。

★侵犯知识产权犯罪"违法所得数额和非法经营数额均无法查清"的，判处罚金数额的确定

《最高人民法院、最高人民检察院关于办理侵犯知识产权刑事案件具体应用法律若干问题的解释（三）》（2020年9月12日　法释〔2020〕10号）

第十条　对于侵犯知识产权犯罪的，应当综合考虑犯罪违法所得数额、非法经营数额、给权利人造成的损失数额、侵权假冒物品数量及社会危害性等情节，依法判处罚金。

罚金数额一般在违法所得数额的一倍以上五倍以下确定。违法所得数额无法查清的，罚金数额一般按照非法经营数额的百分之五十以上一倍以下确定。违法所得数额和非法经营数额均无法查清，判处三年以下有期徒刑、拘役、管制或者单处罚金的，一般在三万元以上一百万元以下确定罚金数额；判处三年以上有期徒刑的，一般在十五万元以上五百万元以下确定罚金数额。

类案检索指引

★未经注册商标所有人许可，在生产巧克力上使用他人商标的，构成本罪

《丁某某、林某某等人假冒注册商标立案监督案》（2020年12月21日最高人民检察院发布第二十四批指导性案例：检例第93号）

【关键词】

制假售假　假冒注册商标　监督立案　关联案件管辖

【要旨】

检察机关在办理售假犯罪案件时，应当注意审查发现制假犯罪事实，强化对人民群众切身利益和企业知识产权的保护力度。对于公安机关未立案侦查的制假犯罪与已立案侦查的售假犯罪不属于共同犯罪的，应当按照立案监督程序，监督公安机关立案侦查。对于跨地域实施的关联制假售假犯罪，检察机关可以建议公安机关并案管辖。

★假冒注册商标犯罪中的上下游是否构成共同犯罪,应结合意思联络、认知情况等因素综合判断

《姚常龙等五人假冒注册商标案》(2021 年 2 月 4 日最高人民检察院发布第二十六批指导性案例:检例第 101 号)

【关键词】

假冒注册商标　境内制造境外销售　共同犯罪

【要旨】

凡在我国合法注册且在有效期内的商标,商标所有人享有的商标专用权依法受我国法律保护。未经商标所有人许可,无论假冒商品是否销往境外,情节严重构成犯罪的,依法应予追诉。判断侵犯注册商标犯罪案件是否构成共同犯罪,应重点审查假冒商品生产者和销售者之间的意思联络情况、对假冒违法性的认知程度、对销售价格与正品价格差价的认知情况等因素综合判断。

★不同假冒环节发挥不同作用员工构成本罪的刑事责任

《河北于某等假冒注册商标案》(2021 年 4 月 25 日最高人民检察院发布 2020 年度检察机关保护知识产权典型案例)

【典型意义】

(一)深挖犯罪线索,实现全链条打击。侵犯商标权犯罪案件往往呈现犯罪环节多、犯罪链条长、组织分工细的特点。办案检察机关充分履行法律监督职责,对上游非法制造他人注册商标标识的和下游明知是假冒注册商标的商品仍予以销售的,依法监督公安机关立案;对在不同假冒环节发挥不同作用的员工以假冒注册商标罪的共犯追究刑事责任,做到对侵犯知识产权犯罪行为应追尽追、全面惩治。

(二)注重检律沟通,促使被告人认罪认罚。办案检察机关将理性、平和、文明、规范的司法理念贯穿办案始终,注重释法说理,围绕在案证据及法律适用、认罪认罚的自愿性和后果等,多次与犯罪嫌疑人、辩护人进行沟通交流,在案件定性、量刑方面取得一致意见,被告人全部自愿签署认罪认罚具结书。

(三)服务保障“六稳”“六保”,助力民营企业发展。为服务经济发展,河北省检察院制发了服务企业发展措施和服务“六稳”“六保”指导意见,全省检察机关主动到涉案企业听取对检察机关打击侵犯知识产权犯罪、服务企业发展的意见和建议,对企业在风险防范、内部制度建设方面存在的不足提出检察建议,帮助企业建章立制、提升知识产权自我保护水平。

★对于商标侵权犯罪行为不能仅限于处理末端销售人员和部分制假人员

《江苏陆某某等假冒注册商标、销售假冒注册商标的商品、非法制造、销售非法制造的注册商标标识案》(2021年4月25日最高人民检察院发布2020年度检察机关保护知识产权典型案例)

【典型意义】

(一)充分履职尽责,实现全面精准指控。对于商标侵权犯罪行为不能仅限于处理末端销售人员和部分制假人员,对制售外包装等假冒注册商标标识的人员也要依法追究责任。本案中,检察机关主动提前介入侦查,围绕犯罪数额核定、电子证据收集等提出意见,引导公安机关及时收集固定相关证据,为案件顺利移送审查起诉筑牢证据基础。审查起诉期间,认真全面审查,准确认定“镭雕”为将假冒注册商标附着于商品上的行为,查清各网店侵权商品的销售金额,对制假、售假者和假冒标识制作者实现全链条打击。综合犯罪金额、销售数量等情节进行分析研判,依法审慎提出量刑建议,所有被告人均认罪认罚,取得了较好的办案效果。

(二)坚持平等保护,不断优化营商环境。本案侵权对象为国际知名注册商标,犯罪数额巨大,涉及地域广,严重侵犯了商标所有权人的合法权益。检察机关坚持平等保护理念,严厉打击侵犯知识产权犯罪,依法平等保护国内外权利人合法权益,优化我国营商环境,彰显我国尊重和保护知识产权的一贯立场。

★在同一种商品上使用与其注册商标相同的商标情节严重的，构成本罪

《赛某某假冒注册商标案》(2021 年 9 月 7 日最高人民法院发布人民法院种业知识产权司法保护典型案例)

【典型意义】

种子是农业发展的“芯片”,保护种子的注册商标等知识产权是维护种业健康发展、促进农业科技创新的重要保障。实践中,被告人假冒他人种子注册商标的犯罪,是种业领域典型的侵犯知识产权犯罪,应依法予以严惩。依照刑法第二百一十三条的规定,未经注册商标所有人许可,在同一种商品上使用与其注册商标相同的商标,情节严重的,以假冒注册商品罪定罪处罚。其中,非法经营数额在 5 万元以上不满 25 万元或者违法所得数额在 3 万元以上不满 15 万元的,以及假冒两种以上注册商标,非法经营数额在 3 万元以上不满 15 万元或者违法所得数额在 2 万元以上不满 10 万元的,应在三年以下有期徒刑,并处或者单处罚金的幅度内量刑。

该类刑事案件的审理,往往还涉及罪数认定问题。对于被告人既实施假冒他人注册商标犯罪,又销售该假冒注册商标的商品,构成犯罪的,以假冒注册商标罪定罪处罚;对于采用假冒注册商标的手段生产、销售伪劣产品,既触犯假冒注册商标罪,又触犯生产、销售伪劣产品罪的,按照处罚较重的犯罪定罪处罚。本案即便涉案种子经鉴定属于不合格产品,若以销售伪劣产品罪定罪,销售金额在 5 万元以上不满 20 万元的,应在二年以下有期徒刑或者拘役,并处或者单处销售金额百分之五十以上二倍以下罚金的幅度内量刑。故根据“择一重罪处罚”原则,本案应以假冒注册商标罪定罪处罚。

★对符合企业刑事合规条件的案件，积极引导涉案企业开展合规建设

《张家港 S 公司、睢某某销售假冒注册商标的商品案》(2021 年 12 月 8 日最高人民检察院发布第二批企业合规典型案例)

【关键词】

假冒注册商标 “挂案”清理 小微企业合规建设 第三方监督

评估

【要旨】

检察机关推进涉企“挂案”清理过程中，对尚未进入检察环节的案件，可采取介入侦查的形式开展个案会商，认定“挂案”性质，能动清理。对符合企业刑事合规条件的案件，积极引导涉案企业开展合规建设，引入第三方组织进行监督评估，规范推进合规监督考察和“挂案”清理工作。检察机关与公安机关等有关部门积极配合，多措并举合力护航民营经济健康发展。

★深化权利人权益保障，落实认罪认罚从宽制度

《上海赤某教育科技有限公司、姚某假冒注册商标案》（2022 年 4 月 20 日最高人民检察院发布检察机关保护知识产权服务保障创新驱动发展典型案例）

【关键词】

假冒注册商标罪　服务商标　同一种服务

【要旨】

刑法修正案（十一）将服务商标纳入刑事保护范围，检察机关认真落实刑法要求，严厉打击假冒服务商标犯罪，以“物理载体呈现＋服务内容固定”认定“同一种服务”及商标使用行为，为依法打击假冒服务商标犯罪提供参考借鉴。

【典型意义】

（一）依法打击侵犯服务商标犯罪，彰显知识产权司法保护决心。服务商标作为服务品牌价值浓缩体现，具有承载服务质量和声誉、表明服务来源的作用，其重要性不亚于商品商标。近年来，假冒知名教育培训服务的行为时有发生，侵害了权利人和广大消费者合法权益。在服务商标纳入刑法保护范围的背景下，本案作为全国首例侵犯服务商标刑事案件，其成功办理彰显了检察机关对注册商标专用权“快保护”“严保护”的司法理念。

（二）探索服务商标案件认定规则，为同类案件办理提供借鉴。服务商标区别于商品商标的特点在于其指向的对象具有无形性，决定了服务商标无法直接附着于服务上，必须借助于实物载体体现。如何准确认定“同一种服务”和服务商标的“使用”问题是司法实践的难点。检察机关在审查服务分类的基础上，探索采用“物理载体呈现+服务内容固定”分别比较的方法。一方面，将被告单位在侵权店铺招牌、室内装潢、授权材料等处使用的商标与权利人商标进行对比；另一方面，通过权利人认定、证人证言、被告人供述等多种证据形式，比较两者在服务对象、服务内容等方面是否重合。经综合比较和审查判断，认定本案行为人与权利人提供的服务属于“同一种服务”。

（三）深化权利人权益保障，落实认罪认罚从宽制度。在侵犯知识产权犯罪案件办理过程中，检察机关及时向商标权利人送达诉讼权利义务告知书，听取意见建议，为权利人调阅卷宗提供便利。建议法院通知权利人出席法庭，推动权利人实质性参与刑事诉讼，实现对中外权利人的平等保护。在向被告人充分释法说理、适用认罪认罚从宽制度的同时，对认罪认罚具结全程同步录音录像，规范约束检察机关履职行为，充分保障认罪认罚的自愿性、合法性、真实性。

★检察机关在办理涉企侵犯知识产权犯罪案件中积极开展企业合规建设，充分发挥主导作用

《中某重工科技股份有限公司、刘某余等五人假冒注册商标案》（2022年4月20日最高人民检察院发布检察机关保护知识产权服务保障创新驱动发展典型案例）

【关键词】

假冒注册商标罪　企业合规　第三方监督评估　不起诉

【要旨】

检察机关在办理涉企侵犯知识产权犯罪案件中，积极开展企业合规建设，充分发挥主导作用，与第三方监督评估组织深度协作，做好合规建设前的衔接协调、合规建设中的监督配合、合规建设后的评估审查等工作，确保涉案企业“真整改”“真合规”，促进行业规范，服务创新发展。

★加大对种业领域假冒伪劣、套牌侵权等违法犯罪行为的惩治力度

《马某等六人假冒注册商标、销售假冒注册商标的商品案》（2022年4月20日最高人民检察院发布检察机关保护知识产权服务保障创新驱动发展典型案例）

【关键词】

假冒注册商标罪　种业保护　诉源治理

【要旨】

种子是农业的"芯片"，是国家粮食安全的"命脉"。检察机关从国家种业安全和粮食安全大局出发，加大对种业领域假冒伪劣、套牌侵权等违法犯罪行为的惩治力度。依法告知权利人诉讼权利义务，为提起民事诉讼提供法律指引，推动惩罚性赔偿制度落实。结合办案提出社会治理类检察建议，促进诉源治理。

★从生产源头到销售终端，全链条打击侵犯知识产权犯罪

《彭某雪、王某恒等七人假冒注册商标、销售假冒注册商标的商品、非法制造、销售非法制造的注册商标标识案》（2022年4月20日最高人民检察院发布检察机关保护知识产权服务保障创新驱动发展典型案例）

【关键词】

侵犯商标权犯罪　跨区域协作　全链条打击

【要旨】

检察机关在办理侵犯知识产权案件中，紧紧围绕贯彻落实国家区域发展战略部署，注重构建跨区域案件办理协作机制，创新履职模式，全链条打击上下游犯罪，形成知识产权保护检察合力。积极开展综合治理，服务优化营商环境，推动相关行业健康发展。

★在电子设备界面显示带有商标标识的画面,能够起到识别商品来源作用的,构成商标性使用

《罗某洲等十人假冒注册商标案》(2023年4月26日最高人民检察院发布10起检察机关知识产权保护典型案例)

【关键词】

假冒注册商标罪　电子化商标使用　技术调查官

【要旨】

在电子设备界面显示带有商标标识的画面,能够起到识别商品来源作用的,构成商标性使用。检察机关办理新型侵犯知识产权犯罪案件,可以通过技术调查官辅助办案、委托专家辅助人、引导权利人实质性参与诉讼等方式,破解办案中的专业技术难题。

第二百一十四条　【销售假冒注册商标的商品罪】销售明知是假冒注册商标的商品,违法所得数额较大或者有其他严重情节的,处三年以下有期徒刑,并处或者单处罚金;违法所得数额巨大或者有其他特别严重情节的,处三年以上十年以下有期徒刑,并处罚金。

立法动态

本条源自《中华人民共和国刑法》(1997年3月14日第八届全国人民代表大会第五次会议修订,自1997年10月1日起施行)。

原本条内容为:第二百一十四条　销售明知是假冒注册商标的商品,销售金额数额较大的,处三年以下有期徒刑或者拘役,并处或者单处罚金;销售金额数额巨大的,处三年以上七年以下有期徒刑,并处罚金。

本条根据《中华人民共和国刑法修正案(十一)》(自2021年3月1日起施行)第十八条修改。

本条修改的主要内容为:一是将“销售金额”修改为“违法所

得”;二是提高了本罪的法定刑。

适用要点与裁判依据

★销售明知是假冒烟用注册商标的烟草制品行为中“明知”的认定

《最高人民法院、最高人民检察院、公安部、国家烟草专卖局关于办理假冒伪劣烟草制品等刑事案件适用法律问题座谈会纪要》(2003年12月23日　商检会〔2003〕4号)

二、关于销售明知是假冒烟用注册商标的烟草制品行为中的“明知”问题

根据刑法第二百一十四条的规定,销售明知是假冒烟用注册商标的烟草制品,销售金额较大的,构成销售假冒注册商标的商品罪。

“明知”,是指知道或应当知道。有下列情形之一的,可以认定为“明知”:

1、以明显低于市场价格进货的;

2、以明显低于市场价格销售的;

3、销售假冒烟用注册商标的烟草制品被发现后转移、销毁物证或者提供虚假证明、虚假情况的;

4、其他可以认定为明知的情形。

★单位实施侵犯知识产权犯罪的定罪量刑标准

《最高人民法院、最高人民检察院关于办理侵犯知识产权刑事案件具体应用法律若干问题的解释(二)》(2007年4月5日　法释〔2007〕6号)

第六条　单位实施刑法第二百一十三条至第二百一十九条规定的行为,按照《最高人民法院、最高人民检察院关于办理侵犯知识产权刑事案件具体应用法律若干问题的解释》和本解释规定的相应个人犯罪的定罪量刑标准定罪处罚。

★销售明知是假冒他人注册商标的卷烟、雪茄烟等烟草专卖品的刑事责任

《最高人民法院、最高人民检察院关于办理非法生产、销售烟草专卖品等刑事案件具体应用法律若干问题的解释》(2010年3月2日 法释〔2010〕7号)

第一条 生产、销售伪劣卷烟、雪茄烟等烟草专卖品,销售金额在五万元以上的,依照刑法第一百四十条的规定,以生产、销售伪劣产品罪定罪处罚。

未经卷烟、雪茄烟等烟草专卖品注册商标所有人许可,在卷烟、雪茄烟等烟草专卖品上使用与其注册商标相同的商标,情节严重的,依照刑法第二百一十三条的规定,以假冒注册商标罪定罪处罚。

销售明知是假冒他人注册商标的卷烟、雪茄烟等烟草专卖品,销售金额较大的,依照刑法第二百一十四条的规定,以销售假冒注册商标的商品罪定罪处罚。

伪造、擅自制造他人卷烟、雪茄烟注册商标标识或者销售伪造、擅自制造的卷烟、雪茄烟注册商标标识,情节严重的,依照刑法第二百一十五条的规定,以非法制造、销售非法制造的注册商标标识罪定罪处罚。

违反国家烟草专卖管理法律法规,未经烟草专卖行政主管部门许可,无烟草专卖生产企业许可证、烟草专卖批发企业许可证、特种烟草专卖经营企业许可证、烟草专卖零售许可证等许可证明,非法经营烟草专卖品,情节严重的,依照刑法第二百二十五条的规定,以非法经营罪定罪处罚。

类案检索指引

★综合判断犯罪行为的社会危害性，确保罪责刑相适应

《邓秋城、双善食品(厦门)有限公司等销售假冒注册商标的商品案》(2021年2月4日最高人民检察院发布第二十六批指导性案例：检例第98号)

【关键词】

销售假冒注册商标的商品　食品安全　上下游犯罪　公益诉讼

【要旨】

办理侵犯注册商标类犯罪案件，应注意结合被告人销售假冒商品数量、扩散范围、非法获利数额及在上下游犯罪中的地位、作用等因素，综合判断犯罪行为的社会危害性，确保罪责刑相适应。在认定犯罪的主观明知时，不仅考虑被告人供述，还应综合考虑交易场所、交易时间、交易价格等客观行为，坚持主客观相一致。对侵害众多消费者利益的情形，可以建议相关社会组织或自行提起公益诉讼。

★办理侵犯知识产权犯罪案件，应注意审查是否存在法定的正当合理使用情形

《广州卡门实业有限公司涉嫌销售假冒注册商标的商品立案监督案》(2021年2月4日最高人民检察院发布第二十六批指导性案例：检例第99号)

【关键词】

在先使用　听证　监督撤案　民营企业保护

【要旨】

在办理注册商标类犯罪的立案监督案件时，对符合商标法规定的正当合理使用情形而未侵犯注册商标专用权的，应依法监督公安机关撤销案件，以保护涉案企业合法权益。必要时可组织听证，增强办案透明度和监督公信力。

★假冒老字号品牌犯罪严重影响了企业的正常生产经营，且严重侵犯了消费者的合法权益

《北京张某某等8人假冒“全聚德”烤鸭案》（2021年2月19日最高人民检察院等三部门联合发布落实食品药品安全“四个最严”要求专项行动典型案例）

【典型意义】

（一）强化沟通协调，全链条、精准化从严打击假冒犯罪。假冒老字号品牌犯罪不仅严重影响老字号企业的正常生产经营活动，而且严重侵犯了消费者的合法权益。该案系“上游提供假冒包材—中游小作坊加工制作—下游向导游销售—末端经由导游向游客出售”的全链条侵犯“全聚德”老字号品牌犯罪。检察机关就案件的证据搜集固定、法律适用与公安机关展开会商。基于该案制假售假模式以线上为主，建议公安机关重点搜集提取微信聊天记录等电子数据。在充分沟通、夯实证据的基础上，检察机关对张某某等8人批准逮捕、提起公诉，且公诉意见全部获得法院采纳，实现对假冒侵权犯罪全链条、精准化打击。

（二）积极参与社会治理，服务保障“六稳”“六保”。为了充分发挥检察机关在服务保障“六稳”“六保”、护航企业合法经营等方面的作用，检察机关一方面依法告知全聚德公司相关诉讼权利，在品牌保护等方面提出建议，为企业产权保护及生产经营提供指引；另一方面，针对该案暴露出旅游业部分领域规范执业及行业监管等问题，依法准确研判，适时制发检察建议，促进行业环境净化。《检察建议书》送达后，检察机关积极与北京市文化和旅游局进行沟通和对接，后北京市文化和旅游局及时对照检察建议进行整改并复函，依法对涉案旅行社和导游进行行政处罚，并采取了建立完善旅行社等级考核和导游服务星级评价体系、加强与全市老字号企业调研与对接等整改措施。检察机关通过加强跟踪监督，确保检察建议落地落实。

★依托长三角一体化协作平台，对涉案企业异地适用第三方监督评估机制

《上海J公司、朱某某假冒注册商标案》（2021年12月8日最高人民检察院发布第二批企业合规典型案例）

【关键词】

企业合规　异地监督考察　长三角协作　检察一体化

【要旨】

针对涉案企业注册地、生产经营地和犯罪地分离的情况，依托长三角区域检察协作平台，联合探索建立涉案企业合规异地协作工作机制，合力破解异地社会调查、监督考察、行刑衔接等难题，以检察机关企业合规工作协同化推动长三角营商环境一体化建设，为企业合规异地检察协作提供参考和借鉴。

★及时惩治侵犯冬奥吉祥物知识产权犯罪行为

《韦某升等三人销售假冒注册商标的商品案》（2022年4月20日最高人民检察院发布检察机关保护知识产权服务保障创新驱动发展典型案例）

【关键词】

销售假冒注册商标的商品罪　涉冬奥知识产权保护　全链条打击

【要旨】

依法打击涉冬奥侵犯知识产权犯罪、加强涉冬奥知识产权保护，不仅体现我国贯彻新发展理念、构建新发展格局、推动高质量发展的战略部署，也体现我国积极履行国际公约、奥林匹克宪章规定各项义务的坚定决心。检察机关准确适用法律，及时惩治侵犯冬奥吉祥物知识产权犯罪行为，彰显检察机关依法能动履职、服务保障冬奥的责任担当。

★深挖售假主播背后的产业链条，对售假商家等上游犯罪进行全链条打击

《廖某等人销售假冒注册商标的商品案》(2022 年 8 月 4 日最高人民检察院发布检察机关依法惩治破坏市场竞争秩序犯罪典型案例)

【关键词】

销售假冒注册商标的商品　直播带货　全链条打击　检察建议

【典型意义】

(一)严惩直播领域侵权假冒犯罪，维护网络营销秩序。“直播带货”作为新型电商营销模式，通过流量“变现”带来巨大经济效益，带动了网络经济的蓬勃发展。但与此同时，利益诱惑之下的刷单炒信、虚假宣传、侵权售假等不正当竞争行为也逐渐显现，给直播电商行业带来冲击。通过直播的方式销售侵权商品，不仅损害了注册商标权利人及消费者的合法权益，还扰乱了正常的市场竞争秩序。为维护网络营销的安全和秩序，检察机关深挖售假主播背后的产业链条，对售假商家等上游犯罪进行全链条打击。关联售假商家人员共计 39 人以销售假冒注册商标的商品罪分别被判处有期徒刑三年八个月至拘役五个月不等。

(二)能动履职延伸检察职能，护航直播新经济发展。直播电商企业合规经营是直播营销新业态健康发展的基石。检察机关在惩治犯罪的同时，还应关注到案件中直播电商企业的刑事合规风险，充分发挥检察能动性，通过检察建议等方式延伸检察职能，督促、引导企业健全相关机制，跟踪企业落实整改，从而防范企业法律风险，助力企业持续健康发展。同时，依托典型案例通过各种方式开展法治宣传，引导网络直播营销主体遵守法律和商业道德，公平参与市场竞争，营造良好的网络营销环境。

★按照各团伙成员的地位作用，依法分层分类处理，确保罪责刑相适应

《洪某设等五十八人销售假冒注册商标的商品案》（2023 年 4 月 26 日最高人民检察院发布 10 起检察机关知识产权保护典型案例）

【关键词】

销售假冒注册商标的商品罪　共同犯罪　直播引流　宽严相济

【要旨】

检察机关在办理利用网络直播销售假冒注册商标的商品案件中，根据涉案团伙内部的管理方式、销售模式等情况，综合评价、准确认定共同犯罪。全面贯彻宽严相济的刑事政策，按照各团伙成员的地位作用，依法分层分类处理，确保罪责刑相适应。

★多举措保护消费者合法权益，做到治罪治理并重

《陈某某销售假冒注册商标的商品案》（2023 年 4 月 6 日最高人民检察院发布 6 件检察机关依法惩治医疗美容领域违法犯罪典型案例）

【关键词】

销售假冒注册商标的商品　热玛吉　侵权商品范围

【典型意义】

（一）多举措保护消费者合法权益，做到治罪治理并重。热玛吉是涉案注册商标的中文音译名称，但被市场普遍接受为相应医疗美容项目的"俗称"。涉案的热玛吉商品系采用射频技术从外到内加热直接作用于人体皮肤的表皮、真皮层和脂肪浅层，促进胶原蛋白再生。假冒热玛吉商品往往因工艺不过关、质量不过硬，在使用过程中容易引发烫伤等事故，严重损害消费者健康权益。检察机关精准惩治犯罪，对不法分子形成有力震慑，并协同市场监督管理部门开展执法监督，及时通报案件进展、查处违法机构情况，净化医疗美容市场。同时，结合案件通过主流媒体加强普法宣传，提示医疗美容商家严把进货关、做好品牌授权审查以及可能承担的法律责任，提醒消费者提高安全和维权意识，助力整治医疗美容乱象。

(二)全流程保障权利人实质参与诉讼,有效提升案件办理质效。涉案热玛吉商标注册人为索尔塔医疗公司,授权索塔(上海)健康管理有限公司使用。侵犯注册商标权行为危害相关权利人合法权益,不仅挤占权利人原有市场,更给相关企业的商业商誉、商品声誉造成损害。为提升案件办理质效,保护知识产权权利人合法权益,严格落实权利人实质性参与刑事诉讼各阶段的要求,检察机关在案件审查逮捕、审查起诉阶段,及时告知权利人享有的诉讼权利义务,确保权利人对诉讼活动的知情权和参与权;同时,充分提示权利人在防伪、维权等方面采取有效措施,提高证据意识和维权能力,切实保护自身合法权益。

第二百一十五条 【非法制造、销售非法制造的注册商标标识罪】伪造、擅自制造他人注册商标标识或者销售伪造、擅自制造的注册商标标识,情节严重的,处三年以下有期徒刑,并处或者单处罚金;情节特别严重的,处三年以上十年以下有期徒刑,并处罚金。

立法动态

本条源自《中华人民共和国刑法》(1997 年 3 月 14 日第八届全国人民代表大会第五次会议修订,自 1997 年 10 月 1 日起施行)。

原本条规定为:第二百一十五条 伪造、擅自制造他人注册商标标识或者销售伪造、擅自制造的注册商标标识,情节严重的,处三年以下有期徒刑、拘役或者管制,并处或者单处罚金;情节特别严重的,处三年以上七年以下有期徒刑,并处罚金。

本条根据《中华人民共和国刑法修正案(十一)》(自 2021 年 3 月 1 日起施行)第十九条修改。

本条修改的主要内容为:一是取消了法定刑中"拘役或者管制"的刑种;二是将本罪的法定最高刑由七年提高到十年有期徒刑。

适用要点与裁判依据

★犯本罪，“情节严重”“情节特别严重”的认定

《最高人民法院、最高人民检察院关于办理侵犯知识产权刑事案件具体应用法律若干问题的解释》（2004 年 12 月 8 日　法释〔2004〕19 号）

第三条　伪造、擅自制造他人注册商标标识或者销售伪造、擅自制造的注册商标标识，具有下列情形之一的，属于刑法第二百一十五条规定的“情节严重”，应当以非法制造、销售非法制造的注册商标标识罪判处三年以下有期徒刑、拘役或者管制，并处或者单处罚金：

（一）伪造、擅自制造或者销售伪造、擅自制造的注册商标标识数量在二万件以上，或者非法经营数额在五万元以上，或者违法所得数额在三万元以上的；

（二）伪造、擅自制造或者销售伪造、擅自制造两种以上注册商标标识数量在一万件以上，或者非法经营数额在三万元以上，或者违法所得数额在二万元以上的；

（三）其他情节严重的情形。

具有下列情形之一的，属于刑法第二百一十五条规定的“情节特别严重”，应当以非法制造、销售非法制造的注册商标标识罪判处三年以上七年以下有期徒刑，并处罚金：

（一）伪造、擅自制造或者销售伪造、擅自制造的注册商标标识数量在十万件以上，或者非法经营数额在二十五万元以上，或者违法所得数额在十五万元以上的；

（二）伪造、擅自制造或者销售伪造、擅自制造两种以上注册商标标识数量在五万件以上，或者非法经营数额在十五万元以上，或者违法所得数额在十万元以上的；

（三）其他情节特别严重的情形。

★单位实施侵犯知识产权犯罪的定罪量刑标准

《最高人民法院、最高人民检察院关于办理侵犯知识产权刑事案件具体应用法律若干问题的解释(二)》(2007年4月5日 法释〔2007〕6号)

第六条 单位实施刑法第二百一十三条至第二百一十九条规定的行为,按照《最高人民法院、最高人民检察院关于办理侵犯知识产权刑事案件具体应用法律若干问题的解释》和本解释规定的相应个人犯罪的定罪量刑标准定罪处罚。

★伪造、擅自制造他人卷烟、雪茄烟注册商标标识或者销售伪造、擅自制造的卷烟、雪茄烟注册商标标识的刑事责任

《最高人民法院、最高人民检察院关于办理非法生产、销售烟草专卖品等刑事案件具体应用法律若干问题的解释》(2010年3月2日 法释〔2010〕7号)

第一条 生产、销售伪劣卷烟、雪茄烟等烟草专卖品,销售金额在五万元以上的,依照刑法第一百四十条的规定,以生产、销售伪劣产品罪定罪处罚。

未经卷烟、雪茄烟等烟草专卖品注册商标所有人许可,在卷烟、雪茄烟等烟草专卖品上使用与其注册商标相同的商标,情节严重的,依照刑法第二百一十三条的规定,以假冒注册商标罪定罪处罚。

销售明知是假冒他人注册商标的卷烟、雪茄烟等烟草专卖品,销售金额较大的,依照刑法第二百一十四条的规定,以销售假冒注册商标的商品罪定罪处罚。

伪造、擅自制造他人卷烟、雪茄烟注册商标标识或者销售伪造、擅自制造的卷烟、雪茄烟注册商标标识,情节严重的,依照刑法第二百一十五条的规定,以非法制造、销售非法制造的注册商标标识罪定罪处罚。

违反国家烟草专卖管理法律法规,未经烟草专卖行政主管部门许可,无烟草专卖生产企业许可证、烟草专卖批发企业许可证、特种烟草专卖经营企业许可证、烟草专卖零售许可证等许可证明,非法经营烟草专卖品，情节严重的，依照刑法第二百二十五条的规定，以非法经营罪定罪处罚。

★以销售非法制造的注册商标标识罪（未遂）定罪处罚的四种情形

《最高人民法院、最高人民检察院、公安部关于办理侵犯知识产权刑事案件适用法律若干问题的意见》（2011年1月10日　法发〔2011〕3号）

九、关于销售他人非法制造的注册商标标识犯罪案件中尚未销售或者部分销售情形的定罪问题

销售他人伪造、擅自制造的注册商标标识，具有下列情形之一的，依照刑法第二百一十五条的规定，以销售非法制造的注册商标标识罪（未遂）定罪处罚：

（一）尚未销售他人伪造、擅自制造的注册商标标识数量在六万件以上的；

（二）尚未销售他人伪造、擅自制造的两种以上注册商标标识数量在三万件以上的；

（三）部分销售他人伪造、擅自制造的注册商标标识，已销售标识数量不满二万件，但与尚未销售标识数量合计在六万件以上的；

（四）部分销售他人伪造、擅自制造的两种以上注册商标标识，已销售标识数量不满一万件，但与尚未销售标识数量合计在三万件以上的。

第二百一十六条　【假冒专利罪】假冒他人专利，情节严重的，处三年以下有期徒刑或者拘役，并处或者单处罚金。

立法动态

本条源自《中华人民共和国刑法》（1997年3月14日第八届全国人民代表大会第五次会议修订，自1997年10月1日起施行）。

适用要点与裁判依据

★假冒他人专利“情节严重”的认定标准

《最高人民法院、最高人民检察院关于办理侵犯知识产权刑事案件具体应用法律若干问题的解释》(2004年12月8日 法释〔2004〕19号)

第四条 假冒他人专利,具有下列情形之一的,属于刑法第二百一十六条规定的“情节严重”,应当以假冒专利罪判处三年以下有期徒刑或者拘役,并处或者单处罚金:

(一)非法经营数额在二十万元以上或者违法所得数额在十万元以上的;

(二)给专利权人造成直接经济损失五十万元以上的;

(三)假冒两项以上他人专利,非法经营数额在十万元以上或者违法所得数额在五万元以上的;

(四)其他情节严重的情形。

★属于“假冒他人专利”的四种行为

《最高人民法院、最高人民检察院关于办理侵犯知识产权刑事案件具体应用法律若干问题的解释》(2004年12月8日 法释〔2004〕19号)

第十条 实施下列行为之一的,属于刑法第二百一十六条规定的“假冒他人专利”的行为:

(一)未经许可,在其制造或者销售的产品、产品的包装上标注他人专利号的;

(二)未经许可,在广告或者其他宣传材料中使用他人的专利号,使人将所涉及的技术误认为是他人专利技术的;

(三)未经许可,在合同中使用他人的专利号,使人将合同涉及的技术误认为是他人专利技术的;

(四)伪造或者变造他人的专利证书、专利文件或者专利申请文件的。

★侵犯知识产权犯罪一般不适用缓刑的四种情形

《最高人民法院、最高人民检察院关于办理侵犯知识产权刑事案件具体应用法律若干问题的解释(二)》(2007年4月5日 法释〔2007〕6号)

第三条 侵犯知识产权犯罪,符合刑法规定的缓刑条件的,依法适用缓刑。有下列情形之一的,一般不适用缓刑:

(一)因侵犯知识产权被刑事处罚或者行政处罚后,再次侵犯知识产权构成犯罪的;

(二)不具有悔罪表现的;

(三)拒不交出违法所得的;

(四)其他不宜适用缓刑的情形。

★对侵犯知识产权犯罪判处罚金数额的确定

《最高人民法院、最高人民检察院关于办理侵犯知识产权刑事案件具体应用法律若干问题的解释(二)》(2007年4月5日 法释〔2007〕6号)

第四条 对于侵犯知识产权犯罪的,人民法院应当综合考虑犯罪的违法所得、非法经营数额、给权利人造成的损失、社会危害性等情节,依法判处罚金。罚金数额一般在违法所得的一倍以上五倍以下,或者按照非法经营数额的50%以上一倍以下确定。

★单位实施侵犯知识产权犯罪的定罪量刑标准

《最高人民法院、最高人民检察院关于办理侵犯知识产权刑事案件具体应用法律若干问题的解释(二)》(2007年4月5日 法释〔2007〕6号)

第六条 单位实施刑法第二百一十三条至第二百一十九条规定的行为,按照《最高人民法院、最高人民检察院关于办理侵犯知识产权刑事案件具体应用法律若干问题的解释》和本解释规定的相应个人犯罪的定罪量刑标准定罪处罚。

第二百一十七条 【侵犯著作权罪】以营利为目的，有下列侵犯著作权或者与著作权有关的权利的情形之一，违法所得数额较大或者有其他严重情节的，处三年以下有期徒刑，并处或者单处罚金；违法所得数额巨大或者有其他特别严重情节的，处三年以上十年以下有期徒刑，并处罚金：

（一）未经著作权人许可，复制发行、通过信息网络向公众传播其文字作品、音乐、美术、视听作品、计算机软件及法律、行政法规规定的其他作品的；

（二）出版他人享有专有出版权的图书的；

（三）未经录音录像制作者许可，复制发行、通过信息网络向公众传播其制作的录音录像的；

（四）未经表演者许可，复制发行录有其表演的录音录像制品，或者通过信息网络向公众传播其表演的；

（五）制作、出售假冒他人署名的美术作品的；

（六）未经著作权人或者与著作权有关的权利人许可，故意避开或者破坏权利人为其作品、录音录像制品等采取的保护著作权或者与著作权有关的权利的技术措施的。

立法动态

本条源自《中华人民共和国刑法》（1997年3月14日第八届全国人民代表大会第五次会议修订，自1997年10月1日起施行）。

原本条规定为：第二百一十七条 以营利为目的，有下列侵犯著作权情形之一，违法所得数额较大或者有其他严重情节的，处三年以下有期徒刑或者拘役，并处或者单处罚金；违法所得数额巨大或者有其他特别严重情节的，处三年以上七年以下有期徒刑，并处罚金：（一）未经著作权人许可，复制发行其文字作品、音乐、电影、电视、录像作品、计算机软件及其他作品的；（二）出版他人享有专有出版权的图书的；(三)未经录音录像制作者许可，复制发行其制作的录音录像的；(四)制作、出售假冒他人署名的美术作品的。

本条根据《中华人民共和国刑法修正案(十一)》(自2021年3月1日起施行)第二十条修改。

本条修改的主要内容为：一是将犯罪构成中的“有下列侵犯著作权情形”(四项)扩展为“有下列侵犯著作权或者与著作权有关的权利的情形”(六项)，增加了有关侵犯著作权的情形；二是将“电影、电视、录像作品”修改为“视听作品”；三是取消了法定刑中“拘役”的刑种；四是将本罪的法定最高刑由“七年有期徒刑”提高到“十年有期徒刑”。

立案标准

《最高人民检察院、公安部关于公安机关管辖的刑事案件立案追诉标准的规定(一)》(2017年4月27日修正 公通字〔2017〕12号)

第二十六条 [侵犯著作权案(刑法第二百一十七条)]以营利为目的，未经著作权人许可，复制发行其文字作品、音乐、电影、电视、录像作品、计算机软件及其他作品，或者出版他人享有专有出版权的图书，或者未经录音、录像制作者许可，复制发行其制作的录音、录像，或者制作、出售假冒他人署名的美术作品，涉嫌下列情形之一的，应予立案追诉：

(一)违法所得数额三万元以上的；

(二)非法经营数额五万元以上的；

(三)未经著作权人许可，复制品数量合计五百张(份)以上的；

(四)未经录音录像制作者许可，复制发行其制作的录音录像制品，复制品数量合计五百张(份)以上的；

(五)其他情节严重的情形。

以刊登收费广告等方式直接或者间接收取费用的情形，属于本条规定的“以营利为目的”。本条规定的“未经著作权人许可”，是指没有得到著作权人授权或者伪造、涂改著作权人授权许可文件或者超出授权许可范围的情形。

本条规定的“复制发行”，包括复制、发行或者既复制又发行的行为。通过信息网络向公众传播他人文字作品、音乐、电影、电视、录像作品、计算机软件及其他作品，或者通过信息网络传播他人制作的录音录像制品的行为，应当视为本条规定的“复制发行”。

侵权产品的持有人通过广告、征订等方式推销侵权产品的，属于本条规定的“发行”。

本条规定的“非法经营数额”，是指行为人在实施侵犯知识产权行为过程中，制造、储存、运输、销售侵权产品的价值。已销售的侵权产品的价值，按照实际销售的价格计算。制造、储存、运输和未销售的侵权产品的价值，按照标价或者已经查清的侵权产品的实际销售平均价格计算。侵权产品没有标价或者无法查清其实际销售价格的，按照被侵权产品的市场中间价格计算。

适用要点与裁判依据

★犯本罪，“违法所得数额较大”“有其他严重情节”“违法所得数额巨大”“有其他特别严重情节”的认定标准

《最高人民法院、最高人民检察院关于办理侵犯知识产权刑事案件具体应用法律若干问题的解释》（2004年12月8日　法释〔2004〕19号）

第五条　以营利为目的，实施刑法第二百一十七条所列侵犯著作权行为之一，违法所得数额在三万元以上的，属于“违法所得数额较大”；具有下列情形之一的，属于“有其他严重情节”，应当以侵犯著作权罪判处三年以下有期徒刑或者拘役，并处或者单处罚金：

（一）非法经营数额在五万元以上的；

（二）未经著作权人许可，复制发行其文字作品、音乐、电影、电视、录像作品、计算机软件及其他作品，复制品数量合计在一千张（份）以上的；

（三）其他严重情节的情形。

以营利为目的，实施刑法第二百一十七条所列侵犯著作权行为之一，违法所得数额在十五万元以上的，属于"违法所得数额巨大"；具有下列情形之一的，属于"有其他特别严重情节"，应当以侵犯著作权罪判处三年以上七年以下有期徒刑，并处罚金：

（一）非法经营数额在二十五万元以上的；

（二）未经著作权人许可，复制发行其文字作品、音乐、电影、电视、录像作品、计算机软件及其他作品，复制品数量合计在五千张（份）以上的；

（三）其他特别严重情节的情形。

★犯本罪，"以营利为目的""未经著作权人许可""复制发行"的认定

《最高人民法院、最高人民检察院关于办理侵犯知识产权刑事案件具体应用法律若干问题的解释》（2004 年 12 月 8 日　法释〔2004〕19 号）

第十一条　以刊登收费广告等方式直接或者间接收取费用的情形，属于刑法第二百一十七条规定的"以营利为目的"。

刑法第二百一十七条规定的"未经著作权人许可"，是指没有得到著作权人授权或者伪造、涂改著作权人授权许可文件或者超出授权许可范围的情形。

通过信息网络向公众传播他人文字作品、音乐、电影、电视、录像作品、计算机软件及其他作品的行为，应当视为刑法第二百一十七条规定的"复制发行"。

★犯本罪，复制品数量构成"有其他严重情节""有其他特别严重情节"的认定标准

《最高人民法院、最高人民检察院关于办理侵犯知识产权刑事案件具体应用法律若干问题的解释（二）》（2007 年 4 月 5 日　法释〔2007〕6 号）

第一条　以营利为目的，未经著作权人许可，复制发行其文字作品、音乐、电影、电视、录像作品、计算机软件及其他作品,复制品数量合计在五百张(份)以上的,属于刑法第二百一十七条规定的“有其他严重情节”;复制品数量在二千五百张(份)以上的,属于刑法第二百一十七条规定的“有其他特别严重情节”。

★“复制发行”包括复制、发行或者既复制又发行

《最高人民法院、最高人民检察院关于办理侵犯知识产权刑事案件具体应用法律若干问题的解释(二)》(2007年4月5日 法释〔2007〕6号)

第二条 刑法第二百一十七条侵犯著作权罪中的“复制发行”,包括复制、发行或者既复制又发行的行为。

侵权产品的持有人通过广告、征订等方式推销侵权产品的,属于刑法第二百一十七条规定的“发行”。

非法出版、复制、发行他人作品,侵犯著作权构成犯罪的,按照侵犯著作权罪定罪处罚。

★单位实施侵犯知识产权犯罪的定罪量刑标准

《最高人民法院、最高人民检察院关于办理侵犯知识产权刑事案件具体应用法律若干问题的解释(二)》(2007年4月5日 法释〔2007〕6号)

第六条 单位实施刑法第二百一十三条至第二百一十九条规定的行为,按照《最高人民法院、最高人民检察院关于办理侵犯知识产权刑事案件具体应用法律若干问题的解释》和本解释规定的相应个人犯罪的定罪量刑标准定罪处罚。

★可以认定为“以营利为目的”的四种情形

《最高人民法院、最高人民检察院、公安部关于办理侵犯知识产权刑事案件适用法律若干问题的意见》(2011年1月10日 法发〔2011〕3号)

十、关于侵犯著作权犯罪案件“以营利为目的”的认定问题

除销售外,具有下列情形之一的,可以认定为“以营利为目的”:

(一)以在他人作品中刊登收费广告、捆绑第三方作品等方式直

接或者间接收取费用的；

（二）通过信息网络传播他人作品，或者利用他人上传的侵权作品，在网站或者网页上提供刊登收费广告服务，直接或者间接收取费用的；

（三）以会员制方式通过信息网络传播他人作品，收取会员注册费或者其他费用的；

（四）其他利用他人作品牟利的情形。

★侵犯著作权犯罪案件“未经著作权人许可”的认定

《最高人民法院、最高人民检察院、公安部关于办理侵犯知识产权刑事案件适用法律若干问题的意见》（2011年1月10日　法发〔2011〕3号）

十一、关于侵犯著作权犯罪案件“未经著作权人许可”的认定问题

“未经著作权人许可”一般应当依据著作权人或者其授权的代理人、著作权集体管理组织、国家著作权行政管理部门指定的著作权认证机构出具的涉案作品版权认证文书，或者证明出版者、复制发行者伪造、涂改授权许可文件或者超出授权许可范围的证据，结合其他证据综合予以认定。

在涉案作品种类众多且权利人分散的案件中，上述证据确实难以一一取得，但有证据证明涉案复制品系非法出版、复制发行的，且出版者、复制发行者不能提供获得著作权人许可的相关证明材料的，可以认定为“未经著作权人许可”。但是，有证据证明权利人放弃权利、涉案作品的著作权不受我国著作权法保护，或者著作权保护期限已经届满的除外。

★“发行”包括总发行、批发、零售、通过信息网络传播以及出租、展销等活动

《最高人民法院、最高人民检察院、公安部关于办理侵犯知识产权刑事案件适用法律若干问题的意见》（2011年1月10日　法发〔2011〕3号）

十二、关于刑法第二百一十七条规定的“发行”的认定及相关问题

“发行”，包括总发行、批发、零售、通过信息网络传播以及出租、

展销等活动。

非法出版、复制、发行他人作品，侵犯著作权构成犯罪的，按照侵犯著作权罪定罪处罚，不认定为非法经营罪等其他犯罪。

★通过信息网络传播侵权作品行为的定罪处罚标准

《最高人民法院、最高人民检察院、公安部关于办理侵犯知识产权刑事案件适用法律若干问题的意见》（2011 年 1 月 10 日　法发〔2011〕3 号）

十三、关于通过信息网络传播侵权作品行为的定罪处罚标准问题

以营利为目的，未经著作权人许可，通过信息网络向公众传播他人文字作品、音乐、电影、电视、美术、摄影、录像作品、录音录像制品、计算机软件及其他作品，具有下列情形之一的，属于刑法第二百一十七条规定的“其他严重情节”：

（一）非法经营数额在五万元以上的；

（二）传播他人作品的数量合计在五百件（部）以上的；

（三）传播他人作品的实际被点击数达到五万次以上的；

（四）以会员制方式传播他人作品，注册会员达到一千人以上的；

（五）数额或者数量虽未达到第（一）项至第（四）项规定标准，但分别达到其中两项以上标准一半以上的；

（六）其他严重情节的情形。

实施前款规定的行为，数额或者数量达到前款第（一）项至第（五）项规定标准五倍以上的，属于刑法第二百一十七条规定的“其他特别严重情节”。

★应当推定为著作权人或者录音制作者的情形及“未经著作权人许可”“未经录音制作者许可”的认定标准

《最高人民法院、最高人民检察院关于办理侵犯知识产权刑事案件具体应用法律若干问题的解释（三）》（2020 年 9 月 12 日　法释〔2020〕10 号）

第二条　在刑法第二百一十七条规定的作品、录音制品上以通常方式署名的自然人、法人或者非法人组织，应当推定为著作权人或者录

音制作者，且该作品、录音制品上存在着相应权利，但有相反证明的除外。

在涉案作品、录音制品种类众多且权利人分散的案件中，有证据证明涉案复制品系非法出版、复制发行，且出版者、复制发行者不能提供获得著作权人、录音制作者许可的相关证据材料的，可以认定为刑法第二百一十七条规定的"未经著作权人许可""未经录音制作者许可"。但是，有证据证明权利人放弃权利、涉案作品的著作权或者录音制品的有关权利不受我国著作权法保护、权利保护期限已经届满的除外。

类案检索指引

★围绕电子数据的客观性、合法性和关联性进行全面审查，依法适用认罪认罚从宽制度

《陈力等八人侵犯著作权案》（2021 年 2 月 4 日最高人民检察院发布第二十六批指导性案例：检例第 100 号）

【关键词】

网络侵犯视听作品著作权　未经著作权人许可　引导侦查　电子数据

【要旨】

办理网络侵犯视听作品著作权犯罪案件，应注意及时提取、固定和保全相关电子数据，并围绕客观性、合法性、关联性要求对电子数据进行全面审查。对涉及众多作品的案件，在认定"未经著作权人许可"时，应围绕涉案复制品是否系非法出版、复制发行且被告人能否提供获得著作权人许可的相关证明材料进行审查。

★境内外人员分工合作，以境外服务器为工具，专门针对热门影视作品，通过互联网实施跨境侵犯著作权罪

《陈力等侵犯著作权罪案》（2021 年 5 月 31 日最高人民法院发布互联网十大典型案例）

【典型意义】

本案是境内外人员分工合作，以境外服务器为工具，专门针对热

★准确区分侵犯著作权罪与销售侵权复制品罪的界限

《上海李某某等侵犯著作权案》(2021年4月25日最高人民检察院发布2020年度检察机关保护知识产权典型案例)

【典型意义】

(一)依法履职,平等保护境外著作权人。根据《伯尔尼公约》和我国著作权法的规定,涉案乐高公司的美术作品受我国法律保护。上海检察机关高度重视,贯彻全流程、强保护的知识产权司法保护理念,积极引导侦查机关调查取证,取得良好办案效果。丹麦使领馆特别照会上海市检察院,对上海检察机关的知识产权司法保护工作表示感谢。

(二)准确区分侵犯著作权罪与销售侵权复制品罪界限。对于行为人明知制造者或经销商制造、销售的是侵权复制品,仍采购并予以销售,应认定行为人构成销售侵权复制品罪。对于行为人参与、帮助他人实施侵犯著作权犯罪,只是在分工上处于销售环节,则构成侵犯著作权罪的共犯。本案中,杜某某不仅对外销售侵权复制品,还购买正版乐高玩具供李某某等人仿制侵权产品,帮助租赁厂房供侵权产品包装、仓储等,应当认为其销售侵权产品的行为是其侵犯著作权犯罪的后续环节,以侵犯著作权罪一罪定罪处罚。

(三)开展权利义务告知工作,推动权利人实质性参与诉讼。检察机关开展侵犯知识产权刑事案件权利人诉讼权利义务告知工作,有利于权利人更加实质性地参与刑事诉讼活动,及时充分保护自身权益;有利于权利人及时补充权利证明、经济损失等证据,对涉案专门性问题发表意见,助力查明案件事实。办案检察机关就涉案六百多款玩具的著作权权属情况、同一性鉴定等取证事宜与权利人充分沟通意见,要求其协助提供相关证据材料,乐高公司及时提供了公证文件、权属声明、第三方授权函等文件,有效促进了准确认定案件事实、提高了办案效率。

★准确认定犯罪数额,促使被告人认罪认罚

《江苏马某予等侵犯著作权案》(2021 年 4 月 25 日最高人民检察院发布 2020 年度检察机关保护知识产权典型案例)

【典型意义】

(一)为著作权提供有力司法保障,对于服务创新型国家建设具有重大意义。本案系最高人民检察院、公安部和中宣部联合挂牌督办案件。数字网络技术使得大量作品进入信息网络,作品的传播更加便捷迅速,网络侵犯著作权犯罪给市场经济秩序造成的破坏、给权利人造成的损失更为严重。加强著作权刑事保护,不仅有助于保护广大创作者、传播者、使用者的合法权益,鼓励作品创作和传播,也有助于促进我国著作权产业发展、繁荣社会主义文化和科学事业、推动创新型国家和知识产权强国建设。

(二)准确认定犯罪数额,促使被告人认罪认罚。办案检察机关全面细致审查案件、引导侦查,对从视频软件、网络云盘等电子数据中提取到的盗版影片进行汇总查重,精确计算侵权作品数量,并结合资金往来、交易数额、交易时间等逐一进行梳理、核实,准确认定犯罪数额。坚持办案中释法说理,促使被告人自愿认罪认罚,自觉接受法律惩处,取得良好办案效果。

(三)着力遏制网络侵犯著作权犯罪,净化网络空间。被告人马某予等人集盗录、制作、发展下线为一体,下线影吧涉及 8 省 13 个城市,形成完整电影盗版产业链,系多部盗版影片和 2019 年春节档热映电影网络传播源头,严重损害我国影视业知识产权保护,造成恶劣社会影响。检察机关始终保持对网络侵犯著作权犯罪的高压态势,着力打击有组织犯罪,不断提高著作权刑事保护水平。

★未经许可获取他人网络游戏服务器端程序,使用编辑器修改游戏任务参数、升级标准,形成侵权游戏

《四川刘某某等侵犯著作权案》(2021 年 4 月 25 日最高人民检察院发布 2020 年度检察机关保护知识产权典型案例)

【典型意义】

(一)创新“双报”协作机制,找准最佳保护节点。为强化知识产权保护，成都检察机关创立案件“双报”机制，鼓励权利人在向公安机关报案时同步向检察机关报案。检察机关第一时间掌握侵权线索，对涉嫌犯罪的线索开展立案监督、引导侦查等工作，强化诉前主导职能，显著提高了办案质量和效率；对其他线索，引导权利人通过民事行政途径救济，有效帮助企业维权，降低了权利人维权成本。

（二）有效引导侦查取证，破解证据收集难点。办案检察机关根据网络游戏客户端、服务器端对应匹配的特性，结合侵权游戏与正版游戏运行界面和功能一致的特点，提出以客户端程序比对鉴定代替全部程序比对鉴定的侵权认定思路，切实降低了取证成本和难度；针对侵权人选用非正规支付平台交易导致记录缺失、数据不完整的情况，结合侵权人在支付平台的结算总金额及银行账户明细综合认定非法经营数额，客观全面评价侵权后果和社会危害，使三名被告人罚当其罪。

（三）彰显司法保护决心，助推行业健康发展。知识产权是网游行业和数字经济的生存根基和发展命脉。本案的成功办理彰显了检察机关打击侵犯知识产权犯罪的决心，较重自由刑和高额罚金刑的判处有效震慑了犯罪分子，规范了互联网游戏经营行为，促进了行业健康有序发展。

★加大对网络侵犯著作权行为的惩治力度，依法平等保护境内外著作权人的合法权利

《大某视界文化传媒有限公司、张某等四人侵犯著作权案》（2022年3月1日最高人民检察院发布四起检察机关知识产权综合性司法保护典型案例）

【关键词】

网络侵犯著作权　平等保护　行刑衔接　企业合规

【要旨】

信息化时代，检察机关要加大对网络侵犯著作权行为的惩治力度，依法平等保护境内外著作权人的合法权利。推动建立健全行政执法与刑事司法衔接机制，积极发挥法律监督在“行刑衔接”中的作用。结合办案推动行业治理，促进企业合规经营。

【典型意义】

（一）依法打击网络侵犯著作权犯罪，平等保护境内外著作权人的合法权利。随着信息网络技术的快速发展，作品的传播更加便捷迅速，一些不法分子借助互联网实施侵犯著作权违法犯罪行为，不仅破坏社会主义市场经济秩序，也给权利人的合法权益造成损害，应当依法惩治。按照《伯尔尼公约》和我国著作权法的规定，涉案外国影视作品受我国法律保护。本案中检察机关秉持平等保护理念，加强对境内外权利人著作权的刑事司法保护，切实维护创作者、传播者、使用者的合法权利。

（二）完善知识产权"行刑衔接"机制，形成保护知识产权合力。为畅通衔接渠道，解决信息不畅、"以罚代刑"等问题，南山区检察院会同相关部门，建立健全知识产权案件"行刑衔接"工作机制。对于涉嫌犯罪的疑难复杂知识产权案件，有关部门商请检察机关提前介入的，南山区检察院主动作为，依法提出法律适用意见，强化引导取证。在案件受理后，及时向行政执法机关通报案件处理进展情况，对案件办理中发现的共性问题进行梳理反馈，形成全方位保护知识产权合力。

（三）积极推动行业治理，促使企业合规经营。南山区检察院积极发挥职能，促使涉案企业剥离违法业务，进行全面合规整改。大某视界公司完善了法律风险防控机制，将 App 中侵权内容全部删除，并发布公告通报侵权情况，对充值用户进行退费，组织专门团队开展版权购买谈判。检察机关落实"谁执法谁普法"的普法责任制，会同深圳市版权协会，结合案例有针对性开展知识产权刑事合规宣讲，引导更多企业合法合规经营。

★依法认定计算机软件实质性相似

《国某集成电路设计有限公司、许某、陶某侵犯著作权案》（2022年4月20日最高人民检察院发布检察机关保护知识产权服务保障创新驱动发展典型案例）

【关键词】

侵犯著作权罪　计算机软件　二进制代码　抽样鉴定

【要旨】

在办理涉芯片类侵犯著作权案件中,检察机关加大办案力度,重拳出击,形成震慑,激励科技创新,维护公平竞争。通过对芯片中固化二进制代码、GDS文件中固化二进制代码的鉴定比对,综合全案证据,依法认定计算机软件实质性相似。充分考虑企业保密诉求,创新完善对涉核心技术证据的取证、审查、质证方法。

★准确界定地图作品属性及著作权归属,严厉打击盗版侵权行为

《王某中等七人侵犯著作权案》(2023年4月26日最高人民检察院发布10起检察机关知识产权保护典型案例)

【关键词】

侵犯著作权罪　地图作品　数字检察　综合治理

【要旨】

检察机关在办理侵犯知识产权刑事案件中,准确界定地图作品属性及著作权归属,严厉打击盗版侵权行为,维护地图准确性和市场秩序。全面履行检察职能,开展自行补充侦查,有效运用数字检察,深挖彻查上下游犯罪产业链,追加认定犯罪数额,追诉非法印制、批发销售等环节漏犯。依托知识产权保护长三角一体化协作机制,跨区域对涉案电商平台开展治理并推动行业治理。

★对于公司委托其他单位开发的软件作品,公司员工不因在软件开发和后续更新中承担工作职责享有著作权

《长兴伟某机械有限公司李某荣、马某利侵犯著作权案》(2023年4月26日最高人民检察院发布10起检察机关知识产权保护典型案例)

【关键词】

侵犯著作权罪　计算机软件　著作权归属　非法经营数额

【要旨】

检察机关在办理侵犯计算机软件作品著作权犯罪案件时,积极提出侦查建议并开展自行补充侦查,准确认定著作权归属。对于由

公司委托其他单位开发的软件作品，公司员工不因在软件开发和后续更新中承担沟通协调、提出建议等工作职责而享有著作权。以软件的烧录载体数量为突破口，精准认定销售数量和非法经营数额，尽力追赃挽损，护航企业经营发展。

第二百一十八条 【销售侵权复制品罪】以营利为目的，销售明知是本法第二百一十七条规定的侵权复制品，违法所得数额巨大或者有其他严重情节的，处五年以下有期徒刑，并处或者单处罚金。

立法动态

本条源自《中华人民共和国刑法》(1997年3月14日第八届全国人民代表大会第五次会议修订，自1997年10月1日起施行)。

本条根据《中华人民共和国刑法修正案(十一)》(2021年3月1日起施行)第二十一条修改。

原本条规定为：第二百一十八条 以营利为目的，销售明知是本法第二百一十七条规定的侵权复制品，违法所得数额巨大的，处三年以下有期徒刑或者拘役，并处或者单处罚金。

本条修改的主要内容为：一是将犯罪构成中的“违法所得数额巨大的”修改为“违法所得数额巨大或者有其他严重情节的”；二是将本罪的法定最高刑由“三年有期徒刑”提高到“五年有期徒刑”，并取消了“拘役”的刑种。

立案标准

《最高人民检察院、公安部关于公安机关管辖的刑事案件立案追诉标准的规定(一)》(2017年4月27日修正 公通字〔2017〕12号)

第二十七条 ［销售侵权复制品案(刑法第二百一十八条)］以

营利为目的,销售明知是刑法第二百一十七条规定的侵权复制品,涉嫌下列情形之一的,应予立案追诉:

(一)违法所得数额十万元以上的;

(二)违法所得数额虽未达到上述数额标准,但尚未销售的侵权复制品货值金额达到三十万元以上的。

适用要点与裁判依据

★构成销售侵犯复制品罪的数额标准

《最高人民法院关于审理非法出版物刑事案件具体应用法律若干问题的解释》(1998 年 12 月 17 日　法释〔1998〕30 号)

第四条　以营利为目的,实施刑法第二百一十八条规定的行为,个人违法所得数额在十万元以上,单位违法所得数额在五十万元以上的,依照刑法第二百一十八条的规定,以销售侵权复制品罪定罪处罚。

★犯本罪,"违法所得数额巨大"的数额标准

《最高人民法院、最高人民检察院关于办理侵犯知识产权刑事案件具体应用法律若干问题的解释》(2004 年 12 月 8 日　法释〔2004〕19 号)

第六条　以营利为目的,实施刑法第二百一十八条规定的行为,违法所得数额在十万元以上的,属于"违法所得数额巨大",应当以销售侵权复制品罪判处三年以下有期徒刑或者拘役,并处或者单处罚金。

★对单位实施侵犯知识产权罪的定罪量刑标准

《最高人民法院、最高人民检察院关于办理侵犯知识产权刑事案件具体应用法律若干问题的解释(二)》(2007 年 4 月 5 日　法释〔2007〕6 号)

第六条　单位实施刑法第二百一十三条至第二百一十九条规定的行为,按照《最高人民法院、最高人民检察院关于办理侵犯知识产权权刑事案件具体应用法律若干问题的解释》和本解释规定的相应个人犯罪的定罪量刑标准定罪处罚。

第二百一十九条 【侵犯商业秘密罪】有下列侵犯商业秘密行为之一，情节严重的，处三年以下有期徒刑，并处或者单处罚金；情节特别严重的，处三年以上十年以下有期徒刑，并处罚金：

（一）以盗窃、贿赂、欺诈、胁迫、电子侵入或者其他不正当手段获取权利人的商业秘密的；

（二）披露、使用或者允许他人使用以前项手段获取的权利人的商业秘密的；

（三）违反保密义务或者违反权利人有关保守商业秘密的要求，披露、使用或者允许他人使用其所掌握的商业秘密的。

明知前款所列行为，获取、披露、使用或者允许他人使用该商业秘密的，以侵犯商业秘密论。

本条所称权利人，是指商业秘密的所有人和经商业秘密所有人许可的商业秘密使用人。

立法动态

本条源自《中华人民共和国刑法》（1997年3月14日第八届全国人民代表大会第五次会议修订，自1997年10月1日起施行）。

原本条规定为：第二百一十九条 （第一款）有下列侵犯商业秘密行为之一，给商业秘密的权利人造成重大损失的，处三年以下有期徒刑或者拘役，并处或者单处罚金；造成特别严重后果的，处三年以上七年以下有期徒刑，并处罚金：（一）以盗窃、利诱、胁迫或者其他不正当手段获取权利人的商业秘密的；（二）披露、使用或者允许他人使用以前项手段获取的权利人的商业秘密的；（三）违反约定或者违反权利人有关保守商业秘密的要求，披露、使用或者允许他人使用其所掌握的商业秘密的。（第二款）明知或者应知前款所列行为，获取、使用或者披露他人的商业秘密的，以侵犯商业秘密论。（第三款）本条所称商业秘密，是指不为公众所知悉，能为权利人带来经济利益，具有实用性并经权利人采取保密措施的技术信息和经营信息。（第四款）本条所称权利人，是指商业秘密的所有人和经商业秘密所有人许可的商业秘密使用人。

本条根据《中华人民共和国刑法修正案（十一）》（自 2021 年 3 月 1 日起施行）第二十二条修改。

本条修改的主要内容为：一是在基本的犯罪构成中将“给商业秘密的权利人造成重大损失的”修改为“情节严重”，并取消了法定刑中“拘役”的刑种；二是在加重的犯罪构成中将“造成特别严重后果的”修改为“情节特别严重的”，并将法定最高刑由“七年有期徒刑”提高到“十年有期徒刑”；三是将“贿赂、欺诈、电子侵入”补充规定为获取权利人的商业秘密的“不正当手段”；四是取消了原本条的第三款。

立案标准

《最高人民检察院、公安部关于修改侵犯商业秘密刑事案件立案追诉标准的决定》（2020 年 9 月 17 日　高检发〔2020〕15 号）

为依法惩治侵犯商业秘密犯罪，加大对知识产权的刑事司法保护力度，维护社会主义市场经济秩序，将《最高人民检察院、公安部关于公安机关管辖的刑事案件立案追诉标准的规定（二）》第七十三条侵犯商业秘密刑事案件立案追诉标准修改为：【侵犯商业秘密案（刑法第二百一十九条）】侵犯商业秘密，涉嫌下列情形之一的，应予立案追诉：

（一）给商业秘密权利人造成损失数额在三十万元以上的；

（二）因侵犯商业秘密违法所得数额在三十万元以上的；

（三）直接导致商业秘密的权利人因重大经营困难而破产、倒闭的；

（四）其他给商业秘密权利人造成重大损失的情形。

前款规定的造成损失数额或者违法所得数额，可以按照下列方式认定：

（一）以不正当手段获取权利人的商业秘密，尚未披露、使用或者允许他人使用的，损失数额可以根据该项商业秘密的合理许可使用费确定；

（二）以不正当手段获取权利人的商业秘密后，披露、使用或者允许他人使用的，损失数额可以根据权利人因被侵权造成销售利润的损失确定，但该损失数额低于商业秘密合理许可使用费的，根据合理许可使用费确定；

（三）违反约定、权利人有关保守商业秘密的要求，披露、使用或者允许他人使用其所掌握的商业秘密的，损失数额可以根据权利人因被侵权造成销售利润的损失确定；

（四）明知商业秘密是不正当手段获取或者是违反约定、权利人有关保守商业秘密的要求披露、使用、允许使用，仍获取、使用或者披露的，损失数额可以根据权利人因被侵权造成销售利润的损失确定；

（五）因侵犯商业秘密行为导致商业秘密已为公众所知悉或者灭失的，损失数额可以根据该项商业秘密的商业价值确定。商业秘密的商业价值，可以根据该项商业秘密的研究开发成本、实施该项商业秘密的收益综合确定；

（六）因披露或者允许他人使用商业秘密而获得的财物或者其他财产性利益，应当认定为违法所得。

前款第二项、第三项、第四项规定的权利人因被侵权造成销售利润的损失，可以根据权利人因被侵权造成销售量减少的总数乘以权利人每件产品的合理利润确定；销售量减少的总数无法确定的，可以根据侵权产品销售量乘以权利人每件产品的合理利润确定；权利人因被侵权造成销售量减少的总数和每件产品的合理利润均无法确定的，可以根据侵权产品销售量乘以每件侵权产品的合理利润确定。

商业秘密系用于服务等其他经营活动的,损失数额可以根据权利人因被侵权而减少的合理利润确定。

商业秘密的权利人为减轻对商业运营、商业计划的损失或者重新恢复计算机信息系统安全、其他系统安全而支出的补救费用,应当计入给商业秘密的权利人造成的损失。

适用要点与裁判依据

★犯本罪,"给商业秘密的权利人造成重大损失""造成特别严重后果"的认定

《最高人民法院、最高人民检察院关于办理侵犯知识产权刑事案件具体应用法律若干问题的解释》(2004年12月8日 法释〔2004〕19号)

第七条 实施刑法第二百一十九条规定的行为之一,给商业秘密的权利人造成损失数额在五十万元以上的,属于"给商业秘密的权利人造成重大损失",应当以侵犯商业秘密罪判处三年以下有期徒刑或者拘役,并处或者单处罚金。

给商业秘密的权利人造成损失数额在二百五十万元以上的,属于刑法第二百一十九条规定的"造成特别严重后果",应当以侵犯商业秘密罪判处三年以上七年以下有期徒刑,并处罚金。

★单位实施侵犯知识产权犯罪的定罪量刑标准

《最高人民法院、最高人民检察院关于办理侵犯知识产权刑事案件具体应用法律若干问题的解释(二)》(2007年4月5日 法释〔2007〕6号)

第六条 单位实施刑法第二百一十三条至第二百一十九条规定的行为,按照《最高人民法院、最高人民检察院关于办理侵犯知识产权刑事案件具体应用法律若干问题的解释》和本解释规定的相应个人犯罪的定罪量刑标准定罪处罚。

★犯本罪,"盗窃"与"其他不正当手段"的认定

《最高人民法院、最高人民检察院关于办理侵犯知识产权刑事案件具体应用法律若干问题的解释(三)》(2020年9月12日　法释〔2020〕10号)

第三条　采取非法复制、未经授权或者超越授权使用计算机信息系统等方式窃取商业秘密的,应当认定为刑法第二百一十九条第一款第一项规定的"盗窃"。

以贿赂、欺诈、电子侵入等方式获取权利人的商业秘密的,应当认定为刑法第二百一十九条第一款第一项规定的"其他不正当手段"。

★犯本罪,"给商业秘密的权利人造成重大损失"的认定

《最高人民法院、最高人民检察院关于办理侵犯知识产权刑事案件具体应用法律若干问题的解释(三)》(2020年9月12日　法释〔2020〕10号)

第四条　实施刑法第二百一十九条规定的行为,具有下列情形之一的,应当认定为"给商业秘密的权利人造成重大损失":

(一)给商业秘密的权利人造成损失数额或者因侵犯商业秘密违法所得数额在三十万元以上的;

(二)直接导致商业秘密的权利人因重大经营困难而破产、倒闭的;

(三)造成商业秘密的权利人其他重大损失的。

给商业秘密的权利人造成损失数额或者因侵犯商业秘密违法所得数额在二百五十万元以上的,应当认定为刑法第二百一十九条规定的"造成特别严重后果"。

★犯本罪,对"造成的损失数额或者违法所得数额"的认定方式

《最高人民法院、最高人民检察院关于办理侵犯知识产权刑事案件具体应用法律若干问题的解释(三)》(2020年9月12日　法释〔2020〕10号)

第五条　实施刑法第二百一十九条规定的行为造成的损失数额

或者违法所得数额,可以按照下列方式认定:

(一)以不正当手段获取权利人的商业秘密,尚未披露、使用或者允许他人使用的,损失数额可以根据该项商业秘密的合理许可使用费确定;

(二)以不正当手段获取权利人的商业秘密后,披露、使用或者允许他人使用的,损失数额可以根据权利人因被侵权造成销售利润的损失确定,但该损失数额低于商业秘密合理许可使用费的,根据合理许可使用费确定;

(三)违反约定、权利人有关保守商业秘密的要求,披露、使用或者允许他人使用其所掌握的商业秘密的,损失数额可以根据权利人因被侵权造成销售利润的损失确定;

(四)明知商业秘密是不正当手段获取或者是违反约定、权利人有关保守商业秘密的要求披露、使用、允许使用,仍获取、使用或者披露的,损失数额可以根据权利人因被侵权造成销售利润的损失确定;

(五)因侵犯商业秘密行为导致商业秘密已为公众所知悉或者灭失的,损失数额可以根据该项商业秘密的商业价值确定。商业秘密的商业价值,可以根据该项商业秘密的研究开发成本、实施该项商业秘密的收益综合确定;

(六)因披露或者允许他人使用商业秘密而获得的财物或者其他财产性利益,应当认定为违法所得。

前款第二项、第三项、第四项规定的权利人因被侵权造成销售利润的损失,可以根据权利人因被侵权造成销售量减少的总数乘以权利人每件产品的合理利润确定;销售量减少的总数无法确定的,可以根据侵权产品销售量乘以权利人每件产品的合理利润确定;权利人因被侵权造成销售量减少的总数和每件产品的合理利润均无法确定的,可以根据侵权产品销售量乘以每件侵权产品的合理利润确定。商业秘密系用于服务等其他经营活动的,损失数额可以根据权利人因被侵权而减少的合理利润确定。

商业秘密的权利人为减轻对商业运营、商业计划的损失或者重新恢复计算机信息系统安全、其他系统安全而支出的补救费用，应当计入给商业秘密的权利人造成的损失。

★擅自披露、使用或者允许他人使用在刑事诉讼程序中接触、获取的商业秘密的刑事责任

《最高人民法院、最高人民检察院关于办理侵犯知识产权刑事案件具体应用法律若干问题的解释（三）》（2020年9月12日　法释〔2020〕10号）

第六条　在刑事诉讼程序中，当事人、辩护人、诉讼代理人或者案外人书面申请对有关商业秘密或者其他需要保密的商业信息的证据、材料采取保密措施的，应当根据案件情况采取组织诉讼参与人签署保密承诺书等必要的保密措施。

违反前款有关保密措施的要求或者法律法规规定的保密义务的，依法承担相应责任。擅自披露、使用或者允许他人使用在刑事诉讼程序中接触、获取的商业秘密，符合刑法第二百一十九条规定的，依法追究刑事责任。

类案检索指引

★对鉴定意见的审查可聘请或指派有专门知识的人辅助办案

《金义盈侵犯商业秘密案》（2021年2月4日最高人民检察院发布第二十六批指导性案例：检例第102号）

【关键词】

侵犯商业秘密　司法鉴定　专家辅助办案　证据链

【要旨】

办理侵犯商业秘密犯罪案件，被告人作无罪辩解的，既要注意审查商业秘密的成立及侵犯商业秘密的证据，又要依法排除被告人取得商业秘密的合法来源，形成指控犯罪的证据链。对鉴定意见的审查，必要时可聘请或指派有专门知识的人辅助办案。

★违反保密协议和诚信原则，将经营信息商业秘密披露给其他同业经营者，导致权利人生产经营遭受重大损失的刑事责任

《山东赵某侵犯商业秘密案》（2021年4月25日最高人民检察院发布2020年度检察机关保护知识产权典型案例）

【典型意义】

（一）严厉惩治侵犯商业秘密犯罪，维护公平有序的竞争秩序。现代社会鼓励在改进技术、降低成本和提高产品质量基础上的公平竞争，非法披露、使用或允许他人使用权利人技术秘密和经营信息，获取市场份额和竞争优势的犯罪行为应当受到法律的严厉制裁。本案权利人是国内食品馅料行业的龙头企业，在该公司担任高管职务的赵某违反保密协议和诚信原则，将知悉的经营信息商业秘密披露给其他同业经营者，导致权利人生产经营遭受重大损失，造成特别严重后果，应当承担相应的刑事责任。

（二）充分发挥检察监督职能，查微析疑，发现漏罪线索。企业在长期生产经营过程中形成的能够为权利人带来竞争优势的用于经营的各类信息，直接关系到企业的生存与发展。本案所涉的客户名单等经营信息的价值性体现在其所伴随的交易机会、销售渠道以及销售利润，这些经营信息能够在联系销售业务中获得优势，提高竞争力，创造经济价值，具有现实及潜在的市场价值。禹城检察机关在办理其他案件中敏锐捕捉到经营信息被侵犯的犯罪线索，并引导公安机关开展侦查，查实了侵犯商业秘密犯罪，有效维护了企业合法权益。

（三）恪守客观公正，保障被告人权利。检察人员对于鉴定意见所采用的鉴定方法、鉴定依据进行了细致审查，认为本案权利人损失的数额计算有误，遂自行补充侦查，确定合理的损失计算方法，查明犯罪数额，准确认定案件事实、适用法律，体现了办案检察机关秉持客观公正立场，从存疑有利于被告人的原则出发，切实做到了公平公正、不枉不纵。

★依法追诉漏罪、漏犯，确保案件质量

《北京华颉信息技术有限公司、李甲等侵犯商业秘密案》（2021年4月25日最高人民检察院发布2020年度检察机关保护知识产权典型案例）

【典型意义】

（一）发挥审前主导作用，夯实案件证据基础。办案检察机关依托"捕诉一体"制度优势，充分发挥审前主导作用，针对电子数据，向公安机关列明重点提取对象及注意事项，并申请有专门知识的人同步辅助审查海量证据、挖掘重要监督线索；针对讯问及取证难点，制定详细讯问、补侦提纲及取证方案，并视情况调整补充；就涉案软件商业秘密非公知性、同一性，以及目标代码与源代码的对应关系等关键问题，多次询问知识产权鉴定机构，确保收集证据全面、合法，为指控犯罪奠定坚实基础。

（二）依法追诉漏罪、漏犯，确保案件质量。侦查阶段，公安机关仅对李某明提请逮捕、移送起诉，检察机关开展自行补充侦查，询问重要证人、向版权登记机构核实情况，核实销售侵权软件合同的签订主体、销售款项用途，核实该公司还有其他合法生产经营活动等情况，依法追加单位犯罪；通过引导公安机关调取销售合同，依法追加两起犯罪事实；通过深度挖掘电子证据，依法追捕、追诉李甲、李某波，充分发挥了法律监督职能。

（三）强化源头治理理念，护航企业创新发展。检察机关在打击犯罪的同时力求源头治理，结合本案情况深入剖析案发背景及行为成因，挖掘公司在软件产品研发、市场推广销售领域的薄弱环节和管理漏洞，及时制发检察建议，帮助企业完善规章制度。该公司收到检察建议后随即开展了系列整改工作，强化了内部法律教育，切实提高了自身知识产权保护水平。

★依法加强商业秘密司法保护力度，维护公平竞争的经济秩序

《上海万超公司、于某某等侵犯商业秘密案》（2021年4月25日最高人民检察院发布2020年度检察机关保护知识产权典型案例）

【典型意义】

（一）依法加强商业秘密司法保护力度，维护公平竞争的经济秩序。侵犯商业秘密犯罪严重破坏市场竞争秩序和营商环境，抑制市场主体创新创造活力，中央高度重视商业秘密保护，明确要求强化商业秘密刑事执法。检察机关着力加强对商业秘密的保护力度，重点打击涉及高新技术、关键核心技术、事关企业生存和发展的侵犯商业秘密犯罪，全面维护权利人合法权益。

（二）综合运用证据形成锁链，全面查明犯罪事实。商业秘密案件涉及专业性、技术性问题多，查明侵权人犯罪过程和手段是办案难点之一。特别是在犯罪嫌疑人拒不认罪的情况下，检察机关要注意引导公安机关追查涉案技术信息来源、保密措施、泄密过程、保密义务等，收集固定侵权人违约情况、侵权情况等证据。同时，应注重加强与权利人沟通，准确确定商业秘密检材范围、内容及鉴定方法，广泛收集证人证言等其他证据，进而形成证据锁链，排除其他造成商业秘密泄露的可能性，从而证明被告人实施侵犯商业秘密犯罪。

（三）慎用刑事强制措施，在依法办案与避免冲击企业经营之间寻求平衡。检察机关在严惩犯罪保护知识产权的同时，也要注意服务保障“六稳”“六保”，尽量减少司法活动对企业正常经营的影响。可以通过实地走访调查，了解侵权公司的经营规模、员工结构等情况，综合评判企业维持经营的实际需要及被告人到案后的认罪悔罪态度，审慎适用强制措施，可捕可不捕的坚决不捕，对已捕的涉案企业经营者依法开展羁押必要性审查，确保取得打击犯罪与维护生产经营的平衡。

第
219
条

★依法惩治侵犯商业秘密犯罪，为国家高新技术企业发展护航

《浙江周某侵犯商业秘密案》（2021 年 4 月 25 日最高人民检察院发布 2020 年度检察机关保护知识产权典型案例）

【典型意义】

（一）依法惩治侵犯商业秘密犯罪，为国家高新技术企业发展护航。本案权利人春风动力公司系国家高新技术企业，多年来一直走自主创新发展模式，属于国内全地形车领域龙头企业。检察机关坚持知识产权案件专业化办理，有力指控犯罪的同时积极促成双方达成赔偿谅解协议，飞神公司、同硕公司与春风动力公司达成谅解协议，同意停止侵权并赔偿人民币300万元，召回全部侵权产品，有力保护了商业秘密权利人的合法权益。

（二）借力专家智库，准确认定侵权行为和犯罪数额。由于商业秘密的认定以及是否构成对商业秘密的侵犯，往往具有较强专业性，通常需要听取有专门知识的人的意见。办案检察机关经过咨询涉案技术领域专家，认为涉案技术秘密的部分已被公开但其他秘密点部分仍不为公众所知悉的，整体上应当认定为构成商业秘密，侵权行为成立，得到法院判决认可。本案侵权产品尚未获利，市场上缺乏类似许可使用的情况，价值评估条件欠缺。检察机关经与多家审计评估公司研讨，并带领评估人员赴案发企业调查核实，最终确定以侵权产品销售数×春风动力每台车辆利润×发动机价值与整车价值占比计算权利人损失作为犯罪数额，对同类案件的办理提供了有益借鉴。

（三）延伸检察职能，积极参与知识产权综合治理。办案检察机关认真梳理涉案企业在商业秘密保护制度、商业秘密载体管理、涉密企业管理等方面存在的漏洞，参考国内外先进涉密管理经验，提出建章立制、堵漏除弊的检察建议，助力企业堵塞漏洞。多次赴涉案企业走访交流，开展法治宣传，帮助企业提升商业秘密保护意识和能力，切实防止类似侵权案件发生。

★违反保密协议和保密规定，在自有公司使用签订保密协议公司的技术信息生产经营同类产品时，构成本罪

《山东福某达环保工程有限公司、马某强、郭某侵犯商业秘密案》

（2022年3月1日最高人民检察院发布四起检察机关知识产权综合性司法保护典型案例）

【关键词】

侵犯商业秘密　刑事附带民事诉讼　认罪认罚　促成民事调解

【要旨】

检察机关办理侵犯知识产权刑事案件，应及时告知权利人诉讼权利义务，充分保障其知情权和参与权。做好知识产权案件刑事附带民事诉讼相关工作，加强释法说理，促使侵权人认罪认罚、积极赔偿，达成民事调解，实现办案“三个效果”的有机统一。

★依法追诉侵犯商业秘密犯罪、建议对缓刑人员适用禁止令

《鹰某公司、游某、游某棋侵犯商业秘密案》（2022 年 4 月 20 日最高人民检察院发布检察机关保护知识产权服务保障创新驱动发展典型案例）

【关键词】

侵犯商业秘密罪　条码设备解码库　禁止令　服务企业创新发展

【要旨】

在当前创新驱动发展的大背景下，企业之间的竞争很大程度上表现为关键核心技术的竞争。检察机关通过依法追诉侵犯商业秘密犯罪、建议对缓刑人员适用禁止令、建立服务企业联系清单机制、推进追赃挽损等工作，护航高新技术企业创新发展，维护市场竞争秩序，营造法治化营商环境。

★严厉打击非法获取、利用经营信息，侵犯权利人商业秘密，破坏公平竞争市场秩序的犯罪行为

《蔡某侵犯商业秘密案》（2022 年 4 月 20 日最高人民检察院发布检察机关保护知识产权服务保障创新驱动发展典型案例）

【关键词】

侵犯商业秘密罪　经营信息　权利人实质性参与诉讼

【要旨】

作为商业秘密的经营信息，能够促进权利人的经营活动，带来市场竞争优势，具有商业价值，应予严格保护。检察机关应当依法能动履行法律监督职责，加强与有关部门协作配合，严厉打击非法获取、利用经营信息，侵犯权利人商业秘密，破坏公平竞争市场秩序的犯罪行为，为营造创新发展良好环境贡献检察力量。

★违反保守商业秘密的约定和要求，使用该商业秘密，自行生产、经营同类的商品

《王某某侵犯商业秘密案》（2022 年 8 月 4 日最高人民检察院发布检察机关依法惩治破坏市场竞争秩序犯罪典型案例）

【关键词】

侵犯商业秘密　创新激励　审前主导

【典型意义】

（一）严惩侵犯商业秘密犯罪，维护市场创新激励机制。侵犯商业秘密的行为不仅损害了权利人对自身商业秘密的可期待利益，而且破坏了市场创新激励机制，可能导致创新投入的减少、技术研发进度的减慢，长此以往会损害市场经济的良性发展。本案中，A 公司自主研发、设计多项技术信息，是这些商业秘密的权利人，这些技术形成的业务收入占 A 公司收入的绝大部分。被告人将权利人的百余张技术图纸拷出并使用，给商业秘密的权利人造成重大损失，企业经营陷入困局。这种不正当竞争行为，严重扰乱了公平竞争的市场经济秩序，损害了权利人合法权益，影响了创新企业技术研发的积极性，应当依法从严惩处。

（二）积极延伸检察职能，护航企业创新发展。检察机关在办案中发现，A 公司系多年从事干燥技术研发的科技企业，其研发的多项干燥技术在全国、全省获奖。但是在注重研发科技创新的同时，对商业秘密的全面保护仍有不足。对此，检察机关及时制发检察建议帮助企业建章立制，完善内部防控监管机制，预防侵犯商业秘密等不正当竞争行为再次发生。同时，向企业推荐使用济南检察护航 App，为企业提供在线法律咨询服务和风险防范建议；开展以案释法警示教育，线上线下同步助力企业发展。目前 A 公司失去的客户和市场已逐步回归，企业恢复正常运行。

★对于被侵犯的技术信息系整体技术方案的核心技术的,可按整体技术方案所产生的利润计算权利人损失数额

《中某科技有限公司、陆某昌等三人侵犯商业秘密案》(2023 年 4 月 26 日最高人民检察院发布 10 起检察机关知识产权保护典型案例)

【关键词】

侵犯商业秘密罪 芯片封装 整体技术方案 损失数额

【要旨】

检察机关在办理侵犯商业秘密刑事案件中,对于被侵犯的技术信息系整体技术方案的核心技术,且与整体技术方案不可拆分的,可以按整体技术方案所产生的利润计算权利人损失数额,依法严惩侵犯企业关键核心技术犯罪。充分履行知识产权检察工作职能,通过灵活运用制发检察建议、搭建知识产权保护平台等形式,促进涉案企业完善知识产权保护机制,服务高水平科技自立自强。

★对于侵权人将技术信息用于申请专利导致商业秘密已为公众所知悉的,可以综合确定其商业价值

《纪某民等四人侵犯商业秘密案》(2023 年 4 月 26 日最高人民检察院发布 10 起检察机关知识产权保护典型案例)

【关键词】

侵犯商业秘密罪 商业秘密为公众知悉 专利返还 权利人实质性参与诉讼

【要旨】

检察机关在办理侵犯商业秘密刑事案件中,对于侵权人将技术信息用于申请专利导致商业秘密已为公众所知悉的,可以参考该项商业秘密的研究开发成本,综合确定其商业价值。办案中加强释法说理,促成侵权人返还专利及相关利益。积极引导权利人实质性参与诉讼,全面维护其合法权利。通过个案办理推动商业秘密保护诉源治理,促进提升区域内商业秘密保护水平。

★未经授权或者超越授权使用计算机信息系统窃取商业秘密，构成本罪

《湖北双某鼓风机股份有限公司茹某鹏等三人侵犯商业秘密案》（2023年4月26日最高人民检察院发布10起检察机关知识产权保护典型案例）

【关键词】

侵犯商业秘密罪　单位犯罪　解除查封　赔偿和解

【要旨】

未经授权或者超越授权使用计算机信息系统窃取商业秘密，符合刑法第二百一十九条之规定的，构成侵犯商业秘密罪。经单位决定，以盗窃、贿赂等不正当手段获取商业秘密，所得利益归属单位的，应认定为单位犯罪。检察机关在办案过程中，应兼顾案件办理和涉案企业合理诉求，妥善处理企业正常生产需求。

第二百二十条　【单位犯侵犯知识产权罪的刑事责任】单位犯本节第二百一十三条至第二百一十九条之一规定之罪的，对单位判处罚金，并对其直接负责的主管人员和其他直接责任人员，依照本节各该条的规定处罚。

立法动态

本条源自《中华人民共和国刑法》（1997年3月14日第八届全国人民代表大会第五次会议修订，自1997年10月1日起施行）。

原本条规定为：第二百二十条　单位犯本节第二百一十三条至第二百一十九条规定之罪的，对单位判处罚金，并对其直接负责的主管人员和其他直接责任人员，依照本节各该条的规定处罚。

本条根据《中华人民共和国刑法修正案（十一）》（自2021年3月1日起施行）第二十四条修改。

本条修改的主要内容为：将本条的适用范围由“第二百一十三条

至第二百一十九条规定之罪”扩展至“第二百一十三条至第二百一十九条之一规定之罪”。

适用要点与裁判依据

★单位实施侵犯知识产权犯罪的定罪量刑标准

《最高人民法院、最高人民检察院关于办理侵犯知识产权刑事案件具体应用法律若干问题的解释(二)》(2007 年 4 月 5 日　法释〔2007〕6 号)

第六条　单位实施刑法第二百一十三条至第二百一十九条规定的行为,按照《最高人民法院、最高人民检察院关于办理侵犯知识产权刑事案件具体应用法律若干问题的解释》和本解释规定的相应个人犯罪的定罪量刑标准定罪处罚。

第八节　扰乱市场秩序罪

第二百二十一条　【损害商业信誉、商品声誉罪】捏造并散布虚伪事实,损害他人的商业信誉、商品声誉,给他人造成重大损失或者有其他严重情节的,处二年以下有期徒刑或者拘役,并处或者单处罚金。

立法动态

本条源自《中华人民共和国刑法》(1997 年 3 月 14 日第八届全国人民代表大会第五次会议修订,自 1997 年 10 月 1 日起施行)。

立案标准

《最高人民检察院、公安部关于公安机关管辖的刑事案件立案追诉标准的规定(二)》(2022年4月6日修订 公通字〔2022〕12号)

第六十六条 [损害商业信誉、商品声誉案(刑法第二百二十一条)]捏造并散布虚伪事实,损害他人的商业信誉、商品声誉,涉嫌下列情形之一的,应予立案追诉:

(一)给他人造成直接经济损失数额在五十万元以上的;

(二)虽未达到上述数额标准,但造成公司、企业等单位停业、停产六个月以上,或者破产的;

(三)其他给他人造成重大损失或者有其他严重情节的情形。

适用要点与裁判依据

★利用互联网损坏他人商业信誉和商品声誉的,依照刑法有关规定追究刑事责任

《全国人民代表大会常务委员会关于维护互联网安全的决定》(2009年8月27日修正)

三、为了维护社会主义市场经济秩序和社会管理秩序,对有下列行为之一,构成犯罪的,依照刑法有关规定追究刑事责任:

(一)利用互联网销售伪劣产品或者对商品、服务作虚假宣传;

(二)利用互联网损害他人商业信誉和商品声誉;

(三)利用互联网侵犯他人知识产权;

(四)利用互联网编造并传播影响证券、期货交易或者其他扰乱金融秩序的虚假信息;

(五)在互联网上建立淫秽网站、网页,提供淫秽站点链接服务,或者传播淫秽书刊、影片、音像、图片。

★利用信息网络实施诽谤等犯罪，同时又构成损害商业信誉、商品声誉罪的，择一重处

《最高人民法院、最高人民检察院关于办理利用信息网络实施诽谤等刑事案件适用法律若干问题的解释》（2013年9月6日 法释〔2013〕21号）

第九条 利用信息网络实施诽谤、寻衅滋事、敲诈勒索、非法经营犯罪，同时又构成刑法第二百二十一条规定的损害商业信誉、商品声誉罪，第二百七十八条规定的煽动暴力抗拒法律实施罪，第二百九十一条之一规定的编造、故意传播虚假恐怖信息罪等犯罪的，依照处罚较重的规定定罪处罚。

第十条 本解释所称信息网络，包括以计算机、电视机、固定电话机、移动电话机等电子设备为终端的计算机互联网、广播电视网、固定通信网、移动通信网等信息网络，以及向公众开放的局域网络。

第二百二十二条 【虚假广告罪】广告主、广告经营者、广告发布者违反国家规定，利用广告对商品或者服务作虚假宣传，情节严重的，处二年以下有期徒刑或者拘役，并处或者单处罚金。

立法动态

本条源自《中华人民共和国刑法》（1997年3月14日第八届全国人民代表大会第五次会议修订，自1997年10月1日起施行）。

立案标准

《最高人民检察院、公安部关于公安机关管辖的刑事案件立案追诉标准的规定（二）》（2022年4月6日修订 公通字〔2022〕12号）

第六十七条 ［虚假广告案（刑法第二百二十二条）］广告主、广告经营者、广告发布者违反国家规定，利用广告对商品或者服务作虚假宣传，涉嫌下列情形之一的，应予立案追诉：

（一）违法所得数额在十万元以上的；

（二）假借预防、控制突发事件、传染病防治的名义，利用广告作虚假宣传，致使多人上当受骗，违法所得数额在三万元以上的；

（三）利用广告对食品、药品作虚假宣传，违法所得数额在三万元以上的；

（四）虽未达到上述数额标准，但二年内因利用广告作虚假宣传受过二次以上行政处罚，又利用广告作虚假宣传的；

（五）造成严重危害后果或者恶劣社会影响的；

（六）其他情节严重的情形。

适用要点与裁判依据

★假借预防、控制突发传染病疫情等灾害的名义，利用广告对所推销的商品或者服务作虚假宣传的，构成虚假广告罪

《最高人民法院、最高人民检察院关于办理妨害预防、控制突发传染病疫情等灾害的刑事案件具体应用法律若干问题的解释》（2003年5月14日　法释〔2003〕8号）

第五条　广告主、广告经营者、广告发布者违反国家规定，假借预防、控制突发传染病疫情等灾害的名义，利用广告对所推销的商品或者服务作虚假宣传，致使多人上当受骗，违法所得数额较大或者有其他严重情节的，依照刑法第二百二十二条的规定，以虚假广告罪定罪处罚。

★利用广告对保健食品或者其他食品作虚假宣传的，构成本罪

《最高人民法院、最高人民检察院关于办理危害药品安全刑事案件适用法律若干问题的解释》（2022年3月3日　高检发释字〔2022〕1号）

第十九条　违反国家规定，利用广告对保健食品或者其他食品作虚假宣传，符合刑法第二百二十二条规定的，以虚假广告罪定罪处罚;以非法占有为目的,利用销售保健食品或者其他食品诈骗财物,符合刑法第二百六十六条规定的,以诈骗罪定罪处罚。同时构成生产、销售伪劣产品罪等其他犯罪的,依照处罚较重的规定定罪处罚。

★犯本罪,应严格缓刑、免予刑事处罚的适用

《最高人民法院、最高人民检察院关于办理危害食品安全刑事案件适用法律若干问题的解释》(2021 年 12 月 30 日　法释〔2021〕24 号)

第二十二条　对实施本解释规定之犯罪的犯罪分子,应当依照刑法规定的条件,严格适用缓刑、免予刑事处罚。对于依法适用缓刑的,可以根据犯罪情况,同时宣告禁止令。

对于被不起诉或者免予刑事处罚的行为人,需要给予行政处罚、政务处分或者其他处分的,依法移送有关主管机关处理。

★在疫情防控期间,假借疫情防控的名义,利用广告对所推销的商品或者服务作虚假宣传的,构成本罪

《最高人民法院、最高人民检察院、公安部、司法部关于依法惩治妨害新型冠状病毒感染肺炎疫情防控违法犯罪的意见》(2020 年 2 月 6 日　法发〔2020〕7 号)

二、准确适用法律,依法严惩妨害疫情防控的各类违法犯罪

(五)依法严惩诈骗、聚众哄抢犯罪。在疫情防控期间,假借研制、生产或者销售用于疫情防控的物品的名义骗取公私财物,或者捏造事实骗取公众捐赠款物,数额较大的,依照刑法第二百六十六条的规定,以诈骗罪定罪处罚。

在疫情防控期间,违反国家规定,假借疫情防控的名义,利用广告对所推销的商品或者服务作虚假宣传,致使多人上当受骗,违法所得数额较大或者有其他严重情节的,依照刑法第二百二十二条的规定,以虚假广告罪定罪处罚。

在疫情防控期间,聚众哄抢公私财物特别是疫情防控和保障物资,数额较大或者有其他严重情节的,对首要分子和积极参加者,依照刑法第二百六十八条的规定,以聚众哄抢罪定罪处罚。

第二百二十三条 【串通投标罪】投标人相互串通投标报价，损害招标人或者其他投标人利益，情节严重的，处三年以下有期徒刑或者拘役，并处或者单处罚金。

投标人与招标人串通投标，损害国家、集体、公民的合法利益的，依照前款的规定处罚。

立法动态

本条源自《中华人民共和国刑法》(1997 年 3 月 14 日第八届全国人民代表大会第五次会议修订，自 1997 年 10 月 1 日起施行)。

立案标准

《最高人民检察院、公安部关于公安机关管辖的刑事案件立案追诉标准的规定(二)》(2022 年 4 月 6 日修订 公通字〔2022〕12 号)

第六十八条 ［串通投标案(刑法第二百二十三条)］投标人相互串通投标报价，或者投标人与招标人串通投标，涉嫌下列情形之一的，应予立案追诉：

(一)损害招标人、投标人或者国家、集体、公民的合法利益，造成直接经济损失数额在五十万元以上的；

(二)违法所得数额在二十万元以上的；

(三)中标项目金额在四百万元以上的；

(四)采取威胁、欺骗或者贿赂等非法手段的；

(五)虽未达到上述数额标准，但二年内因串通投标受过二次以上行政处罚，又串通投标的；

(六)其他情节严重的情形。

类案检索指引

★对于串通拍卖行为,不能以串通投标罪予以追诉

《许某某、包某某串通投标立案监督案》(2020年12月21日最高人民检察院发布第二十四批指导性案例:检例第90号)

【关键词】

串通拍卖 串通投标 竞拍国有资产 罪刑法定 监督撤案

【要旨】

刑法规定了串通投标罪,但未规定串通拍卖行为构成犯罪。对于串通拍卖行为,不能以串通投标罪予以追诉。公安机关对串通竞拍国有资产行为以涉嫌串通投标罪刑事立案的,检察机关应当通过立案监督,依法通知公安机关撤销案件。

★检察机关充分履行自行补充侦查职权,全面查清案件事实,开展社会调查,为适用企业合规提供充分依据

《新泰市J公司等建筑企业串通投标系列案件》(2021年6月3日最高人民检察院发布企业合规改革试点典型案例)

【典型意义】

本案中,检察机关充分履行自行补充侦查职权,全面查清案件事实,开展社会调查,为适用企业合规提供充分依据。同时,检察机关推动企业合规与不起诉决定、检察听证、检察意见、检察建议等相关工作紧密结合,既推动对企业违法犯罪行为依法处罚、教育、矫治,使企业能够改过自新、合规守法经营,又能减少和预防企业再犯罪,使企业更主动地承担社会责任,同时推动当地建筑行业深层次问题的解决,为企业合规建设提供了生动的检察实践。

★结合相关领域的合规标准，指导企业细化合规计划，确保合规验收环节的质量效果，助力企业合规守法经营

《福建省三明市X公司、杨某某、王某某串通投标案》（2022年7月21日最高人民检察院发布第三批涉案企业合规典型案例）

【关键词】

高科技民营企业合规　串通投标　第三方监督评估　跟踪回访

【要旨】

对于涉案高新技术型民营企业，围绕企业特点全面做好合规前调查，提出整改建议，使涉案企业明确合规整改方向。结合相关领域的合规标准，指导企业细化合规计划，严格督促企业逐条对照落实。综合运用多类型评估、考察机制，确保合规验收环节的质量效果。持续做好不起诉后跟踪回访，助力企业合规守法经营。

第二百二十四条　【合同诈骗罪】有下列情形之一，以非法占有为目的，在签订、履行合同过程中，骗取对方当事人财物，数额较大的，处三年以下有期徒刑或者拘役，并处或者单处罚金；数额巨大或者有其他严重情节的，处三年以上十年以下有期徒刑，并处罚金；数额特别巨大或者有其他特别严重情节的，处十年以上有期徒刑或者无期徒刑，并处罚金或者没收财产：

（一）以虚构的单位或者冒用他人名义签订合同的；

（二）以伪造、变造、作废的票据或者其他虚假的产权证明作担保的；

（三）没有实际履行能力，以先履行小额合同或者部分履行合同的方法，诱骗对方当事人继续签订和履行合同的；

（四）收受对方当事人给付的货物、货款、预付款或者担保财产后逃匿的；

（五）以其他方法骗取对方当事人财物的。

立法动态

本条源自《中华人民共和国刑法》(1997 年 3 月 14 日第八届全国人民代表大会第五次会议修订,自 1997 年 10 月 1 日起施行)。

立案标准

《最高人民检察院、公安部关于公安机关管辖的刑事案件立案追诉标准的规定(二)》(2022 年 4 月 6 日修订　公通字〔2022〕12 号)

第六十九条　[合同诈骗案(刑法第二百二十四条)]以非法占有为目的,在签订、履行合同过程中,骗取对方当事人财物,数额在二万元以上的,应予立案追诉。

量刑指导

《最高人民法院、最高人民检察院关于常见犯罪的量刑指导意见(试行)》(2021 年 6 月 16 日　法发〔2021〕21 号)

四、常见犯罪的量刑

(六)合同诈骗罪

1. 构成合同诈骗罪的,根据下列情形在相应的幅度内确定量刑起点:

(1)达到数额较大起点的,在一年以下有期徒刑、拘役幅度内确定量刑起点。

(2)达到数额巨大起点或者有其他严重情节的,在三年至四年有期徒刑幅度内确定量刑起点。

(3)达到数额特别巨大起点或者有其他特别严重情节的,在十年至十二年有期徒刑幅度内确定量刑起点。依法应当判处无期徒刑的除外。

2. 在量刑起点的基础上,根据合同诈骗数额等其他影响犯罪构成的犯罪事实增加刑罚量,确定基准刑。

3. 构成合同诈骗罪的，根据诈骗手段、犯罪数额、损失数额、危害后果等犯罪情节，综合考虑被告人缴纳罚金的能力，决定罚金数额。

4. 构成合同诈骗罪的，综合考虑诈骗手段、犯罪数额、危害后果、退赃退赔等犯罪事实、量刑情节，以及被告人主观恶性、人身危险性、认罪悔罪表现等因素，决定缓刑的适用。

适用要点与裁判依据

★冒充国家机关工作人员或者军人招摇撞骗，同时构成合同诈骗罪等犯罪的，择一重处

《最高人民法院、最高人民检察院、公安部关于依法惩治招摇撞骗等违法犯罪行为的指导意见》（2021 年 12 月 16 日　公通字〔2021〕21 号）

四、冒充国家机关工作人员或者军人招摇撞骗，同时构成非法吸收公众存款罪、集资诈骗罪、合同诈骗罪、组织、领导传销活动罪、诈骗罪的，依照处罚较重的规定定罪处罚。

类案检索指引

★既遂未遂并存时法定刑幅度的选择

《王新明合同诈骗案》（2016 年 6 月 30 日最高人民法院发布第 13 批指导性案例：指导案例 62 号）

【关键词】

刑事　合同诈骗　数额犯　既遂　未遂

【裁判要点】

在数额犯中，犯罪既遂部分与未遂部分分别对应不同法定刑幅度的，应当先决定对未遂部分是否减轻处罚，确定未遂部分对应的法定刑幅度，再与既遂部分对应的法定刑幅度进行比较，选择适用处罚较重的法定刑幅度，并酌情从重处罚；二者在同一量刑幅度的，以犯罪既遂酌情从重处罚。

★办理涉企业合同诈骗犯罪案件，应当严格区分合同诈骗与民事违约行为的界限

《温某某合同诈骗立案监督案》(2020年12月21日最高人民检察院发布第二十四批指导性案例：检例第91号)

【关键词】

合同诈骗 合同欺诈 不应当立案而立案 侦查环节“挂案” 监督撤案

【要旨】

检察机关办理涉企业合同诈骗犯罪案件，应当严格区分合同诈骗与民事违约行为的界限。要注意审查涉案企业在签订、履行合同过程中是否具有非法占有目的和虚构事实、隐瞒真相的行为，准确认定是否具有诈骗故意。发现公安机关对企业之间的合同纠纷以合同诈骗进行刑事立案的，应当依法监督撤销案件。对于立案后久侦不结的“挂案”，检察机关应当向公安机关提出纠正意见。

第二百二十四条之一 【组织、领导传销活动罪】组织、领导以推销商品、提供服务等经营活动为名，要求参加者以缴纳费用或者购买商品、服务等方式获得加入资格，并按照一定顺序组成层级，直接或者间接以发展人员的数量作为计酬或者返利依据，引诱、胁迫参加者继续发展他人参加，骗取财物，扰乱经济社会秩序的传销活动的，处五年以下有期徒刑或者拘役，并处罚金；情节严重的，处五年以上有期徒刑，并处罚金。

立法动态

本条根据《中华人民共和国刑法修正案(七)》(自2009年2月28日起施行)第四条增加。

立案标准

《最高人民检察院、公安部关于公安机关管辖的刑事案件立案追诉标准的规定(二)》(2022年4月6日修订　公通字〔2022〕12号)

第七十条　[组织、领导传销活动案(刑法第二百二十四条之一)]组织、领导以推销商品、提供服务等经营活动为名,要求参加者以缴纳费用或者购买商品、服务等方式获得加入资格,并按照一定顺序组成层级,直接或者间接以发展人员的数量作为计酬或者返利依据,引诱、胁迫参加者继续发展他人参加,骗取财物,扰乱经济社会秩序的传销活动,涉嫌组织、领导的传销活动人员在三十人以上且层级在三级以上的,对组织者、领导者,应予立案追诉。

下列人员可以认定为传销活动的组织者、领导者:

(一)在传销活动中起发起、策划、操纵作用的人员;

(二)在传销活动中承担管理、协调等职责的人员;

(三)在传销活动中承担宣传、培训等职责的人员;

(四)因组织、领导传销活动受过刑事追究,或者一年内因组织、领导传销活动受过行政处罚,又直接或者间接发展参与传销活动人员在十五人以上且层级在三级以上的人员;

(五)其他对传销活动的实施、传销组织的建立、扩大等起关键作用的人员。

适用要点与裁判依据

★传销组织层级及人数的认定

《最高人民法院、最高人民检察院、公安部关于办理组织领导传销活动刑事案件适用法律若干问题的意见》(2013年11月14日　公通字〔2013〕37号)

一、关于传销组织层级及人数的认定问题

以推销商品、提供服务等经营活动为名,要求参加者以缴纳费用或者购买商品、服务等方式获得加入资格,并按照一定顺序组成层级,直接或者间接以发展人员的数量作为计酬或者返利依据,引诱、胁迫参加者继续发展他人参加,骗取财物,扰乱经济社会秩序的传销组织,其组织内部参与传销活动人员在三十人以上且层级在三级以上的,应当对组织者、领导者追究刑事责任。

组织、领导多个传销组织,单个或者多个组织中的层级已达三级以上的,可将在各个组织中发展的人数合并计算。

组织者、领导者形式上脱离原传销组织后,继续从原传销组织获取报酬或者返利的,原传销组织在其脱离后发展人员的层级数和人数,应当计算为其发展的层级数和人数。

办理组织、领导传销活动刑事案件中,确因客观条件的限制无法逐一收集参与传销活动人员的言词证据的,可以结合依法收集并查证属实的缴纳、支付费用及计酬、返利记录,视听资料,传销人员关系图,银行账户交易记录,互联网电子数据,鉴定意见等证据,综合认定参与传销的人数、层级数等犯罪事实。

★传销活动有关人员的认定和处理问题

《最高人民法院、最高人民检察院、公安部关于办理组织领导传销活动刑事案件适用法律若干问题的意见》(2013年11月14日 公通字〔2013〕37号)

二、关于传销活动有关人员的认定和处理问题

下列人员可以认定为传销活动的组织者、领导者:

(一)在传销活动中起发起、策划、操纵作用的人员;

(二)在传销活动中承担管理、协调等职责的人员;

(三)在传销活动中承担宣传、培训等职责的人员;

(四)曾因组织、领导传销活动受过刑事处罚,或者一年以内因组织、领导传销活动受过行政处罚,又直接或者间接发展参与传销活动人员在十五人以上且层级在三级以上的人员;

(五)其他对传销活动的实施、传销组织的建立、扩大等起关键作用的人员。

以单位名义实施组织、领导传销活动犯罪的,对于受单位指派,

仅从事劳务性工作的人员,一般不予追究刑事责任。

★"骗取财物"的认定

《最高人民法院、最高人民检察院、公安部关于办理组织领导传销活动刑事案件适用法律若干问题的意见》(2013年11月14日　公通字〔2013〕37号)

三、关于"骗取财物"的认定问题

传销活动的组织者、领导者采取编造、歪曲国家政策,虚构、夸大经营、投资、服务项目及盈利前景,掩饰计酬、返利真实来源或者其他欺诈手段,实施刑法第二百二十四条之一规定的行为,从参与传销活动人员缴纳的费用或者购买商品、服务的费用中非法获利的,应当认定为骗取财物。参与传销活动人员是否认为被骗,不影响骗取财物的认定。

★"情节严重"的认定

《最高人民法院、最高人民检察院、公安部关于办理组织领导传销活动刑事案件适用法律若干问题的意见》(2013年11月14日　公通字〔2013〕37号)

四、关于"情节严重"的认定问题

对符合本意见第一条第一款规定的传销组织的组织者、领导者,具有下列情形之一的,应当认定为刑法第二百二十四条之一规定的"情节严重":

(一)组织、领导的参与传销活动人员累计达一百二十人以上的;

(二)直接或者间接收取参与传销活动人员缴纳的传销资金数额累计达二百五十万元以上的;

(三)曾因组织、领导传销活动受过刑事处罚,或者一年以内因组织、领导传销活动受过行政处罚,又直接或者间接发展参与传销活动人员累计达六十人以上的;

(四)造成参与传销活动人员精神失常、自杀等严重后果的;

(五)造成其他严重后果或者恶劣社会影响的。

★"团队计酬"行为的处理

《最高人民法院、最高人民检察院、公安部关于办理组织领导传销活动刑事案件适用法律若干问题的意见》(2013年11月14日 公通字〔2013〕37号)

五、关于"团队计酬"行为的处理问题

传销活动的组织者或者领导者通过发展人员,要求传销活动的被发展人员发展其他人员加入,形成上下线关系,并以下线的销售业绩为依据计算和给付上线报酬,牟取非法利益的,是"团队计酬"式传销活动。

以销售商品为目的、以销售业绩为计酬依据的单纯的"团队计酬"式传销活动,不作为犯罪处理。形式上采取"团队计酬"方式,但实质上属于"以发展人员的数量作为计酬或者返利依据"的传销活动,应当依照刑法第二百二十四条之一的规定,以组织、领导传销活动罪定罪处罚。

★组织、领导传销活动,同时构成集资诈骗罪的,择一重处

《最高人民法院、最高人民检察院、公安部关于办理组织领导传销活动刑事案件适用法律若干问题的意见》(2013年11月14日 公通字〔2013〕37号)

六、关于罪名的适用问题

以非法占有为目的,组织、领导传销活动,同时构成组织、领导传销活动罪和集资诈骗罪的,依照处罚较重的规定定罪处罚。

犯组织、领导传销活动罪,并实施故意伤害、非法拘禁、敲诈勒索、妨害公务、聚众扰乱社会秩序、聚众冲击国家机关、聚众扰乱公共场所秩序、交通秩序等行为,构成犯罪的,依照数罪并罚的规定处罚。

★冒充国家机关工作人员或者军人招摇撞骗,同时构成组织、领导传销活动罪等犯罪的,择一重处

《最高人民法院、最高人民检察院、公安部关于依法惩治招摇撞骗等违法犯罪行为的指导意见》(2021年12月16日 公通字〔2021〕21号)

四、冒充国家机关工作人员或者军人招摇撞骗,同时构成非法吸收公众存款罪、集资诈骗罪、合同诈骗罪、组织、领导传销活动罪、诈骗罪的，依照处罚较重的规定定罪处罚。

类案检索指引

★利用网络，引诱参加者继续发展他人参与骗取财物的，构成本罪

《叶经生等组织、领导传销活动案》(2018 年 7 月 3 日最高人民检察院发布第十批指导性案例：检例第 41 号)

【关键词】

组织、领导传销活动　网络传销　骗取财物

【要旨】

组织者或者经营者利用网络发展会员，要求被发展人员以缴纳或者变相缴纳"入门费"为条件，获得提成和发展下线的资格。通过发展人员组成层级关系，并以直接或者间接发展的人员数量作为计酬或者返利的依据，引诱被发展人员继续发展他人参加，骗取财物，扰乱经济社会秩序的，以组织、领导传销活动罪追究刑事责任。

★揭开"网络""技术"外衣，认清行为特征，依法准确认定传销犯罪

《时某祥等 15 人组织、领导传销活动案》(2021 年 1 月 25 日最高人民检察院发布充分发挥检察职能　推进网络空间治理典型案例)

【典型意义】

(一)依法严厉打击以金融创新为名实施的新型网络犯罪。近年来随着区块链技术、虚拟货币的持续升温，一些犯罪分子打着金融创新的旗号，假借国家对外政策，实施违法犯罪活动，迷惑性很强，危害性巨大。检察机关办理此类案件，要坚持"穿透式"审查理念，结合行为方式、资金流向、盈利模式等，分析研判是否符合国家法律规定，准确区分金融创新与违法犯罪。构成犯罪的，依法严厉打击。

(二)准确认定传销活动行为本质。随着网络技术发展，传销活动借助网络技术，作案更加便捷，传播速度更快。但归根结底，传销的本质特征没有变，仍然是要求参加者缴纳会费或购买商品、服务等方式获得加入资格，并按照一定顺序组成层级，直接或者间接以发展人员的数量作为计酬或者返利依据。检察机关在办理此类案件时，要揭开“网络”“技术”外衣，认清行为特征，依法准确认定传销犯罪。

（三）提高风险防范意识，谨防各类投资陷阱。在层出不穷的新技术、新概念、新渠道面前，广大群众切忌盲目跟风。要深入学习国家法律和相关政策，充分了解投资项目，合理预期未来收益，合理控制投资风险，谨慎作出投资决定，远离传销组织和非法集资活动，一旦发现上当受骗，应立即退出、及时报案。

第二百二十五条　【非法经营罪】违反国家规定，有下列非法经营行为之一，扰乱市场秩序，情节严重的，处五年以下有期徒刑或者拘役，并处或者单处违法所得一倍以上五倍以下罚金；情节特别严重的，处五年以上有期徒刑，并处违法所得一倍以上五倍以下罚金或者没收财产：

（一）未经许可经营法律、行政法规规定的专营、专卖物品或者其他限制买卖的物品的；

（二）买卖进出口许可证、进出口原产地证明以及其他法律、行政法规规定的经营许可证或者批准文件的；

（三）未经国家有关主管部门批准非法经营证券、期货、保险业务的，或者非法从事资金支付结算业务的；

（四）其他严重扰乱市场秩序的非法经营行为。

立法动态

本条源自《中华人民共和国刑法》（1997 年 3 月 14 日第八届全国人民代表大会第五次会议修订，自 1997 年 10 月 1 日起施行）。

本条曾经全国人大常委会两次修改。

原本条规定为：第二百二十五条　违反国家规定，有下列非法经营行为之一,扰乱市场秩序,情节严重的,处五年以下有期徒刑或者拘役,并处或者单处违法所得一倍以上五倍以下罚金;情节特别严重的,处五年以上有期徒刑,并处违法所得一倍以上五倍以下罚金或者没收财产:(一)未经许可经营法律、行政法规规定的专营、专卖物品或者其他限制买卖的物品的;(二)买卖进出口许可证、进出口原产地证明以及其他法律、行政法规规定的经营许可证或者批准文件的;(三)其他严重扰乱市场秩序的非法经营行为。

本条第一次根据《中华人民共和国刑法修正案》(自1999年12月25日起施行)第八条修改,增加了第三项,即"未经国家有关主管部门批准,非法经营证券、期货或者保险业务的;"。

本条第二次根据《中华人民共和国刑法修正案(七)》(自2009年2月28日起施行)第五条修改,将本条第三项修改为:"未经国家有关主管部门批准非法经营证券、期货、保险业务的,或者非法从事资金支付结算业务的;"。

立案标准

《最高人民检察院、公安部关于公安机关管辖的刑事案件立案追诉标准的规定(二)》(2022年4月6日修订　公通字〔2022〕12号)

第七十一条　[非法经营案(刑法第二百二十五条)]违反国家规定,进行非法经营活动,扰乱市场秩序,涉嫌下列情形之一的,应予立案追诉:

(一)违反国家烟草专卖管理法律法规,未经烟草专卖行政主管部门许可,无烟草专卖生产企业许可证、烟草专卖批发企业许可证、特种烟草专卖经营企业许可证、烟草专卖零售许可证等许可证明,非法经营烟草专卖品,具有下列情形之一的:

1. 非法经营数额在五万元以上,或者违法所得数额在二万元以上的;

2. 非法经营卷烟二十万支以上的;

3. 三年内因非法经营烟草专卖品受过二次以上行政处罚，又非法经营烟草专卖品且数额在三万元以上的。

（二）未经国家有关主管部门批准，非法经营证券、期货、保险业务，或者非法从事资金支付结算业务，具有下列情形之一的：

1. 非法经营证券、期货、保险业务，数额在一百万元以上，或者违法所得数额在十万元以上的；

2. 非法从事资金支付结算业务，数额在五百万元以上，或者违法所得数额在十万元以上的；

3. 非法从事资金支付结算业务，数额在二百五十万元以上不满五百万元，或者违法所得数额在五万元以上不满十万元，且具有下列情形之一的：

（1）因非法从事资金支付结算业务犯罪行为受过刑事追究的；

（2）二年内因非法从事资金支付结算业务违法行为受过行政处罚的；

（3）拒不交代涉案资金去向或者拒不配合追缴工作，致使赃款无法追缴的；

（4）造成其他严重后果的。

4. 使用销售点终端机具（POS 机）等方法，以虚构交易、虚开价格、现金退货等方式向信用卡持卡人直接支付现金，数额在一百万元以上的，或者造成金融机构资金二十万元以上逾期未还的，或者造成金融机构经济损失十万元以上的。

（三）实施倒买倒卖外汇或者变相买卖外汇等非法买卖外汇行为，扰乱金融市场秩序，具有下列情形之一的：

1. 非法经营数额在五百万元以上的，或者违法所得数额在十万元以上的；

2. 非法经营数额在二百五十万元以上，或者违法所得数额在五万元以上，且具有下列情形之一的：

（1）因非法买卖外汇犯罪行为受过刑事追究的；

（2）二年内因非法买卖外汇违法行为受过行政处罚的；

(3)拒不交代涉案资金去向或者拒不配合追缴工作,致使赃款无法追缴的;

(4)造成其他严重后果的。

3. 公司、企业或者其他单位违反有关外贸代理业务的规定,采用非法手段,或者明知是伪造、变造的凭证、商业单据,为他人向外汇指定银行骗购外汇,数额在五百万美元以上或者违法所得数额在五十万元以上的;

4. 居间介绍骗购外汇,数额在一百万美元以上或者违法所得数额在十万元以上的。

(四)出版、印刷、复制、发行严重危害社会秩序和扰乱市场秩序的非法出版物,具有下列情形之一的:

1. 个人非法经营数额在五万元以上的,单位非法经营数额在十五万元以上的;

2. 个人违法所得数额在二万元以上的,单位违法所得数额在五万元以上的;

3. 个人非法经营报纸五千份或者期刊五千本或者图书二千册或者音像制品、电子出版物五百张(盒)以上的,单位非法经营报纸一万五千份或者期刊一万五千本或者图书五千册或者音像制品、电子出版物一千五百张(盒)以上的;

4. 虽未达到上述数额标准,但具有下列情形之一的:

(1)二年内因出版、印刷、复制、发行非法出版物受过二次以上行政处罚,又出版、印刷、复制、发行非法出版物的;

(2)因出版、印刷、复制、发行非法出版物造成恶劣社会影响或者其他严重后果的。

(五)非法从事出版物的出版、印刷、复制、发行业务,严重扰乱市场秩序,具有下列情形之一的:

1. 个人非法经营数额在十五万元以上的,单位非法经营数额在五十万元以上的;

2. 个人违法所得数额在五万元以上的,单位违法所得数额在十五万元以上的;

3. 个人非法经营报纸一万五千份或者期刊一万五千本或者图书五千册或者音像制品、电子出版物一千五百张(盒)以上的,单位非法经营报纸五万份或者期刊五万本或者图书一万五千册或者音像制品、电子出版物五千张(盒)以上的;

4. 虽未达到上述数额标准,二年内因非法从事出版物的出版、印刷、复制、发行业务受过二次以上行政处罚,又非法从事出版物的出版、印刷、复制、发行业务的。

(六)采取租用国际专线、私设转接设备或者其他方法,擅自经营国际电信业务或者涉港澳台电信业务进行营利活动,扰乱电信市场管理秩序,具有下列情形之一的:

1. 经营去话业务数额在一百万元以上的;

2. 经营来话业务造成电信资费损失数额在一百万元以上的;

3. 虽未达到上述数额标准,但具有下列情形之一的:

(1)二年内因非法经营国际电信业务或者涉港澳台电信业务行为受过二次以上行政处罚,又非法经营国际电信业务或者涉港澳台电信业务的;

(2)因非法经营国际电信业务或者涉港澳台电信业务行为造成其他严重后果的。

(七)以营利为目的,通过信息网络有偿提供删除信息服务,或者明知是虚假信息,通过信息网络有偿提供发布信息等服务,扰乱市场秩序,具有下列情形之一的:

1. 个人非法经营数额在五万元以上,或者违法所得数额在二万元以上的;

2. 单位非法经营数额在十五万元以上,或者违法所得数额在五万元以上的。

(八)非法生产、销售"黑广播""伪基站"、无线电干扰器等无线电设备,具有下列情形之一的:

1. 非法生产、销售无线电设备三套以上的;

2. 非法经营数额在五万元以上的;

3. 虽未达到上述数额标准，但二年内因非法生产、销售无线电设备受过二次以上行政处罚，又非法生产、销售无线电设备的。

（九）以提供给他人开设赌场为目的，违反国家规定，非法生产、销售具有退币、退分、退钢珠等赌博功能的电子游戏设施设备或者其专用软件，具有下列情形之一的：

1. 个人非法经营数额在五万元以上，或者违法所得数额在一万元以上的；

2. 单位非法经营数额在五十万元以上，或者违法所得数额在十万元以上的；

3. 虽未达到上述数额标准，但二年内因非法生产、销售赌博机行为受过二次以上行政处罚，又进行同种非法经营行为的；

4. 其他情节严重的情形。

（十）实施下列危害食品安全行为，非法经营数额在十万元以上，或者违法所得数额在五万元以上的：

1. 以提供给他人生产、销售食品为目的，违反国家规定，生产、销售国家禁止用于食品生产、销售的非食品原料的；

2. 以提供给他人生产、销售食用农产品为目的，违反国家规定，生产、销售国家禁用农药、食品动物中禁止使用的药品及其他化合物等有毒、有害的非食品原料，或者生产、销售添加上述有毒、有害的非食品原料的农药、兽药、饲料、饲料添加剂、饲料原料的；

3. 违反国家规定，私设生猪屠宰厂（场），从事生猪屠宰、销售等经营活动的。

（十一）未经监管部门批准，或者超越经营范围，以营利为目的，以超过百分之三十六的实际年利率经常性地向社会不特定对象发放贷款，具有下列情形之一的：

1. 个人非法放贷数额累计在二百万元以上的，单位非法放贷数额累计在一千万元以上的；

2. 个人违法所得数额累计在八十万元以上的，单位违法所得数额累计在四百万元以上的；

3. 个人非法放贷对象累计在五十人以上的，单位非法放贷对象累计在一百五十人以上的；

4. 造成借款人或者其近亲属自杀、死亡或者精神失常等严重后果的。

5. 虽未达到上述数额标准，但具有下列情形之一的：

(1)二年内因实施非法放贷行为受过二次以上行政处罚的；

(2)以超过百分之七十二的实际年利率实施非法放贷行为十次以上的。

黑恶势力非法放贷的，按照第1、2、3项规定的相应数额、数量标准的百分之五十确定。同时具有第5项规定情形的，按照相应数额、数量标准的百分之四十确定。

(十二)从事其他非法经营活动，具有下列情形之一的：

1. 个人非法经营数额在五万元以上，或者违法所得数额在一万元以上的；

2. 单位非法经营数额在五十万元以上，或者违法所得数额在十万元以上的；

3. 虽未达到上述数额标准，但二年内因非法经营行为受过二次以上行政处罚，又从事同种非法经营行为的；

4. 其他情节严重的情形。

法律、司法解释对非法经营罪的立案追诉标准另有规定的，依照其规定。

适用要点与裁判依据

★在国家规定的交易场所以外非法买卖外汇，扰乱市场秩序的，构成本罪

《全国人民代表大会常务委员会关于惩治骗购外汇、逃汇和非法买卖外汇犯罪的决定》(1998年12月29日)

四、在国家规定的交易场所以外非法买卖外汇，扰乱市场秩序，情节严重的,依照刑法第二百二十五条的规定定罪处罚。

单位犯前款罪的,依照刑法第二百三十一条的规定处罚。

★出版、印刷、复制、发行严重危害社会秩序和扰乱市场秩序的非法出版物"情节严重""情节特别严重"的认定标准

《最高人民法院关于审理非法出版物刑事案件具体应用法律若干问题的解释》(1998年12月17日　法释〔1998〕30号)

第十一条　违反国家规定,出版、印刷、复制、发行本解释第一条至第十条规定以外的其他严重危害社会秩序和扰乱市场秩序的非法出版物,情节严重的,依照刑法第二百二十五条第(三)项的规定,以非法经营罪定罪处罚。

第十二条　个人实施本解释第十一条规定的行为,具有下列情形之一的,属于非法经营行为"情节严重":

(一)经营数额在五万元至十万元以上的;

(二)违法所得数额在二万元至三万元以上的;

(三)经营报纸五千份或者期刊五千本或者图书二千册或者音像制品、电子出版物五百张(盒)以上的。

具有下列情形之一的,属于非法经营行为"情节特别严重":

(一)经营数额在十五万元至三十万元以上的;

(二)违法所得数额在五万元至十万元以上的;

(三)经营报纸一万五千份或者期刊一万五千本或者图书五千册或者音像制品、电子出版物一千五百张(盒)以上的。

第十三条　单位实施本解释第十一条规定的行为,具有下列情形之一的,属于非法经营行为"情节严重":

(一)经营数额在十五万元至三十万元以上的;

(二)违法所得数额在五万元至十万元以上的;

(三)经营报纸一万五千份或者期刊一万五千本或者图书五千册或者音像制品、电子出版物一千五百张(盒)以上的。

具有下列情形之一的,属于非法经营行为"情节特别严重":

(一)经营数额在五十万元至一百万元以上的;

（二）违法所得数额在十五万元至三十万元以上的；

（三）经营报纸五万份或者期刊五万本或者图书一万五千册或者音像制品、电子出版物五千张（盒）以上的。

第十四条　实施本解释第十一条规定的行为，经营数额、违法所得数额或者经营数量接近非法经营行为"情节严重"、"情节特别严重"的数额、数量起点标准，并具有下列情形之一的，可以认定为非法经营行为"情节严重"、"情节特别严重"：

（一）两年内因出版、印刷、复制、发行非法出版物受过行政处罚两次以上的；

（二）因出版、印刷、复制、发行非法出版物造成恶劣社会影响或者其他严重后果的。

★非法从事出版物的出版、印刷、复制、发行业务，情节特别严重的，构成本罪

《最高人民法院关于审理非法出版物刑事案件具体应用法律若干问题的解释》（1998年12月17日　法释〔1998〕30号）

第十五条　非法从事出版物的出版、印刷、复制、发行业务，严重扰乱市场秩序，情节特别严重，构成犯罪的，可以依照刑法第二百二十五条第（三）项的规定，以非法经营罪定罪处罚。

★出版单位与他人事前通谋构成犯罪的，以共犯论处

《最高人民法院关于审理非法出版物刑事案件具体应用法律若干问题的解释》（1998年12月17日　法释〔1998〕30号）

第十六条　出版单位与他人事前通谋，向其出售、出租或者以其他形式转让该出版单位的名称、书号、刊号、版号，他人实施本解释第二条、第四条、第八条、第九条、第十条、第十一条规定的行为，构成犯罪的，对该出版单位应当以共犯论处。

★非法出版物"经营数额""违法所得数额"的认定

《最高人民法院关于审理非法出版物刑事案件具体应用法律若干问题的解释》（1998年12月17日　法释〔1998〕30号）

第十七条　本解释所称"经营数额"，是指以非法出版物的定价数额乘以行为人经营的非法出版物数量所得的数额。

本解释所称"违法所得数额",是指获利数额。

非法出版物没有定价或者以境外货币定价的,其单价数额应当按照行为人实际出售的价格认定。

第十八条　各省、自治区、直辖市高级人民法院可以根据本地的情况和社会治安状况,在本解释第八条、第十条、第十二条、第十三条规定的有关数额、数量标准的幅度内,确定本地执行的具体标准,并报最高人民法院备案。

★擅自经营国际电信业务或者涉港澳台电信业务进行营利活动"情节严重""情节特别严重"的认定标准

《最高人民法院关于审理扰乱电信市场管理秩序案件具体应用法律若干问题的解释》(2000年5月12日　法释〔2000〕12号)

第一条　违反国家规定,采取租用国际专线、私设转接设备或者其他方法,擅自经营国际电信业务或者涉港澳台电信业务进行营利活动,扰乱电信市场管理秩序,情节严重的,依照刑法第二百二十五条第(四)项的规定,以非法经营罪定罪处罚。

第二条　实施本解释第一条规定的行为,具有下列情形之一的,属于非法经营行为"情节严重":

(一)经营去话业务数额在一百万元以上的;

(二)经营来话业务造成电信资费损失数额在一百万元以上的。

具有下列情形之一的,属于非法经营行为"情节特别严重":

(一)经营去话业务数额在五百万元以上的;

(二)经营来话业务造成电信资费损失数额在五百万元以上的。

第三条　实施本解释第一条规定的行为,经营数额或者造成电信资费损失数额接近非法经营行为"情节严重"、"情节特别严重"的数额起点标准,并具有下列情形之一的,可以分别认定为非法经营行为"情节严重"、"情节特别严重":

(一)两年内因非法经营国际电信业务或者涉港澳台电信业务行为受过行政处罚两次以上的;

（二）因非法经营国际电信业务或者涉港澳台电信业务行为造成其他严重后果的。

第四条　单位实施本解释第一条规定的行为构成犯罪的，对单位判处罚金，并对其直接负责的主管人员和其他直接责任人员，依照本解释第二条、第三条的规定处罚。

★擅自经营国际或者香港特别行政区、澳门特别行政区和台湾地区电信业务进行营利活动构成非法经营罪的标准

《最高人民检察院关于非法经营国际或港澳台地区电信业务行为法律适用问题的批复》（2002年2月6日　高检发释字〔2002〕1号）

违反《中华人民共和国电信条例》规定，采取租用电信国际专线、私设转接设备或者其他方法，擅自经营国际或者香港特别行政区、澳门特别行政区和台湾地区电信业务进行营利活动，扰乱电信市场管理秩序，情节严重的，应当依照《刑法》第二百二十五条第（四）项的规定，以非法经营罪追究刑事责任。

★非法生产、销售禁止在饲料和动物饮用水中使用的药品，情节严重的，构成本罪

《最高人民法院、最高人民检察院关于办理非法生产、销售、使用禁止在饲料和动物饮用水中使用的药品等刑事案件具体应用法律若干问题的解释》（2002年8月16日　法释〔2002〕26号）

第一条　未取得药品生产、经营许可证件和批准文号，非法生产、销售盐酸克仑特罗等禁止在饲料和动物饮用水中使用的药品，扰乱药品市场秩序，情节严重的，依照刑法第二百二十五条第（一）项的规定，以非法经营罪追究刑事责任。

第二条　在生产、销售的饲料中添加盐酸克仑特罗等禁止在饲料和动物饮用水中使用的药品，或者销售明知是添加有该类药品的饲料，情节严重的，依照刑法第二百二十五条第（四）项的规定，以非法经营罪追究刑事责任。

第五条　实施本解释规定的行为，同时触犯刑法规定的两种以上犯罪的,依照处罚较重的规定追究刑事责任。

★经营违法音像制品非法经营行为的界定

《最高人民检察院法律政策研究室关于非法经营行为界定有关问题的复函》(2002年10月25日 高检研发〔2002〕第24号)

一、关于经营违法音像制品行为的处理问题。对于经营违法音像制品行为,构成犯罪的,应当根据案件的具体情况,分别依照最高人民法院《关于审理非法出版物刑事案件具体应用法律若干问题的解释》和最高人民检察院、公安部《关于经济犯罪案件追诉标准的规定》等相关规定办理。

二、关于非法经营行为的界定问题,同意你部的意见,即:只要行为人明知是违法音像制品而进行经营即属于非法经营行为,其是否具有音像制品合法经营资格并不影响非法经营行为的认定;非法经营行为包括一系列环节,经营者购进违法音像制品并存放于仓库等场所的行为属于经营行为的中间环节,对此也可以认定为是非法经营行为。

★"擅自经营国际电信业务或者涉港澳台电信业务"的认定

《办理非法经营国际电信业务犯罪案件联席会议纪要》(2003年4月22日 公通字〔2002〕29号)

二、《解释》第一条规定:"违反国家规定,采取租用国际专线、私设转接设备或者其他方法,擅自经营国际电信业务或者涉港澳台电信业务进行营利活动,扰乱电信市场管理秩序,情节严重的,依照刑法第二百二十五条第(四)项的规定,以非法经营罪定罪处罚。"对于未取得国际电信业务(含涉港澳台电信业务,下同)经营许可证而经营,或被终止国际电信业务经营资格后继续经营,应认定为"擅自经营国际电信业务或者涉港澳台电信业务";情节严重的,应按上述规定以非法经营罪追究刑事责任。

《解释》第一条所称"其他方法",是指在边境地区私自架设跨境通信线路;利用互联网跨境传送IP话音并设立转接设备,将国际话务转接至我境内公用电话网或转接至其他国家或地区;在境内以租用、托管、代维等方式设立转接平台；私自设置国际通信出入口等方法。

三、获得国际电信业务经营许可的经营者(含涉港澳台电信业务经营者)明知他人非法从事国际电信业务,仍违反国家规定,采取出租、合作、授权等手段,为他人提供经营和技术条件,利用现有设备或另设国际话务转接设备并从中营利,情节严重的,应以非法经营罪的共犯追究刑事责任。

★疫情防控期间哄抬物价、牟取暴利,违法所得数额较大或者有其他严重情节的,构成本罪,从重处罚

《最高人民法院、最高人民检察院关于办理妨害预防、控制突发传染病疫情等灾害的刑事案件具体应用法律若干问题的解释》(2003年5月14日　法释〔2003〕8号)

第六条　违反国家在预防、控制突发传染病疫情等灾害期间有关市场经营、价格管理等规定,哄抬物价、牟取暴利,严重扰乱市场秩序,违法所得数额较大或者有其他严重情节的,依照刑法第二百二十五条第(四)项的规定,以非法经营罪定罪,依法从重处罚。

★非法生产、批发、零售烟草制品的,构成本罪

《最高人民法院、最高人民检察院、公安部、国家烟草专卖局关于办理假冒伪劣烟草制品等刑事案件适用法律问题座谈会纪要》(2003年12月23日　商检会〔2003〕4号)

三、关于非法经营烟草制品行为适用法律问题

未经烟草专卖行政主管部门许可,无生产许可证、批发许可证、零售许可证,而生产、批发、零售烟草制品,具有下列情形之一的,依照刑法第二百二十五条的规定定罪处罚:

1、个人非法经营数额在五万元以上的,或者违法所得数额在一万元以上的;

2、单位非法经营数额在五十万元以上的,或者违法所得数额在十万元以上的;

3、曾因非法经营烟草制品行为受过二次以上行政处罚又非法经

营的,非法经营数额在二万元以上的。

★犯本罪,同时构成其他犯罪的,择一重处

《最高人民法院、最高人民检察院、公安部、国家烟草专卖局关于办理假冒伪劣烟草制品等刑事案件适用法律问题座谈会纪要》(2003年12月23日 商检会〔2003〕4号)

六、关于一罪与数罪问题

行为人的犯罪行为同时构成生产、销售伪劣产品罪、销售假冒注册商标的商品罪、非法经营罪等罪的,依照处罚较重的规定定罪处罚。

★擅自发行、销售彩票构成犯罪的,构成本罪

《最高人民法院、最高人民检察院关于办理赌博刑事案件具体应用法律若干问题的解释》(2005年5月11日 法释〔2005〕3号)

第六条 未经国家批准擅自发行、销售彩票,构成犯罪的,依照刑法第二百二十五条第(四)项的规定,以非法经营罪定罪处罚。

★非法经营证券业务的,构成本罪

《最高人民法院、最高人民检察院、公安部、中国证券监督管理委员会关于整治非法证券活动有关问题的通知》(2008年1月2日 证监发〔2008〕1号)

二、明确法律政策界限,依法打击非法证券活动

(三)关于非法经营证券业务的责任追究。任何单位和个人经营证券业务,必须经证监会批准。未经批准的,属于非法经营证券业务,应予以取缔;涉嫌犯罪的,依照《刑法》第二百二十五条之规定,以非法经营罪追究刑事责任。对于中介机构非法代理买卖非上市公司股票,涉嫌犯罪的,应当依照《刑法》第二百二十五条之规定,以非法经营罪追究刑事责任;所代理的非上市公司涉嫌擅自发行股票,构成犯罪的,应当依照《刑法》第一百七十九条之规定,以擅自发行股票罪追究刑事责任。非上市公司和中介机构共谋擅自发行股票,构成犯罪的,以擅自发行股票罪的共犯论处。未构成犯罪的,依照《证券法》和有关法律的规定给予行政处罚。

★非法生产、销售烟草专卖品“情节严重”“情节特别严重”的认定标准

《最高人民法院、最高人民检察院关于办理非法生产、销售烟草专卖品等刑事案件具体应用法律若干问题的解释》(2010年3月2日 法释〔2010〕7号)

第一条　生产、销售伪劣卷烟、雪茄烟等烟草专卖品,销售金额在五万元以上的,依照刑法第一百四十条的规定,以生产、销售伪劣产品罪定罪处罚。

未经卷烟、雪茄烟等烟草专卖品注册商标所有人许可,在卷烟、雪茄烟等烟草专卖品上使用与其注册商标相同的商标,情节严重的,依照刑法第二百一十三条的规定,以假冒注册商标罪定罪处罚。

销售明知是假冒他人注册商标的卷烟、雪茄烟等烟草专卖品,销售金额较大的,依照刑法第二百一十四条的规定,以销售假冒注册商标的商品罪定罪处罚。

伪造、擅自制造他人卷烟、雪茄烟注册商标标识或者销售伪造、擅自制造的卷烟、雪茄烟注册商标标识,情节严重的,依照刑法第二百一十五条的规定,以非法制造、销售非法制造的注册商标标识罪定罪处罚。

违反国家烟草专卖管理法律法规,未经烟草专卖行政主管部门许可,无烟草专卖生产企业许可证、烟草专卖批发企业许可证、特种烟草专卖经营企业许可证、烟草专卖零售许可证等许可证明,非法经营烟草专卖品,情节严重的,依照刑法第二百二十五条的规定,以非法经营罪定罪处罚。

第三条　非法经营烟草专卖品,具有下列情形之一的,应当认定为刑法第二百二十五条规定的“情节严重”:

(一)非法经营数额在五万元以上的,或者违法所得数额在二万元以上的;

(二)非法经营卷烟二十万支以上的;

(三)曾因非法经营烟草专卖品三年内受过二次以上行政处罚,又非法经营烟草专卖品且数额在三万元以上的。

具有下列情形之一的，应当认定为刑法第二百二十五条规定的“情节特别严重”：

（一）非法经营数额在二十五万元以上，或者违法所得数额在十万元以上的；

（二）非法经营卷烟一百万支以上的。

★非法经营烟草专卖品，无法查清销售或者购买价格的，计算非法经营数额的方法

《最高人民法院、最高人民检察院关于办理非法生产、销售烟草专卖品等刑事案件具体应用法律若干问题的解释》（2010 年 3 月 2 日　法释〔2010〕7 号）

第四条　非法经营烟草专卖品，能够查清销售或者购买价格的，按照其销售或者购买的价格计算非法经营数额。无法查清销售或者购买价格的，按照下列方法计算非法经营数额：

（一）查获的卷烟、雪茄烟的价格，有品牌的，按照该品牌卷烟、雪茄烟的查获地省级烟草专卖行政主管部门出具的零售价格计算；无品牌的，按照查获地省级烟草专卖行政主管部门出具的上年度卷烟平均零售价格计算；

（二）查获的复烤烟叶、烟叶的价格按照查获地省级烟草专卖行政主管部门出具的上年度烤烟调拨平均基准价格计算；

（三）烟丝的价格按照第（二）项规定价格计算标准的一点五倍计算；

（四）卷烟辅料的价格，有品牌的，按照该品牌辅料的查获地省级烟草专卖行政主管部门出具的价格计算；无品牌的，按照查获地省级烟草专卖行政主管部门出具的上年度烟草行业生产卷烟所需该类卷烟辅料的平均价格计算；

（五）非法生产、销售、购买烟草专用机械的价格按照国务院烟草专卖行政主管部门下发的全国烟草专用机械产品指导价格目录进行计算；目录中没有该烟草专用机械的，按照省级以上烟草专卖行政主管部门出具的目录中同类烟草专用机械的平均价格计算。

★犯非法生产、销售烟草专卖品罪,同时构成其他犯罪的,择重处理

《最高人民法院、最高人民检察院关于办理非法生产、销售烟草专卖品等刑事案件具体应用法律若干问题的解释》(2010年3月2日 法释〔2010〕7号)

第五条 行为人实施非法生产、销售烟草专卖品犯罪,同时构成生产、销售伪劣产品罪、侵犯知识产权犯罪、非法经营罪的,依照处罚较重的规定定罪处罚。

★非法生产、销售烟草专卖品按照共犯追究刑事责任的情形

《最高人民法院、最高人民检察院关于办理非法生产、销售烟草专卖品等刑事案件具体应用法律若干问题的解释》(2010年3月2日 法释〔2010〕7号)

第六条 明知他人实施本解释第一条所列犯罪,而为其提供贷款、资金、账号、发票、证明、许可证件,或者提供生产、经营场所、设备、运输、仓储、保管、邮寄、代理进出口等便利条件,或者提供生产技术、卷烟配方的,应当按照共犯追究刑事责任。

★是否属于"其它严重扰乱市场秩序的非法经营行为",应当逐级向最高人民法院请示

《最高人民法院关于准确理解和适用刑法中"国家规定"的有关问题的通知》(2011年4月8日 法发〔2011〕155号)

三、各级人民法院审理非法经营犯罪案件,要依法严格把握刑法第二百二十五条第(四)的适用范围。对被告人的行为是否属于刑法第二百二十五条第(四)规定的"其它严重扰乱市场秩序的非法经营行为",有关司法解释未作明确规定的,应当作为法律适用问题,逐级向最高人民法院请示。

★非法生产、经营烟花爆竹及相关行为构成非法经营罪的标准

《最高人民法院、最高人民检察院、公安部、国家安全监管总局关于依法加强对涉嫌犯罪的非法生产经营烟花爆竹行为刑事责任追究的通知》(2012年9月6日 安监总管三〔2012〕116号)

一、非法生产、经营烟花爆竹及相关行为涉及非法制造、买卖、运输、邮寄、储存黑火药、烟火药，构成非法制造、买卖、运输、邮寄、储存爆炸物罪的，应当依照刑法第一百二十五条的规定定罪处罚；非法生产、经营烟花爆竹及相关行为涉及生产、销售伪劣产品或不符合安全标准产品，构成生产、销售伪劣产品罪或生产、销售不符合安全标准产品罪的，应当依照刑法第一百四十条、第一百四十六条的规定定罪处罚；非法生产、经营烟花爆竹及相关行为构成非法经营罪的，应当依照刑法第二百二十五条的规定定罪处罚。上述非法生产经营烟花爆竹行为的定罪量刑和立案追诉标准，分别按照《最高人民法院关于审理非法制造、买卖、运输枪支、弹药、爆炸物等刑事案件具体应用法律若干问题的解释》（法释〔2009〕18号）、《最高人民法院最高人民检察院关于办理生产、销售伪劣商品刑事案件具体应用法律若干问题的解释》（法释〔2001〕10号）、《最高人民检察院、公安部关于公安机关管辖的刑事案件立案追诉标准的规定（一）》（公通字〔2008〕36号）、《最高人民检察院、公安部关于公安机关管辖的刑事案件立案追诉标准的规定（二）》（公通字〔2010〕23号）等有关规定执行。

★生产、销售国家禁止用于食品生产、销售的非食品原料或者化合物等有毒、有害的非食品原料情节严重的，构成本罪

《最高人民法院、最高人民检察院关于办理危害食品安全刑事案件适用法律若干问题的解释》（2021年12月30日　法释〔2021〕24号）

第十六条　以提供给他人生产、销售食品为目的，违反国家规定，生产、销售国家禁止用于食品生产、销售的非食品原料，情节严重的，依照刑法第二百二十五条的规定以非法经营罪定罪处罚。

以提供给他人生产、销售食用农产品为目的，违反国家规定，生产、销售国家禁用农药、食品动物中禁止使用的药品及其他化合物等有毒、有害的非食品原料，或者生产、销售添加上述有毒、有害的非食品原料的农药、兽药、饲料、饲料添加剂、饲料原料，情节严重的，依照前款的规定定罪处罚。

★私设生猪屠宰厂(场),从事生猪屠宰、销售等经营活动,情节严重的,构成本罪

《最高人民法院、最高人民检察院关于办理危害食品安全刑事案件适用法律若干问题的解释》(2021年12月30日　法释〔2021〕24号)

第十七条　违反国家规定,私设生猪屠宰厂(场),从事生猪屠宰、销售等经营活动,情节严重的,依照刑法第二百二十五条的规定以非法经营罪定罪处罚。

在畜禽屠宰相关环节,对畜禽使用食品动物中禁止使用的药品及其他化合物等有毒、有害的非食品原料,依照刑法第一百四十四条的规定以生产、销售有毒、有害食品罪定罪处罚;对畜禽注水或者注入其他物质,足以造成严重食物中毒事故或者其他严重食源性疾病的,依照刑法第一百四十三条的规定以生产、销售不符合安全标准的食品罪定罪处罚;虽不足以造成严重食物中毒事故或者其他严重食源性疾病,但符合刑法第一百四十条规定的,以生产、销售伪劣产品罪定罪处罚。

★实施非法经营行为"情节严重""情节特别严重"的认定标准及竞合犯罪的处理

《最高人民法院、最高人民检察院关于办理危害食品安全刑事案件适用法律若干问题的解释》(2021年12月30日　法释〔2021〕24号)

第十八条　实施本解释规定的非法经营行为,非法经营数额在十万元以上,或者违法所得数额在五万元以上的,应当认定为刑法第二百二十五条规定的"情节严重";非法经营数额在五十万元以上,或者违法所得数额在二十五万元以上的,应当认定为刑法第二百二十五条规定的"情节特别严重"。

实施本解释规定的非法经营行为,同时构成生产、销售伪劣产品罪,生产、销售不符合安全标准的食品罪,生产、销售有毒、有害食品罪,生产、销售伪劣农药、兽药罪等其他犯罪的,依照处罚较重的规定定罪处罚。

★非法采挖、买卖麻黄草等的，构成本罪

《最高人民法院、最高人民检察院、公安部、农业部、食品药品监管总局关于进一步加强麻黄草管理严厉打击非法买卖麻黄草等违法犯罪活动的通知》(2013年5月21日 公通字〔2013〕16号)

三、依法查处非法采挖、买卖麻黄草等犯罪行为

(四)违反国家规定采挖、销售、收购麻黄草，没有证据证明以制造毒品或者走私、非法买卖制毒物品为目的，依照刑法第二百二十五条的规定构成犯罪的，以非法经营罪定罪处罚。

★通过信息网络有偿提供删除信息服务情节严重的，构成本罪

《最高人民法院、最高人民检察院关于办理利用信息网络实施诽谤等刑事案件适用法律若干问题的解释》(2013年9月6日 法释〔2013〕21号)

第七条 违反国家规定，以营利为目的，通过信息网络有偿提供删除信息服务，或者明知是虚假信息，通过信息网络有偿提供发布信息等服务，扰乱市场秩序，具有下列情形之一的，属于非法经营行为“情节严重”，依照刑法第二百二十五条第(四)项的规定，以非法经营罪定罪处罚：

(一)个人非法经营数额在五万元以上，或者违法所得数额在二万元以上的；

(二)单位非法经营数额在十五万元以上，或者违法所得数额在五万元以上的。

实施前款规定的行为，数额达到前款规定的数额五倍以上的，应当认定为刑法第二百二十五条规定的“情节特别严重”。

第八条 明知他人利用信息网络实施诽谤、寻衅滋事、敲诈勒索、非法经营等犯罪，为其提供资金、场所、技术支持等帮助的，以共同犯罪论处。

★非法生产、销售“伪基站”设备的，构成本罪

《最高人民法院、最高人民检察院、公安部、国家安全部关于依法办理非法生产销售使用“伪基站”设备案件的意见》(2014 年 3 月 14 日　公通字〔2014〕13 号)

一、准确认定行为性质

(一)非法生产、销售“伪基站”设备，具有以下情形之一的，依照《刑法》第二百二十五条的规定，以非法经营罪追究刑事责任：

1、个人非法生产、销售“伪基站”设备三套以上，或者非法经营数额五万元以上，或者违法所得数额二万元以上的；

2、单位非法生产、销售“伪基站”设备十套以上，或者非法经营数额十五万元以上，或者违法所得数额五万元以上的；

3、虽未达到上述数额标准，但两年内曾因非法生产、销售“伪基站”设备受过两次以上行政处罚，又非法生产、销售“伪基站”设备的。

实施前款规定的行为，数量、数额达到前款规定的数量、数额五倍以上的，应当认定为《刑法》第二百二十五条规定的“情节特别严重”。

非法生产、销售“伪基站”设备，经鉴定为专用间谍器材的，依照《刑法》第二百八十三条的规定，以非法生产、销售间谍专用器材罪追究刑事责任；同时构成非法经营罪的，以非法经营罪追究刑事责任。

★以提供给他人开设赌场为目的，非法生产、销售具有赌博功能的电子游戏设施设备或者其专用软件，情节严重的，构成本罪

《最高人民法院、最高人民检察院、公安部关于办理利用赌博机开设赌场案件适用法律若干问题的意见》(2014 年 3 月 26 日　公通字〔2014〕17 号)

四、关于生产、销售赌博机的定罪量刑标准

以提供给他人开设赌场为目的，违反国家规定，非法生产、销售具有退币、退分、退钢珠等赌博功能的电子游戏设施设备或者其专用软件，情节严重的，依照刑法第二百二十五条的规定，以非法经营罪定罪处罚。

实施前款规定的行为,具有下列情形之一的,属于非法经营行为“情节严重”:

(一)个人非法经营数额在五万元以上,或者违法所得数额在一万元以上的;

(二)单位非法经营数额在五十万元以上,或者违法所得数额在十万元以上的;

(三)虽未达到上述数额标准,但两年内因非法生产、销售赌博机行为受过二次以上行政处罚,又进行同种非法经营行为的;

(四)其他情节严重的情形。

具有下列情形之一的,属于非法经营行为“情节特别严重”:

(一)个人非法经营数额在二十五万元以上,或者违法所得数额在五万元以上的;

(二)单位非法经营数额在二百五十万元以上,或者违法所得数额在五十万元以上的。

★非银行机构从事支付结算业务,未取得支付业务许可从事该业务的,构成本罪

《最高人民检察院关于办理涉互联网金融犯罪案件有关问题座谈会纪要》(2017年6月2日 **高检诉**〔2017〕14号)

(三)非法经营资金支付结算行为的认定

18 支付结算业务(也称支付业务)是商业银行或者支付机构在收付款人之间提供的货币资金转移服务。非银行机构从事支付结算业务,应当经中国人民银行批准取得《支付业务许可证》,成为支付机构。未取得支付业务许可从事该业务的行为,违反《非法金融机构和非法金融业务活动取缔办法》第四条第一款第(三)、(四)项的规定,破坏了支付结算业务许可制度,危害支付市场秩序和安全,情节严重的,适用刑法第二百二十五条第(三)项,以非法经营罪追究刑事责任。具体情形:

(1)未取得支付业务许可经营基于客户支付账户的网络支付业

务。无证网络支付机构为客户非法开立支付账户,客户先把资金支付到该支付账户,再由无证机构根据订单信息从支付账户平台将资金结算到收款人银行账户。

(2)未取得支付业务许可经营多用途预付卡业务。无证发卡机构非法发行可跨地区、跨行业、跨法人使用的多用途预付卡,聚集大量的预付卡销售资金,并根据客户订单信息向商户划转结算资金。

19 在具体办案时,要深入剖析相关行为是否具备资金支付结算的实质特征,准确区分支付工具的正常商业流转与提供支付结算服务、区分单用途预付卡与多用途预付卡业务,充分考虑具体行为与“地下钱庄”等同类犯罪在社会危害方面的相当性以及刑事处罚的必要性,严格把握入罪和出罪标准。

★非法生产、销售“黑广播”、“伪基站”、无线电干扰器等无线电设备的,构成本罪

《最高人民法院、最高人民检察院关于办理扰乱无线电通讯管理秩序等刑事案件适用法律若干问题的解释》(2017 年 6 月 27 日　法释〔2017〕11 号)

第四条　非法生产、销售“黑广播”“伪基站”、无线电干扰器等无线电设备,具有下列情形之一的,应当认定为刑法第二百二十五条规定的“情节严重”:

(一)非法生产、销售无线电设备三套以上的;

(二)非法经营数额五万元以上的;

(三)其他情节严重的情形。

实施前款规定的行为,数量或者数额达到前款第一项、第二项规定标准五倍以上,或者具有其他情节特别严重的情形的,应当认定为刑法第二百二十五条规定的“情节特别严重”。

在非法生产、销售无线电设备窝点查扣的零件,以组装完成的套数以及能够组装的套数认定;无法组装为成套设备的,每三套广播信号调制器(激励器)认定为一套“黑广播”设备,每三块主板认定为一套“伪基站”设备。

第五条　单位犯本解释规定之罪的，对单位判处罚金，并对直接负责的主管人员和其他直接责任人员，依照本解释规定的自然人犯罪的定罪量刑标准定罪处罚。

★使用销售点终端机具（POS机）等方法，向信用卡持卡人直接支付现金构成非法经营罪的认定标准

《最高人民法院、最高人民检察院关于办理妨害信用卡管理刑事案件具体应用法律若干问题的解释》（2018年11月28日　法释〔2018〕19号）

第十二条　违反国家规定，使用销售点终端机具（POS机）等方法，以虚构交易、虚开价格、现金退货等方式向信用卡持卡人直接支付现金，情节严重的，应当依据刑法第二百二十五条的规定，以非法经营罪定罪处罚。

实施前款行为，数额在一百万元以上的，或者造成金融机构资金二十万元以上逾期未还的，或者造成金融机构经济损失十万元以上的，应当认定为刑法第二百二十五条规定的"情节严重"；数额在五百万元以上的，或者造成金融机构资金一百万元以上逾期未还的，或者造成金融机构经济损失五十万元以上的，应当认定为刑法第二百二十五条规定的"情节特别严重"。

持卡人以非法占有为目的，采用上述方式恶意透支，应当追究刑事责任的，依照刑法第一百九十六条的规定，以信用卡诈骗罪定罪处罚。

★"非法从事资金支付结算业务"构成非法经营罪的认定标准

《最高人民法院、最高人民检察院关于办理非法从事资金支付结算业务、非法买卖外汇刑事案件适用法律若干问题的解释》（2019年1月31日　法释〔2019〕1号）

第一条　违反国家规定，具有下列情形之一的，属于刑法第二百二十五条第三项规定的"非法从事资金支付结算业务"：

（一）使用受理终端或者网络支付接口等方法，以虚构交易、虚开价格、交易退款等非法方式向指定付款方支付货币资金的；

(二)非法为他人提供单位银行结算账户套现或者单位银行结算账户转个人账户服务的;

(三)非法为他人提供支票套现服务的;

(四)其他非法从事资金支付结算业务的情形。

★实施倒买倒卖外汇等非法买卖外汇行为情节严重的,构成本罪

《最高人民法院、最高人民检察院关于办理非法从事资金支付结算业务、非法买卖外汇刑事案件适用法律若干问题的解释》(2019年1月31日　法释〔2019〕1号)

第二条　违反国家规定,实施倒买倒卖外汇或者变相买卖外汇等非法买卖外汇行为,扰乱金融市场秩序,情节严重的,依照刑法第二百二十五条第四项的规定,以非法经营罪定罪处罚。

★非法从事资金支付结算业务或者非法买卖外汇"情节严重""情节特别严重"的认定标准

《最高人民法院、最高人民检察院关于办理非法从事资金支付结算业务、非法买卖外汇刑事案件适用法律若干问题的解释》(2019年1月31日　法释〔2019〕1号)

第三条　非法从事资金支付结算业务或者非法买卖外汇,具有下列情形之一的,应当认定为非法经营行为"情节严重":

(一)非法经营数额在五百万元以上的;

(二)违法所得数额在十万元以上的。

非法经营数额在二百五十万元以上,或者违法所得数额在五万元以上,且具有下列情形之一的,可以认定为非法经营行为"情节严重":

(一)曾因非法从事资金支付结算业务或者非法买卖外汇犯罪行为受过刑事追究的;

(二)二年内因非法从事资金支付结算业务或者非法买卖外汇违法行为受过行政处罚的;

(三)拒不交代涉案资金去向或者拒不配合追缴工作,致使赃款无法追缴的；

（四）造成其他严重后果的。

第四条 非法从事资金支付结算业务或者非法买卖外汇，具有下列情形之一的，应当认定为非法经营行为“情节特别严重”：

（一）非法经营数额在二千五百万元以上的；

（二）违法所得数额在五十万元以上的。

非法经营数额在一千二百五十万元以上，或者违法所得数额在二十五万元以上，且具有本解释第三条第二款规定的四种情形之一的，可以认定为非法经营行为“情节特别严重”。

★非法从事资金支付结算业务构成非法经营罪，同时又构成帮助恐怖活动罪、洗钱罪的，择一重处

《最高人民法院、最高人民检察院关于办理非法从事资金支付结算业务、非法买卖外汇刑事案件适用法律若干问题的解释》（2019年1月31日 法释〔2019〕1号）

第五条 非法从事资金支付结算业务或者非法买卖外汇，构成非法经营罪，同时又构成刑法第一百二十条之一规定的帮助恐怖活动罪或者第一百九十一条规定的洗钱罪的，依照处罚较重的规定定罪处罚。

★非法从事资金支付结算业务或者非法买卖外汇的，非法经营数额或者违法所得数额的计算方法

《最高人民法院、最高人民检察院关于办理非法从事资金支付结算业务、非法买卖外汇刑事案件适用法律若干问题的解释》（2019年1月31日 法释〔2019〕1号）

第六条 二次以上非法从事资金支付结算业务或者非法买卖外汇，依法应予行政处理或者刑事处理而未经处理的，非法经营数额或者违法所得数额累计计算。

同一案件中，非法经营数额、违法所得数额分别构成情节严重、情节特别严重的，按照处罚较重的数额定罪处罚。

第七条 非法从事资金支付结算业务或者非法买卖外汇违法所

得数额难以确定的，按非法经营数额的千分之一认定违法所得数额，依法并处或者单处违法所得一倍以上五倍以下罚金。

★对于非法从事资金支付结算业务或者非法买卖外汇行为，可以依法不起诉或者免予刑事处罚的情形

《最高人民法院、最高人民检察院关于办理非法从事资金支付结算业务、非法买卖外汇刑事案件适用法律若干问题的解释》（2019年1月31日　法释〔2019〕1号）

第八条　符合本解释第三条规定的标准，行为人如实供述犯罪事实，认罪悔罪，并积极配合调查，退缴违法所得的，可以从轻处罚；其中犯罪情节轻微的，可以依法不起诉或者免予刑事处罚。

符合刑事诉讼法规定的认罪认罚从宽适用范围和条件的，依照刑事诉讼法的规定处理。

★单位实施非法从事资金支付结算业务、非法买卖外汇行为的刑事责任

《最高人民法院、最高人民检察院关于办理非法从事资金支付结算业务、非法买卖外汇刑事案件适用法律若干问题的解释》（2019年1月31日　法释〔2019〕1号）

第九条　单位实施本解释第一条、第二条规定的非法从事资金支付结算业务、非法买卖外汇行为，依照本解释规定的定罪量刑标准，对单位判处罚金，并对其直接负责的主管人员和其他直接责任人员定罪处罚。

★对非法经营危险废物行为的社会危害性应作实质性判断

《最高人民法院、最高人民检察院、公安部、司法部、生态环境部关于办理环境污染刑事案件有关问题座谈会纪要》（2019年2月20日）

5. 关于非法经营罪的适用

会议针对如何把握非法经营罪与污染环境罪的关系以及如何具体适用非法经营罪的问题进行了讨论。会议强调，要高度重视非法经营危险废物案件的办理，坚持全链条、全环节、全流程对非法排放、倾倒、处置、经营危险废物的产业链进行刑事打击，查清犯罪网络，深挖犯罪源头，斩断利益链条，不断挤压和铲除此类犯罪滋生蔓延的空间。

会议认为，准确理解和适用《环境解释》第六条的规定应当注意把握两个原则：一要坚持实质判断原则，对行为人非法经营危险废物行为的社会危害性作实质性判断。比如，一些单位或者个人虽未依法取得危险废物经营许可证，但其收集、贮存、利用、处置危险废物经营活动，没有超标排放污染物、非法倾倒污染物或者其他违法造成环境污染情形的，则不宜以非法经营罪论处。二要坚持综合判断原则，对行为人非法经营危险废物行为根据其在犯罪链条中的地位、作用综合判断其社会危害性。比如，有证据证明单位或者个人的无证经营危险废物行为属于危险废物非法经营产业链的一部分，并且已经形成了分工负责、利益均沾、相对固定的犯罪链条，如果行为人或者与其联系紧密的上游或者下游环节具有排放、倾倒、处置危险废物违法造成环境污染的情形，且交易价格明显异常的，对行为人可以根据案件具体情况在污染环境罪和非法经营罪中，择一重罪处断。

★以营利为目的，经常性地向社会不特定对象发放贷款构成非法经营罪的认定标准

《最高人民法院、最高人民检察院、公安部、司法部关于办理非法放贷刑事案件若干问题的意见》（2019年7月3日　法发〔2019〕24号）

一、违反国家规定，未经监管部门批准，或者超越经营范围，以营利为目的，经常性地向社会不特定对象发放贷款，扰乱金融市场秩序，情节严重的，依照刑法第二百二十五条第（四）项的规定，以非法经营罪定罪处罚。

前款规定中的“经常性地向社会不特定对象发放贷款”，是指2年内向不特定多人（包括单位和个人）以借款或其他名义出借资金10次以上。

贷款到期后延长还款期限的，发放贷款次数按照1次计算。

二、以超过36%的实际年利率实施符合本意见第一条规定的非法放贷行为,具有下列情形之一的,属于刑法第二百二十五条规定的"情节严重",但单次非法放贷行为实际年利率未超过36%的,定罪量刑时不得计入:

(一)个人非法放贷数额累计在200万元以上的,单位非法放贷数额累计在1000万元以上的;

(二)个人违法所得数额累计在80万元以上的,单位违法所得数额累计在400万元以上的;

(三)个人非法放贷对象累计在50人以上的,单位非法放贷对象累计在150人以上的;

(四)造成借款人或者其近亲属自杀、死亡或者精神失常等严重后果的。

具有下列情形之一的,属于刑法第二百二十五条规定的"情节特别严重":

(一)个人非法放贷数额累计在1000万元以上的,单位非法放贷数额累计在5000万元以上的;

(二)个人违法所得数额累计在400万元以上的,单位违法所得数额累计在2000万元以上的;

(三)个人非法放贷对象累计在250人以上的,单位非法放贷对象累计在750人以上的;

(四)造成多名借款人或者其近亲属自杀、死亡或者精神失常等特别严重后果的。

三、非法放贷数额、违法所得数额、非法放贷对象数量接近本意见第二条规定的"情节严重""情节特别严重"的数额、数量起点标准,并具有下列情形之一的,可以分别认定为"情节严重""情节特别严重":

(一)2年内因实施非法放贷行为受过行政处罚2次以上的;

(二)以超过72%的实际年利率实施非法放贷行为10次以上的。

前款规定中的“接近”，一般应当掌握在相应数额、数量标准的80%以上。

★非法经营、非法使用兴奋剂构成非法经营罪的认定标准

《最高人民法院关于审理走私、非法经营、非法使用兴奋剂刑事案件适用法律若干问题的解释》(2019年11月18日 法释〔2019〕16号)

第二条 违反国家规定，未经许可经营兴奋剂目录所列物质，涉案物质属于法律、行政法规规定的限制买卖的物品，扰乱市场秩序，情节严重的，应当依照刑法第二百二十五条的规定，以非法经营罪定罪处罚。

★对跨境赌博关联犯罪的认定标准及定罪处罚

《最高人民法院、最高人民检察院、公安部办理跨境赌博犯罪案件若干问题的意见》(2020年10月16日 公通字〔2020〕14号)

四、关于跨境赌博关联犯罪的认定

(五)为赌博犯罪提供资金、信用卡、资金结算等服务，构成赌博犯罪共犯，同时构成非法经营罪、妨害信用卡管理罪、窃取、收买、非法提供信用卡信息罪、掩饰、隐瞒犯罪所得、犯罪收益罪等罪的，依照处罚较重的规定定罪处罚。

为网络赌博犯罪提供互联网接入、服务器托管、网络存储、通讯传输等技术支持，或者提供广告推广、支付结算等帮助，构成赌博犯罪共犯，同时构成非法利用信息网络罪、帮助信息网络犯罪活动罪等罪的，依照处罚较重的规定定罪处罚。

★未经依法核准擅自发行基金份额募集基金情节严重的，构成本罪

《最高人民法院关于审理非法集资刑事案件具体应用法律若干问题的解释》(2022年2月23日 法释〔2022〕5号)

第十一条 违反国家规定，未经依法核准擅自发行基金份额募集基金，情节严重的，依照刑法第二百二十五条的规定，以非法经营罪定罪处罚。

类案检索指引

★违反行政管理有关规定尚未严重扰乱市场秩序的，不应当认定为非法经营罪

《王力军非法经营再审改判无罪案》（2018年12月19日最高人民法院发布第19批指导性案例：指导案例97号）

【关键词】

刑事　非法经营罪　严重扰乱市场秩序　社会危害性　刑事违法性　刑事处罚必要性

【裁判要点】

1. 对于刑法第二百二十五条第四项规定的"其他严重扰乱市场秩序的非法经营行为"的适用，应当根据相关行为是否具有与刑法第二百二十五条前三项规定的非法经营行为相当的社会危害性、刑事违法性和刑事处罚必要性进行判断。

2. 判断违反行政管理有关规定的经营行为是否构成非法经营罪，应当考虑该经营行为是否属于严重扰乱市场秩序。对于虽然违反行政管理有关规定，但尚未严重扰乱市场秩序的经营行为，不应当认定为非法经营罪。

★非法"第四方支付"平台日益成为网络犯罪资金流转通道，危害经济金融安全

《林某甲等8人非法经营案》（2021年1月25日最高人民检察院发布充分发挥检察职能推进网络空间治理典型案例）

【典型意义】

（一）非法"第四方支付"平台日益成为网络犯罪资金流转通道，危害经济金融安全。非法"第四方支付"平台为获取非法利益，在未取得国家支付结算许可的情况下，违反国家金融管理制度，以正常商业交易为掩护，依托正规第三方支付平台，利用收集的大量支付账户，短时间内快速流转资金，导致支付结算活动"体外"循环。这些非法第四方支付平台的存在,不仅极大地便利了赌博、电信网络诈骗等犯罪资金流转,成为网络犯罪产业链上的重要一环,还严重破坏金融管理秩序,威胁金融安全,必须依法严厉打击。

(二)坚持全链条打击,斩断非法支付结算通道。犯罪分子搭建非法"第四方支付"平台时,为规避国家监管,往往会大量收购银行卡、收款二维码、对公账户等形成"资金池",伪造正常商业交易层层转账,以掩盖犯罪事实。尤其是对公账户可信度高、交易额度大,更为犯罪分子所青睐。非法"第四方支付"平台的存在,催生了工商资料、对公账户、非银行支付账户买卖的黑灰产业链。对此,要坚持源头管控、综合治理。既要严厉打击非法支付结算的行为,又要深挖线索,一体化打击买卖工商资料、对公账户、非银行支付账户的关联违法犯罪。对于不构成犯罪但违反行政法规的,及时移送行政机关加大行政处罚力度,摧毁整个违法犯罪链条。

(三)依法开立、使用支付账户,自觉防范抵制洗钱风险。社会公众要提高法治意识、风险意识,不能为了经济利益而注册空壳公司、出售工商资料、对公账户等,否则就要承担相应法律责任。银行和非银行支付机构在账户开立过程中,应严格遵守国家关于客户身份识别、风险防控和"反洗钱"的各项要求,加强对公账户内大额资金流转的监管,有效防范违法犯罪的风险。

★农民、粮食经纪人、农贸市场粮食交易者等从事粮食收购活动,无须办理粮食收购资格

《王力军非法经营再审改判无罪案》(2022年7月25日最高人民法院发布人民法院助力全国统一大市场建设典型案例)

【典型意义】

本案由最高人民法院依职权主动指令再审,表明人民法院对公民权利的积极保护,并通过案件审理推动了相关法规的修订,2016年9月14日国家粮食局印发《粮食收购资格审核管理办法》,规定农民、粮食经纪人、农贸市场粮食交易者等从事粮食收购活动,无须办理粮食收购资格。本案对破解地方粮食流通体制障碍,鼓励农民等多元市场主体入市收购粮食，推动解决一些地方粮食连年增产背景下农民“卖粮难”问题，切实保障农民利益和市场稳定，依法服务农业供给侧结构性改革都具有重要意义。本案入选“2017 年推动法治进程十大案件”。

第二百二十六条 【强迫交易罪】以暴力、威胁手段，实施下列行为之一，情节严重的，处三年以下有期徒刑或者拘役，并处或者单处罚金；情节特别严重的，处三年以上七年以下有期徒刑，并处罚金：

（一）强买强卖商品的；

（二）强迫他人提供或者接受服务的；

（三）强迫他人参与或者退出投标、拍卖的；

（四）强迫他人转让或者收购公司、企业的股份、债券或者其他资产的；

（五）强迫他人参与或者退出特定的经营活动的。

立法动态

本条源自《中华人民共和国刑法》（1997 年 3 月 14 日第八届全国人民代表大会第五次会议修订，自 1997 年 10 月 1 日起施行）。

本条根据《中华人民共和国刑法修正案（八）》（自 2011 年 5 月 1 日起施行）第三十六条修改。

原本条规定为：第二百二十六条 以暴力、威胁手段强买强卖商品、强迫他人提供服务或者强迫他人接受服务，情节严重的，处三年以下有期徒刑或者拘役，并处或者单处罚金。

本条修改的内容为：一是将以暴力、威胁手段强迫他人参与或者退出投标、拍卖，强迫他人转让或者收购公司、企业的股份、债券或者其他资产，强迫他人参与、退出特定的经营活动行为具体列举增加规定为犯罪,并分列为五类行为;二是补充规定“情节特别严重的,处三年以上七年以下有期徒刑,并处罚金”。

立案标准

《最高人民检察院、公安部关于公安机关管辖的刑事案件立案追诉标准的规定(一)》(2017 年 4 月 27 日修正　公通字〔2017〕12 号)

第二十八条　[强迫交易案(刑法第二百二十六条)]以暴力、威胁手段强买强卖商品,强迫他人提供服务或者接受服务,涉嫌下列情形之一的,应予立案追诉:

(一)造成被害人轻微伤的;

(二)造成直接经济损失 2 千元以上的;

(三)强迫交易 3 次以上或者强迫 3 人以上交易的;

(四)强迫交易数额 1 万元以上,或者违法所得数额 2 千元以上的;

(五)强迫他人购买伪劣商品数额 5 千元以上,或者违法所得数额 1 千元以上的;

(六)其他情节严重的情形。

以暴力、威胁手段强迫他人参与或者退出投标、拍卖,强迫他人转让或者收购公司、企业的股份、债券或者其他资产,强迫他人参与或者退出特定的经营活动,具有多次实施、手段恶劣、造成严重后果或者恶劣社会影响等情形之一的,应予立案追诉。

适用要点与裁判依据

★“强迫他人提供或者接受服务”同时构成故意伤害罪等其他犯罪的,择一重处

《最高人民检察院关于强迫借贷行为适用法律问题的批复》(2014 年 4 月 17 日　高检发释字〔2014〕1 号)

以暴力、胁迫手段强迫他人借贷,属于刑法第二百二十六条第二项规定的“强迫他人提供或者接受服务”,情节严重的,以强迫交易罪追究刑事责任;同时构成故意伤害罪等其他犯罪的,依照处罚较重的规定定罪处罚。以非法占有为目的,以借贷为名采用暴力、胁迫手段获取他人财物,符合刑法第二百六十三条或者第二百七十四条规定的,以抢劫罪或者敲诈勒索罪追究刑事责任。

★黑恶势力有组织地采用滋扰、纠缠、哄闹、聚众造势等手段扰乱正常的工作、生活秩序达到"恐吓""威胁"的认定

《最高人民法院、最高人民检察院、公安部、司法部关于办理黑恶势力犯罪案件若干问题的指导意见》(2018年1月16日　法发〔2018〕1号)

17. 黑恶势力为谋取不法利益或形成非法影响,有组织地采用滋扰、纠缠、哄闹、聚众造势等手段侵犯人身权利、财产权利,破坏经济秩序、社会秩序,构成犯罪的,应当分别依照《刑法》相关规定处理:

(1)有组织地采用滋扰、纠缠、哄闹、聚众造势等手段扰乱正常的工作、生活秩序,使他人产生心理恐惧或者形成心理强制,分别属于《刑法》第二百九十三条第一款第(二)项规定的"恐吓"、《刑法》第二百二十六规定的"威胁",同时符合其他犯罪构成条件的,应分别以寻衅滋事罪、强迫交易罪定罪处罚。

《关于办理寻衅滋事刑事案件适用法律若干问题的解释》第二条至第四条中的"多次"一般应当理解为二年内实施寻衅滋事行为三次以上。二年内多次实施不同种类寻衅滋事行为的,应当追究刑事责任。

(2)以非法占有为目的强行索取公私财物,有组织地采用滋扰、纠缠、哄闹、聚众造势等手段扰乱正常的工作、生活秩序,同时符合《刑法》第二百七十四条规定的其他犯罪构成条件的,应当以敲诈勒索罪定罪处罚。同时由多人实施或者以统一着装、显露纹身、特殊标识以及其他明示或者暗示方式,足以使对方感知相关行为的有组织性的,应当认定为《关于办理敲诈勒索刑事案件适用法律若干问题的解释》第二条第(五)项规定的"以黑恶势力名义敲诈勒索"。

采用上述手段,同时又构成其他犯罪的,应当依法按照处罚较重的规定定罪处罚。

雇佣、指使他人有组织地采用上述手段强迫交易、敲诈勒索,构成强迫交易罪、敲诈勒索罪的,对雇佣者、指使者,一般应当以共同犯罪中的主犯论处。为强索不受法律保护的债务或者因其他非法目的,雇佣、指使他人有组织地采用上述手段寻衅滋事,构成寻衅滋事罪的,对雇佣者、指使者,一般应当以共同犯罪中的主犯论处;为追讨合法债务或者因婚恋、家庭、邻里纠纷等民间矛盾而雇佣、指使,没有造成严重后果的,一般不作为犯罪处理,但经有关部门批评制止或者处理处罚后仍继续实施的除外。

★采用"软暴力"手段,使他人产生心理恐惧或者形成心理强制达到"威胁""恐吓"的认定

《最高人民法院、最高人民检察院、公安部、司法部关于办理实施"软暴力"的刑事案件若干问题的意见》(2019年4月9日)

五、采用"软暴力"手段,使他人产生心理恐惧或者形成心理强制,分别属于《刑法》第二百二十六条规定的"威胁"、《刑法》第二百九十三条第一款第(二)项规定的"恐吓",同时符合其他犯罪构成要件的,应当分别以强迫交易罪、寻衅滋事罪定罪处罚。

《关于办理寻衅滋事刑事案件适用法律若干问题的解释》第二条至第四条中的"多次"一般应当理解为二年内实施寻衅滋事行为三次以上。三次以上寻衅滋事行为既包括同一类别的行为,也包括不同类别的行为;既包括未受行政处罚的行为,也包括已受行政处罚的行为。

★利用信息网络威胁他人,强迫交易,情节严重的,构成本罪

《最高人民法院、最高人民检察院、公安部、司法部关于办理利用信息网络实施黑恶势力犯罪刑事案件若干问题的意见》(2019年7月23日)

二、依法严惩利用信息网络实施的黑恶势力犯罪

4. 对通过发布、删除负面或虚假信息,发送侮辱性信息、图片,以

及利用信息、电话骚扰等方式，威胁、要挟、恐吓、滋扰他人，实施黑恶势力违法犯罪的，应当准确认定，依法严惩。

5. 利用信息网络威胁他人，强迫交易，情节严重的，依照刑法第二百二十六条的规定，以强迫交易罪定罪处罚。

第二百二十七条　【伪造、倒卖伪造的有价票证罪】伪造或者倒卖伪造的车票、船票、邮票或者其他有价票证，数额较大的，处二年以下有期徒刑、拘役或者管制，并处或者单处票证价额一倍以上五倍以下罚金；数额巨大的，处二年以上七年以下有期徒刑，并处票证价额一倍以上五倍以下罚金。

【倒卖车票、船票罪】倒卖车票、船票，情节严重的，处三年以下有期徒刑、拘役或者管制，并处或者单处票证价额一倍以上五倍以下罚金。

立法动态

本条源自《中华人民共和国刑法》（1997 年 3 月 14 日第八届全国人民代表大会第五次会议修订，自 1997 年 10 月 1 日起施行）。

立案标准

《最高人民检察院、公安部关于公安机关管辖的刑事案件立案追诉标准的规定（一）》（2017 年 4 月 27 日修正　公通字〔2017〕12 号）

第二十九条　［伪造、倒卖伪造的有价票证案（刑法第二百二十七条第一款）］伪造或者倒卖伪造的车票、船票、邮票或者其他有价票证，涉嫌下列情形之一的，应予立案追诉：

（一）车票、船票票面数额累计二千元以上，或者数量累计五十张以上的；

（二）邮票票面数额累计五千元以上，或者数量累计一千枚以上的；

（三）其他有价票证价额累计五千元以上，或者数量累计一百张以上的；

（四）非法获利累计一千元以上的；

（五）其他数额较大的情形。

第三十条 ［倒卖车票、船票案（刑法第二百二十七条第二款）］倒卖车票、船票或者倒卖车票坐席、卧铺签字号以及订购车票、船票凭证，涉嫌下列情形之一的，应予立案追诉：

（一）票面数额累计五千元以上的；

（二）非法获利累计二千元以上的；

（三）其他情节严重的情形。

适用要点与裁判依据

★“倒卖车票情节严重”的认定标准

《最高人民法院关于审理倒卖车票刑事案件有关问题的解释》（1999年9月6日 法释〔1999〕17号）

第一条 高价、变价、变相加价倒卖车票或者倒卖坐席、卧铺签字号及订购车票凭证，票面数额在五千元以上，或者非法获利数额在二千元以上的，构成刑法第二百二十七条第二款规定的“倒卖车票情节严重”。

★构成倒卖车票罪应当依法从重处罚的情形

《最高人民法院关于审理倒卖车票刑事案件有关问题的解释》（1999年9月6日 法释〔1999〕17号）

第二条 对于铁路职工倒卖车票或者与其他人员勾结倒卖车票；组织倒卖车票的首要分子；曾因倒卖车票受过治安处罚两次以上或者被劳动教养一次以上，两年内又倒卖车票，构成倒卖车票罪的，依法从重处罚。

★变造或者倒卖变造的邮票数额较大的，依照伪造、倒卖伪造的有价票证罪定罪处罚

《最高人民法院关于对变造、倒卖变造邮票行为如何适用法律问题的解释》（2000年12月5日　法释〔2000〕41号）

对变造或者倒卖变造的邮票数额较大的，应当依照刑法第二百二十七条第一款的规定定罪处罚。

第二百二十八条　【非法转让、倒卖土地使用权罪】以牟利为目的，违反土地管理法规，非法转让、倒卖土地使用权，情节严重的，处三年以下有期徒刑或者拘役，并处或者单处非法转让、倒卖土地使用权价额百分之五以上百分之二十以下罚金；情节特别严重的，处三年以上七年以下有期徒刑，并处非法转让、倒卖土地使用权价额百分之五以上百分之二十以下罚金。

立法动态

本条源自《中华人民共和国刑法》（1997年3月14日第八届全国人民代表大会第五次会议修订，自1997年10月1日起施行）。

立案标准

《最高人民检察院、公安部关于公安机关管辖的刑事案件立案追诉标准的规定（二）》（2022年4月6日修订　公通字〔2022〕12号）

第七十二条　［非法转让、倒卖土地使用权案（刑法第二百二十八条）］以牟利为目的，违反土地管理法规，非法转让、倒卖土地使用权，涉嫌下列情形之一的，应予立案追诉：

（一）非法转让、倒卖永久基本农田五亩以上的；

（二）非法转让、倒卖永久基本农田以外的耕地十亩以上的；

（三）非法转让、倒卖其他土地二十亩以上的；

(四)违法所得数额在五十万元以上的;

(五)虽未达到上述数额标准,但因非法转让、倒卖土地使用权受过行政处罚,又非法转让、倒卖土地的;

(六)其他情节严重的情形。

适用要点与裁判依据

★“违反土地管理法规”的立法解释

《全国人民代表大会常务委员会关于〈中华人民共和国刑法〉第二百二十八条、第三百四十二条、第四百一十条的解释》(2009 年 8 月 27 日修正)

全国人民代表大会常务委员会讨论了刑法第二百二十八条、第三百四十二条、第四百一十条规定的“违反土地管理法规”和第四百一十条规定的“非法批准征收、征用、占用土地”的含义问题,解释如下:

刑法第二百二十八条、第三百四十二条、第四百一十条规定的“违反土地管理法规”,是指违反土地管理法、森林法、草原法等法律以及有关行政法规中关于土地管理的规定。

刑法第四百一十条规定的“非法批准征收、征用、占用土地”,是指非法批准征收、征用、占用耕地、林地等农用地以及其他土地。

现予公告。

★非法转让、倒卖土地使用权“情节严重”“情节特别严重”的情形

《最高人民法院关于审理破坏土地资源刑事案件具体应用法律若干问题的解释》(2000 年 6 月 19 日 法释〔2000〕14 号)

第一条 以牟利为目的,违反土地管理法规,非法转让、倒卖土地使用权,具有下列情形之一的,属于非法转让、倒卖土地使用权“情节严重”,依照刑法第二百二十八条的规定,以非法转让、倒卖土地使用权罪定罪处罚:

(一)非法转让、倒卖基本农田五亩以上的;

（二）非法转让、倒卖基本农田以外的耕地十亩以上的；

（三）非法转让、倒卖其他土地二十亩以上的；

（四）非法获利五十万元以上的；

（五）非法转让、倒卖土地接近上述数量标准并具有其他恶劣情节的，如曾因非法转让、倒卖土地使用权受过行政处罚或者造成严重后果等。

第二条 实施第一条规定的行为，具有下列情形之一的，属于非法转让、倒卖土地使用权"情节特别严重"：

（一）非法转让、倒卖基本农田十亩以上的；

（二）非法转让、倒卖基本农田以外的耕地二十亩以上的；

（三）非法转让、倒卖其他土地四十亩以上的；

（四）非法获利一百万元以上的；

（五）非法转让、倒卖土地接近上述数量标准并具有其他恶劣情节，如造成严重后果等。

第三条 违反土地管理法规，非法占用耕地改作他用，数量较大，造成耕地大量毁坏的，依照刑法第三百四十二条的规定，以非法占用耕地罪定罪处罚：

（一）非法占用耕地"数量较大"，是指非法占用基本农田五亩以上或者非法占用基本农田以外的耕地十亩以上。

（二）非法占用耕地"造成耕地大量毁坏"，是指行为人非法占用耕地建窑、建坟、建房、挖沙、采石、采矿、取土、堆放固体废弃物或者进行其他非农业建设，造成基本农田五亩以上或者基本农田以外的耕地十亩以上种植条件严重毁坏或者严重污染。

★单位犯非法转让、倒卖土地使用权罪，非法占有耕地罪的定罪量刑标准

《最高人民法院关于审理破坏土地资源刑事案件具体应用法律若干问题的解释》（2000年6月19日 法释〔2000〕14号）

第八条 单位犯非法转让、倒卖土地使用权罪、非法占有耕地罪的定罪量刑标准，依照本解释第一条、第二条、第三条的规定执行。

★多次实施非法转让、倒卖土地使用权的行为依法应当追诉的，按照累计的数量、数额处罚

《最高人民法院关于审理破坏土地资源刑事案件具体应用法律若干问题的解释》(2000年6月19日 法释〔2000〕14号)

第九条 多次实施本解释规定的行为依法应当追诉的，或者一年内多次实施本解释规定的行为未经处理的，按照累计的数量、数额处罚。

第二百二十九条 【提供虚假证明文件罪】承担资产评估、验资、验证、会计、审计、法律服务、保荐、安全评价、环境影响评价、环境监测等职责的中介组织的人员故意提供虚假证明文件，情节严重的，处五年以下有期徒刑或者拘役，并处罚金；有下列情形之一的，处五年以上十年以下有期徒刑，并处罚金：

（一）提供与证券发行相关的虚假的资产评估、会计、审计、法律服务、保荐等证明文件，情节特别严重的；

（二）提供与重大资产交易相关的虚假的资产评估、会计、审计等证明文件，情节特别严重的；

（三）在涉及公共安全的重大工程、项目中提供虚假的安全评价、环境影响评价等证明文件，致使公共财产、国家和人民利益遭受特别重大损失的。

有前款行为，同时索取他人财物或者非法收受他人财物构成犯罪的，依照处罚较重的规定定罪处罚。

【出具证明文件重大失实罪】第一款规定的人员，严重不负责任，出具的证明文件有重大失实，造成严重后果的，处三年以下有期徒刑或者拘役，并处或者单处罚金。

立法动态

本条源自《中华人民共和国刑法》(1997年3月14日第八届全国人民代表大会第五次会议修订，自1997年10月1日起施行)。

原本条规定为:第二百二十九条　(第一款)承担资产评估、验资、验证、会计、审计、法律服务等职责的中介组织的人员故意提供虚假证明文件,情节严重的,处五年以下有期徒刑或者拘役,并处罚金。(第二款)前款规定的人员,索取他人财物或者非法收受他人财物,犯前款罪的,处五年以上十年以下有期徒刑,并处罚金。(第三款)第一款规定的人员,严重不负责任,出具的证明文件有重大失实,造成严重后果的,处三年以下有期徒刑或者拘役,并处或者单处罚金。

本条根据《中华人民共和国刑法修正案(十一)》(自 2021 年 3 月 1 日起施行)第二十五条修改。

本条修改的主要内容为:一是将本罪构成要件中的“承担资产评估、验资、验证、会计、审计、法律服务等职责的中介组织的人员”扩展为“承担资产评估、验资、验证、会计、审计、法律服务、保荐、安全评价、环境影响评价、环境监测等职责的中介组织的人员”;二是将构成本罪的犯罪情形细化为三项;三是将原规定中“索取他人财物或者非法收受他人财物,犯前款罪的,处五年以上十年以下有期徒刑,并处罚金”修改为“有前款行为,同时索取他人财物或者非法收受他人财物构成犯罪的,依照处罚较重的规定定罪处罚”。

立案标准

《最高人民检察院、公安部关于公安机关管辖的刑事案件立案追诉标准的规定(二)》(2022 年 4 月 6 日修订　公通字〔2022〕12 号)

第七十三条　[提供虚假证明文件案(刑法第二百二十九条第一款)]承担资产评估、验资、验证、会计、审计、法律服务、保荐、安全评价、环境影响评价、环境监测等职责的中介组织的人员故意提供虚假证明文件,涉嫌下列情形之一的,应予立案追诉:

(一)给国家、公众或者其他投资者造成直接经济损失数额在五十万元以上的;

(二)违法所得数额在十万元以上的;

（三）虚假证明文件虚构数额在一百万元以上且占实际数额百分之三十以上的；

（四）虽未达到上述数额标准，但二年内因提供虚假证明文件受过二次以上行政处罚，又提供虚假证明文件的；

（五）其他情节严重的情形。

第七十四条　［出具证明文件重大失实案（刑法第二百二十九条第三款）］承担资产评估、验资、验证、会计、审计、法律服务、保荐、安全评价、环境影响评价、环境监测等职责的中介组织的人员严重不负责任，出具的证明文件有重大失实，涉嫌下列情形之一的，应予立案追诉：

（一）给国家、公众或者其他投资者造成直接经济损失数额在一百万元以上的；

（二）其他造成严重后果的情形。

适用要点与裁判依据

★对环境影响评价机构或其人员犯本条之罪定罪处罚的情形

《最高人民法院、最高人民检察院关于办理环境污染刑事案件适用法律若干问题的解释》（2016年12月23日　法释〔2016〕29号）

第九条　环境影响评价机构或其人员，故意提供虚假环境影响评价文件，情节严重的，或者严重不负责任，出具的环境影响评价文件存在重大失实，造成严重后果的，应当依照刑法第二百二十九条、第二百三十一条的规定，以提供虚假证明文件罪或者出具证明文件重大失实罪定罪处罚。

★中介组织或其人员为信用卡申请人提供虚假的资信证明材料的，分别以提供虚假证明文件罪和出具证明文件重大失实罪定罪处罚

《最高人民法院、最高人民检察院关于办理妨害信用卡管理刑事案件具体应用法律若干问题的解释》（2018年11月28日　法释〔2018〕19号）

第四条第二款　承担资产评估、验资、验证、会计、审计、法律服务等职责的中介组织或其人员，为信用卡申请人提供虚假的财产状况、收入、职务等资信证明材料，应当追究刑事责任的，依照刑法第二百二十九条的规定，分别以提供虚假证明文件罪和出具证明文件重大失实罪定罪处罚。

★“虚假证明文件”的认定

《最高人民法院、最高人民检察院关于办理危害生产安全刑事案件适用法律若干问题的解释（二）》（2022 年 12 月 15 日　法释〔2022〕19 号）

第六条　承担安全评价职责的中介组织的人员提供的证明文件有下列情形之一的，属于刑法第二百二十九条第一款规定的“虚假证明文件”：

（一）故意伪造的；

（二）在周边环境、主要建（构）筑物、工艺、装置、设备设施等重要内容上弄虚作假，导致与评价期间实际情况不符，影响评价结论的；

（三）隐瞒生产经营单位重大事故隐患及整改落实情况、主要灾害等级等情况，影响评价结论的；

（四）伪造、篡改生产经营单位相关信息、数据、技术报告或者结论等内容，影响评价结论的；

（五）故意采用存疑的第三方证明材料、监测检验报告，影响评价结论的；

（六）有其他弄虚作假行为，影响评价结论的情形。

生产经营单位提供虚假材料、影响评价结论，承担安全评价职责的中介组织的人员对评价结论与实际情况不符无主观故意的，不属于刑法第二百二十九条第一款规定的“故意提供虚假证明文件”。

有本条第二款情形，承担安全评价职责的中介组织的人员严重不负责任，导致出具的证明文件有重大失实，造成严重后果的，依照刑法第二百二十九条第三款的规定追究刑事责任。

★“情节严重”“致使公共财产、国家和人民利益遭受特别重大损失”的认定

《最高人民法院、最高人民检察院关于办理危害生产安全刑事案件适用法律若干问题的解释(二)》(2022年12月15日 法释〔2022〕19号)

第七条 承担安全评价职责的中介组织的人员故意提供虚假证明文件,有下列情形之一的,属于刑法第二百二十九条第一款规定的“情节严重”:

(一)造成死亡一人以上或者重伤三人以上安全事故的;

(二)造成直接经济损失五十万元以上安全事故的;

(三)违法所得数额十万元以上的;

(四)两年内因故意提供虚假证明文件受过两次以上行政处罚,又故意提供虚假证明文件的;

(五)其他情节严重的情形。

在涉及公共安全的重大工程、项目中提供虚假的安全评价文件,有下列情形之一的,属于刑法第二百二十九条第一款第三项规定的“致使公共财产、国家和人民利益遭受特别重大损失”:

(一)造成死亡三人以上或者重伤十人以上安全事故的;

(二)造成直接经济损失五百万元以上安全事故的;

(三)其他致使公共财产、国家和人民利益遭受特别重大损失的情形。

承担安全评价职责的中介组织的人员有刑法第二百二十九条第一款行为,在裁量刑罚时,应当考虑其行为手段、主观过错程度、对安全事故的发生所起作用大小及其获利情况、一贯表现等因素,综合评估社会危害性,依法裁量刑罚,确保罪责刑相适应。

★“造成严重后果”的认定

《最高人民法院、最高人民检察院关于办理危害生产安全刑事案件适用法律若干问题的解释(二)》(2022年12月15日 法释〔2022〕19号)

第八条 承担安全评价职责的中介组织的人员,严重不负责任,出具的证明文件有重大失实，有下列情形之一的，属于刑法第二百二十九条第三款规定的“造成严重后果”：

（一）造成死亡一人以上或者重伤三人以上安全事故的；

（二）造成直接经济损失一百万元以上安全事故的；

（三）其他造成严重后果的情形。

★承担安全评价职责的中介组织犯本罪的刑事责任

《最高人民法院、最高人民检察院关于办理危害生产安全刑事案件适用法律若干问题的解释（二）》（2022年12月15日　法释〔2022〕19号）

第九条　承担安全评价职责的中介组织犯刑法第二百二十九条规定之罪的，对该中介组织判处罚金，并对其直接负责的主管人员和其他直接责任人员，依照本解释第七条、第八条的规定处罚。

类案检索指引

★涉案企业积极适用企业合规，对合规考察合格的涉案企业依法作出不起诉决定

《江苏F公司、严某某、王某某提供虚假证明文件案》（2022年8月10日最高人民检察院发布第三批涉案企业合规典型案例）

【关键词】

小微企业　简式合规　中介机构　提供虚假证明文件　检察主导

【要旨】

针对涉案的小微企业开展合规整改，可以根据《涉案企业合规建设、评估和审查办法（试行）》简化合规审查、评估、监管等程序，由检察机关主导合规监管和验收评估，并直接对涉案企业提交的合规计划和整改报告进行审查。针对涉案企业和责任人，应坚持认罪认罚从宽制度和宽严相济刑事政策，准确区分单位及责任人的责任。

★对提供虚假证明文件犯罪行为,在裁量刑罚时,应当综合评估社会危害性,确保罪责刑相适应

《江苏天某安全技术公司、柏某等提供虚假证明文件案——依法惩治安全评价中介组织犯罪》(2022年12月15日最高人民法院、最高人民检察院发布人民法院、检察机关依法惩治危害生产安全犯罪典型案例)

【典型意义】

随着市场经济的发展,中介组织发挥着越来越重要的作用。安全评价中介组织接受委托开展安全评价活动、出具安全评价报告,对生产经营单位能否获得安全生产监管部门的批准和许可、能否开展生产经营活动起到关键性作用,应当依法履行职责,出具真实客观的安全评价报告,否则可能承担刑事责任。司法机关对于安全评价中介组织及其工作人员提供虚假证明文件犯罪行为,在裁量刑罚时,应当综合考虑其行为手段、主观过错程度、对安全事故的发生所起作用大小以及获利情况、一贯表现等各方面因素,综合评估社会危害性,依照刑法规定妥当裁量刑罚,确保罪责刑相适应。

第二百三十条 【逃避商检罪】违反进出口商品检验法的规定,逃避商品检验,将必须经商检机构检验的进口商品未报经检验而擅自销售、使用,或者将必须经商检机构检验的出口商品未报经检验合格而擅自出口,情节严重的,处三年以下有期徒刑或者拘役,并处或者单处罚金。

立法动态

本条源自《中华人民共和国刑法》(1997年3月14日第八届全国人民代表大会第五次会议修订,自1997年10月1日起施行)。

立案标准

《最高人民检察院、公安部关于公安机关管辖的刑事案件立案追诉标准的规定(二)》(2022年4月6日修订　公通字〔2022〕12号)

第七十五条　［逃避商检案(刑法第二百三十条)］违反进出口商品检验法的规定,逃避商品检验,将必须经商检机构检验的进口商品未报经检验而擅自销售、使用,或者将必须经商检机构检验的出口商品未报经检验合格而擅自出口,涉嫌下列情形之一的,应予立案追诉:

(一)给国家、单位或者个人造成直接经济损失数额在五十万元以上的;

(二)逃避商检的进出口货物货值金额在三百万元以上的;

(三)导致病疫流行、灾害事故的;

(四)多次逃避商检的;

(五)引起国际经济贸易纠纷,严重影响国家对外贸易关系,或者严重损害国家声誉的;

(六)其他情节严重的情形。

第二百三十一条　【单位犯扰乱市场秩序罪的刑事责任】单位犯本节第二百二十一条至第二百三十条规定之罪的,对单位判处罚金,并对其直接负责的主管人员和其他直接责任人员,依照本节各该条的规定处罚。

立法动态

本条源自《中华人民共和国刑法》(1997年3月14日第八届全国人民代表大会第五次会议修订,自1997年10月1日起施行)。

第四章 侵犯公民人身权利、民主权利罪

第二百三十二条 【故意杀人罪】故意杀人的，处死刑、无期徒刑或者十年以上有期徒刑；情节较轻的，处三年以上十年以下有期徒刑。

立法动态

本条源自《中华人民共和国刑法》（1997 年 3 月 14 日第八届全国人民代表大会第五次会议修订，自 1997 年 10 月 1 日起施行）。

适用要点与裁判依据

★对于因民间矛盾激化引发的故意杀人犯罪适用死刑要十分慎重

《全国法院维护农村稳定刑事审判工作座谈会纪要》（1999 年 10 月 27 日 法〔1999〕217 号）

二

（一）关于故意杀人、故意伤害案件

要准确把握故意杀人犯罪适用死刑的标准。对故意杀人犯罪是否判处死刑，不仅要看是否造成了被害人死亡结果，还要综合考虑案件的全部情况。对于因婚姻家庭、邻里纠纷等民间矛盾激化引发的故意杀人犯罪，适用死刑一定要十分慎重，应当与发生在社会上的严重危害社会治安的其他故意杀人犯罪案件有所区别。对于被害人一方有明显过错或对矛盾激化负有直接责任，或者被告人有法定从轻处罚情节的，一般不应判处死刑立即执行。

要注意严格区分故意杀人罪与故意伤害罪的界限。在直接故意杀人与间接故意杀人案件中,犯罪人的主观恶性程度是不同的,在处刑上也应有所区别。间接故意杀人与故意伤害致人死亡,虽然都造成了死亡后果,但行为人故意的性质和内容是截然不同的。不注意区分犯罪的性质和故意的内容,只要有死亡后果就判处死刑的做法是错误的,这在今后的工作中,应当予以纠正。对于故意伤害致人死亡,手段特别残忍,情节特别恶劣的,才可以判处死刑。

★交通肇事后将被害人带离事故现场后隐藏或者遗弃致使被害人死亡或者严重残疾的定罪处罚

《最高人民法院关于审理交通肇事刑事案件具体应用法律若干问题的解释》(2000年11月15日 法释〔2000〕33号)

第六条 行为人在交通肇事后为逃避法律追究,将被害人带离事故现场后隐藏或者遗弃,致使被害人无法得到救助而死亡或者严重残疾的,应当分别依照刑法第二百三十二条、第二百三十四条第二款的规定,以故意杀人罪或者故意伤害罪定罪处罚。

★实施抢劫后为灭口而故意杀人的,以抢劫罪和故意杀人罪定罪,实行数罪并罚

《最高人民法院关于抢劫过程中故意杀人案件如何定罪问题的批复》(2001年5月23日 法释〔2001〕16号)

行为人为劫取财物而预谋故意杀人,或者在劫取财物过程中,为制服被害人反抗而故意杀人的,以抢劫罪定罪处罚。

行为人实施抢劫后,为灭口而故意杀人的,以抢劫罪和故意杀人罪定罪,实行数罪并罚。

★实施抗税行为致人死亡,以故意杀人罪定罪处罚

《最高人民法院关于审理偷税抗税刑事案件具体应用法律若干问题的解释》(2002年11月5日 法释〔2002〕33号)

第六条第一款 实施抗税行为致人重伤、死亡,构成故意伤害罪、故意杀人罪的,分别依照刑法第二百三十四条第二款、第二百三十二条的规定定罪处罚。

★疫情防控期间聚众“打砸抢”，致人死亡的，以故意杀人罪定罪处罚

《最高人民法院、最高人民检察院关于办理妨害预防、控制突发传染病疫情等灾害的刑事案件具体应用法律若干问题的解释》（2003年5月14日 法释〔2003〕8号）

第九条 在预防、控制突发传染病疫情等灾害期间，聚众“打砸抢”，致人伤残、死亡的，依照刑法第二百八十九条、第二百三十四条、第二百三十二条的规定，以故意伤害罪或者故意杀人罪定罪，依法从重处罚。对毁坏或者抢走公私财物的首要分子，依照刑法第二百八十九条、第二百六十三条的规定，以抢劫罪定罪，依法从重处罚。

★未成年人为窝藏赃物、抗拒抓捕或者毁灭罪证，当场使用暴力致人死亡的，以故意杀人罪定罪处罚

第232条

《最高人民法院关于审理未成年人刑事案件具体应用法律若干问题的解释》（2006年1月11日 法释〔2006〕1号）

第十条第一款 已满十四周岁不满十六周岁的人盗窃、诈骗、抢夺他人财物，为窝藏赃物、抗拒抓捕或者毁灭罪证，当场使用暴力，故意伤害致人重伤或者死亡，或者故意杀人的，应当分别以故意伤害罪或者故意杀人罪定罪处罚。

★故意杀人犯罪死刑适用的基本要求

《最高人民法院关于审理故意杀人、故意伤害案件正确适用死刑问题的指导意见》（2009年8月3日 法发〔2009〕44号）

一、关于故意杀人、故意伤害犯罪死刑适用的基本要求

故意杀人、故意伤害（指致人死亡或者以特别残忍的手段致人重伤造成严重残疾的）犯罪是非法剥夺他人生命和健康权利的严重犯罪。对罪行极其严重的故意杀人、故意伤害犯罪分子依法适用死刑，是贯彻执行“保留死刑，严格控制和慎重适用死刑”刑事政策的重要方面。

“保留死刑，严格控制和慎重适用死刑”是我国一贯的刑事政策，必须保证这一重要刑事政策适用的连续性和稳定性；要以最严格的

标准和最审慎的态度，确保死刑只适用于极少数罪行极其严重的犯罪分子，保证更有力、更准确地依法惩治严重刑事犯罪。

要更加注重贯彻宽严相济的基本刑事政策。注意区分案件的不同情况，区别对待，做到当严则严，该宽则宽，宽严相济，罚当其罪。对于犯罪动机特别卑劣、犯罪情节特别恶劣、犯罪后果特别严重等严重危害社会治安和影响人民群众安全感的故意杀人、故意伤害案件，要依法从严惩处。对因婚姻家庭、邻里纠纷等民间矛盾引发的案件，要慎重适用死刑。

要严格依法量刑，注重办案效果。对故意杀人、故意伤害犯罪案件是否适用死刑，要严格依照法律规定，坚持罪刑法定、罪刑相适应等刑法基本原则，综合考虑案件的性质，犯罪的起因、动机、目的、手段等情节，犯罪的后果，被告人的主观恶性和人身危险性等因素，全面分析影响量刑的轻、重情节，根据被告人的罪责，并考虑涉案当地的社会治安状况和犯罪行为对人民群众安全感的影响，严格依法适用，确保死刑裁判法律效果和社会效果的有机统一。

★故意杀人犯罪适用死刑要综合分析，区别对待，依法慎重决定

《最高人民法院关于审理故意杀人、故意伤害案件正确适用死刑问题的指导意见》(2009年8月3日 法发〔2009〕44号)

二、关于故意杀人罪的死刑适用

对于故意杀人犯罪案件是否适用死刑，要综合分析，区别对待，依法慎重决定。

一是要注意区分案件性质。对下列严重危害社会治安和严重影响人民群众安全感的犯罪，应当体现从严惩处的原则，依法判处被告人重刑直至死刑立即执行。如：暴力恐怖犯罪、黑社会性质组织犯罪、恶势力犯罪以及其他严重暴力犯罪中故意杀人的首要分子；雇凶杀人的；冒充军警、执法人员杀人的，等等。但是，对于其中具有法定从轻处罚情节的，也要注意依法从宽处罚。

对于因婚姻家庭、邻里纠纷以及山林、水流、田地纠纷等民间矛盾激化引发的故意杀人案件，在适用死刑时要特别慎重。如：被害人一方有明显过错或者对矛盾激化负有直接责任的;被告人有法定从轻处罚情节的;被告人积极赔偿被害人经济损失、真诚悔罪的;被害方谅解的,等等,除犯罪情节特别恶劣、犯罪后果特别严重、人身危险性极大的被告人外,一般可考虑不判处死刑立即执行。

二是要注重区分犯罪情节。对于犯罪情节特别恶劣,又无从轻处罚情节的被告人,可以依法判处死刑立即执行。如:暴力抗法而杀害执法人员的;以特别残忍的手段杀人的;持枪杀人的;实施其他犯罪后杀人灭口的;杀人后为掩盖罪行或者出于其他卑劣动机分尸、碎尸、焚尸灭迹的,等等。

三是要注重区分犯罪后果。故意杀人罪的直接后果主要是致人死亡,但也要考虑对社会治安的影响等其他后果。对于被害人有明显过错,或者有其他从轻情节可以对被告人从宽处罚的,即造成了死亡的后果,一般也可不判处死形立即执行。故意杀人未遂的,一般不判处被告人死刑。对于防卫过当致人死亡的,应当减轻或者免除处罚。虽不构成防卫过当,但带有防卫性质的故意杀人,即使造成了被害人死亡的结果,也不判处被告人死刑。

四是注重区分被告人的主观恶性及人身危险性。要从被告人的犯罪动机、犯罪预谋、犯罪过程中的具体情节以及被害人的过错等方面综合判断被告人的主观恶性。在直接故意杀人与间接故意杀人案件中,被告人的主观恶性程度是不同的,在处刑上也应有所区别。

对于犯罪动机卑劣而预谋杀人的,或者性情残暴动辄肆意杀人的被告人,可以依法判处死刑立即执行。对于坦白主要犯罪事实并对定案证据的收集有重要作用的;犯罪后自动归案但尚不构成自首的;被告人亲属协助司法机关抓获被告人后,被告人对自己的罪行供认不讳的;被告人及其亲属积极赔偿被害方经济损失并取得被害方谅解的;刚满18周岁或已满70周岁以上的人犯罪且情节不是特别恶劣的,等等,一般可不判处死刑立即执行。

要从被告人有无前科及平时表现、犯罪后的悔罪情况等方面综合判断被告人的人身危险性。对于累犯中前罪系暴力犯罪,或者曾因暴力犯罪被判重刑后又犯故意杀人罪的；杀人后毫无悔罪表现的，等等，如果没有法定从轻处罚情节，一般可依法判处死刑立即执行。对于犯罪后积极抢救被害人、减轻危害后果或者防止危害后果扩大的；虽具有累犯等法定从重处罚情节，但前罪较轻或者同时具有自首等法定、酌定从轻情节，经综合考虑不是必须判处死刑立即执行的，等等，一般可不判处被告人死刑立即执行。

★对于共同致一人死亡，依法应当判处被告人死刑立即执行的，原则上只判处一名被告人死刑立即执行

《最高人民法院关于审理故意杀人、故意伤害案件正确适用死刑问题的指导意见》(2009 年 8 月 3 日　法发〔2009〕44 号)

四、关于故意杀人、故意伤害共同犯罪的死刑适用

对于故意杀人、故意伤害共同犯罪案件的死刑适用，要充分考虑各被告人在共同犯罪中的地位和作用、犯罪后果、被告人的主观恶性和人身危险性等情况，正确认定各被告人的罪责并适用刑罚。一案中有多名主犯的，要在主犯中区分出罪责最为严重者和较为严重者。

对于共同致一人死亡，依法应当判处被告人死刑立即执行的，原则上只判处一名被告人死刑立即执行。罪行极其严重的主犯因有立功、自首等法定从轻处罚情节而依法不判处死刑立即执行的，也不能对罪行相对较轻的主犯判处死刑立即执行。

对于被告人地位、作用相当，罪责相对分散，或者罪责确实难以分清的，一般不判处被告人死刑立即执行。确需判处被告人死刑立即执行的，要充分考虑被告人在主观恶性和人身危险性等方面的不同，审慎决定。

对于家庭成员共同犯罪案件，适用死刑要特别慎重，应尽量避免判处同一家庭两名以上成员死刑立即执行。

对于有同案犯在逃的案件，要分清罪责，慎重决定对在案的被告人判处死刑立即执行。

雇凶犯罪作为一种共同犯罪，其社会危害性比一般共同犯罪更

大，应当依法从严惩处。雇凶者作为犯罪的"造意者"，其对案件的发生负有直接和更主要的责任，只有依法严惩雇凶者，才能有效遏制犯罪。但在具体量刑时，也要根据案件的不同情况，区别对待。

对于雇凶者与受雇者共同直接实施故意杀人、故意伤害犯罪行为的，应认定雇凶者为罪行最严重的主犯；雇凶者没有直接实施故意杀人、故意伤害犯罪行为，但参与了共同犯罪的策划，实施了具体组织、指挥行为的，对雇凶者也应认定为罪行最严重的主犯；雇凶者只是笼统提出犯意，没有实施具体组织、指挥行为，积极实施犯罪行为的受雇者可认定为罪行最严重的主犯；雇佣者雇佣未成年人实施故意杀人、故意伤害犯罪的，雇凶者为罪行最严重的主犯；对于多名受雇者地位、作用相当，责任相对分散，或者责任难以分清的，雇凶者应对全案负责，应认定雇凶者为罪行最严重的主犯。

受雇者明显超出雇凶者授意范围，实施故意杀人、故意伤害犯罪，因行为过限，造成更严重危害后果的，应当以实际实施的行为承担刑事责任。

对于雇凶杀人、伤害只致一人死亡的案件，一般不宜同时判处雇凶者与受雇者死刑立即执行。对于案情特别重大，后果特别严重，确需判处两名以上被告人死刑立即执行的，要严格区分多名受雇者的地位、作用，根据其罪责和犯罪情节，一般可对雇凶者和其中罪行最严重的受雇者判处死刑立即执行。

★正确把握民事赔偿与死刑适用的关系

《最高人民法院关于审理故意杀人、故意伤害案件正确适用死刑问题的指导意见》(2009 年 8 月 3 日　法发〔2009〕44 号)

六、正确把握民事赔偿与死刑适用的关系

对于因婚姻家庭、邻里纠纷等民间矛盾激化引发、侵害对象特定的故意杀人、故意伤害案件，如果被告人积极履行赔偿义务，获得被害方的谅解或者没有强烈社会反响的，可以依法从宽判处。对于那些严重危害社会治安的故意杀人、故意伤害案件，被告人积极赔偿，得到被害方谅解的，依法从宽判处应当特别慎重。

要特别重视对故意杀人、故意伤害死刑案件的民事调解工作。一、二审法院要进一步加大调解力度，尽可能地促使当事人在一审达成调解协议。一审调解不成的，二审法院仍然要做更多更细致的工作，将调解工作贯穿案件审理始终，避免因民事部分没有妥善处理而影响量刑、出现上访闹访。对于依法可以不判处被告人死刑的案件，要最大限度地促成双方当事人达成赔偿协议，取得被害方谅解。对于具有法定从轻情节，被害人有明显过错等依法不应当判处被告人死刑的案件，也不能因为被害方不接受赔偿或达不成调解协议而判处被告人死刑。对于因具有赔偿好等情节而不判处死刑的，裁判文书中应注意从被告人积极认罪、真诚悔罪、获得被害方谅解等角度充分阐释裁判理由，争取更好的社会效果。

要注意依法保护被害方的合法权益。被告人的犯罪行为造成被害人经济损失的，要依法判决被告人承担民事赔偿责任，不能因为判处被告人死刑而该赔的不赔。对于那些因被告人没有赔偿能力而得不到赔偿的，要通过国家救助制度，解决被害方因被告人的犯罪行为造成的暂时的生活、医疗困难。安抚被害人及其亲属，促进社会和谐。

★同时符合寻衅滋事罪和故意杀人罪构成要件的，择一重处

《最高人民法院、最高人民检察院关于办理寻衅滋事刑事案件适用法律若干问题的解释》(2013年7月15日　法释〔2013〕18号)

第七条　实施寻衅滋事行为，同时符合寻衅滋事罪和故意杀人罪、故意伤害罪、故意毁坏财物罪、敲诈勒索罪、抢夺罪、抢劫罪等罪的构成要件的，依照处罚较重的犯罪定罪处罚。

★猥亵儿童，造成轻伤以上后果，同时构成故意杀人罪的，择一重处

《最高人民法院、最高人民检察院、公安部、司法部关于依法惩治性侵害未成年人犯罪的意见》(2013年10月23日　法发〔2013〕12号)

22. 实施猥亵儿童犯罪，造成儿童轻伤以上后果，同时符合刑法

第二百三十四条或者第二百三十二条的规定，构成故意伤害罪、故意杀人罪的，依照处罚较重的规定定罪处罚。

对已满十四周岁的未成年男性实施猥亵，造成被害人轻伤以上后果，符合刑法第二百三十四条或者第二百三十二条规定的，以故意伤害罪或者故意杀人罪定罪处罚。

★故意杀害医务人员，构成故意杀人罪、故意伤害罪等罪的，依照刑法的有关规定定罪处罚

《最高人民法院、最高人民检察院、公安部、司法部、国家卫生和计划生育委员会关于依法惩处涉医违法犯罪维护正常医疗秩序的意见》(2014年4月22日 法发〔2014〕5号)

二、严格依法惩处涉医违法犯罪

(一)在医疗机构内殴打医务人员或者故意伤害医务人员身体、故意损毁公私财物，尚未造成严重后果的，分别依照治安管理处罚法第四十三条、第四十九条的规定处罚；故意杀害医务人员，或者故意伤害医务人员造成轻伤以上严重后果，或者随意殴打医务人员情节恶劣、任意损毁公私财物情节严重，构成故意杀人罪、故意伤害罪、故意毁坏财物罪、寻衅滋事罪的，依照刑法的有关规定定罪处罚。

★家庭暴力犯罪，同一行为同时触犯多个罪名的，择一重处

《最高人民法院、最高人民检察院、公安部、司法部关于依法办理家庭暴力犯罪案件的意见》(2015年3月2日 法发〔2015〕4号)

16. 依法准确定罪处罚。对故意杀人、故意伤害、强奸、猥亵儿童、非法拘禁、侮辱、暴力干涉婚姻自由、虐待、遗弃等侵害公民人身权利的家庭暴力犯罪，应当根据犯罪的事实、犯罪的性质、情节和对社会的危害程度，严格依照刑法的有关规定判处。对于同一行为同时触犯多个罪名的，依照处罚较重的规定定罪处罚。

★准确区分虐待犯罪致人重伤、死亡与故意伤害、故意杀人犯罪致人重伤、死亡的界限

《最高人民法院、最高人民检察院、公安部、司法部关于依法办理家庭暴力犯罪案件的意见》(2015年3月2日 法发〔2015〕4号)

17. 依法惩处虐待犯罪。采取殴打、冻饿、强迫过度劳动、限制人身自由、恐吓、侮辱、谩骂等手段,对家庭成员的身体和精神进行摧残、折磨,是实践中较为多发的虐待性质的家庭暴力。根据司法实践,具有虐待持续时间较长、次数较多;虐待手段残忍;虐待造成被害人轻微伤或者患较严重疾病;对未成年人、老年人、残疾人、孕妇、哺乳期妇女、重病患者实施较为严重的虐待行为等情形,属于刑法第二百六十条第一款规定的虐待"情节恶劣",应当依法以虐待罪定罪处罚。

准确区分虐待犯罪致人重伤、死亡与故意伤害、故意杀人犯罪致人重伤、死亡的界限,要根据被告人的主观故意、所实施的暴力手段与方式、是否立即或者直接造成被害人伤亡后果等进行综合判断。对于被告人主观上不具有侵害被害人健康或者剥夺被害人生命的故意,而是出于追求被害人肉体和精神上的痛苦,长期或者多次实施虐待行为,逐渐造成被害人身体损害,过失导致被害人重伤或者死亡的;或者因虐待致使被害人不堪忍受而自残、自杀,导致重伤或者死亡的,属于刑法第二百六十条第二款规定的虐待"致使被害人重伤、死亡",应当以虐待罪定罪处罚。对于被告人虽然实施家庭暴力呈现出经常性、持续性、反复性的特点,但其主观上具有希望或者放任被害人重伤或者死亡的故意,持凶器实施暴力,暴力手段残忍,暴力程度较强,直接或者立即造成被害人重伤或者死亡的,应当以故意伤害罪或者故意杀人罪定罪处罚。

……

★准确区分遗弃罪与故意杀人罪的界限

《最高人民法院、最高人民检察院、公安部、司法部关于依法办理家庭暴力犯罪案件的意见》(2015年3月2日 法发〔2015〕4号)

17. ……

……

依法惩处遗弃犯罪。负有扶养义务且有扶养能力的人，拒绝扶养年幼、年老、患病或者其他没有独立生活能力的家庭成员，是危害严重的遗弃性质的家庭暴力。根据司法实践，具有对被害人长期不予照顾、不提供生活来源；驱赶、逼迫被害人离家，致使被害人流离失所或者生存困难；遗弃患严重疾病或者生活不能自理的被害人；遗弃致使被害人身体严重损害或者造成其他严重后果等情形，属于刑法第二百六十一条规定的遗弃"情节恶劣"，应当依法以遗弃罪定罪处罚。

准确区分遗弃罪与故意杀人罪的界限，要根据被告人的主观故意、所实施行为的时间与地点、是否立即造成被害人死亡，以及被害人对被告人的依赖程度等进行综合判断。对于只是为了逃避扶养义务，并不希望或者放任被害人死亡，将生活不能自理的被害人弃置在福利院、医院、派出所等单位或者广场、车站等行人较多的场所，希望被害人得到他人救助的，一般以遗弃罪定罪处罚。对于希望或者放任被害人死亡，不履行必要的扶养义务，致使被害人因缺乏生活照料而死亡，或者将生活不能自理的被害人带至荒山野岭等人迹罕至的场所扔弃，使被害人难以得到他人救助的，应当以故意杀人罪定罪处罚。

★准确认定对家庭暴力的正当防卫

《最高人民法院、最高人民检察院、公安部、司法部关于依法办理家庭暴力犯罪案件的意见》(2015年3月2日　法发〔2015〕4号)

19. 准确认定对家庭暴力的正当防卫。为了使本人或者他人的人身权利免受不法侵害，对正在进行的家庭暴力采取制止行为，只要符合刑法规定的条件，就应当依法认定为正当防卫，不负刑事责任。防卫行为造成施暴人重伤、死亡，且明显超过必要限度，属于防卫过当，应当负刑事责任，但是应当减轻或者免除处罚。

认定防卫行为是否"明显超过必要限度"，应当以足以制止并使防卫人免受家庭暴力不法侵害的需要为标准，根据施暴人正在实施家庭暴力的严重程度、手段的残忍程度，防卫人所处的环境、面临的危险程度、采取的制止暴力的手段、造成施暴人重大损害的程度，以及既往家庭暴力的严重程度等进行综合判断。

20. 充分考虑案件中的防卫因素和过错责任。对于长期遭受家庭暴力后，在激愤、恐惧状态下为了防止再次遭受家庭暴力，或者为了摆脱家庭暴力而故意杀害、伤害施暴人，被告人的行为具有防卫因素，施暴人在案件起因上具有明显过错或者直接责任的，可以酌情从宽处罚。对于因遭受严重家庭暴力，身体、精神受到重大损害而故意杀害施暴人；或者因不堪忍受长期家庭暴力而故意杀害施暴人，犯罪情节不是特别恶劣，手段不是特别残忍的，可以认定为刑法第二百三十二条规定的故意杀人"情节较轻"。在服刑期间确有悔改表现的，可以根据其家庭情况，依法放宽减刑的幅度，缩短减刑的起始时间与间隔时间；符合假释条件的，应当假释。被杀害施暴人的近亲属表示谅解的，在量刑、减刑、假释时应当予以充分考虑。

★在安全事故发生后，故意阻挠开展抢救，导致人员死亡的，构成故意杀人罪

《最高人民法院、最高人民检察院关于办理危害生产安全刑事案件适用法律若干问题的解释》(2015年12月14日　法释〔2015〕22号)

第十条　在安全事故发生后，直接负责的主管人员和其他直接责任人员故意阻挠开展抢救，导致人员死亡或者重伤，或者为了逃避法律追究，对被害人进行隐藏、遗弃，致使被害人因无法得到救助而死亡或者重度残疾的，分别依照刑法第二百三十二条、第二百三十四条的规定，以故意杀人罪或者故意伤害罪定罪处罚。

★组织、利用邪教组织胁迫、教唆、帮助其成员或者他人实施自杀的，构成故意杀人罪

《最高人民法院、最高人民检察院关于办理组织、利用邪教组织破坏法律实施等刑事案件适用法律若干问题的解释》(2017年1月25日　法释〔2017〕3号)

第十一条　组织、利用邪教组织，制造、散布迷信邪说，组织、策划、煽动、胁迫、教唆、帮助其成员或者他人实施自杀、自伤的，依照刑法第二百三十二条、第二百三十四条的规定，以故意杀人罪或者故意伤害罪定罪处罚。

★为杀害特定人员故意从高空抛弃物品行为的，构成故意杀人罪

《最高人民法院关于依法妥善审理高空抛物、坠物案件的意见》(2019年10月21日　法发〔2019〕25号)

二、依法惩处构成犯罪的高空抛物、坠物行为，切实维护人民群众生命财产安全

5.准确认定高空抛物犯罪。对于高空抛物行为，应当根据行为人的动机、抛物场所、抛掷物的情况以及造成的后果等因素，全面考量行为的社会危害程度，准确判断行为性质，正确适用罪名，准确裁量刑罚。

故意从高空抛弃物品，尚未造成严重后果，但足以危害公共安全的，依照刑法第一百一十四条规定的以危险方法危害公共安全罪定罪处罚；致人重伤、死亡或者使公私财产遭受重大损失的，依照刑法第一百一十五条第一款的规定处罚。为伤害、杀害特定人员实施上述行为的，依照故意伤害罪、故意杀人罪定罪处罚。

★暴力袭警，致使民警死亡的，构成故意杀人罪，酌情从重处罚

《最高人民法院、最高人民检察院、公安部关于依法惩治袭警违法犯罪行为的指导意见》(2020年1月10日)

三、驾车冲撞、碾轧、拖拽、剐蹭民警，或者挤别、碰撞正在执行职务的警用车辆，危害公共安全或者民警生命、健康安全，符合刑法第一百一十四条、第一百一十五条、第二百三十二条、第二百三十四条规定的，应当以以危险方法危害公共安全罪、故意杀人罪或者故意伤害罪定罪，酌情从重处罚。

暴力袭警，致使民警重伤、死亡，符合刑法第二百三十四条、第二百三十二条规定的，应当以故意伤害罪、故意杀人罪定罪，酌情从重处罚。

六、在民警非执行职务期间，因其职务行为对其实施暴力袭击、拦截、恐吓等行为，符合刑法第二百三十四条、第二百三十二条、第二

百九十三条等规定的，应当以故意伤害罪、故意杀人罪、寻衅滋事罪等定罪，并根据袭警的具体情节酌情从重处罚。

★明知会造成人员伤亡后果而实施盗窃、破坏行为，致人死亡的，构成故意杀人罪

《最高人民法院、最高人民检察院、公安部关于办理涉窨井盖相关刑事案件的指导意见》(2020年3月16日　高检发〔2020〕3号)

三、对于本意见第一条、第二条规定以外的其他场所的窨井盖，明知会造成人员伤亡后果而实施盗窃、破坏行为，致人受伤或者死亡的，依照刑法第二百三十四条、第二百三十二条的规定，分别以故意伤害罪、故意杀人罪定罪处罚。

过失致人重伤或者死亡的，依照刑法第二百三十五条、第二百三十三条的规定，分别以过失致人重伤罪、过失致人死亡罪定罪处罚。

★为实施“碰瓷”而故意杀害他人的，构成故意杀人罪

《最高人民法院、最高人民检察院、公安部关于依法办理“碰瓷”违法犯罪案件的指导意见》(2020年9月22日　公通字〔2020〕12号)

七、为实施“碰瓷”而故意杀害、伤害他人或者过失致人重伤、死亡，符合刑法第二百三十二条、第二百三十四条、第二百三十三条、第二百三十五条规定的，分别以故意杀人罪、故意伤害罪、过失致人死亡罪、过失致人重伤罪定罪处罚。

第232条

类案检索指引

★虽自动投案，但罪行极其严重，不足以从轻处罚

《马某某故意杀人案——持刀杀害两名防疫卡点工作人员》(2020年3月10日最高人民法院发布第一批10个依法惩处妨害疫情防控犯罪典型案例)

【裁判结果】

云南省红河哈尼族彝族自治州中级人民法院经审理认为，被告人马某某在云南省重大突发公共卫生事件一级响应期间，无视国家法律和疫情防控秩序，故意非法剥夺他人生命，其行为构成故意杀人罪。马某某在疫情期间杀害两名疫情防控工作人员，主观恶性极深，犯罪手段残忍，情节极其恶劣，后果特别严重。马某某曾因犯故意伤害罪被判处有期徒刑，在刑罚执行完毕后五年内再犯应当判处有期徒刑以上刑罚之罪，系累犯，应依法从重处罚。马某某虽在案发后自动投案并如实供述犯罪事实，具有自首情节，但其罪行极其严重，不足以从轻处罚。据此，于2020年3月1日以故意杀人罪判处被告人马某某死刑，剥夺政治权利终身。

★虽有自首情节，但蓄意报复，砍击医生致死，主观恶性深，罪行极其严重，依法判处死刑

《员明军故意杀人案——蓄意报复捅刺、砍击医生致死，罪行极其严重》（2020年5月11日最高人民法院发布8件人民法院依法惩处涉医犯罪典型案例）

【典型意义】

医学是复杂的生命科学，诊疗方案是医生基于医学知识作出的专业判断，患者对治疗效果要理性对待，不能仅因自认为治疗效果不佳就迁怒于医生甚至报复行凶。本案是一起患者因对治疗效果不满，经调解未果，报复杀害医生的典型案例。被告人员明军虽有自首情节，但其蓄意报复，在就诊近一年后携刀具到医生办公室连续捅刺、砍击医生致死，主观恶性深，罪行极其严重。人民法院依法对员明军判处死刑，体现了对此类犯罪的严惩。

★经预谋后在医院当众杀害首诊医生，虽具有自首情节，但不足以对其从轻处罚

《孙文斌故意杀人案——经预谋持刀杀害医生，罪行极其严重》（2020年5月11日最高人民法院发布8件人民法院依法惩处涉医犯罪典型案例）

【典型意义】

救死扶伤是医生的职责使命，但医学不是万能的，医疗效果并不总能满足患者和家属的期待。患者和家属首先应当积极配合医院进行治疗，同时也要正确认识病情和治疗效果，不能简单因病情未好转便归咎于医院和医生。本案是一起患者家属因患者病情未见好转而预谋报复杀害医生的典型案例，2019年年底案发后产生巨大且恶劣的社会影响。被告人孙文斌在将其年迈并患有多种严重疾病的母亲送到医院治疗期间，多次拒绝医院对其母进行检查和治疗，却认为其母病情未见好转与首诊医生的诊治有关，经预谋后在医院当众杀害首诊医生，犯罪性质极其恶劣，手段特别残忍，罪行极其严重。人民法院依法对孙文斌判处死刑，体现了坚决惩治暴力杀医犯罪的严正立场。

★砍杀毫无反抗能力的弱小幼童，虽有自首情节，但不足以从轻处罚

《王某甲故意杀人案——家长公然持械闯入课堂杀害未成年小学生，应当依法严惩》（2021年3月2日最高人民法院发布未成年人司法保护典型案例）

被告人王某甲的女儿何某某与年仅9岁的被害人刘某某系某小学三年级的同桌同学。2019年5月9日，王某甲得知女儿被刘某某“欺负”后在班级群发消息质问，刘某某之父刘某联系王某甲未果，又联系其妻何某进行沟通、道歉，班主任汪某某从何某处得知王某甲脾气暴躁，应何某要求转告刘某夫妇先不要和王某甲见面，并答应给刘某某调换座位。10日早上，王某甲送何某某上学时在校门口未看到刘某某家长，在得知多方都在积极解决此事时仍不满意，执意将女儿送回家中，并购买刀具，冲进教室，持刀连续捅刺刘某某的要害部位，又将刘某某拎出教室摔在走廊上，致刘某某大量失血死亡。后公安人员将在学校等待的王某甲抓获归案。

人民法院经审理认为，被告人王某甲女儿与同学发生摩擦矛盾后，学校老师及对方家长已经在积极沟通、协调解决，但被告人不能理性、平和处理，竟购买刀具闯入学校课堂公然行凶，砍杀毫无反抗能力的弱小幼童，致被害人当场死亡，犯罪手段特别残忍，社会影响极其恶劣，社会危害极大，虽有自首情节，但不足以从轻处罚。人民法院依法对被告人王某甲以故意杀人罪判处并核准执行死刑。

本案系因家长不能正确处理未成年子女在校期间与同学间的摩擦矛盾，而持凶器闯入校园课堂，公然杀害弱小幼童的恶性案件。人民法院对严重侵害未成年人犯罪案件始终坚持零容忍态度，坚决依法从严从重惩处，对犯罪性质、情节极其恶劣，后果极其严重的，坚决判处死刑，绝不姑息。

★为防止再次遭受家庭暴力而故意杀害施暴人的，具有防卫因素

《武某某、陈某某、傅某某故意杀人案》（最高人民检察院 2021 年 4 月 28 日发布依法惩治家庭暴力犯罪典型案例）

【典型意义】

（一）依法妥善办理家庭暴力引发的刑事案件。“两高两部”《关于依法办理家庭暴力犯罪案件的意见》规定，对长期遭受家庭暴力后，在激愤、恐惧状态下为防止再次遭受家庭暴力，或者为摆脱家庭暴力而故意杀害、伤害施暴人，被告人的行为具有防卫因素，施暴人在案件起因上具有明显过错或者直接责任的，可以酌情从宽处罚。

（二）注重研究解决案件衍生的社会问题。因家暴引发的刑事案件中，家庭成员或致伤、致死，或入狱服刑，家中多出现需要被抚养、赡养的人失去生活来源或无人照料。检察机关积极与村（居）委会、民政、教育等部门对接，通过司法救助、社会帮扶、心理疏导等，妥善解决涉案家庭生活保障、监护保障、教育保障问题。

（三）通过以案释法，增强全民法治观念。检察机关注重在办案中普法，组织旁听庭审，将符合公开条件的庭审作为法治宣传公开课，教育公民尊法、学法、守法、用法，充分发挥“办理一个案件、警示教育一片”的作用。

★长期吸毒，诱骗独行儿童并将其杀害，致其尸首分离，罪行极其严重，依法判处死刑

《张伟故意杀人案——有长期吸毒史，杀死无辜儿童，罪行极其严重》［2020 年 6 月 23 日最高人民法院发布 2020 年十大毒品（涉毒）犯罪典型案例］

【典型意义】

吸毒行为具有违法性和自陷性。医学研究表明，长期吸毒可能对人体的大脑中枢神经造成不可逆的损伤。对于因吸毒导致精神障碍的，一般不作为从宽处罚的理由。本案就是一起被告人长期吸食毒品致精神障碍，杀害无辜儿童的典型案例。被告人张伟明知吸毒后会出现幻觉等精神异常，且曾多次被戒毒、送医，却仍继续长期吸毒。张伟诱骗独行的 7 岁儿童，并将其杀害，致其尸首分离，犯罪手段残忍，情节特别恶劣，罪行极其严重。人民法院依法判处张伟死刑，体现了对吸毒诱发的严重暴力犯罪的严惩。

★吸食毒品致幻后持刀杀死母亲和瘫痪在床的父亲，罪行令人发指

《郑波故意杀人案——吸毒致幻后杀死父母，罪行极其严重》［2022 年 6 月 25 日最高人民法院发布 2022 年十大毒品（涉毒）犯罪典型案例］

【典型意义】

吸食毒品不仅给吸毒者本人造成难以逆转的身心损害，还容易诱发各类次生犯罪。长期吸食毒品花费大量钱财，吸毒者可能迫于经济压力“以贩养吸”，或者实施盗窃、抢劫等侵财犯罪。同时，因毒品具有中枢神经兴奋、抑制或者致幻作用，会导致吸毒者狂躁、抑郁甚至出现被害妄想、幻视幻听症状，进而肇事肇祸，严重危害社会治安和公共安全。本案中，被告人郑波自述长期吸毒，平时吸食冰毒、“摇头丸”等多种毒品，其曾因吸食毒品被行政拘留、社区戒毒，但仍不思悔改，又继续吸食毒品，致幻后无端怀疑妻子出轨，认为劝阻其离婚的母亲系“恶魔”，持刀杀死母亲和瘫痪在床的父亲，罪行令人发指。本案充分反映出毒品给吸食者本人、家庭和社会带来的严重危害。人民法院在严惩郑波罪行的同时，也告诫每一位公民自觉防范、抵制毒品，远离这一摧毁人性的真正"恶魔"。

第二百三十三条　【过失致人死亡罪】过失致人死亡的，处三年以上七年以下有期徒刑；情节较轻的，处三年以下有期徒刑。本法另有规定的，依照规定。

立法动态

本条源自《中华人民共和国刑法》(1997 年 3 月 14 日第八届全国人民代表大会第五次会议修订，自 1997 年 10 月 1 日起施行)。

适用要点与裁判依据

★在公共交通管理的范围外使用交通工具致人伤亡或者遭受重大损失的刑事责任

《最高人民法院关于审理交通肇事刑事案件具体应用法律若干问题的解释》(2000 年 11 月 15 日　法释〔2000〕33 号)

第八条　在实行公共交通管理的范围内发生重大交通事故的，依照刑法第一百三十三条和本解释的有关规定办理。

在公共交通管理的范围外，驾驶机动车辆或者使用其他交通工具致人伤亡或者致使公共财产或者他人财产遭受重大损失，构成犯罪的，分别依照刑法第一百三十四条、第一百三十五条、第二百三十三条等规定定罪处罚。

★过失导致物品从高空坠落致人死亡的，构成本罪

《最高人民法院关于依法妥善审理高空抛物、坠物案件的意见》(2019 年 10 月 21 日　法发〔2019〕25 号)

二、依法惩处构成犯罪的高空抛物、坠物行为，切实维护人民群众生命财产安全

7. 准确认定高空坠物犯罪。过失导致物品从高空坠落，致人死

亡、重伤，符合刑法第二百三十三条、第二百三十五条规定的，依照过失致人死亡罪、过失致人重伤罪定罪处罚。在生产、作业中违反有关安全管理规定，从高空坠落物品，发生重大伤亡事故或者造成其他严重后果的，依照刑法第一百三十四条第一款的规定，以重大责任事故罪定罪处罚。

★对窨井盖负有管理职责的工作人员严重不负责任，导致人员坠井等事故致人死亡的，构成本罪

《最高人民法院、最高人民检察院、公安部关于办理涉窨井盖相关刑事案件的指导意见》（2020年3月16日　高检发〔2020〕3号）

三、对于本意见第一条、第二条规定以外的其他场所的窨井盖，明知会造成人员伤亡后果而实施盗窃、破坏行为，致人受伤或者死亡的，依照刑法第二百三十四条、第二百三十二条的规定，分别以故意伤害罪、故意杀人罪定罪处罚。

过失致人重伤或者死亡的，依照刑法第二百三十五条、第二百三十三条的规定，分别以过失致人重伤罪、过失致人死亡罪定罪处罚。

十、对窨井盖负有管理职责的其他公司、企业、事业单位的工作人员，严重不负责任，导致人员坠井等事故，致人重伤或者死亡，符合刑法第二百三十五条、第二百三十三条规定的，分别以过失致人重伤罪、过失致人死亡罪定罪处罚。

★为实施“碰瓷”而过失致人死亡的，构成本罪

《最高人民法院、最高人民检察院、公安部关于依法办理“碰瓷”违法犯罪案件的指导意见》（2020年9月22日　公通字〔2020〕12号）

七、为实施“碰瓷”而故意杀害、伤害他人或者过失致人重伤、死亡，符合刑法第二百三十二条、第二百三十四条、第二百三十三条、第二百三十五条规定的，分别以故意杀人罪、故意伤害罪、过失致人死亡罪、过失致人重伤罪定罪处罚。

★因敲击、拆解未爆弹药等行为引发爆炸过失致人死亡的，构成本罪

《最高人民法院、最高人民检察院、公安部、商务部、国家市场监督管理总局、中央军委后勤保障部、中央军委装备发展部、中央军委训练管理部、中央军委国防动员部关于军地共同加强部队训练场未爆弹药安全风险防控的意见》(2022年10月22日 军训〔2022〕181号)

一、加强训练场安全管控

(十三)打击违法犯罪。非法进入训练场、不听制止的，破坏训练场围墙、围网等周界防护设施的，依照军事设施保护法的有关规定处罚，符合刑法第三百六十九条第一款、第三百七十一条规定的，分别以破坏军事设施罪、聚众冲击军事禁区罪、聚众扰乱军事管理区秩序罪定罪处罚。挖捡、非法买卖未爆弹药，符合刑法第一百二十七条第一款、第一百二十五条第一款规定的，分别以盗窃弹药、爆炸物罪和非法买卖弹药、爆炸物罪定罪处罚。非法买卖未爆弹药拆解的炮弹引信、火炸药，符合刑法第一百二十五条第一款规定的，以非法买卖弹药、爆炸物罪定罪处罚。非法进入训练场挖捡炮弹残片，符合刑法第二百六十四条规定的，以盗窃罪定罪处罚。因敲击、拆解未爆弹药等行为引发爆炸，符合刑法第一百一十五条第二款、第二百三十三条、第二百三十五条规定的，分别以过失爆炸罪、过失致人死亡罪、过失致人重伤罪定罪处罚。明知是非法拆解的未爆弹药或者非法挖捡的炮弹残片及其所产生的收益而窝藏、转移、代为销售或者以其他方法掩饰、隐瞒，符合刑法第三百一十二条规定的，以掩饰、隐瞒犯罪所得、犯罪所得收益罪定罪处罚。有非法挖捡买卖行为，经教育后确有悔改表现，上交未爆弹药、炮弹残片或者销售炮弹残片违法所得的，可以依法从宽处罚；情节显著轻微危害不大不构成犯罪、构成违反治安管理行为的，依法给予治安管理处罚。

第二百三十四条　【故意伤害罪】故意伤害他人身体的，处三年以下有期徒刑、拘役或者管制。

犯前款罪，致人重伤的，处三年以上十年以下有期徒刑；致人死亡或者以特别残忍手段致人重伤造成严重残疾的，处十年以上有期徒刑、无期徒刑或者死刑。本法另有规定的，依照规定。

立法动态

本条源自《中华人民共和国刑法》（1997 年 3 月 14 日第八届全国人民代表大会第五次会议修订，自 1997 年 10 月 1 日起施行）。

量刑指导

《最高人民法院、最高人民检察院关于常见犯罪的量刑指导意见（试行）》（2021 年 6 月 16 日　法发〔2021〕21 号）

四、常见犯罪的量刑

（七）故意伤害罪

1. 构成故意伤害罪的，根据下列情形在相应的幅度内确定量刑起点：

（1）故意伤害致一人轻伤的，在二年以下有期徒刑、拘役幅度内确定量刑起点。

（2）故意伤害致一人重伤的，在三年至五年有期徒刑幅度内确定量刑起点。

（3）以特别残忍手段故意伤害致一人重伤，造成六级严重残疾的，在十年至十三年有期徒刑幅度内确定量刑起点。依法应当判处无期徒刑以上刑罚的除外。

2. 在量刑起点的基础上，根据伤害后果、伤残等级、手段残忍程度等其他影响犯罪构成的犯罪事实增加刑罚量，确定基准刑。

故意伤害致人轻伤的，伤残程度可以在确定量刑起点时考虑，或者作为调节基准刑的量刑情节。

3. 构成故意伤害罪的，综合考虑故意伤害的起因、手段、危害后果、赔偿谅解等犯罪事实、量刑情节，以及被告人的主观恶性、人身危险性、认罪悔罪表现等因素，决定缓刑的适用。

适用要点与裁判依据

★在安全事故发生后，相关人员故意阻挠开展抢救，导致人员重伤的，以故意伤害罪定罪处罚

《最高人民法院、最高人民检察院关于办理危害生产安全刑事案件适用法律若干问题的解释》（2015 年 12 月 14 日 法释〔2015〕22 号）

第十条 在安全事故发生后，直接负责的主管人员和其他直接责任人员故意阻挠开展抢救，导致人员死亡或者重伤，或者为了逃避法律追究，对被害人进行隐藏、遗弃，致使被害人因无法得到救助而死亡或者重度残疾的，分别依照刑法第二百三十二条、第二百三十四条的规定，以故意杀人罪或者故意伤害罪定罪处罚。

★对于实施故意伤害行为的犯罪分子主观恶性较深、犯罪情节恶劣、罪行严重的，可以依法剥夺政治权利

《最高人民法院关于对故意伤害、盗窃等严重破坏社会秩序的犯罪分子能否附加剥夺政治权利问题的批复》（1997 年 12 月 31 日 法释〔1997〕11 号）

根据刑法第五十六条规定，对于故意杀人、强奸、放火、爆炸、投毒、抢劫等严重破坏社会秩序的犯罪分子，可以附加剥夺政治权利。对故意伤害、盗窃等其他严重破坏社会秩序的犯罪，犯罪分子主观恶性较深、犯罪情节恶劣、罪行严重的，也可以依法附加剥夺政治权利。

★故意伤害致人重伤造成严重残疾，只有犯罪手段特别残忍，后果特别严重的，才能考虑适用死刑（包括死缓）

《全国法院维护农村稳定刑事审判工作座谈会纪要》（1999年10月27日　法〔1999〕217号）

二

（一）关于故意杀人、故意伤害案件

要准确把握故意杀人犯罪适用死刑的标准。对故意杀人犯罪是否判处死刑，不仅要看是否造成了被害人死亡结果，还要综合考虑案件的全部情况。对于因婚姻家庭、邻里纠纷等民间矛盾激化引发的故意杀人犯罪，适用死刑一定要十分慎重，应当与发生在社会上的严重危害社会治安的其他故意杀人犯罪案件有所区别。对于被害人一方有明显过错或对矛盾激化负有直接责任，或者被告人有法定从轻处罚情节的，一般不应判处死刑立即执行。

要注意严格区分故意杀人罪与故意伤害罪的界限。在直接故意杀人与间接故意杀人案件中，犯罪人的主观恶性程度是不同的，在处刑上也应有所区别。间接故意杀人与故意伤害致人死亡，虽然都造成了死亡后果，但行为人故意的性质和内容是截然不同的。不注意区分犯罪的性质和故意的内容，只要有死亡后果就判处死刑的做法是错误的，这在今后的工作中，应当予以纠正。对于故意伤害致人死亡，手段特别残忍，情节特别恶劣的，才可以判处死刑。

要准确把握故意伤害致人重伤造成"严重残疾"的标准。参照1996年国家技术监督局颁布的《职工工伤与职业病致残程度鉴定标准》（以下简称"工伤标准"），刑法第二百三十四条第二款规定的"严重残疾"是指下列情形之一：被害人身体器官大部缺损、器官明显畸形、身体器官有中等功能障碍、造成严重并发症等。残疾程度可以分为一般残疾（十至七级）、严重残疾（六至三级）、特别严重残疾（二至一级），六级以上视为"严重残疾"。在有关司法解释出台前，可统一参照"工伤标准"确定残疾等级。实践中，并不是只要达到"严重残疾"就判处死刑，还要根据伤害致人"严重残疾"的具体情况，综合考虑犯罪情节和危害后果来决定刑罚。故意伤害致重伤造成严重残疾,只有犯罪手段特别残忍,后果特别严重的,才能考虑适用死刑(包括死刑,缓期二年执行)。

★交通肇事后将被害人带离事故现场后隐藏或者遗弃,致使被害人死亡或者严重残疾的定罪处罚

《最高人民法院关于审理交通肇事刑事案件具体应用法律若干问题的解释》(2000年11月15日　法释〔2000〕33号)

第六条　行为人在交通肇事后为逃避法律追究,将被害人带离事故现场后隐藏或者遗弃,致使被害人无法得到救助而死亡或者严重残疾的,应当分别依照刑法第二百三十二条、第二百三十四条第二款的规定,以故意杀人罪或者故意伤害罪定罪处罚。

★实施抗税行为致人重伤的,构成故意伤害罪

《最高人民法院关于审理偷税抗税刑事案件具体应用法律若干问题的解释》(2002年11月5日　法释〔2002〕33号)

第六条第一款　实施抗税行为致人重伤、死亡,构成故意伤害罪、故意杀人罪的,分别依照刑法第二百三十四条第二款、第二百三十二条的规定定罪处罚。

★在疫情防控期间聚众"打砸抢",致人伤残的,构成本罪,从重处罚

《最高人民法院、最高人民检察院关于办理妨害预防、控制突发传染病疫情等灾害的刑事案件具体应用法律若干问题的解释》(2003年5月14日　法释〔2003〕8号)

第九条　在预防、控制突发传染病疫情等灾害期间,聚众"打砸抢",致人伤残、死亡的,依照刑法第二百八十九条、第二百三十四条、第二百三十二条的规定,以故意伤害罪或者故意杀人罪定罪,依法从重处罚。对毁坏或者抢走公私财物的首要分子,依照刑法第二百八十九条、第二百六十三条的规定,以抢劫罪定罪,依法从重处罚。

★未成年人为窝藏赃物、抗拒抓捕或者毁灭罪证,当场使用暴力致人重伤的,构成本罪

《最高人民法院关于审理未成年人刑事案件具体应用法律若干问题的解释》(2006年1月11日 法释〔2006〕1号)

第十条第一款 已满十四周岁不满十六周岁的人盗窃、诈骗、抢夺他人财物,为窝藏赃物、抗拒抓捕或者毁灭罪证,当场使用暴力,故意伤害致人重伤或者死亡,或者故意杀人的,应当分别以故意伤害罪或者故意杀人罪定罪处罚。

★故意伤害罪的死刑适用

《最高人民法院关于审理故意杀人、故意伤害案件正确适用死刑问题的指导意见》(2009年8月3日 法发〔2009〕44号)

三、关于故意伤害罪的死刑适用

相对于故意杀人犯罪而言,故意伤害犯罪的社会危害性和被告人的主观恶性程度不同,适用死刑应当比故意杀人犯罪更加慎重,标准更加严格。只有对于犯罪后果特别严重、手段特别残忍、情节特别恶劣的被告人,才可以适用死刑立即执行。

对故意伤害致人死亡的被告人决定是否适用死刑立即执行时,要将严重危害社会治安的案件与民间纠纷引发的案件有所区别;将手段特别残忍、情节特别恶劣的与手段、情节一般的有所区别;将预谋犯罪与激情犯罪有所区别,等等。

对于下列故意伤害致人死亡的被告人,如果没有从轻情节,可以适用死刑立即执行。如:暴力恐怖犯罪、黑社会性质组织犯罪、恶势力犯罪以及其他严重暴力犯罪中故意伤害他人的首要分子;起组织、策划作用或者为主实施伤害行为罪行最严重的主犯;聚众"打砸抢"伤害致人死亡的首要分子;动机卑劣而预谋伤害致人死亡的,等等。

对于故意伤害致人死亡的被告人,如果具有下列情形,一般不判处死刑立即执行。如:因婚姻家庭、邻里纠纷以及山林、水流、田地纠纷等民间矛盾激化引发的;被害人有过错,或者对引发案件负有直接责任的;犯罪手段、情节一般的;被告人犯罪后积极救治被害人,或者积极赔偿被害方经济损失并真诚悔罪的;被告人作案时刚满18周岁或已满70周岁以上,且情节不是待别恶劣的;其他经综合考虑所有量刑情节可不判处死刑立即执行的,等等。

以特别残忍手段致人重伤造成严重残疾的故意伤害案件,适用死刑时应当更加严格把握,并不是只要达到"严重残疾"的程度就必须判处被告人死刑。要根据致人"严重残疾"的具体情况,综合考虑犯罪情节和"严重残疾"的程度等情况,慎重决定。

故意伤害案件中"严重残疾"的标准,在有关司法解释出台前,可参照1996年国家技术监督局颁布的《职工工伤与职业病致残程度鉴定标准》确定残疾等级。即"严重残疾"是指下列情形之一:被害人身体器官大部缺损、器官明显畸形、身体器官有中等功能障碍、造成严重并发症等。残疾程度可以分为一般残疾(十至七级)、严重残疾(六至三级)、特别严重残疾(二至一级)六级以上为"严重残疾"。

对于以特别残忍手段造成被害人重伤致特别严重残疾的被告人,可以适用死刑立即执行。但对于那些使用硫酸等化学物质严重毁容,或者采取砍掉手脚等极其残忍手段致使被害人承受极度肉体、精神痛苦的,虽未达到特别严重残疾的程度,但犯罪情节特别恶劣,造成被害人四级以上残疾程度的,也可以适用死刑立即执行。

★雇凶者没有直接实施故意伤害犯罪行为,但参与了共同犯罪的策划、组织、指挥的,应认定为罪行最严重的主犯

《最高人民法院关于审理故意杀人、故意伤害案件正确适用死刑问题的指导意见》(2009年8月3日　法发〔2009〕44号)

四、关于故意杀人、故意伤害共同犯罪的死刑适用

对于故意杀人、故意伤害共同犯罪案件的死刑适用,要充分考虑各被告人在共同犯罪中的地位和作用、犯罪后果、被告人的主观恶性和人身危险性等情况,正确认定各被告人的罪责并适用刑罚。一案中有多名主犯的,要在主犯中区分出罪责最为严重者和较为严重者。

对于共同致一人死亡,依法应当判处被告人死刑立即执行的,原则上只判处一名被告人死刑立即执行。罪行极其严重的主犯因有立

功、自首等法定从轻处罚情节而依法不判处死刑立即执行的，也不能对罪行相对较轻的主犯判处死刑立即执行。

对于被告人地位、作用相当，罪责相对分散，或者罪责确实难以分清的，一般不判处被告人死刑立即执行。确需判处被告人死刑立即执行的，要充分考虑被告人在主观恶性和人身危险性等方面的不同，审慎决定。

对于家庭成员共同犯罪案件，适用死刑要特别慎重，应尽量避免判处同一家庭两名以上成员死刑立即执行。

对于有同案犯在逃的案件，要分清罪责，慎重决定对在案的被告人判处死刑立即执行。

雇凶犯罪作为一种共同犯罪，其社会危害性比一般共同犯罪更大，应当依法从严惩处。雇凶者作为犯罪的“造意者”，其对案件的发生负有直接和更主要的责任，只有依法严惩雇凶者，才能有效遏制犯罪。但在具体量刑时，也要根据案件的不同情况，区别对待。

对于雇凶者与受雇者共同直接实施故意杀人、故意伤害犯罪行为的，应认定雇凶者为罪行最严重的主犯；雇凶者没有直接实施故意杀人、故意伤害犯罪行为，但参与了共同犯罪的策划，实施了具体组织、指挥行为的，对雇凶者也应认定为罪行最严重的主犯；雇凶者只是笼统提出犯意，没有实施具体组织、指挥行为，积极实施犯罪行为的受雇者可认定为罪行最严重的主犯；雇佣者雇佣未成年人实施故意杀人、故意伤害犯罪的，雇凶者为罪行最严重的主犯；对于多名受雇者地位、作用相当，责任相对分散，或者责任难以分清的，雇凶者应对全案负责，应认定雇凶者为罪行最严重的主犯。

受雇者明显超出雇凶者授意范围，实施故意杀人、故意伤害犯罪，因行为过限，造成更严重危害后果的，应当以实际实施的行为承担刑事责任。

对于雇凶杀人、伤害只致一人死亡的案件，一般不宜同时判处雇凶者与受雇者死刑立即执行。对于案情特别重大，后果特别严重，确需判处两名以上被告人死刑立即执行的，要严格区分多名受雇者的地位、作用,根据其罪责和犯罪情节,一般可对雇凶者和其中罪行最严重的受雇者判处死刑立即执行。

★正确把握民事赔偿与死刑适用的关系

《最高人民法院关于审理故意杀人、故意伤害案件正确适用死刑问题的指导意见》(2009年8月3日　法发〔2009〕44号)

六、正确把握民事赔偿与死刑适用的关系

对于因婚姻家庭、邻里纠纷等民间矛盾激化引发、侵害对象特定的故意杀人、故意伤害案件,如果被告人积极履行赔偿义务,获得被害方的谅解或者没有强烈社会反响的,可以依法从宽判处。对于那些严重危害社会治安的故意杀人、故意伤害案件,被告人积极赔偿,得到被害方谅解的,依法从宽判处应当特别慎重。

要特别重视对故意杀人、故意伤害死刑案件的民事调解工作。一、二审法院要进一步加大调解力度,尽可能地促使当事人在一审达成调解协议。一审调解不成的,二审法院仍然要做更多更细致的工作,将调解工作贯穿案件审理始终,避免因民事部分没有妥善处理而影响量刑、出现上访闹访。对于依法可以不判处被告人死刑的案件,要最大限度地促成双方当事人达成赔偿协议,取得被害方谅解。对于具有法定从轻情节,被害人有明显过错等依法不应当判处被告人死刑的案件,也不能因为被害方不接受赔偿或达不成调解协议而判处被告人死刑。对于因具有赔偿好等情节而不判处死刑的,裁判文书中应注意从被告人积极认罪、真诚悔罪、获得被害方谅解等角度充分阐释裁判理由,争取更好的社会效果。

要注意依法保护被害方的合法权益。被告人的犯罪行为造成被害人经济损失的,要依法判决被告人承担民事赔偿责任,不能因为判处被告人死刑而该赔的不赔。对于那些因被告人没有赔偿能力而得不到赔偿的,要通过国家救助制度,解决被害方因被告人的犯罪行为造成的暂时的生活、医疗困难。安抚被害人及其亲属,促进社会和谐。

★实施猥亵儿童犯罪造成轻伤以上后果，同时构成故意伤害罪的，择一重处

《最高人民法院、最高人民检察院、公安部、司法部关于依法惩治性侵害未成年人犯罪的意见》（2013年10月23日　法发〔2013〕12号）

22. 实施猥亵儿童犯罪，造成儿童轻伤以上后果，同时符合刑法第二百三十四条或者第二百三十二条的规定，构成故意伤害罪、故意杀人罪的，依照处罚较重的规定定罪处罚。

对已满十四周岁的未成年男性实施猥亵，造成被害人轻伤以上后果，符合刑法第二百三十四条或者第二百三十二条规定的，以故意伤害罪或者故意杀人罪定罪处罚。

★故意伤害医务人员造成轻伤以上严重后果，构成故意伤害罪、寻衅滋事罪等罪的，依照刑法的有关规定定罪处罚

《最高人民法院、最高人民检察院、公安部、司法部、国家卫生和计划生育委员会关于依法惩处涉医违法犯罪维护正常医疗秩序的意见》（2014年4月22日　法发〔2014〕5号）

二、严格依法惩处涉医违法犯罪

（一）在医疗机构内殴打医务人员或者故意伤害医务人员身体、故意损毁公私财物，尚未造成严重后果的，分别依照治安管理处罚法第四十三条、第四十九条的规定处罚；故意杀害医务人员，或者故意伤害医务人员造成轻伤以上严重后果，或者随意殴打医务人员情节恶劣、任意损毁公私财物情节严重，构成故意杀人罪、故意伤害罪、故意毁坏财物罪、寻衅滋事罪的，依照刑法的有关规定定罪处罚。

★以暴力、胁迫手段强迫他人借贷，同时构成故意伤害罪等其他犯罪的，择一重处

《最高人民检察院关于强迫借贷行为适用法律问题的批复》（2014年4月17日　高检发释字〔2014〕1号）

以暴力、胁迫手段强迫他人借贷，属于刑法第二百二十六条第二项规定的“强迫他人提供或者接受服务”，情节严重的，以强迫交易罪追究刑事责任；同时构成故意伤害罪等其他犯罪的，依照处罚较重的规定定罪处罚。以非法占有为目的，以借贷为名采用暴力、胁迫手段获取他人财物，符合刑法第二百六十三条或者第二百七十四条规定的，以抢劫罪或者敲诈勒索罪追究刑事责任。

★对家庭暴力犯罪同时触犯多个罪名的，择一重处

《最高人民法院、最高人民检察院、公安部、司法部关于依法办理家庭暴力犯罪案件的意见》（2015年3月2日 法发〔2015〕4号）

16. 依法准确定罪处罚。对故意杀人、故意伤害、强奸、猥亵儿童、非法拘禁、侮辱、暴力干涉婚姻自由、虐待、遗弃等侵害公民人身权利的家庭暴力犯罪，应当根据犯罪的事实、犯罪的性质、情节和对社会的危害程度，严格依照刑法的有关规定判处。对于同一行为同时触犯多个罪名的，依照处罚较重的规定定罪处罚。

★准确区分虐待犯罪致人重伤、死亡与故意伤害、故意杀人犯罪致人重伤、死亡的界限

《最高人民法院、最高人民检察院、公安部、司法部关于依法办理家庭暴力犯罪案件的意见》（2015年3月2日 法发〔2015〕4号）

17. 依法惩处虐待犯罪。采取殴打、冻饿、强迫过度劳动、限制人身自由、恐吓、侮辱、谩骂等手段，对家庭成员的身体和精神进行摧残、折磨，是实践中较为多发的虐待性质的家庭暴力。根据司法实践，具有虐待持续时间较长、次数较多；虐待手段残忍；虐待造成被害人轻微伤或者患较严重疾病；对未成年人、老年人、残疾人、孕妇、哺乳期妇女、重病患者实施较为严重的虐待行为等情形，属于刑法第二百六十条第一款规定的虐待“情节恶劣”，应当依法以虐待罪定罪处罚。

准确区分虐待犯罪致人重伤、死亡与故意伤害、故意杀人犯罪致人重伤、死亡的界限，要根据被告人的主观故意、所实施的暴力手段与方式、是否立即或者直接造成被害人伤亡后果等进行综合判断。对于被告人主观上不具有侵害被害人健康或者剥夺被害人生命的故意，而是出于追求被害人肉体和精神上的痛苦，长期或者多次实施虐待行为，逐渐造成被害人身体损害，过失导致被害人重伤或者死亡的；或者因虐待致使被害人不堪忍受而自残、自杀，导致重伤或者死亡的，属于刑法第二百六十条第二款规定的虐待“致使被害人重伤、死亡”，应当以虐待罪定罪处罚。对于被告人虽然实施家庭暴力呈现出经常性、持续性、反复性的特点，但其主观上具有希望或者放任被害人重伤或者死亡的故意，持凶器实施暴力，暴力手段残忍，暴力程度较强，直接或者立即造成被害人重伤或者死亡的，应当以故意伤害罪或者故意杀人罪定罪处罚。

……

★安全事故发生后，相关人员故意阻挠开展抢救，导致人员重伤的，以故意伤害罪定罪处罚

《最高人民法院、最高人民检察院关于办理危害生产安全刑事案件适用法律若干问题的解释》（2015年12月14日 法释〔2015〕22号）

第十条 在安全事故发生后，直接负责的主管人员和其他直接责任人员故意阻挠开展抢救，导致人员死亡或者重伤，或者为了逃避法律追究，对被害人进行隐藏、遗弃，致使被害人因无法得到救助而死亡或者重度残疾的，分别依照刑法第二百三十二条、第二百三十四条的规定，以故意杀人罪或者故意伤害罪定罪处罚。

★组织、利用邪教组织胁迫、教唆、帮助其成员或者他人实施自伤的，构成故意伤害罪

《最高人民法院、最高人民检察院关于办理组织、利用邪教组织破坏法律实施等刑事案件适用法律若干问题的解释》（2017年1月25日 法释〔2017〕3号）

第十一条 组织、利用邪教组织，制造、散布迷信邪说，组织、策划、煽动、胁迫、教唆、帮助其成员或者他人实施自杀、自伤的，依照刑法第二百三十二条、第二百三十四条的规定，以故意杀人罪或者故意伤害罪定罪处罚。

★明知自己患有艾滋病或者感染艾滋病病毒而卖淫、嫖娼，致使他人感染艾滋病病毒的，构成故意伤害罪

《最高人民法院、最高人民检察院关于办理组织、强迫、引诱、容留、介绍卖淫刑事案件适用法律若干问题的解释》(2017年7月21日　法释〔2017〕13号)

第十二条　明知自己患有艾滋病或者感染艾滋病病毒而卖淫、嫖娼的，依照刑法第三百六十条的规定，以传播性病罪定罪，从重处罚。

具有下列情形之一，致使他人感染艾滋病病毒的，认定为刑法第九十五条第三项"其他对于人身健康有重大伤害"所指的"重伤"，依照刑法第二百三十四条第二款的规定，以故意伤害罪定罪处罚：

(一)明知自己感染艾滋病病毒而卖淫、嫖娼的；

(二)明知自己感染艾滋病病毒，故意不采取防范措施而与他人发生性关系的。

★为强行索要因非法放贷而产生的债务，实施故意伤害、非法拘禁等行为，实行数罪并罚

《最高人民法院、最高人民检察院、公安部、司法部关于办理非法放贷刑事案件若干问题的意见》(2019年7月23日　法发〔2019〕24号)

六、为从事非法放贷活动，实施擅自设立金融机构、套取金融机构资金高利转贷、骗取贷款、非法吸收公众存款等行为，构成犯罪的，应当择一重罪处罚。

为强行索要因非法放贷而产生的债务，实施故意杀人、故意伤害、非法拘禁、故意毁坏财物、寻衅滋事等行为，构成犯罪的，应当数罪并罚。

……

★为伤害特定人员故意从高空抛弃物品行为的,构成本罪

《最高人民法院关于依法妥善审理高空抛物、坠物案件的意见》(2019年10月21日　法发〔2019〕25号)

二、依法惩处构成犯罪的高空抛物、坠物行为,切实维护人民群众生命财产安全

5.准确认定高空抛物犯罪。对于高空抛物行为,应当根据行为人的动机、抛物场所、抛掷物的情况以及造成的后果等因素,全面考量行为的社会危害程度,准确判断行为性质,正确适用罪名,准确裁量刑罚。

故意从高空抛弃物品,尚未造成严重后果,但足以危害公共安全的,依照刑法第一百一十四条规定的以危险方法危害公共安全罪定罪处罚;致人重伤、死亡或者使公私财产遭受重大损失的,依照刑法第一百一十五条第一款的规定处罚。为伤害、杀害特定人员实施上述行为的,依照故意伤害罪、故意杀人罪定罪处罚。

★暴力袭警,致使民警重伤的,以故意伤害罪定罪,酌情从重处罚

《最高人民法院、最高人民检察院、公安部关于依法惩治袭警违法犯罪行为的指导意见》(2020年1月10日)

三、驾车冲撞、碾轧、拖拽、剐蹭民警,或者挤别、碰撞正在执行职务的警用车辆,危害公共安全或者民警生命、健康安全,符合刑法第一百一十四条、第一百一十五条、第二百三十二条、第二百三十四条规定的,应当以以危险方法危害公共安全罪、故意杀人罪或者故意伤害罪定罪,酌情从重处罚。

暴力袭警,致使民警重伤、死亡,符合刑法第二百三十四条、第二百三十二条规定的,应当以故意伤害罪、故意杀人罪定罪,酌情从重处罚。

六、在民警非执行职务期间,因其职务行为对其实施暴力袭击、拦截、恐吓等行为,符合刑法第二百三十四条、第二百三十二条、第二百九十三条等规定的,应当以故意伤害罪、故意杀人罪、寻衅滋事罪

等定罪,并根据袭警的具体情节酌情从重处罚。

★对于盗窃、破坏正在使用中的社会机动车通行道路以外的其他场所的窨井盖,致人受伤的,构成本罪

《最高人民法院、最高人民检察院、公安部关于办理涉窨井盖相关刑事案件的指导意见》(2020年3月16日　高检发〔2020〕3号)

三、对于本意见第一条、第二条规定以外的其他场所的窨井盖,明知会造成人员伤亡后果而实施盗窃、破坏行为,致人受伤或者死亡的,依照刑法第二百三十四条、第二百三十二条的规定,分别以故意伤害罪、故意杀人罪定罪处罚。

过失致人重伤或者死亡的,依照刑法第二百三十五条、第二百三十三条的规定,分别以过失致人重伤罪、过失致人死亡罪定罪处罚。

★为实施"碰瓷"而故意伤害他人的,构成本罪

《最高人民法院、最高人民检察院、公安部关于依法办理"碰瓷"违法犯罪案件的指导意见》(2020年9月22日　公通字〔2020〕12号)

七、为实施"碰瓷"而故意杀害、伤害他人或者过失致人重伤、死亡,符合刑法第二百三十二条、第二百三十四条、第二百三十三条、第二百三十五条规定的,分别以故意杀人罪、故意伤害罪、过失致人死亡罪、过失致人重伤罪定罪处罚。

★不宜认定为刑法意义上的故意伤害行为的情形

《最高人民检察院、公安部关于依法妥善办理轻伤害案件的指导意见》(2022年12月22日　高检发办字〔2022〕167号)

二、依法全面调查取证、审查案件

(七)准确区分罪与非罪。对被害人出现伤害后果的,人民检察院、公安机关判断犯罪嫌疑人是否构成故意伤害罪时,应当在全面审查案件事实、证据的基础上,根据双方的主观方面和客观行为准确认定,避免"唯结果论""谁受伤谁有理"。如果犯罪嫌疑人只是与被害人发生轻微推搡、拉扯的,或者为摆脱被害人拉扯或者控制而实施甩手、后退等应急、防御行为的，不宜认定为刑法意义上的故意伤害行为。

★准确区分寻衅滋事罪与故意伤害罪

《最高人民检察院、公安部关于依法妥善办理轻伤害案件的指导意见》（2022 年 12 月 22 日　高检发办字〔2022〕167 号）

二、依法全面调查取证、审查案件

（八）准确区分寻衅滋事罪与故意伤害罪。对出现被害人轻伤后果的案件，人民检察院、公安机关要全面分析案件性质，查明案件发生起因、犯罪嫌疑人的动机、是否有涉黑涉恶或者其他严重情节等，依法准确定性，不能简单化办案，一概机械认定为故意伤害罪。犯罪嫌疑人无事生非、借故生非，随意殴打他人的，属于"寻衅滋事"，构成犯罪的，应当以寻衅滋事罪依法从严惩处。

★准确区分正当防卫与互殴型故意伤害

《最高人民检察院、公安部关于依法妥善办理轻伤害案件的指导意见》（2022 年 12 月 22 日　高检发办字〔2022〕167 号）

二、依法全面调查取证、审查案件

（九）准确区分正当防卫与互殴型故意伤害。人民检察院、公安机关要坚持主客观相统一的原则，综合考察案发起因、对冲突升级是否有过错、是否使用或者准备使用凶器、是否采用明显不相当的暴力、是否纠集他人参与打斗等客观情节，准确判断犯罪嫌疑人的主观意图和行为性质。因琐事发生争执，双方均不能保持克制而引发打斗，对于过错的一方先动手且手段明显过激，或者一方先动手，在对方努力避免冲突的情况下仍继续侵害，还击一方造成对方伤害的，一般应当认定为正当防卫。故意挑拨对方实施不法侵害，借机伤害对方的，一般不认定为正当防卫。

★对情节恶劣的轻伤害案件依法从严处理的情形

《最高人民检察院、公安部关于依法妥善办理轻伤害案件的指导意见》（2022 年 12 月 22 日　高检发办字〔2022〕167 号）

三、积极促进矛盾化解

（二十）对情节恶劣的轻伤害案件依法从严处理。对于虽然属于轻伤害案件，但犯罪嫌疑人涉黑涉恶的，雇凶伤害他人的，在被采取强制措施或者刑罚执行期间伤害他人的，犯罪动机、手段恶劣的，伤害多人的，多次伤害他人的，伤害未成年人、老年人、孕妇、残疾人及医护人员等特定职业人员的，以及具有累犯等其他恶劣情节的，应当依法从严惩处。

类案检索指引

★对家庭暴力的施暴者可以运用训诫等措施，责令其不再实施家庭暴力

《杨某某故意伤害案》（2021 年 4 月 28 日最高人民检察院发布依法惩治家庭暴力犯罪典型案例）

【典型意义】

（一）对因遭受家暴而实施的伤害犯罪要坚持依法少捕慎诉理念。在犯罪嫌疑人的犯罪行为与其长期遭受家暴的事实密不可分的情况下，检察机关不能简单批捕、起诉，要全面细致审查证据，查清案件事实、起因，充分考虑其长期遭受家暴的因素。

（二）注意听取当事人意见。“两高两部”《关于依法办理家庭暴力犯罪案件的意见》规定，办理家庭暴力犯罪案件，既要严格依法进行，也要听取当事人双方的意见，尊重被害人的意愿。在采取刑事强制措施、提起公诉时，更应充分听取被害人意见，依法作出处理。

（三）注重犯罪预防工作。对家庭暴力的施暴者可以运用训诫等措施，责令施暴人保证不再实施家庭暴力。对家暴的受害者可以加强举证引导，告知其必要时可以根据《中华人民共和国反家庭暴力法》的规定向法院申请人身安全保护令。

★对犯罪嫌疑人具有防卫性质、自首等法定情节，获得被害人谅解的，可以依法从宽处理

《毛某某故意伤害案》（2021年4月28日最高人民检察院发布依法惩治家庭暴力犯罪典型案例）

【典型意义】

（一）正确认定因家庭暴力引发的故意伤害犯罪与正当防卫。"两高两部"《关于依法办理家庭暴力犯罪案件的意见》规定，为使本人或者他人的人身权利免受不法侵害，对正在进行的家庭暴力采取制止行为，符合刑法第二十条第一款规定的，应当认定为正当防卫。防卫行为明显超过必要限度，造成施暴人重伤、死亡的，属于防卫过当，应当负刑事责任，但应当减轻或者免除处罚。是否"明显超过必要限度"，应当以足以制止并使防卫人免受家庭暴力不法侵害的需要为标准，根据施暴人正在实施家庭暴力的严重程度、手段的残忍程度，防卫人所处的环境、面临的危险程度、采取的制止暴力手段、造成施暴人重大损害的程度，以及既往家庭暴力的严重程度等综合判断。

（二）妥善把握家庭暴力引发刑事案件的特殊性。家暴引发的刑事案件不同于其他案件，有家庭因素牵涉其中，要兼顾维护家庭稳定、修复被损坏的家庭关系、尊重被害人意愿。对犯罪嫌疑人具有防卫性质、自首等法定情节，获得被害人谅解的，可以依法从宽处理。

（三）依法履行司法救助职能。对符合司法救助条件的，检察机关要积极开展司法救助，彰显司法人文关怀，帮助被救助人解决面临的生活困难、安抚心灵创伤，避免"因案致贫""因案返贫"，促进家庭、社会和谐稳定。

★对于患者陪同人员多人殴打医生的，应综合考虑当庭认罪等情节，判处相应刑罚

《李发才等故意伤害案》（2021年5月11日最高人民法院发布人民法院依法惩处涉医犯罪典型案例）

【典型意义】

医院急诊部门是发生医患冲突较为集中的科室。急诊与专科门诊的诊疗处置方式有一定差别，患者及其陪同人员如遇到问题应与医生理性沟通，而不是肆意拳脚相向。本案是一起患者陪同人员多人殴打医生的案例。人民法院综合考虑本案犯罪的事实、性质、后果和被告人李发才、郭辉当庭认罪等情节，依法对二人判处相应刑罚。

★善于运用刑事和解、认罪认罚从宽等制度机制促进矛盾化解，减少社会对抗

《姜某故意伤害案——对民间纠纷引发的轻伤害案件，在矛盾化解、达成和解基础上依法对犯罪嫌疑人从宽作出不起诉处理》（2021年11月29日最高人民检察院印发《检察机关贯彻少捕慎诉慎押刑事司法政策典型案例（第一批）》）

【典型意义】

因邻里纠纷、民间矛盾引发的轻伤害案件常见多发，如果简单追诉、处理不当，容易进一步激化矛盾，形成更深的积怨，甚至与搬不走的邻居结下"世仇"，埋下更大隐患。检察机关在办理此类案件时，要坚持能动司法、主动履职，以少捕慎诉慎押刑事司法政策为指导，深入了解矛盾纠纷产生的根源，注意倾听当事人的想法，充分借助基层人民政府和村民委员会等群众自治组织等各方面力量，善于运用检调对接、检察听证、刑事和解、认罪认罚从宽等制度机制促进矛盾化解，通过办案修复社会关系，减少社会对抗，实现办案政治效果、法律效果和社会效果的有机统一。

★行为人只是与被害人发生轻微推搡、拉扯，一般不宜认定为刑法意义上的故意伤害行为

《敖某故意伤害案》(2023 年 1 月 13 日最高人民检察院发布检察机关依法妥善办理轻伤害案件典型案例)

【典型意义】

(一)正确认定刑法意义上的伤害行为。故意伤害罪中的伤害行为往往表现为行为人积极、主动实施侵害行为，为追求伤害后果对被害人实施击打。如果行为人只是与被害人发生轻微推搡、拉扯，一般不宜认定为刑法意义上的故意伤害行为。

(二)正确认定刑法意义上的伤害故意。行为人主动攻击行为不明显，在出现被害人伤害后果时，不应简单将结果归咎于行为人，要看行为人是否有伤害故意，可以结合当事人双方的关系、案发起因、是否使用工具、受伤部位、具体场景等判断。

★对主观恶性大、情节恶劣的轻伤害案件，要依法从严处理

《石某故意伤害案》(2023 年 1 月 13 日最高人民检察院发布检察机关依法妥善办理轻伤害案件典型案例)

【典型意义】

(一)注重对案件全面审查、准确定性。办案中，要全面审查案件发生的背景，案发起因、经过、造成的后果等，准确认定犯罪事实。犯罪嫌疑人非法侵入他人住宅实施伤害行为，构成故意伤害罪的，侵入住宅的行为作为手段行为，可不再单独评价为犯罪，作为故意伤害罪的从重量刑情节考量。

(二)对主观恶性大、情节恶劣的轻伤害案件，要依法从严处理。对于虽然属于轻伤害案件，但犯罪嫌疑人犯罪动机、手段恶劣的，伤害未成年人、老年人、孕妇、残疾人及医护人员等特定职业人员的，以及具有累犯等其他恶劣情节的，应当依法从严惩处。

(三)积极开展国家司法救助。要全面了解被害人遭受损失情况及生活困难情况，对于符合国家司法救助条件的，应当依法及时开展司法救助，在解决被害人因该案遭受损伤而面临的生活急迫困难的同时，促进矛盾化解，增进社会和谐。

第二百三十四条之一 【组织出卖人体器官罪】组织他人出卖人体器官的，处五年以下有期徒刑，并处罚金；情节严重的，处五年以上有期徒刑，并处罚金或者没收财产。

未经本人同意摘取其器官，或者摘取不满十八周岁的人的器官，或者强迫、欺骗他人捐献器官的，依照本法第二百三十四条、第二百三十二条的规定定罪处罚。

违背本人生前意愿摘取其尸体器官，或者本人生前未表示同意，违反国家规定，违背其近亲属意愿摘取其尸体器官的，依照本法第三百零二条的规定定罪处罚。

立法动态

本条根据《中华人民共和国刑法修正案（八）》（自2011年5月1日起施行）第三十七条增加。

第二百三十五条 【过失致人重伤罪】过失伤害他人致人重伤的，处三年以下有期徒刑或者拘役。本法另有规定的，依照规定。

立法动态

本条源自《中华人民共和国刑法》（1997年3月14日第八届全国人民代表大会第五次会议修订，自1997年10月1日起施行）。

适用要点与裁判依据

★过失导致物品从高空坠落,致人重伤,构成本罪

《最高人民法院关于依法妥善审理高空抛物、坠物案件的意见》(2019 年 10 月 21 日　法发〔2019〕25 号)

二、依法惩处构成犯罪的高空抛物、坠物行为,切实维护人民群众生命财产安全

7. 准确认定高空坠物犯罪。过失导致物品从高空坠落,致人死亡、重伤,符合刑法第二百三十三条、第二百三十五条规定的,依照过失致人死亡罪、过失致人重伤罪定罪处罚。在生产、作业中违反有关安全管理规定,从高空坠落物品,发生重大伤亡事故或者造成其他严重后果的,依照刑法第一百三十四条第一款的规定,以重大责任事故罪定罪处罚。

★盗窃、破坏正在使用中的社会机动车通行道路以外的其他场所的窨井盖,过失致人重伤的,构成本罪

《最高人民法院、最高人民检察院、公安部关于办理涉窨井盖相关刑事案件的指导意见》(2020 年 3 月 16 日　高检发〔2020〕3 号)

三、对于本意见第一条、第二条规定以外的其他场所的窨井盖,明知会造成人员伤亡后果而实施盗窃、破坏行为,致人受伤或者死亡的,依照刑法第二百三十四条、第二百三十二条的规定,分别以故意伤害罪、故意杀人罪定罪处罚。

过失致人重伤或者死亡的,依照刑法第二百三十五条、第二百三十三条的规定,分别以过失致人重伤罪、过失致人死亡罪定罪处罚。

★对窨井盖负有管理职责的工作人员,严重不负责任,导致人员坠井等事故,致人重伤的,构成本罪

《最高人民法院、最高人民检察院、公安部关于办理涉窨井盖相关刑事案件的指导意见》(2020 年 3 月 16 日　高检发〔2020〕3 号)

十、对窨井盖负有管理职责的其他公司、企业、事业单位的工作人员,严重不负责任,导致人员坠井等事故,致人重伤或者死亡,符合

刑法第二百三十五条、第二百三十三条规定的，分别以过失致人重伤罪、过失致人死亡罪定罪处罚。

★为实施“碰瓷”过失致人重伤的，构成本罪

《最高人民法院、最高人民检察院、公安部关于依法办理“碰瓷”违法犯罪案件的指导意见》（2020年9月22日　公通字〔2020〕12号）

七、为实施“碰瓷”而故意杀害、伤害他人或者过失致人重伤、死亡，符合刑法第二百三十二条、第二百三十四条、第二百三十三条、第二百三十五条规定的，分别以故意杀人罪、故意伤害罪、过失致人死亡罪、过失致人重伤罪定罪处罚。

★因敲击、拆解未爆弹药等行为引发爆炸的过失致人重伤的，构成本罪

《最高人民法院、最高人民检察院、公安部、商务部、国家市场监督管理总局、中央军委后勤保障部、中央军委装备发展部、中央军委训练管理部、中央军委国防动员部关于军地共同加强部队训练场未爆弹药安全风险防控的意见》（2022年10月22日　军训〔2022〕181号）

一、加强训练场安全管控

（十三）打击违法犯罪。非法进入训练场、不听制止的，破坏训练场围墙、围网等周界防护设施的，依照军事设施保护法的有关规定处罚，符合刑法第三百六十九条第一款、第三百七十一条规定的，分别以破坏军事设施罪、聚众冲击军事禁区罪、聚众扰乱军事管理区秩序罪定罪处罚。挖捡、非法买卖未爆弹药，符合刑法第一百二十七条第一款、第一百二十五条第一款规定的，分别以盗窃弹药、爆炸物罪和非法买卖弹药、爆炸物罪定罪处罚。非法买卖未爆弹药拆解的炮弹引信、火炸药，符合刑法第一百二十五条第一款规定的，以非法买卖弹药、爆炸物罪定罪处罚。非法进入训练场挖捡炮弹残片，符合刑法第二百六十四条规定的，以盗窃罪定罪处罚。因敲击、拆解未爆弹药等行为引发爆炸，符合刑法第一百一十五条第二款、第二百三十三条、第二百三十五条规定的，分别以过失爆炸罪、过失致人死亡罪、过失致人重伤罪定罪处罚。明知是非法拆解的未爆弹药或者非法挖捡的炮弹残片及其所产生的收益而窝藏、转移、代为销售或者以其他方法掩饰、隐瞒，符合刑法第三百一十二条规定的，以掩饰、隐瞒犯罪所得、犯罪所得收益罪定罪处罚。有非法挖捡买卖行为，经教育后确有悔改表现，上交未爆弹药、炮弹残片或者销售炮弹残片违法所得的，可以依法从宽处罚；情节显著轻微危害不大不构成犯罪、构成违反治安管理行为的，依法给予治安管理处罚。

第二百三十六条　【强奸罪】以暴力、胁迫或者其他手段强奸妇女的，处三年以上十年以下有期徒刑。

奸淫不满十四周岁的幼女的，以强奸论，从重处罚。

强奸妇女、奸淫幼女，有下列情形之一的，处十年以上有期徒刑、无期徒刑或者死刑：

（一）强奸妇女、奸淫幼女情节恶劣的；

（二）强奸妇女、奸淫幼女多人的；

（三）在公共场所当众强奸妇女、奸淫幼女的；

（四）二人以上轮奸的；

（五）奸淫不满十周岁的幼女或者造成幼女伤害的；

（六）致使被害人重伤、死亡或者造成其他严重后果的。

立法动态

本条源自《中华人民共和国刑法》（1997 年 3 月 14 日第八届全国人民代表大会第五次会议修订，自 1997 年 10 月 1 日起施行）。

量刑指导

《最高人民法院、最高人民检察院关于常见犯罪的量刑指导意见(试行)》(2021 年 6 月 16 日 法发〔2021〕21 号)

四、常见犯罪的量刑

(八)强奸罪

1. 构成强奸罪的,根据下列情形在相应的幅度内确定量刑起点:

(1)强奸妇女一人的,在三年至六年有期徒刑幅度内确定量刑起点。

奸淫幼女一人的,在四年至七年有期徒刑幅度内确定量刑起点。

(2)有下列情形之一的,在十年至十三年有期徒刑幅度内确定量刑起点:强奸妇女、奸淫幼女情节恶劣的;强奸妇女、奸淫幼女三人的;在公共场所当众强奸妇女、奸淫幼女的;二人以上轮奸妇女的;奸淫不满十周岁的幼女或者造成幼女伤害的;强奸致被害人重伤或者造成其他严重后果的。依法应当判处无期徒刑以上刑罚的除外。

2. 在量刑起点的基础上,根据强奸妇女、奸淫幼女情节恶劣程度、强奸人数、致人伤害后果等其他影响犯罪构成的犯罪事实增加刑罚量,确定基准刑。

强奸多人多次的,以强奸人数作为增加刑罚量的事实,强奸次数作为调节基准刑的量刑情节。

3. 构成强奸罪的,综合考虑强奸的手段、危害后果等犯罪事实、量刑情节,以及被告人的主观恶性、人身危险性、认罪悔罪表现等因素,从严把握缓刑的适用。

适用要点与裁判依据

★性侵害未成年人犯罪的范围及办案的基本要求

《最高人民法院、最高人民检察院、公安部、司法部关于依法惩治性侵害未成年人犯罪的意见》(2013 年 10 月 23 日 法发〔2013〕12 号)

一、基本要求

1. 本意见所称性侵害未成年人犯罪,包括刑法第二百三十六条、

第二百三十七条、第三百五十八条、第三百五十九条、第三百六十条第二款规定的针对未成年人实施的强奸罪，强制猥亵、侮辱妇女罪，猥亵儿童罪，组织卖淫罪，强迫卖淫罪，引诱、容留、介绍卖淫罪，引诱幼女卖淫罪，嫖宿幼女罪等。

2. 对于性侵害未成年人犯罪，应当依法从严惩治。

3. 办理性侵害未成年人犯罪案件，应当充分考虑未成年被害人身心发育尚未成熟、易受伤害等特点，贯彻特殊、优先保护原则，切实保障未成年人的合法权益。

4. 对于未成年人实施性侵害未成年人犯罪的，应当坚持双向保护原则，在依法保护未成年被害人的合法权益时，也要依法保护未成年犯罪嫌疑人、未成年被告人的合法权益。

5. 办理性侵害未成年人犯罪案件，对于涉及未成年被害人、未成年犯罪嫌疑人和未成年被告人的身份信息及可能推断出其身份信息的资料和涉及性侵害的细节等内容，审判人员、检察人员、侦查人员、律师及其他诉讼参与人应当予以保密。

对外公开的诉讼文书，不得披露未成年被害人的身份信息及可能推断出其身份信息的其他资料，对性侵害的事实注意以适当的方式叙述。

★认定行为人"明知"对方是幼女的标准

《最高人民法院、最高人民检察院、公安部、司法部关于依法惩治性侵害未成年人犯罪的意见》(2013年10月23日　法发〔2013〕12号)

19. 知道或者应当知道对方是不满十四周岁的幼女，而实施奸淫等性侵害行为的，应当认定行为人"明知"对方是幼女。

对于不满十二周岁的被害人实施奸淫等性侵害行为的，应当认定行为人"明知"对方是幼女。

对于已满十二周岁不满十四周岁的被害人，从其身体发育状况、言谈举止、衣着特征、生活作息规律等观察可能是幼女，而实施奸淫等性侵害行为的，应当认定行为人"明知"对方是幼女。

★以金钱财物等方式引诱幼女与自己发生性关系的，构成本罪

《最高人民法院、最高人民检察院、公安部、司法部关于依法惩治性侵害未成年人犯罪的意见》(2013年10月23日 法发〔2013〕12号)

20. 以金钱财物等方式引诱幼女与自己发生性关系的；知道或者应当知道幼女被他人强迫卖淫而仍与其发生性关系的，均以强奸罪论处。

★对幼女负有特殊职责的人员与其发生性关系，构成本罪

《最高人民法院、最高人民检察院、公安部、司法部关于依法惩治性侵害未成年人犯罪的意见》(2013年10月23日 法发〔2013〕12号)

21. 对幼女负有特殊职责的人员与幼女发生性关系的，以强奸罪论处。

对已满十四周岁的未成年女性负有特殊职责的人员，利用其优势地位或者被害人孤立无援的境地，迫使未成年被害人就范，而与其发生性关系的，以强奸罪定罪处罚。

★猥亵儿童造成轻伤以上后果，同时构成故意伤害罪、故意杀人罪的，择一重处

《最高人民法院、最高人民检察院、公安部、司法部关于依法惩治性侵害未成年人犯罪的意见》(2013年10月23日 法发〔2013〕12号)

22. 实施猥亵儿童犯罪，造成儿童轻伤以上后果，同时符合刑法第二百三十四条或者第二百三十二条的规定，构成故意伤害罪、故意杀人罪的，依照处罚较重的规定定罪处罚。

对已满十四周岁的未成年男性实施猥亵，造成被害人轻伤以上后果，符合刑法第二百三十四条或者第二百三十二条规定的，以故意伤害罪或者故意杀人罪定罪处罚。

★在公共场所"当众"强奸妇女，强制猥亵、侮辱妇女，猥亵儿童的认定标准

《最高人民法院、最高人民检察院、公安部、司法部关于依法惩治性侵害未成年人犯罪的意见》（2013年10月23日　法发〔2013〕12号）

23. 在校园、游泳馆、儿童游乐场等公共场所对未成年人实施强奸、猥亵犯罪，只要有其他多人在场，不论在场人员是否实际看到，均可以依照刑法第二百三十六条第三款、第二百三十七条的规定，认定为在公共场所"当众"强奸妇女，强制猥亵、侮辱妇女，猥亵儿童。

★介绍、帮助他人奸淫幼女、猥亵儿童的，以共犯论处

《最高人民法院、最高人民检察院、公安部、司法部关于依法惩治性侵害未成年人犯罪的意见》（2013年10月23日　法发〔2013〕12号）

24. 介绍、帮助他人奸淫幼女、猥亵儿童的，以强奸罪、猥亵儿童罪的共犯论处。

★针对未成年人实施强奸、猥亵犯罪，更要依法从严惩处的七种情形

《最高人民法院、最高人民检察院、公安部、司法部关于依法惩治性侵害未成年人犯罪的意见》（2013年10月23日　法发〔2013〕12号）

25. 针对未成年人实施强奸、猥亵犯罪的，应当从重处罚，具有下列情形之一的，更要依法从严惩处：

（1）对未成年人负有特殊职责的人员、与未成年人有共同家庭生活关系的人员、国家工作人员或者冒充国家工作人员，实施强奸、猥亵犯罪的；

（2）进入未成年人住所、学生集体宿舍实施强奸、猥亵犯罪的；

（3）采取暴力、胁迫、麻醉等强制手段实施奸淫幼女、猥亵儿童犯罪的；

(4)对不满十二周岁的儿童、农村留守儿童、严重残疾或者精神智力发育迟滞的未成年人,实施强奸、猥亵犯罪的;

(5)猥亵多名未成年人,或者多次实施强奸、猥亵犯罪的;

(6)造成未成年被害人轻伤、怀孕、感染性病等后果的;

(7)有强奸、猥亵犯罪前科劣迹的。

★偶尔与幼女发生性关系,情节轻微,不认为是犯罪的情形

《最高人民法院、最高人民检察院、公安部、司法部关于依法惩治性侵害未成年人犯罪的意见》(2013年10月23日 法发〔2013〕12号)

27. 已满十四周岁不满十六周岁的人偶尔与幼女发生性关系,情节轻微、未造成严重后果的,不认为是犯罪。

★对于强奸未成年人的罪犯判处刑罚时,一般不适用缓刑

《最高人民法院、最高人民检察院、公安部、司法部关于依法惩治性侵害未成年人犯罪的意见》(2013年10月23日 法发〔2013〕12号)

28. 对于强奸未成年人的成年犯罪分子判处刑罚时,一般不适用缓刑。

对于性侵害未成年人的犯罪分子确定是否适用缓刑,人民法院、人民检察院可以委托犯罪分子居住地的社区矫正机构,就对其宣告缓刑对所居住社区是否有重大不良影响进行调查。受委托的社区矫正机构应当及时组织调查,在规定的期限内将调查评估意见提交委托机关。

对于判处刑罚同时宣告缓刑的,可以根据犯罪情况,同时宣告禁止令,禁止犯罪分子在缓刑考验期内从事与未成年人有关的工作、活动,禁止其进入中小学校区、幼儿园园区及其他未成年人集中的场所,确因本人就学、居住等原因,经执行机关批准的除外。

★外国人在我国领域内实施强奸、猥亵未成年人等犯罪的，可以独立适用或者附加适用驱逐出境

《最高人民法院、最高人民检察院、公安部、司法部关于依法惩治性侵害未成年人犯罪的意见》（2013年10月23日　法发〔2013〕12号）

29. 外国人在我国领域内实施强奸、猥亵未成年人等犯罪的，应当依法判处，在判处刑罚时，可以独立适用或者附加适用驱逐出境。对于尚不构成犯罪但构成违反治安管理行为的，或者因实施性侵害未成年人犯罪不适宜在中国境内继续停留居留的，公安机关可以依法适用限期出境或者驱逐出境。

★对于未成年人因被性侵害而造成的人身损害，为康复治疗所支付的合理费用，依法予以支持

《最高人民法院、最高人民检察院、公安部、司法部关于依法惩治性侵害未成年人犯罪的意见》（2013年10月23日　法发〔2013〕12号）

31. 对于未成年人因被性侵害而造成的人身损害，为进行康复治疗所支付的医疗费、护理费、交通费、误工费等合理费用，未成年被害人及其法定代理人、近亲属提出赔偿请求的，人民法院依法予以支持。

★未成年人在幼儿园等教育机构学习、生活期间被性侵害而造成人身损害，要求上述单位承担赔偿责任的，依法予以支持

《最高人民法院、最高人民检察院、公安部、司法部关于依法惩治性侵害未成年人犯罪的意见》（2013年10月23日　法发〔2013〕12号）

32. 未成年人在幼儿园、学校或者其他教育机构学习、生活期间被性侵害而造成人身损害，被害人及其法定代理人、近亲属据此向人民法院起诉要求上述单位承担赔偿责任的，人民法院依法予以支持。

★办理家庭暴力犯罪案件，对于同一行为同时触犯多个罪名的，择一重处

《最高人民法院、最高人民检察院、公安部、司法部关于依法办理家庭暴力犯罪案件的意见》（2015年3月2日　法发〔2015〕4号）

16. 依法准确定罪处罚。对故意杀人、故意伤害、强奸、猥亵儿童、非法拘禁、侮辱、暴力干涉婚姻自由、虐待、遗弃等侵害公民人身权利的家庭暴力犯罪，应当根据犯罪的事实、犯罪的性质、情节和对社会的危害程度，严格依照刑法的有关规定判处。对于同一行为同时触犯多个罪名的，依照处罚较重的规定定罪处罚。

类案检索指引

★"公共场所当众"实施猥亵行为的认定

《齐某强奸、猥亵儿童案》（2018年11月9日最高人民检察院发布第十一批指导性案例：检例第42号）

【关键词】

强奸罪　猥亵儿童罪　情节恶劣　公共场所当众

【要旨】

1. 性侵未成年人犯罪案件中，被害人陈述稳定自然，对于细节的描述符合正常记忆认知、表达能力，被告人辩解没有证据支持，结合生活经验对全案证据进行审查，能够形成完整证明体系的，可以认定案件事实。

2. 奸淫幼女具有《最高人民法院、最高人民检察院、公安部、司法部关于依法惩治性侵害未成年人犯罪的意见》规定的从严处罚情节，社会危害性与刑法第二百三十六条第三款第二至四项规定的情形相当的，可以认定为该款第一项规定的"情节恶劣"。

3. 行为人在教室、集体宿舍等场所实施猥亵行为，只要当时有多人在场，即使在场人员未实际看到，也应当认定犯罪行为是在"公共场所当众"实施。

★对未成年在校女学生实施强奸，强奸人数、次数特别多，犯罪动机卑劣，主观恶性极深，罪行极其严重，依法判处死刑

《王某乙强奸案——教唆、利用多名未成年人协助强奸众多未成年在校女学生的，应当依法严惩》（2021 年 3 月 2 日最高人民法院发布未成年人司法保护典型案例）

2016 年 4 月至 2017 年 7 月期间，被告人王某乙专门以年龄幼小的在校女学生为侵害对象，本人或教唆同案被告人雷甲、陈乙、崔丙、宋丁（均已判刑）等未成年在校学生，以介绍男女朋友为幌子，或者采取暴力、胁迫、酒精麻醉、金钱引诱等手段，将多名未成年在校女学生带至酒店、KTV、王某乙驾驶的轿车上或野外荒地等处实施强奸。截至案发，王某乙共对 15 名未成年在校女学生（其中 8 人系幼女）实施强奸犯罪 17 次，其中 12 次既遂、3 次未遂、2 次中止，多名被害人因遭受强奸而被迫辍学或转学。

人民法院经审理认为，被告人王某乙犯罪动机卑劣，为满足畸形心理，在一年三个月内，专门以年龄幼小的在校女学生为侵害对象，教唆未成年人予以协助，连续对 15 名未成年被害人实施强奸，其中 8 名被害人系幼女，造成多名被害人被迫辍学或转学，犯罪情节恶劣，社会危害极大，罪行极其严重。人民法院依法对王某乙以强奸罪判处并核准执行死刑。

强奸未成年人犯罪严重损害未成年人身心健康，给未成年人的人生蒙上阴影，使未成年人父母及家庭背负沉重精神负担，并严重践踏社会伦理道德底线，社会影响恶劣。人民法院对强奸未成年人特别是奸淫幼女犯罪历来坚持依法从严惩治的立场，对强奸未成年人特别是幼女人数、次数特别多，手段、情节特别恶劣，或者造成的后果特别严重，主观恶性极深，罪行极其严重的，坚决依法从严从重判处，直至判处死刑。本案中，被告人王某乙教唆、利用其他未成年人协助对未成年在校女学生实施强奸，强奸人数、次数特别多，犯罪动机卑劣，主观恶性极深，罪行极其严重，人民法院依法对其判处死刑。

★引诱幼女吸食毒品并成瘾，以此长期控制、奸淫幼女，社会危害大，依法判处无期徒刑

《林永伟强奸、引诱他人吸毒、容留他人吸毒案——引诱留守女童吸毒后强行奸淫，依法严惩》［2021年6月25日最高人民法院发布2021年十大毒品（涉毒）犯罪典型案例］

【典型意义】

成瘾性是毒品最基本的特征。吸食者一旦产生依赖，容易遭受侵害。尤其是未成年人，心智发育尚不成熟，自我保护能力欠缺，更易遭受毒品危害。本案就是一起引诱留守女童吸食毒品后实施强奸犯罪的典型案例。被告人林永伟引诱年仅10岁的幼女吸食甲基苯丙胺并成瘾，以此长期控制、奸淫幼女，还多次容留他人吸毒，社会危害大。人民法院依法判处林永伟无期徒刑，体现了对侵害未成年人犯罪予以严惩的坚定立场。

★利用教师身份奸淫未成年女学生，奸淫人数多，时间跨度长，罪行极其严重，应依法严惩

《被告人张某某强奸案——教师强奸多名未成年女生被判处死刑》（2022年3月1日最高人民法院发布九起未成年人权益司法保护典型案例）

【典型意义】

被告人张某某身为人民教师，本应为人师表，却利用教师身份，多年持续奸淫多名在校未成年女生，致使被害女生的纯真童年蒙上阴影，对她们身心健康造成严重伤害，严重践踏了社会伦理道德底线，性质极其恶劣，罪行极其严重，应依法惩处。人民法院历来对侵害未成年人犯罪案件坚持零容忍态度，尤其是对那些利用自己的特殊身份或者便利条件性侵未成年人的犯罪，坚决依法从严从重惩处，该判处死刑的坚决判处死刑，绝不姑息。本案的判决结果，充分体现了人民法院对性侵未成年人犯罪依法严厉惩治的鲜明态度，彰显了人民法院维护未成年人合法权益的坚定决心。

★明知自己系艾滋病病人或感染者，奸淫幼女，造成艾滋病传播重大现实风险的，应当“情节恶劣”

《阻断性侵犯罪未成年被害人感染艾滋病风险综合司法保护案》（2023年2月24日最高人民检察院发布第四十三批指导性案例：检例第172号）

【关键词】

奸淫幼女　情节恶劣　认罪认罚　艾滋病暴露后预防　检察建议

【要旨】

检察机关办理性侵害未成年人案件，在受邀介入侦查时，应当及时协同做好取证和未成年被害人保护救助工作。对于遭受艾滋病病人或感染者性侵的未成年被害人，应当立即开展艾滋病暴露后预防并进行心理干预、司法救助，最大限度降低犯罪给其造成的危害后果和长期影响。行为人明知自己系艾滋病病人或感染者，奸淫幼女，造成艾滋病传播重大现实风险的，应当认定为奸淫幼女“情节恶劣”。对于犯罪情节恶劣，社会危害严重，主观恶性大的成年人性侵害未成年人案件，即使认罪认罚也不足以从宽处罚的，依法不予从宽。发现类案风险和社会治理漏洞，应当积极推动风险防控和相关领域制度完善。

【指导意义】

（一）对于性侵害未成年人犯罪案件，检察机关受邀介入侦查时应当同步开展未成年被害人保护救助工作。性侵害未成年人案件存在发现难、取证难、危害大的特点，检察机关在受邀介入侦查时，应当建议侦查机关围绕犯罪嫌疑人主观恶性、作案手段、被害人遭受侵害后身心状况等进行全面取证。同时，建议或协同公安机关第一时间核查犯罪嫌疑人是否系艾滋病病人或感染者。确定犯罪嫌疑人系艾滋病病人或感染者的，应当立即协同公安机关和卫生健康部门开展艾滋病暴露后预防，切实保护未成年被害人健康权益。检察机关应当发挥未成年人检察社会支持体系作用，从介入侦查阶段就及时启动心理干预、司法救助、家庭教育指导等保护救助措施，尽可能将犯罪的伤害降至最低。

（二）犯罪嫌疑人明知自己是艾滋病病人或感染者，奸淫幼女，造成艾滋病传播重大现实风险的，应当认定为奸淫幼女“情节恶劣”。行为人明知自己患有艾滋病或者感染艾滋病病毒，仍对幼女实施奸淫，放任艾滋病传播风险的发生，客观上极易造成被害人感染艾滋病的严重后果，主观上体现出行为人对幼女健康权、生命权的极度漠视，其社会危害程度与《中华人民共和国刑法》第二百三十六条第三款第二项至六项规定的情形具有相当性，应当依法认定为奸淫幼女“情节恶劣”，适用十年以上有期徒刑、无期徒刑或者死刑的刑罚。对成年人性侵害未成年人犯罪，应综合考虑案件性质、主观恶性、具体情节、社会危害等因素，从严适用认罪认罚从宽制度。对于犯罪性质和危害后果严重、犯罪手段残忍、社会影响恶劣的，可依法不予从宽。

（三）办理案件中发现未成年人保护工作机制存在漏洞的，应当着眼于最有利于未成年人原则和社会公共利益维护，推动相关领域制度机制完善。对于案件中暴露出的未成年人保护重大风险隐患，检察机关应当深入调查，针对性采取措施，促进相关制度和工作机制完善，促使职能部门更加积极有效依法履职尽责，推动形成损害修复与风险防控相结合，事前保护与事后救助相结合的未成年人综合保护模式。艾滋病暴露后预防有时间窗口，及时发现和确定性侵犯罪嫌疑人系艾滋病人或感染者是关键。办案机关同卫生健康部门之间建立顺畅有效的相关信息沟通核查机制是基础。检察机关针对这方面存在的机制漏洞，会同相关部门建章立制、完善制度措施，有利于最大化保护性侵害案件未成年被害人的生命健康权。

第二百三十六条之一　【负有照护职责人员性侵罪】对已满十四周岁不满十六周岁的未成年女性负有监护、收养、看护、教育、医疗等特殊职责的人员，与该未成年女性发生性关系的，处三年以下有期徒刑；情节恶劣的，处三年以上十年以下有期徒刑。

有前款行为，同时又构成本法第二百三十六条规定之罪的，依照处罚较重的规定定罪处罚。

立法动态

本条根据《中华人民共和国刑法修正案(十一)》(自 2021 年 3 月 1 日起施行)第二十七条增加。

第二百三十七条　【强制猥亵、侮辱罪】以暴力、胁迫或者其他方法强制猥亵他人或者侮辱妇女的，处五年以下有期徒刑或者拘役。

【强制猥亵、侮辱罪】聚众或者在公共场所当众犯前款罪的，或者有其他恶劣情节的，处五年以上有期徒刑。

【猥亵儿童罪】猥亵儿童的，处五年以下有期徒刑；有下列情形之一的，处五年以上有期徒刑：

(一)猥亵儿童多人或者多次的；

(二)聚众猥亵儿童的，或者在公共场所当众猥亵儿童，情节恶劣的；

(三)造成儿童伤害或者其他严重后果的；

(四)猥亵手段恶劣或者有其他恶劣情节的。

立法动态

本条源自《中华人民共和国刑法》(1997 年 3 月 14 日第八届全

国人民代表大会第五次会议修订，自1997年10月1日起施行）。

本条曾经全国人大常委会两次修改。

原本条内容为：第二百三十七条　（第一款）以暴力、胁迫或者其他方法强制猥亵妇女或者侮辱妇女的，处五年以下有期徒刑或者拘役。（第二款）聚众或者在公共场所当众犯前款罪的，处五年以上有期徒刑。（第三款）猥亵儿童的，依照前两款的规定从重处罚。

本条第一次根据《中华人民共和国刑法修正案（九）》（2015年11月1日起施行）第十三条规定修改。修改的主要内容为：一是将猥亵的对象由"妇女"修改为"他人"；二是在第二款中增加了"或者有其他恶劣情节的"。

本条第二次根据《中华人民共和国刑法修正案（十一）》（2021年3月1日起施行）第二十八条规定对本条第三款修改。修改的主要内容为："猥亵儿童的，处五年以下有期徒刑；有下列情形之一的，处五年以上有期徒刑"，并列举了适用加重处罚的四种情形。

适用要点与裁判依据

★在公共场所"当众"强制猥亵、侮辱妇女，猥亵儿童的认定

《最高人民法院、最高人民检察院、公安部、司法部关于依法惩治性侵害未成年人犯罪的意见》（2013年10月23日　法发〔2013〕12号）

23. 在校园、游泳馆、儿童游乐场等公共场所对未成年人实施强奸、猥亵犯罪，只要有其他多人在场，不论在场人员是否实际看到，均可以依照刑法第二百三十六条第三款、第二百三十七条的规定，认定为在公共场所"当众"强奸妇女，强制猥亵、侮辱妇女，猥亵儿童。

类案检索指引

★行为人以满足性刺激为目的，以诱骗、强迫或者其他方法要求儿童拍摄裸体、敏感部位照片、视频等，构成猥亵儿童罪

《骆某猥亵儿童案》（2018 年 11 月 9 日最高人民检察院发布第十一批指导性案例：检例第 43 号）

【关键词】

猥亵儿童罪　网络猥亵　犯罪既遂

【要旨】

行为人以满足性刺激为目的，以诱骗、强迫或者其他方法要求儿童拍摄裸体、敏感部位照片、视频等供其观看，严重侵害儿童人格尊严和心理健康的，构成猥亵儿童罪。

【指导意义】

猥亵儿童罪是指以淫秽下流的手段猥亵不满 14 周岁儿童的行为。刑法没有对猥亵儿童的具体方式作出列举，需要根据实际情况进行判断和认定。实践中，只要行为人主观上以满足性刺激为目的，客观上实施了猥亵儿童的行为，侵害了特定儿童人格尊严和身心健康的，应当认定构成猥亵儿童罪。

网络环境下，以满足性刺激为目的，虽未直接与被害儿童进行身体接触，但是通过 QQ、微信等网络软件，以诱骗、强迫或者其他方法要求儿童拍摄、传送暴露身体的不雅照片、视频，行为人通过画面看到被害儿童裸体、敏感部位的，是对儿童人格尊严和心理健康的严重侵害，与实际接触儿童身体的猥亵行为具有相同的社会危害性，应当认定构成猥亵儿童罪。

检察机关办理利用网络对儿童实施猥亵行为的案件，要及时固定电子数据，证明行为人出于满足性刺激的目的，利用网络，采取诱骗、强迫或者其他方法要求被害人拍摄、传送暴露身体的不雅照片、视频供其观看的事实。要准确把握猥亵儿童罪的本质特征，全面收集客观证据，证明行为人通过网络不接触被害儿童身体的猥亵行为，具有与直接接触被害儿童身体的猥亵行为相同的性质和社会危害性。

★利用与被害人家庭熟悉的机会或受委托照看儿童的机会,对不满10周岁的男童实施猥亵,构成猥亵儿童罪

《邹某某猥亵儿童案——采取恶劣手段长期猥亵男童的,应当依法严惩》(2021年3月2日最高人民法院发布未成年人司法保护典型案例)

人民法院经审理认为,邹某某利用与被害人家庭熟悉的机会或受委托照看儿童的机会,长期对两名不满10周岁的幼童实施猥亵,其行为已构成猥亵儿童罪,且手段恶劣,并导致两名被害人受到严重心理创伤,属于猥亵儿童"情节恶劣",应予从严惩。人民法院依法对邹某某以猥亵儿童罪判处有期徒刑十年。

近年来,女童遭受奸淫、猥亵的案件受到社会广泛关注,但现实生活中,男童也可能受到不法性侵害,也会给男童造成严重心理创伤。本案中,被告人利用被害人家长的信任和疏于防范,长期猥亵两名年幼男童,性质、情节恶劣,后果严重。值得注意的是,本案及审理均发生在《刑法修正案(十一)》颁布施行前,人民法院在案件审理过程中,根据被告人实施猥亵的手段、性质、情节及造成的后果,依法适用刑法第二百三十七条原第二款、第三款规定的猥亵"有其他恶劣情节",对被告人在五年以上有期徒刑幅度内从重判处,于法有据,罪刑相当,而且与《刑法修正案(十一)》明确列举猥亵"情节恶劣"的情形,依法加大惩治力度的立法精神也完全契合,实现了法律效果与社会效果的统一。

第二百三十八条 【非法拘禁罪】非法拘禁他人或者以其他方法非法剥夺他人人身自由的,处三年以下有期徒刑、拘役、管制或者剥夺政治权利。具有殴打、侮辱情节的,从重处罚。

犯前款罪,致人重伤的,处三年以上十年以下有期徒刑;致人死亡的，处十年以上有期徒刑。使用暴力致人伤残、死亡的，依照本法第二百三十四条、第二百三十二条的规定定罪处罚。

为索取债务非法扣押、拘禁他人的，依照前两款的规定处罚。

国家机关工作人员利用职权犯前三款罪的，依照前三款的规定从重处罚。

立法动态

本条源自《中华人民共和国刑法》(1997年3月14日第八届全国人民代表大会第五次会议修订，自1997年10月1日起施行)。

立案标准

《最高人民检察院关于人民检察院立案侦查司法工作人员相关职务犯罪案件若干问题的规定》(2018年11月24日　高检发研字〔2018〕28号)

附：十四个罪名的立案标准

一、非法拘禁罪(仅限司法工作人员)

国家机关工作人员利用职权非法拘禁，涉嫌下列情形之一的，应予立案：

1. 非法剥夺他人人身自由24小时以上的；

2. 非法剥夺他人人身自由，并使用械具或者捆绑等恶劣手段，或者实施殴打、侮辱、虐待行为的；

3. 非法拘禁，造成被拘禁人轻伤、重伤、死亡的；

4. 非法拘禁，情节严重，导致被拘禁人自杀、自残造成重伤、死亡，或者精神失常的；

5. 非法拘禁3人次以上的；

6. 司法工作人员对明知是没有违法犯罪事实的人而非法拘禁的；

7. 其他非法拘禁应予追究刑事责任的情形。

量刑指导

《最高人民法院、最高人民检察院关于常见犯罪的量刑指导意见(试行)》(2021 年 6 月 16 日 法发〔2021〕21 号)

四、常见犯罪的量刑

(九)非法拘禁罪

1. 构成非法拘禁罪的,根据下列情形在相应的幅度内确定量刑起点:

(1)犯罪情节一般的,在一年以下有期徒刑、拘役幅度内确定量刑起点。

(2)致一人重伤的,在三年至五年有期徒刑幅度内确定量刑起点。

(3)致一人死亡的,在十年至十三年有期徒刑幅度内确定量刑起点。

2. 在量刑起点的基础上,根据非法拘禁人数、拘禁时间、致人伤亡后果等其他影响犯罪构成的犯罪事实增加刑罚量,确定基准刑。

非法拘禁多人多次的,以非法拘禁人数作为增加刑罚量的事实,非法拘禁次数作为调节基准刑的量刑情节。

3. 有下列情节之一的,增加基准刑的 10% -20%:

(1)具有殴打、侮辱情节的;

(2)国家机关工作人员利用职权非法扣押、拘禁他人的。

4. 构成非法拘禁罪的,综合考虑非法拘禁的起因、时间、危害后果等犯罪事实、量刑情节,以及被告人的主观恶性、人身危险性、认罪悔罪表现等因素,决定缓刑的适用。

适用要点与裁判依据

★行为人为索取高利贷、赌债等法律不予保护的债务，非法扣押、拘禁他人的，构成本罪

《最高人民法院关于对为索取法律不予保护的债务非法拘禁他人行为如何定罪问题的解释》（2000年7月13日 法释〔2000〕19号）

行为人为索取高利贷、赌债等法律不予保护的债务，非法扣押、拘禁他人的，依照刑法第二百三十八条的规定定罪处罚。

★以不准离开工作场所等方式非法限制医务人员人身自由构成非法拘禁罪的，构成本罪

《最高人民法院、最高人民检察院、公安部、司法部、国家卫生和计划生育委员会关于依法惩处涉医违法犯罪维护正常医疗秩序的意见》（2014年4月22日 法发〔2014〕5号）

二、严格依法惩处涉医违法犯罪

（三）以不准离开工作场所等方式非法限制医务人员人身自由的，依照治安管理处罚法第四十条的规定处罚；构成非法拘禁罪的，依照刑法的有关规定定罪处罚。

★黑恶势力“以其他方法非法剥夺他人人身自由”的认定标准

《最高人民法院、最高人民检察院、公安部、司法部关于办理黑恶势力犯罪案件若干问题的指导意见》（2018年1月16日 法发〔2018〕1号）

18.黑恶势力有组织地多次短时间非法拘禁他人的，应当认定为《刑法》第二百三十八条规定的“以其他方法非法剥夺他人人身自由”。非法拘禁他人三次以上、每次持续时间在四小时以上，或者非法拘禁他人累计时间在十二小时以上的，应以非法拘禁罪定罪处罚。

★雇佣、指使他人采用“软暴力”手段非法剥夺他人人身自由的，构成本罪

《最高人民法院、最高人民检察院、公安部、司法部关于办理实施“软暴力”的刑事案件若干问题的意见》(2019年4月9日)

十一、雇佣、指使他人采用“软暴力”手段强迫交易、敲诈勒索，构成强迫交易罪、敲诈勒索罪的，对雇佣者、指使者，一般应当以共同犯罪中的主犯论处。

为强索不受法律保护的债务或者因其他非法目的，雇佣、指使他人采用“软暴力”手段非法剥夺他人人身自由构成非法拘禁罪，或者非法侵入他人住宅、寻衅滋事，构成非法侵入住宅罪、寻衅滋事罪的，对雇佣者、指使者，一般应当以共同犯罪中的主犯论处；因本人及近亲属合法债务、婚恋、家庭、邻里纠纷等民间矛盾而雇佣、指使，没有造成严重后果的，一般不作为犯罪处理，但经有关部门批评制止或者处理处罚后仍继续实施的除外。

★实施“碰瓷”，为索取财物，采取非法拘禁等方法非法剥夺他人人身自由的，构成本罪

《最高人民法院、最高人民检察院、公安部关于依法办理“碰瓷”违法犯罪案件的指导意见》(2020年9月22日 公通字〔2020〕12号)

八、实施“碰瓷”，为索取财物，采取非法拘禁等方法非法剥夺他人人身自由或者非法搜查他人身体，符合刑法第二百三十八条、第二百四十五条规定的，分别以非法拘禁罪、非法搜查罪定罪处罚。

类案检索指引

★对实施犯罪行为时系未成年人但诉讼过程中已满十八周岁的犯罪嫌疑人，符合条件的，可以适用附条件不起诉

《牛某非法拘禁案》(2021年3月2日最高人民检察院发布第二十七批指导性案例：检例第106号)

【关键词】

非法拘禁 共同犯罪 补充社会调查 附条件不起诉 异地考

察帮教

【要旨】

检察机关对于公安机关移送的社会调查报告应当认真审查，报告内容不能全面反映未成年人成长经历、犯罪原因、监护教育等情况的，可以商公安机关补充调查，也可以自行或者委托其他有关组织、机构补充调查。对实施犯罪行为时系未成年人但诉讼过程中已满十八周岁的犯罪嫌疑人，符合条件的，可以适用附条件不起诉。对于外地户籍未成年犯罪嫌疑人，办案检察机关可以委托未成年人户籍所在地检察机关开展异地协作考察帮教，两地检察机关要各司其职，密切配合，确保帮教取得实效。

第二百三十九条 【绑架罪】以勒索财物为目的绑架他人的，或者绑架他人作为人质的，处十年以上有期徒刑或者无期徒刑，并处罚金或者没收财产；情节较轻的，处五年以上十年以下有期徒刑，并处罚金。

犯前款罪，杀害被绑架人的，或者故意伤害被绑架人，致人重伤、死亡的，处无期徒刑或者死刑，并处没收财产。

以勒索财物为目的偷盗婴幼儿的，依照前两款的规定处罚。

立法动态

本条源自《中华人民共和国刑法》(1997 年 3 月 14 日第八届全国人民代表大会第五次会议修订，自 1997 年 10 月 1 日起施行)。

本条曾经全国人大常委会两次修改。

原本条规定为：第二百三十九条 (第一款)以勒索财物为目的绑架他人的，或者绑架他人作为人质的，处十年以上有期徒刑或者无期徒刑，并处罚金或者没收财产；致使被绑架人死亡或者杀害被绑架人的，处死刑，并处没收财产。(第二款)以勒索财物为目的偷盗婴幼儿的,依照前款的规定处罚。

本条第一次修改根据《中华人民共和国刑法修正案(七)》(2009年2月28日起施行)第六条规定修改,修改的主要内容为:一是将原本条第一款"致使被绑架人死亡或者杀害被绑架人的,处死刑,并处没收财产"拆分为本条第二款;二是将原本条第二款依次变更为第三款;三是补充规定"情节较轻的"绑架罪的法定刑。

本条第二次根据《中华人民共和国刑法修正案(九)》(2015年11月1日起施行)第十四条规定修改,修改的主要内容为:将原以犯罪结果作为量刑依据修改为以杀害或故意伤害被绑架人的行为作为量刑依据。

适用要点与裁判依据

★绑架过程中,又以暴力、胁迫等手段当场劫取被害人财物的,择一重处

《最高人民法院关于对在绑架过程中以暴力、胁迫等手段当场劫取被害人财物的行为如何适用法律问题的答复》(2001年11月8日 法函〔2001〕68号)

行为人在绑架过程中,又以暴力、胁迫等手段当场劫取被害人财物,构成犯罪的,择一重罪处罚。

类案检索指引

★绑架并杀害他人,且犯罪手段残忍、情节恶劣,社会危害极大,无任何悔罪表现,依法应予严惩

《忻元龙绑架案》(2010年12月31日最高人民检察院发布第一批指导性案例:检例第2号)

【要旨】

对于死刑案件的抗诉,要正确把握适用死刑的条件,严格证明标准,依法履行刑事审判法律监督职责。

【诉讼过程】

被告人忻元龙绑架一案，由浙江省慈溪市公安局立案侦查，于2005年11月21日移送慈溪市人民检察院审查起诉。慈溪市人民检察院于同年11月22日告知了忻元龙有权委托辩护人等诉讼权利，也告知了被害人的近亲属有权委托诉讼代理人等诉讼权利。按照案件管辖的规定，同年11月28日，慈溪市人民检察院将案件报送宁波市人民检察院审查起诉。宁波市人民检察院依法讯问了被告人忻元龙，审查了全部案件材料。2006年1月4日，宁波市人民检察院以忻元龙涉嫌绑架罪向宁波市中级人民法院提起公诉。

2006年1月17日，浙江省宁波市中级人民法院依法组成合议庭，公开审理了此案。法庭审理认为：被告人忻元龙以勒索财物为目的，绑架并杀害他人，其行为已构成绑架罪。手段残忍、后果严重，依法应予严惩。检察机关指控的罪名成立。

2006年2月7日，宁波市中级人民法院作出一审判决：一、被告人忻元龙犯绑架罪，判处死刑，剥夺政治权利终身，并处没收个人全部财产。二、被告人忻元龙赔偿附带民事诉讼原告人杨宝风、张玉彬应得的被害人死亡赔偿金317640元、丧葬费11380元，合计人民币329020元。三、供被告人忻元龙犯罪使用的浙B3C751通宝牌面包车一辆及波导1220型手机一部，予以没收。

忻元龙对一审刑事部分的判决不服，向浙江省高级人民法院提出上诉。

2006年10月12日，浙江省高级人民法院依法组成合议庭，公开审理了此案。法庭审理认为：被告人忻元龙以勒索财物为目的，绑架并杀害他人，其行为已构成绑架罪。犯罪情节特别严重，社会危害极大，依法应予严惩。但鉴于本案的具体情况，对忻元龙判处死刑，可不予立即执行。2007年4月28日，浙江省高级人民法院作出二审判决：一、撤销浙江省宁波市中级人民法院(2006)甬刑初字第16号刑事附带民事判决中对忻元龙的量刑部分，维持判决的其余部分；二、被告人忻元龙犯绑架罪，判处死刑，缓期二年执行，剥夺政治权利终身。

被害人杨某某的父亲不服，于2007年6月25日向浙江省人民检察院申诉，请求提出抗诉。

浙江省人民检察院经审查认为，浙江省高级人民法院二审判决改判忻元龙死刑缓期二年执行确有错误，于2007年8月10日提请最高人民检察院按照审判监督程序提出抗诉。最高人民检察院派员到浙江专门核查了案件相关情况。最高人民检察院检察委员会两次审议了该案，认为被告人忻元龙绑架犯罪事实清楚，证据确实、充分，依法应当判处死刑立即执行，浙江省高级人民法院以"鉴于本案具体情况"为由改判忻元龙死刑缓期二年执行确有错误，应予纠正。……

……

2008年10月22日，最高人民检察院依照《中华人民共和国刑事诉讼法》第二百零五条第三款之规定，向最高人民法院提出抗诉。2009年3月18日，最高人民法院指令浙江省高级人民法院另行组成合议庭，对忻元龙案件进行再审。

第239条

2009年5月14日，浙江省高级人民法院另行组成合议庭公开开庭审理本案。法庭审理认为：被告人忻元龙以勒索财物为目的，绑架并杀害他人，其行为已构成绑架罪，且犯罪手段残忍、情节恶劣，社会危害极大，无任何悔罪表现，依法应予严惩。检察机关要求纠正二审判决的意见能够成立。忻元龙及其辩护人要求维持二审判决的意见，理由不足，不予采纳。

2009年6月26日，浙江省高级人民法院依照《中华人民共和国刑事诉讼法》第二百零五条第二款、第二百零六条、第一百八十九条第二项，《中华人民共和国刑法》第二百三十九条第一款、第五十七条第一款、第六十四条之规定，作出判决：一、撤销浙江省高级人民法院(2006)浙刑一终字第146号刑事判决中对原审被告人忻元龙的量刑部分，维持该判决的其余部分和宁波市中级人民法院(2006)甬刑初字第16号刑事附带民事判决；二、原审被告人忻元龙犯绑架罪，判处死刑，剥夺政治权利终身，并处没收个人全部财产，并依法报请最高人民法院核准。

最高人民法院复核认为：被告人忻元龙以勒索财物为目的，绑架并杀害他人的行为已构成绑架罪。其犯罪手段残忍，情节恶劣，后果严重，无法定从轻处罚情节。浙江省高级人民法院再审判决认定的事实清楚，证据确实、充分，定罪准确，量刑适当，审判程序合法。

2009年11月13日，最高人民法院依照《中华人民共和国刑事诉讼法》第一百九十九条和《最高人民法院关于复核死刑案件若干问题的规定》第二条第一款之规定，作出裁定：核准浙江省高级人民法院(2009)浙刑再字第3号以原审被告人忻元龙犯绑架罪，判处死刑，剥夺政治权利终身，并处没收个人全部财产的刑事判决。

2009年12月11日，被告人忻元龙被依法执行死刑。

第二百四十条　【拐卖妇女、儿童罪】拐卖妇女、儿童的，处五年以上十年以下有期徒刑，并处罚金；有下列情形之一的，处十年以上有期徒刑或者无期徒刑，并处罚金或者没收财产；情节特别严重的，处死刑，并处没收财产：

（一）拐卖妇女、儿童集团的首要分子；

（二）拐卖妇女、儿童三人以上的；

（三）奸淫被拐卖的妇女的；

（四）诱骗、强迫被拐卖的妇女卖淫或者将被拐卖的妇女卖给他人迫使其卖淫的；

（五）以出卖为目的，使用暴力、胁迫或者麻醉方法绑架妇女、儿童的；

（六）以出卖为目的，偷盗婴幼儿的；

（七）造成被拐卖的妇女、儿童或者其亲属重伤、死亡或者其他严重后果的；

（八）将妇女、儿童卖往境外的。

拐卖妇女、儿童是指以出卖为目的，有拐骗、绑架、收买、贩卖、接送、中转妇女、儿童的行为之一的。

立法动态

本条源自《中华人民共和国刑法》(1997 年 3 月 14 日第八届全国人民代表大会第五次会议修订,自 1997 年 10 月 1 日起施行)。

适用要点与裁判依据

★严格把握拐卖妇女儿童犯罪案件罪与非罪的界限

《全国法院维护农村稳定刑事审判工作座谈会纪要》(1999 年 10 月 27 日　法〔1999〕217 号)

二

(六)关于拐卖妇女、儿童犯罪案件

要从严惩处拐卖妇女、儿童犯罪团伙的首要分子和以拐卖妇女、儿童为常业的"人贩子"。

要严格把握此类案件罪与非罪的界限。对于买卖至亲的案件,要区别对待:以贩卖牟利为目的"收养"子女的,应以拐卖儿童罪处理;对那些迫于生活困难、受重男轻女思想影响而出卖亲生子女或收养子女的,可不作为犯罪处理;对于出卖子女确属情节恶劣的,可按遗弃罪处罚;对于那些确属介绍婚姻,且被介绍的男女双方相互了解对方的基本情况,或者确属介绍收养,并经被收养人父母同意的,尽管介绍的人数较多,从中收取财物较多,也不应作犯罪处理。

★被拐卖的外国妇女没有身份证明的,不影响对犯罪分子的定罪处罚

《最高人民法院关于审理拐卖妇女案件适用法律有关问题的解释》(2000 年 1 月 3 日　法释〔2000〕1 号)

第一条　刑法第二百四十条规定的拐卖妇女罪中的"妇女",既包括具有中国国籍的妇女,也包括具有外国国籍和无国籍的妇女。被拐卖的外国妇女没有身份证明的,不影响对犯罪分子的定罪处罚。

第二条　外国人或者无国籍人拐卖外国妇女到我国境内被查获的,应当根据刑法第六条的规定,适用我国刑法定罪处罚。

第三条　对于外国籍被告人身份无法查明或者其国籍国拒绝提供有关身份证明,人民检察院根据刑事诉讼法第一百二十八条第二款的规定起诉的案件,人民法院应当依法受理。

★对于拐卖妇女、儿童犯罪,所犯罪行特别严重的,依法从重处罚

《最高人民法院关于贯彻宽严相济刑事政策的若干意见》(2010年2月8日　法发〔2010〕9号)

7.贯彻宽严相济刑事政策,必须毫不动摇地坚持依法严惩严重刑事犯罪的方针。对于危害国家安全犯罪、恐怖组织犯罪、邪教组织犯罪、黑社会性质组织犯罪、恶势力犯罪、故意危害公共安全犯罪等严重危害国家政权稳固和社会治安的犯罪,故意杀人、故意伤害致人死亡、强奸、绑架、拐卖妇女儿童、抢劫、重大抢夺、重大盗窃等严重暴力犯罪和严重影响人民群众安全感的犯罪,走私、贩卖、运输、制造毒品等毒害人民健康的犯罪,要作为严惩的重点,依法从重处罚。尤其对于极端仇视国家和社会,以不特定人为侵害对象,所犯罪行特别严重的犯罪分子,该重判的要坚决依法重判,该判处死刑的要坚决依法判处死刑。

★"偷盗婴幼儿"的认定

《最高人民法院关于审理拐卖妇女儿童犯罪案件具体应用法律若干问题的解释》(2016年12月21日　法释〔2016〕28号)

第一条　对婴幼儿采取欺骗、利诱等手段使其脱离监护人或者看护人的,视为刑法第二百四十条第一款第(六)项规定的"偷盗婴幼儿"。

★以非法获利为目的,将诊疗、护理、抚养的儿童出卖给他人的,构成本罪

《最高人民法院关于审理拐卖妇女儿童犯罪案件具体应用法律若干问题的解释》(2016年12月21日　法释〔2016〕28号)

第二条　医疗机构、社会福利机构等单位的工作人员以非法获利为目的，将所诊疗、护理、抚养的儿童出卖给他人的，以拐卖儿童罪论处。

★以介绍婚姻为名，违背妇女意志，将其出卖给他人的，构成本罪

《最高人民法院关于审理拐卖妇女儿童犯罪案件具体应用法律若干问题的解释》（2016年12月21日 法释〔2016〕28号）

第三条 以介绍婚姻为名，采取非法扣押身份证件、限制人身自由等方式，或者利用妇女人地生疏、语言不通、孤立无援等境况，违背妇女意志，将其出卖给他人的，应当以拐卖妇女罪追究刑事责任。

以介绍婚姻为名，与被介绍妇女串通骗取他人钱财，数额较大的，应当以诈骗罪追究刑事责任。

★"婴儿"与"幼儿"的认定标准

《最高人民法院关于审理拐卖妇女儿童犯罪案件具体应用法律若干问题的解释》（2016年12月21日 法释〔2016〕28号）

第九条 刑法第二百四十条、第二百四十一条规定的儿童，是指不满十四周岁的人。其中，不满一周岁的为婴儿，一周岁以上不满六周岁的为幼儿。

★对以绑架手段拐卖妇女、儿童的，可以实行特殊防卫

《最高人民法院、最高人民检察院、公安部关于依法适用正当防卫制度的指导意见》（2020年8月28日 法发〔2020〕31号）

三、防卫过当的具体适用

16. 准确理解和把握"杀人、抢劫、强奸、绑架"。刑法第二十条第三款规定的"杀人、抢劫、强奸、绑架"，是指具体犯罪行为而不是具体罪名。在实施不法侵害过程中存在杀人、抢劫、强奸、绑架等严重危及人身安全的暴力犯罪行为的，如以暴力手段抢劫枪支、弹药、爆炸物或者以绑架手段拐卖妇女、儿童的，可以实行特殊防卫。有关行为没有严重危及人身安全的，应当适用一般防卫的法律规定。

类案检索指引

★拐卖儿童12名（其中幼儿7名），犯罪情节特别恶劣，社会危害性大，罪行极其严重，依法判处死刑

《何聪拐卖儿童案》（2010年8月31日最高人民法院发布关于拐卖妇女儿童犯罪案件的三起典型案例）

【裁判结果】

法院认为，被告人何聪伙同他人偷盗、拐骗儿童并予以贩卖，其行为已构成拐卖儿童罪。何聪与他人共谋拐卖儿童，直接偷盗、拐骗儿童2名，指使他人拐骗儿童10名并带至异地贩卖牟利，在共同犯罪中起主要作用，系主犯，应按照其所参与的全部犯罪处罚。何聪在一年零四个月的时间内，拐卖儿童12名，其中幼儿7名，犯罪情节特别恶劣，社会危害性大，罪行极其严重。据此，依法以拐卖儿童罪判处并核准被告人何聪死刑。罪犯何聪已于日前被依法执行死刑。

★以非法占有为目的，采用暴力手段劫取被拐卖妇女的财物，其行为又构成抢劫罪，实行数罪并罚

《邵长胜拐卖妇女案》（2011年3月24日最高人民法院发布关于拐卖儿童犯罪案件的三起典型案例）

【裁判结果】

法院认为，被告人邵长胜伙同他人以出卖为目的拐骗妇女，其行为已构成拐卖妇女罪；邵长胜还以非法占有为目的，采用暴力手段劫取被拐卖妇女的财物，其行为又构成抢劫罪，依法应数罪并罚。在共同犯罪中，邵长胜参与拐卖妇女8人，对被害人均积极实施了殴打、威胁、轮奸等行为，并负责联系买家、商谈交易价格，还对其中6名妇女实施了抢劫，是共同犯罪中地位和作用最突出、罪责最为严重的主犯，且拐卖妇女多人，奸淫被拐卖妇女，还将被拐卖妇女卖给他人迫使其卖淫，犯罪情节特别严重，社会危害性极大，所犯罪行极其严重，应当依法惩处。据此，依法认定被告人邵长胜犯拐卖妇女罪，判处死刑，剥夺政治权利终身，并处没收个人全部财产；犯抢劫罪，判处有期徒刑十二年，剥夺政治权利三年，并处罚金人民币五千元，决定执行死刑，剥夺政治权利终身，并处没收个人全部财产。经最高人民法院复核核准，罪犯邵长胜已于2011年2月23日被依法执行死刑。

★在拐卖儿童共同犯罪中组织、策划并联系买主和主持分赃的主犯，应按其参与的全部犯罪处罚

《肖远德、肖远富等拐卖儿童案》(2011年3月24日最高人民法院发布关于拐卖儿童犯罪案件的三起典型案例)

【裁判结果】

法院认为，被告人肖远德、肖远富、周志文、谢耀君、严茂生以出卖为目的，共同偷盗幼儿进行贩卖，其行为均已构成拐卖儿童罪。其中，被告人肖远德、肖远富参与拐卖儿童3人；周志文、谢耀君参与拐卖儿童2人；严茂生参与拐卖儿童1人。在共同犯罪中，肖远德组织、策划，并联系买主和主持分赃，起主要作用，系主犯，应按其所参与的全部犯罪处罚；肖远富、周志文、谢耀君、严茂生起次要作用，均系从犯。周志文归案后揭发他人犯罪，带领公安机关抓获同案人，有立功表现。肖远德、肖远富、周志文、谢耀君在第三起犯罪活动中慑于司法威严与社会压力，主动将儿童送回，有悔罪表现。据此依法以拐卖儿童罪判处被告人肖远德无期徒刑，剥夺政治权利终身，并处没收个人全部财产。对被告人肖远富、周志文、谢耀君、严茂生依法从轻或减轻处罚，分别判处十三年至六年有期徒刑，并处罚金。

★贩卖儿童人数众多，情节特别严重，应依法严惩

《李凤英等拐卖儿童案》(2012年5月30日最高人民法院发布关于拐卖儿童犯罪案件的三起典型案例)

【裁判结果】

法院认为，被告人李凤英、许元理、万玉莲、潘存芝、高怀玲等人以出卖为目的，贩卖儿童，其行为均构成拐卖儿童罪。李凤英、许元理、万玉莲贩卖儿童人数众多，情节特别严重，应依法严惩。潘存芝、高怀玲认罪态度较好，可酌情从轻处罚。据此，依法以拐卖儿童罪分别判处被告人李凤英、许元理、万玉莲死刑，缓期二年执行，剥夺政治权利终身，并处没收个人全部财产；以拐卖儿童罪分别判处潘存芝、高怀玲有期徒刑十五年、十三年，并处罚金。

★为收取明显不属于营养费的巨额钱财，将孩子送给他人，可以认定属于出卖亲生子女，构成本罪

《武亚军、关倩倩拐卖儿童案》(2012 年 5 月 30 日最高人民法院发布关于拐卖儿童犯罪案件的三起典型案例)

【裁判结果】

法院认为，被告人武亚军、关倩倩将出生仅 4 个月的男婴，以 26000 元的价格出卖给他人，其行为均已构成拐卖儿童罪。关于武亚军、关倩倩辩解其行为属于私自送养、不构成犯罪的意见，经查，武亚军、关倩倩在不了解对方基本条件的情况下，不考虑对方是否有抚养目的及有无抚养能力等事实，为收取明显不属于营养费的巨额钱财，将孩子送给他人，可以认定属于出卖亲生儿子，应当以拐卖儿童罪论处，其辩解不能成立。武亚军、关倩倩由于家庭生活困难，将孩子出卖给他人，后孩子被公安机关成功解救，没有造成严重的社会危害后果，主观恶性较小，犯罪情节较轻，依法以拐卖儿童罪分别判处被告人武亚军、关倩倩有期徒刑三年，缓刑五年，并处罚金人民币 3 万元。

★以出卖为目的，强抢儿童贩卖或居间介绍儿童贩卖，构成本罪

《孙同山、张祖斌等 18 名被告人拐卖儿童案》(2014 年 11 月 24 日最高人民法院发布98 起未成年人审判工作典型案例)

【案例评析】

本案涉案人员多，时间跨度长，地域跨度广，受害儿童人数众多。18 名被告人在长达 8 年的时间内，疯狂作案 14 起，先后贩卖 14 名婴幼儿，其中还有 7 名是强抢后贩卖。这 7 名被强抢的婴幼儿，有的是“黑吃黑”，更令人发指的，甚至有一名幼儿是从亲生父母处强行夺走的。本案中的大多数被拐儿童，因为是被居间介绍贩卖，没有找到上线，至今仍被抚养在收买人的家中。这些被告人的犯罪行为，情节特别恶劣，手段特别残忍，犯罪后果极其严重，社会影响极其恶劣。

★虽然归案后坦白认罪，但拐卖妇女、儿童人数多，主观恶性极深，社会危害极大，情节特别严重，不足以从轻处罚

《蓝树山拐卖妇女、儿童案》（2015 年 2 月 27 日最高人民法院发布惩治拐卖妇女儿童犯罪典型案例）

【典型意义】

对于拐卖妇女、儿童犯罪，我国司法机关历来坚持从严惩治的方针，其中，偷盗、强抢、拐骗儿童予以出卖，造成许多家庭骨肉分离，对被拐儿童及其家庭造成巨大精神伤害与痛苦，在社会上易引发恐慌情绪，危害极大，更是从严惩治的重点。本案中，被告人蓝树山拐卖妇女 1 人，拐骗儿童 34 人予以出卖，不少儿童被拐 10 多年后才得以解救，回到亲生父母身边。众多家长为寻找被拐儿童耗费大量时间、金钱和精力，其中有 1 名被拐儿童亲属因伤心过度去世。综合考虑，蓝树山所犯罪行已属极其严重，尽管有坦白部分拐卖事实的从轻处罚情节，法院对其亦不予从轻处罚。

★参与拐卖儿童 37 人，犯罪情节特别严重，且系主犯，应依法惩处

《马守庆拐卖儿童案》（2015 年 2 月 27 日最高人民法院发布惩治拐卖妇女儿童犯罪典型案例）

【典型意义】

本案是一起由拐卖犯罪团伙实施的特大贩婴案件。本案犯罪时间跨度长，被拐儿童人数多达 37 人，且均是婴儿。在收买、贩卖、运输、出卖婴儿的诸多环节，“人贩子”视婴儿为商品，缺少必要的关爱、照料；有的采取给婴儿灌服安眠药、用塑料袋、行李箱盛装运输等恶劣手段，极易导致婴儿窒息伤残或者死亡，本案中即有 1 名婴儿在被贩运途中死亡。实践中，不法分子在贩运途中遗弃病婴的情形亦有发生。人民法院综合考虑马守庆拐卖儿童的犯罪事实、性质、情节和危害后果，对其依法判处死刑，符合罪责刑相一致原则。

★父母将子女私自送给他人,如果具有非法获利的目的,构成本罪

《邢小强拐卖儿童案》(2015 年 2 月 27 日最高人民法院发布惩治拐卖妇女儿童犯罪典型案例)

【典型意义】

本案是一起以非法获利为目的出卖亲生子女构成拐卖儿童罪的典型案例。当前,在司法机关严厉打击下,采取绑架、抢夺、偷盗、拐骗等手段控制儿童后进行贩卖的案件明显下降,一些父母出卖、遗弃婴儿,以及"人贩子"收买婴儿贩卖的现象仍多发高发。对于父母将子女私自送给他人收取钱财的案件,如果行为人具有非法获利的目的,就应该以拐卖儿童罪论处。本案中,被告人邢小强先后两次将 3 名亲生儿子卖给他人,且均是在孩子出生之前即主动表示要卖出孩子,联系居间介绍人要求帮助寻找买家,并且明码标价,收取数额较高的钱财,孩子出生后即按事先约定将孩子卖出。根据上述事实与情节,足以认定邢小强并非因生活困难、无力抚养才被迫将孩子送养,而是将孩子作为商品,将生孩子出卖作为牟利手段来获取非法利益。人民法院据此认定邢小强的行为构成拐卖儿童罪,对参与犯罪的居间介绍人,根据各自地位、作用、责任大小,分别判处轻重不等的刑罚,体现了人民法院对于以非法获利为目的出卖亲生子女犯罪坚决依法惩处的鲜明态度。

★以收养为名,将从亲生父母处骗来的婴儿出卖,构成本罪

《王宁宁拐卖儿童案》(2015 年 2 月 27 日最高人民法院发布惩治拐卖妇女儿童犯罪典型案例)

【典型意义】

本案是一起利用孕妇并通过互联网贩卖婴儿的典型案例。近年来,随着打击力度的加大,不法分子不断变换手法,采取更为隐蔽的方式实施拐卖犯罪。比如,事先联系好"买主",物色、组织孕妇到"买主"所在地,待孕妇临产后即将其所生子女出卖获利,以此逃避长途贩卖、运输婴儿过程中被查缉的风险。此类犯罪手段的变化已引起司法机关的关注,本案的依法审理,是对犯罪行为的有力震慑。

★被害人系外国籍卖淫妇女的特殊身份不影响我国司法机关对拐卖妇女涉案人员的定罪量刑

《杨恩光、李文建等拐卖妇女案》(2015 年 2 月 27 日最高人民法院发布惩治拐卖妇女儿童犯罪典型案例)

【典型意义】

本案被害人身份特殊，均系越南籍妇女，且多数在我国境内从事卖淫活动，本属依法整顿治理的对象，但被害人的特殊身份并不影响我国司法机关对拐卖妇女涉案人员的定罪量刑。本案两名被告人被判处死缓，三名被告人被判处无期徒刑，彰显了我国司法机关依法严厉打击、遏制一切形式拐卖妇女犯罪的决心。案发后，我国司法机关依照我国缔结和参加的有关国际条约的规定，积极履行所承担的国际义务，将被解救妇女妥善安置，并及时与有关外事部门联系，提供司法协助和司法救助，将被解救妇女全部安全地送返国籍国。

★以出卖为目的偷盗幼儿，构成拐卖儿童罪

《李侠拐卖儿童、孙泽伟收买被拐卖的儿童案》(2015 年 2 月 27 日最高人民法院发布惩治拐卖妇女儿童犯罪典型案例)

【典型意义】

拐卖儿童造成许多家庭骨肉分离，社会危害巨大。收买被拐卖的儿童行为，客观上诱发、助长“人贩子”铤而走险实施拐卖犯罪，造成被拐儿童与家庭长期天各一方，社会危害同样不容忽视。本案中，被告人李侠偷盗幼儿出卖，法院以拐卖儿童罪对其判处有期徒刑十年，体现了依法从严惩处。作为具有正常社会阅历、经验的成年人，被告人孙泽伟应当知道李侠携带的幼童可能系被拐卖，但未对双方关系进行任何核实即对幼童陈某某予以收买，其行为已构成收买被拐卖的儿童罪。人民法院对本案“买主”依法定罪判刑，再次向社会昭示：我国法律绝不容忍任何买卖儿童行为，抱着侥幸心理收买被拐卖的儿童“抚养”，最终不仅会“人财两空”，还要受到法律制裁。

★以非法获利为目的出卖亲生子女，构成拐卖儿童罪

《被告人余镇、高敏拐卖儿童，被告人黄思美收买被拐卖的儿童案》(2017年6月1日最高人民法院发布6起侵害未成年人犯罪典型案例)

【典型意义】

本案是一起出卖亲生子女构成犯罪的典型案例。当前，在司法机关严厉打击下，采取绑架、抢夺、偷盗、拐骗等手段控制儿童后进行贩卖的案件明显下降，但父母出卖亲生子女的案件仍时有发生。子女不是父母的私有财产，孩子应该享有独立人格尊严，绝不允许买卖。根据2010年《最高人民法院、最高人民检察院、公安部、司法部关于依法惩治拐卖妇女儿童犯罪的意见》有关规定，以非法获利为目的，出卖亲生子女的，应当以拐卖妇女、儿童罪论处。本案中，被告人余镇在妻子怀孕期间即联系被告人高敏物色买家，商定价格，妻子生育后采取欺骗方式将婴儿抱走卖给他人，故法院依法以拐卖儿童罪对其定罪判刑。没有买就没有卖，收买与拐卖相伴而生，《刑法修正案(九)》对收买被拐卖的妇女、儿童罪作了重大修改，删除了原规定具备特定情节可以不追究刑事责任的条款，体现了对买方加大惩治力度的精神。本案被告人黄思美主观上虽然是为帮助他人收养而收买被拐卖的儿童，但其行为同样构成犯罪，法院对其依法定罪判刑，具有重要警示教育意义。

第二百四十一条 【收买被拐卖的妇女、儿童罪】收买被拐卖的妇女、儿童的，处三年以下有期徒刑、拘役或者管制。

收买被拐卖的妇女，强行与其发生性关系的，依照本法第二百三十六条的规定定罪处罚。

收买被拐卖的妇女、儿童，非法剥夺、限制其人身自由或者有伤害、侮辱等犯罪行为的，依照本法的有关规定定罪处罚。

收买被拐卖的妇女、儿童，并有第二款、第三款规定的犯罪行为的,依照数罪并罚的规定处罚。

收买被拐卖的妇女、儿童又出卖的,依照本法第二百四十条的规定定罪处罚。

收买被拐卖的妇女、儿童,对被买儿童没有虐待行为,不阻碍对其进行解救的,可以从轻处罚;按照被买妇女的意愿,不阻碍其返回原居住地的,可以从轻或者减轻处罚。

立法动态

本条源自《中华人民共和国刑法》(1997 年 3 月 14 日第八届全国人民代表大会第五次会议修订,自 1997 年 10 月 1 日起施行)。

原本条第六款规定为:收买被拐卖的妇女、儿童,按照被买妇女的意愿,不阻碍其返回原居住地的,对被买儿童没有虐待行为,不阻碍对其进行解救的,可以不追究刑事责任。

本条第六款根据《中华人民共和国刑法修正案(九)》(自 2015 年 11 月 1 日起施行)第十五条修改。

本条第六款修改的主要内容为:一是对收买妇女和儿童的行为一律规定为犯罪;二是根据情节,对收买儿童的可从轻处罚,对收买妇女的可从轻或减轻处罚。

类案检索指引

★明知是被拐卖的儿童仍予以收买,并帮助他人收买被拐卖的儿童,构成本罪

《李中梅收买被拐卖的儿童案》(2010 年 8 月 31 日最高人民法院关于拐卖妇女儿童犯罪案件的三起典型案例)

【裁判结果】

法院认为,被告人李中梅明知是被拐卖的儿童仍予以收买,并帮助他人收买被拐卖的儿童,其行为已构成收买被拐卖的儿童罪。鉴于李中梅收买儿童系为了私自收养，且归案后认罪态度好，依法对其判处有期徒刑二年，缓刑三年。

★明知被害人是被拐卖的妇女而收买，并用转移被害人的方法阻碍解救，构成本罪

《蔡顺光收买被拐卖的妇女案》（2011 年 3 月 24 日最高人民法院发布关于拐卖儿童犯罪案件的三起典型案例）

【裁判结果】

法院认为，被告人蔡顺光明知被害人王某某是被拐卖的妇女而予以收买，并用转移被害人的方法阻碍解救，其行为已构成收买被拐卖的妇女罪，依法应当追究刑事责任。蔡顺光收买王某某后，没有实施摧残、虐待行为并欲与王某某形成稳定的婚姻家庭关系，可以从轻处罚。综上，根据蔡顺光的犯罪事实、性质、情节及对社会的危害程度，依法以收买被拐卖的妇女罪判处被告人蔡顺光有期徒刑八个月。

★收买被拐卖的儿童，构成本罪

《彭成坤、孟凡俊收买被拐卖的儿童案》（2012 年 5 月 30 日最高人民法院发布关于拐卖儿童犯罪案件的三起典型案例）

【裁判结果】

法院认为，被告人彭成坤、孟凡俊收买被拐卖的儿童，其行为均已构成收买被拐卖的儿童罪。鉴于二被告人对所收买的儿童没有摧残、虐待，公安机关解救时亦未进行阻碍，故酌情从轻处罚，依法分别判处二人有期徒刑一年，缓刑二年。

★收买被拐卖的妇女后非法限制其自由，明知其患有精神病，多次与其发生性关系，实行数罪并罚

《王尔民收买被拐卖的妇女、非法拘禁、强奸案》（2015 年 2 月 27 日最高人民法院发布惩治拐卖妇女儿童犯罪典型案例）

【裁判结果】

江苏省睢宁县人民法院经审理认为，王尔民收买被拐卖的妇女后非法限制其自由，明知该妇女患有精神病，还多次与其发生性关系，其行为分别构成收买被拐卖的妇女罪、非法拘禁罪和强奸罪，应

第241条

依法并罚。依照刑法有关规定，对王尔民以收买被拐卖的妇女罪判处有期徒刑一年六个月；以非法拘禁罪判处有期徒刑二年六个月；以强奸罪判处有期徒刑七年，决定执行有期徒刑十年。

【典型意义】

本案是一起因收买被拐卖的妇女被判刑的典型案例。实践中，收买被拐卖的妇女不仅侵犯了妇女的人格尊严，还往往滋生出非法拘禁、强奸、伤害、侮辱等其他犯罪，严重侵犯了妇女的人身权利，社会危害不容低估，一些群众对"买主"盲目同情的错误观念亦应纠正。

第二百四十二条 【妨害公务罪】以暴力、威胁方法阻碍国家机关工作人员解救被收买的妇女、儿童的，依照本法第二百七十七条的规定定罪处罚。

【聚众阻碍解救被收买的妇女、儿童罪】聚众阻碍国家机关工作人员解救被收买的妇女、儿童的首要分子，处五年以下有期徒刑或者拘役；其他参与者使用暴力、威胁方法的，依照前款的规定处罚。

立法动态

本条源自《中华人民共和国刑法》（1997 年 3 月 14 日第八届全国人民代表大会第五次会议修订，自 1997 年 10 月 1 日起施行）。

适用要点与裁判依据

★收买被拐卖的妇女、儿童，又以暴力、威胁方法阻碍解救或者聚众阻碍解救被收买的妇女、儿童，实行数罪并罚

《最高人民法院关于审理拐卖妇女儿童犯罪案件具体应用法律若干问题的解释》（2016 年 12 月 21 日 法释〔2016〕28 号）

第七条 收买被拐卖的妇女、儿童，又以暴力、威胁方法阻碍国家机关工作人员解救被收买的妇女、儿童,或者聚众阻碍国家机关工作人员解救被收买的妇女、儿童,构成妨害公务罪、聚众阻碍解救被收买的妇女、儿童罪的,依照数罪并罚的规定处罚。

第二百四十三条 【诬告陷害罪】捏造事实诬告陷害他人,意图使他人受刑事追究,情节严重的,处三年以下有期徒刑、拘役或者管制;造成严重后果的,处三年以上十年以下有期徒刑。

国家机关工作人员犯前款罪的,从重处罚。

不是有意诬陷,而是错告,或者检举失实的,不适用前两款的规定。

立法动态

本条源自《中华人民共和国刑法》(1997 年 3 月 14 日第八届全国人民代表大会第五次会议修订,自 1997 年 10 月 1 日起施行)。

类案检索指引

★捏造犯罪事实、意图陷他人于刑事追诉之中,构成本罪

《宋某诬告陷害案(河南)》(2017 年 2 月 7 日最高人民法院发布司法人员依法履职保障十大典型案例)

【典型意义】

提升司法公信力不仅要求司法案件的结果公正,也要求司法人员的形象符合中立、公正的客观标准。司法人员的社会声誉是司法机关公正形象的重要载体,恶意贬损法官形象就是诋毁司法公信。当事人对裁判结果或者法院工作人员司法作风不满,可以通过上诉、申请再审、信访投诉举报等多种合法途径反映情况、表达诉求,但决不能毫无根据地随意指责司法人员贪腐或有其他犯罪行为。没有确凿证据,甚至故意捏造事实、散布谣言,轻易对法官、审判辅助人员提出性质严重的指控,不仅是对法院工作人员的人格污蔑,也是对司法公信的恶意破坏,更是对社会公共利益的肆意侵犯。《办法》第十三条规定,法官因依法履职遭受不实举报、诬告陷害致使名誉受到损害的,其所在人民法院应当会同有关部门及时澄清事实,消除不良影响,维护法官良好声誉,并依法追究相关单位或者个人的责任。本案中,宋某故意捏造事实、进行虚假告发,导致有关单位对相关人员展开调查,给司法人员工作造成巨大压力、正常生活受到严重影响。法院依法对其判处刑罚,不仅是对法院干警的关心爱护,也是为司法人员依法履职提供制度保障的必要举措。

第二百四十四条 【强迫劳动罪】以暴力、威胁或者限制人身自由的方法强迫他人劳动的,处三年以下有期徒刑或者拘役,并处罚金;情节严重的,处三年以上十年以下有期徒刑,并处罚金。

明知他人实施前款行为,为其招募、运送人员或者有其他协助强迫他人劳动行为的,依照前款的规定处罚。

单位犯前两款罪的,对单位判处罚金,并对其直接负责的主管人员和其他直接责任人员,依照第一款的规定处罚。

立法动态

本条源自《中华人民共和国刑法》(1997 年 3 月 14 日第八届全国人民代表大会第五次会议修订,自 1997 年 10 月 1 日起施行)。

原本条规定为:第二百四十四条 用人单位违反劳动管理法规,以限制人身自由方法强迫职工劳动,情节严重的,对直接责任人员,处三年以下有期徒刑或者拘役,并处或者单处罚金。

根据《中华人民共和国刑法修正案(八)》(自 2011 年 5 月 1 日起施行)第三十八条规定,本条修改的主要内容为:一是取消了只有“用人单位”才构成本罪的限制;二是取消了构成本罪须“违反劳动管理法规”的条件；三是补充规定对帮助和协助他人实施强迫劳动的行为按本罪处理；四是提高了本罪的法定刑，增加了“情节严重的，处三年以上十年以下有期徒刑，并处罚金”。

立案标准

《最高人民检察院、公安部关于公安机关管辖的刑事案件立案追诉标准的规定（一）》（2017 年 4 月 27 日修正　公通字〔2017〕12 号）

第三十一条　［强迫劳动案（刑法第二百四十四条）］以暴力、威胁或者限制人身自由的方法强迫他人劳动的，应予立案追诉。

明知他人以暴力、威胁或者限制人身自由的方法强迫他人劳动，为其招募、运送人员或者有其他协助强迫他人劳动行为的，应予立案追诉。

类案检索指引

★强迫劳动罪的“情节严重”包括强迫未成年人劳动的情形，不论人数多少

《范刚等强迫劳动案》（2015 年 8 月 31 日最高人民法院公布八起侵害未成年人合法权益典型案例）

【典型意义】

本案是一起典型的以限制人身自由的方法强迫未成年人劳动的案件。三名被害人在案发时均未成年，最大的 16 周岁、最小的年仅 13 周岁。未成年人由于其心智发育尚未成熟，自我保护的能力较弱。被告人范刚等人专门招收未成年人进行强迫劳动，更突显了其行为的强迫性和违法性。在目前侵犯未成年人权益的案件频频发生的现状下，国家对未成年人的保护给予了高度重视。最高人民法院《〈刑法修正案（八）〉条文及配套司法解释理解与适用》规定，强迫劳动罪的“情节严重”包括强迫未成年人劳动的情形，不论人数多少。故本案符合“情节严重”的情形，对主犯应在 3 年以上量刑。本案的三名未成年被害人是因外出贪玩或外出打工而遇险，本案警示家长们一定要特别注意未成年子女在外的人身安全，最好不要让未成年子女独自外出打工。

第二百四十四条之一 【雇用童工从事危重劳动罪】违反劳动管理法规，雇用未满十六周岁的未成年人从事超强度体力劳动的，或者从事高空、井下作业的，或者在爆炸性、易燃性、放射性、毒害性等危险环境下从事劳动，情节严重的，对直接责任人员，处三年以下有期徒刑或者拘役，并处罚金；情节特别严重的，处三年以上七年以下有期徒刑，并处罚金。

有前款行为，造成事故，又构成其他犯罪的，依照数罪并罚的规定处罚。

立法动态

本条源自《中华人民共和国刑法》（1997年3月14日第八届全国人民代表大会第五次会议修订，自1997年10月1日起施行）。

立案标准

《最高人民检察院、公安部关于公安机关管辖的刑事案件立案追诉标准的规定（一）》（2017年4月27日修正 公通字〔2017〕12号）

第三十二条 ［雇用童工从事危重劳动案（刑法第二百四十四条之一）］违反劳动管理法规，雇用未满十六周岁的未成年人从事国家规定的第四级体力劳动强度的劳动，或者从事高空、井下劳动，或者在爆炸性、易燃性、放射性、毒害性等危险环境下从事劳动，涉嫌下列情形之一的，应予立案追诉：

（一）造成未满十六周岁的未成年人伤亡或者对其身体健康造成严重危害的；

(二)雇用未满十六周岁的未成年人三人以上的;

(三)以强迫、欺骗等手段雇用未满十六周岁的未成年人从事危重劳动的;

(四)其他情节严重的情形。

第二百四十五条 【非法搜查罪】【非法侵入住宅罪】非法搜查他人身体、住宅,或者非法侵入他人住宅的,处三年以下有期徒刑或者拘役。

司法工作人员滥用职权,犯前款罪的,从重处罚。

立法动态

本条源自《中华人民共和国刑法》(1997 年 3 月 14 日第八届全国人民代表大会第五次会议修订,自 1997 年 10 月 1 日起施行)。

立案标准

《最高人民检察院关于人民检察院立案侦查司法工作人员相关职务犯罪案件若干问题的规定》(2018 年 11 月 24 日 高检发研字〔2018〕28 号)

附:十四个罪名的立案标准

二、非法搜查罪(仅限司法工作人员)

国家机关工作人员利用职权非法搜查,涉嫌下列情形之一的,应予立案:

1. 非法搜查他人身体、住宅,并实施殴打、侮辱等行为的;

2. 非法搜查,情节严重,导致被搜查人或者其近亲属自杀、自残造成重伤、死亡,或者精神失常的;

3. 非法搜查,造成财物严重损坏的;

4. 非法搜查 3 人(户)次以上的;

5. 司法工作人员对明知是与涉嫌犯罪无关的人身、住宅非法搜查的;

6. 其他非法搜查应予追究刑事责任的情形。

适用要点与裁判依据

★实施"碰瓷",为索取财物,非法搜查他人身体的,构成非法搜查罪

《最高人民法院、最高人民检察院、公安部关于依法办理"碰瓷"违法犯罪案件的指导意见》(2020年9月2日 公通字〔2020〕12号)

八、实施"碰瓷",为索取财物,采取非法拘禁等方法非法剥夺他人人身自由或者非法搜查他人身体,符合刑法第二百三十八条、第二百四十五条规定的,分别以非法拘禁罪、非法搜查罪定罪处罚。

★以"软暴力"手段非法进入或者滞留他人住宅的,以非法侵入住宅罪定罪处罚

《最高人民法院、最高人民检察院、公安部、司法部关于办理实施"软暴力"的刑事案件若干问题的意见》(2019年4月9日)

七、以"软暴力"手段非法进入或者滞留他人住宅的,应当认定为《刑法》第二百四十五条规定的"非法侵入他人住宅",同时符合其他犯罪构成要件的,应当以非法侵入住宅罪定罪处罚。

十一、雇佣、指使他人采用"软暴力"手段强迫交易、敲诈勒索,构成强迫交易罪、敲诈勒索罪的,对雇佣者、指使者,一般应当以共同犯罪中的主犯论处。

为强索不受法律保护的债务或者因其他非法目的,雇佣、指使他人采用"软暴力"手段非法剥夺他人人身自由构成非法拘禁罪,或者非法侵入他人住宅、寻衅滋事,构成非法侵入住宅罪、寻衅滋事罪的,对雇佣者、指使者,一般应当以共同犯罪中的主犯论处;因本人及近亲属合法债务、婚恋、家庭、邻里纠纷等民间矛盾而雇佣、指使,没有造成严重后果的,一般不作为犯罪处理,但经有关部门批评制止或者处理处罚后仍继续实施的除外。

第二百四十六条 【侮辱罪】【诽谤罪】以暴力或者其他方法公然侮辱他人或者捏造事实诽谤他人，情节严重的，处三年以下有期徒刑、拘役、管制或者剥夺政治权利。

前款罪，告诉的才处理，但是严重危害社会秩序和国家利益的除外。

通过信息网络实施第一款规定的行为，被害人向人民法院告诉，但提供证据确有困难的，人民法院可以要求公安机关提供协助。

立法动态

本条源自《中华人民共和国刑法》(1997 年 3 月 14 日第八届全国人民代表大会第五次会议修订，自 1997 年 10 月 1 日起施行)。

本条第三款根据《中华人民共和国刑法修正案(九)》(自 2015 年 11 月 1 日起施行)第十六条增加。

适用要点与裁判依据

★利用互联网侮辱他人或者捏造事实诽谤他人的刑事责任

《全国人民代表大会常务委员会关于维护互联网安全的决定》(2009 年 8 月 27 日修正)

四、为了保护个人、法人和其他组织的人身、财产等合法权利，对有下列行为之一，构成犯罪的，依照刑法有关规定追究刑事责任：

(一)利用互联网侮辱他人或者捏造事实诽谤他人；

(二)非法截获、篡改、删除他人电子邮件或者其他数据资料，侵犯公民通信自由和通信秘密；

(三)利用互联网进行盗窃、诈骗、敲诈勒索。

★在出版物中公然侮辱他人或者捏造事实诽谤他人,构成本罪

《最高人民法院关于审理非法出版物刑事案件具体应用法律若干问题的解释》(1998 年 12 月 17 日 法释〔1998〕30 号)

第六条 在出版物中公然侮辱他人或者捏造事实诽谤他人,情节严重的,依照刑法第二百四十六条的规定,分别以侮辱罪或者诽谤罪定罪处罚。

★"严重危害社会秩序和国家利益"的认定

《公安部关于严格依法办理侮辱诽谤案件的通知》(2009 年 4 月 3 日 公通字〔2009〕16 号)

二、准确把握侮辱、诽谤公诉案件的管辖范围及基本要件。

根据《刑法》第二百四十六条的规定,侮辱、诽谤案件一般属于自诉案件,应当由公民个人自行向人民法院提起诉讼,只有在侮辱、诽谤行为"严重危害社会秩序和国家利益"时,公安机关才能按照公诉程序立案侦查。公安机关在依照公诉程序办理侮辱、诽谤刑事案件时,必须准确把握犯罪构成要件。对于不具备"严重危害社会秩序和国家利益"这一基本要件的,公安机关不得作为公诉案件管辖。

第246条

对于具有下列情形之一的侮辱、诽谤行为,应当认定为"严重危害社会秩序和国家利益",以侮辱罪、诽谤罪立案侦查,作为公诉案件办理:

(一)因侮辱、诽谤行为导致群体性事件,严重影响社会秩序的;

(二)因侮辱、诽谤外交使节、来访的外国国家元首、政府首脑等人员,造成恶劣国际影响的;

(三)因侮辱、诽谤行为给国家利益造成严重危害的其他情形。

公安机关在接到公民对侮辱、诽谤行为的报案、控告或者举报后,首先要认真审查,判明是否属于公安机关管辖。对于符合上述情形,但通过公诉可能对国家利益和国家形象造成更大损害的,可以通过其他方式予以处理。对于经过审查认为不属于上述情形但涉嫌犯罪的侮辱、诽谤案件,公安机关应当问明情况,制作笔录,并将案件材料移交有管辖权的人民法院,同时向当事人说明此类案件依照法律规定属于自诉案件,不属公安机关管辖,告知其到人民法院自行提起诉讼。

公安机关在立案前的审查过程中,不得对有关人员和财产采取强制性措施。对于不构成犯罪但违反《治安管理处罚法》的,要通过治安调解,最大限度地化解矛盾和纠纷;对于调解不成的,应依法给予治安管理处罚。公安机关在办理侮辱、诽谤案件时,要深入细致,辨法析理,努力争取让违法犯罪行为人和被侵害人心悦诚服地接受处理结果,化消极因素为积极因素,取得法律效果和社会效果的统一。

★利用网络实施诽谤中“捏造事实诽谤他人”“情节严重”“严重危害社会秩序和国家利益”的认定

《最高人民法院、最高人民检察院关于办理利用信息网络实施诽谤等刑事案件适用法律若干问题的解释》(2013 年 9 月 6 日 法释〔2013〕21 号)

第一条 具有下列情形之一的,应当认定为刑法第二百四十六条第一款规定的“捏造事实诽谤他人”:

(一)捏造损害他人名誉的事实,在信息网络上散布,或者组织、指使人员在信息网络上散布的;

(二)将信息网络上涉及他人的原始信息内容篡改为损害他人名誉的事实,在信息网络上散布,或者组织、指使人员在信息网络上散布的;

明知是捏造的损害他人名誉的事实,在信息网络上散布,情节恶劣的,以“捏造事实诽谤他人”论。

第二条 利用信息网络诽谤他人,具有下列情形之一的,应当认定为刑法第二百四十六条第一款规定的“情节严重”:

(一)同一诽谤信息实际被点击、浏览次数达到五千次以上,或者被转发次数达到五百次以上的;

(二)造成被害人或者其近亲属精神失常、自残、自杀等严重后果的;

（三）二年内曾因诽谤受过行政处罚，又诽谤他人的；

（四）其他情节严重的情形。

第三条　利用信息网络诽谤他人，具有下列情形之一的，应当认定为刑法第二百四十六条第二款规定的“严重危害社会秩序和国家利益”：

（一）引发群体性事件的；

（二）引发公共秩序混乱的；

（三）引发民族、宗教冲突的；

（四）诽谤多人，造成恶劣社会影响的；

（五）损害国家形象，严重危害国家利益的；

（六）造成恶劣国际影响的；

（七）其他严重危害社会秩序和国家利益的情形。

★一年内多次实施利用信息网络诽谤他人行为未经处理，构成犯罪的标准

《最高人民法院、最高人民检察院关于办理利用信息网络实施诽谤等刑事案件适用法律若干问题的解释》（2013年9月6日　法释〔2013〕21号）

第四条　一年内多次实施利用信息网络诽谤他人行为未经处理，诽谤信息实际被点击、浏览、转发次数累计计算构成犯罪的，应当依法定罪处罚。

★采取暴力或者其他方法公然侮辱医务人员情节严重（恶劣），构成侮辱罪

《最高人民法院、最高人民检察院、公安部、司法部、国家卫生和计划生育委员会关于依法惩处涉医违法犯罪维护正常医疗秩序的意见》（2014年4月22日　法发〔2014〕5号）

二、严格依法惩处涉医违法犯罪

（四）公然侮辱、恐吓医务人员的，依照治安管理处罚法第四十二条的规定处罚；采取暴力或者其他方法公然侮辱、恐吓医务人员情节严重（恶劣），构成侮辱罪、寻衅滋事罪的，依照刑法的有关规定定罪处罚。

★侮辱、诽谤健在的英雄模范人物或者群体名誉、荣誉的刑事责任

《最高人民法院、最高人民检察院、公安部关于依法惩治侵害英雄烈士名誉、荣誉违法犯罪的意见》(2022年1月11日 公通字〔2022〕5号)

一、关于英雄烈士的概念和范围

(三)英雄烈士是指已经牺牲、去世的英雄烈士。对侮辱、诽谤或者以其他方式侵害健在的英雄模范人物或者群体名誉、荣誉,构成犯罪的,适用刑法有关侮辱、诽谤罪等规定追究刑事责任,符合适用公诉程序条件的,由公安机关依法立案侦查,人民检察院依法提起公诉。但是,被侵害英雄烈士群体中既有已经牺牲的烈士,也有健在的英雄模范人物的,可以统一适用侵害英雄烈士名誉、荣誉罪。

类案检索指引

★利用信息网络公然侮辱他人,贬损他人人格、破坏他人名誉,导致出现被害人自杀等后果的,应当适用公诉程序

《岳某侮辱案》(2022年2月21日最高人民检察院发布第三十四批指导性案例:检例第138号)

【关键词】

网络侮辱 裸照 情节严重 严重危害社会秩序 公诉程序

【要旨】

利用信息网络散布被害人的裸体视频、照片及带有侮辱性的文字,公然侮辱他人,贬损他人人格、破坏他人名誉,导致出现被害人自杀等后果,严重危害社会秩序的,应当按照公诉程序,以侮辱罪依法追究刑事责任。

第二百四十七条 【刑讯逼供罪】【暴力取证罪】司法工作人员对犯罪嫌疑人、被告人实行刑讯逼供或者使用暴力逼取证人证言的，处三年以下有期徒刑或者拘役。致人伤残、死亡的，依照本法第二百三十四条、第二百三十二条的规定定罪从重处罚。

立法动态

本条源自《中华人民共和国刑法》（1997 年 3 月 14 日第八届全国人民代表大会第五次会议修订，自 1997 年 10 月 1 日起施行）。

立案标准

《最高人民检察院关于人民检察院立案侦查司法工作人员相关职务犯罪案件若干问题的规定》（2018 年 11 月 24 日 高检发研字〔2018〕28 号）

附：十四个罪名的立案标准

三、刑讯逼供罪

司法工作人员对犯罪嫌疑人、被告人使用肉刑或者变相肉刑逼取口供的行为，涉嫌下列情形之一的，应予立案：

1. 以殴打、捆绑、违法使用械具等恶劣手段逼取口供的；

2. 以较长时间冻、饿、晒、烤等手段逼取口供，严重损害犯罪嫌疑人、被告人身体健康的；

3. 刑讯逼供造成犯罪嫌疑人、被告人轻伤、重伤、死亡的；

4. 刑讯逼供，情节严重，导致犯罪嫌疑人、被告人自杀、自残造成重伤、死亡，或者精神失常的；

5. 刑讯逼供，造成错案的；

6. 刑讯逼供 3 人次以上的；

7. 纵容、授意、指使、强迫他人刑讯逼供，具有上述情形之一的；

8. 其他刑讯逼供应予追究刑事责任的情形。

四、暴力取证罪

司法工作人员以暴力逼取证人证言的行为,涉嫌下列情形之一的,应予立案:

1. 以殴打、捆绑、违法使用械具等恶劣手段逼取证人证言的;

2. 暴力取证造成证人轻伤、重伤、死亡的;

3. 暴力取证,情节严重,导致证人自杀、自残造成重伤、死亡,或者精神失常的;

4. 暴力取证,造成错案的;

5. 暴力取证3人次以上的;

6. 纵容、授意、指使、强迫他人暴力取证,具有上述情形之一的;

7. 其他暴力取证应予追究刑事责任的情形。

第二百四十八条 【虐待被监管人罪】监狱、拘留所、看守所等监管机构的监管人员对被监管人进行殴打或者体罚虐待,情节严重的,处三年以下有期徒刑或者拘役;情节特别严重的,处三年以上十年以下有期徒刑。致人伤残、死亡的,依照本法第二百三十四条、第二百三十二条的规定定罪从重处罚。

监管人员指使被监管人殴打或者体罚虐待其他被监管人的,依照前款的规定处罚。

立法动态

本条源自《中华人民共和国刑法》(1997年3月14日第八届全国人民代表大会第五次会议修订,自1997年10月1日起施行)。

立案标准

《最高人民检察院关于人民检察院立案侦查司法工作人员相关职务犯罪案件若干问题的规定》（2018年11月24日　高检发研字〔2018〕28号）

附：十四个罪名的立案标准

五、虐待被监管人罪

监狱、拘留所、看守所、拘役所、劳教所等监管机构的监管人员对被监管人进行殴打或者体罚虐待，情节严重的行为。涉嫌下列情形之一的，应予立案：

1. 以殴打、捆绑、违法使用械具等恶劣手段虐待被监管人的；

2. 以较长时间冻、饿、晒、烤等手段虐待被监管人，严重损害其身体健康的；

3. 虐待造成被监管人轻伤、重伤、死亡的；

4. 虐待被监管人，情节严重，导致被监管人自杀、自残造成重伤、死亡，或者精神失常的；

5. 殴打或者体罚虐待3人次以上的；

6. 指使被监管人殴打、体罚虐待其他被监管人，具有上述情形之一的；

7. 其他情节严重的情形。

第二百四十九条　【煽动民族仇恨、民族歧视罪】煽动民族仇恨、民族歧视，情节严重的，处三年以下有期徒刑、拘役、管制或者剥夺政治权利；情节特别严重的，处三年以上十年以下有期徒刑。

立法动态

本条源自《中华人民共和国刑法》(1997 年 3 月 14 日第八届全国人民代表大会第五次会议修订,自 1997 年 10 月 1 日起施行)。

适用要点与裁判依据

★利用互联网煽动民族仇恨、民族歧视,破坏民族团结的,构成本罪

《全国人民代表大会常务委员会关于维护互联网安全的决定》(2009 年 8 月 27 日修正)

二、为了维护国家安全和社会稳定,对有下列行为之一,构成犯罪的,依照刑法有关规定追究刑事责任:

(一)利用互联网造谣、诽谤或者发表、传播其他有害信息,煽动颠覆国家政权、推翻社会主义制度,或者煽动分裂国家、破坏国家统一;

(二)通过互联网窃取、泄露国家秘密、情报或者军事秘密;

(三)利用互联网煽动民族仇恨、民族歧视,破坏民族团结;

(四)利用互联网组织邪教组织、联络邪教组织成员,破坏国家法律、行政法规实施。

第二百五十条　【出版歧视、侮辱少数民族作品罪】在出版物中刊载歧视、侮辱少数民族的内容,情节恶劣,造成严重后果的,对直接责任人员,处三年以下有期徒刑、拘役或者管制。

立法动态

本条源自《中华人民共和国刑法》(1997 年 3 月 14 日第八届全国人民代表大会第五次会议修订,自 1997 年 10 月 1 日起施行)。

适用要点与裁判依据

★出版刊载歧视、侮辱少数民族内容的作品，情节恶劣，造成严重后果的，构成本罪

《最高人民法院关于审理非法出版物刑事案件具体应用法律若干问题的解释》(1998年12月17日　法释〔1998〕30号)

第七条　出版刊载歧视、侮辱少数民族内容的作品，情节恶劣，造成严重后果的，依照刑法第二百五十条的规定，以出版歧视、侮辱少数民族作品罪定罪处罚。

第二百五十一条　【非法剥夺公民宗教信仰自由罪】【侵犯少数民族风俗习惯罪】国家机关工作人员非法剥夺公民的宗教信仰自由和侵犯少数民族风俗习惯，情节严重的，处二年以下有期徒刑或者拘役。

立法动态

本条源自《中华人民共和国刑法》(1997年3月14日第八届全国人民代表大会第五次会议修订，自1997年10月1日起施行)。

第二百五十二条　【侵犯通信自由罪】隐匿、毁弃或者非法开拆他人信件，侵犯公民通信自由权利，情节严重的，处一年以下有期徒刑或者拘役。

立法动态

本条源自《中华人民共和国刑法》(1997年3月14日第八届全国人民代表大会第五次会议修订，自1997年10月1日起施行)。

适用要点与裁判依据

★非法截获、篡改、删除他人电子邮件或者其他数据资料，侵犯公民通信自由和通信秘密的，构成本罪

《全国人民代表大会常务委员会关于维护互联网安全的决定》(2009年8月27日修正)

四、为了保护个人、法人和其他组织的人身、财产等合法权利，对有下列行为之一，构成犯罪的，依照刑法有关规定追究刑事责任：

(一)利用互联网侮辱他人或者捏造事实诽谤他人；

(二)非法截获、篡改、删除他人电子邮件或者其他数据资料，侵犯公民通信自由和通信秘密；

(三)利用互联网进行盗窃、诈骗、敲诈勒索。

第二百五十三条　【私自开拆、隐匿、毁弃邮件、电报罪】邮政工作人员私自开拆或者隐匿、毁弃邮件、电报的，处二年以下有期徒刑或者拘役。

犯前款罪而窃取财物的，依照本法第二百六十四条的规定定罪从重处罚。

立法动态

本条源自《中华人民共和国刑法》(1997年3月14日第八届全国人民代表大会第五次会议修订，自1997年10月1日起施行)。

第二百五十三条之一 【侵犯公民个人信息罪】违反国家有关规定，向他人出售或者提供公民个人信息，情节严重的，处三年以下有期徒刑或者拘役，并处或者单处罚金；情节特别严重的，处三年以上七年以下有期徒刑，并处罚金。

违反国家有关规定，将在履行职责或者提供服务过程中获得的公民个人信息，出售或者提供给他人的，依照前款的规定从重处罚。

窃取或者以其他方法非法获取公民个人信息的，依照第一款的规定处罚。

单位犯前三款罪的，对单位判处罚金，并对其直接负责的主管人员和其他直接责任人员，依照各该款的规定处罚。

立法动态

本条系根据《中华人民共和国刑法修正案（七）》（自 2009 年 2 月 28 日起施行）第七条新增。

本条根据《中华人民共和国刑法修正案（九）》（自 2015 年 11 月 1 日起施行）第十七条修改。

原本条规定为：第二百五十三条之一 （第一款）国家机关或者金融、电信、交通、教育、医疗等单位的工作人员，违反国家规定，将本单位在履行职责或者提供服务过程中获得的公民个人信息，出售或者非法提供给他人，情节严重的，处三年以下有期徒刑或者拘役，并处或者单处罚金。（第二款）窃取或者以其他方法非法获取上述信息，情节严重的，依照前款的规定处罚。（第三款）单位犯前两款罪的，对单位判处罚金，并对其直接负责的主管人员和其他直接责任人员，依照各该款的规定处罚。

本条修改的主要内容为：一是删除了“国家机关或者金融、电信、交通、教育、医疗等单位的工作人员”的主体限制；二是将“违反国家规定”修改为“违反国家有关规定”;三是将“向他人出售或者提供公民个人信息,情节严重的”规定为犯罪;四是“将本单位在履行职责或者提供服务过程中获得的公民个人信息,出售或者非法提供给他人”的行为修改为本罪的“从重处罚”情节,并调整为第二款;五是将原第二款调整为第三款,原第三款调整为第四款。

适用要点与裁判依据

★使用非法获取的公民个人信息,实施电信网络诈骗犯罪行为,实行数罪并罚

《最高人民法院、最高人民检察院、公安部关于办理电信网络诈骗等刑事案件适用法律若干问题的意见》(2016 年 12 月 19 日　法发〔2016〕32 号)

三、全面惩处关联犯罪

(二)违反国家有关规定,向他人出售或者提供公民个人信息,窃取或者以其他方法非法获取公民个人信息,符合刑法第二百五十三条之一规定的,以侵犯公民个人信息罪追究刑事责任。

使用非法获取的公民个人信息,实施电信网络诈骗犯罪行为,构成数罪的,应当依法予以并罚。

★“公民个人信息”认定

《最高人民法院、最高人民检察院关于办理侵犯公民个人信息刑事案件适用法律若干问题的解释》(2017 年 5 月 8 日　法释〔2017〕10 号)

第一条　刑法第二百五十三条之一规定的“公民个人信息”,是指以电子或者其他方式记录的能够单独或者与其他信息结合识别特定自然人身份或者反映特定自然人活动情况的各种信息,包括姓名、身份证件号码、通信通讯联系方式、住址、账号密码、财产状况、行踪轨迹等。

★"违反国家有关规定"的认定

《最高人民法院、最高人民检察院关于办理侵犯公民个人信息刑事案件适用法律若干问题的解释》(2017 年 5 月 8 日　法释〔2017〕10 号)

第二条　违反法律、行政法规、部门规章有关公民个人信息保护的规定的,应当认定为刑法第二百五十三条之一规定的"违反国家有关规定"。

★"提供公民个人信息"的认定

《最高人民法院、最高人民检察院关于办理侵犯公民个人信息刑事案件适用法律若干问题的解释》(2017 年 5 月 8 日　法释〔2017〕10 号)

第三条　向特定人提供公民个人信息,以及通过信息网络或者其他途径发布公民个人信息的,应当认定为刑法第二百五十三条之一规定的"提供公民个人信息"。

未经被收集者同意,将合法收集的公民个人信息向他人提供的,属于刑法第二百五十三条之一规定的"提供公民个人信息",但是经过处理无法识别特定个人且不能复原的除外。

★"以其他方法非法获取公民个人信息"的认定

《最高人民法院、最高人民检察院关于办理侵犯公民个人信息刑事案件适用法律若干问题的解释》(2017 年 5 月 8 日　法释〔2017〕10 号)

第四条　违反国家有关规定,通过购买、收受、交换等方式获取公民个人信息,或者在履行职责、提供服务过程中收集公民个人信息的,属于刑法第二百五十三条之一第三款规定的"以其他方法非法获取公民个人信息"。

★犯本罪，"情节严重""情节特别严重"的认定

《最高人民法院、最高人民检察院关于办理侵犯公民个人信息刑事案件适用法律若干问题的解释》(2017 年 5 月 8 日　法释〔2017〕10 号)

第五条　非法获取、出售或者提供公民个人信息，具有下列情形之一的，应当认定为刑法第二百五十三条之一规定的"情节严重"：

(一)出售或者提供行踪轨迹信息，被他人用于犯罪的；

(二)知道或者应当知道他人利用公民个人信息实施犯罪，向其出售或者提供的；

(三)非法获取、出售或者提供行踪轨迹信息、通信内容、征信信息、财产信息五十条以上的；

(四)非法获取、出售或者提供住宿信息、通信记录、健康生理信息、交易信息等其他可能影响人身、财产安全的公民个人信息五百条以上的；

(五)非法获取、出售或者提供第三项、第四项规定以外的公民个人信息五千条以上的；

(六)数量未达到第三项至第五项规定标准，但是按相应比例合计达到有关数量标准的；

(七)违法所得五千元以上的；

(八)将在履行职责或者提供服务过程中获得的公民个人信息出售或者提供给他人，数量或者数额达到第三项至第七项规定标准一半以上的；

(九)曾因侵犯公民个人信息受过刑事处罚或者二年内受过行政处罚，又非法获取、出售或者提供公民个人信息的；

(十)其他情节严重的情形。

实施前款规定的行为，具有下列情形之一的，应当认定为刑法第二百五十三条之一第一款规定的"情节特别严重"：

(一)造成被害人死亡、重伤、精神失常或者被绑架等严重后果的；

（二）造成重大经济损失或者恶劣社会影响的；

（三）数量或者数额达到前款第三项至第八项规定标准十倍以上的；

（四）其他情节特别严重的情形。

第六条 为合法经营活动而非法购买、收受本解释第五条第一款第三项、第四项规定以外的公民个人信息，具有下列情形之一的，应当认定为刑法第二百五十三条之一规定的"情节严重"：

（一）利用非法购买、收受的公民个人信息获利五万元以上的；

（二）曾因侵犯公民个人信息受过刑事处罚或者二年内受过行政处罚，又非法购买、收受公民个人信息的；

（三）其他情节严重的情形。

实施前款规定的行为，将购买、收受的公民个人信息非法出售或者提供的，定罪量刑标准适用本解释第五条的规定。

★单位犯本罪的定罪量刑标准

《最高人民法院、最高人民检察院关于办理侵犯公民个人信息刑事案件适用法律若干问题的解释》（2017年5月8日 法释〔2017〕10号）

第七条 单位犯刑法第二百五十三条之一规定之罪的，依照本解释规定的相应自然人犯罪的定罪量刑标准，对直接负责的主管人员和其他直接责任人员定罪处罚，并对单位判处罚金。

★可以认定为情节轻微，不起诉或者免予刑事处罚或者应当从宽处罚的条件

《最高人民法院、最高人民检察院关于办理侵犯公民个人信息刑事案件适用法律若干问题的解释》（2017年5月8日 法释〔2017〕10号）

第十条 实施侵犯公民个人信息犯罪，不属于"情节特别严重"，行为人系初犯，全部退赃，并确有悔罪表现的，可以认定为情节轻微，不起诉或者免予刑事处罚；确有必要判处刑罚的，应当从宽处罚。

★非法获取公民个人信息的“重复计算”“累计计算”“直接认定”的认定标准

《最高人民法院、最高人民检察院关于办理侵犯公民个人信息刑事案件适用法律若干问题的解释》(2017 年 5 月 8 日　法释〔2017〕10 号)

第十一条　非法获取公民个人信息后又出售或者提供的，公民个人信息的条数不重复计算。

向不同单位或者个人分别出售、提供同一公民个人信息的，公民个人信息的条数累计计算。

对批量公民个人信息的条数，根据查获的数量直接认定，但是有证据证明信息不真实或者重复的除外。

★犯本罪，罚金数额的确定标准

《最高人民法院、最高人民检察院关于办理侵犯公民个人信息刑事案件适用法律若干问题的解释》(2017 年 5 月 8 日　法释〔2017〕10 号)

第十二条　对于侵犯公民个人信息犯罪，应当综合考虑犯罪的危害程度、犯罪的违法所得数额以及被告人的前科情况、认罪悔罪态度等，依法判处罚金。罚金数额一般在违法所得的一倍以上五倍以下。

★为实施赌博犯罪，非法获取或者出售、提供公民个人信息，同时构成赌博罪和侵犯公民个人信息罪的，择一重处

《最高人民法院、最高人民检察院、公安部办理跨境赌博犯罪案件若干问题的意见》(2020 年 10 月 16 日　公通字〔2020〕14 号)

四、关于跨境赌博关联犯罪的认定

(一)使用专门工具、设备或者其他手段诱使他人参赌，人为控制赌局输赢，构成犯罪的，依照刑法关于诈骗犯罪的规定定罪处罚。

网上开设赌场，人为控制赌局输赢，或者无法实现提现，构成犯罪的，依照刑法关于诈骗犯罪的规定定罪处罚。部分参赌者赢利、提现不影响诈骗犯罪的认定。

（二）通过开设赌场或者为国家工作人员参与赌博提供资金的形式实施行贿、受贿行为，构成犯罪的，依照刑法关于贿赂犯罪的规定定罪处罚。同时构成赌博犯罪的，应当依法与贿赂犯罪数罪并罚。

（三）实施跨境赌博犯罪，同时构成组织他人偷越国（边）境、运送他人偷越国（边）境、偷越国（边）境罪等罪的，应当依法数罪并罚。

（四）实施赌博犯罪，为强行索要赌债，实施故意杀人、故意伤害、非法拘禁、故意毁坏财物、寻衅滋事等行为，构成犯罪的，应当依法数罪并罚。

（五）为赌博犯罪提供资金、信用卡、资金结算等服务，构成赌博犯罪共犯，同时构成非法经营罪、妨害信用卡管理罪、窃取、收买、非法提供信用卡信息罪、掩饰、隐瞒犯罪所得、犯罪收益罪等罪的，依照处罚较重的规定定罪处罚。

为网络赌博犯罪提供互联网接入、服务器托管、网络存储、通讯传输等技术支持，或者提供广告推广、支付结算等帮助，构成赌博犯罪共犯，同时构成非法利用信息网络罪、帮助信息网络犯罪活动罪等罪的，依照处罚较重的规定定罪处罚。

为实施赌博犯罪，非法获取公民个人信息，或者向实施赌博犯罪者出售、提供公民个人信息，构成赌博犯罪共犯，同时构成侵犯公民个人信息罪的，依照处罚较重的规定定罪处罚。

★非法获取、出售、提供互联网账号密码、个人生物识别信息的，构成本罪

《最高人民法院、最高人民检察院、公安部关于办理电信网络诈骗等刑事案件适用法律若干问题的意见（二）》（2021年6月17日 法发〔2021〕22号）

五、非法获取、出售、提供具有信息发布、即时通讯、支付结算等功能的互联网账号密码、个人生物识别信息，符合刑法第二百五十三条之一规定的，以侵犯公民个人信息罪追究刑事责任。

对批量前述互联网账号密码、个人生物识别信息的条数，根据查获的数量直接认定，但有证据证明信息不真实或者重复的除外。

类案检索指引

★业主房源信息属于法律保护的公民个人信息

《柯某侵犯公民个人信息案》(2022年2月21日最高人民检察院发布第三十四批指导性案例:检例第140号)

【关键词】

侵犯公民个人信息　业主房源信息　身份识别　信息主体另行授权

【要旨】

业主房源信息是房产交易信息和身份识别信息的组合,包含姓名、通信通讯联系方式、住址、交易价格等内容,属于法律保护的公民个人信息。未经信息主体另行授权,非法获取、出售限定使用范围的业主房源信息,系侵犯公民个人信息的行为,情节严重、构成犯罪的,应当依法追究刑事责任。检察机关办理案件时应当对涉案公民个人信息具体甄别,筛除模糊、无效及重复信息,准确认定侵犯公民个人信息数量。

★对于侵犯公民个人信息的行为,坚持源头治理全链条打击

《徐某等6人侵犯公民个人信息案——行业"内鬼"利用非法获取的公民个人信息激活手机"白卡"用于电信网络诈骗犯罪》(2022年4月21日最高人民检察院发布打击治理电信网络诈骗及关联犯罪典型案例)

【关键词】

侵犯公民个人信息罪　手机卡　刑事附带民事公益诉讼

【要旨】

公民个人信息是犯罪分子实施电信网络诈骗犯罪的"基础物料"。特别是行业"内鬼"非法提供个人信息,危害尤为严重。对于侵犯公民个人信息的行为,检察机关坚持源头治理全链条打击。注重发挥刑事检察和公益诉讼检察双向合力,加强对公民个人信息的全面司法保护。

★使用非法获取的公民个人信息，实施电信网络诈骗犯罪，实行数罪并罚

《被告人邓强辉等六人诈骗、侵犯公民个人信息案》（2022年9月6日最高人民法院发布人民法院依法惩治电信网络诈骗犯罪工作情况暨典型案例）

【典型意义】

本案被告人借助非法获取的公民个人信息，拨打诈骗电话，通过准确说出被害人个人信息的骗术，骗得被害人信任，实施精准诈骗。侵犯公民个人信息系电信网络诈骗的上游关联犯罪，二者合流后，使得电信网络诈骗犯罪更易得逞，社会危害性更重。“两高一部”《关于办理电信网络诈骗等刑事案件适用法律若干问题的意见》规定，使用非法获取的公民个人信息，实施电信网络诈骗犯罪，构成数罪的，应依法数罪并罚。法院对被告人邓强辉以诈骗罪和侵犯公民个人信息罪予以并罚，是从严惩处、全面惩处电信网络诈骗犯罪及其关联犯罪的具体体现。

★擅自获取用户的实名制手机号码和验证码，非法出售给他人用于注册微信、抖音等账号，牟取非法利益，构成本罪

《被告人陈凌等五人侵犯公民个人信息案》（2022年9月6日最高人民法院发布人民法院依法惩治电信网络诈骗犯罪工作情况暨典型案例）

【典型意义】

被告人陈凌等人作为通信企业从业人员，利用职务便利，未经用户同意，擅自获取用户的实名制手机号码和验证码，非法出售给他人用于注册微信、抖音等账号，牟取非法利益，且其中一套手机号码和验证码注册的微信被诈骗分子利用，导致被害人廖某某被骗走巨款。为加大对公民个人信息的保护力度，最高人民法院、最高人民检察院制定出台的《关于办理侵犯公民个人信息刑事案件适用法律问题的解释》，将在履行职责或者提供服务过程中获得的公民个人信息出售或者提供给他人的，入罪的数量、数额标准减半计算。依法对被告人陈凌等行业“内鬼”从重处罚，充分体现了人民法院坚决保护公民个人信息安全的态度，也是对相关行业从业人员的警示教育。

★检察机关办理涉及侵犯公民个人信息等寄递安全犯罪案件过程中，应当全面履行法律监督职责

《江苏王某涛、董某婷侵犯公民个人信息案》(2022年11月23日最高人民检察院发布5件检察机关落实“七号检察建议”典型案例)

【关键词】

侵犯公民个人信息罪　提前介入　“三责”同追

【典型意义】

检察机关办理涉及侵犯公民个人信息等寄递安全犯罪案件过程中，应当及时发现民事、行政公益诉讼线索，从刑事、民事和行政责任方面依法全面履行法律监督职责，切实维护国家和社会公共利益。加强与邮政管理等部门的协调配合，注重挖掘深层次问题，延伸检察职能，开展诉源治理，充分利用检察建议等手段，督促企业合规经营，健全完善寄递安全管理制度机制，织密寄递安全防护网。

★针对孕产妇生育信息被泄露、滥用的行为，充分发挥刑事、公益诉讼检察职能作用

《江苏省滨海县人民检察院诉王某红侵犯孕产妇生育信息刑事附带民事公益诉讼案》(2022年11月23日最高人民检察院、中华全国妇女联合会发布妇女权益保障检察公益诉讼典型案例)

【关键词】

刑事附带民事公益诉讼　行政公益诉讼诉前程序　孕产妇生育信息　妇女人格权益　公益损害赔偿金

【要旨】

针对孕产妇生育信息被泄露、滥用的行为，检察机关充分发挥刑事、公益诉讼检察职能作用，依法追究当事人的公益损害赔偿责任，并建立公益损害赔偿款财政专用账户托管机制，全方位保护公民个人健康生理信息。

★客观上无法排重计算信息数量的，可以通过确定违法所得数额作为定罪量刑的事实依据

《解某某、辛某某等人侵犯公民个人信息案》(2022年12月2日最高人民检察院发布5件依法惩治侵犯公民个人信息犯罪典型案例)

【关键词】

侵犯公民个人信息　征信信息　信息数量　违法所得数额

【典型意义】

(一)非法获取、出售征信信息，情节严重的，应以侵犯公民个人信息罪依法惩处。个人征信信息属于公民个人信息，包括个人基本信息、个人信贷交易信息，以及反映个人信用状况的其他信息。具有非法获取、出售征信信息50条以上，或者违法所得5000元以上情形之一的，属于"情节严重"，依法应以侵犯公民个人信息罪定罪处罚。数量或者数额达到上述规定标准十倍以上的，属于"情节特别严重"，依法应处三年以上七年以下有期徒刑，并处罚金。

(二)对客观上无法排重计算信息数量的，可以通过确定违法所得数额作为定罪量刑的事实依据。信息数量、违法所得数额是侵犯公民个人信息罪定罪量刑的重要依据。其中之一达到司法解释规定的标准，即可认定为"情节严重"或者"情节特别严重"，按照侵犯公民个人信息罪定罪量刑。如果二者分别属于不同的量刑幅度的，可以按照处罚较重的量刑幅度处理。

(三)提高自我保护意识，防止个人信息泄露。征信信息全面反映个人信贷状况，与公民人身、财产安全直接相关，被泄露后容易成为电信网络诈骗、套路贷等违法犯罪活动的被害人。生活中，要注意选择正规的金融机构贷款，不随意点击不明贷款链接，不轻易透露个人财产状况，谨防信息泄露。

★对批量公民个人信息的条数，根据查获的数量直接认定，但有证据证明信息不真实或者重复的除外

《李某侵犯公民个人信息案》(2022 年 12 月 2 日最高人民检察院发布 5 件依法惩治侵犯公民个人信息犯罪典型案例)

【关键词】

侵犯公民个人信息 人脸信息 生物识别信息 信息数量

【典型意义】

(一)对批量公民个人信息的条数，根据查获的数量直接认定，但是有证据证明信息不真实或者重复的除外。侵犯公民个人信息犯罪中，涉案信息动辄上万乃至数十万条，在海量信息状态下，对信息逐一核实在客观上较难实现。所以，实践中允许适用推定规则，即根据查获的数量直接认定，但这不意味着举证责任倒置，对通过技术手段可以去重的，应当作去重处理，排除重复的信息。对信息的真实性，可以采取抽样方式进行验证。

(二)人脸信息是具有不可更改性和唯一性的生物识别信息。人脸识别技术给生活带来便利的同时，也容易被犯罪分子窃取利用或者制作合成，破解人脸识别验证程序，侵害隐私、名誉和财产。生活中，要谨慎下载使用“颜值检测”等“趣味”软件，防范个人信息泄露，造成合法权益受损。

★对人数众多的侵犯公民个人信息犯罪，要依法区分主从犯，分类处理

《谢某、李某甲等人侵犯公民个人信息案》(2022 年 12 月 2 日最高人民检察院发布 5 件依法惩治侵犯公民个人信息犯罪典型案例)

【关键词】

侵犯公民个人信息 全链条打击 宽严相济 诉源治理

【典型意义】

(一)从严惩处，全面打击上下游犯罪。侵犯公民个人信息犯罪往往呈现链条化、产业化特征，严重影响人民群众安全感，对“上游窃取信息—中间购买加工—下游运营获利”的链条式犯罪，通过加强检警协作，深挖上下游犯罪，从窃取源头到出售末端，全面排查、精准打击，彻底斩断犯罪链条。

（二）区分情形、区别对待，落实宽严相济刑事政策。对犯罪嫌疑人众多的侵犯公民个人信息犯罪，要结合犯罪嫌疑人在共同犯罪中的地位、作用、主观恶性、犯罪情节等，依法区分主从犯，分类处理。对主犯、“职业惯犯”以及利用未成年人实施犯罪的，要依法从严处理，当捕则捕，当诉则诉，并建议从严判处实刑。对认罪认罚、积极退赃退赔，初犯、偶犯，作用较小、获利较少的从犯，要依法从宽处理，采取非羁押措施，依法不起诉或者建议判处缓刑。

（三）延伸职能，注重诉源治理。检察机关在办案中，要注意分析案件反映出的问题，加强与相关职能部门沟通，通过检察建议等方式提示风险、督促改进，及时堵塞社会治理漏洞，促进形成保护公民个人信息的合力。

★非法获取、出售或者提供行踪轨迹信息，构成犯罪的，从严惩处

《陈某甲、于某、陈某乙侵犯公民个人信息案》（2022年12月2日最高人民检察院发布5件依法惩治侵犯公民个人信息犯罪典型案例）

【关键词】

侵犯公民个人信息　行踪轨迹信息　情节特别严重

【典型意义】

（一）非法获取、出售或者提供行踪轨迹信息，构成犯罪的，应当依法从严惩处。行踪轨迹信息属于公民个人信息。行为人出售或者提供行踪轨迹信息，被他人用于犯罪的，应认定为“情节严重”，依法构成侵犯公民个人信息罪。实施前述行为，造成被害人死亡等严重后果的，属于侵犯公民个人信息罪“情节特别严重”，依法应判处三年以上七年以下有期徒刑。

（二）强化行踪轨迹信息保护意识，维护自身安全。行踪轨迹信息可以直接定位特定自然人的具体位置，与公民的生命、健康、财产、隐私等息息相关。犯罪分子通过窃取、非法提供行踪轨迹信息谋取不法利益，严重危害公民人身、财产安全和社会管理秩序。生活中，要注意提高对快递地址、手机号码、定位信息等个人信息的保护意识和安全防范意识，防止被不法分子窃取利用。

★依法打击行业“内鬼”内外勾连出售公民个人信息犯罪活动

《韦某、吴某甲、吴某乙侵犯公民个人信息案》（2022年12月2日最高人民检察院发布5件依法惩治侵犯公民个人信息犯罪典型案例）

【关键词】

侵犯公民个人信息　行业“内鬼”　健康生理信息　诉源治理

【典型意义】

（一）依法打击行业“内鬼”内外勾连出售公民个人信息犯罪活动。产妇分娩信息等是医院在开展医疗活动过程中掌握的公民健康生理信息。对于医护人员将其在履行职责或者提供服务中获得的产妇健康生理信息出售或者提供给他人的行为，构成犯罪的，应依法予以打击。对下游非法获取公民个人信息的犯罪也应依法打击，实现全链条惩处。

（二）通过检察建议促进诉源治理。行业“内鬼”泄露公民个人信息，反映出部分重点领域公民个人信息管理存在漏洞，内部监管机制不到位，相关从业人员法律意识淡薄。检察机关办案中应通过制发检察建议，督促医疗单位履行监管职责，完善对患者健康生理信息的安全管理制度，预防和杜绝泄露公民个人信息问题的发生。

★未具备合法事由，利用软件程序等方式窃取或者以其他方法非法获取人脸识别技术生成的人脸信息，构成本罪

《李开祥侵犯公民个人信息刑事附带民事公益诉讼案》（2022年12月26日最高人民法院发布第35批指导性案例：指导性案例192号）

【关键词】

刑事　侵犯公民个人信息　刑事附带民事公益诉讼　人脸识别　人脸信息

【裁判要点】

使用人脸识别技术处理的人脸信息以及基于人脸识别技术生成的人脸信息均具有高度的可识别性,能够单独或者与其他信息结合识别特定自然人身份或者反映特定自然人活动情况,属于刑法规定的公民个人信息。行为人未经公民本人同意,未具备获得法律、相关部门授权等个人信息保护法规定的处理个人信息的合法事由,利用软件程序等方式窃取或者以其他方法非法获取上述信息,情节严重的,应依照《最高人民法院、最高人民检察院关于办理侵犯公民个人信息刑事案件适用法律若干问题的解释》第五条第一款第四项等规定定罪处罚。

★非法获取、出售或者提供居民身份证信息,情节严重的,构成本罪

《闻巍等侵犯公民个人信息案》(2022年12月26日最高人民法院发布第35批指导性案例:指导性案例193号)

【关键词】

刑事　侵犯公民个人信息　居民身份证信息

【裁判要点】

居民身份证信息包含自然人姓名、人脸识别信息、身份号码、户籍地址等多种个人信息,属于《最高人民法院、最高人民检察院关于办理侵犯公民个人信息刑事案件适用法律若干问题的解释》第五条第一款第四项规定的“其他可能影响人身、财产安全的公民个人信息”。非法获取、出售或者提供居民身份证信息,情节严重的,依照刑法第二百五十三条之一第一款规定,构成侵犯公民个人信息罪。

★获取已公开的公民个人信息进行非法利用,属于“以其他方法非法获取公民个人信息”

《熊昌恒等侵犯公民个人信息案》(2022年12月26日最高人民法院发布第35批指导性案例:指导性案例194号)

【关键词】

刑事　侵犯公民个人信息　微信号　社交媒体账号　非法获

取 合理处理

【裁判要点】

1. 违反国家有关规定，购买已注册但未使用的微信账号等社交媒体账号，通过具有智能群发、添加好友、建立讨论群组等功能的营销软件，非法制作带有公民个人信息可用于社交活动的微信账号等社交媒体账号出售、提供给他人，情节严重的，属于刑法第二百五十三条之一第一款规定的“违反国家有关规定，向他人出售或者提供公民个人信息”行为，构成侵犯公民个人信息罪。

2. 未经公民本人同意，或未具备具有法律授权等个人信息保护法规定的理由，通过购买、收受、交换等方式获取在一定范围内已公开的公民个人信息进行非法利用，改变了公民公开个人信息的范围、目的和用途，不属于法律规定的合理处理，属于刑法第二百五十三条之一第三款规定的“以其他方法非法获取公民个人信息”行为，情节严重的，构成侵犯公民个人信息罪。

★将提供服务过程中获得的验证码及对应手机号码出售给他人，情节严重的，构成本罪

《罗文君、瞿小珍侵犯公民个人信息刑事附带民事公益诉讼案》(2022年12月26日最高人民法院发布第35批指导性案例：指导性案例195号)

【关键词】

刑事 侵犯公民个人信息 验证码 出售

【裁判要点】

服务提供者专门发给特定手机号码的数字、字母等单独或者其组合构成的验证码具有独特性、隐秘性，能够单独或者与其他信息结合识别特定自然人身份或者反映特定自然人活动情况的，属于刑法规定的公民个人信息。行为人将提供服务过程中获得的验证码及对应手机号码出售给他人，情节严重的，依照侵犯公民个人信息罪定罪处罚。

第二百五十四条 【报复陷害罪】国家机关工作人员滥用职权、假公济私，对控告人、申诉人、批评人、举报人实行报复陷害的，处二年以下有期徒刑或者拘役；情节严重的，处二年以上七年以下有期徒刑。

立法动态

本条源自《中华人民共和国刑法》(1997 年 3 月 14 日第八届全国人民代表大会第五次会议修订，自 1997 年 10 月 1 日起施行)。

第二百五十五条 【打击报复会计、统计人员罪】公司、企业、事业单位、机关、团体的领导人，对依法履行职责、抵制违反会计法、统计法行为的会计、统计人员实行打击报复，情节恶劣的，处三年以下有期徒刑或者拘役。

立法动态

本条源自《中华人民共和国刑法》(1997 年 3 月 14 日第八届全国人民代表大会第五次会议修订，自 1997 年 10 月 1 日起施行)。

第二百五十六条 【破坏选举罪】在选举各级人民代表大会代表和国家机关领导人员时，以暴力、威胁、欺骗、贿赂、伪造选举文件、虚报选举票数等手段破坏选举或者妨害选民和代表自由行使选举权和被选举权，情节严重的，处三年以下有期徒刑、拘役或者剥夺政治权利。

立法动态

本条源自《中华人民共和国刑法》(1997 年 3 月 14 日第八届全国人民代表大会第五次会议修订,自 1997 年 10 月 1 日起施行)。

第二百五十七条　【暴力干涉婚姻自由罪】以暴力干涉他人婚姻自由的,处二年以下有期徒刑或者拘役。

犯前款罪,致使被害人死亡的,处二年以上七年以下有期徒刑。

第一款罪,告诉的才处理。

立法动态

本条源自《中华人民共和国刑法》(1997 年 3 月 14 日第八届全国人民代表大会第五次会议修订,自 1997 年 10 月 1 日起施行)。

第二百五十八条　【重婚罪】有配偶而重婚的,或者明知他人有配偶而与之结婚的,处二年以下有期徒刑或者拘役。

立法动态

本条源自《中华人民共和国刑法》(1997 年 3 月 14 日第八届全国人民代表大会第五次会议修订,自 1997 年 10 月 1 日起施行)。

类案检索指引

★日常公开以夫妻名义共同生活，已达到“结婚”的实质性要素，可以认定为“结婚”

《李某破坏军婚、刘某重婚案》(2022 年 7 月 29 日最高人民检察院发布全国检察机关依法惩治侵犯军人军属合法权益犯罪典型案例)

【典型意义】

1. 依法惩治破坏军婚犯罪，保护军人合法权益。军人职业的特殊性、使命的特殊性，决定其婚姻家庭关系不同于普通家庭。现役军人为了保家卫国，远离家庭，艰苦奋斗。对军人婚姻家庭的破坏，严重伤害军人及其亲属的感情，影响军人安心服役，进而影响部队稳定和战斗力，因此我国法律对军婚给予特殊保护。检察机关在办理此类案件时，应当注重发挥司法的引领、教育、警示作用，积极履行法律监督职能，全面审查证据，依法追捕漏罪漏犯，坚决惩治破坏军婚犯罪，有力维护国防利益和军人合法权益，营造拥军优属的良好法治环境。

2. 把握罪名认定规则，实现精准打击犯罪。刑法第二百五十九条第一款规定，明知是现役军人的配偶而与之同居或者结婚的，处三年以下有期徒刑或者拘役。第二百五十八条规定，有配偶而重婚的，或者明知他人有配偶而与之结婚的，处二年以下有期徒刑或者拘役。本案中，李某与刘某生育一子，日常公开以夫妻名义共同生活，已达到“结婚”的实质性要素，对他人婚姻造成了实质性破坏，可以认定为刑法意义上的“结婚”，刘某的行为属于“有配偶而重婚”，李某的行为则构成破坏军婚罪。检察机关在办理此类案件中，在审查认定“同居”的基础上，要注重对重婚行为的审查，确保精准打击犯罪，切实维护军人合法权益。

3. 多措并举开展帮扶，有效参与社会治理。检察机关在办理案件过程中，应当坚持以人为本，在依法办案准确惩治犯罪的同时，能动履职，深入实地走访调查，主动了解当事人的实际困难，采取心理疏导、定期回访、司法救助等多元化帮扶措施，有效化解社会矛盾，促进社会治理。

第二百五十九条　【破坏军婚罪】明知是现役军人的配偶而与之同居或者结婚的，处三年以下有期徒刑或者拘役。

利用职权、从属关系，以胁迫手段奸淫现役军人的妻子的，依照本法第二百三十六条的规定定罪处罚。

立法动态

本条源自《中华人民共和国刑法》（1997 年 3 月 14 日第八届全国人民代表大会第五次会议修订，自 1997 年 10 月 1 日起施行）。

类案检索指引

★在审查认定“同居”的基础上，要注重对重婚行为的审查，确保精准打击犯罪，切实维护军人合法权益

《李某破坏军婚、刘某重婚案》（2022 年 7 月 29 日最高人民检察院发布全国检察机关依法惩治侵犯军人军属合法权益犯罪典型案例）

【典型意义】

1. 依法惩治破坏军婚犯罪，保护军人合法权益。军人职业的特殊性、使命的特殊性，决定其婚姻家庭关系不同于普通家庭。现役军人为了保家卫国，远离家庭，艰苦奋斗。对军人婚姻家庭的破坏，严重伤害军人及其亲属的感情，影响军人安心服役，进而影响部队稳定和战斗力，因此我国法律对军婚给予特殊保护。检察机关在办理此类案件时，应当注重发挥司法的引领、教育、警示作用，积极履行法律监督职能，全面审查证据，依法追捕漏罪漏犯，坚决惩治破坏军婚犯罪，有力维护国防利益和军人合法权益，营造拥军优属的良好法治环境。

2. 把握罪名认定规则，实现精准打击犯罪。刑法第二百五十九条第一款规定，明知是现役军人的配偶而与之同居或者结婚的，处三年以下有期徒刑或者拘役。第二百五十八条规定，有配偶而重婚的，或者明知他人有配偶而与之结婚的，处二年以下有期徒刑或者拘役。本案中，李某与刘某生育一子，日常公开以夫妻名义共同生活，已达到“结婚”的实质性要素，对他人婚姻造成了实质性破坏，可以认定为刑法意义上的“结婚”，刘某的行为属于“有配偶而重婚”，李某的行为则构成破坏军婚罪。检察机关在办理此类案件中，在审查认定“同居”的基础上，要注重对重婚行为的审查，确保精准打击犯罪，切实维护军人合法权益。

3. 多措并举开展帮扶，有效参与社会治理。检察机关在办理案件过程中，应当坚持以人为本，在依法办案准确惩治犯罪的同时，能动履职，深入实地走访调查，主动了解当事人的实际困难，采取心理疏导、定期回访、司法救助等多元化帮扶措施，有效化解社会矛盾，促进社会治理。

★“通奸”与“同居”的界限与转化

《庄某破坏军婚案》（2022年7月29日最高人民检察院发布全国检察机关依法惩治侵犯军人军属合法权益犯罪典型案例）

【典型意义】

1. 加强对军婚的特殊保护，维护军人合法权益。军人担负着保卫国家主权、领土完整，防御外来侵略和颠覆的艰巨任务，为了祖国和人民的安宁枕戈待旦，战斗在国防岗位上。加强对军婚的特殊保护，依法办理破坏军婚案件，维护好军人的合法权益，为军人安心服役提供坚实的司法保障，助力服务新时代强军事业，是检察机关应当履行的职责。

2. 准确适用法律，依法惩治破坏军婚犯罪。刑法第二百五十九条第一款规定,明知是现役军人的配偶而与之同居或者结婚的,处三年以下有期徒刑或者拘役。司法实践中,“通奸”型的“同居”是认定的难点。检察机关办理此类案件,要注意“通奸”与“同居”的界限与转化。如果只是偶尔通奸,不能认定为“同居”。但是如果通奸持续时间较长,具有延续性、稳定性、高频性,在经济上、生活上有密切联系,甚至造成怀孕、堕胎、生育等严重后果,则已具备同居的实质要素,应当认定为破坏军婚罪中的“同居”。

3. 加强军地协作,提升办案效果。地方检察机关办理此类案件,应当加强与军事检察机关和有关部队单位的协作,在案件办理、问题研究、宣传引导方面形成合力,共同对现役军人进行思想开导和心理纾解,并会同退役军人事务局等部门做好军人的后方稳定工作,切实消除军人的后顾之忧。

第二百六十条 【虐待罪】虐待家庭成员,情节恶劣的,处二年以下有期徒刑、拘役或者管制。

犯前款罪,致使被害人重伤、死亡的,处二年以上七年以下有期徒刑。

第一款罪,告诉的才处理,但被害人没有能力告诉,或者因受到强制、威吓无法告诉的除外。

立法动态

本条源自《中华人民共和国刑法》(1997 年 3 月 14 日第八届全国人民代表大会第五次会议修订,自 1997 年 10 月 1 日起施行)。

本条第三款根据《中华人民共和国刑法修正案(九)》(自 2015 年 11 月 1 日起施行)第十八条修改。

原本条第三款的规定为:第二百六十条 (第三款)第一款罪,告诉的才处理。

本条第三款修改的主要内容为:在“告诉的才处理”的基础上,补充规定“但被害人没有能力告诉,或者因受到强制、威吓无法告诉的除外。”

适用要点与裁判依据

★虐待“情节恶劣”“致使被害人重伤、死亡”情形的认定

《最高人民法院、最高人民检察院、公安部、司法部关于依法办理家庭暴力犯罪案件的意见》(2015年3月2日　法发〔2015〕4号)

17. 依法惩处虐待犯罪。采取殴打、冻饿、强迫过度劳动、限制人身自由、恐吓、侮辱、谩骂等手段,对家庭成员的身体和精神进行摧残、折磨,是实践中较为多发的虐待性质的家庭暴力。根据司法实践,具有虐待持续时间较长、次数较多;虐待手段残忍;虐待造成被害人轻微伤或者患较严重疾病;对未成年人、老年人、残疾人、孕妇、哺乳期妇女、重病患者实施较为严重的虐待行为等情形,属于刑法第二百六十条第一款规定的虐待“情节恶劣”,应当依法以虐待罪定罪处罚。

准确区分虐待犯罪致人重伤、死亡与故意伤害、故意杀人犯罪致人重伤、死亡的界限,要根据被告人的主观故意、所实施的暴力手段与方式、是否立即或者直接造成被害人伤亡后果等进行综合判断。对于被告人主观上不具有侵害被害人健康或者剥夺被害人生命的故意,而是出于追求被害人肉体和精神上的痛苦,长期或者多次实施虐待行为,逐渐造成被害人身体损害,过失导致被害人重伤或者死亡的;或者因虐待致使被害人不堪忍受而自残、自杀,导致重伤或者死亡的,属于刑法第二百六十条第二款规定的虐待“致使被害人重伤、死亡”,应当以虐待罪定罪处罚。对于被告人虽然实施家庭暴力呈现出经常性、持续性、反复性的特点,但其主观上具有希望或者放任被害人重伤或者死亡的故意,持凶器实施暴力,暴力手段残忍,暴力程度较强,直接或者立即造成被害人重伤或者死亡的,应当以故意伤害罪或者故意杀人罪定罪处罚。

……

类案检索指引

★虐待未成年人犯罪案件中，未成年人往往没有能力告诉，应按照公诉案件处理

《于某虐待案》（2018 年 11 月 9 日最高人民检察院发布第十一批指导性案例：检例第 44 号）

【关键词】

虐待罪　告诉能力　支持变更抚养权

【指导意义】

《中华人民共和国刑法》第二百六十条规定，虐待家庭成员，情节恶劣的，告诉的才处理，但被害人没有能力告诉，或者因受到强制、威吓无法告诉的除外。虐待未成年人犯罪案件中，未成年人往往没有能力告诉，应按照公诉案件处理，由检察机关提起公诉，维护未成年被害人的合法权利。

《最高人民法院、最高人民检察院、公安部、司法部关于对判处管制、宣告缓刑的犯罪分子适用禁止令有关问题的规定（试行）》第七条规定，人民检察院在提起公诉时，对可能宣告缓刑的被告人，可以建议禁止其从事特定活动，进入特定区域、场所，接触特定的人。对未成年人遭受家庭成员虐待的案件，结合犯罪情节，检察机关可以在提出量刑建议的同时，有针对性地向人民法院提出适用禁止令的建议，禁止被告人再次对被害人实施家庭暴力，依法保障未成年人合法权益，督促被告人在缓刑考验期内认真改造。

夫妻离婚后，与未成年子女共同生活的一方不尽抚养义务，对未成年人实施虐待或者其他严重侵害合法权益的行为，不适宜继续担任抚养人的，根据《中华人民共和国民事诉讼法》第十五条的规定，检察机关可以支持未成年人或者其他监护人向人民法院提起变更抚养权诉讼,切实维护未成年人合法权益。

★虐待致使被害人不堪忍受而自残、自杀,导致重伤或者死亡的,属于"致使被害人重伤、死亡"

《张某某虐待案》(2021 年 4 月 28 日最高人民检察院发布依法惩治家庭暴力犯罪典型案例)

【典型意义】

(一)介入侦查、自行侦查,提升办案质效。发生在家庭成员间的犯罪,往往存在取证难、定性难等问题。检察机关通过介入侦查、自行侦查,围绕虐待持续时间和次数,虐待手段,造成的后果以及因果关系等取证,从源头提高办案质量。

(二)准确适用虐待罪"致使被害人重伤、死亡"情节。"两高两部"《关于依法办理家庭暴力犯罪案件的意见》规定,因虐待致使被害人不堪忍受而自残、自杀,导致重伤或者死亡的,属于刑法第二百六十条第二款规定的虐待"致使被害人重伤、死亡"。

(三)延伸检察职能,关爱家暴案件未成年子女。夫妻间发生的虐待案件,一方因虐待致死,一方被定罪服刑,往往造成未成年子女精神创伤、失管失教、生活困难。检察机关办案过程中,注重协同相关部门和社会力量,对未成年人提供心理辅导、家庭教育指导、经济帮扶等,助力未成年人健康成长。

★本案属于虐待"致使被害人重伤、死亡",不属于意外事件

《胡某某虐待案》(2021 年 4 月 28 日最高人民检察院发布依法惩治家庭暴力犯罪典型案例)

【典型意义】

(一)通过引导取证,查清事实准确定性。未成年人的监护人在较长一段时期内持续殴打、体罚子女,情节恶劣的,应当依法以虐待罪定罪处罚。检察机关通过介入侦查,引导侦查机关在案发初期及时固定证据,为案件性质认定筑牢事实、证据基础。

(二)准确区分故意伤害致人死亡、虐待致人死亡、意外事件的界限。根据"两高两部"《关于依法办理家庭暴力犯罪案件的意见》规定,被告人主观上不具有侵害被害人健康或者剥夺被害人生命的故意,而是出于追求被害人肉体和精神上的痛苦,长期或者多次实施虐待行为,逐渐造成被害人身体损害,过失导致被害人重伤或者死亡的,属于虐待"致使被害人重伤、死亡",应以虐待罪定罪处罚。本案被害人的死亡结果虽然不是虐待行为本身所导致,但被害人的后退躲避行为是基于被告人的虐待行为产生的合理反应,死亡结果仍应归责于被告人,属于虐待"致使被害人重伤、死亡",不属于意外事件。

(三)注重发挥各方作用,构建联动保护机制。检察机关推动家暴案事件报告制度落实落细,堵塞管理漏洞。加强与相关部门联动,促进完善制度机制,形成司法保护、家庭保护、学校保护、政府保护、社会保护的有效衔接。

★被害人非因虐待行为造成死亡,不能认定为因虐待"致使被害人死亡"

《张某某虐待案》(2021 年 4 月 28 日最高人民检察院发布依法惩治家庭暴力犯罪典型案例)

【典型意义】

(一)准确把握虐待行为与被害人死亡之间的因果关系。"两高两部"《关于依法办理家庭暴力犯罪案件的意见》规定,因长期或者多次实施虐待行为,逐渐造成被害人身体损害,过失导致被害人死亡的,属于虐待"致使被害人死亡"。被告人虽然实施了虐待行为,但被害人非因上述虐待行为造成死亡,不能认定为因虐待"致使被害人死亡"。

(二)运用事实、证据释法说理,提升司法公信。检察机关主动听取被害人近亲属对案件处理的意见,释明检察机关认定事实、适用法律的依据,让其感受到检察办案的客观公正。

(三)深入落实"谁执法谁普法"责任制。检察机关推动案件到案发地公开庭审,强化以案释法,通过"看得见""听得到"的普法形式,促进群众学法知法懂法,弘扬尊老美德,普及反家暴知识,增强公民反家暴意识。

第二百六十条之一　【虐待被监护、看护人罪】对未成年人、老年人、患病的人、残疾人等负有监护、看护职责的人虐待被监护、看护的人，情节恶劣的，处三年以下有期徒刑或者拘役。

单位犯前款罪的，对单位判处罚金，并对其直接负责的主管人员和其他直接责任人员，依照前款的规定处罚。

有第一款行为，同时构成其他犯罪的，依照处罚较重的规定定罪处罚。

立法动态

本条根据《中华人民共和国刑法修正案（九）》（自2015年11月1日起施行）第十九条新增。

第二百六十一条　【遗弃罪】对于年老、年幼、患病或者其他没有独立生活能力的人，负有扶养义务而拒绝扶养，情节恶劣的，处五年以下有期徒刑、拘役或者管制。

立法动态

本条源自《中华人民共和国刑法》（1997年3月14日第八届全国人民代表大会第五次会议修订，自1997年10月1日起施行）。

适用要点与裁判依据

★对于出卖子女确属情节恶劣的，可按遗弃罪处罚

《全国法院维护农村稳定刑事审判工作座谈会纪要》（1999年10月27日　法〔1999〕217号）

二、

（六）关于拐卖妇女、儿童犯罪案件

要从严惩处拐卖妇女、儿童犯罪团伙的首要分子和以拐卖妇女、儿童为常业的“人贩子”。

要严格把握此类案件罪与非罪的界限。对于买卖至亲的案件，要区别对待：以贩卖牟利为目的“收养”子女的，应以拐卖儿童罪处理；对那些迫于生活困难、受重男轻女思想影响而出卖亲生子女或收养子女的，可不作为犯罪处理；对于出卖子女确属情节恶劣的，可按遗弃罪处罚；对于那些确属介绍婚姻，且被介绍的男女双方相互了解对方的基本情况，或者确属介绍收养，并经被收养人父母同意的，尽管介绍的人数较多，从中收取财物较多，也不应作犯罪处理。

★将生活不能自理的被害人弃置行人较多的场所，一般以遗弃罪定罪处罚

《最高人民法院、最高人民检察院、公安部、司法部关于依法办理家庭暴力犯罪案件的意见》(2015年3月2日　法发〔2015〕4号)

17. ……

……

依法惩处遗弃犯罪。负有扶养义务且有扶养能力的人，拒绝扶养年幼、年老、患病或者其他没有独立生活能力的家庭成员，是危害严重的遗弃性质的家庭暴力。根据司法实践，具有对被害人长期不予照顾、不提供生活来源；驱赶、逼迫被害人离家，致使被害人流离失所或者生存困难；遗弃患严重疾病或者生活不能自理的被害人；遗弃致使被害人身体严重损害或者造成其他严重后果等情形，属于刑法第二百六十一条规定的遗弃“情节恶劣”，应当依法以遗弃罪定罪处罚。

准确区分遗弃罪与故意杀人罪的界限，要根据被告人的主观故意、所实施行为的时间与地点、是否立即造成被害人死亡，以及被害人对被告人的依赖程度等进行综合判断。对于只是为了逃避扶养义务，并不希望或者放任被害人死亡，将生活不能自理的被害人弃置在福利院、医院、派出所等单位或者广场、车站等行人较多的场所，希望被害人得到他人救助的，一般以遗弃罪定罪处罚。对于希望或者放任被害人死亡，不履行必要的扶养义务，致使被害人因缺乏生活照料而死亡，或者将生活不能自理的被害人带至荒山野岭等人迹罕至的场所扔弃，使被害人难以得到他人救助的，应当以故意杀人罪定罪处罚。

类案检索指引

★出卖亲生子女主观目的在于放弃或拒绝承担抚养义务而非出卖，构成本罪

《王怀志、杨丽仙遗弃案》(2014 年 11 月 24 日最高人民法院发布未成年人审判工作典型案例)

【案例评析】

本案是典型的出卖亲生子女的行为，对该种行为是构成拐卖儿童罪还是遗弃罪，司法实践中一直以来都存在争议。在现实生活中，将亲生子女出卖的情况是纷繁复杂的，需要具体分析。就本案而言，被告人王怀志、杨丽仙抚养 3 个小孩确实很困难，所以才产生了将小儿子送给他人抚养以减轻负担的想法。被告人王怀志、杨丽仙是在了解到王英勇确实想收养孩子后，才将孩子送出，协议中也约定可以到家探访，故从中可以看出被告人王怀志、杨丽仙将自己的孩子送出，是希望其可以得到更好的抚养。因此可以判断被告人王怀志、杨丽仙出卖亲生子女的行为，其主观目的在于放弃或拒绝承担抚养义务，而非将亲生子女当作商品予以出卖，认定其行为构成遗弃罪而非拐卖儿童罪是正确的，更符合罪刑相适应原则。

第二百六十二条 【拐骗儿童罪】拐骗不满十四周岁的未成年人，脱离家庭或者监护人的，处五年以下有期徒刑或者拘役。

立法动态

本条源自《中华人民共和国刑法》(1997 年 3 月 14 日第八届全国人民代表大会第五次会议修订,自 1997 年 10 月 1 日起施行)。

类案检索指引

★编造谎言,将未满 14 周岁的儿童从家中骗出,使之长时间脱离家长的监护,构成本罪

《卢晓旭拐骗儿童案》(2017 年 6 月 1 日最高人民法院发布 6 起依法惩治侵害未成年人犯罪的典型案例)

【典型意义】

家庭监护是保护儿童安全的最重要方式。家长对儿童的监护权以及儿童受家长的保护权均受法律保护,他人未经监护人同意或授权,不得以任何形式私自将儿童带走,使之脱离家庭和监护人。根据我国刑法第二百六十二条规定,拐骗不满 14 周岁的未成年人脱离家庭或者监护人的行为,构成拐骗儿童罪。本案被告人卢晓旭拐骗儿童的目的虽然不是为了出卖,在拐骗过程中也没有实施其他加害行为,但其编造谎言,将未满 14 周岁的儿童从家中骗出,使之长时间脱离家长的监护,侵犯了家长对儿童的监护权及儿童受家长保护权,也严重威胁到儿童的人身安全,已构成犯罪。法院对本案被告人的依法惩处,彰显了对家庭关系和儿童合法权益的保护力度,同时也昭告大众,在未经家长同意和授权的情况下,不论以何种形式私自将儿童带走,使之脱离家庭和监护人的行为都是违法行为,都将受到法律的惩处。拐骗儿童的犯罪行为,使受骗儿童的心灵遭受严重创伤,给儿童的父母和其他亲人造成极大的痛苦,也给群众的正常生活秩序带来威胁。因此,不论其动机、目的如何,都不应轻视其社会危害性,必须给予应有的惩处。

第二百六十二条之一 【组织残疾人、儿童乞讨罪】以暴力、胁迫手段组织残疾人或者不满十四周岁的未成年人乞讨的,处三年以下有期徒刑或者拘役,并处罚金;情节严重的,处三年以上七年以下有期徒刑,并处罚金。

立法动态

本条根据《中华人民共和国刑法修正案(六)》(自 2006 年 6 月 29 日起施行)第十七条新增。

第二百六十二条之二 【组织未成年人进行违反治安管理活动罪】组织未成年人进行盗窃、诈骗、抢夺、敲诈勒索等违反治安管理活动的,处三年以下有期徒刑或者拘役,并处罚金;情节严重的,处三年以上七年以下有期徒刑,并处罚金。

立法动态

本条根据《中华人民共和国刑法修正案(七)》(自 2009 年 2 月 28 日起施行)第八条新增。

类案检索指引

★犯本罪,只要实施了组织行为即为既遂,并不要求被组织者完成了违反治安管理活动的行为

《魏帅、张顺、康倩倩、宋琰玲、组织未成年人进行违反治安管理活动罪》(2014 年 11 月 24 日最高人民法院发布未成年人审判工作典型案例)

【案例评析】

组织未成年人进行违反治安管理罪是指组织未成年人进行盗

窃、诈骗、抢夺、敲诈勒索等违反治安管理活动的行为，行为人只要实施了组织行为即为既遂，并不要求被组织者完成了盗窃、诈骗、抢夺、敲诈勒索等违反治安管理活动的行为。本案中，4 名被告人为组织未成年人进行盗窃，先对诱骗的 3 名未成年的聋哑人进行盗窃技巧的培训，在培训的过程中，尚未进行实际盗窃，即被抓获归案，也应构成既遂。考虑到 4 名被告人是聋哑人，依法对其从轻处罚。

★组织未成年人进行违反治安管理活动罪"情节严重"的认定

《惩治组织未成年人进行违反治安管理活动犯罪综合司法保护案》（2023 年 2 月 24 日最高人民检察院发布第四十三批指导性案例：检例第 173 号）

【关键词】

组织未成年人进行违反治安管理活动罪　有偿陪侍　情节严重　督促监护令　社会治理

【要旨】

对组织未成年人在 KTV 等娱乐场所进行有偿陪侍的，检察机关应当以组织未成年人进行违反治安管理活动罪进行追诉，并可以从被组织人数、持续时间、组织手段、陪侍情节、危害后果等方面综合认定本罪的"情节严重"。检察机关应当针对案件背后的家庭监护缺失、监护不力问题开展督促监护工作，综合评估监护履责中存在的具体问题，制发个性化督促监护令，并跟踪落实。检察机关应当坚持未成年人保护治罪与治理并重，针对个案发生的原因开展诉源治理。

【指导意义】

（一）准确把握组织未成年人有偿陪侍行为的定罪处罚，从严惩处侵害未成年人犯罪。《刑法修正案（七）》增设组织未成年人进行违反治安管理活动罪，旨在加强未成年人保护，维护社会治安秩序。《娱乐场所管理条例》将以营利为目的的陪侍与卖淫嫖娼、赌博等行为并列，一并予以禁止，并规定了相应的处罚措施，明确了该行为具有妨害社会治安管理的行政违法性。处于人生成长阶段的未成年人被组织从事有偿陪侍服务，不仅败坏社会风气，危害社会治安秩序，更严重侵害未成年人的人格尊严和身心健康，构成组织未成年人进行违反治安管理活动罪。检察机关办理此类案件，可以围绕被组织人数众多，犯罪行为持续时间长，采用控制手段的强制程度，色情陪侍方式严重损害未成年人身心健康等情形，综合认定为“情节严重”。

（二）聚焦案件背后的问题，统筹使用督促监护令、检察建议等方式，以检察司法保护促进家庭、社会、政府等保护责任落实。在办理涉未成年人案件过程中，检察机关应当注重分析案件暴露出的家庭、社会等方面的问题，结合办案对未成年人的生活环境、家庭教育、监护人监护履责状况等进行调查评估，制定个性化督促监护方案，并跟踪落实，指导、帮助和监督监护人履行监护职责。检察机关应当依法能动履行法律监督职能，督促相关职能部门加强管理、落实责任。检察机关还可以加强与相关部门的协作联动，形成整体合力，积极促进区域未成年人保护制度完善和社会综合治理，更好保护未成年人合法权益和公共利益。

第五章　侵犯财产罪

第二百六十三条　【抢劫罪】以暴力、胁迫或者其他方法抢劫公私财物的，处三年以上十年以下有期徒刑，并处罚金；有下列情形之一的，处十年以上有期徒刑、无期徒刑或者死刑，并处罚金或者没收财产：

（一）入户抢劫的；

（二）在公共交通工具上抢劫的；

（三）抢劫银行或者其他金融机构的；

（四）多次抢劫或者抢劫数额巨大的；

（五）抢劫致人重伤、死亡的；

（六）冒充军警人员抢劫的；

（七）持枪抢劫的；

（八）抢劫军用物资或者抢险、救灾、救济物资的。

立法动态

本条源自《中华人民共和国刑法》（1997年3月14日第八届全国人民代表大会第五次会议修订，自1997年10月1日起施行）。

量刑指导

《最高人民法院、最高人民检察院关于常见犯罪的量刑指导意见（试行）》（2021年6月16日　法发〔2021〕21号）

四、常见犯罪的量刑

（十）抢劫罪

1. 构成抢劫罪的，根据下列情形在相应的幅度内确定量刑起点：

（1）抢劫一次的，在三年至六年有期徒刑幅度内确定量刑起点。

（2）有下列情形之一的，在十年至十三年有期徒刑幅度内确定量刑起点：入户抢劫的；在公共交通工具上抢劫的；抢劫银行或者其他金融机构的；抢劫三次或者抢劫数额达到数额巨大起点的；抢劫致一人重伤的；冒充军警人员抢劫的；持枪抢劫的；抢劫军用物资或者抢险、救灾、救济物资的。依法应当判处无期徒刑以上刑罚的除外。

2. 在量刑起点的基础上，根据抢劫情节严重程度、抢劫数额、次数、致人伤害后果等其他影响犯罪构成的犯罪事实增加刑罚量，确定基准刑。

3. 构成抢劫罪的，根据抢劫的数额、次数、手段、危害后果等犯罪情节，综合考虑被告人缴纳罚金的能力，决定罚金数额。

4. 构成抢劫罪的，综合考虑抢劫的起因、手段、危害后果等犯罪事实、量刑情节,以及被告人的主观恶性、人身危险性、认罪悔罪表现等因素,从严把握缓刑的适用。

适用要点与裁判依据

★对“入户抢劫”的认定

《最高人民法院关于审理抢劫案件具体应用法律若干问题的解释》(2000年11月22日 法释〔2000〕35号)

第一条 刑法第二百六十三条第(一)项规定的“入户抢劫”,是指为实施抢劫行为而进入他人生活的与外界相对隔离的住所,包括封闭的院落、牧民的帐篷、渔民作为家庭生活场所的渔船、为生活租用的房屋等进行抢劫的行为。

对于入户盗窃,因被发现而当场使用暴力或者以暴力相威胁的行为,应当认定为入户抢劫。

★对“在公共交通工具上抢劫”的认定

《最高人民法院关于审理抢劫案件具体应用法律若干问题的解释》(2000年11月22日 法释〔2000〕35号)

第二条 刑法第二百六十三条第(二)项规定的“在公共交通工具上抢劫”,既包括在从事旅客运输的各种公共汽车,大、中型出租车,火车,船只,飞机等正在运营中的机动公共交通工具上对旅客、司售、乘务人员实施的抢劫,也包括对运行途中的机动公共交通工具加以拦截后,对公共交通工具上的人员实施的抢劫。

★对“抢劫银行或者其他金融机构”的认定

《最高人民法院关于审理抢劫案件具体应用法律若干问题的解释》(2000年11月22日 法释〔2000〕35号)

第三条 刑法第二百六十三条第(三)项规定的“抢劫银行或者其他金融机构”,是指抢劫银行或者其他金融机构的经营资金、有价证券和客户的资金等。

抢劫正在使用中的银行或者其他金融机构的运钞车的,视为“抢劫银行或者其他金融机构”。

★对“抢劫数额巨大”的认定标准

《最高人民法院关于审理抢劫案件具体应用法律若干问题的解释》(2000 年 11 月 22 日　法释〔2000〕35 号)

第四条　刑法第二百六十三条第(四)项规定的“抢劫数额巨大”的认定标准,参照各地确定的盗窃罪数额巨大的认定标准执行。

★对“持枪抢劫”的认定

《最高人民法院关于审理抢劫案件具体应用法律若干问题的解释》(2000 年 11 月 22 日　法释〔2000〕35 号)

第五条　刑法第二百六十三条第(七)项规定的“持枪抢劫”,是指行为人使用枪支或者向被害人显示持有、佩带的枪支进行抢劫的行为。“枪支”的概念和范围,适用《中华人民共和国枪支管理法》的规定。

★对“携带凶器抢夺”的认定

《最高人民法院关于审理抢劫案件具体应用法律若干问题的解释》(2000 年 11 月 22 日　法释〔2000〕35 号)

第六条　刑法第二百六十七条第二款规定的“携带凶器抢夺”,是指行为人随身携带枪支、爆炸物、管制刀具等国家禁止个人携带的器械进行抢夺或者为了实施犯罪而携带其他器械进行抢夺的行为。

★行为人为劫取财物而预谋故意杀人,或者为制服被害人反抗而故意杀人的,以抢劫罪定罪处罚

《最高人民法院关于抢劫过程中故意杀人案件如何定罪问题的批复》(2001 年 5 月 23 日　法释〔2001〕16 号)

行为人为劫取财物而预谋故意杀人,或者在劫取财物过程中,为制服被害人反抗而故意杀人的,以抢劫罪定罪处罚。

行为人实施抢劫后,为灭口而故意杀人的,以抢劫罪和故意杀人罪定罪,实行数罪并罚。

★疫情防控期间，对聚众"打砸抢"的首要分子，以抢劫罪定罪，依法从重处罚

《最高人民法院、最高人民检察院关于办理妨害预防、控制突发传染病疫情等灾害的刑事案件具体应用法律若干问题的解释》(2003年5月14日　法释〔2003〕8号)

第九条　在预防、控制突发传染病疫情等灾害期间，聚众"打砸抢"，致人伤残、死亡的，依照刑法第二百八十九条、第二百三十四条、第二百三十二条的规定，以故意伤害罪或者故意杀人罪定罪，依法从重处罚。对毁坏或者抢走公私财物的首要分子，依照刑法第二百八十九条、第二百六十三条的规定，以抢劫罪定罪，依法从重处罚。

★抢劫毒品的，应当以抢劫罪定罪，但不计犯罪数额，根据情节轻重予以定罪量刑

《全国部分法院审理毒品犯罪案件工作座谈会纪要》(2008年12月1日　法〔2008〕324号)

一、毒品案件的罪名确定和数量认定问题

……

盗窃、抢夺、抢劫毒品的，应当分别以盗窃罪、抢夺罪或者抢劫罪定罪，但不计犯罪数额，根据情节轻重予以定罪量刑。盗窃、抢夺、抢劫毒品后又实施其他毒品犯罪的，对盗窃罪、抢夺罪、抢劫罪和所犯的具体毒品犯罪分别定罪，依法数罪并罚。走私毒品，又走私其他物品构成犯罪的，以走私毒品罪和其所犯的其他走私罪分别定罪，依法数罪并罚。

★实施寻衅滋事行为，同时符合抢劫罪的构成要件的，择一重处

《最高人民法院、最高人民检察院关于办理寻衅滋事刑事案件适用法律若干问题的解释》(2013年7月15日　法释〔2013〕18号)

第七条　实施寻衅滋事行为，同时符合寻衅滋事罪和故意杀人罪、故意伤害罪、故意毁坏财物罪、敲诈勒索罪、抢夺罪、抢劫罪等罪的构成要件的，依照处罚较重的犯罪定罪处罚。

★驾驶机动车、非机动车夺取他人财物,以抢劫罪定罪处罚的三种情形

《最高人民法院、最高人民检察院关于办理抢夺刑事案件适用法律若干问题的解释》(2013 年 11 月 11 日　法释〔2013〕25 号)

第六条　驾驶机动车、非机动车夺取他人财物,具有下列情形之一的,应当以抢劫罪定罪处罚:

(一)夺取他人财物时因被害人不放手而强行夺取的;

(二)驾驶车辆逼挤、撞击或者强行逼倒他人夺取财物的;

(三)明知会致人伤亡仍然强行夺取并放任造成财物持有人轻伤以上后果的。

★以非法占有为目的,以借贷为名采用暴力、胁迫手段获取他人财物的刑事责任

《最高人民检察院关于强迫借贷行为适用法律问题的批复》(2014 年 4 月 17 日　高检发释字〔2014〕1 号)

以暴力、胁迫手段强迫他人借贷,属于刑法第二百二十六条第二项规定的"强迫他人提供或者接受服务",情节严重的,以强迫交易罪追究刑事责任;同时构成故意伤害罪等其他犯罪的,依照处罚较重的规定定罪处罚。以非法占有为目的,以借贷为名采用暴力、胁迫手段获取他人财物,符合刑法第二百六十三条或者第二百七十四条规定的,以抢劫罪或者敲诈勒索罪追究刑事责任。

★对犯罪所得及其产生的收益实施抢劫行为,以抢劫罪定罪处罚

《最高人民法院关于审理掩饰、隐瞒犯罪所得、犯罪所得收益刑事案件适用法律若干问题的解释》(2021 年 4 月 13 日　法释〔2021〕8 号)

第六条　对犯罪所得及其产生的收益实施盗窃、抢劫、诈骗、抢夺等行为,构成犯罪的,分别以盗窃罪、抢劫罪、诈骗罪、抢夺罪等定罪处罚。

★实施“碰瓷”，当场使用暴力、胁迫或者其他方法劫取他人财物，以抢劫罪定罪处罚

《最高人民法院、最高人民检察院、公安部关于依法办理“碰瓷”违法犯罪案件的指导意见》（2020年9月22日　公通字〔2020〕12号）

三、实施“碰瓷”，当场使用暴力、胁迫或者其他方法，当场劫取他人财物，符合刑法第二百六十三条规定的，以抢劫罪定罪处罚。

★抢劫案件涉案的财物价格认定

《被盗财物价格认定规则（2020年）》（2020年11月5日　发改价认办〔2020〕97号）

第十六条　抢劫罪、抢夺罪、诈骗罪、聚众哄抢公私财物罪、侵占罪、职务侵占罪、挪用特定款物罪、敲诈勒索罪等侵犯财产罪案件涉案财物价格认定，可以参照本规则执行。

类案检索指引

★入户盗窃中因被发现而当场使用暴力或者以暴力相威胁的，认定为“入户抢劫”

《陈邓昌抢劫、盗窃，付志强盗窃案》（2014年9月10日最高人民检察院发布第五批指导性案例：检例第17号）

【关键词】

第二审程序刑事抗诉　入户抢劫　盗窃罪　补充起诉

【要旨】

1. 对于入户盗窃，因被发现而当场使用暴力或者以暴力相威胁的行为，应当认定为“入户抢劫”。

2. 在人民法院宣告判决前，人民检察院发现被告人有遗漏的罪行可以一并起诉和审理的，可以补充起诉。

3. 人民检察院认为同级人民法院第一审判决重罪轻判，适用刑罚明显不当的，应当提出抗诉。

★冒充疫情防控人员，骗开小区住户房门，持刀入户抢劫，从严惩处

《业某某抢劫案——冒充疫情防控人员持刀入户抢劫》（2020 年 3 月 10 日最高人民法院发布第一批 10 个依法惩处妨害疫情防控犯罪典型案例）

【裁判结果】

江苏省南京江宁经济技术开发区人民法院经审理认为，被告人业某某在疫情防控期间，冒充疫情防控人员，骗开小区住户房门，持刀入户抢劫，其行为构成抢劫罪，应依法从严惩处。业某某如实供述自己的犯罪事实，认罪认罚。据此，于 2020 年 3 月 4 日以抢劫罪判处被告人业某某有期徒刑十一年，并处罚金人民币四万元，剥夺政治权利二年。

★做好对未成年被告人的教育挽救、跟踪帮扶工作，促使其悔过自新，不再重蹈覆辙

《于某某抢劫案——贯彻教育为主、惩罚为辅原则，最大限度教育、感化、挽救未成年被告人》（2021 年 3 月 2 日最高人民法院发布未成年人司法保护典型案例）

被告人于某某系某中学学生，先后持刀在大学校园内抢劫被害人杜某某、王某某、胡某某、徐某某等，劫得手机 3 部（共计价值人民币 753.96 元）及现金人民币 487.5 元。到案后，于某某如实供述了抢劫罪行，赃款、赃物均已发还被害人。

人民法院经审理认为，被告人于某某持刀劫取他人财物，其行为已构成抢劫罪，应予惩处。综合考虑本案的事实、情节，于某某系未成年人，认罪、悔罪态度较好，已积极赔偿被害人经济损失，得到被害人谅解；于某某在校期间表现良好，一直担任班级学生干部，连续三年被评为区、校级三好学生；此次犯罪与家庭关系紧张、与父母存在沟通障碍有一定关系等。于某某的主观恶性及社会危害性相对较小，人民法院决定依法从轻处罚，以抢劫罪判处被告人于某某有期徒刑三年，缓刑三年，并处罚金人民币六千元。

在本案审理过程中，承办法官对被告人于某某的一贯表现等背景情况进行了详细调查，积极帮助于某某与父母之间重新建立沟通渠道。通过工作，法官与于某某建立了良好的信任关系，于某某的性格与思想发生了很大转变。于某某在取保候审期间，返回学校参加高考，以全班第一名的成绩考入大学。案件审结后，法官定期对于某某的学习生活情况进行跟踪帮教，帮助其疏导人生困惑，增强人生自信，并与于某某的父母保持互动，督促、指导他们增强亲子沟通，缓和家庭关系。大学期间，于某某成绩优异，获得国家级奖学金，缓刑考验期满后顺利出国留学，现已完成学业回国工作。

本案是一起教育感化挽救失足未成年人、帮助其重回人生正轨的典型案例。未成年人走上违法犯罪道路，既有其自身心智发育尚不健全、尚不具备完全辨认、控制能力的原因，往往也有家庭环境等方面的原因。正是因此，我国刑法明确规定，对未成年人犯罪应当从轻或者减轻处罚；刑事诉讼法明确规定，对犯罪的未成年人实行教育、感化、挽救的方针，坚持教育为主、惩罚为辅的原则。对未成年人犯罪，应当具体分析、区别对待，在准确定罪、恰当量刑的同时，要高度重视做好对未成年被告人的教育挽救、跟踪帮扶工作；要通过认真负责、耐心细致的工作，促使犯罪的未成年人悔过自新，不再重蹈覆辙，成为遵纪守法的公民和社会的有用之材。

第二百六十四条 【盗窃罪】盗窃公私财物，数额较大的，或者多次盗窃、入户盗窃、携带凶器盗窃、扒窃的，处三年以下有期徒刑、拘役或者管制，并处或者单处罚金；数额巨大或者有其他严重情节的，处三年以上十年以下有期徒刑，并处罚金；数额特别巨大或者有其他特别严重情节的，处十年以上有期徒刑或者无期徒刑，并处罚金或者没收财产。

立法动态

本条源自《中华人民共和国刑法》(1997 年 3 月 14 日第八届全国人民代表大会第五次会议修订,自 1997 年 10 月 1 日起施行)。

本条根据《中华人民共和国刑法修正案(八)》(自 2011 年 5 月 1 日起施行)第三十九条修改。

原本条规定为:第二百六十四条　盗窃公私财物,数额较大或者多次盗窃的,处三年以下有期徒刑、拘役或者管制,并处或者单处罚金;数额巨大或者有其他严重情节的,处三年以上十年以下有期徒刑,并处罚金;数额特别巨大或者有其他特别严重情节的,处十年以上有期徒刑或者无期徒刑,并处罚金或者没收财产;有下列情形之一的,处无期徒刑或者死刑,并处没收财产:(一)盗窃金融机构,数额特别巨大的;(二)盗窃珍贵文物,情节严重的。

本条修改的主要内容为:一是增加盗窃方式"入户盗窃、携带凶器盗窃、扒窃";二是取消盗窃罪的死刑。

量刑指导

《最高人民法院、最高人民检察院关于常见犯罪的量刑指导意见(试行)》(2021 年 6 月 16 日　法发〔2021〕21 号)

四、常见犯罪的量刑

(十一)盗窃罪

1. 构成盗窃罪的,根据下列情形在相应的幅度内确定量刑起点:

(1)达到数额较大起点的,二年内三次盗窃的,入户盗窃的,携带凶器盗窃的,或者扒窃的,在一年以下有期徒刑、拘役幅度内确定量刑起点。

(2)达到数额巨大起点或者有其他严重情节的,在三年至四年有期徒刑幅度内确定量刑起点。

(3)达到数额特别巨大起点或者有其他特别严重情节的,在十年至十二年有期徒刑幅度内确定量刑起点。依法应当判处无期徒刑的除外。

2. 在量刑起点的基础上，根据盗窃数额、次数、手段等其他影响犯罪构成的犯罪事实增加刑罚量，确定基准刑。

多次盗窃，数额达到较大以上的，以盗窃数额确定量刑起点，盗窃次数可以作为调节基准刑的量刑情节；数额未达到较大的，以盗窃次数确定量刑起点，超过三次的次数作为增加刑罚量的事实。

3. 构成盗窃罪的，根据盗窃的数额、次数、手段、危害后果等犯罪情节，综合考虑被告人缴纳罚金的能力，在一千元以上盗窃数额二倍以下决定罚金数额；没有盗窃数额或者盗窃数额无法计算的，在一千元以上十万元以下判处罚金。

4. 构成盗窃罪的，综合考虑盗窃的起因、数额、次数、手段、退赃退赔等犯罪事实、量刑情节，以及被告人的主观恶性、人身危险性、认罪悔罪表现等因素，决定缓刑的适用。

适用要点与裁判依据

★将电信卡非法充值后使用造成电信资费损失数额较大的，构成盗窃罪

《最高人民法院关于审理扰乱电信市场管理秩序案件具体应用法律若干问题的解释》（2000年5月12日 法释〔2000〕12号）

第七条 将电信卡非法充值后使用，造成电信资费损失数额较大的，依照刑法第二百六十四条的规定，以盗窃罪定罪处罚。

第八条 盗用他人公共信息网络上网账号、密码上网，造成他人电信资费损失数额较大的，依照刑法第二百六十四条的规定，以盗窃罪定罪处罚。

★偷砍他人房前屋后、自留地种植的零星树木，数额较大的，构成盗窃罪

《最高人民法院关于审理破坏森林资源刑事案件具体应用法律若干问题的解释》（2000年11月22日 法释〔2000〕36号）

第九条 将国家、集体、他人所有并已经伐倒的树木窃为己有，以及偷砍他人房前屋后、自留地种植的零星树木，数额较大的，依照刑法第二百六十四条的规定，以盗窃罪定罪处罚。

★非法实施采种、采脂、挖笋、掘根、剥树皮等行为，同时构成其他犯罪的，择一重处

《最高人民法院关于审理破坏森林资源刑事案件具体应用法律若干问题的解释》(2000年11月22日　法释〔2000〕36号)

第十五条　非法实施采种、采脂、挖笋、掘根、剥树皮等行为，牟取经济利益数额较大的，依照刑法第二百六十四条的规定，以盗窃罪定罪处罚。同时构成其他犯罪的，依照处罚较重的规定定罪处罚。

★利用互联网进行盗窃构成犯罪的，依法追究刑事责任

《全国人民代表大会常务委员会关于维护互联网安全的决定》(2009年8月27日修正)

四、为了保护个人、法人和其他组织的人身、财产等合法权利，对有下列行为之一，构成犯罪的，依照刑法有关规定追究刑事责任：

(一)利用互联网侮辱他人或者捏造事实诽谤他人；

(二)非法截获、篡改、删除他人电子邮件或者其他数据资料，侵犯公民通信自由和通信秘密；

(三)利用互联网进行盗窃、诈骗、敲诈勒索。

★盗窃公用电信设施同时构成盗窃罪和破坏公用电信设施罪的，择一重处

《最高人民法院关于审理破坏公用电信设施刑事案件具体应用法律若干问题的解释》(2004年12月30日　法释〔2004〕21号)

第三条　故意破坏正在使用的公用电信设施尚未危害公共安全，或者故意毁坏尚未投入使用的公用电信设施，造成财产损失，构成犯罪的，依照刑法第二百七十五条规定，以故意毁坏财物罪定罪处罚。

盗窃公用电信设施价值数额不大，但是构成危害公共安全犯罪的，依照刑法第一百二十四条的规定定罪处罚；盗窃公用电信设施同时构成盗窃罪和破坏公用电信设施罪的，依照处罚较重的规定定罪处罚。

★盗窃油气或者正在使用的油气设备，未危害公共安全的，构成盗窃罪

《最高人民法院、最高人民检察院关于办理盗窃油气、破坏油气设备等刑事案件具体应用法律若干问题的解释》（2007年1月15日　法释〔2007〕3号）

第三条　盗窃油气或者正在使用的油气设备，构成犯罪，但未危害公共安全的，依照刑法第二百六十四条的规定，以盗窃罪定罪处罚。

盗窃油气，数额巨大但尚未运离现场的，以盗窃未遂定罪处罚。

为他人盗窃油气而偷开油气井、油气管道等油气设备阀门排放油气或者提供其他帮助的，以盗窃罪的共犯定罪处罚。

★盗窃油气同时构成盗窃罪和破坏易燃易爆设备罪的，择一重处

《最高人民法院、最高人民检察院关于办理盗窃油气、破坏油气设备等刑事案件具体应用法律若干问题的解释》（2007年1月15日　法释〔2007〕3号）

第四条　盗窃油气同时构成盗窃罪和破坏易燃易爆设备罪的，依照刑法处罚较重的规定定罪处罚。

★破坏、过失损坏军事通信，同时构成其他犯罪的，择一重处

《最高人民法院关于审理危害军事通信刑事案件具体应用法律若干问题的解释》（2007年6月26日　法释〔2007〕13号）

第六条　破坏、过失损坏军事通信，并造成公用电信设施损毁，危害公共安全，同时构成刑法第一百二十四条和第三百六十九条规定的犯罪的，依照处罚较重的规定定罪处罚。

盗窃军事通信线路、设备，不构成盗窃罪，但破坏军事通信的，依照刑法第三百六十九条第一款的规定定罪处罚；同时构成刑法第一百二十四条、第二百六十四条和第三百六十九条第一款规定的犯罪的，依照处罚较重的规定定罪处罚。

……

★盗窃毒品的，以盗窃罪定罪，根据情节轻重予以定罪量刑

《全国部分法院审理毒品犯罪案件工作座谈会纪要》(2008年12月1日　法〔2008〕324号)

一、毒品案件的罪名确定和数量认定问题

……

盗窃、抢夺、抢劫毒品的，应当分别以盗窃罪、抢夺罪或者抢劫罪定罪，但不计犯罪数额，根据情节轻重予以定罪量刑。盗窃、抢夺、抢劫毒品后又实施其他毒品犯罪的，对盗窃罪、抢夺罪、抢劫罪和所犯的具体毒品犯罪分别定罪，依法数罪并罚。走私毒品，又走私其他物品构成犯罪的，以走私毒品罪和其所犯的其他走私罪分别定罪，依法数罪并罚。

★盗窃正在使用的广播电视设施，同时构成盗窃罪和破坏广播电视设施罪的，择一重处

《最高人民法院关于审理破坏广播电视设施等刑事案件具体应用法律若干问题的解释》(2011年6月7日　法释〔2011〕13号)

第五条　盗窃正在使用的广播电视设施，尚未构成盗窃罪，但具有本解释第一条、第二条规定情形的，以破坏广播电视设施罪定罪处罚；同时构成盗窃罪和破坏广播电视设施罪的，依照处罚较重的规定定罪处罚。

★犯本罪，"数额较大""数额巨大""数额特别巨大"的认定标准

《最高人民法院、最高人民检察院关于办理盗窃刑事案件适用法律若干问题的解释》(2013年4月2日　法释〔2013〕8号)

第一条　盗窃公私财物价值一千元至三千元以上、三万元至十万元以上、三十万元至五十万元以上的，应当分别认定为刑法第二百六十四条规定的"数额较大"、"数额巨大"、"数额特别巨大"。

各省、自治区、直辖市高级人民法院、人民检察院可以根据本地区经济发展状况，并考虑社会治安状况，在前款规定的数额幅度内，确定本地区执行的具体数额标准，报最高人民法院、最高人民检察院批准。

在跨地区运行的公共交通工具上盗窃，盗窃地点无法查证的，盗窃数额是否达到"数额较大"、"数额巨大"、"数额特别巨大"，应当根据受理案件所在地省、自治区、直辖市高级人民法院、人民检察院确定的有关数额标准认定。

盗窃毒品等违禁品，应当按照盗窃罪处理的，根据情节轻重量刑。

第二条 盗窃公私财物，具有下列情形之一的，"数额较大"的标准可以按照前条规定标准的百分之五十确定：

（一）曾因盗窃受过刑事处罚的；

（二）一年内曾因盗窃受过行政处罚的；

（三）组织、控制未成年人盗窃的；

（四）自然灾害、事故灾害、社会安全事件等突发事件期间，在事件发生地盗窃的；

（五）盗窃残疾人、孤寡老人、丧失劳动能力人的财物的；

（六）在医院盗窃病人或者其亲友财物的；

（七）盗窃救灾、抢险、防汛、优抚、扶贫、移民、救济款物的；

（八）因盗窃造成严重后果的。

★二年内盗窃三次以上的，应当认定为"多次盗窃"

《最高人民法院、最高人民检察院关于办理盗窃刑事案件适用法律若干问题的解释》（2013年4月2日 法释〔2013〕8号）

第三条 二年内盗窃三次以上的，应当认定为"多次盗窃"。

非法进入供他人家庭生活，与外界相对隔离的住所盗窃的，应当认定为"入户盗窃"。

携带枪支、爆炸物、管制刀具等国家禁止个人携带的器械盗窃，或者为了实施违法犯罪携带其他足以危害他人人身安全的器械盗窃的，应当认定为"携带凶器盗窃"。

在公共场所或者公共交通工具上盗窃他人随身携带的财物的，应当认定为"扒窃"。

★盗窃数额的认定方法

《最高人民法院、最高人民检察院关于办理盗窃刑事案件适用法律若干问题的解释》(2013年4月2日 法释〔2013〕8号)

第四条 盗窃的数额,按照下列方法认定:

(一)被盗财物有有效价格证明的,根据有效价格证明认定;无有效价格证明,或者根据价格证明认定盗窃数额明显不合理的,应当按照有关规定委托估价机构估价;

(二)盗窃外币的,按照盗窃时中国外汇交易中心或者中国人民银行授权机构公布的人民币对该货币的中间价折合成人民币计算;中国外汇交易中心或者中国人民银行授权机构未公布汇率中间价的外币,按照盗窃时境内银行人民币对该货币的中间价折算成人民币,或者该货币在境内银行、国际外汇市场对美元汇率,与人民币对美元汇率中间价进行套算;

(三)盗窃电力、燃气、自来水等财物,盗窃数量能够查实的,按照查实的数量计算盗窃数额;盗窃数量无法查实的,以盗窃前六个月月均正常用量减去盗窃后计量仪表显示的月均用量推算盗窃数额;盗窃前正常使用不足六个月的,按照正常使用期间的月均用量减去盗窃后计量仪表显示的月均用量推算盗窃数额;

(四)明知是盗接他人通信线路、复制他人电信码号的电信设备、设施而使用的,按照合法用户为其支付的费用认定盗窃数额;无法直接确认的,以合法用户的电信设备、设施被盗接、复制后的月缴费额减去被盗接、复制前六个月的月均电话费推算盗窃数额;合法用户使用电信设备、设施不足六个月的,按照实际使用的月均电话费推算盗窃数额;

(五)盗接他人通信线路、复制他人电信码号出售的,按照销赃数额认定盗窃数额。

盗窃行为给失主造成的损失大于盗窃数额的,损失数额可以作为量刑情节考虑。

★盗窃有价支付凭证、有价证券、有价票证的数额认定方法

《最高人民法院、最高人民检察院关于办理盗窃刑事案件适用法律若干问题的解释》(2013年4月2日　法释〔2013〕8号)

第五条　盗窃有价支付凭证、有价证券、有价票证的,按照下列方法认定盗窃数额:

(一)盗窃不记名、不挂失的有价支付凭证、有价证券、有价票证的,应当按票面数额和盗窃时应得的孳息、奖金或者奖品等可得收益一并计算盗窃数额;

(二)盗窃记名的有价支付凭证、有价证券、有价票证,已经兑现的,按照兑现部分的财物价值计算盗窃数额;没有兑现,但失主无法通过挂失、补领、补办手续等方式避免损失的,按照给失主造成的实际损失计算盗窃数额。

★"其他严重情节"或者"其他特别严重情节"的认定

《最高人民法院、最高人民检察院关于办理盗窃刑事案件适用法律若干问题的解释》(2013年4月2日　法释〔2013〕8号)

第六条　盗窃公私财物,具有本解释第二条第三项至第八项规定情形之一,或者入户盗窃、携带凶器盗窃,数额达到本解释第一条规定的"数额巨大"、"数额特别巨大"百分之五十的,可以分别认定为刑法第二百六十四条规定的"其他严重情节"或者"其他特别严重情节"。

★对盗窃行为可以不起诉或者免予刑事处罚的四种情形

《最高人民法院、最高人民检察院关于办理盗窃刑事案件适用法律若干问题的解释》(2013年4月2日　法释〔2013〕8号)

第七条　盗窃公私财物数额较大,行为人认罪、悔罪,退赃、退赔,且具有下列情形之一,情节轻微的,可以不起诉或者免予刑事处罚;必要时,由有关部门予以行政处罚:

(一)具有法定从宽处罚情节的;

(二)没有参与分赃或者获赃较少且不是主犯的;

(三)被害人谅解的;

（四）其他情节轻微、危害不大的。

★偷拿家庭成员或者近亲属的财物，获得谅解的，一般可不认为是犯罪

《最高人民法院、最高人民检察院关于办理盗窃刑事案件适用法律若干问题的解释》（2013年4月2日　法释〔2013〕8号）

第八条　偷拿家庭成员或者近亲属的财物，获得谅解的，一般可不认为是犯罪；追究刑事责任的，应当酌情从宽。

★盗窃国有馆藏文物"数额较大""数额巨大""数额特别巨大"的认定标准

《最高人民法院、最高人民检察院关于办理盗窃刑事案件适用法律若干问题的解释》（2013年4月2日　法释〔2013〕8号）

第九条　盗窃国有馆藏一般文物、三级文物、二级以上文物的，应当分别认定为刑法第二百六十四条规定的"数额较大"、"数额巨大"、"数额特别巨大"。

盗窃多件不同等级国有馆藏文物的，三件同级文物可以视为一件高一级文物。

盗窃民间收藏的文物的，根据本解释第四条第一款第一项的规定认定盗窃数额。

★偷开他人机动车的处理

《最高人民法院、最高人民检察院关于办理盗窃刑事案件适用法律若干问题的解释》（2013年4月2日　法释〔2013〕8号）

第十条　偷开他人机动车的，按照下列规定处理：

（一）偷开机动车，导致车辆丢失的，以盗窃罪定罪处罚；

（二）为盗窃其他财物，偷开机动车作为犯罪工具使用后非法占有车辆，或者将车辆遗弃导致丢失的，被盗车辆的价值计入盗窃数额；

（三）为实施其他犯罪，偷开机动车作为犯罪工具使用后非法占有车辆，或者将车辆遗弃导致丢失的，以盗窃罪和其他犯罪数罪并罚；将车辆送回未造成丢失的，按照其所实施的其他犯罪从重处罚。

★盗窃公私财物并造成财物损毁的处理

《最高人民法院、最高人民检察院关于办理盗窃刑事案件适用法律若干问题的解释》(2013年4月2日　法释〔2013〕8号)

第十一条　盗窃公私财物并造成财物损毁的,按照下列规定处理:

(一)采用破坏性手段盗窃公私财物,造成其他财物损毁的,以盗窃罪从重处罚;同时构成盗窃罪和其他犯罪的,择一重罪从重处罚;

(二)实施盗窃犯罪后,为掩盖罪行或者报复等,故意毁坏其他财物构成犯罪的,以盗窃罪和构成的其他犯罪数罪并罚;

(三)盗窃行为未构成犯罪,但损毁财物构成其他犯罪的,以其他犯罪定罪处罚。

★盗窃未遂应当依法追究刑事责任的三种情形

《最高人民法院、最高人民检察院关于办理盗窃刑事案件适用法律若干问题的解释》(2013年4月2日　法释〔2013〕8号)

第十二条　盗窃未遂,具有下列情形之一的,应当依法追究刑事责任:

(一)以数额巨大的财物为盗窃目标的;

(二)以珍贵文物为盗窃目标的;

(三)其他情节严重的情形。

盗窃既有既遂,又有未遂,分别达到不同量刑幅度的,依照处罚较重的规定处罚;达到同一量刑幅度的,以盗窃罪既遂处罚。

★单位组织、指使盗窃的刑事责任

《最高人民法院、最高人民检察院关于办理盗窃刑事案件适用法律若干问题的解释》(2013年4月2日　法释〔2013〕8号)

第十三条　单位组织、指使盗窃,符合刑法第二百六十四条及本解释有关规定的,以盗窃罪追究组织者、指使者、直接实施者的刑事责任。

★犯盗窃罪依法判处罚金的，罚金数额的确定

《最高人民法院、最高人民检察院关于办理盗窃刑事案件适用法律若干问题的解释》（2013年4月2日　法释〔2013〕8号）

第十四条　因犯盗窃罪，依法判处罚金刑的，应当在一千元以上盗窃数额的二倍以下判处罚金；没有盗窃数额或者盗窃数额无法计算的，应当在一千元以上十万元以下判处罚金。

★采用破坏性手段盗窃不可移动文物的，构成盗窃罪

《最高人民法院、最高人民检察院关于办理妨害文物管理等刑事案件适用法律若干问题的解释》（2015年12月30日　法释〔2015〕23号）

第八条　刑法第三百二十八条第一款规定的"古文化遗址、古墓葬"包括水下古文化遗址、古墓葬。"古文化遗址、古墓葬"不以公布为不可移动文物的古文化遗址、古墓葬为限。

实施盗掘行为，已损害古文化遗址、古墓葬的历史、艺术、科学价值的，应当认定为盗掘古文化遗址、古墓葬罪既遂。

采用破坏性手段盗窃古文化遗址、古墓葬以外的古建筑、石窟寺、石刻、壁画、近代现代重要史迹和代表性建筑等其他不可移动文物的，依照刑法第二百六十四条的规定，以盗窃罪追究刑事责任。

★盗窃文物无法确定文物等级的，按照盗窃的文物价值定罪量刑

《最高人民法院、最高人民检察院关于办理妨害文物管理等刑事案件适用法律若干问题的解释》（2015年12月30日　法释〔2015〕23号）

第二条　盗窃一般文物、三级文物、二级以上文物的，应当分别认定为刑法第二百六十四条规定的"数额较大""数额巨大""数额特别巨大"。

盗窃文物，无法确定文物等级，或者按照文物等级定罪量刑明显过轻或者过重的，按照盗窃的文物价值定罪量刑。

★盗窃油气未遂的刑事责任

《最高人民法院、最高人民检察院、公安部关于办理盗窃油气、破坏油气设备等刑事案件适用法律若干问题的意见》(2018年9月28日　法发〔2018〕18号)

二、关于盗窃油气未遂的刑事责任

着手实施盗窃油气行为,由于意志以外的原因未得逞,具有下列情形之一的,以盗窃罪(未遂)追究刑事责任:

(一)以数额巨大的油气为盗窃目标的;

(二)已将油气装入包装物或者运输工具,达到"数额较大"标准三倍以上的;

(三)携带盗油卡子、手摇钻、电钻、电焊枪等切割、打孔、撬砸、拆卸工具的;

(四)其他情节严重的情形。

★盗窃油气共同犯罪的认定

《最高人民法院、最高人民检察院、公安部关于办理盗窃油气、破坏油气设备等刑事案件适用法律若干问题的意见》(2018年9月28日　法发〔2018〕18号)

三、关于共犯的认定

在共同盗窃油气、破坏油气设备等犯罪中,实际控制、为主出资或者组织、策划、纠集、雇佣、指使他人参与犯罪的,应当依法认定为主犯;对于其他人员,在共同犯罪中起主要作用的,也应当依法认定为主犯。

在输油输气管道投入使用前擅自安装阀门,在管道投入使用后将该阀门提供给他人盗窃油气的,以盗窃罪、破坏易燃易爆设备罪等有关犯罪的共同犯罪论处。

四、关于内外勾结盗窃油气行为的处理

行为人与油气企业人员勾结共同盗窃油气,没有利用油气企业人员职务便利,仅仅是利用其易于接近油气设备、熟悉环境等方便条件的,以盗窃罪的共同犯罪论处。

实施上述行为,同时构成破坏易燃易爆设备罪的,依照处罚较重的规定定罪处罚。

★盗窃其他场所的窨井盖，数额较大，或者多次盗窃的，构成盗窃罪

《最高人民法院、最高人民检察院、公安部关于办理涉窨井盖相关刑事案件的指导意见》(2020年3月16日　高检发〔2020〕3号)

四、盗窃本意见第一条、第二条规定以外的其他场所的窨井盖，且不属于本意见第三条规定的情形，数额较大，或者多次盗窃的，依照刑法第二百六十四条的规定，以盗窃罪定罪处罚。

故意毁坏本意见第一条、第二条规定以外的其他场所的窨井盖，且不属于本意见第三条规定的情形，数额较大或者有其他严重情节的，依照刑法第二百七十五条的规定，以故意毁坏财物罪定罪处罚。

★实施"碰瓷"，窃取他人财物，以盗窃罪定罪处罚

《最高人民法院、最高人民检察院、公安部关于依法办理"碰瓷"违法犯罪案件的指导意见》(2020年9月22日　公通字〔2020〕12号)

四、实施"碰瓷"，采取转移注意力、趁人不备等方式，窃取、夺取他人财物，符合刑法第二百六十四条、第二百六十七条规定的，分别以盗窃罪、抢夺罪定罪处罚。

★盗窃案件涉案的财物价格认定

《被盗财物价格认定规则(2020年)》(2020年11月5日　发改价认办〔2020〕97号)

第十六条　抢劫罪、抢夺罪、诈骗罪、聚众哄抢公私财物罪、侵占罪、职务侵占罪、挪用特定款物罪、敲诈勒索罪等侵犯财产罪案件涉案财物价格认定，可以参照本规则执行。

★非法进入训练场挖捡炮弹残片的，以盗窃罪定罪处罚

《最高人民法院、最高人民检察院、公安部、商务部、国家市场监督管理总局、中央军委后勤保障部、中央军委装备发展部、中央军委训练管理部、中央军委国防动员部关于军地共同加强部队训练场未爆弹药安全风险防控的意见》(2022年10月22日　军训〔2022〕181号)

(十三)打击违法犯罪。非法进入训练场、不听制止的，破坏训练

第264条

场围墙、围网等周界防护设施的,依照军事设施保护法的有关规定处罚,符合刑法第三百六十九条第一款、第三百七十一条规定的,分别以破坏军事设施罪、聚众冲击军事禁区罪、聚众扰乱军事管理区秩序罪定罪处罚。挖捡、非法买卖未爆弹药,符合刑法第一百二十七条第一款、第一百二十五条第一款规定的,分别以盗窃弹药、爆炸物罪和非法买卖弹药、爆炸物罪定罪处罚。非法买卖未爆弹药拆解的炮弹引信、火炸药,符合刑法第一百二十五条第一款规定的,以非法买卖弹药、爆炸物罪定罪处罚。非法进入训练场挖捡炮弹残片,符合刑法第二百六十四条规定的,以盗窃罪定罪处罚。因敲击、拆解未爆弹药等行为引发爆炸,符合刑法第一百一十五条第二款、第二百三十三条、第二百三十五条规定的,分别以过失爆炸罪、过失致人死亡罪、过失致人重伤罪定罪处罚。明知是非法拆解的未爆弹药或者非法挖捡的炮弹残片及其所产生的收益而窝藏、转移、代为销售或者以其他方法掩饰、隐瞒,符合刑法第三百一十二条规定的,以掩饰、隐瞒犯罪所得、犯罪所得收益罪定罪处罚。有非法挖捡买卖行为,经教育后确有悔改表现,上交未爆弹药、炮弹残片或者销售炮弹残片违法所得的,可以依法从宽处罚;情节显著轻微危害不大不构成犯罪、构成违反治安管理行为的,依法给予治安管理处罚。

类案检索指引

★行为人利用信息网络窃取财物构成犯罪的,以盗窃罪定罪处罚

《臧进泉等盗窃、诈骗案》(2014年6月26日最高人民法院发布第七批指导性案例:指导案例27号)

【关键词】

刑事　盗窃　诈骗　利用信息网络

【裁判要点】

行为人利用信息网络,诱骗他人点击虚假链接而实际通过预先植入的计算机程序窃取财物构成犯罪的,以盗窃罪定罪处罚;虚构可供交易的商品或者服务，欺骗他人点击付款链接而骗取财物构成犯罪的，以诈骗罪定罪处罚。

★盗窃网络域名可以认定为盗窃行为

《张四毛盗窃案》（2017年10月12日最高人民检察院发布第九批指导性案例：检例第37号）

【关键词】

盗窃　网络域名　财产属性　域名价值

【要旨】

网络域名具备法律意义上的财产属性，盗窃网络域名可以认定为盗窃行为。

【指导意义】

网络域名是网络用户进入门户网站的一种便捷途径，是吸引网络用户进入其网站的窗口。网络域名注册人注册了某域名后，该域名将不能再被其他人申请注册并使用，因此网络域名具有专属性和唯一性。网络域名属稀缺资源，其所有人可以对域名行使出售、变更、注销、抛弃等处分权利。网络域名具有市场交换价值，所有人可以以货币形式进行交易。通过合法途径获得的网络域名，其注册人利益受法律承认和保护。本案中，行为人利用技术手段，通过变更网络域名绑定邮箱及注册ID，实现了对域名的非法占有，并使原所有人丧失了对网络域名的合法占有和控制，其目的是非法获取网络域名的财产价值，其行为给网络域名的所有人带来直接的经济损失。该行为符合以非法占有为目的窃取他人财产利益的盗窃罪本质属性，应以盗窃罪论处。对于网络域名的价值，当前可综合考虑网络域名的购入价、销赃价、域名升值潜力、市场热度等综合认定。

★采取破坏性手段盗窃一般文物的以盗窃罪定罪处罚

《焦某卫等14人盗窃（文物）、掩饰、隐瞒犯罪所得案》（2023年2月7日最高人民法院发布十五起依法保护文物和文化遗产典型案例）

【典型意义】

本案系盗窃文物引发的刑事案件。山西是中华文明和黄河文化的重要发源地,地面文物占中华文物存量的六分之一,全国重点保护文物单位531处,居全国第一,打击文物犯罪、加强文物保护任务更加繁重。本案属于跨省域团伙犯罪,被告人流窜作案,采取破坏性手段盗窃近百件古建筑构件,严重危害文物安全和社会治安。人民法院准确把握、严格执行司法解释规定的盗窃文物行为的法定刑幅度认定标准,贯彻落实宽严相济刑事政策,既坚持重拳出击、严厉惩治犯罪,又坚守法律底线、防止"拔高"处理,确保罪责刑相适应。同时,在一审判决判项中逐一列明应当追缴、返还的文物,不设时限、一追到底,最大限度保障被盗文物单位的合法权益。该案体现了人民法院依法严惩盗窃文物犯罪的决心和成效,对司法保护、传承、弘扬黄河文化具有示范意义。

第二百六十五条　【盗接通信线路、复制使用电信码号的刑事责任】以牟利为目的,盗接他人通信线路、复制他人电信码号或者明知是盗接、复制的电信设备、设施而使用的,依照本法第二百六十四条的规定定罪处罚。

立法动态

本条源自《中华人民共和国刑法》(1997年3月14日第八届全国人民代表大会第五次会议修订,自1997年10月1日起施行)。

第二百六十六条　【诈骗罪】诈骗公私财物,数额较大的,处三年以下有期徒刑、拘役或者管制,并处或者单处罚金;数额巨大或者有其他严重情节的,处三年以上十年以下有期徒刑,并处罚金;数额特别巨大或者有其他特别严重情节的,处十年以上有期徒刑或者无期徒刑,并处罚金或者没收财产。本法另有规定的,依照规定。

立法动态

本条源自《中华人民共和国刑法》(1997 年 3 月 14 日第八届全国人民代表大会第五次会议修订,自 1997 年 10 月 1 日起施行)。

量刑指导

《最高人民法院、最高人民检察院关于常见犯罪的量刑指导意见(试行)》(2021 年 6 月 16 日　法发〔2021〕21 号)

四、常见犯罪的量刑

(十二)诈骗罪

1. 构成诈骗罪的,根据下列情形在相应的幅度内确定量刑起点:

(1)达到数额较大起点的,在一年以下有期徒刑、拘役幅度内确定量刑起点。

(2)达到数额巨大起点或者有其他严重情节的,在三年至四年有期徒刑幅度内确定量刑起点。

(3)达到数额特别巨大起点或者有其他特别严重情节的,在十年至十二年有期徒刑幅度内确定量刑起点。依法应当判处无期徒刑的除外。

2. 在量刑起点的基础上,根据诈骗数额等其他影响犯罪构成的犯罪事实增加刑罚量,确定基准刑。

3. 构成诈骗罪的,根据诈骗的数额、手段、危害后果等犯罪情节,综合考虑被告人缴纳罚金的能力,决定罚金数额。

4. 构成诈骗罪的,综合考虑诈骗的起因、手段、数额、危害后果、退赃退赔等犯罪事实、量刑情节,以及被告人的主观恶性、人身危险性、认罪悔罪表现等因素,决定缓刑的适用。对实施电信网络诈骗的,从严把握缓刑的适用。

适用要点与裁判依据

★以虚假、冒用的身份证件办理入网手续并使用移动电话，造成电信资费损失数额较大的，以诈骗罪定罪处罚

《最高人民法院关于审理扰乱电信市场管理秩序案件具体应用法律若干问题的解释》（2000 年 5 月 12 日 法释〔2000〕12 号）

第九条 以虚假、冒用的身份证件办理入网手续并使用移动电话，造成电信资费损失数额较大的，依照刑法第二百六十六条的规定，以诈骗罪定罪处罚。

★利用互联网进行诈骗构成犯罪的，依法追究刑事责任

《全国人民代表大会常务委员会关于维护互联网安全的决定》（2009 年 8 月 27 日修正）

四、为了保护个人、法人和其他组织的人身、财产等合法权利，对有下列行为之一，构成犯罪的，依照刑法有关规定追究刑事责任：

（一）利用互联网侮辱他人或者捏造事实诽谤他人；

（二）非法截获、篡改、删除他人电子邮件或者其他数据资料，侵犯公民通信自由和通信秘密；

（三）利用互联网进行盗窃、诈骗、敲诈勒索。

★假借研制、生产、销售用于防控等灾害用品的名义，诈骗公私财物的，从重处罚

《最高人民法院、最高人民检察院关于办理妨害预防、控制突发传染病疫情等灾害的刑事案件具体应用法律若干问题的解释》（2003 年 5 月 14 日 法释〔2003〕8 号）

第七条 在预防、控制突发传染病疫情等灾害期间，假借研制、生产或者销售用于预防、控制突发传染病疫情等灾害用品的名义，诈骗公私财物数额较大的，依照刑法有关诈骗罪的规定定罪，依法从重处罚。

★以使用为目的，伪造停止流通的货币，或者使用伪造的停止流通的货币的，以诈骗罪定罪处罚

《最高人民法院关于审理伪造货币等案件具体应用法律若干问题的解释（二）》（2010年10月20日　法释〔2010〕14号）

第五条　以使用为目的，伪造停止流通的货币，或者使用伪造的停止流通的货币的，依照刑法第二百六十六条的规定，以诈骗罪定罪处罚。

★以欺诈、伪造证明材料或者其他手段骗取社会保险金或者其他社会保障待遇的，构成诈骗罪

《全国人民代表大会常务委员会关于〈中华人民共和国刑法〉第二百六十六条的解释》（2014年4月24日）

以欺诈、伪造证明材料或者其他手段骗取养老、医疗、工伤、失业、生育等社会保险金或者其他社会保障待遇的，属于刑法第二百六十六条规定的诈骗公私财物的行为。

★对犯罪所得及其产生的收益实施诈骗的，以诈骗罪定罪处罚

《最高人民法院关于审理掩饰、隐瞒犯罪所得、犯罪所得收益刑事案件适用法律若干问题的解释》（2021年4月13日　法释〔2021〕8号）

第六条　对犯罪所得及其产生的收益实施盗窃、抢劫、诈骗、抢夺等行为，构成犯罪的，分别以盗窃罪、抢劫罪、诈骗罪、抢夺罪等定罪处罚。

★实施非法行医犯罪，同时构成诈骗罪等犯罪的，择一重处

《最高人民法院关于审理非法行医刑事案件具体应用法律若干问题的解释》（2016年12月16日　法释〔2016〕27号）

第五条　实施非法行医犯罪，同时构成生产、销售假药罪，生产、销售劣药罪，诈骗罪等其他犯罪的，依照刑法处罚较重的规定定罪处罚。

★利用电信网络技术手段实施诈骗“数额较大”“数额巨大”“数额特别巨大”的认定标准

《最高人民法院、最高人民检察院、公安部关于办理电信网络诈骗等刑事案件适用法律若干问题的意见》(2016年12月19日　法发〔2016〕32号)

二、依法严惩电信网络诈骗犯罪

(一)根据《最高人民法院、最高人民检察院关于办理诈骗刑事案件具体应用法律若干问题的解释》第一条的规定,利用电信网络技术手段实施诈骗,诈骗公私财物价值三千元以上、三万元以上、五十万元以上的,应当分别认定为刑法第二百六十六条规定的“数额较大”“数额巨大”“数额特别巨大”。

二年内多次实施电信网络诈骗未经处理,诈骗数额累计计算构成犯罪的,应当依法定罪处罚。

(二)实施电信网络诈骗犯罪,达到相应数额标准,具有下列情形之一的,酌情从重处罚:

1. 造成被害人或其近亲属自杀、死亡或者精神失常等严重后果的;

2. 冒充司法机关等国家机关工作人员实施诈骗的;

3. 组织、指挥电信网络诈骗犯罪团伙的;

4. 在境外实施电信网络诈骗的;

5. 曾因电信网络诈骗犯罪受过刑事处罚或者二年内曾因电信网络诈骗受过行政处罚的;

6. 诈骗残疾人、老年人、未成年人、在校学生、丧失劳动能力人的财物,或者诈骗重病患者及其亲属财物的;

7. 诈骗救灾、抢险、防汛、优抚、扶贫、移民、救济、医疗等款物的;

8. 以赈灾、募捐等社会公益、慈善名义实施诈骗的;

9. 利用电话追呼系统等技术手段严重干扰公安机关等部门工作的;

10. 利用“钓鱼网站”链接、“木马”程序链接、网络渗透等隐蔽技术手段实施诈骗的。

(三)实施电信网络诈骗犯罪,诈骗数额接近“数额巨大”“数额特别巨大”的标准,具有前述第(二)条规定的情形之一的,应当分别认定为刑法第二百六十六条规定的“其他严重情节”“其他特别严重情节”。

上述规定的“接近”,一般应掌握在相应数额标准的百分之八十以上。

(四)实施电信网络诈骗犯罪,犯罪嫌疑人、被告人实际骗得财物的,以诈骗罪(既遂)定罪处罚。诈骗数额难以查证,但具有下列情形之一的,应当认定为刑法第二百六十六条规定的“其他严重情节”,以诈骗罪(未遂)定罪处罚:

1. 发送诈骗信息五千条以上的,或者拨打诈骗电话五百人次以上的;

2. 在互联网上发布诈骗信息,页面浏览量累计五千次以上的。

具有上述情形,数量达到相应标准十倍以上的,应当认定为刑法第二百六十六条规定的“其他特别严重情节”,以诈骗罪(未遂)定罪处罚。

上述“拨打诈骗电话”,包括拨出诈骗电话和接听被害人回拨电话。反复拨打、接听同一电话号码,以及反复向同一被害人发送诈骗信息的,拨打、接听电话次数、发送信息条数累计计算。

因犯罪嫌疑人、被告人故意隐匿、毁灭证据等原因,致拨打电话次数、发送信息条数的证据难以收集的,可以根据经查证属实的日拨打人次数、日发送信息条数,结合犯罪嫌疑人、被告人实施犯罪的时间、犯罪嫌疑人、被告人的供述等相关证据,综合予以认定。

(五)电信网络诈骗既有既遂,又有未遂,分别达到不同量刑幅度的,依照处罚较重的规定处罚;达到同一量刑幅度的,以诈骗罪既遂处罚。

(六)对实施电信网络诈骗犯罪的被告人裁量刑罚,在确定量刑起点、基准刑时,一般应就高选择。确定宣告刑时,应当综合全案事实情节，准确把握从重、从轻量刑情节的调节幅度，保证罪责刑相适应。

（七）对实施电信网络诈骗犯罪的被告人，应当严格控制适用缓刑的范围，严格掌握适用缓刑的条件。

（八）对实施电信网络诈骗犯罪的被告人，应当更加注重依法适用财产刑，加大经济上的惩罚力度，最大限度剥夺被告人再犯的能力。

★准确认定电信网络诈骗共同犯罪与主观故意

《最高人民法院、最高人民检察院、公安部关于办理电信网络诈骗等刑事案件适用法律若干问题的意见》（2016 年 12 月 19 日　法发〔2016〕32 号）

四、准确认定共同犯罪与主观故意

（一）三人以上为实施电信网络诈骗犯罪而组成的较为固定的犯罪组织，应依法认定为诈骗犯罪集团。对组织、领导犯罪集团的首要分子，按照集团所犯的全部罪行处罚。对犯罪集团中组织、指挥、策划者和骨干分子依法从严惩处。

对犯罪集团中起次要、辅助作用的从犯，特别是在规定期限内投案自首、积极协助抓获主犯、积极协助追赃的，依法从轻或减轻处罚。

对犯罪集团首要分子以外的主犯，应当按照其所参与的或者组织、指挥的全部犯罪处罚。全部犯罪包括能够查明具体诈骗数额的事实和能够查明发送诈骗信息条数、拨打诈骗电话人次数、诈骗信息网页浏览次数的事实。

（二）多人共同实施电信网络诈骗，犯罪嫌疑人、被告人应对其参与期间该诈骗团伙实施的全部诈骗行为承担责任。在其所参与的犯罪环节中起主要作用的，可以认定为主犯；起次要作用的，可以认定为从犯。

上述规定的“参与期间”，从犯罪嫌疑人、被告人着手实施诈骗行为开始起算。

（三）明知他人实施电信网络诈骗犯罪，具有下列情形之一的，以

共同犯罪论处,但法律和司法解释另有规定的除外:

1. 提供信用卡、资金支付结算账户、手机卡、通讯工具的;

2. 非法获取、出售、提供公民个人信息的;

3. 制作、销售、提供“木马”程序和“钓鱼软件”等恶意程序的;

4. 提供“伪基站”设备或相关服务的;

5. 提供互联网接入、服务器托管、网络存储、通讯传输等技术支持,或者提供支付结算等帮助的;

6. 在提供改号软件、通话线路等技术服务时,发现主叫号码被修改为国内党政机关、司法机关、公共服务部门号码,或者境外用户改为境内号码,仍提供服务的;

7. 提供资金、场所、交通、生活保障等帮助的;

8. 帮助转移诈骗犯罪所得及其产生的收益,套现、取现的。

上述规定的“明知他人实施电信网络诈骗犯罪”,应当结合被告人的认知能力,既往经历,行为次数和手段,与他人关系,获利情况,是否曾因电信网络诈骗受过处罚,是否故意规避调查等主客观因素进行综合分析认定。

(四)负责招募他人实施电信网络诈骗犯罪活动,或者制作、提供诈骗方案、术语清单、语音包、信息等的,以诈骗共同犯罪论处。

(五)部分犯罪嫌疑人在逃,但不影响对已到案共同犯罪嫌疑人、被告人的犯罪事实认定的,可以依法先行追究已到案共同犯罪嫌疑人、被告人的刑事责任。

★办理电信网络诈骗案件对涉案财物的处理

《最高人民法院、最高人民检察院、公安部关于办理电信网络诈骗等刑事案件适用法律若干问题的意见》(2016年12月19日 法发〔2016〕32号)

七、涉案财物的处理

(一)公安机关侦办电信网络诈骗案件,应当随案移送涉案赃款赃物,并附清单。人民检察院提起公诉时,应一并移交受理案件的人民法院,同时就涉案赃款赃物的处理提出意见。

（二）涉案银行账户或者涉案第三方支付账户内的款项，对权属明确的被害人的合法财产，应当及时返还。确因客观原因无法查实全部被害人，但有证据证明该账户系用于电信网络诈骗犯罪，且被告人无法说明款项合法来源的，根据刑法第六十四条的规定，应认定为违法所得，予以追缴。

（三）被告人已将诈骗财物用于清偿债务或者转让给他人，具有下列情形之一的，应当依法追缴：

1. 对方明知是诈骗财物而收取的；

2. 对方无偿取得诈骗财物的；

3. 对方以明显低于市场的价格取得诈骗财物的；

4. 对方取得诈骗财物系源于非法债务或者违法犯罪活动的。

他人善意取得诈骗财物的，不予追缴。

★以介绍婚姻为名，与被介绍妇女串通骗取他人钱财的，构成诈骗罪

《最高人民法院关于审理拐卖妇女儿童犯罪案件具体应用法律若干问题的解释》（2016年12月21日　法释〔2016〕28号）

第三条　以介绍婚姻为名，采取非法扣押身份证件、限制人身自由等方式，或者利用妇女人地生疏、语言不通、孤立无援等境况，违背妇女意志，将其出卖给他人的，应当以拐卖妇女罪追究刑事责任。

以介绍婚姻为名，与被介绍妇女串通骗取他人钱财，数额较大的，应当以诈骗罪追究刑事责任。

★实施虚假诉讼行为，非法占有他人财产或者逃避合法债务，又构成诈骗罪等犯罪的，择一重处

《最高人民法院、最高人民检察院关于办理虚假诉讼刑事案件适用法律若干问题的解释》（2018年9月26日　法释〔2018〕17号）

第四条　实施刑法第三百零七条之一第一款行为，非法占有他人财产或者逃避合法债务，又构成诈骗罪，职务侵占罪，拒不执行判决、裁定罪，贪污罪等犯罪的，依照处罚较重的规定定罪从重处罚。

★实施“套路贷”中多种手段并用，构成诈骗等多种犯罪的，依法实行数罪并罚或者择一重处

《最高人民法院、最高人民检察院、公安部、司法部关于办理“套路贷”刑事案件若干问题的意见》（2019年2月28日　法发〔2019〕11号）

二、依法严惩“套路贷”犯罪

4. 实施“套路贷”过程中，未采用明显的暴力或者威胁手段，其行为特征从整体上表现为以非法占有为目的，通过虚构事实、隐瞒真相骗取被害人财物的，一般以诈骗罪定罪处罚；对于在实施“套路贷”过程中多种手段并用，构成诈骗、敲诈勒索、非法拘禁、虚假诉讼、寻衅滋事、强迫交易、抢劫、绑架等多种犯罪的，应当根据具体案件事实，区分不同情况，依照刑法及有关司法解释的规定数罪并罚或者择一重处。

★实施“碰瓷”，虚构事实、隐瞒真相，骗取赔偿，构成诈骗罪

《最高人民法院、最高人民检察院、公安部关于依法办理“碰瓷”违法犯罪案件的指导意见》（2020年9月22日　公通字〔2020〕12号）

一、实施“碰瓷”，虚构事实、隐瞒真相，骗取赔偿，符合刑法第二百六十六条规定的，以诈骗罪定罪处罚；骗取保险金，符合刑法第一百九十八条规定的，以保险诈骗罪定罪处罚。

……

★诈骗案件涉案的财物价格认定

《被盗财物价格认定规则（2020年）》（2020年11月5日　发改价认办〔2020〕97号）

第十六条　抢劫罪、抢夺罪、诈骗罪、聚众哄抢公私财物罪、侵占罪、职务侵占罪、挪用特定款物罪、敲诈勒索罪等侵犯财产罪案件涉案财物价格认定，可以参照本规则执行。

★多次出境赴境外诈骗犯罪窝点构成“其他严重情节”的认定

《最高人民法院、最高人民检察院、公安部关于办理电信网络诈骗等刑事案件适用法律若干问题的意见(二)》(2021年6月17日 法发〔2021〕22号)

三、有证据证实行为人参加境外诈骗犯罪集团或犯罪团伙,在境外针对境内居民实施电信网络诈骗犯罪行为,诈骗数额难以查证,但一年内出境赴境外诈骗犯罪窝点累计时间30日以上或多次出境赴境外诈骗犯罪窝点的,应当认定为刑法第二百六十六条规定的“其他严重情节”,以诈骗罪依法追究刑事责任。有证据证明其出境从事正当活动的除外。

★实施虚假诉讼犯罪,又构成诈骗罪等犯罪的,择一重处

《最高人民法院关于深入开展虚假诉讼整治工作的意见》(2021年11月4日 法〔2021〕281号)

十七、依法认定犯罪,从严追究虚假诉讼刑事责任。虚假诉讼行为符合刑法和司法解释规定的定罪标准的,要依法认定为虚假诉讼罪等罪名,从严追究行为人的刑事责任。实施虚假诉讼犯罪,非法占有他人财产或者逃避合法债务,又构成诈骗罪、职务侵占罪、拒不执行判决、裁定罪、贪污罪等犯罪的,依照处罚较重的罪名定罪并从重处罚。对于多人结伙实施的虚假诉讼共同犯罪中罪责最突出的主犯、有虚假诉讼违法犯罪前科再次实施虚假诉讼犯罪的被告人,要充分体现从严,控制缓刑、免予刑事处罚的适用范围。

★冒充党和国家领导人或者其他领导干部的亲属、身边工作人员,骗取公私财物的,构成诈骗罪

《最高人民法院、最高人民检察院、公安部关于依法惩治招摇撞骗等违法犯罪行为的指导意见》(2021年12月16日 公通字〔2021〕21号)

二、冒充党和国家领导人或者其他领导干部的亲属、身边工作人员,骗取公私财物,符合刑法第二百六十六条规定的,以诈骗罪定罪处罚;诈骗数额接近“数额巨大”“数额特别巨大”的标准,并且严重损害国家机关、军队形象和威信或者诈骗手段恶劣、造成其他严重后果的，应当分别认定为刑法第二百六十六条规定的“其他严重情节”“其他特别严重情节”。

★伪造党和国家领导人或者其他领导干部的题词、书法、绘画或者合影照片、音频、视频等，骗取公私财物的，构成诈骗罪

《最高人民法院、最高人民检察院、公安部关于依法惩治招摇撞骗等违法犯罪行为的指导意见》（2021年12月16日　公通字〔2021〕21号）

三、伪造党和国家领导人或者其他领导干部的题词、书法、绘画或者合影照片、音频、视频等，骗取公私财物，符合刑法第二百六十六条规定的，以诈骗罪定罪处罚。

★冒充国家机关工作人员或者军人招摇撞骗，同时构成诈骗罪等犯罪的，择一重处

《最高人民法院、最高人民检察院、公安部关于依法惩治招摇撞骗等违法犯罪行为的指导意见》（2021年12月16日　公通字〔2021〕21号）

四、冒充国家机关工作人员或者军人招摇撞骗，同时构成非法吸收公众存款罪、集资诈骗罪、合同诈骗罪、组织、领导传销活动罪、诈骗罪的，依照处罚较重的规定定罪处罚。

第266条

类案检索指引

★采取违法手段，骗取互联网公司给予的补贴，数额较大的，构成诈骗罪

《董亮等四人诈骗案》（2017年10月12日最高人民检察院发布第九批指导性案例：检例第38号）

【关键词】

诈骗　自我交易　打车软件　骗取补贴

【要旨】

以非法占有为目的,采用自我交易方式,虚构提供服务事实,骗取互联网公司垫付费用及订单补贴,数额较大的行为,应认定为诈骗罪。

【指导意义】

当前,网络约车、网络订餐等互联网经济新形态发展迅速。一些互联网公司为抢占市场,以提供订单补贴的形式吸引客户参与。某些不法分子采取违法手段,骗取互联网公司给予的补贴,数额较大的,可以构成诈骗罪。

在网络约车中,行为人以非法占有为目的,通过网约车平台与网约车公司进行交流,发出虚构的用车需求,使网约车公司误认为是符合公司补贴规则的订单,基于错误认识,给予行为人垫付车费及订单补贴的行为,符合诈骗罪的本质特征,是一种新型诈骗罪的表现形式。

★未及时支付货款未给合同相对方造成重大经济损失,尚未超出普通民事合同纠纷的范畴

《赵明利诈骗再审改判无罪案》(2019 年 5 月 21 日最高人民法院发布依法平等保护民营企业家人身财产安全十大典型案例)

【典型意义】

赵明利案再审是最高人民法院第二巡回法庭敲响的东北地区保护企业家人身和财产安全的第一槌。该案中赵明利被改判无罪的关键点在于,厘清了经济纠纷和刑事犯罪的界限。本案中,赵明利未及时支付货款的行为,既未实质上违反双方长期认可的合同履行方式,也未给合同相对方造成重大经济损失,尚未超出普通民事合同纠纷的范畴。严格区分经济纠纷与刑事诈骗犯罪,不得动用刑事强制手段介入正常的民事活动,侵害平等、自愿、公平、自治的市场交易秩序,用法治手段保护健康的营商环境。

★主要成员固定,其他人员有一定流动性的电信网络诈骗犯罪组织,可认定为犯罪集团

《张凯闵等52人电信网络诈骗案》(2020年4月8日最高人民检察院发布第十八批指导性案例:检例第67号)

【关键词】

跨境电信网络诈骗　境外证据审查　电子数据　引导取证

【要旨】

跨境电信网络诈骗犯罪往往涉及大量的境外证据和庞杂的电子数据。对境外获取的证据应着重审查合法性,对电子数据应着重审查客观性。主要成员固定,其他人员有一定流动性的电信网络诈骗犯罪组织,可认定为犯罪集团。

★民营医院通过非法手段骗取医保基金的行为严重扰乱了国家社会保障管理秩序,依法应予以严惩

《杨某某、黎某等3人诈骗医保基金案》(2021年10月26日最高人民检察院发布检察机关依法追诉诈骗犯罪典型案例)

【典型意义】

1.依法严惩骗取医保基金犯罪,维护人民群众切身利益和医保基金安全。医保基金是老百姓的"救命钱",民营医院通过非法手段骗取医保基金的行为严重扰乱了国家社会保障管理秩序,危害了人民群众医疗保障切身利益,依法应予以严惩。检察机关通过刑事抗诉纠正一审法院错误裁判,促进了法律正确适用,有利于司法机关严厉惩治骗取医保犯罪活动,有助于警示和预防此类犯罪发生,在全社会形成防骗反骗的良好环境。

2.打防并举,聚焦源头治理促进行业监管。针对有的医院通过骗取医保基金严重扰乱相关管理秩序的情况,检察机关在办案中注重法治思维、强基导向,充分发挥检察建议堵漏建制功能,有针对性地向相关行政主管部门制发检察建议,督促职能部门依法履职,加大对骗取医保基金等行为的惩治力度,为维护医保基金安全高效运转、促进医疗行业规范有序发展提供有力的法治保障。

★对期货投资交易平台类案要从被告人虚构事实与被害人“入金”的因果关系、资金走向及盈利来源等关键点，准确定性

《洪某源、张某发、彭某明等61人利用期货交易平台诈骗案》(2021年10月26日最高人民检察院发布检察机关依法追诉诈骗犯罪典型案例)

【典型意义】

1. 加强电子证据收集、固定和审查。针对电子数据证据易篡改、易灭失的特点，引导公安机关第一时间对手机、电脑等原始存储介质规范扣押和封存，完整提取和固定后台数据。对平台电子数据委托专业鉴定机构提取、恢复，并全程同步录音录像，必要时通过邀请期货行业专业人员介入等方式，提高电子数据审查的专业性。

2. 把握犯罪特点确保精准打击。对期货投资交易平台类案要从平台真伪、被害人亏损原因、犯罪嫌疑人盈利来源厘清诈骗与非法经营等犯罪的界限，抓住涉案平台的虚假性、被告人虚构事实与被害人“入金”的因果关系、资金走向及盈利来源等关键点，依法准确定性。

3. 深挖犯罪与追赃挽损并重。针对网络诈骗案件涉案人数多、犯罪事实多的特点，检察机关全面梳理平台电子数据，厘清各平台、各层级、各角色人员的犯罪事实，及时发现纠正漏罪漏犯，从犯罪嫌疑人分赃、取现的资金账户入手，倒查资金流向，及时冻结关联账户，加强追赃工作，尽可能挽回被害人经济损失。

★对于隐瞒婚育史、婚后不履行夫妻义务、彩礼得手后故意挑起夫妻矛盾、离家出走、要求离婚的，构成本罪

《腾某珠、童某散等7人“骗婚”诈骗案》(2021年10月26日最高人民检察院发布检察机关依法追诉诈骗犯罪典型案例)

【典型意义】

1. 发挥检察一体优势，立体监督与自行补侦相结合。对于案件跨多个区域、涉及多笔犯罪事实的，应采取上下级检察机关一体联动模式，采取挂牌督办、指定管辖等方式加大案件办理力度。针对证据薄弱、犯罪嫌疑人供述不稳定等问题，检察机关应践行能动司法理念，综合运用纠正违法、纠正漏补、漏诉等监督手段，并发挥引导侦查、自行补充侦查等职能，及时固定证据，精准指控犯罪。

2. 厘清犯罪事实，精准认定骗婚类诈骗犯罪。婚姻应当基于感情，绝不能成为骗财的手段。在办理农村“骗婚”类案件中，不能仅以是否领取结婚证、是否共同生活作为罪与非罪的判断标准，而应当把握诈骗犯罪的实质，综合考量行为人是否隐瞒婚育史、婚后是否故意挑起矛盾意欲解除婚姻关系、是否存在故意失联行为等。在此基础上，准确区分索取钱财的行为是正常的索要彩礼还是以结婚为名的诈骗。对于隐瞒婚育史、婚后不履行夫妻义务、彩礼得手后故意挑起夫妻矛盾、以夫妻感情不和等理由离家出走、要求离婚的，应以诈骗罪追究其刑事责任。

3. 保障被害人权益，延伸社会治理职能。针对因骗婚行为致被害人“人财两空”、生活陷入困境的问题，检察机关及时启动司法救助程序，防止因案致贫。并注重引入社会力量适时开展心理疏导，化解负面情绪。针对农村地区“骗婚”案件多发的问题，及时制发“检察关注函”，提示当地政府关注农村大龄男青年婚育问题，提醒农村群众认清诈骗分子“真面目”、守好手中“钱袋子”。同时，广泛开展送法进社区、进乡村，引导群众学法、懂法、守法、用法，促进公民法治观念养成。

第266条

★对以拍卖为名实施诈骗的犯罪行为进行有效打击和遏制

《杨某等43人虚构收藏品拍卖诈骗案》（2021年10月26日最高人民检察院发布检察机关依法追诉诈骗犯罪典型案例）

【典型意义】

1. 准确区分共同犯罪中各嫌疑人的作用，确定分层处理的原则。本案40余名犯罪嫌疑人，为了区别各犯罪嫌疑人在共同犯罪中的地位和作用，检察机关确定分层处理的原则。对在公司中起组织、领导作用，并参与公司整体分红的杨某等3人认定为主犯，对全案负责，其他嫌疑人为从犯，对其所参与的犯罪负责。对25名从犯依法提起公诉，并提出了量刑建议，对15名犯罪情节轻微的犯罪嫌疑人做出不起诉处理，使案件繁简分流。既突出了刑罚惩治和打击犯罪的重点,也充分体现了认罪认罚从宽和教育挽救的刑事政策。

2. 对以拍卖为名实施诈骗的犯罪行为进行了有效打击和遏制。近年来,“以拍卖为名,实则诈骗”的案件屡屡发生,不仅犯罪时间长,人员流动性大,诈骗手段隐蔽性强,而且被害人范围广,造成的经济损失巨大,取证难度随之增大。由于涉及拍卖行业的专业领域,行为人往往会利用被害人不了解拍卖“行规”,夸大获利前景,骗取被害人信任花费高额费用。在给被害人造成财产损失后,则以“流拍”或者“拍卖属于风险投资”等借口,规避责任。本案为拍卖领域的犯罪认定和预防提供了有益借鉴。

★对恶意诈骗失业救济金的七名被告人予以追诉,对四十余名主观恶性较小、骗取金额较少的工人,不予立案或作撤案处理

《昝某、凡某雨、林某永等人诈骗失业保险金案》(2021 年 10 月 26 日最高人民检察院发布检察机关依法追诉诈骗犯罪典型案例)

【典型意义】

1. 发挥主导作用,依法打击犯罪。该案是常州市首例骗取失业保险金案件,犯罪持续时间长、影响范围广,冒领保险金的工人众多,严重危害国家失业保险金安全和民生民利。针对该案侦查中面临的取证难等问题,检察机关提前介入,积极引导公安机关侦查取证。移送审查起诉后,多次引导侦查补充证据,依法确定诈骗金额。积极研究该类案件遇到的重点难点问题,为今后办案提供有益指导。

2. 注重职能延伸,促进行业规范。失业保险金是社会保险制度的重要组成部分,是失业劳动者享有的基本生活保障,也是确保民生民利和社会稳定的重要制度。恶意骗取国家失业保险金,不仅侵犯国家失业保险金,而且损坏了失业者的切身利益。因此,针对办案中发现的社保部门程序简单、审核不严,相关公司用工管理不规范、失业保险金宣传不到位、企业沟通不到位等问题,检察机关积极运用检察建议,促使相关部门和企业严肃整顿,及时堵塞社会管理漏洞。

3. 履职检察监督职能,积极挽回国家损失。在办理案件过程中,坚持宽严相济刑事政策,对恶意诈骗失业救济金的储某燕等七名被告人坚决予以追诉，对另外四十余名因法治意识淡薄、主观恶性较小、骗取金额较少、且主动退出冒领金额的工人，依法建议公安机关不予立案或作撤案处理，取得了良好的法律效果和社会效果。打击犯罪的同时，对被骗的失业保险金，积极协助追缴，挽回国家损失。

★准确把握犯罪的主要特征和证明要素，为捋清指控思路和构建证明体系奠定基础

《李某、黄某某等10人编造"皇家资产"诈骗案》（2021年10月26日最高人民检察院发布检察机关依法追诉诈骗犯罪典型案例）

【典型意义】

1. 明确指控思路，构建清晰的证明体系。"民族资产解冻"类诈骗犯罪是一种集返利、传销与诈骗为一体的新型、混合型犯罪，其隐蔽性强、专业程度高，证据易被隐匿、灭失，犯罪证明难度较大。办理该类犯罪，首先要充分了解犯罪组织的构架、层级、运行方式等基本概况，在熟悉案情的基础上，进一步研究相关法律法规，厘定"骨干代理人""一般代理人"等特别概念和规定，准确把握犯罪的主要特征和证明要素，为捋清指控思路和构建证明体系奠定基础。

2. 开展法治宣传，延伸检察职能。在案件办理的过程中，检察机关积极关切、参与社会综合治理，特别是针对存在的问题和薄弱环节。本案中涉及的某镇某村被骗人数众多，弥勒市检察院延伸法律监督职能，向相关部门发出检察建议书，建议加大打击力度、扎实开展法律宣传。同时与公安等政法部门在当地进行法治宣传，督促整改落实，形成了打击犯罪合力，坚决遏制了该类型犯罪在当地的发展蔓延态势，实现了政治效果、法律效果和社会效果的统一。

★成功追诉一起在企业并购领域针对上市民营企业的虚假诉讼型诈骗案

《周某等人虚假诉讼诈骗案》（2021年10月26日最高人民检察院发布检察机关依法追诉诈骗犯罪典型案例）

【典型意义】

1. 为办理同类案件提供指引，保护民营企业健康有序发展。检察机关成功追诉一起在企业并购领域针对上市民营企业的虚假诉讼型诈骗案。办理本案过程中，检察机关以保护民营经济为宗旨，细致分析，精准研判，通过数字化办案，为民营企业主持公道，避免企业2100余万元的损失，更为企业挽回声誉。本案中运用数字化办案方式、证据审查方法、追赃挽损途径，为检察机关办理同类案件提供了工作指引，同时通过公开审查，为民营企业反映诉求、化解纠纷提供了畅通的渠道。本案的办理体现了恢复性司法理念，实现了"三个效果"有机统一，充分发挥检察机关的诉前主导责任。

2. 本案的判决有利于预防和警示企业并购领域犯罪。本案系杭州地区企业并购领域诈骗第一案，R集团在向检察机关送感谢信时，表示目前R集团在企业数十亿元的并购过程中，都会注意仔细核查被收购企业资产和债务的真实性，并会出示本案判决书给被收购企业，提醒被收购企业要真实、合法申报企业财务信息，否则可能会被追究刑事责任。本案的办理不仅帮助企业追回损失，挽回声誉，维护法律公正，更重要的是，对于全国民营企业而言，在进行并购项目时，对收购方和出售方均具有警示、预防的指导意义。

★假冒专家身份进行诊疗，将低价购进的保健品高价卖给不特定老年人，构成诈骗罪

《吕某某等人诈骗案》（2022年3月14日最高人民检察院发布检察机关依法惩治制售假冒伪劣商品犯罪典型案例）

【关键词】

电信诈骗　"保健品"　维护老年人权益　分层处理

【要旨】

利用老年人重视健康、求医心切的心理，假冒专家身份进行诊疗，通过谎报病因、夸大产品疗效等欺诈手段，将低价购进的保健品高价卖给不特定老年人，具有非法占有故意，构成诈骗罪。要根据各行为人参与犯罪时间的长短、职责分工、非法获利、职业经历等，综合判断行为人责任轻重。检察机关要积极延伸办案效果，开展以案释法，提高群众识骗防骗意识。

★严厉打击跨境电信网络诈骗犯罪集团

《魏某双等60人诈骗案——以投资虚拟货币等为名搭建虚假交易平台跨境实施电信网络诈骗》（2022年4月21日最高人民检察院发布打击治理电信网络诈骗及关联犯罪典型案例）

【关键词】

电信网络诈骗　跨境犯罪集团　虚拟货币　投资风险防范

【要旨】

跨境电信网络诈骗犯罪多发，受害范围广、涉及金额多、危害影响大，检察机关要充分发挥法律监督职能，依法追捕、追诉境内外犯罪分子，全面追查、准确认定犯罪资金，持续保持从严惩治的态势。对于投资型网络诈骗，会同相关部门加强以案释法和风险预警，引导社会公众提高防范意识，切实维护人民群众财产权益。

★全面把握交易平台运行模式，准确认定以频繁交易方式骗取高额手续费行为的诈骗本质

《邱某儒等31人诈骗案——虚构艺术品交易平台以投资理财为名实施网络诈骗》（2022年4月21日最高人民检察院发布打击治理电信网络诈骗及关联犯罪典型案例）

【关键词】

网络诈骗　虚假投资　法律监督　追赃挽损

【要旨】

对于以频繁交易方式骗取高额手续费行为，检察机关要全面把握投资平台操作模式，准确认定其诈骗本质，依法精准惩治。准确区分诈骗集团中犯罪分子的分工作用，依法全面惩治集团内部各个层级的诈骗犯罪分子。强化追赃挽损，及时阻断诈骗资金的转移和处置，维护人民群众合法权益。

★利用自己或他人的银行卡、收款码为诈骗犯罪分子收取、转移赃款，应当予以严厉打击

《张某等3人诈骗案、戴某等3人掩饰、隐瞒犯罪所得案——冒充明星以投票打榜为名骗取未成年人钱款》(2022年4月21日最高人民检察院发布打击治理电信网络诈骗及关联犯罪典型案例)

【关键词】

电信网络诈骗 “饭圈”文化 未成年人 掩饰隐瞒犯罪所得罪

【要旨】

以“饭圈”消费为名实施的诈骗对未成年人身心健康造成严重侵害。检察机关要依法从严惩治此类诈骗犯罪，引导未成年人自觉抵制不良“饭圈”文化，提高防范意识。对于利用个人银行卡和收款码，帮助诈骗犯罪分子收取、转移赃款的行为，加强全链条打击，可以掩饰、隐瞒犯罪所得罪论处。

★通过对“交友话术欺骗性、充值数额异常性、获利手段非法性”等因素进行综合分析，准确认定诈骗本质

《刘某峰等37人诈骗案——以组建网络游戏情侣为名引诱玩家高额充值骗取钱款》(2022年4月21日最高人民检察院发布打击治理电信网络诈骗及关联犯罪典型案例)

【关键词】

电信网络诈骗 游戏托 高额充值 网络游戏行业规范

【要旨】

“游戏托”诈骗行为隐蔽套路深，欺骗性诱惑性强。检察机关要穿透“游戏托”诈骗骗局，通过对“交友话术欺骗性、充值数额异常性、获利手段非法性”等因素进行综合分析，准确认定其诈骗本质，依法以诈骗罪定罪处罚。通过办案引导广大游戏玩家提高自我防范能力，督促网络游戏企业强化内控、合规经营，促进行业健康发展。

★对于涉案人数较多的电信网络诈骗案件，区分对象分层分类处理，做到宽严相济

《吴某强、吴某祥等60人诈骗案——虚构基因缺陷引诱被害人购买增高产品套餐骗取钱款》（2022年4月21日最高人民检察院发布打击治理电信网络诈骗及关联犯罪典型案例）

【关键词】

电信网络诈骗　网络销售　保健品　基因检测

【要旨】

准确认定网络销售型诈骗中行为人对所出售商品“虚构事实”的行为，依法区分罪与非罪、此罪与彼罪的界限，精准惩治。对于涉案人数较多的电信网络诈骗案件，区分对象分层分类处理，做到宽严相济，确保案件效果良好。

★对于专门为诈骗犯罪团伙提供资金转移通道，形成较为稳定协作关系的，应以诈骗罪共犯认定

《罗某杰诈骗案——利用虚拟货币为境外电信网络诈骗团伙跨境转移资金》（2022年4月21日最高人民检察院发布打击治理电信网络诈骗及关联犯罪典型案例）

【关键词】

电信网络诈骗　虚拟货币　资金跨境转移　共同犯罪

【要旨】

利用虚拟货币非法进行资金跨境转移，严重危害经济秩序和社会稳定，应当依法从严全链条惩治。对于专门为诈骗犯罪团伙提供资金转移通道，形成较为稳定协作关系的，应以诈骗罪共犯认定，实现罪责刑相适应。

★对于假借行医之名高价销售不具有实际价值的药材骗取钱财的，构成诈骗罪

《叶某亚、纪某波等人诈骗案——假借中医专家诊疗之名诈骗医药费》（2022年6月8日最高人民检察院印发检察机关打击整治养老诈骗犯罪典型案例）

【关键词】

中医诊疗　诈骗　自行侦查　法治宣传

【典型意义】

（一）依法能动履职，开展自行侦查，准确界定案件性质。开设中医诊所，以民间专家中医诊疗为名针对老年人实施诈骗案件时有发生，不仅侵害老年人的财产安全，还可能危害老年人的身体健康。对这种诈骗手段的定性具有一定的迷惑性，检察机关应当结合犯罪嫌疑人、被告人行为方式、主观目的等准确界定案件性质，准确区分诈骗罪与非法行医罪等罪名。对于假借行医之名，通过虚假宣传以高价销售不具有实际价值的药材骗取钱财的，应当透过行医表象看到诈骗本质，依法以诈骗罪追究刑事责任。检察机关应当重点围绕是否以行医之名行诈骗之实进行审查。必要时，可以通过自行侦查夯实相关证据，邀请相关行业专家进行辅助审查。

（二）结合办案创新开展法治宣传，让“检察蓝”护佑“夕阳红”。检察机关在办案的同时，要注重通过以案释法深化法治宣传效果，推动法治宣传进社区、进超市、进公园、进广场、进家庭、进老年人活动场所。发挥各类新媒体平台的作用，通过发布相关典型案例、举办网络法律课堂等开展普法宣传。要发挥人大代表等社会各界人士的作用，通过邀请人大代表及社区涉老工作人员旁听庭审等形式，促进普法宣传工作。

★对于冒充国家工作人员实施诈骗犯罪的，择一重处

《夏某等人诈骗、侵犯公民个人信息案——非法获取老年人个人信息，冒充国家工作人员办理“养老抚恤金”等诈骗老年人》（2022年6月8日最高人民检察院印发检察机关打击整治养老诈骗犯罪典型案例）

【关键词】

养老抚恤　侵犯公民个人信息　诈骗　全链条惩治　释法说理

【典型意义】

（一）全面从严惩治涉养老电信网络诈骗及相关犯罪，促进全链条治理。涉老年人等弱势群体的电信网络诈骗犯罪较为高发，该类案件往往时间跨度较长，被害人分布全国各地。检察机关要通过介入侦查，引导公安机关全面查清犯罪事实。对于冒充国家工作人员实施诈骗犯罪的，应当依照处罚较重的罪名追究刑事责任。在养老诈骗犯罪中，提供老年人个人信息成为“精准”诈骗的帮凶，在依法追究诈骗人员刑事责任的同时，要注意查处侵犯公民个人信息、帮助信息网络犯罪活动等关联犯罪，坚决斩断针对老年人电信网络诈骗的黑色产业链条。对于在诈骗过程中侵犯公民个人信息构成犯罪的，应当一并追究刑事责任。

（二）针对老年人的身心特点做实做细释法说理工作，更好体现司法人文关怀。养老诈骗犯罪不仅侵害老年人的财产安全，而且还会给老年人的身心健康带来负面影响。检察机关在办好案件的同时，要主动听取老年人的合理合法诉求，有针对性地开展释法说理、心理安抚等工作，对因诈骗陷入生活困境的老年人主动开展司法救助工作，最大限度维护老年人的生活安宁。

★办理养老诈骗犯罪集团案件，要注意区分各被告人在犯罪中的地位、作用，对首要分子要依法从重惩治

《许某桥、鲍某康等人诈骗案——销售虚假藏品诈骗老年人》（2022年6月8日最高人民检察院印发检察机关打击整治养老诈骗犯罪典型案例）

【关键词】

销售虚假藏品　犯罪集团　诈骗　检察建议

【典型意义】

（一）办理养老诈骗犯罪集团案件，要注意区分各被告人在犯罪中的地位、作用，对首要分子要依法从重惩治。为实施养老诈骗形成犯罪集团，社会危害十分严重，应当依法从严打击。检察机关要发挥介入侦查、引导取证等作用，会同公安机关做好案情研判，对符合逮捕条件的，依法及时批准逮捕；发现遗漏犯罪嫌疑人的，依法督促公安机关追加逮捕，作出批准逮捕决定。要结合各被告人在犯罪中的地位、作用、获利情况、参与时间、主观明知程度等因素，全面考量评价，依法准确区分主从犯。提出量刑建议时，对犯罪集团的首要分子要充分体现依法从重惩治。

（二）结合办案制发检察建议，协同整治规范收藏品文化市场。利用"书画收藏""艺术品收藏"等名目针对老年人群体的诈骗，对老年人迷惑性强，不但扰乱文化市场秩序，还骗取众多老年人的养老钱，社会危害性很大，影响人民群众安全感。文化市场是社会治理的重要方面，检察机关要注重发挥检察建议的作用，结合办案推动相关部门开展行业专项整治规范工作，有效防范同类案件的发生。同时，结合案件办理和整治规范，有针对性地开展从业人员预防犯罪警示教育，通过以案释法，教育引导相关市场主体合法、诚信经营。

★涉军诈骗犯罪行为同时构成冒充军人招摇撞骗罪与诈骗罪的，择一重处

《吴某某诈骗案》（2022年7月29日最高人民检察院发布全国检察机关依法惩治侵犯军人军属合法权益犯罪典型案例）

【典型意义】

1.准确适用法律，依法严厉惩治冒充军人招摇撞骗、诈骗犯罪。检察机关在办理此类案件过程中，应当注重引导公安机关对资金流水、聊天记录、通话记录等客观证据进行全面梳理，对有关线索及时分析研判，深入挖掘犯罪事实，依法严厉惩治涉军诈骗犯罪。犯罪行为同时构成冒充军人招摇撞骗罪与诈骗罪的，应择一重罪论处。本案中吴某某的行为同时构成冒充军人招摇撞骗罪和诈骗罪，如果按照冒充军人招摇撞骗罪论处，属于刑法第三百七十二条规定的情节严重情形，量刑幅度为三年以上十年以下有期徒刑；如果按照诈骗罪论处，属于刑法第二百六十六条规定的数额特别巨大的情形，量刑幅度为十年以上有期徒刑或者无期徒刑，并处罚金或者没收财产。根据罪责刑相一致原则，结合本案事实，对吴某某按照诈骗罪论处，更能准确评价其犯罪行为，更有利于惩治犯罪。

2. 依托军地协作，强化涉军案件综合治理。冒充军人身份实施的诈骗案件严重损害军队、军人形象。地方检察机关办理此类案件，应当加强军地协作，充分听取军事检察机关和有关部队单位的意见，在案件办理、普法宣传、推进落实军人合法权益保护等方面完善协作配合机制，形成工作合力。同时，注重延伸职能，主动作为，针对办案中发现的制度机制漏洞，通过风险提示、检察建议等方式推动有关部门建章立制、堵塞漏洞、消除隐患，强化涉军案件综合治理。

★重点打击以销售“养老产品”为名实施诈骗的犯罪分子

《徐正等人诈骗案——以销售“养老产品”为名实施诈骗犯罪》

（2022年8月24日最高人民法院发布人民法院重点打击六类养老诈骗犯罪典型案例）

【典型意义】

本案是以销售“养老产品”为名侵害老年人合法权益的典型犯罪案件，该类犯罪主要表现为通过提供免费或低价旅游观光、情感陪护、虚假宣传等手段，采取免费发放礼品、商品回购、寄存代售、消费返利、会议营销、养生讲座等方式，诱骗老年人购买价格虚高的保健品、食品、药品、医疗器械、收藏品或者假冒伪劣产品等。我国老龄人口规模不断增长，已步入中度老龄化社会，犯罪分子瞄准规模庞大的老年群体实施养老诈骗。被告人徐正等人谎称公司系国有企业授权销售方，获取老年人信任，抓住老年人识别鉴定能力较弱的特点，鼓吹收藏品增值空间大、投资利润丰厚，使老年人相信收藏品投资能够提供养老保障、消除养老后顾之忧，诱骗老年人高价购买廉价批发的收藏品，骗取钱财。人民法院提示老年人投资消费要冷静，绷紧防范意识这根弦，不轻信电话、网络、电视推销，认准正规的收藏投资渠道，特别是要谨防所谓“高额返利”“高价回购”等宣传，防止陷入骗子的套路，守护好自己的“养老钱”。

★重点打击以代办“养老保险”为名实施的诈骗犯罪

《李晓雷诈骗案——以代办“养老保险”为名实施诈骗犯罪》(2022年8月24日最高人民法院发布人民法院重点打击六类养老诈骗犯罪典型案例)

【典型意义】

本案是以代办“养老保险”为名侵害老年人合法权益的典型犯罪案件，该类犯罪主要表现为谎称认识社保局等部门工作人员或者冒充银行、保险机构工作人员，可以代办“提前退休”“养老保险”等，骗取老年人的保险费、材料费、好处费等。职工基本养老保险是符合我国国情，保障社会保险制度健康持续发展和实现“老有所养”的重要制度。一些犯罪分子利用老年人不了解相关政策规定，以有关系代办、违规办理“养老保险”为名，对老年人实施诈骗犯罪。本案中，被害人本应通过当地人社部门咨询了解相关办理城镇职工养老保险的政策条件，但其认为“找关系”更加顺利和省钱，将保险费交由被告人代办，最终导致钱款被骗、个人养老保险断缴的后果。人民法院在审理中发现，相关部门在养老保险政策宣传以及业务办理等方面存在薄弱环节，先后向当地相关部门发送司法建议，建议加大社会保障政策的宣传力度，加强和完善社会保险代缴业务管理。人民法院提示老年人在办理养老、医疗保险时，应通过相关部门、网站、社区、村委会等了解国家和当地政策规定，到相关部门按照程序依规办理，不要轻易相信他人能代办养老保险而把费用交给他人；明知不符合办理条件的不要企图通过“找关系”“走后门”方式违规办理，不要轻信通过熟人可以省钱等谎言，避免让犯罪分子有机可乘。

★重点打击以开展“养老帮扶”为名实施的诈骗犯罪

《李建涛诈骗案——以开展“养老帮扶”为名实施诈骗犯罪》(2022年8月24日最高人民法院发布人民法院重点打击六类养老诈骗犯罪典型案例)

【典型意义】

本案是以开展“养老帮扶”为名侵害老年人合法权益的典型犯罪案件,该类犯罪主要表现为假借义务诊疗、心理关爱、直播陪护、慈善捐助、志愿服务、组织文化活动等形式获得老年人的信任,对老年人实施诈骗。被告人李建涛等人为实施犯罪专门成立公司,在互联网低价购进保健品,招募大量业务员,以免费医疗咨询、义务诊疗等噱头拉拢老年人参加讲座,冒充知名三甲医院的名医在讲座中为老年人“号脉”“看病”等,将通过拉家常、聊天方式提前了解的老年人身体状况及病情记录,伪装成通过“号脉”得知,获取老年人信任后夸大病情、虚构保健品为特效药品,高价出售给老年人,骗取老年人钱款。该犯罪集团流窜作案,犯罪时间长、手段隐蔽,社会危害巨大,部分老年人因听信所谓名医建议中断原本服用的正常药物,延误正常治疗,造成严重后果。李建涛系犯罪集团首要分子,该犯罪集团针对老年人实施犯罪,人民法院按照犯罪集团所犯全部罪行对李建涛从重处罚,充分体现了从严惩处养老诈骗犯罪的精神。人民法院提示老年人就医需到正规医院,切莫病急乱投医,不要轻信所谓免费讲座、免费诊疗,更不要高价购买非正规药品、保健品,避免上当受骗。

★跨境电信网络诈骗犯罪集团社会危害性极大,对集团首要分子和骨干成员必须依法从严惩处

《被告人易扬锋、连志仁等三十八人诈骗、组织他人偷越国境、偷越国境、帮助信息网络犯罪活动、掩饰、隐瞒犯罪所得案》(2022年9月6日最高人民法院发布人民法院依法惩治电信网络诈骗犯罪工作情况暨典型案例)

【典型意义】

以被告人易扬锋、连志仁为首的电信网络诈骗犯罪集团,利用公司化运作模式实施诈骗,集团内部层级严密,分工明确,组织特征鲜明。该诈骗集团将作案窝点设在境外,从国内招募人员并组织偷越国境,对我境内居民大肆实施诈骗,被骗人数众多,涉案金额特别巨大。跨境电信网络诈骗犯罪集团社会危害性极大,系打击重点,对集团首要分子和骨干成员必须依法从严惩处。人民法院对该诈骗集团首要分子易扬锋、连志仁分别判处无期徒刑和有期徒刑十六年,对其余骨干成员均判处十年以上有期徒刑,充分体现了依法从严惩处的方针,最大限度彰显了刑罚的功效。

★共同电信网络诈骗犯罪中,后台服务部门和地下钱庄均系犯罪链条上不可或缺的一环

《被告人罗欢、郑坦星等二十一人诈骗案》(2022年9月6日最高人民法院发布人民法院依法惩治电信网络诈骗犯罪工作情况暨典型案例)

【典型意义】

电信网络诈骗一般是长期设置窝点作案,有明确的组织、指挥者,骨干成员固定,结构严密,层级分明,各个环节分工明确,各司其职,衔接有序,多已形成犯罪集团,其中起组织、指挥作用的,依法认定为犯罪集团首要分子,其中起主要作用的骨干成员,包括各个环节的负责人,一般认定为主犯,按照其所参与或者组织、指挥的全部犯罪处罚。本案中,黄某某犯罪集团各部门之间分工明确,相互协作,共同完成电信网络诈骗犯罪,其中后台服务部门和地下钱庄均系犯罪链条上不可或缺的一环。人民法院对负责后台服务的负责人罗欢、骨干成员王亚菲、地下钱庄人员郑坦星依法认定为主犯,均判处十年以上有期徒刑,体现了对电信网络犯罪集团首要分子和骨干成员依法严惩的方针。

★在审判阶段,对于被告人的亲属代为退赔部分赃款,按照比例发还各被害人

《被告人施德善等十二人诈骗案》(2022 年 9 月 6 日最高人民法院发布人民法院依法惩治电信网络诈骗犯罪工作情况暨典型案例)

【典型意义】

本案被告人施德善、刘登组织人员前往境外实施电信网络诈骗犯罪,骗取境内被害群众钱款 800 余万元。人民法院准确认定案件事实,彻查涉案赃款流向,与公安、检察机关协调配合,及时查扣、冻结涉案赃款 463 万余元,并灵活运用刑罚调整功能,鼓励被告人退赃退赔。在审判阶段,被告人施德善、刘登等人的亲属代为退赔部分赃款,人民法院按照比例发还各被害人,不足部分责令本案主犯继续退赔,本案从犯在各自分得赃款范围内承担连带退赔责任。全案共计挽回财产损失 539 余万元,追赃挽损率较高。人民法院在依法审判案件的同时,坚持司法为民和全力追赃挽损,鼓励被告人积极退赃退赔,及时返还被害人,最大限度挽回被害群众的经济损失,取得了良好的法律效果和社会效果。

★诈骗残疾人、老年人、未成年人、在校学生、丧失劳动能力人的财物,或者诈骗重病患者及其亲属财物的,酌情从重处罚

《被告人吴健成等五人诈骗案》(2022 年 9 月 6 日最高人民法院发布人民法院依法惩治电信网络诈骗犯罪工作情况暨典型案例)

【典型意义】

本案被告人吴健成等人利用未成年人涉世未深、社会经验欠缺、容易轻信对方、易受威胁等特点实施诈骗,严重侵害未成年人合法权益,犯罪情节恶劣。"两高一部"《关于办理电信网络诈骗等刑事案件适用法律若干问题的意见》规定,诈骗残疾人、老年人、未成年人、在校学生、丧失劳动能力人的财物,或者诈骗重病患者及其亲属财物的,酌情从重处罚。人民法院对吴健成依法从重处罚,充分体现了人民法院坚决保护未成年人合法权益,严厉惩处针对未成年人犯罪的鲜明立场。

★对电信网络诈骗犯罪坚持依法从严惩处的同时，注重宽以济严，确保效果良好

《被告人赵明云等九人诈骗案》（2022 年 9 月 6 日最高人民法院发布人民法院依法惩治电信网络诈骗犯罪工作情况暨典型案例）

【典型意义】

电信网络诈骗犯罪的涉案人员在共同犯罪中的地位作用、行为的危害程度、主观恶性和人身危险性等方面有一定区别。人民法院对电信网络诈骗犯罪在坚持依法从严惩处的同时，也注重宽以济严，确保效果良好。本案被告人赵明云系从严惩处的对象，对诈骗团伙所犯全部罪行承担刑事责任。被告人丁某某刚刚进入社会，系初犯，参与犯罪时间较短，且在作案过程中主动向被害人坦承犯罪并示警，避免被害人损失进一步扩大，后主动脱离犯罪团伙，到案后真诚认罪悔罪，对于此类人员应坚持教育、感化、挽救方针，落实宽严相济刑事政策，用好认罪认罚从宽制度，彰显司法温度，进而增加社会和谐因素。

★使用非法获取的公民个人信息，实施电信网络诈骗犯罪，实行数罪并罚

《被告人邓强辉等六人诈骗、侵犯公民个人信息案》（2022 年 9 月 6 日最高人民法院发布人民法院依法惩治电信网络诈骗犯罪工作情况暨典型案例）

【典型意义】

本案被告人借助非法获取的公民个人信息，拨打诈骗电话，通过准确说出被害人个人信息的骗术，骗得被害人信任，实施精准诈骗。侵犯公民个人信息系电信网络诈骗的上游关联犯罪，二者合流后，使得电信网络诈骗犯罪更易得逞，社会危害性更重。“两高一部”《关于办理电信网络诈骗等刑事案件适用法律若干问题的意见》规定，使用非法获取的公民个人信息，实施电信网络诈骗犯罪，构成数罪的，应依法数罪并罚。法院对被告人邓强辉以诈骗罪和侵犯公民个人信息罪予以并罚，是从严惩处、全面惩处电信网络诈骗犯罪及其关联犯罪的具体体现。

★合力打击协同治理虚假征信类诈骗，全力守护人民群众财产安全

（2023 年 1 月 19 日最高检、公安部联合发布虚假征信类诈骗典型案例及防范建议）

防诈预警安全提示

1. 认真核实互联网平台客服来电

互联网平台客服不会使用个人手机号或其他非官方社交方式联系客户。在接到这类电话时，要提高警惕，不要轻易泄露个人信息；如有疑问，可直接拨打平台官方客服电话核实。

2. 果断拒绝以影响征信为由关闭或注销账户的要求

个人征信由中国人民银行及其派出机构统一管理，任何机构或个人无权删除或修改。

3. 审慎回应添加好友共享屏幕的请求

添加好友共享屏幕是虚假征信类诈骗的固定套路，不要轻易下载视频聊天或屏幕共享软件与陌生人聊天，更不要在共享屏幕中进行银行账户操作，以防个人信息泄露。

4. 严格禁止向陌生人转账或借贷

对于陌生人要求操作转账或借贷，坚决不予理会，并拒绝透露个人身份证件号码、银行账户、验证码、密码等个人信息。

虚假征信类诈骗典型案例

1. 诈骗手段一：注销校园贷

2023 年 1 月，胡先生接到一个 192 开头的电话，诈骗分子自称是某金融平台工作人员，询问胡先生上大学期间是否开通过学生贷款账户，随后又称银保监会要求注销在校大学生以及毕业大学生的学生贷款账户，否则会影响个人征信。按照诈骗分子要求，胡先生下载了视频会议软件并开启屏幕共享。通过胡先生在金融平台查询操作，诈骗分子掌握了其存款情况。诈骗分子称胡先生在该平台上还有存款，需将存款全部转至对方专用账户后才能成功注销，注销后会如数退还钱款。胡先生按照诈骗分子的要求,先后向指定账户转账人民币6万余元。

2. 诈骗手段二:降低贷款额度

2022年12月,邓女士接到一个冒充电商平台客服的电话,诈骗分子称邓女士在该平台的借款额度异常,不符合银保监会的规定,需要抓紧操作,否则会影响征信。按诈骗分子要求,邓女士下载视频会议软件并打开屏幕共享功能。诈骗分子通过邓女士的查询操作,掌握了邓女士的借款、贷款额度。诈骗分子称因额度过高,银保监会怀疑用于非法用途,需通过向平台借款的方式,把额度全部清零,并将借款转入银保监会账户,以证实资金的合法性,待额度清零后,钱款会自动填补到平台。邓女士信以为真,借贷后向诈骗分子提供的所谓"安全账户"转账人民币51万余元,之后诈骗分子仍要求邓女士找朋友借钱后继续转账,邓女士发现被骗后报警。

3. 诈骗手段三:消除不良记录

2023年1月,冯先生接到一个固定电话来电,诈骗分子自称是某金融平台客服,并准确说出了冯先生的姓名和职业,并称冯先生曾在该平台上借贷,存在违约行为,已经影响个人征信。冯先生此前确实在此平台借贷过,便信以为真。随后,诈骗分子发给冯先生一个仿冒的"征信查询"网站,并诱导其向网站上的"官方客服"求助。"官方客服"称冯先生目前已存在不良征信,必须尽快把各个网贷平台的借款额度清零,将借款转至专用账户查验资金能力,才能修复征信。冯先生先后借款并向诈骗分子指定的账户转账人民币54万余元,直至发现被骗。

4. 诈骗手段四:注销借贷账户

2022年12月,刘先生接到一个固定电话,诈骗分子自称是某电商平台的客服,称刘先生在其平台上开通了借贷功能,由于该借贷产品年利率过高,被国家定性为高利息网贷,已经被银保监会要求下架整改,需要刘先生注销该借贷账户,否则将影响个人征信。诈骗分子添加刘先生联系方式,并向刘先生发送伪造的银保监会红头通知。

刘先生信以为真，按照诈骗分子要求，下载了视频会议软件，与所谓的风控部门客服联系。诈骗分子称刘先生征信过低，需要消除多家网贷公司贷款记录，否则无法注销在该平台的借贷账户。诈骗分子随后通过共享屏幕，诱导刘先生先后从多家借贷平台中借贷人民币 14 万余元，并转至指定账户。

5. 诈骗手段五：扣除违约金、利息费

2023 年 1 月，王女士接到一个固定电话，诈骗分子自称某金融平台客服，称王女士在其平台有 20 万元的借款额度，因长期未使用，将扣除 3000 元的违约金，并影响征信。诈骗分子称可以帮助注销，让王女士下载视频会议软件，并开启远程控制功能。诈骗分子远程操作王女士的手机，谎称帮助王女士清空借款额度，实际是在该金融平台上借款，并直接提现至指定银行账户，先后骗取人民币 17 万余元。

第二百六十七条　【抢夺罪】抢夺公私财物，数额较大的，或者多次抢夺的，处三年以下有期徒刑、拘役或者管制，并处或者单处罚金；数额巨大或者有其他严重情节的，处三年以上十年以下有期徒刑，并处罚金；数额特别巨大或者有其他特别严重情节的，处十年以上有期徒刑或者无期徒刑，并处罚金或者没收财产。

携带凶器抢夺的，依照本法第二百六十三条的规定定罪处罚。

立法动态

本条源自《中华人民共和国刑法》（1997 年 3 月 14 日第八届全国人民代表大会第五次会议修订，自 1997 年 10 月 1 日起施行）。

本条第　款根据《中华人民共和国刑法修正案（九）》（自 2015 年 11 月 1 日起施行）第二十条修改。

原本条第一款内容为：第二百六十七条　抢夺公私财物，数额较大的，处三年以下有期徒刑、拘役或者管制，并处或者单处罚金；数额巨大或者有其他严重情节的，处三年以上十年以下有期徒刑，并处罚金；数额特别巨大或者有其他特别严重情节的，处十年以上有期徒刑或者无期徒刑，并处罚金或者没收财产。

本条第一款修改的内容为：将“多次抢夺”的行为补充规定构成本罪。

量刑指导

《最高人民法院、最高人民检察院关于常见犯罪的量刑指导意见（试行）》（2021 年 6 月 16 日　法发〔2021〕21 号）

四、常见犯罪的量刑

（十三）抢夺罪

1. 构成抢夺罪的，根据下列情形在相应的幅度内确定量刑起点：

（1）达到数额较大起点或者二年内三次抢夺的，在一年以下有期徒刑、拘役幅度内确定量刑起点。

（2）达到数额巨大起点或者有其他严重情节的，在三年至五年有期徒刑幅度内确定量刑起点。

（3）达到数额特别巨大起点或者有其他特别严重情节的，在十年至十二年有期徒刑幅度内确定量刑起点。依法应当判处无期徒刑的除外。

2. 在量刑起点的基础上，根据抢夺数额、次数等其他影响犯罪构成的犯罪事实增加刑罚量，确定基准刑。

多次抢夺，数额达到较大以上的，以抢夺数额确定量刑起点，抢夺次数可以作为调节基准刑的量刑情节；数额未达到较大的，以抢夺次数确定量刑起点，超过三次的次数作为增加刑罚量的事实。

3. 构成抢夺罪的，根据抢夺的数额、次数、手段、危害后果等犯罪情节，综合考虑被告人缴纳罚金的能力，决定罚金数额。

4. 构成抢夺罪的，综合考虑抢夺的起因、数额、手段、次数、危害后果、退赃退赔等犯罪事实、量刑情节，以及被告人的主观恶性、人身危险性、认罪悔罪表现等因素，决定缓刑的适用。

适用要点与裁判依据

★抢夺公私财物"其他严重情节""其他特别严重情节"的认定标准

《最高人民法院、最高人民检察院关于办理抢夺刑事案件适用法律若干问题的解释》(2013年11月11日　法释〔2013〕25号)

第三条　抢夺公私财物，具有下列情形之一的，应当认定为刑法第二百六十七条规定的"其他严重情节"：

(一)导致他人重伤的；

(二)导致他人自杀的；

(三)具有本解释第二条第三项至第十项规定的情形之一，数额达到本解释第一条规定的"数额巨大"百分之五十的。

第四条　抢夺公私财物，具有下列情形之一的，应当认定为刑法第二百六十七条规定的"其他特别严重情节"：

(一)导致他人死亡的；

(二)具有本解释第二条第三项至第十项规定的情形之一，数额达到本解释第一条规定的"数额特别巨大"百分之五十的。

★"携带凶器抢夺"的认定

《最高人民法院关于审理抢劫案件具体应用法律若干问题的解释》(2000年11月22日　法释〔2000〕35号)

第六条　刑法第二百六十七条第二款规定的"携带凶器抢夺"，是指行为人随身携带枪支、爆炸物、管制刀具等国家禁止个人携带的器械进行抢夺或者为了实施犯罪而携带其他器械进行抢夺的行为。

★抢夺公私财物价值“数额较大”“数额巨大”“数额特别巨大”的认定标准

《最高人民法院、最高人民检察院关于办理抢夺刑事案件适用法律若干问题的解释》(2013 年 11 月 11 日　法释〔2013〕25 号)

第一条　抢夺公私财物价值一千元至三千元以上、三万元至八万元以上、二十万元至四十万元以上的,应当分别认定为刑法第二百六十七条规定的“数额较大”“数额巨大”“数额特别巨大”。

各省、自治区、直辖市高级人民法院、人民检察院可以根据本地区经济发展状况,并考虑社会治安状况,在前款规定的数额幅度内,确定本地区执行的具体数额标准,报最高人民法院、最高人民检察院批准。

第二条　抢夺公私财物,具有下列情形之一的,“数额较大”的标准按照前条规定标准的百分之五十确定:

(一)曾因抢劫、抢夺或者聚众哄抢受过刑事处罚的;

(二)一年内曾因抢夺或者哄抢受过行政处罚的;

(三)一年内抢夺三次以上的;

(四)驾驶机动车、非机动车抢夺的;

(五)组织、控制未成年人抢夺的;

(六)抢夺老年人、未成年人、孕妇、携带婴幼儿的人、残疾人、丧失劳动能力人的财物的;

(七)在医院抢夺病人或者其亲友财物的;

(八)抢夺救灾、抢险、防汛、优抚、扶贫、移民、救济款物的;

(九)自然灾害、事故灾害、社会安全事件等突发事件期间,在事件发生地抢夺的;

(十)导致他人轻伤或者精神失常等严重后果的。

★抢夺公私财物“数额较大”可以认定为犯罪情节轻微的四种情形

《最高人民法院、最高人民检察院关于办理抢夺刑事案件适用法律若干问题的解释》(2013 年 11 月 11 日　法释〔2013〕25 号)

第五条　抢夺公私财物数额较大,但未造成他人轻伤以上伤害,行为人系初犯，认罪、悔罪，退赃、退赔，且具有下列情形之一的，可以认定为犯罪情节轻微，不起诉或者免予刑事处罚；必要时，由有关部门依法予以行政处罚：

（一）具有法定从宽处罚情节的；

（二）没有参与分赃或者获赃较少，且不是主犯的；

（三）被害人谅解的；

（四）其他情节轻微、危害不大的。

★实施“碰瓷”，采取转移注意力、趁人不备等方式，夺取他人财物，以抢夺罪定罪处罚

《最高人民法院、最高人民检察院、公安部关于依法办理“碰瓷”违法犯罪案件的指导意见》（2020年9月22日　公通字〔2020〕12号）

四、实施“碰瓷”，采取转移注意力、趁人不备等方式，窃取、夺取他人财物，符合刑法第二百六十四条、第二百六十七条规定的，分别以盗窃罪、抢夺罪定罪处罚。

第二百六十八条　【聚众哄抢罪】聚众哄抢公私财物，数额较大或者有其他严重情节的，对首要分子和积极参加的，处三年以下有期徒刑、拘役或者管制，并处罚金；数额巨大或者有其他特别严重情节的，处三年以上十年以下有期徒刑，并处罚金。

立法动态

本条源自《中华人民共和国刑法》（1997年3月14日第八届全国人民代表大会第五次会议修订，自1997年10月1日起施行）。

适用要点与裁判依据

★聚众哄抢林木"数额较大""数额巨大"的认定标准

《最高人民法院关于审理破坏森林资源刑事案件具体应用法律若干问题的解释》(2000 年 11 月 22 日 法释〔2000〕36 号)

第十四条 聚众哄抢林木五立方米以上的,属于聚众哄抢"数额较大";聚众哄抢林木二十立方米以上的,属于聚众哄抢"数额巨大",对首要分子和积极参加的,依照刑法第二百六十八条的规定,以聚众哄抢罪定罪处罚。

★聚众哄抢公私财物案的财物价格认定

《被盗财物价格认定规则(2020 年)》(2020 年 11 月 5 日 发改价认办〔2020〕97 号)

第十六条 抢劫罪、抢夺罪、诈骗罪、聚众哄抢公私财物罪、侵占罪、职务侵占罪、挪用特定款物罪、敲诈勒索罪等侵犯财产罪案件涉案财物价格认定,可以参照本规则执行。

第二百六十九条 【转化型抢劫】犯盗窃、诈骗、抢夺罪,为窝藏赃物、抗拒抓捕或者毁灭罪证而当场使用暴力或者以暴力相威胁的,依照本法第二百六十三条的规定定罪处罚。

立法动态

本条源自《中华人民共和国刑法》(1997 年 3 月 14 日第八届全国人民代表大会第五次会议修订,自 1997 年 10 月 1 日起施行)。

适用要点与裁判依据

★为劫取财物而预谋故意杀人,或者在劫取财物过程中,为制服被害人反抗而故意杀人,以抢劫罪定罪;实施抢劫后,为灭口而故意杀人的,实行数罪并罚

《最高人民法院关于抢劫过程中故意杀人案件如何定罪问题的批复》(2001年5月23日 法释〔2001〕16号)

行为人为劫取财物而预谋故意杀人,或者在劫取财物过程中,为制服被害人反抗而故意杀人的,以抢劫罪定罪处罚。

行为人实施抢劫后,为灭口而故意杀人的,以抢劫罪和故意杀人罪定罪,实行数罪并罚。

★未成年人犯盗窃、诈骗、抢夺罪,当场使用暴力或者以暴力相威胁的定罪处罚

《最高人民法院关于审理未成年人刑事案件具体应用法律若干问题的解释》(2006年1月11日 法释〔2006〕1号)

第十条 已满十四周岁不满十六周岁的人盗窃、诈骗、抢夺他人财物,为窝藏赃物、抗拒抓捕或者毁灭罪证,当场使用暴力,故意伤害致人重伤或者死亡,或者故意杀人的,应当分别以故意伤害罪或者故意杀人罪定罪处罚。

已满十六周岁不满十八周岁的人犯盗窃、诈骗、抢夺罪,为窝藏赃物、抗拒抓捕或者毁灭罪证而当场使用暴力或者以暴力相威胁的,应当依照刑法第二百六十九条的规定定罪处罚;情节轻微的,可不以抢劫罪定罪处罚。

第二百七十条 【侵占罪】将代为保管的他人财物非法占为己有,数额较大,拒不退还的,处二年以下有期徒刑、拘役或者罚金;数额巨大或者有其他严重情节的,处二年以上五年以下有期徒刑,并处罚金。

将他人的遗忘物或者埋藏物非法占为己有,数额较大,拒不交出的,依照前款的规定处罚。

本条罪,告诉的才处理。

立法动态

本条源自《中华人民共和国刑法》(1997 年 3 月 14 日第八届全国人民代表大会第五次会议修订,自 1997 年 10 月 1 日起施行)。

适用要点与裁判依据

★侵占案的财物价格认定

《被盗财物价格认定规则(2020 年)》(2020 年 11 月 5 日 发改价认办〔2020〕97 号)

第十六条 抢劫罪、抢夺罪、诈骗罪、聚众哄抢公私财物罪、侵占罪、职务侵占罪、挪用特定款物罪、敲诈勒索罪等侵犯财产罪案件涉案财物价格认定,可以参照本规则执行。

第二百七十一条 【职务侵占罪】公司、企业或者其他单位的工作人员,利用职务上的便利,将本单位财物非法占为己有,数额较大的,处三年以下有期徒刑或者拘役,并处罚金;数额巨大的,处三年以上十年以下有期徒刑,并处罚金;数额特别巨大的,处十年以上有期徒刑或者无期徒刑,并处罚金。

国有公司、企业或者其他国有单位中从事公务的人员和国有公司、企业或者其他国有单位委派到非国有公司、企业以及其他单位从事公务的人员有前款行为的,依照本法第三百八十二条、第三百八十三条的规定定罪处罚。

立法动态

本条源自《中华人民共和国刑法》(1997 年 3 月 14 日第八届全国人民代表大会第五次会议修订,自 1997 年 10 月 1 日起施行)。

本条根据《中华人民共和国刑法修正案(十一)》(自 2021 年 3 月 1 日起施行)第二十九条修改。

原本条规定为:第二百七十一条　(第一款)公司、企业或者其他单位的工作人员,利用职务上的便利,将本单位财物非法占为己有,数额较大的,处五年以下有期徒刑或者拘役;数额巨大的,处五年以上有期徒刑,可以并处没收财产。(第二款)国有公司、企业或者其他国有单位中从事公务的人员和国有公司、企业或者其他国有单位委派到非国有公司、企业以及其他单位从事公务的人员有前款行为的,依照本法第三百八十二条、第三百八十三条的规定定罪处罚。

本条修改的主要内容为:一是将本罪的法定刑由两档增加为三档;二是第三档法定最高刑由"五年以上有期徒刑"提高到"无期徒刑";三是在三档法定刑中均增加"并处罚金"。

立案标准

《最高人民检察院、公安部关于公安机关管辖的刑事案件立案追诉标准的规定(二)》(2022 年 4 月 6 日修订　公通字〔2022〕12 号)

第七十六条　[职务侵占案(刑法第二百七十一条第一款)]公司、企业或者其他单位的人员,利用职务上的便利,将本单位财物非法占为己有,数额在三万元以上的,应予立案追诉。

量刑指导

《最高人民法院、最高人民检察院关于常见犯罪的量刑指导意见(试行)》(2021 年 6 月 16 日　法发〔2021〕21 号)

四、常见犯罪的量刑

(十四)职务侵占罪

1. 构成职务侵占罪的,根据下列情形在相应的幅度内确定量刑起点:

(1)达到数额较大起点的,在一年以下有期徒刑、拘役幅度内确定量刑起点。

(2)达到数额巨大起点的,在三年至四年有期徒刑幅度内确定量刑起点。

(3)达到数额特别巨大起点的,在十年至十一年有期徒刑幅度内确定量刑起点。依法应当判处无期徒刑的除外。

2. 在量刑起点的基础上,根据职务侵占数额等其他影响犯罪构成的犯罪事实增加刑罚量,确定基准刑。

3. 构成职务侵占罪的,根据职务侵占的数额、危害后果等犯罪情节,综合考虑被告人缴纳罚金的能力,决定罚金数额。

4. 构成职务侵占罪的,综合考虑职务侵占的数额、手段、危害后果、退赃退赔等犯罪事实、量刑情节,以及被告人的主观恶性、人身危险性、认罪悔罪表现等因素,决定缓刑的适用。

适用要点与裁判依据

★村委会和村党支部成员利用职务便利侵吞集体财产犯罪的定罪处罚

《全国法院维护农村稳定刑事审判工作座谈会纪要》(1999年10月27日 法〔1999〕217号)

三

(三)关于村委会和村党支部成员利用职务便利侵吞集体财产犯罪的定性问题

为了保证案件的及时审理,在没有司法解释规定之前,对于已起诉到法院的这类案件,原则上以职务侵占罪定罪处罚。

★村民小组组长利用职务上的便利，将集体财产非法占为己有数额较大的，以职务侵占罪定罪处罚

《最高人民法院关于村民小组组长利用职务便利非法占有公共财物行为如何定性问题的批复》（1999 年 6 月 25 日　法释〔1999〕12 号）

对村民小组组长利用职务上的便利，将村民小组集体财产非法占为己有，数额较大的行为，应当依照刑法第二百七十一条第一款的规定，以职务侵占罪定罪处罚。

★行为人与其他单位的人员勾结，共同将该单位财物非法占为己有数额较大的，以职务侵占罪共犯论处

《最高人民法院关于审理贪污、职务侵占案件如何认定共同犯罪几个问题的解释》（2000 年 6 月 30 日　法释〔2000〕15 号）

第二条　行为人与公司、企业或者其他单位的人员勾结，利用公司、企业或者其他单位人员的职务便利，共同将该单位财物非法占为已有，数额较大的，以职务侵占罪共犯论处。

第
271
条

★不具有国家工作人员身份的人与国家工作人员勾结，分别利用各自的职务便利，共同将本单位财物非法占为已有的，按照主犯的犯罪性质定罪

《最高人民法院关于审理贪污、职务侵占案件如何认定共同犯罪几个问题的解释》（2000 年 6 月 30 日　法释〔2000〕15 号）

第三条　公司、企业或者其他单位中，不具有国家工作人员身份的人与国家工作人员勾结，分别利用各自的职务便利，共同将本单位财物非法占为已有的，按照主犯的犯罪性质定罪。

★国资参股、控股公司中非接受委派从事公务的管理人员侵占公司财产的，以职务侵占罪处罚

《最高人民法院关于在国有资本控股、参股的股份有限公司中从事管理工作的人员利用职务便利非法占有本公司财物如何定罪问题的批复》（2001 年 5 月 23 日　法释〔2001〕17 号）

在国有资本控股、参股的股份有限公司中从事管理工作的人员，除受国家机关、国有公司、企业、事业单位委派从事公务的以外,不属于国家工作人员。对其利用职务上的便利,将本单位财物非法占为己有,数额较大的,应当依照刑法第二百七十一条第一款的规定,以职务侵占罪定罪处罚。

★职务侵占罪中"数额较大""数额巨大"的数额起点

《最高人民法院、最高人民检察院关于办理贪污贿赂刑事案件适用法律若干问题的解释》(2016年4月18日 法释〔2016〕9号)

第十一条第一款 刑法第一百六十三条规定的非国家工作人员受贿罪、第二百七十一条规定的职务侵占罪中的"数额较大""数额巨大"的数额起点,按照本解释关于受贿罪、贪污罪相对应的数额标准规定的二倍、五倍执行。

★职务侵占案的财物价格认定

《被盗财物价格认定规则(2020年)》(2020年11月5日 发改价认办〔2020〕97号)

第十六条 抢劫罪、抢夺罪、诈骗罪、聚众哄抢公私财物罪、侵占罪、职务侵占罪、挪用特定款物罪、敲诈勒索罪等侵犯财产罪案件涉案财物价格认定,可以参照本规则执行。

类案检索指引

★无论侵占本单位"所有"还是"持有"财物,均侵犯了单位财产权,对其主客观行为特征和社会危害性程度均可作统一评价

《黄某、段某职务侵占案——查办企业从业人员职务侵占犯罪,依法保护民营企业财产权》(2019年1月17日最高人民检察院发布首批涉民营企业司法保护典型案例)

【指导意义】

1. 实践中,对职务侵占罪"本单位财物"的认定一直以来存在是单位"所有"还是"持有"的争议。从侵害法益看,无论侵占本单位"所有"还是"持有"财物,实质上均侵犯了单位财产权,对其主客观行为特征和社会危害性程度均可作统一评价。参照刑法第九十一条第二款对“公共财产”的规定,对非公有制公司、企业管理、使用、运输中的财物应当以本单位财物论,对职务侵占罪和贪污罪掌握一致的追诉原则,以有力震慑职务侵占行为,对不同所有制企业财产权平等保护,切实维护民营企业正常生产经营活动。

2. 在依法惩处侵害企业权益犯罪的同时,应当重视企业退赔需求,核实退赔落实情况,帮助民营企业挽回经济损失。

3. 要注重发挥检察建议的功能作用,促进民营企业加强防范、抵御风险、化解隐患,帮助民营企业提高安全防范能力。

第二百七十二条 【挪用资金罪】公司、企业或者其他单位的工作人员,利用职务上的便利,挪用本单位资金归个人使用或者借贷给他人,数额较大、超过三个月未还的,或者虽未超过三个月,但数额较大、进行营利活动的,或者进行非法活动的,处三年以下有期徒刑或者拘役;挪用本单位资金数额巨大的,处三年以上七年以下有期徒刑;数额特别巨大的,处七年以上有期徒刑。

国有公司、企业或者其他国有单位中从事公务的人员和国有公司、企业或者其他国有单位委派到非国有公司、企业以及其他单位从事公务的人员有前款行为的,依照本法第三百八十四条的规定定罪处罚。

有第一款行为,在提起公诉前将挪用的资金退还的,可以从轻或者减轻处罚。其中,犯罪较轻的,可以减轻或者免除处罚。

立法动态

本条源自《中华人民共和国刑法》(1997 年 3 月 14 日第八届全国人民代表大会第五次会议修订,自 1997 年 10 月 1 日起施行)。

本条根据《中华人民共和国刑法修正案(十一)》(自 2021 年 3 月 1 日起施行)第三十条对本条的适用作了补充修改。

原本条规定为:第二百七十二条 (第一款)公司、企业或者其他单位的工作人员,利用职务上的便利,挪用本单位资金归个人使用或者借贷给他人,数额较大、超过三个月未还的,或者虽未超过三个月,但数额较大、进行营利活动的,或者进行非法活动的,处三年以下有期徒刑或者拘役;挪用本单位资金数额巨大的,或者数额较大不退还的,处三年以上十年以下有期徒刑。(第二款)国有公司、企业或者其他国有单位中从事公务的人员和国有公司、企业或者其他国有单位委派到非国有公司、企业以及其他单位从事公务的人员有前款行为的,依照本法第三百八十四条的规定定罪处罚。

本条修改的主要内容为:一是在第一款规定的法定刑中取消了"或者数额较大不退还的"的限制;二是将法定最高刑由"十年有期徒刑"降为"七年有期徒刑";三是补充规定了第三款,即"有第一款行为,在提起公诉前将挪用的资金退还的,可以从轻或者减轻处罚。其中,犯罪较轻的,可以减轻或者免除处罚。"

立案标准

《最高人民检察院、公安部关于公安机关管辖的刑事案件立案追诉标准的规定(二)》(2022年4月6日修订 公通字〔2022〕12号)

第七十七条 [挪用资金案(刑法第二百七十二条第一款)]公司、企业或者其他单位的工作人员,利用职务上的便利,挪用本单位资金归个人使用或者借贷给他人,涉嫌下列情形之一的,应予立案追诉:

(一)挪用本单位资金数额在五万元以上,超过三个月未还的;

(二)挪用本单位资金数额在五万元以上,进行营利活动的;

(三)挪用本单位资金数额在三万元以上,进行非法活动的。

具有下列情形之一的,属于本条规定的"归个人使用":

(一)将本单位资金供本人、亲友或者其他自然人使用的;

（二）以个人名义将本单位资金供其他单位使用的；

（三）个人决定以单位名义将本单位资金供其他单位使用，谋取个人利益的。

适用要点与裁判依据

★挪用准备设立的公司在银行开设的临时账户上的资金的，以挪用资金罪定罪处罚

《最高人民检察院关于挪用尚未注册成立公司资金的行为适用法律问题的批复》（2000年10月9日　高检发研字〔2000〕19号）

筹建公司的工作人员在公司登记注册前，利用职务上的便利，挪用准备设立的公司在银行开设的临时账户上的资金，归个人使用或者借贷给他人，数额较大、超过三个月未还的，或者虽未超过三个月，但数额较大、进行营利活动的，或者进行非法活动的，应当根据刑法第二百七十二条的规定，追究刑事责任。

第二百七十三条　【挪用特定款物罪】挪用用于救灾、抢险、防汛、优抚、扶贫、移民、救济款物，情节严重，致使国家和人民群众利益遭受重大损害的，对直接责任人员，处三年以下有期徒刑或者拘役；情节特别严重的，处三年以上七年以下有期徒刑。

立法动态

本条源自《中华人民共和国刑法》（1997年3月14日第八届全国人民代表大会第五次会议修订，自1997年10月1日起施行）。

适用要点与裁判依据

★挪用失业保险基金和下岗职工基本生活保障资金的，对直接责任人以挪用特定款物罪定罪处罚

《最高人民检察院关于挪用失业保险基金和下岗职工基本生活保障资金的行为适用法律问题的批复》（2003 年 1 月 28 日 高检发释字〔2003〕1 号）

挪用失业保险基金和下岗职工基本生活保障资金属于挪用救济款物。挪用失业保险基金和下岗职工基本生活保障资金，情节严重，致使国家和人民群众利益遭受重大损害的，对直接责任人员，应当依照刑法第二百七十三条的规定，以挪用特定款物罪追究刑事责任；国家工作人员利用职务上的便利，挪用失业保险基金和下岗职工基本生活保障资金归个人使用，构成犯罪的，应当依照刑法第三百八十四条的规定，以挪用公款罪追究刑事责任。

第二百七十四条 【敲诈勒索罪】敲诈勒索公私财物，数额较大或者多次敲诈勒索的，处三年以下有期徒刑、拘役或者管制，并处或者单处罚金；数额巨大或者有其他严重情节的，处三年以上十年以下有期徒刑，并处罚金；数额特别巨大或者有其他特别严重情节的，处十年以上有期徒刑，并处罚金。

立法动态

本条源自《中华人民共和国刑法》（1997 年 3 月 14 日第八届全国人民代表大会第五次会议修订，自 1997 年 10 月 1 日起施行）。

原本条规定为：第二百七十四条 敲诈勒索公私财物，数额较大的，处三年以下有期徒刑、拘役或者管制；数额巨大或者有其他严重情节的，处三年以上十年以下有期徒刑。

本条根据《中华人民共和国刑法修正案（八）》（自 2011 年 5 月 1

日起施行)第四十条修改。

本条修改的主要内容为:一是将敲诈勒索罪的构成条件由“数额较大”扩展为“数额较大或者多次敲诈勒索”;二是补充规定“数额特别巨大或者有其他特别严重情节的,处十年以上有期徒刑,并处罚金。”

量刑指导

《最高人民法院、最高人民检察院关于常见犯罪的量刑指导意见(试行)》(2021年6月16日　法发〔2021〕21号)

四、常见犯罪的量刑

(十五)敲诈勒索罪

1. 构成敲诈勒索罪的,根据下列情形在相应的幅度内确定量刑起点:

(1)达到数额较大起点的,或者二年内三次敲诈勒索的,在一年以下有期徒刑、拘役幅度内确定量刑起点。

(2)达到数额巨大起点或者有其他严重情节的,在三年至五年有期徒刑幅度内确定量刑起点。

(3)达到数额特别巨大起点或者有其他特别严重情节的,在十年至十二年有期徒刑幅度内确定量刑起点。

2. 在量刑起点的基础上,根据敲诈勒索数额、次数、犯罪情节严重程度等其他影响犯罪构成的犯罪事实增加刑罚量,确定基准刑。

多次敲诈勒索,数额达到较大以上的,以敲诈勒索数额确定量刑起点,敲诈勒索次数可以作为调节基准刑的量刑情节;数额未达到较大的,以敲诈勒索次数确定量刑起点,超过三次的次数作为增加刑罚量的事实。

3. 构成敲诈勒索罪的,根据敲诈勒索的数额、手段、次数、危害后果等犯罪情节,综合考虑被告人缴纳罚金的能力,在二千元以上敲诈勒索数额的二倍以下决定罚金数额;被告人没有获得财物的,在二千元以上十万元以下判处罚金。

4. 构成敲诈勒索罪的,综合考虑敲诈勒索的手段、数额、次数、危害后果、退赃退赔等犯罪事实、量刑情节,以及被告人的主观恶性、人身危险性、认罪悔罪表现等因素,决定缓刑的适用。

适用要点与裁判依据

★利用互联网进行敲诈勒索构成犯罪的,依法追究刑事责任

《全国人民代表大会常务委员会关于维护互联网安全的决定》(2009 年 8 月 27 日修正)

四、为了保护个人、法人和其他组织的人身、财产等合法权利,对有下列行为之一,构成犯罪的,依照刑法有关规定追究刑事责任:

(一)利用互联网侮辱他人或者捏造事实诽谤他人;

(二)非法截获、篡改、删除他人电子邮件或者其他数据资料,侵犯公民通信自由和通信秘密;

(三)利用互联网进行盗窃、诈骗、敲诈勒索。

★以非法占有为目的,以借贷为名采用暴力、胁迫手段获取他人财物,以抢劫罪或者敲诈勒索罪追究刑事责任

《最高人民检察院关于强迫借贷行为适用法律问题的批复》(2014 年 4 月 17 日 高检发释字〔2014〕1 号)

以暴力、胁迫手段强迫他人借贷,属于刑法第二百二十六条第二项规定的"强迫他人提供或者接受服务",情节严重的,以强迫交易罪追究刑事责任;同时构成故意伤害罪等其他犯罪的,依照处罚较重的规定定罪处罚。以非法占有为目的,以借贷为名采用暴力、胁迫手段获取他人财物,符合刑法第二百六十三条或者第二百七十四条规定的,以抢劫罪或者敲诈勒索罪追究刑事责任。

★敲诈勒索公私财物"数额较大""数额巨大""数额特别巨大"的认定标准

《最高人民法院、最高人民检察院关于办理敲诈勒索刑事案件适用法律若干问题的解释》(2013年4月23日　法释〔2013〕10号)

第一条　敲诈勒索公私财物价值二千元至五千元以上、三万元至十万元以上、三十万元至五十万元以上的,应当分别认定为刑法第二百七十四条规定的"数额较大"、"数额巨大"、"数额特别巨大"。

各省、自治区、直辖市高级人民法院、人民检察院可以根据本地区经济发展状况和社会治安状况,在前款规定的数额幅度内,共同研究确定本地区执行的具体数额标准,报最高人民法院、最高人民检察院批准。

第二条　敲诈勒索公私财物,具有下列情形之一的,"数额较大"的标准可以按照本解释第一条规定标准的百分之五十确定:

(一)曾因敲诈勒索受过刑事处罚的;

(二)一年内曾因敲诈勒索受过行政处罚的;

(三)对未成年人、残疾人、老年人或者丧失劳动能力人敲诈勒索的;

(四)以将要实施放火、爆炸等危害公共安全犯罪或者故意杀人、绑架等严重侵犯公民人身权利犯罪相威胁敲诈勒索的;

(五)以黑恶势力名义敲诈勒索的;

(六)利用或者冒充国家机关工作人员、军人、新闻工作者等特殊身份敲诈勒索的;

(七)造成其他严重后果的。

★"多次敲诈勒索"的认定标准

《最高人民法院、最高人民检察院关于办理敲诈勒索刑事案件适用法律若干问题的解释》(2013年4月23日　法释〔2013〕10号)

第三条　二年内敲诈勒索三次以上的,应当认定为刑法第二百七十四条规定的"多次敲诈勒索"。

★敲诈勒索公私财物“其他严重情节”“其他特别严重情节”的认定标准

《最高人民法院、最高人民检察院关于办理敲诈勒索刑事案件适用法律若干问题的解释》(2013 年 4 月 23 日 法释〔2013〕10 号)

第四条 敲诈勒索公私财物,具有本解释第二条第三项至第七项规定的情形之一,数额达到本解释第一条规定的“数额巨大”、“数额特别巨大”百分之八十的,可以分别认定为刑法第二百七十四条规定的“其他严重情节”、“其他特别严重情节”。

★敲诈勒索公私财物“可以认定为犯罪情节轻微”或者“应当酌情从宽处理”的情形

《最高人民法院、最高人民检察院关于办理敲诈勒索刑事案件适用法律若干问题的解释》(2013 年 4 月 23 日 法释〔2013〕10 号)

第五条 敲诈勒索数额较大,行为人认罪、悔罪,退赃、退赔,并具有下列情形之一的,可以认定为犯罪情节轻微,不起诉或者免予刑事处罚,由有关部门依法予以行政处罚:

(一)具有法定从宽处罚情节的;

(二)没有参与分赃或者获赃较少且不是主犯的;

(三)被害人谅解的;

(四)其他情节轻微、危害不大的。

第六条 敲诈勒索近亲属的财物,获得谅解的,一般不认为是犯罪;认定为犯罪的,应当酌情从宽处理。

被害人对敲诈勒索的发生存在过错的,根据被害人过错程度和案件其他情况,可以对行为人酌情从宽处理;情节显著轻微危害不大的,不认为是犯罪。

★敲诈勒索公私财物“以共同犯罪论处”的情形

《最高人民法院、最高人民检察院关于办理敲诈勒索刑事案件适用法律若干问题的解释》(2013 年 4 月 23 日 法释〔2013〕10 号)

第七条 明知他人实施敲诈勒索犯罪,为其提供信用卡、手机卡、通讯工具、通讯传输通道、网络技术支持等帮助的,以共同犯罪论处。

★对犯敲诈勒索罪的被告人判处罚金数额的确定标准

《最高人民法院、最高人民检察院关于办理敲诈勒索刑事案件适用法律若干问题的解释》(2013年4月23日　法释〔2013〕10号)

第八条　对犯敲诈勒索罪的被告人,应当在二千元以上、敲诈勒索数额的二倍以下判处罚金;被告人没有获得财物的,应当在二千元以上十万元以下判处罚金。

★实施“碰瓷”,敲诈勒索他人财物的,以敲诈勒索罪定罪处罚

《最高人民法院、最高人民检察院、公安部关于依法办理“碰瓷”违法犯罪案件的指导意见》(2020年9月22日　公通字〔2020〕12号)

二、实施“碰瓷”,具有下列行为之一,敲诈勒索他人财物,符合刑法第二百七十四条规定的,以敲诈勒索罪定罪处罚:

1. 实施撕扯、推搡等轻微暴力或者围困、阻拦、跟踪、贴靠、滋扰、纠缠、哄闹、聚众造势、扣留财物等软暴力行为的;

2. 故意制造交通事故,进而利用被害人违反道路通行规定或者其他违法违规行为相要挟的;

3. 以揭露现场掌握的当事人隐私相要挟的;

4. 扬言对被害人及其近亲属人身、财产实施侵害的。

类案检索指引

★检察机关对共同犯罪的未成年人适用附条件不起诉时,应当对每名涉罪未成年人设置个性化附带条件

《庄某等人敲诈勒索案》(2021年3月2日最高人民检察院发布第二十七批指导性案例:检例第104号)

【关键词】

敲诈勒索　未成年人共同犯罪　附条件不起诉　个性化附带条件　精准帮教

【要旨】

检察机关对共同犯罪的未成年人适用附条件不起诉时,应当遵循精准帮教的要求对每名涉罪未成年人设置个性化附带条件。监督考察时,要根据涉罪未成年人回归社会的不同需求,督促制定所附条件执行的具体计划,分阶段评估帮教效果,发现问题及时调整帮教方案,提升精准帮教实效。

★准确识别正当民间借贷和非法"套路贷",维护自身合法权益

《温某龙等23人敲诈勒索案》(2021年1月25日最高人民检察院发布充分发挥检察职能 推进网络空间治理典型案例)

【典型意义】

(一)依法严厉打击网络"套路贷"犯罪,维护社会秩序。"套路贷"犯罪利用被害人急需用钱的心理和防范意识薄弱的特点,诱骗或迫使被害人签订协议,通过制造银行流水、销毁还款证据、单方肆意认定违约、恶意垒高借款金额等方式,形成虚假债权债务。一旦逾期未还款则采用暴力、胁迫或者其他软暴力手段催收。利用网络实施上述行为,相较于传统"套路贷"隐蔽性更强,受害面更广,且更易于复制传播。特别是利用网络实施辱骂、威胁、恐吓等软暴力行为,传播范围更广,影响更大,给被害人带来的精神压力也会更强。这类行为在扫黑除恶专项斗争中一直是打击重点,必须依法严惩,遏制其滋生蔓延。

(二)精准发力"破网打伞",铲除网络"套路贷"生存土壤。检察机关在办理网络"套路贷"案件时,通过排查言词证据、聊天记录、资金流水等方式,深挖涉嫌包庇、纵容黑恶团伙、收受贿赂、渎职侵权等违法违纪线索,及时移送纪检监察机关,依法严惩充当黑恶势力"保护伞"的职务犯罪,净化基层环境,维护社会秩序。

(三)准确识别正当民间借贷和非法"套路贷",维护自身合法权益。社会公众在办理网络贷款融资业务时,不应仅仅关注贷款的便利性,更应关注贷款的合法性、安全性,拒绝高利贷,抵制预先收集通讯录信息、索要个人不雅照等非法放贷行为。发现被"套路"后,应及时报警,注意收集借款合同、银行交易记录、聊天记录、催收录音等证据,积极协助司法机关侦破案件。

★对于仅以线上有组织地利用信息网络点对点实施敲诈勒索等违法犯罪活动的,依法认定为恶势力团伙

《洪某都等人敲诈勒索案》(2022年12月30日最高人民检察院发布检察机关依法惩治涉网络黑恶犯罪典型案例)

【关键词】

恶势力犯罪集团　跨境裸聊敲诈　恶势力组织成员范围界定　组织成员犯罪数额认定　主从犯

【要旨】

对于仅以线上有组织地利用信息网络点对点实施敲诈勒索等违法犯罪活动,具有一定隐秘性、尚未对被害人亲友等周边人群形成滋扰威胁、尚未达到严重破坏经济和社会生活秩序的,可以根据其胁迫手段、受害范围、后果等因素,依法认定为恶势力团伙,符合犯罪集团规定的,依法认定为恶势力犯罪集团。对于犯罪链条长、层级复杂的涉网黑恶案件,应当注重审查区分犯罪分子地位、作用、参与程度等,依法界定有组织犯罪的成员范围。对犯罪集团内部各部门、成员之间围绕犯罪行为存在互相联系、支持和帮助的,组织成员应当对集团犯罪金额承担责任,再根据成员的具体地位、角色以及参与时间长短,区分主从犯,对于从犯,予以从轻或减轻处罚,确保罪刑均衡、罚当其罪。

★对于以曝光负面信息或不实信息相威胁多次索要他人财物造成恶劣社会影响的,依法认定为恶势力组织

《袁某厚等人敲诈勒索、强迫交易、寻衅滋事案》(2022年12月30日最高人民检察院发布检察机关依法惩治涉网络黑恶犯罪典型案例)

【关键词】

恶势力犯罪集团　网络新媒体　线上线下相结合　软暴力　敲诈勒索　强迫交易

【要旨】

对于有组织地利用自媒体等信息网络平台，采用线上线下相结合方式，以曝光负面信息或不实信息相威胁或曝光相关信息后提供有偿删帖服务等方式，多次索要他人财物或强迫提供服务、销售商品，严重侵犯他人人身和财产权利，扰乱社会秩序，造成恶劣社会影响的，依法认定为恶势力组织。对于以威胁手段索要他人财物或强迫提供服务、销售商品，应当从被害方是否有涉案服务或商品的正常需求、行为人是否实际提供服务、商品服务及其对价是否合理、主观目的和侵害的法益等方面准确区分认定为敲诈勒索或强迫交易。

第二百七十五条　【故意毁坏财物罪】故意毁坏公私财物，数额较大或者有其他严重情节的，处三年以下有期徒刑、拘役或者罚金；数额巨大或者有其他特别严重情节的，处三年以上七年以下有期徒刑。

立法动态

本条源自《中华人民共和国刑法》(1997 年 3 月 14 日第八届全国人民代表大会第五次会议修订，自 1997 年 10 月 1 日起施行)。

立案标准

《最高人民检察院、公安部关于公安机关管辖的刑事案件立案追诉标准的规定(一)》(2017 年 4 月 27 日修正　公通字〔2017〕12 号)

第三十三条　［故意毁坏财物案(刑法第二百七十五条)］故意毁坏公私财物，涉嫌下列情形之一的，应予立案追诉：

(一)造成公私财物损失五千元以上的；

(二)毁坏公私财物三次以上的；

（三）纠集三人以上公然毁坏公私财物的；

（四）其他情节严重的情形。

适用要点与裁判依据

★盗窃公用电信设施同时构成盗窃罪和破坏公用电信设施罪的，择一重处

《最高人民法院关于审理破坏公用电信设施刑事案件具体应用法律若干问题的解释》（2004年12月30日　法释〔2004〕21号）

第三条　故意破坏正在使用的公用电信设施尚未危害公共安全，或者故意毁坏尚未投入使用的公用电信设施，造成财物损失，构成犯罪的，依照刑法第二百七十五条规定，以故意毁坏财物罪定罪处罚。

盗窃公用电信设施价值数额不大，但是构成危害公共安全犯罪的，依照刑法第一百二十四条的规定定罪处罚；盗窃公用电信设施同时构成盗窃罪和破坏公用电信设施罪的，依照处罚较重的规定定罪处罚。

★破坏其他场所的窨井盖，数额较大或者有其他严重情节的定罪处罚

《最高人民法院、最高人民检察院、公安部关于办理涉窨井盖相关刑事案件的指导意见》（2020年3月16日　高检发〔2020〕3号）

四、盗窃本意见第一条、第二条规定以外的其他场所的窨井盖，且不属于本意见第三条规定的情形，数额较大，或者多次盗窃的，依照刑法第二百六十四条的规定，以盗窃罪定罪处罚。

故意毁坏本意见第一条、第二条规定以外的其他场所的窨井盖，且不属于本意见第三条规定的情形，数额较大或者有其他严重情节的，依照刑法第二百七十五条的规定，以故意毁坏财物罪定罪处罚。

★实施“碰瓷”，故意造成他人财物毁坏的定罪处罚

《最高人民法院、最高人民检察院、公安部关于依法办理“碰瓷”违法犯罪案件的指导意见》（2020年9月22日 公通字〔2020〕12号）

五、实施“碰瓷”，故意造成他人财物毁坏，符合刑法第二百七十五条规定的，以故意毁坏财物罪定罪处罚。

第二百七十六条 【破坏生产经营罪】由于泄愤报复或者其他个人目的，毁坏机器设备、残害耕畜或者以其他方法破坏生产经营的，处三年以下有期徒刑、拘役或者管制；情节严重的，处三年以上七年以下有期徒刑。

立法动态

本条源自《中华人民共和国刑法》（1997年3月14日第八届全国人民代表大会第五次会议修订，自1997年10月1日起施行）。

立案标准

《最高人民检察院、公安部关于公安机关管辖的刑事案件立案追诉标准的规定（一）》（2017年4月27日修正 公通字〔2017〕12号）

第三十四条 ［破坏生产经营案（刑法第二百七十六条）］由于泄愤报复或者其他个人目的，毁坏机器设备、残害耕畜或者以其他方法破坏生产经营，涉嫌下列情形之一的，应予立案追诉：

（一）造成公私财物损失五千元以上的；

（二）破坏生产经营三次以上的；

（三）纠集三人以上公然破坏生产经营的；

（四）其他破坏生产经营应予追究刑事责任的情形。

第二百七十六条之一　【拒不支付劳动报酬罪】以转移财产、逃匿等方法逃避支付劳动者的劳动报酬或者有能力支付而不支付劳动者的劳动报酬，数额较大，经政府有关部门责令支付仍不支付的，处三年以下有期徒刑或者拘役，并处或者单处罚金；造成严重后果的，处三年以上七年以下有期徒刑，并处罚金。

单位犯前款罪的，对单位判处罚金，并对其直接负责的主管人员和其他直接责任人员，依照前款的规定处罚。

有前两款行为，尚未造成严重后果，在提起公诉前支付劳动者的劳动报酬，并依法承担相应赔偿责任的，可以减轻或者免除处罚。

立法动态

本条系根据《中华人民共和国刑法修正案（八）》（自 2011 年 5 月 1 日起施行）第四十一条增加。

立案标准

《最高人民检察院、公安部关于公安机关管辖的刑事案件立案追诉标准的规定（一）》（2017 年 4 月 27 日修正　公通字〔2017〕12 号）

第三十四条之一　［拒不支付劳动报酬案（刑法第二百七十六条之一）］以转移财产、逃匿等方法逃避支付劳动者的劳动报酬或者有能力支付而不支付劳动者的劳动报酬，经政府有关部门责令支付仍不支付，涉嫌下列情形之一的，应予立案追诉：

（一）拒不支付 1 名劳动者 3 个月以上的劳动报酬且数额在 5 千元至 2 万元以上的；

（二）拒不支付 10 名以上劳动者的劳动报酬且数额累计在 3 万元至 10 万元以上的。

不支付劳动者的劳动报酬，尚未造成严重后果，在刑事立案前支付劳动者的劳动报酬，并依法承担相应赔偿责任的，可以不予立案追诉。

适用要点与裁判依据

★“劳动者的劳动报酬”的范围

《最高人民法院关于审理拒不支付劳动报酬刑事案件适用法律若干问题的解释》(2013年1月16日　法释〔2013〕3号)

第一条　劳动者依照《中华人民共和国劳动法》和《中华人民共和国劳动合同法》等法律的规定应得的劳动报酬,包括工资、奖金、津贴、补贴、延长工作时间的工资报酬及特殊情况下支付的工资等,应当认定为刑法第二百七十六条之一第一款规定的“劳动者的劳动报酬”。

★认定“以转移财产、逃匿等方法逃避支付劳动者的劳动报酬”的情形

《最高人民法院关于审理拒不支付劳动报酬刑事案件适用法律若干问题的解释》(2013年1月16日　法释〔2013〕3号)

第二条　以逃避支付劳动者的劳动报酬为目的,具有下列情形之一的,应当认定为刑法第二百七十六条之一第一款规定的“以转移财产、逃匿等方法逃避支付劳动者的劳动报酬”:

(一)隐匿财产、恶意清偿、虚构债务、虚假破产、虚假倒闭或者以其他方法转移、处分财产的;

(二)逃跑、藏匿的;

(三)隐匿、销毁或者篡改账目、职工名册、工资支付记录、考勤记录等与劳动报酬相关的材料的;

(四)以其他方法逃避支付劳动报酬的。

★犯本罪,“数额较大”的认定标准

《最高人民法院关于审理拒不支付劳动报酬刑事案件适用法律若干问题的解释》(2013年1月16日　法释〔2013〕3号)

第三条　具有下列情形之一的,应当认定为刑法第二百七十六条之一第一款规定的“数额较大”：

（一）拒不支付一名劳动者三个月以上的劳动报酬且数额在五千元至二万元以上的；

（二）拒不支付十名以上劳动者的劳动报酬且数额累计在三万元至十万元以上的。

各省、自治区、直辖市高级人民法院可以根据本地区经济社会发展状况，在前款规定的数额幅度内，研究确定本地区执行的具体数额标准，报最高人民法院备案。

★“经政府有关部门责令支付仍不支付”的认定

《最高人民法院关于审理拒不支付劳动报酬刑事案件适用法律若干问题的解释》（2013年1月16日　法释〔2013〕3号）

第四条　经人力资源社会保障部门或者政府其他有关部门依法以限期整改指令书、行政处理决定书等文书责令支付劳动者的劳动报酬后，在指定的期限内仍不支付的，应当认定为刑法第二百七十六条之一第一款规定的“经政府有关部门责令支付仍不支付”，但有证据证明行为人有正当理由未知悉责令支付或者未及时支付劳动报酬的除外。

行为人逃匿，无法将责令支付文书送交其本人、同住成年家属或者所在单位负责收件的人的，如果有关部门已通过在行为人的住所地、生产经营场所等地张贴责令支付文书等方式责令支付，并采用拍照、录像等方式记录的，应当视为“经政府有关部门责令支付”。

★认定“造成严重后果”的三种情形

《最高人民法院关于审理拒不支付劳动报酬刑事案件适用法律若干问题的解释》（2013年1月16日　法释〔2013〕3号）

第五条　拒不支付劳动者的劳动报酬，符合本解释第三条的规定，并具有下列情形之一的，应当认定为刑法第二百七十六条之一第一款规定的“造成严重后果”：

（一）造成劳动者或者其被赡养人、被扶养人、被抚养人的基本生活受到严重影响、重大疾病无法及时医治或者失学的；

（二）对要求支付劳动报酬的劳动者使用暴力或者进行暴力威胁的；

（三）造成其他严重后果的。

★可以认定为情节显著轻微危害不大，不认为是犯罪或者免除刑事处罚、酌情从宽处罚的情形

《最高人民法院关于审理拒不支付劳动报酬刑事案件适用法律若干问题的解释》（2013 年 1 月 16 日　法释〔2013〕3 号）

第六条　拒不支付劳动者的劳动报酬，尚未造成严重后果，在刑事立案前支付劳动者的劳动报酬，并依法承担相应赔偿责任的，可以认定为情节显著轻微危害不大，不认为是犯罪；在提起公诉前支付劳动者的劳动报酬，并依法承担相应赔偿责任的，可以减轻或者免除刑事处罚；在一审宣判前支付劳动者的劳动报酬，并依法承担相应赔偿责任的，可以从轻处罚。

对于免除刑事处罚的，可以根据案件的不同情况，予以训诫、责令具结悔过或者赔礼道歉。

拒不支付劳动者的劳动报酬，造成严重后果，但在宣判前支付劳动者的劳动报酬，并依法承担相应赔偿责任的，可以酌情从宽处罚。

★不具备用工主体资格的单位或者个人违法用工且拒不支付劳动者的劳动报酬的刑事责任

《最高人民法院关于审理拒不支付劳动报酬刑事案件适用法律若干问题的解释》（2013 年 1 月 16 日　法释〔2013〕3 号）

第七条　不具备用工主体资格的单位或者个人，违法用工且拒不支付劳动者的劳动报酬，数额较大，经政府有关部门责令支付仍不支付的，应当依照刑法第二百七十六条之一的规定，以拒不支付劳动报酬罪追究刑事责任。

★用人单位的实际控制人实施拒不支付劳动报酬行为的刑事责任

《最高人民法院关于审理拒不支付劳动报酬刑事案件适用法律若干问题的解释》（2013 年 1 月 16 日　法释〔2013〕3 号）

第八条　用人单位的实际控制人实施拒不支付劳动报酬行为，构成犯罪的,应当依照刑法第二百七十六条之一的规定追究刑事责任。

★单位拒不支付劳动报酬,构成犯罪的定罪量刑标准

《最高人民法院关于审理拒不支付劳动报酬刑事案件适用法律若干问题的解释》(2013年1月16日 法释〔2013〕3号)

第九条 单位拒不支付劳动报酬,构成犯罪的,依照本解释规定的相应个人犯罪的定罪量刑标准,对直接负责的主管人员和其他直接责任人员定罪处罚,并对单位判处罚金。

★"以逃匿方法逃避支付劳动者的劳动报酬"的认定

《最高人民法院、最高人民检察院、人力资源社会保障部、公安部关于加强涉嫌拒不支付劳动报酬犯罪案件查处衔接工作的通知》(2014年12月23日 人社部发〔2014〕100号)

一、切实加强涉嫌拒不支付劳动报酬违法犯罪案件查处工作

(二)行为人拖欠劳动者劳动报酬后,人力资源社会保障部门通过书面、电话、短信等能够确认其收悉的方式,通知其在指定的时间内到指定的地点配合解决问题,但其在指定的时间内未到指定的地点配合解决问题或明确表示拒不支付劳动报酬的,视为刑法第二百七十六条之一第一款规定的"以逃匿方法逃避支付劳动者的劳动报酬"。但是,行为人有证据证明因自然灾害、突发重大疾病等非人力所能抗拒的原因造成其无法在指定的时间内到指定的地点配合解决问题的除外。

类案检索指引

★"包工头"违法用工且拒不支付劳动者报酬的刑事责任

《胡克金拒不支付劳动报酬案》(2014年6月26日最高人民法院发布第七批指导性案例:指导案例28号)

【关键词】

刑事 拒不支付劳动报酬罪 不具备用工主体资格的单位或者个人

【裁判要点】

1. 不具备用工主体资格的单位或者个人(包工头),违法用工且拒不支付劳动者报酬,数额较大,经政府有关部门责令支付仍不支付的,应当以拒不支付劳动报酬罪追究刑事责任。

2. 不具备用工主体资格的单位或者个人(包工头)拒不支付劳动报酬,即使其他单位或者个人在刑事立案前为其垫付了劳动报酬的,也不影响追究该用工单位或者个人(包工头)拒不支付劳动报酬罪的刑事责任。

★对于态度恶劣、拒不认罪悔罪的,从重提出量刑建议

《江西范某某拒不支付劳动报酬案》(2023 年 1 月 12 日最高人民检察院发布 5 件检察机关依法惩治拒不支付劳动报酬犯罪典型案例)

【典型意义】

1. 依托"两法衔接"强化立案监督,从严打击恶意欠薪行为。高新区人民检察院坚持以人民为中心的司法理念,对于情节恶劣,后果严重,经刑事立案追缴仍不履行支付义务的犯罪嫌疑人,依法从重打击、从严惩处。检察机关主动履行监督职责,依托"两法衔接"机制,开展保障农民工工资支付排查工作,发现线索及时启动立案监督。坚持以办案为核心,综合运用提前介入、自行补充侦查和协调公安机关补充侦查等方式完善证据,注重全过程接收被害人提供的新证据材料,依法从严从快批准逮捕,有新的犯罪事实依法追加起诉,准确认定。对于态度恶劣、拒不认罪悔罪的,从重提出量刑建议,有效发挥刑罚的惩治和震慑作用。

2. 打击、追讨、司法救助同步,守护"民薪"赢得"民心"。该案涉案金额大、受害人数多,案发时正值疫情期间,检察机关在办案中坚持依法惩治"恶意欠薪"违法犯罪与"为民办实事"并重。在妥善处理农民工群体追索欠薪诉求时,检察机关协调相关单位共同商议挽回被欠薪工人工资损失的解决方案,并依法开展司法救助,形成化解社会矛盾纠纷的合力。主动服务社会发展大局,深入调查研究,发现案件背后的社会管理漏洞,通过发出检察建议系统性、根源性解决相关问题，推动诉源治理，达到“办理一案，治理一片”的良好效果。

★将构成犯罪的公司追加为被告单位进行起诉，为欠薪企业划出红线

《湖南某光电科技有限公司、柏某拒不支付劳动报酬案》（2023年1月12日最高人民检察院发布5件检察机关依法惩治拒不支付劳动报酬犯罪典型案例）

【典型意义】

当前办理此类案件中，存在追究自然人犯罪多、追究单位犯罪少，单位犯罪认定难度大的问题。本案检察机关在案件审理中，发现侦查机关移送审查起诉时没有追究相关涉案单位的刑事责任。在进一步审查案件事实证据后，检察机关发现本案光电科技有限公司是经工商登记依法成立的合法单位，具备主体资格，郁某某等30名员工均是与该公司签订的劳动合同，该光电科技有限公司构成单位犯罪事实清楚，证据确实、充分。为了充分保障劳动者合法权益，最大限度追讨回欠薪，检察机关将光电科技有限公司追加为被告单位进行起诉，为欠薪企业划出红线。

★依法启动企业合规整改，助推民营企业健康发展

《江苏潘某某拒不支付劳动报酬不起诉案》（2023年1月12日最高人民检察院发布5件检察机关依法惩治拒不支付劳动报酬犯罪典型案例）

【典型意义】

1. 依法充分履职，及时开展羁押必要性、起诉必要性审查。检察机关办理拒不支付劳动报酬案件，应在查明事实的基础上，依法履行审查逮捕、审查起诉、羁押必要性审查等职能。坚持打击欠薪犯罪与追讨欠薪并重，充分发挥认罪认罚从宽制度功效，贯彻落实少捕慎诉慎押刑事司法政策，动态审查把握犯罪嫌疑人社会危险性变化条件，对已无继续羁押必要的，及时依法变更或解除羁押强制措施，或向相关机关提出建议。尽可能实现案件办理和矛盾化解一体化推进，积极开展释法说理工作，主动对接辩护律师、工程发包方、犯罪嫌疑人家属等多方，必要时与行政主管部门衔接联动,促成劳动报酬足额支付,经审查对依法不需要刑罚处罚、没有起诉必要的,依法作出相对不起诉处理。

2. 依法启动企业合规整改,助推民营企业健康发展。检察机关在办案过程中,应充分考量疫情冲击、经济下行等多重叠加因素,统筹做好防风险、保安全、护稳定、促发展等各项工作。坚持以法治稳企业稳预期,对涉案民营企业负责人开展羁押必要性、起诉必要性审查,最大限度降低刑事司法活动对涉案企业的影响,为工人持续就业提供稳定的工作环境,对涉案企业开展企业合规审查,推动企业建立合规体系,完善用工、薪资及财务管理各项制度。推动民营企业规范运营,以"真合规""真整改"助推民营企业健康发展。

★发挥刑罚的打击震慑效果,帮助农民工追回被拖欠的工资,增强执法活动的实效性

《贵州刘某某拒不支付劳动报酬不起诉案》(2023 年 1 月 12 日最高人民检察院发布 5 件检察机关依法惩治拒不支付劳动报酬犯罪典型案例)

【典型意义】

拒不支付劳动报酬案件办理是"小案件、大民生"的生动写照。检察机关在拒不支付劳动案件办理中,除了发挥刑罚的打击震慑效果,更重要的在于帮助农民工追回被拖欠的工资,增强执法活动的实效性。本案在拒不支付劳动报酬案件中属涉案金额不大的"小案",但检察机关不因"案小"而简化工作、简单办理,而是将帮助农民工拿回血汗钱、救命钱始终作为根本职责与重大使命,在"小案"上下"大功夫"。检察机关积极能动履职,深入实地走访,了解到个别多次讨薪未果的农民工面临着就医、生活等实际困境,单纯的刑事打击、就案办案并不能直接缓解被欠薪者的困难处境;及时组织劳资双方座谈,联合多部门制定追缴工资方案并督促落实到位;督促涉案人员及时筹集资金,直到帮助农民工拿回血汗钱。把每一个关系老百姓利益、弱势群体保护的"小案"当成检察机关"天大的案件"认真办理,是检察机关落实以人民为中心的发展思想的生动写照。

★统筹兼顾，刑民协同，能动履职，充分发挥刑事检察和民事检察职能联动作用

《湖北兰某某拒不支付劳动报酬案》（2023年1月12日最高人民检察院发布5件检察机关依法惩治拒不支付劳动报酬犯罪典型案例）

【典型意义】

检察机关在办理本案中，注重统筹兼顾，刑民协同，能动履职，充分发挥刑事检察和民事检察职能联动作用。检察机关要通过沟通协调，将检察机关支持起诉、化解民事争议职能与人社部门劳动监察职能相衔接，共同推动解决拖欠劳动者工资问题整治工作。通过定期召开刑事、民事、行政检察部门联席会议，强化信息共享、线索移送、一体化办案，防范化解劳资矛盾。刑检部门发现相关案件属于民事纠纷，且有必要支持起诉的，要及时通报民事检察部门。同时，民事检察部门发现案件中存在犯罪线索的，应主动通报刑事检察部门，使检察机关助力保障民生工作进一步制度化、规范化。

第六章　妨害社会管理秩序罪

第一节　扰乱公共秩序罪

第二百七十七条　【妨害公务罪】以暴力、威胁方法阻碍国家机关工作人员依法执行职务的，处三年以下有期徒刑、拘役、管制或者罚金。

以暴力、威胁方法阻碍全国人民代表大会和地方各级人民代表大会代表依法执行代表职务的，依照前款的规定处罚。

在自然灾害和突发事件中，以暴力、威胁方法阻碍红十字会工作人员依法履行职责的，依照第一款的规定处罚。

故意阻碍国家安全机关、公安机关依法执行国家安全工作任务，未使用暴力、威胁方法，造成严重后果的，依照第一款的规定处罚。

【袭警罪】暴力袭击正在依法执行职务的人民警察的，处三年以下有期徒刑、拘役或者管制；使用枪支、管制刀具，或者以驾驶机动车撞击等手段，严重危及其人身安全的，处三年以上七年以下有期徒刑。

立法动态

本条源自《中华人民共和国刑法》（1997 年 3 月 14 日第八届全国人民代表大会第五次会议修订，自 1997 年 10 月 1 日起施行）。

本条第五款根据《中华人民共和国刑法修正案（九）》（自 2015 年 11 月 1 日起施行）第二十一条增加。

原本条第五款内容为：暴力袭击正在依法执行职务的人民警察的，依照第一款的规定从重处罚。

本条第五款根据《中华人民共和国刑法修正案（十一）》（自 2021 年 3 月 1 日起施行）第三十一条修改。

本条第五款修改的主要内容为：将暴力袭击正在依法执行职务的人民警察的"依照第一款的规定从重处罚"进行了细化，并规定了两档法定刑：一是"处三年以下有期徒刑、拘役或者管制"；二是对于"使用枪支、管制刀具，或者以驾驶机动车撞击等手段，严重危及其人身安全的，处三年以上七年以下有期徒刑"。

量刑指导

《最高人民法院、最高人民检察院关于常见犯罪的量刑指导意见（试行）》（2021 年 6 月 16 日　法发〔2021〕21 号）

四、常见犯罪的量刑

（十六）妨害公务罪

1. 构成妨害公务罪的，在二年以下有期徒刑、拘役幅度内确定量刑起点。

2. 在量刑起点的基础上，根据妨害公务造成的后果、犯罪情节严重程度等其他影响犯罪构成的犯罪事实增加刑罚量，确定基准刑。

3. 构成妨害公务罪，依法单处罚金的，根据妨害公务的手段、危害后果、造成的人身伤害以及财物毁损情况等犯罪情节，综合考虑被告人缴纳罚金的能力，决定罚金数额。

4. 构成妨害公务罪的，综合考虑妨害公务的手段、造成的人身伤害、财物的毁损及社会影响等犯罪事实、量刑情节，以及被告人的主观恶性、人身危险性、认罪悔罪表现等因素，决定缓刑的适用。

适用要点与裁判依据

★以暴力、威胁方法阻碍相关工作人员依法履行为防治突发传染病疫情等灾害而采取的防控措施的，构成妨害公务罪

《最高人民法院、最高人民检察院关于办理妨害预防、控制突发传染病疫情等灾害的刑事案件具体应用法律若干问题的解释》（2003年5月14日　法释〔2003〕8号）

第八条　以暴力、威胁方法阻碍国家机关工作人员、红十字会工作人员依法履行为防治突发传染病疫情等灾害而采取的防疫、检疫、强制隔离、隔离治疗等预防、控制措施的，依照刑法第二百七十七条第一款、第三款的规定，以妨害公务罪定罪处罚。

★以暴力、威胁方法阻碍烟草专卖执法人员依法执行职务的，构成妨害公务罪

《最高人民法院、最高人民检察院、公安部、国家烟草专卖局关于办理假冒伪劣烟草制品等刑事案件适用法律问题座谈会纪要》（2003年12月23日　商检会〔2003〕4号）

八、关于以暴力、威胁方法阻碍烟草专卖执法人员依法执行职务行为的定罪处罚问题

以暴力、威胁方法阻碍烟草专卖执法人员依法执行职务的，依照

刑法第二百七十七条的规定，以妨害公务罪定罪处罚。

★以暴力、威胁方法阻碍草原监督检查人员依法执行职务的，构成妨害公务罪

《最高人民法院关于审理破坏草原资源刑事案件应用法律若干问题的解释》（2012年11月2日　法释〔2012〕15号）

第四条第一款　以暴力、威胁方法阻碍草原监督检查人员依法执行职务，构成犯罪的，依照刑法第二百七十七条的规定，以妨害公务罪追究刑事责任。

★收买被拐卖的妇女、儿童，又以暴力、威胁方法阻碍国家机关工作人员解救被收买的妇女、儿童的，实行数罪并罚

《最高人民法院关于审理拐卖妇女儿童犯罪案件具体应用法律若干问题的解释》（2016年12月21日　法释〔2016〕28号）

第七条　收买被拐卖的妇女、儿童，又以暴力、威胁方法阻碍国家机关工作人员解救被收买的妇女、儿童，或者聚众阻碍国家机关工作人员解救被收买的妇女、儿童，构成妨害公务罪、聚众阻碍解救被收买的妇女、儿童罪的，依照数罪并罚的规定处罚。

★以暴力、威胁方法阻碍国家机关工作人员依法处置妨害安全驾驶违法犯罪行为的，以妨害公务罪定罪处罚

《最高人民法院、最高人民检察院、公安部关于依法惩治妨害公共交通工具安全驾驶违法犯罪行为的指导意见》（2019年1月8日　公通字〔2019〕1号）

一、准确认定行为性质，依法从严惩处妨害安全驾驶犯罪

（六）以暴力、威胁方法阻碍国家机关工作人员依法处置妨害安全驾驶违法犯罪行为、维护公共交通秩序的，依照刑法第二百七十七条的规定，以妨害公务罪定罪处罚；暴力袭击正在依法执行职务的人民警察的，从重处罚。

第二百七十八条　【煽动暴力抗拒法律实施罪】煽动群众暴力抗拒国家法律、行政法规实施的，处三年以下有期徒刑、拘役、管制或者剥夺政治权利；造成严重后果的，处三年以上七年以下有期徒刑。

立法动态

本条源自《中华人民共和国刑法》（1997 年 3 月 14 日第八届全国人民代表大会第五次会议修订，自 1997 年 10 月 1 日起施行）。

适用要点与裁判依据

★煽动群众暴力抗拒烟草专卖法律实施的，构成本罪

《最高人民法院、最高人民检察院、公安部、国家烟草专卖局关于办理假冒伪劣烟草制品等刑事案件适用法律问题座谈会纪要》（2003 年 12 月 23 日　商检会〔2003〕4 号）

九、关于煽动群众暴力抗拒烟草专卖法律实施行为的定罪处罚问题

煽动群众暴力抗拒烟草专卖法律实施的，依照刑法第二百七十八条的规定，以煽动暴力抗拒法律实施罪定罪处罚。

★煽动群众暴力抗拒草原法律、行政法规实施的，构成本罪

《最高人民法院关于审理破坏草原资源刑事案件应用法律若干问题的解释》（2012 年 11 月 2 日　法释〔2012〕15 号）

第四条　以暴力、威胁方法阻碍草原监督检查人员依法执行职务，构成犯罪的，依照刑法第二百七十七条的规定，以妨害公务罪追究刑事责任。

煽动群众暴力抗拒草原法律、行政法规实施，构成犯罪的，依照刑法第二百七十八条的规定，以煽动暴力抗拒法律实施罪追究刑事责任。

★利用信息网络实施诽谤、寻衅滋事、敲诈勒索、非法经营犯罪，同时又构成本罪的，择一重处

《最高人民法院、最高人民检察院关于办理利用信息网络实施诽谤等刑事案件适用法律若干问题的解释》(2013年9月6日 法释〔2013〕21号)

第九条 利用信息网络实施诽谤、寻衅滋事、敲诈勒索、非法经营犯罪，同时又构成刑法第二百二十一条规定的损害商业信誉、商品声誉罪，第二百七十八条规定的煽动暴力抗拒法律实施罪，第二百九十一条之一规定的编造、故意传播虚假恐怖信息罪等犯罪的，依照处罚较重的规定定罪处罚。

第二百七十九条 【招摇撞骗罪】冒充国家机关工作人员招摇撞骗的，处三年以下有期徒刑、拘役、管制或者剥夺政治权利；情节严重的，处三年以上十年以下有期徒刑。

冒充人民警察招摇撞骗的，依照前款的规定从重处罚。

立法动态

本条源自《中华人民共和国刑法》(1997年3月14日第八届全国人民代表大会第五次会议修订，自1997年10月1日起施行)。

适用要点与裁判依据

★冒充国家机关工作人员骗取财物、荣誉、地位、待遇、感情的，构成招摇撞骗罪

《最高人民法院、最高人民检察院、公安部关于依法惩治招摇撞骗等违法犯罪行为的指导意见》(2021年12月16日 公通字〔2021〕21号)

一、冒充国家机关工作人员、军人，骗取财物、荣誉、地位、待遇、感情等，符合刑法第二百七十九条、第三百七十二条规定的，分别以招摇撞骗罪、冒充军人招摇撞骗罪定罪处罚；严重损害国家机关、军队形象和威信，或者造成其他严重后果的，应当认定为刑法第二百七十九条、第三百七十二条规定的“情节严重”。

★冒充国家机关工作人员招摇撞骗，同时构成其他犯罪的，择一重处

《最高人民法院、最高人民检察院、公安部关于依法惩治招摇撞骗等违法犯罪行为的指导意见》(2021 年 12 月 16 日　公通字〔2021〕21 号)

四、冒充国家机关工作人员或者军人招摇撞骗，同时构成非法吸收公众存款罪、集资诈骗罪、合同诈骗罪、组织、领导传销活动罪、诈骗罪的，依照处罚较重的规定定罪处罚。

★“冒充国家机关工作人员”的认定标准

《最高人民法院、最高人民检察院、公安部关于依法惩治招摇撞骗等违法犯罪行为的指导意见》(2021 年 12 月 16 日　公通字〔2021〕21 号)

五、对下列情形之一的，应当分别认定为刑法第二百七十九条、第三百七十二条规定的“冒充国家机关工作人员”“冒充军人”：

1. 冒充国家机关中真实存在或者虚构的工作人员、军人的；

2. 冒充虚构的国家机关中的工作人员、军人，易让他人信以为真的；

3. 身为国家机关工作人员、军人冒充其他国家机关工作人员、军人的；

4. 以骗取非法利益为目的，制造假象，诱使他人误以为系国家机关工作人员、军人的。

第二百八十条 【伪造、变造、买卖国家机关公文、证件、印章罪】【盗窃、抢夺、毁灭国家机关公文、证件、印章罪】伪造、变造、买卖或者盗窃、抢夺、毁灭国家机关的公文、证件、印章的，处三年以下有期徒刑、拘役、管制或者剥夺政治权利，并处罚金；情节严重的，处三年以上十年以下有期徒刑，并处罚金。

【伪造公司、企业、事业单位、人民团体印章罪】伪造公司、企业、事业单位、人民团体的印章的，处三年以下有期徒刑、拘役、管制或者剥夺政治权利，并处罚金。

【伪造、变造、买卖身份证件罪】伪造、变造、买卖居民身份证、护照、社会保障卡、驾驶证等依法可以用于证明身份的证件的，处三年以下有期徒刑、拘役、管制或者剥夺政治权利，并处罚金；情节严重的，处三年以上七年以下有期徒刑，并处罚金。

立法动态

本条源自《中华人民共和国刑法》(1997 年 3 月 14 日第八届全国人民代表大会第五次会议修订，自 1997 年 10 月 1 日起施行)。

原本条规定为：第二百八十条 （第一款）伪造、变造、买卖或者盗窃、抢夺、毁灭国家机关的公文、证件、印章的，处三年以下有期徒刑、拘役、管制或者剥夺政治权利；情节严重的，处三年以上十年以下有期徒刑。(第二款)伪造公司、企业、事业单位、人民团体的印章的，处三年以下有期徒刑、拘役、管制或者剥夺政治权利。(第三款)伪造、变造居民身份证的，处三年以下有期徒刑、拘役、管制或者剥夺政治权利；情节严重的，处三年以上七年以下有期徒刑。

本条根据《中华人民共和国刑法修正案(九)》(自 2015 年 11 月 1 日起施行)第二十二条修改。

本条修改的主要内容为：一是本罪的法定刑中增加了罚金刑；二是将本条第三款的犯罪行为由“伪造、变造”扩展为“伪造、变造、买卖”;三是将本条第三款的犯罪对象由“居民身份证”扩展为“居民身份证、护照、社会保障卡、驾驶证等依法可以用于证明身份的证件”。

立案标准

《国家林业局、公安部关于森林和陆生野生动物刑事案件管辖及立案标准》(2001年5月9日 林安字〔2001〕156号)

一、森林公安机关管辖在其辖区内发生的刑法规定的下列森林和陆生野生动物刑事案件

(十五)伪造、变造、买卖国家机关公文、证件案件中,伪造、变造、买卖林木和陆生野生动物允许进出口证明书、进出口原产地证明、狩猎证、特许猎捕证、驯养繁殖许可证、林木采伐许可证、木材运输证明、森林、林木、林地权属证书、征用或者占用林地审核同意书、育林基金等缴费收据以及由国家机关批准的其他关于林业和陆生野生动物公文、证件的案件(第二百八十条第一、二款);

适用要点与裁判依据

★伪造、变造、买卖海关签发的报关单等凭证或者购买伪造、变造的上述凭证的刑事责任

《最高人民法院关于审理骗购外汇、非法买卖外汇刑事案件具体应用法律若干问题的解释》(1998年8月28日 法释〔1998〕20号)

第二条 伪造、变造、买卖海关签发的报关单、进口证明、外汇管理机关的核准件等凭证或者购买伪造、变造的上述凭证的,按照刑法第二百八十条第一款的规定定罪处罚。

★伪造、变造、买卖国家机关批准的林业证件构成犯罪的刑事责任

《最高人民法院关于审理破坏森林资源刑事案件具体应用法律若干问题的解释》(2000年11月22日 法释〔2000〕36号)

第十三条 对于伪造、变造、买卖林木采伐许可证、木材运输证件,森林、林木、林地权属证书,占用或者征用林地审核同意书、育林

基金等缴费收据以及其他国家机关批准的林业证件构成犯罪的，依照刑法第二百八十条第一款的规定，以伪造、变造、买卖国家机关公文、证件罪定罪处罚。

对于买卖允许进出口证明书等经营许可证明，同时触犯刑法第二百二十五条、第二百八十条规定之罪的，依照处罚较重的规定定罪处罚。

★伪造高等院校印章制作学历、学位证明的刑事责任

《最高人民法院、最高人民检察院关于办理伪造、贩卖伪造的高等院校学历、学位证明刑事案件如何适用法律问题的解释》（2001年7月3日 法释〔2001〕22号）

对于伪造高等院校印章制作学历、学位证明的行为，应当依照刑法第二百八十条第二款的规定，以伪造事业单位印章罪定罪处罚。

明知是伪造高等院校印章制作的学历、学位证明而贩卖的，以伪造事业单位印章罪的共犯论处。

★买卖涉税单证情节严重尚未进口货物的刑事责任

《最高人民法院、最高人民检察院、海关总署关于办理走私刑事案件适用法律若干问题的意见》（2002年7月8日 法〔2002〕139号）

第280条

九、关于利用购买的加工贸易登记手册、特定减免税批文等涉税单证进口货物行为的定性处理问题

加工贸易登记手册、特定减免税批文等涉税单证是海关根据国家法律法规以及有关政策性规定，给予特定企业用于保税货物经营管理和减免税优惠待遇的凭证。利用购买的加工贸易登记手册、特定减免税批文等涉税单证进口货物，实质是将一般贸易货物伪报为加工贸易保税货物或者特定减免税货物进口，以达到偷逃应缴税款的目的，应当适用刑法第一百五十三条以走私普通货物、物品罪定罪处罚。如果行为人与走私分子通谋出售上述涉税单证，或者在出卖批文后又以提供印章、向海关伪报保税货物、特定减免税货物等方式帮助买方办理进口通关手续的，对卖方依照刑法第一百五十六条以走私罪共犯定罪处罚。买卖上述涉税单证情节严重尚未进口货物

的，依照刑法第二百八十条的规定定罪处罚。

★通过伪造国家机关公文、证件担任国家工作人员职务以后，又利用职务上的便利实施其他犯罪的，实行数罪并罚

《最高人民法院研究室关于对行为人通过伪造国家机关公文、证件担任国家工作人员职务并利用职务上的便利侵占本单位财物、收受贿赂、挪用本单位资金等行为如何适用法律问题的答复》(2004年3月30日　法研〔2004〕38号)

行为人通过伪造国家机关公文、证件担任国家工作人员职务以后，又利用职务上的便利实施侵占本单位财物、收受贿赂、挪用本单位资金等行为，构成犯罪的，应当分别以伪造国家机关公文、证件罪和相应的贪污罪、受贿罪、挪用公款罪等追究刑事责任，实行数罪并罚。

★伪造、变造、买卖机动车行驶证、登记证书的犯罪构成要件及"情节严重"的认定

《最高人民法院、最高人民检察院关于办理与盗窃、抢劫、诈骗、抢夺机动车相关刑事案件具体应用法律若干问题的解释》(2007年5月9日　法释〔2007〕11号)

第二条　伪造、变造、买卖机动车行驶证、登记证书，累计三本以上的，依照刑法第二百八十条第一款的规定，以伪造、变造、买卖国家机关证件罪定罪，处三年以下有期徒刑、拘役、管制或者剥夺政治权利。

伪造、变造、买卖机动车行驶证、登记证书，累计达到第一款规定数量标准五倍以上的，属于刑法第二百八十条第一款规定中的"情节严重"，处三年以上十年以下有期徒刑。

★采取伪造证据等手段篡改案件事实，骗取人民法院裁判文书，构成犯罪的刑事责任

《最高人民法院、最高人民检察院关于办理虚假诉讼刑事案件适用法律若干问题的解释》(2018年9月26日　法释〔2018〕17号)

第七条　采取伪造证据等手段篡改案件事实，骗取人民法院裁判文书，构成犯罪的，依照刑法第二百八十条、第三百零七条等规定追究刑事责任。

★为信用卡申请人制作、提供虚假的资信证明材料的刑事责任

《最高人民法院、最高人民检察院关于办理妨害信用卡管理刑事案件具体应用法律若干问题的解释》(2018 年 11 月 28 日　法释〔2018〕19 号)

第四条　为信用卡申请人制作、提供虚假的财产状况、收入、职务等资信证明材料,涉及伪造、变造、买卖国家机关公文、证件、印章,或者涉及伪造公司、企业、事业单位、人民团体印章,应当追究刑事责任的,依照刑法第二百八十条的规定,分别以伪造、变造、买卖国家机关公文、证件、印章罪和伪造公司、企业、事业单位、人民团体印章罪定罪处罚。

承担资产评估、验资、验证、会计、审计、法律服务等职责的中介组织或其人员,为信用卡申请人提供虚假的财产状况、收入、职务等资信证明材料,应当追究刑事责任的,依照刑法第二百二十九条的规定,分别以提供虚假证明文件罪和出具证明文件重大失实罪定罪处罚。

★在网上注册办理手机卡、信用卡、银行账户时,使用他人身份证件信息并替换他人身份证件相片的刑事责任

《最高人民法院、最高人民检察院、公安部关于办理电信网络诈骗等刑事案件适用法律若干问题的意见(二)》(2021 年 6 月 17 日　法发〔2021〕22 号)

六、在网上注册办理手机卡、信用卡、银行账户、非银行支付账户时,为通过网上认证,使用他人身份证件信息并替换他人身份证件相片,属于伪造身份证件行为,符合刑法第二百八十条第三款规定的,以伪造身份证件罪追究刑事责任。

使用伪造、变造的身份证件或者盗用他人身份证件办理手机卡、信用卡、银行账户、非银行支付账户,符合刑法第二百八十条之一第一款规定的,以使用虚假身份证件、盗用身份证件罪追究刑事责任。

实施上述两款行为,同时构成其他犯罪的,依照处罚较重的规定定罪处罚。法律和司法解释另有规定的除外。

类案检索指引

★伪造国家机关证件用于骗取消防备案及特种行业许可证审批，导致违规建设的建筑物安全隐患长期存在的，构成伪造国家机关证件罪

《杨某锵等重大责任事故、伪造国家机关证件、行贿案——依法严惩生产安全事故首要责任人》（2022年12月15日最高人民法院、最高人民检察院发布人民法院、检察机关依法惩治危害生产安全犯罪典型案例）

【典型意义】

一段时期以来，因为违法违规建设施工导致的用于经营活动的建筑物倒塌、坍塌事故时有发生，部分事故造成重大人员伤亡和高额财产损失，人民群众反映强烈。司法机关要加大对此类违法犯罪行为的打击力度，依法从严惩治建筑施工过程中存在的无证施工、随意改扩建、随意加层、擅自改变建筑物功能结构布局等违法违规行为，对于危及公共安全、构成犯罪的，要依法从严追究刑事责任。特别是对于导致建筑物倒塌、坍塌事故发生负有首要责任、行为构成重大责任事故罪等危害生产安全犯罪罪名的行为人，该顶格处刑的要在法定量刑幅度范围内顶格判处刑罚，充分体现从严惩处危害生产安全犯罪的总体政策，切实保障人民群众生命财产安全。

第二百八十条之一 【使用虚假身份证件、盗用身份证件罪】在依照国家规定应当提供身份证明的活动中，使用伪造、变造的或者盗用他人的居民身份证、护照、社会保障卡、驾驶证等依法可以用于证明身份的证件，情节严重的，处拘役或者管制，并处或者单处罚金。

有前款行为，同时构成其他犯罪的，依照处罚较重的规定定罪处罚。

立法动态

本条根据《中华人民共和国刑法修正案(九)》(自2015年11月1日起施行)第二十三条增加。

适用要点与裁判依据

★使用伪造、变造的身份证件或者盗用他人身份证件办理手机卡、信用卡、银行账户、非银行支付账户的刑事责任

《最高人民法院、最高人民检察院、公安部关于办理电信网络诈骗等刑事案件适用法律若干问题的意见(二)》(2021年6月17日 法发〔2021〕22号)

六、在网上注册办理手机卡、信用卡、银行账户、非银行支付账户时,为通过网上认证,使用他人身份证件信息并替换他人身份证件相片,属于伪造身份证件行为,符合刑法第二百八十条第三款规定的,以伪造身份证件罪追究刑事责任。

使用伪造、变造的身份证件或者盗用他人身份证件办理手机卡、信用卡、银行账户、非银行支付账户,符合刑法第二百八十条之一第一款规定的,以使用虚假身份证件、盗用身份证件罪追究刑事责任。

实施上述两款行为,同时构成其他犯罪的,依照处罚较重的规定定罪处罚。法律和司法解释另有规定的除外。

第二百八十条之二 【冒名顶替罪】盗用、冒用他人身份,顶替他人取得的高等学历教育入学资格、公务员录用资格、就业安置待遇的,处三年以下有期徒刑、拘役或者管制,并处罚金。

组织、指使他人实施前款行为的,依照前款的规定从重处罚。

国家工作人员有前两款行为,又构成其他犯罪的,依照数罪并罚的规定处罚。

立法动态

本条根据《中华人民共和国刑法修正案（十一）》（自2021年3月1日起施行）第三十二条增加。

适用要点与裁判依据

★对冒名顶替案件中被害人提出精神损失赔偿的法律适用

《最高人民检察院关于刑法修正案（十一）相关问题的解答》

五、在办理冒名顶替罪案件中，如果被害人因被冒名顶替上大学造成精神伤害，提出精神损失赔偿，应向哪个部门提起？

答：刑事诉讼法第101条规定："被害人由于被告人的犯罪行为而遭受物质损失的，在刑事诉讼过程中，有权提起附带民事诉讼"。最高人民法院《关于适用〈中华人民共和国刑事诉讼法〉的解释》第175条第二款也明确"因受到犯罪侵犯，提起附带民事诉讼或者单独提起民事诉讼要求赔偿精神损失的，人民法院一般不予受理"。因此，在冒名顶替上大学案件中，在适用刑事附带民事诉讼时，应严格把握适用范围，即因被冒名顶替上大学遭受物质损失的情形。对于刑事犯罪案件中一方当事人因被冒名顶替上大学遭受物质损失，提起附带民事诉讼或者单独提起民事诉讼的，应当加大调解工作力度，在符合自愿、合法原则的前提下，对赔偿范围、数额灵活把握，并视情依法依规开展救助。对于精神损害赔偿，应限定在"民事侵权案件"中，适用民法典、民事诉讼法、刑事诉讼法等相关规定。

第二百八十一条 【非法生产、买卖警用装备罪】非法生产、买卖人民警察制式服装、车辆号牌等专用标志、警械，情节严重的，处三年以下有期徒刑、拘役或者管制，并处或者单处罚金。

单位犯前款罪的，对单位判处罚金，并对其直接负责的主管人员和其他直接责任人员，依照前款的规定处罚。

立法动态

本条源自《中华人民共和国刑法》(1997 年 3 月 14 日第八届全国人民代表大会第五次会议修订,自 1997 年 10 月 1 日起施行)。

立案标准

《最高人民检察院、公安部关于公安机关管辖的刑事案件立案追诉标准的规定(一)》(2017 年 4 月 27 日修正 公通字〔2017〕12 号)

第三十五条 [非法生产、买卖警用装备案(刑法第二百八十一条)]非法生产、买卖人民警察制式服装、车辆号牌等专用标志、警械,涉嫌下列情形之一的,应予立案追诉:

(一)成套制式服装三十套以上,或者非成套制式服装一百件以上的;

(二)手铐、脚镣、警用抓捕网、警用催泪喷射器、警灯、警报器单种或者合计十件以上的;

(三)警棍五十根以上的;

(四)警衔、警号、胸章、臂章、帽徽等警用标志单种或者合计一百件以上的;

(五)警用号牌、省级以上公安机关专段民用车辆号牌一副以上,或者其他公安机关专段民用车辆号牌三副以上的;

(六)非法经营数额五千元以上,或者非法获利一千元以上的;

(七)被他人利用进行违法犯罪活动的;

(八)其他情节严重的情形。

第二百八十二条 【非法获取国家秘密罪】以窃取、刺探、收买方法,非法获取国家秘密的,处三年以下有期徒刑、拘役、管制或者剥夺政治权利;情节严重的,处三年以上七年以下有期徒刑。

【非法持有国家绝密、机密文件、资料、物品罪】非法持有属于国家绝密、机密的文件、资料或者其他物品，拒不说明来源与用途的，处三年以下有期徒刑、拘役或者管制。

立法动态

本条源自《中华人民共和国刑法》（1997年3月14日第八届全国人民代表大会第五次会议修订，自1997年10月1日起施行）。

适用要点与裁判依据

★非法获取法律规定的国家考试的试题、答案，又组织考试作弊或者非法出售、提供试题、答案的，实行数罪并罚

《最高人民法院、最高人民检察院关于办理组织考试作弊等刑事案件适用法律若干问题的解释》（2019年9月2日　法释〔2019〕13号）

第九条　以窃取、刺探、收买方法非法获取法律规定的国家考试的试题、答案，又组织考试作弊或者非法出售、提供试题、答案，分别符合刑法第二百八十二条和刑法第二百八十四条之一规定的，以非法获取国家秘密罪和组织考试作弊罪或者非法出售、提供试题、答案罪数罪并罚。

类案检索指引

★非法获取属于国家秘密的试题、答案，并向他人非法出售、提供的，实行数罪并罚

《王学军、翁其能等非法获取国家秘密，非法出售、提供试题、答案案》（2019年9月3日最高人民法院发布考试作弊犯罪典型案例）

【裁判结果】

江苏省南通市如东县人民法院判决认为：被告人王学军作为命

题组成员,受被告人翁其能的授意,非法获取属于国家秘密的试题、答案,并提供给翁其能在对外培训中使用获利。被告人王学军、翁其能构成非法获取国家秘密罪和非法出售、提供试题、答案罪,数罪并罚,对王学军决定执行有期徒刑五年六个月,并处罚金人民币一百五十万元,对翁其能决定执行有期徒刑五年三个月,并处罚金人民币一百二十万元。被告人翁学荣、许智勇等八人构成非法出售、提供试题、答案罪,综合考虑案件情况,分别判处有期徒刑三年三个月到八个月不等,并处罚金,对被告人刘伟、王辉、洪奕轩、洪浩、刘向阳、江莉依法宣告缓刑。同时,对被告人王学军、翁其能、许智勇、杨伟全依法宣告职业禁止,对被告人刘伟、刘向阳、江莉依法宣告禁止令。该判决已发生法律效力。

第二百八十三条　【非法生产、销售专用间谍器材、窃听、窃照专用器材罪】非法生产、销售专用间谍器材或者窃听、窃照专用器材的,处三年以下有期徒刑、拘役或者管制,并处或者单处罚金;情节严重的,处三年以上七年以下有期徒刑,并处罚金。

单位犯前款罪的,对单位判处罚金,并对其直接负责的主管人员和其他直接责任人员,依照前款的规定处罚。

立法动态

本条源自《中华人民共和国刑法》(1997 年 3 月 14 日第八届全国人民代表大会第五次会议修订,自 1997 年 10 月 1 日起施行)。

原本条只有一款,内容为:第二百八十三条　非法生产、销售窃听、窃照等专用间谍器材的,处三年以下有期徒刑、拘役或者管制。

本条根据《中华人民共和国刑法修正案(九)》(自 2015 年 11 月 1 日起施行)第二十四条修改。

本条修改的主要内容为:一是将"非法生产、销售窃听、窃照等专用间谍器材”扩展为“非法生产、销售专用间谍器材或者窃听、窃照专用器材”;二是补充规定“情节严重的,处三年以上七年以下有期徒刑,并处罚金”;三是增加单位可作为本罪的犯罪主体,作为本条第二款。

适用要点与裁判依据

★非法生产、销售“伪基站”设备,经鉴定为专用间谍器材的刑事责任

《最高人民法院、最高人民检察院、公安部、国家安全部关于依法办理非法生产销售使用“伪基站”设备案件的意见》(2014年3月14日 公通字〔2014〕13号)

一、准确认定行为性质

(一)非法生产、销售“伪基站”设备,具有以下情形之一的,依照《刑法》第二百二十五条的规定,以非法经营罪追究刑事责任:

1、个人非法生产、销售“伪基站”设备三套以上,或者非法经营数额五万元以上,或者违法所得数额二万元以上的;

2、单位非法生产、销售“伪基站”设备十套以上,或者非法经营数额十五万元以上,或者违法所得数额五万元以上的;

3、虽未达到上述数额标准,但两年内曾因非法生产、销售“伪基站”设备受过两次以上行政处罚,又非法生产、销售“伪基站”设备的。

实施前款规定的行为,数量、数额达到前款规定的数量、数额五倍以上的,应当认定为《刑法》第二百二十五条规定的“情节特别严重”。

非法生产、销售“伪基站”设备,经鉴定为专用间谍器材的,依照《刑法》第二百八十三条的规定,以非法生产、销售间谍专用器材罪追究刑事责任;同时构成非法经营罪的,以非法经营罪追究刑事责任。

……

第二百八十四条　【非法使用窃听、窃照专用器材罪】非法使用窃听、窃照专用器材，造成严重后果的，处二年以下有期徒刑、拘役或者管制。

立法动态

本条源自《中华人民共和国刑法》(1997 年 3 月 14 日第八届全国人民代表大会第五次会议修订，自 1997 年 10 月 1 日起施行)。

第二百八十四条之一　【组织考试作弊罪】在法律规定的国家考试中，组织作弊的，处三年以下有期徒刑或者拘役，并处或者单处罚金；情节严重的，处三年以上七年以下有期徒刑，并处罚金。

为他人实施前款犯罪提供作弊器材或者其他帮助的，依照前款的规定处罚。

【非法出售、提供试题、答案罪】为实施考试作弊行为，向他人非法出售或者提供第一款规定的考试的试题、答案的，依照第一款的规定处罚。

【代替考试罪】代替他人或者让他人代替自己参加第一款规定的考试的，处拘役或者管制，并处或者单处罚金。

立法动态

本条根据《中华人民共和国刑法修正案(九)》(自 2015 年 11 月 1 日起施行)第二十五条增加。

适用要点与裁判依据

★刑法修正案（九）施行前，组织考试作弊，为他人组织考试作弊提供帮助以及非法出售、提供考试试题、答案的刑事责任

《最高人民法院关于〈中华人民共和国刑法修正案（九）〉时间效力问题的解释》（2015年10月29日　法释〔2015〕19号）

第六条　对于2015年10月31日以前组织考试作弊，为他人组织考试作弊提供作弊器材或者其他帮助，以及非法向他人出售或者提供考试试题、答案，根据修正前刑法应当以非法获取国家秘密罪、非法生产、销售间谍专用器材罪或者故意泄露国家秘密罪等追究刑事责任的，适用修正前刑法的有关规定。但是，根据修正后刑法第二百八十四条之一的规定处刑较轻的，适用修正后刑法的有关规定。

★"法律规定的国家考试"的认定

《最高人民法院、最高人民检察院关于办理组织考试作弊等刑事案件适用法律若干问题的解释》（2019年9月2日　法释〔2019〕13号）

第一条　刑法第二百八十四条之一规定的"法律规定的国家考试"，仅限于全国人民代表大会及其常务委员会制定的法律所规定的考试。

根据有关法律规定，下列考试属于"法律规定的国家考试"：

（一）普通高等学校招生考试、研究生招生考试、高等教育自学考试、成人高等学校招生考试等国家教育考试；

（二）中央和地方公务员录用考试；

（三）国家统一法律职业资格考试、国家教师资格考试、注册会计师全国统一考试、会计专业技术资格考试、资产评估师资格考试、医师资格考试、执业药师职业资格考试、注册建筑师考试、建造师执业资格考试等专业技术资格考试；

（四）其他依照法律由中央或者地方主管部门以及行业组织的国家考试。

前款规定的考试涉及的特殊类型招生、特殊技能测试、面试等考试，属于“法律规定的国家考试”。

★组织考试作弊“情节严重”的认定

《最高人民法院、最高人民检察院关于办理组织考试作弊等刑事案件适用法律若干问题的解释》（2019年9月2日　法释〔2019〕13号）

第二条　在法律规定的国家考试中，组织作弊，具有下列情形之一的，应当认定为刑法第二百八十四条之一第一款规定的“情节严重”：

（一）在普通高等学校招生考试、研究生招生考试、公务员录用考试中组织考试作弊的；

（二）导致考试推迟、取消或者启用备用试题的；

（三）考试工作人员组织考试作弊的；

（四）组织考生跨省、自治区、直辖市作弊的；

（五）多次组织考试作弊的；

（六）组织三十人次以上作弊的；

（七）提供作弊器材五十件以上的；

（八）违法所得三十万元以上的；

（九）其他情节严重的情形。

★“作弊器材”的认定

《最高人民法院、最高人民检察院关于办理组织考试作弊等刑事案件适用法律若干问题的解释》（2019年9月2日　法释〔2019〕13号）

第三条　具有避开或者突破考场防范作弊的安全管理措施，获取、记录、传递、接收、存储考试试题、答案等功能的程序、工具，以及专门设计用于作弊的程序、工具，应当认定为刑法第二百八十四条之一第二款规定的“作弊器材”。

对于是否属于刑法第二百八十四条之一第二款规定的“作弊器材”难以确定的，依据省级以上公安机关或者考试主管部门出具的报告，结合其他证据作出认定；涉及专用间谍器材、窃听、窃照专用器材、“伪基站”等器材的，依照相关规定作出认定。

★组织考试作弊，在考试开始之前被查获，但已经实施严重扰乱考试秩序行为的，系犯罪既遂

《最高人民法院、最高人民检察院关于办理组织考试作弊等刑事案件适用法律若干问题的解释》(2019 年 9 月 2 日　法释〔2019〕13 号)

第四条　组织考试作弊，在考试开始之前被查获，但已经非法获取考试试题、答案或者具有其他严重扰乱考试秩序情形的，应当认定为组织考试作弊罪既遂。

★非法出售、提供试题、答案“情节严重”的认定

《最高人民法院、最高人民检察院关于办理组织考试作弊等刑事案件适用法律若干问题的解释》(2019 年 9 月 2 日　法释〔2019〕13 号)

第五条　为实施考试作弊行为，非法出售或者提供法律规定的国家考试的试题、答案，具有下列情形之一的，应当认定为刑法第二百八十四条之一第三款规定的“情节严重”：

(一)非法出售或者提供普通高等学校招生考试、研究生招生考试、公务员录用考试的试题、答案的；

(二)导致考试推迟、取消或者启用备用试题的；

(三)考试工作人员非法出售或者提供试题、答案的；

(四)多次非法出售或者提供试题、答案的；

(五)向三十人次以上非法出售或者提供试题、答案的；

(六)违法所得三十万元以上的；

(七)其他情节严重的情形。

★非法出售或者提供的试题不完整或者答案与标准答案不完全一致的，不影响本罪的认定

《最高人民法院、最高人民检察院关于办理组织考试作弊等刑事案件适用法律若干问题的解释》(2019 年 9 月 2 日　法释〔2019〕13 号)

第六条　为实施考试作弊行为，向他人非法出售或者提供法律规定的国家考试的试题、答案,试题不完整或者答案与标准答案不完全一致的,不影响非法出售、提供试题、答案罪的认定。

★犯代替考试罪可以宣告缓刑、不起诉或者免予刑事处罚、不以犯罪论处的情形

《最高人民法院、最高人民检察院关于办理组织考试作弊等刑事案件适用法律若干问题的解释》(2019年9月2日 法释〔2019〕13号)

第七条 代替他人或者让他人代替自己参加法律规定的国家考试的,应当依照刑法第二百八十四条之一第四款的规定,以代替考试罪定罪处罚。

对于行为人犯罪情节较轻,确有悔罪表现,综合考虑行为人替考情况以及考试类型等因素,认为符合缓刑适用条件的,可以宣告缓刑;犯罪情节轻微的,可以不起诉或者免予刑事处罚;情节显著轻微危害不大的,不以犯罪论处。

★单位实施组织考试作弊,非法出售、提供试题、答案等行为的刑事责任

《最高人民法院、最高人民检察院关于办理组织考试作弊等刑事案件适用法律若干问题的解释》(2019年9月2日 法释〔2019〕13号)

第八条 单位实施组织考试作弊、非法出售、提供试题、答案等行为的,依照本解释规定的相应定罪量刑标准,追究组织者、策划者、实施者的刑事责任。

★非法获取法律规定的国家考试的试题、答案,又组织考试作弊或者非法出售、提供试题、答案的,实行数罪并罚

《最高人民法院、最高人民检察院关于办理组织考试作弊等刑事案件适用法律若干问题的解释》(2019年9月2日 法释〔2019〕13号)

第九条 以窃取、刺探、收买方法非法获取法律规定的国家考试的试题、答案,又组织考试作弊或者非法出售、提供试题、答案,分别符合刑法第二百八十二条和刑法第二百八十四条之一规定的，以非法获取国家秘密罪和组织考试作弊罪或者非法出售、提供试题、答案罪数罪并罚。

★在国家考试涉及的体育、体能测试等体育运动中，组织考生非法使用兴奋剂的，以组织考试作弊罪定罪处罚

《最高人民法院关于审理走私、非法经营、非法使用兴奋剂刑事案件适用法律若干问题的解释》（2019年11月18日　法释〔2019〕16号）

第四条　在普通高等学校招生、公务员录用等法律规定的国家考试涉及的体育、体能测试等体育运动中，组织考生非法使用兴奋剂的，应当依照刑法第二百八十四条之一的规定，以组织考试作弊罪定罪处罚。

明知他人实施前款犯罪而为其提供兴奋剂的，依照前款的规定定罪处罚。

类案检索指引

★在研究生招生考试中组织作弊，构成组织考试作弊罪中的"情节严重"

《章无涯、吕世龙、张夏阳等组织考试作弊案》（2019年9月3日　最高人民法院发布考试作弊犯罪典型案例）

【裁判结果】

北京市海淀区人民法院一审判决、北京市第一中级人民法院二审裁定认为：研究生招生考试社会关注度高、影响大、涉及面广，属于国家级重要考试。被告人章无涯、吕世龙、张夏阳等在研究生招生考试中，组织多名考生作弊，构成组织考试作弊罪，且属"情节严重"。被告人章无涯、吕世龙、张夏阳、张宗群在共同犯罪中起主要作用，系主犯；被告人李倩、章峰在共同犯罪中起辅助作用，系从犯。综合考虑各被告人组织考生的数量、参与犯罪的程度、以及坦白、认罪悔罪等情节，分别以组织考试作弊罪判处被告人章无涯有期徒刑四年，并处罚金人民币四万元；被告人吕世龙、张夏阳有期徒刑三年，并处罚金人民币三万元；被告人张宗群有期徒刑二年十个月，并处罚金人民币三万元；被告人李倩有期徒刑一年十个月，并处罚金人民币二万元；被告人章峰有期徒刑一年八个月，并处罚金人民币一万元。

★在公务员录用考试中组织作弊，构成组织考试作弊罪中的“情节严重”

《杜金波、马维圆组织考试作弊案》（2019 年 9 月 3 日最高人民法院发布考试作弊犯罪典型案例）

【裁判结果】

云南省曲靖市麒麟区人民法院一审判决、曲靖市中级人民法院二审判决认为：被告人杜金波、马维圆出于牟利的目的，利用作弊器材组织多人在公务员录用考试中作弊，构成组织考试作弊罪，且属“情节严重”。在共同犯罪中，杜金波是犯意提起者、作弊器材提供者、行为指挥和实施者，起主要作用，是主犯；马维圆是行为参与者，起次要作用，是从犯。综合考虑被告人的累犯、认罪、退赃等情节，以组织考试作弊罪判处被告人杜金波有期徒刑三年六个月，并处罚金人民币二万元；被告人马维圆有期徒刑一年，并处罚金人民币一万元。

★在国家考试中组织三十人次以上作弊，构成组织考试作弊罪中的“情节严重”

《段超、李忠诚等组织考试作弊案》（2019 年 9 月 3 日最高人民法院发布考试作弊犯罪典型案例）

【裁判结果】

四川省资阳市雁江区人民法院一审判决、资阳市中级人民法院二审判决认为：被告人段超、李忠诚在法律规定的国家考试中组织作弊，被告人马斌、文贵洪、杜永强、杨航、万俊、刘姝为段超、李忠诚组织考试作弊提供帮助，其行为均已构成组织考试作弊罪，考虑本案的组织人次、违法所得数额等情节，应当认定为“情节严重”。在共同犯罪中，段超、李忠诚起主要作用，是主犯；马斌、文贵洪、杜永强、杨航、万俊、刘姝起次要作用，是从犯。综合考虑被告人坦白等情节，以组织考试作弊罪判处被告人段超有期徒刑三年六个月，并处罚金人民币二万元；被告人李忠诚有期徒刑三年三个月，并处罚金人民币二万元；其他各被告人有期徒刑三年至六个月不等，依法宣告缓刑，并处罚金人民币一万元至五千元不等。

★非法出售法律规定的国家考试的答案的，构成非法出售答案罪

《李志刚非法出售答案案》（2019年9月3日最高人民法院发布考试作弊犯罪典型案例）

【裁判结果】

安徽省滁州市琅琊区人民法院判决认为：被告人李志刚为实施考试作弊行为，向他人非法出售执业医师资格考试的答案，属于非法出售法律规定的国家考试的答案，构成非法出售答案罪。综合考虑案件情况和坦白、退赃等情节，以非法出售答案罪判处被告人李志刚有期徒刑九个月，并处罚金人民币一万元。该判决已发生法律效力。

★代替他人和让他人代替自己参加研究生招生考试的，均构成代替考试罪

《侯庆亮、虎凯代替考试案》（2019年9月3日最高人民法院发布考试作弊犯罪典型案例）

【裁判结果】

北京市海淀区人民法院判决认为：被告人虎凯让被告人侯庆亮代替自己参加研究生招生考试，二被告人的行为均已构成代替考试罪。侯庆亮具有如实供述自己罪行的从轻情节，虎凯具有自首的从轻情节，予以从轻处罚。综合考虑案件具体情况，以代替考试罪分别判处被告人侯庆亮拘役一个月，罚金人民币一万元；被告人虎凯拘役一个月，罚金人民币八千元。该判决已发生法律效力。

第二百八十五条 【非法侵入计算机信息系统罪】违反国家规定，侵入国家事务、国防建设、尖端科学技术领域的计算机信息系统的，处三年以下有期徒刑或者拘役。

【非法获取计算机信息系统数据、非法控制计算机信息系统罪】违反国家规定，侵入前款规定以外的计算机信息系统或者采用其他技术手段，获取该计算机信息系统中存储、处理或者传输的数据，或者对该计算机信息系统实施非法控制，情节严重的，处三年以下有期徒刑或者拘役，并处或者单处罚金；情节特别严重的，处三年以上七年以下有期徒刑，并处罚金。

【提供侵入、非法控制计算机信息系统程序、工具罪】提供专门用于侵入、非法控制计算机信息系统的程序、工具，或者明知他人实施侵入、非法控制计算机信息系统的违法犯罪行为而为其提供程序、工具，情节严重的，依照前款的规定处罚。

单位犯前三款罪的，对单位判处罚金，并对其直接负责的主管人员和其他直接责任人员，依照各该款的规定处罚。

立法动态

本条源自《中华人民共和国刑法》(1997 年 3 月 14 日第八届全国人民代表大会第五次会议修订，自 1997 年 10 月 1 日起施行)。

本条第二、三款根据《中华人民共和国刑法修正案(七)》(自 2009 年 2 月 28 日起施行)第九条增加。

本条第四款根据《中华人民共和国刑法修正案(九)》(自 2015 年 11 月 1 日起施行)第二十六条增加。

适用要点与裁判依据

★侵入国防建设、尖端科学技术领域的军事通信计算机信息系统，尚未对军事通信造成破坏的刑事责任

《最高人民法院关于审理危害军事通信刑事案件具体应用法律若干问题的解释》(2007年6月26日　法释〔2007〕13号)

第六条　破坏、过失损坏军事通信，并造成公用电信设施损毁，危害公共安全，同时构成刑法第一百二十四条和第三百六十九条规定的犯罪的，依照处罚较重的规定定罪处罚。

盗窃军事通信线路、设备，不构成盗窃罪，但破坏军事通信的，依照刑法第三百六十九条第一款的规定定罪处罚；同时构成刑法第一百二十四条、第二百六十四条和第三百六十九条第一款规定的犯罪的，依照处罚较重的规定定罪处罚。

违反国家规定，侵入国防建设、尖端科学技术领域的军事通信计算机信息系统，尚未对军事通信造成破坏的，依照刑法第二百八十五条的规定定罪处罚；对军事通信造成破坏，同时构成刑法第二百八十五条、第二百八十六条、第三百六十九条第一款规定的犯罪的，依照处罚较重的规定定罪处罚。

违反国家规定，擅自设置、使用无线电台、站，或者擅自占用频率，经责令停止使用后拒不停止使用，干扰无线电通讯正常进行，构成犯罪的，依照刑法第二百八十八条的规定定罪处罚；造成军事通信中断或者严重障碍，同时构成刑法第二百八十八条、第三百六十九条第一款规定的犯罪的，依照处罚较重的规定定罪处罚。

★非法获取计算机信息系统数据、非法控制计算机信息系统"情节严重""情节特别严重"的认定

《最高人民法院、最高人民检察院关于办理危害计算机信息系统安全刑事案件应用法律若干问题的解释》(2011年8月1日　法释〔2011〕19号)

第一条　非法获取计算机信息系统数据或者非法控制计算机信

息系统,具有下列情形之一的,应当认定为刑法第二百八十五条第二款规定的“情节严重”:

(一)获取支付结算、证券交易、期货交易等网络金融服务的身份认证信息十组以上的;

(二)获取第(一)项以外的身份认证信息五百组以上的;

(三)非法控制计算机信息系统二十台以上的;

(四)违法所得五千元以上或者造成经济损失一万元以上的;

(五)其他情节严重的情形。

实施前款规定行为,具有下列情形之一的,应当认定为刑法第二百八十五条第二款规定的“情节特别严重”:

(一)数量或者数额达到前款第(一)项至第(四)项规定标准五倍以上的;

(二)其他情节特别严重的情形。

明知是他人非法控制的计算机信息系统,而对该计算机信息系统的控制权加以利用的,依照前两款的规定定罪处罚。

★“专门用于侵入、非法控制计算机信息系统的程序、工具”的认定

《最高人民法院、最高人民检察院关于办理危害计算机信息系统安全刑事案件应用法律若干问题的解释》(2011 年 8 月 1 日　法释〔2011〕19 号)

第二条　具有下列情形之一的程序、工具,应当认定为刑法第二百八十五条第三款规定的“专门用于侵入、非法控制计算机信息系统的程序、工具”:

(一)具有避开或者突破计算机信息系统安全保护措施,未经授权或者超越授权获取计算机信息系统数据的功能的;

(二)具有避开或者突破计算机信息系统安全保护措施,未经授权或者超越授权对计算机信息系统实施控制的功能的;

(三)其他专门设计用于侵入、非法控制计算机信息系统、非法获取计算机信息系统数据的程序、工具。

★提供侵入、非法控制计算机信息系统的程序、工具"情节严重""情节特别严重"的认定

《最高人民法院、最高人民检察院关于办理危害计算机信息系统安全刑事案件应用法律若干问题的解释》(2011 年 8 月 1 日　法释〔2011〕19 号)

第三条　提供侵入、非法控制计算机信息系统的程序、工具,具有下列情形之一的,应当认定为刑法第二百八十五条第三款规定的"情节严重":

(一)提供能够用于非法获取支付结算、证券交易、期货交易等网络金融服务身份认证信息的专门性程序、工具五人次以上的;

(二)提供第(一)项以外的专门用于侵入、非法控制计算机信息系统的程序、工具二十人次以上的;

(三)明知他人实施非法获取支付结算、证券交易、期货交易等网络金融服务身份认证信息的违法犯罪行为而为其提供程序、工具五人次以上的;

(四)明知他人实施第(三)项以外的侵入、非法控制计算机信息系统的违法犯罪行为而为其提供程序、工具二十人次以上的;

(五)违法所得五千元以上或者造成经济损失一万元以上的;

(六)其他情节严重的情形。

实施前款规定行为,具有下列情形之一的,应当认定为提供侵入、非法控制计算机信息系统的程序、工具"情节特别严重":

(一)数量或者数额达到前款第(一)项至第(五)项规定标准五倍以上的;

(二)其他情节特别严重的情形。

★以单位名义或者单位形式实施危害计算机信息系统安全犯罪的刑事责任

《最高人民法院、最高人民检察院关于办理危害计算机信息系统安全刑事案件应用法律若干问题的解释》(2011 年 8 月 1 日　法释〔2011〕19 号)

第八条　以单位名义或者单位形式实施危害计算机信息系统安

全犯罪，达到本解释规定的定罪量刑标准的，应当依照刑法第二百八十五条、第二百八十六条的规定追究直接负责的主管人员和其他直接责任人员的刑事责任。

★明知他人实施本条规定的行为的，应当认定为共同犯罪

《最高人民法院、最高人民检察院关于办理危害计算机信息系统安全刑事案件应用法律若干问题的解释》（2011年8月1日　法释〔2011〕19号）

第九条　明知他人实施刑法第二百八十五条、第二百八十六条规定的行为，具有下列情形之一的，应当认定为共同犯罪，依照刑法第二百八十五条、第二百八十六条的规定处罚：

（一）为其提供用于破坏计算机信息系统功能、数据或者应用程序的程序、工具，违法所得五千元以上或者提供十人次以上的；

（二）为其提供互联网接入、服务器托管、网络存储空间、通讯传输通道、费用结算、交易服务、广告服务、技术培训、技术支持等帮助，违法所得五千元以上的；

（三）通过委托推广软件、投放广告等方式向其提供资金五千元以上的。

实施前款规定行为，数量或者数额达到前款规定标准五倍以上的，应当认定为刑法第二百八十五条、第二百八十六条规定的“情节特别严重”或者“后果特别严重”。

★“国家事务、国防建设、尖端科学技术领域的计算机信息系统”“专门用于侵入、非法控制计算机信息系统的程序、工具”“计算机病毒等破坏性程序”的认定

《最高人民法院、最高人民检察院关于办理危害计算机信息系统安全刑事案件应用法律若干问题的解释》（2011年8月1日　法释〔2011〕19号）

第十条　对于是否属于刑法第二百八十五条、第二百八十六条规定的“国家事务、国防建设、尖端科学技术领域的计算机信息系统”、“专门用于侵入、非法控制计算机信息系统的程序、工具”、“计算机病毒等破坏性程序”难以确定的，应当委托省级以上负责计算机信息系统安全保护管理工作的部门检验。司法机关根据检验结论，并结合案件具体情况认定。

★“计算机信息系统”“身份认证信息”“经济损失”的含义

《最高人民法院、最高人民检察院关于办理危害计算机信息系统安全刑事案件应用法律若干问题的解释》（2011 年 8 月 1 日　法释〔2011〕19 号）

第十一条　本解释所称“计算机信息系统”和“计算机系统”，是指具备自动处理数据功能的系统，包括计算机、网络设备、通信设备、自动化控制设备等。

本解释所称“身份认证信息”，是指用于确认用户在计算机信息系统上操作权限的数据，包括账号、口令、密码、数字证书等。

本解释所称“经济损失”，包括危害计算机信息系统犯罪行为给用户直接造成的经济损失，以及用户为恢复数据、功能而支出的必要费用。

类案检索指引

★超出授权范围使用账号、密码登录计算机信息系统，属于侵入计算机信息系统的行为

《卫梦龙、龚旭、薛东东非法获取计算机信息系统数据案》（2017 年 10 月 12 日最高人民检察院发布第九批指导性案例：检例第 36 号）

【要旨】

超出授权范围使用账号、密码登录计算机信息系统，属于侵入计算机信息系统的行为；侵入计算机信息系统后下载其储存的数据，可以认定为非法获取计算机信息系统数据。

★对有证据证明用途单一，只能用于侵入计算机信息系统的程序，可依法认定为“专门用于侵入计算机信息系统的程序”

《叶源星、张剑秋提供侵入计算机信息系统程序、谭房妹非法获取计算机信息系统数据案》(2020年3月28日最高人民检察院发布第十八批指导性案例：检例第68号)

【要旨】

对有证据证明用途单一，只能用于侵入计算机信息系统的程序，司法机关可依法认定为“专门用于侵入计算机信息系统的程序”；难以确定的，应当委托专门部门或司法鉴定机构作出检验或鉴定。

★通过修改、增加计算机信息系统数据实施非法控制，但未造成系统功能实质性破坏或者不能正常运行的刑事责任

《张竣杰等非法控制计算机信息系统案》(2020年12月29日最高人民法院发布第26批指导性案例：指导案例145号)

【裁判要点】

1. 通过植入木马程序的方式，非法获取网站服务器的控制权限，进而通过修改、增加计算机信息系统数据，向相关计算机信息系统上传网页链接代码的，应当认定为刑法第二百八十五条第二款“采用其他技术手段”非法控制计算机信息系统的行为。

2. 通过修改、增加计算机信息系统数据，对该计算机信息系统实施非法控制，但未造成系统功能实质性破坏或者不能正常运行的，不应当认定为破坏计算机信息系统罪，符合刑法第二百八十五条第二款规定的，应当认定为非法控制计算机信息系统罪。

★严厉打击非法控制计算机信息系统、侵犯公民个人信息犯罪

《吴某等19人非法控制计算机信息系统、侵犯公民个人信息案》(2021年1月25日最高人民检察院发布充分发挥检察职能推进网络空间治理典型案例)

【典型意义】

(一)利用公民个人信息实施网络犯罪日益高发，获取信息方式日趋隐蔽。当前，非法获取公民个人信息的现象屡见不鲜，手段花样翻新,往往成为网络犯罪的必备前置程序。违法犯罪分子有的通过手机APP、电脑软件,有的通过搭建钓鱼网站、发送木马链接,有的则在手机、智能手表、路由器等硬件设备的生产环节植入病毒程序,非法获取公民个人信息。这些行为侵害了公民个人隐私和人身、财产权利,滋生大量网络违法犯罪,社会危害巨大。

(二)依法严厉打击侵犯公民个人信息犯罪。根据《最高人民法院、最高人民检察院关于办理侵犯公民个人信息刑事案件适用法律若干问题的解释》,公民个人信息是指以电子或者其他方式记录的能够单独或者与其他信息结合识别特定自然人身份或者反映特定自然人活动情况的各种信息,包括姓名、身份证件号码、通讯联系方式、住址、账号密码、财产状况、行踪轨迹等。随着网络技术发展,逐步扩展到人脸、虹膜等生物识别信息,以及网络支付账户信息等,而且其范围仍在逐步扩展。违反国家规定,非法获取、出售或提供上述公民个人信息,情节严重的,构成侵犯公民个人信息罪,应当依法严厉打击。

(三)提高个人防范意识,规范企业行业数据收集使用。社会公众要提高对个人信息的保护意识,不轻易点击、下载来源不明的链接和程序,务必在正规商店购买正规厂家生产的电子设备,不轻易向外透露个人信息。相关部门要加强监管,从网络硬件的生产、流通、使用各环节规范数据收集,规范网络平台、APP软件等收集、使用公民个人信息的行为,监督相关企业建立数据合规制度。

★能动履职强化审查把关,多措并举保障企业有效推进合规整改

《上海Z公司、陈某某等人非法获取计算机信息系统数据案》(2022年7月21日最高人民检察院发布第三批涉案企业合规典型案例)

【关键词】

数据合规　监督评估有效性　云听证　行业治理

【要旨】

检察机关针对互联网科创企业的数据合规漏洞，深入开展社会调查，积极引导涉案企业开展数据合规。综合考虑涉案企业行业属性、技术行为合规规则，组建独立、专业的第三方组织，提升涉案企业数据合规监督评估有效性。能动创新优化合规考察模式，在疫情期间灵活运用智慧检务开展“云听证”，兼顾办案的公开与效率，助力复工复产。多措并举推动行业治理，促进互联网行业建立健全数据合规经营体系，助力构建健康清朗的网络生态环境。

第二百八十六条　【破坏计算机信息系统罪】违反国家规定，对计算机信息系统功能进行删除、修改、增加、干扰，造成计算机信息系统不能正常运行，后果严重的，处五年以下有期徒刑或者拘役；后果特别严重的，处五年以上有期徒刑。

违反国家规定，对计算机信息系统中存储、处理或者传输的数据和应用程序进行删除、修改、增加的操作，后果严重的，依照前款的规定处罚。

故意制作、传播计算机病毒等破坏性程序，影响计算机系统正常运行，后果严重的，依照第一款的规定处罚。

单位犯前三款罪的，对单位判处罚金，并对其直接负责的主管人员和其他直接责任人员，依照第一款的规定处罚。

立法动态

本条源自《中华人民共和国刑法》（1997 年 3 月 14 日第八届全国人民代表大会第五次会议修订，自 1997 年 10 月 1 日起施行）。

本条第四款根据《中华人民共和国刑法修正案（九）》（自 2015 年 11 月 1 日起施行）第二十七条增加。

适用要点与裁判依据

★侵入国防建设、尖端科学技术领域的军事通信计算机信息系统，对军事通信造成破坏，同时构成其他犯罪的，择一重处

《最高人民法院关于审理危害军事通信刑事案件具体应用法律若干问题的解释》(2007年6月26日　法释〔2007〕13号)

第六条　破坏、过失损坏军事通信，并造成公用电信设施损毁，危害公共安全，同时构成刑法第一百二十四条和第三百六十九条规定的犯罪的，依照处罚较重的规定定罪处罚。

盗窃军事通信线路、设备，不构成盗窃罪，但破坏军事通信的，依照刑法第三百六十九条第一款的规定定罪处罚；同时构成刑法第一百二十四条、第二百六十四条和第三百六十九条第一款规定的犯罪的，依照处罚较重的规定定罪处罚。

违反国家规定，侵入国防建设、尖端科学技术领域的军事通信计算机信息系统，尚未对军事通信造成破坏的，依照刑法第二百八十五条的规定定罪处罚；对军事通信造成破坏，同时构成刑法第二百八十五条、第二百八十六条、第三百六十九条第一款规定的犯罪的，依照处罚较重的规定定罪处罚。

……

★犯本罪，"后果严重""后果特别严重"的认定标准

《最高人民法院、最高人民检察院关于办理危害计算机信息系统安全刑事案件应用法律若干问题的解释》(2011年8月1日　法释〔2011〕19号)

第四条　破坏计算机信息系统功能、数据或者应用程序，具有下列情形之一的，应当认定为刑法第二百八十六条第一款和第二款规定的"后果严重"：

(一)造成十台以上计算机信息系统的主要软件或者硬件不能正常运行的；

(二)对二十台以上计算机信息系统中存储、处理或者传输的数据进行删除、修改、增加操作的；

（三）违法所得五千元以上或者造成经济损失一万元以上的；

（四）造成为一百台以上计算机信息系统提供域名解析、身份认证、计费等基础服务或者为一万以上用户提供服务的计算机信息系统不能正常运行累计一小时以上的；

（五）造成其他严重后果的。

实施前款规定行为，具有下列情形之一的，应当认定为破坏计算机信息系统"后果特别严重"：

（一）数量或者数额达到前款第（一）项至第（三）项规定标准五倍以上的；

（二）造成为五百台以上计算机信息系统提供域名解析、身份认证、计费等基础服务或者为五万以上用户提供服务的计算机信息系统不能正常运行累计一小时以上的；

（三）破坏国家机关或者金融、电信、交通、教育、医疗、能源等领域提供公共服务的计算机信息系统的功能、数据或者应用程序，致使生产、生活受到严重影响或者造成恶劣社会影响的；

（四）造成其他特别严重后果的。

第六条　故意制作、传播计算机病毒等破坏性程序，影响计算机系统正常运行，具有下列情形之一的，应当认定为刑法第二百八十六条第三款规定的"后果严重"：

（一）制作、提供、传输第五条第（一）项规定的程序，导致该程序通过网络、存储介质、文件等媒介传播的；

（二）造成二十台以上计算机系统被植入第五条第（二）、（三）项规定的程序的；

（三）提供计算机病毒等破坏性程序十人次以上的；

（四）违法所得五千元以上或者造成经济损失一万元以上的；

（五）造成其他严重后果的。

实施前款规定行为，具有下列情形之一的，应当认定为破坏计算机信息系统"后果特别严重"：

(一)制作、提供、传输第五条第(一)项规定的程序,导致该程序通过网络、存储介质、文件等媒介传播,致使生产、生活受到严重影响或者造成恶劣社会影响的;

(二)数量或者数额达到前款第(二)项至第(四)项规定标准五倍以上的;

(三)造成其他特别严重后果的。

★“计算机病毒等破坏性程序”的认定

《最高人民法院、最高人民检察院关于办理危害计算机信息系统安全刑事案件应用法律若干问题的解释》(2011年8月1日　法释〔2011〕19号)

第五条　具有下列情形之一的程序,应当认定为刑法第二百八十六条第三款规定的“计算机病毒等破坏性程序”:

(一)能够通过网络、存储介质、文件等媒介,将自身的部分、全部或者变种进行复制、传播,并破坏计算机系统功能、数据或者应用程序的;

(二)能够在预先设定条件下自动触发,并破坏计算机系统功能、数据或者应用程序的;

(三)其他专门设计用于破坏计算机系统功能、数据或者应用程序的程序。

★以单位名义或者单位形式实施本罪的刑事责任

《最高人民法院、最高人民检察院关于办理危害计算机信息系统安全刑事案件应用法律若干问题的解释》(2011年8月1日　法释〔2011〕19号)

第八条　以单位名义或者单位形式实施危害计算机信息系统安全犯罪,达到本解释规定的定罪量刑标准的,应当依照刑法第二百八十五条、第二百八十六条的规定追究直接负责的主管人员和其他直接责任人员的刑事责任。

★明知他人实施本罪行为，具有三种情形之一的，认定为共同犯罪

《最高人民法院、最高人民检察院关于办理危害计算机信息系统安全刑事案件应用法律若干问题的解释》(2011 年 8 月 1 日 法释〔2011〕19 号)

第九条 明知他人实施刑法第二百八十五条、第二百八十六条规定的行为，具有下列情形之一的，应当认定为共同犯罪，依照刑法第二百八十五条、第二百八十六条的规定处罚：

(一)为其提供用于破坏计算机信息系统功能、数据或者应用程序的程序、工具，违法所得五千元以上或者提供十人次以上的；

(二)为其提供互联网接入、服务器托管、网络存储空间、通讯传输通道、费用结算、交易服务、广告服务、技术培训、技术支持等帮助，违法所得五千元以上的；

(三)通过委托推广软件、投放广告等方式向其提供资金五千元以上的。

实施前款规定行为，数量或者数额达到前款规定标准五倍以上的，应当认定为刑法第二百八十五条、第二百八十六条规定的“情节特别严重”或者“后果特别严重”。

★“国家事务、国防建设、尖端科学技术领域的计算机信息系统”“专门用于侵入、非法控制计算机信息系统的程序、工具”“计算机病毒等破坏性程序”的检验和认定

《最高人民法院、最高人民检察院关于办理危害计算机信息系统安全刑事案件应用法律若干问题的解释》(2011 年 8 月 1 日 法释〔2011〕19 号)

第十条 对于是否属于刑法第二百八十五条、第二百八十六条规定的“国家事务、国防建设、尖端科学技术领域的计算机信息系统”、“专门用于侵入、非法控制计算机信息系统的程序、工具”、“计算机病毒等破坏性程序”难以确定的，应当委托省级以上负责计算机信息系统安全保护管理工作的部门检验。司法机关根据检验结论，并结合案件具体情况认定。

★“计算机信息系统”“身份认证信息”“经济损失”的定义

《最高人民法院、最高人民检察院关于办理危害计算机信息系统安全刑事案件应用法律若干问题的解释》（2011年8月1日　法释〔2011〕19号）

第十一条　本解释所称“计算机信息系统”和“计算机系统”，是指具备自动处理数据功能的系统，包括计算机、网络设备、通信设备、自动化控制设备等。

本解释所称“身份认证信息”，是指用于确认用户在计算机信息系统上操作权限的数据，包括账号、口令、密码、数字证书等。

本解释所称“经济损失”，包括危害计算机信息系统犯罪行为给用户直接造成的经济损失，以及用户为恢复数据、功能而支出的必要费用。

★针对环境质量监测系统实施或者强令、指使、授意他人实施破坏计算机信息系统行为的，构成本罪

《最高人民法院、最高人民检察院关于办理环境污染刑事案件适用法律若干问题的解释》（2016年12月23日　法释〔2016〕29号）

第十条　违反国家规定，针对环境质量监测系统实施下列行为，或者强令、指使、授意他人实施下列行为的，应当依照刑法第二百八十六条的规定，以破坏计算机信息系统罪论处：

（一）修改参数或者监测数据的；

（二）干扰采样，致使监测数据严重失真的；

（三）其他破坏环境质量监测系统的行为。

重点排污单位篡改、伪造自动监测数据或者干扰自动监测设施，排放化学需氧量、氨氮、二氧化硫、氮氧化物等污染物，同时构成污染环境罪和破坏计算机信息系统罪的，依照处罚较重的规定定罪处罚。

从事环境监测设施维护、运营的人员实施或者参与实施篡改、伪造自动监测数据、干扰自动监测设施、破坏环境质量监测系统等行为的，应当从重处罚。

类案检索指引

★通过修改路由器、浏览器设置等技术手段，强制网络用户访问指定网站的“DNS 劫持”后果严重的，构成本罪

《付宣豪、黄子超破坏计算机信息系统案》(2018 年 12 月 25 日最高人民法院发布第 20 批指导性案例：指导案例 102 号)

【裁判要点】

1. 通过修改路由器、浏览器设置、锁定主页或者弹出新窗口等技术手段，强制网络用户访问指定网站的“DNS 劫持”行为，属于破坏计算机信息系统，后果严重的，构成破坏计算机信息系统罪。

2. 对于“DNS 劫持”，应当根据造成不能正常运行的计算机信息系统数量、相关计算机信息系统不能正常运行的时间，以及所造成的损失或者影响等，认定其是“后果严重”还是“后果特别严重”。

★对企业的机械远程监控系统功能进行破坏，造成计算机信息系统不能正常运行后果严重的，构成本罪

《徐强破坏计算机信息系统案》(2018 年 12 月 25 日最高人民法院发布第 20 批指导性案例：指导案例 103 号)

【裁判要点】

企业的机械远程监控系统属于计算机信息系统。违反国家规定，对企业的机械远程监控系统功能进行破坏，造成计算机信息系统不能正常运行，后果严重的，构成破坏计算机信息系统罪。

★堵塞环境质量监测采样设备，干扰采样，致使监测数据严重失真的，构成本罪

《李森、何利民、张锋勃等人破坏计算机信息系统案》(2018 年 12 月 25 日最高人民法院发布第 20 批指导性案例：指导案例 104 号)

【裁判要点】

环境质量监测系统属于计算机信息系统。用棉纱等物品堵塞环境质量监测采样设备，干扰采样，致使监测数据严重失真的，构成破坏计算机信息系统罪。

★以修改域名解析服务器指向的方式劫持域名，造成计算机信息系统不能正常运行的，构成本罪

《李丙龙破坏计算机信息系统案》（2017年10月12日最高人民检察院发布第九批指导性案例：检例第33号）

【要旨】

以修改域名解析服务器指向的方式劫持域名，造成计算机信息系统不能正常运行，是破坏计算机信息系统的行为。

【指导意义】

修改域名解析服务器指向，强制用户偏离目标网站或网页进入指定网站或网页，是典型的域名劫持行为。行为人使用恶意代码修改目标网站域名解析服务器，目标网站域名被恶意解析到其他IP地址，无法正常发挥网站服务功能，这种行为实质是对计算机信息系统功能的修改、干扰，符合刑法第二百八十六条第一款“对计算机信息系统功能进行删除、修改、增加、干扰”的规定。根据《最高人民法院、最高人民检察院关于办理危害计算机信息系统安全刑事案件应用法律若干问题的解释》第四条的规定，造成为一万以上用户提供服务的计算机信息系统不能正常运行累计一小时以上的，属于“后果严重”，应以破坏计算机信息系统罪论处；造成为五万以上用户提供服务的计算机信息系统不能正常运行累计一小时以上的，属于“后果特别严重”。

认定遭受破坏的计算机信息系统服务用户数，可以根据计算机信息系统的功能和使用特点，结合网站注册用户、浏览用户等具体情况，作出客观判断。

★冒用购物网站买家身份进入网站内部评价系统删改购物评价，属于对计算机信息系统内存储数据进行修改操作，构成本罪

《李骏杰等破坏计算机信息系统案》（2017年10月12日最高人民检察院发布第九批指导性案例：检例第34号）

【要旨】

冒用购物网站买家身份进入网站内部评价系统删改购物评价，

属于对计算机信息系统内存储数据进行修改操作，应当认定为破坏计算机信息系统的行为。

【指导意义】

购物网站评价系统是对店铺销量、买家评价等多方面因素进行综合计算分值的系统，其内部储存的数据直接影响到搜索流量分配、推荐排名、营销活动报名资格、同类商品在消费者购买比较时的公平性等。买家在购买商品后，根据用户体验对所购商品分别给出好评、中评、差评三种不同评价。所有的评价都是以数据形式存储于买家评价系统之中，成为整个购物网站计算机信息系统整体数据的重要组成部分。

侵入评价系统删改购物评价，其实质是对计算机信息系统内存储的数据进行删除、修改操作的行为。这种行为危害到计算机信息系统数据采集和流量分配体系运行，使网站注册商户及其商品、服务的搜索受到影响，导致网站商品、服务评价功能无法正常运作，侵害了购物网站所属公司的信息系统安全和消费者的知情权。行为人因删除、修改某购物网站中差评数据违法所得25000元以上，构成破坏计算机信息系统罪，属于“后果特别严重”的情形，应当依法判处五年以上有期徒刑。

★锁定智能手机导致不能使用的行为，构成本罪

《曾兴亮、王玉生破坏计算机信息系统案》（2017年10月12日最高人民检察院发布第九批指导性案例：检例第35号）

【要旨】

智能手机终端，应当认定为刑法保护的计算机信息系统。锁定智能手机导致不能使用的行为，可认定为破坏计算机信息系统。

【指导意义】

计算机信息系统包括计算机、网络设备、通信设备、自动化控制设备等。智能手机和计算机一样，使用独立的操作系统、独立的运行空间，可以由用户自行安装软件等程序，并可以通过移动通讯网络实现无线网络接入，应当认定为刑法上的“计算机信息系统”。

行为人通过修改被害人手机的登录密码，远程锁定被害人的智能手机设备，使之成为无法开机的“僵尸机”，属于对计算机信息系统功能进行修改、干扰的行为。造成10台以上智能手机系统不能正常运行，符合刑法第二百八十六条破坏计算机信息系统罪构成要件中“对计算机信息系统功能进行修改、干扰”“后果严重”的情形，构成破坏计算机信息系统罪。

行为人采用非法手段锁定手机后以解锁为条件，索要钱财，在数额较大或多次敲诈的情况下，其目的行为又构成敲诈勒索罪。在这类犯罪案件中，手段行为构成的破坏计算机信息系统罪与目的行为构成的敲诈勒索罪之间成立牵连犯。牵连犯应当从一重罪处断。破坏计算机信息系统罪后果严重的情况下，法定刑为五年以下有期徒刑或者拘役；敲诈勒索罪在数额较大的情况下，法定刑为三年以下有期徒刑、拘役或管制，并处或者单处罚金。本案应以重罪即破坏计算机信息系统罪论处。

★对破坏计算机信息系统罪的危害后果应作客观全面准确认定

《姚晓杰等11人破坏计算机信息系统案》（2020年3月28日最高人民检察院发布第十八批指导性案例：检例第69号）

【要旨】

为有效打击网络攻击犯罪，检察机关应加强与公安机关的配合，及时介入侦查引导取证，结合案件特点提出明确具体的补充侦查意见。对被害互联网企业提供的证据和技术支持意见，应当结合其他证据进行审查认定，客观全面准确认定破坏计算机信息系统罪的危害后果。

★准确认定采取流量攻击妨碍、破坏竞争对手网络服务的行为性质

《南通X网络科技有限公司、万某某等人破坏计算机信息系统案》（2022年8月4日最高人民检察院发布检察机关依法惩治破坏市场竞争秩序犯罪典型案例）

【关键词】

破坏计算机信息系统　不正当竞争　企业合规

【典型意义】

（一）准确认定采取流量攻击妨碍、破坏竞争对手网络服务的行为性质，依法打击不正当竞争行为。根据《中华人民共和国反不正当竞争法》第十二条第二款第四项的规定，妨碍、破坏其他经营者合法提供的网络产品或者服务正常运行的，属不正当竞争行为。实践中，利用流量等技术手段攻击竞争对手网站是同行恶意竞争的常见手段。办案中，检察机关注重审查攻击手段造成计算机信息系统不能提供网络服务以及因此造成的经济损失情况。对行为人出于恶意竞争、打击报复等目的，以流量攻击的方式，致使他人合法提供的网络服务不能正常运行，造成经济损失，同时构成破坏计算机信息系统罪、破坏生产经营罪的，应从一重罪处断。

（二）发挥案例法治教育作用，营造公平竞争市场环境。为推动企业建立良性竞争机制，检察机关结合办案中发现的涉案企业存在的法律风险意识不足、管理制度不健全等问题：一方面，严格落实普法责任制，开展“送法进企业”，邀请涉案企业代表参加法治讲座、公开听证、旁听庭审等，帮助企业明确市场竞争主体权利义务、争议解决途径；另一方面，结合办案，通过实地走访等，针对公司经营中的困难和问题提出针对性建议，帮助企业建立健全公平竞争规章制度，引导企业依法经营。

★严厉打击破坏环境监测计算机信息系统犯罪行为

《韩某涛等破坏计算机信息系统案》（2023年2月17日最高人民法院发布司法积极稳妥推进碳达峰碳中和典型案例）

第286条

【典型意义】

近年来，重点排放单位、技术服务机构或其他主体破坏环境监测计算机信息系统，篡改、伪造环境监测数据的案件时有发生，扰乱环境保护监管秩序，严重影响温室气体排放与环境污染物协同治理成效。本案中，被告人通过篡改环境监测数据、更改参数等方式干扰环境质量监测系统采样，后果严重。人民法院依法判处被告人相应刑罚，严厉打击破坏环境监测计算机信息系统犯罪行为，是贯彻落实最严格制度最严密法治保护生态环境的生动体现，也为惩治碳排放数据造假等违法行为提供了借鉴。

第二百八十六条之一 【拒不履行信息网络安全管理义务罪】网络服务提供者不履行法律、行政法规规定的信息网络安全管理义务，经监管部门责令采取改正措施而拒不改正，有下列情形之一的，处三年以下有期徒刑、拘役或者管制，并处或者单处罚金：

（一）致使违法信息大量传播的；

（二）致使用户信息泄露，造成严重后果的；

（三）致使刑事案件证据灭失，情节严重的；

（四）有其他严重情节的。

单位犯前款罪的，对单位判处罚金，并对其直接负责的主管人员和其他直接责任人员，依照前款的规定处罚。

有前两款行为，同时构成其他犯罪的，依照处罚较重的规定定罪处罚。

立法动态

本条根据《中华人民共和国刑法修正案（九）》（自 2015 年 11 月 1 日起施行）第二十八条增加。

适用要点与裁判依据

★网络服务提供者拒不履行信息网络安全管理义务，致使诈骗信息大量传播的，构成本罪；同时构成诈骗罪的，择一重处

《最高人民法院、最高人民检察院、公安部关于办理电信网络诈骗等刑事案件适用法律若干问题的意见》（2016 年 12 月 19 日 法发〔2016〕32 号）

三、全面惩处关联犯罪

（六）网络服务提供者不履行法律、行政法规规定的信息网络安全管理义务，经监管部门责令采取改正措施而拒不改正，致使诈骗信息大量传播，或者用户信息泄露造成严重后果的，依照刑法第二百八十六条之一的规定，以拒不履行信息网络安全管理义务罪追究刑事责任。同时构成诈骗罪的，依照处罚较重的规定定罪处罚。

★网络服务提供者拒不履行信息网络安全管理义务，致使用户的公民个人信息泄露，造成严重后果的，构成本罪

《最高人民法院、最高人民检察院关于办理侵犯公民个人信息刑事案件适用法律若干问题的解释》（2017 年 5 月 8 日 法释〔2017〕10 号）

第九条 网络服务提供者拒不履行法律、行政法规规定的信息网络安全管理义务，经监管部门责令采取改正措施而拒不改正，致使用户的公民个人信息泄露，造成严重后果的，应当依照刑法第二百八十六条之一的规定，以拒不履行信息网络安全管理义务罪定罪处罚。

★"网络服务提供者"的认定

《最高人民法院、最高人民检察院关于办理非法利用信息网络、帮助信息网络犯罪活动等刑事案件适用法律若干问题的解释》（2019 年 10 月 21 日 法释〔2019〕15 号）

第一条 提供下列服务的单位和个人，应当认定为刑法第二百八十六条之一第一款规定的"网络服务提供者"：

（一）网络接入、域名注册解析等信息网络接入、计算、存储、传输服务；

（二）信息发布、搜索引擎、即时通讯、网络支付、网络预约、网络购物、网络游戏、网络直播、网站建设、安全防护、广告推广、应用商店等信息网络应用服务；

（三）利用信息网络提供的电子政务、通信、能源、交通、水利、金融、教育、医疗等公共服务。

★"监管部门责令采取改正措施""经监管部门责令采取改正措施而拒不改正"的认定

《最高人民法院、最高人民检察院关于办理非法利用信息网络、帮助信息网络犯罪活动等刑事案件适用法律若干问题的解释》(2019年10月21日　法释〔2019〕15号)

第二条　刑法第二百八十六条之一第一款规定的"监管部门责令采取改正措施",是指网信、电信、公安等依照法律、行政法规的规定承担信息网络安全监管职责的部门,以责令整改通知书或者其他文书形式,责令网络服务提供者采取改正措施。

认定"经监管部门责令采取改正措施而拒不改正",应当综合考虑监管部门责令改正是否具有法律、行政法规依据,改正措施及期限要求是否明确、合理,网络服务提供者是否具有按照要求采取改正措施的能力等因素进行判断。

★"致使违法信息大量传播"的认定

《最高人民法院、最高人民检察院关于办理非法利用信息网络、帮助信息网络犯罪活动等刑事案件适用法律若干问题的解释》(2019年10月21日　法释〔2019〕15号)

第三条　拒不履行信息网络安全管理义务,具有下列情形之一的,应当认定为刑法第二百八十六条之一第一款第一项规定的"致使违法信息大量传播":

(一)致使传播违法视频文件二百个以上的;

(二)致使传播违法视频文件以外的其他违法信息二千个以上的;

(三)致使传播违法信息,数量虽未达到第一项、第二项规定标准,但是按相应比例折算合计达到有关数量标准的;

(四)致使向二千个以上用户账号传播违法信息的;

(五)致使利用群组成员账号数累计三千以上的通讯群组或者关注人员账号数累计三万以上的社交网络传播违法信息的;

(六)致使违法信息实际被点击数达到五万以上的;

(七)其他致使违法信息大量传播的情形。

★"致使用户信息泄露,造成严重后果"的认定

《最高人民法院、最高人民检察院关于办理非法利用信息网络、帮助信息网络犯罪活动等刑事案件适用法律若干问题的解释》(2019年10月21日 法释〔2019〕15号)

第四条 拒不履行信息网络安全管理义务,致使用户信息泄露,具有下列情形之一的,应当认定为刑法第二百八十六条之一第一款第二项规定的"造成严重后果":

(一)致使泄露行踪轨迹信息、通信内容、征信信息、财产信息五百条以上的;

(二)致使泄露住宿信息、通信记录、健康生理信息、交易信息等其他可能影响人身、财产安全的用户信息五千条以上的;

(三)致使泄露第一项、第二项规定以外的用户信息五万条以上的;

(四)数量虽未达到第一项至第三项规定标准,但是按相应比例折算合计达到有关数量标准的;

(五)造成他人死亡、重伤、精神失常或者被绑架等严重后果的;

(六)造成重大经济损失的;

(七)严重扰乱社会秩序的;

(八)造成其他严重后果的。

★"致使刑事案件证据灭失,情节严重"的认定

《最高人民法院、最高人民检察院关于办理非法利用信息网络、帮助信息网络犯罪活动等刑事案件适用法律若干问题的解释》(2019年10月21日 法释〔2019〕15号)

第五条 拒不履行信息网络安全管理义务,致使影响定罪量刑的刑事案件证据灭失,具有下列情形之一的,应当认定为刑法第二百八十六条之一第一款第三项规定的"情节严重":

(一)造成危害国家安全犯罪、恐怖活动犯罪、黑社会性质组织犯罪、贪污贿赂犯罪案件的证据灭失的;

（二）造成可能判处五年有期徒刑以上刑罚犯罪案件的证据灭失的；

（三）多次造成刑事案件证据灭失的；

（四）致使刑事诉讼程序受到严重影响的；

（五）其他情节严重的情形。

★“有其他严重情节”的认定

《最高人民法院、最高人民检察院关于办理非法利用信息网络、帮助信息网络犯罪活动等刑事案件适用法律若干问题的解释》（2019年10月21日　法释〔2019〕15号）

第六条　拒不履行信息网络安全管理义务，具有下列情形之一的，应当认定为刑法第二百八十六条之一第一款第四项规定的“有其他严重情节”：

（一）对绝大多数用户日志未留存或者未落实真实身份信息认证义务的；

（二）二年内经多次责令改正拒不改正的；

（三）致使信息网络服务被主要用于违法犯罪的；

（四）致使信息网络服务、网络设施被用于实施网络攻击，严重影响生产、生活的；

（五）致使信息网络服务被用于实施危害国家安全犯罪、恐怖活动犯罪、黑社会性质组织犯罪、贪污贿赂犯罪或者其他重大犯罪的；

（六）致使国家机关或者通信、能源、交通、水利、金融、教育、医疗等领域提供公共服务的信息网络受到破坏，严重影响生产、生活的；

（七）其他严重违反信息网络安全管理义务的情形。

★单位实施本罪的刑事责任

《最高人民法院、最高人民检察院关于办理非法利用信息网络、帮助信息网络犯罪活动等刑事案件适用法律若干问题的解释》（2019年10月21日　法释〔2019〕15号）

第十四条　单位实施本解释规定的犯罪的，依照本解释规定的相应自然人犯罪的定罪量刑标准，对直接负责的主管人员和其他直接责任人员定罪处罚，并对单位判处罚金。

★多次拒不履行信息网络安全管理义务构成犯罪，依法应当追诉的，数量或者数额累计计算

《最高人民法院、最高人民检察院关于办理非法利用信息网络、帮助信息网络犯罪活动等刑事案件适用法律若干问题的解释》(2019年10月21日 法释〔2019〕15号)

第十六条 多次拒不履行信息网络安全管理义务、非法利用信息网络、帮助信息网络犯罪活动构成犯罪，依法应当追诉的，或者二年内多次实施前述行为未经处理的，数量或者数额累计计算。

★犯本罪，可依法宣告职业禁止、禁止令

《最高人民法院、最高人民检察院关于办理非法利用信息网络、帮助信息网络犯罪活动等刑事案件适用法律若干问题的解释》(2019年10月21日 法释〔2019〕15号)

第十七条 对于实施本解释规定的犯罪被判处刑罚的，可以根据犯罪情况和预防再犯罪的需要，依法宣告职业禁止；被判处管制、宣告缓刑的，可以根据犯罪情况，依法宣告禁止令。

第二百八十七条 【利用计算机实施有关犯罪的刑事责任】利用计算机实施金融诈骗、盗窃、贪污、挪用公款、窃取国家秘密或者其他犯罪的，依照本法有关规定定罪处罚。

立法动态

本条源自《中华人民共和国刑法》(1997年3月14日第八届全国人民代表大会第五次会议修订，自1997年10月1日起施行)。

第二百八十七条之一　【非法利用信息网络罪】利用信息网络实施下列行为之一，情节严重的，处三年以下有期徒刑或者拘役，并处或者单处罚金：

（一）设立用于实施诈骗、传授犯罪方法、制作或者销售违禁物品、管制物品等违法犯罪活动的网站、通讯群组的；

（二）发布有关制作或者销售毒品、枪支、淫秽物品等违禁物品、管制物品或者其他违法犯罪信息的；

（三）为实施诈骗等违法犯罪活动发布信息的。

单位犯前款罪的，对单位判处罚金，并对其直接负责的主管人员和其他直接责任人员，依照第一款的规定处罚。

有前两款行为，同时构成其他犯罪的，依照处罚较重的规定定罪处罚。

立法动态

本条根据《中华人民共和国刑法修正案（九）》（自 2015 年 11 月 1 日起施行）第二十九条增加。

适用要点与裁判依据

★应当以非法利用信息网络罪定罪处罚的情形

《最高人民法院关于审理毒品犯罪案件适用法律若干问题的解释》（2016 年 4 月 6 日　法释〔2016〕8 号）

第十四条　利用信息网络，设立用于实施传授制造毒品、非法生产制毒物品的方法，贩卖毒品，非法买卖制毒物品或者组织他人吸食、注射毒品等违法犯罪活动的网站、通讯群组，或者发布实施前述违法犯罪活动的信息，情节严重的，应当依照刑法第二百八十七条之一的规定，以非法利用信息网络罪定罪处罚。

实施刑法第二百八十七条之一、第二百八十七条之二规定的行为，同时构成贩卖毒品罪、非法买卖制毒物品罪、传授犯罪方法罪等犯罪的，依照处罚较重的规定定罪处罚。

★实施非法利用信息网络罪，同时构成诈骗罪的，择一重处

《最高人民法院、最高人民检察院、公安部关于办理电信网络诈骗等刑事案件适用法律若干问题的意见》(2016 年 12 月 19 日　法发〔2016〕32 号)

三、全面惩处关联犯罪

(七)实施刑法第二百八十七条之一、第二百八十七条之二规定之行为，构成非法利用信息网络罪、帮助信息网络犯罪活动罪，同时构成诈骗罪的，依照处罚较重的规定定罪处罚。

★设立用于实施非法获取、出售或者提供公民个人信息违法犯罪活动的网站、通讯群组，情节严重的，构成本罪

《最高人民法院、最高人民检察院关于办理侵犯公民个人信息刑事案件适用法律若干问题的解释》(2017 年 5 月 8 日　法释〔2017〕10 号)

第八条　设立用于实施非法获取、出售或者提供公民个人信息违法犯罪活动的网站、通讯群组，情节严重的，应当依照刑法第二百八十七条之一的规定，以非法利用信息网络罪定罪处罚；同时构成侵犯公民个人信息罪的，依照侵犯公民个人信息罪定罪处罚。

★利用信息网络发布招嫖违法信息构成本罪，同时构成介绍卖淫罪的，择一重处

《最高人民法院、最高人民检察院关于办理组织、强迫、引诱、容留、介绍卖淫刑事案件适用法律若干问题的解释》(2017 年 7 月 21 日　法释〔2017〕13 号)

第八条　引诱、容留、介绍他人卖淫，具有下列情形之一的，应当依照刑法第三百五十九条第一款的规定定罪处罚：

(一)引诱他人卖淫的；

(二)容留、介绍二人以上卖淫的；

(三)容留、介绍未成年人、孕妇、智障人员、患有严重性病的人卖淫的；

（四）一年内曾因引诱、容留、介绍卖淫行为被行政处罚，又实施容留、介绍卖淫行为的；

（五）非法获利人民币一万元以上的。

利用信息网络发布招嫖违法信息，情节严重的，依照刑法第二百八十七条之一的规定，以非法利用信息网络罪定罪处罚。同时构成介绍卖淫罪的，依照处罚较重的规定定罪处罚。

……

★设立用于实施考试作弊的网站、通讯群组或者发布有关考试作弊的信息的，构成本罪

《最高人民法院、最高人民检察院关于办理组织考试作弊等刑事案件适用法律若干问题的解释》（2019年9月2日　法释〔2019〕13号）

第十一条　设立用于实施考试作弊的网站、通讯群组或者发布有关考试作弊的信息，情节严重的，应当依照刑法第二百八十七条之一的规定，以非法利用信息网络罪定罪处罚；同时构成组织考试作弊罪、非法出售、提供试题、答案罪、非法获取国家秘密罪等其他犯罪的，依照处罚较重的规定定罪处罚。

★"违法犯罪"的含义

《最高人民法院、最高人民检察院关于办理非法利用信息网络、帮助信息网络犯罪活动等刑事案件适用法律若干问题的解释》（2019年10月21日　法释〔2019〕15号）

第七条　刑法第二百八十七条之一规定的"违法犯罪"，包括犯罪行为和属于刑法分则规定的行为类型但尚未构成犯罪的违法行为。

★"用于实施诈骗、传授犯罪方法、制作或者销售违禁物品、管制物品等违法犯罪活动的网站、通讯群组"的认定

《最高人民法院、最高人民检察院关于办理非法利用信息网络、帮助信息网络犯罪活动等刑事案件适用法律若干问题的解释》（2019年10月21日　法释〔2019〕15号）

第八条　以实施违法犯罪活动为目的而设立或者设立后主要用

于实施违法犯罪活动的网站、通讯群组，应当认定为刑法第二百八十七条之一第一款第一项规定的“用于实施诈骗、传授犯罪方法、制作或者销售违禁物品、管制物品等违法犯罪活动的网站、通讯群组”。

★“发布信息”的认定

《最高人民法院、最高人民检察院关于办理非法利用信息网络、帮助信息网络犯罪活动等刑事案件适用法律若干问题的解释》(2019年10月21日　法释〔2019〕15号)

第九条　利用信息网络提供信息的链接、截屏、二维码、访问账号密码及其他指引访问服务的，应当认定为刑法第二百八十七条之一第一款第二项、第三项规定的“发布信息”。

★“情节严重”的认定标准

《最高人民法院、最高人民检察院关于办理非法利用信息网络、帮助信息网络犯罪活动等刑事案件适用法律若干问题的解释》(2019年10月21日　法释〔2019〕15号)

第十条　非法利用信息网络，具有下列情形之一的，应当认定为刑法第二百八十七条之一第一款规定的“情节严重”：

(一)假冒国家机关、金融机构名义，设立用于实施违法犯罪活动的网站的；

(二)设立用于实施违法犯罪活动的网站，数量达到三个以上或者注册账号数累计达到二千以上的；

(三)设立用于实施违法犯罪活动的通讯群组，数量达到五个以上或者群组成员账号数累计达到一千以上的；

(四)发布有关违法犯罪的信息或者为实施违法犯罪活动发布信息，具有下列情形之一的：

1. 在网站上发布有关信息一百条以上的；

2. 向二千个以上用户账号发送有关信息的；

3. 向群组成员数累计达到三千以上的通讯群组发送有关信息的；

4. 利用关注人员账号数累计达到三万以上的社交网络传播有关

信息的；

（五）违法所得一万元以上的；

（六）二年内曾因非法利用信息网络、帮助信息网络犯罪活动、危害计算机信息系统安全受过行政处罚，又非法利用信息网络的；

（七）其他情节严重的情形。

★单位实施本罪的刑事责任

《最高人民法院、最高人民检察院关于办理非法利用信息网络、帮助信息网络犯罪活动等刑事案件适用法律若干问题的解释》（2019年10月21日　法释〔2019〕15号）

第十四条　单位实施本解释规定的犯罪的，依照本解释规定的相应自然人犯罪的定罪量刑标准，对直接负责的主管人员和其他直接责任人员定罪处罚，并对单位判处罚金。

★多次非法利用信息网络构成犯罪应当追诉的，或者二年内多次实施未经处理的，数量或者数额累计计算

《最高人民法院、最高人民检察院关于办理非法利用信息网络、帮助信息网络犯罪活动等刑事案件适用法律若干问题的解释》（2019年10月21日　法释〔2019〕15号）

第十六条　多次拒不履行信息网络安全管理义务、非法利用信息网络、帮助信息网络犯罪活动构成犯罪，依法应当追诉的，或者二年内多次实施前述行为未经处理的，数量或者数额累计计算。

★实施本罪被判处刑罚的，可依法宣告职业禁止、禁止令

《最高人民法院、最高人民检察院关于办理非法利用信息网络、帮助信息网络犯罪活动等刑事案件适用法律若干问题的解释》（2019年10月21日　法释〔2019〕15号）

第十七条　对于实施本解释规定的犯罪被判处刑罚的，可以根据犯罪情况和预防再犯罪的需要，依法宣告职业禁止；被判处管制、宣告缓刑的，可以根据犯罪情况，依法宣告禁止令。

类案检索指引

★严厉打击利用互联网发布涉毒信息的犯罪行为

《利用互联网论坛实施毒品犯罪案 “园丁丁”制贩大麻论坛系列案》(2020年6月26日最高人民检察院发布强化法律监督 推进毒品犯罪检察治理典型案例)

【典型意义】

近年来,大麻滥用和涉网络毒品犯罪均呈现上升趋势,犯罪手段多样、隐蔽性强,查证难度大。本案中,检察机关积极引导侦查取证,拓展办案思路,精准指控,不仅严厉打击利用网络实施的贩卖毒品犯罪,还严厉打击利用互联网发布涉毒信息的犯罪行为,实现全链条打击,使犯罪分子受到依法惩处。同时,检察机关还延伸司法办案效果,积极参与网络生态治理,推进源头防控和治理。

第二百八十七条之二 【帮助信息网络犯罪活动罪】明知他人利用信息网络实施犯罪,为其犯罪提供互联网接入、服务器托管、网络存储、通讯传输等技术支持,或者提供广告推广、支付结算等帮助,情节严重的,处三年以下有期徒刑或者拘役,并处或者单处罚金。

单位犯前款罪的,对单位判处罚金,并对其直接负责的主管人员和其他直接责任人员,依照第一款的规定处罚。

有前两款行为,同时构成其他犯罪的,依照处罚较重的规定定罪处罚。

立法动态

本条根据《中华人民共和国刑法修正案(九)》(自2015年11月1日起施行)第二十九条增加。

适用要点与裁判依据

★实施帮助信息网络犯罪活动罪,同时构成诈骗罪的,择一重处

《最高人民法院、最高人民检察院、公安部关于办理电信网络诈骗等刑事案件适用法律若干问题的意见》(2016 年 12 月19 日　法发〔2016〕32 号)

三、全面惩处关联犯罪

(七)实施刑法第二百八十七条之一、第二百八十七条之二规定之行为,构成非法利用信息网络罪、帮助信息网络犯罪活动罪,同时构成诈骗罪的,依照处罚较重的规定定罪处罚。

★"明知他人利用信息网络实施犯罪"的认定

《最高人民法院、最高人民检察院关于办理非法利用信息网络、帮助信息网络犯罪活动等刑事案件适用法律若干问题的解释》(2019 年 10 月21 日　法释〔2019〕15 号)

第十一条　为他人实施犯罪提供技术支持或者帮助,具有下列情形之一的,可以认定行为人明知他人利用信息网络实施犯罪,但是有相反证据的除外:

(一)经监管部门告知后仍然实施有关行为的;

(二)接到举报后不履行法定管理职责的;

(三)交易价格或者方式明显异常的;

(四)提供专门用于违法犯罪的程序、工具或者其他技术支持、帮助的;

(五)频繁采用隐蔽上网、加密通信、销毁数据等措施或者使用虚假身份,逃避监管或者规避调查的;

(六)为他人逃避监管或者规避调查提供技术支持、帮助的;

(七)其他足以认定行为人明知的情形。

★“情节严重”的认定标准

《最高人民法院、最高人民检察院关于办理非法利用信息网络、帮助信息网络犯罪活动等刑事案件适用法律若干问题的解释》(2019年10月21日 法释〔2019〕15号)

第十二条 明知他人利用信息网络实施犯罪,为其犯罪提供帮助,具有下列情形之一的,应当认定为刑法第二百八十七条之二第一款规定的“情节严重”:

(一)为三个以上对象提供帮助的;

(二)支付结算金额二十万元以上的;

(三)以投放广告等方式提供资金五万元以上的;

(四)违法所得一万元以上的;

(五)二年内曾因非法利用信息网络、帮助信息网络犯罪活动、危害计算机信息系统安全受过行政处罚,又帮助信息网络犯罪活动的;

(六)被帮助对象实施的犯罪造成严重后果的;

(七)其他情节严重的情形。

实施前款规定的行为,确因客观条件限制无法查证被帮助对象是否达到犯罪的程度,但相关数额总计达到前款第二项至第四项规定标准五倍以上,或者造成特别严重后果的,应当以帮助信息网络犯罪活动罪追究行为人的刑事责任。

★被帮助对象尚未到案、尚未依法裁判或者因未达到刑事责任年龄等原因依法未予追究刑事责任的,不影响本罪的认定

《最高人民法院、最高人民检察院关于办理非法利用信息网络、帮助信息网络犯罪活动等刑事案件适用法律若干问题的解释》(2019年10月21日 法释〔2019〕15号)

第十三条 被帮助对象实施的犯罪行为可以确认,但尚未到案、尚未依法裁判或者因未达到刑事责任年龄等原因依法未予追究刑事责任的,不影响帮助信息网络犯罪活动罪的认定。

★单位实施本罪的，对直接负责的主管人员和其他直接责任人员定罪处罚，并对单位判处罚金

《最高人民法院、最高人民检察院关于办理非法利用信息网络、帮助信息网络犯罪活动等刑事案件适用法律若干问题的解释》(2019年10月21日　法释〔2019〕15号)

第十四条　单位实施本解释规定的犯罪的，依照本解释规定的相应自然人犯罪的定罪量刑标准，对直接负责的主管人员和其他直接责任人员定罪处罚，并对单位判处罚金。

★多次帮助信息网络犯罪活动构成犯罪，依法应当追诉的，或者二年内多次实施前述行为未经处理的，数量或者数额累计计算

《最高人民法院、最高人民检察院关于办理非法利用信息网络、帮助信息网络犯罪活动等刑事案件适用法律若干问题的解释》(2019年10月21日　法释〔2019〕15号)

第十六条　多次拒不履行信息网络安全管理义务、非法利用信息网络、帮助信息网络犯罪活动构成犯罪，依法应当追诉的，或者二年内多次实施前述行为未经处理的，数量或者数额累计计算。

★犯本罪的，可依法宣告职业禁止、禁止令

《最高人民法院、最高人民检察院关于办理非法利用信息网络、帮助信息网络犯罪活动等刑事案件适用法律若干问题的解释》(2019年10月21日　法释〔2019〕15号)

第十七条　对于实施本解释规定的犯罪被判处刑罚的，可以根据犯罪情况和预防再犯罪的需要，依法宣告职业禁止；被判处管制、宣告缓刑的，可以根据犯罪情况，依法宣告禁止令。

★“帮助”行为的认定

《最高人民法院、最高人民检察院、公安部关于办理电信网络诈骗等刑事案件适用法律若干问题的意见(二)》(2021年6月17日　法发〔2021〕22号)

七、为他人利用信息网络实施犯罪而实施下列行为，可以认定为刑法第二百八十七条之二规定的“帮助”行为：

（一）收购、出售、出租信用卡、银行账户、非银行支付账户、具有支付结算功能的互联网账号密码、网络支付接口、网上银行数字证书的；

（二）收购、出售、出租他人手机卡、流量卡、物联网卡的。

★对明知他人利用信息网络实施犯罪的行为人，应当根据各种主客观因素，综合认定

《最高人民法院、最高人民检察院、公安部关于办理电信网络诈骗等刑事案件适用法律若干问题的意见（二）》（2021年6月17日法发〔2021〕22号）

八、认定刑法第二百八十七条之二规定的行为人明知他人利用信息网络实施犯罪，应当根据行为人收购、出售、出租前述第七条规定的信用卡、银行账户、非银行支付账户、具有支付结算功能的互联网账号密码、网络支付接口、网上银行数字证书，或者他人手机卡、流量卡、物联网卡等的次数、张数、个数，并结合行为人的认知能力、既往经历、交易对象、与实施信息网络犯罪的行为人的关系、提供技术支持或者帮助的时间和方式、获利情况以及行为人的供述等主客观因素，予以综合认定。

收购、出售、出租单位银行结算账户、非银行支付机构单位支付账户，或者电信、银行、网络支付等行业从业人员利用履行职责或提供服务便利，非法开办并出售、出租他人手机卡、信用卡、银行账户、非银行支付账户等的，可以认定为《最高人民法院、最高人民检察院关于办理非法利用信息网络、帮助信息网络犯罪活动等刑事案件适用法律若干问题的解释》第十一条第（七）项规定的"其他足以认定行为人明知的情形"。但有相反证据的除外。

★"其他情节严重的情形"的认定

《最高人民法院、最高人民检察院、公安部关于办理电信网络诈骗等刑事案件适用法律若干问题的意见（二）》（2021年6月17日法发〔2021〕22号）

九、明知他人利用信息网络实施犯罪，为其犯罪提供下列帮助之一的，可以认定为《最高人民法院、最高人民检察院关于办理非法利用信息网络、帮助信息网络犯罪活动等刑事案件适用法律若干问题的解释》第十二条第一款第（七）项规定的“其他情节严重的情形”：

（一）收购、出售、出租信用卡、银行账户、非银行支付账户、具有支付结算功能的互联网账号密码、网络支付接口、网上银行数字证书5张（个）以上的；

（二）收购、出售、出租他人手机卡、流量卡、物联网卡20张以上的。

★电商平台预付卡等经销商被明确告知其交易对象涉嫌电信网络诈骗犯罪仍继续交易的刑事责任

《最高人民法院、最高人民检察院、公安部关于办理电信网络诈骗等刑事案件适用法律若干问题的意见（二）》（2021年6月17日　法发〔2021〕22号）

十、电商平台预付卡、虚拟货币、手机充值卡、游戏点卡、游戏装备等经销商，在公安机关调查案件过程中，被明确告知其交易对象涉嫌电信网络诈骗犯罪，仍与其继续交易，符合刑法第二百八十七条之二规定的，以帮助信息网络犯罪活动罪追究刑事责任。同时构成其他犯罪的，依照处罚较重的规定定罪处罚。

类案检索指引

★从“工具人”转变为“卡商”的在校学生构成犯罪的刑事责任

《涂某通、万某玲帮助信息网络犯罪活动案》（2021年6月23日　最高人民检察院、教育部联合印发在校学生涉“两卡”犯罪典型案例）

【典型意义】

从近年来的办案情况看，手机卡、银行卡（以下简称“两卡”）已经成为电信网络诈骗犯罪分子实施诈骗、转移赃款的重要工具。为依法严厉打击非法出租、出售“两卡”违法犯罪活动，2020年10月起，最高人民法院、最高人民检察院、公安部、工业和信息化部、中国人民银行等五部门联合部署开展“断卡”行动，以斩断电信网络诈骗违法犯罪的信息流和资金链。

工作中发现，部分在校学生由于社会阅历不足、法治观念淡薄，已成为非法买卖“两卡”的重要群体之一。在利益诱惑面前，有的学生迷失方向，一步步陷入违法犯罪泥潭，从办卡、卖卡发展到组织收卡、贩卡，成为潜伏在校园中的“卡商”。本案被告人即是这样的“卡商”，他们不仅出售自己的银行卡，还在学校里招揽同学出售银行卡。这些银行卡经过层层周转，落入到诈骗人员等犯罪分子手中，用于流转非法资金，危害不容小觑。对于从“工具人”转变为“卡商”的在校学生，应当综合其犯罪事实、情节和认罪态度，依法追究刑事责任。

对于办案中发现的在校学生涉电信网络诈骗以及“两卡”犯罪风险点，检察机关和教育部门要加强以案释法，深入校园开展形式多样的法治宣传教育活动。特别是对于案件相对多发的学校，要共同研究加强教育管理的意见，提升在校学生的风险意识和防范能力，避免成为犯罪“工具人”。办案地和学校所在地检察机关要加强沟通衔接，及时通报情况，积极提供协助，共同推动做好社会治理工作。

★明知他人利用信息网络实施犯罪仍然收购、贩卖他人手机卡的“卡头”“卡商”，构成本罪

《郭某凯、刘某学、耿某雲帮助信息网络犯罪活动案》（2021年6月23日最高人民检察院、教育部联合印发在校学生涉“两卡”犯罪典型案例）

【典型意义】

当前，手机卡是犯罪分子实施电信网络诈骗犯罪的重要工具。随着网络实名制要求的落实，办理银行卡、注册网络账号等基本都需要绑定实名制手机卡。司法实践中，犯罪分子为逃避打击，往往非法收购他人手机卡来实施电信网络诈骗，绕过实名制监管要求，成为网络黑灰产业链条上的重要一环。对于明知他人利用信息网络实施犯罪，仍然收购、贩卖他人手机卡的“卡头”“卡商”，构成犯罪的，要依法追究刑事责任。对于仅出售自己手机卡的，一般不作为犯罪处理，但需要同步进行信用惩戒,强化教育管理。

在深入推进"断卡"行动过程中,检察机关要会同相关部门综合运用好行政和刑事措施,加强行刑衔接,多管齐下,实现罚当其罪,发挥综合效应。对于涉案情节较轻不追究刑事责任的,检察机关要督促相关行政执法部门依法及时给予惩戒。既让违法者承担应有的法律责任,受到警示教育;也向社会传递依法从严惩治涉"两卡"违法犯罪、坚决遏制电信网络诈骗犯罪高发多发势头的立场,推动社会共治。

教育部门和大中专、高职院校,要加强对在校学生的关心、关怀、关爱。对于休学和因各种原因未在校学生,密切与家长、学生、实习单位的沟通,详细了解休学原因、生活近况、工作实习情况等,共同加强对学生的日常教育管理。

★办理涉"两卡"案件,对涉案学生要以教育、挽救、惩戒、警示为主

《许某帮助信息网络犯罪活动不起诉案》(2021年6月23日最高人民检察院、教育部联合印发在校学生涉"两卡"犯罪典型案例)

【典型意义】

实践中,在校学生容易被贩卡团伙拉拢、利诱,成为犯罪"工具人"。这之中,有的由于不正确的消费观、价值观,为了金钱利益,非法开办、出售"两卡";有的在寻找实习机会、社会兼职过程中,由于法治观念淡薄,被犯罪团伙所利用,步入犯罪陷阱;有的交友不慎、识人不明,在所谓"朋友""老乡"的引诱、教唆下出租、出售"两卡"。

办理涉"两卡"案件,对涉案学生要以教育、挽救、惩戒、警示为主,努力实现办案"三个效果"的有机统一。检察机关要加强与教育部门、相关学校的沟通联系,充分了解其学习情况、在校表现,是否具有帮教条件,综合评判起诉必要性。对于犯罪情节轻微,认罪态度较好的,检察机关可以依法作出不起诉决定,并会同教育部门和相关学校加强教育管理,帮助学生迷途知返、走上正途。

要坚持预防为先的理念,注重源头治理、综合治理,坚持齐抓共管、群防群治。检察机关和教育部门、相关学校要共同深入推动反电信网络诈骗和防范"两卡"违法犯罪校园宣传活动,发挥案例的教育警示作用,防止在校学生成为犯罪“工具人”。

★坚持主客观相统一,准确认定帮助信息网络犯罪活动罪中的“明知”要件

《唐某琪、方某帮助信息网络犯罪活动案》(2022 年 4 月 21 日最高人民检察院发布打击治理电信网络诈骗及关联犯罪典型案例)

【要旨】

电信网络诈骗犯罪分子利用 GOIP 设备拨打电话、发送信息,加大了打击治理难度。检察机关要依法从严惩治为实施电信网络诈骗犯罪提供 GOIP 等设备行为,源头打击治理涉网络设备的黑色产业链。坚持主客观相统一,准确认定帮助信息网络犯罪活动罪中的“明知”要件。

★为他人逃避监管或者规避调查,非法办理、出售网络宽带账号,情节严重的,构成本罪

《周某平、施某青帮助信息网络犯罪活动案》(2022 年 4 月 21 日最高人民检察院发布打击治理电信网络诈骗及关联犯罪典型案例)

【要旨】

为他人逃避监管或者规避调查,非法办理、出售网络宽带账号,情节严重的,构成帮助信息网络犯罪活动罪,应当依法打击、严肃惩处。检察机关要会同相关部门规范电信运营服务、严格内部从业人员管理。加强校园及周边综合治理,深化法治宣传教育,共同牢筑网络安全的校园防线。

★跨境电信网络诈骗犯罪集团社会危害性极大,对集团首要分子和骨干成员必须依法从严惩处

《被告人易扬锋、连志仁等三十八人诈骗、组织他人偷越国境、偷越国境、帮助信息网络犯罪活动、掩饰、隐瞒犯罪所得案》(2022 年 9 月 6 日最高人民法院发布人民法院依法惩治电信网络诈骗犯罪工作情况暨典型案例)

【典型意义】

以被告人易扬锋、连志仁为首的电信网络诈骗犯罪集团,利用公司化运作模式实施诈骗,集团内部层级严密,分工明确,组织特征鲜明。该诈骗集团将作案窝点设在境外，从国内招募人员并组织偷越国境，对我境内居民大肆实施诈骗，被骗人数众多，涉案金额特别巨大。跨境电信网络诈骗犯罪集团社会危害性极大，系打击重点，对集团首要分子和骨干成员必须依法从严惩处。人民法院对该诈骗集团首要分子易扬锋、连志仁分别判处无期徒刑和有期徒刑十六年，对其余骨干成员均判处十年以上有期徒刑，充分体现了依法从严惩处的方针，最大限度彰显了刑罚的功效。

★加强对电信网络诈骗犯罪的源头治理，必须依法打击涉“两卡”犯罪

《被告人隆玖柒帮助信息网络犯罪活动案》(2022年9月6日最高人民法院发布人民法院依法惩治电信网络诈骗犯罪工作情况暨典型案例)

【典型意义】

非法交易银行卡、手机卡即“两卡”现象泛滥，大量“两卡”被用于犯罪，是电信网络诈骗犯罪持续高发多发的重要推手之一。加强对电信网络诈骗犯罪的源头治理，必须依法打击涉“两卡”犯罪。“两高一部”《关于办理电信网络诈骗等刑事案件适用法律若干问题的意见(二)》规定，为他人利用信息网络实施犯罪而收购、出售、出租信用卡(银行账户、非银行支付账户、具有支付结算功能的互联网账号密码、网络支付接口、网上银行数字证书)5张(个)以上，或者手机卡(流量卡、物联网卡)20张以上的，以帮助信息网络犯罪活动罪追究刑事责任。本案准确适用这一规定，对被告人隆玖柒依法定罪处罚。本案警示大家，千万不要因贪图蝇头小利而触犯法律底线，以免给自己和家人造成无可挽回的后果。

★为电信网络诈骗犯罪提供技术支持的刑事责任

《被告人薛双帮助信息网络犯罪活动案》(2022年9月6日最高人民法院发布人民法院依法惩治电信网络诈骗犯罪工作情况暨典型案例)

【典型意义】

由于电信网络诈骗犯罪的分工日益精细化，催生了大量为不法分子实施诈骗提供帮助并从中获利的黑灰产业,此类黑灰产业又反向作用,成为电信网络诈骗犯罪多发高发的重要推手。打击电信网络诈骗犯罪,必须依法惩处其上下游关联犯罪,斩断电信网络诈骗犯罪的帮助链条,铲除其赖以滋生的土壤,实现打击治理同步推进。"两高一部"《关于办理电信网络诈骗等刑事案件适用法律若干问题的意见》和《关于办理电信网络诈骗等刑事案件适用法律若干问题的意见(二)》对于惩处电信网络诈骗犯罪的关联犯罪作出了明确规定。本案中,被告人薛双为电信网络诈骗犯罪提供技术支持,对其以帮助信息网络犯罪活动罪定罪处罚,体现了人民法院全面惩处电信网络诈骗关联犯罪的立场。

第二百八十八条　【扰乱无线电通讯管理秩序罪】违反国家规定,擅自设置、使用无线电台(站),或者擅自使用无线电频率,干扰无线电通讯秩序,情节严重的,处三年以下有期徒刑、拘役或者管制,并处或者单处罚金;情节特别严重的,处三年以上七年以下有期徒刑,并处罚金。

单位犯前款罪的,对单位判处罚金,并对其直接负责的主管人员和其他直接责任人员,依照前款的规定处罚。

立法动态

本条源自《中华人民共和国刑法》(1997 年 3 月 14 日第八届全国人民代表大会第五次会议修订,自 1997 年 10 月 1 日起施行)。

原本条第一款规定为:违反国家规定,擅自设置、使用无线电台(站),或者擅自占用频率,经责令停止使用后拒不停止使用,干扰无线电通讯正常进行,造成严重后果的,处三年以下有期徒刑、拘役或者管制,并处或者单处罚金。

本条第一款根据《中华人民共和国刑法修正案(九)》(自 2015

年11月1日起施行)第三十条修改。

对第一款修改的主要内容为:一是将"造成严重后果的"修改为"情节严重的";二是增加"情节特别严重的,处三年以上七年以下有期徒刑,并处罚金"。

适用要点与裁判依据

★擅自设置、使用无线电台、站,或者擅自占用频率,干扰无线电通讯正常进行的,构成本罪

《最高人民法院关于审理危害军事通信刑事案件具体应用法律若干问题的解释》(2007年6月26日　法释〔2007〕13号)

第六条　破坏、过失损坏军事通信,并造成公用电信设施损毁,危害公共安全,同时构成刑法第一百二十四条和第三百六十九条规定的犯罪的,依照处罚较重的规定定罪处罚。

盗窃军事通信线路、设备,不构成盗窃罪,但破坏军事通信的,依照刑法第三百六十九条第一款的规定定罪处罚;同时构成刑法第一百二十四条、第二百六十四条和第三百六十九条第一款规定的犯罪的,依照处罚较重的规定定罪处罚。

违反国家规定,侵入国防建设、尖端科学技术领域的军事通信计算机信息系统,尚未对军事通信造成破坏的,依照刑法第二百八十五条的规定定罪处罚;对军事通信造成破坏,同时构成刑法第二百八十五条、第二百八十六条、第三百六十九条第一款规定的犯罪的,依照处罚较重的规定定罪处罚。

违反国家规定,擅自设置、使用无线电台、站,或者擅自占用频率,经责令停止使用后拒不停止使用,干扰无线电通讯正常进行,构成犯罪的,依照刑法第二百八十八条的规定定罪处罚;造成军事通信中断或者严重障碍,同时构成刑法第二百八十八条、第三百六十九条第一款规定的犯罪的,依照处罚较重的规定定罪处罚。

★非法使用“伪基站”“黑广播”，干扰无线电通讯秩序，同时构成诈骗罪的，择一重处

《最高人民法院、最高人民检察院、公安部关于办理电信网络诈骗等刑事案件适用法律若干问题的意见》(2016年12月19日　法发〔2016〕32号)

三、全面惩处关联犯罪

(一)在实施电信网络诈骗活动中，非法使用“伪基站”“黑广播”，干扰无线电通讯秩序，符合刑法第二百八十八条规定的，以扰乱无线电通讯管理秩序罪追究刑事责任。同时构成诈骗罪的，依照处罚较重的规定定罪处罚。

★“擅自设置、使用无线电台(站)，或者擅自使用无线电频率，干扰无线电通讯秩序”的认定

《最高人民法院、最高人民检察院关于办理扰乱无线电通讯管理秩序等刑事案件适用法律若干问题的解释》(2017年6月27日　法释〔2017〕11号)

第一条　具有下列情形之一的，应当认定为刑法第二百八十八条第一款规定的“擅自设置、使用无线电台(站)，或者擅自使用无线电频率，干扰无线电通讯秩序”：

(一)未经批准设置无线电广播电台(以下简称“黑广播”)，非法使用广播电视专用频段的频率的；

(二)未经批准设置通信基站(以下简称“伪基站”)，强行向不特定用户发送信息，非法使用公众移动通信频率的；

(三)未经批准使用卫星无线电频率的；

(四)非法设置、使用无线电干扰器的；

(五)其他擅自设置、使用无线电台(站)，或者擅自使用无线电频率，干扰无线电通讯秩序的情形。

★“情节严重”“情节特别严重”的认定标准

《最高人民法院、最高人民检察院关于办理扰乱无线电通讯管理秩序等刑事案件适用法律若干问题的解释》(2017年6月27日　法释〔2017〕11号)

第二条　违反国家规定,擅自设置、使用无线电台(站),或者擅自使用无线电频率,干扰无线电通讯秩序,具有下列情形之一的,应当认定为刑法第二百八十八条第一款规定的“情节严重”:

(一)影响航天器、航空器、铁路机车、船舶专用无线电导航、遇险救助和安全通信等涉及公共安全的无线电频率正常使用的;

(二)自然灾害、事故灾难、公共卫生事件、社会安全事件等突发事件期间,在事件发生地使用“黑广播”“伪基站”的;

(三)举办国家或者省级重大活动期间,在活动场所及周边使用“黑广播”“伪基站”的;

(四)同时使用三个以上“黑广播”“伪基站”的;

(五)“黑广播”的实测发射功率五百瓦以上,或者覆盖范围十公里以上的;

(六)使用“伪基站”发送诈骗、赌博、招嫖、木马病毒、钓鱼网站链接等违法犯罪信息,数量在五千条以上,或者销毁发送数量等记录的;

(七)雇佣、指使未成年人、残疾人等特定人员使用“伪基站”的;

(八)违法所得三万元以上的;

(九)曾因扰乱无线电通讯管理秩序受过刑事处罚,或者二年内曾因扰乱无线电通讯管理秩序受过行政处罚,又实施刑法第二百八十八条规定的行为的;

(十)其他情节严重的情形。

第三条　违反国家规定,擅自设置、使用无线电台(站),或者擅自使用无线电频率,干扰无线电通讯秩序,具有下列情形之一的,应当认定为刑法第二百八十八条第一款规定的“情节特别严重”:

(一)影响航天器、航空器、铁路机车、船舶专用无线电导航、遇险

救助和安全通信等涉及公共安全的无线电频率正常使用,危及公共安全的;

(二)造成公共秩序混乱等严重后果的;

(三)自然灾害、事故灾难、公共卫生事件和社会安全事件等突发事件期间,在事件发生地使用"黑广播""伪基站",造成严重影响的;

(四)对国家或者省级重大活动造成严重影响的;

(五)同时使用十个以上"黑广播""伪基站"的;

(六)"黑广播"的实测发射功率三千瓦以上,或者覆盖范围二十公里以上的;

(七)违法所得十五万元以上的;

(八)其他情节特别严重的情形。

★单位犯本罪的刑事责任

《最高人民法院、最高人民检察院关于办理扰乱无线电通讯管理秩序等刑事案件适用法律若干问题的解释》(2017年6月27日　法释〔2017〕11号)

第五条　单位犯本解释规定之罪的,对单位判处罚金,并对直接负责的主管人员和其他直接责任人员,依照本解释规定的自然人犯罪的定罪量刑标准定罪处罚。

★犯本罪,同时构成其他犯罪的,择一重处

《最高人民法院、最高人民检察院关于办理扰乱无线电通讯管理秩序等刑事案件适用法律若干问题的解释》(2017年6月27日　法释〔2017〕11号)

第六条　擅自设置、使用无线电台(站),或者擅自使用无线电频率,同时构成其他犯罪的,按照处罚较重的规定定罪处罚。

明知他人实施诈骗等犯罪,使用"黑广播""伪基站"等无线电设备为其发送信息或者提供其他帮助,同时构成其他犯罪的,按照处罚较重的规定定罪处罚。

★可以从宽处罚的情形

《最高人民法院、最高人民检察院关于办理扰乱无线电通讯管理秩序等刑事案件适用法律若干问题的解释》(2017 年 6 月 27 日　法释〔2017〕11 号)

第八条　为合法经营活动,使用"黑广播""伪基站"或者实施其他扰乱无线电通讯管理秩序的行为,构成扰乱无线电通讯管理秩序罪,但不属于"情节特别严重",行为人系初犯,并确有悔罪表现的,可以认定为情节轻微,不起诉或者免予刑事处罚;确有必要判处刑罚的,应当从宽处罚。

第二百八十九条　【聚众"打砸抢"的刑事责任】聚众"打砸抢",致人伤残、死亡的,依照本法第二百三十四条、第二百三十二条的规定定罪处罚。毁坏或者抢走公私财物的,除判令退赔外,对首要分子,依照本法第二百六十三条的规定定罪处罚。

立法动态

本条源自《中华人民共和国刑法》(1997 年 3 月 14 日第八届全国人民代表大会第五次会议修订,自 1997 年 10 月 1 日起施行)。

适用要点与裁判依据

★在预防、控制突发传染病疫情等灾害期间,聚众"打砸抢"的刑事责任

《最高人民法院、最高人民检察院关于办理妨害预防、控制突发传染病疫情等灾害的刑事案件具体应用法律若干问题的解释》(2003 年 5 月 14 日　法释〔2003〕8 号)

第九条　在预防、控制突发传染病疫情等灾害期间,聚众"打砸抢",致人伤残、死亡的,依照刑法第二百八十九条、第二百三十四条、

第二百三十二条的规定，以故意伤害罪或者故意杀人罪定罪，依法从重处罚。对毁坏或者抢走公私财物的首要分子，依照刑法第二百八十九条、第二百六十三条的规定，以抢劫罪定罪，依法从重处罚。

第二百九十条　【聚众扰乱社会秩序罪】聚众扰乱社会秩序，情节严重，致使工作、生产、营业和教学、科研、医疗无法进行，造成严重损失的，对首要分子，处三年以上七年以下有期徒刑；对其他积极参加的，处三年以下有期徒刑、拘役、管制或者剥夺政治权利。

【聚众冲击国家机关罪】聚众冲击国家机关，致使国家机关工作无法进行，造成严重损失的，对首要分子，处五年以上十年以下有期徒刑；对其他积极参加的，处五年以下有期徒刑、拘役、管制或者剥夺政治权利。

【扰乱国家机关工作秩序罪】多次扰乱国家机关工作秩序，经行政处罚后仍不改正，造成严重后果的，处三年以下有期徒刑、拘役或者管制。

【组织、资助非法聚集罪】多次组织、资助他人非法聚集，扰乱社会秩序，情节严重的，依照前款的规定处罚。

立法动态

本条源自《中华人民共和国刑法》(1997 年 3 月 14 日第八届全国人民代表大会第五次会议修订，自 1997 年 10 月 1 日起施行)。

原本条第一款内容为：聚众扰乱社会秩序，情节严重，致使工作、生产、营业和教学、科研无法进行，造成严重损失的，对首要分子，处三年以上七年以下有期徒刑；对其他积极参加的，处三年以下有期徒刑、拘役、管制或者剥夺政治权利。

本条第一款根据《中华人民共和国刑法修正案(九)》(自 2015 年 11 月 1 日起施行)第三十一条修改；第三、四款根据刑法修正案(九)第三十一条增加。

对第一款修改的内容为:将聚众扰乱医疗秩序的行为补充规定为犯罪。

类案检索指引

★依法惩处聚众扰乱医疗秩序犯罪

《李红军等聚众扰乱社会秩序案》(2020 年 5 月 11 日最高人民法院发布 8 件人民法院依法惩处涉医犯罪典型案例)

【典型意义】

患者医治无效死亡,悲痛者莫过于亲属。患者亲属如对医疗机构和医生的处置有分歧意见,应通过合法途径解决,而不是采取违规停尸、聚众围堵、损毁财物、妨害公务等行为对医疗机构和医务人员表达不满。这无助于解决问题,还会严重扰乱正常医疗秩序,影响其他患者的就诊权益。本案是一起情节严重的在卫生院聚众扰序的典型案例。患者因饮酒过量经送卫生院救治无效死亡,患者亲属纠集多人连续三天在卫生院聚众闹事,严重扰乱正常医疗秩序。人民法院依法对被告人李红军、李洪团分别判处有期徒刑三年,体现了对此类犯罪的严惩。

第二百九十一条　【聚众扰乱公共场所秩序、交通秩序罪】聚众扰乱车站、码头、民用航空站、商场、公园、影剧院、展览会、运动场或者其他公共场所秩序,聚众堵塞交通或者破坏交通秩序,抗拒、阻碍国家治安管理工作人员依法执行职务,情节严重的,对首要分子,处五年以下有期徒刑、拘役或者管制。

立法动态

本条源自《中华人民共和国刑法》(1997 年 3 月 14 日第八届全国人民代表大会第五次会议修订,自 1997 年 10 月 1 日起施行)。

适用要点与裁判依据

★严格依法惩处涉医违法犯罪

《最高人民法院、最高人民检察院、公安部、司法部、国家卫生和计划生育委员会关于依法惩处涉医违法犯罪维护正常医疗秩序的意见》(2014 年 4 月 22 日　法发〔2014〕5 号)

二、严格依法惩处涉医违法犯罪

(二)在医疗机构私设灵堂、摆放花圈、焚烧纸钱、悬挂横幅、堵塞大门或者以其他方式扰乱医疗秩序,尚未造成严重损失,经劝说、警告无效的,要依法驱散,对拒不服从的人员要依法带离现场,依照治安管理处罚法第二十三条的规定处罚;聚众实施的,对首要分子和其他积极参加者依法予以治安处罚;造成严重损失或者扰乱其他公共秩序情节严重,构成寻衅滋事罪、聚众扰乱社会秩序罪、聚众扰乱公共场所秩序、交通秩序罪的,依照刑法的有关规定定罪处罚。

在医疗机构的病房、抢救室、重症监护室等场所及医疗机构的公共开放区域违规停放尸体,影响医疗秩序,经劝说、警告无效的,依照治安管理处罚法第六十五条的规定处罚;严重扰乱医疗秩序或者其他公共秩序,构成犯罪的,依照前款的规定定罪处罚。

第二百九十一条之一　【投放虚假危险物质罪】【编造、故意传播虚假恐怖信息罪】投放虚假的爆炸性、毒害性、放射性、传染病病原体等物质,或者编造爆炸威胁、生化威胁、放射威胁等恐怖信息,或者明知是编造的恐怖信息而故意传播,严重扰乱社会秩序的,处五年以下有期徒刑、拘役或者管制;造成严重后果的,处五年以上有期徒刑。

【编造、故意传播虚假信息罪】编造虚假的险情、疫情、灾情、警情,在信息网络或者其他媒体上传播,或者明知是上述虚假信息,故意在信息网络或者其他媒体上传播,严重扰乱社会秩序的,处三年以下有期徒刑、拘役或者管制；造成严重后果的，处三年以上七年以下有期徒刑。

立法动态

本条第一款根据《中华人民共和国刑法修正案（三）》（自2001年12月29日起施行）第八条增加。

本条第二款根据《中华人民共和国刑法修正案（九）》（自2015年11月1日起施行）第三十二条增加。

量刑指导

《最高人民法院关于审理编造、故意传播虚假恐怖信息刑事案件适用法律若干问题的解释》（2013年9月18日　法释〔2013〕24号）

第三条　编造、故意传播虚假恐怖信息，严重扰乱社会秩序，具有下列情形之一的，应当依照刑法第二百九十一条之一的规定，在五年以下有期徒刑范围内酌情从重处罚：

（一）致使航班备降或返航；或者致使列车、船舶等大型客运交通工具中断运行的；

（二）多次编造、故意传播虚假恐怖信息的；

（三）造成直接经济损失20万元以上的；

（四）造成乡镇、街道区域范围居民生活秩序严重混乱的；

（五）具有其他酌情从重处罚情节的。

第四条　编造、故意传播虚假恐怖信息，严重扰乱社会秩序，具有下列情形之一的，应当认定为刑法第二百九十一条之一的“造成严重后果”，处五年以上有期徒刑：

（一）造成3人以上轻伤或者1人以上重伤的；

（二）造成直接经济损失50万元以上的；

（三）造成县级以上区域范围居民生活秩序严重混乱的；

（四）妨碍国家重大活动进行的；

（五）造成其他严重后果的。

适用要点与裁判依据

★编造虚假恐怖信息罪、故意传播虚假恐怖信息罪的认定

《最高人民法院关于审理编造、故意传播虚假恐怖信息刑事案件适用法律若干问题的解释》（2013年9月18日 法释〔2013〕24号）

第一条 编造恐怖信息，传播或者放任传播，严重扰乱社会秩序的，依照刑法第二百九十一条之一的规定，应认定为编造虚假恐怖信息罪。

明知是他人编造的恐怖信息而故意传播，严重扰乱社会秩序的，依照刑法第二百九十一条之一的规定，应认定为故意传播虚假恐怖信息罪。

★"严重扰乱社会秩序"的认定标准

《最高人民法院关于审理编造、故意传播虚假恐怖信息刑事案件适用法律若干问题的解释》（2013年9月18日 法释〔2013〕24号）

第二条 编造、故意传播虚假恐怖信息，具有下列情形之一的，应当认定为刑法第二百九十一条之一的"严重扰乱社会秩序"：

（一）致使机场、车站、码头、商场、影剧院、运动场馆等人员密集场所秩序混乱，或者采取紧急疏散措施的；

（二）影响航空器、列车、船舶等大型客运交通工具正常运行的；

（三）致使国家机关、学校、医院、厂矿企业等单位的工作、生产、经营、教学、科研等活动中断的；

（四）造成行政村或者社区居民生活秩序严重混乱的；

（五）致使公安、武警、消防、卫生检疫等职能部门采取紧急应对措施的；

（六）其他严重扰乱社会秩序的。

★犯本条第一款罪,同时又构成其他犯罪的,择一重处

《最高人民法院关于审理编造、故意传播虚假恐怖信息刑事案件适用法律若干问题的解释》(2013年9月18日 法释〔2013〕24号)

第五条 编造、故意传播虚假恐怖信息,严重扰乱社会秩序,同时又构成其他犯罪的,择一重罪处罚。

★利用信息网络实施犯罪,同时又构成本条第一款罪的,择一重处

《最高人民法院、最高人民检察院关于办理利用信息网络实施诽谤等刑事案件适用法律若干问题的解释》(2013年9月6日 法释〔2013〕21号)

第九条 利用信息网络实施诽谤、寻衅滋事、敲诈勒索、非法经营犯罪,同时又构成刑法第二百二十一条规定的损害商业信誉、商品声誉罪,第二百七十八条规定的煽动暴力抗拒法律实施罪,第二百九十一条之一规定的编造、故意传播虚假恐怖信息罪等犯罪的,依照处罚较重的规定定罪处罚。

★"虚假恐怖信息"的认定

《最高人民法院关于审理编造、故意传播虚假恐怖信息刑事案件适用法律若干问题的解释》(2013年9月18日 法释〔2013〕24号)

第六条 本解释所称的"虚假恐怖信息",是指以发生爆炸威胁、生化威胁、放射威胁、劫持航空器威胁、重大灾情、重大疫情等严重威胁公共安全的事件为内容,可能引起社会恐慌或者公共安全危机的不真实信息。

类案检索指引

★实施数个编造、故意传播虚假恐怖信息行为的,不实行数罪并罚,但应当将其作为量刑情节予以考虑

《李泽强编造、故意传播虚假恐怖信息案》(2013年5月27日最高人民检察院发布第三批指导性案例:检例第9号)

【要旨】

编造、故意传播虚假恐怖信息罪是选择性罪名。编造恐怖信息以后向特定对象散布，严重扰乱社会秩序的，构成编造虚假恐怖信息罪。编造恐怖信息以后向不特定对象散布，严重扰乱社会秩序的，构成编造、故意传播虚假恐怖信息罪。

对于实施数个编造、故意传播虚假恐怖信息行为的，不实行数罪并罚，但应当将其作为量刑情节予以考虑。

★关于编造虚假恐怖信息造成“严重扰乱社会秩序”的认定，应当进行综合分析判断

《卫学臣编造虚假恐怖信息案》(2013 年 5 月 27 日最高人民检察院发布第三批指导性案例:检例第 10 号)

【要旨】

关于编造虚假恐怖信息造成“严重扰乱社会秩序”的认定，应当结合行为对正常的工作、生产、生活、经营、教学、科研等秩序的影响程度、对公众造成的恐慌程度以及处置情况等因素进行综合分析判断。对于编造、故意传播虚假恐怖信息威胁民航安全，引起公众恐慌，或者致使航班无法正常起降的，应当认定为“严重扰乱社会秩序”。

★编造虚假恐怖信息引起公众极度恐慌，或者致使相关单位无法正常营业，造成重大经济损失的，属于“造成严重后果”

《袁才彦编造虚假恐怖信息案》(2013 年 5 月 27 日最高人民检察院发布第三批指导性案例:检例第 11 号)

【要旨】

对于编造虚假恐怖信息造成有关部门实施人员疏散，引起公众极度恐慌的，或者致使相关单位无法正常营业，造成重大经济损失的，应当认定为“造成严重后果”。

以编造虚假恐怖信息的方式，实施敲诈勒索等其他犯罪的，应当根据案件事实和证据情况，择一重罪处断。

第二百九十一条之二 【高空抛物罪】从建筑物或者其他高空抛掷物品,情节严重的,处一年以下有期徒刑、拘役或者管制,并处或者单处罚金。

有前款行为,同时构成其他犯罪的,依照处罚较重的规定定罪处罚。

立法动态

本条根据《中华人民共和国刑法修正案(十一)》(自 2021 年 3 月 1 日起施行)第三十三条增加。

适用要点与裁判依据

★高空抛物“犯罪行为”与“侵权行为”的界限及“情节严重”的标准

《最高人民检察院关于刑法修正案(十一)相关问题的解答》

二、高空抛物犯罪行为与“高空抛物”侵权行为之间的界限如何把握?

答:高空抛物犯罪行为与高空抛物侵权行为的本质区别在于行为法益侵害后果是否达到用刑罚规制的程度。高空抛物犯罪行为是严重的高空抛物侵权行为,情节显著轻微危害不大的,不宜作为犯罪处理,符合治安管理处罚法规定的,应当依法予以治安处罚;需要承担民事责任的,应当按照民法典的有关规定处理;当高空抛物行为的法益侵害性达到一定程度,则需要以刑事手段对其加以规制。具体而言,就是刑法第 291 条之二高空抛物罪条文中的“情节严重”的情节标准。

关于“情节严重”的具体标准,目前没有相关司法解释统一规定,自 2021 年 3 月 1 日刑法修正案(十一)生效施行以来,司法实践也在不断探索这一标准。我们认为,构成高空抛物罪的“情节严重”需要对情节进行整体评价,应当从所抛物品的种类、行为人所处建筑物的高度、地面环境、抛物次数甚至是抛物的动机、造成的实际危害或者危害风险程度等因素进行实质的、综合的判断。需要注意的是，高空抛物罪危害的是社会管理秩序，当高空抛物行为给不特定多数人的生命或者重大公私财产足以造成侵害的危险时，应当以以危险方法危害公共安全罪追究刑事责任。

★抛物者为未成年人或精神病人或者找不到抛物者时的处理

《最高人民检察院关于刑法修正案(十一)相关问题的解答》

三、高空抛物罪中，如果抛物者为未成年人或精神病人，或者是找不到抛物者，如何处理？

答：关于高空抛物罪的刑事责任年龄，该罪不属于刑法第17条第二款、第三款规定的已满十四周岁不满十六周岁、已满十二周岁不满十四周岁的未成年人需要承担刑事责任的特定类型的犯罪。倘若已满十二周岁不满十六周岁的人，通过高空抛物行为而实施故意杀人、故意伤害行为，致人死亡或者以特别残忍手段致人重伤造成严重残疾，应结合具体事实依法审查决定是否以故意杀人、故意伤害等犯罪论处。未满十六周岁的人实施高空抛物犯罪行为不承担刑事责任的，可责令其父母或者其他监护人加以管教，在必要的时候，依法进行专门矫治教育。已满十六周岁的未成年人实施高空抛物犯罪行为，应当负刑事责任，并依法应当从轻或者减轻处罚。

关于精神病人实施高空抛物犯罪行为，依照刑法第18条的规定处理。精神病人在不能辨认或者不能控制自己行为的时候造成危害结果，经法定程序鉴定确认的，不负刑事责任，但是应当责令他的家属或者监护人严加看管和医疗；必要时，由政府强制医疗。

关于高空抛物行为人无法确定的情形，如经过侦查或者调查，仍无法确定抛物者，则无法认定承担刑事责任的犯罪主体，也无法确定行为人主观心态及刑事责任能力，不符合适用刑法有关规定的条件。在民事责任方面，根据民法典第1254条的规定，高空抛物造成他人损害的，难以确定具体的侵权人时，根据“公平原则”，除能够证明自己不是侵权人外，由可能加害的建筑物使用人给予补偿。

第二百九十二条　【聚众斗殴罪】聚众斗殴的,对首要分子和其他积极参加的,处三年以下有期徒刑、拘役或者管制;有下列情形之一的,对首要分子和其他积极参加的,处三年以上十年以下有期徒刑:

(一)多次聚众斗殴的;

(二)聚众斗殴人数多,规模大,社会影响恶劣的;

(三)在公共场所或者交通要道聚众斗殴,造成社会秩序严重混乱的;

(四)持械聚众斗殴的。

聚众斗殴,致人重伤、死亡的,依照本法第二百三十四条、第二百三十二条的规定定罪处罚。

立法动态

本条源自《中华人民共和国刑法》(1997年3月14日第八届全国人民代表大会第五次会议修订,自1997年10月1日起施行)。

立案标准

《最高人民检察院、公安部关于公安机关管辖的刑事案件立案追诉标准的规定(一)》(2017年4月27日修正　公通字〔2017〕12号)

第三十六条　［聚众斗殴案(刑法第二百九十二条第一款)］组织、策划、指挥或者积极参加聚众斗殴的,应予立案追诉。

量刑指导

《最高人民法院、最高人民检察院关于常见犯罪的量刑指导意见(试行)》(2021年6月16日　法发〔2021〕21号)

四、常见犯罪的量刑

(十七)聚众斗殴罪

1. 构成聚众斗殴罪的,根据下列情形在相应的幅度内确定量刑起点：

(1)犯罪情节一般的，在二年以下有期徒刑、拘役幅度内确定量刑起点。

(2)有下列情形之一的，在三年至五年有期徒刑幅度内确定量刑起点：聚众斗殴三次的；聚众斗殴人数多，规模大，社会影响恶劣的；在公共场所或者交通要道聚众斗殴，造成社会秩序严重混乱的；持械聚众斗殴的。

2. 在量刑起点的基础上，根据聚众斗殴人数、次数、手段严重程度等其他影响犯罪构成的犯罪事实增加刑罚量，确定基准刑。

3. 构成聚众斗殴罪的，综合考虑聚众斗殴的手段、危害后果等犯罪事实、量刑情节，以及被告人的主观恶性、人身危险性、认罪悔罪表现等因素，决定缓刑的适用。

第二百九十三条 【寻衅滋事罪】有下列寻衅滋事行为之一，破坏社会秩序的，处五年以下有期徒刑、拘役或者管制：

（一）随意殴打他人，情节恶劣的；

（二）追逐、拦截、辱骂、恐吓他人，情节恶劣的；

（三）强拿硬要或者任意损毁、占用公私财物，情节严重的；

（四）在公共场所起哄闹事，造成公共场所秩序严重混乱的。

纠集他人多次实施前款行为，严重破坏社会秩序的，处五年以上十年以下有期徒刑，可以并处罚金。

立法动态

本条源自《中华人民共和国刑法》（1997年3月14日第八届全国人民代表大会第五次会议修订，自1997年10月1日起施行）。

原本条规定为：第二百九十三条 （第一款）有下列寻衅滋事行为之一，破坏社会秩序的，处五年以下有期徒刑、拘役或者管制：（一）随意殴打他人，情节恶劣的；（二）追逐、拦截、辱骂他人，情节恶劣的;(三)强拿硬要或者任意损毁、占用公私财物,情节严重的;(四)在公共场所起哄闹事,造成公共场所秩序严重混乱的。

本条根据《中华人民共和国刑法修正案(八)》(自2011年5月1日起施行)第四十二条修改。

本条修改的主要内容为:一是将"追逐、拦截、辱骂他人"的犯罪手段修改为"追逐、拦截、辱骂、恐吓他人",增加了"恐吓"的手段;二是提高了本罪的法定刑,补充规定第二款,即"纠集他人多次实施前款行为,严重破坏社会秩序的,处五年以上十年以下有期徒刑,可以并处罚金"。

立案标准

《最高人民检察院、公安部关于公安机关管辖的刑事案件立案追诉标准的规定(一)》(2017年4月27日修正　公通字〔2017〕12号)

第三十七条　[寻衅滋事案(刑法第二百九十三条)]随意殴打他人,破坏社会秩序,涉嫌下列情形之一的,应予立案追诉:

(一)致一人以上轻伤或者2人以上轻微伤的;

(二)引起他人精神失常、自杀等严重后果的;

(三)多次随意殴打他人的;

(四)持凶器随意殴打他人的;

(五)随意殴打精神病人、残疾人、流浪乞讨人员、老年人、孕妇、未成年人,造成恶劣社会影响的;

(六)在公共场所随意殴打他人,造成公共场所秩序严重混乱的;

(七)其他情节恶劣的情形。

追逐、拦截、辱骂、恐吓他人,破坏社会秩序,涉嫌下列情形之一的,应予立案追诉:

(一)多次追逐、拦截、辱骂、恐吓他人,造成恶劣社会影响的;

(二)持凶器追逐、拦截、辱骂、恐吓他人的;

(三)追逐、拦截、辱骂、恐吓精神病人、残疾人、流浪乞讨人员、老

年人、孕妇、未成年人,造成恶劣社会影响的;

(四)引起他人精神失常、自杀等严重后果的;

(五)严重影响他人的工作、生活、生产、经营的;

(六)其他情节恶劣的情形。

强拿硬要或者任意损毁、占用公私财物,破坏社会秩序,涉嫌下列情形之一的,应予立案追诉:

(一)强拿硬要公私财物价值1千元以上,或者任意损毁、占用公私财物价值2千元以上的;

(二)多次强拿硬要或者任意损毁、占用公私财物,造成恶劣社会影响的;

(三)强拿硬要或者任意损毁、占用精神病人、残疾人、流浪乞讨人员、老年人、孕妇、未成年人的财物,造成恶劣社会影响的;

(四)引起他人精神失常、自杀等严重后果的;

(五)严重影响他人的工作、生活、生产、经营的;

(六)其他情节严重的情形。

在车站、码头、机场、医院、商场、公园、影剧院、展览会、运动场或者其他公共场所起哄闹事,应当根据公共场所的性质、公共活动的重要程度、公共场所的人数、起哄闹事的时间、公共场所受影响的范围与程度等因素,综合判断是否造成公共场所秩序严重混乱。

量刑指导

《最高人民法院、最高人民检察院关于常见犯罪的量刑指导意见(试行)》(2021年6月16日　法发〔2021〕21号)

四、常见犯罪的量刑

(十八)寻衅滋事罪

1. 构成寻衅滋事罪的,根据下列情形在相应的幅度内确定量刑起点:

(1)寻衅滋事一次的,在三年以下有期徒刑、拘役幅度内确定量刑起点。

(2)纠集他人三次寻衅滋事(每次都构成犯罪),严重破坏社会秩序的,在五年至七年有期徒刑幅度内确定量刑起点。

2. 在量刑起点的基础上,根据寻衅滋事次数、伤害后果、强拿硬要他人财物或任意损毁、占用公私财物数额等其他影响犯罪构成的犯罪事实增加刑罚量,确定基准刑。

3. 构成寻衅滋事罪,判处五年以上十年以下有期徒刑,并处罚金的,根据寻衅滋事的次数、危害后果、对社会秩序的破坏程度等犯罪情节,综合考虑被告人缴纳罚金的能力,决定罚金数额。

4. 构成寻衅滋事罪的,综合考虑寻衅滋事的具体行为、危害后果、对社会秩序的破坏程度等犯罪事实、量刑情节,以及被告人的主观恶性、人身危险性、认罪悔罪表现等因素,决定缓刑的适用。

适用要点与裁判依据

★在预防、控制突发传染病疫情等灾害期间以寻衅滋事罪定罪的情形

《最高人民法院、最高人民检察院关于办理妨害预防、控制突发传染病疫情等灾害的刑事案件具体应用法律若干问题的解释》(2003年5月14日　法释〔2003〕8号)

第十一条　在预防、控制突发传染病疫情等灾害期间,强拿硬要或者任意损毁、占用公私财物情节严重,或者在公共场所起哄闹事,造成公共场所秩序严重混乱的,依照刑法第二百九十三条的规定,以寻衅滋事罪定罪,依法从重处罚。

★未成年人欺凌其他未成年人或扰乱学校等公共场所秩序的刑事责任

《最高人民法院关于审理未成年人刑事案件具体应用法律若干问题的解释》(2006年1月11日　法释〔2006〕1号)

第八条　已满十六周岁不满十八周岁的人出于以大欺小、以强凌弱或者寻求精神刺激,随意殴打其他未成年人、多次对其他未成年人强拿硬要或者任意损毁公私财物,扰乱学校及其他公共场所秩序,情节严重的,以寻衅滋事罪定罪处罚。

★“寻衅滋事”的认定

《最高人民法院、最高人民检察院关于办理寻衅滋事刑事案件适用法律若干问题的解释》(2013年7月15日 法释〔2013〕18号)

第一条 行为人为寻求刺激、发泄情绪、逞强耍横等,无事生非,实施刑法第二百九十三条规定的行为的,应当认定为“寻衅滋事”。

行为人因日常生活中的偶发矛盾纠纷,借故生非,实施刑法第二百九十三条规定的行为的,应当认定为“寻衅滋事”,但矛盾系由被害人故意引发或者被害人对矛盾激化负有主要责任的除外。

行为人因婚恋、家庭、邻里、债务等纠纷,实施殴打、辱骂、恐吓他人或者损毁、占用他人财物等行为的,一般不认定为“寻衅滋事”,但经有关部门批评制止或者处理处罚后,继续实施前列行为,破坏社会秩序的除外。

★“情节恶劣”的认定

《最高人民法院、最高人民检察院关于办理寻衅滋事刑事案件适用法律若干问题的解释》(2013年7月15日 法释〔2013〕18号)

第二条 随意殴打他人,破坏社会秩序,具有下列情形之一的,应当认定为刑法第二百九十三条第一款第一项规定的“情节恶劣”:

(一)致一人以上轻伤或者二人以上轻微伤的;

(二)引起他人精神失常、自杀等严重后果的;

(三)多次随意殴打他人的;

(四)持凶器随意殴打他人的;

(五)随意殴打精神病人、残疾人、流浪乞讨人员、老年人、孕妇、未成年人,造成恶劣社会影响的;

(六)在公共场所随意殴打他人,造成公共场所秩序严重混乱的;

(七)其他情节恶劣的情形。

第三条 追逐、拦截、辱骂、恐吓他人,破坏社会秩序,具有下列

情形之一的,应当认定为刑法第二百九十三条第一款第二项规定的“情节恶劣”:

(一)多次追逐、拦截、辱骂、恐吓他人,造成恶劣社会影响的;

(二)持凶器追逐、拦截、辱骂、恐吓他人的;

(三)追逐、拦截、辱骂、恐吓精神病人、残疾人、流浪乞讨人员、老年人、孕妇、未成年人,造成恶劣社会影响的;

(四)引起他人精神失常、自杀等严重后果的;

(五)严重影响他人的工作、生活、生产、经营的;

(六)其他情节恶劣的情形。

★“情节严重”的认定

《最高人民法院、最高人民检察院关于办理寻衅滋事刑事案件适用法律若干问题的解释》(2013年7月15日　法释〔2013〕18号)

第四条　强拿硬要或者任意损毁、占用公私财物,破坏社会秩序,具有下列情形之一的,应当认定为刑法第二百九十三条第一款第三项规定的“情节严重”:

(一)强拿硬要公私财物价值一千元以上,或者任意损毁、占用公私财物价值二千元以上的;

(二)多次强拿硬要或者任意损毁、占用公私财物,造成恶劣社会影响的;

(三)强拿硬要或者任意损毁、占用精神病人、残疾人、流浪乞讨人员、老年人、孕妇、未成年人的财物,造成恶劣社会影响的;

(四)引起他人精神失常、自杀等严重后果的;

(五)严重影响他人的工作、生活、生产、经营的;

(六)其他情节严重的情形。

★“造成公共场所秩序严重混乱”的认定

《最高人民法院、最高人民检察院关于办理寻衅滋事刑事案件适用法律若干问题的解释》(2013年7月15日　法释〔2013〕18号)

第五条　在车站、码头、机场、医院、商场、公园、影剧院、展览会、运动场或者其他公共场所起哄闹事,应当根据公共场所的性质、公共活动的重要程度、公共场所的人数、起哄闹事的时间、公共场所受影响的范围与程度等因素，综合判断是否“造成公共场所秩序严重混乱”。

★纠集他人三次以上实施寻衅滋事犯罪未经处理的处罚

《最高人民法院、最高人民检察院关于办理寻衅滋事刑事案件适用法律若干问题的解释》(2013 年 7 月 15 日　法释〔2013〕18 号)

第六条　纠集他人三次以上实施寻衅滋事犯罪，未经处理的，应当依照刑法第二百九十三条第二款的规定处罚。

★利用信息网络辱骂、恐吓他人或编造、传播虚假信息的，构成本罪

《最高人民法院、最高人民检察院关于办理利用信息网络实施诽谤等刑事案件适用法律若干问题的解释》(2013 年 9 月 6 日　法释〔2013〕21 号)

第五条　利用信息网络辱骂、恐吓他人，情节恶劣，破坏社会秩序的，依照刑法第二百九十三条第一款第(二)项的规定，以寻衅滋事罪定罪处罚。

编造虚假信息，或者明知是编造的虚假信息，在信息网络上散布，或者组织、指使人员在信息网络上散布，起哄闹事，造成公共秩序严重混乱的，依照刑法第二百九十三条第一款第(四)项的规定，以寻衅滋事罪定罪处罚。

★利用信息网络辱骂、恐吓他人的刑事责任

《最高人民法院、最高人民检察院、公安部、司法部关于办理利用信息网络实施黑恶势力犯罪刑事案件若干问题的意见》(2019 年 7 月 23 日)

二、依法严惩利用信息网络实施的黑恶势力犯罪

7. 利用信息网络辱骂、恐吓他人，情节恶劣，破坏社会秩序的，依照刑法第二百九十三条第一款第二项的规定，以寻衅滋事罪定罪处罚。

编造虚假信息，或者明知是编造的虚假信息，在信息网络上散

布,或者组织、指使人员在信息网络上散布,起哄闹事,造成公共秩序严重混乱的,依照刑法第二百九十三条第一款第四项的规定,以寻衅滋事罪定罪处罚。

★涉医违法犯罪行为构成寻衅滋事罪的情形

《最高人民法院、最高人民检察院、公安部、司法部、国家卫生和计划生育委员会关于依法惩处涉医违法犯罪维护正常医疗秩序的意见》(2014年4月22日　法发〔2014〕5号)

二、严格依法惩处涉医违法犯罪

(二)在医疗机构私设灵堂、摆放花圈、焚烧纸钱、悬挂横幅、堵塞大门或者以其他方式扰乱医疗秩序,尚未造成严重损失,经劝说、警告无效的,要依法驱散,对拒不服从的人员要依法带离现场,依照治安管理处罚法第二十三条的规定处罚;聚众实施的,对首要分子和其他积极参加者依法予以治安处罚;造成严重损失或者扰乱其他公共秩序情节严重,构成寻衅滋事罪、聚众扰乱社会秩序罪、聚众扰乱公共场所秩序、交通秩序罪的,依照刑法的有关规定定罪处罚。

在医疗机构的病房、抢救室、重症监护室等场所及医疗机构的公共开放区域违规停放尸体,影响医疗秩序,经劝说、警告无效的,依照治安管理处罚法第六十五条的规定处罚;严重扰乱医疗秩序或者其他公共秩序,构成犯罪的,依照前款的规定定罪处罚。

★实施"软暴力"以寻衅滋事罪定罪处罚的情形

《最高人民法院、最高人民检察院、公安部、司法部关于办理黑恶势力犯罪案件若干问题的指导意见》(2018年1月16日　法发〔2018〕1号)

17. 黑恶势力为谋取不法利益或形成非法影响,有组织地采用滋扰、纠缠、哄闹、聚众造势等手段侵犯人身权利、财产权利,破坏经济秩序、社会秩序,构成犯罪的,应当分别依照《刑法》相关规定处理:

(1)有组织地采用滋扰、纠缠、哄闹、聚众造势等手段扰乱正常的工作、生活秩序,使他人产生心理恐惧或者形成心理强制,分别属于《刑法》第二百九十三条第一款第(二)项规定的"恐吓"、《刑法》第二百二十六规定的"威胁",同时符合其他犯罪构成条件的,应分别以寻衅滋事罪、强迫交易罪定罪处罚。

《关于办理寻衅滋事刑事案件适用法律若干问题的解释》第二条至第四条中的"多次"一般应当理解为二年内实施寻衅滋事行为三次以上。二年内多次实施不同种类寻衅滋事行为的,应当追究刑事责任。

……

★"三次以上寻衅滋事行为"包括同一类别和不同类别的行为、未受行政处罚和已受行政处罚的行为

《最高人民法院、最高人民检察院、公安部、司法部关于办理实施"软暴力"的刑事案件若干问题的意见》(2019年4月9日)

五、采用"软暴力"手段,使他人产生心理恐惧或者形成心理强制,分别属于《刑法》第二百二十六条规定的"威胁"、《刑法》第二百九十三条第一款第(二)项规定的"恐吓",同时符合其他犯罪构成要件的,应当分别以强迫交易罪、寻衅滋事罪定罪处罚。

《关于办理寻衅滋事刑事案件适用法律若干问题的解释》第二条至第四条中的"多次"一般应当理解为二年内实施寻衅滋事行为三次以上。三次以上寻衅滋事行为既包括同一类别的行为,也包括不同类别的行为;既包括未受行政处罚的行为,也包括已受行政处罚的行为。

★乘客在公共交通工具行驶过程中妨害公共交通工具运营秩序的,以寻衅滋事罪定罪处罚

《最高人民法院、最高人民检察院、公安部关于依法惩治妨害公共交通工具安全驾驶违法犯罪行为的指导意见》(2019年1月8日 公通字〔2019〕1号)

一、准确认定行为性质,依法从严惩处妨害安全驾驶犯罪

(二)乘客在公共交通工具行驶过程中,随意殴打其他乘客,追逐、辱骂他人,或者起哄闹事,妨害公共交通工具运营秩序,符合刑法第二百九十三条规定的,以寻衅滋事罪定罪处罚;妨害公共交通工具

安全行驶,危害公共安全的,依照刑法第一百一十四条、第一百一十五条第一款的规定,以以危险方法危害公共安全罪定罪处罚。

★实施赌博犯罪,为强行索要赌债实施寻衅滋事行为构成犯罪的,实行数罪并罚

《最高人民法院、最高人民检察院、公安部办理跨境赌博犯罪案件若干问题的意见》(2020年10月16日 公通字〔2020〕14号)

四、关于跨境赌博关联犯罪的认定

(四)实施赌博犯罪,为强行索要赌债,实施故意杀人、故意伤害、非法拘禁、故意毁坏财物、寻衅滋事等行为,构成犯罪的,应当依法数罪并罚。

★准确区分寻衅滋事罪与故意伤害罪

《最高人民检察院、公安部关于依法妥善办理轻伤害案件的指导意见》(2022年12月22日 高检发办字〔2022〕167号)

一、基本要求

(八)准确区分寻衅滋事罪与故意伤害罪。对出现被害人轻伤后果的案件,人民检察院、公安机关要全面分析案件性质,查明案件发生起因、犯罪嫌疑人的动机、是否有涉黑涉恶或者其他严重情节等,依法准确定性,不能简单化办案,一概机械认定为故意伤害罪。犯罪嫌疑人无事生非、借故生非,随意殴打他人的,属于“寻衅滋事”,构成犯罪的,应当以寻衅滋事罪依法从严惩处。

第293条

类案检索指引

★患者因对治疗或检查效果不满而泄愤报复医务人员的,构成本罪

《李广伟寻衅滋事案》(2020年5月11日最高人民法院发布人民法院依法惩处涉医犯罪典型案例)

【典型意义】

理性就医,遇矛盾加强沟通,是全社会积极倡导的正确就医理念，患者不能因对治疗或检查效果不满而动辄泄愤报复医务人员。

本案是一起患者因报复诊治医生未果，为泄愤转而持刀随意殴打、捅刺其他医务人员致伤的案例。人民法院综合考虑被告人李广伟犯罪情节恶劣、后果较为严重且有犯罪前科等情节，依法对其判处有期徒刑三年，体现了对此类犯罪的严惩。

★患者陪同人员酒后滋事伤医扰序的，构成本罪

《曹会勇寻衅滋事案》（2020年5月11日最高人民法院发布人民法院依法惩处涉医犯罪典型案例）

【典型意义】

近年来，出现多起患者或患者陪同人员酒后在医院滋事扰序、伤害医务人员的案件。本案就是一起患者陪同人员酒后滋事，随意殴打医生、护士致医生轻伤的案例。人民法院综合考虑被告人曹会勇有多次犯罪前科且系累犯及认罪认罚等情节，依法对其判处相应刑罚。

★行为人针对债务人利用信息网络实施催收行为超过法律允许的限度，情节恶劣的，构成本罪

《赵某等人寻衅滋事案》（2022年12月30日最高人民检察院发布检察机关依法惩治涉网络黑恶犯罪典型案例）

【关键词】

恶势力犯罪集团　网贷　“软暴力”催收　寻衅滋事

【要旨】

行为人针对债务人利用信息网络实施催收行为超过法律允许的限度，使用从网贷公司获取的欠款人手机通讯录信息，滋扰、纠缠、辱骂、威胁、恐吓债务人以及与债务无关的第三方，情节恶劣，严重破坏社会秩序的，应当认定为寻衅滋事罪。有组织地利用信息网络实施“软暴力”催收行为，符合恶势力犯罪集团认定标准的，应依法认定为恶势力犯罪集团。在依法严惩利用信息网络实施“软暴力”催收行为的同时，应当贯彻宽严相济刑事政策，依法妥善处理涉众犯罪案件。

第二百九十四条　【组织、领导、参加黑社会性质组织罪】组织、领导黑社会性质的组织的，处七年以上有期徒刑，并处没收财产；积极参加的，处三年以上七年以下有期徒刑，可以并处罚金或者没收财产；其他参加的，处三年以下有期徒刑、拘役、管制或者剥夺政治权利，可以并处罚金。

【入境发展黑社会组织罪】境外的黑社会组织的人员到中华人民共和国境内发展组织成员的，处三年以上十年以下有期徒刑。

【包庇、纵容黑社会性质组织罪】国家机关工作人员包庇黑社会性质的组织，或者纵容黑社会性质的组织进行违法犯罪活动的，处五年以下有期徒刑；情节严重的，处五年以上有期徒刑。

犯前三款罪又有其他犯罪行为的，依照数罪并罚的规定处罚。

黑社会性质的组织应当同时具备以下特征：

（一）形成较稳定的犯罪组织，人数较多，有明确的组织者、领导者，骨干成员基本固定；

（二）有组织地通过违法犯罪活动或者其他手段获取经济利益，具有一定的经济实力，以支持该组织的活动；

（三）以暴力、威胁或者其他手段，有组织地多次进行违法犯罪活动，为非作恶，欺压、残害群众；

（四）通过实施违法犯罪活动，或者利用国家工作人员的包庇或者纵容，称霸一方，在一定区域或者行业内，形成非法控制或者重大影响，严重破坏经济、社会生活秩序。

立法动态

本条源自《中华人民共和国刑法》（1997年3月14日第八届全国人民代表大会第五次会议修订，自1997年10月1日起施行）。

原本条的规定为：第二百九十四条　（第一款）组织、领导和积极参加以暴力、威胁或者其他手段，有组织地进行违法犯罪活动，称霸一方，为非作恶，欺压、残害群众，严重破坏经济、社会生活秩序的黑社会性质的组织的，处三年以上十年以下有期徒刑；其他参加的，处三年以下有期徒刑、拘役、管制或者剥夺政治权利。（第二款）境外的黑社会组织的人员到中华人民共和国境内发展组织成员的，处三年以上十年以下有期徒刑。（第三款）犯前两款罪又有其他犯罪行为的，依照数罪并罚的规定处罚。（第四款）国家机关工作人员包庇黑社会性质的组织，或者纵容黑社会性质的组织进行违法犯罪活动的，处三年以下有期徒刑、拘役或者剥夺政治权利；情节严重的，处三年以上十年以下有期徒刑。

本条根据《中华人民共和国刑法修正案（八）》（自 2011 年 5 月 1 日起施行）第四十三条修改。

本条修改的主要内容为：一是提高了第一款罪的法定刑，将原规定的“三年以上十年以下有期徒刑”修改为“七年以上有期徒刑”；二是增加了第一款罪的财产刑，即对这类犯罪除应当处以主刑外，还可以并处罚金、没收财产；三是将全国人大常委会曾对黑社会性质组织的特征所作的立法解释，吸收到《中华人民共和国刑法修正案（八）》，增加为一款，即“黑社会性质的组织应当同时具备以下特征”（第五款）。

适用要点与裁判依据

★贯彻落实宽严相济刑事政策，依法加大惩处“保护伞”的力度

《全国部分法院审理黑社会性质组织犯罪案件工作座谈会纪要》（2015 年 10 月 13 日　法〔2015〕291 号）

一、准确把握形势、任务，坚定不移地在法治轨道上深入推进打黑除恶专项斗争

（二）认真贯彻落实宽严相济刑事政策

审理黑社会性质组织犯罪案件应当认真贯彻落实宽严相济刑事政策。要依照法律规定，根据具体的犯罪事实、情节以及人身危险性、主观恶性、认罪悔罪态度等因素充分体现刑罚的个别化。同时要

防止片面强调从宽或者从严，切实做到区别对待，宽严有据，罚当其罪。对于黑社会性质组织的组织者、领导者、骨干成员及其“保护伞”，要依法从严惩处。根据所犯具体罪行的严重程度，依法应当判处重刑的要坚决判处重刑。确属罪行极其严重，依法应当判处死刑的，也必须坚决判处。对于不属于骨干成员的积极参加者以及一般参加者，确有自首、立功等法定情节的，要依法从轻、减轻或免除处罚；具有初犯、偶犯等酌定情节的，要依法酌情从宽处理。对于一般参加者，虽然参与实施了少量的违法犯罪活动，但系未成年人或是只起次要、辅助作用的，应当依法从宽处理。符合缓刑条件的，可以适用缓刑。

（四）依法加大惩处“保护伞”的力度

个别国家机关工作人员的包庇、纵容，不仅会对黑社会性质组织的滋生、蔓延起到推波助澜的作用，而且会使此类犯罪的社会危害进一步加大。各级人民法院应当充分认识“保护伞”的严重危害，将依法惩处“保护伞”作为深化打黑除恶工作的重点环节和深入开展反腐败斗争的重要内容，正确运用刑法的有关规定，有效加大对于“保护伞”的惩处力度。同时，各级人民法院还应当全面发挥职能作用，对于审判工作中发现的涉及“保护伞”的线索，应当及时转往有关部门查处，确保实现“除恶务尽”的目标。

★认定黑社会性质组织“四个特征”应当注意的问题

《全国部分法院审理黑社会性质组织犯罪案件工作座谈会纪要》（2015年10月13日 法〔2015〕291号）

第
294
条

二、关于黑社会性质组织的认定

（一）认定组织特征的问题

黑社会性质组织存续时间的起点，可以根据涉案犯罪组织举行成立仪式或者进行类似活动的时间来认定。没有前述活动的，可以根据足以反映其初步形成核心利益或强势地位的重大事件发生时间进行审查判断。没有明显标志性事件的，也可以根据涉案犯罪组织为维护、扩大组织势力、实力、影响、经济基础或按照组织惯例、纪律、活动规约而首次实施有组织的犯罪活动的时间进行审查判断。存在、发展时间明显过短、犯罪活动尚不突出的，一般不应认定为黑社会性质组织。

黑社会性质组织应当具有一定规模，人数较多，组织成员一般在10人以上。其中，既包括已有充分证据证明但尚未归案的组织成员，也包括虽有参加黑社会性质组织的行为但因尚未达到刑事责任年龄或因其他法定情形而未被起诉，或者根据具体情节不作为犯罪处理的组织成员。

黑社会性质组织应有明确的组织者、领导者，骨干成员基本固定，并有比较明确的层级和职责分工，一般有三种类型的组织成员，即：组织者、领导者与积极参加者、一般参加者（也即“其他参加者”）。骨干成员，是指直接听命于组织者、领导者，并多次指挥或积极参与实施有组织的违法犯罪活动或者其他长时间在犯罪组织中起重要作用的犯罪分子，属于积极参加者的一部分。

对于黑社会性质组织的组织纪律、活动规约，应当结合制定、形成相关纪律、规约的目的与意图来进行审查判断。凡是为了增强实施违法犯罪活动的组织性、隐蔽性而制定或者自发形成，并用以明确组织内部人员管理、职责分工、行为规范、利益分配、行动准则等事项的成文或不成文的规定、约定，均可认定为黑社会性质组织的组织纪律、活动规约。

对于参加黑社会性质组织，没有实施其他违法犯罪活动，或者受蒙蔽、威胁参加黑社会性质组织，情节轻微的，可以不作为犯罪处理。对于参加黑社会性质组织后仅参与少量情节轻微的违法活动的，也可以不作为犯罪处理。

以下人员不属于黑社会性质组织的成员：1. 主观上没有加入社会性质组织的意愿，受雇到黑社会性质组织开办的公司、企业、社团工作，未参与或者仅参与少量黑社会性质组织的违法犯罪活动的人员；2. 因临时被纠集、雇佣或受蒙蔽为黑社会性质组织实施违法犯罪活动或者提供帮助、支持、服务的人员；3. 为维护或扩大自身利益而临时雇佣、收买、利用黑社会性质组织实施违法犯罪活动的人员。上述人员构成其他犯罪的,按照具体犯罪处理。

对于被起诉的组织成员主要为未成年人的案件,定性时应当结合"四个特征"审慎把握。

(二)认定经济特征的问题

"一定的经济实力",是指黑社会性质组织在形成、发展过程中获取的,足以支持该组织运行、发展以及实施违法犯罪活动的经济利益。包括:1. 有组织地通过违法犯罪活动或其他不正当手段聚敛的资产;2. 有组织地通过合法的生产、经营活动获取的资产;3. 组织成员以及其他单位、个人资助黑社会性质组织的资产。通过上述方式获取的经济利益,即使是由部分组织成员个人掌控,也应计入黑社会性质组织的"经济实力"。

各高级人民法院可以根据本地区的实际情况,对黑社会性质组织所应具有的"经济实力"在20—50万元幅度内,自行划定一般掌握的最低数额标准。

是否将所获经济利益全部或部分用于违法犯罪活动或者维系犯罪组织的生存、发展,是认定经济特征的重要依据。无论获利后的分配与使用形式如何变化,只要在客观上能够起到豢养组织成员、维护组织稳定、壮大组织势力的作用即可认定。

(三)认定行为特征的问题

涉案犯罪组织仅触犯少量具体罪名的,是否应认定为黑社会性质组织要结合组织特征、经济特征和非法控制特征(危害性特征)综合判断,严格把握。

黑社会性质组织实施的违法犯罪活动包括非暴力性的违法犯罪活动,但暴力或以暴力相威胁始终是黑社会性质组织实施违法犯罪活动的基本手段,并随时可能付诸实施。因此,在黑社会性质组织所实施的违法犯罪活动中,一般应有一部分能够较明显地体现出暴力或以暴力相威胁的基本特征。否则,定性时应当特别慎重。

属于2009年《座谈会纪要》规定的五种情形之一的,一般应当认定为黑社会性质组织实施的违法犯罪活动,但确与维护和扩大组织势力、实力、影响、经济基础无任何关联,亦不是按照组织惯例、纪律、活动规约而实施,则应作为组织成员个人的违法犯罪活动处理。组织者、领导者明知组织成员曾多次实施起因、性质类似的违法犯罪活动,但并未明确予以禁止的,如果该类行为对扩大组织影响起到一定作用,可以视为是按照组织惯例实施的违法犯罪活动。

(四)认定非法控制特征(危害性特征)的问题

黑社会性质组织所控制和影响的"一定区域",应当具备一定空间范围,并承载一定的社会功能。既包括一定数量的自然人共同居住、生活的区域,如乡镇、街道、较大的村庄等,也包括承载一定生产、经营或社会公共服务功能的区域,如矿山、工地、市场、车站、码头等。对此,应当结合一定地域范围内的人口数量、流量、经济规模等因素综合评判。如果涉案犯罪组织的控制和影响仅存在于一座酒店、一处娱乐会所等空间范围有限的场所或者人口数量、流量、经济规模较小的其他区域,则一般不能视为是对"一定区域"的控制和影响。

黑社会性质组织所控制和影响的"一定行业",是指在一定区域内存在的同类生产、经营活动。黑社会性质组织通过多次有组织地实施违法犯罪活动,对黄、赌、毒等非法行业形成非法控制或重大影响的,同样符合非法控制特征(危害性特征)的要求。

第294条

2009年《座谈会纪要》明确了可以认定为"在一定区域或者行业内,形成非法控制或者重大影响,严重破坏经济、社会生活秩序"的八种情形,适用时应当注意以下问题:第1种情形中的"致使合法利益受损的群众不敢举报、控告的",是指致使多名合法利益遭受犯罪或者严重违法活动侵害的群众不敢通过正当途径维护权益;第2种情形中的"形成垄断",是指可以操控、左右、决定与一定行业相关的准入、退出、经营、竞争等经济活动。"形成重要影响",是指对与一定行业相关的准入、退出、经营、竞争等经济活动具有较大的干预和影响能力,或者具有在该行业内占有较大市场份额、通过违法犯罪活动或以其他不正当手段在该行业内敛财数额巨大(最低数额标准由各高院根据本地情况在20—50万元的幅度内自行划定)、给该行业内从事生产、经营活动的其他单位、组织、个人造成直接经济损失100万元以上等情节之一;第3、4、5种情形中的"造成严重影响",是指具有致人重伤或致多人轻伤、通过违法犯罪活动或以其他不正当手段敛财数额巨大(数额标准同上)、造成直接经济损失100万元以上、多次引发群体性事件或引发大规模群体性事件等情节之一;第6种情形中的"多次干扰、破坏国家机关、行业管理部门以及村委会、居委会等基层群众自治组织的工作秩序",包括以拉拢、收买、威胁等手段多次得到国家机关工作人员包庇或纵容,或者多次对前述单位、组织中正常履行职务的工作人员进行打击、报复的情形;第7种情形中的"获取政治地位",是指当选各级人大代表、政协委员。"担任一定职务",是指在各级党政机关及其职能部门、基层群众自治组织中担任具有组织、领导、监督、管理职权的职务。

根据实践经验,在黑社会性质组织犯罪案件中,2009年《座谈会纪要》规定的八种情形一般不会单独存在,往往是两种以上的情形同时并存、相互交织,从而严重破坏经济、社会生活秩序。审判时,应当充分认识这一特点,准确认定该特征。"四个特征"中其他构成要素均已具备,仅在成员人数、经济实力规模方面未达到本纪要提出的一般性要求,但已较为接近,且在非法控制特征(危害性特征)方面同时具有2009年《座谈会纪要》相关规定中的多种情形,其中至少有一种情形已明显超出认定标准的,也可以认定为黑社会性质组织。

★刑事责任和刑罚适用中的若干问题

《全国部分法院审理黑社会性质组织犯罪案件工作座谈会纪要》(2015年10月13日　法〔2015〕291号)

三、关于刑事责任和刑罚适用

(一)已退出或者新接任的组织者、领导者的刑事责任问题

对于在黑社会性质组织形成、发展过程中已经退出的组织者、领导者,或者在加入黑社会性质组织之后逐步发展成为组织者、领导者的犯罪分子,应对其本人参与及其实际担任组织者、领导者期间该组

织所犯的全部罪行承担刑事责任。

(二)量刑情节的运用问题

黑社会性质组织的成员虽不具有自首情节,但到案后能够如实供述自己罪行,并具有以下情形之一的,一般应当适用《刑法》第六十七条第三款的规定予以从轻处罚:1. 如实交代大部分尚未被掌握的同种犯罪事实;2. 如实交代尚未被掌握的较重的同种犯罪事实;3. 如实交代犯罪事实,并对收集定案证据、查明案件事实有重要作用的。

积极参加者、一般参加者配合司法机关查办案件,有提供线索、帮助收集证据或者其他协助行为,并在侦破黑社会性质组织犯罪案件、认定黑社会性质组织及其主要成员、追缴黑社会性质组织违法所得、查处"保护伞"等方面起到较大作用的,即使依法不能认定立功,一般也应酌情对其从轻处罚。组织者、领导者、骨干成员以及"保护伞"协助抓获同案中其他重要的组织成员,或者骨干成员能够检举揭发其他犯罪案件中罪行同样严重的犯罪分子,原则上依法应予从轻或者减轻处罚。组织者、领导者检举揭发与该黑社会性质组织及其违法犯罪活动有关联的其他犯罪线索,如果在是否认定立功的问题上存在事实、证据或法律适用方面的争议,应当严格把握。依法应认定为立功或者重大立功的,在决定是否从宽处罚、如何从宽处罚时,应当根据罪责刑相一致原则从严掌握。可能导致全案量刑明显失衡的,不予从宽处罚。

审理黑社会性质组织犯罪案件,应当通过判处和执行民事赔偿以及积极开展司法救助来最大限度地弥补被害人及其亲属的损失。被害人及其亲属确有特殊困难,需要接受被认定为黑社会性质组织成员的被告人赔偿并因此表示谅解的,量刑时应当特别慎重。不仅应当查明谅解是否确属真实意思表示以及赔偿款项与黑社会性质组织违法所得有无关联,而且在决定是否从宽处罚、如何从宽处罚时,也应当从严掌握。可能导致全案量刑明显失衡的,不予从宽处罚。

(三)附加剥夺政治权利的适用问题

对于黑社会性质组织的组织者、领导者,可以适用《刑法》第五十六条第一款的规定附加剥夺政治权利。对于因犯参加黑社会性质组织罪被判处5年以上有期徒刑的积极参加者,也可以适用该规定附加剥夺政治权利。

(四)财产刑的适用问题

对于黑社会性质组织的组织者、领导者,依法应当并处没收财产。黑社会性质组织敛财数额特别巨大,但因犯罪分子转移、隐匿、毁灭证据或者拒不交代涉案财产来源、性质,导致违法所得以及其他应当追缴的财产难以准确查清和追缴的,对于组织者、领导者以及为该组织转移、隐匿资产的积极参加者可以并处没收个人全部财产。对于确属骨干成员的积极参加者一般应当并处罚金或者没收财产。对于其他积极参加者和一般参加者,应当根据所参与实施违法犯罪活动的次数、性质、地位、作用、违法所得数额以及造成损失的数额等情节,依法决定财产刑的适用。

★对涉案财产,应当全面调查权属情况以及是否属于违法所得或者依法应当追缴的其他财物

《全国部分法院审理黑社会性质组织犯罪案件工作座谈会纪要》(2015年10月13日　法〔2015〕291号)

五、关于黑社会性质组织犯罪案件审判工作相关问题

(一)涉案财产的处置问题

审理黑社会性质组织犯罪案件时,对于依法查封、冻结、扣押的涉案财产,应当全面审查证明财产来源、性质、用途、权属及价值大小的有关证据,调查财产的权属情况以及是否属于违法所得或者依法应当追缴的其他财物。属于下列情形的,依法应当予以追缴、没收:1.黑社会性质组织形成、发展过程中,该组织及其组织成员通过违法犯罪活动或其他不正当手段聚敛的财产及其孳息、收益,以及合法获取的财产中实际用于支持该组织存在、发展和实施违法犯罪活动的部分;2.其他单位、个人为支持黑社会性质组织存在、发展以及实施违法犯罪活动而资助或提供的财产;3.组织成员通过个人实施的违法犯罪活动所聚敛的财产及其孳息、收益,以及供个人犯罪所用的本

人财物;4. 黑社会性质组织及其组织成员个人非法持有的违禁品;5. 依法应当追缴的其他涉案财物。

★依法认定和惩处黑社会性质组织犯罪

《最高人民法院、最高人民检察院、公安部、司法部关于办理黑恶势力犯罪案件若干问题的指导意见》(2018 年 1 月 16 日　法发〔2018〕1 号)

3. 黑社会性质组织应同时具备《刑法》第二百九十四条第五款中规定的"组织特征""经济特征""行为特征"和"危害性特征"。由于实践中许多黑社会性质组织并非这"四个特征"都很明显,在具体认定时,应根据立法本意,认真审查、分析黑社会性质组织"四个特征"相互间的内在联系,准确评价涉案犯罪组织所造成的社会危害,做到不枉不纵。

4. 发起、创建黑社会性质组织,或者对黑社会性质组织进行合并、分立、重组的行为,应当认定为"组织黑社会性质组织";实际对整个组织的发展、运行、活动进行决策、指挥、协调、管理的行为,应当认定为"领导黑社会性质组织"。黑社会性质组织的组织者、领导者,既包括通过一定形式产生的有明确职务、称谓的组织者、领导者,也包括在黑社会性质组织中被公认的事实上的组织者、领导者。

5. 知道或者应当知道是以实施违法犯罪为基本活动内容的组织,仍加入并接受其领导和管理的行为,应当认定为"参加黑社会性质组织"。没有加入黑社会性质组织的意愿,受雇到黑社会性质组织开办的公司、企业、社团工作,未参与黑社会性质组织违法犯罪活动的,不应认定为"参加黑社会性质组织"。

参加黑社会性质组织并具有以下情形之一的,一般应当认定为"积极参加黑社会性质组织":多次积极参与黑社会性质组织的违法犯罪活动,或者积极参与较严重的黑社会性质组织的犯罪活动且作用突出,以及其他在组织中起重要作用的情形,如具体主管黑社会性质组织的财务、人员管理等事项。

6. 组织形成后，在一定时期内持续存在，应当认定为“形成较稳定的犯罪组织”。

黑社会性质组织一般在短时间内难以形成，而且成员人数较多，但鉴于“恶势力”团伙和犯罪集团向黑社会性质组织发展是一个渐进的过程，没有明显的性质转变的节点，故对黑社会性质组织存在时间、成员人数问题不宜作出“一刀切”的规定。

黑社会性质组织未举行成立仪式或者进行类似活动的，成立时间可以按照足以反映其初步形成非法影响的标志性事件的发生时间认定。没有明显标志性事件的，可以按照本意见中关于黑社会性质组织违法犯罪活动认定范围的规定，将组织者、领导者与其他组织成员首次共同实施该组织犯罪活动的时间认定为该组织的形成时间。该组织者、领导者因未到案或者因死亡等法定情形未被起诉的，不影响认定。

黑社会性质组织成员既包括已有充分证据证明但尚未归案的组织成员，也包括虽有参加黑社会性质组织的行为但因尚未达到刑事责任年龄或因其他法定情形而未被起诉，或者根据具体情节不作为犯罪处理的组织成员。

7. 在组织的形成、发展过程中通过以下方式获取经济利益的，应当认定为“有组织地通过违法犯罪活动或者其他手段获取经济利益”：

(1)有组织地通过违法犯罪活动或其他不正当手段聚敛；

(2)有组织地以投资、控股、参股、合伙等方式通过合法的生产、经营活动获取；

(3)由组织成员提供或通过其他单位、组织、个人资助取得。

8. 通过上述方式获得一定数量的经济利益，应当认定为“具有一定的经济实力”，同时也包括调动一定规模的经济资源用以支持该组织活动的能力。通过上述方式获取的经济利益，即使是由部分组织成员个人掌控，也应计入黑社会性质组织的“经济实力”。组织成员主动将个人或者家庭资产中的一部分用于支持该组织活动，其个人或者家庭资产可全部计入“一定的经济实力”，但数额明显较小或者仅提供动产、不动产使用权的除外。

由于不同地区的经济发展水平、不同行业的利润空间均存在很大差异，加之黑社会性质组织存在、发展的时间也各有不同，在办案时不能一般性地要求黑社会性质组织所具有的经济实力必须达到特定规模或特定数额。

9.黑社会性质组织实施的违法犯罪活动包括非暴力性的违法犯罪活动，但暴力或以暴力相威胁始终是黑社会性质组织实施违法犯罪活动的基本手段，并随时可能付诸实施。暴力、威胁色彩虽不明显，但实际是以组织的势力、影响和犯罪能力为依托，以暴力、威胁的现实可能性为基础，足以使他人产生恐惧、恐慌进而形成心理强制或者足以影响、限制人身自由、危及人身财产安全或者影响正常生产、工作、生活的手段，属于《刑法》第二百九十四条第五款第（三）项中的“其他手段”，包括但不限于所谓的“谈判”“协商”“调解”以及滋扰、纠缠、哄闹、聚众造势等手段。

10.为确立、维护、扩大组织的势力、影响、利益或者按照纪律规约、组织惯例多次实施违法犯罪活动，侵犯不特定多人的人身权利、民主权利、财产权利，破坏经济秩序、社会秩序，应当认定为“有组织地多次进行违法犯罪活动，为非作恶，欺压、残害群众”。

符合以下情形之一的，应当认定为是黑社会性质组织实施的违法犯罪活动：

（1）为该组织争夺势力范围、打击竞争对手、形成强势地位、谋取经济利益、树立非法权威、扩大非法影响、寻求非法保护、增强犯罪能力等实施的；

（2）按照该组织的纪律规约、组织惯例实施的；

（3）组织者、领导者直接组织、策划、指挥、参与实施的；

（4）由组织成员以组织名义实施，并得到组织者、领导者认可或者默许的；

（5）多名组织成员为逞强争霸、插手纠纷、报复他人、替人行凶、

非法敛财而共同实施,并得到组织者、领导者认可或者默许的;

(6)其他应当认定为黑社会性质组织实施的。

11. 鉴于黑社会性质组织非法控制和影响的"一定区域"的大小具有相对性,不能简单地要求"一定区域"必须达到某一特定的空间范围,而应当根据具体案情,并结合黑社会性质组织对经济、社会生活秩序的危害程度加以综合分析判断。

通过实施违法犯罪活动,或者利用国家工作人员的包庇或者不依法履行职责,放纵黑社会性质组织进行违法犯罪活动的行为,称霸一方,并具有以下情形之一的,可认定为"在一定区域或者行业内,形成非法控制或者重大影响,严重破坏经济、社会生活秩序":

(1)致使在一定区域内生活或者在一定行业内从事生产、经营的多名群众,合法利益遭受犯罪或严重违法活动侵害后,不敢通过正当途径举报、控告的;

(2)对一定行业的生产、经营形成垄断,或者对涉及一定行业的准入、经营、竞争等经济活动形成重要影响的;

(3)插手民间纠纷、经济纠纷,在相关区域或者行业内造成严重影响的;

(4)干扰、破坏他人正常生产、经营、生活,并在相关区域或者行业内造成严重影响的;

(5)干扰、破坏公司、企业、事业单位及社会团体的正常生产,经营、工作秩序,在相关区域、行业内造成严重影响,或者致使其不能正常生产、经营、工作的;

(6)多次干扰、破坏党和国家机关、行业管理部门以及村委会、居委会等基层群众自治组织的工作秩序,或者致使上述单位、组织的职能不能正常行使的;

(7)利用组织的势力、影响,帮助组织成员或他人获取政治地位,或者在党政机关、基层群众自治组织中担任一定职务的;

(8)其他形成非法控制或者重大影响,严重破坏经济、社会生活秩序的情形。

12. 对于组织者、领导者和因犯参加黑社会性质组织罪被判处五年以上有期徒刑的积极参加者,可以根据《刑法》第五十六条第一款的规定适用附加剥夺政治权利。对于符合《刑法》第三十七条之一规定的组织成员,应当依法禁止其从事相关职业。符合《刑法》第六十六条规定的组织成员,应当认定为累犯,依法从重处罚。

对于因有组织的暴力性犯罪被判处死刑缓期执行的黑社会性质组织犯罪分子,可以根据《刑法》第五十条第二款的规定同时决定对其限制减刑。对于因有组织的暴力性犯罪被判处十年以上有期徒刑、无期徒刑的黑社会性质组织犯罪分子,应当根据《刑法》第八十一条第二款规定,不得假释。

13. 对于组织者、领导者一般应当并处没收个人全部财产。对于确属骨干成员或者为该组织转移、隐匿资产的积极参加者,可以并处没收个人全部财产。对于其他组织成员,应当根据所参与实施违法犯罪活动的次数、性质、地位、作用、违法所得数额以及造成损失的数额等情节,依法决定财产刑的适用。

★依法惩处恶势力犯罪

《最高人民法院、最高人民检察院、公安部、司法部关于办理黑恶势力犯罪案件若干问题的指导意见》(2018 年 1 月 16 日　法发〔2018〕1 号)

14. 具有下列情形的组织,应当认定为“恶势力”:经常纠集在一起,以暴力、威胁或者其他手段,在一定区域或者行业内多次实施违法犯罪活动,为非作恶,欺压百姓,扰乱经济、社会生活秩序,造成较为恶劣的社会影响,但尚未形成黑社会性质组织的违法犯罪组织。恶势力一般为三人以上,纠集者相对固定,违法犯罪活动主要为强迫交易、故意伤害、非法拘禁、敲诈勒索、故意毁坏财物、聚众斗殴、寻衅滋事等,同时还可能伴随实施开设赌场、组织卖淫、强迫卖淫、贩卖毒品、运输毒品、制造毒品、抢劫、抢夺、聚众扰乱社会秩序、聚众扰乱公共场所秩序、交通秩序以及聚众“打砸抢”等。

在相关法律文书中的犯罪事实认定部分,可使用“恶势力”等表述加以描述。

15. 恶势力犯罪集团是符合犯罪集团法定条件的恶势力犯罪组织,其特征表现为:有三名以上的组织成员,有明显的首要分子,重要成员较为固定,组织成员经常纠集在一起,共同故意实施三次以上恶势力惯常实施的犯罪活动或者其他犯罪活动。

16. 公安机关、人民检察院、人民法院在办理恶势力犯罪案件时,应当依照上述规定,区别于普通刑事案件,充分运用《刑法》总则关于共同犯罪和犯罪集团的规定,依法从严惩处。

★依法惩处利用"软暴力"实施的犯罪

《最高人民法院、最高人民检察院、公安部、司法部关于办理黑恶势力犯罪案件若干问题的指导意见》(2018 年 1 月 16 日　法发〔2018〕1 号)

17. 黑恶势力为谋取不法利益或形成非法影响,有组织地采用滋扰、纠缠、哄闹、聚众造势等手段侵犯人身权利、财产权利,破坏经济秩序、社会秩序,构成犯罪的,应当分别依照《刑法》相关规定处理:

(1)有组织地采用滋扰、纠缠、哄闹、聚众造势等手段扰乱正常的工作、生活秩序,使他人产生心理恐惧或者形成心理强制,分别属于《刑法》第二百九十三条第一款第(二)项规定的"恐吓"、《刑法》第二百二十六规定的"威胁",同时符合其他犯罪构成条件的,应分别以寻衅滋事罪、强迫交易罪定罪处罚。

《关于办理寻衅滋事刑事案件适用法律若干问题的解释》第二条至第四条中的"多次"一般应当理解为二年内实施寻衅滋事行为三次以上。二年内多次实施不同种类寻衅滋事行为的,应当追究刑事责任。

(2)以非法占有为目的强行索取公私财物,有组织地采用滋扰、纠缠、哄闹、聚众造势等手段扰乱正常的工作、生活秩序,同时符合《刑法》第二百七十四条规定的其他犯罪构成条件的,应当以敲诈勒索罪定罪处罚。同时由多人实施或者以统一着装、显露纹身、特殊标识以及其他明示或者暗示方式，足以使对方感知相关行为的有组织性的，应当认定为《关于办理敲诈勒索刑事案件适用法律若干问题的解释》第二条第（五）项规定的“以黑恶势力名义敲诈勒索”。

采用上述手段，同时又构成其他犯罪的，应当依法按照处罚较重的规定定罪处罚。

雇佣、指使他人有组织地采用上述手段强迫交易、敲诈勒索，构成强迫交易罪、敲诈勒索罪的，对雇佣者、指使者，一般应当以共同犯罪中的主犯论处。为强索不受法律保护的债务或者因其他非法目的，雇佣、指使他人有组织地采用上述手段寻衅滋事，构成寻衅滋事罪的，对雇佣者、指使者，一般应当以共同犯罪中的主犯论处；为追讨合法债务或者因婚恋、家庭、邻里纠纷等民间矛盾而雇佣、指使，没有造成严重后果的，一般不作为犯罪处理，但经有关部门批评制止或者处理处罚后仍继续实施的除外。

18. 黑恶势力有组织地多次短时间非法拘禁他人的，应当认定为《刑法》第二百三十八条规定的“以其他方法非法剥夺他人人身自由”。非法拘禁他人三次以上、每次持续时间在四小时以上，或者非法拘禁他人累计时间在十二小时以上的，应以非法拘禁罪定罪处罚。

★依法严惩“保护伞”

第294条

《最高人民法院、最高人民检察院、公安部、司法部关于办理黑恶势力犯罪案件若干问题的指导意见》（2018年1月16日　法发〔2018〕1号）

22.《刑法》第二百九十四条第三款中规定的“包庇”行为，不要求相关国家机关工作人员利用职务便利。利用职务便利包庇黑社会性质组织的，酌情从重处罚。包庇、纵容黑社会性质组织，事先有通谋的，以具体犯罪的共犯论处。

23. 公安机关、人民检察院、人民法院对办理黑恶势力犯罪案件中发现的涉嫌包庇、纵容黑社会性质组织犯罪、收受贿赂、渎职侵权等违法违纪线索，应当及时移送有关主管部门和其他相关部门，坚决依法严惩充当黑恶势力“保护伞”的职务犯罪。

24. 依法严惩农村“两委”等人员在涉农惠农补贴申领与发放、农村基础设施建设、征地拆迁补偿、救灾扶贫优抚、生态环境保护等过程中，利用职权恃强凌弱、吃拿卡要、侵吞挪用国家专项资金的犯罪，以及放纵、包庇“村霸”和宗族恶势力，致使其坐大成患；或者收受贿赂、徇私舞弊，为“村霸”和宗族恶势力充当“保护伞”的犯罪。

25. 公安机关在侦办黑恶势力犯罪案件中，应当注意及时深挖其背后的腐败问题，对于涉嫌特别重大贿赂犯罪案件的犯罪嫌疑人，及时会同有关机关，执行《刑事诉讼法》第三十七条的相关规定，辩护律师在侦查期间会见在押犯罪嫌疑人的，应当经相关侦查机关许可。

★依法处置涉案财产

《最高人民法院、最高人民检察院、公安部、司法部关于办理黑恶势力犯罪案件若干问题的指导意见》（2018 年 1 月 16 日　法发〔2018〕1 号）

26. 公安机关、人民检察院、人民法院根据黑社会性质组织犯罪案件的诉讼需要，应当依法查询、查封、扣押、冻结全部涉案财产。公安机关侦查期间，要会同工商、税务、国土、住建、审计、人民银行等部门全面调查涉黑组织及其成员的财产状况。

对于不宜查封、扣押、冻结的经营性资产，可以申请当地政府指定有关部门或者委托有关机构代管或者托管。

对黑社会性质组织及其成员聚敛的财产及其孳息、收益的数额，办案单位可以委托专门机构评估；确实无法准确计算的，可以根据有关法律规定及查明的事实、证据合理估算。

27. 对于依法查封、冻结、扣押的黑社会性质组织涉案财产，应当全面收集、审查证明其来源、性质、用途、权属及价值大小的有关证据。符合下列情形之一的，应当依法追缴、没收：

（1）组织及其成员通过违法犯罪活动或其他不正当手段聚敛的

财产及其孳息、收益；

(2)组织成员通过个人实施违法犯罪活动聚敛的财产及其孳息、收益；

(3)其他单位、组织、个人为支持该组织活动资助或主动提供的财产；

(4)通过合法的生产、经营活动获取的财产或者组织成员个人、家庭合法资产中，实际用于支持该组织活动的部分；

(5)组织成员非法持有的违禁品以及供犯罪所用的本人财物；

(6)其他单位、组织、个人利用黑社会性质组织及其成员的违法犯罪活动获取的财产及其孳息、收益；

(7)其他应当追缴、没收的财产。

28. 违法所得已用于清偿债务或者转让给他人，具有下列情形之一的，应当依法追缴：

(1)对方明知是通过违法犯罪活动或者其他不正当手段聚敛的财产及其孳息、收益的；

(2)对方无偿或者以明显低于市场价格取得的；

(3)对方是因非法债务或者违法犯罪活动而取得的；

(4)通过其他方式恶意取得的。

29. 依法应当追缴、没收的财产无法找到、被他人善意取得、价值灭失或者与其他合法财产混合且不可分割的，可以追缴、没收其他等值财产。

30. 黑社会性质组织犯罪嫌疑人、被告人逃匿，在通缉一年后不能到案，或者犯罪嫌疑人、被告人死亡的，应当依照法定程序没收其违法所得。

31. 对于依法查封、扣押、冻结的涉案财产，有证据证明确属被害人合法财产，或者确与黑社会性质组织及其违法犯罪活动无关的应予以返还。

★恶势力、恶势力犯罪集团的认定标准

《最高人民法院、最高人民检察院、公安部、司法部关于办理恶势力刑事案件若干问题的意见》(2019年2月28日　法发〔2019〕10号)

二、恶势力、恶势力犯罪集团的认定标准

4. 恶势力,是指经常纠集在一起,以暴力、威胁或者其他手段,在一定区域或者行业内多次实施违法犯罪活动,为非作恶,欺压百姓,扰乱经济、社会生活秩序,造成较为恶劣的社会影响,但尚未形成黑社会性质组织的违法犯罪组织。

5. 单纯为牟取不法经济利益而实施的"黄、赌、毒、盗、抢、骗"等违法犯罪活动,不具有为非作恶、欺压百姓特征的,或者因本人及近亲属的婚恋纠纷、家庭纠纷、邻里纠纷、劳动纠纷、合法债务纠纷而引发以及其他确属事出有因的违法犯罪活动,不应作为恶势力案件处理。

6. 恶势力一般为3人以上,纠集者相对固定。纠集者,是指在恶势力实施的违法犯罪活动中起组织、策划、指挥作用的违法犯罪分子。成员较为固定且符合恶势力其他认定条件,但多次实施违法犯罪活动是由不同的成员组织、策划、指挥,也可以认定为恶势力,有前述行为的成员均可以认定为纠集者。

恶势力的其他成员,是指知道或应当知道与他人经常纠集在一起是为了共同实施违法犯罪,仍按照纠集者的组织、策划、指挥参与违法犯罪活动的违法犯罪分子,包括已有充分证据证明但尚未归案的人员,以及因法定情形不予追究法律责任,或者因参与实施恶势力违法犯罪活动已受到行政或刑事处罚的人员。仅因临时雇佣或被雇佣、利用或被利用以及受蒙蔽参与少量恶势力违法犯罪活动的,一般不应认定为恶势力成员。

7. "经常纠集在一起,以暴力、威胁或者其他手段,在一定区域或者行业内多次实施违法犯罪活动",是指犯罪嫌疑人、被告人于2年之内,以暴力、威胁或者其他手段,在一定区域或者行业内多次实施违法犯罪活动,且包括纠集者在内,至少应有2名相同的成员多次参与实施违法犯罪活动。对于“纠集在一起”时间明显较短，实施违法犯罪活动刚刚达到“多次”标准，且尚不足以造成较为恶劣影响的，一般不应认定为恶势力。

8. 恶势力实施的违法犯罪活动，主要为强迫交易、故意伤害、非法拘禁、敲诈勒索、故意毁坏财物、聚众斗殴、寻衅滋事，但也包括具有为非作恶、欺压百姓特征，主要以暴力、威胁为手段的其他违法犯罪活动。

恶势力还可能伴随实施开设赌场、组织卖淫、强迫卖淫、贩卖毒品、运输毒品、制造毒品、抢劫、抢夺、聚众扰乱社会秩序、聚众扰乱公共场所秩序、交通秩序以及聚众“打砸抢”等违法犯罪活动，但仅有前述伴随实施的违法犯罪活动，且不能认定具有为非作恶、欺压百姓特征的，一般不应认定为恶势力。

9. 办理恶势力刑事案件，“多次实施违法犯罪活动”至少应包括1次犯罪活动。对于反复实施强迫交易、非法拘禁、敲诈勒索、寻衅滋事等单一性质的违法行为，单次情节、数额尚不构成犯罪，但按照刑法或者有关司法解释、规范性文件的规定累加后应作为犯罪处理的，在认定是否属于“多次实施违法犯罪活动”时，可将已用于累加的违法行为计为1次犯罪活动，其他违法行为单独计算违法活动的次数。

已被处理或者已作为民间纠纷调处，后经查证确属恶势力违法犯罪活动的，均可以作为认定恶势力的事实依据，但不符合法定情形的，不得重新追究法律责任。

10. 认定“扰乱经济、社会生活秩序，造成较为恶劣的社会影响”，应当结合侵害对象及其数量、违法犯罪次数、手段、规模、人身损害后果、经济损失数额、违法所得数额、引起社会秩序混乱的程度以及对人民群众安全感的影响程度等因素综合把握。

11. 恶势力犯罪集团，是指符合恶势力全部认定条件，同时又符合犯罪集团法定条件的犯罪组织。

恶势力犯罪集团的首要分子，是指在恶势力犯罪集团中起组织、策划、指挥作用的犯罪分子。恶势力犯罪集团的其他成员，是指知道或者应当知道是为共同实施犯罪而组成的较为固定的犯罪组织,仍接受首要分子领导、管理、指挥,并参与该组织犯罪活动的犯罪分子。

恶势力犯罪集团应当有组织地实施多次犯罪活动,同时还可能伴随实施违法活动。恶势力犯罪集团所实施的违法犯罪活动,参照《指导意见》第十条第二款的规定认定。

12. 全部成员或者首要分子、纠集者以及其他重要成员均为未成年人、老年人、残疾人的,认定恶势力、恶势力犯罪集团时应当特别慎重。

★正确运用宽严相济刑事政策的有关要求

《最高人民法院、最高人民检察院、公安部、司法部关于办理恶势力刑事案件若干问题的意见》(2019 年 2 月 28 日　法发〔2019〕10 号)

三、正确运用宽严相济刑事政策的有关要求

13. 对于恶势力的纠集者、恶势力犯罪集团的首要分子、重要成员以及恶势力、恶势力犯罪集团共同犯罪中罪责严重的主犯,要正确运用法律规定加大惩处力度,对依法应当判处重刑或死刑的,坚决判处重刑或死刑。同时要严格掌握取保候审,严格掌握不起诉,严格掌握缓刑、减刑、假释,严格掌握保外就医适用条件,充分利用资格刑、财产刑等法律手段全方位从严惩处。对于符合刑法第三十七条之一规定的,可以依法禁止其从事相关职业。

对于恶势力、恶势力犯罪集团的其他成员,在共同犯罪中罪责相对较小、人身危险性、主观恶性相对不大的,具有自首、立功、坦白、初犯等法定或酌定从宽处罚情节,可以依法从轻、减轻或免除处罚。认罪认罚或者仅参与实施少量的犯罪活动且只起次要、辅助作用,符合缓刑条件的,可以适用缓刑。

14. 恶势力犯罪集团的首要分子检举揭发与该犯罪集团及其违法犯罪活动有关联的其他犯罪线索,如果在认定立功的问题上存在事实、证据或法律适用方面的争议,应当严格把握。依法应认定为立功或者重大立功的,在决定是否从宽处罚、如何从宽处罚时,应当根据罪责刑相一致原则从严掌握。可能导致全案量刑明显失衡的,不予从宽处罚。

恶势力犯罪集团的其他成员如果能够配合司法机关查办案件，有提供线索、帮助收集证据或者其他协助行为，并在侦破恶势力犯罪集团案件、查处“保护伞”等方面起到较大作用的，即使依法不能认定立功，一般也应酌情对其从轻处罚。

15. 犯罪嫌疑人、被告人同时具有法定、酌定从严和法定、酌定从宽处罚情节的，量刑时要根据所犯具体罪行的严重程度，结合被告人在恶势力、恶势力犯罪集团中的地位、作用、主观恶性、人身危险性等因素整体把握。对于恶势力的纠集者、恶势力犯罪集团的首要分子、重要成员，量刑时要体现总体从严。对于在共同犯罪中罪责相对较小、人身危险性、主观恶性相对不大，且能够真诚认罪悔罪的其他成员，量刑时要体现总体从宽。

16. 恶势力刑事案件的犯罪嫌疑人、被告人自愿如实供述自己的罪行，承认指控的犯罪事实，愿意接受处罚的，可以依法从宽处理，并适用认罪认罚从宽制度。对于犯罪性质恶劣、犯罪手段残忍、社会危害严重的犯罪嫌疑人、被告人，虽然认罪认罚，但不足以从轻处罚的，不适用该制度。

★恶势力刑事案件的起诉意见书、起诉书、判决书、裁定书对恶势力、恶势力犯罪集团违法犯罪事实的表述

第294条

《最高人民法院、最高人民检察院、公安部、司法部关于办理恶势力刑事案件若干问题的意见》(2019年2月28日　法发〔2019〕10号)

四、办理恶势力刑事案件的其他问题

17. 人民法院、人民检察院、公安机关经审查认为案件符合恶势力认定标准的，应当在起诉意见书、起诉书、判决书、裁定书等法律文书中的案件事实部分明确表述，列明恶势力的纠集者、其他成员、违法犯罪事实以及据以认定的证据；符合恶势力犯罪集团认定标准的，应当在上述法律文书中明确定性，列明首要分子、其他成员、违法犯罪事实以及据以认定的证据，并引用刑法总则关于犯罪集团的相关规定。被告人及其辩护人对恶势力定性提出辩解和辩护意见，人民法院可以在裁判文书中予以评析回应。

恶势力刑事案件的起诉意见书、起诉书、判决书、裁定书等法律文书，可以在案件事实部分先概述恶势力、恶势力犯罪集团的概括事实，再分述具体的恶势力违法犯罪事实。

18. 对于公安机关未在起诉意见书中明确认定，人民检察院在审查起诉期间发现构成恶势力或者恶势力犯罪集团，且相关违法犯罪事实已经查清，证据确实、充分，依法应追究刑事责任的，应当作出起诉决定，根据查明的事实向人民法院提起公诉，并在起诉书中明确认定为恶势力或者恶势力犯罪集团。人民检察院认为恶势力相关违法犯罪事实不清、证据不足，或者存在遗漏恶势力违法犯罪事实、遗漏同案犯罪嫌疑人等情形需要补充侦查的，应当提出具体的书面意见，连同案卷材料一并退回公安机关补充侦查；人民检察院也可以自行侦查，必要时可以要求公安机关提供协助。

对于人民检察院未在起诉书中明确认定，人民法院在审判期间发现构成恶势力或恶势力犯罪集团的，可以建议人民检察院补充或者变更起诉；人民检察院不同意或者在七日内未回复意见的，人民法院不应主动认定，可仅就起诉指控的犯罪事实依照相关规定作出判决、裁定。

审理被告人或者被告人的法定代理人、辩护人、近亲属上诉的案件时，一审判决认定黑社会性质组织有误的，二审法院应当纠正，符合恶势力、恶势力犯罪集团认定标准，应当作出相应认定；一审判决认定恶势力或恶势力犯罪集团有误的，应当纠正，但不得升格认定；一审判决未认定恶势力或恶势力犯罪集团的，不得增加认定。

19. 公安机关、人民检察院、人民法院应当分别以起诉意见书、起诉书、裁判文书所明确的恶势力、恶势力犯罪集团，作为相关数据的统计依据。

★“软暴力”的认定及“软暴力”违法犯罪手段的表现形式

《最高人民法院、最高人民检察院、公安部、司法部关于办理实施“软暴力”的刑事案件若干问题的意见》（2019年4月9日）

一、“软暴力”是指行为人为谋取不法利益或形成非法影响，对他人或者在有关场所进行滋扰、纠缠、哄闹、聚众造势等,足以使他人产生恐惧、恐慌进而形成心理强制,或者足以影响、限制人身自由、危及人身财产安全,影响正常生活、工作、生产、经营的违法犯罪手段。

二、"软暴力"违法犯罪手段通常的表现形式有:

(一)侵犯人身权利、民主权利、财产权利的手段,包括但不限于跟踪贴靠、扬言传播疾病、揭发隐私、恶意举报、诬告陷害、破坏、霸占财物等;

(二)扰乱正常生活、工作、生产、经营秩序的手段,包括但不限于非法侵入他人住宅、破坏生活设施、设置生活障碍、贴报喷字、拉挂横幅、燃放鞭炮、播放哀乐、摆放花圈、泼洒污物、断水断电、堵门阻工,以及通过驱赶从业人员、派驻人员据守等方式直接或间接地控制厂房、办公区、经营场所等;

(三)扰乱社会秩序的手段,包括但不限于摆场架势示威、聚众哄闹滋扰、拦路闹事等;

(四)其他符合本意见第一条规定的"软暴力"手段。

通过信息网络或者通讯工具实施,符合本意见第一条规定的违法犯罪手段,应当认定为"软暴力"。

★行为人实施"软暴力",足以使他人产生恐惧、恐慌进而形成心理强制的情形

第294条

《最高人民法院、最高人民检察院、公安部、司法部关于办理实施"软暴力"的刑事案件若干问题的意见》(2019年4月9日)

三、行为人实施"软暴力",具有下列情形之一,可以认定为足以使他人产生恐惧、恐慌进而形成心理强制或者足以影响、限制人身自由、危及人身财产安全或者影响正常生活、工作、生产、经营:

(一)黑恶势力实施的;

(二)以黑恶势力名义实施的;

(三)曾因组织、领导、参加黑社会性质组织、恶势力犯罪集团、恶势力以及因强迫交易、非法拘禁、敲诈勒索、聚众斗殴、寻衅滋事等犯罪受过刑事处罚后又实施的;

（四）携带凶器实施的；

（五）有组织地实施的或者足以使他人认为暴力、威胁具有现实可能性的；

（六）其他足以使他人产生恐惧、恐慌进而形成心理强制或者足以影响、限制人身自由、危及人身财产安全或者影响正常生活、工作、生产、经营的情形。

由多人实施的，编造或明示暴力违法犯罪经历进行恐吓的，或者以自报组织、头目名号、统一着装、显露纹身、特殊标识以及其他明示、暗示方式，足以使他人感知相关行为的有组织性的，应当认定为“以黑恶势力名义实施”。

由多人实施的，只要有部分行为人符合本条第一款第（一）项至第（四）项所列情形的，该项即成立。

虽然具体实施“软暴力”的行为人不符合本条第一款第（一）项、第（三）项所列情形，但雇佣者、指使者或者纠集者符合的，该项成立。

★“软暴力”手段属于本条第五款“黑社会性质组织行为特征”以及“恶势力”概念中的“其他手段”

《最高人民法院、最高人民检察院、公安部、司法部关于办理实施“软暴力”的刑事案件若干问题的意见》（2019年4月9日）

四、“软暴力”手段属于《刑法》第二百九十四条第五款第（三）项“黑社会性质组织行为特征”以及《指导意见》第14条“恶势力”概念中的“其他手段”。

★严格查办公职人员涉黑涉恶违法犯罪案件

《国家监察委员会、最高人民法院、最高人民检察院、公安部、司法部关于在扫黑除恶专项斗争中分工负责、互相配合、互相制约严惩公职人员涉黑涉恶违法犯罪问题的通知》（2019年10月20日　国监发〔2019〕3号）

二、严格查办公职人员涉黑涉恶违法犯罪案件

4. 各级监察机关、人民法院、人民检察院、公安机关应聚焦黑恶势力违法犯罪案件及坐大成势的过程，严格查办公职人员涉黑涉恶

违法犯罪案件。重点查办以下案件:公职人员直接组织、领导、参与黑恶势力违法犯罪活动的案件;公职人员包庇、纵容、支持黑恶势力犯罪及其他严重刑事犯罪的案件;公职人员收受贿赂、滥用职权,帮助黑恶势力人员获取公职或政治荣誉,侵占国家和集体资金、资源、资产,破坏公平竞争秩序,或为黑恶势力提供政策、项目、资金、金融信贷等支持帮助的案件;负有查禁监管职责的国家机关工作人员滥用职权、玩忽职守帮助犯罪分子逃避处罚的案件;司法工作人员徇私枉法、民事枉法裁判、执行判决裁定失职或滥用职权、私放在押人员以及徇私舞弊减刑、假释、暂予监外执行的案件;在扫黑除恶专项斗争中发生的公职人员滥用职权,徇私舞弊,包庇、阻碍查处黑恶势力犯罪的案件,以及泄露国家秘密、商业秘密、工作秘密,为犯罪分子通风报信的案件;公职人员利用职权打击报复办案人员的案件。

公职人员的范围,根据《中华人民共和国监察法》第十五条的规定认定。

5. 以上情形,由有关机关依规依纪依法调查处置,涉嫌犯罪的,依法追究刑事责任。

★公职人员利用职权或职务便利实施包庇、纵容黑恶势力等犯罪行为的,应酌情从重处罚;事先有通谋的,以共犯论处

《国家监察委员会、最高人民法院、最高人民检察院、公安部、司法部关于在扫黑除恶专项斗争中分工负责、互相配合、互相制约严惩公职人员涉黑涉恶违法犯罪问题的通知》(2019 年 10 月 20 日　国监发〔2019〕3 号)

第294条

三、准确适用法律

6. 国家机关工作人员包庇黑社会性质的组织,或者纵容黑社会性质的组织进行违法犯罪活动的,以包庇、纵容黑社会性质组织罪定罪处罚。

国家机关工作人员既组织、领导、参加黑社会性质组织,又对该组织进行包庇、纵容的,应当以组织、领导、参加黑社会性质组织罪从重处罚。

国家机关工作人员包庇、纵容黑社会性质组织,该包庇、纵容行为同时还构成包庇罪、伪证罪、妨害作证罪、徇私枉法罪、滥用职权罪、帮助犯罪分子逃避处罚罪、徇私舞弊不移交刑事案件罪,以及徇私舞弊减刑、假释、暂予监外执行罪等其他犯罪的,应当择一重罪处罚。

7. 非国家机关工作人员与国家机关工作人员共同包庇、纵容黑社会性质组织,且不属于该组织成员的,以包庇、纵容黑社会性质组织罪的共犯论处。非国家机关工作人员的行为同时还构成其他犯罪,应当择一重罪处罚。

8. 公职人员利用职权或职务便利实施包庇、纵容黑恶势力、伪证、妨害作证,帮助毁灭、伪造证据,以及窝藏、包庇等犯罪行为的,应酌情从重处罚。事先有通谋而实施支持帮助、包庇纵容等保护行为的,以具体犯罪的共犯论处。

★依法严惩利用信息网络实施的黑恶势力犯罪

《最高人民法院、最高人民检察院、公安部、司法部关于办理利用信息网络实施黑恶势力犯罪刑事案件若干问题的意见》(2019年7月23日)

二、依法严惩利用信息网络实施的黑恶势力犯罪

4. 对通过发布、删除负面或虚假信息,发送侮辱性信息、图片,以及利用信息、电话骚扰等方式,威胁、要挟、恐吓、滋扰他人,实施黑恶势力违法犯罪的,应当准确认定,依法严惩。

5. 利用信息网络威胁他人,强迫交易,情节严重的,依照刑法第二百二十六条的规定,以强迫交易罪定罪处罚。

6. 利用信息网络威胁、要挟他人,索取公私财物,数额较大,或者多次实施上述行为的,依照刑法第二百七十四条的规定,以敲诈勒索罪定罪处罚。

7. 利用信息网络辱骂、恐吓他人,情节恶劣,破坏社会秩序的,依照刑法第二百九十三条第一款第二项的规定,以寻衅滋事罪定罪处罚。

编造虚假信息,或者明知是编造的虚假信息,在信息网络上散布,或者组织、指使人员在信息网络上散布,起哄闹事,造成公共秩序严重混乱的,依照刑法第二百九十三条第一款第四项的规定,以寻衅滋事罪定罪处罚。

8. 侦办利用信息网络实施的强迫交易、敲诈勒索等非法敛财类案件,确因被害人人数众多等客观条件的限制,无法逐一收集被害人陈述的,可以结合已收集的被害人陈述,以及经查证属实的银行账户交易记录、第三方支付结算账户交易记录、通话记录、电子数据等证据,综合认定被害人人数以及涉案资金数额等。

★准确认定利用信息网络实施犯罪的黑恶势力

《最高人民法院、最高人民检察院、公安部、司法部关于办理利用信息网络实施黑恶势力犯罪刑事案件若干问题的意见》(2019 年 7 月 23 日)

三、准确认定利用信息网络实施犯罪的黑恶势力

9. 利用信息网络实施违法犯罪活动,符合刑法、《指导意见》以及最高人民法院、最高人民检察院、公安部、司法部《关于办理恶势力刑事案件若干问题的意见》等规定的恶势力、恶势力犯罪集团、黑社会性质组织特征和认定标准的,应当依法认定为恶势力、恶势力犯罪集团、黑社会性质组织。

认定利用信息网络实施违法犯罪活动的黑社会性质组织时,应当依照刑法第二百九十四条第五款规定的"四个特征"进行综合审查判断,分析"四个特征"相互间的内在联系,根据在网络空间和现实社会中实施违法犯罪活动对公民人身、财产、民主权利和经济、社会生活秩序所造成的危害,准确评价,依法予以认定。

10. 认定利用信息网络实施违法犯罪的黑恶势力组织特征,要从违法犯罪的起因、目的,以及组织、策划、指挥、参与人员是否相对固定,组织形成后是否持续进行犯罪活动、是否有明确的职责分工、行为规范、利益分配机制等方面综合判断。利用信息网络实施违法犯罪的黑恶势力组织成员之间一般通过即时通讯工具、通讯群组、电子

邮件、网盘等信息网络方式联络，对部分组织成员通过信息网络方式联络实施黑恶势力违法犯罪活动，即使相互未见面、彼此不熟识，不影响对组织特征的认定。

11. 利用信息网络有组织地通过实施违法犯罪活动或者其他手段获取一定数量的经济利益，用于违法犯罪活动或者支持该组织生存、发展的，应当认定为符合刑法第二百九十四条第五款第二项规定的黑社会性质组织经济特征。

12. 通过线上线下相结合的方式，有组织地多次利用信息网络实施违法犯罪活动，侵犯不特定多人的人身权利、民主权利、财产权利，破坏经济秩序、社会秩序的，应当认定为符合刑法第二百九十四条第五款第三项规定的黑社会性质组织行为特征。单纯通过线上方式实施的违法犯罪活动，且不具有为非作恶、欺压残害群众特征的，一般不应作为黑社会性质组织行为特征的认定依据。

13. 对利用信息网络实施黑恶势力犯罪非法控制和影响的"一定区域或者行业"，应当结合危害行为发生地或者危害行业的相对集中程度，以及犯罪嫌疑人、被告人在网络空间和现实社会中的控制和影响程度综合判断。虽然危害行为发生地、危害的行业比较分散，但涉案犯罪组织利用信息网络多次实施强迫交易、寻衅滋事、敲诈勒索等违法犯罪活动，在网络空间和现实社会造成重大影响，严重破坏经济、社会生活秩序的，应当认定为"在一定区域或者行业内，形成非法控制或者重大影响"。

★"利用未成年人实施黑恶势力犯罪"的认定

《最高人民法院、最高人民检察院、公安部、司法部关于依法严惩利用未成年人实施黑恶势力犯罪的意见》(2020年3月23日　高检发〔2020〕4号)

一、突出打击重点，依法严惩利用未成年人实施黑恶势力犯罪的行为

(一)黑社会性质组织、恶势力犯罪集团、恶势力，实施下列行为之一的，应当认定为"利用未成年人实施黑恶势力犯罪"：

1. 胁迫、教唆未成年人参加黑社会性质组织、恶势力犯罪集团、恶势力,或者实施黑恶势力违法犯罪活动的;

2. 拉拢、引诱、欺骗未成年人参加黑社会性质组织、恶势力犯罪集团、恶势力,或者实施黑恶势力违法犯罪活动的;

3. 招募、吸收、介绍未成年人参加黑社会性质组织、恶势力犯罪集团、恶势力,或者实施黑恶势力违法犯罪活动的;

4. 雇用未成年人实施黑恶势力违法犯罪活动的;

5. 其他利用未成年人实施黑恶势力犯罪的情形。

黑社会性质组织、恶势力犯罪集团、恶势力,根据刑法和《最高人民法院、最高人民检察院、公安部、司法部关于办理黑恶势力犯罪案件若干问题的指导意见》《最高人民法院、最高人民检察院、公安部、司法部关于办理恶势力刑事案件若干问题的意见》等法律、司法解释性质文件的规定认定。

★利用未成年人实施黑恶势力犯罪,应当从重处罚的情形

《最高人民法院、最高人民检察院、公安部、司法部关于依法严惩利用未成年人实施黑恶势力犯罪的意见》(2020年3月23日　高检发〔2020〕4号)

一、突出打击重点,依法严惩利用未成年人实施黑恶势力犯罪的行为

(二)利用未成年人实施黑恶势力犯罪,具有下列情形之一的,应当从重处罚:

1. 组织、指挥未成年人实施故意杀人、故意伤害致人重伤或者死亡、强奸、绑架、抢劫等严重暴力犯罪的;

2. 向未成年人传授实施黑恶势力犯罪的方法、技能、经验的;

3. 利用未达到刑事责任年龄的未成年人实施黑恶势力犯罪的;

4. 为逃避法律追究,让未成年人自首、做虚假供述顶罪的;

5. 利用留守儿童、在校学生实施犯罪的;

6. 利用多人或者多次利用未成年人实施犯罪的;

7. 针对未成年人实施违法犯罪的;

8. 对未成年人负有监护、教育、照料等特殊职责的人员利用未成年人实施黑恶势力违法犯罪活动的；

9. 其他利用未成年人违法犯罪应当从重处罚的情形。

（三）黑社会性质组织、恶势力犯罪集团利用未成年人实施犯罪的，对犯罪集团首要分子，按照集团所犯的全部罪行，从重处罚。对犯罪集团的骨干成员，按照其组织、指挥的犯罪，从重处罚。

恶势力利用未成年人实施犯罪的，对起组织、策划、指挥作用的纠集者，恶势力共同犯罪中罪责严重的主犯，从重处罚。

黑社会性质组织、恶势力犯罪集团、恶势力成员直接利用未成年人实施黑恶势力犯罪的，从重处罚。

（四）有胁迫、教唆、引诱等利用未成年人参加黑社会性质组织、恶势力犯罪集团、恶势力，或者实施黑恶势力犯罪的行为，虽然未成年人并没有加入黑社会性质组织、恶势力犯罪集团、恶势力，或者没有实际参与实施黑恶势力违法犯罪活动，对黑社会性质组织、恶势力犯罪集团、恶势力的首要分子、骨干成员、纠集者、主犯和直接利用的成员，即便有自首、立功、坦白等从轻减轻情节的，一般也不予从轻或者减轻处罚。

（五）被黑社会性质组织、恶势力犯罪集团、恶势力利用，偶尔参与黑恶势力犯罪活动的未成年人，按其所实施的具体犯罪行为定性，一般不认定为黑恶势力犯罪组织成员。

★办理利用未成年人实施黑恶势力犯罪案件要将依法严惩与认罪认罚从宽有机结合起来

《最高人民法院、最高人民检察院、公安部、司法部关于依法严惩利用未成年人实施黑恶势力犯罪的意见》（2020年3月23日 高检发〔2020〕4号）

二、严格依法办案，形成打击合力

（四）办理利用未成年人实施黑恶势力犯罪案件要将依法严惩与认罪认罚从宽有机结合起来。对利用未成年人实施黑恶势力犯罪的，人民检察院要考虑其利用未成年人的情节，向人民法院提出从严处罚的量刑建议。对于虽然认罪,但利用未成年人实施黑恶势力犯罪,犯罪性质恶劣、犯罪手段残忍、严重损害未成年人身心健康,不足以从宽处罚的,在提出量刑建议时要依法从严从重。对被黑恶势力利用实施犯罪的未成年人,自愿如实认罪、真诚悔罪,愿意接受处罚的,应当依法提出从宽处理的量刑建议。

类案检索指引

★对涉黑案件中依法应当判处死刑而未判处的,检察院应当依法提出抗诉

《郭明先参加黑社会性质组织、故意杀人、故意伤害案》(2014 年 9 月 10 日最高人民检察院发布第五批指导性案例:检例第 18 号)

【要旨】

死刑依法只适用于罪行极其严重的犯罪分子。对故意杀人、故意伤害、绑架、爆炸等涉黑、涉恐、涉暴刑事案件中罪行极其严重,严重危害国家安全和公共安全、严重危害公民生命权,或者严重危害社会秩序的被告人,依法应当判处死刑,人民法院未判处死刑的,人民检察院应当依法提出抗诉。

★不具备非法控制性特征、组织松散的共同犯罪不能认定为黑社会性质组织犯罪或恶势力犯罪集团犯罪

《唐均伟、李逢情等 14 人恶势力犯罪案》(2019 年 7 月 18 日最高人民检察院发布检察机关开展扫黑除恶专项斗争典型案例选编第三辑)

【要旨】

对尚未形成较稳定的犯罪组织,首要分子对成员的控制力、约束力较弱,为组织利益、以组织名义实施的违法犯罪活动较少,未在一定区域形成非法控制和重大影响的,即使实施了较为严重的暴力犯罪,也不能认定为黑社会性质组织犯罪或恶势力犯罪集团。

★将黑恶势力的黑手伸向未成年人和校园，社会影响恶劣，必须严厉打击

《严打黑恶犯罪　坚决遏制拉拢侵蚀未成年人态势》（2019年12月20日最高人民检察院发布检察机关依法严惩侵害未成年人犯罪加强未成年人司法保护典型案例）

【典型意义】

本案中，以吴某为首的黑社会性质组织引诱未成年人参与赌博，并借赌博之名进行多种违法犯罪，将黑恶势力的黑手伸向未成年人和校园，社会影响恶劣。公安机关、检察机关、人民法院对此类犯罪行为严厉打击，坚决遏制黑恶犯罪向未成年人领域蔓延。

★认罪认罚从宽制度可以适用于所有刑事案件，涉黑涉恶犯罪案件依法可以适用该制度

《林某彬等人组织、领导、参加黑社会性质组织案》（2020年11月24日最高人民检察院发布第二十二批指导性案例：检例第84号）

【要旨】

认罪认罚从宽制度可以适用于所有刑事案件，没有适用罪名和可能判处刑罚的限定，涉黑涉恶犯罪案件依法可以适用该制度。认罪认罚从宽制度贯穿刑事诉讼全过程，适用于侦查、起诉、审判各个阶段。检察机关办理涉黑涉恶犯罪案件，要积极履行主导责任，发挥认罪认罚从宽制度在查明案件事实、提升指控效果、有效追赃挽损等方面的作用。

★足以使群众产生恐惧、恐慌进而形成心理强制，应认定具有黑社会性质组织的行为特征

《龚品文等组织、领导、参加黑社会性质组织案》（2022年11月29日最高人民法院发布第33批指导性案例：指导案例186号）

【关键词】

刑事　组织、领导、参加黑社会性质组织罪　行为特征　软暴力

【裁判要点】

犯罪组织以其势力、影响和暴力手段的现实可能性为依托，有组

织地长期采用多种“软暴力”手段实施大量违法犯罪行为，同时辅之以“硬暴力”，“软暴力”有向“硬暴力”转化的现实可能性，足以使群众产生恐惧、恐慌进而形成心理强制，并已造成严重危害后果，严重破坏经济、社会生活秩序的，应认定该犯罪组织具有黑社会性质组织的行为特征。

★在涉黑社会性质组织犯罪案件审理中，应当对查封、扣押、冻结财物及其孳息的权属进行调查

《史广振等组织、领导、参加黑社会性质组织案》（2022年11月29日最高人民法院发布第33批指导性案例：指导案例188号）

【关键词】

刑事诉讼　组织、领导、参加黑社会性质组织罪　涉案财物权属　案外人

【裁判要点】

在涉黑社会性质组织犯罪案件审理中，应当对查封、扣押、冻结财物及其孳息的权属进行调查，案外人对查封、扣押、冻结财物及其孳息提出权属异议的，人民法院应当听取其意见，确有必要的，人民法院可以通知其出庭，以查明相关财物权属。

★实施“软暴力”催收达到与“暴力”或“以暴力相威胁”等相当的程度的，构成本罪

《汤某甲等人组织、领导、参加黑社会性质组织案》（2022年12月30日最高人民检察院发布检察机关依法惩治涉网络黑恶犯罪典型案例）

【关键词】

黑社会性质组织　网络“套路贷”　在校大学生　网络空间与现实社会复合危害　宽严相济刑事政策

【要旨】

“套路贷”是假借民间借贷之名非法占有他人财物的类型化犯罪行为。按照主客观一致原则，对存在制造民间借贷假象、制造虚假给付事实、故意制造违约、肆意认定违约、违约金及利息畸高、恶意垒高

债务、软硬兼施"索债"等情况，综合认定具有非法占有目的，属于"套路贷"犯罪。对有组织地实施网络"套路贷"犯罪活动，实施"软暴力"催收达到与"暴力"或"以暴力相威胁"等相当的程度，产生欺压、残害群众的效果，在网络空间和现实社会造成重大影响的，依法认定为组织、领导、参加黑社会性质组织犯罪。对以老年人、未成年人、在校学生、丧失劳动能力的人为对象实施"套路贷"犯罪，或因实施"套路贷"导致被害人及相关人员自杀、精神失常的，应该评价为在相关领域造成重大影响，依法从严从重惩处。

第二百九十五条　【传授犯罪方法罪】传授犯罪方法的，处五年以下有期徒刑、拘役或者管制；情节严重的，处五年以上十年以下有期徒刑；情节特别严重的，处十年以上有期徒刑或者无期徒刑。

立法动态

本条源自《中华人民共和国刑法》(1997 年 3 月 14 日第八届全国人民代表大会第五次会议修订，自 1997 年 10 月 1 日起施行)。

原本条规定为：第二百九十五条　传授犯罪方法的，处五年以下有期徒刑、拘役或者管制；情节严重的，处五年以上有期徒刑；情节特别严重的，处无期徒刑或者死刑。

本条根据《中华人民共和国刑法修正案(八)》(自 2011 年 5 月 1 日起施行)第四十四条修改。

本条修改的主要内容为：一是将传授犯罪方法"情节严重"的法定刑由"五年以上有期徒刑"修改为"五年以上十年以下有期徒刑"；二是将"情节特别严重"的法定刑由"无期徒刑或者死刑"修改为"十年以上有期徒刑或者无期徒刑"；三是取消了本罪的死刑适用。

第二百九十六条　【非法集会、游行、示威罪】举行集会、游行、示威，未依照法律规定申请或者申请未获许可，或者未按照主管机关许可的起止时间、地点、路线进行，又拒不服从解散命令，严重破坏社会秩序的，对集会、游行、示威的负责人和直接责任人员，处五年以下有期徒刑、拘役、管制或者剥夺政治权利。

立法动态

本条源自《中华人民共和国刑法》（1997 年 3 月 14 日第八届全国人民代表大会第五次会议修订，自 1997 年 10 月 1 日起施行）。

立案标准

《最高人民检察院、公安部关于公安机关管辖的刑事案件立案追诉标准的规定（一）》（2017 年 4 月 27 日修正　公通字〔2017〕12 号）

第三十八条　［非法集会、游行、示威案（刑法第二百九十六条）］举行集会、游行、示威，未依照法律规定申请或者申请未获许可，或者未按照主管机关许可的起止时间、地点、路线进行，又拒不服从解散命令，严重破坏社会秩序的，应予立案追诉。

第二百九十七条　【非法携带武器、管制刀具、爆炸物参加集会、游行、示威罪】违反法律规定，携带武器、管制刀具或者爆炸物参加集会、游行、示威的，处三年以下有期徒刑、拘役、管制或者剥夺政治权利。

立法动态

本条源自《中华人民共和国刑法》（1997 年 3 月 14 日第八届全国人民代表大会第五次会议修订，自 1997 年 10 月 1 日起施行）。

立案标准

《最高人民检察院、公安部关于公安机关管辖的刑事案件立案追诉标准的规定(一)》(2017 年 4 月 27 日修正　公通字〔2017〕12 号)

第三十九条　［非法携带武器、管制刀具、爆炸物参加集会、游行、示威案(刑法第二百九十七条)］违反法律规定,携带武器、管制刀具或者爆炸物参加集会、游行、示威的,应予立案追诉。

第二百九十八条　【破坏集会、游行、示威罪】扰乱、冲击或者以其他方法破坏依法举行的集会、游行、示威,造成公共秩序混乱的,处五年以下有期徒刑、拘役、管制或者剥夺政治权利。

立法动态

本条源自《中华人民共和国刑法》(1997 年 3 月 14 日第八届全国人民代表大会第五次会议修订,自 1997 年 10 月 1 日起施行)。

立案标准

《最高人民检察院、公安部关于公安机关管辖的刑事案件立案追诉标准的规定(一)》(2017 年 4 月 27 日修正　公通字〔2017〕12 号)

第四十条　［破坏集会、游行、示威案(刑法第二百九十八条)］扰乱、冲击或者以其他方法破坏依法举行的集会、游行、示威,造成公共秩序严重混乱的,应予立案追诉。

第二百九十九条　【侮辱国旗、国徽、国歌罪】在公共场合,故意以焚烧、毁损、涂划、玷污、践踏等方式侮辱中华人民共和国国旗、国徽的,处三年以下有期徒刑、拘役、管制或者剥夺政治权利。

在公共场合,故意篡改中华人民共和国国歌歌词、曲谱,以歪曲、贬损方式奏唱国歌,或者以其他方式侮辱国歌,情节严重的,依照前款的规定处罚。

立法动态

本条源自《中华人民共和国刑法》(1997 年 3 月 14 日第八届全国人民代表大会第五次会议修订,自 1997 年 10 月 1 日起施行)。

本条第二款根据《中华人民共和国刑法修正案(十)》(自 2017 年 11 月 4 日起施行)增加。

第二百九十九条之一 【侵害英雄烈士名誉、荣誉罪】侮辱、诽谤或者以其他方式侵害英雄烈士的名誉、荣誉,损害社会公共利益,情节严重的,处三年以下有期徒刑、拘役、管制或者剥夺政治权利。

立法动态

本条根据《中华人民共和国刑法修正案(十一)》(自 2021 年 3 月 1 日起施行)第三十五条增加。

类案检索指引

★行为人所侵害的群体中既有烈士,又有健在的英雄模范人物时,应当整体评价为侵害英雄烈士名誉、荣誉的行为

《仇某侵害英雄烈士名誉、荣誉案》(2022 年 2 月 21 日最高人民检察院发布第三十四批指导性案例:检例第 136 号)

【要旨】

侵害英雄烈士名誉、荣誉罪中的"英雄烈士",是指已经牺牲、逝世的英雄烈士。在同一案件中,行为人所侵害的群体中既有烈士,又有健在的英雄模范人物时,应当整体评价为侵害英雄烈士名誉、荣誉的行为,不宜区别适用侵害英雄烈士名誉、荣誉罪和侮辱罪、诽谤罪。《刑法修正案(十一)》实施后,以侮辱、诽谤或者其他方式侵害英雄烈士名誉、荣誉的行为,情节严重的,构成侵害英雄烈士名誉、荣誉罪。行为人利用信息网络侵害英雄烈士名誉、荣誉,引起广泛传播,造成恶劣社会影响的,应当认定为"情节严重"。英雄烈士没有近亲属或者近亲属不提起民事诉讼的,检察机关在提起公诉时,可以一并提起附带民事公益诉讼。

★严惩侵害抗美援朝英雄烈士群体名誉、荣誉行为

《罗某侵害英雄烈士名誉、荣誉暨附带民事公益诉讼案——在网络平台上侮辱抗美援朝英雄烈士,构成侵害英雄烈士名誉、荣誉罪并应承担民事责任》(2022年12月8日最高人民法院发布涉英烈权益保护十大典型案例)

【典型意义】

英雄烈士既包括个人,也包括群体,既包括有名英雄烈士,也包括无名英雄烈士。中国人民志愿军的英雄事迹是中华民族共同的历史记忆和宝贵的精神财富,伟大的抗美援朝精神跨越时空、历久弥新,是社会主义核心价值观的重要体现,全体中华儿女要永续传承、世代发扬,绝不容许亵渎、诋毁。电影《长津湖》旨在缅怀中国人民志愿军"冰雕连"英烈,罗某却在观看电影后,在网络平台发帖公然歪曲历史,侮辱、抹黑英烈,伤害公众情感,严重破坏社会公共秩序。本案通过司法手段严惩侵害抗美援朝英雄烈士群体名誉、荣誉行为,维护社会公共利益,护航传承和弘扬爱国主义精神,推动培育和践行社会主义核心价值观。

★在微信群发布侮辱袁隆平院士的言论，造成恶劣影响，依法应予严惩

《肖某侵害英雄烈士名誉、荣誉罪案——在人数众多的微信群诋毁、侮辱英雄，构成侵害英雄烈士名誉、荣誉罪》（2022年12月8日最高人民法院发布涉英烈权益保护十大典型案例）

【典型意义】

自2021年3月1日起施行的《中华人民共和国刑法修正案（十一）》增设“侵害英雄烈士名誉、荣誉罪”，体现出我国对英雄烈士权益强有力的保护，以及严厉打击抹黑英雄烈士形象行为的决心。袁隆平院士为人民自由幸福和国家繁荣富强作出重大贡献，属于英雄人物，适用英雄烈士人格利益保护的相关法律规定是应有之义。肖某在微信群发布侮辱袁隆平院士的言论，造成恶劣影响，依法应予严惩。本案既有力打击侵害英雄名誉、荣誉行为，维护英雄权益，又教育社会公众崇尚英雄、捍卫英雄、学习英雄，充分彰显司法裁判在社会治理中的价值导向作用。

★在网络上采用侮辱、诽谤方式侵害英雄烈士名誉、荣誉，造成恶劣社会影响，情节严重的，构成本罪

《仇某侵害英雄烈士名誉、荣誉暨附带民事公益诉讼案——在网络平台上采用侮辱、诽谤方式侵害卫国戍边英雄烈士名誉、荣誉构成犯罪并应承担民事责任》（2022年12月8日最高人民法院发布涉英烈权益保护十大典型案例）

【裁判结果】

江苏省南京市建邺区人民法院认为，被告人仇某公然藐视国家法律和社会公德，在网络上采用侮辱、诽谤方式侵害英雄烈士名誉、荣誉，造成恶劣社会影响，严重破坏社会秩序，损害社会公共利益，情节严重，构成侵害英雄烈士名誉、荣誉罪。附带民事公益诉讼被告仇某发表不当言论，亵渎英雄烈士事迹和精神，侵害英雄烈士名誉、荣誉，应当承担民事侵权责任。作出刑事附带民事判决，被告人仇某犯侵害英雄烈士名誉、荣誉罪，判处有期徒刑8个月；附带民事公益诉讼被告仇某通过国内主要门户网站及全国性媒体公开赔礼道歉，消除影响。

【典型意义】

“辣笔小球”案是《中华人民共和国刑法修正案（十一）》增设“侵害英雄烈士名誉、荣誉罪”后的全国首案。本案依法认定仇某的行为构成侵害英雄烈士名誉、荣誉罪，通过科处刑罚，保护英烈权益，弘扬英烈精神，回应社会关切，发挥司法裁判教育、警示作用，具有首案引领意义。有助于推动社会公众形成维护英雄烈士名誉、荣誉，严惩亵渎、诋毁英烈言行的广泛共识，大力弘扬社会主义核心价值观，彰显司法保护英烈权益、弘扬英烈精神的坚定立场。

★踩踏烈士墓碑底座、在墓碑前不敬摆拍应依法承担刑事和民事责任

《李某侵害英雄烈士名誉、荣誉权纠纷案》（2023 年 3 月 1 日最高人民法院发布第三批人民法院大力弘扬社会主义核心价值观典型民事案例）

【典型意义】

习近平总书记指出，实现我们的目标，需要英雄，需要英雄精神。我们要铭记一切为中华民族和中国人民作出贡献的英雄们，崇尚英雄，捍卫英雄，学习英雄，关爱英雄。无数英雄先烈是我们民族的脊梁，是我们不断开拓前进的勇气和力量所在。英雄烈士的事迹和精神是中华民族的历史记忆和宝贵的精神财富，是实现中华民族伟大复兴的强大动力，任何歪曲、丑化、亵渎、诋毁英雄烈士的行为均应受到社会的谴责。本案充分体现了人民法院弘扬英烈精神、捍卫英烈尊严的坚定立场，对于弘扬爱国、法治、文明的社会主义核心价值观具有积极意义。

第三百条 【组织、利用会道门、邪教组织、利用迷信破坏法律实施罪】组织、利用会道门、邪教组织或者利用迷信破坏国家法律、行政法规实施的，处三年以上七年以下有期徒刑，并处罚金；情节特别严重的，处七年以上有期徒刑或者无期徒刑，并处罚金或者没收财产；情节较轻的，处三年以下有期徒刑、拘役、管制或者剥夺政治权利，并处或者单处罚金。

【组织、利用会道门、邪教组织、利用迷信致人重伤、死亡罪】组织、利用会道门、邪教组织或者利用迷信蒙骗他人，致人重伤、死亡的，依照前款的规定处罚。

犯第一款罪又有奸淫妇女、诈骗财物等犯罪行为的，依照数罪并罚的规定处罚。

立法动态

本条源自《中华人民共和国刑法》（1997 年 3 月 14 日第八届全国人民代表大会第五次会议修订，自 1997 年 10 月 1 日起施行）。

本条根据《中华人民共和国刑法修正案（九）》（自 2015 年 11 月 1 日起施行）第三十三条修改。

原本条规定为：第三百条 （第一款）组织和利用会道门、邪教组织或者利用迷信破坏国家法律、行政法规实施的，处三年以上七年以下有期徒刑；情节特别严重的，处七年以上有期徒刑。（第二款）组织和利用会道门、邪教组织或者利用迷信蒙骗他人，致人死亡的，依照前款的规定处罚。（第三款）组织和利用会道门、邪教组织或者利用迷信奸淫妇女、诈骗财物的，分别依照本法第二百三十六条、第二百六十六条的规定定罪处罚。

本条修改的主要内容为：一是对本罪增加了罚金刑；二是补充规定了“情节特别严重”和“情节较轻”时刑罚的适用；三是在第二款中增加了“致人重伤”的犯罪情节；四是将第三款转化型犯罪修改为数

罪并罚。

适用要点与裁判依据

★“邪教组织”的认定

《最高人民法院、最高人民检察院关于办理组织、利用邪教组织破坏法律实施等刑事案件适用法律若干问题的解释》(2017 年 1 月 25 日　法释〔2017〕3 号)

第一条　冒用宗教、气功或者以其他名义建立,神化、鼓吹首要分子,利用制造、散布迷信邪说等手段蛊惑、蒙骗他人,发展、控制成员,危害社会的非法组织,应当认定为刑法第三百条规定的“邪教组织”。

★犯本罪,“情节严重”“情节特别严重”“情节较轻”的认定标准

《最高人民法院、最高人民检察院关于办理组织、利用邪教组织破坏法律实施等刑事案件适用法律若干问题的解释》(2017 年 1 月 25 日　法释〔2017〕3 号)

第二条　组织、利用邪教组织,破坏国家法律、行政法规实施,具有下列情形之一的,应当依照刑法第三百条第一款的规定,处三年以上七年以下有期徒刑,并处罚金:

(一)建立邪教组织,或者邪教组织被取缔后又恢复、另行建立邪教组织的;

(二)聚众包围、冲击、强占、哄闹国家机关、企业事业单位或者公共场所、宗教活动场所,扰乱社会秩序的;

(三)非法举行集会、游行、示威,扰乱社会秩序的;

(四)使用暴力、胁迫或者以其他方法强迫他人加入或者阻止他人退出邪教组织的;

(五)组织、煽动、蒙骗成员或者他人不履行法定义务的;

(六)使用“伪基站”“黑广播”等无线电台(站)或者无线电频率宣扬邪教的;

（七）曾因从事邪教活动被追究刑事责任或者二年内受过行政处罚，又从事邪教活动的；

（八）发展邪教组织成员五十人以上的；

（九）敛取钱财或者造成经济损失一百万元以上的；

（十）以货币为载体宣扬邪教，数量在五百张（枚）以上的；

（十一）制作、传播邪教宣传品，达到下列数量标准之一的：

1. 传单、喷图、图片、标语、报纸一千份（张）以上的；

2. 书籍、刊物二百五十册以上的；

3. 录音带、录像带等音像制品二百五十盒（张）以上的；

4. 标识、标志物二百五十件以上的；

5. 光盘、U盘、储存卡、移动硬盘等移动存储介质一百个以上的；

6. 横幅、条幅五十条（个）以上的。

（十二）利用通讯信息网络宣扬邪教，具有下列情形之一的：

1. 制作、传播宣扬邪教的电子图片、文章二百张（篇）以上，电子书籍、刊物、音视频五十册（个）以上，或者电子文档五百万字符以上、电子音视频二百五十分钟以上的；

2. 编发信息、拨打电话一千条（次）以上的；

3. 利用在线人数累计达到一千以上的聊天室，或者利用群组成员、关注人员等账号数累计一千以上的通讯群组、微信、微博等社交网络宣扬邪教的；

4. 邪教信息实际被点击、浏览数达到五千次以上的。

（十三）其他情节严重的情形。

第三条　组织、利用邪教组织，破坏国家法律、行政法规实施，具有下列情形之一的，应当认定为刑法第三百条第一款规定的"情节特别严重"，处七年以上有期徒刑或者无期徒刑，并处罚金或者没收财产：

（一）实施本解释第二条第一项至第七项规定的行为，社会危害特别严重的；

（二）实施本解释第二条第八项至第十二项规定的行为，数量或者数额达到第二条规定相应标准五倍以上的；

（三）其他情节特别严重的情形。

第四条　组织、利用邪教组织，破坏国家法律、行政法规实施，具有下列情形之一的，应当认定为刑法第三百条第一款规定的“情节较轻”，处三年以下有期徒刑、拘役、管制或者剥夺政治权利，并处或者单处罚金：

（一）实施本解释第二条第一项至第七项规定的行为，社会危害较轻的；

（二）实施本解释第二条第八项至第十二项规定的行为，数量或者数额达到相应标准五分之一以上的；

（三）其他情节较轻的情形。

★犯本罪，“蒙骗他人，致人重伤、死亡”的认定

《最高人民法院、最高人民检察院关于办理组织、利用邪教组织破坏法律实施等刑事案件适用法律若干问题的解释》（2017 年 1 月 25 日　法释〔2017〕3 号）

第七条　组织、利用邪教组织，制造、散布迷信邪说，蒙骗成员或者他人绝食、自虐等，或者蒙骗病人不接受正常治疗，致人重伤、死亡的，应当认定为刑法第三百条第二款规定的组织、利用邪教组织“蒙骗他人，致人重伤、死亡”。

组织、利用邪教组织蒙骗他人，致一人以上死亡或者三人以上重伤的，处三年以上七年以下有期徒刑，并处罚金。

组织、利用邪教组织蒙骗他人，具有下列情形之一的，处七年以上有期徒刑或者无期徒刑，并处罚金或者没收财产：

（一）造成三人以上死亡的；

（二）造成九人以上重伤的；

（三）其他情节特别严重的情形。

组织、利用邪教组织蒙骗他人，致人重伤的，处三年以下有期徒刑、拘役、管制或者剥夺政治权利，并处或者单处罚金。

★犯本罪，应当从重处罚的七种情形

《最高人民法院、最高人民检察院关于办理组织、利用邪教组织破坏法律实施等刑事案件适用法律若干问题的解释》（2017 年 1 月 25 日　法释〔2017〕3 号）

第八条　实施本解释第二条至第五条规定的行为，具有下列情形之一的，从重处罚：

（一）与境外机构、组织、人员勾结，从事邪教活动的；

（二）跨省、自治区、直辖市建立邪教组织机构、发展成员或者组织邪教活动的；

（三）在重要公共场所、监管场所或者国家重大节日、重大活动期间聚集滋事，公开进行邪教活动的；

（四）邪教组织被取缔后，或者被认定为邪教组织后，仍然聚集滋事，公开进行邪教活动的；

（五）国家工作人员从事邪教活动的；

（六）向未成年人宣扬邪教的；

（七）在学校或者其他教育培训机构宣扬邪教的。

★可以不起诉、免予刑事处罚或者可以不作为犯罪处理的情形

《最高人民法院、最高人民检察院关于办理组织、利用邪教组织破坏法律实施等刑事案件适用法律若干问题的解释》（2017 年 1 月 25 日　法释〔2017〕3 号）

第九条　组织、利用邪教组织破坏国家法律、行政法规实施，符合本解释第四条规定情形，但行为人能够真诚悔罪，明确表示退出邪教组织、不再从事邪教活动的，可以不起诉或者免予刑事处罚。其中，行为人系受蒙蔽、胁迫参加邪教组织的，可以不作为犯罪处理。

组织、利用邪教组织破坏国家法律、行政法规实施，行为人在一审判决前能够真诚悔罪，明确表示退出邪教组织、不再从事邪教活动的，分别依照下列规定处理：

（一）符合本解释第二条规定情形的，可以认定为刑法第三百条第一款规定的“情节较轻”；

（二）符合本解释第三条规定情形的，可以不认定为刑法第三百条第一款规定的“情节特别严重”，处三年以上七年以下有期徒刑，并处罚金。

★犯本罪，又有煽动分裂国家、煽动颠覆国家政权或者侮辱、诽谤他人等犯罪行为的，实行数罪并罚

《最高人民法院、最高人民检察院关于办理组织、利用邪教组织破坏法律实施等刑事案件适用法律若干问题的解释》（2017年1月25日　法释〔2017〕3号）

第十条　组织、利用邪教组织破坏国家法律、行政法规实施过程中，又有煽动分裂国家、煽动颠覆国家政权或者侮辱、诽谤他人等犯罪行为的，依照数罪并罚的规定定罪处罚。

★组织、策划、煽动、胁迫、教唆、帮助其成员或者他人实施自杀、自伤的，以故意杀人罪或者故意伤害罪定罪处罚

《最高人民法院、最高人民检察院关于办理组织、利用邪教组织破坏法律实施等刑事案件适用法律若干问题的解释》（2017年1月25日　法释〔2017〕3号）

第十一条　组织、利用邪教组织，制造、散布迷信邪说，组织、策划、煽动、胁迫、教唆、帮助其成员或者他人实施自杀、自伤的，依照刑法第二百三十二条、第二百三十四条的规定，以故意杀人罪或者故意伤害罪定罪处罚。

★邪教组织人员以自焚、自爆或者其他危险方法危害公共安全的，以放火罪、爆炸罪、以危险方法危害公共安全罪等定罪处罚

《最高人民法院、最高人民检察院关于办理组织、利用邪教组织破坏法律实施等刑事案件适用法律若干问题的解释》（2017年1月25日　法释〔2017〕3号）

第十二条　邪教组织人员以自焚、自爆或者其他危险方法危害公共安全的，依照刑法第一百一十四条、第一百一十五条的规定，以放火罪、爆炸罪、以危险方法危害公共安全罪等定罪处罚。

★明知他人组织、利用邪教组织实施犯罪而为其提供便利条件或者帮助的，以共同犯罪论处

《最高人民法院、最高人民检察院关于办理组织、利用邪教组织破坏法律实施等刑事案件适用法律若干问题的解释》(2017年1月25日　法释〔2017〕3号)

第十三条　明知他人组织、利用邪教组织实施犯罪，而为其提供经费、场地、技术、工具、食宿、接送等便利条件或者帮助的，以共同犯罪论处。

★对于犯本条之罪且严重破坏社会秩序的犯罪分子，可以附加剥夺政治权利

《最高人民法院、最高人民检察院关于办理组织、利用邪教组织破坏法律实施等刑事案件适用法律若干问题的解释》(2017年1月25日　法释〔2017〕3号)

第十四条　对于犯组织、利用邪教组织破坏法律实施罪、组织、利用邪教组织致人重伤、死亡罪，严重破坏社会秩序的犯罪分子，根据刑法第五十六条的规定，可以附加剥夺政治权利。

类案检索指引

★"门徒会"引诱老百姓的三种主要方式

《赵某某等5人利用邪教组织破坏法律实施案》(2022年4月16日最高人民检察院发布检察机关依法惩治危害国家安全犯罪典型案例)

赵某某，女，57岁，初中文化，常年胃痛、脚痛，在小诊所长期吃药不见明显好转。2015年，其亲友告诉她，可以加入"门徒会"，在家诚心祷告，病就会好。于是她加入"门徒会"，并逐渐成为该组织的骨干成员。然而，赵某某的病却丝毫未见好转，反而越来越严重。案发后，通过检察机关办案人员耐心细致的教育转化，赵某某是最早表示愿意认罪认罚的犯罪嫌疑人。

根据赵某某等人的供述,“门徒会”引诱老百姓的方式主要有以下三种:一是神话“季三保”,鼓吹其无所不能。“门徒会”在发展信徒的时候,会宣称“季三宝能量很大,他最后成了神,向他祷告后哑巴能开口,聋子能听见,死人能复活,大病绝症得平安”,以此蛊惑人心,拉拢信徒。二是在传播过程中主打“治病”,治病功能生效的条件就是“刚强”地信仰该教,治病治不好就是信仰不刚强。这也是此类邪教最危险之处——用“两头堵”来糊弄老百姓,症状轻的人自愈了,觉得神奇,症状重的好不了,认为是自己信仰不刚强,从而耽误治疗时间。三是“高价”的精神关怀。为营造对信徒关心关爱的假象,信徒聚会时互相倾诉家长里短及烦恼,带给彼此被关怀的满足感,让信徒误认为有“家”的感觉,从而心甘情愿“献爱心”、缴纳“慈慧钱”。

“都是让这个邪教害的!如果能早点到大医院治疗,我的病就不会这样严重。”赵某某在法庭上接受公诉人的法庭教育后,深深忏悔道。通过承办检察官扎实有效的教转工作,最终赵某某等 5 人认罪认罚,分别被判处一年至四年有期徒刑。

第三百零一条 【聚众淫乱罪】聚众进行淫乱活动的,对首要分子或者多次参加的,处五年以下有期徒刑、拘役或者管制。

【引诱未成年人聚众淫乱罪】引诱未成年人参加聚众淫乱活动的,依照前款的规定从重处罚。

立法动态

本条源自《中华人民共和国刑法》(1997 年 3 月 14 日第八届全国人民代表大会第五次会议修订,自 1997 年 10 月 1 日起施行)。

立案标准

《最高人民检察院、公安部关于公安机关管辖的刑事案件立案追诉标准的规定(一)》(2017 年 4 月 27 日修正　公通字〔2017〕12 号)

第四十一条　[聚众淫乱案(刑法第三百零一条第一款)]组织、策划、指挥三人以上进行淫乱活动或者参加聚众淫乱活动三次以上的,应予立案追诉。

第四十二条　[引诱未成年人聚众淫乱案(刑法第三百零一条第二款)]引诱未成年人参加聚众淫乱活动的,应予立案追诉。

第三百零二条　【盗窃、侮辱、故意毁坏尸体、尸骨、骨灰罪】盗窃、侮辱、故意毁坏尸体、尸骨、骨灰的,处三年以下有期徒刑、拘役或者管制。

立法动态

本条源自《中华人民共和国刑法》(1997 年 3 月 14 日第八届全国人民代表大会第五次会议修订,自 1997 年 10 月 1 日起施行)。

本条根据《中华人民共和国刑法修正案(九)》(自 2015 年 11 月 1 日起施行)第三十四条修改。

原本条规定为:第三百零二条　盗窃、侮辱尸体的,处三年以下有期徒刑、拘役或者管制。

本条修改的主要内容为:一是补充规定“故意毁坏”的行为构成本罪;二是将犯罪对象由“尸体”扩展为“尸体、尸骨、骨灰”。

第三百零三条　【赌博罪】以营利为目的,聚众赌博或者以赌博为业的,处三年以下有期徒刑、拘役或者管制,并处罚金。

【开设赌场罪】开设赌场的,处五年以下有期徒刑、拘役或者管制,并处罚金;情节严重的,处五年以上十年以下有期徒刑,并处罚金。

【组织参与国(境)外赌博罪】组织中华人民共和国公民参与国(境)外赌博,数额巨大或者有其他严重情节的,依照前款的规定处罚。

立法动态

本条源自《中华人民共和国刑法》(1997年3月14日第八届全国人民代表大会第五次会议修订,自1997年10月1日起施行)。

本条曾经全国人大常委会两次修改。

原本条只有一款,内容为:第三百零三条 以营利为目的,聚众赌博、开设赌场或者以赌博为业的,处三年以下有期徒刑、拘役或者管制,并处罚金。

本条第一次根据《中华人民共和国刑法修正案(六)》(自2006年6月29日起施行)第十八条修改。修改的主要内容为:一是将原规定“开设赌场”的情形拆分出来,增设开设赌场罪,作为本条第二款;二是取消开设赌场罪须以“营利为目的”的限制;三是将开设赌场犯罪的最高刑期由三年有期徒刑提高到十年有期徒刑。

本条第二次根据《中华人民共和国刑法修正案(十一)》(自2021年3月1日起施行)第三十六条修改。修改的主要内容为:一是提高了本条第二款(开设赌场罪)罪的法定刑;二是增加第三款,规定“组织中华人民共和国公民参与国(境)外赌博,数额巨大或者有其他严重情节的,依照前款的规定处罚”。

立案标准

《最高人民检察院、公安部关于公安机关管辖的刑事案件立案追诉标准的规定(一)》(2017年4月27日修正 公通字〔2017〕12号)

第四十三条 [赌博案(刑法第三百零三条第一款)]以营利为目的,聚众赌博,涉嫌下列情形之一的,应予立案追诉:

(一)组织三人以上赌博,抽头渔利数额累计五千元以上的;

(二)组织三人以上赌博,赌资数额累计五万元以上;

(三)组织三人以上赌博,参赌人数累计二十人以上的;

(四)组织中华人民共和国公民十人以上赴境外赌博,从中收取回扣、介绍费的;

(五)其他聚众赌博应予追究刑事责任的情形。

以营利为目的,以赌博为业的,应予立案追诉。

赌博犯罪中用作赌注的款物、换取筹码的款物和通过赌博赢取的款物属于赌资。

通过计算机网络实施赌博犯罪的,赌资数额可以按照在计算机网络上投注或者赢取的点数乘以每一点实际代表的金额认定。

第四十四条　[开设赌场案(刑法第三百零三条第二款)]开设赌场的,应予立案追诉。

在计算机网络上建立赌博网站,或者为赌博网站担任代理,接受投注的,属于本条规定的"开设赌场"。

适用要点与裁判依据

★"聚众赌博"的认定标准

《最高人民法院、最高人民检察院关于办理赌博刑事案件具体应用法律若干问题的解释》(2005年5月11日　法释〔2005〕3号)

第一条　以营利为目的,有下列情形之一的,属于刑法第三百零三条规定的"聚众赌博":

(一)组织3人以上赌博,抽头渔利数额累计达到5000元以上的;

(二)组织3人以上赌博,赌资数额累计达到5万元以上的;

(三)组织3人以上赌博,参赌人数累计达到20人以上的;

(四)组织中华人民共和国公民10人以上赴境外赌博,从中收取回扣、介绍费的。

★以营利为目的,在计算机网络上建立赌博网站,或者为赌博网站担任代理,接受投注的,属于"开设赌场"

《最高人民法院、最高人民检察院关于办理赌博刑事案件具体应用法律若干问题的解释》(2005 年 5 月 11 日　法释〔2005〕3 号)

第二条　以营利为目的,在计算机网络上建立赌博网站,或者为赌博网站担任代理,接受投注的,属于刑法第三百零三条规定的"开设赌场"。

★中华人民共和国公民在我国领域外周边地区聚众赌博、开设赌场,以吸引中华人民共和国公民为主要客源的,构成赌博罪

《最高人民法院、最高人民检察院关于办理赌博刑事案件具体应用法律若干问题的解释》(2005 年 5 月 11 日　法释〔2005〕3 号)

第三条　中华人民共和国公民在我国领域外周边地区聚众赌博、开设赌场,以吸引中华人民共和国公民为主要客源,构成赌博罪的,可以依照刑法规定追究刑事责任。

★明知他人实施赌博犯罪活动而为其提供直接帮助的,以赌博罪的共犯论处

《最高人民法院、最高人民检察院关于办理赌博刑事案件具体应用法律若干问题的解释》(2005 年 5 月 11 日　法释〔2005〕3 号)

第四条　明知他人实施赌博犯罪活动,而为其提供资金、计算机网络、通讯、费用结算等直接帮助的,以赌博罪的共犯论处。

★实施赌博犯罪,应当从重处罚的情形

《最高人民法院、最高人民检察院关于办理赌博刑事案件具体应用法律若干问题的解释》(2005 年 5 月 11 日　法释〔2005〕3 号)

第五条　实施赌博犯罪,有下列情形之一的,依照刑法第三百零三条的规定从重处罚:

(一)具有国家工作人员身份的;

(二)组织国家工作人员赴境外赌博的;

(三)组织未成年人参与赌博,或者开设赌场吸引未成年人参与赌博的。

★赌资的认定和处理

《最高人民法院、最高人民检察院关于办理赌博刑事案件具体应用法律若干问题的解释》(2005 年 5 月 11 日　法释〔2005〕3 号)

第八条　赌博犯罪中用作赌注的款物、换取筹码的款物和通过赌博赢取的款物属于赌资。通过计算机网络实施赌博犯罪的,赌资数额可以按照在计算机网络上投注或者赢取的点数乘以每一点实际代表的金额认定。

赌资应当依法予以追缴;赌博用具、赌博违法所得以及赌博犯罪分子所有的专门用于赌博的资金、交通工具、通讯工具等,应当依法予以没收。

★带有少量财物输赢的娱乐活动以及提供棋牌室等娱乐场所只收取正常的场所和服务费用的经营行为等,不以赌博论处

《最高人民法院、最高人民检察院关于办理赌博刑事案件具体应用法律若干问题的解释》(2005 年 5 月 11 日　法释〔2005〕3 号)

第九条　不以营利为目的,进行带有少量财物输赢的娱乐活动,以及提供棋牌室等娱乐场所只收取正常的场所和服务费用的经营行为等,不以赌博论处。

★网上开设赌场犯罪的定罪量刑标准

《最高人民法院、最高人民检察院、公安部关于办理网络赌博犯罪案件适用法律若干问题的意见》(2010 年 8 月 31 日　公通字〔2010〕40 号)

第303条

一、关于网上开设赌场犯罪的定罪量刑标准

利用互联网、移动通讯终端等传输赌博视频、数据,组织赌博活动,具有下列情形之一的,属于刑法第三百零三条第二款规定的"开设赌场"行为:

(一)建立赌博网站并接受投注的;

(二)建立赌博网站并提供给他人组织赌博的;

(三)为赌博网站担任代理并接受投注的;

(四)参与赌博网站利润分成的。

实施前款规定的行为,具有下列情形之一的,应当认定为刑法第三百零三条第二款规定的"情节严重":

(一)抽头渔利数额累计达到3万元以上的;

(二)赌资数额累计达到30万元以上的;

(三)参赌人数累计达到120人以上的;

(四)建立赌博网站后通过提供给他人组织赌博,违法所得数额在3万元以上的;

(五)参与赌博网站利润分成,违法所得数额在3万元以上的;

(六)为赌博网站招募下级代理,由下级代理接受投注的;

(七)招揽未成年人参与网络赌博的;

(八)其他情节严重的情形。

★网上开设赌场共同犯罪的认定和处罚

《最高人民法院、最高人民检察院、公安部关于办理网络赌博犯罪案件适用法律若干问题的意见》(2010年8月31日　公通字〔2010〕40号)

二、关于网上开设赌场共同犯罪的认定和处罚

明知是赌博网站,而为其提供下列服务或者帮助的,属于开设赌场罪的共同犯罪,依照刑法第三百零三条第二款的规定处罚:

(一)为赌博网站提供互联网接入、服务器托管、网络存储空间、通讯传输通道、投放广告、发展会员、软件开发、技术支持等服务,收取服务费数额在2万元以上的;

(二)为赌博网站提供资金支付结算服务,收取服务费数额在1万元以上或者帮助收取赌资20万元以上的;

(三)为10个以上赌博网站投放与网址、赔率等信息有关的广告或者为赌博网站投放广告累计100条以上的。

实施前款规定的行为,数量或者数额达到前款规定标准5倍以上的,应当认定为刑法第三百零三条第二款规定的"情节严重"。

实施本条第一款规定的行为,具有下列情形之一的,应当认定行为人"明知",但是有证据证明确实不知道的除外:

（一）收到行政主管机关书面等方式的告知后，仍然实施上述行为的；

（二）为赌博网站提供互联网接入、服务器托管、网络存储空间、通讯传输通道、投放广告、软件开发、技术支持、资金支付结算等服务，收取服务费明显异常的；

（三）在执法人员调查时，通过销毁、修改数据、账本等方式故意规避调查或者向犯罪嫌疑人通风报信的；

（四）其他有证据证明行为人明知的。

如果有开设赌场的犯罪嫌疑人尚未到案，但是不影响对已到案共同犯罪嫌疑人、被告人的犯罪事实认定的，可以依法对已到案者定罪处罚。

★网络赌博犯罪的参赌人数、赌资数额和网站代理的认定

《最高人民法院、最高人民检察院、公安部关于办理网络赌博犯罪案件适用法律若干问题的意见》（2010 年 8 月 31 日　公通字〔2010〕40 号）

三、关于网络赌博犯罪的参赌人数、赌资数额和网站代理的认定

赌博网站的会员账号数可以认定为参赌人数，如果查实一个账号多人使用或者多个账号一人使用的，应当按照实际使用的人数计算参赌人数。

赌资数额可以按照在网络上投注或者赢取的点数乘以每一点实际代表的金额认定。

对于将资金直接或间接兑换为虚拟货币、游戏道具等虚拟物品，并用其作为筹码投注的，赌资数额按照购买该虚拟物品所需资金数额或者实际支付资金数额认定。

对于开设赌场犯罪中用于接收、流转赌资的银行账户内的资金，犯罪嫌疑人、被告人不能说明合法来源的，可以认定为赌资。向该银行账户转入、转出资金的银行账户数量可以认定为参赌人数。如果查实一个账户多人使用或多个账户一人使用的，应当按照实际使用的人数计算参赌人数。

有证据证明犯罪嫌疑人在赌博网站上的账号设置有下级账号的，应当认定其为赌博网站的代理。

★利用赌博机组织赌博的性质认定

《最高人民法院、最高人民检察院、公安部关于办理利用赌博机开设赌场案件适用法律若干问题的意见》(2014 年 3 月 26 日　公通字〔2014〕17 号)

一、关于利用赌博机组织赌博的性质认定

设置具有退币、退分、退钢珠等赌博功能的电子游戏设施设备,并以现金、有价证券等贵重款物作为奖品,或者以回购奖品方式给予他人现金、有价证券等贵重款物(以下简称设置赌博机)组织赌博活动的,应当认定为刑法第三百零三条第二款规定的“开设赌场”行为。

★利用赌博机开设赌场的定罪处罚标准

《最高人民法院、最高人民检察院、公安部关于办理利用赌博机开设赌场案件适用法律若干问题的意见》(2014 年 3 月 26 日　公通字〔2014〕17 号)

二、关于利用赌博机开设赌场的定罪处罚标准

设置赌博机组织赌博活动,具有下列情形之一的,应当按照刑法第三百零三条第二款规定的开设赌场罪定罪处罚:

(一)设置赌博机 10 台以上的;

(二)设置赌博机 2 台以上,容留未成年人赌博的;

(三)在中小学校附近设置赌博机 2 台以上的;

(四)违法所得累计达到 5000 元以上的;

(五)赌资数额累计达到 5 万元以上的;

(六)参赌人数累计达到 20 人以上的;

(七)因设置赌博机被行政处罚后,两年内再设置赌博机 5 台以上的;

(八)因赌博、开设赌场犯罪被刑事处罚后,五年内再设置赌博机 5 台以上的;

(九)其他应当追究刑事责任的情形。

设置赌博机组织赌博活动,具有下列情形之一的,应当认定为刑法第三百零三条第二款规定的“情节严重”:

(一)数量或者数额达到第二条第一款第一项至第六项规定标准六倍以上的;

(二)因设置赌博机被行政处罚后,两年内再设置赌博机30台以上的;

(三)因赌博、开设赌场犯罪被刑事处罚后,五年内再设置赌博机30台以上的;

(四)其他情节严重的情形。

可同时供多人使用的赌博机,台数按照能够独立供一人进行赌博活动的操作基本单元的数量认定。

在两个以上地点设置赌博机,赌博机的数量、违法所得、赌资数额、参赌人数等均合并计算。

★以开设赌场罪共犯论处的五种情形

《最高人民法院、最高人民检察院、公安部关于办理利用赌博机开设赌场案件适用法律若干问题的意见》(2014年3月26日　公通字〔2014〕17号)

三、关于共犯的认定

明知他人利用赌博机开设赌场,具有下列情形之一的,以开设赌场罪的共犯论处:

(一)提供赌博机、资金、场地、技术支持、资金结算服务的;

(二)受雇参与赌场经营管理并分成的;

(三)为开设赌场者组织客源,收取回扣、手续费的;

(四)参与赌场管理并领取高额固定工资的;

(五)提供其他直接帮助的。

★赌资的认定

《最高人民法院、最高人民检察院、公安部关于办理利用赌博机开设赌场案件适用法律若干问题的意见》(2014年3月26日　公通字〔2014〕17号)

五、关于赌资的认定

本意见所称赌资包括:

（一）当场查获的用于赌博的款物；

（二）代币、有价证券、赌博积分等实际代表的金额；

（三）在赌博机上投注或赢取的点数实际代表的金额。

★赌博机的认定

《最高人民法院、最高人民检察院、公安部关于办理利用赌博机开设赌场案件适用法律若干问题的意见》（2014年3月26日 公通字〔2014〕17号）

六、关于赌博机的认定

对于涉案的赌博机，公安机关应当采取拍照、摄像等方式及时固定证据，并予以认定。对于是否属于赌博机难以确定的，司法机关可以委托地市级以上公安机关出具检验报告。司法机关根据检验报告，并结合案件具体情况作出认定。必要时，人民法院可以依法通知检验人员出庭作出说明。

★办理利用赌博机开设赌场的案件，重点打击赌场的出资者、经营者

《最高人民法院、最高人民检察院、公安部关于办理利用赌博机开设赌场案件适用法律若干问题的意见》（2014年3月26日 公通字〔2014〕17号）

七、关于宽严相济刑事政策的把握

办理利用赌博机开设赌场的案件，应当贯彻宽严相济刑事政策，重点打击赌场的出资者、经营者。对受雇佣为赌场从事接送参赌人员、望风看场、发牌坐庄、兑换筹码等活动的人员，除参与赌场利润分成或者领取高额固定工资的以外，一般不追究刑事责任，可由公安机关依法给予治安管理处罚。对设置游戏机，单次换取少量奖品的娱乐活动，不以违法犯罪论处。

★国家机关工作人员参与利用赌博机开设赌场犯罪的，从重处罚

《最高人民法院、最高人民检察院、公安部关于办理利用赌博机开设赌场案件适用法律若干问题的意见》（2014年3月26日 公通字〔2014〕17号）

八、关于国家机关工作人员渎职犯罪的处理

负有查禁赌博活动职责的国家机关工作人员，徇私枉法，包庇、放纵开设赌场违法犯罪活动,或者为违法犯罪分子通风报信、提供便利、帮助犯罪分子逃避处罚,构成犯罪的,依法追究刑事责任。

国家机关工作人员参与利用赌博机开设赌场犯罪的,从重处罚。

★跨境赌博犯罪"开设赌场"的认定

《办理跨境赌博犯罪案件若干问题的意见》(2020年10月16日公通字〔2020〕14号)

二、关于跨境赌博犯罪的认定

(一)以营利为目的,有下列情形之一的,属于刑法第三百零三条第二款规定的"开设赌场":

1. 境外赌场经营人、实际控制人、投资人,组织、招揽中华人民共和国公民赴境外赌博的;

2. 境外赌场管理人员,组织、招揽中华人民共和国公民赴境外赌博的;

3. 受境外赌场指派、雇佣,组织、招揽中华人民共和国公民赴境外赌博,或者组织、招揽中华人民共和国公民赴境外赌博,从赌场获取费用、其他利益的;

4. 在境外赌场包租赌厅、赌台,组织、招揽中华人民共和国公民赴境外赌博的;

5. 其他在境外以提供赌博场所、提供赌资、设定赌博方式等,组织、招揽中华人民共和国公民赴境外赌博的。

在境外赌场通过开设账户、洗码等方式,为中华人民共和国公民赴境外赌博提供资金担保服务的,以"开设赌场"论处。

(二)以营利为目的,利用信息网络、通讯终端等传输赌博视频、数据,组织中华人民共和国公民跨境赌博活动,有下列情形之一的,属于刑法第三百零三条第二款规定的"开设赌场":

1. 建立赌博网站、应用程序并接受投注的;

2. 建立赌博网站、应用程序并提供给他人组织赌博的;

3. 购买或者租用赌博网站、应用程序,组织他人赌博的;

4. 参与赌博网站、应用程序利润分成的;

5. 担任赌博网站、应用程序代理并接受投注的；

6. 其他利用信息网络、通讯终端等传输赌博视频、数据，组织跨境赌博活动的。

（三）组织、招揽中华人民共和国公民赴境外赌博，从参赌人员中获取费用或者其他利益的，属于刑法第三百零三条第一款规定的“聚众赌博”。

（四）跨境开设赌场犯罪定罪处罚的数量或者数额标准，参照适用《关于办理赌博刑事案件具体应用法律若干问题的解释》《关于办理利用赌博机开设赌场案件适用法律若干问题的意见》和《关于办理网络赌博犯罪案件适用法律若干问题的意见》的有关规定。

★跨境赌博共同犯罪的认定

《最高人民法院、最高人民检察院、公安部办理跨境赌博犯罪案件若干问题的意见》（2020 年 10 月 16 日　公通字〔2020〕14 号）

三、关于跨境赌博共同犯罪的认定

（一）三人以上为实施开设赌场犯罪而组成的较为固定的犯罪组织，应当依法认定为赌博犯罪集团。对组织、领导犯罪集团的首要分子，按照集团所犯的全部罪行处罚。对犯罪集团中组织、指挥、策划者和骨干分子，应当依法从严惩处。

（二）明知他人实施开设赌场犯罪，为其提供场地、技术支持、资金、资金结算等服务的，以开设赌场罪的共犯论处。

（三）明知是赌博网站、应用程序，有下列情形之一的，以开设赌场罪的共犯论处：

1. 为赌博网站、应用程序提供软件开发、技术支持、互联网接入、服务器托管、网络存储空间、通讯传输通道、广告投放、会员发展、资金支付结算等服务的；

2. 为赌博网站、应用程序担任代理并发展玩家、会员、下线的。

为同一赌博网站、应用程序担任代理，既无上下级关系，又无犯意联络的，不构成共同犯罪。

（四）对受雇佣为赌场从事接送参赌人员、望风看场、发牌坐庄、兑换筹码、发送宣传广告等活动的人员及赌博网站、应用程序中与组织赌博活动无直接关联的一般工作人员，除参与赌场、赌博网站、应用程序利润分成或者领取高额固定工资的外，可以不追究刑事责任，由公安机关依法给予治安管理处罚。

★跨境赌博关联犯罪的认定

《最高人民法院、最高人民检察院、公安部办理跨境赌博犯罪案件若干问题的意见》（2020 年 10 月 16 日　公通字〔2020〕14 号）

四、关于跨境赌博关联犯罪的认定

（一）使用专门工具、设备或者其他手段诱使他人参赌，人为控制赌局输赢，构成犯罪的，依照刑法关于诈骗犯罪的规定定罪处罚。

网上开设赌场，人为控制赌局输赢，或者无法实现提现，构成犯罪的，依照刑法关于诈骗犯罪的规定定罪处罚。部分参赌者赢利、提现不影响诈骗犯罪的认定。

（二）通过开设赌场或者为国家工作人员参与赌博提供资金的形式实施行贿、受贿行为，构成犯罪的，依照刑法关于贿赂犯罪的规定定罪处罚。同时构成赌博犯罪的，应当依法与贿赂犯罪数罪并罚。

（三）实施跨境赌博犯罪，同时构成组织他人偷越国（边）境、运送他人偷越国（边）境、偷越国（边）境罪等罪的，应当依法数罪并罚。

（四）实施赌博犯罪，为强行索要赌债，实施故意杀人、故意伤害、非法拘禁、故意毁坏财物、寻衅滋事等行为，构成犯罪的，应当依法数罪并罚。

（五）为赌博犯罪提供资金、信用卡、资金结算等服务，构成赌博犯罪共犯，同时构成非法经营罪、妨害信用卡管理罪、窃取、收买、非法提供信用卡信息罪、掩饰、隐瞒犯罪所得、犯罪收益罪等罪的，依照处罚较重的规定定罪处罚。

为网络赌博犯罪提供互联网接入、服务器托管、网络存储、通讯传输等技术支持，或者提供广告推广、支付结算等帮助，构成赌博犯罪共犯，同时构成非法利用信息网络罪、帮助信息网络犯罪活动罪等罪的，依照处罚较重的规定定罪处罚。

为实施赌博犯罪,非法获取公民个人信息,或者向实施赌博犯罪者出售、提供公民个人信息,构成赌博犯罪共犯,同时构成侵犯公民个人信息罪的,依照处罚较重的规定定罪处罚。

★跨境赌博犯罪赌资数额的认定及处理

《最高人民法院、最高人民检察院、公安部办理跨境赌博犯罪案件若干问题的意见》(2020年10月16日 公通字〔2020〕14号)

五、关于跨境赌博犯罪赌资数额的认定及处理

赌博犯罪中用作赌注的款物、换取筹码的款物和通过赌博赢取的款物属于赌资。

通过网络实施开设赌场犯罪的,赌资数额可以依照开设赌场行为人在其实际控制账户内的投注金额,结合其他证据认定;如无法统计,可以按照查证属实的参赌人员实际参赌的资金额认定。

对于将资金直接或者间接兑换为虚拟货币、游戏道具等虚拟物品,并用其作为筹码投注的,赌资数额按照购买该虚拟物品所需资金数额或者实际支付资金数额认定。

对于开设赌场犯罪中主要用于接收、流转赌资的银行账户内的资金,犯罪嫌疑人、被告人不能说明合法来源的,可以认定为赌资。

公安机关、人民检察院已查封、扣押、冻结的赌资、赌博用具等涉案财物及孳息,应当制作清单。人民法院对随案移送的涉案财物,依法予以处理。赌资应当依法予以追缴。赌博违法所得、赌博用具以及赌博犯罪分子所有的专门用于赌博的财物等,应当依法予以追缴、没收。

★跨境赌博犯罪案件宽严相济刑事政策的运用

《最高人民法院、最高人民检察院、公安部办理跨境赌博犯罪案件若干问题的意见》(2020年10月16日 公通字〔2020〕14号)

八、关于跨境赌博犯罪案件宽严相济刑事政策的运用

人民法院、人民检察院、公安机关要深刻认识跨境赌博犯罪的严重社会危害性,正确贯彻宽严相济刑事政策,运用认罪认罚从宽制度,充分发挥刑罚的惩治和预防功能。对实施跨境赌博犯罪活动的

被告人,应当在全面把握犯罪事实和量刑情节的基础上,依法从严惩处,并注重适用财产刑和追缴、没收等财产处置手段,最大限度剥夺被告人再犯的能力。

(一)实施跨境赌博犯罪,有下列情形之一的,酌情从重处罚:

1. 具有国家工作人员身份的;

2. 组织国家工作人员赴境外赌博的;

3. 组织、胁迫、引诱、教唆、容留未成年人参与赌博的;

4. 组织、招揽、雇佣未成年人参与实施跨境赌博犯罪的;

5. 采用限制人身自由等手段强迫他人赌博或者结算赌资,尚不构成其他犯罪的;

6. 因赌博活动致1人以上死亡、重伤或者3人以上轻伤,或者引发其他严重后果,尚不构成其他犯罪的;

7. 组织、招揽中华人民共和国公民赴境外多个国家、地区赌博的;

8. 因赌博、开设赌场曾被追究刑事责任或者二年内曾被行政处罚的。

(二)对于具有赌资数额大、共同犯罪的主犯、曾因赌博犯罪行为被追究刑事责任、悔罪表现不好等情形的犯罪嫌疑人、被告人,一般不适用不起诉、免予刑事处罚、缓刑。

(三)对实施赌博犯罪的被告人,应当加大财产刑的适用。对被告人并处罚金时,应当根据其在赌博犯罪中的地位作用、赌资、违法所得数额等情节决定罚金数额。

(四)犯罪嫌疑人、被告人提供重要证据,对侦破、查明重大跨境赌博犯罪案件起关键作用,经查证属实的,可以根据案件具体情况,依法从宽处理。

类案检索指引

★以营利为目的，利用微信群进行控制管理，持续组织网络赌博活动的，属于“开设赌场”

《洪小强、洪礼沃、洪清泉、李志荣开设赌场案》(2018年12月25日最高人民法院发布第20批指导性案例:指导案例105号)

【裁判要点】

以营利为目的，通过邀请人员加入微信群的方式招揽赌客，根据竞猜游戏网站的开奖结果等方式进行赌博，设定赌博规则，利用微信群进行控制管理，在一段时间内持续组织网络赌博活动的，属于刑法第三百零三条第二款规定的“开设赌场”。

★以营利为目的，利用微信群进行控制管理，以抢红包方式进行赌博，持续组织赌博活动的行为，属于“开设赌场”

《谢检军、高垒、高尔樵、杨泽彬开设赌场案》(2018年12月25日最高人民法院发布第20批指导性案例:指导案例106号)

【裁判要点】

以营利为目的，通过邀请人员加入微信群，利用微信群进行控制管理，以抢红包方式进行赌博，在一段时间内持续组织赌博活动的行为，属于刑法第三百零三条第二款规定的“开设赌场”。

★依法严惩披着期权交易外衣的赌博行为

《陈庆豪、陈淑娟、赵延海开设赌场案》(2020年12月31日最高人民法院发布第26批指导性案例:指导案例146号)

【裁判要点】

以“二元期权”交易的名义，在法定期货交易场所之外利用互联网招揽“投资者”，以未来某段时间外汇品种的价格走势为交易对象，按照“买涨”“买跌”确定盈亏，买对涨跌方向的“投资者”得利，买错的本金归网站(庄家)所有，盈亏结果不与价格实际涨跌幅度挂钩的，本质是“押大小、赌输赢”，是披着期权交易外衣的赌博行为。对相关网站应当认定为赌博网站。

★准确认定网络赌博本质,依法严惩新型网络开设赌场犯罪

《张某勇、张某明等25人开设赌场案》(2021年1月25日最高人民检察院发布充分发挥检察职能 推进网络空间治理典型案例)

【典型意义】

1. 准确认定网络赌博本质,依法严惩新型网络开设赌场犯罪。近年来,网络赌博犯罪日益多发隐蔽,手段花样翻新。犯罪分子通过搭建网络赌博平台,打着网上购物、网络游戏等"幌子",接受投注,吸引社会公众参与赌博。此类犯罪模式新颖,隐蔽性更强,赌客参与便利,危害性更大。要透过犯罪行为表象,通过对其运营模式、盈利手段、资金流向等的分析,认定赌博、开设赌场犯罪本质,依法从严惩处;敦促涉案人员主动退赃,不让犯罪分子从犯罪活动中获利,有力遏制网络赌博犯罪活动。

2. 树立正确的价值观财富观,远离网络赌博。赌博是社会毒瘤。广大民众要坚持勤劳致富、依法致富的理念,切勿心存幻想参与赌博。在面对层出不穷的网络赌博形式和营销手段时,要擦亮双眼,分清正规的购物、游戏平台与以购物、游戏为名的赌博网站,正常娱乐活动和聚众赌博的界限。一旦误入歧途,轻则遭受财产损失,重则倾家荡产,甚至可能构成犯罪。

3. 加强对网站软件的监管。相关部门要加强对购物网站、游戏平台等各类APP软件、小程序的日常监管,网络平台要加强技术管控,准确识别新型违法犯罪形式,及时处理举报线索,防止互联网为犯罪分子所利用,侵害社会公众利益,败坏社会风气。

★从是否有资金、实物兑换,是否有抽头渔利行为等准确认定是否系赌博

《唐某某等9人开设赌场案》(2021年11月29日最高人民检察院发布检察机关依法惩治开设赌场犯罪典型案例)

【典型意义】

近年来,网络赌博犯罪多发、手段花样翻新,犯罪分子通过搭建网络赌博平台,打着网络游戏、虚拟币等"幌子"接受投注,吸引群众参与赌博。该案中,被告人利用网络棋牌游戏应用,通过线下兑换虚拟币,实施开设赌场犯罪,对于该种行为,要透过现象看实质,从游戏过程中是否有资金、实物兑换,是否有抽头渔利行为等来准确认定是娱乐还是赌博。对于以游戏为名,通过缴纳报名费或者现金换取筹码参加游戏的形式,赢取筹码后能够兑换现金、有价证券或者其他财物的,其实质是赌博违法犯罪,也必将被法律所严惩。

★准确认定网络跨境赌博犯罪赌资数额

《陈某某等14人开设赌场案》(2021年11月29日最高人民检察院发布检察机关依法惩治开设赌场犯罪典型案例)

【典型意义】

近年来,跨境赌博犯罪活动向互联网迁移,其中赌资数额的认定,常常需要通过电子证据证实,认定困难。而准确认定该事实,既有利于依法打击赌博犯罪,斩断犯罪分子通过违法犯罪获利的利益链,也有助于摧毁该类犯罪的经济基础,最大限度剥夺犯罪分子再犯能力。该案中检察机关充分发挥检察职能,通过自行补充侦查,准确认定开设赌场犯罪赌资数额,依法严厉打击此类犯罪,同时积极贯彻少捕慎押的刑事司法政策,实现办案"三个效果"统一。

★认罪悔罪,成功规劝同案人投案的被告人,依法认定为立功

《刘某某、曾某某等11人开设赌场案》(2021年11月29日最高人民检察院发布检察机关依法惩治开设赌场犯罪典型案例)

【典型意义】

1. 该案社会危害性大。网络赌博这种新型开设赌场犯罪,严重危害了人民群众财产安全和合法权益,损害了社会诚信和社会秩序,导致受害者深陷泥潭。本案涉及地域广、人员多,涉案金额大,侦查机关调查取证的16名参赌人员,总计输了500多万元,无一人获利。其中有的参赌人员短短半个月内就输了110多万元,倾家荡产,导致生产经营项目资金链断裂;有的参赌人员经微信好友推荐参与赌博后,从小赌到大赌,整天沉迷于网络赌博,玩物丧志;有的参赌人员是父子,输了数十万元,因债务导致父子反目成仇。

2. 检察机关在办案中坚持贯彻宽严相济刑事政策。为依法严惩该犯罪，检察机关在依法提出的量刑建议中，综合考虑该案社会危害性，对于所有的被告人建议不适用缓刑，并根据各被告人在犯罪中的地位作用以及查明的非法获利数额，建议对各被告人并处相应的罚金刑，以剥夺其再犯的能力。同时，对于认罪悔罪，成功规劝同案人投案的被告人，依法认定为立功，建议对其减轻处罚。法院采纳了检察机关的相关意见。

第三百零四条　【故意延误投递邮件罪】邮政工作人员严重不负责任，故意延误投递邮件，致使公共财产、国家和人民利益遭受重大损失的，处二年以下有期徒刑或者拘役。

立法动态

本条源自《中华人民共和国刑法》(1997 年 3 月 14 日第八届全国人民代表大会第五次会议修订，自 1997 年 10 月 1 日起施行)。

立案标准

《最高人民检察院、公安部关于公安机关管辖的刑事案件立案追诉标准的规定(一)》(2017 年 4 月 27 日修正　公通字〔2017〕12 号)

第四十五条　[故意延误投递邮件案(刑法第三百零四条)]邮政工作人员严重不负责任，故意延误投递邮件，涉嫌下列情形之一的，应予立案追诉：

(一)造成直接经济损失二万元以上的；

(二)延误高校录取通知书或者其他重要邮件投递，致使他人失去高校录取资格或者造成其他无法挽回的重大损失的；

(三)严重损害国家声誉或者造成其他恶劣社会影响的；

(四)其他致使公共财产、国家和人民利益遭受重大损失的情形。

第二节　妨害司法罪

第三百零五条　【伪证罪】在刑事诉讼中，证人、鉴定人、记录人、翻译人对与案件有重要关系的情节，故意作虚假证明、鉴定、记录、翻译，意图陷害他人或者隐匿罪证的，处三年以下有期徒刑或者拘役；情节严重的，处三年以上七年以下有期徒刑。

立法动态

本条源自《中华人民共和国刑法》（1997 年 3 月 14 日第八届全国人民代表大会第五次会议修订，自 1997 年 10 月 1 日起施行）。

第三百零六条　【辩护人、诉讼代理人毁灭证据、伪造证据、妨害作证罪】在刑事诉讼中，辩护人、诉讼代理人毁灭、伪造证据，帮助当事人毁灭、伪造证据，威胁、引诱证人违背事实改变证言或者作伪证的，处三年以下有期徒刑或者拘役；情节严重的，处三年以上七年以下有期徒刑。

辩护人、诉讼代理人提供、出示、引用的证人证言或者其他证据失实，不是有意伪造的，不属于伪造证据。

立法动态

本条源自《中华人民共和国刑法》（1997 年 3 月 14 日第八届全国人民代表大会第五次会议修订，自 1997 年 10 月 1 日起施行）。

第三百零七条 【妨害作证罪】以暴力、威胁、贿买等方法阻止证人作证或者指使他人作伪证的，处三年以下有期徒刑或者拘役；情节严重的，处三年以上七年以下有期徒刑。

【帮助毁灭、伪造证据罪】帮助当事人毁灭、伪造证据，情节严重的，处三年以下有期徒刑或者拘役。

司法工作人员犯前两款罪的，从重处罚。

立法动态

本条源自《中华人民共和国刑法》（1997 年 3 月 14 日第八届全国人民代表大会第五次会议修订，自 1997 年 10 月 1 日起施行）。

适用要点与裁判依据

★采取伪造证据等手段篡改案件事实，骗取裁判文书的刑事责任

《最高人民法院、最高人民检察院关于办理虚假诉讼刑事案件适用法律若干问题的解释》（2018 年 9 月 26 日 法释〔2018〕17 号）

第七条 采取伪造证据等手段篡改案件事实，骗取人民法院裁判文书，构成犯罪的，依照刑法第二百八十条、第三百零七条等规定追究刑事责任。

第三百零七条之一 【虚假诉讼罪】以捏造的事实提起民事诉讼，妨害司法秩序或者严重侵害他人合法权益的，处三年以下有期徒刑、拘役或者管制，并处或者单处罚金；情节严重的，处三年以上七年以下有期徒刑，并处罚金。

单位犯前款罪的，对单位判处罚金，并对其直接负责的主管人员和其他直接责任人员，依照前款的规定处罚。

有第一款行为，非法占有他人财产或者逃避合法债务，又构成其他犯罪的，依照处罚较重的规定定罪从重处罚。

司法工作人员利用职权，与他人共同实施前三款行为的，从重处罚；同时构成其他犯罪的，依照处罚较重的规定定罪从重处罚。

立法动态

本条根据《中华人民共和国刑法修正案（九）》（自2015年11月1日起施行）第三十五条增加。

立案标准

《最高人民检察院、公安部关于公安机关管辖的刑事案件立案追诉标准的规定（二）》（2022年4月6日修订　公通字〔2022〕12号）

第七十八条　［虚假诉讼案（刑法第三百零七条之一）］单独或者与他人恶意串通，以捏造的事实提起民事诉讼，涉嫌下列情形之一的，应予立案追诉：

（一）致使人民法院基于捏造的事实采取财产保全或者行为保全措施的；

（二）致使人民法院开庭审理，干扰正常司法活动的；

（三）致使人民法院基于捏造的事实作出裁判文书、制作财产分配方案，或者立案执行基于捏造的事实作出的仲裁裁决、公证债权文书的；

（四）多次以捏造的事实提起民事诉讼的；

（五）因以捏造的事实提起民事诉讼被采取民事诉讼强制措施或者受过刑事追究的；

（六）其他妨害司法秩序或者严重侵害他人合法权益的情形。

适用要点与裁判依据

★对《中华人民共和国刑法修正案(九)》施行前,以捏造的事实提起民事诉讼,妨害司法秩序或者严重侵害他人合法权益的行为的法律适用

《最高人民法院关于〈中华人民共和国刑法修正案(九)〉时间效力问题的解释》(2015年10月29日　法释〔2015〕19号)

第七条　对于2015年10月31日以前以捏造的事实提起民事诉讼,妨害司法秩序或者严重侵害他人合法权益,根据修正前刑法应当以伪造公司、企业、事业单位、人民团体印章罪或者妨害作证罪等追究刑事责任的,适用修正前刑法的有关规定。但是,根据修正后刑法第三百零七条之一的规定处刑较轻的,适用修正后刑法的有关规定。

实施第一款行为,非法占有他人财产或者逃避合法债务,根据修正前刑法应当以诈骗罪、职务侵占罪或者贪污罪等追究刑事责任的,适用修正前刑法的有关规定。

★"以捏造的事实提起民事诉讼"的认定

《最高人民法院、最高人民检察院关于办理虚假诉讼刑事案件适用法律若干问题的解释》(2018年9月26日　法释〔2018〕17号)

第一条　采取伪造证据、虚假陈述等手段,实施下列行为之一,捏造民事法律关系,虚构民事纠纷,向人民法院提起民事诉讼的,应当认定为刑法第三百零七条之一第一款规定的"以捏造的事实提起民事诉讼":

(一)与夫妻一方恶意串通,捏造夫妻共同债务的;

(二)与他人恶意串通,捏造债权债务关系和以物抵债协议的;

(三)与公司、企业的法定代表人、董事、监事、经理或者其他管理人员恶意串通,捏造公司、企业债务或者担保义务的;

(四)捏造知识产权侵权关系或者不正当竞争关系的;

(五)在破产案件审理过程中申报捏造的债权的;

(六)与被执行人恶意串通,捏造债权或者对查封、扣押、冻结财产的优先权、担保物权的；

（七）单方或者与他人恶意串通，捏造身份、合同、侵权、继承等民事法律关系的其他行为。

隐瞒债务已经全部清偿的事实，向人民法院提起民事诉讼，要求他人履行债务的，以“以捏造的事实提起民事诉讼”论。

向人民法院申请执行基于捏造的事实作出的仲裁裁决、公证债权文书，或者在民事执行过程中以捏造的事实对执行标的提出异议、申请参与执行财产分配的，属于刑法第三百零七条之一第一款规定的“以捏造的事实提起民事诉讼”。

★“妨害司法秩序或者严重侵害他人合法权益”的认定

《最高人民法院、最高人民检察院关于办理虚假诉讼刑事案件适用法律若干问题的解释》（2018年9月26日　法释〔2018〕17号）

第二条　以捏造的事实提起民事诉讼，有下列情形之一的，应当认定为刑法第三百零七条之一第一款规定的“妨害司法秩序或者严重侵害他人合法权益”：

（一）致使人民法院基于捏造的事实采取财产保全或者行为保全措施的；

（二）致使人民法院开庭审理，干扰正常司法活动的；

（三）致使人民法院基于捏造的事实作出裁判文书、制作财产分配方案，或者立案执行基于捏造的事实作出的仲裁裁决、公证债权文书的；

（四）多次以捏造的事实提起民事诉讼的；

（五）曾因以捏造的事实提起民事诉讼被采取民事诉讼强制措施或者受过刑事追究的；

（六）其他妨害司法秩序或者严重侵害他人合法权益的情形。

★以捏造的事实提起民事诉讼应当认定为“情节严重”的情形

《最高人民法院、最高人民检察院关于办理虚假诉讼刑事案件适用法律若干问题的解释》（2018年9月26日　法释〔2018〕17号）

第三条　以捏造的事实提起民事诉讼，有下列情形之一的，应当认定为刑法第三百零七条之一第一款规定的“情节严重”：

（一）有本解释第二条第一项情形，造成他人经济损失一百万元以上的；

（二）有本解释第二条第二项至第四项情形之一，严重干扰正常司法活动或者严重损害司法公信力的；

（三）致使义务人自动履行生效裁判文书确定的财产给付义务或者人民法院强制执行财产权益，数额达到一百万元以上的；

（四）致使他人债权无法实现，数额达到一百万元以上的；

（五）非法占有他人财产，数额达到十万元以上的；

（六）致使他人因为不执行人民法院基于捏造的事实作出的判决、裁定，被采取刑事拘留、逮捕措施或者受到刑事追究的；

（七）其他情节严重的情形。

★犯本罪，非法占有他人财产或者逃避合法债务，又构成其他犯罪的，择一重罪处罚

《最高人民法院、最高人民检察院关于办理虚假诉讼刑事案件适用法律若干问题的解释》（2018年9月26日　法释〔2018〕17号）

第四条　实施刑法第三百零七条之一第一款行为，非法占有他人财产或者逃避合法债务，又构成诈骗罪，职务侵占罪，拒不执行判决、裁定罪，贪污罪等犯罪的，依照处罚较重的规定定罪从重处罚。

★司法工作人员利用职权，与他人共同实施本罪的，从重处罚

《最高人民法院、最高人民检察院关于办理虚假诉讼刑事案件适用法律若干问题的解释》（2018年9月26日　法释〔2018〕17号）

第五条　司法工作人员利用职权，与他人共同实施刑法第三百零七条之一前三款行为的，从重处罚；同时构成滥用职权罪，民事枉法裁判罪，执行判决、裁定滥用职权罪等犯罪的，依照处罚较重的规定定罪从重处罚。

★诉讼参与人与他人通谋，代理提起虚假民事诉讼、故意作虚假证言或者出具虚假鉴定意见，共同实施本罪的刑事责任

《最高人民法院、最高人民检察院关于办理虚假诉讼刑事案件适用法律若干问题的解释》(2018年9月26日　法释〔2018〕17号)

第六条　诉讼代理人、证人、鉴定人等诉讼参与人与他人通谋，代理提起虚假民事诉讼、故意作虚假证言或者出具虚假鉴定意见，共同实施刑法第三百零七条之一前三款行为的，依照共同犯罪的规定定罪处罚；同时构成妨害作证罪，帮助毁灭、伪造证据罪等犯罪的，依照处罚较重的规定定罪从重处罚。

★单位犯本罪的刑事责任

《最高人民法院、最高人民检察院关于办理虚假诉讼刑事案件适用法律若干问题的解释》(2018年9月26日　法释〔2018〕17号)

第八条　单位实施刑法第三百零七条之一第一款行为的，依照本解释规定的定罪量刑标准，对其直接负责的主管人员和其他直接责任人员定罪处罚，并对单位判处罚金。

★犯本罪，可以不起诉、免予刑事处罚或者从宽处罚的情形

《最高人民法院、最高人民检察院关于办理虚假诉讼刑事案件适用法律若干问题的解释》(2018年9月26日　法释〔2018〕17号)

第九条　实施刑法第三百零七条之一第一款行为，未达到情节严重的标准，行为人系初犯，在民事诉讼过程中自愿具结悔过，接受人民法院处理决定，积极退赃、退赔的，可以认定为犯罪情节轻微，不起诉或者免予刑事处罚；确有必要判处刑罚的，可以从宽处罚。

司法工作人员利用职权，与他人共同实施刑法第三百零七条之一第一款行为的，对司法工作人员不适用本条第一款规定。

★对于虚假诉讼刑事案件，上级法院可以指定下级法院将案件移送其他法院审判

《最高人民法院、最高人民检察院关于办理虚假诉讼刑事案件适用法律若干问题的解释》(2018年9月26日　法释〔2018〕17号)

第十条　虚假诉讼刑事案件由虚假民事诉讼案件的受理法院所

在地或者执行法院所在地人民法院管辖。有刑法第三百零七条之一第四款情形的，上级人民法院可以指定下级人民法院将案件移送其他人民法院审判。

★实施“碰瓷”，虚构民事纠纷，提起民事诉讼的，构成本罪

《最高人民法院、最高人民检察院、公安部关于依法办理“碰瓷”违法犯罪案件的指导意见》（2020年9月22日 公通字〔2020〕12号）

一、……

实施“碰瓷”，捏造人身、财产权益受到侵害的事实，虚构民事纠纷，提起民事诉讼，符合刑法第三百零七条之一规定的，以虚假诉讼罪定罪处罚；同时构成其他犯罪的，依照处罚较重的规定定罪从重处罚。

★应当认定为“以捏造的事实提起民事诉讼”的八种情形

《最高人民法院、最高人民检察院、公安部、司法部关于进一步加强虚假诉讼犯罪惩治工作的意见》（2021年3月4日 法发〔2021〕10号）

第四条 实施《最高人民法院、最高人民检察院关于办理虚假诉讼刑事案件适用法律若干问题的解释》第一条第一款、第二款规定的捏造事实行为，并有下列情形之一的，应当认定为刑法第三百零七条之一第一款规定的“以捏造的事实提起民事诉讼”：

（一）提出民事起诉的；

（二）向人民法院申请宣告失踪、宣告死亡，申请认定公民无民事行为能力、限制民事行为能力，申请认定财产无主，申请确认调解协议，申请实现担保物权，申请支付令，申请公示催告的；

（三）在民事诉讼过程中增加独立的诉讼请求、提出反诉，有独立请求权的第三人提出与本案有关的诉讼请求的；

（四）在破产案件审理过程中申报债权的；

（五）案外人申请民事再审的；

（六）向人民法院申请执行仲裁裁决、公证债权文书的；

（七）案外人在民事执行过程中对执行标的提出异议，债权人在民事执行过程中申请参与执行财产分配的；

（八）以其他手段捏造民事案件基本事实，虚构民事纠纷，提起民事诉讼的。

★法检两院应当重点关注虚假诉讼犯罪易发的民事案件类型

《最高人民法院、最高人民检察院、公安部、司法部关于进一步加强虚假诉讼犯罪惩治工作的意见》（2021年3月4日　法发〔2021〕10号）

第五条　对于下列虚假诉讼犯罪易发的民事案件类型，人民法院、人民检察院在履行职责过程中应当予以重点关注：

（一）民间借贷纠纷案件；

（二）涉及房屋限购、机动车配置指标调控的以物抵债案件；

（三）以离婚诉讼一方当事人为被告的财产纠纷案件；

（四）以已经资不抵债或者已经被作为被执行人的自然人、法人和非法人组织为被告的财产纠纷案件；

（五）以拆迁区划范围内的自然人为当事人的离婚、分家析产、继承、房屋买卖合同纠纷案件；

（六）公司分立、合并和企业破产纠纷案件；

（七）劳动争议案件；

（八）涉及驰名商标认定的案件；

（九）其他需要重点关注的民事案件。

★法检两院应当依法严格审查，及时甄别和发现虚假诉讼犯罪的情形

《最高人民法院、最高人民检察院、公安部、司法部关于进一步加强虚假诉讼犯罪惩治工作的意见》（2021年3月4日　法发〔2021〕10号）

第六条　民事诉讼当事人有下列情形之一的，人民法院、人民检察院在履行职责过程中应当依法严格审查，及时甄别和发现虚假诉讼犯罪：

（一）原告起诉依据的事实、理由不符合常理，存在伪造证据、虚假陈述可能的；

（二）原告诉请司法保护的诉讼标的额与其自身经济状况严重不符的；

（三）在可能影响案外人利益的案件中，当事人之间存在近亲属关系或者关联企业等共同利益关系的；

（四）当事人之间不存在实质性民事权益争议和实质性诉辩对抗的；

（五）一方当事人对于另一方当事人提出的对其不利的事实明确表示承认，且不符合常理的；

（六）认定案件事实的证据不足，但双方当事人主动迅速达成调解协议，请求人民法院制作调解书的；

（七）当事人自愿以价格明显不对等的财产抵付债务的；

（八）民事诉讼过程中存在其他异常情况的。

第七条 民事诉讼代理人、证人、鉴定人等诉讼参与人有下列情形之一的，人民法院、人民检察院在履行职责过程中应当依法严格审查，及时甄别和发现虚假诉讼犯罪：

（一）诉讼代理人违规接受对方当事人或者案外人给付的财物或者其他利益，与对方当事人或者案外人恶意串通，侵害委托人合法权益的；

（二）故意提供虚假证据，指使、引诱他人伪造、变造证据、提供虚假证据或者隐匿、毁灭证据的；

（三）采取其他不正当手段干扰民事诉讼活动正常进行的。

类案检索指引

★办理“套路贷”案件要注重审查是否存在虚假诉讼行为

《李卫俊等“套路贷”虚假诉讼案》（2020年12月3日最高人民检察院发布第二十三批指导性案例：检例第87号）

【要旨】

检察机关办理涉及“套路贷”案件时，应当查清是否存在通过虚假诉讼行为实现非法利益的情形。对虚假诉讼中涉及的民事判决、裁定、调解协议书等,应当依法开展监督。针对办案中发现的非法金融活动和监管漏洞,应当运用检察建议等方式,促进依法整治并及时堵塞行业监管漏洞。

★依法严厉打击“套路贷”虚假诉讼违法犯罪

(2021年11月9日最高人民法院发布十起人民法院整治虚假诉讼典型案例)

【典型意义】

“套路贷”违法犯罪严重侵害人民群众合法权益,影响社会大局稳定,且往往与黑恶势力犯罪交织在一起,社会危害极大。司法机关必须始终保持对“套路贷”的高压严打态势,及时甄别、依法严厉打击“套路贷”中的虚假诉讼、诈骗、敲诈勒索、寻衅滋事等违法犯罪行为,依法严惩犯罪人,切实保护被害人合法权益,满足人民群众对公平正义的心理期待。

★律师多次为当事人出谋划策,共同伪造证据进行虚假诉讼并在民事诉讼中担任代理人的,构成本罪

(2021年11月9日最高人民法院发布十起人民法院整治虚假诉讼典型案例)

【典型意义】

《中华人民共和国律师法》规定,律师应当维护当事人合法权益,维护法律正确实施,维护社会公平和正义;律师执业必须遵守宪法和法律,恪守律师职业道德和执业纪律;律师执业必须以事实为根据,以法律为准绳。律师作为从事法律服务工作的专业人员,具有娴熟的法律专业知识,熟悉相关法律规定和民事诉讼程序,应当严格遵守法律。律师利用自己的法律专业知识故意制造和参与虚假诉讼,将导致虚假诉讼违法犯罪更加难以甄别,造成更加严重的社会危害。本案的判决结果,有力威慑了虚假诉讼违法犯罪,警醒律师、基层法律服务工作者等法律从业人员要依法执业,严格依照法律规定开展法律咨询、诉讼代理等业务活动,不能知法犯法、玩弄司法。

第三百零八条　【打击报复证人罪】对证人进行打击报复的，处三年以下有期徒刑或者拘役；情节严重的，处三年以上七年以下有期徒刑。

立法动态

本条源自《中华人民共和国刑法》（1997 年 3 月 14 日第八届全国人民代表大会第五次会议修订，自 1997 年 10 月 1 日起施行）。

第三百零八条之一　【泄露不应公开的案件信息罪】司法工作人员、辩护人、诉讼代理人或者其他诉讼参与人，泄露依法不公开审理的案件中不应当公开的信息，造成信息公开传播或者其他严重后果的，处三年以下有期徒刑、拘役或者管制，并处或者单处罚金。

有前款行为，泄露国家秘密的，依照本法第三百九十八条的规定定罪处罚。

【披露、报道不应公开的案件信息罪】公开披露、报道第一款规定的案件信息，情节严重的，依照第一款的规定处罚。

单位犯前款罪的，对单位判处罚金，并对其直接负责的主管人员和其他直接责任人员，依照第一款的规定处罚。

立法动态

本条根据《中华人民共和国刑法修正案（九）》（自 2015 年 11 月 1 日起施行）第三十六条增加。

第三百零九条　【扰乱法庭秩序罪】有下列扰乱法庭秩序情形之一的，处三年以下有期徒刑、拘役、管制或者罚金：

（一）聚众哄闹、冲击法庭的；

（二）殴打司法工作人员或者诉讼参与人的；

（三）侮辱、诽谤、威胁司法工作人员或者诉讼参与人，不听法庭制止，严重扰乱法庭秩序的；

（四）有毁坏法庭设施，抢夺、损毁诉讼文书、证据等扰乱法庭秩序行为，情节严重的。

立法动态

本条源自《中华人民共和国刑法》（1997 年 3 月 14 日第八届全国人民代表大会第五次会议修订，自 1997 年 10 月 1 日起施行）。

本条根据《中华人民共和国刑法修正案（九）》（自 2015 年 11 月 1 日起施行）第三十七条修改。

原本条规定为：第三百零九条　聚众哄闹、冲击法庭，或者殴打司法工作人员，严重扰乱法庭秩序的，处三年以下有期徒刑、拘役、管制或者罚金。

本条修改的主要内容为：一是将“聚众哄闹、冲击法庭，或者殴打司法工作人员”分别拆分为本条第（一）项、第（二）项，并增加殴打其他诉讼参与人的情形；二是增加“侮辱、诽谤、威胁司法工作人员或者诉讼参与人，不听法庭制止，严重扰乱法庭秩序的”作为本条第（三）项；三是增加“有毁坏法庭设施，抢夺、损毁诉讼文书、证据等扰乱法庭秩序行为，情节严重的”作为本条第（四）项。

第三百一十条　【窝藏、包庇罪】明知是犯罪的人而为其提供隐藏处所、财物，帮助其逃匿或者作假证明包庇的，处三年以下有期徒刑、拘役或者管制；情节严重的，处三年以上十年以下有期徒刑。

犯前款罪，事前通谋的，以共同犯罪论处。

立法动态

本条源自《中华人民共和国刑法》(1997 年 3 月 14 日第八届全国人民代表大会第五次会议修订,自 1997 年 10 月 1 日起施行)。

适用要点与裁判依据

★旅馆业、饮食服务业、文化娱乐业、出租汽车业人员为违法犯罪分子通风报信,情节严重的,以包庇罪定罪处罚

《最高人民法院、最高人民检察院关于办理组织、强迫、引诱、容留、介绍卖淫刑事案件适用法律若干问题的解释》(2017 年 7 月 21 日　法释〔2017〕13 号)

第十四条第一款　根据刑法第三百六十二条、第三百一十条的规定,旅馆业、饮食服务业、文化娱乐业、出租汽车业等单位的人员,在公安机关查处卖淫、嫖娼活动时,为违法犯罪分子通风报信,情节严重的,以包庇罪定罪处罚。事前与犯罪分子通谋的,以共同犯罪论处。

★明知是犯罪的人帮助其逃匿的,以包庇罪定罪处罚

《最高人民法院、最高人民检察院关于办理窝藏、包庇刑事案件适用法律若干问题的解释》(2021 年 8 月 9 日　法释〔2021〕16 号)

第310条

第一条　明知是犯罪的人,为帮助其逃匿,实施下列行为之一的,应当依照刑法第三百一十条第一款的规定,以窝藏罪定罪处罚:

(一)为犯罪的人提供房屋或者其他可以用于隐藏的处所的;

(二)为犯罪的人提供车辆、船只、航空器等交通工具,或者提供手机等通讯工具的;

(三)为犯罪的人提供金钱的;

(四)其他为犯罪的人提供隐藏处所、财物,帮助其逃匿的情形。

保证人在犯罪的人取保候审期间,协助其逃匿,或者明知犯罪的人的藏匿地点、联系方式,但拒绝向司法机关提供的,应当依照刑法第三百一十条第一款的规定,对保证人以窝藏罪定罪处罚。

虽然为犯罪的人提供隐藏处所、财物,但不是出于帮助犯罪的人逃匿的目的,不以窝藏罪定罪处罚;对未履行法定报告义务的行为人,依法移送有关主管机关给予行政处罚。

★明知是犯罪的人,帮助其逃避刑事追究,或者帮助其获得从宽处罚的,以包庇罪定罪处罚

《最高人民法院、最高人民检察院关于办理窝藏、包庇刑事案件适用法律若干问题的解释》(2021年8月9日 法释〔2021〕16号)

第二条 明知是犯罪的人,为帮助其逃避刑事追究,或者帮助其获得从宽处罚,实施下列行为之一的,应当依照刑法第三百一十条第一款的规定,以包庇罪定罪处罚:

(一)故意顶替犯罪的人欺骗司法机关的;

(二)故意向司法机关作虚假陈述或者提供虚假证明,以证明犯罪的人没有实施犯罪行为,或者犯罪的人所实施行为不构成犯罪的;

(三)故意向司法机关提供虚假证明,以证明犯罪的人具有法定从轻、减轻、免除处罚情节的;

(四)其他作假证明包庇的行为。

★明知他人有间谍犯罪或者恐怖主义、极端主义犯罪行为作假证明包庇的,以包庇罪从重处罚

《最高人民法院、最高人民检察院关于办理窝藏、包庇刑事案件适用法律若干问题的解释》(2021年8月9日 法释〔2021〕16号)

第三条 明知他人有间谍犯罪或者恐怖主义、极端主义犯罪行为,在司法机关向其调查有关情况、收集有关证据时,拒绝提供,情节严重的,依照刑法第三百一十一条的规定,以拒绝提供间谍犯罪、恐怖主义犯罪、极端主义犯罪证据罪定罪处罚;作假证明包庇的,依照刑法第三百一十条的规定,以包庇罪从重处罚。

★犯本罪,"情节严重"的认定

《最高人民法院、最高人民检察院关于办理窝藏、包庇刑事案件适用法律若干问题的解释》(2021年8月9日 法释〔2021〕16号)

第四条 窝藏、包庇犯罪的人,具有下列情形之一的,应当认定为刑法第三百一十条第一款规定的“情节严重”：

（一）被窝藏、包庇的人可能被判处无期徒刑以上刑罚的；

（二）被窝藏、包庇的人犯危害国家安全犯罪、恐怖主义或者极端主义犯罪，或者系黑社会性质组织犯罪的组织者、领导者，且可能被判处十年有期徒刑以上刑罚的；

（三）被窝藏、包庇的人系犯罪集团的首要分子，且可能被判处十年有期徒刑以上刑罚的；

（四）被窝藏、包庇的人在被窝藏、包庇期间再次实施故意犯罪，且新罪可能被判处五年有期徒刑以上刑罚的；

（五）多次窝藏、包庇犯罪的人，或者窝藏、包庇多名犯罪的人的；

（六）其他情节严重的情形。

前款所称“可能被判处”刑罚，是指根据被窝藏、包庇的人所犯罪行，在不考虑自首、立功、认罪认罚等从宽处罚情节时应当依法判处的刑罚。

★犯本罪，“明知”的认定

《最高人民法院、最高人民检察院关于办理窝藏、包庇刑事案件适用法律若干问题的解释》（2021年8月9日　法释〔2021〕16号）

第五条　认定刑法第三百一十条第一款规定的“明知”，应当根据案件的客观事实，结合行为人的认知能力，接触被窝藏、包庇的犯罪人的情况，以及行为人和犯罪人的供述等主、客观因素进行认定。

行为人将犯罪的人所犯之罪误认为其他犯罪的，不影响刑法第三百一十条第一款规定的“明知”的认定。

行为人虽然实施了提供隐藏处所、财物等行为，但现有证据不能证明行为人知道犯罪的人实施了犯罪行为的，不能认定为刑法第三百一十条第一款规定的“明知”。

★认定本罪，应当以被窝藏、包庇的人的行为构成犯罪为前提

《最高人民法院、最高人民检察院关于办理窝藏、包庇刑事案件适用法律若干问题的解释》（2021年8月9日　法释〔2021〕16号）

第六条　认定窝藏、包庇罪，以被窝藏、包庇的人的行为构成犯罪为前提。

被窝藏、包庇的人实施的犯罪事实清楚，证据确实、充分，但尚未到案、尚未依法裁判或者因不具有刑事责任能力依法未予追究刑事责任的，不影响窝藏、包庇罪的认定。但是，被窝藏、包庇的人归案后被宣告无罪的，应当依照法定程序宣告窝藏、包庇行为人无罪。

★为帮助同一个犯罪的人逃避刑事处罚，实施窝藏、包庇行为，又构成其他犯罪的，择一重处，并从重处罚

《最高人民法院、最高人民检察院关于办理窝藏、包庇刑事案件适用法律若干问题的解释》(2021年8月9日　法释〔2021〕16号)

第七条　为帮助同一个犯罪的人逃避刑事处罚，实施窝藏、包庇行为，又实施洗钱行为，或者掩饰、隐瞒犯罪所得及其收益行为，或者帮助毁灭证据行为，或者伪证行为的，依照处罚较重的犯罪定罪，并从重处罚，不实行数罪并罚。

★共同犯罪人之间互相实施的窝藏、包庇行为，不以窝藏、包庇罪定罪处罚

《最高人民法院、最高人民检察院关于办理窝藏、包庇刑事案件适用法律若干问题的解释》(2021年8月9日　法释〔2021〕16号)

第八条　共同犯罪人之间互相实施的窝藏、包庇行为，不以窝藏、包庇罪定罪处罚，但对共同犯罪以外的犯罪人实施窝藏、包庇行为的，以所犯共同犯罪和窝藏、包庇罪并罚。

第三百一十一条　【拒绝提供间谍犯罪、恐怖主义犯罪、极端主义犯罪证据罪】明知他人有间谍犯罪或者恐怖主义、极端主义犯罪行为，在司法机关向其调查有关情况、收集有关证据时，拒绝提供，情节严重的，处三年以下有期徒刑、拘役或者管制。

立法动态

本条源自《中华人民共和国刑法》(1997 年 3 月 14 日第八届全国人民代表大会第五次会议修订,自 1997 年 10 月 1 日起施行)。

本条根据《中华人民共和国刑法修正案(九)》(自 2015 年 11 月 1 日起施行)第三十八条修改。

原本条规定为:第三百一十一条　明知他人有间谍犯罪行为,在国家安全机关向其调查有关情况、收集有关证据时,拒绝提供,情节严重的,处三年以下有期徒刑、拘役或者管制。

本条修改的主要内容为:一是增加隐瞒恐怖主义、极端主义犯罪的行为可以构成本罪;二是将调查主体由国家安全机关修改为司法机关。

第三百一十二条　【掩饰、隐瞒犯罪所得、犯罪所得收益罪】明知是犯罪所得及其产生的收益而予以窝藏、转移、收购、代为销售或者以其他方法掩饰、隐瞒的,处三年以下有期徒刑、拘役或者管制,并处或者单处罚金;情节严重的,处三年以上七年以下有期徒刑,并处罚金。

单位犯前款罪的,对单位判处罚金,并对其直接负责的主管人员和其他直接责任人员,依照前款的规定处罚。

立法动态

本条源自《中华人民共和国刑法》(1997 年 3 月 14 日第八届全国人民代表大会第五次会议修订,自 1997 年 10 月 1 日起施行)。

本条曾经全国人大常委会两次修改。

原本条规定只有一款,内容为:第三百一十二条　明知是犯罪所得的赃物而予以窝藏、转移、收购或者代为销售的,处三年以下有期徒刑、拘役或者管制,并处或者单处罚金。

本条第一次根据《中华人民共和国刑法修正案(六)》(自2006年6月29日起施行)第十九条修改。修改的主要内容为:一是增加"以其他方法掩饰、隐瞒的"情节;二是增加"情节严重"的法定刑,将本罪的法定最高刑提高到七年有期徒刑;三是将"犯罪所得的赃物"修改为"犯罪所得及其产生的收益"。

本条第二次根据《中华人民共和国刑法修正案(七)》(自2009年2月28日起施行)第十条增加了第二款。

量刑指导

《最高人民法院、最高人民检察院关于常见犯罪的量刑指导意见(试行)》(2021年6月16日　法发〔2021〕21号)

四、常见犯罪的量刑

(十九)掩饰、隐瞒犯罪所得、犯罪所得收益罪

1. 构成掩饰、隐瞒犯罪所得、犯罪所得收益罪的,根据下列情形在相应的幅度内确定量刑起点:

(1)犯罪情节一般的,在一年以下有期徒刑、拘役幅度内确定量刑起点。

(2)情节严重的,在三年至四年有期徒刑幅度内确定量刑起点。

2. 在量刑起点的基础上,根据犯罪数额等其他影响犯罪构成的犯罪事实增加刑罚量,确定基准刑。

3. 构成掩饰、隐瞒犯罪所得、犯罪所得收益罪的,根据掩饰、隐瞒犯罪所得及其收益的数额、犯罪对象、危害后果等犯罪情节,综合考虑被告人缴纳罚金的能力,决定罚金数额。

4. 构成掩饰、隐瞒犯罪所得、犯罪所得收益罪的,综合考虑掩饰、隐瞒犯罪所得及其收益的数额、危害后果、上游犯罪的危害程度等犯罪事实、量刑情节,以及被告人的主观恶性、人身危险性、认罪悔罪表现等因素,决定缓刑的适用。

适用要点与裁判依据

★明知是盗窃犯罪所得的油气或者油气设备，而予以掩饰、隐瞒的，构成本罪

《最高人民法院、最高人民检察院关于办理盗窃油气、破坏油气设备等刑事案件具体应用法律若干问题的解释》（2007 年 1 月 15 日　法释〔2007〕3 号）

第五条　明知是盗窃犯罪所得的油气或者油气设备，而予以窝藏、转移、收购、加工、代为销售或者以其他方法掩饰、隐瞒的，依照刑法第三百一十二条的规定定罪处罚。

实施前款规定的犯罪行为，事前通谋的，以盗窃犯罪的共犯定罪处罚。

★明知是盗窃、抢劫、诈骗、抢夺的机动车而掩饰、隐瞒犯罪所得、犯罪所得收益的，构成本罪

《最高人民法院、最高人民检察院关于办理与盗窃、抢劫、诈骗、抢夺机动车相关刑事案件具体应用法律若干问题的解释》（2007 年 5 月 9 日　法释〔2007〕11 号）

第一条　明知是盗窃、抢劫、诈骗、抢夺的机动车，实施下列行为之一的，依照刑法第三百一十二条的规定，以掩饰、隐瞒犯罪所得、犯罪所得收益罪定罪，处三年以下有期徒刑、拘役或者管制，并处或者单处罚金：

（一）买卖、介绍买卖、典当、拍卖、抵押或者用其抵债的；

（二）拆解、拼装或者组装的；

（三）修改发动机号、车辆识别代号的；

（四）更改车身颜色或者车辆外形的；

（五）提供或者出售机动车来历凭证、整车合格证、号牌以及有关机动车的其他证明和凭证的；

（六）提供或者出售伪造、变造的机动车来历凭证、整车合格证、号牌以及有关机动车的其他证明和凭证的。

实施第一款规定的行为涉及盗窃、抢劫、诈骗、抢夺的机动车五辆以上或者价值总额达到五十万元以上的,属于刑法第三百一十二条规定的"情节严重",处三年以上七年以下有期徒刑,并处罚金。

★犯本罪,可以认定"明知"系犯罪所得及其收益的七种情形

《最高人民法院关于审理洗钱等刑事案件具体应用法律若干问题的解释》(2009年11月4日　法释〔2009〕15号)

第一条　刑法第一百九十一条、第三百一十二条规定的"明知",应当结合被告人的认知能力,接触他人犯罪所得及其收益的情况,犯罪所得及其收益的种类、数额,犯罪所得及其收益的转换、转移方式以及被告人的供述等主、客观因素进行认定。

具有下列情形之一的,可以认定被告人明知系犯罪所得及其收益,但有证据证明确实不知道的除外:

(一)知道他人从事犯罪活动,协助转换或者转移财物的;

(二)没有正当理由,通过非法途径协助转换或者转移财物的;

(三)没有正当理由,以明显低于市场的价格收购财物的;

(四)没有正当理由,协助转换或者转移财物,收取明显高于市场的"手续费"的;

(五)没有正当理由,协助他人将巨额现金散存于多个银行账户或者在不同银行账户之间频繁划转的;

(六)协助近亲属或者其他关系密切的人转换或者转移与其职业或者财产状况明显不符的财物的;

(七)其他可以认定行为人明知的情形。

……

第312条

★犯本罪,同时又构成其他犯罪的,择一重处

《最高人民法院关于审理洗钱等刑事案件具体应用法律若干问题的解释》(2009年11月4日　法释〔2009〕15号)

第三条　明知是犯罪所得及其产生的收益而予以掩饰、隐瞒,构成刑法第三百一十二条规定的犯罪,同时又构成刑法第一百九十一条或者第三百四十九条规定的犯罪的,依照处罚较重的规定定罪处罚。

★犯本罪,应当以上游犯罪事实成立为认定前提

《最高人民法院关于审理洗钱等刑事案件具体应用法律若干问题的解释》(2009年11月4日 法释〔2009〕15号)

第四条 刑法第一百九十一条、第三百一十二条、第三百四十九条规定的犯罪,应当以上游犯罪事实成立为认定前提。上游犯罪尚未依法裁判,但查证属实的,不影响刑法第一百九十一条、第三百一十二条、第三百四十九条规定的犯罪的审判。

上游犯罪事实可以确认,因行为人死亡等原因依法不予追究刑事责任的,不影响刑法第一百九十一条、第三百一十二条、第三百四十九条规定的犯罪的认定。

上游犯罪事实可以确认,依法以其他罪名定罪处罚的,不影响刑法第一百九十一条、第三百一十二条、第三百四十九条规定的犯罪的认定。

本条所称"上游犯罪",是指产生刑法第一百九十一条、第三百一十二条、第三百四十九条规定的犯罪所得及其收益的各种犯罪行为。

★明知是非法获取计算机信息系统数据犯罪所获取的数据而予以转移、收购、代为销售的,构成本罪

《最高人民法院、最高人民检察院关于办理危害计算机信息系统安全刑事案件应用法律若干问题的解释》(2011年8月1日 法释〔2011〕19号)

第七条 明知是非法获取计算机信息系统数据犯罪所获取的数据、非法控制计算机信息系统犯罪所获取的计算机信息系统控制权,而予以转移、收购、代为销售或者以其他方法掩饰、隐瞒,违法所得五千元以上的,应当依照刑法第三百一十二条第一款的规定,以掩饰、隐瞒犯罪所得罪定罪处罚。

实施前款规定行为,违法所得五万元以上的,应当认定为刑法第三百一十二条第一款规定的“情节严重”。

单位实施第一款规定行为的，定罪量刑标准依照第一款、第二款的规定执行。

★知道或者应当知道是非法狩猎的野生动物而购买的，属于明知是犯罪所得而收购的行为

《全国人民代表大会常务委员会关于〈中华人民共和国刑法〉第三百四十一条、第三百一十二条的解释》(2014年4月24日)

知道或者应当知道是刑法第三百四十一条第二款规定的非法狩猎的野生动物而购买的，属于刑法第三百一十二条第一款规定的明知是犯罪所得而收购的行为。

★明知是犯罪所获取的文物而窝藏、转移、收购、加工、代为销售或者以其他方法掩饰、隐瞒的，构成本罪

《最高人民法院、最高人民检察院关于办理妨害文物管理等刑事案件适用法律若干问题的解释》(2015年12月30日 法释〔2015〕23号)

第九条 明知是盗窃文物、盗掘古文化遗址、古墓葬等犯罪所获取的三级以上文物，而予以窝藏、转移、收购、加工、代为销售或者以其他方法掩饰、隐瞒的，依照刑法第三百一十二条的规定，以掩饰、隐瞒犯罪所得罪追究刑事责任。

实施前款规定的行为，事先通谋的，以共同犯罪论处。

★明知是犯罪所得的矿产品及其产生的收益而窝藏、转移、收购、代为销售或者以其他方法掩饰、隐瞒的，构成本罪

《最高人民法院、最高人民检察院关于办理非法采矿、破坏性采矿刑事案件适用法律若干问题的解释》(2016年11月28日 法释〔2016〕25号)

第七条 明知是犯罪所得的矿产品及其产生的收益，而予以窝藏、转移、收购、代为销售或者以其他方法掩饰、隐瞒的，依照刑法第三百一十二条的规定，以掩饰、隐瞒犯罪所得、犯罪所得收益罪定罪处罚。

实施前款规定的犯罪行为,事前通谋的,以共同犯罪论处。

★明知是电信网络诈骗犯罪所得及其产生的收益而转账、套现、取现的,构成本罪

《最高人民法院、最高人民检察院、公安部关于办理电信网络诈骗等刑事案件适用法律若干问题的意见》(2016年12月19日 法发〔2016〕32号)

三、全面惩处关联犯罪

(五)明知是电信网络诈骗犯罪所得及其产生的收益,以下列方式之一予以转账、套现、取现的,依照刑法第三百一十二条第一款的规定,以掩饰、隐瞒犯罪所得、犯罪所得收益罪追究刑事责任。但有证据证明确实不知道的除外:

1.通过使用销售点终端机具(POS机)刷卡套现等非法途径,协助转换或者转移财物的;

2.帮助他人将巨额现金散存于多个银行账户,或在不同银行账户之间频繁划转的;

3.多次使用或者使用多个非本人身份证明开设的信用卡、资金支付结算账户或者多次采用遮蔽摄像头、伪装等异常手段,帮助他人转账、套现、取现的;

4.为他人提供非本人身份证明开设的信用卡、资金支付结算账户后,又帮助他人转账、套现、取现的;

5.以明显异于市场的价格,通过手机充值、交易游戏点卡等方式套现的。

实施上述行为,事前通谋的,以共同犯罪论处。

实施上述行为,电信网络诈骗犯罪嫌疑人尚未到案或案件尚未依法裁判,但现有证据足以证明该犯罪行为确实存在的,不影响掩饰、隐瞒犯罪所得、犯罪所得收益罪的认定。

实施上述行为,同时构成其他犯罪的,依照处罚较重的规定定罪处罚。法律和司法解释另有规定的除外。

★明知是犯罪所得的油气而窝藏、转移、收购、加工、代为销售或者以其他方式掩饰、隐瞒的,构成本罪

《最高人民法院、最高人民检察院、公安部关于办理盗窃油气、破坏油气设备等刑事案件适用法律若干问题的意见》(2018 年 9 月 28 日　法发〔2018〕18 号)

五、关于窝藏、转移、收购、加工、代为销售被盗油气行为的处理

明知是犯罪所得的油气而予以窝藏、转移、收购、加工、代为销售或者以其他方式掩饰、隐瞒,符合刑法第三百一十二条规定的,以掩饰、隐瞒犯罪所得罪追究刑事责任。

"明知"的认定,应当结合行为人的认知能力、所得报酬、运输工具、运输路线、收购价格、收购形式、加工方式、销售地点、仓储条件等因素综合考虑。

实施第一款规定的犯罪行为,事前通谋的,以盗窃罪、破坏易燃易爆设备罪等有关犯罪的共同犯罪论处。

★向非直接走私人购买走私的成品油的,根据其主观故意可以按本罪定罪处罚

《打击非设关地成品油走私专题研讨会会议纪要》(2019 年 10 月 24 日　署缉发〔2019〕210 号)

一、关于定罪处罚

走私成品油,构成犯罪的,依照刑法第一百五十三条的规定,以走私普通货物罪定罪处罚。

对不构成走私共犯的收购人,直接向走私人购买走私的成品油,数额较大的,依照刑法第一百五十五条第(一)项的规定,以走私罪论处;向非直接走私人购买走私的成品油的,根据其主观故意,分别依照刑法第一百九十一条规定的洗钱罪或者第三百一十二条规定的掩饰、隐瞒犯罪所得、犯罪所得收益罪定罪处罚。

……

★知道或者应当知道是盗窃所得的窨井盖及其产生的收益而予以窝藏、转移、收购、代为销售或者以其他方法掩饰、隐瞒的，构成本罪

《最高人民法院、最高人民检察院、公安部关于办理涉窨井盖相关刑事案件的指导意见》(2020 年 3 月 16 日 高检发〔2020〕3 号)

七、知道或者应当知道是盗窃所得的窨井盖及其产生的收益而予以窝藏、转移、收购、代为销售或者以其他方法掩饰、隐瞒的，依照刑法第三百一十二条和《最高人民法院关于审理掩饰、隐瞒犯罪所得、犯罪所得收益刑事案件适用法律若干问题的解释》的规定，以掩饰、隐瞒犯罪所得、犯罪所得收益罪定罪处罚。

★为赌博犯罪提供资金、信用卡、资金结算等服务，构成赌博犯罪共犯，同时构成本罪的，择一重处

《办理跨境赌博犯罪案件若干问题的意见》(2020 年 10 月 16 日 公通字〔2020〕14 号)

四、关于跨境赌博关联犯罪的认定

(五)为赌博犯罪提供资金、信用卡、资金结算等服务，构成赌博犯罪共犯，同时构成非法经营罪、妨害信用卡管理罪、窃取、收买、非法提供信用卡信息罪、掩饰、隐瞒犯罪所得、犯罪收益罪等罪的，依照处罚较重的规定定罪处罚。

为网络赌博犯罪提供互联网接入、服务器托管、网络存储、通讯传输等技术支持，或者提供广告推广、支付结算等帮助，构成赌博犯罪共犯，同时构成非法利用信息网络罪、帮助信息网络犯罪活动罪等罪的，依照处罚较重的规定定罪处罚。

为实施赌博犯罪，非法获取公民个人信息，或者向实施赌博犯罪者出售、提供公民个人信息，构成赌博犯罪共犯，同时构成侵犯公民个人信息罪的，依照处罚较重的规定定罪处罚。

★明知是在长江流域重点水域非法捕捞犯罪所得的水产品而收购、贩卖的，构成本罪

《依法惩治长江流域非法捕捞等违法犯罪的意见》（2020年12月17日　公通字〔2020〕17号）

二、准确适用法律，依法严惩非法捕捞等危害水生生物资源的各类违法犯罪

（三）依法严惩非法渔获物交易犯罪。明知是在长江流域重点水域非法捕捞犯罪所得的水产品而收购、贩卖，价值一万元以上的，应当依照刑法第三百一十二条的规定，以掩饰、隐瞒犯罪所得罪定罪处罚。

★以掩饰、隐瞒犯罪所得、犯罪所得收益罪定罪处罚的四种情形

《最高人民法院关于审理掩饰、隐瞒犯罪所得、犯罪所得收益刑事案件适用法律若干问题的解释》（2021年4月13日　法释〔2021〕8号）

第一条　明知是犯罪所得及其产生的收益而予以窝藏、转移、收购、代为销售或者以其他方法掩饰、隐瞒，具有下列情形之一的，应当依照刑法第三百一十二条第一款的规定，以掩饰、隐瞒犯罪所得、犯罪所得收益罪定罪处罚：

（一）一年内曾因掩饰、隐瞒犯罪所得及其产生的收益行为受过行政处罚，又实施掩饰、隐瞒犯罪所得及其产生的收益行为的；

（二）掩饰、隐瞒的犯罪所得系电力设备、交通设施、广播电视设施、公用电信设施、军事设施或者救灾、抢险、防汛、优抚、扶贫、移民、救济款物的；

（三）掩饰、隐瞒行为致使上游犯罪无法及时查处，并造成公私财物损失无法挽回的；

（四）实施其他掩饰、隐瞒犯罪所得及其产生的收益行为，妨害司法机关对上游犯罪进行追究的。

人民法院审理掩饰、隐瞒犯罪所得、犯罪所得收益刑事案件，应

综合考虑上游犯罪的性质、掩饰、隐瞒犯罪所得及其收益的情节、后果及社会危害程度等,依法定罪处罚。

司法解释对掩饰、隐瞒涉及计算机信息系统数据、计算机信息系统控制权的犯罪所得及其产生的收益行为构成犯罪已有规定的,审理此类案件依照该规定。

依照全国人民代表大会常务委员会《关于〈中华人民共和国刑法〉第三百四十一条、第三百一十二条的解释》,明知是非法狩猎的野生动物而收购,数量达到五十只以上的,以掩饰、隐瞒犯罪所得罪定罪处罚。

★犯本罪,可以认定为"犯罪情节轻微,免予刑事处罚"的三种情形

《最高人民法院关于审理掩饰、隐瞒犯罪所得、犯罪所得收益刑事案件适用法律若干问题的解释》(2021年4月13日 法释〔2021〕8号)

第二条 掩饰、隐瞒犯罪所得及其产生的收益行为符合本解释第一条的规定,认罪、悔罪并退赃、退赔,且具有下列情形之一的,可以认定为犯罪情节轻微,免予刑事处罚:

(一)具有法定从宽处罚情节的;

(二)为近亲属掩饰、隐瞒犯罪所得及其产生的收益,且系初犯、偶犯的;

(三)有其他情节轻微情形的。

★犯本罪,应当认定为"情节严重"的五种情形

《最高人民法院关于审理掩饰、隐瞒犯罪所得、犯罪所得收益刑事案件适用法律若干问题的解释》(2021年4月13日 法释〔2021〕8号)

第三条 掩饰、隐瞒犯罪所得及其产生的收益,具有下列情形之一的,应当认定为刑法第三百一十二条第一款规定的"情节严重":

(一)掩饰、隐瞒犯罪所得及其产生的收益价值总额达到十万元以上的;

(二)掩饰、隐瞒犯罪所得及其产生的收益十次以上,或者三次以上且价值总额达到五万元以上的;

(三)掩饰、隐瞒的犯罪所得系电力设备、交通设施、广播电视设施、公用电信设施、军事设施或者救灾、抢险、防汛、优抚、扶贫、移民、救济款物,价值总额达到五万元以上的;

(四)掩饰、隐瞒行为致使上游犯罪无法及时查处,并造成公私财物重大损失无法挽回或其他严重后果的;

(五)实施其他掩饰、隐瞒犯罪所得及其产生的收益行为,严重妨害司法机关对上游犯罪予以追究的。

司法解释对掩饰、隐瞒涉及机动车、计算机信息系统数据、计算机信息系统控制权的犯罪所得及其产生的收益行为认定"情节严重"已有规定的,审理此类案件依照该规定。

★掩饰、隐瞒犯罪所得及其产生的收益的数额的计算

《最高人民法院关于审理掩饰、隐瞒犯罪所得、犯罪所得收益刑事案件适用法律若干问题的解释》(2021 年 4 月 13 日　法释〔2021〕8 号)

第四条　掩饰、隐瞒犯罪所得及其产生的收益的数额,应当以实施掩饰、隐瞒行为时为准。收购或者代为销售财物的价格高于其实际价值的,以收购或者代为销售的价格计算。

多次实施掩饰、隐瞒犯罪所得及其产生的收益行为,未经行政处罚,依法应当追诉的,犯罪所得、犯罪所得收益的数额应当累计计算。

★犯本罪,事前与上游犯罪有通谋的,以盗窃、抢劫、诈骗、抢夺等犯罪的共犯论处

《最高人民法院关于审理掩饰、隐瞒犯罪所得、犯罪所得收益刑事案件适用法律若干问题的解释》(2021 年 4 月 13 日　法释〔2021〕8 号)

第五条　事前与盗窃、抢劫、诈骗、抢夺等犯罪分子通谋,掩饰、隐瞒犯罪所得及其产生的收益的,以盗窃、抢劫、诈骗、抢夺等犯罪的共犯论处。

★对犯罪所得及其产生的收益实施犯罪的，分别以盗窃罪、抢劫罪、诈骗罪、抢夺罪等定罪处罚

《最高人民法院关于审理掩饰、隐瞒犯罪所得、犯罪所得收益刑事案件适用法律若干问题的解释》（2021年4月13日　法释〔2021〕8号）

第六条　对犯罪所得及其产生的收益实施盗窃、抢劫、诈骗、抢夺等行为，构成犯罪的，分别以盗窃罪、抢劫罪、诈骗罪、抢夺罪等定罪处罚。

★犯本罪，同时构成其他犯罪的，择一重处

《最高人民法院关于审理掩饰、隐瞒犯罪所得、犯罪所得收益刑事案件适用法律若干问题的解释》（2021年4月13日　法释〔2021〕8号）

第七条　明知是犯罪所得及其产生的收益而予以掩饰、隐瞒，构成刑法第三百一十二条规定的犯罪，同时构成其他犯罪的，依照处罚较重的规定定罪处罚。

★上游犯罪尚未依法裁判但查证属实的，不影响本罪的认定

《最高人民法院关于审理掩饰、隐瞒犯罪所得、犯罪所得收益刑事案件适用法律若干问题的解释》（2021年4月13日　法释〔2021〕8号）

第八条　认定掩饰、隐瞒犯罪所得、犯罪所得收益罪，以上游犯罪事实成立为前提。上游犯罪尚未依法裁判，但查证属实的，不影响掩饰、隐瞒犯罪所得、犯罪所得收益罪的认定。

上游犯罪事实经查证属实，但因行为人未达到刑事责任年龄等原因依法不予追究刑事责任的，不影响掩饰、隐瞒犯罪所得、犯罪所得收益罪的认定。

★盗用单位名义实施掩饰、隐瞒犯罪所得及其产生的收益行为的刑事责任

《最高人民法院关于审理掩饰、隐瞒犯罪所得、犯罪所得收益刑事案件适用法律若干问题的解释》（2021年4月13日　法释〔2021〕8号）

第九条　盗用单位名义实施掩饰、隐瞒犯罪所得及其产生的收益行为，违法所得由行为人私分的，依照刑法和司法解释有关自然人犯罪的规定定罪处罚。

★“犯罪所得”“犯罪所得产生的收益”的认定

《最高人民法院关于审理掩饰、隐瞒犯罪所得、犯罪所得收益刑事案件适用法律若干问题的解释》（2021年4月13日 法释〔2021〕8号）

第十条 通过犯罪直接得到的赃款、赃物，应当认定为刑法第三百一十二条规定的“犯罪所得”。上游犯罪的行为人对犯罪所得进行处理后得到的孳息、租金等，应当认定为刑法第三百一十二条规定的“犯罪所得产生的收益”。

明知是犯罪所得及其产生的收益而采取窝藏、转移、收购、代为销售以外的方法，如居间介绍买卖，收受，持有，使用，加工，提供资金账户，协助将财物转换为现金、金融票据、有价证券，协助将资金转移、汇往境外等，应当认定为刑法第三百一十二条规定的“其他方法”。

★掩饰、隐瞒犯罪所得、犯罪所得收益罪是选择性罪名

《最高人民法院关于审理掩饰、隐瞒犯罪所得、犯罪所得收益刑事案件适用法律若干问题的解释》（2021年4月13日 法释〔2021〕8号）

第十一条 掩饰、隐瞒犯罪所得、犯罪所得收益罪是选择性罪名，审理此类案件，应当根据具体犯罪行为及其指向的对象，确定适用的罪名。

★明知是电信网络诈骗犯罪所得及其产生的收益而予以转账、套现、取现的，构成本罪

《最高人民法院、最高人民检察院、公安部关于办理电信网络诈骗等刑事案件适用法律若干问题的意见（二）》（2021年6月17日 法发〔2021〕22号）

十一、明知是电信网络诈骗犯罪所得及其产生的收益，以下列方式之一予以转账、套现、取现，符合刑法第三百一十二条第一款规定的,以掩饰、隐瞒犯罪所得、犯罪所得收益罪追究刑事责任。但有证据证明确实不知道的除外。

(一)多次使用或者使用多个非本人身份证明开设的收款码、网络支付接口等,帮助他人转账、套现、取现的;

(二)以明显异于市场的价格,通过电商平台预付卡、虚拟货币、手机充值卡、游戏点卡、游戏装备等转换财物、套现的;

(三)协助转换或者转移财物,收取明显高于市场的"手续费"的。

实施上述行为,事前通谋的,以共同犯罪论处;同时构成其他犯罪的,依照处罚较重的规定定罪处罚。法律和司法解释另有规定的除外。

★办理掩饰、隐瞒犯罪所得案件的立案标准及已起诉、正在侦查或者审查起诉环节的法律适用

《最高人民检察院关于刑法修正案(十一)相关问题的解答》

七、掩饰、隐瞒犯罪所得罪新的立案标准在办案实践中如何把握?特别是对一些已起诉、正在侦查、正在审查起诉环节的案件如何把握问题?

答:为加大对洗钱犯罪的惩治力度,进一步实现与国际标准相衔接,经过充分调研论证和评估,2021年4月13日,最高人民法院作出《关于修改〈关于审理掩饰、隐瞒犯罪所得、犯罪所得收益刑事案件适用法律若干问题的解释〉的决定》(法释〔2021〕8号),明确自2021年4月15日起,《关于审理掩饰、隐瞒犯罪所得、犯罪所得收益刑事案件适用法律若干问题的解释》(法释〔2015〕11号)第一条第一款第一项、第二款和第二条第二款规定的掩饰、隐瞒犯罪所得、犯罪所得收益罪的数额标准不再适用;人民法院审理掩饰、隐瞒犯罪所得、犯罪所得收益刑事案件,应综合考虑上游犯罪的性质、掩饰、隐瞒犯罪所得及其收益的情节、后果及社会危害程度等,依法定罪处罚。上述决定,取消了犯罪数额的限制,其立法本意在于加大对洗钱(赃物)犯罪的惩治力度。各地检察机关在办理掩饰、隐瞒犯罪所得、犯罪所得收益刑事案件时,应执行新的标准,可结合解释第一条、第二条、第三条规定的具体情形，充分考虑上述情节。对于即使数额较小，未达到2015年解释规定的犯罪数额，但是上游犯罪性质恶劣、犯罪情节恶劣、危害后果严重的，也可以定罪处罚。对一些已起诉、正在侦查、正在审查起诉环节的案件，各地检察机关可根据新的标准，在充分评估的基础上，加强与人民法院、公安机关的沟通协商，一方面充分体现立法本意，实现解释修改前后的顺畅衔接，避免"一刀切"；另一方面积极调研，强化研究，积累有益的司法经验，对掩饰、隐瞒犯罪所得、犯罪所得收益，情节较轻，行为人认罪、悔罪、协助退赃、退赔的，可以不起诉或者免予刑事处罚；情节显著轻微、危害不大的，不作为犯罪处理。目前，"两高"正在研究修改《关于办理掩饰、隐瞒犯罪所得、犯罪所得收益刑事案件适用法律若干问题的解释》。

★明知是非法拆解的未爆弹药或者非法挖捡的炮弹残片及其所产生的收益而掩饰、隐瞒，构成本罪

《最高人民法院、最高人民检察院、公安部、商务部、国家市场监督管理总局、中央军委后勤保障部、中央军委装备发展部、中央军委训练管理部、中央军委国防动员部关于军地共同加强部队训练场未爆弹药安全风险防控的意见》（2022年10月22日　军训〔2022〕181号）

四、打击挖捡买卖违法行为

（十三）打击违法犯罪。非法进入训练场、不听制止的，破坏训练场围墙、围网等周界防护设施的，依照军事设施保护法的有关规定处罚，符合刑法第三百六十九条第一款、第三百七十一条规定的，分别以破坏军事设施罪、聚众冲击军事禁区罪、聚众扰乱军事管理区秩序罪定罪处罚。挖捡、非法买卖未爆弹药，符合刑法第一百二十七条第一款、第一百二十五条第一款规定的，分别以盗窃弹药、爆炸物罪和非法买卖弹药、爆炸物罪定罪处罚。非法买卖未爆弹药拆解的炮弹引信、火炸药，符合刑法第一百二十五条第一款规定的，以非法买卖弹药、爆炸物罪定罪处罚。非法进入训练场挖捡炮弹残片，符合刑法第二百六十四条规定的，以盗窃罪定罪处罚。因敲击、拆解未爆弹药等行为引发爆炸，符合刑法第一百一十五条第二款、第二百三十三条、第二百三十五条规定的，分别以过失爆炸罪、过失致人死亡罪、过失致人重伤罪定罪处罚。明知是非法拆解的未爆弹药或者非法挖捡的炮弹残片及其所产生的收益而窝藏、转移、代为销售或者以其他方法掩饰、隐瞒，符合刑法第三百一十二条规定的，以掩饰、隐瞒犯罪所得、犯罪所得收益罪定罪处罚。有非法挖捡买卖行为，经教育后确有悔改表现，上交未爆弹药、炮弹残片或者销售炮弹残片违法所得的，可以依法从宽处罚；情节显著轻微危害不大不构成犯罪、构成违反治安管理行为的，依法给予治安管理处罚。

类案检索指引

★涉“两卡”违法犯罪的在校学生具有从犯、认罪认罚、退赃退赔等从宽情节的，检察机关可以提出轻缓的量刑建议

《吴某豪等9人掩饰、隐瞒犯罪所得案》（2021年6月17日最高人民检察院、教育部联合印发在校学生涉“两卡”犯罪典型案例）

【典型意义】

从“断卡”行动情况看，犯罪分子大量收购银行卡、非银行支付账户等用于接收、转移赃款，绕过金融监管，导致诈骗资金迅速流转、拆解、混同，极大地增加了打击犯罪和追赃挽损的难度，社会危害巨大。对于非法出租、出售包括银行卡在内的“两卡”行为，检察机关要坚持源头打击、全链条惩治。既要依法打击涉“两卡”犯罪行为，又要深挖上下游犯罪线索，依法严惩电信网络诈骗、网络赌博等犯罪团伙，努力铲除整个犯罪链条。

第312条

对于涉“两卡”违法犯罪的在校学生，检察机关要坚持惩治与挽救相结合，全面、准确评价起诉必要性，依法、精准提出量刑建议。对于依法需要提起公诉，但被告人具有从犯、认罪认罚、退赃退赔等从宽情节的，可以提出轻缓的量刑建议。要注重做好办案“后半篇文章”，检察机关和教育部门、相关学校要加强沟通联系，根据涉案学生的犯罪情节、认罪悔罪态度、在校一贯表现等情况，在法律政策允许的范围内，给予犯罪情节较轻的涉案学生以继续留校完成学业的机会。同时，加强思想工作和批评教育，使其真正认识错误，悔过自新，努力成为合格守法公民。

★企业合规整改结束后，检察机关对涉案企业及责任人依法提起公诉，并提出轻缓量刑建议

《海南文昌市S公司、翁某某掩饰、隐瞒犯罪所得案——非试点地区在法律框架内积极开展企业合规改革相关工作因地制宜推动第三方监督评估机制规范运行》（2021年12月8日最高人民检察院发布第二批企业合规典型案例）

【关键词】

掩饰、隐瞒犯罪所得　第三方监督评估　公开听证　轻缓量刑建议

【要旨】

非试点地区严格按照法律规定和企业合规改革的精神，在本地选择符合条件的涉案高新技术民营企业开展企业合规考察。结合案发原因指导企业制定切实可行的合规计划，根据地方实际，推动第三方监督评估机制规范运行。企业合规整改结束后，检察机关组织公开听证，综合考虑案情及合规考察效果，对涉案企业及责任人依法提起公诉，并提出轻缓量刑建议。

★跨境电信网络诈骗犯罪集团社会危害性极大，对集团首要分子和骨干成员必须依法从严惩处

《被告人易扬锋、连志仁等三十八人诈骗、组织他人偷越国境、偷越国境、帮助信息网络犯罪活动、掩饰、隐瞒犯罪所得案》（2022年9月6日最高人民法院发布人民法院依法惩治电信网络诈骗犯罪及其关联犯罪典型案例）

【典型意义】

以被告人易扬锋、连志仁为首的电信网络诈骗犯罪集团，利用公司化运作模式实施诈骗，集团内部层级严密，分工明确，组织特征鲜

明。该诈骗集团将作案窝点设在境外,从国内招募人员并组织偷越国境,对我境内居民大肆实施诈骗,被骗人数众多,涉案金额特别巨大。跨境电信网络诈骗犯罪集团社会危害性极大,系打击重点,对集团首要分子和骨干成员必须依法从严惩处。人民法院对该诈骗集团首要分子易扬锋、连志仁分别判处无期徒刑和有期徒刑十六年,对其余骨干成员均判处十年以上有期徒刑,充分体现了依法从严惩处的方针,最大限度彰显了刑罚的功效。

★对于共同实施掩饰、隐瞒犯罪所得及其收益的人员,应当结合其接触上游犯罪的情况准确定罪

《丁某环、朱某洗钱 鹿某掩饰、隐瞒犯罪所得收益案》(2022 年 11 月 3 日最高人民检察院发布检察机关惩治洗钱犯罪典型案例)

【关键词】

洗钱罪 掩饰、隐瞒犯罪所得、犯罪所得收益罪 检察技术辅助审查 股权交易

【典型意义】

1. 对于资金交易复杂、电子数据海量的非法集资犯罪案件,检察机关同步审查洗钱线索时,要注意发挥检察技术辅助审查的作用。电子数据中含有大量与证明犯罪有关的信息,对于证明上游犯罪、发现下游犯罪具有重要价值。检察机关对电子数据需要作针对性挖掘梳理时,可以要求公安机关或者委托专门机构作专业技术分析,也可以应邀参与辅助审查。检察官要结合犯罪特征以及指控证明犯罪思路明确审查目的,提出审查的重点方向和具体要求,并与检察技术人员共同会商研判实现审查目的的技术路径及可行性。检察技术人员应根据审查目的运用专业方法对手机、电脑、电子设备存储电子数据等进行针对性审查,从已有电子数据中挖掘与上游犯罪及洗钱行为有关的数据信息。可以借鉴反洗钱大额交易监测、可疑交易分析等方法,对电子数据中有关大额资金流向及交易背景等,运用技术手段进行穿透式审查分析,并通过对电子数据与其他主客观证据的比对碰撞,发现及证明犯罪。

2. 股权交易是非法集资犯罪转移、隐匿犯罪所得及其收益的常见方法，频繁转让股权、虚假投资股权是洗钱的重要手段。检察机关在审查非法集资资金去向时发现股权转让、股权投资等情况，要跟进审查股权交易人员之间的关系、股权交易价格、股权交易后的实际控制人等相关证据，判断股权交易是否真实，发现洗钱犯罪线索，及时移送公安机关立案侦查。

3. 对于共同实施掩饰、隐瞒犯罪所得及其收益的人员，应当结合其接触上游犯罪的程度、身份背景、职业经历、交易方式等情况，分别判断其对上游犯罪的主观认识，并根据其认识内容准确定罪。知道或者应当知道犯罪所得及其收益是来自于刑法第一百九十一条规定的七类上游犯罪的，应当认定为洗钱罪；知道或者应当知道犯罪所得及其收益是来自其他犯罪的，应当认定为掩饰、隐瞒犯罪所得、犯罪所得收益罪。

第三百一十三条　【拒不执行判决、裁定罪】对人民法院的判决、裁定有能力执行而拒不执行，情节严重的，处三年以下有期徒刑、拘役或者罚金；情节特别严重的，处三年以上七年以下有期徒刑，并处罚金。

单位犯前款罪的，对单位判处罚金，并对其直接负责的主管人员和其他直接责任人员，依照前款的规定处罚。

立法动态

本条源自《中华人民共和国刑法》（1997 年 3 月 14 日第八届全国人民代表大会第五次会议修订，自 1997 年 10 月 1 日起施行）。

本条根据《中华人民共和国刑法修正案（九）》（自 2015 年 11 月 1 日起施行）第三十九条修改。

原本条只有一款，内容为：第三百一十三条　对人民法院的判决、裁定有能力执行而拒不执行，情节严重的，处三年以下有期徒刑、拘役或者罚金。

本条修改的主要内容为:一是补充规定"情节特别严重的,处三年以上七年以下有期徒刑,并处罚金";二是增加规定单位可以成为本罪的犯罪主体,作为第二款。

适用要点与裁判依据

★"人民法院的判决、裁定"的认定及"有能力执行而拒不执行,情节严重"的五种情形

《全国人民代表大会常务委员会关于〈中华人民共和国刑法〉第三百一十三条的解释》(2002 年 8 月 29 日)

刑法第三百一十三条规定的"人民法院的判决、裁定",是指人民法院依法作出的具有执行内容并已发生法律效力的判决、裁定。人民法院为依法执行支付令、生效的调解书、仲裁裁决、公证债权文书等所作的裁定属于该条规定的裁定。

下列情形属于刑法第三百一十三条规定的"有能力执行而拒不执行,情节严重"的情形:

(一)被执行人隐藏、转移、故意毁损财产或者无偿转让财产、以明显不合理的低价转让财产,致使判决、裁定无法执行的;

(二)担保人或者被执行人隐藏、转移、故意毁损或者转让已向人民法院提供担保的财产,致使判决、裁定无法执行的;

(三)协助执行义务人接到人民法院协助执行通知书后,拒不协助执行,致使判决、裁定无法执行的;

(四)被执行人、担保人、协助执行义务人与国家机关工作人员通谋,利用国家机关工作人员的职权妨害执行,致使判决、裁定无法执行的;

(五)其他有能力执行而拒不执行,情节严重的情形。

国家机关工作人员有上述第四项行为的,以拒不执行判决、裁定罪的共犯追究刑事责任。国家机关工作人员收受贿赂或者滥用职权,有上述第四项行为的,同时又构成刑法第三百八十五条、第三百九十七条规定之罪的,依照处罚较重的规定定罪处罚。

★“其他有能力执行而拒不执行,情节严重的情形”的认定

《最高人民法院关于审理拒不执行判决、裁定刑事案件适用法律若干问题的解释》(2020年12月29日　法释〔2020〕21号)

第二条　负有执行义务的人有能力执行而实施下列行为之一的,应当认定为全国人民代表大会常务委员会关于刑法第三百一十三条的解释中规定的“其他有能力执行而拒不执行,情节严重的情形”:

(一)具有拒绝报告或者虚假报告财产情况、违反人民法院限制高消费及有关消费令等拒不执行行为,经采取罚款或者拘留等强制措施后仍拒不执行的;

(二)伪造、毁灭有关被执行人履行能力的重要证据,以暴力、威胁、贿买方法阻止他人作证或者指使、贿买、胁迫他人作伪证,妨碍人民法院查明被执行人财产情况,致使判决、裁定无法执行的;

(三)拒不交付法律文书指定交付的财物、票证或者拒不迁出房屋、退出土地,致使判决、裁定无法执行的;

(四)与他人串通,通过虚假诉讼、虚假仲裁、虚假和解等方式妨害执行,致使判决、裁定无法执行的;

(五)以暴力、威胁方法阻碍执行人员进入执行现场或者聚众哄闹、冲击执行现场,致使执行工作无法进行的;

(六)对执行人员进行侮辱、围攻、扣押、殴打,致使执行工作无法进行的;

(七)毁损、抢夺执行案件材料、执行公务车辆和其他执行器械、执行人员服装以及执行公务证件,致使执行工作无法进行的;

(八)拒不执行法院判决、裁定,致使债权人遭受重大损失的。

★审理拒不执行判决、裁定刑事案件适用法律的七个问题

《最高人民法院关于审理拒不执行判决、裁定刑事案件适用法律若干问题的解释》(2020年12月29日　法释〔2020〕21号)

第一条　被执行人、协助执行义务人、担保人等负有执行义务的人对人民法院的判决、裁定有能力执行而拒不执行,情节严重的,应当依照刑法第三百一十三条的规定,以拒不执行判决、裁定罪处罚。

第三条 申请执行人有证据证明同时具有下列情形,人民法院认为符合刑事诉讼法第二百一十条第三项规定的,以自诉案件立案审理:

(一)负有执行义务的人拒不执行判决、裁定,侵犯了申请执行人的人身、财产权利,应当依法追究刑事责任的;

(二)申请执行人曾经提出控告,而公安机关或者人民检察院对负有执行义务的人不予追究刑事责任的。

第四条 本解释第三条规定的自诉案件,依照刑事诉讼法第二百一十二条的规定,自诉人在宣告判决前,可以同被告人自行和解或者撤回自诉。

第五条 拒不执行判决、裁定刑事案件,一般由执行法院所在地人民法院管辖。

第六条 拒不执行判决、裁定的被告人在一审宣告判决前,履行全部或部分执行义务的,可以酌情从宽处罚。

第七条 拒不执行支付赡养费、扶养费、抚育费、抚恤金、医疗费用、劳动报酬等判决、裁定的,可以酌情从重处罚。

类案检索指引

★负有执行义务的人有拒不执行行为,致使判决、裁定无法执行,情节严重的,构成本罪

《毛建文拒不执行判决、裁定案》(2016年12月28日最高人民法院发布第15批指导案例:指导案例71号)

【裁判要点】

有能力执行而拒不执行判决、裁定的时间从判决、裁定发生法律效力时起算。具有执行内容的判决、裁定发生法律效力后,负有执行义务的人有隐藏、转移、故意毁损财产等拒不执行行为,致使判决、裁定无法执行,情节严重的,应当以拒不执行判决、裁定罪定罪处罚。

★负有执行义务的单位和个人以更换企业名称、隐瞒到期收入等方式妨害执行,情节严重的,构成本罪

《上海甲建筑装饰有限公司、吕某拒不执行判决立案监督案》(2020 年 12 月 21 日最高人民检察院发布第二十四批指导性案例:检例第 92 号)

【要旨】

负有执行义务的单位和个人以更换企业名称、隐瞒到期收入等方式妨害执行,致使已经发生法律效力的判决、裁定无法执行,情节严重的,应当以拒不执行判决、裁定罪予以追诉。申请执行人认为公安机关对拒不执行判决、裁定的行为应当立案侦查而不立案侦查,向检察机关提出监督申请的,检察机关应当要求公安机关说明不立案的理由。经调查核实,认为公安机关不立案理由不能成立的,应当通知公安机关立案。对于通知立案的涉企业犯罪案件,应当依法适用认罪认罚从宽制度。

★以刑事自诉方式追究本罪

《殷某娟拒不执行判决、裁定罪自诉案》(2021 年 12 月 1 日最高人民法院发布依法惩戒规避和抗拒执行典型案例)

【典型意义】

本案是通过刑事自诉方式追究被执行人拒执罪的典型案例,且法院以案说法,通过与媒体深度合作,采取网络直播、全程见证抓捕等新媒体形式,形成强大的舆论威慑氛围,具有极强的教育意义和社会影响,真正起到了执行一案、教育一批、影响一片的积极效果。

第三百一十四条　【非法处置查封、扣押、冻结的财产罪】隐藏、转移、变卖、故意毁损已被司法机关查封、扣押、冻结的财产,情节严重的,处三年以下有期徒刑、拘役或者罚金。

立法动态

本条源自《中华人民共和国刑法》(1997 年 3 月 14 日第八届全国人民代表大会第五次会议修订,自 1997 年 10 月 1 日起施行)。

适用要点与裁判依据

★对于隐藏、转移、变卖、损毁已被扣押、冻结财产情节严重的,构成本罪

《最高人民法院关于适用财产刑若干问题的规定》(2000 年 12 月 13 日　法释〔2000〕45 号)

第十一条　自判决指定的期限届满第二日起,人民法院对于没有法定减免事由不缴纳罚金的,应当强制其缴纳。

对于隐藏、转移、变卖、损毁已被扣押、冻结财产情节严重的,依照刑法第三百一十四条的规定追究刑事责任。

类案检索指引

★被执行人在强制执行过程中,对已经查封的财产私自变卖清偿其他债务情节严重的,构成本罪

《肖某某非法处置查封的财产案》(2018 年 6 月 5 日最高人民法院发布人民法院依法打击拒不执行判决、裁定罪典型案例)

【典型意义】

非法处置查封、扣押、冻结的财产,是被执行人规避、抗拒执行的一种典型方式。本案被执行人在强制执行过程中,对人民法院已经查封的财产私自变卖,并将变卖所得用于清偿其他债务,导致申请执行人的债权得不到执行,情节严重,构成非法处置查封的财产罪。由于本案执行依据是民事调解书,被执行人的拒不执行行为不能构成拒不执行判决、裁定罪。法院以非法处置查封的财产罪对被告人定罪处罚,符合法律规定,惩治了此种抗拒执行的行为,维护了司法权威,具有较好的警示作用。

第三百一十五条　【破坏监管秩序罪】依法被关押的罪犯,有下列破坏监管秩序行为之一,情节严重的,处三年以下有期徒刑:

(一)殴打监管人员的;

(二)组织其他被监管人破坏监管秩序的;

(三)聚众闹事,扰乱正常监管秩序的;

(四)殴打、体罚或者指使他人殴打、体罚其他被监管人的。

立法动态

本条源自《中华人民共和国刑法》(1997 年 3 月 14 日第八届全国人民代表大会第五次会议修订,自 1997 年 10 月 1 日起施行)。

第三百一十六条　【脱逃罪】依法被关押的罪犯、被告人、犯罪嫌疑人脱逃的,处五年以下有期徒刑或者拘役。

【劫夺被押解人员罪】劫夺押解途中的罪犯、被告人、犯罪嫌疑人的,处三年以上七年以下有期徒刑;情节严重的,处七年以上有期徒刑。

立法动态

本条源自《中华人民共和国刑法》(1997 年 3 月 14 日第八届全国人民代表大会第五次会议修订,自 1997 年 10 月 1 日起施行)。

第三百一十七条　【组织越狱罪】组织越狱的首要分子和积极参加的,处五年以上有期徒刑;其他参加的,处五年以下有期徒刑或者拘役。

【暴动越狱罪】【聚众持械劫狱罪】暴动越狱或者聚众持械劫狱的首要分子和积极参加的，处十年以上有期徒刑或者无期徒刑；情节特别严重的，处死刑；其他参加的，处三年以上十年以下有期徒刑。

立法动态

本条源自《中华人民共和国刑法》(1997 年 3 月 14 日第八届全国人民代表大会第五次会议修订，自 1997 年 10 月 1 日起施行)。

第三节　妨害国(边)境管理罪

第三百一十八条　【组织他人偷越国(边)境罪】组织他人偷越国(边)境的，处二年以上七年以下有期徒刑，并处罚金；有下列情形之一的，处七年以上有期徒刑或者无期徒刑，并处罚金或者没收财产：

(一)组织他人偷越国(边)境集团的首要分子；

(二)多次组织他人偷越国(边)境或者组织他人偷越国(边)境人数众多的；

(三)造成被组织人重伤、死亡的；

(四)剥夺或者限制被组织人人身自由的；

(五)以暴力、威胁方法抗拒检查的；

(六)违法所得数额巨大的；

(七)有其他特别严重情节的。

犯前款罪，对被组织人有杀害、伤害、强奸、拐卖等犯罪行为，或者对检查人员有杀害、伤害等犯罪行为的，依照数罪并罚的规定处罚。

立法动态

本条源自《中华人民共和国刑法》(1997 年 3 月 14 日第八届全国人民代表大会第五次会议修订,自 1997 年 10 月 1 日起施行)。

适用要点与裁判依据

★"偷越国(边)境"行为的认定

《最高人民法院、最高人民检察院关于办理妨害国(边)境管理刑事案件应用法律若干问题的解释》(2012 年 12 月 12 日 法释〔2012〕17 号)

第六条 具有下列情形之一的,应当认定为刑法第六章第三节规定的"偷越国(边)境"行为:

(一)没有出入境证件出入国(边)境或者逃避接受边防检查的;

(二)使用伪造、变造、无效的出入境证件出入国(边)境的;

(三)使用他人出入境证件出入国(边)境的;

(四)使用以虚假的出入境事由、隐瞒真实身份、冒用他人身份证件等方式骗取的出入境证件出入国(边)境的;

(五)采用其他方式非法出入国(边)境的。

★"组织他人偷越国(边)境""人数众多""违法所得数额巨大"的认定

《最高人民法院、最高人民检察院关于办理妨害国(边)境管理刑事案件应用法律若干问题的解释》(2012 年 12 月 12 日 法释〔2012〕17 号)

第一条 领导、策划、指挥他人偷越国(边)境或者在首要分子指挥下,实施拉拢、引诱、介绍他人偷越国(边)境等行为的,应当认定为刑法第三百一十八条规定的"组织他人偷越国(边)境"。

组织他人偷越国(边)境人数在十人以上的,应当认定为刑法第三百一十八条第一款第(二)项规定的"人数众多";违法所得数额在二十万元以上的,应当认定为刑法第三百一十八条第一款第(六)项规定的"违法所得数额巨大"。

以组织他人偷越国(边)境为目的,招募、拉拢、引诱、介绍、培训偷越国(边)境人员,策划、安排偷越国(边)境行为,在他人偷越国(边)境之前或者偷越国(边)境过程中被查获的,应当以组织他人偷越国(边)境罪(未遂)论处;具有刑法第三百一十八条第一款规定的情形之一的,应当在相应的法定刑幅度基础上,结合未遂犯的处罚原则量刑。

★以单位名义或者单位形式组织他人偷越国(边)境的刑事责任

《最高人民法院、最高人民检察院关于办理妨害国(边)境管理刑事案件应用法律若干问题的解释》(2012年12月12日 法释〔2012〕17号)

第七条 以单位名义或者单位形式组织他人偷越国(边)境、为他人提供伪造、变造的出入境证件或者运送他人偷越国(边)境的,应当依照刑法第三百一十八条、第三百二十条、第三百二十一条的规定追究直接负责的主管人员和其他直接责任人员的刑事责任。

★实施组织他人偷越国(边)境犯罪同时构成其他犯罪的,择一重处

《最高人民法院、最高人民检察院关于办理妨害国(边)境管理刑事案件应用法律若干问题的解释》(2012年12月12日 法释〔2012〕17号)

第318条

第八条 实施组织他人偷越国(边)境犯罪,同时构成骗取出境证件罪、提供伪造、变造的出入境证件罪、出售出入境证件罪、运送他人偷越国(边)境罪的,依照处罚较重的规定定罪处罚。

★实施跨境赌博犯罪,同时构成本罪的,实行数罪并罚

《办理跨境赌博犯罪案件若干问题的意见》(2020年10月16日 公通字〔2020〕14号)

四、关于跨境赌博关联犯罪的认定

(三)实施跨境赌博犯罪,同时构成组织他人偷越国(边)境、运送他人偷越国(边)境、偷越国(边)境罪等罪的，应当依法数罪并罚。

类案检索指引

★坚持全链条打击，依法能动履职，维护社会安全稳定

《陈某甲组织他人偷越国境、陈某乙等人偷越国境案——拉拢引诱多人跨境偷渡应予以严惩》[2022年7月7日最高人民检察院发布依法惩治妨害国(边)境管理犯罪典型案例]

【要旨】

为了躲避国内打击，犯罪分子在境外建立窝点并召集国内人员前往当地实施电信诈骗等违法犯罪。有的行为人在境外人员的领导指挥下，拉拢引诱多人共同偷渡，有的行为人在高薪诱惑下，逃避边防检查偷越出入国境，给我国国(边)境管理秩序以及国内人民财产安全带来风险隐患。检察机关坚持全链条打击，依法能动履职，维护社会安全稳定。

第三百一十九条　【骗取出境证件罪】以劳务输出、经贸往来或者其他名义，弄虚作假，骗取护照、签证等出境证件，为组织他人偷越国(边)境使用的，处三年以下有期徒刑，并处罚金；情节严重的，处三年以上十年以下有期徒刑，并处罚金。

单位犯前款罪的，对单位判处罚金，并对其直接负责的主管人员和其他直接责任人员，依照前款的规定处罚。

立法动态

本条源自《中华人民共和国刑法》(1997年3月14日第八届全国人民代表大会第五次会议修订，自1997年10月1日起施行)。

适用要点与裁判依据

★"弄虚作假""情节严重""出境证件"的认定

《最高人民法院、最高人民检察院关于办理妨害国(边)境管理刑事案件应用法律若干问题的解释》(2012年12月12日　法释〔2012〕17号)

第二条　为组织他人偷越国(边)境,编造出境事由、身份信息或者相关的境外关系证明的,应当认定为刑法第三百一十九条第一款规定的"弄虚作假"。

刑法第三百一十九条第一款规定的"出境证件",包括护照或者代替护照使用的国际旅行证件,中华人民共和国海员证,中华人民共和国出入境通行证,中华人民共和国旅行证,中国公民往来香港、澳门、台湾地区证件,边境地区出入境通行证,签证、签注,出国(境)证明、名单,以及其他出境时需要查验的资料。

具有下列情形之一的,应当认定为刑法第三百一十九条第一款规定的"情节严重":

(一)骗取出境证件五份以上的;

(二)非法收取费用三十万元以上的;

(三)明知是国家规定的不准出境的人员而为其骗取出境证件的;

(四)其他情节严重的情形。

第三百二十条　【提供伪造、变造的出入境证件罪】【出售出入境证件罪】为他人提供伪造、变造的护照、签证等出入境证件,或者出售护照、签证等出入境证件的,处五年以下有期徒刑,并处罚金;情节严重的,处五年以上有期徒刑,并处罚金。

立法动态

本条源自《中华人民共和国刑法》(1997 年 3 月 14 日第八届全国人民代表大会第五次会议修订,自 1997 年 10 月 1 日起施行)。

适用要点与裁判依据

★"出入境证件""情节严重"的认定

《最高人民法院、最高人民检察院关于办理妨害国(边)境管理刑事案件应用法律若干问题的解释》(2012 年 12 月 12 日　法释〔2012〕17 号)

第三条　刑法第三百二十条规定的"出入境证件",包括本解释第二条第二款所列的证件以及其他入境时需要查验的资料。

具有下列情形之一的,应当认定为刑法第三百二十条规定的"情节严重":

(一)为他人提供伪造、变造的出入境证件或者出售出入境证件五份以上的;

(二)非法收取费用三十万元以上的;

(三)明知是国家规定的不准出入境的人员而为其提供伪造、变造的出入境证件或者向其出售出入境证件的;

(四)其他情节严重的情形。

第三百二十一条　【运送他人偷越国(边)境罪】运送他人偷越国(边)境的,处五年以下有期徒刑、拘役或者管制,并处罚金;有下列情形之一的,处五年以上十年以下有期徒刑,并处罚金:

(一)多次实施运送行为或者运送人数众多的;

(二)所使用的船只、车辆等交通工具不具备必要的安全条件,足以造成严重后果的;

(三)违法所得数额巨大的;

（四）有其他特别严重情节的。

在运送他人偷越国（边）境中造成被运送人重伤、死亡，或者以暴力、威胁方法抗拒检查的，处七年以上有期徒刑，并处罚金。

犯前两款罪，对被运送人有杀害、伤害、强奸、拐卖等犯罪行为，或者对检查人员有杀害、伤害等犯罪行为的，依照数罪并罚的规定处罚。

立法动态

本条源自《中华人民共和国刑法》（1997 年 3 月 14 日第八届全国人民代表大会第五次会议修订，自 1997 年 10 月 1 日起施行）。

适用要点与裁判依据

★“人数众多”“违法所得数额巨大”的认定

《最高人民法院、最高人民检察院关于办理妨害国（边）境管理刑事案件应用法律若干问题的解释》（2012 年 12 月 12 日 法释〔2012〕17 号）

第四条 运送他人偷越国（边）境人数在十人以上的，应当认定为刑法第三百二十一条第一款第（一）项规定的“人数众多”；违法所得数额在二十万元以上的，应当认定为刑法第三百二十一条第一款第（三）项规定的“违法所得数额巨大”。

类案检索指引

★出租车司机明知他人运送人员偷越边境而帮助运送，构成共犯

《刘某某等五人运送他人偷越边境案——出租车司机明知他人运送人员偷越边境而帮助运送亦构成共犯》［2022 年 7 月 7 日最高人民检察院发布依法惩治妨害国（边）境管理犯罪典型案例］

【要旨】

出租车司机事先明知他人从事运送他人偷越国（边）境犯罪而仍

然提供帮助的,应当以运送他人偷越国(边)境罪共犯论处。对于审判机关判决认定错误的,检察机关依法提出抗诉,履行审判监督职责。

★为逃避处罚,采取隐蔽方式分段运送他人偷越国境,构成本罪

《卢某某等人运送他人偷越国境案——为逃避处罚,采取隐蔽方式分段运送他人偷越国境难逃法网》[2022年7月7日最高人民检察院发布依法惩治妨害国(边)境管理犯罪典型案例]

【要旨】

近年来,通过偷越国(边)境的方式进入我国务工的外籍人员增多。一些生活在国(边)境周边地区的交通运输行业从业人员,为了牟取高额报酬,按照"蛇头"安排,组成运送团伙,利用熟悉路卡、路况的职业条件,从内地至边境地区分段运送偷渡人员,为偷渡人员出境提供便利。此类行为助长了偷渡违法犯罪,妨害了国(边)境管理秩序,应认定为运送他人偷越国(边)境罪,予以坚决打击。

第三百二十二条　【偷越国(边)境罪】违反国(边)境管理法规,偷越国(边)境,情节严重的,处一年以下有期徒刑、拘役或者管制,并处罚金;为参加恐怖活动组织、接受恐怖活动培训或者实施恐怖活动,偷越国(边)境的,处一年以上三年以下有期徒刑,并处罚金。

立法动态

本条源自《中华人民共和国刑法》(1997年3月14日第八届全国人民代表大会第五次会议修订,自1997年10月1日起施行)。

本条根据《中华人民共和国刑法修正案(九)》(自2015年11月1日起施行)第四十条修改。

原本条规定为:第三百二十二条　违反国(边)境管理法规,偷越国(边)境,情节严重的,处一年以下有期徒刑、拘役或者管制,并处罚金。

本条修改的内容为:增加规定“为参加恐怖活动组织、接受恐怖活动培训或者实施恐怖活动,偷越国(边)境的”构成本罪,并规定了较重的法定刑。

适用要点与裁判依据

★偷越国(边)境“情节严重”的六种情形

《最高人民法院、最高人民检察院关于办理妨害国(边)境管理刑事案件应用法律若干问题的解释》(2012年12月12日　法释〔2012〕17号)

第五条　偷越国(边)境,具有下列情形之一的,应当认定为刑法第三百二十二条规定的“情节严重”:

(一)在境外实施损害国家利益行为的;

(二)偷越国(边)境三次以上或者三人以上结伙偷越国(边)境的;

(三)拉拢、引诱他人一起偷越国(边)境的;

(四)勾结境外组织、人员偷越国(边)境的;

(五)因偷越国(边)境被行政处罚后一年内又偷越国(边)境的;

(六)其他情节严重的情形。

★“偷越国(边)境”的五种行为

《最高人民法院、最高人民检察院关于办理妨害国(边)境管理刑事案件应用法律若干问题的解释》(2012年12月12日　法释〔2012〕17号)

第六条　具有下列情形之一的,应当认定为刑法第六章第三节规定的“偷越国(边)境”行为:

(一)没有出入境证件出入国(边)境或者逃避接受边防检查的;

(二)使用伪造、变造、无效的出入境证件出入国(边)境的;

(三)使用他人出入境证件出入国(边)境的;

(四)使用以虚假的出入境事由、隐瞒真实身份、冒用他人身份证件等方式骗取的出入境证件出入国(边)境的;

(五)采用其他方式非法出入国(边)境的。

类案检索指引

★无论出于什么目的,违反国(边)境管理法规,偷越国(边)境,情节严重的,构成本罪

《廖某甲等4人偷越国境案——结伙徒步穿越国境前往境外务工已构成犯罪》[2022年7月7日最高人民检察院发布依法惩治妨害国(边)境管理犯罪典型案例]

【要旨】

中国公民出境入境,应当依法申请办理护照或者其他旅行证件,且应当从对外开放的口岸出境入境,特殊情况下,可以从国务院或者国务院授权的部门批准的地点出境入境。无论出于什么目的,违反国(边)境管理法规,偷越国(边)境,情节严重,构成偷越国(边)境罪的,应依法予以惩处。

★违反国境管理规定,非法越过边界通行证准许的活动范围,未获批准进入内地,情节严重的,构成本罪

《吴某某偷越国境案——境外边民越过临时边界通行证范围结伙进入内地非法务工触犯我国刑法》[2022年7月7日最高人民检察院发布依法惩治妨害国(边)境管理犯罪典型案例]

【要旨】

为了促进我国与边境国家的经济社会合作与发展,我国与有关边境国家签订边界管理合作协议,允许境外边民持临时边界通行证合法进入我国边境地区,从事探亲访友、旅游、互市贸易等活动。临时边界通行证持证人只限在规定的区域和有效期限内停留,对于违反国境管理规定,非法越过边界通行证准许的活动范围,未获批准进入内地,情节严重的,应当以偷越国境罪定罪处罚。

★偷越国境被刑事立案，取保候审期间又非法出入境，应从严惩处

《张某某偷越国境案——轻信国外淘金结伙偷越国境被刑事立案，取保候审期间又非法出入境，应从严惩处》[2022年7月7日最高人民检察院发布依法惩治妨害国(边)境管理犯罪典型案例]

【要旨】

对于偷越国(边)境轻罪案件，检察机关在审查逮捕过程中，要结合案情全面审查犯罪嫌疑人的社会危险性，对于刑事立案后在取保候审期间又非法出入境的，一般应体现从严要求，采取羁押强制措施。

第三百二十三条　【破坏界碑、界桩罪】【破坏永久性测量标志罪】故意破坏国家边境的界碑、界桩或者永久性测量标志的，处三年以下有期徒刑或者拘役。

立法动态

本条源自《中华人民共和国刑法》(1997年3月14日第八届全国人民代表大会第五次会议修订，自1997年10月1日起施行)。

第四节　妨害文物管理罪

第三百二十四条　【故意损毁文物罪】故意损毁国家保护的珍贵文物或者被确定为全国重点文物保护单位、省级文物保护单位的文物的，处三年以下有期徒刑或者拘役，并处或者单处罚金；情节严重的，处三年以上十年以下有期徒刑，并处罚金。

【故意损毁名胜古迹罪】故意损毁国家保护的名胜古迹，情节严重的，处五年以下有期徒刑或者拘役，并处或者单处罚金。

【过失损毁文物罪】过失损毁国家保护的珍贵文物或者被确定为全国重点文物保护单位、省级文物保护单位的文物，造成严重后果的，处三年以下有期徒刑或者拘役。

立法动态

本条源自《中华人民共和国刑法》(1997 年 3 月 14 日第八届全国人民代表大会第五次会议修订，自 1997 年 10 月 1 日起施行)。

立案标准

《最高人民检察院、公安部关于公安机关管辖的刑事案件立案追诉标准的规定(一)》(2017 年 4 月 27 日修正　公通字〔2017〕12 号)

第四十六条　[故意损毁文物案(刑法第三百二十四条第一款)]故意损毁国家保护的珍贵文物或者被确定为全国重点文物保护单位、省级文物保护单位的文物的，应予立案追诉。

第四十七条　[故意损毁名胜古迹案(刑法第三百二十四条第二款)]故意损毁国家保护的名胜古迹，涉嫌下列情形之一的，应予立案追诉：

(一)造成国家保护的名胜古迹严重损毁的；

(二)损毁国家保护的名胜古迹三次以上或者三处以上，尚未造成严重损毁后果的；

(三)损毁手段特别恶劣的；

(四)其他情节严重的情形。

第四十八条　[过失损毁文物案(刑法第三百二十四条第三款)]过失损毁国家保护的珍贵文物或者被确定为全国重点文物保护单位、省级文物保护单位的文物，涉嫌下列情形之一的，应予立案追诉：

(一)造成珍贵文物严重损毁的；

（二）造成被确定为全国重点文物保护单位、省级文物保护单位的文物严重损毁的；

（三）造成珍贵文物损毁三件以上的；

（四）其他造成严重后果的情形。

适用要点与裁判依据

★“被确定为全国重点文物保护单位、省级文物保护单位的文物”及“情节严重”的认定

《最高人民法院、最高人民检察院关于办理妨害文物管理等刑事案件适用法律若干问题的解释》（2015年12月30日　法释〔2015〕23号）

第三条　全国重点文物保护单位、省级文物保护单位的本体，应当认定为刑法第三百二十四条第一款规定的“被确定为全国重点文物保护单位、省级文物保护单位的文物”。

故意损毁国家保护的珍贵文物或者被确定为全国重点文物保护单位、省级文物保护单位的文物，具有下列情形之一的，应当认定为刑法第三百二十四条第一款规定的“情节严重”：

（一）造成五件以上三级文物损毁的；

（二）造成二级以上文物损毁的；

（三）致使全国重点文物保护单位、省级文物保护单位的本体严重损毁或者灭失的；

（四）多次损毁或者损毁多处全国重点文物保护单位、省级文物保护单位的本体的；

（五）其他情节严重的情形。

实施前款规定的行为，拒不执行国家行政主管部门作出的停止侵害文物的行政决定或者命令的，酌情从重处罚。

★"国家保护的名胜古迹"及"情节严重"的认定

《最高人民法院、最高人民检察院关于办理妨害文物管理等刑事案件适用法律若干问题的解释》(2015 年 12 月 30 日　法释〔2015〕23 号)

第四条　风景名胜区的核心景区以及未被确定为全国重点文物保护单位、省级文物保护单位的古文化遗址、古墓葬、古建筑、石窟寺、石刻、壁画、近代现代重要史迹和代表性建筑等不可移动文物的本体,应当认定为刑法第三百二十四条第二款规定的"国家保护的名胜古迹"。

故意损毁国家保护的名胜古迹,具有下列情形之一的,应当认定为刑法第三百二十四条第二款规定的"情节严重":

(一)致使名胜古迹严重损毁或者灭失的;

(二)多次损毁或者损毁多处名胜古迹的;

(三)其他情节严重的情形。

实施前款规定的行为,拒不执行国家行政主管部门作出的停止侵害文物的行政决定或者命令的,酌情从重处罚。

故意损毁风景名胜区内被确定为全国重点文物保护单位、省级文物保护单位的文物的,依照刑法第三百二十四条第一款和本解释第三条的规定定罪量刑。

★过失损毁国家保护的珍贵文物"造成严重后果"的认定

《最高人民法院、最高人民检察院关于办理妨害文物管理等刑事案件适用法律若干问题的解释》(2015 年 12 月 30 日　法释〔2015〕23 号)

第五条　过失损毁国家保护的珍贵文物或者被确定为全国重点文物保护单位、省级文物保护单位的文物,具有本解释第三条第二款第一项至第三项规定情形之一的,应当认定为刑法第三百二十四条第三款规定的"造成严重后果"。

类案检索指引

★行为人在与县文物局签订文物保护责任书后仍然明知故犯，严重破坏皖南土墩墓本体，依法应当承担刑事责任

《鲁某、罗某才故意损毁文物案》(2023年2月7日最高人民法院发布依法保护文物和文化遗产典型案例)

【典型意义】

本案系故意损毁文物引发的刑事案件。案发地位于皖南土墩墓群范围内，该墓葬群及其出土文物集中反映了西周至春秋时期的社会生产、生活状况，是研究吴越文化的重要资料，对研究商周时期中原文化和周边文化的关系、中华文明的一体化进程等重大课题具有重要意义。鲁某、罗某才在与繁昌县文物局签订文物保护责任书后，仍然明知故犯，严重破坏皖南土墩墓本体，依法应当承担刑事责任。人民法院在依法审判的同时，采取"以案说法"形式在皖南土墩墓群保护区内进行宣讲，引导社会公众提高文物保护意识和自觉性，起到了"惩处一个、警示一片"的教育作用。该案是人民法院、文物行政部门秉持统筹好文物保护与经济社会发展的理念，依法履职尽责，通过严格妥善查处发生在人民群众周边、与生产生活密切相关的案件，努力提升文物保护水平和效果的代表性案例。

★行为人在施工中过失损毁汉魏洛阳故城保护范围内的古墓葬，造成严重后果，依法应当承担刑事责任

《张某杰、王某涛过失损毁文物案》(2023年2月7日最高人民法院发布依法保护文物和文化遗产典型案例)

【典型意义】

本案系过失损毁文物引发的刑事案件。汉魏洛阳故城前后延续使用近1600年，是东周、东汉、曹魏、西晋、北魏的都城，是汉魏时期对外交流的重要窗口和"丝绸之路"的东方起点。现存遗址为国务院公布的第一批全国重点文物保护单位、世界文化遗产，具有重大的历史、艺术、科学价值。保护文物人人有责，特别是在文物保护范围内，建设施工单位及相关责任人更要按章作业、尽到注意义务,损毁文物要承担相应法律责任。张某杰、王某涛在施工中过失损毁汉魏洛阳故城保护范围内的古墓葬,造成严重后果,依法应当承担刑事责任。施工单位没有尽到管理义务,应承担相应的行政责任。人民法院贯彻落实宽严相济刑事政策,依法对二被告人定罪量刑,文物行政部门依法对施工单位予以罚款的行政处罚,展现了多元治理、全面追责、共同提升文物保护水平的鲜明导向和工作实效,对引导社会公众提高文物保护意识、建设施工单位及相关责任人提高文物安全责任意识,具有重要警示和教育意义。

第三百二十五条　【非法向外国人出售、赠送珍贵文物罪】违反文物保护法规,将收藏的国家禁止出口的珍贵文物私自出售或者私自赠送给外国人的,处五年以下有期徒刑或者拘役,可以并处罚金。

单位犯前款罪的,对单位判处罚金,并对其直接负责的主管人员和其他直接责任人员,依照前款的规定处罚。

立法动态

本条源自《中华人民共和国刑法》(1997 年 3 月 14 日第八届全国人民代表大会第五次会议修订,自 1997 年 10 月 1 日起施行)。

第三百二十六条　【倒卖文物罪】以牟利为目的,倒卖国家禁止经营的文物,情节严重的,处五年以下有期徒刑或者拘役,并处罚金;情节特别严重的,处五年以上十年以下有期徒刑,并处罚金。

单位犯前款罪的,对单位判处罚金,并对其直接负责的主管人员和其他直接责任人员,依照前款的规定处罚。

立法动态

本条源自《中华人民共和国刑法》(1997 年 3 月 14 日第八届全国人民代表大会第五次会议修订,自 1997 年 10 月 1 日起施行)。

适用要点与裁判依据

★“倒卖国家禁止经营的文物”“情节严重”“情节特别严重”的认定

《最高人民法院、最高人民检察院关于办理妨害文物管理等刑事案件适用法律若干问题的解释》(2015 年 12 月 30 日 法释〔2015〕23 号)

第六条 出售或者为出售而收购、运输、储存《中华人民共和国文物保护法》规定的“国家禁止买卖的文物”的,应当认定为刑法第三百二十六条规定的“倒卖国家禁止经营的文物”。

倒卖国家禁止经营的文物,具有下列情形之一的,应当认定为刑法第三百二十六条规定的“情节严重”:

(一)倒卖三级文物的;

(二)交易数额在五万元以上的;

(三)其他情节严重的情形。

实施前款规定的行为,具有下列情形之一的,应当认定为刑法第三百二十六条规定的“情节特别严重”:

(一)倒卖二级以上文物的;

(二)倒卖三级文物五件以上的;

(三)交易数额在二十五万元以上的;

(四)其他情节特别严重的情形。

类案检索指引

★行为人以出售牟利为目的大量收购、运输、储存文物，并利用互联网拍卖变现，应依法承担刑事责任

《霍某程等11人倒卖文物案》(2023年2月7日最高人民法院发布依法保护文物和文化遗产典型案例)

【典型意义】

本案系倒卖文物引发的刑事案件。涉案文物主要来源于新疆罗布泊保护区，该保护区内有小河墓地、楼兰故城遗址等多个重点文物保护区域，分布了大量珍贵文物和文化遗址，具有重大历史、艺术、科学价值。依某等人违反国家文物保护法规，多次进入罗布泊保护区非法获取国家禁止经营的文物，在当地自发形成的文物经营市场内出售，霍某程以出售牟利为目的大量收购、运输、储存文物，并利用互联网拍卖变现，均应依法承担刑事责任。本案倒卖文物行为呈现出规模化、产业化、网络化特点，涉案文物数量巨大，包括数十件二级文物、三级文物，严重破坏罗布泊保护区的地理、文化原貌和文物安全。人民法院坚持“全链条、全要素”打击，依法严惩倒卖文物行为，同时贯彻落实宽严相济刑事政策，正确适用认罪认罚从宽制度，发挥了刑事制裁的惩罚与教育功能，为从源头遏制倒卖文物犯罪、加强文物市场监管、堵塞文物保护工作漏洞，提供了法治指引。

第三百二十七条　【非法出售、私赠文物藏品罪】违反文物保护法规，国有博物馆、图书馆等单位将国家保护的文物藏品出售或者私自送给非国有单位或者个人的，对单位判处罚金，并对其直接负责的主管人员和其他直接责任人员，处三年以下有期徒刑或者拘役。

立法动态

本条源自《中华人民共和国刑法》(1997 年 3 月 14 日第八届全国人民代表大会第五次会议修订,自 1997 年 10 月 1 日起施行)。

适用要点与裁判依据

★国有单位违法将国家保护的文物藏品出售或者私自送给非国有单位或者个人的,构成本罪

《最高人民法院、最高人民检察院关于办理妨害文物管理等刑事案件适用法律若干问题的解释》(2015 年 12 月 30 日 法释〔2015〕23 号)

第七条 国有博物馆、图书馆以及其他国有单位,违反文物保护法规,将收藏或者管理的国家保护的文物藏品出售或者私自送给非国有单位或者个人的,依照刑法第三百二十七条的规定,以非法出售、私赠文物藏品罪追究刑事责任。

第三百二十八条 【盗掘古文化遗址、古墓葬罪】盗掘具有历史、艺术、科学价值的古文化遗址、古墓葬的,处三年以上十年以下有期徒刑,并处罚金;情节较轻的,处三年以下有期徒刑、拘役或者管制,并处罚金;有下列情形之一的,处十年以上有期徒刑或者无期徒刑,并处罚金或者没收财产:

(一)盗掘确定为全国重点文物保护单位和省级文物保护单位的古文化遗址、古墓葬的;

(二)盗掘古文化遗址、古墓葬集团的首要分子;

(三)多次盗掘古文化遗址、古墓葬的;

(四)盗掘古文化遗址、古墓葬,并盗窃珍贵文物或者造成珍贵文物严重破坏的。

【盗掘古人类化石、古脊椎动物化石罪】盗掘国家保护的具有科学价值的古人类化石和古脊椎动物化石的,依照前款的规定处罚。

立法动态

本条源自《中华人民共和国刑法》(1997 年 3 月 14 日第八届全国人民代表大会第五次会议修订,自 1997 年 10 月 1 日起施行)。

本条第一款根据《中华人民共和国刑法修正案(八)》(自 2011 年 5 月 1 日起施行)第四十五条修改。

原本条第一款内容为:第三百二十八条　盗掘具有历史、艺术、科学价值的古文化遗址、古墓葬的,处三年以上十年以下有期徒刑,并处罚金;情节较轻的,处三年以下有期徒刑、拘役或者管制,并处罚金;有下列情形之一的,处十年以上有期徒刑、无期徒刑或者死刑,并处罚金或者没收财产:(一)盗掘确定为全国重点文物保护单位和省级文物保护单位的古文化遗址、古墓葬的;(二)盗掘古文化遗址、古墓葬集团的首要分子;(三)多次盗掘古文化遗址、古墓葬的;(四)盗掘古文化遗址、古墓葬,并盗窃珍贵文物或者造成珍贵文物严重破坏的。

本条第一款修改的主要内容为:取消了对盗掘古文化遗址、古墓葬罪适用死刑的规定。

适用要点与裁判依据

★"古文化遗址、古墓葬"及犯罪既遂的认定

《最高人民法院、最高人民检察院关于办理妨害文物管理等刑事案件适用法律若干问题的解释》(2015 年 12 月 30 日　法释〔2015〕23 号)

第八条　刑法第三百二十八条第一款规定的"古文化遗址、古墓葬”包括水下古文化遗址、古墓葬。“古文化遗址、古墓葬”不以公布为不可移动文物的古文化遗址、古墓葬为限。

实施盗掘行为，已损害古文化遗址、古墓葬的历史、艺术、科学价值的，应当认定为盗掘古文化遗址、古墓葬罪既遂。

采用破坏性手段盗窃古文化遗址、古墓葬以外的古建筑、石窟寺、石刻、壁画、近代现代重要史迹和代表性建筑等其他不可移动文物的，依照刑法第二百六十四条的规定，以盗窃罪追究刑事责任。

类案检索指引

★全面打击文物犯罪网络，严惩文物犯罪团伙首犯，彻底斩断文物犯罪链条

《姚某忠等12人抢劫、盗掘古文化遗址、古墓葬、倒卖文物案》(2023年2月7日最高人民法院发布依法保护文物和文化遗产典型案例)

【典型意义】

本案系盗掘古文化遗址、古墓葬及倒卖文物、抢劫文物引发的刑事案件。红山文化是中华文明起源的重要标志之一，其牛河梁遗址为中华文明史前溯千年提供了有力物证，具有极其重要的历史文化价值。本案是牛河梁红山文化遗址被盗掘的系列案件之一，人民法院针对本案已形成专业化犯罪团伙，实行资金提供、设备投入、勘探古墓、盗掘墓葬、销售分赃“一条龙”作业，涉案文物数量众多，非法获利数额巨大等特点，结合文物等级、对古文化遗址、古墓葬造成的损害结果，以及各被告人参与作案次数、在共同犯罪中所起作用等因素，坚持依法重拳出击，全面打击文物犯罪网络，严惩文物犯罪团伙首犯，彻底斩断文物犯罪链条。该案体现了人民法院依法惩治和预防文物犯罪、维护文化遗产安全的决心和成效，彰显了为传承中华文明、弘扬中华文化提供强力司法保障的责任担当。

★明知是古墓葬而实施盗掘，致使古墓葬本体完整性遭受了不可逆的破坏，即便没有窃得有价值的文物，亦应受到相应刑事制裁

《廖某尚等3人盗掘古墓葬案》（2023年2月7日最高人民法院发布依法保护文物和文化遗产典型案例）

【典型意义】

本案系盗掘古墓葬引发的刑事案件。根据相关司法解释，刑法保护的古文化遗址、古墓葬不以公布为不可移动文物为限；实施盗掘行为，损害古文化遗址、古墓葬的历史、艺术、科学价值的，即属于犯罪既遂。清代廖氏家族古墓群虽未公布为不可移动文物，但仍受法律保护。各被告人明知是古墓葬而实施盗掘，致使古墓葬本体完整性遭受了不可逆的破坏，即便没有窃得有价值的文物，亦应受到相应刑事制裁。人民法院贯彻落实宽严相济刑事政策，依法追究三被告人刑事责任，体现了全面维护文物安全的鲜明立场，对于引导公众正确认识受法律保护的古墓葬及其价值、营造共同保护社会氛围，以及警示、震慑民间盗墓活动，具有积极意义。

第三百二十九条　【抢夺、窃取国有档案罪】抢夺、窃取国家所有的档案的，处五年以下有期徒刑或者拘役。

【擅自出卖、转让国有档案罪】违反档案法的规定，擅自出卖、转让国家所有的档案，情节严重的，处三年以下有期徒刑或者拘役。

有前两款行为，同时又构成本法规定的其他犯罪的，依照处罚较重的规定定罪处罚。

立法动态

本条源自《中华人民共和国刑法》（1997年3月14日第八届全国人民代表大会第五次会议修订，自1997年10月1日起施行）。

第五节 危害公共卫生罪

第三百三十条 【妨害传染病防治罪】违反传染病防治法的规定,有下列情形之一,引起甲类传染病以及依法确定采取甲类传染病预防、控制措施的传染病传播或者有传播严重危险的,处三年以下有期徒刑或者拘役;后果特别严重的,处三年以上七年以下有期徒刑:

(一)供水单位供应的饮用水不符合国家规定的卫生标准的;

(二)拒绝按照疾病预防控制机构提出的卫生要求,对传染病病原体污染的污水、污物、场所和物品进行消毒处理的;

(三)准许或者纵容传染病病人、病原携带者和疑似传染病病人从事国务院卫生行政部门规定禁止从事的易使该传染病扩散的工作的;

(四)出售、运输疫区中被传染病病原体污染或者可能被传染病病原体污染的物品,未进行消毒处理的;

(五)拒绝执行县级以上人民政府、疾病预防控制机构依照传染病防治法提出的预防、控制措施的。

单位犯前款罪的,对单位判处罚金,并对其直接负责的主管人员和其他直接责任人员,依照前款的规定处罚。

甲类传染病的范围,依照《中华人民共和国传染病防治法》和国务院有关规定确定。

立法动态

本条源自《中华人民共和国刑法》(1997 年 3 月 14 日第八届全国人民代表大会第五次会议修订,自 1997 年 10 月 1 日起施行)。

本条第一款根据《中华人民共和国刑法修正案(十一)》(自 2021 年 3 月 1 日起施行)第三十七条修改。

原本条第一款的内容为:第三百三十条　违反传染病防治法的规定,有下列情形之一,引起甲类传染病传播或者有传播严重危险的,处三年以下有期徒刑或者拘役;后果特别严重的,处三年以上七年以下有期徒刑:(一)供水单位供应的饮用水不符合国家规定的卫生标准的;(二)拒绝按照卫生防疫机构提出的卫生要求,对传染病病原体污染的污水、污物、粪便进行消毒处理的;(三)准许或者纵容传染病病人、病原携带者和疑似传染病病人从事国务院卫生行政部门规定禁止从事的易使该传染病扩散的工作的;(四)拒绝执行卫生防疫机构依照传染病防治法提出的预防、控制措施的。

本条第一款修改的主要内容为:一是将"依法确定采取甲类传染病预防、控制措施的传染病"增加规定为"违反传染病防治法的规定"的情形;二是将"卫生防疫机构"修改为"疾病预防控制机构";三是增加第(四)项;四是将原第(四)项调整为第(五)项,明确规定"拒绝执行"的防控措施为"县级以上人民政府、疾病预防控制机构"依照传染病防治法提出的预防、控制措施。

立案标准

第330条

《最高人民检察院、公安部关于公安机关管辖的刑事案件立案追诉标准的规定(一)》(2017年4月27日修正　公通字〔2017〕12号)

第四十九条　[妨害传染病防治案(刑法第三百三十条)]违反传染病防治法的规定,引起甲类或者按照甲类管理的传染病传播或者有传播严重危险,涉嫌下列情形之一的,应予立案追诉:

(一)供水单位供应的饮用水不符合国家规定的卫生标准的;

(二)拒绝按照疾病预防控制机构提出的卫生要求,对传染病病原体污染的污水、污物、粪便进行消毒处理的;

(三)准许或者纵容传染病病人、病原携带者和疑似传染病病人从事国务院卫生行政部门规定禁止从事的易使该传染病扩散的工作的;

(四)拒绝执行疾病预防控制机构依照传染病防治法提出的预

防、控制措施的。

本条和本规定第五十条规定的“甲类传染病”，是指鼠疫、霍乱；“按甲类管理的传染病”，是指乙类传染病中传染性非典型肺炎、炭疽中的肺炭疽、人感染高致病性禽流感以及国务院卫生行政部门根据需要报经国务院批准公布实施的其他需要按甲类管理的乙类传染病和突发原因不明的传染病。

适用要点与裁判依据

★自对新型冠状病毒感染实施“乙类乙管”、不再纳入检疫传染病管理之日起，对违反新型冠状病毒感染疫情预防、控制措施和国境卫生检疫规定的行为，不再定罪处罚

《最高人民法院、最高人民检察院、公安部、司法部、海关总署联合关于适应新阶段疫情防控政策调整依法妥善办理相关刑事案件的通知》（2023年1月7日）

自2023年1月8日对新型冠状病毒感染实施“乙类乙管”、不再纳入检疫传染病管理之日起，对违反新型冠状病毒感染疫情预防、控制措施和国境卫生检疫规定的行为，不再以刑法第三百三十条妨害传染病防治罪、第三百三十二条妨害国境卫生检疫罪定罪处罚。目前正在办理的相关案件，依照我国刑法、刑事诉讼法相关规定，及时妥善处理。犯罪嫌疑人、被告人处于被羁押状态的，各办案机关应当依法及时解除羁押强制措施；涉案财物被查封、扣押、冻结的，应当依法及时解除。

第三百三十一条 【传染病菌种、毒种扩散罪】从事实验、保藏、携带、运输传染病菌种、毒种的人员，违反国务院卫生行政部门的有关规定，造成传染病菌种、毒种扩散，后果严重的，处三年以下有期徒刑或者拘役；后果特别严重的，处三年以上七年以下有期徒刑。

立法动态

本条源自《中华人民共和国刑法》(1997 年 3 月 14 日第八届全国人民代表大会第五次会议修订,自 1997 年 10 月 1 日起施行)。

立案标准

《最高人民检察院、公安部关于公安机关管辖的刑事案件立案追诉标准的规定(一)》(2017 年 4 月 27 日修正 公通字〔2017〕12 号)

第五十条 [传染病菌种、毒种扩散案(刑法第三百三十一条)]从事实验、保藏、携带、运输传染病菌种、毒种的人员,违反国务院卫生行政部门的有关规定,造成传染病菌种、毒种扩散,涉嫌下列情形之一的,应予立案追诉:

(一)导致甲类和按甲类管理的传染病传播的;

(二)导致乙类、丙类传染病流行、暴发的;

(三)造成人员重伤或者死亡的;

(四)严重影响正常的生产、生活秩序的;

(五)其他造成严重后果的情形。

第三百三十二条 【妨害国境卫生检疫罪】违反国境卫生检疫规定,引起检疫传染病传播或者有传播严重危险的,处三年以下有期徒刑或者拘役,并处或者单处罚金。

单位犯前款罪的,对单位判处罚金,并对其直接负责的主管人员和其他直接责任人员,依照前款的规定处罚。

立法动态

本条源自《中华人民共和国刑法》(1997 年 3 月 14 日第八届全国人民代表大会第五次会议修订,自 1997 年 10 月 1 日起施行)。

立案标准

《最高人民检察院、公安部关于公安机关管辖的刑事案件立案追诉标准的规定(一)》(2017 年 4 月 27 日修正 公通字〔2017〕12 号)

第五十一条第一款 [妨害国境卫生检疫案(刑法第三百三十二条)]违反国境卫生检疫规定,引起检疫传染病传播或者有传播严重危险的,应予立案追诉。

适用要点与裁判依据

★自对新型冠状病毒感染实施"乙类乙管"、不再纳入检疫传染病管理之日起,对违反新型冠状病毒感染疫情预防、控制措施和国境卫生检疫规定的行为,不再定罪处罚

《最高人民法院、最高人民检察院、公安部、司法部、海关总署关于适应新阶段疫情防控政策调整依法妥善办理相关刑事案件的通知》(2023 年 1 月 7 日)

……自 2023 年 1 月 8 日对新型冠状病毒感染实施"乙类乙管"、不再纳入检疫传染病管理之日起,对违反新型冠状病毒感染疫情预防、控制措施和国境卫生检疫规定的行为,不再以刑法第三百三十条妨害传染病防治罪、第三百三十二条妨害国境卫生检疫罪定罪处罚。目前正在办理的相关案件,依照我国刑法、刑事诉讼法相关规定,及时妥善处理。犯罪嫌疑人、被告人处于被羁押状态的,各办案机关应当依法及时解除羁押强制措施;涉案财物被查封、扣押、冻结的,应当依法及时解除。

第三百三十三条　【非法组织卖血罪】【强迫卖血罪】非法组织他人出卖血液的，处五年以下有期徒刑，并处罚金；以暴力、威胁方法强迫他人出卖血液的，处五年以上十年以下有期徒刑，并处罚金。

有前款行为，对他人造成伤害的，依照本法第二百三十四条的规定定罪处罚。

立法动态

本条源自《中华人民共和国刑法》（1997 年 3 月 14 日第八届全国人民代表大会第五次会议修订，自 1997 年 10 月 1 日起施行）。

立案标准

《最高人民检察院、公安部关于公安机关管辖的刑事案件立案追诉标准的规定（一）》（2017 年 4 月 27 日修正　公通字〔2017〕12 号）

第五十二条　［非法组织卖血案（刑法第三百三十三条第一款）］非法组织他人出卖血液，涉嫌下列情形之一的，应予立案追诉：

（一）组织卖血三人次以上的；

（二）组织卖血非法获利二千元以上的；

（三）组织未成年人卖血的；

（四）被组织卖血的人的血液含有艾滋病病毒、乙型肝炎病毒、丙型肝炎病毒、梅毒螺旋体等病原微生物的；

（五）其他非法组织卖血应予追究刑事责任的情形。

第五十三条　［强迫卖血案（刑法第三百三十三条第一款）］以暴力、威胁方法强迫他人出卖血液的，应予立案追诉。

第三百三十四条 【非法采集、供应血液、制作、供应血液制品罪】非法采集、供应血液或者制作、供应血液制品，不符合国家规定的标准，足以危害人体健康的，处五年以下有期徒刑或者拘役，并处罚金；对人体健康造成严重危害的，处五年以上十年以下有期徒刑，并处罚金；造成特别严重后果的，处十年以上有期徒刑或者无期徒刑，并处罚金或者没收财产。

【采集、供应血液、制作、供应血液制品事故罪】经国家主管部门批准采集、供应血液或者制作、供应血液制品的部门，不依照规定进行检测或者违背其他操作规定，造成危害他人身体健康后果的，对单位判处罚金，并对其直接负责的主管人员和其他直接责任人员，处五年以下有期徒刑或者拘役。

立法动态

本条源自《中华人民共和国刑法》（1997 年 3 月 14 日第八届全国人民代表大会第五次会议修订，自 1997 年 10 月 1 日起施行）。

立案标准

《最高人民检察院、公安部关于公安机关管辖的刑事案件立案追诉标准的规定（一）》（2017 年 4 月 27 日修正 公通字〔2017〕12 号）

第五十四条 ［非法采集、供应血液、制作、供应血液制品案（刑法第三百三十四条第一款）］非法采集、供应血液或者制作、供应血液制品，涉嫌下列情形之一的，应予立案追诉：

（一）采集、供应的血液含有艾滋病病毒、乙型肝炎病毒、丙型肝炎病毒、梅毒螺旋体等病原微生物的；

（二）制作、供应的血液制品含有艾滋病病毒、乙型肝炎病毒、丙型肝炎病毒、梅毒螺旋体等病原微生物，或者将含有上述病原微生物的血液用于制作血液制品的；

（三）使用不符合国家规定的药品、诊断试剂、卫生器材，或者重

复使用一次性采血器材采集血液,造成传染病传播危险的;

(四)违反规定对献血者、供血浆者超量、频繁采集血液、血浆,足以危害人体健康的;

(五)其他不符合国家有关采集、供应血液或者制作、供应血液制品的规定,足以危害人体健康或者对人体健康造成严重危害的情形。

未经国家主管部门批准或者超过批准的业务范围,采集、供应血液或者制作、供应血液制品的,属于本条规定的"非法采集、供应血液、制作、供应血液制品"。

本条和本规定第五十二条、第五十三条、第五十五条规定的"血液",是指全血、成分血和特殊血液成分。

本条和本规定第五十五条规定的"血液制品",是指各种人血浆蛋白制品。

第五十五条　[采集、供应血液、制作、供应血液制品事故案(刑法第三百三十四条第二款)]经国家主管部门批准采集、供应血液或者制作、供应血液制品的部门,不依照规定进行检测或者违背其他操作规定,涉嫌下列情形之一的,应予立案追诉:

(一)造成献血者、供血浆者、受血者感染艾滋病病毒、乙型肝炎病毒、丙型肝炎病毒、梅毒螺旋体或者其他经血液传播的病原微生物的;

(二)造成献血者、供血浆者、受血者重度贫血、造血功能障碍或者其他器官组织损伤导致功能障碍等身体严重危害的;

(三)其他造成危害他人身体健康后果的情形。

经国家主管部门批准的采供血机构和血液制品生产经营单位,属于本条规定的"经国家主管部门批准采集、供应血液或者制作、供应血液制品的部门"。采供血机构包括血液中心、中心血站、脐带血造血干细胞库和国家卫生行政主管部门根据医学发展需要批准、设置的其他类型血库、单采血浆站。

具有下列情形之一的,属于本条规定的"不依照规定进行检测或者违背其他操作规定":

(一)血站未用两个企业生产的试剂对艾滋病病毒抗体、乙型肝炎病毒表面抗原、丙型肝炎病毒抗体、梅毒抗体进行两次检测的;

（二）单采血浆站不依照规定对艾滋病病毒抗体、乙型肝炎病毒表面抗原、丙型肝炎病毒抗体、梅毒抗体进行检测的；

（三）血液制品生产企业在投料生产前未用主管部门批准和检定合格的试剂进行复检的；

（四）血站、单采血浆站和血液制品生产企业使用的诊断试剂没有生产单位名称、生产批准文号或者经检定不合格的；

（五）采供血机构在采集检验样本、采集血液和成分血分离时，使用没有生产单位名称、生产批准文号或者超过有效期的一次性注射器等采血器材的；

（六）不依照国家规定的标准和要求包装、储存、运输血液、原料血浆的；

（七）对国家规定检测项目结果呈阳性的血液未及时按照规定予以清除的；

（八）不具备相应资格的医务人员进行采血、检验操作的；

（九）对献血者、供血浆者超量、频繁采集血液、血浆的；

（十）采供血机构采集血液、血浆前，未对献血者或者供血浆者进行身份识别，采集冒名顶替者、健康检查不合格者血液、血浆的；

（十一）血站擅自采集原料血浆，单采血浆站擅自采集临床用血或者向医疗机构供应原料血浆的；

（十二）重复使用一次性采血器材的；

（十三）其他不依照规定进行检测或者违背操作规定的。

适用要点与裁判依据

★“非法采集、供应血液或者制作、供应血液制品”的认定

《最高人民法院、最高人民检察院关于办理非法采供血液等刑事案件具体应用法律若干问题的解释》（2008 年 9 月 22 日 法释〔2008〕12 号）

第一条 对未经国家主管部门批准或者超过批准的业务范围，

采集、供应血液或者制作、供应血液制品的，应认定为刑法第三百三十四条第一款规定的“非法采集、供应血液或者制作、供应血液制品”。

★“不符合国家规定的标准，足以危害人体健康”的认定

《最高人民法院、最高人民检察院关于办理非法采供血液等刑事案件具体应用法律若干问题的解释》（2008 年 9 月 22 日　法释〔2008〕12 号）

第二条　对非法采集、供应血液或者制作、供应血液制品，具有下列情形之一的，应认定为刑法第三百三十四条第一款规定的“不符合国家规定的标准，足以危害人体健康”，处五年以下有期徒刑或者拘役，并处罚金：

（一）采集、供应的血液含有艾滋病病毒、乙型肝炎病毒、丙型肝炎病毒、梅毒螺旋体等病原微生物的；

（二）制作、供应的血液制品含有艾滋病病毒、乙型肝炎病毒、丙型肝炎病毒、梅毒螺旋体等病原微生物，或者将含有上述病原微生物的血液用于制作血液制品的；

（三）使用不符合国家规定的药品、诊断试剂、卫生器材，或者重复使用一次性采血器材采集血液，造成传染病传播危险的；

（四）违反规定对献血者、供血浆者超量、频繁采集血液、血浆，足以危害人体健康的；

（五）其他不符合国家有关采集、供应血液或者制作、供应血液制品的规定标准，足以危害人体健康的。

★非法采集、供应血液或者制作、供应血液制品“对人体健康造成严重危害”的认定

《最高人民法院、最高人民检察院关于办理非法采供血液等刑事案件具体应用法律若干问题的解释》（2008 年 9 月 22 日　法释〔2008〕12 号）

第三条　对非法采集、供应血液或者制作、供应血液制品，具有下列情形之一的，应认定为刑法第三百三十四条第一款规定的“对人体健康造成严重危害”，处五年以上十年以下有期徒刑，并处罚金：

（一）造成献血者、供血浆者、受血者感染乙型肝炎病毒、丙型肝炎病毒、梅毒螺旋体或者其他经血液传播的病原微生物的；

（二）造成献血者、供血浆者、受血者重度贫血、造血功能障碍或者其他器官组织损伤导致功能障碍等身体严重危害的；

（三）对人体健康造成其他严重危害的。

★非法采集、供应血液或者制作、供应血液制品“造成特别严重后果”的认定

《最高人民法院、最高人民检察院关于办理非法采供血液等刑事案件具体应用法律若干问题的解释》（2008年9月22日 法释〔2008〕12号）

第四条 对非法采集、供应血液或者制作、供应血液制品，具有下列情形之一的，应认定为刑法第三百三十四条第一款规定的“造成特别严重后果”，处十年以上有期徒刑或者无期徒刑，并处罚金或者没收财产：

（一）因血液传播疾病导致人员死亡或者感染艾滋病病毒的；

（二）造成五人以上感染乙型肝炎病毒、丙型肝炎病毒、梅毒螺旋体或者其他经血液传播的病原微生物的；

（三）造成五人以上重度贫血、造血功能障碍或者其他器官组织损伤导致功能障碍等身体严重危害的；

（四）造成其他特别严重后果的。

★“不依照规定进行检测或者违背其他操作规定”的认定

《最高人民法院、最高人民检察院关于办理非法采供血液等刑事案件具体应用法律若干问题的解释》（2008年9月22日 法释〔2008〕12号）

第五条 对经国家主管部门批准采集、供应血液或者制作、供应血液制品的部门，具有下列情形之一的，应认定为刑法第三百三十四条第二款规定的“不依照规定进行检测或者违背其他操作规定”：

（一）血站未用两个企业生产的试剂对艾滋病病毒抗体、乙型肝炎病毒表面抗原、丙型肝炎病毒抗体、梅毒抗体进行两次检测的；

（二）单采血浆站不依照规定对艾滋病病毒抗体、乙型肝炎病毒表面抗原、丙型肝炎病毒抗体、梅毒抗体进行检测的；

（三）血液制品生产企业在投料生产前未用主管部门批准和检定合格的试剂进行复检的；

（四）血站、单采血浆站和血液制品生产企业使用的诊断试剂没有生产单位名称、生产批准文号或者经检定不合格的；

（五）采供血机构在采集检验标本、采集血液和成分血分离时，使用没有生产单位名称、生产批准文号或者超过有效期的一次性注射器等采血器材的；

（六）不依照国家规定的标准和要求包装、储存、运输血液、原料血浆的；

（七）对国家规定检测项目结果呈阳性的血液未及时按照规定予以清除的；

（八）不具备相应资格的医务人员进行采血、检验操作的；

（九）对献血者、供血浆者超量、频繁采集血液、血浆的；

（十）采供血机构采集血液、血浆前，未对献血者或供血浆者进行身份识别，采集冒名顶替者、健康检查不合格者血液、血浆的；

（十一）血站擅自采集原料血浆，单采血浆站擅自采集临床用血或者向医疗机构供应原料血浆的；

（十二）重复使用一次性采血器材的；

（十三）其他不依照规定进行检测或者违背操作规定的。

第334条

★经批准采集、供应血液或者制作、供应血液制品的部门，违背操作规定“造成危害他人身体健康后果”的认定

《最高人民法院、最高人民检察院关于办理非法采供血液等刑事案件具体应用法律若干问题的解释》（2008年9月22日　法释〔2008〕12号）

第六条　对经国家主管部门批准采集、供应血液或者制作、供应血液制品的部门，不依照规定进行检测或者违背其他操作规定，具有下列情形之一的,应认定为刑法第三百三十四条第二款规定的“造成危害他人身体健康后果”,对单位判处罚金,并对其直接负责的主管人员和其他直接责任人员,处五年以下有期徒刑或者拘役:

(一)造成献血者、供血浆者、受血者感染艾滋病病毒、乙型肝炎病毒、丙型肝炎病毒、梅毒螺旋体或者其他经血液传播的病原微生物的;

(二)造成献血者、供血浆者、受血者重度贫血、造血功能障碍或者其他器官组织损伤导致功能障碍等身体严重危害的;

(三)造成其他危害他人身体健康后果的。

★“经国家主管部门批准采集、供应血液或者制作、供应血液制品的部门”的认定

《最高人民法院、最高人民检察院关于办理非法采供血液等刑事案件具体应用法律若干问题的解释》(2008年9月22日 法释〔2008〕12号)

第七条 经国家主管部门批准的采供血机构和血液制品生产经营单位,应认定为刑法第三百三十四条第二款规定的“经国家主管部门批准采集、供应血液或者制作、供应血液制品的部门”。

★“血液”“血液制品”“采供血机构”的认定

《最高人民法院、最高人民检察院关于办理非法采供血液等刑事案件具体应用法律若干问题的解释》(2008年9月22日 法释〔2008〕12号)

第八条 本解释所称“血液”,是指全血、成分血和特殊血液成分。

本解释所称“血液制品”,是指各种人血浆蛋白制品。

本解释所称“采供血机构”,包括血液中心、中心血站、中心血库、脐带血造血干细胞库和国家卫生行政主管部门根据医学发展需要批准、设置的其他类型血库、单采血浆站。

第三百三十四条之一 【非法采集人类遗传资源、走私人类遗传资源材料罪】违反国家有关规定，非法采集我国人类遗传资源或者非法运送、邮寄、携带我国人类遗传资源材料出境，危害公众健康或者社会公共利益，情节严重的，处三年以下有期徒刑、拘役或者管制，并处或者单处罚金；情节特别严重的，处三年以上七年以下有期徒刑，并处罚金。

立法动态

本条根据《中华人民共和国刑法修正案（十一）》（自 2021 年 3 月 1 日起施行）第三十八条增加。

第三百三十五条 【医疗事故罪】医务人员由于严重不负责任，造成就诊人死亡或者严重损害就诊人身体健康的，处三年以下有期徒刑或者拘役。

立法动态

本条源自《中华人民共和国刑法》（1997 年 3 月 14 日第八届全国人民代表大会第五次会议修订，自 1997 年 10 月 1 日起施行）。

立案标准

《最高人民检察院、公安部关于公安机关管辖的刑事案件立案追诉标准的规定（一）》（2017 年 4 月 27 日修正 公通字〔2017〕12 号）

第五十六条 ［医疗事故案（刑法第三百三十五条）］医务人员由于严重不负责任，造成就诊人死亡或者严重损害就诊人身体健康的，应予立案追诉。

具有下列情形之一的，属于本条规定的“严重不负责任”：

（一）擅离职守的；

（二）无正当理由拒绝对危急就诊人实行必要的医疗救治的；

（三）未经批准擅自开展试验性医疗的；

（四）严重违反查对、复核制度的；

（五）使用未经批准使用的药品、消毒药剂、医疗器械的；

（六）严重违反国家法律法规及有明确规定的诊疗技术规范、常规的；

（七）其他严重不负责任的情形。

本条规定的“严重损害就诊人身体健康”，是指造成就诊人严重残疾、重伤、感染艾滋病、病毒性肝炎等难以治愈的疾病或者其他严重损害就诊人身体健康的后果。

类案检索指引

★依法严惩危害医疗美容安全犯罪，维护消费者合法权益

《李某某医疗事故案》（2023 年 4 月 6 日最高人民检察院发布 6 件检察机关依法惩治医疗美容领域违法犯罪典型案例）

【关键词】

医疗事故　抽脂手术　行刑衔接　检察建议

【典型意义】

（一）依法严惩危害医疗美容安全犯罪，维护消费者合法权益。随着人民群众生活水平不断提高，对美的追求更加丰富多元，医疗美容行业规模不断扩大。部分医疗美容机构和医务人员严重不负责任，严重违反国家法律法规及有明确规定的诊疗技术规范，实施医疗美容诊疗行为，导致发生医疗事故，不但影响医疗美容行业机构的诚信，降低人民群众对医疗美容诊疗安全的体验感和满意度，而且侵害消费者身体健康和生命安全，严重破坏医疗美容市场秩序。对医务人员严重不负责任，造成就诊人死亡或者严重损害就诊人身体健康的行为，检察机关应当依法予以严惩，向社会释放严厉打击危害医疗美容安全犯罪的强烈信号，形成强大震慑效应。同时，检察机关高度重视维护被害人及其家属的合法权益，积极促成刑事赔偿谅解，实现司法办案三个效果的有机统一。

（二）积极能动履职，助推社会治理。充分发挥检察机关办案优势，总结分析犯罪行为背后的管理缺失和监管漏洞，积极延伸检察职能，助推源头治理，努力实现“办理一案，治理一片”的示范效应。办案检察机关向有关监管部门制发检察建议，督促其加大对医疗美容机构、执业医师管理、诊疗规范等方面的监管力度。有关监管部门收到检察建议后，及时对辖区内23家医疗美容机构开展监督检查，对4家医疗美容机构及相关人员违规行为进行了行政处罚，同时完善了美容机构违法违规黑名单等制度，促进当地医疗美容行业市场秩序更加规范。

第三百三十六条 【非法行医罪】未取得医生执业资格的人非法行医，情节严重的，处三年以下有期徒刑、拘役或者管制，并处或者单处罚金；严重损害就诊人身体健康的，处三年以上十年以下有期徒刑，并处罚金；造成就诊人死亡的，处十年以上有期徒刑，并处罚金。

【非法进行节育手术罪】未取得医生执业资格的人擅自为他人进行节育复通手术、假节育手术、终止妊娠手术或者摘取宫内节育器，情节严重的，处三年以下有期徒刑、拘役或者管制，并处或者单处罚金；严重损害就诊人身体健康的，处三年以上十年以下有期徒刑，并处罚金；造成就诊人死亡的，处十年以上有期徒刑，并处罚金。

立法动态

本条源自《中华人民共和国刑法》（1997年3月14日第八届全国人民代表大会第五次会议修订，自1997年10月1日起施行）。

立案标准

《最高人民检察院、公安部关于公安机关管辖的刑事案件立案追诉标准的规定(一)》(2017年4月27日修正 公通字〔2017〕12号)

第五十七条 [非法行医案(刑法第三百三十六条第一款)]未取得医生执业资格的人非法行医,涉嫌下列情形之一的,应予立案追诉:

(一)造成就诊人轻度残疾、器官组织损伤导致一般功能障碍,或者中度以上残疾、器官组织损伤导致严重功能障碍,或者死亡的;

(二)造成甲类传染病传播、流行或者有传播、流行危险的;

(三)使用假药、劣药或不符合国家规定标准的卫生材料、医疗器械,足以严重危害人体健康的;

(四)非法行医被卫生行政部门行政处罚两次以后,再次非法行医的;

(五)其他情节严重的情形。

具有下列情形之一的,属于本条规定的"未取得医生执业资格的人非法行医":

(一)未取得或者以非法手段取得医师资格从事医疗活动的;

(二)个人未取得《医疗机构执业许可证》开办医疗机构的;

(三)被依法吊销医师执业证书期间从事医疗活动的;

(四)未取得乡村医生执业证书,从事乡村医疗活动的;

(五)家庭接生员实施家庭接生以外的医疗活动的。

本条规定的"轻度残疾、器官组织损伤导致一般功能障碍"、"中度以上残疾、器官组织损伤导致严重功能障碍",参照卫生部《医疗事故分级标准(试行)》认定。

第五十八条 [非法进行节育手术案(刑法第三百三十六条第二款)]未取得医生执业资格的人擅自为他人进行节育复通手术、假节育手术、终止妊娠手术或者摘取宫内节育器,涉嫌下列情形之一的,应予立案追诉：

（一）造成就诊人轻伤、重伤、死亡或者感染艾滋病、病毒性肝炎等难以治愈的疾病的；

（二）非法进行节育复通手术、假节育手术、终止妊娠手术或者摘取宫内节育器五人次以上的；

（三）致使他人超计划生育的；

（四）非法进行选择性别的终止妊娠手术的；

（五）非法获利累计五千元以上的；

（六）其他情节严重的情形。

适用要点与裁判依据

★未取得医师执业资格非法行医妨害传染病疫情从重处罚的情形

《最高人民法院、最高人民检察院关于办理妨害预防、控制突发传染病疫情等灾害的刑事案件具体应用法律若干问题的解释》（2003年5月14日　法释〔2003〕8号）

第十二条　未取得医师执业资格非法行医，具有造成突发传染病病人、病原携带者、疑似突发传染病病人贻误诊治或者造成交叉感染等严重情节的，依照刑法第三百三十六条第一款的规定，以非法行医罪定罪，依法从重处罚。

★犯非法行医罪，"未取得医生执业资格的人非法行医"的认定

《最高人民法院关于审理非法行医刑事案件具体应用法律若干问题的解释》（2016年12月16日　法释〔2016〕27号）

第一条　具有下列情形之一的，应认定为刑法第三百三十六条第一款规定的"未取得医生执业资格的人非法行医"：

（一）未取得或者以非法手段取得医师资格从事医疗活动的；

（二）被依法吊销医师执业证书期间从事医疗活动的；

（三）未取得乡村医生执业证书，从事乡村医疗活动的；

（四）家庭接生员实施家庭接生以外的医疗行为的。

★犯非法行医罪，"情节严重"的认定

《最高人民法院关于审理非法行医刑事案件具体应用法律若干问题的解释》（2016 年 12 月 16 日　法释〔2016〕27 号）

第二条　具有下列情形之一的，应认定为刑法第三百三十六条第一款规定的"情节严重"：

（一）造成就诊人轻度残疾、器官组织损伤导致一般功能障碍的；

（二）造成甲类传染病传播、流行或者有传播、流行危险的；

（三）使用假药、劣药或不符合国家规定标准的卫生材料、医疗器械，足以严重危害人体健康的；

（四）非法行医被卫生行政部门行政处罚两次以后，再次非法行医的；

（五）其他情节严重的情形。

★"严重损害就诊人身体健康"的认定

《最高人民法院关于审理非法行医刑事案件具体应用法律若干问题的解释》（2016 年 12 月 16 日　法释〔2016〕27 号）

第三条　具有下列情形之一的，应认定为刑法第三百三十六条第一款规定的"严重损害就诊人身体健康"：

（一）造成就诊人中度以上残疾、器官组织损伤导致严重功能障碍的；

（二）造成三名以上就诊人轻度残疾、器官组织损伤导致一般功能障碍的。

★"造成就诊人死亡"的认定

《最高人民法院关于审理非法行医刑事案件具体应用法律若干问题的解释》（2016 年 12 月 16 日　法释〔2016〕27 号）

第四条　非法行医行为系造成就诊人死亡的直接、主要原因的，应认定为刑法第三百三十六条第一款规定的"造成就诊人死亡"。

非法行医行为并非造成就诊人死亡的直接、主要原因的，可不认定为刑法第三百三十六条第一款规定的“造成就诊人死亡”。但是，根据案件情况，可以认定为刑法第三百三十六条第一款规定的“情节严重”。

★实施非法行医犯罪同时构成其他犯罪的，择一重处

《最高人民法院关于审理非法行医刑事案件具体应用法律若干问题的解释》（2016年12月16日　法释〔2016〕27号）

第五条　实施非法行医犯罪，同时构成生产、销售假药罪，生产、销售劣药罪，诈骗罪等其他犯罪的，依照刑法处罚较重的规定定罪处罚。

类案检索指引

★依法严惩医疗美容领域非法行医犯罪，维护消费者合法权益

《罗某某非法行医案》（2023年4月6日最高人民检察院发布6件检察机关依法惩治医疗美容领域违法犯罪典型案例）

【关键词】

非法行医　医疗美容　因果关系　接续监督

【典型意义】

（一）依法严惩医疗美容领域非法行医犯罪，维护消费者合法权益。近年来，美容机构层出不穷，很多美容院为追求高额利润，在未取得医疗机构执业许可证，从业人员未取得医师执业证书的情况下，以生活美容之名，行医疗美容之实，因诊疗场所不规范，消毒杀菌不到位，极易造成感染，不仅损害正常的医疗管理秩序，还直接危害人民群众的生命安全和身体健康。本案行为人被行政机关处罚后，仍多次非法有偿为他人进行医疗美容诊疗，社会影响恶劣、危害性大，群众反映强烈，给众多消费者的生命健康造成了极大的安全隐患，对此类行为检察机关应依法予以严惩，切实保障人民群众的生命健康安全。

（二）以案释法开展宣传教育，融合履职共促行业治理。检察机关刑事检察、公益诉讼检察部门融合履职，信息共享、接续监督，协同推进医疗美容行业综合治理。检察机关充分发挥以案释法优势，考虑到本案涉案人数众多、社会影响较大的特点，组织社会群众旁听庭审活动，帮助群众提升守法和维权意识，引导全社会形成规范行医的良好风尚，取得了良好的法治宣传效果。该案的依法办理也给美容机构、相关从业人员敲响了警钟，无证行医或者“超范围”从事医疗美容活动，必将受到法律制裁。

第三百三十六条之一　【非法植入基因编辑、克隆胚胎罪】将基因编辑、克隆的人类胚胎植入人体或者动物体内，或者将基因编辑、克隆的动物胚胎植入人体内，情节严重的，处三年以下有期徒刑或者拘役，并处罚金；情节特别严重的，处三年以上七年以下有期徒刑，并处罚金。

立法动态

本条根据《中华人民共和国刑法修正案（十一）》（自 2021 年 3 月 1 日起施行）第三十九条增加。

第三百三十七条　【妨害动植物防疫、检疫罪】违反有关动植物防疫、检疫的国家规定，引起重大动植物疫情的，或者有引起重大动植物疫情危险，情节严重的，处三年以下有期徒刑或者拘役，并处或者单处罚金。

单位犯前款罪的，对单位判处罚金，并对其直接负责的主管人员和其他直接责任人员，依照前款的规定处罚。

立法动态

本条源自《中华人民共和国刑法》(1997 年 3 月 14 日第八届全国人民代表大会第五次会议修订,自 1997 年 10 月 1 日起施行)。

本条第一款根据《中华人民共和国刑法修正案(七)》(2009 年 2 月 28 日起施行)第十一条修改。

原本条第一款规定为:违反进出境动植物检疫法的规定,逃避动植物检疫,引起重大动植物疫情的,处三年以下有期徒刑或者拘役,并处或者单处罚金。

修改的主要内容为:一是增加"或者有引起重大动植物疫情危险"作为犯罪情节;二是将"违反进出境动植物检疫法的规定"修改为"违反有关动植物防疫、检疫的国家规定"。

立案标准

《最高人民检察院、公安部关于公安机关管辖的刑事案件立案追诉标准的规定(一)》(2017 年 4 月 27 日修正　公通字〔2017〕12 号)

第五十九条　[妨害动植物防疫、检疫案(刑法第三百三十七条)]违反有关动植物防疫、检疫的国家规定,引起重大动植物疫情的,应予立案追诉。

违反有关动植物防疫、检疫的国家规定,有引起重大动植物疫情危险,涉嫌下列情形之一的,应予立案追诉:

(一)非法处置疫区内易感动物或者其产品,货值金额 5 万元以上的;

(二)非法处置因动植物防疫、检疫需要被依法处理的动植物或者其产品,货值金额 2 万元以上的;

(三)非法调运、生产、经营感染重大植物检疫性有害生物的林木种子、苗木等繁殖材料或者森林植物产品的;

(四)输入《中华人民共和国进出境动植物检疫法》规定的禁止进境物逃避检疫,或者对特许进境的禁止进境物未有效控制与处置,导致其逃逸、扩散的；

（五）进境动植物及其产品检出有引起重大动植物疫情危险的动物疫病或者植物有害生物后，非法处置导致进境动植物及其产品流失的；

（六）一年内携带或者寄递《中华人民共和国禁止携带、邮寄进境的动植物及其产品名录》所列物品进境逃避检疫2次以上，或者窃取、抢夺、损毁、抛洒动植物检疫机关截留的《中华人民共和国禁止携带、邮寄进境的动植物及其产品名录》所列物品的；

（七）其他情节严重的情形。

本条规定的“重大动植物疫情”，按照国家行政主管部门的有关规定认定。

类案检索指引

★违反动植物防疫、检疫规定，明知当地已被划为松材线虫疫区，仍非法购买、运输该区域内松材，构成本罪

《吝某富、颜某高妨害动植物防疫、检疫案》（2022年12月5日最高人民法院发布生物多样性司法保护典型案例）

【典型意义】

森林生态系统的质量和稳定性对于维护生物多样性具有重要意义。松材线虫病是世界上最具危险性和毁灭性的森林病害，具有传播途径广、致死速度快、防治难、成本高等特点，松树染病后极易造成大面积死亡，破坏自然生态系统的完整性、原真性。为此，我国专门划定松材线虫疫区，对松材的运输和使用实行严格管理。本案中，二被告人违反有关动植物防疫、检疫规定，明知当地已被划为松材线虫疫区，仍非法购买、运输该区域内松材。人民法院依法予以惩处，警醒相关从业者提高法律意识和生态环境保护意识，防止埋下“生态炸弹”，切实维护森林生态安全。

第六节　破坏环境资源保护罪

第三百三十八条　【污染环境罪】违反国家规定，排放、倾倒或者处置有放射性的废物、含传染病病原体的废物、有毒物质或者其他有害物质，严重污染环境的，处三年以下有期徒刑或者拘役，并处或者单处罚金；情节严重的，处三年以上七年以下有期徒刑，并处罚金；有下列情形之一的，处七年以上有期徒刑，并处罚金：

（一）在饮用水水源保护区、自然保护地核心保护区等依法确定的重点保护区域排放、倾倒、处置有放射性的废物、含传染病病原体的废物、有毒物质，情节特别严重的；

（二）向国家确定的重要江河、湖泊水域排放、倾倒、处置有放射性的废物、含传染病病原体的废物、有毒物质，情节特别严重的；

（三）致使大量永久基本农田基本功能丧失或者遭受永久性破坏的；

（四）致使多人重伤、严重疾病，或者致人严重残疾、死亡的。

有前款行为，同时构成其他犯罪的，依照处罚较重的规定定罪处罚。

立法动态

本条源自《中华人民共和国刑法》（1997 年 3 月 14 日第八届全国人民代表大会第五次会议修订，自 1997 年 10 月 1 日起施行）。

本条曾经全国人大常委会两次修改。

原本条只有一款，内容为：第三百三十八条　违反国家规定，向土地、水体、大气排放、倾倒或者处置有放射性的废物、含传染病病原体的废物、有毒物质或者其他危险废物，造成重大环境污染事故，致使公私财产遭受重大损失或者人身伤亡的严重后果的，处三年以下有期徒刑或者拘役,并处或者单处罚金;后果特别严重的,处三年以上七年以下有期徒刑,并处罚金。

本条第一次根据《中华人民共和国刑法修正案(八)》(自2011年5月1日起施行)第四十六条修改。修改的主要内容为:一是取消了排放、倾倒或者处置区域(土地、水体、大气)的限制;二是将排放、倾倒或者处置的对象中的“其他危险废物”修改为“其他有害物质”;三是用“严重环境污染”来取代原条文中的“造成重大环境污染事故,致使公私财产遭受重大损失或者人身伤亡的严重后果”。

本条第二次根据《中华人民共和国刑法修正案(十一)》(自2021年3月1日起施行)第四十条修改。修改的主要内容为:一是将原本条第二档法定刑的适用条件“后果特别严重”修改为“情节严重”;二是增加规定第三档法定刑即“有下列情形之一的,处七年以上有期徒刑,并处罚金”,并将其适用的情形明确为四项;三是增加规定第二款即“有前款行为,同时构成其他犯罪的,依照处罚较重的规定定罪处罚。”

立案标准

《最高人民检察院、公安部关于公安机关管辖的刑事案件立案追诉标准的规定(一)》(2017年4月27日修正 公通字〔2017〕12号)

第六十条 [污染环境案(刑法第三百三十八条)]违反国家规定,排放、倾倒或者处置有放射性的废物、含传染病病原体的废物、有毒物质或者其他有害物质,涉嫌下列情形之一的,应予立案追诉:

(一)在饮用水水源一级保护区、自然保护区核心区排放、倾倒、处置有放射性的废物、含传染病病原体的废物、有毒物质的;

(二)非法排放、倾倒、处置危险废物三吨以上的;

(三)排放、倾倒、处置含铅、汞、镉、铬、砷、铊、锑的污染物,超过国家或者地方污染物排放标准3倍以上的;

(四)排放、倾倒、处置含镍、铜、锌、银、钒、锰、钴的污染物,超过国家或者地方污染物排放标准10倍以上的;

（五）通过暗管、渗井、渗坑、裂隙、溶洞、灌注等逃避监管的方式排放、倾倒、处置有放射性的废物、含传染病病原体的废物、有毒物质的；

（六）二年内曾因违反国家规定，排放、倾倒、处置有放射性的废物、含传染病病原体的废物、有毒物质受过2次以上行政处罚，又实施前列行为的；

（七）重点排污单位篡改、伪造自动监测数据或者干扰自动监测设施，排放化学需氧量、氨氮、二氧化硫、氮氧化物等污染物的；

（八）违法减少防治污染设施运行支出100万元以上的；

（九）违法所得或者致使公私财产损失30万元以上的；

（十）造成生态环境严重损害的；

（十一）致使乡镇以上集中式饮用水水源取水中断12小时以上的；

（十二）致使基本农田、防护林地、特种用途林地5亩以上，其他农用地10亩以上，其他土地20亩以上基本功能丧失或者遭受永久性破坏的；

（十三）致使森林或者其他林木死亡50立方米以上，或者幼树死亡2500株以上的；

（十四）致使疏散、转移群众5千人以上的；

（十五）致使30人以上中毒的；

（十六）致使3人以上轻伤、轻度残疾或者器官组织损伤导致一般功能障碍的；

（十七）致使1人以上重伤、中度残疾或者器官组织损伤导致严重功能障碍的；

（十八）其他严重污染环境的情形。

本条规定的"有毒物质"，包括列入国家危险废物名录或者根据国家规定的危险废物鉴别标准和鉴别方法认定的具有危险特性的废物，《关于持久性有机污染物的斯德哥尔摩公约》附件所列物质，含重金属的污染物，以及其他具有毒性可能污染环境的物质。

本条规定的"非法处置危险废物"，包括无危险废物经营许可证，以营利为目的,从危险废物中提取物质作为原材料或者燃料,并具有超标排放污染物、非法倾倒污染物或者其他违法造成环境污染情形的行为。

本条规定的"重点排污单位",是指设区的市级以上人民政府环境保护主管部门依法确定的应当安装、使用污染物排放自动监测设备的重点监控企业及其他单位。

本条规定的"公私财产损失",包括直接造成财产损毁、减少的实际价值,为防止污染扩大、消除污染而采取必要合理措施所产生的费用,以及处置突发环境事件的应急监测费用。

本条规定的"生态环境损害",包括生态环境修复费用,生态环境修复期间服务功能的损失和生态环境功能永久性损害造成的损失,以及其他必要合理费用。

本条规定的"无危险废物经营许可证",是指未取得危险废物经营许可证,或者超出危险废物经营许可证的经营范围。

适用要点与裁判依据

★犯本罪,"严重污染环境"的十八种情形

《最高人民法院、最高人民检察院关于办理环境污染刑事案件适用法律若干问题的解释》(2016年12月23日 法释〔2016〕29号)

第一条 实施刑法第三百三十八条规定的行为,具有下列情形之一的,应当认定为"严重污染环境":

(一)在饮用水水源一级保护区、自然保护区核心区排放、倾倒、处置有放射性的废物、含传染病病原体的废物、有毒物质的;

(二)非法排放、倾倒、处置危险废物三吨以上的;

(三)排放、倾倒、处置含铅、汞、镉、铬、砷、铊、锑的污染物,超过国家或者地方污染物排放标准三倍以上的;

(四)排放、倾倒、处置含镍、铜、锌、银、钒、锰、钴的污染物,超过国家或者地方污染物排放标准十倍以上的;

（五）通过暗管、渗井、渗坑、裂隙、溶洞、灌注等逃避监管的方式排放、倾倒、处置有放射性的废物、含传染病病原体的废物、有毒物质的；

（六）二年内曾因违反国家规定，排放、倾倒、处置有放射性的废物、含传染病病原体的废物、有毒物质受过两次以上行政处罚，又实施前列行为的；

（七）重点排污单位篡改、伪造自动监测数据或者干扰自动监测设施，排放化学需氧量、氨氮、二氧化硫、氮氧化物等污染物的；

（八）违法减少防治污染设施运行支出一百万元以上的；

（九）违法所得或者致使公私财产损失三十万元以上的；

（十）造成生态环境严重损害的；

（十一）致使乡镇以上集中式饮用水水源取水中断十二小时以上的；

（十二）致使基本农田、防护林地、特种用途林地五亩以上，其他农用地十亩以上，其他土地二十亩以上基本功能丧失或者遭受永久性破坏的；

（十三）致使森林或者其他林木死亡五十立方米以上，或者幼树死亡二千五百株以上的；

（十四）致使疏散、转移群众五千人以上的；

（十五）致使三十人以上中毒的；

（十六）致使三人以上轻伤、轻度残疾或者器官组织损伤导致一般功能障碍的；

（十七）致使一人以上重伤、中度残疾或者器官组织损伤导致严重功能障碍的；

（十八）其他严重污染环境的情形。

★犯本罪，"后果特别严重"的十三种情形

《最高人民法院、最高人民检察院关于办理环境污染刑事案件适用法律若干问题的解释》（2016年12月23日　法释〔2016〕29号）

第三条　实施刑法第三百三十八条、第三百三十九条规定的行为，具有下列情形之一的，应当认定为"后果特别严重"：

（一）致使县级以上城区集中式饮用水水源取水中断十二小时以上的；

（二）非法排放、倾倒、处置危险废物一百吨以上的；

（三）致使基本农田、防护林地、特种用途林地十五亩以上，其他农用地三十亩以上，其他土地六十亩以上基本功能丧失或者遭受永久性破坏的；

（四）致使森林或者其他林木死亡一百五十立方米以上，或者幼树死亡七千五百株以上的；

（五）致使公私财产损失一百万元以上的；

（六）造成生态环境特别严重损害的；

（七）致使疏散、转移群众一万五千人以上的；

（八）致使一百人以上中毒的；

（九）致使十人以上轻伤、轻度残疾或者器官组织损伤导致一般功能障碍的；

（十）致使三人以上重伤、中度残疾或者器官组织损伤导致严重功能障碍的；

（十一）致使一人以上重伤、中度残疾或者器官组织损伤导致严重功能障碍，并致使五人以上轻伤、轻度残疾或者器官组织损伤导致一般功能障碍的；

（十二）致使一人以上死亡或者重度残疾的；

（十三）其他后果特别严重的情形。

★犯本罪，应当从重处罚的四种情形

《最高人民法院、最高人民检察院关于办理环境污染刑事案件适用法律若干问题的解释》（2016年12月23日 法释〔2016〕29号）

第四条 实施刑法第三百三十八条、第三百三十九条规定的犯罪行为，具有下列情形之一的，应当从重处罚：

（一）阻挠环境监督检查或者突发环境事件调查，尚不构成妨害公务等犯罪的；

（二）在医院、学校、居民区等人口集中地区及其附近，违反国家规定排放、倾倒、处置有放射性的废物、含传染病病原体的废物、有毒物质或者其他有害物质的；

（三）在重污染天气预警期间、突发环境事件处置期间或者被责令限期整改期间，违反国家规定排放、倾倒、处置有放射性的废物、含传染病病原体的废物、有毒物质或者其他有害物质的；

（四）具有危险废物经营许可证的企业违反国家规定排放、倾倒、处置有放射性的废物、含传染病病原体的废物、有毒物质或者其他有害物质的。

★可以认定为情节轻微，不起诉或者免予刑事处罚；确有必要判处刑罚的，应当从宽处罚的情形

《最高人民法院、最高人民检察院关于办理环境污染刑事案件适用法律若干问题的解释》（2016年12月23日　法释〔2016〕29号）

第五条　实施刑法第三百三十八条、第三百三十九条规定的行为，刚达到应当追究刑事责任的标准，但行为人及时采取措施，防止损失扩大、消除污染，全部赔偿损失，积极修复生态环境，且系初犯，确有悔罪表现的，可以认定为情节轻微，不起诉或者免予刑事处罚；确有必要判处刑罚的，应当从宽处罚。

★无证从事收集、贮存、利用、处置危险废物经营活动严重污染环境，同时构成非法经营罪的，择一重处

《最高人民法院、最高人民检察院关于办理环境污染刑事案件适用法律若干问题的解释》（2016年12月23日　法释〔2016〕29号）

第六条　无危险废物经营许可证从事收集、贮存、利用、处置危险废物经营活动，严重污染环境的，按照污染环境罪定罪处罚；同时构成非法经营罪的，依照处罚较重的规定定罪处罚。

实施前款规定的行为，不具有超标排放污染物、非法倾倒污染物或者其他违法造成环境污染的情形的，可以认定为非法经营情节显著轻微危害不大，不认为是犯罪；构成生产、销售伪劣产品等其他犯罪的，以其他犯罪论处。

★违反国家规定，排放、倾倒、处置污染物，同时构成多种犯罪的，择一重处

《最高人民法院、最高人民检察院关于办理环境污染刑事案件适用法律若干问题的解释》(2016年12月23日　法释〔2016〕29号)

第八条　违反国家规定，排放、倾倒、处置含有毒害性、放射性、传染病病原体等物质的污染物，同时构成污染环境罪、非法处置进口的固体废物罪、投放危险物质罪等犯罪的，依照处罚较重的规定定罪处罚。

★"有毒物质"的认定

《最高人民法院、最高人民检察院关于办理环境污染刑事案件适用法律若干问题的解释》(2016年12月23日　法释〔2016〕29号)

第十五条　下列物质应当认定为刑法第三百三十八条规定的"有毒物质"：

(一)危险废物，是指列入国家危险废物名录，或者根据国家规定的危险废物鉴别标准和鉴别方法认定的，具有危险特性的废物；

(二)《关于持久性有机污染物的斯德哥尔摩公约》附件所列物质；

(三)含重金属的污染物；

(四)其他具有毒性，可能污染环境的物质。

★"二年内""重点排污单位""违法所得""公私财产损失""生态环境损害""无危险废物经营许可证"的认定

第338条

《最高人民法院、最高人民检察院关于办理环境污染刑事案件适用法律若干问题的解释》(2016年12月23日　法释〔2016〕29号)

第十七条　本解释所称"二年内"，以第一次违法行为受到行政处罚的生效之日与又实施相应行为之日的时间间隔计算确定。

本解释所称"重点排污单位"，是指设区的市级以上人民政府环境保护主管部门依法确定的应当安装、使用污染物排放自动监测设备的重点监控企业及其他单位。

本解释所称"违法所得"，是指实施刑法第三百三十八条、第三百三十九条规定的行为所得和可得的全部违法收入。

本解释所称"公私财产损失",包括实施刑法第三百三十八条、第三百三十九条规定的行为直接造成财产损毁、减少的实际价值,为防止污染扩大、消除污染而采取必要合理措施所产生的费用,以及处置突发环境事件的应急监测费用。

本解释所称"生态环境损害",包括生态环境修复费用,生态环境修复期间服务功能的损失和生态环境功能永久性损害造成的损失,以及其他必要合理费用。

本解释所称"无危险废物经营许可证",是指未取得危险废物经营许可证,或者超出危险废物经营许可证的经营范围。

★犯本罪,单位犯罪的认定

《最高人民法院、最高人民检察院、公安部、司法部、生态环境部关于办理环境污染刑事案件有关问题座谈会纪要》(2019年2月20日)

二

1. 关于单位犯罪的认定

会议针对一些地方存在追究自然人犯罪多,追究单位犯罪少,单位犯罪认定难的情况和问题进行了讨论。会议认为,办理环境污染犯罪案件,认定单位犯罪时,应当依法合理把握追究刑事责任的范围,贯彻宽严相济刑事政策,重点打击出资者、经营者和主要获利者,既要防止不当缩小追究刑事责任的人员范围,又要防止打击面过大。

为了单位利益,实施环境污染行为,并具有下列情形之一的,应当认定为单位犯罪:(1)经单位决策机构按照决策程序决定的;(2)经单位实际控制人、主要负责人或者授权的分管负责人决定、同意的;(3)单位实际控制人、主要负责人或者授权的分管负责人得知单位成员个人实施环境污染犯罪行为,并未加以制止或者及时采取措施,而是予以追认、纵容或者默许的;(4)使用单位营业执照、合同书、公章、印鉴等对外开展活动,并调用单位车辆、船舶、生产设备、原辅材料等实施环境污染犯罪行为的。

单位犯罪中的"直接负责的主管人员"，一般是指对单位犯罪起决定、批准、组织、策划、指挥、授意、纵容等作用的主管人员，包括单位实际控制人、主要负责人或者授权的分管负责人、高级管理人员等；"其他直接责任人员"，一般是指在直接负责的主管人员的指挥、授意下积极参与实施单位犯罪或者对具体实施单位犯罪起较大作用的人员。

对于应当认定为单位犯罪的环境污染犯罪案件，公安机关未作为单位犯罪移送审查起诉的，人民检察院应当退回公安机关补充侦查。对于应当认定为单位犯罪的环境污染犯罪案件，人民检察院只作为自然人犯罪起诉的，人民法院应当建议人民检察院对犯罪单位补充起诉。

★犯本罪，污染环境罪（未遂）的认定

《最高人民法院、最高人民检察院、公安部、司法部、生态环境部关于办理环境污染刑事案件有关问题座谈会纪要》（2019年2月20日）

二

2. 关于犯罪未遂的认定

会议针对当前办理环境污染犯罪案件中，能否认定污染环境罪（未遂）的问题进行了讨论。会议认为，当前环境执法工作形势比较严峻，一些行为人拒不配合执法检查、接受检查时弄虚作假、故意逃避法律追究的情形时有发生，因此对于行为人已经着手实施非法排放、倾倒、处置有毒有害污染物的行为，由于有关部门查处或者其他意志以外的原因未得逞的情形，可以污染环境罪（未遂）追究刑事责任。

★犯本罪，主观过错的认定

《最高人民法院、最高人民检察院、公安部、司法部、生态环境部关于办理环境污染刑事案件有关问题座谈会纪要》（2019年2月20日）

二

3. 关于主观过错的认定

会议针对当前办理环境污染犯罪案件中，如何准确认定犯罪嫌疑人、被告人主观过错的问题进行了讨论。会议认为，判断犯罪嫌疑人、被告人是否具有环境污染犯罪的故意，应当依据犯罪嫌疑人、被告人的任职情况、职业经历、专业背景、培训经历、本人因同类行为受到行政处罚或者刑事追究情况以及污染物种类、污染方式、资金流向等证据，结合其供述，进行综合分析判断。

实践中，具有下列情形之一，犯罪嫌疑人、被告人不能作出合理解释的，可以认定其故意实施环境污染犯罪，但有证据证明确系不知情的除外：(1)企业没有依法通过环境影响评价，或者未依法取得排污许可证，排放污染物，或者已经通过环境影响评价并且防治污染设施验收合格后，擅自更改工艺流程、原辅材料，导致产生新的污染物质的；(2)不使用验收合格的防治污染设施或者不按规范要求使用的；(3)防治污染设施发生故障，发现后不及时排除，继续生产放任污染物排放的；(4)生态环境部门责令限制生产、停产整治或者予以行政处罚后，继续生产放任污染物排放的；(5)将危险废物委托第三方处置，没有尽到查验经营许可的义务，或者委托处置费用明显低于市场价格或者处置成本的；(6)通过暗管、渗井、渗坑、裂隙、溶洞、灌注等逃避监管的方式排放污染物的；(7)通过篡改、伪造监测数据的方式排放污染物的；(8)其他足以认定的情形。

★犯本罪，生态环境损害标准的认定

《最高人民法院、最高人民检察院、公安部、司法部、生态环境部关于办理环境污染刑事案件有关问题座谈会纪要》(2019 年 2 月 20 日)

4. 关于生态环境损害标准的认定

会议针对如何适用《环境解释》第一条、第三条规定的“造成生态环境严重损害的”“造成生态环境特别严重损害的”定罪量刑标准进行了讨论。会议指出，生态环境损害赔偿制度是生态文明制度体系的重要组成部分。党中央、国务院高度重视生态环境损害赔偿工作，党的十八届三中全会明确提出对造成生态环境损害的责任者严格实行赔偿制度。2015 年，中央办公厅、国务院办公厅印发《生态环境损害赔偿制度改革试点方案》(中办发〔2015〕57号),在吉林等7个省市部署开展改革试点,取得明显成效。2017年,中央办公厅、国务院办公厅印发《生态环境损害赔偿制度改革方案》(中办发〔2017〕68号),在全国范围内试行生态环境损害赔偿制度。

会议指出,《环境解释》将造成生态环境损害规定为污染环境罪的定罪量刑标准之一,是为了与生态环境损害赔偿制度实现衔接配套,考虑到该制度尚在试行过程中,《环境解释》作了较原则的规定。司法实践中,一些省市结合本地区工作实际制定了具体标准。会议认为,在生态环境损害赔偿制度试行阶段,全国各省(自治区、直辖市)可以结合本地实际情况,因地制宜,因时制宜,根据案件具体情况准确认定"造成生态环境严重损害"和"造成生态环境特别严重损害"。

★非法经营罪与污染环境罪的关系

《最高人民法院、最高人民检察院、公安部、司法部、生态环境部关于办理环境污染刑事案件有关问题座谈会纪要》(2019年2月20日)

5. 关于非法经营罪的适用

会议针对如何把握非法经营罪与污染环境罪的关系以及如何具体适用非法经营罪的问题进行了讨论。会议强调,要高度重视非法经营危险废物案件的办理,坚持全链条、全环节、全流程对非法排放、倾倒、处置、经营危险废物的产业链进行刑事打击,查清犯罪网络,深挖犯罪源头,斩断利益链条,不断挤压和铲除此类犯罪滋生蔓延的空间。

会议认为,准确理解和适用《环境解释》第六条的规定应当注意把握两个原则:一要坚持实质判断原则,对行为人非法经营危险废物行为的社会危害性作实质性判断。比如,一些单位或者个人虽未依法取得危险废物经营许可证,但其收集、贮存、利用、处置危险废物经营活动,没有超标排放污染物、非法倾倒污染物或者其他违法造成环境污染情形的，则不宜以非法经营罪论处。二要坚持综合判断原则，对行为人非法经营危险废物行为根据其在犯罪链条中的地位、作用综合判断其社会危害性。比如，有证据证明单位或者个人的无证经营危险废物行为属于危险废物非法经营产业链的一部分，并且已经形成了分工负责、利益均沾、相对固定的犯罪链条，如果行为人或者与其联系紧密的上游或者下游环节具有排放、倾倒、处置危险废物违法造成环境污染的情形，且交易价格明显异常的，对行为人可以根据案件具体情况在污染环境罪和非法经营罪中，择一重罪处断。

★涉大气污染环境犯罪的处理

《最高人民法院、最高人民检察院、公安部、司法部、生态环境部关于办理环境污染刑事案件有关问题座谈会纪要》(2019年2月20日)

7.关于涉大气污染环境犯罪的处理

会议针对涉大气污染环境犯罪的打击处理问题进行了讨论。会议强调，打赢蓝天保卫战是打好污染防治攻坚战的重中之重。各级人民法院、人民检察院、公安机关、生态环境部门要认真分析研究全国人大常委会大气污染防治法执法检查发现的问题和提出的建议，不断加大对涉大气污染环境犯罪的打击力度，毫不动摇地以法律武器治理污染，用法治力量保卫蓝天，推动解决人民群众关注的突出大气环境问题。

会议认为，司法实践中打击涉大气污染环境犯罪，要抓住关键问题，紧盯薄弱环节，突出打击重点。对重污染天气预警期间，违反国家规定，超标排放二氧化硫、氮氧化物，受过行政处罚后又实施上述行为或者具有其他严重情节的，可以适用《环境解释》第一条第十八项规定的"其他严重污染环境的情形"追究刑事责任。

★非法排放、倾倒、处置行为的认定

《最高人民法院、最高人民检察院、公安部、司法部、生态环境部关于办理环境污染刑事案件有关问题座谈会纪要》(2019 年 2 月 20 日)

8. 关于非法排放、倾倒、处置行为的认定

会议针对如何准确认定环境污染犯罪中非法排放、倾倒、处置行为进行了讨论。会议认为,司法实践中认定非法排放、倾倒、处置行为时,应当根据《固体废物污染环境防治法》和《环境解释》的有关规定精神,从其行为方式是否违反国家规定或者行业操作规范、污染物是否与外环境接触、是否造成环境污染的危险或者危害等方面进行综合分析判断。对名为运输、贮存、利用,实为排放、倾倒、处置的行为应当认定为非法排放、倾倒、处置行为,可以依法追究刑事责任。比如,未采取相应防范措施将没有利用价值的危险废物长期贮存、搁置,放任危险废物或者其有毒有害成分大量扬散、流失、泄漏、挥发,污染环境的。

★"其他有害物质"的认定

《最高人民法院、最高人民检察院、公安部、司法部、生态环境部关于办理环境污染刑事案件有关问题座谈会纪要》(2019 年 2 月 20 日)

第338条

9. 关于有害物质的认定

会议针对如何准确认定刑法第三百三十八条规定的"其他有害物质"的问题进行了讨论。会议认为,办理非法排放、倾倒、处置其他有害物质的案件,应当坚持主客观相一致原则,从行为人的主观恶性、污染行为恶劣程度、有害物质危险性毒害性等方面进行综合分析判断,准确认定其行为的社会危害性。实践中,常见的有害物质主要有:工业危险废物以外的其他工业固体废物;未经处理的生活垃圾;有害大气污染物、受控消耗臭氧层物质和有害水污染物;在利用和处置过程中必然产生有毒有害物质的其他物质;国务院生态环境保护主管部门会同国务院卫生主管部门公布的有毒有害污染物名录中的

有关物质等。

★发生在长江经济带十一省(直辖市)的两类环境污染犯罪行为,可以从重处罚

《最高人民法院、最高人民检察院、公安部、司法部、生态环境部关于办理环境污染刑事案件有关问题座谈会纪要》(2019年2月20日)

10. 关于从重处罚情形的认定

会议强调,要坚决贯彻党中央推动长江经济带发展的重大决策,为长江经济带共抓大保护、不搞大开发提供有力的司法保障。实践中,对于发生在长江经济带十一省(直辖市)的下列环境污染犯罪行为,可以从重处罚:(1)跨省(直辖市)排放、倾倒、处置有放射性的废物、含传染病病原体的废物、有毒物质或者其他有害物质的;(2)向国家确定的重要江河、湖泊或者其他跨省(直辖市)江河、湖泊排放、倾倒、处置有放射性的废物、含传染病病原体的废物、有毒物质或者其他有害物质的。

★严格适用不起诉、缓刑、免予刑事处罚

《最高人民法院、最高人民检察院、公安部、司法部、生态环境部关于办理环境污染刑事案件有关问题座谈会纪要》(2019年2月20日)

11. 关于严格适用不起诉、缓刑、免予刑事处罚

会议针对当前办理环境污染犯罪案件中如何严格适用不起诉、缓刑、免予刑事处罚的问题进行了讨论。会议强调,环境污染犯罪案件的刑罚适用直接关系加强生态环境保护打好污染防治攻坚战的实际效果。各级人民法院、人民检察院要深刻认识环境污染犯罪的严重社会危害性,正确贯彻宽严相济刑事政策,充分发挥刑罚的惩治和预防功能。要在全面把握犯罪事实和量刑情节的基础上严格依照刑法和刑事诉讼法规定的条件适用不起诉、缓刑、免予刑事处罚,既要考虑从宽情节,又要考虑从严情节;既要做到刑罚与犯罪相当,又要做到刑罚执行方式与犯罪相当,切实避免不起诉、缓刑、免予刑事处

罚不当适用造成的消极影响。

会议认为,具有下列情形之一的,一般不适用不起诉、缓刑或者免予刑事处罚:(1)不如实供述罪行的;(2)属于共同犯罪中情节严重的主犯的;(3)犯有数个环境污染犯罪依法实行并罚或者以一罪处理的;(4)曾因环境污染违法犯罪行为受过行政处罚或者刑事处罚的;(5)其他不宜适用不起诉、缓刑、免予刑事处罚的情形。

会议要求,人民法院审理环境污染犯罪案件拟适用缓刑或者免予刑事处罚的,应当分析案发前后的社会影响和反映,注意听取控辩双方提出的意见。对于情节恶劣、社会反映强烈的环境污染犯罪,不得适用缓刑、免予刑事处罚。人民法院对判处缓刑的被告人,一般应当同时宣告禁止令,禁止其在缓刑考验期内从事与排污或者处置危险废物有关的经营活动。生态环境部门根据禁止令,对上述人员担任实际控制人、主要负责人或者高级管理人员的单位,依法不得发放排污许可证或者危险废物经营许可证。

类案检索指引

★检察机关办理环境污染民事公益诉讼案件,可以遵循自愿、合法和最大限度保护公共利益的原则,积极参与调解

《盛开水务公司污染环境刑事附带民事公益诉讼案》(2020年12月3日最高人民检察院发布第二十三批指导性案例:检例第86号)

【关键词】

刑事附带民事公益诉讼　参与调解　连带责任　替代性修复

【要旨】

检察机关办理环境污染民事公益诉讼案件,可以在查清事实明确责任的基础上,遵循自愿、合法和最大限度保护公共利益的原则,积极参与调解。造成环境污染公司的控股股东自愿加入诉讼,愿意承担连带责任并提供担保的,检察机关可以依申请将其列为第三人,让其作为共同赔偿主体,督促其运用现金赔偿、替代性修复等方式,承担生态损害赔偿的连带责任。对办案中发现的带有普遍性的问题,检察机关可以通过提出检察建议、立法建议等方式,促进社会治理创新。

★单位违反国家规定,使用三氯一氟甲烷用于生产保温材料并出售,严重污染环境,构成本罪

《被告单位德清明禾保温材料有限公司、被告人祁尔明污染环境案》(2021年6月4日最高人民法院发布2020年度人民法院环境资源典型案例)

【裁判结果】

浙江省德清县人民法院一审认为,被告单位明禾公司违反国家规定,使用三氯一氟甲烷用于生产保温材料并出售,严重污染环境,其行为已构成污染环境罪。被告人祁尔明作为被告单位法定代表人,明知三氯一氟甲烷禁止用于生产,主动购入用于公司生产保温材料并销售,造成环境严重污染,亦应当以污染环境罪追究刑事责任。一审法院以污染环境罪,判处被告单位明禾公司罚金70万元,判处被告人祁尔明有期徒刑十个月,并处罚金5万元。该案一审判决已发生法律效力。

★对污染环境犯罪被告人可依法适用环境保护禁止令

《买自强等6人污染环境案》(2021年11月25日最高人民法院发布黄河流域生态环境司法保护十大典型案例)

【典型意义】

本案系污染环境刑事案件。孟州市是黄河千里长堤"左岸0公里"的起点,也是黄河流出山区进入平原的第一市。孟州市南庄镇是亚洲最大的羊皮加工生产基地,由于生产工艺的特殊性要求,当地存在较大水污染风险,对黄河流域孟州段的水体保护构成严重威胁。本案对污染环境犯罪被告人依法适用了环境保护禁止令,禁止三被告人在缓刑考验期内从事排污有关的经营活动,将生态环境保护的阶段提至事前,体现了环境资源审判落实预防为主的原则,避免了生态环境损害的再次发生。

★依法打击破坏黄河流域生态环境违法犯罪

《甘肃省张家川回族自治县汪某勇等7人污染环境刑事公诉案》(2022年1月25日最高人民检察院发布检察机关服务保障黄河流域生态保护和高质量发展典型案例)

【要旨】

办理重大、有影响的破坏黄河流域生态环境犯罪案件,上级检察机关要第一时间掌握情况、迅速介入,将指导工作做细做实,通过协作配合,上下一体突破案件。加强内外协同,将生态刑事检察工作与促进本地生态文明建设同步推进,充分发挥检察建议堵漏建制的作用,及时向有关单位提出完善制度、强化监管的检察建议,达到"办理一个案件,解决一类问题"的效果。

【典型意义】

甘肃是黄河重要的水源涵养区和补给区。省内黄河流域包括黄河干流、渭河、洮河、湟水和泾河五个水系,以及各水系的一二级支流。小流域作为黄河主动脉的毛细血管,好与坏、净与污直接关乎黄河生态环境安全。为保护好黄河主动脉的"小血管",检察机关用足惩治手段,用好检察建议,依法打击破坏黄河流域生态环境违法犯罪。对重点案件,加强办案指导,提高打击和保护的针对性、实效性;对突出问题,结合办案提出检察建议,促进政府部门及时解决,争取政府部门、社会力量的理解和帮助。检察机关立足职能,加强黄河上游水源涵养区生态司法保护,同时推动织密黄河法治保护网,充分彰显了检察机关在黄河治理和保护中的担当和作为。

★非法处置新能源汽车锂电池材料生产过程中产生的毒性工业固体危险废物的,构成本罪

《司徒某戊、司徒某协、陈某峰、李某贤等非法倾倒毒性工业固体危险废物污染环境案》(2022年3月1日最高人民法院发布人民法院依法审理固体废物污染环境典型案例)

【典型意义】

本案是因非法处置新能源汽车锂电池材料生产过程中产生的毒

性工业固体危险废物引发的刑事案件。新能源汽车产业是国家政策引导的经济发力点,也是当下热门的环保产业。作为新能源汽车核心部件之一的电池材料,其在生产过程中产生的固体废物,若因违法处置造成污染,将与为了环保目的而推动新能源汽车产业发展的初衷相悖。本案涉案固体废物数量巨大、毒性强、污染地域横跨两省多地、环境污染损害后果严重,人民法院在判断被告人是否具有污染环境的主观故意时,参考被告人的职业经历所体现的正常认知水平,认为作为运输行业经营者,对企业生产过程中产生的固体废物具有危害性及随意倾倒会污染环境,应有一定的认知,并负有核实了解的义务。该案的处理,既有利于防范环保产业发展过程中的污染环境风险,推动环保产业绿色健康发展,也对运输行业经营者非法运输污染物,放任污染环境结果发生的行为起到了警示、震慑作用。

★非法处置过期药品的,构成本罪

《山西某生化药业有限公司、田某坡等人非法处置过期药品污染环境案》(2022年3月1日最高人民法院发布人民法院依法审理固体废物污染环境典型案例)

【典型意义】

本案是因非法处置过期药品引发的刑事案件。根据《国家危险废物名录》的规定,“失效、变质、不合格、淘汰、伪劣的化学药品和生物制品(不包括列入《国家基本药物目录》中的维生素、矿物质类药,调节水、电解质及酸碱平衡药),以及《医疗用毒性药品管理办法》中所列的毒性中药”均为危险废物,属于“有毒物质”,药物中的成分散落在环境中极易造成污染。日常生活中,较为普遍地存在对于过期失效药品的危害性以及如何处置认识不足等问题,将过期药品视为普通生活垃圾随意丢弃的现象时有发生,造成了土壤、水资源等污染。本案的处理,有助于警示社会公众依法履行生活垃圾源头减量和分类投放法定义务,推动建立畅通的失效药品回收渠道,减少乱扔、乱倒、乱焚过期药品行为,引导全民参与、人人动手开展生活垃圾分类处置。

★非法掩埋废酸、废油脂的，构成本罪

《句容市后白镇某村民委员会、袁某政等非法掩埋废酸、废油脂等污染环境案》（2022年3月1日最高人民法院发布人民法院依法审理固体废物污染环境典型案例）

【典型意义】

本案是因非法掩埋废酸、废油脂引发的刑事案件。《中华人民共和国固体废物污染环境防治法》规定，处置危险废物的单位和个人，必须采取防扬散、防流失、防渗漏或者其他防止污染环境的措施；不得擅自倾倒、堆放、丢弃、遗撒危险废物。村民委员会作为基层群众性自治组织，是社会综合治理体系的重要组成部分，也是美丽乡村建设的重要力量，要不断提升自身的环保意识和法治水平，带头遵守并宣传宪法、法律、法规和国家的政策，教育和推动村民履行法律规定的义务、爱护环境。本案中，村民委员会及袁某政等缺乏相关法律意识，教训深刻，具有典型的警示教育作用。而法院在判处刑罚的同时又禁止被告人在缓刑考验期内从事与排污或者处置危险废物有关的经营活动，体现了环境司法坚持保护优先、预防为主的理念，具有较好的示范意义。

★非法倾倒废塑料、废油布、废油墨桶、废油漆桶等固体废物等，构成本罪

《张某伟、张某盟、姜某、康某辉等非法倾倒废料污染环境案》（2022年3月1日最高人民法院发布人民法院依法审理固体废物污染环境典型案例）

【典型意义】

本案是因非法倾倒废料引发的刑事案件。废塑料、废油布、废油墨桶、废油漆桶等固体废物在生产生活中较为常见，其对环境的污染容易被忽视。尤其是生产经营过程中产生大量废塑料、废油布、废油墨桶、废油漆桶等固体废物的企业，更须对此有清晰认识，做到合法合规处置，避免造成环境污染。本案的处理，有助于推动有关企业和群众对日常生活中常见固体废物进行恰当的处置，提高社会公众对固体废物污染环境危害性的认识，推动固体废物的无害化处置。同时，本案审理法院依据《最高人民法院、最高人民检察院关于办理环境污染刑事案件适用法律若干问题的解释》第五条关于“实施刑法第三百三十八条、第三百三十九条规定的行为，刚达到应当追究刑事责任的标准，但行为人及时采取措施，防止损失扩大、消除污染，全部赔偿损失，积极修复生态环境，且系初犯，确有悔罪表现的，可以认定为情节轻微，不起诉或者免予刑事处罚；确有必要判处刑罚的，应当从宽处罚”的规定，将被告人事后积极履行环境修复义务的情形作为从轻量刑情节，依法适用缓刑，体现了恢复性司法的理念，有助于受损生态环境的及时有效修复。

★非法焚烧电子垃圾的，构成本罪

《陈某勤等焚烧电子垃圾污染环境案》（2022年3月1日最高人民法院发布人民法院依法审理固体废物污染环境典型案例）

【典型意义】

本案是因焚烧电子垃圾引发的刑事案件，具有涉案人数多、范围广、影响大等特点。随着经济发展、科技进步，电子垃圾逐渐成为生产、生活垃圾中的重要组成部分。根据《中华人民共和国固体废物污染环境防治法》第六十七条规定，国家对废弃电器电子产品等实行多渠道回收和集中处理制度。拆解、利用、处置废弃电器电子产品、废弃机动车船等，应当遵守有关法律法规的规定，采取防止污染环境的措施。本案中，人民法院对非法收购、处置、冶炼等各犯罪环节实施全链条打击，彻底斩断非法冶炼电子垃圾的利益链条，有力打击了污染环境的犯罪行为。本案的审理，有助于推动电子垃圾依法有序回收利用，促使材料回收再加工行业的健康发展，彰显了司法对破坏生态环境犯罪行为的零容忍态度。

★违规收纳、倾倒未经处理的生活垃圾的，构成本罪

《朱某违规收纳、倾倒生活垃圾污染环境案》（2022年3月1日最高人民法院发布人民法院依法审理固体废物污染环境典型案例）

【典型意义】

本案是因违规收纳、倾倒未经处理的生活垃圾引发的刑事案件。

《中华人民共和国固体废物污染环境防治法》明令禁止任何单位和个人随意倾倒、堆放生活垃圾,并对生活垃圾的分类、运输、处理、回收等处置步骤做出了明确规定。实践中,随意排放、倾倒、处置未经处理的生活垃圾的现象时有发生,常因缺乏及时的管理,日积月累造成不同程度的空气、水、土壤等污染。本案的审理,不仅有助于推动相关企业和从业人员提高法律意识,明晰无资质擅自收纳、倾倒未经处理生活垃圾将被追究法律责任,也有助于引导社会公众强化法律意识,落实生活垃圾分类制度,爱护生态环境。

★非法处置有机玻璃回收再加工产生的精馏残渣的,构成本罪

《被告人周某荣等二十八人污染环境案》(2022 年 6 月 5 日最高人民法院发布 2021 年度人民法院环境资源审判典型案例)

【典型意义】

本案是因非法处置危险废物引发的刑事案件。有机玻璃回收再加工产生的精馏残渣是国家明文认定的危险废物,由于专业处置成本高同时有可燃特性,此类物质的非法倒卖和处置时有发生。本案中,人民法院对非法生产、倒卖、运输、处置各环节犯罪进行全面追责,彻底斩断横跨浙苏皖三省的精馏残渣非法处置产业链,沉重打击了跨域污染环境犯罪行为,同时对被告人适用禁止令和从业禁止,充分发挥司法裁判矫正作用和对环境的预防性保护效果,有力维护了长三角地区生态环境安全,体现司法机关严惩污染环境犯罪行为的决心,有利于警示相关行业单位和从业者遵守国家法律法规、规范危险废物处置行为。

★跨省转运倾倒危险废液的,构成本罪

《被告人陈某平等十四人污染环境案》(2022 年 6 月 5 日最高人民法院发布 2021 年度人民法院环境资源审判典型案例)

【典型意义】

本案是跨省转运倾倒危险废液污染环境引发的案件。环境是人类生存之基,良好生态环境是经济社会可持续发展的根本保障。部分企业和个人为了降低处置成本,跨区域倾倒工业生产和生活中产生的危化物,转嫁环境污染风险。本案各被告人分工合作跨省倾倒有毒有害废液,造成赣江及支流水域、沿岸土壤严重污染,危害当地及下游居民用水安全。人民法院依法对提供、运输、倾倒工业废液等各环节的被告人均认定构成污染环境犯罪,斩断危险废物非法经营地下产业链条,对被告人判处实刑并处罚金,通过司法确认生态修复和后续处置等费用2896万元,兼顾打击污染犯罪和修复受损生态环境,切实保障环境公共利益和人民群众的环境权益。

★突出再犯罪预防,对适用缓刑人员依法建议宣告禁止令

《浙江省嘉兴市嘉某化工原料有限公司、包某华等14人污染环境刑事公诉案》(2022年7月19日最高人民检察院发布检察机关服务保障长江经济带发展典型案例)

【要旨】

在办理危险废物已灭失的污染环境犯罪案件时,检察机关通过引导公安机关取证和自行补充侦查,依法查明非法排放危险废物的方式和数量。针对生态环境损害赔偿数额较大的问题,检察机关运用认罪认罚从宽制度,引导督促涉案单位和人员主动缴纳环境损害赔偿保证金,为后续污染治理和环境修复提供资金保障。

【典型意义】

近年来,化工企业蓬勃发展,危险化学品生产企业增多,产量增大。与此同时,危险废物相关的法律法规愈加严格,在市场需求出现波动的情况下,企业因自身消化再利用能力不足,多以补贴的方式进行转移处理。一些危险化学品经营公司出于经济效益考虑,将危险化学品直接偷排入江河、地下,严重损害环境安全。司法实践中,此类案件由于关键物证已灭失,且涉案人员多、犯罪链条长、作案手段隐蔽,给调查取证和打击处理带来很大困难。为准确指控犯罪,检察机关主动介入侦查,追根溯源,摸清产生、运输、倾倒危险废物的犯罪链条,准确认定危险废物数量,对涉案人员依法严惩重罚。案件办理中,检察机关根据各被告人在共同犯罪中不同的地位作用区别对待,及时追诉犯罪单位,不枉不纵。突出再犯罪预防,对适用缓刑人员依法建议宣告禁止令;充分释法说理,促使涉案人员真诚认罪悔罪。积极督促涉案单位、人员缴纳环境损害赔偿保证金,为后续生态环境修复,提供充足的资金保障。

★船舶偷排含油污水案件中,可以根据船舶航行轨迹、污染防治设施运行状况、污染物处置去向等证据对造成的损害作出认定

《武汉卓航江海贸易有限公司、向阳等12人污染环境刑事附带民事公益诉讼案》(2022年12月30日最高人民法院发布第37批指导性案例:指导性案例202号)

【关键词】

刑事　刑事附带民事公益诉讼　船舶偷排含油污水　损害认定　污染物性质鉴定

【裁判要点】

1. 船舶偷排含油污水案件中,人民法院可以根据船舶航行轨迹、污染防治设施运行状况、污染物处置去向,结合被告人供述、证人证言、专家意见等证据对违法排放污染物的行为及其造成的损害作出认定。

2. 认定船舶偷排的含油污水是否属于有毒物质时,由于客观原因无法取样的,可以依据来源相同、性质稳定的舱底残留污水进行污染物性质鉴定。

★明显超出必要合理范围的处置费用,不应当作为追究刑事责任及承担生态环境损害赔偿责任的依据

《左勇、徐鹤污染环境刑事附带民事公益诉讼案》(2022年12月30日最高人民法院发布第37批指导性案例:指导性案例203号)

【关键词】

刑事　刑事附带民事公益诉讼　应急处置措施　必要合理范围　公私财产损失　生态环境损害

【裁判要点】

对于必要、合理、适度的环境污染处置费用,人民法院应当认定为属于污染环境刑事附带民事公益诉讼案件中的公私财产损失及生态环境损害赔偿范围。对于明显超出必要合理范围的处置费用，不应当作为追究被告人刑事责任，以及附带民事公益诉讼被告承担生态环境损害赔偿责任的依据。

第三百三十九条　【非法处置进口的固体废物罪】违反国家规定，将境外的固体废物进境倾倒、堆放、处置的，处五年以下有期徒刑或者拘役，并处罚金；造成重大环境污染事故，致使公私财产遭受重大损失或者严重危害人体健康的，处五年以上十年以下有期徒刑，并处罚金；后果特别严重的，处十年以上有期徒刑，并处罚金。

【擅自进口固体废物罪】未经国务院有关主管部门许可，擅自进口固体废物用作原料，造成重大环境污染事故，致使公私财产遭受重大损失或者严重危害人体健康的，处五年以下有期徒刑或者拘役，并处罚金；后果特别严重的，处五年以上十年以下有期徒刑，并处罚金。

以原料利用为名，进口不能用作原料的固体废物、液态废物和气态废物的，依照本法第一百五十二条第二款、第三款的规定定罪处罚。

立法动态

本条源自《中华人民共和国刑法》(1997 年 3 月 14 日第八届全国人民代表大会第五次会议修订，自 1997 年 10 月 1 日起施行)。

本条根据《中华人民共和国刑法修正案(四)》(自 2002 年 12 月 28 日起施行)第五条对第三款进行修改。

原本条第三款规定为：以原料利用为名，进口不能用作原料的固体废物的，依照本法第一百五十五条的规定定罪处罚。

第三款修改的主要内容为：将进口对象由“固体废物”扩展为“固体废物、液态废弃物、气态废弃物”。

立案标准

《最高人民检察院、公安部关于公安机关管辖的刑事案件立案追诉标准的规定(一)》(2017 年 4 月 27 日修正　公通字〔2017〕12 号)

第六十一条　[非法处置进口的固体废物案(刑法第三百三十九条第一款)]违反国家规定,将境外的固体废物进境倾倒、堆放、处置的,应予立案追诉。

第六十二条　[擅自进口固体废物案(刑法第三百三十九条第二款)]未经国务院有关主管部门许可,擅自进口固体废物用作原料,造成重大环境污染事故,涉嫌下列情形之一的,应予立案追诉:

(一)致使公私财产损失三十万元以上的;

(二)致使基本农田、防护林地、特种用途林地五亩以上,其他农用地十亩以上,其它土地二十亩以上基本功能丧失或者遭受永久性破坏的;

(三)致使森林或者其他林木死亡五十立方米以上,或者幼树死亡二千五百株以上的;

(四)致使一人以上死亡、三人以上重伤、十人以上轻伤,或者一人以上重伤并且五人以上轻伤的;

(五)致使传染病发生、流行或者人员中毒达到《国家突发公共卫生事件应急预案》中突发公共卫生事件分级Ⅲ级以上情形,严重危害人体健康的;

(六)其他致使公私财产遭受重大损失或者严重危害人体健康的情形。

适用要点与裁判依据

★"致使公私财产遭受重大损失或者严重危害人体健康""致使公私财产遭受重大损失或者造成人身伤亡的严重后果"的认定

《最高人民法院、最高人民检察院关于办理环境污染刑事案件适用法律若干问题的解释》(2016 年 12 月 23 日　法释〔2016〕29 号)

第二条　实施刑法第三百三十九条、第四百零八条规定的行为,致使公私财产损失三十万元以上,或者具有本解释第一条第十项至第十七项规定情形之一的,应当认定为“致使公私财产遭受重大损失或者严重危害人体健康”或者“致使公私财产遭受重大损失或者造成人身伤亡的严重后果”。

★犯本罪,“后果特别严重”的十三种情形

《最高人民法院、最高人民检察院关于办理环境污染刑事案件适用法律若干问题的解释》(2016年12月23日　法释〔2016〕29号)

第三条　实施刑法第三百三十八条、第三百三十九条规定的行为,具有下列情形之一的,应当认定为“后果特别严重”:

(一)致使县级以上城区集中式饮用水水源取水中断十二小时以上的;

(二)非法排放、倾倒、处置危险废物一百吨以上的;

(三)致使基本农田、防护林地、特种用途林地十五亩以上,其他农用地三十亩以上,其他土地六十亩以上基本功能丧失或者遭受永久性破坏的;

(四)致使森林或者其他林木死亡一百五十立方米以上,或者幼树死亡七千五百株以上的;

(五)致使公私财产损失一百万元以上的;

(六)造成生态环境特别严重损害的;

(七)致使疏散、转移群众一万五千人以上的;

(八)致使一百人以上中毒的;

(九)致使十人以上轻伤、轻度残疾或者器官组织损伤导致一般功能障碍的;

(十)致使三人以上重伤、中度残疾或者器官组织损伤导致严重功能障碍的;

(十一)致使一人以上重伤、中度残疾或者器官组织损伤导致严重功能障碍,并致使五人以上轻伤、轻度残疾或者器官组织损伤导致一般功能障碍的;

(十二)致使一人以上死亡或者重度残疾的;

（十三）其他后果特别严重的情形。

★犯本罪，应当从重处罚的四种情形

《最高人民法院、最高人民检察院关于办理环境污染刑事案件适用法律若干问题的解释》（2016年12月23日 法释〔2016〕29号）

第四条 实施刑法第三百三十八条、第三百三十九条规定的犯罪行为，具有下列情形之一的，应当从重处罚：

（一）阻挠环境监督检查或者突发环境事件调查，尚不构成妨害公务等犯罪的；

（二）在医院、学校、居民区等人口集中地区及其附近，违反国家规定排放、倾倒、处置有放射性的废物、含传染病病原体的废物、有毒物质或者其他有害物质的；

（三）在重污染天气预警期间、突发环境事件处置期间或者被责令限期整改期间，违反国家规定排放、倾倒、处置有放射性的废物、含传染病病原体的废物、有毒物质或者其他有害物质的；

（四）具有危险废物经营许可证的企业违反国家规定排放、倾倒、处置有放射性的废物、含传染病病原体的废物、有毒物质或者其他有害物质的。

★可以认定为情节轻微，不起诉或者免予刑事处罚；应当从宽处罚的情形

《最高人民法院、最高人民检察院关于办理环境污染刑事案件适用法律若干问题的解释》（2016年12月23日 法释〔2016〕29号）

第五条 实施刑法第三百三十八条、第三百三十九条规定的行为，刚达到应当追究刑事责任的标准，但行为人及时采取措施，防止损失扩大、消除污染，全部赔偿损失，积极修复生态环境，且系初犯，确有悔罪表现的，可以认定为情节轻微，不起诉或者免予刑事处罚；确有必要判处刑罚的，应当从宽处罚。

★"二年内""重点排污单位""违法所得""公私财产损失""生态环境损害""无危险废物经营许可证"的认定

《最高人民法院、最高人民检察院关于办理环境污染刑事案件适用法律若干问题的解释》(2016 年 12 月 23 日　法释〔2016〕29 号)

第十七条　本解释所称"二年内",以第一次违法行为受到行政处罚的生效之日与又实施相应行为之日的时间间隔计算确定。

本解释所称"重点排污单位",是指设区的市级以上人民政府环境保护主管部门依法确定的应当安装、使用污染物排放自动监测设备的重点监控企业及其他单位。

本解释所称"违法所得",是指实施刑法第三百三十八条、第三百三十九条规定的行为所得和可得的全部违法收入。

本解释所称"公私财产损失",包括实施刑法第三百三十八条、第三百三十九条规定的行为直接造成财产损毁、减少的实际价值,为防止污染扩大、消除污染而采取必要合理措施所产生的费用,以及处置突发环境事件的应急监测费用。

本解释所称"生态环境损害",包括生态环境修复费用,生态环境修复期间服务功能的损失和生态环境功能永久性损害造成的损失,以及其他必要合理费用。

本解释所称"无危险废物经营许可证",是指未取得危险废物经营许可证,或者超出危险废物经营许可证的经营范围。

第三百四十条　【非法捕捞水产品罪】违反保护水产资源法规,在禁渔区、禁渔期或者使用禁用的工具、方法捕捞水产品,情节严重的,处三年以下有期徒刑、拘役、管制或者罚金。

立法动态

本条源自《中华人民共和国刑法》(1997 年 3 月 14 日第八届全国人民代表大会第五次会议修订,自 1997 年 10 月 1 日起施行)。

立案标准

《最高人民检察院、公安部关于公安机关管辖的刑事案件立案追诉标准的规定(一)》(2017年4月27日修正 公通字〔2017〕12号)

第六十三条 [非法捕捞水产品案(刑法第三百四十条)]违反保护水产资源法规,在禁渔区、禁渔期或者使用禁用的工具、方法捕捞水产品,涉嫌下列情形之一的,应予立案追诉:

(一)在内陆水域非法捕捞水产品五百公斤以上或者价值五千元以上的,或者在海洋水域非法捕捞水产品二千公斤以上或者价值二万元以上的;

(二)非法捕捞有重要经济价值的水生动物苗种、怀卵亲体或者在水产种质资源保护区内捕捞水产品,在内陆水域五十公斤以上或者价值五百元以上,或者在海洋水域二百公斤以上或者价值二千元以上的;

(三)在禁渔区内使用禁用的工具或者禁用的方法捕捞的;

(四)在禁渔期内使用禁用的工具或者禁用的方法捕捞的;

(五)在公海使用禁用渔具从事捕捞作业,造成严重影响的;

(六)其他情节严重的情形。

适用要点与裁判依据

★犯本罪,"情节严重"的认定

《最高人民法院关于审理发生在我国管辖海域相关案件若干问题的规定(二)》(2016年8月1日 法释〔2016〕17号)

第四条 违反保护水产资源法规,在海洋水域,在禁渔区、禁渔期或者使用禁用的工具、方法捕捞水产品,具有下列情形之一的,应当认定为刑法第三百四十条规定的"情节严重":

(一)非法捕捞水产品一万公斤以上或者价值十万元以上的;

(二)非法捕捞有重要经济价值的水生动物苗种、怀卵亲体二千公斤以上或者价值二万元以上的；

（三）在水产种质资源保护区内捕捞水产品二千公斤以上或者价值二万元以上的；

（四）在禁渔区内使用禁用的工具或者方法捕捞的；

（五）在禁渔期内使用禁用的工具或者方法捕捞的；

（六）在公海使用禁用渔具从事捕捞作业，造成严重影响的；

（七）其他情节严重的情形。

适用要点与裁判依据

★违反保护水产资源法规，在长江流域重点水域非法捕捞水产品的，构成本罪

《最高人民法院、最高人民检察院、公安部、农业农村部依法惩治长江流域非法捕捞等违法犯罪的意见》（2020年12月17日　公通字〔2020〕17号）

二、准确适用法律，依法严惩非法捕捞等危害水生生物资源的各类违法犯罪

（一）依法严惩非法捕捞犯罪。违反保护水产资源法规，在长江流域重点水域非法捕捞水产品，具有下列情形之一的，依照刑法第三百四十条的规定，以非法捕捞水产品罪定罪处罚：

1. 非法捕捞水产品五百公斤以上或者一万元以上的；

2. 非法捕捞具有重要经济价值的水生动物苗种、怀卵亲体或者在水产种质资源保护区内捕捞水产品五十公斤以上或者一千元以上的；

3. 在禁捕区域使用电鱼、毒鱼、炸鱼等严重破坏渔业资源的禁用方法捕捞的；

4. 在禁捕区域使用农业农村部规定的禁用工具捕捞的；

5. 其他情节严重的情形。

★犯本罪,贯彻落实宽严相济刑事政策的情形

《最高人民法院、最高人民检察院、公安部、农业农村部依法惩治长江流域非法捕捞等违法犯罪的意见》(2020年12月17日　公通字〔2020〕17号)

二、准确适用法律,依法严惩非法捕捞等危害水生生物资源的各类违法犯罪

(七)贯彻落实宽严相济刑事政策。多次实施本意见规定的行为构成犯罪,依法应当追诉的,或者二年内二次以上实施本意见规定的行为未经处理的,数量数额累计计算。

实施本意见规定的犯罪,具有下列情形之一的,从重处罚:(1)暴力抗拒、阻碍国家机关工作人员依法履行职务,尚未构成妨害公务罪的;(2)二年内曾因实施本意见规定的行为受过处罚的;(3)对长江生物资源或水域生态造成严重损害的;(4)具有造成重大社会影响等恶劣情节的。具有上述情形的,一般不适用不起诉、缓刑、免予刑事处罚。

非法捕捞水产品,根据渔获物的数量、价值和捕捞方法、工具等情节,认为对水生生物资源危害明显较轻的,可以认定为犯罪情节轻微,依法不起诉或者免予刑事处罚,但是曾因破坏水产资源受过处罚的除外。

非法猎捕、收购、运输、出售珍贵、濒危水生野生动物,尚未造成动物死亡,综合考虑行为手段、主观罪过、犯罪动机、获利数额、涉案水生生物的濒危程度、数量价值以及行为人的认罪悔罪态度、修复生态环境情况等情节,认为适用本意见规定的定罪量刑标准明显过重的,可以结合具体案件的实际情况依法作出妥当处理,确保罪责刑相适应。

类案检索指引

★禁渔区内使用禁用的方法捕捞水产品情节严重的,构成本罪

《被告人李绪根非法捕捞水产品刑事附带民事公益诉讼案》(2021年2月25日最高人民法院发布长江流域生态环境司法保护典型案例)

【典型意义】

本案系非法捕捞水产品引发的刑事附带民事公益诉讼案件。长江十年禁捕是贯彻习近平总书记关于"共抓大保护、不搞大开发"的重要指示精神,保护长江母亲河和加强生态文明建设的重要举措,是为全局计、为子孙谋,功在当代、利在千秋的重要决策。本案中,案发地位于四大家鱼种质资源区的长江流域扬州段,是鱼类的重要洄游通道,也是鱼类育肥产卵和越冬的最佳场所。李绪根电鱼的行为对自然水域的水生生物产生极大杀伤力,严重威胁生态资源和水环境,故人民法院依法以非法捕捞罪判处其有期徒刑并没收违法所得。同时,李绪根仍需承担增殖放流的生态修复责任,确保长江流域生态环境得到及时有效修复。2020年12月,最高人民法院、最高人民检察院、公安部、农业农村部联合制定了《依法惩治长江流域非法捕捞等违法犯罪的意见》,明确对长江流域非法捕捞等危害水生生物资源的各类违法犯罪进行严厉打击,确保长江流域禁捕工作顺利实施。

第340条

★禁渔期、禁渔区内非法捕捞、收购、销售水产品的,构成本罪

《安徽省巢湖市人民检察院诉魏安文等33人非法捕捞水产品刑事附带民事公益诉讼案》(2021年6月4日最高人民法院发布2020年度人民法院环境资源典型案例)

【典型意义】

本案系在巢湖非法捕捞水产品引发的刑事附带民事公益诉讼案。巢湖是长江中下游五大淡水湖之一,是长江水域重要的生态屏障,水面资源丰富,渔业资源富饶。近年来,巢湖水生生物生存环境日趋恶劣,生物多样性指数持续下降。本案中,魏安文等33人为利益驱使,在禁渔期、禁渔区内非法捕捞、收购、销售白米虾、毛草鱼等水产品,直接导致巢湖水域水生物种数量减少,破坏巢湖渔业资源和水域生态环境,损害巢湖水域的生物多样性和生态平衡。本案发生在长江十年禁渔禁令发布之后,人民法院依法严惩重处,筑牢长江生态安全边界,对引导沿岸渔民的捕捞行为,有效遏制非法捕捞,维护巢湖及长江中下游流域生态系统平衡具有重要意义。

★长江流域重点水域生产性垂钓的,构成本罪

《江苏省南京市陈某宝、万某祥非法捕捞水产品案》(2021年11月5日最高人民检察院发布"检察为民办实事"之检察机关依法惩治长江流域非法捕捞水产品犯罪典型案例)

【典型意义】

近年来,随着长江流域重点水域全面禁捕,生产性垂钓等变相捕捞行为正逐渐成为破坏长江水生生物资源的主要违法犯罪方式之一。一些人以牟利为目的,假借休闲性、娱乐性垂钓,使用多线多钩、长线多钩、单线多钩等钓具进行垂钓。由于这些钓具抛竿范围广、入水深,能直接作用于深水鱼群区且目标精准,有时还能捕获到珍稀、濒危鱼类。有的垂钓者为达到捕获渔获物数量更大、种类更多的目的,甚至辅以各类探鱼、锚鱼设备,对天然渔业资源和生态环境的危害很大。

长江流域必须严禁生产性垂钓行为,否则将会严重扰乱禁捕工作正常有序开展。本案中,检察机关根据行政主管部门公布的禁用工具、禁用方法,以及垂钓行为造成水生生物资源的危害程度,准确认定陈某宝等人的非法捕捞行为系生产性垂钓,并予以依法惩治,对企图利用或变相利用垂钓进行非法捕捞的犯罪分子,起到了一定的威慑和警示作用。

★对以牟取非法利益为目的非法捕捞的，采取多种措施进行经济惩罚，并责令其承担生态修复费用

《湖南省岳阳市张某节等10人非法捕捞水产品、吴某龙等10人掩饰、隐瞒犯罪所得案》（2021年11月5日最高人民检察院发布“检察为民办实事”之检察机关依法惩治长江流域非法捕捞水产品犯罪典型案例）

【典型意义】

我国自2002年起试行春季禁渔期（每年4月1日至6月30日），到2016年调整禁渔期（每年3月1日至6月30日），再到2020年长江流域重点水域实行全面禁渔。禁令之下，虽然各地不断加大打击力度，但长期以来，仍有不法人员为牟取非法利益不惜铤而走险，甚至形成了捕捞、收购、贩卖长江野生鱼的完整产业链。产业链环环相扣、分工明确，通过多次交易，各环节得到不断加固，不仅危害十分严重，打击也十分困难。

为有效预防、惩治非法捕捞水产品犯罪，检察机关要紧盯非法捕捞“捕运销”全链条，将职业化、团伙化非法捕捞作为重点打击、从重处罚的情形。坚持“全链条”打击、打深打透，配合其他执法司法机关斩断非法捕捞供销产业链。对以牟取非法利益为目的非法捕捞的，采取没收违法所得、罚金刑等多种措施进行经济惩罚，并责令其承担生态修复费用，铲除滋生非法捕捞水产品犯罪的土壤。

★对不需要判处刑罚或者免除刑罚的，可作不起诉处理；但不起诉不等于不惩罚

《贵州省遵义市穆某群非法捕捞水产品案》（2021年11月5日最高人民检察院发布“检察为民办实事”之检察机关依法惩治长江流域非法捕捞水产品犯罪典型案例）

【典型意义】

根据法律规定，犯罪情节轻微，不需要判处刑罚或者免除刑罚的，检察机关可作不起诉处理。但是不起诉不等于不惩罚。根据我国刑事诉讼法第一百七十七条第三款规定，检察机关对作出不起诉决定的案件,认为需要对被不起诉人给予行政处罚的,应当提出检察意见,移送有关主管机关处理。检察机关根据非法捕捞人员涉嫌犯罪的事实和情节,作出不起诉决定后,主动做好刑事司法、行政处罚的衔接工作,提出对被不起诉人行政处罚的检察意见,不仅实现了刑事司法与行政处罚的无缝衔接,使有关主管机关后续处理于法有据,也使违法人员受到应有惩罚;同时警醒被不起诉人和周围群众要以此为戒,遵纪守法,杜绝此类行为再次发生。本案较好实现了法律效果与政治效果、社会效果的有机统一,充分展现了检察机关积极参与社会综合治理的有效作为。

检察机关积极发挥法律监督职能,将生态环境保护和检察监督高度融合,针对有关主管行业部门在管理、查处禁用渔具方面存在的漏洞依法制发检察建议,敦促其更有针对性地履行监管职能、改进工作,让群众对非法捕捞水产品的危害有了更进一步的认识,推动实现"办理一案、治理一片"的效果,有利于从源头上减少非法捕捞水产品犯罪的发生。

★增殖放流是恢复渔业资源、保持生态平衡的重要措施

《被告人黎某建、黎某志、张某波非法捕捞水产品案》(2022 年 6 月 5 日最高人民法院发布 2021 年度人民法院环境资源审判典型案例)

【典型意义】

本案是因非法捕捞水产品引发的刑事案件。增殖放流是恢复渔业资源、保持生态平衡的重要措施,须遵循科学规律合理开展,不规范的增殖放流可能造成外来物种入侵,会抵消增殖放流作用,甚至给生物多样性造成破坏。本案中,人民法院审查确认被告人开展的增殖放流不符合水生生物增殖放流管理相关规定,不能起到保护水生生物多样性和水生态环境的作用,反而给事发河段引入外来鱼种,可能造成物种种质混杂、种群退化,影响生物遗传多样性,对其行为作出否定评价。同时向渔业主管部门发出司法建议,引导社会公众学习、遵守增殖放流相关规定,建议渔业行政主管部门加强对增殖放流的监管，对于促进科学合理开展增殖放流具有指引价值。

★外籍人员非法进入我国领海进行水产品捕捞的，构成本罪

《文某（VAN）非法捕捞水产品案》（2022年6月7日最高人民法院发布2021年全国海事审判典型案例）

【典型意义】

本案系发生在我国南海海域的外籍人员非法进入我国领海进行水产品捕捞的海事刑事案件，表明我国法院依法对我国管辖的南海海域实施有效司法管控，彰显了海事司法在海洋维权中的重要作用。本案对在海洋水域，在禁渔区、禁渔期或者使用禁用的工具、方法捕捞水产品的行为依法惩处，对破坏海洋生态环境行为起到严厉警示作用，展示了海事司法为保护海洋自然资源与生态环境，服务保障海洋生态文明建设和海洋渔业资源可持续利用而发挥的重要作用。海口海事法院试点管辖破坏海洋生态环境资源犯罪及刑事附带民事公益诉讼案件，推动海事审判"三合一"改革，是深化人民法院司法体制改革、落实《最高人民法院关于人民法院为海南自由贸易港建设提供司法服务和保障的意见》、服务保障国家重大战略要求的重要内容和具体举措。

第三百四十一条　【危害珍贵、濒危野生动物罪】非法猎捕、杀害国家重点保护的珍贵、濒危野生动物的，或者非法收购、运输、出售国家重点保护的珍贵、濒危野生动物及其制品的，处五年以下有期徒刑或者拘役，并处罚金；情节严重的，处五年以上十年以下有期徒刑，并处罚金；情节特别严重的，处十年以上有期徒刑，并处罚金或者没收财产。

【非法狩猎罪】违反狩猎法规，在禁猎区、禁猎期或者使用禁用的工具、方法进行狩猎，破坏野生动物资源，情节严重的，处三年以下有期徒刑、拘役、管制或者罚金。

【非法猎捕、收购、运输、出售陆生野生动物罪】违反野生动物保护管理法规,以食用为目的非法猎捕、收购、运输、出售第一款规定以外的在野外环境自然生长繁殖的陆生野生动物,情节严重的,依照前款的规定处罚。

立法动态

本条源自《中华人民共和国刑法》(1997 年 3 月 14 日第八届全国人民代表大会第五次会议修订,自 1997 年 10 月 1 日起施行)。

原本条的内容为:第三百四十一条 (第一款)非法猎捕、杀害国家重点保护的珍贵、濒危野生动物的,或者非法收购、运输、出售国家重点保护的珍贵、濒危野生动物及其制品的,处五年以下有期徒刑或者拘役,并处罚金;情节严重的,处五年以上十年以下有期徒刑,并处罚金;情节特别严重的,处十年以上有期徒刑,并处罚金或者没收财产。(第二款)违反狩猎法规,在禁猎区、禁猎期或者使用禁用的工具、方法进行狩猎,破坏野生动物资源,情节严重的,处三年以下有期徒刑、拘役、管制或者罚金。

本条第三款根据《中华人民共和国刑法修正案(十一)》(自 2021 年 3 月 1 日起施行)第四十一条增加。

立案标准

《最高人民检察院、公安部关于公安机关管辖的刑事案件立案追诉标准的规定(一)》(2017 年 4 月 27 日修正 公通字〔2017〕12 号)

第六十四条 [非法猎捕、杀害珍贵、濒危野生动物案(刑法第三百四十一条第一款)]非法猎捕、杀害国家重点保护的珍贵、濒危野生动物的,应予立案追诉。

本条和本规定第六十五条规定的“珍贵、濒危野生动物”,包括列入《国家重点保护野生动物名录》的国家一、二级保护野生动物、列入

《濒危野生动植物种国际贸易公约》附录一、附录二的野生动物以及驯养繁殖的上述物种。

第六十五条 ［非法收购、运输、出售珍贵、濒危野生动物、珍贵、濒危野生动物制品案(刑法第三百四十一条第一款)］非法收购、运输、出售国家重点保护的珍贵、濒危野生动物及其制品的,应予立案追诉。

本条规定的"收购",包括以营利、自用等为目的的购买行为;"运输",包括采用携带、邮寄、利用他人、使用交通工具等方法进行运送的行为;"出售",包括出卖和以营利为目的的加工利用行为。

第六十六条 ［非法狩猎案(刑法第三百四十一条第二款)］违反狩猎法规,在禁猎区、禁猎期或者使用禁用的工具、方法进行狩猎,破坏野生动物资源,涉嫌下列情形之一的,应予立案追诉:

(一)非法狩猎野生动物二十只以上的;

(二)在禁猎区内使用禁用的工具或者禁用的方法狩猎的;

(三)在禁猎期内使用禁用的工具或者禁用的方法狩猎的;

(四)其他情节严重的情形。

适用要点与裁判依据

★犯本罪,"国家重点保护的珍贵、濒危野生动物"的认定

《最高人民法院、最高人民检察院关于办理破坏野生动物资源刑事案件适用法律若干问题的解释》(2022年4月9日 法释〔2022〕12号)

第四条 刑法第三百四十一条第一款规定的"国家重点保护的珍贵、濒危野生动物"包括:

(一)列入《国家重点保护野生动物名录》的野生动物;

(二)经国务院野生动物保护主管部门核准按照国家重点保护的野生动物管理的野生动物。

★犯本罪,“收购”“运输”“出售”的认定

《最高人民法院、最高人民检察院关于办理破坏野生动物资源刑事案件适用法律若干问题的解释》(2022年4月9日　法释〔2022〕12号)

第五条　刑法第三百四十一条第一款规定的“收购”包括以营利、自用等为目的的购买行为;“运输”包括采用携带、邮寄、利用他人、使用交通工具等方法进行运送的行为;“出售”包括出卖和以营利为目的的加工利用行为。

刑法第三百四十一条第三款规定的“收购”“运输”“出售”,是指以食用为目的,实施前款规定的相应行为。

★犯危害珍贵、濒危野生动物罪,基本的法定刑、“情节严重”“情节特别严重”的法定刑及应当从重处罚的情形

《最高人民法院、最高人民检察院关于办理破坏野生动物资源刑事案件适用法律若干问题的解释》(2022年4月9日　法释〔2022〕12号)

第六条　非法猎捕、杀害国家重点保护的珍贵、濒危野生动物,或者非法收购、运输、出售国家重点保护的珍贵、濒危野生动物及其制品,价值二万元以上不满二十万元的,应当依照刑法第三百四十一条第一款的规定,以危害珍贵、濒危野生动物罪处五年以下有期徒刑或者拘役,并处罚金;价值二十万元以上不满二百万元的,应当认定为“情节严重”,处五年以上十年以下有期徒刑,并处罚金;价值二百万元以上的,应当认定为“情节特别严重”,处十年以上有期徒刑,并处罚金或者没收财产。

实施前款规定的行为,具有下列情形之一的,从重处罚:

(一)属于犯罪集团的首要分子的;

(二)为逃避监管,使用特种交通工具实施的;

(三)严重影响野生动物科研工作的;

(四)二年内曾因破坏野生动物资源受过行政处罚的。

实施第一款规定的行为,不具有第二款规定的情形,且未造成动

物死亡或者动物、动物制品无法追回,行为人全部退赃退赔,确有悔罪表现的,按照下列规定处理:

(一)珍贵、濒危野生动物及其制品价值二百万元以上的,可以认定为"情节严重",处五年以上十年以下有期徒刑,并处罚金;

(二)珍贵、濒危野生动物及其制品价值二十万元以上不满二百万元的,可以处五年以下有期徒刑或者拘役,并处罚金;

(三)珍贵、濒危野生动物及其制品价值二万元以上不满二十万元的,可以认定为犯罪情节轻微,不起诉或者免予刑事处罚;情节显著轻微危害不大的,不作为犯罪处理。

★犯非法狩猎罪,"情节严重"的认定及应当"从重处罚"的情形

《最高人民法院、最高人民检察院关于办理破坏野生动物资源刑事案件适用法律若干问题的解释》(2022年4月9日　法释〔2022〕12号)

第七条　违反狩猎法规,在禁猎区、禁猎期或者使用禁用的工具、方法进行狩猎,破坏野生动物资源,具有下列情形之一的,应当认定为刑法第三百四十一条第二款规定的"情节严重",以非法狩猎罪定罪处罚:

(一)非法猎捕野生动物价值一万元以上的;

(二)在禁猎区使用禁用的工具或者方法狩猎的;

(三)在禁猎期使用禁用的工具或者方法狩猎的;

(四)其他情节严重的情形。

实施前款规定的行为,具有下列情形之一的,从重处罚:

(一)暴力抗拒、阻碍国家机关工作人员依法履行职务,尚未构成妨害公务罪、袭警罪的;

(二)对野生动物资源或者栖息地生态造成严重损害的;

(三)二年内曾因破坏野生动物资源受过行政处罚的。

实施第一款规定的行为,根据猎获物的数量、价值和狩猎方法、工具等,认为对野生动物资源危害明显较轻的,综合考虑猎捕的动机、目的、行为人自愿接受行政处罚、积极修复生态环境等情节,可以认定为犯罪情节轻微，不起诉或者免予刑事处罚；情节显著轻微危害不大的，不作为犯罪处理。

★以食用为目的，非法猎捕、收购、运输、出售本条第一款以外在野外环境自然生长繁殖的陆生野生动物的刑事责任

《最高人民法院、最高人民检察院关于办理破坏野生动物资源刑事案件适用法律若干问题的解释》（2022年4月9日　法释〔2022〕12号）

第八条　违反野生动物保护管理法规，以食用为目的，非法猎捕、收购、运输、出售刑法第三百四十一条第一款规定以外的在野外环境自然生长繁殖的陆生野生动物，具有下列情形之一的，应当认定为刑法第三百四十一条第三款规定的"情节严重"，以非法猎捕、收购、运输、出售陆生野生动物罪定罪处罚：

（一）非法猎捕、收购、运输、出售有重要生态、科学、社会价值的陆生野生动物或者地方重点保护陆生野生动物价值一万元以上的；

（二）非法猎捕、收购、运输、出售第一项规定以外的其他陆生野生动物价值五万元以上的；

（三）其他情节严重的情形。

实施前款规定的行为，同时构成非法狩猎罪的，应当依照刑法第三百四十一条第三款的规定，以非法猎捕陆生野生动物罪定罪处罚。

第341条

★知道或者应当知道是非法狩猎的野生动物而购买的认定

《全国人民代表大会常务委员会关于〈中华人民共和国刑法〉第三百四十一条、第三百一十二条的解释》（2014年4月24日）

知道或者应当知道是刑法第三百四十一条第二款规定的非法狩猎的野生动物而购买的，属于刑法第三百一十二条第一款规定的明知是犯罪所得而收购的行为。

★非法采捕珊瑚、砗磲或者其他珍贵、濒危水生野生动物"情节严重""情节特别严重"的认定

《最高人民法院关于审理发生在我国管辖海域相关案件若干问题的规定(二)》(2016年8月1日　法释〔2016〕17号)

第五条　非法采捕珊瑚、砗磲或者其他珍贵、濒危水生野生动物,具有下列情形之一的,应当认定为刑法第三百四十一条第一款规定的"情节严重":

(一)价值在五十万元以上的;

(二)非法获利二十万元以上的;

(三)造成海域生态环境严重破坏的;

(四)造成严重国际影响的;

(五)其他情节严重的情形。

实施前款规定的行为,具有下列情形之一的,应当认定为刑法第三百四十一条第一款规定的"情节特别严重":

(一)价值或者非法获利达到本条第一款规定标准五倍以上的;

(二)价值或者非法获利达到本条第一款规定的标准,造成海域生态环境严重破坏的;

(三)造成海域生态环境特别严重破坏的;

(四)造成特别严重国际影响的;

(五)其他情节特别严重的情形。

第六条　非法收购、运输、出售珊瑚、砗磲或者其他珍贵、濒危水生野生动物及其制品,具有下列情形之一的,应当认定为刑法第三百四十一条第一款规定的"情节严重":

(一)价值在五十万元以上的;

(二)非法获利在二十万元以上的;

(三)具有其他严重情节的。

非法收购、运输、出售珊瑚、砗磲或者其他珍贵、濒危水生野生动物及其制品,具有下列情形之一的,应当认定为刑法第三百四十一条第一款规定的"情节特别严重":

（一）价值在二百五十万元以上的；

（二）非法获利在一百万元以上的；

（三）具有其他特别严重情节的。

★依法严惩危害中华鲟、长江鲟、长江江豚或者其他国家重点保护的珍贵、濒危水生野生动物及其制品的犯罪行为

《最高人民法院、最高人民检察院、公安部、农业农村部依法惩治长江流域非法捕捞等违法犯罪的意见》（2020年12月17日　公通字〔2020〕17号）

二、准确适用法律，依法严惩非法捕捞等危害水生生物资源的各类违法犯罪

（二）依法严惩危害珍贵、濒危水生野生动物资源犯罪。在长江流域重点水域非法猎捕、杀害中华鲟、长江鲟、长江江豚或者其他国家重点保护的珍贵、濒危水生野生动物，价值二万元以上不满二十万元的，应当依照刑法第三百四十一条的规定，以非法猎捕、杀害珍贵、濒危野生动物罪，处五年以下有期徒刑或者拘役，并处罚金；价值二十万元以上不满二百万元的，应当认定为"情节严重"，处五年以上十年以下有期徒刑，并处罚金；价值二百万元以上的，应当认定为"情节特别严重"，处十年以上有期徒刑，并处罚金或者没收财产。

（三）依法严惩非法渔获物交易犯罪。明知是在长江流域重点水域非法捕捞犯罪所得的水产品而收购、贩卖，价值一万元以上的，应当依照刑法第三百一十二条的规定，以掩饰、隐瞒犯罪所得罪定罪处罚。

非法收购、运输、出售在长江流域重点水域非法猎捕、杀害的中华鲟、长江鲟、长江江豚或者其他国家重点保护的珍贵、濒危水生野生动物及其制品，价值二万元以上不满二十万元的，应当依照刑法第三百四十一条的规定，以非法收购、运输、出售珍贵、濒危野生动物、珍贵、濒危野生动物制品罪，处五年以下有期徒刑或者拘役，并处罚金；价值二十万元以上不满二百万元的，应当认定为"情节严重"，处五年以上十年以下有期徒刑，并处罚金；价值二百万元以上的，应当

认定为“情节特别严重”,处十年以上有期徒刑,并处罚金或者没收财产。

★知道或者应当知道是国家重点保护的珍贵、濒危野生动物及其制品,为食用或者其他目的而非法购买的刑事责任

《最高人民法院、最高人民检察院、公安部、司法部关于依法惩治非法野生动物交易犯罪的指导意见》(2020年12月18日　公通字〔2020〕19号)

三、依法严厉打击以食用或者其他目的非法购买野生动物的犯罪行为,坚决革除滥食野生动物的陋习。

知道或者应当知道是国家重点保护的珍贵、濒危野生动物及其制品,为食用或者其他目的而非法购买,符合刑法第三百四十一条第一款规定的,以非法收购珍贵、濒危野生动物、珍贵、濒危野生动物制品罪定罪处罚。

★二年内二次以上实施以下意见规定的行为未经处理的,数量、数额累计计算

《最高人民法院、最高人民检察院、公安部、司法部关于依法惩治非法野生动物交易犯罪的指导意见》(2020年12月18日　公通字〔2020〕19号)

四、二次以上实施本意见第一条至第三条规定的行为构成犯罪,依法应当追诉的,或者二年内二次以上实施本意见第一条至第三条规定的行为未经处理的,数量、数额累计计算。

★明知他人实施非法野生动物交易行为,以共同犯罪论处的三种情形

《最高人民法院、最高人民检察院、公安部、司法部关于依法惩治非法野生动物交易犯罪的指导意见》(2020年12月18日　公通字〔2020〕19号)

五、明知他人实施非法野生动物交易行为,有下列情形之一的,以共同犯罪论处:

(一)提供贷款、资金、账号、车辆、设备、技术、许可证件的;

（二）提供生产、经营场所或者运输、仓储、保管、快递、邮寄、网络信息交互等便利条件或者其他服务的；

（三）提供广告宣传等帮助行为的。

★对涉案野生动物及其制品价值的价值评估标准和核算方法

《最高人民法院、最高人民检察院、公安部、司法部关于依法惩治非法野生动物交易犯罪的指导意见》（2020年12月18日　公通字〔2020〕19号）

六、对涉案野生动物及其制品价值，可以根据国务院野生动物保护主管部门制定的价值评估标准和方法核算。对野生动物制品，根据实际情况予以核算，但核算总额不能超过该种野生动物的整体价值。具有特殊利用价值或者导致动物死亡的主要部分，核算方法不明确的，其价值标准最高可以按照该种动物整体价值标准的80%予以折算，其他部分价值标准最高可以按整体价值标准的20%予以折算，但是按照上述方法核算的价值明显不当的，应当根据实际情况妥当予以核算。核算价值低于实际交易价格的，以实际交易价格认定。

根据前款规定难以确定涉案野生动物及其制品价值的，依据下列机构出具的报告，结合其他证据作出认定：

（一）价格认证机构出具的报告；

（二）国务院野生动物保护主管部门、国家濒危物种进出口管理机构、海关总署等指定的机构出具的报告；

（三）地、市级以上人民政府野生动物保护主管部门、国家濒危物种进出口管理机构的派出机构、直属海关等出具的报告。

★对野生动物及其制品等专门性问题，可以由有专门知识的人依据现场勘验、检查笔录等出具认定意见

《最高人民法院、最高人民检察院、公安部、司法部关于依法惩治非法野生动物交易犯罪的指导意见》（2020年12月18日　公通字〔2020〕19号）

七、对野生动物及其制品种属类别，非法捕捞、狩猎的工具、方法，以及对野生动物资源的损害程度、食用涉案野生动物对人体健康的危害程度等专门性问题，可以由野生动物保护主管部门、侦查机关或者有专门知识的人依据现场勘验、检查笔录等出具认定意见。难以确定的，依据司法鉴定机构出具的鉴定意见，或者本意见第六条第二款所列机构出具的报告，结合其他证据作出认定。

★在认定是否构成犯罪以及裁量刑罚时，应当综合评估社会危害性，相关定罪量刑标准明显不适宜的，可以依法作出妥当处理

《最高人民法院、最高人民检察院、公安部、司法部关于依法惩治非法野生动物交易犯罪的指导意见》（2020年12月18日　公通字〔2020〕19号）

九、实施本意见规定的行为，在认定是否构成犯罪以及裁量刑罚时，应当考虑涉案动物是否系人工繁育、物种的濒危程度、野外存活状况、人工繁育情况、是否列入国务院野生动物保护主管部门制定的人工繁育国家重点保护野生动物名录，以及行为手段、对野生动物资源的损害程度、食用涉案野生动物对人体健康的危害程度等情节，综合评估社会危害性，确保罪责刑相适应。相关定罪量刑标准明显不适宜的，可以根据案件的事实、情节和社会危害程度，依法作出妥当处理。

★严厉打击野外偷捕、走私、非法交易鹦鹉等野生动物的违法犯罪行为

《国家林业和草原局关于妥善解决人工繁育鹦鹉有关问题的函》（2021年4月2日　林护发〔2021〕29号）

三、严格规范管理和监督检查

对合法人工繁育来源、依法允许出售的鹦鹉，停止执行禁止交易措施，但其销售活动须在所在地政府确定的场所进行，且符合防疫检疫各项要求。请主动会同公安、市场监管、畜牧兽医等部门加强对鹦鹉出售、运输等活动的监督检查，结合“清风”专项执法行动，严厉打击野外偷捕、走私、非法交易鹦鹉等野生动物的违法犯罪行为，落实防疫检疫各项措施，严防非法来源、染疫鹦鹉假借“人工繁育”之名混入合法销售渠道。

类案检索指引

★借助专家“外脑”进行论证、评估，确定野生动物物种和发育系数，科学认定生态损害赔偿金费用

《福建省晋江市人民检察院诉邱某某等人非法猎捕、杀害珍贵、濒危野生动物(海豚)刑事附带民事公益诉讼案》(2021年10月9日最高人民检察院发布生物多样性保护公益诉讼典型案例)

【要旨】

在没有扣押到海豚实物的情况下，聘请专家科学论证，确定海豚物种及发育系数，评估发育阶段，破解鉴定难题。

【典型意义】

检察机关综合发挥“生态检察+公益诉讼”职能叠加优势，“提前介入”破解公益诉讼调查取证难题。在被捕杀的野生动物实物缺失的情形下，借助专家“外脑”进行论证、评估，确定野生动物物种和发育系数，科学认定生态损害赔偿金费用。在法院庭审时引入专家证人远程视频支持出庭，为案件成功办理提供了强有力的证据支撑，同时对旁听群众进行普法警示，破除沿海渔民封建迷信陋习，也为开展海洋野生动物公益司法保护积累了实践样本。

★“惩治犯罪+公益诉讼+法律监督+宣传预防”的生态检察模式

《山东省东营市李某忠等8人危害珍贵濒危野生动物、非法狩猎和掩饰、隐瞒犯罪所得刑事公诉案》(2022年1月25日最高人民检察院发布检察机关服务保障黄河流域生态保护和高质量发展典型案例)

【要旨】

检察机关深入践行“在办案中监督，在监督中办案”的理念，依托黄河三角洲自然保护区检察工作站，内部“四大检察”融合发力，外部多部门联勤联动，探索“惩治犯罪+公益诉讼+法律监督+宣传预防”的生态检察模式，共同加强黄河口生态环境和自然资源保护，形成“办理一案、治理一片”的良好效果。

【典型意义】

位于黄河入海口的黄河三角洲国家级自然保护区是我国暖温带地区最完整、最广阔、最年轻的湿地生态系统。自然保护区共有野生动物1626种,其中鸟类368种,是东北亚内陆和环西太平洋鸟类迁徙的重要中转站。自然保护区是保护物种多样性和维护黄河三角洲及环渤海地区生态安全的重要屏障。为应对非法猎捕自然保护区内野生动物的犯罪,检察机关专业化办案团队一方面引导公安机关全链条排查打击破坏野生动物资源犯罪,坚决摧毁非法猎捕、杀害、买卖鸟类等野生动物的犯罪分子和团伙;另一方面结合办案,推动建立健全打防管控常态化机制,形成"办理一案、治理一片"的良好效果。通过在自然保护区设立专门机构,与各相关部门联勤联动,强化沟通对接和协作,进一步强化对黄河三角洲生态的司法保护,有助于从根本上遏制破坏鸟类等野生动物资源犯罪。

★追究生态环境损害赔偿责任,同时实现对生物多样性和生态环境的有效司法保护

《黑龙江省齐齐哈尔市龙沙区人民检察院诉李某某等13人非法狩猎刑事附带民事公益诉讼案》(最高人民检察院2021年10月9日发布生物多样性保护公益诉讼典型案例)

【要旨】

检察机关通过对国家级自然保护区的野生动物保护提起刑事附带民事公益诉讼,在追究资源破坏者刑事责任的同时,还使其依法承担生态环境损害赔偿责任,实现对生物多样性和生态环境的有效司法保护。

【典型意义】

"世界大湿地,中国鹤家乡"。扎龙国家级自然保护区是以鹤类、鸟类等为主的重要珍稀水禽分布区,有着丰富的水生物资源和较高的生物生产率,具有调节气候、净化水质、降解污染、蓄水防洪、补给地下水、调节区域的水量平衡、防止自然力侵蚀等功能。检察机关在办理案件的过程中,为保护扎龙国家级自然保护区生态环境和生物多样性，在打击犯罪的同时，注重对野生动物保护的宣传教育。通过制作法治宣传片"以案说法"、建立协作机制等方式，增强社会公众环保意识、法治意识、责任意识，促进生物多样性保护，实现湿地资源的可持续利用，促进人与自然和谐共生。

★寄递从业人员明知寄递物品系违禁品，仍积极协助将违禁品进行违法寄递的，依法追究刑事责任

《四川代某林危害珍贵、濒危野生动物案》（2022年11月23日最高人民检察院发布5件检察机关落实"七号检察建议"典型案例）

【关键词】

危害珍贵、濒危野生动物罪　立案监督　刑事附带民事公益诉讼

【典型意义】

检察机关应当依法惩治涉及危害珍贵、濒危野生动物等各类寄递违禁品犯罪，对于寄递从业人员明知寄递物品系违禁品，仍积极协助将违禁品进行违法寄递的，应当通过立案监督等方式，依法追究寄递从业人员刑事责任，增强寄递从业人员的责任意识和法治意识。对于寄递违禁品犯罪损害社会公共利益的问题，检察机关在追究相关责任人员刑事责任的同时，应当依法提起公益诉讼。针对办案中发现的寄递行业安全隐患，检察机关通过制发检察建议等形式，推动加强寄递安全管理。

★依法严惩危害珍贵、濒危野生动物犯罪，对危害斑海豹犯罪行为实行全链条打击

《翟某涛等十一人非法收购、运输、出售珍贵野生动物案》（2022年12月5日最高人民法院发布生物多样性司法保护典型案例）

【典型意义】

辽东湾是中国渤海三大海湾之一，地处北纬39度，是中国纬度最高的海湾，也是北半球纬度最低的大面积结冰海域，具有独特的海洋生态系统，是斑海豹、黑嘴鸥等珍贵濒危物种的栖息地。斑海豹是唯一能在中国海域进行繁殖的鳍足类海洋哺乳动物，是我国渤海和

黄海的旗舰物种。遗传学和生态学研究显示，辽东湾繁殖区的斑海豹属于世界范围内斑海豹独立进化的一个分支，有自己独特的遗传基因。2021 年 2 月公布的《国家重点保护野生动物名录》已将斑海豹调整为国家一级保护野生动物。本案中，人民法院依法严惩危害珍贵、濒危野生动物犯罪，对危害斑海豹犯罪行为实行全链条打击，彰显以最严格制度最严密法治保护生态环境的司法理念。同时，积极协调相关部门对查获的斑海豹进行野化训练并放归海洋，助力大连斑海豹国家级自然保护区建设，践行我国坚决履行生物多样性保护国际条约义务的庄严承诺。

★依法适用破坏野生动物资源刑事案件新司法解释，综合评估社会危害性

《孙某炎危害珍贵、濒危野生动物案》（2022 年 12 月 5 日最高人民法院发布生物多样性司法保护典型案例）

【典型意义】

噬人鲨别名“大白鲨”，属于《濒危野生动植物种国际贸易公约》附录二濒危野生动物及我国《国家重点保护野生动物名录》中二级保护野生动物。噬人鲨是海洋中的“伞护种”，其生境需求能够涵盖其他物种的生境需求，通过保护噬人鲨可以同时为海洋里的其他物种提供保护，有利于维护海洋生物多样性平衡。本案中，人民法院依法适用破坏野生动物资源刑事案件新司法解释，既以价值作为基本定罪量刑标准，又全面考虑案件有关情节，综合评估社会危害性，阐释了依法惩治犯罪与宽严相济的刑事司法理念。通过严厉打击危害珍贵、濒危野生动物及其制品犯罪，充分展现了我国履行国际环境条约义务、保护濒危野生动物的大国担当。本案宣判得到多家媒体报道，推动社会公众了解大白鲨这一凶猛而又脆弱的大型水生野生物种，对于引导人民群众树立正确的生态文明观，推动生物多样性保护全民行动具有积极意义。

★动员被告人及其家属自愿缴纳部分生态修复金，印制红珊瑚保护倡议资料，在市场内大规模发放，现身说法倡导红珊瑚保护

《沈某发危害珍贵、濒危野生动物案》(2022年12月5日最高人民法院发布生物多样性司法保护典型案例)

【典型意义】

珊瑚礁被称为“海洋中的热带雨林”，系生物多样性最为丰富、生产力最高的典型生态系统之一，非法捕捞、开采珊瑚将严重破坏海洋生态。红珊瑚系国家一级保护水生野生动物，无证捕捞、收购、出售、运输红珊瑚及其制品均可能触犯刑律。人民法院在本案审理中，本着“判处一案，挽救一人，教育一片”的目的，结合被告人年龄较大、身体状况不佳、家庭经济困难但时间充裕等因素，动员被告人及其家属自愿缴纳部分生态修复金，印制红珊瑚保护倡议资料，联系古玩市场管理方在市场内大规模发放，现身说法倡导红珊瑚保护。通过探索创新符合案件实际情况的生态修复模式，有效杜绝了该古玩市场售卖珊瑚制品的现象，增强公众对珊瑚等海洋生物的保护意识，取得良好法律效果和社会效果。

★可可西里自然保护区发生特大藏羚羊盗猎枪杀案，行为人潜逃近30年后被抓获归案接受法律制裁

《马某么非法捕杀国家重点保护的珍贵、濒危野生动物案》(2022年12月5日最高人民法院发布生物多样性司法保护典型案例)

【典型意义】

可可西里国家级自然保护区位于青藏高原西北部，总面积4.5万平方公里，平均海拔4600米以上，被誉为“青藏高原野生动物基因库”，2017年被列入世界自然遗产名录，是青藏高原特有珍稀物种的栖息地。本案中被猎捕杀害的国家一级保护野生动物藏羚羊，是青藏高原基础物种和动物区系典型代表，支撑着一个完整的生物链系统，对维持青藏高原生态平衡和生物多样性发挥着重要作用。1994年1月18日，可可西里自然保护区发生特大藏羚羊盗猎枪杀案，“环保卫士”杰桑·索南达杰与盗猎者展开殊死搏斗，不幸中枪牺牲。天网恢恢疏而不漏，被告人马某么作为从犯，潜逃近30年后被抓获归案接受法律制裁，告慰了烈士英灵。本案的依法审理充分彰显人民法院牢记“国之大者”使命要求，运用司法手段全面保护青藏高原生灵草木、万水千山的决心。

第三百四十二条　【非法占用农用地罪】违反土地管理法规，非法占用耕地、林地等农用地，改变被占用土地用途，数量较大，造成耕地、林地等农用地大量毁坏的，处五年以下有期徒刑或者拘役，并处或者单处罚金。

立法动态

本条源自《中华人民共和国刑法》（1997年3月14日第八届全国人民代表大会第五次会议修订，自1997年10月1日起施行）。

本条根据《中华人民共和国刑法修正案（二）》（2001年8月31日起施行）修改。

原本条内容为：第三百四十二条　违反土地管理法规，非法占用耕地改作他用，数量较大，造成耕地大量毁坏的，处五年以下有期徒刑或者拘役，并处或者单处罚金。

本条修改的主要内容为：将非法占用的农用地的对象由“耕地”扩展为“耕地、林地等农用地”。

立案标准

《最高人民检察院、公安部关于公安机关管辖的刑事案件立案追诉标准的规定（一）》（2017年4月27日修正　公通字〔2017〕12号）

第六十七条　［非法占用农用地案（刑法第三百四十二条）］违反土地管理法规，非法占用耕地、林地等农用地，改变被占用土地用途，造成耕地、林地等农用地大量毁坏，涉嫌下列情形之一的，应予立

案追诉:

(一)非法占用基本农田五亩以上或者基本农田以外的耕地十亩以上的;

(二)非法占用防护林地或者特种用途林地数量单种或者合计五亩以上的;

(三)非法占用其他林地十亩以上的;

(四)非法占用本款第(二)项、第(三)项规定的林地,其中一项数量达到相应规定的数量标准的百分之五十以上,且两项数量合计达到该项规定的数量标准的;

(五)非法占用其他农用地数量较大的情形。

违反土地管理法规,非法占用耕地建窑、建坟、建房、挖沙、采石、采矿、取土、堆放固体废弃物或者进行其他非农业建设,造成耕地种植条件严重毁坏或者严重污染,被毁坏耕地数量达到以上规定的,属于本条规定的"造成耕地大量毁坏"。

违反土地管理法规,非法占用林地,改变被占用林地用途,在非法占用的林地上实施建窑、建坟、建房、挖沙、采石、采矿、取土、种植农作物、堆放或者排泄废弃物等行为或者进行其他非林业生产、建设,造成林地的原有植被或者林业种植条件严重毁坏或者严重污染,被毁坏林地数量达到以上规定的,属于本条规定的"造成林地大量毁坏"。

适用要点与裁判依据

★"数量较大""造成耕地大量毁坏"的认定

《最高人民法院关于审理破坏土地资源刑事案件具体应用法律若干问题的解释》(2000年6月19日 法释〔2000〕14号)

第三条 违反土地管理法规,非法占用耕地改作他用,数量较大,造成耕地大量毁坏的,依照刑法第三百四十二条的规定,以非法占用耕地罪定罪处罚:

（一）非法占用耕地"数量较大"，是指非法占用基本农田五亩以上或者非法占用基本农田以外的耕地十亩以上。

（二）非法占用耕地"造成耕地大量毁坏"，是指行为人非法占用耕地建窑、建坟、建房、挖沙、采石、采矿、取土、堆放固体废弃物或者进行其他非农业建设，造成基本农田五亩以上或者基本农田以外的耕地十亩以上种植条件严重毁坏或者严重污染。

★"违反土地管理法规"的认定

《全国人大常委会关于〈中华人民共和国刑法〉第二百二十八条、第三百四十二条、第四百一十条的解释》（2009年8月27日）

刑法第二百二十八条、第三百四十二条、第四百一十条规定的"违反土地管理法规"，是指违反土地管理法、森林法、草原法等法律以及有关行政法规中关于土地管理的规定。

★犯本罪，"数量较大，造成林地大量毁坏"的四种情形

《最高人民法院关于审理破坏林地资源刑事案件具体应用法律若干问题的解释》（2005年12月26日　法释〔2005〕15号）

第一条　违反土地管理法规，非法占用林地，改变被占用林地用途，在非法占用的林地上实施建窑、建坟、建房、挖沙、采石、采矿、取土、种植农作物、堆放或排泄废弃物等行为或者进行其他非林业生产、建设，造成林地的原有植被或林业种植条件严重毁坏或者严重污染，并具有下列情形之一的，属于刑法第三百四十二条规定的犯罪行为，应当以非法占用农用地罪判处五年以下有期徒刑或者拘役，并处或者单处罚金：

（一）非法占用并毁坏防护林地、特种用途林地数量分别或者合计达到五亩以上；

（二）非法占用并毁坏其他林地数量达到十亩以上；

（三）非法占用并毁坏本条第（一）项、第（二）项规定的林地，数量分别达到相应规定的数量标准的百分之五十以上；

（四）非法占用并毁坏本条第（一）项、第（二）项规定的林地，其中一项数量达到相应规定的数量标准的百分之五十以上，且两项数量合计达到该项规定的数量标准。

★犯本罪,“数量较大”“造成耕地、林地等农用地大量毁坏”的认定

《最高人民法院关于审理破坏草原资源刑事案件应用法律若干问题的解释》(2012年11月2日 法释〔2012〕15号)

第一条 违反草原法等土地管理法规,非法占用草原,改变被占用草原用途,数量较大,造成草原大量毁坏的,依照刑法第三百四十二条的规定,以非法占用农用地罪定罪处罚。

第二条 非法占用草原,改变被占用草原用途,数量在二十亩以上的,或者曾因非法占用草原受过行政处罚,在三年内又非法占用草原,改变被占用草原用途,数量在十亩以上的,应当认定为刑法第三百四十二条规定的“数量较大”。

非法占用草原,改变被占用草原用途,数量较大,具有下列情形之一的,应当认定为刑法第三百四十二条规定的“造成耕地、林地等农用地大量毁坏”:

(一)开垦草原种植粮食作物、经济作物、林木的;

(二)在草原上建窑、建房、修路、挖砂、采石、采矿、取土、剥取草皮的;

(三)在草原上堆放或者排放废弃物,造成草原的原有植被严重毁坏或者严重污染的;

(四)违反草原保护、建设、利用规划种植牧草和饲料作物,造成草原沙化或者水土严重流失的;

(五)其他造成草原严重毁坏的情形。

★多次实施破坏草原资源的违法犯罪行为,未经处理的,按照累计的数量、数额定罪处罚

《最高人民法院关于审理破坏草原资源刑事案件应用法律若干问题的解释》(2012年11月2日 法释〔2012〕15号)

第六条 多次实施破坏草原资源的违法犯罪行为,未经处理,应当依法追究刑事责任的,按照累计的数量、数额定罪处罚。

★“草原”的认定

《最高人民法院关于审理破坏草原资源刑事案件应用法律若干问题的解释》(2012年11月2日　法释〔2012〕15号)

第七条　本解释所称“草原”，是指天然草原和人工草地，天然草原包括草地、草山和草坡，人工草地包括改良草地和退耕还草地，不包括城镇草地。

类案检索指引

★在耕地上建设“大棚房”“生态园”“休闲农庄”等造成农用地大量毁坏的，依法追究实际建设者、经营者的刑事责任

《刘强非法占用农用地案》(2020年3月5日最高人民检察院发布第十六批指导性案例：检例第60号)

【要旨】

行为人违反土地管理法规，在耕地上建设“大棚房”“生态园”“休闲农庄”等，非法占用耕地数量较大，造成耕地等农用地大量毁坏的，应当以非法占用农用地罪追究实际建设者、经营者的刑事责任。

第三百四十二条之一　【破坏自然保护地罪】违反自然保护地管理法规，在国家公园、国家级自然保护区进行开垦、开发活动或者修建建筑物，造成严重后果或者有其他恶劣情节的，处五年以下有期徒刑或者拘役，并处或者单处罚金。

有前款行为，同时构成其他犯罪的，依照处罚较重的规定定罪处罚。

立法动态

本条根据《中华人民共和国刑法修正案(十一)》(自2021年3月1日起施行)第四十二条增加。

第三百四十三条 【非法采矿罪】违反矿产资源法的规定，未取得采矿许可证擅自采矿，擅自进入国家规划矿区、对国民经济具有重要价值的矿区和他人矿区范围采矿，或者擅自开采国家规定实行保护性开采的特定矿种，情节严重的，处三年以下有期徒刑、拘役或者管制，并处或者单处罚金；情节特别严重的，处三年以上七年以下有期徒刑，并处罚金。

【破坏性采矿罪】违反矿产资源法的规定，采取破坏性的开采方法开采矿产资源，造成矿产资源严重破坏的，处五年以下有期徒刑或者拘役，并处罚金。

立法动态

本条源自《中华人民共和国刑法》(1997 年 3 月 14 日第八届全国人民代表大会第五次会议修订，自 1997 年 10 月 1 日起施行)。

本条第一款根据《中华人民共和国刑法修正案(八)》(自 2011 年 5 月 1 日起施行)第四十七条修改。

原本条第一款内容为：违反矿产资源法的规定，未取得采矿许可证擅自采矿的，擅自进入国家规划矿区、对国民经济具有重要价值的矿区和他人矿区范围采矿的，擅自开采国家规定实行保护性开采的特定矿种，经责令停止开采后拒不停止开采，造成矿产资源破坏的，处三年以下有期徒刑、拘役或者管制，并处或者单处罚金；造成矿产资源严重破坏的，处三年以上七年以下有期徒刑，并处罚金。

本条第一款修改的主要内容为：一是将“经责令停止开采后拒不停止开采，造成矿产资源破坏的”修改为“情节严重的”；二是将“造成矿产资源严重破坏的”修改为“情节特别严重的”。

立案标准

《最高人民检察院、公安部关于公安机关管辖的刑事案件立案追诉标准的规定(一)》(2017年4月27日修正 公通字〔2017〕12号)

第六十八条 [非法采矿案(刑法第三百四十三条第一款)]违反矿产资源法的规定,未取得采矿许可证擅自采矿,或者擅自进入国家规划矿区、对国民经济具有重要价值的矿区和他人矿区范围采矿,或者擅自开采国家规定实行保护性开采的特定矿种,涉嫌下列情形之一的,应予立案追诉:

(一)开采的矿产品价值或者造成矿产资源破坏的价值在10万元至30万元以上的;

(二)在国家规划矿区、对国民经济具有重要价值的矿区采矿,开采国家规定实行保护性开采的特定矿种,或者在禁采区、禁采期内采矿,开采的矿产品价值或者造成矿产资源破坏的价值在5万元至15万元以上的;

(三)二年内曾因非法采矿受过两次以上行政处罚,又实施非法采矿行为的;

(四)造成生态环境严重损害的;

(五)其他情节严重的情形。

在河道管理范围内采砂,依据相关规定应当办理河道采砂许可证而未取得河道采砂许可证,或者应当办理河道采砂许可证和采矿许可证,既未取得河道采砂许可证又未取得采矿许可证,具有本条第一款规定的情形之一,或者严重影响河势稳定危害防洪安全的,应予立案追诉。

采挖海砂,未取得海砂开采海域使用权证且未取得采矿许可证,具有本条第一款规定的情形之一,或者造成海岸线严重破坏的,应予立案追诉。

具有下列情形之一的,属于本条规定的"未取得采矿许可证":

(一)无许可证的;

(二)许可证被注销、吊销、撤销的;

(三)超越许可证规定的矿区范围或者开采范围的;

(四)超出许可证规定的矿种的(共生、伴生矿种除外);

(五)其他未取得许可证的情形。

多次非法采矿构成犯罪,依法应当追诉的,或者2年内多次非法采矿未经处理的,价值数额累计计算。

非法开采的矿产品价值,根据销赃数额认定;无销赃数额,销赃数额难以查证,或者根据销赃数额认定明显不合理的,根据矿产品价格和数量认定。

矿产品价值难以确定的,依据价格认证机构,省级以上人民政府国土资源、水行政、海洋等主管部门,或者国务院水行政主管部门在国家确定的重要江河、湖泊设立的流域管理机构出具的报告,结合其他证据作出认定。

第六十九条 [破坏性采矿案(刑法第三百四十三条第二款)]违反矿产资源法的规定,采取破坏性的开采方法开采矿产资源,造成矿产资源严重破坏,价值在三十万至五十万元以上的,应予立案追诉。

本条规定的"采取破坏性的开采方法开采矿产资源",是指行为人违反地质矿产主管部门审查批准的矿产资源开发利用方案开采矿产资源,并造成矿产资源严重破坏的行为。

破坏性的开采方法以及造成矿产资源严重破坏的价值数额,由省级以上地质矿产主管部门出具鉴定结论,经查证属实后予以认定。

适用要点与裁判依据

★非法开采或者破坏性开采石油、天然气资源的刑事责任

《最高人民法院、最高人民检察院关于办理盗窃油气、破坏油气设备等刑事案件具体应用法律若干问题的解释》(2007年1月15日 法释〔2007〕3号)

第六条 违反矿产资源法的规定,非法开采或者破坏性开采石油、天然气资源的，依照刑法第三百四十三条以及《最高人民法院关于审理非法采矿、破坏性采矿刑事案件具体应用法律若干问题的解释》的规定追究刑事责任。

★“油气”“油气设备”的认定

《最高人民法院、最高人民检察院关于办理盗窃油气、破坏油气设备等刑事案件具体应用法律若干问题的解释》(2007 年 1 月 15 日　法释〔2007〕3 号)

第八条　本解释所称的“油气”，是指石油、天然气。其中，石油包括原油、成品油；天然气包括煤层气。

本解释所称“油气设备”，是指用于石油、天然气生产、储存、运输等易燃易爆设备。

★“违反矿产资源法的规定”的认定

《最高人民法院、最高人民检察院关于办理非法采矿、破坏性采矿刑事案件适用法律若干问题的解释》(2016 年 11 月 28 日　法释〔2016〕25 号)

第一条　违反《中华人民共和国矿产资源法》《中华人民共和国水法》等法律、行政法规有关矿产资源开发、利用、保护和管理的规定的，应当认定为刑法第三百四十三条规定的“违反矿产资源法的规定”。

★“未取得采矿许可证”的五种情形

《最高人民法院、最高人民检察院关于办理非法采矿、破坏性采矿刑事案件适用法律若干问题的解释》(2016 年 11 月 28 日　法释〔2016〕25 号)

第二条　具有下列情形之一的，应当认定为刑法第三百四十三条第一款规定的“未取得采矿许可证”：

(一)无许可证的；

(二)许可证被注销、吊销、撤销的；

(三)超越许可证规定的矿区范围或者开采范围的；

(四)超出许可证规定的矿种的(共生、伴生矿种除外)；

(五)其他未取得许可证的情形。

★非法采矿"情节严重"的五种情形

《最高人民法院、最高人民检察院关于办理非法采矿、破坏性采矿刑事案件适用法律若干问题的解释》(2016 年 11 月 28 日　法释〔2016〕25 号)

第三条第一款　实施非法采矿行为,具有下列情形之一的,应当认定为刑法第三百四十三条第一款规定的"情节严重":

(一)开采的矿产品价值或者造成矿产资源破坏的价值在十万元至三十万元以上的;

(二)在国家规划矿区、对国民经济具有重要价值的矿区采矿,开采国家规定实行保护性开采的特定矿种,或者在禁采区、禁采期内采矿,开采的矿产品价值或者造成矿产资源破坏的价值在五万元至十五万元以上的;

(三)二年内曾因非法采矿受过两次以上行政处罚,又实施非法采矿行为的;

(四)造成生态环境严重损害的;

(五)其他情节严重的情形。

★非法采矿"情节特别严重"的三种情形

《最高人民法院、最高人民检察院关于办理非法采矿、破坏性采矿刑事案件适用法律若干问题的解释》(2016 年 11 月 28 日　法释〔2016〕25 号)

第三条第二款　实施非法采矿行为,具有下列情形之一的,应当认定为刑法第三百四十三条第一款规定的"情节特别严重":

(一)数额达到前款第一项、第二项规定标准五倍以上的;

(二)造成生态环境特别严重损害的;

(三)其他情节特别严重的情形。

★在河道管理范围内采砂(海砂),构成非法采矿罪

《最高人民法院、最高人民检察院关于办理非法采矿、破坏性采矿刑事案件适用法律若干问题的解释》(2016 年 11 月 28 日　法释〔2016〕25 号)

第四条　在河道管理范围内采砂,具有下列情形之一,符合刑法

第三百四十三条第一款和本解释第二条、第三条规定的，以非法采矿罪定罪处罚：

（一）依据相关规定应当办理河道采砂许可证，未取得河道采砂许可证的；

（二）依据相关规定应当办理河道采砂许可证和采矿许可证，既未取得河道采砂许可证，又未取得采矿许可证的。

实施前款规定行为，虽不具有本解释第三条第一款规定的情形，但严重影响河势稳定，危害防洪安全的，应当认定为刑法第三百四十三条第一款规定的“情节严重”。

第五条　未取得海砂开采海域使用权证，且未取得采矿许可证，采挖海砂，符合刑法第三百四十三条第一款和本解释第二条、第三条规定的，以非法采矿罪定罪处罚。

实施前款规定行为，虽不具有本解释第三条第一款规定的情形，但造成海岸线严重破坏的，应当认定为刑法第三百四十三条第一款规定的“情节严重”。

★“造成矿产资源严重破坏”的认定标准

《最高人民法院、最高人民检察院关于办理非法采矿、破坏性采矿刑事案件适用法律若干问题的解释》（2016年11月28日　法释〔2016〕25号）

第六条　造成矿产资源破坏的价值在五十万元至一百万元以上，或者造成国家规划矿区、对国民经济具有重要价值的矿区和国家规定实行保护性开采的特定矿种资源破坏的价值在二十五万元至五十万元以上的，应当认定为刑法第三百四十三条第二款规定的“造成矿产资源严重破坏”。

★多次非法采矿、破坏性采矿的价值计算方式

《最高人民法院、最高人民检察院关于办理非法采矿、破坏性采矿刑事案件适用法律若干问题的解释》（2016年11月28日　法释〔2016〕25号）

第八条　多次非法采矿、破坏性采矿构成犯罪，依法应当追诉的，或者二年内多次非法采矿、破坏性采矿未经处理的，价值数额累计计算。

★犯本罪，可以不起诉或者免予刑事处罚的情形

《最高人民法院、最高人民检察院关于办理非法采矿、破坏性采矿刑事案件适用法律若干问题的解释》（2016年11月28日　法释〔2016〕25号）

第十条　实施非法采矿犯罪，不属于"情节特别严重"，或者实施破坏性采矿犯罪，行为人系初犯，全部退赃退赔，积极修复环境，并确有悔改表现的，可以认定为犯罪情节轻微，不起诉或者免予刑事处罚。

★对受雇佣为非法采矿、破坏性采矿犯罪提供劳务的人员，一般不以犯罪论处

《最高人民法院、最高人民检察院关于办理非法采矿、破坏性采矿刑事案件适用法律若干问题的解释》（2016年11月28日　法释〔2016〕25号）

第十一条　对受雇佣为非法采矿、破坏性采矿犯罪提供劳务的人员，除参与利润分成或者领取高额固定工资的以外，一般不以犯罪论处，但曾因非法采矿、破坏性采矿受过处罚的除外。

★矿产品价值的认定

《最高人民法院、最高人民检察院关于办理非法采矿、破坏性采矿刑事案件适用法律若干问题的解释》（2016年11月28日　法释〔2016〕25号）

第十三条　非法开采的矿产品价值，根据销赃数额认定；无销赃数额，销赃数额难以查证，或者根据销赃数额认定明显不合理的，根据矿产品价格和数量认定。

矿产品价值难以确定的，依据下列机构出具的报告，结合其他证据作出认定：

（一）价格认证机构出具的报告；

（二）省级以上人民政府国土资源、水行政、海洋等主管部门出具的报告；

（三）国务院水行政主管部门在国家确定的重要江河、湖泊设立的流域管理机构出具的报告。

★对“未取得采矿许可证”情形应当进行综合考量依法认定

《最高人民法院关于充分发挥环境资源审判职能作用依法惩处盗采矿产资源犯罪的意见》（2022 年 7 月 1 日 法发〔2022〕19 号）

6. 正确理解和适用《解释》第二条、第四条第一款、第五条第一款规定，准确把握盗采矿产资源行为入罪的前提条件。对是否构成“未取得采矿许可证”情形，要在综合考量案件具体事实、情节的基础上依法认定。

★对实施盗采矿产资源行为同时构成两种以上“情节严重”或者“情节特别严重”情形的，要综合考虑各情节，精准量刑

《最高人民法院关于充分发挥环境资源审判职能作用依法惩处盗采矿产资源犯罪的意见》（2022 年 7 月 1 日 法发〔2022〕19 号）

7. 正确理解和适用《解释》第三条、第四条第二款、第五条第二款规定，对实施盗采矿产资源行为同时构成两种以上“情节严重”或者“情节特别严重”情形的，要综合考虑各情节，精准量刑。对在河道管理范围、海域实施盗采砂石行为的，要充分关注和考虑其危害堤防安全、航道畅通、通航安全或者造成岸线破坏等因素。

★盗采行为人积极修复生态环境、赔偿损失的，可以依法从轻、减轻处罚或者免予刑事处罚

《最高人民法院关于充分发挥环境资源审判职能作用依法惩处盗采矿产资源犯罪的意见》（2022 年 7 月 1 日 法发〔2022〕19 号）

8. 充分关注和考虑实施盗采矿产资源行为对生态环境的影响，加强生态环境保护力度。对具有破坏生态环境情节但非依据生态环境损害严重程度确定法定刑幅度的，要酌情从重处罚。盗采行为人积极修复生态环境、赔偿损失的，可以依法从轻或者减轻处罚；符合《解释》第十条规定的，可以免予刑事处罚。

★销赃数额与评估、鉴定的矿产品价值不一致的，要结合案件的具体事实、情节作出合理认定

《最高人民法院关于充分发挥环境资源审判职能作用依法惩处盗采矿产资源犯罪的意见》（2022年7月1日 法发〔2022〕19号）

9. 正确理解和适用《解释》第十三条规定，准确把握矿产品价值认定规则。为获取非法利益而对矿产品进行加工、保管、运输的，其成本支出一般不从销赃数额中扣除。销赃数额与评估、鉴定的矿产品价值不一致的，要结合案件的具体事实、情节作出合理认定。

★依法用足用好罚金刑，提高盗采矿产资源犯罪成本

《最高人民法院关于充分发挥环境资源审判职能作用依法惩处盗采矿产资源犯罪的意见》（2022年7月1日 法发〔2022〕19号）

10. 依法用足用好罚金刑，提高盗采矿产资源犯罪成本，要综合考虑矿产品价值或者造成矿产资源破坏的价值、生态环境损害程度、社会影响等情节决定罚金数额。法律、行政法规对同类盗采矿产资源行为行政罚款标准有规定的，决定罚金数额时可以参照行政罚款标准。盗采行为人就同一事实已经支付了生态环境损害赔偿金、修复费用的，决定罚金数额时可予酌情考虑，但不能直接抵扣。

★对明知他人盗采矿产资源，而为其提供便利条件或者居间联络，可以认定为形成通谋的，以共同犯罪论处

《最高人民法院关于充分发挥环境资源审判职能作用依法惩处盗采矿产资源犯罪的意见》（2022年7月1日 法发〔2022〕19号）

12. 准确理解和把握法律关于共同犯罪的规定，对明知他人盗采矿产资源，而为其提供重要资金、工具、技术、单据、证明、手续等便利条件或者居间联络，结合全案证据可以认定为形成通谋的，以共同犯罪论处。

★依法妥善认定哪些工具是用于盗采矿产资源犯罪的专门工具

《最高人民法院关于充分发挥环境资源审判职能作用依法惩处盗采矿产资源犯罪的意见》（2022年7月1日 法发〔2022〕19号）

13. 正确理解和适用《解释》第十二条规定，加强涉案财物处置力度。对盗采矿产资源犯罪的违法所得及其收益，用于盗采矿产资源犯罪的专门工具和供犯罪所用的本人财物，坚决依法追缴、责令退赔或者没收。对在盗采、运输、销赃等环节使用的机械设备、车辆、船舶等大型工具，要综合考虑案件的具体事实、情节及工具的属性、权属等因素，依法妥善认定是否用于盗采矿产资源犯罪的专门工具。

★依法适用多种修复责任承担方式，以及代履行、公益信托等执行方式

《最高人民法院关于充分发挥环境资源审判职能作用依法惩处盗采矿产资源犯罪的意见》(2022年7月1日　法发〔2022〕19号)

14. 依法妥善审理国家规定的机关或者法律规定的组织提起的生态环境保护附带民事公益诉讼，综合考虑盗采行为人的刑事责任与民事责任。既要依法全面追责，又要关注盗采行为人的担责能力，保证裁判的有效执行。鼓励根据不同环境要素的修复需求，依法适用劳务代偿、补种复绿、替代修复等多种修复责任承担方式，以及代履行、公益信托等执行方式。支持各方依法达成调解协议，鼓励盗采行为人主动、及时承担民事责任。

类案检索指引

★非法采矿案可委托有资质的鉴定机构进行鉴定，合理确定非法采矿数量及价值

《被告人梁理德、梁特明非法采矿案》(2018年6月4日最高人民法院发布10起人民法院服务保障新时代生态文明建设典型案例)

【典型意义】

本案系非法采矿刑事案件。矿产资源是国家自然资源的重要组成部分，各地滥采、盗采矿产现象较为严重，对此类非法采矿的行为应予严惩。司法实践中，对于被告人非法采矿的数量及价值的认定往往成为案件审理的焦点。本案通过委托有资质的鉴定机构进行鉴定，较为合理地确定了非法采矿数量及价值，为准确量刑奠定了较好基础。本案在判处主犯有期徒刑四年六个月并处罚金的同时，追缴二被告人的犯罪所得1300余万元,有力地震慑了此类犯罪,维护了国家利益,对增强社会公众对矿产资源的保护意识和守法意识,促进自然资源的有序开发和合理利用有着积极的示范作用和现实意义。

★非法采矿刑事附带民事公益诉讼的案件被告范围不局限于刑事案件被告

《安徽省铜陵市郊区人民检察院诉李某某等非法采矿刑事附带民事公益诉讼案》[2020年12月11日最高人民检察院发布检察机关服务保障长江经济带发展典型案例(第三批)]

【要旨】

检察机关在办理刑事附带民事公益诉讼案件过程中,附带民事公益诉讼被告范围不局限于刑事案件被告。根据"谁侵权、谁赔偿"原则,依法追究相关民事侵权主体的连带赔偿责任,有利于受损社会公共利益得到及时救济和保护。

★刑事附带民事公益诉讼案件在法院主持下达成调解协议的,检察机关应当对调解协议的履行情况跟进监督

《江西省峡江县人民检察院诉陈某富等人非法采矿刑事附带民事公益诉讼案》(2022年3月3日最高人民检察院发布8件检察公益诉讼"回头看"跟进监督典型案例)

【要旨】

第343条

刑事附带民事公益诉讼案件在人民法院主持下进行调解并达成调解协议的,检察机关应当对调解协议的履行情况跟进监督。被告没有按照调解协议内容对受损公益及时修复的,检察机关应当督促人民法院加大执行力度,及时推动开展修复工作,确保公共利益得到有效保护。

★发挥环境资源审判职能作用,结合长江保护法贯彻实施,强化对长江流域生态环境系统保护和一体保护

《张某山等人非法采砂案》(2022年7月8日最高人民法院发布人民法院依法惩处盗采矿产资源犯罪典型案例)

【典型意义】

长江是中华民族的母亲河,是中华民族发展的重要支撑。盗采江砂不仅破坏长江矿产资源和生态环境，还影响长江水势稳定、防洪和通航安全，具有严重危害性。2021 年 3 月 1 日长江保护法施行，张某山等人“顶风作案”，在长江安徽铜陵段淡水豚国家级自然保护区河段有组织地盗采江砂。该案案情重大、复杂，公安部指定江苏公安机关侦办，最高人民检察院督办，最高人民法院依法指定江苏省东台市人民法院审理。在长江保护法施行一周年之际，东台市人民法院在其黄海湿地环境资源法庭公开开庭审理该案并当庭宣判，各被告人均服判。该案审判贯彻最严法治观，落实宽严相济刑事司法政策和损害担责、全面赔偿原则，依法协调张某山等人应当承担的刑事责任和民事责任，取得了较好的审判效果，体现了江苏法院环境资源“9 + 1”跨区域审判机制改革成果和专业化审判特色。按照《长三角环境资源司法协作框架协议》约定，江苏法院要将执行到位的生态环境损害赔偿金移交安徽法院，由安徽法院组织实施长江生态环境修复工作。该案是人民法院充分发挥环境资源审判职能作用，结合长江保护法贯彻实施，强化对长江流域生态环境系统保护和一体保护的代表性案例。

★充分考虑罚金刑在增强刑事处罚效果、提高犯罪成本、弥补矿产资源损失等方面的功能

《张某胜等人非法采石案》（2022 年 7 月 8 日最高人民法院发布人民法院依法惩处盗采矿产资源犯罪典型案例）

【典型意义】

煤炭是 18 世纪以来的主要能源之一，被誉为“黑色金子”“工业食粮”，是关乎国民经济发展、国家能源安全的重要矿产资源。陈某志组织、领导的黑社会性质组织“以矿养黑”，以被告单位为依托越界盗采煤炭，造成矿产资源破坏的价值特别巨大，严重扰乱煤炭市场秩序和社会生活秩序。人民法院针对本案特点，充分考虑罚金刑在增强刑事处罚效果、提高犯罪成本、弥补矿产资源损失等方面的功能，依法从重对被告单位判处罚金、对陈某志等被告人判处自由刑和财产刑。裁判生效后，全案执行财产评估价累计 193 亿余元，保障了罚金刑执行效果。该案体现了人民法院依法用足从严，坚决惩治“越界开采”“私挖乱采”、彻底“扫黑除恶”“打财断血”的决心和成效，对能源矿产行业规范生产经营亦具有警示教育作用。

★依法惩处在黄河岸边山体盗采石料的违法犯罪行为

《张某胜等人非法采石案》（2022年7月8日最高人民法院发布人民法院依法惩处盗采矿产资源犯罪典型案例）

【典型意义】

黄河岸堤是黄河防洪的天然屏障，也是黄河流域生态环境的重要组成部分。张某胜等人结成恶势力团伙，以土地复垦项目为幌子，在黄河岸边山体盗采石料，危害黄河防洪安全，破坏黄河流域生态环境。人民法院贯彻落实“扫黑除恶”专项斗争的部署要求，依法严惩“矿霸”、坚持“打财断血”，从严追究张某胜等人的刑事责任，并在判决生效后加大财产刑执行力度，全面调查、依法处置该恶势力团伙及其成员的财产，铲除其违法犯罪的经济基础。该案也是人民法院加强黄河流域环境资源保护的代表性案例，对惩戒和预防破坏沿黄山体的违法犯罪行为、保护黄河生态环境和行洪安全具有重要意义。

★以合法的砂石料场和采砂许可证为掩饰，超出许可范围盗采国家实行保护性开采的砂金，构成犯罪

《谢某俊等人非法开采砂金案》（2022年7月8日最高人民法院发布人民法院依法惩处盗采矿产资源犯罪典型案例）

【典型意义】

该案盗采地点位于青藏高原东北部边缘，属祁连山国家公园青海省片区。祁连山是黄河流域和河西内陆河流域重要水源产流地，是我国西部重要生态安全屏障，也是我国生物多样性保护优先区域。谢某俊等人以合法的砂石料场和采砂许可证为掩饰，超出许可范围盗采国家实行保护性开采的砂金，不仅给特种矿产资源造成严重损失，也给生态环境造成严重损害。人民法院充分发挥环境资源审判职能作用，加强青藏高原和黄河流域环境资源司法保护，依法严惩谢某俊非法采矿犯罪行为，同时积极运用恢复性司法规则，支持谢某俊主动承担生态修复责任，对引导当地群众增强环境资源保护意识具有重要意义。

★依法严惩盗采稀土犯罪

《缪某林、郭某晶非法开采稀土案》（2022年7月8日最高人民法院发布人民法院依法惩处盗采矿产资源犯罪典型案例）

【典型意义】

稀土是重要的战略性矿产资源，广泛运用于高新技术制造和国防军工产品研发、生产，被称为“工业黄金”。国务院于1991年将离子型稀土列为国家实行保护性开采的特定矿种之一。依法严惩盗采稀土犯罪，既是保护矿业生产管理秩序的需要，更是维护国家战略性矿产资源安全的需要。本案属于跨行政区划非法探矿、采矿，多名犯罪分子内外勾结、分工明确，情节特别严重。人民法院综合考量案件矿产资源和生态环境因素，严格依法追究缪某林、郭某晶的刑事责任，正确落实宽严相济刑事政策，积极贯彻保护优先、损害担责原则，探索运用恢复性司法规则，教育引导二被告人主动承担生态环境修复责任，取得较好的审判效果。

★依法严惩承包村民集体土地非法采砂的违法犯罪行为

《宋某友非法采砂案》（2022年7月8日最高人民法院发布人民法院依法惩处盗采矿产资源犯罪典型案例）

【典型意义】

农村土地承包经营应当遵守法律、法规，保护土地资源的合理开发和可持续利用。宋某友承包村民集体土地非法采砂，破坏矿产资源和生态环境。人民法院贯彻落实宽严相济刑事政策、最严法治观和全面追责原则，依法追究宋某友非法采矿刑事责任，依法认定其造成生态环境损害的民事责任，将其主动履行民事责任情形作为刑事处罚酌情从轻情节，明确以其就同一事实缴纳的行政罚款折抵罚金，统筹协调了刑事、民事、行政三种责任。据悉，该案是由河南省濮阳市纪检监察机关移送司法机关处理的非法采矿系列案件之一，在该系列案中，有12人被移送司法机关，3人受到党政纪处分，体现了人民法院与纪检监察机关、检察机关、公安机关协同联动、多元共治的工作成效。

★依法严惩租用他人耕地盗采泥炭土的违法犯罪行为

《王某等人非法开采泥炭土案》(2022年7月8日最高人民法院发布人民法院依法惩处盗采矿产资源犯罪典型案例)

【典型意义】

黑土地是珍贵的土壤资源,黑土耕地是重要的农业资源和生产要素。王某等人租用他人耕地盗采泥炭土,不仅对珍贵矿产资源造成不可恢复的损害,也严重破坏了黑土地的土壤结构和大面积基本农田,且容易诱发同类犯罪、加剧弃耕现象。人民法院贯彻落实习近平总书记关于"采取有效措施切实把黑土地这个'耕地中的大熊猫'保护好、利用好"的重要指示精神,坚持上下游犯罪一并惩治,综合运用刑事、民事法律手段,依法从严追究王某等人的刑事责任,依法判决其赔偿经济损失,对震慑盗采黑土犯罪、引导人民群众提高黑土地保护意识具有重要意义。

★依法严惩改造船舶、雇用人员盗采海砂违法犯罪行为

《王某章、康某川等人非法采砂案》(2022年7月8日最高人民法院发布人民法院依法惩处盗采矿产资源犯罪典型案例)

【典型意义】

海砂在我国分布广泛,是仅次于石油天然气的第二大海洋资源。近年来,建筑市场对砂石需求旺盛,受利益驱使,沿海省份盗采海砂现象日益突出,严重威胁海洋地形地貌和海洋生态。王某章、康某川经精心组织、策划,为盗采海砂而专门改造船舶、雇佣人员,采取连续作业方式,在闽江口等海域盗采海砂,严重破坏海砂资源和海洋生态。人民法院依法认定和区分主犯与受雇人员的责任并予以相应的刑事处罚,依法认定和处理用于犯罪的专门工具船舶,保障了依法严惩盗采矿产资源犯罪的总体效果,落实了宽严相济的刑事政策,体现了人民法院围绕国家海洋战略、以司法审判护航海洋生态文明建设的立场和导向。

★探矿权与采矿权具有不同的权利属性，有金矿探矿许可证而未办理采矿许可证开采黄金属于"无证开采"

《奇台县某服务部、林某斌非法开采金矿案》（2022年7月8日最高人民法院发布人民法院依法惩处盗采矿产资源犯罪典型案例）

【典型意义】

探矿权与采矿权具有不同的权利属性，从事探矿、采矿活动应分别申办许可证。该案被告单位名下虽有青河县喀腊马依勒金矿探矿许可证，但未申请办理采矿许可证，其在该矿区开采黄金，仍属于"无证开采"。人民法院依法对该被告单位及其主管人员予以刑事处罚，并依法追缴违法所得、依法没收供犯罪所用的单位财产。本案还反映出，虽然行政主管机关多次对被告单位非法采矿行为予以罚款，但未采取进一步管理措施，既未督促其依法申请办理采矿许可证，也未对其整顿、关停、治理，而是简单地"一罚了之"，"以罚代管"问题较为突出。对于被告单位并未缴纳的行政罚款，原审判决在罚金中未予抵扣。该案是人民法院依法惩处盗采矿产资源单位犯罪的代表性案例，在维护当地矿产资源可持续开发利用、督促有关行政主管机关纠正"以罚代管"问题、引导人民群众增强法治意识等方面，均具有重要意义。

★未经许可擅自有组织、大规模地盗采鹅卵石属于犯罪行为

《严某洋、严某虎非法开采鹅卵石案》（2022年7月8日最高人民法院发布人民法院依法惩处盗采矿产资源犯罪典型案例）

【典型意义】

鹅卵石属于非金属矿产，与老百姓一般认识中的"捡鹅卵石"等行为不同，未经许可擅自有组织、大规模地盗采鹅卵石属于犯罪行为，不仅侵犯了国家矿产资源管理制度，导致矿产资源被破坏和无序利用，而且会对河滩地貌产生不利影响，造成地质结构和生态环境被破坏等后果。该案盗采地点位于贵州省兴义市清水河镇泥溪河段、国家级风景区马岭河峡谷旁，当地保留有布依族百年老屋和石板小道，民俗文化特征明显，留存有红军长征品甸战斗、泥溪河战斗革命遗迹，与马岭河峡谷景区自然景观浑然一体，是独具特色的人文历史资源、红色教育资源和绿色生态资源。人民法院坚持“像保护眼睛一样保护生态资源”理念和宽严相济刑事政策，在严格依法认定二被告人构成犯罪的同时，根据案情总体从宽处理，取得较好效果，在警示非法开采鹅卵石行为、引导当地群众增强法治意识和环保意识、推动矿产资源与“绿水青山”“红色文化”“民俗历史”一体保护等方面，均具有重要意义。

★检察机关可推动有关部门对受损河道先予修复

《四川省宜宾市廖某贵等3人非法采矿刑事公诉案》[2022年7月19日最高人民检察院发布检察机关服务保障长江经济带发展典型案例(第四批)]

【要旨】

非法开采江砂犯罪多具有作案隐蔽、客观证据相对缺乏、矿产资源损失鉴定难等特点。对公安机关商请介入侦查的案件，检察机关通过引导侦查，循线深挖，对犯罪实施精准打击。为避免诉讼时间过长给公共利益造成新的损失，在刑事案件二审阶段，上诉人对履行生态修复赔偿责任无异议且已缴纳赔付款，可在必要时开展环境先行修复。

★依法惩治“矿霸”违法犯罪

《云南省昆明市马某昆等17人恶势力犯罪集团非法采矿刑事公诉案》[2022年7月19日最高人民检察院发布检察机关服务保障长江经济带发展典型案例(第四批)]

【要旨】

自然资源领域是黑恶势力插手介入的重点领域。检察机关在办理非法采矿案件时，注意案件的串并研判，及时发现非法采矿案件伴生的黑恶势力犯罪线索，通过引导侦查和自行补充侦查，破解取证难、定性难、销赃金额及环境损害程度鉴定难等问题，推动落实“打伞”“打财”工作，准确认定犯罪。同时，向有关部门发出检察建议，推动政府加强基层组织建设、促使行政主管部门落实行业监管责任，促进生态环境修复。

【典型意义】

滇池是金沙江流域中段的重要湖泊,是金沙江流域治理的重要组成部分。恶势力插手介入滇池流域矿产资源的开采,不仅破坏了当地良好的自然生态环境,还扰乱了社会治安和行业经济秩序,影响了人民群众的安全感和幸福感。为依法惩治"矿霸"违法犯罪及其"保护伞",检察机关一方面高度关注非法采矿等犯罪中伴生的恶势力犯罪,及时发现、准确定性,另一方面通过实质性引导侦查和自行补充侦查,发现并及时解决案件定性、司法鉴定等问题,为依法指控犯罪奠定坚实基础。为彻底铲除恶势力的滋生土壤,结合案件溯根源、查原因,协助党委政府推动解决行业管理漏洞、基层组织软弱涣散等问题,做好了以案促改"后半篇文章"。

第三百四十四条　【危害国家重点保护植物罪】违反国家规定,非法采伐、毁坏珍贵树木或者国家重点保护的其他植物的,或者非法收购、运输、加工、出售珍贵树木或者国家重点保护的其他植物及其制品的,处三年以下有期徒刑、拘役或者管制,并处罚金;情节严重的,处三年以上七年以下有期徒刑,并处罚金。

立法动态

本条源自《中华人民共和国刑法》(1997年3月14日第八届全国人民代表大会第五次会议修订,自1997年10月1日起施行)。

本条根据《中华人民共和国刑法修正案(四)》(自2002年12月28日起施行)第六条修改。

原本条规定为:第三百四十四条　违反森林法的规定,非法采伐、毁坏珍贵树木的,处三年以下有期徒刑、拘役或者管制,并处罚金;情节严重的,处三年以上七年以下有期徒刑,并处罚金。

本条修改的主要内容为:一是将"违反森林法的规定"修改为

"违反国家的规定";二是将犯罪对象由"珍贵树木"扩展为"珍贵树木或者国家重点保护的其他植物";三是补充规定"非法收购、运输、加工、出售珍贵树木或者国家重点保护的其他植物及其制品的"亦可构成本罪。

立案标准

《最高人民检察院、公安部关于公安机关管辖的刑事案件立案追诉标准的规定(一)》(2017年4月27日修正 公通字〔2017〕12号)

第七十条 [非法采伐、毁坏国家重点保护植物案(刑法第三百四十四条)]违反国家规定,非法采伐、毁坏珍贵树木或者国家重点保护的其他植物的,应予立案追诉。

本条和本规定第七十一条规定的"珍贵树木或者国家重点保护的其他植物",包括由省级以上林业主管部门或者其他部门确定的具有重大历史纪念意义、科学研究价值或者年代久远的古树名木,国家禁止、限制出口的珍贵树木以及列入《国家重点保护野生植物名录》的树木或者其他植物。

第七十一条 [非法收购、运输、加工、出售国家重点保护植物、国家重点保护植物制品案(刑法第三百四十四条)]违反国家规定,非法收购、运输、加工、出售珍贵树木或者国家重点保护的其他植物及其制品的,应予立案追诉。

适用要点与裁判依据

★"珍贵树木"的认定

《最高人民法院关于审理破坏森林资源刑事案件具体应用法律若干问题的解释》(2000年11月22日 法释〔2000〕36号)

为依法惩处破坏森林资源的犯罪活动,根据刑法的有关规定,现就审理这类案件具体应用法律的若干问题解释如下:

第一条 刑法第三百四十四条规定的"珍贵树木",包括由省级以上林业主管部门或者其他部门确定的具有重大历史纪念意义、科学研究价值或者年代久远的古树名木，国家禁止、限制出口的珍贵树木以及列入国家重点保护野生植物名录的树木。

★非法采伐、毁坏珍贵树木行为"情节严重"的认定

《最高人民法院关于审理破坏森林资源刑事案件具体应用法律若干问题的解释》（2000年11月22日　法释〔2000〕36号）

第二条　具有下列情形之一的，属于非法采伐、毁坏珍贵树木行为"情节严重"：

（一）非法采伐珍贵树木二株以上或者毁坏珍贵树木致使珍贵树木死亡三株以上的；

（二）非法采伐珍贵树木二立方米以上的；

（三）为首组织、策划、指挥非法采伐或者毁坏珍贵树木的；

（四）其他情节严重的情形。

★"珍贵树木或者国家重点保护的其他植物"的认定

《最高人民法院、最高人民检察院关于适用〈中华人民共和国刑法〉第三百四十四条有关问题的批复》（2020年3月19日　法释〔2020〕2号）

一、古树名木以及列入《国家重点保护野生植物名录》的野生植物，属于刑法第三百四十四条规定的"珍贵树木或者国家重点保护的其他植物"。

二、根据《中华人民共和国野生植物保护条例》的规定，野生植物限于原生地天然生长的植物。人工培育的植物，除古树名木外，不属于刑法第三百四十四条规定的"珍贵树木或者国家重点保护的其他植物"。非法采伐、毁坏或者非法收购、运输人工培育的植物（古树名木除外），构成盗伐林木罪、滥伐林木罪、非法收购、运输盗伐、滥伐的林木罪等犯罪的，依照相关规定追究刑事责任。

★非法移栽珍贵树木或者国家重点保护的其他植物的，构成本罪

《最高人民法院、最高人民检察院关于适用〈中华人民共和国刑法〉第三百四十四条有关问题的批复》（2020年3月19日 法释〔2020〕2号）

三、对于非法移栽珍贵树木或者国家重点保护的其他植物，依法应当追究刑事责任的，依照刑法第三百四十四条的规定，以非法采伐国家重点保护植物罪定罪处罚。

鉴于移栽在社会危害程度上与砍伐存在一定差异，对非法移栽珍贵树木或者国家重点保护的其他植物的行为，在认定是否构成犯罪以及裁量刑罚时，应当考虑植物的珍贵程度、移栽目的、移栽手段、移栽数量、对生态环境的损害程度等情节，综合评估社会危害性，确保罪责刑相适应。

类案检索指引

★案涉树苗经过专业移栽后已全部成活，依法适用缓刑

《田某阳、沈某贤危害国家重点保护植物案》（2022年12月5日最高人民法院发布生物多样性司法保护典型案例）

【典型意义】

神农架是全球生物多样性保护永久性示范基地和国家重要生态功能区，拥有各种动物1060种，各类植物3700多种，是名副其实的"物种基因库"。红豆杉作为国家一级保护植物，是第四纪冰川期遗留下来的濒危珍稀植物，被誉为"植物大熊猫"，具有重要的医药价值、生态价值和经济价值。本案中，人民法院考虑到被告人犯罪动机是基于红豆杉的特殊药用价值，非为牟利，认罪认罚，且案涉树苗经过专业移栽后已全部成活，得到了最大限度保护，故对其依法适用缓刑，体现了人民法院积极贯彻宽严相济刑事政策，在助力神农架生态环境高水平保护的同时，传递司法的力度和温度。

第三百四十四条之一　【非法引进、释放、丢弃外来入侵物种罪】违反国家规定，非法引进、释放或者丢弃外来入侵物种，情节严重的，处三年以下有期徒刑或者拘役，并处或者单处罚金。

立法动态

本条根据《中华人民共和国刑法修正案(十一)》(自2021年3月1日起施行)第四十三条增加。

第三百四十五条　【盗伐林木罪】盗伐森林或者其他林木，数量较大的，处三年以下有期徒刑、拘役或者管制，并处或者单处罚金；数量巨大的，处三年以上七年以下有期徒刑，并处罚金；数量特别巨大的，处七年以上有期徒刑，并处罚金。

【滥伐林木罪】违反森林法的规定，滥伐森林或者其他林木，数量较大的，处三年以下有期徒刑、拘役或者管制，并处或者单处罚金；数量巨大的，处三年以上七年以下有期徒刑，并处罚金。

【非法收购、运输盗伐、滥伐的林木罪】非法收购、运输明知是盗伐、滥伐的林木，情节严重的，处三年以下有期徒刑、拘役或者管制，并处或者单处罚金；情节特别严重的，处三年以上七年以下有期徒刑，并处罚金。

盗伐、滥伐国家级自然保护区内的森林或者其他林木的，从重处罚。

立法动态

本条源自《中华人民共和国刑法》(1997年3月14日第八届全国人民代表大会第五次会议修订，自1997年10月1日起施行)。

本条第三款根据《中华人民共和国刑法修正案(四)》(自2002

年12月28日起施行)第七条修改。

原本条第三款内容为:以牟利为目的,在林区非法收购明知是盗伐、滥伐的林木,情节严重的,处三年以下有期徒刑、拘役或者管制,并处或者单处罚金;情节特别严重的,处三年以上七年以下有期徒刑,并处罚金。

修改的内容为:一是取消了“林区”的限制;二是补充规定“运输”盗伐、滥伐的林木的,亦构成本罪;三是取消了构成本罪须“以牟利为目的”的主观方面要件。

立案标准

《最高人民检察院、公安部关于公安机关管辖的刑事案件立案追诉标准的规定(一)》(2017年4月27日修正 公通字〔2017〕12号)

第七十二条 [盗伐林木案(刑法第三百四十五条第一款)]盗伐森林或者其他林木,涉嫌下列情形之一的,应予立案追诉:

(一)盗伐二至五立方米以上的;

(二)盗伐幼树一百至二百株以上的。

以非法占有为目的,具有下列情形之一的,属于本条规定的“盗伐森林或者其他林木”:

(一)擅自砍伐国家、集体、他人所有或者他人承包经营管理的森林或者其他林木的;

(二)擅自砍伐本单位或者本人承包经营管理的森林或者其他林木的;

(三)在林木采伐许可证规定的地点以外采伐国家、集体、他人所有或者他人承包经营管理的森林或者其他林木的。

本条和本规定第七十三条、第七十四条规定的林木数量以立木蓄积计算,计算方法为:原木材积除以该树种的出材率;“幼树”,是指胸径五厘米以下的树木。

第七十三条 [滥伐林木案(刑法第三百四十五条第二款)]违

反森林法的规定，滥伐森林或者其他林木，涉嫌下列情形之一的，应予立案追诉：

（一）滥伐十至二十立方米以上的；

（二）滥伐幼树五百至一千株以上的。

违反森林法的规定，具有下列情形之一的，属于本条规定的“滥伐森林或者其他林木”：

（一）未经林业行政主管部门及法律规定的其他主管部门批准并核发林木采伐许可证，或者虽持有林木采伐许可证，但违反林木采伐许可证规定的时间、数量、树种或者方式，任意采伐本单位所有或者本人所有的森林或者其他林木的；

（二）超过林木采伐许可证规定的数量采伐他人所有的森林或者其他林木的。

违反森林法的规定，在林木采伐许可证规定的地点以外，采伐本单位或者本人所有的森林或者其他林木的，除农村居民采伐自留地和房前屋后个人所有的零星林木以外，属于本条第二款第（一）项“未经林业行政主管部门及法律规定的其他主管部门批准并核发林木采伐许可证”规定的情形。

林木权属争议一方在林木权属确权之前，擅自砍伐森林或者其他林木的，属于本条规定的“滥伐森林或者其他林木”。

滥伐林木的数量，应在伐区调查设计允许的误差额以上计算。

第七十四条　［非法收购、运输盗伐、滥伐的林木案（刑法第三百四十五条第三款）］非法收购、运输明知是盗伐、滥伐的林木，涉嫌下列情形之一的，应予立案追诉：

（一）非法收购、运输盗伐、滥伐的林木二十立方米以上或者幼树一千株以上的；

（二）其他情节严重的情形。

本条规定的“非法收购”的“明知”，是指知道或者应当知道。具有下列情形之一的，可以视为应当知道，但是有证据证明确属被蒙骗的除外：

（一）在非法的木材交易场所或者销售单位收购木材的；

（二）收购以明显低于市场价格出售的木材的；

（三）收购违反规定出售的木材的。

适用要点与裁判依据

★以盗伐林木罪定罪处罚的三种情形

《最高人民法院关于审理破坏森林资源刑事案件具体应用法律若干问题的解释》（2000年11月22日　法释〔2000〕36号）

第三条　以非法占有为目的，具有下列情形之一，数量较大的，依照刑法第三百四十五条第一款的规定，以盗伐林木罪定罪处罚：

（一）擅自砍伐国家、集体、他人所有或者他人承包经营管理的森林或者其他林木的；

（二）擅自砍伐本单位或者本人承包经营管理的森林或者其他林木的；

（三）在林木采伐许可证规定的地点以外采伐国家、集体、他人所有或者他人承包经营管理的森林或者其他林木的。

★盗伐林木"数量较大""数量巨大""数量特别巨大"的认定

《最高人民法院关于审理破坏森林资源刑事案件具体应用法律若干问题的解释》（2000年11月22日　法释〔2000〕36号）

第四条　盗伐林木"数量较大"，以二至五立方米或者幼树一百至二百株为起点；盗伐林木"数量巨大"，以二十至五十立方米或者幼树一千至二千株为起点；盗伐林木"数量特别巨大"，以一百至二百立方米或者幼树五千至一万株为起点。

★以滥伐林木罪定罪处罚的两种情形

《最高人民法院关于审理破坏森林资源刑事案件具体应用法律若干问题的解释》（2000年11月22日　法释〔2000〕36号）

第五条　违反森林法的规定，具有下列情形之一，数量较大的，依照刑法第三百四十五条第二款的规定，以滥伐林木罪定罪处罚：

（一）未经林业行政主管部门及法律规定的其他主管部门批准并核发林木采伐许可证，或者虽持有林木采伐许可证，但违反林木采伐许可证规定的时间、数量、树种或者方式，任意采伐本单位所有或者本人所有的森林或者其他林木的；

（二）超过林木采伐许可证规定的数量采伐他人所有的森林或者其他林木的。

林木权属争议一方在林木权属确权之前，擅自砍伐森林或者其他林木，数量较大的，以滥伐林木罪论处。

★滥伐林木"数量较大""数量巨大"的认定

《最高人民法院关于审理破坏森林资源刑事案件具体应用法律若干问题的解释》（2000年11月22日　法释〔2000〕36号）

第六条　滥伐林木"数量较大"，以十至二十立方米或者幼树五百至一千株为起点；滥伐林木"数量巨大"，以五十至一百立方米或者幼树二千五百至五千株为起点。

★一年内多次盗伐、滥伐少量林木未经处罚的累计计算

《最高人民法院关于审理破坏森林资源刑事案件具体应用法律若干问题的解释》（2000年11月22日　法释〔2000〕36号）

第七条　对于一年内多次盗伐、滥伐少量林木未经处罚的，累计其盗伐、滥伐林木的数量，构成犯罪的，依法追究刑事责任。

★"非法收购明知是盗伐、滥伐的林木"中"明知"的认定

《最高人民法院关于审理破坏森林资源刑事案件具体应用法律若干问题的解释》（2000年11月22日　法释〔2000〕36号）

第十条　刑法第三百四十五条规定的"非法收购明知是盗伐、滥伐的林木"中的"明知"，是指知道或者应当知道。具有下列情形之一的，可以视为应当知道，但是有证据证明确属被蒙骗的除外：

（一）在非法的木材交易场所或者销售单位收购木材的；

（二）收购以明显低于市场价格出售的木材的；

（三）收购违反规定出售的木材的。

★在林区非法收购盗伐、滥伐的林木"情节严重""情节特别严重"的认定

《最高人民法院关于审理破坏森林资源刑事案件具体应用法律若干问题的解释》(2000年11月22日 法释〔2000〕36号)

第十一条 具有下列情形之一的,属于在林区非法收购盗伐、滥伐的林木"情节严重":

(一)非法收购盗伐、滥伐的林木二十立方米以上或者幼树一千株以上的;

(二)非法收购盗伐、滥伐的珍贵树木二立方米以上或者五株以上的;

(三)其他情节严重的情形。

具有下列情形之一的,属于在林区非法收购盗伐、滥伐的林木"情节特别严重":

(一)非法收购盗伐、滥伐的林木一百立方米以上或者幼树五千株以上的;

(二)非法收购盗伐、滥伐的珍贵树木五立方米以上或者十株以上的;

(三)其他情节特别严重的情形。

★在林木采伐许可证规定的地点以外采伐本单位或者本人所有的森林或者其他林木的法律适用

《最高人民法院关于在林木采伐许可证规定的地点以外采伐本单位或者本人所有的森林或者其他林木的行为如何适用法律问题的批复》(2004年3月26日 法释〔2004〕3号)

违反森林法的规定,在林木采伐许可证规定的地点以外,采伐本单位或者本人所有的森林或者其他林木的,除农村居民采伐自留地和房前屋后个人所有的零星林木以外,属于《最高人民法院关于审理破坏森林资源刑事案件具体应用法律若干问题的解释》第五条第一款第(一)项"未经林业行政主管部门及法律规定的其他主管部门批准并核发林木采伐许可证"规定的情形,数量较大的,应当依照刑法

第三百四十五条第二款的规定,以滥伐林木罪定罪处罚。

类案检索指引

★被告人自愿交纳保证金作为履行生态环境修复义务担保的,可以作为从轻量刑情节

《秦家学滥伐林木刑事附带民事公益诉讼案》(2021 年 12 月 1 日最高人民法院发布第 31 批指导性案例:指导案例 172 号)

【裁判要点】

1. 人民法院确定被告人森林生态环境修复义务时,可以参考专家意见及林业规划设计单位、自然保护区主管部门等出具的专业意见,明确履行修复义务的树种、树龄、地点、数量、存活率及完成时间等具体要求。

2. 被告人自愿交纳保证金作为履行生态环境修复义务担保的,人民法院可以将该情形作为从轻量刑情节。

★判决被告人负刑事责任的同时承担补植复绿的生态环境修复责任,落实恢复性司法理念

《被告人甲波周盗伐林木刑事附带民事公益诉讼案》(2020 年 6 月 5 日最高人民法院发布黄河流域生态环境司法保护典型案例)

【典型意义】

本案系盗伐林木引发的刑事附带民事公益诉讼案件。若尔盖县地处黄河上游,是重要的水源涵养区。该区域的森林资源具有保持水土、维护生物多样性等重要作用。通过案件审理,人民法院统筹运用刑事、民事责任方式,落实恢复性司法理念,在判决甲波周负刑事责任的同时承担补植复绿的生态环境修复责任,构建惩处和复绿并举的责任追究机制,对于有效树立"伐树要许可、毁树须担责"的生态保护意识,推动形成人与自然和谐共生的绿色生活方式,具有积极的促进作用。

★依法惩处未取得林木采伐许可证，擅自砍伐、销售自然保护区内公益林的违法犯罪行为

《被告人秦家学滥伐林木刑事附带民事公益诉讼案》（2021年2月25日最高人民法院发布长江流域生态环境司法保护典型案例）

【典型意义】

本案系滥伐林木引发的刑事附带民事公益诉讼案件。白云山国家级自然保护区位于武陵山区，是长江流域洞庭湖支流沅江的重要水源涵养区。该地区的森林资源具有保持水土、维护生物多样性等重要作用。本案中，秦家学未取得林木采伐许可证，擅自砍伐、销售自然保护区内公益林，损害社会公共利益。人民法院统筹运用刑事、民事责任方式，有效确立“伐树要许可、毁树须担责”，并支持检察机关恢复原状的诉讼请求，对于推动形成人与自然和谐共生的绿色生活方式，具有积极的促进作用。

★坚持生态修复优先、固碳与增汇并举、刑事责任与修复赔偿相协调的理念

《陈某华滥伐林木案》（2023年2月17日最高人民法院发布司法积极稳妥推进碳达峰碳中和典型案例）

【典型意义】

森林资源刑事犯罪行为对森林生态系统安全构成严重威胁，不仅损害了林木本身，也损害了森林生态系统固碳调节服务功能，造成森林碳汇损失。本案中，人民法院根据民法典第一千二百三十四条、第一千二百三十五条等规定，坚持生态修复优先、固碳与增汇并举、刑事责任与修复赔偿相协调的理念，与林业部门积极沟通、协同创新，共同制定森林碳汇损失的标准化计量方法，由林业部门委派专业技术人员依据该计量方法测算出森林碳汇损失量，并参照市场价格折算为碳汇损失赔偿金，共同推动构建了科学、便捷的森林碳汇损失计量方法和损害赔偿规则体系。

第三百四十六条 【单位犯破坏环境资源保护罪的刑事责任】单位犯本节第三百三十八条至第三百四十五条规定之罪的，对单位判处罚金，并对其直接负责的主管人员和其他直接责任人员，依照本节各该条的规定处罚。

立法动态

本条源自《中华人民共和国刑法》(1997 年 3 月 14 日第八届全国人民代表大会第五次会议修订，自 1997 年 10 月 1 日起施行)。

第七节 走私、贩卖、运输、制造毒品罪

第三百四十七条 【走私、贩卖、运输、制造毒品罪】走私、贩卖、运输、制造毒品，无论数量多少，都应当追究刑事责任，予以刑事处罚。

走私、贩卖、运输、制造毒品，有下列情形之一的，处十五年有期徒刑、无期徒刑或者死刑，并处没收财产：

(一)走私、贩卖、运输、制造鸦片一千克以上、海洛因或者甲基苯丙胺五十克以上或者其他毒品数量大的；

(二)走私、贩卖、运输、制造毒品集团的首要分子；

(三)武装掩护走私、贩卖、运输、制造毒品的；

(四)以暴力抗拒检查、拘留、逮捕，情节严重的；

(五)参与有组织的国际贩毒活动的。

走私、贩卖、运输、制造鸦片二百克以上不满一千克、海洛因或者甲基苯丙胺十克以上不满五十克或者其他毒品数量较大的，处七年以上有期徒刑，并处罚金。

走私、贩卖、运输、制造鸦片不满二百克、海洛因或者甲基苯丙胺不满十克或者其他少量毒品的，处三年以下有期徒刑、拘役或者

管制，并处罚金；情节严重的，处三年以上七年以下有期徒刑，并处罚金。

单位犯第二款、第三款、第四款罪的，对单位判处罚金，并对其直接负责的主管人员和其他直接责任人员，依照各该款的规定处罚。

利用、教唆未成年人走私、贩卖、运输、制造毒品，或者向未成年人出售毒品的，从重处罚。

对多次走私、贩卖、运输、制造毒品，未经处理的，毒品数量累计计算。

立法动态

本条源自《中华人民共和国刑法》（1997 年 3 月 14 日第八届全国人民代表大会第五次会议修订，自 1997 年 10 月 1 日起施行）。

立案标准

《最高人民检察院、公安部关于公安机关管辖的刑事案件立案追诉标准的规定（三）》（2012 年 5 月 16 日　公通字〔2012〕26 号）

第一条　［走私、贩卖、运输、制造毒品案（刑法第三百四十七条）］走私、贩卖、运输、制造毒品，无论数量多少，都应予立案追诉。

本条规定的“走私”是指明知是毒品而非法将其运输、携带、寄递进出国（边）境的行为。直接向走私人非法收购走私进口的毒品，或者在内海、领海、界河、界湖运输、收购、贩卖毒品的，以走私毒品罪立案追诉。

本条规定的“贩卖”是指明知是毒品而非法销售或者以贩卖为目的而非法收买的行为。

有证据证明行为人以牟利为目的，为他人代购仅用于吸食、注射的毒品，对代购者以贩卖毒品罪立案追诉。不以牟利为目的，为他人代购仅用于吸食、注射的毒品，毒品数量达到本规定第二条规定的数量标准的，对托购者和代购者以非法持有毒品罪立案追诉。明知他人实施毒品犯罪而为其居间介绍、代购代卖的，无论是否牟利，都应以相关毒品犯罪的共犯立案追诉。

本条规定的“运输”是指明知是毒品而采用携带、寄递、托运、利用他人或者使用交通工具等方法非法运送毒品的行为。

本条规定的“制造”是指非法利用毒品原植物直接提炼或者用化学方法加工、配制毒品，或者以改变毒品成分和效用为目的，用混合等物理方法加工、配制毒品的行为。为了便于隐蔽运输、销售、使用、欺骗购买者，或者为了增重，对毒品掺杂使假，添加或者去除其他非毒品物质，不属于制造毒品的行为。

为了制造毒品而采用生产、加工、提炼等方法非法制造易制毒化学品的，以制造毒品罪（预备）立案追诉。购进制造毒品的设备和原材料，开始着手制造毒品，尚未制造出毒品或者半成品的，以制造毒品罪（未遂）立案追诉。明知他人制造毒品而为其生产、加工、提炼、提供醋酸酐、乙醚、三氯甲烷等制毒物品的，以制造毒品罪的共犯立案追诉。

走私、贩卖、运输毒品主观故意中的“明知”，是指行为人知道或者应当知道所实施的是走私、贩卖、运输毒品行为。具有下列情形之一，结合行为人的供述和其他证据综合审查判断，可以认定其“应当知道”，但有证据证明确属被蒙骗的除外：

（一）执法人员在口岸、机场、车站、港口、邮局和其他检查站点检查时，要求行为人申报携带、运输、寄递的物品和其他疑似毒品物，并告知其法律责任，而行为人未如实申报，在其携带、运输、寄递的物品中查获毒品的；

（二）以伪报、藏匿、伪装等蒙蔽手段逃避海关、边防等检查，在其携带、运输、寄递的物品中查获毒品的；

（三）执法人员检查时，有逃跑、丢弃携带物品或者逃避、抗拒检查等行为，在其携带、藏匿或者丢弃的物品中查获毒品的；

（四）体内或者贴身隐秘处藏匿毒品的；

（五）为获取不同寻常的高额或者不等值的报酬为他人携带、运输、寄递、收取物品，从中查获毒品的；

（六）采用高度隐蔽的方式携带、运输物品，从中查获毒品的；

（七）采用高度隐蔽的方式交接物品，明显违背合法物品惯常交接方式，从中查获毒品的；

（八）行程路线故意绕开检查站点，在其携带、运输的物品中查获毒品的；

（九）以虚假身份、地址或者其他虚假方式办理托运、寄递手续，在托运、寄递的物品中查获毒品的；

（十）有其他证据足以证明行为人应当知道的。

制造毒品主观故意中的"明知"，是指行为人知道或者应当知道所实施的是制造毒品行为。有下列情形之一，结合行为人的供述和其他证据综合审查判断，可以认定其"应当知道"，但有证据证明确属被蒙骗的除外：

（一）购置了专门用于制造毒品的设备、工具、制毒物品或者配制方案的；

（二）为获取不同寻常的高额或者不等值的报酬为他人制造物品，经检验是毒品的；

（三）在偏远、隐蔽场所制造，或者采取对制造设备进行伪装等方式制造物品，经检验是毒品的；

（四）制造人员在执法人员检查时，有逃跑、抗拒检查等行为，在现场查获制造出的物品，经检验是毒品的；

（五）有其他证据足以证明行为人应当知道的。

走私、贩卖、运输、制造毒品罪是选择性罪名，对同一宗毒品实施了两种以上犯罪行为，并有相应确凿证据的，应当按照所实施的犯罪行为的性质并列适用罪名，毒品数量不重复计算。对同一宗毒品可能实施了两种以上犯罪行为，但相应证据只能认定其中一种或者几种行为，认定其他行为的证据不够确实充分的，只按照依法能够认定的行为的性质适用罪名。对不同宗毒品分别实施了不同种犯罪行为的,应对不同行为并列适用罪名,累计计算毒品数量。

量刑指导

《最高人民法院、最高人民检察院关于常见犯罪的量刑指导意见(试行)》(2021年6月16日　法发〔2021〕21号)

四、常见犯罪的量刑

(二十)走私、贩卖、运输、制造毒品罪

1. 构成走私、贩卖、运输、制造毒品罪的,根据下列情形在相应的幅度内确定量刑起点:

(1)走私、贩卖、运输、制造鸦片一千克,海洛因、甲基苯丙胺五十克或者其它毒品数量达到数量大起点的,量刑起点为十五年有期徒刑。依法应当判处无期徒刑以上刑罚的除外。

(2)走私、贩卖、运输、制造鸦片二百克,海洛因、甲基苯丙胺十克或者其它毒品数量达到数量较大起点的,在七年至八年有期徒刑幅度内确定量刑起点。

(3)走私、贩卖、运输、制造鸦片不满二百克,海洛因、甲基苯丙胺不满十克或者其他少量毒品的,可以在三年以下有期徒刑、拘役幅度内确定量刑起点;情节严重的,在三年至四年有期徒刑幅度内确定量刑起点。

2. 在量刑起点的基础上,根据毒品犯罪次数、人次、毒品数量等其他影响犯罪构成的犯罪事实增加刑罚量,确定基准刑。

3. 有下列情节之一的,增加基准刑的10%－30%:

(1)利用、教唆未成年人走私、贩卖、运输、制造毒品的;

(2)向未成年人出售毒品的;

(3)毒品再犯。

4. 有下列情节之一的,可以减少基准刑的30%以下:

(1)受雇运输毒品的;

(2)毒品含量明显偏低的;

(3)存在数量引诱情形的。

5. 构成走私、贩卖、运输、制造毒品罪的,根据走私、贩卖、运输、制造毒品的种类、数量、危害后果等犯罪情节,综合考虑被告人缴纳罚金的能力,决定罚金数额。

6. 构成走私、贩卖、运输、制造毒品罪的,综合考虑走私、贩卖、运输、制造毒品的种类、数量、危害后果等犯罪事实、量刑情节,以及被告人的主观恶性、人身危险性、认罪悔罪表现等因素,从严把握缓刑的适用。

适用要点与裁判依据

★"其他毒品数量大"的认定标准

《最高人民法院关于审理毒品犯罪案件适用法律若干问题的解释》(2016年4月6日　法释〔2016〕8号)

第一条　走私、贩卖、运输、制造、非法持有下列毒品,应当认定为刑法第三百四十七条第二款第一项、第三百四十八条规定的"其他毒品数量大":

(一)可卡因五十克以上;

(二)3,4-亚甲二氧基甲基苯丙胺(MDMA)等苯丙胺类毒品(甲基苯丙胺除外)、吗啡一百克以上;

(三)芬太尼一百二十五克以上;

(四)甲卡西酮二百克以上;

(五)二氢埃托啡十毫克以上;

(六)哌替啶(度冷丁)二百五十克以上;

(七)氯胺酮五百克以上;

(八)美沙酮一千克以上;

(九)曲马多、γ-羟丁酸二千克以上;

(十)大麻油五千克、大麻脂十千克、大麻叶及大麻烟一百五十千克以上；

（十一）可待因、丁丙诺啡五千克以上；

（十二）三唑仑、安眠酮五十千克以上；

（十三）阿普唑仑、恰特草一百千克以上；

（十四）咖啡因、罂粟壳二百千克以上；

（十五）巴比妥、苯巴比妥、安钠咖、尼美西泮二百五十千克以上；

（十六）氯氮卓、艾司唑仑、地西泮、溴西泮五百千克以上；

（十七）上述毒品以外的其他毒品数量大的。

国家定点生产企业按照标准规格生产的麻醉药品或者精神药品被用于毒品犯罪的，根据药品中毒品成分的含量认定涉案毒品数量。

★"其他毒品数量较大"的认定标准

《最高人民法院关于审理毒品犯罪案件适用法律若干问题的解释》（2016 年 4 月 6 日　法释〔2016〕8 号）

第二条　走私、贩卖、运输、制造、非法持有下列毒品，应当认定为刑法第三百四十七条第三款、第三百四十八条规定的"其他毒品数量较大"：

（一）可卡因十克以上不满五十克；

（二）3，4－亚甲二氧基甲基苯丙胺（MDMA）等苯丙胺类毒品（甲基苯丙胺除外）、吗啡二十克以上不满一百克；

（三）芬太尼二十五克以上不满一百二十五克；

（四）甲卡西酮四十克以上不满二百克；

（五）二氢埃托啡二毫克以上不满十毫克；

（六）哌替啶（度冷丁）五十克以上不满二百五十克；

（七）氯胺酮一百克以上不满五百克；

（八）美沙酮二百克以上不满一千克；

（九）曲马多、γ－羟丁酸四百克以上不满二千克；

（十）大麻油一千克以上不满五千克、大麻脂二千克以上不满十千克、大麻叶及大麻烟三十千克以上不满一百五十千克；

（十一）可待因、丁丙诺啡一千克以上不满五千克；

（十二）三唑仑、安眠酮十千克以上不满五十千克；

（十三）阿普唑仑、恰特草二十千克以上不满一百千克；

（十四）咖啡因、罂粟壳四十千克以上不满二百千克；

（十五）巴比妥、苯巴比妥、安钠咖、尼美西泮五十千克以上不满二百五十千克；

（十六）氯氮卓、艾司唑仑、地西泮、溴西泮一百千克以上不满五百千克；

（十七）上述毒品以外的其他毒品数量较大的。

★“武装掩护走私、贩卖、运输、制造毒品”“以暴力抗拒检查、拘留、逮捕，情节严重”的认定

《最高人民法院关于审理毒品犯罪案件适用法律若干问题的解释》（2016年4月6日　法释〔2016〕8号）

第三条　在实施走私、贩卖、运输、制造毒品犯罪的过程中，携带枪支、弹药或者爆炸物用于掩护的，应当认定为刑法第三百四十七条第二款第三项规定的“武装掩护走私、贩卖、运输、制造毒品”。枪支、弹药、爆炸物种类的认定，依照相关司法解释的规定执行。

在实施走私、贩卖、运输、制造毒品犯罪的过程中，以暴力抗拒检查、拘留、逮捕，造成执法人员死亡、重伤、多人轻伤或者具有其他严重情节的，应当认定为刑法第三百四十七条第二款第四项规定的“以暴力抗拒检查、拘留、逮捕，情节严重”。

★“情节严重”的认定标准

《最高人民法院关于审理毒品犯罪案件适用法律若干问题的解释》（2016年4月6日　法释〔2016〕8号）

第四条　走私、贩卖、运输、制造毒品，具有下列情形之一的，应当认定为刑法第三百四十七条第四款规定的“情节严重”：

（一）向多人贩卖毒品或者多次走私、贩卖、运输、制造毒品的；

（二）在戒毒场所、监管场所贩卖毒品的；

（三）向在校学生贩卖毒品的；

（四）组织、利用残疾人、严重疾病患者、怀孕或者正在哺乳自己婴儿的妇女走私、贩卖、运输、制造毒品的；

(五)国家工作人员走私、贩卖、运输、制造毒品的；

(六)其他情节严重的情形。

★对走私、贩卖、运输、制造两种以上毒品的，不实行数罪并罚

《最高人民法院研究室关于被告人对不同种毒品实施同一犯罪行为是否按比例折算成一种毒品予以累加后量刑的答复》(2009年8月17日 法研〔2009〕146号)

四川省高级人民法院：

你院川高法〔2009〕390号《关于被告人对不同种毒品实施同一犯罪行为是否按比例折算成一种毒品予以累加后量刑的请示》收悉。经研究，答复如下：

根据《全国部分法院审理毒品犯罪案件工作座谈会纪要》规定，对被告人一人走私、贩卖、运输、制造两种以上毒品的，不实行数罪并罚，量刑时可综合考虑毒品的种类、数量及危害，依法处理。故同意你院处理意见。

此复。

★贩卖、运输经过取汁的罂粟壳废渣不宜以贩卖、运输毒品罪论处

《最高人民法院研究室关于贩卖、运输经过取汁的罂粟壳废渣是否构成贩卖、运输毒品罪的答复》(2010年9月27日 法研〔2010〕168号)

四川省高级人民法院：

你院川高法〔2010〕438号《关于被告人贩卖、运输经过取汁的罂粟壳废渣是否构成贩卖、运输毒品罪的请示》收悉。经研究，答复如下：

最高人民法院研究室认为，根据你院提供的情况，对本案被告人不宜以贩卖、运输毒品罪论处。主要考虑：(1)被告人贩卖、运输的是经过取汁的罂粟壳废渣，吗啡含量只有0.01%，含量极低，从技术和成本看，基本不可能用于提取吗啡；(2)国家对经过取汁的罂粟壳并无明文规定予以管制，实践中有关药厂也未按照管制药品对其进行相应处理;(3)无证据证明被告人购买、加工经过取汁的罂粟壳废渣是为了将其当作毒品出售,具有贩卖、运输毒品的故意。如果查明行为人有将罂粟壳废渣作为制售毒品原料予以利用的故意,可建议由公安机关予以治安处罚。

类案检索指引

★利用未列入国家管制的化学品为原料,生产、销售含有国家管制的麻醉药品、精神药品成分的食品,构成本罪

《王某贩卖、制造毒品案》(2022年6月21日最高人民检察院发布第三十七批指导性案例:检例第150号)

【关键词】

贩卖、制造毒品罪　国家管制化学品　麻醉药品、精神药品　毒品含量　涉毒资产查处

【要旨】

行为人利用未列入国家管制的化学品为原料,生产、销售含有国家管制的麻醉药品、精神药品成分的食品,明知该成分毒品属性的,应当认定为贩卖、制造毒品罪。检察机关办理新型毒品犯罪案件,应当审查毒品含量,依法准确适用刑罚。对于毒品犯罪所得的财物及其孳息、收益和供犯罪所用的本人财物,应当依法予以追缴、没收。

★明知系国家管制的麻醉药品、精神药品,出于非法用途走私、贩卖的,构成本罪

《马某某走私、贩卖毒品案》(2022年6月21日最高人民检察院发布第三十七批指导性案例:检例第151号)

【关键词】

走私、贩卖毒品罪　麻醉药品、精神药品　主观明知　非法用途　贩卖毒品既遂

【要旨】

行为人明知系国家管制的麻醉药品、精神药品,出于非法用途走

私、贩卖的，应当以走私、贩卖毒品罪追究刑事责任。行为人出于非法用途，以贩卖为目的非法购买国家管制的麻醉药品、精神药品的，应当认定为贩卖毒品罪既遂。检察机关应当综合评价新型毒品犯罪的社会危害性，依法提出量刑建议。

★利用原生植物为原料，制成含有国家管制的麻醉药品、精神药品的物质并予以贩卖的，构成本罪

《何某贩卖、制造毒品案》（2022年6月21日最高人民检察院发布第三十七批指导性案例：检例第153号）

【关键词】

贩卖、制造毒品罪　麻醉药品、精神药品　未管制原生植物侦查实验

【要旨】

行为人利用原生植物为原料，通过提炼等方法制成含有国家管制的麻醉药品、精神药品的物质，并予以贩卖的，应当认定为贩卖、制造毒品罪。办理新型毒品犯罪案件，检察机关应当依法引导侦查机关开展侦查实验，查明案件事实。

★依法严厉打击网络毒品犯罪

《董某澜贩卖毒品案》（2021年1月25日最高人民检察院发布充分发挥检察职能　推进网络空间治理典型案例）

【典型意义】

（一）"暗网"滋生大量违法犯罪，加强严格管控。"暗网"通过专门浏览器和特定配置才能访问，其中存在着大量毒品、枪支、人体器官、淫秽物品等信息，是违法交易的集中平台，危害性极大。"暗网"交易大量使用虚拟货币支付以避开监管，数据流转层层加密，匿名程度很高，容易成为违法犯罪的"避风港"。打击治理"暗网"违法犯罪活动，需要强化源头管控，尤其加强对VPN软件和非法浏览器交易、使用的监管，防止被用于非法活动，切断网络犯罪的信息流和接触通道。

（二）依法严厉打击网络毒品犯罪。近年来，利用网络实施的毒

品犯罪数量逐年增加，且日益呈现出线上与线下、境内与境外相结合等特征。检察机关要主动适应网络毒品犯罪变化，转变办案思路，建立以客观证据为中心的证据体系，注重挖掘电子数据，运用间接证据形成证据锁链，梳理贩毒方式、资金流和物品流，加大打击力度，坚决遏制网络毒品犯罪的多发态势。

★涉毒品数量特别巨大，大量毒品已流入社会，社会危害极大，罪行极其严重，依法对二人均判处死刑

《吴筹、吴海柱贩卖、运输、制造毒品案——纠集多人制造、运输、贩卖毒品数量特别巨大，罪行极其严重》［2020年6月23日最高人民法院发布2020年十大毒品（涉毒）犯罪典型案例］

【典型意义】

近年来，我国面临境外毒品渗透和国内制毒犯罪蔓延的双重压力，特别是制造毒品犯罪形势严峻，在个别地区尤为突出。本案就是一起大量制造甲基苯丙胺后予以运输、贩卖的典型案例。被告人吴筹、吴海柱纠集多人参与犯罪，在选定的制毒工场制出毒品后组织运输、联系贩卖，形成"产供销一条龙"式犯罪链条。吴筹、吴海柱犯罪所涉毒品数量特别巨大，仅查获的甲基苯丙胺成品即达1吨多，另查获800余千克毒品半成品，还有大量毒品已流入社会，社会危害极大，罪行极其严重。人民法院依法对二人均判处死刑，体现了对制造毒品类源头性犯罪的严惩立场。

★涉嫌为贩卖而运输毒品，不同于单纯受指使、雇用为他人运输毒品，量刑时应体现从严

《周新林运输毒品案——伙同他人运输毒品数量特别巨大，且系累犯，罪行极其严重》［2020年6月23日最高人民法院发布2020年十大毒品（涉毒）犯罪典型案例］

【典型意义】

西南地区临近"金三角"，一直是我国严防境外毒品输入、渗透的重点地区，从云南走私毒品入境并往内地省份扩散是该地区毒品犯罪的重要方式，也是历来重点打击的源头性毒品犯罪。本案就是一起境外"验货"、境内运输并藏匿毒品的典型案例。被告人周新林伙同他人专门购车用于运毒、专门租房用于藏毒、出境查验毒品、联系上家接取毒品，涉案毒品数量特别巨大，且其曾因犯罪被判处重刑，假释期满后又迅即实施毒品犯罪，系累犯，主观恶性深，不堪改造。根据在案证据，周新林涉嫌为贩卖而运输毒品，这种情形不同于单纯受指使、雇用为他人运输毒品，量刑时应体现从严。

★国内第一起有影响的芬太尼类物质犯罪案件，依法对四人从严惩处

《刘勇等贩卖、制造毒品案——制造、贩卖芬太尼等多种新型毒品，依法严惩》［2020 年 6 月 23 日最高人民法院发布 2020 年十大毒品（涉毒）犯罪典型案例］

【典型意义】

芬太尼类物质滥用当前正成为国际社会面临的新毒品问题，此类犯罪在我国也有所发生。为防范芬太尼类物质犯罪发展蔓延，国家相关部门在以往明确管控 25 种芬太尼类物质的基础上，又于 2019 年 5 月 1 日将芬太尼类物质列入《非药用类麻醉药品和精神药品管制品种增补目录》进行整类列管。本案系国内第一起有影响的芬太尼类物质犯罪案件，涉及芬太尼、呋喃芬太尼、阿普唑仑、去甲西泮、4－氯甲卡西酮、3,4－亚甲二氧基乙卡西酮等多种新型毒品，部分属于新精神活性物质。人民法院根据涉案毒品的种类、数量、危害和被告人刘勇、蒋菊华、王凤玺、夏增玺犯罪的具体情节，依法对四人从严惩处，特别是对刘勇判处死刑缓期执行，充分体现了对此类犯罪的有力惩处。

★为获取高额报酬，在网络上接受他人雇用走私、运输毒品，构成本罪

《祝浩走私、运输毒品案——通过手机网络接受他人雇用，走私、运输毒品数量大》［2020 年 6 月 23 日最高人民法院发布 2020 年十大毒品（涉毒）犯罪典型案例］

【典型意义】

毒品犯罪分子为逃避处罚，以高额回报为诱饵，通过网络招募无案底的年轻人从境外将毒品运回内地，此类案件近年来时有发生，已成为我国毒品犯罪的一个新动向。本案就是一起典型的无案底年轻人通过手机网络接受他人雇用走私、运输毒品的案例。被告人祝浩为获取高额报酬，在网络上接受他人雇用走私、运输毒品，犯下严重罪行。祝浩归案后辩解其不知晓携带的拉杆箱内藏有毒品，与在案证据证实的情况不符。人民法院根据祝浩犯罪的事实、性质和具体情节，依法对其判处无期徒刑，体现了对毒品犯罪的严惩。

★指使他人种植大麻，配合进行贩卖，长期管理传播种植大麻方法、贩卖成品大麻的非法论坛，同时犯两罪

《卞晨晨等贩卖毒品、非法利用信息网络案——非法种植、贩卖大麻，非法利用网络论坛发布种植大麻等信息》[2020年6月23日最高人民法院发布2020年十大毒品（涉毒）犯罪典型案例]

【典型意义】

随着信息化时代的到来，各类网络平台、自媒体等发展迅速，在社会生活中扮演十分重要的角色。同时，一些违法犯罪分子利用网络平台便于隐匿身份、信息传播迅速、不受地域限制等特点，创建或经营管理非法论坛、直播平台等，实施涉毒品违法犯罪活动。本案就是一起被告人种植、贩卖大麻并利用非法论坛发布相关违法犯罪信息的案例。被告人卞晨晨指使其父卞士磊种植大麻，二人配合进行贩卖，卞晨晨还长期管理传播种植大麻方法、贩卖成品大麻的非法论坛，同时犯两罪。人民法院依法对二被告人判处了相应刑罚。

★具有国家工作人员身份的事业单位职工贩卖少量毒品构成“情节严重”

《刘彦铄贩卖毒品案——国家工作人员实施毒品犯罪，依法严惩》[2020年6月23日最高人民法院发布2020年十大毒品（涉毒）犯罪典型案例]

【典型意义】

国家工作人员本应更加自觉地抵制毒品，积极与毒品违法犯罪作斗争，但近年来出现了一些国家工作人员涉足毒品违法犯罪的情况，造成了不良社会影响。本案被告人刘彦铄系灌云县自然资源和规划局下属事业单位职工，具有国家工作人员身份，根据《最高人民法院关于审理毒品犯罪案件适用法律若干问题的解释》第四条的规定，其属贩卖少量毒品“情节严重”。人民法院对刘彦铄依法判处三年有期徒刑，体现了对此类犯罪的严惩。

★有力打击新型网络毒品犯罪

《郭某明等人贩卖毒品案》（2021年11月25日最高人民检察院发布六起检察机关依法惩治寄递违禁品犯罪典型案例）

【典型意义】

近年来，大麻滥用和网络毒品犯罪呈上升趋势，特别是贩毒分子利用境外网络平台、“虚拟货币”交易平台便于隐匿身份、信息传播迅速、不受地域限制等特点，创建网络群组，使用“虚拟货币”结算，通过寄递渠道完成毒品交易，使案件办理难度加大。本案办理过程中，检察机关提前介入，引导公安机关侦查取证，通过电子远程勘查提取电子数据，调取账户信息，破解作案手机，调取快递单，完善证据链条，及时追诉遗漏的犯罪事实，最终促使被告人认罪伏法，有力打击了新型网络毒品犯罪。

★依法严厉惩治快递企业及其从业人员涉嫌毒品犯罪，从源头上斩断寄递毒品非法渠道

《某速递有限公司、苏某生运输毒品案》（2021年11月25日最高人民检察院发布六起检察机关依法惩治寄递违禁品犯罪典型案例）

【典型意义】

本案是典型的快递从业人员参与寄递毒品案，反映出快递企业内部监督缺失、邮政管理部门监管不到位的问题。检察机关充分发挥引导侦查作用，及时收集固定证据，完善证据体系，有力破解毒品犯罪主观明知认定等难题，确保了案件质量。同时，强化监督意识，对于可能存在遗漏单位犯罪的问题，检察机关引导、督促公安机关补充侦查，使犯罪得到及时追究。依法严厉惩治快递企业及其从业人员涉嫌毒品犯罪案件，从源头上斩断寄递毒品非法渠道，有利于推动快递企业完善内部管理制度，助推企业合规经营，促进监管部门强化监管，切实维护寄递安全。

★向吸毒人员大量提供麻醉药品行为社会影响恶劣，应依法严惩

《陈某贩卖麻醉药品案》（2022年3月4日最高人民检察院发布检察机关依法惩治危害药品安全犯罪典型案例）

【关键词】

贩卖毒品罪　国家管制　麻醉药品

【典型意义】

（一）国家管制的麻醉药品可构成刑法意义上的“毒品”。国家管制的麻醉药品和精神药品，因具有临床治疗价值，在严格管理使用条件下可作为药物使用，故出于医疗、科研等合法目的使用时，属于药品，但出于满足药物瘾癖而使用时，则属于毒品。根据《麻醉药品和精神药品管理条例》等相关法律规定，涉案药物“舒芬太尼”列入国务院药品监督管理部门制定的《麻醉药品品种目录》，系受国家管制的麻醉药品，为了满足药物瘾癖使用，可构成刑法意义上的毒品。

（二）向吸毒人员大量提供麻醉药品行为社会影响恶劣，应依法严惩。被告人陈某身为医务人员，严重践踏执业底线，明知“舒芬太尼”属于国家规定管制的能够使人形成瘾癖的麻醉药品，为牟取非法利益，利用其工作便利，将从其他医务工作人员处骗取的“舒芬太尼”多次向吸毒人员大量提供，依法构成贩卖毒品罪，且犯罪情节严重，应当予以严惩。

（三）准确认定涉案罪名，确保罪责刑相适应。向吸食、注射毒品的人提供国家规定管制的能够使人形成瘾癖的麻醉药品、精神药品的行为，构成非法提供麻醉药品、精神药品罪还是贩卖毒品罪，需要结合案件具体情况予以判断。非法提供麻醉药品、精神药品罪由特殊主体构成，即依法从事生产、运输、管理、使用麻醉药品的人员，而贩卖毒品罪由一般主体构成。本案中，被告人陈某系医院的普外科医生，其本人不是依法从事生产、运输、管理、使用国家管制的麻醉药品、精神药品的人员，利用在医院工作的便利条件，从同院麻醉科医生处骗取涉案"舒芬太尼"后有偿提供给吸毒人员，应认定其构成贩卖毒品罪。

★制毒团伙中罪责最为突出的主犯，罪行极其严重；依法对二人适用死刑

《梁玉景、黎国都制造毒品案——纠集多人制造毒品，数量特别巨大，罪行极其严重》[2022年6月25日最高人民法院发布2022年十大毒品（涉毒）犯罪典型案例]

【典型意义】

制造毒品属于源头性毒品犯罪，历来是我国禁毒斗争的打击重点。近年来，广东等地的规模化制毒活动在持续严厉打击和有效治理之下，逐步得到遏制，但制毒活动出现了向周边省市转移的现象，国内其他地区分散、零星制毒犯罪仍时有发生，且犯罪手段呈现分段式、隐秘化等特点。本案是一起发生在广西的家族式重大制毒犯罪，参与人数多、制毒规模大，涉案人员大多具有亲属关系。同案人在梁玉景、黎国都指挥下实施制毒犯罪，从广东购入制毒原料，跨省运输至广西农村地区进行制造。案发时在制毒场地查获甲基苯丙胺晶体419.2千克、含甲基苯丙胺成分的固液混合物143.92千克及制毒物品氯麻黄碱148.42千克，毒品数量特别巨大。梁玉景、黎国都系该制毒团伙中罪责最为突出的主犯，罪行极其严重。人民法院依法对二人适用死刑，体现了突出打击重点、严惩源头性毒品犯罪的严正立场。

★以暴力抗拒检查、拘留、逮捕，情节严重，是指造成执法人员死亡、重伤、多人轻伤等情形

《冯志国运输毒品案——暴力抗拒检查，持刀捅刺致执法人员重伤，且系累犯，罪行极其严重》[2022年6月25日最高人民法院发布2022年十大毒品（涉毒）犯罪典型案例]

【典型意义】

近年来，部分毒品犯罪分子为逃避法律制裁，不惜铤而走险，采用暴力手段抗拒检查、抓捕，增加了执法人员查缉毒品犯罪的风险，也对社会治安和人民群众的生命财产安全构成威胁。根据刑法第三百四十七条第二款的规定，走私、贩卖、运输、制造毒品，并具有以暴力抗拒检查、拘留、逮捕，情节严重情形的，处十五年有期徒刑、无期徒刑或者死刑。《最高人民法院关于审理毒品犯罪案件适用法律若干问题的解释》第三条第二款规定，以暴力抗拒检查、拘留、逮捕，情节严重，是指造成执法人员死亡、重伤、多人轻伤等情形。本案中，被告人冯志国在罪行被执法人员察觉后，为逃跑持刀连续捅刺执法人员致其重伤，属于暴力抗拒检查情节严重的情形。冯志国曾因犯拐卖妇女罪被判刑，刑满释放后短期内即再次实施本案犯罪，系累犯。冯志国对抗执法权威的行为及其前科情节，均反映出其较深的主观恶性和较大的人身危险性，依法应在法定量刑幅度内从重处罚。人民法院对其依法严惩并适用死刑，警示妄图以暴力对抗手段逃避法律追究的毒品犯罪分子，切勿心存侥幸。

★检举线索系行为人亲属通过贿买的非法手段获取后检举揭发的，即便检举线索查证属实，也不构成立功

《邱山喜贩卖、运输毒品案——通过非法手段获取他人犯罪线索并检举，不构成立功，且系毒品再犯，罪行极其严重》[2022年6月25日最高人民法院发布2022年十大毒品(涉毒)犯罪典型案例]

【典型意义】

刑法设立立功制度，主要目的在于通过对犯罪分子承诺并兑现从宽处罚，换取其积极揭露他人罪行，以便司法机关及时发现、查处犯罪，节约司法资源。同时，检举揭发他人犯罪也在一定程度上反映出犯罪分子弃恶从善的愿望，有利于促成其悔过自新。但是，构成立功要求犯罪分子检举线索的来源必须合法，否则就背离了立功制度创设的初衷和价值取向，且违反相关法律法规，破坏公序良俗。《自首立功意见》第四条规定，犯罪分子通过贿买、暴力、胁迫等非法手段，获取他人犯罪线索并"检举揭发"的，不能认定为有立功表现。本案中，被告人邱山喜携款向上家求购大量毒品并跨省长途运输，罪行极其严重，且系毒品再犯，论罪应处死刑。邱山喜到案后检举揭发范某某贩卖毒品线索，公安机关据此侦破范某某贩毒一案，范某某被判处无期徒刑以上刑罚。经再审查明，上述检举线索系邱山喜亲属通过贿买的非法手段获取后交由邱山喜检举揭发，根据《自首立功意见》的规定，即便检举线索查证属实，邱山喜的行为也不构成立功。人民法院依法启动再审，对邱山喜改判死刑，彰显了对严重毒品犯罪绝不姑息的态度和实事求是、有错必纠的决心。

★加大对制毒物品犯罪的打击力度，是从源头上遏制制造新型毒品犯罪的重要手段

《郑保涛等制造毒品、非法生产、买卖制毒物品案——明知他人制造甲卡西酮而向其提供制毒原料；非法生产、买卖制毒物品，情节特别严重》［2022年6月25日最高人民法院发布2022年十大毒品（涉毒）犯罪典型案例］

【典型意义】

近年来，以制毒物品为原料，采用化学合成方法制造甲卡西酮等新型毒品的犯罪呈上升趋势。加大对制毒物品犯罪的打击力度，是从源头上遏制制造新型毒品犯罪的重要手段。本案是一起非法制造、买卖制毒物品，同时构成制造毒品共犯的典型案例。溴代苯丙酮、苯丙酮属于国家严格管控的制毒物品，被告人郑保涛等多次、大量非法生产、买卖溴代苯丙酮、苯丙酮等制毒物品，根据《最高人民法院关于审理毒品犯罪案件适用法律若干问题的解释》第八条第二款的规定，属于情节特别严重情形，人民法院依法对其判处七年以上有期徒刑。同时，当前制造毒品犯罪日益呈现团伙作案、分工精细、分段进行等特点，有必要予以全链条、全方位打击处理。明知他人制造毒品而向其提供制毒原料的，构成制造毒品罪的共犯，依法应予严惩。人民法院以制造毒品罪与非法生产、买卖制毒物品罪对郑保涛数罪并罚，决定执行有期徒刑十九年，并处以高额财产刑，体现了坚决遏制毒品来源、严厉惩治此类犯罪的一贯立场。同时，人民法院对本案中犯罪情节较轻，或者具有从犯、立功、坦白等法定从宽处罚情节的被告人依法从轻、减轻处罚,全面贯彻了宽严相济刑事政策。

★多次向他人出售含有合成大麻素成分的电子烟油,被抓获时又从其住所等处查获大量用于贩卖的电子烟油,从严处罚

《万昊能等贩卖毒品、洗钱案——贩卖含有合成大麻素成分的电子烟油并"自洗钱",依法数罪并罚》[2022年6月25日最高人民法院发布2022年十大毒品(涉毒)犯罪典型案例]

【典型意义】

合成大麻素类物质是人工合成的化学物质,相较天然大麻能产生更为强烈的兴奋、致幻等效果。吸食合成大麻素类物质后,会出现头晕、呕吐、精神恍惚等反应,过量吸食会出现休克、窒息甚至猝死等情况,社会危害极大。2021年7月1日起,合成大麻素类物质被列入《非药用类麻醉药品和精神药品管制品种增补目录》进行整类列管,以实现对此类新型毒品犯罪的严厉打击。合成大麻素类物质往往被不法分子添加入电子烟油中或喷涂于烟丝等介质表面,冠以"上头电子烟"之名在娱乐场所等进行贩卖,因其外表与普通电子烟相似,故具有较强迷惑性,不易被发现和查处,严重破坏毒品管制秩序,危害公民身体健康。本案被告人万昊能六次向他人出售含有合成大麻素成分的电子烟油,被抓获时又从其住所等处查获大量用于贩卖的电子烟油。人民法院根据其贩卖毒品的数量、情节和对社会的危害程度,对其依法从严适用刑罚,同时警示社会公众自觉抵制新型毒品诱惑,切莫以身试毒。

毒品犯罪是洗钱犯罪的上游犯罪之一。洗钱活动在为毒品犯罪清洗毒资的同时,也为扩大毒品犯罪规模提供了资金支持,助长了毒品犯罪的蔓延。《中华人民共和国刑法修正案(十一)》将"自洗钱"行为规定为犯罪,加大了对从洗钱犯罪中获益最大的上游犯罪本犯的惩罚力度。本案中,被告人万昊能通过收购的微信账号等支付结算方式,转移自身贩卖毒品所获毒资,掩饰、隐瞒贩毒违法所得的来源和性质,妄图"洗白"毒资和隐匿毒资来源。人民法院对其以贩卖毒品罪、洗钱罪数罪并罚,以同步惩治上下游犯罪,斩断毒品犯罪的资金链条,摧毁毒品犯罪分子再犯罪的经济基础。

★为牟取高额利润,多次走私大麻入境,并向多名吸毒人员贩卖,直接导致毒品进入消费环节,从严惩处

《梁宇立走私、贩卖毒品案——多次走私大麻入境,并向多名吸毒人员贩卖,情节严重》[2022年6月25日最高人民法院发布2022年十大毒品(涉毒)犯罪典型案例]

【典型意义】

大麻类毒品包括大麻植物干品、大麻树脂、大麻油等,最主要的活性成分为四氢大麻酚,对人体有麻醉、致幻等作用。大麻具有成瘾性,长期滥用可导致呼吸系统、免疫系统问题或精神疾病。我国将大麻类物质和四氢大麻酚分别列为麻醉药品和一类精神药品进行严格管制。近年来,受境外部分国家大麻"合法化"的影响,一些留学生、海外归国人员、文娱从业人员产生大麻类毒品成瘾性低、危害性小的错误认知,出于猎奇心理或追求感官刺激而吸食大麻。随着国内管制不断加强,犯罪分子利用互联网从境外购买大麻,通过国际邮包少量、多次、分散寄递入境后,贩卖给滥用群体。本案是一起典型的与境外卖家勾连交易,通过国际快递走私大麻入境后在国内贩卖的案件。被告人梁宇立为牟取高额利润,多次走私大麻入境,并向多名吸毒人员贩卖,既系源头性犯罪,又直接导致毒品进入消费环节,情节严重,社会危害大。人民法院依法对其从严惩处,体现了厉行禁毒的坚定立场,同时也提醒广大群众,特别是青少年群体充分认识大麻危害,提高对毒品的防范意识和鉴别能力。

★对利用信息网络实施非法贩卖麻精药品犯罪的严厉打击

《周洪伟贩卖、运输毒品案——利用"互联网+物流寄递"手段多次向吸毒人员贩卖麻精药品,情节严重》[2022年6月25日最高人民法院发布2022年十大毒品(涉毒)犯罪典型案例]

【典型意义】

近年来,随着我国对海洛因、甲基苯丙胺等毒品犯罪的打击力度不断加强,部分常见毒品逐渐较难获得,一些吸毒人员转而通过非法手段获取处方麻精药品作为替代物滥用,以满足吸毒瘾癖,具有医疗用途的麻精药品流入非法渠道的情况时有发生。为加大监管力度,有关职能部门联合印发《关于将含羟考酮复方制剂等品种列入精神药品管理的公告》,规定自2019年9月1日起将含羟考酮的复方制剂(含泰勒宁)列入精神药品管理。《全国法院毒品犯罪审判工作座谈会纪要》明确规定,向吸食、注射毒品的人员贩卖国家规定管制的能够使人形成瘾癖的麻醉药品或者精神药品的,以贩卖毒品罪定罪处罚。同时,随着互联网技术、物流业的快速发展,犯罪分子依托互联网联络毒品交易并收取毒资、通过快递物流渠道交付毒品的现象日益突出。信息网络的跨地域性、匿名性特点,使得毒品犯罪手段愈趋隐蔽化、多样化,监管、打击难度不断加大。本案就是犯罪分子利用"互联网+物流寄递"手段向吸毒人员贩卖国家规定管制的处方麻精药品的典型案例。被告人周洪伟在微信、抖音、百度贴吧等网络社交平台寻找联系买家,明知买家购买麻精药品作为成瘾替代物,仍通过闲鱼交易平台下单结算,再通过物流方式向各地买家寄送,犯罪手段隐蔽,社会危害性大。周洪伟多次向吸毒人员贩卖毒品,情节严重。除已售出的麻精药品外,公安人员还从周洪伟租住处查获大量国家管制的精神药品。人民法院对周洪伟依法适用刑罚,体现了对利用信息网络实施非法贩卖麻精药品犯罪的严厉打击。

★刑满释放后两次向吸毒人员贩卖氟胺酮,系累犯,主观恶性深,人身危险性大;依法从严惩处

《何启安贩卖毒品案——向吸毒人员贩卖氟胺酮,且系累犯,依法严惩》[2022年6月25日最高人民法院发布2022年十大毒品(涉毒)犯罪典型案例]

【典型意义】

氟胺酮是对氯胺酮(俗称"K粉")进行化学结构修饰得到的类似物,从外观看两者同为白色结晶粉末状,具有相似的麻醉、致幻等效果,长期吸食氟胺酮会引发对人体脏器的永久损害,滥用过量甚至会导致死亡。近年来,随着国家对涉氯胺酮犯罪的打击力度不断加大,不法分子逐渐将目标转向氟胺酮,将其作为氯胺酮的替代物非法吸食、贩卖,以逃避法律制裁。为防范氟胺酮等新精神活性物质蔓延,有关职能部门联合发布《关于将合成大麻素类物质和氟胺酮等18种物质列入〈非药用类麻醉药品和精神药品管制品种增补目录〉的公告》,决定从2021年7月1日起正式将氟胺酮纳入列管范围。该公告的施行为打击氟胺酮等新型毒品犯罪提供了依据。本案系一起典型的涉氟胺酮犯罪案件。被告人何启安曾因犯盗窃罪被判处刑罚,刑满释放后不思悔改,又两次向吸毒人员贩卖氟胺酮,系累犯,主观恶性深,人身危险性大。人民法院根据何启安的犯罪事实、性质、情节和对社会的危害程度,对其依法从严惩处,彰显了人民法院坚决打击新型毒品犯罪的严正立场。

★对上游犯罪人员的自洗钱行为以洗钱罪追究刑事责任

《冯某才等人贩卖毒品、洗钱案》(2022年11月3日最高人民检察院发布检察机关惩治洗钱犯罪典型案例)

【关键词】

自洗钱　贩卖毒品　犯罪构成　洗钱故意　数罪并罚

【典型意义】

1.对上游犯罪人员的自洗钱行为以洗钱罪追究刑事责任,是刑法修正案(十一)根据反洗钱形势任务作出的重大调整,检察机关应当认真贯彻执行。办理刑法第一百九十一条规定的上游犯罪案件,要根据犯罪所得及其收益的去向,同步审查上游犯罪人员是否涉嫌洗钱犯罪。发现洗钱犯罪线索需要侦查进一步搜集证据的,应当及时移送公安机关立案侦查。公安机关移送起诉上游犯罪,检察机关审查认为洗钱罪(包括上游犯罪人员自洗钱和上游犯罪共犯以外的人员帮助洗钱)的事实清楚、证据确实、充分,符合起诉条件的,可以直接将洗钱罪与上游犯罪一并提起公诉,对上游犯罪共犯以外的人员帮助洗钱犯罪可以一并追诉。

2.完整把握刑法规定的犯罪构成条件,准确认定洗钱罪。要坚持主观因素与客观因素相统一的刑事责任评价原则,"为掩饰、隐瞒上游犯罪所得及其产生的收益的来源和性质”和“有下列行为之一”都是构成洗钱罪的必要条件，主观上具有掩饰、隐瞒犯罪所得及其产生的收益来源和性质的故意，客观上实施了掩饰、隐瞒犯罪所得及其产生的收益的来源和性质的行为，同时符合主客观两方面条件的，应当承担刑事责任，并与上游犯罪数罪并罚。认定上游犯罪和自洗钱犯罪，都应当符合各自独立的犯罪构成，上游犯罪行为人完成上游犯罪并取得或控制犯罪所得后，进一步实施的掩饰、隐瞒犯罪所得及其产生的收益的来源和性质的行为，属于自洗钱行为。上游犯罪实施过程中的接收、接受资金行为，属于上游犯罪的完成行为，是上游犯罪既遂的必要条件，不宜重复认定为洗钱行为，帮助接收、接受犯罪所得的人员可以成立上游犯罪的共犯。对于连续、持续进行的上游犯罪和洗钱犯罪，应当逐一分别评价，准确认定。

★惩治寄递违禁品犯罪，提高预防寄递违禁品的工作水平

《浙江张某锋贩卖毒品案》（2022 年 11 月 23 日最高人民检察院发布 5 件检察机关落实“七号检察建议”典型案例）

【关键词】

贩卖毒品罪　快递从业人员举报　快递集中处理　长效治理

【典型意义】

第347条

检察机关通过深入宣传落实“七号检察建议”，提升快递从业人员发现寄递违禁品犯罪线索的意识和能力，使快递从业人员迅速成为防范违禁品寄递的有生力量，进而形成快递从业人员和社会公众积极参与预防寄递违禁品犯罪，融入社会治理的新局面。通过“定制普法”，推动建立集中化处理模式，完善行业管理机制。联合邮政管理部门加强寄递行业安全监管，将办案与长效治理相结合，有力惩治寄递违禁品犯罪，提高预防寄递违禁品的工作水平，推进“七号检察建议”深入基层，落到实处。

★检察机关与相关部门建立常态化协作机制,依法严厉打击寄递违禁品犯罪案件

《陕西万某走私毒品、容留他人吸毒案》(2022 年 11 月 23 日最高人民检察院发布 5 件检察机关落实“七号检察建议”典型案例)

【关键词】

走私毒品罪　警检邮协作机制　自行补充侦查

【典型意义】

检察机关以落实“七号检察建议”为契机,与公安、邮政管理、交通运输等部门建立了常态化协作机制,依法严厉打击寄递违禁品犯罪案件。在诉讼过程中,检察机关发挥主导作用,履行好引导侦查与自行补充侦查职责,查实影响定罪量刑的关键事实和情节,完善证据链条,确保案件质量。针对办案中发现的寄递行业存在的风险隐患,检察机关坚持治罪与治理并重,及时提出加强寄递行业监管的意见,并向涉案人员单位、主管部门制发抄送检察建议,督促强化日常监管。

★审查毒品案件时,应当着重从毒品流通链条和毒赃流转链条进行审查

《天津孟某、苏某飞贩卖毒品、洗钱案》(2022 年 11 月 23 日最高人民检察院发布 5 件检察机关落实“七号检察建议”典型案例)

【关键词】

贩卖毒品罪　洗钱罪　引导补充侦查　一案双查

【典型意义】

检察机关审查毒品案件时,应当着重从毒品流通链条和毒赃流转链条进行审查。对涉案财物的来源和去向进行全面查证,详细审查银行账户和第三方支付交易明细等客观性证据,查明毒赃流转情况,依法追捕追诉涉毒洗钱犯罪。对于遗漏犯罪事实或者遗漏犯罪嫌疑人的,应当及时引导公安机关补充侦查或者自行补充侦查,完善证据体系,及时进行补充起诉。针对犯罪分子利用快递贩运毒品等问题,通过制发检察建议,广泛开展预防寄递毒品宣传教育工作等方式堵塞漏洞,推动寄递行业依法规范经营。

第三百四十八条 【非法持有毒品罪】非法持有鸦片一千克以上、海洛因或者甲基苯丙胺五十克以上或者其他毒品数量大的,处七年以上有期徒刑或者无期徒刑,并处罚金;非法持有鸦片二百克以上不满一千克、海洛因或者甲基苯丙胺十克以上不满五十克或者其他毒品数量较大的,处三年以下有期徒刑、拘役或者管制,并处罚金;情节严重的,处三年以上七年以下有期徒刑,并处罚金。

立法动态

本条源自《中华人民共和国刑法》(1997 年 3 月 14 日第八届全国人民代表大会第五次会议修订,自 1997 年 10 月 1 日起施行)。

立案标准

《最高人民检察院、公安部关于公安机关管辖的刑事案件立案追诉标准的规定(三)》(2012 年 5 月 16 日 公通字〔2012〕26 号)

第二条 [非法持有毒品案(刑法第三百四十八条)]明知是毒品而非法持有,涉嫌下列情形之一的,应予立案追诉:

(一)鸦片二百克以上、海洛因、可卡因或者甲基苯丙胺十克以上;

(二)二亚甲基双氧安非他明(MDMA)等苯丙胺类毒品(甲基苯丙胺除外)、吗啡二十克以上;

(三)度冷丁(杜冷丁)五十克以上(针剂 100mg/支规格的五百支以上,50mg/支规格的一千支以上;片剂 25mg/片规格的二千片以上,50mg/片规格的一千片以上);

(四)盐酸二氢埃托啡二毫克以上(针剂或者片剂 20mg/支、片规格的一百支、片以上);

（五）氯胺酮、美沙酮二百克以上；

（六）三唑仑、安眠酮十千克以上；

（七）咖啡因五十千克以上；

（八）氯氮卓、艾司唑仑、地西泮、溴西泮一百千克以上；

（九）大麻油一千克以上，大麻脂二千克以上，大麻叶及大麻烟三十千克以上；

（十）罂粟壳五十千克以上；

（十一）上述毒品以外的其他毒品数量较大的。

非法持有两种以上毒品，每种毒品均没有达到本条第一款规定的数量标准，但按前款规定的立案追诉数量比例折算成海洛因后累计相加达到十克以上的，应予立案追诉。

本条规定的“非法持有”，是指违反国家法律和国家主管部门的规定，占有、携带、藏有或者以其他方式持有毒品。

非法持有毒品主观故意中的“明知”，依照本规定第一条第八款的有关规定予以认定。

量刑指导

《最高人民法院、最高人民检察院关于常见犯罪的量刑指导意见（试行）》（2021 年 6 月 16 日　法发〔2021〕21 号）

四、常见犯罪的量刑

（二十一）非法持有毒品罪

1. 构成非法持有毒品罪的，根据下列情形在相应的幅度内确定量刑起点：

（1）非法持有鸦片一千克以上、海洛因或者甲基苯丙胺五十克以上或者其他毒品数量大的，在七年至九年有期徒刑幅度内确定量刑起点。依法应当判处无期徒刑的除外。

（2）非法持有毒品情节严重的，在三年至四年有期徒刑幅度内确定量刑起点。

(3)非法持有鸦片二百克、海洛因或者甲基苯丙胺十克或者其他毒品数量较大的,在一年以下有期徒刑、拘役幅度内确定量刑起点。

2. 在量刑起点的基础上,根据毒品数量等其他影响犯罪构成的犯罪事实增加刑罚量,确定基准刑。

3. 构成非法持有毒品罪的,根据非法持有毒品的种类、数量等犯罪情节,综合考虑被告人缴纳罚金的能力,决定罚金数额。

4. 构成非法持有毒品罪的,综合考虑非法持有毒品的种类、数量等犯罪事实、量刑情节,以及被告人主观恶性、人身危险性、认罪悔罪表现等因素,从严把握缓刑的适用。

适用要点与裁判依据

★"其他毒品数量大""其他毒品数量较大"的认定

《最高人民法院关于审理毒品犯罪案件适用法律若干问题的解释》(2016年4月6日　法释〔2016〕8号)

第一条　走私、贩卖、运输、制造、非法持有下列毒品,应当认定为刑法第三百四十七条第二款第一项、第三百四十八条规定的"其他毒品数量大":

(一)可卡因五十克以上;

(二)3,4-亚甲二氧基甲基苯丙胺(MDMA)等苯丙胺类毒品(甲基苯丙胺除外)、吗啡一百克以上;

(三)芬太尼一百二十五克以上;

(四)甲卡西酮二百克以上;

(五)二氢埃托啡十毫克以上;

(六)哌替啶(度冷丁)二百五十克以上;

(七)氯胺酮五百克以上;

(八)美沙酮一千克以上;

(九)曲马多、γ-羟丁酸二千克以上;

(十)大麻油五千克、大麻脂十千克、大麻叶及大麻烟一百五十千克以上；

（十一）可待因、丁丙诺啡五千克以上；

（十二）三唑仑、安眠酮五十千克以上；

（十三）阿普唑仑、恰特草一百千克以上；

（十四）咖啡因、罂粟壳二百千克以上；

（十五）巴比妥、苯巴比妥、安钠咖、尼美西泮二百五十千克以上；

（十六）氯氮卓、艾司唑仑、地西泮、溴西泮五百千克以上；

（十七）上述毒品以外的其他毒品数量大的。

国家定点生产企业按照标准规格生产的麻醉药品或者精神药品被用于毒品犯罪的，根据药品中毒品成分的含量认定涉案毒品数量。

第二条　走私、贩卖、运输、制造、非法持有下列毒品，应当认定为刑法第三百四十七条第三款、第三百四十八条规定的“其他毒品数量较大”：

（一）可卡因十克以上不满五十克；

（二）3，4－亚甲二氧基甲基苯丙胺（MDMA）等苯丙胺类毒品（甲基苯丙胺除外）、吗啡二十克以上不满一百克；

（三）芬太尼二十五克以上不满一百二十五克；

（四）甲卡西酮四十克以上不满二百克；

（五）二氢埃托啡二毫克以上不满十毫克；

（六）哌替啶（度冷丁）五十克以上不满二百五十克；

（七）氯胺酮一百克以上不满五百克；

（八）美沙酮二百克以上不满一千克；

（九）曲马多、γ－羟丁酸四百克以上不满二千克；

（十）大麻油一千克以上不满五千克、大麻脂二千克以上不满十千克、大麻叶及大麻烟三十千克以上不满一百五十千克；

（十一）可待因、丁丙诺啡一千克以上不满五千克；

（十二）三唑仑、安眠酮十千克以上不满五十千克；

（十三）阿普唑仑、恰特草二十千克以上不满一百千克；

（十四）咖啡因、罂粟壳四十千克以上不满二百千克；

(十五)巴比妥、苯巴比妥、安钠咖、尼美西泮五十千克以上不满二百五十千克;

(十六)氯氮卓、艾司唑仑、地西泮、溴西泮一百千克以上不满五百千克;

(十七)上述毒品以外的其他毒品数量较大的。

★犯本罪,"数量较大""情节严重"的认定

《最高人民法院关于审理毒品犯罪案件适用法律若干问题的解释》(2016 年 4 月 6 日　法释〔2016〕8 号)

第五条　非法持有毒品达到刑法第三百四十八条或者本解释第二条规定的"数量较大"标准,且具有下列情形之一的,应当认定为刑法第三百四十八条规定的"情节严重":

(一)在戒毒场所、监管场所非法持有毒品的;

(二)利用、教唆未成年人非法持有毒品的;

(三)国家工作人员非法持有毒品的;

(四)其他情节严重的情形。

第349条

第三百四十九条　【包庇毒品犯罪分子罪】【窝藏、转移、隐瞒毒品、毒赃罪】包庇走私、贩卖、运输、制造毒品的犯罪分子的,为犯罪分子窝藏、转移、隐瞒毒品或者犯罪所得的财物的,处三年以下有期徒刑、拘役或者管制;情节严重的,处三年以上十年以下有期徒刑。

【包庇毒品犯罪分子罪】缉毒人员或者其他国家机关工作人员掩护、包庇走私、贩卖、运输、制造毒品的犯罪分子的,依照前款的规定从重处罚。

犯前两款罪,事先通谋的,以走私、贩卖、运输、制造毒品罪的共犯论处。

立法动态

本条源自《中华人民共和国刑法》(1997 年 3 月 14 日第八届全国人民代表大会第五次会议修订,自 1997 年 10 月 1 日起施行)。

适用要点与裁判依据

★犯本罪,同时又构成其他犯罪的,择一重处

《最高人民法院关于审理洗钱等刑事案件具体应用法律若干问题的解释》(2009 年 11 月 4 日　法释〔2009〕15 号)

第三条　明知是犯罪所得及其产生的收益而予以掩饰、隐瞒,构成刑法第三百一十二条规定的犯罪,同时又构成刑法第一百九十一条或者第三百四十九条规定的犯罪的,依照处罚较重的规定定罪处罚。

★犯本罪,应当以上游犯罪事实成立为认定前提

《最高人民法院关于审理洗钱等刑事案件具体应用法律若干问题的解释》(2009 年 11 月 4 日　法释〔2009〕15 号)

第四条　刑法第一百九十一条、第三百一十二条、第三百四十九条规定的犯罪,应当以上游犯罪事实成立为认定前提。上游犯罪尚未依法裁判,但查证属实的,不影响刑法第一百九十一条、第三百一十二条、第三百四十九条规定的犯罪的审判。

上游犯罪事实可以确认,因行为人死亡等原因依法不予追究刑事责任的,不影响刑法第一百九十一条、第三百一十二条、第三百四十九条规定的犯罪的认定。

上游犯罪事实可以确认,依法以其他罪名定罪处罚的,不影响刑法第一百九十一条、第三百一十二条、第三百四十九条规定的犯罪的认定。

本条所称"上游犯罪",是指产生刑法第一百九十一条、第三百一十二条、第三百四十九条规定的犯罪所得及其收益的各种犯罪行为。

★犯本条之罪,“情节严重”的认定

《最高人民法院关于审理毒品犯罪案件适用法律若干问题的解释》(2016 年 4 月 6 日　法释〔2016〕8 号)

第六条　包庇走私、贩卖、运输、制造毒品的犯罪分子,具有下列情形之一的,应当认定为刑法第三百四十九条第一款规定的“情节严重”:

(一)被包庇的犯罪分子依法应当判处十五年有期徒刑以上刑罚的;

(二)包庇多名或者多次包庇走私、贩卖、运输、制造毒品的犯罪分子的;

(三)严重妨害司法机关对被包庇的犯罪分子实施的毒品犯罪进行追究的;

(四)其他情节严重的情形。

为走私、贩卖、运输、制造毒品的犯罪分子窝藏、转移、隐瞒毒品或者毒品犯罪所得的财物,具有下列情形之一的,应当认定为刑法第三百四十九条第一款规定的“情节严重”:

(一)为犯罪分子窝藏、转移、隐瞒毒品达到刑法第三百四十七条第二款第一项或者本解释第一条第一款规定的“数量大”标准的;

(二)为犯罪分子窝藏、转移、隐瞒毒品犯罪所得的财物价值达到五万元以上的;

(三)为多人或者多次为他人窝藏、转移、隐瞒毒品或者毒品犯罪所得的财物的;

(四)严重妨害司法机关对该犯罪分子实施的毒品犯罪进行追究的;

(五)其他情节严重的情形。

包庇走私、贩卖、运输、制造毒品的近亲属,或者为其窝藏、转移、隐瞒毒品或者毒品犯罪所得的财物,不具有本条前两款规定的“情节严重”情形,归案后认罪、悔罪、积极退赃,且系初犯、偶犯,犯罪情节轻微不需要判处刑罚的,可以免予刑事处罚。

第三百五十条 【非法生产、买卖、运输制毒物品、走私制毒物品罪】违反国家规定，非法生产、买卖、运输醋酸酐、乙醚、三氯甲烷或者其他用于制造毒品的原料、配剂，或者携带上述物品进出境，情节较重的，处三年以下有期徒刑、拘役或者管制，并处罚金；情节严重的，处三年以上七年以下有期徒刑，并处罚金；情节特别严重的，处七年以上有期徒刑，并处罚金或者没收财产。

明知他人制造毒品而为其生产、买卖、运输前款规定的物品的，以制造毒品罪的共犯论处。

单位犯前两款罪的，对单位判处罚金，并对其直接负责的主管人员和其他直接责任人员，依照前两款的规定处罚。

立法动态

本条源自《中华人民共和国刑法》(1997 年 3 月 14 日第八届全国人民代表大会第五次会议修订，自 1997 年 10 月 1 日起施行)。

本条第一、二款根据《中华人民共和国刑法修正案(九)》(自 2015 年 11 月 1 日起施行)第四十一条修改。

原本条第一、二款内容为：第三百五十条(第一款) 违反国家规定，非法运输、携带醋酸酐、乙醚、三氯甲烷或者其他用于制造毒品的原料或者配剂进出境的，或者违反国家规定，在境内非法买卖上述物品的，处三年以下有期徒刑、拘役或者管制，并处罚金；数量大的，处三年以上十年以下有期徒刑，并处罚金。(第二款)明知他人制造毒品而为其提供前款规定的物品的，以制造毒品罪的共犯论处。

本条第一、二款修改的主要内容为：一是对生产、买卖、运输易制毒化学品的行为作了专门规定；二是将量刑依据由数量改为情节，规定了“情节较重”“情节严重”“情节特别严重”三档法定刑；三是第二款增加规定生产、买卖、运输的行为构成共犯。

适用要点与裁判依据

★"情节较重""情节严重""情节特别严重"的认定

《最高人民法院关于审理毒品犯罪案件适用法律若干问题的解释》(2016年4月6日 法释〔2016〕8号)

第七条 违反国家规定,非法生产、买卖、运输制毒物品、走私制毒物品,达到下列数量标准的,应当认定为刑法第三百五十条第一款规定的"情节较重":

(一)麻黄碱(麻黄素)、伪麻黄碱(伪麻黄素)、消旋麻黄碱(消旋麻黄素)一千克以上不满五千克;

(二)1-苯基-2-丙酮、1-苯基-2-溴-1-丙酮、3,4-亚甲基二氧苯基-2-丙酮、羟亚胺二千克以上不满十千克;

(三)3-氧-2-苯基丁腈、邻氯苯基环戊酮、去甲麻黄碱(去甲麻黄素)、甲基麻黄碱(甲基麻黄素)四千克以上不满二十千克;

(四)醋酸酐十千克以上不满五十千克;

(五)麻黄浸膏、麻黄浸膏粉、胡椒醛、黄樟素、黄樟油、异黄樟素、麦角酸、麦角胺、麦角新碱、苯乙酸二十千克以上不满一百千克;

(六)N-乙酰邻氨基苯酸、邻氨基苯甲酸、三氯甲烷、乙醚、哌啶五十千克以上不满二百五十千克;

(七)甲苯、丙酮、甲基乙基酮、高锰酸钾、硫酸、盐酸一百千克以上不满五百千克;

(八)其他制毒物品数量相当的。

违反国家规定,非法生产、买卖、运输制毒物品、走私制毒物品,达到前款规定的数量标准最低值的百分之五十,且具有下列情形之一的,应当认定为刑法第三百五十条第一款规定的"情节较重":

(一)曾因非法生产、买卖、运输制毒物品、走私制毒物品受过刑事处罚的;

(二)二年内曾因非法生产、买卖、运输制毒物品、走私制毒物品受过行政处罚的;

(三)一次组织五人以上或者多次非法生产、买卖、运输制毒物品、走私制毒物品,或者在多个地点非法生产制毒物品的;

(四)利用、教唆未成年人非法生产、买卖、运输制毒物品、走私制毒物品的;

(五)国家工作人员非法生产、买卖、运输制毒物品、走私制毒物品的;

(六)严重影响群众正常生产、生活秩序的;

(七)其他情节较重的情形。

易制毒化学品生产、经营、购买、运输单位或者个人未办理许可证明或者备案证明,生产、销售、购买、运输易制毒化学品,确实用于合法生产、生活需要的,不以制毒物品犯罪论处。

第八条 违反国家规定,非法生产、买卖、运输制毒物品、走私制毒物品,具有下列情形之一的,应当认定为刑法第三百五十条第一款规定的“情节严重”:

(一)制毒物品数量在本解释第七条第一款规定的最高数量标准以上,不满最高数量标准五倍的;

(二)达到本解释第七条第一款规定的数量标准,且具有本解释第七条第二款第三项至第六项规定的情形之一的;

(三)其他情节严重的情形。

违反国家规定,非法生产、买卖、运输制毒物品、走私制毒物品,具有下列情形之一的,应当认定为刑法第三百五十条第一款规定的“情节特别严重”:

(一)制毒物品数量在本解释第七条第一款规定的最高数量标准五倍以上的;

(二)达到前款第一项规定的数量标准,且具有本解释第七条第二款第三项至第六项规定的情形之一的;

(三)其他情节特别严重的情形。

类案检索指引

★对于实施制毒物品犯罪情节特别严重的，依法坚决惩处

《吕晓春等非法生产、买卖制毒物品案——非法买卖溴代苯丙酮、生产麻黄素，情节特别严重》[2020年6月23日最高人民法院发布2020年十大毒品(涉毒)犯罪典型案例]

【典型意义】

受多种因素影响，当前我国制毒物品违法犯罪问题较为突出。本案是一起比较典型的非法生产、买卖制毒物品的案例。溴代苯丙酮是合成麻黄素的重要原料，而麻黄素可用于制造毒品甲基苯丙胺，二者都是国家严格管控的易制毒化学品。根据《最高人民法院关于审理毒品犯罪案件适用法律若干问题的解释》第八条的规定，被告人吕晓春、高俊成、郑颖三人实施制毒物品犯罪均属情节特别严重，人民法院依法判处相应刑罚，体现了对此类毒品犯罪的坚决惩处。

★刑法对引诱、教唆、欺骗他人吸毒罪没有设置数量、情节等入罪条件，均应追究刑事责任

《邹火生引诱他人吸毒、盗窃案——引诱他人吸毒并唆使他人共同盗窃，依法惩处》[2020年6月23日最高人民法院发布2020年十大毒品(涉毒)犯罪典型案例]

【典型意义】

吸毒成瘾不仅损害身体健康，高额的支出也会造成经济困境，诱使吸毒者实施盗抢等侵财犯罪。我国刑法对引诱、教唆、欺骗他人吸毒罪没有设置数量、情节等入罪条件，故实施此类行为的一般均应追究刑事责任。本案就是一起引诱他人吸毒后又共同实施侵财犯罪的典型案例。被告人邹火生以吸毒可以消除病痛为由引诱同村村民吸食海洛因，为购买毒品又唆使其共同入户盗窃财物，较为突出地体现了吸毒诱发犯罪的危害。人民法院根据邹火生犯罪的事实、性质和具体情节，依法对其判处了刑罚。

★在校学生从单纯的毒品滥用者转变为毒品犯罪实施者，依法从严判处刑罚

《陈德胜容留他人吸毒案——容留多名未成年人吸毒，依法严惩》［2020年6月23日最高人民法院发布2020年十大毒品（涉毒）犯罪典型案例］

【典型意义】

毒品具有成瘾性，一旦沾染，极易造成身体和心理的双重依赖。近年来我国容留他人吸毒案件发案率较高，吸毒人员低龄化特点也较突出。未成年人心智尚未成熟，更易遭受毒品侵害。本案是一起容留多名未成年人吸毒的典型案例。被告人陈德胜系在校学生，为女朋友庆祝生日时容留前来聚会的多名未成年人一同吸毒，已从单纯的毒品滥用者转变为毒品犯罪实施者。人民法院根据陈德胜犯罪的事实、性质和具体情节，依法从严判处刑罚。

第三百五十一条 【非法种植毒品原植物罪】非法种植罂粟、大麻等毒品原植物的，一律强制铲除。有下列情形之一的，处五年以下有期徒刑、拘役或者管制，并处罚金：

（一）种植罂粟五百株以上不满三千株或者其他毒品原植物数量较大的；

（二）经公安机关处理后又种植的；

（三）抗拒铲除的。

非法种植罂粟三千株以上或者其他毒品原植物数量大的，处五年以上有期徒刑，并处罚金或者没收财产。

非法种植罂粟或者其他毒品原植物，在收获前自动铲除的，可以免除处罚。

立法动态

本条源自《中华人民共和国刑法》(1997 年 3 月 14 日第八届全国人民代表大会第五次会议修订,自 1997 年 10 月 1 日起施行)。

适用要点与裁判依据

★犯本罪,“数量较大”“数量大”的认定标准

《最高人民法院关于审理毒品犯罪案件适用法律若干问题的解释》(2016 年 4 月 6 日 法释〔2016〕8 号)

第九条 非法种植毒品原植物,具有下列情形之一的,应当认定为刑法第三百五十一条第一款第一项规定的“数量较大”:

(一)非法种植大麻五千株以上不满三万株的;

(二)非法种植罂粟二百平方米以上不满一千二百平方米、大麻二千平方米以上不满一万二千平方米,尚未出苗的;

(三)非法种植其他毒品原植物数量较大的。

非法种植毒品原植物,达到前款规定的最高数量标准的,应当认定为刑法第三百五十一条第二款规定的“数量大”。

第352条

第三百五十二条 【非法买卖、运输、携带、持有毒品原植物种子、幼苗罪】非法买卖、运输、携带、持有未经灭活的罂粟等毒品原植物种子或者幼苗,数量较大的,处三年以下有期徒刑、拘役或者管制,并处或者单处罚金。

立法动态

本条源自《中华人民共和国刑法》(1997 年 3 月 14 日第八届全国人民代表大会第五次会议修订,自 1997 年 10 月 1 日起施行)。

适用要点与裁判依据

★犯本罪，“数量较大”的认定标准

《最高人民法院关于审理毒品犯罪案件适用法律若干问题的解释》(2016 年 4 月 6 日　法释〔2016〕8 号)

第十条　非法买卖、运输、携带、持有未经灭活的毒品原植物种子或者幼苗，具有下列情形之一的，应当认定为刑法第三百五十二条规定的“数量较大”：

(一)罂粟种子五十克以上、罂粟幼苗五千株以上的；

(二)大麻种子五十千克以上、大麻幼苗五万株以上的；

(三)其他毒品原植物种子或者幼苗数量较大的。

第三百五十三条　【引诱、教唆、欺骗他人吸毒罪】引诱、教唆、欺骗他人吸食、注射毒品的，处三年以下有期徒刑、拘役或者管制，并处罚金；情节严重的，处三年以上七年以下有期徒刑，并处罚金。

【强迫他人吸毒罪】强迫他人吸食、注射毒品的，处三年以上十年以下有期徒刑，并处罚金。

引诱、教唆、欺骗或者强迫未成年人吸食、注射毒品的，从重处罚。

立法动态

本条源自《中华人民共和国刑法》(1997 年 3 月 14 日第八届全国人民代表大会第五次会议修订，自 1997 年 10 月 1 日起施行)。

适用要点与裁判依据

★犯本罪,"情节严重"的认定

《最高人民法院关于审理毒品犯罪案件适用法律若干问题的解释》(2016 年 4 月 6 日 法释〔2016〕8 号)

第十一条 引诱、教唆、欺骗他人吸食、注射毒品,具有下列情形之一的,应当认定为刑法第三百五十三条第一款规定的"情节严重":

(一)引诱、教唆、欺骗多人或者多次引诱、教唆、欺骗他人吸食、注射毒品的;

(二)对他人身体健康造成严重危害的;

(三)导致他人实施故意杀人、故意伤害、交通肇事等犯罪行为的;

(四)国家工作人员引诱、教唆、欺骗他人吸食、注射毒品的;

(五)其他情节严重的情形。

类案检索指引

★明知系国家管制的麻醉药品、精神药品而向他人的饮料、食物中投放,构成欺骗他人吸毒罪

《郭某某欺骗他人吸毒案》(2022 年 6 月 21 日最高人民检察院发布第三十七批指导性案例:检例第 152 号)

【关键词】

欺骗他人吸毒罪 麻醉药品、精神药品 情节严重 自行补充侦查 客观性证据审查

【要旨】

行为人明知系国家管制的麻醉药品、精神药品而向他人的饮料、食物中投放,欺骗他人吸食的,应当以欺骗他人吸毒罪追究刑事责任。对于有证据证明行为人为实施强奸、抢劫等犯罪而欺骗他人吸食麻醉药品、精神药品的,应当按照处罚较重的罪名追究刑事责任。检察机关应当加强自行补充侦查,强化电子数据等客观性证据审查,

准确认定犯罪事实。

★深刻言语诱导、传授吸毒方法、宣扬吸毒感受，致两名本无吸毒意愿的未成年人吸食毒品的，依法从重处罚

《古亮引诱、教唆他人吸毒、容留他人吸毒案——引诱、教唆、容留未成年人吸毒，且系累犯，依法严惩》[2022年6月25日最高人民法院发布2022年十大毒品(涉毒)犯罪典型案例]

【典型意义】

毒品具有较强的致瘾癖性，一旦沾染，极易造成身体和心理的双重依赖。未成年人好奇心强，心智发育尚不成熟，欠缺自我保护能力，更易遭受毒品危害。人民法院始终坚持将犯罪对象为未成年人以及组织、利用未成年人实施的毒品犯罪作为打击重点。本案是一起典型的引诱、教唆、容留未成年人吸毒案件。被告人古亮在未成年人面前实施言语诱导、传授吸毒方法、宣扬吸毒感受的行为，造成两名本无吸毒意愿的未成年人吸食毒品的后果，且其多次提供场所容留未成年人吸毒，社会危害大。古亮曾因引诱、教唆他人吸毒犯罪情节严重被判处有期徒刑四年，仍不思悔改，刑满释放不足一年又再次实施同类犯罪，系累犯，主观恶性深，人身危险性大。人民法院根据其犯罪事实、性质、情节和危害后果，依法对其从重处罚，贯彻了加大对末端毒品犯罪惩处力度的刑事政策，体现了对侵害未成年人毒品犯罪予以严惩的坚定立场。在通过刑罚手段阻断毒品危害殃及未成年人的同时，人民法院也呼吁广大青少年深刻认识毒品危害，守住心理防线，慎重交友，远离易染毒环境和人群。

第三百五十四条　【容留他人吸毒罪】容留他人吸食、注射毒品的，处三年以下有期徒刑、拘役或者管制，并处罚金。

立法动态

本条源自《中华人民共和国刑法》(1997 年 3 月 14 日第八届全国人民代表大会第五次会议修订,自 1997 年 10 月 1 日起施行)。

量刑指导

《最高人民法院、最高人民检察院关于常见犯罪的量刑指导意见(试行)》(2021 年 6 月 16 日　法发〔2021〕21 号)

四、常见犯罪的量刑

(二十二)容留他人吸毒罪

1. 构成容留他人吸毒罪的,在一年以下有期徒刑、拘役幅度内确定量刑起点。

2. 在量刑起点的基础上,根据容留他人吸毒的人数、次数等其他影响犯罪构成的犯罪事实增加刑罚量,确定基准刑。

3. 构成容留他人吸毒罪的,根据容留他人吸毒的人数、次数、违法所得数额、危害后果等犯罪情节,综合考虑被告人缴纳罚金的能力,决定罚金数额。

4. 构成容留他人吸毒罪的,综合考虑容留他人吸毒的人数、次数、危害后果等犯罪事实、量刑情节,以及被告人主观恶性、人身危险性、认罪悔罪表现等因素,决定缓刑的适用。

适用要点与裁判依据

★以"容留他人吸毒罪"定罪处罚的七种情形

《最高人民法院关于审理毒品犯罪案件适用法律若干问题的解释》(2016 年 4 月 6 日　法释〔2016〕8 号)

第十二条　容留他人吸食、注射毒品,具有下列情形之一的,应当依照刑法第三百五十四条的规定,以容留他人吸毒罪定罪处罚:

(一)一次容留多人吸食、注射毒品的;

（二）二年内多次容留他人吸食、注射毒品的；

（三）二年内曾因容留他人吸食、注射毒品受过行政处罚的；

（四）容留未成年人吸食、注射毒品的；

（五）以牟利为目的容留他人吸食、注射毒品的；

（六）容留他人吸食、注射毒品造成严重后果的；

（七）其他应当追究刑事责任的情形。

向他人贩卖毒品后又容留其吸食、注射毒品，或者容留他人吸食、注射毒品并向其贩卖毒品，符合前款规定的容留他人吸毒罪的定罪条件的，以贩卖毒品罪和容留他人吸毒罪数罪并罚。

容留近亲属吸食、注射毒品，情节显著轻微危害不大的，不作为犯罪处理；需要追究刑事责任的，可以酌情从宽处罚。

类案检索指引

★检察机关与相关部门建立常态化协作机制，依法严厉打击寄递违禁品犯罪案件

《陕西万某走私毒品、容留他人吸毒案》（2022年11月23日最高人民检察院发布5件检察机关落实“七号检察建议”典型案例）

【关键词】

走私毒品罪　警检邮协作机制　自行补充侦查

【典型意义】

检察机关以落实“七号检察建议”为契机，与公安、邮政管理、交通运输等部门建立了常态化协作机制，依法严厉打击寄递违禁品犯罪案件。在诉讼过程中，检察机关发挥主导作用，履行好引导侦查与自行补充侦查职责，查实影响定罪量刑的关键事实和情节，完善证据链条，确保案件质量。针对办案中发现的寄递行业存在的风险隐患，检察机关坚持治罪与治理并重，及时提出加强寄递行业监管的意见，并向涉案人员单位、主管部门制发抄送检察建议，督促强化日常监管。

第三百五十五条　【非法提供麻醉药品、精神药品罪】依法从事生产、运输、管理、使用国家管制的麻醉药品、精神药品的人员，违反国家规定，向吸食、注射毒品的人提供国家规定管制的能够使人形成瘾癖的麻醉药品、精神药品的，处三年以下有期徒刑或者拘役，并处罚金；情节严重的，处三年以上七年以下有期徒刑，并处罚金。向走私、贩卖毒品的犯罪分子或者以牟利为目的，向吸食、注射毒品的人提供国家规定管制的能够使人形成瘾癖的麻醉药品、精神药品的，依照本法第三百四十七条的规定定罪处罚。

单位犯前款罪的，对单位判处罚金，并对其直接负责的主管人员和其他直接责任人员，依照前款的规定处罚。

立法动态

本条源自《中华人民共和国刑法》（1997 年 3 月 14 日第八届全国人民代表大会第五次会议修订，自 1997 年 10 月 1 日起施行）。

适用要点与裁判依据

★犯本罪，“数量较大”“情节严重”的认定标准

《最高人民法院关于审理毒品犯罪案件适用法律若干问题的解释》（2016 年 4 月 6 日　法释〔2016〕8 号）

第十三条　依法从事生产、运输、管理、使用国家管制的麻醉药品、精神药品的人员，违反国家规定，向吸食、注射毒品的人提供国家规定管制的能够使人形成瘾癖的麻醉药品、精神药品，具有下列情形之一的，应当依照刑法第三百五十五条第一款的规定，以非法提供麻醉药品、精神药品罪定罪处罚：

（一）非法提供麻醉药品、精神药品达到刑法第三百四十七条第三款或者本解释第二条规定的“数量较大”标准最低值的百分之五十，不满“数量较大”标准的；

（二）二年内曾因非法提供麻醉药品、精神药品受过行政处罚的；

（三）向多人或者多次非法提供麻醉药品、精神药品的；

（四）向吸食、注射毒品的未成年人非法提供麻醉药品、精神药品的；

（五）非法提供麻醉药品、精神药品造成严重后果的；

（六）其他应当追究刑事责任的情形。

具有下列情形之一的，应当认定为刑法第三百五十五条第一款规定的“情节严重”：

（一）非法提供麻醉药品、精神药品达到刑法第三百四十七条第三款或者本解释第二条规定的“数量较大”标准的；

（二）非法提供麻醉药品、精神药品达到前款第一项规定的数量标准，且具有前款第三项至第五项规定的情形之一的；

（三）其他情节严重的情形。

第三百五十五条之一　【妨害兴奋剂管理罪】引诱、教唆、欺骗运动员使用兴奋剂参加国内、国际重大体育竞赛，或者明知运动员参加上述竞赛而向其提供兴奋剂，情节严重的，处三年以下有期徒刑或者拘役，并处罚金。

组织、强迫运动员使用兴奋剂参加国内、国际重大体育竞赛的，依照前款的规定从重处罚。

立法动态

本条根据《中华人民共和国刑法修正案（十一）》（自 2021 年 3 月 1 日起施行）第四十四条增加。

第三百五十六条　【再犯毒品犯罪的刑事责任】因走私、贩卖、运输、制造、非法持有毒品罪被判过刑，又犯本节规定之罪的，从重处罚。

立法动态

本条源自《中华人民共和国刑法》(1997 年 3 月 14 日第八届全国人民代表大会第五次会议修订,自 1997 年 10 月 1 日起施行)。

第三百五十七条　【毒品的范围及数量计算】本法所称的毒品,是指鸦片、海洛因、甲基苯丙胺(冰毒)、吗啡、大麻、可卡因以及国家规定管制的其他能够使人形成瘾癖的麻醉药品和精神药品。

毒品的数量以查证属实的走私、贩卖、运输、制造、非法持有毒品的数量计算,不以纯度折算。

立法动态

本条源自《中华人民共和国刑法》(1997 年 3 月 14 日第八届全国人民代表大会第五次会议修订,自 1997 年 10 月 1 日起施行)。

适用要点与裁判依据

第357条

★列入非药用类麻醉药品和精神药品管制品种增补目录

《公安部、国家食品药品监督管理总局、国家卫生和计划生育委员会关于将卡芬太尼等四种芬太尼类物质列人非药用类麻醉药品和精神药品管制品种增补目录的公告》(2017 年 1 月 25 日)

……决定将卡芬太尼、呋喃芬太尼、丙烯酰芬太尼、戊酰芬太尼四种物质列入非药用类麻醉药品和精神药品管制品种增补目录。

《公安部、国家卫生健康委员会、国家药品监督管理局关于将 4－氯乙卡西酮等 32 种物质列入非药用类麻醉药品和精神药品管制品种增补目录的公告》(2018 年 8 月 16 日)

将 4－氯乙卡西酮等 32 种物质列入非药用类麻醉药品和精神药品管制品种增补目录。

《最高人民检察院关于〈非药用类麻醉药品和精神药品管制品种增补目录〉能否作为认定毒品依据的批复》(2019年4月29日)

《非药用类麻醉药品和精神药品管制品种增补目录》可以作为认定毒品的依据。

《国家药监局、公安部、国家卫生健康委关于将含羟考酮复方制剂等品种列入精神药品管理的公告》(2019年7月11日 国家药监局、公安部、国家卫生健康委员会公告2019年第63号)

根据《麻醉药品和精神药品管理条例》有关规定,国家药品监督管理局、公安部、国家卫生健康委员会决定将含羟考酮复方制剂等品种列入精神药品管理。现公告如下:

一、口服固体制剂每剂量单位含羟考酮碱大于5毫克,且不含其它麻醉药品、精神药品或药品类易制毒化学品的复方制剂列入第一类精神药品管理;

二、口服固体制剂每剂量单位含羟考酮碱不超过5毫克,且不含其它麻醉药品、精神药品或药品类易制毒化学品的复方制剂列入第二类精神药品管理;

三、丁丙诺啡与纳洛酮的复方口服固体制剂列入第二类精神药品管理。

本公告自2019年9月1日起施行。

《公安部、国家卫生健康委员会、国家药品监督管理局关于将合成大麻素类物质和氟胺酮等18种物质列入〈非药用类麻醉药品和精神药品管制品种增补目录〉的公告》(2021年3月15日)

第357条

根据《麻醉药品和精神药品管理条例》《非药用类麻醉药品和精神药品列管办法》有关规定,公安部、国家卫生健康委员会和国家药品监督管理局决定将合成大麻素类物质和氟胺酮等18种物质列入《非药用类麻醉药品和精神药品管制品种增补目录》。

一、合成大麻素类物质。"合成大麻素类物质"是指具有下列化学结构通式的物质:

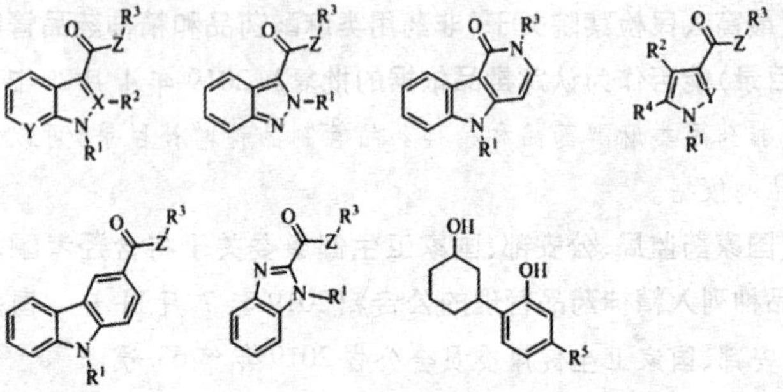

R^1 代表取代或未取代的 C3－C8 烃基；取代或未取代的含有 1－3 个杂原子的杂环基；取代或未取代的含有 1－3 个杂原子的杂环基取代的甲基或乙基。

R^2 代表氢或甲基或无任何原子。

R^3 代表取代或未取代的 C6－C10 的芳基；取代或未取代的 C3－C10 的烃基；取代或未取代的含有 1－3 个杂原子的杂环基；取代或未取代的含有 1－3 个杂原子的杂环基取代的甲基或乙基。

R^4 代表氢；取代或未取代的苯基；取代或未取代的苯甲基。

R^5 代表取代或未取代的 C3－C10 的烃基。

X 代表 N 或 C。

Y 代表 N 或 CH。

Z 代表 O 或 NH 或无任何原子。

上述所列管物质如果发现医药、工业、科研或者其他合法用途，按照《非药用类麻醉药品和精神药品列管办法》第三条第二款规定予以调整。已列入《麻醉药品和精神药品品种目录》和《非药用类麻醉药品和精神药品管制品种增补目录》的合成大麻素类物质依原有目录予以管制。

二、氟胺酮等 18 种物质。（详见附表）

本公告自 2021 年 7 月 1 日起施行。

附表（略）

★制毒物品数量的认定、定罪量刑的数量标准、麻黄碱类复方制剂的范围的认定

《最高人民法院、最高人民检察院、公安部关于办理走私、非法买卖麻黄碱类复方制剂等刑事案件适用法律若干问题的意见》(2012年6月18日　法发〔2012〕12号)

六、关于制毒物品数量的认定

实施本意见规定的行为,以走私制毒物品罪、非法买卖制毒物品罪定罪处罚的,应当以涉案麻黄碱类复方制剂中麻黄碱类物质的含量作为涉案制毒物品的数量。

实施本意见规定的行为,以制造毒品罪定罪处罚的,应当将涉案麻黄碱类复方制剂所含的麻黄碱类物质可以制成的毒品数量作为量刑情节考虑。

多次实施本意见规定的行为未经处理的,涉案制毒物品的数量累计计算。

七、关于定罪量刑的数量标准

实施本意见规定的行为,以走私制毒物品罪、非法买卖制毒物品罪定罪处罚的,涉案麻黄碱类复方制剂所含的麻黄碱类物质应当达到以下数量标准:麻黄碱、伪麻黄碱、消旋麻黄碱及其盐类五千克以上不满五十千克;去甲麻黄碱、甲基麻黄碱及其盐类十千克以上不满一百千克;麻黄浸膏、麻黄浸膏粉一百千克以上不满一千千克。达到上述数量标准上限的,认定为刑法第三百五十条第一款规定的"数量大"。

实施本意见规定的行为,以制造毒品罪定罪处罚的,无论涉案麻黄碱类复方制剂所含的麻黄碱类物质数量多少,都应当追究刑事责任。

八、关于麻黄碱类复方制剂的范围

本意见所称麻黄碱类复方制剂是指含有《易制毒化学品管理条例》(国务院令第445号)品种目录所列的麻黄碱(麻黄素)、伪麻黄碱(伪麻黄素)、消旋麻黄碱(消旋麻黄素)、去甲麻黄碱(去甲麻黄素)、甲基麻黄碱(甲基麻黄素)及其盐类,或者麻黄浸膏、麻黄浸膏粉等麻黄碱类物质的药品复方制剂。

★依法查处非法采挖、买卖麻黄草等犯罪行为

《最高人民法院、最高人民检察院、公安部、农业部、食品药品监管总局关于进一步加强麻黄草管理严厉打击非法买卖麻黄草等违法犯罪活动的通知》(2013年5月21日　公通字〔2013〕16号)

三、依法查处非法采挖、买卖麻黄草等犯罪行为

各地人民法院、人民检察院、公安机关要依法查处非法采挖、买卖麻黄草等犯罪行为,区别情形予以处罚:

(一)以制造毒品为目的,采挖、收购麻黄草的,依照刑法第三百四十七条的规定,以制造毒品罪定罪处罚。

(二)以提取麻黄碱类制毒物品后进行走私或者非法贩卖为目的,采挖、收购麻黄草,涉案麻黄草所含的麻黄碱类制毒物品达到相应定罪数量标准的,依照刑法第三百五十条第一款、第三款的规定,分别以走私制毒物品罪、非法买卖制毒物品罪定罪处罚。

(三)明知他人制造毒品或者走私、非法买卖制毒物品,向其提供麻黄草或者提供运输、储存麻黄草等帮助的,分别以制造毒品罪、走私制毒物品罪、非法买卖制毒物品罪的共犯论处。

(四)违反国家规定采挖、销售、收购麻黄草,没有证据证明以制造毒品或者走私、非法买卖制毒物品为目的,依照刑法第二百二十五条的规定构成犯罪的,以非法经营罪定罪处罚。

(五)实施以上行为,以制造毒品罪、走私制毒物品罪、非法买卖制毒物品罪定罪处罚的,涉案制毒物品的数量按照三百千克麻黄草折合一千克麻黄碱计算;以制造毒品罪定罪处罚的,无论涉案麻黄草数量多少,均应追究刑事责任。

第八节 组织、强迫、引诱、容留、介绍卖淫罪

第三百五十八条 【组织卖淫罪】【强迫卖淫罪】组织、强迫他人卖淫的，处五年以上十年以下有期徒刑，并处罚金；情节严重的，处十年以上有期徒刑或者无期徒刑，并处罚金或者没收财产。

组织、强迫未成年人卖淫的，依照前款的规定从重处罚。

犯前两款罪，并有杀害、伤害、强奸、绑架等犯罪行为的，依照数罪并罚的规定处罚。

【协助组织卖淫罪】为组织卖淫的人招募、运送人员或者有其他协助组织他人卖淫行为的，处五年以下有期徒刑，并处罚金；情节严重的，处五年以上十年以下有期徒刑，并处罚金。

立法动态

本条源自《中华人民共和国刑法》(1997 年 3 月 14 日第八届全国人民代表大会第五次会议修订，自 1997 年 10 月 1 日起施行)。

全国人大常委会曾经对本条作过两次修改：

原本条规定为：第三百五十八条 (第一款)组织他人卖淫或者强迫他人卖淫的，处五年以上十年以下有期徒刑，并处罚金；有下列情形之一的，处十年以上有期徒刑或者无期徒刑，并处罚金或者没收财产：(一)组织他人卖淫，情节严重的；(二)强迫不满十四周岁的幼女卖淫的；(三)强迫多人卖淫或者多次强迫他人卖淫的；(四)强奸后迫使卖淫的；(五)造成被强迫卖淫的人重伤、死亡或者其他严重后果的。(第二款)有前款所列情形之一，情节特别严重的，处无期徒刑或者死刑，并处没收财产。(第三款)协助组织他人卖淫的，处五年以下有期徒刑，并处罚金；情节严重的，处五年以上十年以下有期徒刑，并处罚金。

第一次根据《中华人民共和国刑法修正案(八)》(自 2011 年 5 月 1 日起施行)第四十八条对本条第三款修改为：为组织卖淫的人招募、

运送人员或者有其他协助组织他人卖淫行为的,处五年以下有期徒刑,并处罚金;情节严重的,处五年以上十年以下有期徒刑,并处罚金。

第二次根据《中华人民共和国刑法修正案(九)》(自2015年11月1日起施行)第四十二条对本条进行修改,修改的主要内容为:一是取消了对组织卖淫罪和强迫卖淫罪的死刑;二是将加重处罚的具体情形修改为"情节严重";三是特别增加对"组织、强迫未成年人卖淫的,依照前款的规定从重处罚";四是增加规定第三款,即"有杀害、伤害、强奸、绑架等犯罪行为的,依照数罪并罚的规定处罚"。

立案标准

《最高人民检察院、公安部关于公安机关管辖的刑事案件立案追诉标准的规定(一)》(2017年4月27日修正　公通字〔2017〕12号)

第七十五条　［组织卖淫案(刑法第三百五十八条第一款)］以招募、雇佣、强迫、引诱、容留等手段,组织他人卖淫的,应予立案追诉。

第七十六条　［强迫卖淫案(刑法第三百五十八条第一款)］以暴力、胁迫等手段强迫他人卖淫的,应予立案追诉。

第七十七条　［协助组织卖淫案(刑法第三百五十八条第四款)］在组织卖淫的犯罪活动中,帮助招募、运送、培训人员3人以上,或者充当保镖、打手、管账人等,起帮助作用的,应予立案追诉。

适用要点与裁判依据

★"组织他人卖淫"的认定

《最高人民法院、最高人民检察院关于办理组织、强迫、引诱、容留、介绍卖淫刑事案件适用法律若干问题的解释》(2017年7月21日　法释〔2017〕13号)

第一条　以招募、雇佣、纠集等手段,管理或者控制他人卖淫,卖淫人员在三人以上的,应当认定为刑法第三百五十八条规定的"组织他人卖淫"。

组织卖淫者是否设置固定的卖淫场所、组织卖淫者人数多少、规模大小,不影响组织卖淫行为的认定。

★组织卖淫"情节严重"的认定

《最高人民法院、最高人民检察院关于办理组织、强迫、引诱、容留、介绍卖淫刑事案件适用法律若干问题的解释》(2017年7月21日 法释〔2017〕13号)

第二条　组织他人卖淫,具有下列情形之一的,应当认定为刑法第三百五十八条第一款规定的"情节严重":

(一)卖淫人员累计达十人以上的;

(二)卖淫人员中未成年人、孕妇、智障人员、患有严重性病的人累计达五人以上的;

(三)组织境外人员在境内卖淫或者组织境内人员出境卖淫的;

(四)非法获利人民币一百万元以上的;

(五)造成被组织卖淫的人自残、自杀或者其他严重后果的;

(六)其他情节严重的情形。

★组织卖淫犯罪活动中,对被组织卖淫的人有引诱、容留、介绍卖淫行为的,择一重处

《最高人民法院、最高人民检察院关于办理组织、强迫、引诱、容留、介绍卖淫刑事案件适用法律若干问题的解释》(2017年7月21日 法释〔2017〕13号)

第三条　在组织卖淫犯罪活动中,对被组织卖淫的人有引诱、容留、介绍卖淫行为的,依照处罚较重的规定定罪处罚。但是,对被组织卖淫的人以外的其他人有引诱、容留、介绍卖淫行为的,应当分别定罪,实行数罪并罚。

★"协助组织卖淫"的认定

《最高人民法院、最高人民检察院关于办理组织、强迫、引诱、容留、介绍卖淫刑事案件适用法律若干问题的解释》(2017年7月21日 法释〔2017〕13号)

第四条　明知他人实施组织卖淫犯罪活动而为其招募、运送人员或者充当保镖、打手、管账人等的，依照刑法第三百五十八条第四款的规定，以协助组织卖淫罪定罪处罚，不以组织卖淫罪的从犯论处。

在具有营业执照的会所、洗浴中心等经营场所担任保洁员、收银员、保安员等，从事一般服务性、劳务性工作，仅领取正常薪酬，且无前款所列协助组织卖淫行为的，不认定为协助组织卖淫罪。

★协助组织卖淫"情节严重"的认定

《最高人民法院、最高人民检察院关于办理组织、强迫、引诱、容留、介绍卖淫刑事案件适用法律若干问题的解释》（2017年7月21日 法释〔2017〕13号）

第五条　协助组织他人卖淫，具有下列情形之一的，应当认定为刑法第三百五十八条第四款规定的"情节严重"：

（一）招募、运送卖淫人员累计达十人以上的；

（二）招募、运送的卖淫人员中未成年人、孕妇、智障人员、患有严重性病的人累计达五人以上的；

（三）协助组织境外人员在境内卖淫或者协助组织境内人员出境卖淫的；

（四）非法获利人民币五十万元以上的；

（五）造成被招募、运送或者被组织卖淫的人自残、自杀或者其他严重后果的；

（六）其他情节严重的情形。

★强迫卖淫"情节严重"的认定

《最高人民法院、最高人民检察院关于办理组织、强迫、引诱、容留、介绍卖淫刑事案件适用法律若干问题的解释》（2017年7月21日 法释〔2017〕13号）

第六条　强迫他人卖淫，具有下列情形之一的，应当认定为刑法第三百五十八条第一款规定的"情节严重"：

（一）卖淫人员累计达五人以上的；

（二）卖淫人员中未成年人、孕妇、智障人员、患有严重性病的人累计达三人以上的；

（三）强迫不满十四周岁的幼女卖淫的；

（四）造成被强迫卖淫的人自残、自杀或者其他严重后果的；

（五）其他情节严重的情形。

行为人既有组织卖淫犯罪行为，又有强迫卖淫犯罪行为，且具有下列情形之一的，以组织、强迫卖淫“情节严重”论处：

（一）组织卖淫、强迫卖淫行为中具有本解释第二条、本条前款规定的“情节严重”情形之一的；

（二）卖淫人员累计达到本解释第二条第一、二项规定的组织卖淫“情节严重”人数标准的；

（三）非法获利数额相加达到本解释第二条第四项规定的组织卖淫“情节严重”数额标准的。

★组织、强迫未成年人卖淫的应当从重处罚

《最高人民法院、最高人民检察院关于办理组织、强迫、引诱、容留、介绍卖淫刑事案件适用法律若干问题的解释》（2017年7月21日 法释〔2017〕13号）

第七条 根据刑法第三百五十八条第三款的规定，犯组织、强迫卖淫罪，并有杀害、伤害、强奸、绑架等犯罪行为的，依照数罪并罚的规定处罚。协助组织卖淫行为人参与实施上述行为的，以共同犯罪论处。

根据刑法第三百五十八条第二款的规定，组织、强迫未成年人卖淫的，应当从重处罚。

★作案次数，可作为酌定情节在量刑时考虑

《最高人民法院、最高人民检察院关于办理组织、强迫、引诱、容留、介绍卖淫刑事案件适用法律若干问题的解释》（2017年7月21日 法释〔2017〕13号）

第十条 组织、强迫、引诱、容留、介绍他人卖淫的次数，作为酌定情节在量刑时考虑。

★罚金的适用标准

《最高人民法院、最高人民检察院关于办理组织、强迫、引诱、容留、介绍卖淫刑事案件适用法律若干问题的解释》(2017年7月21日 法释〔2017〕13号)

第十三条 犯组织、强迫、引诱、容留、介绍卖淫罪的,应当依法判处犯罪所得二倍以上的罚金。共同犯罪的,对各共同犯罪人合计判处的罚金应当在犯罪所得的二倍以上。

对犯组织、强迫卖淫罪被判处无期徒刑的,应当并处没收财产。

类案检索指引

★对于组织未成年人卖淫并利用未成年人敲诈勒索获取不法利益的行为,应予以严厉打击

《帮教期间发现线索 严惩引诱组织未成年人实施违法犯罪》(2019年12月20日最高人民检察院发布检察机关依法严惩侵害未成年人犯罪加强未成年人司法保护典型案例)

【基本案情】

刘某等人招募祝某某、马某某、杜某某等多名未成年少女卖淫,后刘某以卖淫女系未成年人为由对嫖客实施敲诈勒索。北京市海淀区人民检察院在对涉案未成年少女开展跟踪帮教过程中了解到,刘某等人多次以诱骗的方式吸引外地未成年少女来京卖淫,并提供统一住宿、日常花销,以及避孕套、手机、收款二维码等实施"仙人跳"的作案工具,可能涉嫌组织卖淫罪。根据这一线索,检察机关积极向公安机关提出意见,并协助调取和固定电子数据,核实嫖客身份,成功追诉刘某等人组织卖淫罪,追加四起敲诈勒索犯罪事实。2019年3月,法院以刘某犯组织卖淫罪、敲诈勒索罪数罪并罚,判处有期徒刑八年并处罚金。

【典型意义】

组织未成年人卖淫并利用未成年人敲诈勒索获取不法利益的行

为,严重侵害了未成年人身心健康,严重扰乱了社会秩序,应予以严厉打击。检察机关在对未成年人帮教中敏锐发现犯罪线索,积极提出收集完善证据意见,会同公安机关,成功追诉犯罪,展现了司法机关不放过、不纵容任何侵害未成年人犯罪的鲜明态度。

第三百五十九条 【引诱、容留、介绍卖淫罪】引诱、容留、介绍他人卖淫的,处五年以下有期徒刑、拘役或者管制,并处罚金;情节严重的,处五年以上有期徒刑,并处罚金。

【引诱幼女卖淫罪】引诱不满十四周岁的幼女卖淫的,处五年以上有期徒刑,并处罚金。

立法动态

本条源自《中华人民共和国刑法》(1997 年 3 月 14 日第八届全国人民代表大会第五次会议修订,自 1997 年 10 月 1 日起施行)。

立案标准

《最高人民检察院、公安部关于公安机关管辖的刑事案件立案追诉标准的规定(一)》(2017 年 4 月 27 日修正 公通字〔2017〕12 号)

第七十八条 [引诱、容留、介绍卖淫案(刑法第三百五十九条第一款)]引诱、容留、介绍他人卖淫,涉嫌下列情形之一的,应予立案追诉:

(一)引诱、容留、介绍二人次以上卖淫的;

(二)引诱、容留、介绍已满十四周岁未满十八周岁的未成年人卖淫的;

(三)被引诱、容留、介绍卖淫的人患有艾滋病或者患有梅毒、淋病等严重性病。

(四)其他引诱、容留、介绍卖淫应予追究刑事责任的情形。

第七十九条 [引诱幼女卖淫案(刑法第三百五十九条第二

款)]引诱不满十四周岁的幼女卖淫的,应予立案追诉。

量刑指导

《最高人民法院、最高人民检察院关于常见犯罪的量刑指导意见(试行)》(2021年6月16日　法发〔2021〕21号)

四、常见犯罪的量刑

(二十三)引诱、容留、介绍卖淫罪

1. 构成引诱、容留、介绍卖淫罪的,根据下列情形在相应的幅度内确定量刑起点:

(1)情节一般的,在二年以下有期徒刑、拘役幅度内确定量刑起点。

(2)情节严重的,在五年至七年有期徒刑幅度内确定量刑起点。

2. 在量刑起点的基础上,根据引诱、容留、介绍卖淫的人数等其他影响犯罪构成的犯罪事实增加刑罚量,确定基准刑。

3. 旅馆业、饮食服务业、文化娱乐业、出租汽车业等单位的主要负责人,利用本单位的条件,引诱、容留、介绍他人卖淫的,增加基准刑的10%-20%。

4. 构成引诱、容留、介绍卖淫罪的,根据引诱、容留、介绍卖淫的人数、次数、违法所得数额、危害后果等犯罪情节,综合考虑被告人缴纳罚金的能力,决定罚金数额。

5. 构成引诱、容留、介绍卖淫罪的,综合考虑引诱、容留、介绍卖淫的人数、次数、危害后果等犯罪事实、量刑情节,以及被告人主观恶性、人身危险性、认罪悔罪表现等因素,决定缓刑的适用。

★犯本条之罪,应当依法从重处罚、从严惩处的情形

《最高人民法院、最高人民检察院、公安部、司法部关于依法惩治性侵害未成年人犯罪的意见》(2013年10月23日　法发〔2013〕12号)

26. 组织、强迫、引诱、容留、介绍未成年人卖淫构成犯罪的,应当从重处罚。强迫幼女卖淫、引诱幼女卖淫的，应当分别按照刑法第三百五十八条第一款第(二)项、第三百五十九条第二款的规定定罪处罚。

对未成年人负有特殊职责的人员、与未成年人有共同家庭生活关系的人员、国家工作人员，实施组织、强迫、引诱、容留、介绍未成年人卖淫等性侵害犯罪的，更要依法从严惩处。

★“引诱、容留、介绍他人卖淫”的认定

《最高人民法院、最高人民检察院关于办理组织、强迫、引诱、容留、介绍卖淫刑事案件适用法律若干问题的解释》(2017年7月21日 法释〔2017〕13号)

第八条　引诱、容留、介绍他人卖淫，具有下列情形之一的，应当依照刑法第三百五十九条第一款的规定定罪处罚：

(一)引诱他人卖淫的；

(二)容留、介绍二人以上卖淫的；

(三)容留、介绍未成年人、孕妇、智障人员、患有严重性病的人卖淫的；

(四)一年内曾因引诱、容留、介绍卖淫行为被行政处罚，又实施容留、介绍卖淫行为的；

(五)非法获利人民币一万元以上的。

利用信息网络发布招嫖违法信息，情节严重的，依照刑法第二百八十七条之一的规定，以非法利用信息网络罪定罪处罚。同时构成介绍卖淫罪的，依照处罚较重的规定定罪处罚。

引诱、容留、介绍他人卖淫是否以营利为目的，不影响犯罪的成立。

引诱不满十四周岁的幼女卖淫的，依照刑法第三百五十九条第二款的规定，以引诱幼女卖淫罪定罪处罚。

被引诱卖淫的人员中既有不满十四周岁的幼女，又有其他人员的，分别以引诱幼女卖淫罪和引诱卖淫罪定罪，实行并罚。

★引诱、容留、介绍卖淫“情节严重”的认定

《最高人民法院、最高人民检察院关于办理组织、强迫、引诱、容留、介绍卖淫刑事案件适用法律若干问题的解释》(2017年7月21日 法释〔2017〕13号)

第九条 引诱、容留、介绍他人卖淫,具有下列情形之一的,应当认定为刑法第三百五十九条第一款规定的“情节严重”:

(一)引诱五人以上或者引诱、容留、介绍十人以上卖淫的;

(二)引诱三人以上的未成年人、孕妇、智障人员、患有严重性病的人卖淫,或者引诱、容留、介绍五人以上该类人员卖淫的;

(三)非法获利人民币五万元以上的;

(四)其他情节严重的情形。

★作案次数,可作为酌定情节在量刑时考虑

《最高人民法院、最高人民检察院关于办理组织、强迫、引诱、容留、介绍卖淫刑事案件适用法律若干问题的解释》(2017年7月21日 法释〔2017〕13号)

第十条 组织、强迫、引诱、容留、介绍他人卖淫的次数,作为酌定情节在量刑时考虑。

★罚金数额的确定标准

《最高人民法院、最高人民检察院关于办理组织、强迫、引诱、容留、介绍卖淫刑事案件适用法律若干问题的解释》(2017年7月21日 法释〔2017〕13号)

第十三条 犯组织、强迫、引诱、容留、介绍卖淫罪的,应当依法判处犯罪所得二倍以上的罚金。共同犯罪的,对各共同犯罪人合计判处的罚金应当在犯罪所得的二倍以上。

对犯组织、强迫卖淫罪被判处无期徒刑的,应当并处没收财产。

第三百六十条 【传播性病罪】明知自己患有梅毒、淋病等严重性病卖淫、嫖娼的,处五年以下有期徒刑、拘役或者管制,并处罚金。

立法动态

本条源自《中华人民共和国刑法》(1997 年 3 月 14 日第八届全国人民代表大会第五次会议修订,自 1997 年 10 月 1 日起施行)。

本条第二款根据《中华人民共和国刑法修正案(九)》(自 2015 年 11 月 1 日起施行)第四十三条删除。

原本条第二款内容为:嫖宿不满十四周岁的幼女的,处五年以上有期徒刑,并处罚金。

立案标准

《最高人民检察院、公安部关于公安机关管辖的刑事案件立案追诉标准的规定(一)》(2017 年 4 月 27 日修正　公通字〔2017〕12 号)

第八十条　[传播性病案(刑法第三百六十条第一款)]明知自己患有梅毒、淋病等严重性病卖淫、嫖娼的,应予立案追诉。

具有下列情形之一的,可以认定为本条规定的"明知":

(一)有证据证明曾到医疗机构就医,被诊断为患有严重性病的;

(二)根据本人的知识和经验,能够知道自己患有严重性病的;

(三)通过其他方法能够证明是"明知"的。

第
360
条

适用要点与裁判依据

★"明知"与"严重性病"的认定标准

《最高人民法院、最高人民检察院关于办理组织、强迫、引诱、容留、介绍卖淫刑事案件适用法律若干问题的解释》(2017 年 7 月 21 日　法释〔2017〕13 号)

第十一条　具有下列情形之一的,应当认定为刑法第三百六十条规定的"明知":

(一)有证据证明曾到医院或者其他医疗机构就医或者检查,被诊断为患有严重性病的;

（二）根据本人的知识和经验，能够知道自己患有严重性病的；

（三）通过其他方法能够证明行为人是“明知”的。

传播性病行为是否实际造成他人患上严重性病的后果，不影响本罪的成立。

刑法第三百六十条规定所称的“严重性病”，包括梅毒、淋病等。其它性病是否认定为“严重性病”，应当根据《中华人民共和国传染病防治法》《性病防治管理办法》的规定，在国家卫生与计划生育委员会规定实行性病监测的性病范围内，依照其危害、特点与梅毒、淋病相当的原则，从严掌握。

★明知自己患有艾滋病或者感染艾滋病病毒而卖淫、嫖娼的以传播性病罪定罪，从重处罚

《最高人民法院、最高人民检察院关于办理组织、强迫、引诱、容留、介绍卖淫刑事案件适用法律若干问题的解释》（2017年7月21日　法释〔2017〕13号）

第十二条　明知自己患有艾滋病或者感染艾滋病病毒而卖淫、嫖娼的，依照刑法第三百六十条的规定，以传播性病罪定罪，从重处罚。

具有下列情形之一，致使他人感染艾滋病病毒的，认定为刑法第九十五条第三项“其他对于人身健康有重大伤害”所指的“重伤”，依照刑法第二百三十四条第二款的规定，以故意伤害罪定罪处罚：

（一）明知自己感染艾滋病病毒而卖淫、嫖娼的；

（二）明知自己感染艾滋病病毒，故意不采取防范措施而与他人发生性关系的。

第三百六十一条　【特定单位人员犯组织、强迫、引诱、容留、介绍卖淫的刑事责任】旅馆业、饮食服务业、文化娱乐业、出租汽车业等单位的人员，利用本单位的条件，组织、强迫、引诱、容留、介绍他人卖淫的，依照本法第三百五十八条、第三百五十九条的规定定罪处罚。

前款所列单位的主要负责人,犯前款罪的,从重处罚。

立法动态

本条源自《中华人民共和国刑法》(1997 年 3 月 14 日第八届全国人民代表大会第五次会议修订,自 1997 年 10 月 1 日起施行)。

第三百六十二条 【特定单位人员为查处卖淫、嫖娼活动通风报信的刑事责任】旅馆业、饮食服务业、文化娱乐业、出租汽车业等单位的人员,在公安机关查处卖淫、嫖娼活动时,为违法犯罪分子通风报信,情节严重的,依照本法第三百一十条的规定定罪处罚。

立法动态

本条源自《中华人民共和国刑法》(1997 年 3 月 14 日第八届全国人民代表大会第五次会议修订,自 1997 年 10 月 1 日起施行)。

适用要点与裁判依据

★犯本罪,"情节严重"的认定

《最高人民法院、最高人民检察院关于办理组织、强迫、引诱、容留、介绍卖淫刑事案件适用法律若干问题的解释》(2017 年 7 月 21 日 法释〔2017〕13 号)

第十四条 根据刑法第三百六十二条、第三百一十条的规定,旅馆业、饮食服务业、文化娱乐业、出租汽车业等单位的人员,在公安机关查处卖淫、嫖娼活动时,为违法犯罪分子通风报信,情节严重的,以包庇罪定罪处罚。事前与犯罪分子通谋的,以共同犯罪论处。

具有下列情形之一的,应当认定为刑法第三百六十二条规定的

第362条

“情节严重”：

（一）向组织、强迫卖淫犯罪集团通风报信的；

（二）二年内通风报信三次以上的；

（三）一年内因通风报信被行政处罚，又实施通风报信行为的；

（四）致使犯罪集团的首要分子或者其他共同犯罪的主犯未能及时归案的；

（五）造成卖淫嫖娼人员逃跑，致使公安机关查处犯罪行为因取证困难而撤销刑事案件的；

（六）非法获利人民币一万元以上的；

（七）其他情节严重的情形。

第九节 制作、贩卖、传播淫秽物品罪

第三百六十三条 【制作、复制、出版、贩卖、传播淫秽物品牟利罪】以牟利为目的，制作、复制、出版、贩卖、传播淫秽物品的，处三年以下有期徒刑、拘役或者管制，并处罚金；情节严重的，处三年以上十年以下有期徒刑，并处罚金；情节特别严重的，处十年以上有期徒刑或者无期徒刑，并处罚金或者没收财产。

【为他人提供书号出版淫秽书刊罪】为他人提供书号，出版淫秽书刊的，处三年以下有期徒刑、拘役或者管制，并处或者单处罚金；明知他人用于出版淫秽书刊而提供书号的，依照前款的规定处罚。

立法动态

本条源自《中华人民共和国刑法》（1997 年 3 月 14 日第八届全国人民代表大会第五次会议修订，自 1997 年 10 月 1 日起施行）。

立案标准

《最高人民检察院、公安部关于公安机关管辖的刑事案件立案追诉标准的规定(一)》(2017年4月27日修正　公通字〔2017〕12号)

第八十二条　[制作、复制、出版、贩卖、传播淫秽物品牟利案(刑法第三百六十三条第一款、第二款)]以牟利为目的,制作、复制、出版、贩卖、传播淫秽物品,涉嫌下列情形之一的,应予立案追诉:

(一)制作、复制、出版淫秽影碟、软件、录像带五十至一百张(盒)以上,淫秽音碟、录音带一百至二百张(盒)以上,淫秽扑克、书刊、画册一百至二百副(册)以上,淫秽照片、画片五百至一千张以上的;

(二)贩卖淫秽影碟、软件、录像带一百至二百张(盒)以上,淫秽音碟、录音带二百至四百张(盒)以上,淫秽扑克、书刊、画册二百至四百副(册)以上,淫秽照片、画片一千至二千张以上的;

(三)向他人传播淫秽物品达二百至五百人次以上,或者组织播放淫秽影、像达十至二十场次以上的;

(四)制作、复制、出版、贩卖、传播淫秽物品,获利五千至一万元以上的。

以牟利为目的,利用互联网、移动通讯终端制作、复制、出版、贩卖、传播淫秽电子信息,涉嫌下列情形之一的,应予立案追诉:

(一)制作、复制、出版、贩卖、传播淫秽电影、表演、动画等视频文件二十个以上的;

(二)制作、复制、出版、贩卖、传播淫秽音频文件一百个以上的;

(三)制作、复制、出版、贩卖、传播淫秽电子刊物、图片、文章、短信息等二百件以上的;

(四)制作、复制、出版、贩卖、传播的淫秽电子信息,实际被点击数达到一万次以上的;

(五)以会员制方式出版、贩卖、传播淫秽电子信息,注册会员达二百人以上的;

(六)利用淫秽电子信息收取广告费、会员注册费或者其他费用,违法所得一万元以上的;

(七)数量或者数额虽未达到本款第(一)项至第(六)项规定标准,但分别达到其中两项以上标准的百分之五十以上的;

(八)造成严重后果的。

利用聊天室、论坛、即时通信软件、电子邮件等方式,实施本条第二款规定行为的,应予立案追诉。

以牟利为目的,通过声讯台传播淫秽语音信息,涉嫌下列情形之一的,应予立案追诉:

(一)向一百人次以上传播的;

(二)违法所得一万元以上的;

(三)造成严重后果的。

明知他人用于出版淫秽书刊而提供书号、刊号的,应予立案追诉。

第八十三条 [为他人提供书号出版淫秽书刊案(刑法第三百六十三条第二款)]为他人提供书号、刊号出版淫秽书刊,或者为他人提供版号出版淫秽音像制品的,应予立案追诉。

适用要点与裁判依据

★犯本条第一款罪,基本构成要件及"情节严重""情节特别严重"的认定

《最高人民法院关于审理非法出版物刑事案件具体应用法律若干问题的解释》(1998年12月17日 法释〔1998〕30号)

第八条 以牟利为目的,实施刑法第三百六十三条第一款规定的行为,具有下列情形之一的,以制作、复制、出版、贩卖、传播淫秽物品牟利罪定罪处罚:

(一)制作、复制、出版淫秽影碟、软件、录像带五十至一百张(盒)以上,淫秽音碟、录音带一百至二百张(盒)以上,淫秽扑克、书刊、画册一百至二百副(册)以上,淫秽照片、画片五百至一千张以上的;

（二）贩卖淫秽影碟、软件、录像带一百至二百张（盒）以上，淫秽音碟、录音带二百至四百张（盒）以上，淫秽扑克、书刊、画册二百至四百副（册）以上，淫秽照片、画片一千至二千张以上的；

（三）向他人传播淫秽物品达二百至五百人次以上，或者组织播放淫秽影、像达十至二十场次以上的；

（四）制作、复制、出版、贩卖、传播淫秽物品，获利五千至一万元以上的。

以牟利为目的，实施刑法第三百六十三条第一款规定的行为，具有下列情形之一的，应当认定为制作、复制、出版、贩卖、传播淫秽物品牟利罪“情节严重”：

（一）制作、复制、出版淫秽影碟、软件、录像带二百五十至五百张（盒）以上，淫秽音碟、录音带五百至一千张（盒）以上，淫秽扑克、书刊、画册五百至一千副（册）以上，淫秽照片、画片二千五百至五千张以上的；

（二）贩卖淫秽影碟、软件、录像带五百至一千张（盒）以上，淫秽音碟、录音带一千至二千张（盒）以上，淫秽扑克、书刊、画册一千至二千副（册）以上，淫秽照片、画片五千至一万张以上的；

（三）向他人传播淫秽物品达一千至二千人次以上，或者组织播放淫秽影、像达五十至一百场次以上的；

（四）制作、复制、出版、贩卖、传播淫秽物品，获利三万至五万元以上的。

以牟利为目的，实施刑法第三百六十三条第一款规定的行为，其数量（数额）达到前款规定的数量（数额）五倍以上的，应当认定为制作、复制、出版、贩卖、传播淫秽物品牟利罪“情节特别严重”。

★明知他人用于出版淫秽书刊而提供书号、刊号的，以出版淫秽物品牟利罪定罪处罚

《最高人民法院关于审理非法出版物刑事案件具体应用法律若干问题的解释》（1998年12月17日 法释〔1998〕30号）

第九条 为他人提供书号、刊号，出版淫秽书刊的，依照刑法第

第363条

三百六十三条第二款的规定，以为他人提供书号出版淫秽书刊罪定罪处罚。

为他人提供版号，出版淫秽音像制品的，依照前款规定定罪处罚。

明知他人用于出版淫秽书刊而提供书号、刊号的，依照刑法第三百六十三条第一款的规定，以出版淫秽物品牟利罪定罪处罚。

★以牟利为目的，利用互联网、移动通讯终端制作、复制、出版、贩卖、传播淫秽电子信息的定罪处罚

《最高人民法院、最高人民检察院关于办理利用互联网、移动通讯终端、声讯台制作、复制、出版、贩卖、传播淫秽电子信息刑事案件具体应用法律若干问题的解释（一）》（2004年9月3日　法释〔2004〕11号）

第一条　以牟利为目的，利用互联网、移动通讯终端制作、复制、出版、贩卖、传播淫秽电子信息，具有下列情形之一的，依照刑法第三百六十三条第一款的规定，以制作、复制、出版、贩卖、传播淫秽物品牟利罪定罪处罚：

（一）制作、复制、出版、贩卖、传播淫秽电影、表演、动画等视频文件二十个以上的；

（二）制作、复制、出版、贩卖、传播淫秽音频文件一百个以上的；

（三）制作、复制、出版、贩卖、传播淫秽电子刊物、图片、文章、短信息等二百件以上的；

（四）制作、复制、出版、贩卖、传播的淫秽电子信息，实际被点击数达到一万次以上的；

（五）以会员制方式出版、贩卖、传播淫秽电子信息，注册会员达二百人以上的；

（六）利用淫秽电子信息收取广告费、会员注册费或者其他费用，违法所得一万元以上的；

（七）数量或者数额虽未达到第（一）项至第（六）项规定标准，但分别达到其中两项以上标准一半以上的；

（八）造成严重后果的。

利用聊天室、论坛、即时通信软件、电子邮件等方式，实施第一款规定行为的，依照刑法第三百六十三条第一款的规定，以制作、复制、出版、贩卖、传播淫秽物品牟利罪定罪处罚。

第二条　实施第一条规定的行为，数量或者数额达到第一条第一款第（一）项至第（六）项规定标准五倍以上的，应当认定为刑法第三百六十三条第一款规定的“情节严重”；达到规定标准二十五倍以上的，应当认定为“情节特别严重”。

★明知是淫秽电子信息而在网站或者网页上提供直接链接的，其数量标准根据所链接的淫秽电子信息的种类计算

《最高人民法院、最高人民检察院关于办理利用互联网、移动通讯终端、声讯台制作、复制、出版、贩卖、传播淫秽电子信息刑事案件具体应用法律若干问题的解释（一）》（2004年9月3日　法释〔2004〕11号）

第四条　明知是淫秽电子信息而在自己所有、管理或者使用的网站或者网页上提供直接链接的，其数量标准根据所链接的淫秽电子信息的种类计算。

★以牟利为目的，通过声讯台传播淫秽语音信息的，以传播淫秽物品牟利罪定罪处罚

《最高人民法院、最高人民检察院关于办理利用互联网、移动通讯终端、声讯台制作、复制、出版、贩卖、传播淫秽电子信息刑事案件具体应用法律若干问题的解释（一）》（2004年9月3日　法释〔2004〕11号）

第五条　以牟利为目的，通过声讯台传播淫秽语音信息，具有下列情形之一的，依照刑法第三百六十三条第一款的规定，对直接负责的主管人员和其他直接责任人员以传播淫秽物品牟利罪定罪处罚：

（一）向一百人次以上传播的；

（二）违法所得一万元以上的；

（三）造成严重后果的。

实施前款规定行为，数量或者数额达到前款第（一）项至第（二）项规定标准五倍以上的，应当认定为刑法第三百六十三条第一款规定的“情节严重”；达到规定标准二十五倍以上的，应当认定为“情节特别严重”。

★利用互联网、移动通讯终端、声讯台制作、复制、出版、贩卖、传播淫秽电子信息从重处罚的情形

《最高人民法院、最高人民检察院关于办理利用互联网、移动通讯终端、声讯台制作、复制、出版、贩卖、传播淫秽电子信息刑事案件具体应用法律若干问题的解释（一）》（2004 年 9 月 3 日　法释〔2004〕11 号）

第六条　实施本解释前五条规定的犯罪，具有下列情形之一的，依照刑法第三百六十三条第一款、第三百六十四条第一款的规定从重处罚：

（一）制作、复制、出版、贩卖、传播具体描绘不满十八周岁未成年人性行为的淫秽电子信息的；

（二）明知是具体描绘不满十八周岁的未成年人性行为的淫秽电子信息而在自己所有、管理或者使用的网站或者网页上提供直接链接的；

（三）向不满十八周岁的未成年人贩卖、传播淫秽电子信息和语音信息的；

（四）通过使用破坏性程序、恶意代码修改用户计算机设置等方法，强制用户访问、下载淫秽电子信息的。

★明知他人实施制作、复制、出版、贩卖、传播淫秽电子信息犯罪而提供帮助的处理

《最高人民法院、最高人民检察院关于办理利用互联网、移动通讯终端、声讯台制作、复制、出版、贩卖、传播淫秽电子信息刑事案件具体应用法律若干问题的解释（一）》（2004 年 9 月 3 日　法释〔2004〕11 号）

第七条　明知他人实施制作、复制、出版、贩卖、传播淫秽电子信息犯罪，为其提供互联网接入、服务器托管、网络存储空间、通讯传输通道、费用结算等帮助的，对直接负责的主管人员和其他直接责任人员，以共同犯罪论处。

★贩卖、传播淫秽书刊、影片、录像带、录音带等以实物为载体的淫秽物品的处理

《最高人民法院、最高人民检察院关于办理利用互联网、移动通讯终端、声讯台制作、复制、出版、贩卖、传播淫秽电子信息刑事案件具体应用法律若干问题的解释（一）》（2004年9月3日　法释〔2004〕11号）

第八条　利用互联网、移动通讯终端、声讯台贩卖、传播淫秽书刊、影片、录像带、录音带等以实物为载体的淫秽物品的，依照《最高人民法院关于审理非法出版物刑事案件具体应用法律若干问题的解释》的有关规定定罪处罚。

★以牟利为目的，利用互联网、移动通讯终端制作、复制、出版、贩卖、传播内容含有不满十四周岁未成年人的淫秽电子信息的处理

《最高人民法院、最高人民检察院关于办理利用互联网、移动通讯终端、声讯台制作、复制、出版、贩卖、传播淫秽电子信息刑事案件具体应用法律若干问题的解释（二）》（2010年2月2日　法释〔2010〕3号）

第一条　以牟利为目的，利用互联网、移动通讯终端制作、复制、出版、贩卖、传播淫秽电子信息的，依照《最高人民法院、最高人民检察院关于办理利用互联网、移动通讯终端、声讯台制作、复制、出版、贩卖、传播淫秽电子信息刑事案件具体应用法律若干问题的解释》第一条、第二条的规定定罪处罚。

第363条

以牟利为目的，利用互联网、移动通讯终端制作、复制、出版、贩卖、传播内容含有不满十四周岁未成年人的淫秽电子信息，具有下列情形之一的，依照刑法第三百六十三条第一款的规定，以制作、复制、出版、贩卖、传播淫秽物品牟利罪定罪处罚：

（一）制作、复制、出版、贩卖、传播淫秽电影、表演、动画等视频文件十个以上的；

（二）制作、复制、出版、贩卖、传播淫秽音频文件五十个以上的；

（三）制作、复制、出版、贩卖、传播淫秽电子刊物、图片、文章等一百件以上的；

（四）制作、复制、出版、贩卖、传播的淫秽电子信息，实际被点击数达到五千次以上的；

（五）以会员制方式出版、贩卖、传播淫秽电子信息，注册会员达一百人以上的；

（六）利用淫秽电子信息收取广告费、会员注册费或者其他费用，违法所得五千元以上的；

（七）数量或者数额虽未达到第（一）项至第（六）项规定标准，但分别达到其中两项以上标准一半以上的；

（八）造成严重后果的。

实施第二款规定的行为，数量或者数额达到第二款第（一）项至第（七）项规定标准五倍以上的，应当认定为刑法第三百六十三条第一款规定的“情节严重”；达到规定标准二十五倍以上的，应当认定为“情节特别严重”。

★以牟利为目的，明知他人制作、传播的是淫秽电子信息，允许或者放任在自己所有、管理的网站或者网页上发布的，构成本罪

《最高人民法院、最高人民检察院关于办理利用互联网、移动通讯终端、声讯台制作、复制、出版、贩卖、传播淫秽电子信息刑事案件具体应用法律若干问题的解释（二）》（2010年2月2日　法释〔2010〕3号）

第四条　以牟利为目的，网站建立者、直接负责的管理者明知他人制作、复制、出版、贩卖、传播的是淫秽电子信息，允许或者放任他人在自己所有、管理的网站或者网页上发布，具有下列情形之一的，依照刑法第三百六十三条第一款的规定，以传播淫秽物品牟利罪定罪处罚：

（一）数量或者数额达到第一条第二款第（一）项至第（六）项规

定标准五倍以上的；

（二）数量或者数额分别达到第一条第二款第（一）项至第（六）项两项以上标准二倍以上的；

（三）造成严重后果的。

实施前款规定的行为，数量或者数额达到第一条第二款第（一）项至第（七）项规定标准二十五倍以上的，应当认定为刑法第三百六十三条第一款规定的"情节严重"；达到规定标准一百倍以上的，应当认定为"情节特别严重"。

★电信业务经营者、互联网信息服务提供者明知是淫秽网站，为其提供服务并收取服务费的刑事责任

《最高人民法院、最高人民检察院关于办理利用互联网、移动通讯终端、声讯台制作、复制、出版、贩卖、传播淫秽电子信息刑事案件具体应用法律若干问题的解释（二）》（2010 年 2 月 2 日　法释〔2010〕3 号）

第六条　电信业务经营者、互联网信息服务提供者明知是淫秽网站，为其提供互联网接入、服务器托管、网络存储空间、通讯传输通道、代收费等服务，并收取服务费，具有下列情形之一的，对直接负责的主管人员和其他直接责任人员，依照刑法第三百六十三条第一款的规定，以传播淫秽物品牟利罪定罪处罚：

（一）为五个以上淫秽网站提供上述服务的；

（二）为淫秽网站提供互联网接入、服务器托管、网络存储空间、通讯传输通道等服务，收取服务费数额在二万元以上的；

（三）为淫秽网站提供代收费服务，收取服务费数额在五万元以上的；

（四）造成严重后果的。

实施前款规定的行为，数量或者数额达到前款第（一）项至第（三）项规定标准五倍以上的，应当认定为刑法第三百六十三条第一款规定的"情节严重"；达到规定标准二十五倍以上的，应当认定为"情节特别严重"。

★以制作、复制、出版、贩卖、传播淫秽物品牟利罪的共同犯罪处罚的六种情形

《最高人民法院、最高人民检察院关于办理利用互联网、移动通讯终端、声讯台制作、复制、出版、贩卖、传播淫秽电子信息刑事案件具体应用法律若干问题的解释（二）》（2010年2月2日 法释〔2010〕3号）

第七条 明知是淫秽网站，以牟利为目的，通过投放广告等方式向其直接或者间接提供资金，或者提供费用结算服务，具有下列情形之一的，对直接负责的主管人员和其他直接责任人员，依照刑法第三百六十三条第一款的规定，以制作、复制、出版、贩卖、传播淫秽物品牟利罪的共同犯罪处罚：

（一）向十个以上淫秽网站投放广告或者以其他方式提供资金的；

（二）向淫秽网站投放广告二十条以上的；

（三）向十个以上淫秽网站提供费用结算服务的；

（四）以投放广告或者其他方式向淫秽网站提供资金数额在五万元以上的；

（五）为淫秽网站提供费用结算服务，收取服务费数额在二万元以上的；

（六）造成严重后果的。

实施前款规定的行为，数量或者数额达到前款第（一）项至第（五）项规定标准五倍以上的，应当认定为刑法第三百六十三条第一款规定的"情节严重"；达到规定标准二十五倍以上的，应当认定为"情节特别严重"。

★犯本罪，"明知"的认定标准

《最高人民法院、最高人民检察院关于办理利用互联网、移动通讯终端、声讯台制作、复制、出版、贩卖、传播淫秽电子信息刑事案件具体应用法律若干问题的解释（二）》（2010年2月2日 法释〔2010〕3号）

第八条 实施第四条至第七条规定的行为，具有下列情形之一的，应当认定行为人"明知"，但是有证据证明确实不知道的除外：

（一）行政主管机关书面告知后仍然实施上述行为的；

（二）接到举报后不履行法定管理职责的；

（三）为淫秽网站提供互联网接入、服务器托管、网络存储空间、通讯传输通道、代收费、费用结算等服务，收取服务费明显高于市场价格的；

（四）向淫秽网站投放广告，广告点击率明显异常的；

（五）其他能够认定行为人明知的情形。

★一年内多次实施而未经处理，数量或者数额累计计算

《最高人民法院、最高人民检察院关于办理利用互联网、移动通讯终端、声讯台制作、复制、出版、贩卖、传播淫秽电子信息刑事案件具体应用法律若干问题的解释（二）》（2010年2月2日　法释〔2010〕3号）

第九条　一年内多次实施制作、复制、出版、贩卖、传播淫秽电子信息行为未经处理，数量或者数额累计计算构成犯罪的，应当依法定罪处罚。

★单位实施制作、复制、出版、贩卖、传播淫秽电子信息犯罪的刑事责任

《最高人民法院、最高人民检察院关于办理利用互联网、移动通讯终端、声讯台制作、复制、出版、贩卖、传播淫秽电子信息刑事案件具体应用法律若干问题的解释（二）》（2010年2月2日　法释〔2010〕3号）

第十条　单位实施制作、复制、出版、贩卖、传播淫秽电子信息犯罪的，依照《中华人民共和国刑法》、《最高人民法院、最高人民检察院关于办理利用互联网、移动通讯终端、声讯台制作、复制、出版、贩卖、传播淫秽电子信息刑事案件具体应用法律若干问题的解释》和本解释规定的相应个人犯罪的定罪量刑标准，对直接负责的主管人员和其他直接责任人员定罪处罚，并对单位判处罚金。

★以牟利为目的的实施制作、复制、出版、贩卖、传播淫秽电子信息犯罪适用罚金的标准

《最高人民法院、最高人民检察院关于办理利用互联网、移动通讯终端、声讯台制作、复制、出版、贩卖、传播淫秽电子信息刑事案件具体应用法律若干问题的解释(二)》(2010年2月2日 法释〔2010〕3号)

第十一条 对于以牟利为目的,实施制作、复制、出版、贩卖、传播淫秽电子信息犯罪的,人民法院应当综合考虑犯罪的违法所得、社会危害性等情节,依法判处罚金或者没收财产。罚金数额一般在违法所得的一倍以上五倍以下。

★"网站""淫秽网站"的认定

《最高人民法院、最高人民检察院关于办理利用互联网、移动通讯终端、声讯台制作、复制、出版、贩卖、传播淫秽电子信息刑事案件具体应用法律若干问题的解释(二)》(2010年2月2日 法释〔2010〕3号)

第十二条 《最高人民法院、最高人民检察院关于办理利用互联网、移动通讯终端、声讯台制作、复制、出版、贩卖、传播淫秽电子信息刑事案件具体应用法律若干问题的解释》和本解释所称网站,是指可以通过互联网域名、IP地址等方式访问的内容提供站点。

以制作、复制、出版、贩卖、传播淫秽电子信息为目的建立或者建立后主要从事制作、复制、出版、贩卖、传播淫秽电子信息活动的网站,为淫秽网站。

★利用网络云盘制作、复制、贩卖、传播淫秽电子信息的定罪处罚情节

《最高人民法院、最高人民检察院关于利用网络云盘制作、复制、贩卖、传播淫秽电子信息牟利行为定罪量刑问题的批复》(2017年11月22日 法释〔2017〕19号)

一、对于以牟利为目的,利用网络云盘制作、复制、贩卖、传播淫秽电子信息的行为,是否应当追究刑事责任,适用刑法和《最高人民法院、最高人民检察院关于办理利用互联网、移动通讯终端、声讯台制作、复制、出版、贩卖、传播淫秽电子信息刑事案件具体应用法律若干问题的解释》(法释〔2004〕11号)、《最高人民法院、最高人民检察院关于办理利用互联网、移动通讯终端、声讯台制作、复制、出版、贩卖、传播淫秽电子信息刑事案件具体应用法律若干问题的解释(二)》(法释〔2010〕3号)的有关规定。

二、对于以牟利为目的,利用网络云盘制作、复制、贩卖、传播淫秽电子信息的行为,在追究刑事责任时,鉴于网络云盘的特点,不应单纯考虑制作、复制、贩卖、传播淫秽电子信息的数量,还应充分考虑传播范围、违法所得、行为人一贯表现以及淫秽电子信息、传播对象是否涉及未成年人等情节,综合评估社会危害性,恰当裁量刑罚,确保罪责刑相适应。

类案检索指引

★以牟利为目的,偷拍他人性行为并制作成视频文件,以贩卖、传播方式公开,构成本罪

《钱某制作、贩卖、传播淫秽物品牟利案》(2022年2月21日最高人民检察院发布第三十四批指导性案例:检例第139号)

【要旨】

自然人在私密空间的日常生活属于民法典保护的隐私。行为人以牟利为目的,偷拍他人性行为并制作成视频文件,以贩卖、传播方式予以公开,不仅侵犯他人隐私,而且该偷拍视频公开后具有描绘性行为、宣扬色情的客观属性,符合刑法关于"淫秽物品"的规定,构成犯罪的,应当以制作、贩卖、传播淫秽物品牟利罪追究刑事责任。以牟利为目的提供互联网链接,使他人可以通过偷拍设备实时观看或者下载视频文件的,属于该罪的"贩卖、传播"行为。检察机关办理涉及偷拍他人隐私的刑事案件时,应当根据犯罪的主客观方面依法适用不同罪名追究刑事责任。

第三百六十四条 【传播淫秽物品罪】传播淫秽的书刊、影片、音像、图片或者其他淫秽物品,情节严重的,处二年以下有期徒刑、拘役或者管制。

【组织播放淫秽音像制品罪】组织播放淫秽的电影、录像等音像制品的,处三年以下有期徒刑、拘役或者管制,并处罚金;情节严重的,处三年以上十年以下有期徒刑,并处罚金。

制作、复制淫秽的电影、录像等音像制品组织播放的,依照第二款的规定从重处罚。

向不满十八周岁的未成年人传播淫秽物品的,从重处罚。

立法动态

本条源自《中华人民共和国刑法》(1997 年 3 月 14 日第八届全国人民代表大会第五次会议修订,自 1997 年 10 月 1 日起施行)。

立案标准

《最高人民检察院、公安部关于公安机关管辖的刑事案件立案追诉标准的规定(一)》(2017 年 4 月 27 日修正 公通字〔2017〕12 号)

第364条

第八十四条 [传播淫秽物品案(刑法第三百六十四条第一款)]传播淫秽的书刊、影片、音像、图片或者其他淫秽物品,涉嫌下列情形之一的,应予立案追诉:

(一)向他人传播三百至六百人次以上的;

(二)造成恶劣社会影响的。

不以牟利为目的,利用互联网、移动通讯终端传播淫秽电子信息,涉嫌下列情形之一的,应予立案追诉:

(一)数量达到本规定第八十二条第二款第(一)项至第(五)项规定标准二倍以上的;

(二)数量分别达到本规定第八十二条第二款第(一)项至第(五)项两项以上标准的;

（三）造成严重后果的。

利用聊天室、论坛、即时通信软件、电子邮件等方式，实施本条第二款规定行为的，应予立案追诉。

第八十五条　［组织播放淫秽音像制品案（刑法第三百六十四条第二款）］组织播放淫秽的电影、录像等音像制品，涉嫌下列情形之一的，应予立案追诉：

（一）组织播放十五至三十场次以上的；

（二）造成恶劣社会影响的。

适用要点与裁判依据

★在互联网上传播淫秽书刊、影片、音像、图片的，依照刑法有关规定追究刑事责任

《全国人民代表大会常务委员会关于维护互联网安全的决定》（2000年12月28日）

三、为了维护社会主义市场经济秩序和社会管理秩序，对有下列行为之一，构成犯罪的，依照刑法有关规定追究刑事责任：

（一）利用互联网销售伪劣产品或者对商品、服务作虚假宣传；

（二）利用互联网损害他人商业信誉和商品声誉；

（三）利用互联网侵犯他人知识产权；

（四）利用互联网编造并传播影响证券、期货交易或者其他扰乱金融秩序的虚假信息；

（五）在互联网上建立淫秽网站、网页，提供淫秽站点链接服务，或者传播淫秽书刊、影片、音像、图片。

★利用互联网或者移动通讯终端传播淫秽电子信息的定罪处罚

《最高人民法院、最高人民检察院关于办理利用互联网、移动通讯终端、声讯台制作、复制、出版、贩卖、传播淫秽电子信息刑事案件具体应用法律若干问题的解释（一）》（2004年9月3日　法释〔2004〕11号）

第一条　以牟利为目的，利用互联网、移动通讯终端制作、复制、出版、贩卖、传播淫秽电子信息,具有下列情形之一的,依照刑法第三百六十三条第一款的规定,以制作、复制、出版、贩卖、传播淫秽物品牟利罪定罪处罚:

(一)制作、复制、出版、贩卖、传播淫秽电影、表演、动画等视频文件二十个以上的;

(二)制作、复制、出版、贩卖、传播淫秽音频文件一百个以上的;

(三)制作、复制、出版、贩卖、传播淫秽电子刊物、图片、文章、短信息等二百件以上的;

(四)制作、复制、出版、贩卖、传播的淫秽电子信息,实际被点击数达到一万次以上的;

(五)以会员制方式出版、贩卖、传播淫秽电子信息,注册会员达二百人以上的;

(六)利用淫秽电子信息收取广告费、会员注册费或者其他费用,违法所得一万元以上的;

(七)数量或者数额虽未达到第(一)项至第(六)项规定标准,但分别达到其中两项以上标准一半以上的;

(八)造成严重后果的。

利用聊天室、论坛、即时通信软件、电子邮件等方式,实施第一款规定行为的,依照刑法第三百六十三条第一款的规定,以制作、复制、出版、贩卖、传播淫秽物品牟利罪定罪处罚。

第三条　不以牟利为目的,利用互联网或者移动通讯终端传播淫秽电子信息,具有下列情形之一的,依照刑法第三百六十四条第一款的规定,以传播淫秽物品罪定罪处罚:

(一)数量达到第一条第一款第(一)项至第(五)项规定标准二倍以上的;

(二)数量分别达到第一条第一款第(一)项至第(五)项两项以上标准的;

(三)造成严重后果的。

利用聊天室、论坛、即时通信软件、电子邮件等方式,实施第一款规定行为的,依照刑法第三百六十四条第一款的规定,以传播淫秽物品罪定罪处罚。

★明知是淫秽电子信息而在网站或者网页上提供直接链接的,数量标准的计算

《最高人民法院、最高人民检察院关于办理利用互联网、移动通讯终端、声讯台制作、复制、出版、贩卖、传播淫秽电子信息刑事案件具体应用法律若干问题的解释(一)》(2004年9月3日　法释〔2004〕11号)

第四条　明知是淫秽电子信息而在自己所有、管理或者使用的网站或者网页上提供直接链接的,其数量标准根据所链接的淫秽电子信息的种类计算。

★利用互联网、移动通讯终端、声讯台制作、复制、出版、贩卖、传播淫秽电子信息,应当从重处罚的四种情形

《最高人民法院、最高人民检察院关于办理利用互联网、移动通讯终端、声讯台制作、复制、出版、贩卖、传播淫秽电子信息刑事案件具体应用法律若干问题的解释(一)》(2004年9月3日　法释〔2004〕11号)

第六条　实施本解释前五条规定的犯罪,具有下列情形之一的,依照刑法第三百六十三条第一款、第三百六十四条第一款的规定从重处罚:

(一)制作、复制、出版、贩卖、传播具体描绘不满十八周岁未成年人性行为的淫秽电子信息的;

(二)明知是具体描绘不满十八周岁的未成年人性行为的淫秽电子信息而在自己所有、管理或者使用的网站或者网页上提供直接链接的;

(三)向不满十八周岁的未成年人贩卖、传播淫秽电子信息和语音信息的;

(四)通过使用破坏性程序、恶意代码修改用户计算机设置等方法,强制用户访问、下载淫秽电子信息的。

★明知他人实施制作、复制、出版、贩卖、传播淫秽电子信息犯罪而提供帮助的，以共同犯罪论处

《最高人民法院、最高人民检察院关于办理利用互联网、移动通讯终端、声讯台制作、复制、出版、贩卖、传播淫秽电子信息刑事案件具体应用法律若干问题的解释（一）》（2004 年 9 月 3 日　法释〔2004〕11 号）

第七条　明知他人实施制作、复制、出版、贩卖、传播淫秽电子信息犯罪，为其提供互联网接入、服务器托管、网络存储空间、通讯传输通道、费用结算等帮助的，对直接负责的主管人员和其他直接责任人员，以共同犯罪论处。

★贩卖、传播淫秽书刊、影片、录像带、录音带等以实物为载体的淫秽物品的定罪处罚

《最高人民法院、最高人民检察院关于办理利用互联网、移动通讯终端、声讯台制作、复制、出版、贩卖、传播淫秽电子信息刑事案件具体应用法律若干问题的解释（一）》（2004 年 9 月 3 日　法释〔2004〕11 号）

第八条　利用互联网、移动通讯终端、声讯台贩卖、传播淫秽书刊、影片、录像带、录音带等以实物为载体的淫秽物品的，依照《最高人民法院关于审理非法出版物刑事案件具体应用法律若干问题的解释》的有关规定定罪处罚。

★利用互联网、移动通讯终端传播内容含有不满十四周岁未成年人的淫秽电子信息，以传播淫秽物品罪定罪处罚

《最高人民法院、最高人民检察院关于办理利用互联网、移动通讯终端、声讯台制作、复制、出版、贩卖、传播淫秽电子信息刑事案件具体应用法律若干问题的解释（二）》（2010 年 2 月 2 日　法释〔2010〕3 号）

第二条　利用互联网、移动通讯终端传播淫秽电子信息的，依照《最高人民法院、最高人民检察院关于办理利用互联网、移动通讯终端、声讯台制作、复制、出版、贩卖、传播淫秽电子信息刑事案件具体应用法律若干问题的解释》第三条的规定定罪处罚。

利用互联网、移动通讯终端传播内容含有不满十四周岁未成年人的淫秽电子信息，具有下列情形之一的，依照刑法第三百六十四条第一款的规定，以传播淫秽物品罪定罪处罚：

（一）数量达到第一条第二款第（一）项至第（五）项规定标准二倍以上的；

（二）数量分别达到第一条第二款第（一）项至第（五）项两项以上标准的；

（三）造成严重后果的。

★利用互联网建立主要用于传播淫秽电子信息的群组，以传播淫秽物品罪定罪处罚

《最高人民法院、最高人民检察院关于办理利用互联网、移动通讯终端、声讯台制作、复制、出版、贩卖、传播淫秽电子信息刑事案件具体应用法律若干问题的解释（二）》（2010年2月2日　法释〔2010〕3号）

第三条　利用互联网建立主要用于传播淫秽电子信息的群组，成员达三十人以上或者造成严重后果的，对建立者、管理者和主要传播者，依照刑法第三百六十四条第一款的规定，以传播淫秽物品罪定罪处罚。

★网站建立者、管理者明知他人传播的是淫秽电子信息，允许或者放任在网站或者网页上发布的，以传播淫秽物品罪定罪处罚

《最高人民法院、最高人民检察院关于办理利用互联网、移动通讯终端、声讯台制作、复制、出版、贩卖、传播淫秽电子信息刑事案件具体应用法律若干问题的解释（二）》（2010年2月2日　法释〔2010〕3号）

第五条　网站建立者、直接负责的管理者明知他人制作、复制、出版、贩卖、传播的是淫秽电子信息，允许或者放任他人在自己所有、管理的网站或者网页上发布，具有下列情形之一的，依照刑法第三百六十四条第一款的规定，以传播淫秽物品罪定罪处罚：

（一）数量达到第一条第二款第（一）项至第（五）项规定标准十倍以上的；

（二）数量分别达到第一条第二款第（一）项至第（五）项两项以上标准五倍以上的；

（三）造成严重后果的。

★“明知”的认定标准

《最高人民法院、最高人民检察院关于办理利用互联网、移动通讯终端、声讯台制作、复制、出版、贩卖、传播淫秽电子信息刑事案件具体应用法律若干问题的解释（二）》（2010年2月2日 法释〔2010〕3号）

第八条 实施第四条至第七条规定的行为，具有下列情形之一的，应当认定行为人“明知”，但是有证据证明确实不知道的除外：

（一）行政主管机关书面告知后仍然实施上述行为的；

（二）接到举报后不履行法定管理职责的；

（三）为淫秽网站提供互联网接入、服务器托管、网络存储空间、通讯传输通道、代收费、费用结算等服务，收取服务费明显高于市场价格的；

（四）向淫秽网站投放广告，广告点击率明显异常的；

（五）其他能够认定行为人明知的情形。

★多次实施而未经处理，数量或者数额累计计算

《最高人民法院、最高人民检察院关于办理利用互联网、移动通讯终端、声讯台制作、复制、出版、贩卖、传播淫秽电子信息刑事案件具体应用法律若干问题的解释（二）》（2010年2月2日 法释〔2010〕3号）

第九条 一年内多次实施制作、复制、出版、贩卖、传播淫秽电子信息行为未经处理，数量或者数额累计计算构成犯罪的，应当依法定罪处罚。

★单位实施制作、复制、出版、贩卖、传播淫秽电子信息犯罪的刑事责任

《最高人民法院、最高人民检察院关于办理利用互联网、移动通讯终端、声讯台制作、复制、出版、贩卖、传播淫秽电子信息刑事案件具体应用法律若干问题的解释(二)》(2010年2月2日　法释〔2010〕3号)

第十条　单位实施制作、复制、出版、贩卖、传播淫秽电子信息犯罪的,依照《中华人民共和国刑法》、《最高人民法院、最高人民检察院关于办理利用互联网、移动通讯终端、声讯台制作、复制、出版、贩卖、传播淫秽电子信息刑事案件具体应用法律若干问题的解释》和本解释规定的相应个人犯罪的定罪量刑标准,对直接负责的主管人员和其他直接责任人员定罪处罚,并对单位判处罚金。

★"网站""淫秽网站"的认定

《最高人民法院、最高人民检察院关于办理利用互联网、移动通讯终端、声讯台制作、复制、出版、贩卖、传播淫秽电子信息刑事案件具体应用法律若干问题的解释(二)》(2010年2月2日　法释〔2010〕3号)

第十二条　《最高人民法院、最高人民检察院关于办理利用互联网、移动通讯终端、声讯台制作、复制、出版、贩卖、传播淫秽电子信息刑事案件具体应用法律若干问题的解释》和本解释所称网站,是指可以通过互联网域名、IP地址等方式访问的内容提供站点。

以制作、复制、出版、贩卖、传播淫秽电子信息为目的建立或者建立后主要从事制作、复制、出版、贩卖、传播淫秽电子信息活动的网站,为淫秽网站。

★利用网络云盘制作、复制、贩卖、传播淫秽电子信息的定罪处罚情节

《最高人民法院、最高人民检察院关于利用网络云盘制作、复制、贩卖、传播淫秽电子信息牟利行为定罪量刑问题的批复》(2017年11月22日　法释〔2017〕19号)

一、对于以牟利为目的,利用网络云盘制作、复制、贩卖、传播淫秽电子信息的行为，是否应当追究刑事责任，适用刑法和《最高人民法院、最高人民检察院关于办理利用互联网、移动通讯终端、声讯台制作、复制、出版、贩卖、传播淫秽电子信息刑事案件具体应用法律若干问题的解释》（法释〔2004〕11 号）、《最高人民法院、最高人民检察院关于办理利用互联网、移动通讯终端、声讯台制作、复制、出版、贩卖、传播淫秽电子信息刑事案件具体应用法律若干问题的解释（二）》（法释〔2010〕3 号）的有关规定。

二、对于以牟利为目的，利用网络云盘制作、复制、贩卖、传播淫秽电子信息的行为，在追究刑事责任时，鉴于网络云盘的特点，不应单纯考虑制作、复制、贩卖、传播淫秽电子信息的数量，还应充分考虑传播范围、违法所得、行为人一贯表现以及淫秽电子信息、传播对象是否涉及未成年人等情节，综合评估社会危害性，恰当裁量刑罚，确保罪责刑相适应。

第三百六十五条 【组织淫秽表演罪】组织进行淫秽表演的，处三年以下有期徒刑、拘役或者管制，并处罚金；情节严重的，处三年以上十年以下有期徒刑，并处罚金。

立法动态

本条源自《中华人民共和国刑法》（1997 年 3 月 14 日第八届全国人民代表大会第五次会议修订，自 1997 年 10 月 1 日起施行）。

立案标准

《最高人民检察院、公安部关于公安机关管辖的刑事案件立案追诉标准的规定（一）》（2017 年 4 月 27 日修正 公通字〔2017〕12 号）

第八十六条 ［组织淫秽表演案（刑法第三百六十五条）］以策划、招募、强迫、雇用、引诱、提供场地、提供资金等手段，组织进行淫秽表演，涉嫌下列情形之一的，应予立案追诉：

（一）组织表演者进行裸体表演的；

（二）组织表演者利用性器官进行诲淫性表演的；

（三）组织表演者半裸体或者变相裸体表演并通过语言、动作具体描绘性行为的；

（四）其他组织进行淫秽表演应予追究刑事责任的情形。

第三百六十六条　【单位犯制作、贩卖、传播淫秽物品罪的刑事责任】单位犯本节第三百六十三条、第三百六十四条、第三百六十五条规定之罪的，对单位判处罚金，并对其直接负责的主管人员和其他直接责任人员，依照各该条的规定处罚。

立法动态

本条源自《中华人民共和国刑法》（1997 年 3 月 14 日第八届全国人民代表大会第五次会议修订，自 1997 年 10 月 1 日起施行）。

第三百六十七条　【淫秽物品的范围】本法所称淫秽物品，是指具体描绘性行为或者露骨宣扬色情的诲淫性的书刊、影片、录像带、录音带、图片及其他淫秽物品。

有关人体生理、医学知识的科学著作不是淫秽物品。

包含有色情内容的有艺术价值的文学、艺术作品不视为淫秽物品。

立法动态

本条源自《中华人民共和国刑法》（1997 年 3 月 14 日第八届全国人民代表大会第五次会议修订，自 1997 年 10 月 1 日起施行）。

适用要点与裁判依据

★“其他淫秽物品”的认定

《最高人民法院、最高人民检察院关于办理利用互联网、移动通讯终端、声讯台制作、复制、出版、贩卖、传播淫秽电子信息刑事案件具体应用法律若干问题的解释(一)》(2004 年 9 月3 日 法释〔2004〕11 号)

第九条 刑法第三百六十七条第一款规定的“其他淫秽物品”,包括具体描绘性行为或者露骨宣扬色情的诲淫性的视频文件、音频文件、电子刊物、图片、文章、短信息等互联网、移动通讯终端电子信息和声讯台语音信息。

有关人体生理、医学知识的电子信息和声讯台语音信息不是淫秽物品。包含色情内容的有艺术价值的电子文学、艺术作品不视为淫秽物品。

第七章 危害国防利益罪

第三百六十八条 【阻碍军人执行职务罪】以暴力、威胁方法阻碍军人依法执行职务的,处三年以下有期徒刑、拘役、管制或者罚金。

【阻碍军事行动罪】故意阻碍武装部队军事行动,造成严重后果的,处五年以下有期徒刑或者拘役。

立法动态

本条源自《中华人民共和国刑法》(1997 年 3 月 14 日第八届全国人民代表大会第五次会议修订,自 1997 年 10 月 1 日起施行)。

第三百六十九条　【破坏武器装备、军事设施、军事通信罪】破坏武器装备、军事设施、军事通信的，处三年以下有期徒刑、拘役或者管制；破坏重要武器装备、军事设施、军事通信的，处三年以上十年以下有期徒刑；情节特别严重的，处十年以上有期徒刑、无期徒刑或者死刑。

【过失损坏武器装备、军事设施、军事通信罪】过失犯前款罪，造成严重后果的，处三年以下有期徒刑或者拘役；造成特别严重后果的，处三年以上七年以下有期徒刑。

战时犯前两款罪的，从重处罚。

立法动态

本条源自《中华人民共和国刑法》(1997 年 3 月 14 日第八届全国人民代表大会第五次会议修订，自 1997 年 10 月 1 日起施行)。

原本条规定为：第三百六十九条　破坏武器装备、军事设施、军事通信的，处三年以下有期徒刑、拘役或者管制；破坏重要武器装备、军事设施、军事通信的，处三年以上十年以下有期徒刑；情节特别严重的，处十年以上有期徒刑、无期徒刑或者死刑。战时从重处罚。

现本条第二款根据《中华人民共和国刑法修正案(五)》(自 2005 年 2 月 28 日起施行)第三条增加，并对原本条中的"战时从重犯罪"修改为"战时犯前两款罪的，从重处罚。"调整为本条第三款。

适用要点与裁判依据

★破坏军事通信罪定罪的构成及法定刑

《最高人民法院关于审理危害军事通信刑事案件具体应用法律若干问题的解释》(2007 年 6 月 26 日　法释〔2007〕13 号)

第一条　故意实施损毁军事通信线路、设备，破坏军事通信计算机信息系统，干扰、侵占军事通信电磁频谱等行为的，依照刑法第三百六十九条第一款的规定，以破坏军事通信罪定罪，处三年以下有期徒刑、拘役或者管制；破坏重要军事通信的，处三年以上十年以下有期徒刑。

★实施破坏军事通信行为“情节特别严重”的认定及法定刑

《最高人民法院关于审理危害军事通信刑事案件具体应用法律若干问题的解释》（2007年6月26日 法释〔2007〕13号）

第二条 实施破坏军事通信行为，具有下列情形之一的，属于刑法第三百六十九条第一款规定的“情节特别严重”，以破坏军事通信罪定罪，处十年以上有期徒刑、无期徒刑或者死刑：

（一）造成重要军事通信中断或者严重障碍，严重影响部队完成作战任务或者致使部队在作战中遭受损失的；

（二）造成部队执行抢险救灾、军事演习或者处置突发性事件等任务的通信中断或者严重障碍，并因此贻误部队行动，致使死亡3人以上、重伤10人以上或者财产损失100万元以上的；

（三）破坏重要军事通信三次以上的；

（四）其他情节特别严重的情形。

★过失损坏军事通信“造成严重后果”“造成特别严重后果”的认定及法定刑

《最高人民法院关于审理危害军事通信刑事案件具体应用法律若干问题的解释》（2007年6月26日 法释〔2007〕13号）

第三条 过失损坏军事通信，造成重要军事通信中断或者严重障碍的，属于刑法第三百六十九条第二款规定的“造成严重后果”，以过失损坏军事通信罪定罪，处三年以下有期徒刑或者拘役。

第四条 过失损坏军事通信，具有下列情形之一的，属于刑法第三百六十九条第二款规定的“造成特别严重后果”，以过失损坏军事通信罪定罪，处三年以上七年以下有期徒刑：

（一）造成重要军事通信中断或者严重障碍，严重影响部队完成作战任务或者致使部队在作战中遭受损失的；

（二）造成部队执行抢险救灾、军事演习或者处置突发性事件等

任务的通信中断或者严重障碍,并因此贻误部队行动,致使死亡3人以上、重伤10人以上或者财产损失100万元以上的;

（三）其他后果特别严重的情形。

★建设、施工单位直接负责的主管人员、施工管理人员犯本条之罪的刑事责任

《最高人民法院关于审理危害军事通信刑事案件具体应用法律若干问题的解释》（2007年6月26日　法释〔2007〕13号）

第五条　建设、施工单位直接负责的主管人员、施工管理人员,明知是军事通信线路、设备而指使、强令、纵容他人予以损毁的,或者不听管护人员劝阻,指使、强令、纵容他人违章作业,造成军事通信线路、设备损毁的,以破坏军事通信罪定罪处罚。

建设、施工单位直接负责的主管人员、施工管理人员,忽视军事通信线路、设备保护标志,指使、纵容他人违章作业,致使军事通信线路、设备损毁,构成犯罪的,以过失损坏军事通信罪定罪处罚。

★破坏、过失损坏军事通信的一罪与数罪

《最高人民法院关于审理危害军事通信刑事案件具体应用法律若干问题的解释》（2007年6月26日　法释〔2007〕13号）

第六条　破坏、过失损坏军事通信,并造成公用电信设施损毁,危害公共安全,同时构成刑法第一百二十四条和第三百六十九条规定的犯罪的,依照处罚较重的规定定罪处罚。

盗窃军事通信线路、设备,不构成盗窃罪,但破坏军事通信的,依照刑法第三百六十九条第一款的规定定罪处罚;同时构成刑法第一百二十四条、第二百六十四条和第三百六十九条第一款规定的犯罪的,依照处罚较重的规定定罪处罚。

违反国家规定,侵入国防建设、尖端科学技术领域的军事通信计算机信息系统,尚未对军事通信造成破坏的,依照刑法第二百八十五条的规定定罪处罚;对军事通信造成破坏,同时构成刑法第二百八十五条、第二百八十六条、第三百六十九条第一款规定的犯罪的,依照处罚较重的规定定罪处罚。

违反国家规定，擅自设置、使用无线电台、站，或者擅自占用频率，经责令停止使用后拒不停止使用，干扰无线电通讯正常进行，构成犯罪的，依照刑法第二百八十八条的规定定罪处罚；造成军事通信中断或者严重障碍，同时构成刑法第二百八十八条、第三百六十九条第一款规定的犯罪的，依照处罚较重的规定定罪处罚。

★"重要军事通信"及"军事通信的具体范围、通信中断和严重障碍的标准"的认定

《最高人民法院关于审理危害军事通信刑事案件具体应用法律若干问题的解释》（2007年6月26日　法释〔2007〕13号）

第七条　本解释所称"重要军事通信"，是指军事首脑机关及重要指挥中心的通信，部队作战中的通信，等级战备通信，飞行航行训练、抢险救灾、军事演习或者处置突发性事件中的通信，以及执行试飞试航、武器装备科研试验或者远洋航行等重要军事任务中的通信。

本解释所称军事通信的具体范围、通信中断和严重障碍的标准，参照中国人民解放军通信主管部门的有关规定确定。

★非法进入训练场、破坏训练场围墙、围网等周界防护设施的，以破坏军事设施罪定罪处罚

《最高人民法院、最高人民检察院、公安部、商务部、国家市场监督管理总局、中央军委后勤保障部、中央军委装备发展部、中央军委训练管理部、中央军委国防动员部关于军地共同加强部队训练场未爆弹药安全风险防控的意见》（2022年10月22日　军训〔2022〕181号）

第
369
条

（十三）打击违法犯罪。非法进入训练场、不听制止的，破坏训练场围墙、围网等周界防护设施的，依照军事设施保护法的有关规定处罚，符合刑法第三百六十九条第一款、第三百七十一条规定的，分别以破坏军事设施罪、聚众冲击军事禁区罪、聚众扰乱军事管理区秩序罪定罪处罚。挖捡、非法买卖未爆弹药，符合刑法第一百二十七条第一款、第一百二十五条第一款规定的，分别以盗窃弹药、爆炸物罪和非法买卖弹药、爆炸物罪定罪处罚。非法买卖未爆弹药拆解的炮弹引信、火炸药,符合刑法第一百二十五条第一款规定的,以非法买卖弹药、爆炸物罪定罪处罚。非法进入训练场挖捡炮弹残片,符合刑法第二百六十四条规定的,以盗窃罪定罪处罚。因敲击、拆解未爆弹药等行为引发爆炸,符合刑法第一百一十五条第二款、第二百三十三条、第二百三十五条规定的,分别以过失爆炸罪、过失致人死亡罪、过失致人重伤罪定罪处罚。明知是非法拆解的未爆弹药或者非法挖捡的炮弹残片及其所产生的收益而窝藏、转移、代为销售或者以其他方法掩饰、隐瞒,符合刑法第三百一十二条规定的,以掩饰、隐瞒犯罪所得、犯罪所得收益罪定罪处罚。有非法挖捡买卖行为,经教育后确有悔改表现,上交未爆弹药、炮弹残片或者销售炮弹残片违法所得的,可以依法从宽处罚;情节显著轻微危害不大不构成犯罪、构成违反治安管理行为的,依法给予治安管理处罚。

第三百七十条 【故意提供不合格武器装备、军事设施罪】明知是不合格的武器装备、军事设施而提供给武装部队的,处五年以下有期徒刑或者拘役;情节严重的,处五年以上十年以下有期徒刑;情节特别严重的,处十年以上有期徒刑、无期徒刑或者死刑。

【过失提供不合格武器装备、军事设施罪】过失犯前款罪,造成严重后果的,处三年以下有期徒刑或者拘役;造成特别严重后果的,处三年以上七年以下有期徒刑。

单位犯第一款罪的,对单位判处罚金,并对其直接负责的主管人员和其他直接责任人员,依照第一款的规定处罚。

立法动态

本条源自《中华人民共和国刑法》(1997 年 3 月 14 日第八届全国人民代表大会第五次会议修订,自 1997 年 10 月 1 日起施行)。

立案标准

《最高人民检察院、公安部关于公安机关管辖的刑事案件立案追诉标准的规定(一)》(2017 年 4 月 27 日修正　公通字〔2017〕12 号)

第八十七条　[故意提供不合格武器装备、军事设施案(刑法第三百七十条第一款)]明知是不合格的武器装备、军事设施而提供给武装部队,涉嫌下列情形之一的,应予立案追诉:

(一)造成人员轻伤以上的;

(二)造成直接经济损失十万元以上的;

(三)提供不合格的枪支三支以上、子弹一百发以上、雷管五百枚以上、炸药五千克以上或者其他重要武器装备、军事设施的;

(四)影响作战、演习、抢险救灾等重大任务完成的;

(五)发生在战时的;

(六)其他故意提供不合格武器装备、军事设施应予追究刑事责任的情形。

第八十八条　[过失提供不合格武器装备、军事设施案(刑法第三百七十条第二款)]过失提供不合格武器装备、军事设施给武装部队,涉嫌下列情形之一的,应予立案追诉:

(一)造成死亡一人或者重伤三人以上的;

(二)造成直接经济损失三十万元以上的;

(三)严重影响作战、演习、抢险救灾等重大任务完成的;

(四)其他造成严重后果的情形。

第371条

第三百七十一条　【聚众冲击军事禁区罪】聚众冲击军事禁区,严重扰乱军事禁区秩序的,对首要分子,处五年以上十年以下有期徒刑;对其他积极参加的,处五年以下有期徒刑、拘役、管制或者剥夺政治权利。

【聚众扰乱军事管理区秩序罪】聚众扰乱军事管理区秩序,情节严重，致使军事管理区工作无法进行，造成严重损失的，对首要分子，处三年以上七年以下有期徒刑；对其他积极参加的，处三年以下有期徒刑、拘役、管制或者剥夺政治权利。

立法动态

本条源自《中华人民共和国刑法》（1997 年 3 月 14 日第八届全国人民代表大会第五次会议修订，自 1997 年 10 月 1 日起施行）。

立案标准

《最高人民检察院、公安部关于公安机关管辖的刑事案件立案追诉标准的规定（一）》（2017 年 4 月 27 日修正　公通字〔2017〕12 号）

第八十九条　［聚众冲击军事禁区案（刑法第三百七十一条第一款）］组织、策划、指挥聚众冲击军事禁区或者积极参加聚众冲击军事禁区，严重扰乱军事禁区秩序，涉嫌下列情形之一的，应予立案追诉：

（一）冲击三次以上或者一次冲击持续时间较长的；

（二）持械或者采取暴力手段冲击的；

（三）冲击重要军事禁区的；

（四）发生在战时的；

（五）其他严重扰乱军事禁区秩序应予追究刑事责任的情形。

第九十条　［聚众扰乱军事管理区秩序案（刑法第三百七十一条第二款）］组织、策划、指挥聚众扰乱军事管理区秩序或者积极参加聚众扰乱军事管理区秩序，致使军事管理区工作无法进行，造成严重损失，涉嫌下列情形之一的，应予立案追诉：

（一）造成人员轻伤以上的；

（二）扰乱三次以上或者一次扰乱持续时间较长的；

（三）造成直接经济损失五万元以上的；

（四）持械或者采取暴力手段的；

（五）扰乱重要军事管理区秩序的；

（六）发生在战时的；

（七）其他聚众扰乱军事管理区秩序应予追究刑事责任的情形。

适用要点与裁判依据

★非法进入训练场、不听制止的，以本条之罪定罪处罚

《最高人民法院、最高人民检察院、公安部、商务部、国家市场监督管理总局、中央军委后勤保障部、中央军委装备发展部、中央军委训练管理部、中央军委国防动员部关于军地共同加强部队训练场未爆弹药安全风险防控的意见》（2022年10月22日 军训〔2022〕181号）

（十三）打击违法犯罪。非法进入训练场、不听制止的，破坏训练场围墙、围网等周界防护设施的，依照军事设施保护法的有关规定处罚，符合刑法第三百六十九条第一款、第三百七十一条规定的，分别以破坏军事设施罪、聚众冲击军事禁区罪、聚众扰乱军事管理区秩序罪定罪处罚。挖捡、非法买卖未爆弹药，符合刑法第一百二十七条第一款、第一百二十五条第一款规定的，分别以盗窃弹药、爆炸物罪和非法买卖弹药、爆炸物罪定罪处罚。非法买卖未爆弹药拆解的炮弹引信、火炸药，符合刑法第一百二十五条第一款规定的，以非法买卖弹药、爆炸物罪定罪处罚。非法进入训练场挖捡炮弹残片，符合刑法第二百六十四条规定的，以盗窃罪定罪处罚。因敲击、拆解未爆弹药等行为引发爆炸，符合刑法第一百一十五条第二款、第二百三十三条、第二百三十五条规定的，分别以过失爆炸罪、过失致人死亡罪、过失致人重伤罪定罪处罚。明知是非法拆解的未爆弹药或者非法挖捡的炮弹残片及其所产生的收益而窝藏、转移、代为销售或者以其他方法掩饰、隐瞒，符合刑法第三百一十二条规定的，以掩饰、隐瞒犯罪所得、犯罪所得收益罪定罪处罚。有非法挖捡买卖行为，经教育后确有悔改表现，上交未爆弹药、炮弹残片或者销售炮弹残片违法所得的，可以依法从宽处罚；情节显著轻微危害不大不构成犯罪、构成违反治安管理行为的，依法给予治安管理处罚。

第三百七十二条　【冒充军人招摇撞骗罪】冒充军人招摇撞骗的，处三年以下有期徒刑、拘役、管制或者剥夺政治权利；情节严重的，处三年以上十年以下有期徒刑。

立法动态

本条源自《中华人民共和国刑法》（1997 年 3 月 14 日第八届全国人民代表大会第五次会议修订，自 1997 年 10 月 1 日起施行）。

适用要点与裁判依据

★冒充军人，骗取财物、荣誉、地位、待遇、感情招摇撞骗的，构成本罪

《最高人民法院、最高人民检察院、公安部关于依法惩治招摇撞骗等违法犯罪行为的指导意见》（2021 年 12 月 16 日　公通字〔2021〕21 号）

一、冒充国家机关工作人员、军人，骗取财物、荣誉、地位、待遇、感情等，符合刑法第二百七十九条、第三百七十二条规定的，分别以招摇撞骗罪、冒充军人招摇撞骗罪定罪处罚；严重损害国家机关、军队形象和威信，或者造成其他严重后果的，应当认定为刑法第二百七十九条、第三百七十二条规定的"情节严重"。

★冒充军人招摇撞骗，同时构成其他犯罪的，择一重处

《最高人民法院、最高人民检察院、公安部关于依法惩治招摇撞骗等违法犯罪行为的指导意见》（2021 年 12 月 16 日　公通字〔2021〕21 号）

四、冒充国家机关工作人员或者军人招摇撞骗，同时构成非法吸收公众存款罪、集资诈骗罪、合同诈骗罪、组织、领导传销活动罪、诈骗罪的，依照处罚较重的规定定罪处罚。

★“冒充军人”的认定标准

《最高人民法院、最高人民检察院、公安部关于依法惩治招摇撞骗等违法犯罪行为的指导意见》（2021 年 12 月 16 日　公通字〔2021〕21 号）

五、对下列情形之一的，应当分别认定为刑法第二百七十九条、第三百七十二条规定的“冒充国家机关工作人员”“冒充军人”：

1. 冒充国家机关中真实存在或者虚构的工作人员、军人的；

2. 冒充虚构的国家机关中的工作人员、军人，易让他人信以为真的；

3. 身为国家机关工作人员、军人冒充其他国家机关工作人员、军人的；

4. 以骗取非法利益为目的，制造假象，诱使他人误以为系国家机关工作人员、军人的。

第三百七十三条　【煽动军人逃离部队罪】【雇用逃离部队军人罪】煽动军人逃离部队或者明知是逃离部队的军人而雇用，情节严重的，处三年以下有期徒刑、拘役或者管制。

立法动态

本条源自《中华人民共和国刑法》（1997 年 3 月 14 日第八届全国人民代表大会第五次会议修订，自 1997 年 10 月 1 日起施行）。

立案标准

《最高人民检察院、公安部关于公安机关管辖的刑事案件立案追诉标准的规定（一）》（2017 年 4 月 27 日修正　公通字〔2017〕12 号）

第九十一条　［煽动军人逃离部队案（刑法第三百七十三条）］煽动军人逃离部队，涉嫌下列情形之一的，应予立案追诉：

（一）煽动三人以上逃离部队的；

（二）煽动指挥人员、值班执勤人员或者其他负有重要职责人员逃离部队的；

（三）影响重要军事任务完成的；

（四）发生在战时的；

（五）其他情节严重的情形。

第九十二条　［雇用逃离部队军人案（刑法第三百七十三条）］明知是逃离部队的军人而雇用，涉嫌下列情形之一的，应予立案追诉：

（一）雇用一人六个月以上的；

（二）雇用三人以上的；

（三）明知是逃离部队的指挥人员、值班执勤人员或者其他负有重要职责人员而雇用的；

（四）阻碍部队将被雇用军人带回的；

（五）其他情节严重的情形。

第三百七十四条　【接送不合格兵员罪】在征兵工作中徇私舞弊，接送不合格兵员，情节严重的，处三年以下有期徒刑或者拘役；造成特别严重后果的，处三年以上七年以下有期徒刑。

立法动态

本条源自《中华人民共和国刑法》（1997 年 3 月 14 日第八届全国人民代表大会第五次会议修订，自 1997 年 10 月 1 日起施行）。

立案标准

《最高人民检察院、公安部关于公安机关管辖的刑事案件立案追诉标准的规定（一）》（2017 年 4 月 27 日修正　公通字〔2017〕12 号）

第九十三条　［接送不合格兵员案（刑法第三百七十四条）］在

征兵工作中徇私舞弊，接送不合格兵员，涉嫌下列情形之一的，应予立案追诉：

（一）接送不合格特种条件兵员一名以上或者普通兵员三名以上的；

（二）发生在战时的；

（三）造成严重后果的；

（四）其他情节严重的情形。

第三百七十五条　【伪造、变造、买卖武装部队公文、证件、印章罪】【盗窃、抢夺武装部队公文、证件、印章罪】伪造、变造、买卖或者盗窃、抢夺武装部队公文、证件、印章的，处三年以下有期徒刑、拘役、管制或者剥夺政治权利；情节严重的，处三年以上十年以下有期徒刑。

【非法生产、买卖武装部队制式服装罪】非法生产、买卖武装部队制式服装，情节严重的，处三年以下有期徒刑、拘役或者管制，并处或者单处罚金。

【伪造、盗窃、买卖、非法提供、非法使用武装部队专用标志罪】伪造、盗窃、买卖或者非法提供、使用武装部队车辆号牌等专用标志，情节严重的，处三年以下有期徒刑、拘役或者管制，并处或者单处罚金；情节特别严重的，处三年以上七年以下有期徒刑，并处罚金。

单位犯第二款、第三款罪的，对单位判处罚金，并对其直接负责的主管人员和其他直接责任人员，依照各该款的规定处罚。

立法动态

本条源自《中华人民共和国刑法》（1997 年 3 月 14 日第八届全国人民代表大会第五次会议修订，自 1997 年 10 月 1 日起施行）。

立案标准

《最高人民检察院、公安部关于公安机关管辖的刑事案件立案追诉标准的规定(一)》(2017年4月27日修正　公通字〔2017〕12号)

第九十四条　［非法生产、买卖武装部队制式服装案(刑法第三百七十五条第二款)］非法生产、买卖武装部队制式服装,涉嫌下列情形之一的,应予立案追诉:

(一)非法生产、买卖成套制式服装30套以上,或者非成套制式服装100件以上的;

(二)非法生产、买卖帽徽、领花、臂章等标志服饰合计100件(副)以上的;

(三)非法经营数额2万元以上的;

(四)违法所得数额5千元以上的;

(五)其他情节严重的情形。

买卖仿制的现行装备的武装部队制式服装,情节严重的,应予立案追诉。

第九十四条之一　［伪造、盗窃、买卖、非法提供、非法使用武装部队专用标志案(刑法第三百七十五条第三款)］伪造、盗窃、买卖或者非法提供、使用武装部队车辆号牌等专用标志,涉嫌下列情形之一的,应予立案追诉:

(一)伪造、盗窃、买卖或者非法提供、使用武装部队军以上领导机关车辆号牌1副以上或者其他车辆号牌3副以上的;

(二)非法提供、使用军以上领导机关车辆号牌之外的其他车辆号牌累计6个月以上的;

(三)伪造、盗窃、买卖或者非法提供、使用军徽、军旗、军种符号或者其他军用标志合计100件(副)以上的;

(四)造成严重后果或者恶劣影响的。

盗窃、买卖、提供、使用伪造、变造的武装部队车辆号牌等专用标志,情节严重的,应予立案追诉。

适用要点与裁判依据

★本条第一款罪的基本构成要件及“情节严重”的认定标准

《最高人民法院、最高人民检察院关于办理妨害武装部队制式服装、车辆号牌管理秩序等刑事案件具体应用法律若干问题的解释》(2011年7月20日 法释〔2011〕16号)

第一条 伪造、变造、买卖或者盗窃、抢夺武装部队公文、证件、印章,具有下列情形之一的,应当依照刑法第三百七十五条第一款的规定,以伪造、变造、买卖武装部队公文、证件、印章罪或者盗窃、抢夺武装部队公文、证件、印章罪定罪处罚:

(一)伪造、变造、买卖或者盗窃、抢夺武装部队公文一件以上的;

(二)伪造、变造、买卖或者盗窃、抢夺武装部队军官证、士兵证、车辆行驶证、车辆驾驶证或者其他证件二本以上的;

(三)伪造、变造、买卖或者盗窃、抢夺武装部队机关印章、车辆牌证印章或者其他印章一枚以上的。

实施前款规定的行为,数量达到第(一)至(三)项规定标准五倍以上或者造成严重后果的,应当认定为刑法第三百七十五条第一款规定的“情节严重”。

★本条第二款罪“情节严重”的认定标准

《最高人民法院、最高人民检察院关于办理妨害武装部队制式服装、车辆号牌管理秩序等刑事案件具体应用法律若干问题的解释》(2011年7月20日 法释〔2011〕16号)

第二条 非法生产、买卖武装部队现行装备的制式服装,具有下列情形之一的,应当认定为刑法第三百七十五条第二款规定的“情节严重”,以非法生产、买卖武装部队制式服装罪定罪处罚:

(一)非法生产、买卖成套制式服装三十套以上,或者非成套制式服装一百件以上的;

(二)非法生产、买卖帽徽、领花、臂章等标志服饰合计一百件(副)以上的;

(三)非法经营数额二万元以上的；

(四)违法所得数额五千元以上的；

(五)具有其他严重情节的。

★本条第三款罪“情节严重”“情节特别严重”的认定标准

《最高人民法院、最高人民检察院关于办理妨害武装部队制式服装、车辆号牌管理秩序等刑事案件具体应用法律若干问题的解释》(2011年7月20日　法释〔2011〕16号)

第三条　伪造、盗窃、买卖或者非法提供、使用武装部队车辆号牌等专用标志，具有下列情形之一的，应当认定为刑法第三百七十五条第三款规定的“情节严重”，以伪造、盗窃、买卖、非法提供、非法使用武装部队专用标志罪定罪处罚：

(一)伪造、盗窃、买卖或者非法提供、使用武装部队军以上领导机关车辆号牌一副以上或者其他车辆号牌三副以上的；

(二)非法提供、使用军以上领导机关车辆号牌之外的其他车辆号牌累计六个月以上的；

(三)伪造、盗窃、买卖或者非法提供、使用军徽、军旗、军种符号或者其他军用标志合计一百件(副)以上的；

(四)造成严重后果或者恶劣影响的。

实施前款规定的行为，具有下列情形之一的，应当认定为刑法第三百七十五条第三款规定的“情节特别严重”：

(一)数量达到前款第(一)、(三)项规定标准五倍以上的；

(二)非法提供、使用军以上领导机关车辆号牌累计六个月以上或者其他车辆号牌累计一年以上的；

(三)造成特别严重后果或者特别恶劣影响的。

★犯本条之罪的定罪量刑标准

《最高人民法院、最高人民检察院关于办理妨害武装部队制式服装、车辆号牌管理秩序等刑事案件具体应用法律若干问题的解释》(2011年7月20日　法释〔2011〕16号)

第四条　买卖、盗窃、抢夺伪造、变造的武装部队公文、证件、印章的,买卖仿制的现行装备的武装部队制式服装情节严重的,盗窃、买卖、提供、使用伪造、变造的武装部队车辆号牌等专用标志情节严重的,应当追究刑事责任。定罪量刑标准适用本解释第一至第三条的规定。

★犯本条之罪“以共犯论处”的情形

《最高人民法院、最高人民检察院关于办理妨害武装部队制式服装、车辆号牌管理秩序等刑事案件具体应用法律若干问题的解释》(2011年7月20日　法释〔2011〕16号)

第五条　明知他人实施刑法第三百七十五条规定的犯罪行为,而为其生产、提供专用材料或者提供资金、账号、技术、生产经营场所等帮助的,以共犯论处。

★实施本条犯罪行为同时又构成其他犯罪的,择一重处

《最高人民法院、最高人民检察院关于办理妨害武装部队制式服装、车辆号牌管理秩序等刑事案件具体应用法律若干问题的解释》(2011年7月20日　法释〔2011〕16号)

第六条　实施刑法第三百七十五条规定的犯罪行为,同时又构成逃税、诈骗、冒充军人招摇撞骗等犯罪的,依照处罚较重的规定定罪处罚。

★单位实施本条第二、三款犯罪行为的定罪处罚

《最高人民法院、最高人民检察院关于办理妨害武装部队制式服装、车辆号牌管理秩序等刑事案件具体应用法律若干问题的解释》(2011年7月20日　法释〔2011〕16号)

第七条　单位实施刑法第三百七十五条第二款、第三款规定的犯罪行为,对单位判处罚金,并对其直接负责的主管人员和其他直接责任人员,分别依照本解释的有关规定处罚。

第三百七十六条　【战时拒绝、逃避征召、军事训练罪】预备役人员战时拒绝、逃避征召或者军事训练，情节严重的，处三年以下有期徒刑或者拘役。

【战时拒绝、逃避服役罪】公民战时拒绝、逃避服役，情节严重的，处二年以下有期徒刑或者拘役。

立法动态

本条源自《中华人民共和国刑法》（1997 年 3 月 14 日第八届全国人民代表大会第五次会议修订，自 1997 年 10 月 1 日起施行）。

立案标准

《最高人民检察院、公安部关于公安机关管辖的刑事案件立案追诉标准的规定(一)》(2017 年 4 月 27 日修正　公通字〔2017〕12 号)

第九十五条　［战时拒绝、逃避征召、军事训练案(刑法第三百七十六条第一款)］预备役人员战时拒绝、逃避征召或者军事训练，涉嫌下列情形之一的，应予立案追诉：

(一)无正当理由经教育仍拒绝、逃避征召或者军事训练的；

(二)以暴力、威胁、欺骗等手段，或者采取自伤、自残等方式拒绝、逃避征召或者军事训练的；

(三)联络、煽动他人共同拒绝、逃避征召或者军事训练的；

(四)其他情节严重的情形。

第九十六条　［战时拒绝、逃避服役案(刑法第三百七十六条第二款)］公民战时拒绝、逃避服役，涉嫌下列情形之一的，应予立案追诉：

(一)无正当理由经教育仍拒绝、逃避服役的；

(二)以暴力、威胁、欺骗等手段，或者采取自伤、自残等方式拒绝、逃避服役的；

(三)联络、煽动他人共同拒绝、逃避服役的；

（四）其他情节严重的情形。

第三百七十七条 【战时故意提供虚假敌情罪】战时故意向武装部队提供虚假敌情，造成严重后果的，处三年以上十年以下有期徒刑；造成特别严重后果的，处十年以上有期徒刑或者无期徒刑。

立法动态

本条源自《中华人民共和国刑法》（1997 年 3 月 14 日第八届全国人民代表大会第五次会议修订，自 1997 年 10 月 1 日起施行）。

第三百七十八条 【战时造谣扰乱军心罪】战时造谣惑众，扰乱军心的，处三年以下有期徒刑、拘役或者管制；情节严重的，处三年以上十年以下有期徒刑。

立法动态

本条源自《中华人民共和国刑法》（1997 年 3 月 14 日第八届全国人民代表大会第五次会议修订，自 1997 年 10 月 1 日起施行）。

第三百七十九条 【战时窝藏逃离部队军人罪】战时明知是逃离部队的军人而为其提供隐蔽处所、财物，情节严重的，处三年以下有期徒刑或者拘役。

立法动态

本条源自《中华人民共和国刑法》（1997 年 3 月 14 日第八届全国人民代表大会第五次会议修订，自 1997 年 10 月 1 日起施行）。

立案标准

《最高人民检察院、公安部关于公安机关管辖的刑事案件立案追诉标准的规定(一)》(2017年4月27日修正 公通字〔2017〕12号)

第九十七条 [战时窝藏逃离部队军人案(刑法第三百七十九条)]战时明知是逃离部队的军人而为其提供隐蔽处所、财物,涉嫌下列情形之一的,应予立案追诉:

(一)窝藏三人次以上的;

(二)明知是指挥人员、值班执勤人员或者其他负有重要职责人员而窝藏的;

(三)有关部门查找时拒不交出的;

(四)其他情节严重的情形。

第三百八十条 【战时拒绝、故意延误军事订货罪】战时拒绝或者故意延误军事订货,情节严重的,对单位判处罚金,并对其直接负责的主管人员和其他直接责任人员,处五年以下有期徒刑或者拘役;造成严重后果的,处五年以上有期徒刑。

立法动态

本条源自《中华人民共和国刑法》(1997年3月14日第八届全国人民代表大会第五次会议修订,自1997年10月1日起施行)。

立案标准

《最高人民检察院、公安部关于公安机关管辖的刑事案件立案追诉标准的规定(一)》(2017年4月27日修正 公通字〔2017〕12号)

第九十八条 [战时拒绝、故意延误军事订货案(刑法第三百八十条)]战时拒绝或者故意延误军事订货,涉嫌下列情形之一的,应予立案追诉：

（一）拒绝或者故意延误军事订货三次以上的；

（二）联络、煽动他人共同拒绝或者故意延误军事订货的；

（三）拒绝或者故意延误重要军事订货，影响重要军事任务完成的；

（四）其他情节严重的情形。

第三百八十一条　【战时拒绝军事征用罪】战时拒绝军事征收、征用，情节严重的，处三年以下有期徒刑或者拘役。

立法动态

本条源自《中华人民共和国刑法》（1997 年 3 月 14 日第八届全国人民代表大会第五次会议修订，自 1997 年 10 月 1 日起施行）。

立案标准

《最高人民检察院、公安部关于公安机关管辖的刑事案件立案追诉标准的规定（一）》（2017 年 4 月 27 日修正　公通字〔2017〕12 号）

第九十九条　［战时拒绝军事征收、征用案（刑法第三百八十一条）］战时拒绝军事征收、征用，涉嫌下列情形之一的，应予立案追诉：

（一）无正当理由拒绝军事征收、征用 3 次以上的；

（二）采取暴力、威胁、欺骗等手段拒绝军事征收、征用的；

（三）联络、煽动他人共同拒绝军事征收、征用的；

（四）拒绝重要军事征收、征用，影响重要军事任务完成的；

（五）其他情节严重的情形。

第八章 贪污贿赂罪

第三百八十二条 【贪污罪】国家工作人员利用职务上的便利,侵吞、窃取、骗取或者以其他手段非法占有公共财物的,是贪污罪。

受国家机关、国有公司、企业、事业单位、人民团体委托管理、经营国有财产的人员,利用职务上的便利,侵吞、窃取、骗取或者以其他手段非法占有国有财物的,以贪污论。

与前两款所列人员勾结,伙同贪污的,以共犯论处。

立法动态

本条源自《中华人民共和国刑法》(1997 年 3 月 14 日第八届全国人民代表大会第五次会议修订,自 1997 年 10 月 1 日起施行)。

适用要点与裁判依据

★行为人与国家工作人员勾结非法占有公共财物的,以贪污罪共犯论处

《最高人民法院关于审理贪污、职务侵占案件如何认定共同犯罪几个问题的解释》(2000 年 6 月 30 日 法释〔2000〕15 号)

第一条 行为人与国家工作人员勾结,利用国家工作人员的职务便利,共同侵吞、窃取、骗取或者以其他手段非法占有公共财物的,以贪污罪共犯论处。

★不具有国家工作人员身份的人与国家工作人员勾结，共同将本单位财物非法占为己有的，按照主犯的犯罪性质定罪

《最高人民法院关于审理贪污、职务侵占案件如何认定共同犯罪几个问题的解释》(2000年6月30日 法释〔2000〕15号)

第三条 公司、企业或者其他单位中，不具有国家工作人员身份的人与国家工作人员勾结，分别利用各自的职务便利，共同将本单位财物非法占为己有的，按照主犯的犯罪性质定罪。

★贪污用于预防、控制突发传染病疫情等灾害的款物的，以贪污罪从重处罚

《最高人民法院、最高人民检察院关于办理妨害预防、控制突发传染病疫情等灾害的刑事案件具体应用法律若干问题的解释》(2003年5月14日 法释〔2003〕8号)

第十四条第一款 贪污、侵占用于预防、控制突发传染病疫情等灾害的款物或者挪用归个人使用，构成犯罪的，分别依照刑法第三百八十二条、第三百八十三条、第二百七十一条、第三百八十四条、第二百七十二条的规定，以贪污罪、侵占罪、挪用公款罪、挪用资金罪定罪，依法从重处罚。

★国家机关工作人员的认定

《全国法院审理经济犯罪案件工作座谈会纪要》(2003年11月13日 法发〔2003〕167号)

一、关于贪污贿赂犯罪和渎职犯罪的主体

(一)国家机关工作人员的认定

刑法中所称的国家机关工作人员，是指在国家机关中从事公务的人员，包括在各级国家权力机关、行政机关、司法机关和军事机关中从事公务的人员。

根据有关立法解释的规定，在依照法律、法规规定行使国家行政管理职权的组织中从事公务的人员，或者在受国家机关委托代表国家行使职权的组织中从事公务的人员，或者虽未列入国家机关人员编制但在国家机关中从事公务的人员，视为国家机关工作人员。在乡(镇)以上中国共产党机关、人民政协机关中从事公务的人员,司法实践中也应当视为国家机关工作人员。

★国家机关、国有公司、企业、事业单位委派从事公务的人员的认定

《全国法院审理经济犯罪案件工作座谈会纪要》(2003 年 11 月 13 日　法发〔2003〕167 号)

一、关于贪污贿赂犯罪和渎职犯罪的主体

(二)国家机关、国有公司、企业、事业单位委派到非国有公司、企业、事业单位、社会团体从事公务的人员的认定

所谓委派,即委任、派遣,其形式多种多样,如任命、指派、提名、批准等。不论被委派的人身份如何,只要是接受国家机关、国有公司、企业、事业单位委派,代表国家机关、国有公司、企业、事业单位在非国有公司、企业、事业单位、社会团体中从事组织、领导、监督、管理等工作,都可以认定为国家机关、国有公司、企业、事业单位委派到非国有公司、企业、事业单位、社会团体从事公务的人员。如国家机关、国有公司、企业、事业单位委派在国有控股或者参股的股份有限公司从事组织、领导、监督、管理等工作的人员,应当以国家工作人员论。国有公司、企业改制为股份有限公司后,原国有公司、企业的工作人员和股份有限公司新任命的人员中,除代表国有投资主体行使监督、管理职权的人外,不以国家工作人员论。

★"其他依照法律从事公务的人员"的认定

《全国法院审理经济犯罪案件工作座谈会纪要》(2003 年 11 月 13 日　法发〔2003〕167 号)

一、关于贪污贿赂犯罪和渎职犯罪的主体

(三)"其他依照法律从事公务的人员"的认定

刑法第九十三条第二款规定的"其他依照法律从事公务的人员"应当具有两个特征:一是在特定条件下行使国家管理职能;二是依照法律规定从事公务。具体包括:

(1)依法履行职责的各级人民代表大会代表;

(2)依法履行审判职责的人民陪审员；

(3)协助乡镇人民政府、街道办事处从事行政管理工作的村民委员会、居民委员会等农村和城市基层组织人员；

(4)其他由法律授权从事公务的人员。

★"从事公务"的理解

《全国法院审理经济犯罪案件工作座谈会纪要》(2003年11月13日　法发〔2003〕167号)

一、关于贪污贿赂犯罪和渎职犯罪的主体

(四)关于"从事公务"的理解

从事公务，是指代表国家机关、国有公司、企业、事业单位、人民团体等履行组织、领导、监督、管理等职责。公务主要表现为与职权相联系的公共事务以及监督、管理国有财产的职务活动。如国家机关工作人员依法履行职责，国有公司的董事、经理、监事、会计、出纳人员等管理、监督国有财产等活动，属于从事公务。那些不具备职权内容的劳务活动、技术服务工作，如售货员、售票员等所从事的工作，一般不认为是公务。

★贪污罪既遂与未遂的认定

《全国法院审理经济犯罪案件工作座谈会纪要》(2003年11月13日　法发〔2003〕167号)

二、关于贪污罪

(一)贪污罪既遂与未遂的认定

贪污罪是一种以非法占有为目的的财产性职务犯罪，与盗窃、诈骗、抢夺等侵犯财产罪一样，应当以行为人是否实际控制财物作为区分贪污罪既遂与未遂的标准。对于行为人利用职务上的便利，实施了虚假平帐等贪污行为，但公共财物尚未实际转移，或者尚未被行为人控制就被查获的，应当认定为贪污未遂。行为人控制公共财物后，是否将财物据为己有，不影响贪污既遂的认定。

★“受委托管理、经营国有财产”的认定

《全国法院审理经济犯罪案件工作座谈会纪要》(2003 年 11 月 13 日 法发〔2003〕167 号)

二、关于贪污罪

(二)“受委托管理、经营国有财产”的认定

刑法第三百八十二条第二款规定的“受委托管理、经营国有财产”,是指因承包、租赁、临时聘用等管理、经营国有财产。

★国家工作人员与非国家工作人员勾结共同非法占有单位财物行为的认定

《全国法院审理经济犯罪案件工作座谈会纪要》(2003 年 11 月 13 日 法发〔2003〕167 号)

二、关于贪污罪

(三)国家工作人员与非国家工作人员勾结共同非法占有单位财物行为的认定

对于国家工作人员与他人勾结,共同非法占有单位财物的行为,应当按照《最高人民法院关于审理贪污、职务侵占案件如何认定共同犯罪几个问题的解释》的规定定罪处罚。对于在公司、企业或者其他单位中,非国家工作人员与国家工作人员勾结,分别利用各自的职务便利,共同将本单位财物非法占有的,应当尽量区分主从犯,按照主犯的犯罪性质定罪。司法实践中,如果根据案件的实际情况,各共同犯罪人在共同犯罪中的地位、作用相当,难以区分主从犯的,可以贪污罪定罪处罚。

★共同贪污犯罪中“个人贪污数额”的认定

《全国法院审理经济犯罪案件工作座谈会纪要》(2003 年 11 月 13 日 法发〔2003〕167 号)

二、关于贪污罪

(四)共同贪污犯罪中“个人贪污数额”的认定

刑法第三百八十三条第一款规定的“个人贪污数额”,在共同贪污犯罪案件中应理解为个人所参与或者组织、指挥共同贪污的数额,不能只按个人实际分得的赃款数额来认定。对共同贪污犯罪中的从

犯,应当按照其所参与的共同贪污的数额确定量刑幅度,并依照刑法第二十七条第二款的规定,从轻、减轻处罚或者免除处罚。

★行为人通过伪造国家机关公文、证件担任国家工作人员职务并侵占本单位财物的,应当以贪污罪追究刑事责任

《最高人民法院研究室关于对行为人通过伪造国家机关公文、证件担任国家工作人员职务并利用职务上的便利侵占本单位财物、收受贿赂、挪用本单位资金等行为如何适用法律问题的答复》(2004年3月30日 法研〔2004〕38号)

行为人通过伪造国家机关公文、证件担任国家工作人员职务以后,又利用职务上的便利实施侵占本单位财物、收受贿赂、挪用本单位资金等行为,构成犯罪的,应当分别以伪造国家机关公文、证件罪和相应的贪污罪、受贿罪、挪用公款罪等追究刑事责任,实行数罪并罚。

★国家出资企业工作人员在改制过程中隐匿公司、企业财产归个人持股的改制后公司、企业所有的行为的处理

《最高人民法院 最高人民检察院关于办理国家出资企业中职务犯罪案件具体应用法律若干问题的意见》(2010年11月26日 法发〔2010〕49号)

一、关于国家出资企业工作人员在改制过程中隐匿公司、企业财产归个人持股的改制后公司、企业所有的行为的处理

国家工作人员或者受国家机关、国有公司、企业、事业单位、人民团体委托管理、经营国有财产的人员利用职务上的便利,在国家出资企业改制过程中故意通过低估资产、隐瞒债权、虚设债务、虚构产权交易等方式隐匿公司、企业财产,转为本人持有股份的改制后公司、企业所有,应当依法追究刑事责任的,依照刑法第三百八十二条、第三百八十三条的规定,以贪污罪定罪处罚。贪污数额一般应当以所隐匿财产全额计算;改制后公司、企业仍有国有股份的,按股份比例扣除归于国有的部分。

所隐匿财产在改制过程中已为行为人实际控制,或者国家出资企业改制已经完成的,以犯罪既遂处理。

第一款规定以外的人员实施该款行为的,依照刑法第二百七十

一条的规定,以职务侵占罪定罪处罚;第一款规定以外的人员与第一款规定的人员共同实施该款行为的,以贪污罪的共犯论处。

在企业改制过程中未采取低估资产、隐瞒债权、虚设债务、虚构产权交易等方式故意隐匿公司、企业财产的,一般不应当认定为贪污;造成国有资产重大损失,依法构成刑法第一百六十八条或者第一百六十九条规定的犯罪的,依照该规定定罪处罚。

★国有公司、企业在改制过程中隐匿公司、企业财产归职工集体持股的改制后公司、企业所有的行为的处理

《最高人民法院　最高人民检察院关于办理国家出资企业中职务犯罪案件具体应用法律若干问题的意见》(2010年11月26日　法发〔2010〕49号)

二、关于国有公司、企业在改制过程中隐匿公司、企业财产归职工集体持股的改制后公司、企业所有的行为的处理

国有公司、企业违反国家规定,在改制过程中隐匿公司、企业财产,转为职工集体持股的改制后公司、企业所有的,对其直接负责的主管人员和其他直接责任人员,依照刑法第三百九十六条第一款的规定,以私分国有资产罪定罪处罚。

改制后的公司、企业中只有改制前公司、企业的管理人员或者少数职工持股,改制前公司、企业的多数职工未持股的,依照本意见第一条的规定,以贪污罪定罪处罚。

★国家出资企业工作人员使用改制公司、企业的资金担保个人贷款,用于购买改制公司、企业股份的行为的处理

《最高人民法院　最高人民检察院关于办理国家出资企业中职务犯罪案件具体应用法律若干问题的意见》(2010年11月26日　法发〔2010〕49号)

三、关于国家出资企业工作人员使用改制公司、企业的资金担保个人贷款,用于购买改制公司、企业股份的行为的处理

国家出资企业的工作人员在公司、企业改制过程中为购买公司、企业股份,利用职务上的便利,将公司、企业的资金或者金融凭证、有

价证券等用于个人贷款担保的,依照刑法第二百七十二条或者第三百八十四条的规定.以挪用资金罪或者挪用公款罪定罪处罚。

行为人在改制前的国家出资企业持有股份的,不影响挪用数额的认定,但量刑时应当酌情考虑。

经有关主管部门批准或者按照有关政策规定,国家出资企业的工作人员为购买改制公司、企业股份实施前款行为的,可以视具体情况不作为犯罪处理。

★改制前后主体身份发生变化的犯罪的处理

《最高人民法院 最高人民检察院关于办理国家出资企业中职务犯罪案件具体应用法律若干问题的意见》(2010年11月26日 法发〔2010〕49号)

五、关于改制前后主体身份发生变化的犯罪的处理

国家工作人员在国家出资企业改制前利用职务上的便利实施犯罪,在其不再具有国家工作人员身份后又实施同种行为,依法构成不同犯罪的,应当分别定罪,实行数罪并罚。

国家工作人员利用职务上的便利,在国家出资企业改制过程中隐匿公司、企业财产,在其不再具有国家工作人员身份后将所隐匿财产据为己有的,依照刑法第三百八十二条、第三百八十三条的规定,以贪污罪定罪处罚。

国家工作人员在国家出资企业改制过程中利用职务上的便利为请托人谋取利益,事先约定在其不再具有国家工作人员身份后收受请托人财物,或者在身份变化前后连续收受请托人财物的,依照刑法第三百八十五条、第三百八十六条的规定,以受贿罪定罪处罚。

★国家出资企业中国家工作人员的认定

《最高人民法院 最高人民检察院关于办理国家出资企业中职务犯罪案件具体应用法律若干问题的意见》(2010年11月26日 法发〔2010〕49号)

六、关于国家出资企业中国家工作人员的认定

经国家机关、国有公司、企业、事业单位提名、推荐、任命、批准

等，在国有控股、参股公司及其分支机构中从事公务的人员，应当认定为国家工作人员。具体的任命机构和程序，不影响国家工作人员的认定。

经国家出资企业中负有管理、监督国有资产职责的组织批准或者研究决定，代表其在国有控股、参股公司及其分支机构中从事组织、领导、监督、经营、管理工作的人员，应当认定为国家工作人员。

国家出资企业中的国家工作人员，在国家出资企业中持有个人股份或者同时接受非国有股东委托的，不影响其国家工作人员身份的认定。

★国家出资企业的界定

《最高人民法院　最高人民检察院关于办理国家出资企业中职务犯罪案件具体应用法律若干问题的意见》(2010年11月26日　法发〔2010〕49号)

七、关于国家出资企业的界定

本意见所称“国家出资企业”，包括国家出资的国有独资公司、国有独资企业，以及国有资本控股公司、国有资本参股公司。

是否属于国家出资企业不清楚的，应遵循“谁投资、谁拥有产权”的原则进行界定。企业注册登记中的资金来源与实际出资不符的，应根据实际出资情况确定企业的性质。企业实际出资情况不清楚的，可以综合工商注册、分配形式、经营管理等因素确定企业的性质。

★宽严相济刑事政策的具体贯彻

《最高人民法院　最高人民检察院关于办理国家出资企业中职务犯罪案件具体应用法律若干问题的意见》(2010年11月26日　法发〔2010〕49号)

八、关于宽严相济刑事政策的具体贯彻

办理国家出资企业中的职务犯罪案件时，要综合考虑历史条件、企业发展、职工就业、社会稳定等因素，注意具体情况具体分析，严格把握犯罪与一般违规行为的区分界限。对于主观恶意明显、社会危害严重、群众反映强烈的严重犯罪，要坚决依法从严惩处；对于特定历史条件下、为了顺利完成企业改制而实施的违反国家政策法律规定的行为,行为人无主观恶意或者主观恶意不明显,情节较轻,危害不大的,可以不作为犯罪处理。

对于国家出资企业中的职务犯罪,要加大经济上的惩罚力度,充分重视财产刑的适用和执行,最大限度地挽回国家和人民利益遭受的损失。不能退赃的,在决定刑罚时,应当作为重要情节予以考虑。

★贪污养老、医疗等社会保险基金可以认定为"特定款物"

《最高人民检察院关于贪污养老、医疗等社会保险基金能否适用〈最高人民法院最高人民检察院关于办理贪污贿赂刑事案件适用法律若干问题的解释〉第一条第二款第一项规定的批复》(2017年7月26日　高检发释字〔2017〕1号)

养老、医疗、工伤、失业、生育等社会保险基金可以认定为《最高人民法院、最高人民检察院关于办理贪污贿赂刑事案件适用法律若干问题的解释》第一条第二款第一项规定的"特定款物"。

根据刑法和有关司法解释规定,贪污罪和挪用公款罪中的"特定款物"的范围有所不同,实践中应注意区分,依法适用。

类案检索指引

★土地使用权具有财产性利益,属于"公共财物"

《杨延虎等贪污案》(2012年9月18日最高人民法院发布第三批指导性案例:指导案例11号)

【关键词】

刑事　贪污罪　职务便利　骗取土地使用权

【裁判要点】

1. 贪污罪中的"利用职务上的便利",是指利用职务上主管、管理、经手公共财物的权力及方便条件,既包括利用本人职务上主管、管理公共财物的职务便利,也包括利用职务上有隶属关系的其他国家工作人员的职务便利。

2. 土地使用权具有财产性利益，属于刑法第三百八十二条第一款规定中的“公共财物”，可以成为贪污的对象。

★逃匿后在通缉一年后不能到案，有证据证明有犯罪事实，可以适用违法所得没收程序

《李华波贪污案》(2020年7月16日最高人民检察院发布第二十批指导性案例：检例第74号)

【关键词】

违法所得没收程序　犯罪嫌疑人到案　程序衔接

【要旨】

对于贪污贿赂等重大职务犯罪案件，犯罪嫌疑人、被告人逃匿，在通缉一年后不能到案，如果有证据证明有犯罪事实，依照刑法规定应当追缴其违法所得及其他涉案财产的，应当依法适用违法所得没收程序办理。违法所得没收裁定生效后，在逃的职务犯罪嫌疑人自动投案或者被抓获，监察机关调查终结移送起诉的，检察机关应当依照普通刑事诉讼程序办理，并与原没收裁定程序做好衔接。

★有证据证明申请没收的财产直接或者间接来源于犯罪所得，可以适用违法所得没收程序

《白静贪污违法所得没收案》(2021年12月9日最高人民检察院发布第三十二批指导性案例：检例第127号)

【关键词】

违法所得没收　证明标准　鉴定人出庭　举证重点

【要旨】

检察机关提出没收违法所得申请，应有证据证明申请没收的财产直接或者间接来源于犯罪所得，或者能够排除财产合法来源的可能性。人民检察院出席申请没收违法所得案件庭审，应当重点对于申请没收的财产属于违法所得进行举证。对于专业性较强的案件，可以申请鉴定人出庭。

★跨境转移贪污贿赂所得的洗钱犯罪，可以适用特别程序追缴违法所得

《彭旭峰受贿，贾斯语受贿、洗钱违法所得没收案》（2021 年 12 月 9 日最高人民检察院发布第三十二批指导性案例：检例第 128 号）

【关键词】

违法所得没收　主犯　洗钱罪　境外财产　国际刑事司法协助

【要旨】

对于跨境转移贪污贿赂所得的洗钱犯罪案件，检察机关应当依法适用特别程序追缴贪污贿赂违法所得。对于犯罪嫌疑人、被告人转移至境外的财产，如果有证据证明具有高度可能属于违法所得及其他涉案财产的，可以依法申请予以没收。对于共同犯罪的主犯逃匿境外，其他共同犯罪人已经在境内依照普通刑事诉讼程序处理的案件，应当充分考虑主犯应对全案事实负责以及国际刑事司法协助等因素，依法审慎适用特别程序追缴违法所得。

★检察机关在适用违法所得没收程序中，应当承担证明有犯罪事实以及申请没收的财产属于违法所得的举证责任

《黄艳兰贪污违法所得没收案》（2021 年 12 月 9 日最高人民检察院发布第三十二批指导性案例：检例第 129 号）

【关键词】

违法所得没收　利害关系人异议　善意第三方

【要旨】

检察机关在适用违法所得没收程序中，应当承担证明有犯罪事实以及申请没收的财产属于违法所得及其他涉案财产的举证责任。利害关系人及其诉讼代理人参加诉讼并主张权利，但不能提供合法证据或者其主张明显与事实不符的，应当依法予以辩驳。善意第三方对申请没收财产享有合法权利的，应当依法予以保护。

第三百八十三条　【贪污罪的刑事责任】对犯贪污罪的，根据情节轻重，分别依照下列规定处罚：

（一）贪污数额较大或者有其他较重情节的，处三年以下有期徒刑或者拘役，并处罚金。

（二）贪污数额巨大或者有其他严重情节的，处三年以上十年以下有期徒刑，并处罚金或者没收财产。

（三）贪污数额特别巨大或者有其他特别严重情节的，处十年以上有期徒刑或者无期徒刑，并处罚金或者没收财产；数额特别巨大，并使国家和人民利益遭受特别重大损失的，处无期徒刑或者死刑，并处没收财产。

对多次贪污未经处理的，按照累计贪污数额处罚。

犯第一款罪，在提起公诉前如实供述自己罪行、真诚悔罪、积极退赃，避免、减少损害结果的发生，有第一项规定情形的，可以从轻、减轻或者免除处罚；有第二项、第三项规定情形的，可以从轻处罚。

犯第一款罪，有第三项规定情形被判处死刑缓期执行的，人民法院根据犯罪情节等情况可以同时决定在其死刑缓期执行二年期满依法减为无期徒刑后，终身监禁，不得减刑、假释。

立法动态

本条源自《中华人民共和国刑法》（1997 年 3 月 14 日第八届全国人民代表大会第五次会议修订，自 1997 年 10 月 1 日起施行）。

原本条规定为：第三百八十三条（第一款）对犯贪污罪的，根据情节轻重，分别依照下列规定处罚：（一）个人贪污数额在十万元以上的，处十年以上有期徒刑或者无期徒刑，可以并处没收财产；情节特别严重的，处死刑，并处没收财产。（二）个人贪污数额在五万元以上不满十万元的，处五年以上有期徒刑，可以并处没收财产；情节特别严重的，处无期徒刑，并处没收财产。（三）个人贪污数额在五千元以上不满五万元的，处一年以上七年以下有期徒刑；情节严重的，处七年以上十年以下有期徒刑。个人贪污数额在五千元以上不满一万元，犯罪后有悔改表现、积极退赃的，可以减轻处罚或者免予刑事处罚，由其所在单位或者上级主管机关给予行政处分。（四）个人贪污数额不满五千元，情节较重的，处二年以下有期徒刑或者拘役；情节较轻的，由其所在单位或者上级主管机关酌情给予行政处分。（第二款）对多次贪污未经处理的，按照累计贪污数额处罚。

本条根据《中华人民共和国刑法修正案（九）》（自 2015 年 11 月 1 日起施行）第四十四条修改。

本条修改的主要内容为：一是将原对贪污受贿犯罪规定的具体数额，修改为"数额较大或者情节较重""数额巨大或者情节严重""数额特别巨大或者情节特别严重"三种情况，并相应规定了三个档次的法定刑，其中对数额特别巨大、并使国家和人民利益遭受特别重大损失的，保留适用死刑；二是对犯贪污受贿罪，如实供述自己罪行、真诚悔罪、积极退赃，避免、减少损害结果发生的，规定可以从宽处理；三是对本罪判处死缓的情形，法院可根据犯罪情节同时决定终身监禁，不得减刑、假释。

适用要点与裁判依据

★★携带公款潜逃的，以贪污罪定罪处罚

《最高人民法院关于审理挪用公款案件具体应用法律若干问题的解释》（1998 年 4 月 29 日　法释〔1998〕9 号）

第六条　携带挪用的公款潜逃的，依照刑法第三百八十二条、第三百八十三条的规定定罪处罚。

★贪污罪共同犯罪的认定标准

《最高人民法院关于审理贪污、职务侵占案件如何认定共同犯罪几个问题的解释》（2000 年 6 月 30 日　法释〔2000〕15 号）

第一条　行为人与国家工作人员勾结，利用国家工作人员的职务便利,共同侵吞、窃取、骗取或者以其他手段非法占有公共财物的,以贪污罪共犯论处。

第二条　行为人与公司、企业或者其他单位的人员勾结,利用公司、企业或者其他单位人员的职务便利,共同将该单位财物非法占为己有,数额较大的,以职务侵占罪共犯论处。

第三条　公司、企业或者其他单位中,不具有国家工作人员身份的人与国家工作人员勾结,分别利用各自的职务便利,共同将本单位财物非法占为己有的,按照主犯的犯罪性质定罪。

★贪污用于预防、控制突发传染病疫情等灾害的款物的,从重处罚

《最高人民法院、最高人民检察院关于办理妨害预防、控制突发传染病疫情等灾害的刑事案件具体应用法律若干问题的解释》(2003年5月14日　法释〔2003〕8号)

第十四条第一款　贪污、侵占用于预防、控制突发传染病疫情等灾害的款物或者挪用归个人使用,构成犯罪的,分别依照刑法第三百八十二条、第三百八十三条、第二百七十一条、第三百八十四条、第二百七十二条的规定,以贪污罪、侵占罪、挪用公款罪、挪用资金罪定罪,依法从重处罚。

★共同贪污中犯罪数额的认定和从犯的量刑原则

《全国法院审理经济犯罪案件工作座谈会纪要》(2003年11月13日　法发〔2003〕167号)

二、关于贪污罪

(四)共同贪污犯罪中"个人贪污数额"的认定

刑法第三百八十三条第一款规定的"个人贪污数额",在共同贪污犯罪案件中应理解为个人所参与或者组织、指挥共同贪污的数额,不能只按个人实际分得的赃款数额来认定。对共同贪污犯罪中的从犯,应当按照其所参与的共同贪污的数额确定量刑幅度,并依照刑法第二十七条第二款的规定,从轻、减轻处罚或者免除处罚。

★赃款赃物追缴情况影响刑罚裁量结果

《最高人民法院、最高人民检察院关于办理职务犯罪案件认定自首、立功等量刑情节若干问题的意见》(2009年3月12日 法发〔2009〕13号)

四、关于赃款赃物追缴等情形的处理

贪污案件中赃款赃物全部或者大部分追缴的,一般应当考虑从轻处罚。

受贿案件中赃款赃物全部或者大部分追缴的,视具体情况可以酌定从轻处罚。

犯罪分子及其亲友主动退赃或者在办案机关追缴赃款赃物过程中积极配合的,在量刑时应当与办案机关查办案件过程中依职权追缴赃款赃物的有所区别。

职务犯罪案件立案后,犯罪分子及其亲友自行挽回的经济损失,司法机关或者犯罪分子所在单位及其上级主管部门挽回的经济损失,或者因客观原因减少的经济损失,不予扣减,但可以作为酌情从轻处罚的情节。

★职务犯罪缓刑、免予刑事处罚的适用

《最高人民法院、最高人民检察院关于办理职务犯罪案件严格适用缓刑、免予刑事处罚若干问题的意见》(2012年8月8日 法发〔2012〕17号)

一、严格掌握职务犯罪案件缓刑、免予刑事处罚的适用。职务犯罪案件的刑罚适用直接关系反腐败工作的实际效果。人民法院、人民检察院要深刻认识职务犯罪的严重社会危害性,正确贯彻宽严相济刑事政策,充分发挥刑罚的惩治和预防功能。要在全面把握犯罪事实和量刑情节的基础上严格依照刑法规定的条件适用缓刑、免予刑事处罚,既要考虑从宽情节,又要考虑从严情节;既要做到刑罚与犯罪相当,又要做到刑罚执行方式与犯罪相当,切实避免缓刑、免予刑事处罚不当适用造成的消极影响。

二、具有下列情形之一的职务犯罪分子,一般不适用缓刑或者免予刑事处罚：

（一）不如实供述罪行的；

（二）不予退缴赃款赃物或者将赃款赃物用于非法活动的；

（三）属于共同犯罪中情节严重的主犯的；

（四）犯有数个职务犯罪依法实行并罚或者以一罪处理的；

（五）曾因职务违纪违法行为受过行政处分的；

（六）犯罪涉及的财物属于救灾、抢险、防汛、优抚、扶贫、移民、救济、防疫等特定款物的；

（七）受贿犯罪中具有索贿情节的；

（八）渎职犯罪中徇私舞弊情节或者滥用职权情节恶劣的；

（九）其他不应适用缓刑、免予刑事处罚的情形。

三、不具有本意见第二条规定的情形，全部退缴赃款赃物，依法判处三年有期徒刑以下刑罚，符合刑法规定的缓刑适用条件的贪污、受贿犯罪分子，可以适用缓刑；符合刑法第三百八十三条第一款第（三）项的规定，依法不需要判处刑罚的，可以免予刑事处罚。

不具有本意见第二条所列情形，挪用公款进行营利活动或者超过三个月未还构成犯罪，一审宣判前已将公款归还，依法判处三年有期徒刑以下刑罚，符合刑法规定的缓刑适用条件的，可以适用缓刑；在案发前已归还，情节轻微，不需要判处刑罚的，可以免予刑事处罚。

★对发生在刑法修正案（九）施行前的贪污行为的法律适用

《最高人民法院关于〈中华人民共和国刑法修正案（九）〉时间效力问题的解释》（2015年10月29日　法释〔2015〕19号）

第八条　对于2015年10月31日以前实施贪污、受贿行为，罪行极其严重，根据修正前刑法判处死刑缓期执行不能体现罪刑相适应原则，而根据修正后刑法判处死刑缓期执行同时决定在其死刑缓期执行二年期满依法减为无期徒刑后，终身监禁，不得减刑、假释可以罚当其罪的，适用修正后刑法第三百八十三条第四款的规定。根据修正前刑法判处死刑缓期执行足以罚当其罪的，不适用修正后刑法第三百八十三条第四款的规定。

★犯贪污罪,"数额较大""其他较重情节"的认定标准

《最高人民法院、最高人民检察院关于办理贪污贿赂刑事案件适用法律若干问题的解释》(2016年4月18日　法释〔2016〕9号)

第一条　贪污或者受贿数额在三万元以上不满二十万元的,应当认定为刑法第三百八十三条第一款规定的"数额较大",依法判处三年以下有期徒刑或者拘役,并处罚金。

贪污数额在一万元以上不满三万元,具有下列情形之一的,应当认定为刑法第三百八十三条第一款规定的"其他较重情节",依法判处三年以下有期徒刑或者拘役,并处罚金:

(一)贪污救灾、抢险、防汛、优抚、扶贫、移民、救济、防疫、社会捐助等特定款物的;

(二)曾因贪污、受贿、挪用公款受过党纪、行政处分的;

(三)曾因故意犯罪受过刑事追究的;

(四)赃款赃物用于非法活动的;

(五)拒不交待赃款赃物去向或者拒不配合追缴工作,致使无法追缴的;

(六)造成恶劣影响或者其他严重后果的。

受贿数额在一万元以上不满三万元,具有前款第二项至第六项规定的情形之一,或者具有下列情形之一的,应当认定为刑法第三百八十三条第一款规定的"其他较重情节",依法判处三年以下有期徒刑或者拘役,并处罚金:

(一)多次索贿的;

(二)为他人谋取不正当利益,致使公共财产、国家和人民利益遭受损失的;

(三)为他人谋取职务提拔、调整的。

★犯贪污罪,"数额巨大""其他严重情节"的认定标准

《最高人民法院、最高人民检察院关于办理贪污贿赂刑事案件适用法律若干问题的解释》(2016年4月18日　法释〔2016〕9号)

第二条　贪污或者受贿数额在二十万元以上不满三百万元的,

应当认定为刑法第三百八十三条第一款规定的“数额巨大”，依法判处三年以上十年以下有期徒刑，并处罚金或者没收财产。

贪污数额在十万元以上不满二十万元，具有本解释第一条第二款规定的情形之一的，应当认定为刑法第三百八十三条第一款规定的“其他严重情节”，依法判处三年以上十年以下有期徒刑，并处罚金或者没收财产。

受贿数额在十万元以上不满二十万元，具有本解释第一条第三款规定的情形之一的，应当认定为刑法第三百八十三条第一款规定的“其他严重情节”，依法判处三年以上十年以下有期徒刑，并处罚金或者没收财产。

★犯贪污罪，“数额特别巨大”“其他特别严重情节”的认定标准

《最高人民法院、最高人民检察院关于办理贪污贿赂刑事案件适用法律若干问题的解释》（2016年4月18日　法释〔2016〕9号）

第三条　贪污或者受贿数额在三百万元以上的，应当认定为刑法第三百八十三条第一款规定的“数额特别巨大”，依法判处十年以上有期徒刑、无期徒刑或者死刑，并处罚金或者没收财产。

贪污数额在一百五十万元以上不满三百万元，具有本解释第一条第二款规定的情形之一的，应当认定为刑法第三百八十三条第一款规定的“其他特别严重情节”，依法判处十年以上有期徒刑、无期徒刑或者死刑，并处罚金或者没收财产。

受贿数额在一百五十万元以上不满三百万元，具有本解释第一条第三款规定的情形之一的，应当认定为刑法第三百八十三条第一款规定的“其他特别严重情节”，依法判处十年以上有期徒刑、无期徒刑或者死刑，并处罚金或者没收财产。

★犯贪污罪，“可以判处死刑”及“死刑缓期二年执行”的条件

《最高人民法院、最高人民检察院关于办理贪污贿赂刑事案件适用法律若干问题的解释》（2016年4月18日　法释〔2016〕9号）

第四条　贪污、受贿数额特别巨大，犯罪情节特别严重、社会影响特别恶劣、给国家和人民利益造成特别重大损失的，可以判处死刑。

符合前款规定的情形,但具有自首,立功,如实供述自己罪行、真诚悔罪、积极退赃,或者避免、减少损害结果的发生等情节,不是必须立即执行的,可以判处死刑缓期二年执行。

符合第一款规定情形的,根据犯罪情节等情况可以判处死刑缓期二年执行,同时裁判决定在其死刑缓期执行二年期满依法减为无期徒刑后,终身监禁,不得减刑、假释。

★犯贪污罪,对违法所得应当继续追缴或者责令退赔

《最高人民法院、最高人民检察院关于办理贪污贿赂刑事案件适用法律若干问题的解释》(2016年4月18日 法释〔2016〕9号)

第十八条 贪污贿赂犯罪分子违法所得的一切财物,应当依照刑法第六十四条的规定予以追缴或者责令退赔,对被害人的合法财产应当及时返还。对尚未追缴到案或者尚未足额退赔的违法所得,应当继续追缴或者责令退赔。

★犯贪污罪,罚金的适用标准

《最高人民法院、最高人民检察院关于办理贪污贿赂刑事案件适用法律若干问题的解释》(2016年4月18日 法释〔2016〕9号)

第十九条 对贪污罪、受贿罪判处三年以下有期徒刑或者拘役的,应当并处十万元以上五十万元以下的罚金;判处三年以上十年以下有期徒刑的,应当并处二十万元以上犯罪数额二倍以下的罚金或者没收财产;判处十年以上有期徒刑或者无期徒刑的,应当并处五十万元以上犯罪数额二倍以下的罚金或者没收财产。

对刑法规定并处罚金的其他贪污贿赂犯罪,应当在十万元以上犯罪数额二倍以下判处罚金。

★社会保险基金可以认定为司法解释规定的"特定款物"

第383条

《最高人民法院、最高人民检察院关于办理贪污贿赂刑事案件适用法律若干问题的解释第一条第二款第一项规定的批复》(2017年7月26日 高检发释字〔2017〕1号)

养老、医疗、工伤、失业、生育等社会保险基金可以认定为《最高人民法院、最高人民检察院关于办理贪污贿赂刑事案件适用法律若干问题的解释》第一条第二款第一项规定的“特定款物”。

根据刑法和有关司法解释规定,贪污罪和挪用公款罪中的“特定款物”的范围有所不同,实践中应注意区分,依法适用。

第三百八十四条 【挪用公款罪】国家工作人员利用职务上的便利,挪用公款归个人使用,进行非法活动的,或者挪用公款数额较大、进行营利活动的,或者挪用公款数额较大、超过三个月未还的,是挪用公款罪,处五年以下有期徒刑或者拘役;情节严重的,处五年以上有期徒刑。挪用公款数额巨大不退还的,处十年以上有期徒刑或者无期徒刑。

挪用用于救灾、抢险、防汛、优抚、扶贫、移民、救济款物归个人使用的,从重处罚。

立法动态

本条源自《中华人民共和国刑法》(1997 年 3 月 14 日第八届全国人民代表大会第五次会议修订,自 1997 年 10 月 1 日起施行)。

适用要点与裁判依据

★“挪用公款归个人使用”包括挪用者本人使用或者给他人使用

《最高人民法院关于审理挪用公款案件具体应用法律若干问题的解释》(1998 年 4 月 29 日 法释〔1998〕9 号)

第一条 刑法第三百八十四条规定的“挪用公款归个人使用”,包括挪用者本人使用或者给他人使用。

挪用公款给私有公司、私有企业使用的,属于挪用公款归个人使用。

★对挪用公款罪,应区分三种不同情况予以认定

《最高人民法院关于审理挪用公款案件具体应用法律若干问题的解释》(1998年4月29日　法释〔1998〕9号)

第二条　对挪用公款罪,应区分三种不同情况予以认定:

(一)挪用公款归个人使用,数额较大、超过三个月未还的,构成挪用公款罪。

挪用正在生息或者需要支付利息的公款归个人使用,数额较大,超过三个月但在案发前全部归还本金的,可以从轻处罚或者免除处罚。给国家、集体造成的利息损失应予追缴。挪用公款数额巨大,超过三个月,案发前全部归还的,可以酌情从轻处罚。

(二)挪用公款数额较大,归个人进行营利活动的,构成挪用公款罪,不受挪用时间和是否归还的限制。在案发前部分或者全部归还本息的,可以从轻处罚;情节轻微的,可以免除处罚。

挪用公款存入银行、用于集资、购买股票、国债等,属于挪用公款进行营利活动。所获取的利息、收益等违法所得,应当追缴,但不计入挪用公款的数额。

(三)挪用公款归个人使用,进行赌博、走私等非法活动的,构成挪用公款罪,不受"数额较大"和挪用时间的限制。

挪用公款给他人使用,不知道使用人用公款进行营利活动或者用于非法活动,数额较大、超过三个月未还的,构成挪用公款罪;明知使用人用于营利活动或者非法活动的,应当认定为挪用人挪用公款进行营利活动或者非法活动。

★"挪用公款数额巨大不退还"的认定标准

《最高人民法院关于审理挪用公款案件具体应用法律若干问题的解释》(1998年4月29日　法释〔1998〕9号)

第五条　"挪用公款数额巨大不退还的",是指挪用公款数额巨大,因客观原因在一审宣判前不能退还的。

★携带挪用的公款潜逃的,以贪污罪定罪处罚

《最高人民法院关于审理挪用公款案件具体应用法律若干问题的解释》(1998年4月29日 法释〔1998〕9号)

第六条 携带挪用的公款潜逃的,依照刑法第三百八十二条、第三百八十三条的规定定罪处罚。

★因挪用公款索取、收受贿赂构成犯罪的,实行数罪并罚

《最高人民法院关于审理挪用公款案件具体应用法律若干问题的解释》(1998年4月29日 法释〔1998〕9号)

第七条 因挪用公款索取、收受贿赂构成犯罪的,依照数罪并罚的规定处罚。

挪用公款进行非法活动构成其他犯罪的,依照数罪并罚的规定处罚。

★以挪用公款罪的共犯定罪处罚的情形

《最高人民法院关于审理挪用公款案件具体应用法律若干问题的解释》(1998年4月29日 法释〔1998〕9号)

第八条 挪用公款给他人使用,使用人与挪用人共谋,指使或者参与策划取得挪用款的,以挪用公款罪的共犯定罪处罚。

★挪用公款"归个人使用"的立法解释

《全国人民代表大会常务委员会关于〈中华人民共和国刑法〉第三百八十四条第一款的解释》(2002年4月28日)

有下列情形之一的,属于挪用公款"归个人使用":

(一)将公款供本人、亲友或者其他自然人使用的;

(二)以个人名义将公款供其他单位使用的;

(三)个人决定以单位名义将公款供其他单位使用,谋取个人利益的。

★国家工作人员挪用失业保险基金和下岗职工基本生活保障资金的，构成本罪

《最高人民检察院关于挪用失业保险基金和下岗职工基本生活保障资金的行为适用法律问题的批复》(2003 年 1 月 28 日　高检发释字〔2003〕1 号)

挪用失业保险基金和下岗职工基本生活保障资金属于挪用救济款物。挪用失业保险基金和下岗职工基本生活保障资金，情节严重，致使国家和人民群众利益遭受重大损害的，对直接责任人员，应当依照刑法第二百七十三条的规定，以挪用特定款物罪追究刑事责任；国家工作人员利用职务上的便利，挪用失业保险基金和下岗职工基本生活保障资金归个人使用，构成犯罪的，应当依照刑法第三百八十四条的规定，以挪用公款罪追究刑事责任。

★挪用公款犯罪追诉期限的计算标准

《最高人民法院关于挪用公款犯罪如何计算追诉期限问题的批复》(2003 年 9 月 22 日　法释〔2003〕16 号)

根据刑法第八十九条、第三百八十四条的规定，挪用公款归个人使用，进行非法活动的，或者挪用公款数额较大、进行营利活动的，犯罪的追诉期限从挪用行为实施完毕之日起计算；挪用公款数额较大、超过三个月未还的，犯罪的追诉期限从挪用公款罪成立之日起计算。挪用公款行为有连续状态的，犯罪的追诉期限应当从最后一次挪用行为实施完毕之日或者犯罪成立之日起计算。

★挪用公款罪的犯罪构成及法律适用

《全国法院审理经济犯罪案件工作座谈会纪要》(2003 年 11 月 13 日　法发〔2003〕167 号)

四、关于挪用公款罪

(一)单位决定将公款给个人使用行为的认定

第384条

经单位领导集体研究决定将公款给个人使用，或者单位负责人为了单位的利益，决定将公款给个人使用的，不以挪用公款罪定罪处罚。上述行为致使单位遭受重大损失，构成其他犯罪的，依照刑法的有关规定对责任人员定罪处罚。

（二）挪用公款供其他单位使用行为的认定

根据全国人大常委会《关于〈中华人民共和国刑法〉第三百八十四条第一款的解释》的规定，“以个人名义将公款供其他单位使用的”、“个人决定以单位名义将公款供其他单位使用，谋取个人利益的”，属于挪用公款“归个人使用”。在司法实践中，对于将公款供其他单位使用的，认定是否属于“以个人名义”，不能只看形式，要从实质上把握。对于行为人逃避财务监管，或者与使用人约定以个人名义进行，或者借款、还款都以个人名义进行，将公款给其他单位使用的，应认定为“以个人名义”。“个人决定”既包括行为人在职权范围内决定，也包括超越职权范围决定。“谋取个人利益”，既包括行为人与使用人事先约定谋取个人利益实际尚未获取的情况，也包括虽未事先约定但实际已获取了个人利益的情况。其中的“个人利益”，既包括不正当利益，也包括正当利益；既包括财产性利益，也包括非财产性利益，但这种非财产性利益应当是具体的实际利益，如升学、就业等。

（三）国有单位领导向其主管的具有法人资格的下级单位借公款归个人使用的认定

国有单位领导利用职务上的便利指令具有法人资格的下级单位将公款供个人使用的，属于挪用公款行为，构成犯罪的，应以挪用公款罪定罪处罚。

（四）挪用有价证券、金融凭证用于质押行为性质的认定

挪用金融凭证、有价证券用于质押，使公款处于风险之中，与挪用公款为他人提供担保没有实质的区别，符合刑法关于挪用公款罪规定的，以挪用公款罪定罪处罚，挪用公款数额以实际或者可能承担的风险数额认定。

（五）挪用公款归还个人欠款行为性质的认定

挪用公款归还个人欠款的，应当根据产生欠款的原因，分别认定属于挪用公款的何种情形。归还个人进行非法活动或者进行营利活

动产生的欠款,应当认定为挪用公款进行非法活动或者进行营利活动。

(六)挪用公款用于注册公司、企业行为性质的认定

申报注册资本是为进行生产经营活动作准备,属于成立公司、企业进行营利活动的组成部分。因此,挪用公款归个人用于公司、企业注册资本验资证明的,应当认定为挪用公款进行营利活动。

(七)挪用公款后尚未投入实际使用的行为性质的认定

挪用公款后尚未投入实际使用的,只要同时具备"数额较大"和"超过三个月未还"的构成要件,应当认定为挪用公款罪,但可以酌情从轻处罚。

(八)挪用公款转化为贪污的认定

挪用公款罪与贪污罪的主要区别在于行为人主观上是否具有非法占有公款的目的。挪用公款是否转化为贪污,应当按照主客观相一致的原则,具体判断和认定行为人主观上是否具有非法占有公款的目的。在司法实践中,具有以下情形之一的,可以认定行为人具有非法占有公款的目的:

1. 根据《最高人民法院关于审理挪用公款案件具体应用法律若干问题的解释》第六条的规定,行为人"携带挪用的公款潜逃的",对其携带挪用的公款部分,以贪污罪定罪处罚。

2. 行为人挪用公款后采取虚假发票平帐、销毁有关帐目等手段,使所挪用的公款已难以在单位财务帐目上反映出来,且没有归还行为的,应当以贪污罪定罪处罚。

3. 行为人截取单位收入不入帐,非法占有,使所占有的公款难以在单位财务帐目上反映出来,且没有归还行为的,应当以贪污罪定罪处罚。

4. 有证据证明行为人有能力归还所挪用的公款而拒不归还,并隐瞒挪用的公款去向的,应当以贪污罪定罪处罚。

★行为人通过伪造国家机关公文、证件担任国家工作人员职务并挪用本单位资金的，构成本罪

《最高人民法院研究室关于对行为人通过伪造国家机关公文、证件担任国家工作人员职务并利用职务上的便利侵占本单位财物、收受贿赂、挪用本单位资金等行为如何适用法律问题的答复》(2004年3月30日　法研〔2004〕38号)

行为人通过伪造国家机关公文、证件担任国家工作人员职务以后，又利用职务上的便利实施侵占本单位财物、收受贿赂、挪用本单位资金等行为，构成犯罪的，应当分别以伪造国家机关公文、证件罪和相应的贪污罪、受贿罪、挪用公款罪等追究刑事责任，实行数罪并罚。

★挪用公款归个人使用"数额较大""数额巨大""情节严重"的认定标准

《最高人民法院、最高人民检察院关于办理贪污贿赂刑事案件适用法律若干问题的解释》(2016年4月18日　法释〔2016〕9号)

第五条　挪用公款归个人使用，进行非法活动，数额在三万元以上的，应当依照刑法第三百八十四条的规定以挪用公款罪追究刑事责任；数额在三百万元以上的，应当认定为刑法第三百八十四条第一款规定的"数额巨大"。具有下列情形之一的，应当认定为刑法第三百八十四条第一款规定的"情节严重"：

(一)挪用公款数额在一百万元以上的；

(二)挪用救灾、抢险、防汛、优抚、扶贫、移民、救济特定款物，数额在五十万元以上不满一百万元的；

(三)挪用公款不退还，数额在五十万元以上不满一百万元的；

(四)其他严重的情节。

第六条　挪用公款归个人使用，进行营利活动或者超过三个月未还，数额在五万元以上的，应当认定为刑法第三百八十四条第一款规定的"数额较大"；数额在五百万元以上的，应当认定为刑法第三百八十四条第一款规定的"数额巨大"。具有下列情形之一的，应当认定为刑法第三百八十四条第一款规定的“情节严重”：

（一）挪用公款数额在二百万元以上的；

（二）挪用救灾、抢险、防汛、优抚、扶贫、移民、救济特定款物，数额在一百万元以上不满二百万元的；

（三）挪用公款不退还，数额在一百万元以上不满二百万元的；

（四）其他严重的情节。

★养老、医疗、工伤、失业、生育等社会保险基金可以认定为贪污罪和挪用公款罪中的“特定款物”

《最高人民法院、最高人民检察院关于办理贪污贿赂刑事案件适用法律若干问题的解释第一条第二款第一项规定的批复》（2017年7月26日　高检发释字〔2017〕1号）

养老、医疗、工伤、失业、生育等社会保险基金可以认定为《最高人民法院、最高人民检察院关于办理贪污贿赂刑事案件适用法律若干问题的解释》第一条第二款第一项规定的“特定款物”。

根据刑法和有关司法解释规定，贪污罪和挪用公款罪中的“特定款物”的范围有所不同，实践中应注意区分，依法适用。

类案检索指引

★挪用资金归个人使用、为个人谋利的事实不清、证据不足的，不构成犯罪

《张文中诈骗、单位行贿、挪用公款再审改判无罪案》（2019年5月16日最高人民法院发布依法平等保护民营企业家人身财产安全十大典型案例）

【裁判要旨】

认定张文中挪用资金归个人使用、为个人谋利的事实不清、证据不足。故原判认定张文中的行为构成挪用资金罪，属于认定事实和适用法律错误，应当依法予以纠正。

第三百八十五条　【受贿罪】国家工作人员利用职务上的便利，索取他人财物的，或者非法收受他人财物，为他人谋取利益的，是受贿罪。

国家工作人员在经济往来中，违反国家规定，收受各种名义的回扣、手续费，归个人所有的，以受贿论处。

立法动态

本条源自《中华人民共和国刑法》（1997 年 3 月 14 日第八届全国人民代表大会第五次会议修订，自 1997 年 10 月 1 日起施行）。

适用要点与裁判依据

★为请托人谋取利益并事先约定，在其离退休后收受财物，构成本罪

《最高人民法院关于国家工作人员利用职务上的便利为他人谋取利益离退休后收受财物行为如何处理问题的批复》（2000 年 7 月 13 日　法释〔2000〕21 号）

国家工作人员利用职务上的便利为请托人谋取利益，并与请托人事先约定，在其离退休后收受请托人财物，构成犯罪的，以受贿罪定罪处罚。

★乡镇卫生院院长利用职务之便收受他人财物的，构成本罪

《最高人民检察院法律政策研究室关于集体性质的乡镇卫生院院长利用职务之便收受他人财物的行为如何适用法律问题的答复》（2003 年 4 月 2 日　［2003］高检研发第 9 号）

经过乡镇政府或者主管行政机关任命的乡镇卫生院院长，在依法从事本区域卫生工作的管理与业务技术指导，承担医疗预防保健服务工作等公务活动时，属于刑法第九十三条第二款规定的其他依照法律从事公务的人员。对其利用职务上的便利，索取他人财物的，或者非法收受他人财物，为他人谋取利益的，应当依照刑法第三百八十五条、第三百八十六条的规定，以受贿罪追究刑事责任。

★"利用职务上的便利"的认定

《全国法院审理经济犯罪案件工作座谈会纪要》(2003 年 11 月 13 日 法发〔2003〕167 号)

三、关于受贿罪

(一)关于"利用职务上的便利"的认定

刑法第三百八十五条第一款规定的"利用职务上的便利"，既包括利用本人职务上主管、负责、承办某项公共事务的职权，也包括利用职务上有隶属、制约关系的其他国家工作人员的职权。担任单位领导职务的国家工作人员通过不属自己主管的下级部门的国家工作人员的职务为他人谋取利益的，应当认定为"利用职务上的便利"为他人谋取利益。

★"为他人谋取利益"的认定

《全国法院审理经济犯罪案件工作座谈会纪要》(2003 年 11 月 13 日 法发〔2003〕167 号)

三、关于受贿罪

(二)"为他人谋取利益"的认定

为他人谋取利益包括承诺、实施和实现三个阶段的行为。只要具有其中一个阶段的行为，如国家工作人员收受他人财物时，根据他人提出的具体请托事项，承诺为他人谋取利益的，就具备了为他人谋取利益的要件。明知他人有具体请托事项而收受其财物的，视为承诺为他人谋取利益。

★"利用职权或地位形成的便利条件"的认定

《全国法院审理经济犯罪案件工作座谈会纪要》(2003 年 11 月 13 日 法发〔2003〕167 号)

三、关于受贿罪

(三)"利用职权或地位形成的便利条件"的认定

刑法第三百八十八条规定的"利用本人职权或者地位形成的便

利条件”,是指行为人与被其利用的国家工作人员之间在职务上虽然没有隶属、制约关系,但是行为人利用了本人职权或者地位产生的影响和一定的工作联系,如单位内不同部门的国家工作人员之间、上下级单位没有职务上隶属、制约关系的国家工作人员之间、有工作联系的不同单位的国家工作人员之间等。

★离职国家工作人员收受财物行为的处理

《全国法院审理经济犯罪案件工作座谈会纪要》(2003 年 11 月 13 日 法发〔2003〕167 号)

三、关于受贿罪

(四)离职国家工作人员收受财物行为的处理

参照《最高人民法院关于国家工作人员利用职务上的便利为他人谋取利益离退休后收受财物行为如何处理问题的批复》规定的精神,国家工作人员利用职务上的便利为请托人谋取利益,并与请托人事先约定,在其离职后收受请托人财物,构成犯罪的,以受贿罪定罪处罚。

★共同受贿犯罪的认定

《全国法院审理经济犯罪案件工作座谈会纪要》(2003 年 11 月 13 日 法发〔2003〕167 号)

三、关于受贿罪

(五)共同受贿犯罪的认定

根据刑法关于共同犯罪的规定,非国家工作人员与国家工作人员勾结,伙同受贿的,应当以受贿罪的共犯追究刑事责任。非国家工作人员是否构成受贿罪共犯,取决于双方有无共同受贿的故意和行为。国家工作人员的近亲属向国家工作人员代为转达请托事项,收受请托人财物并告知该国家工作人员,或者国家工作人员明知其近亲属收受了他人财物,仍按照近亲属的要求利用职权为他人谋取利益的,对该国家工作人员应认定为受贿罪,其近亲属以受贿罪共犯论处。近亲属以外的其他人与国家工作人员通谋,由国家工作人员利用职务上的便利为请托人谋取利益,收受请托人财物后双方共同占有的,构成受贿罪共犯。国家工作人员利用职务上的便利为他人谋取利益,并指定他人将财物送给其他人,构成犯罪的,应以受贿罪定罪处罚。

★以借款为名索取或者非法收受财物行为的认定

《全国法院审理经济犯罪案件工作座谈会纪要》(2003 年 11 月 13 日 法发〔2003〕167 号)

三、关于受贿罪

(六)以借款为名索取或者非法收受财物行为的认定

国家工作人员利用职务上的便利,以借为名向他人索取财物,或者非法收受财物为他人谋取利益的,应当认定为受贿。具体认定时,不能仅仅看是否有书面借款手续,应当根据以下因素综合判定:

(1)有无正当、合理的借款事由;

(2)款项的去向;

(3)双方平时关系如何、有无经济往来;

(4)出借方是否要求国家工作人员利用职务上的便利为其谋取利益;

(5)借款后是否有归还的意思表示及行为;

(6)是否有归还的能力;

(7)未归还的原因;等等。

★涉及股票受贿案件的认定

《全国法院审理经济犯罪案件工作座谈会纪要》(2003 年 11 月 13 日 法发〔2003〕167 号)

三、关于受贿罪

(七)涉及股票受贿案件的认定

在办理涉及股票的受贿案件时,应当注意:

(1)国家工作人员利用职务上的便利,索取或非法收受股票,没有支付股本金,为他人谋取利益,构成受贿罪的,其受贿数额按照收受股票时的实际价格计算。

(2)行为人支付股本金而购买较有可能升值的股票,由于不是无偿收受请托人财物，不以受贿罪论处。

(3)股票已上市且已升值，行为人仅支付股本金，其“购买”股票时的实际价格与股本金的差价部分应认定为受贿。

★通过伪造国家机关公文、证件担任国家工作人员职务并收受贿赂的，构成本罪

《最高人民法院研究室关于对行为人通过伪造国家机关公文、证件担任国家工作人员职务并利用职务上的便利侵占本单位财物、收受贿赂、挪用本单位资金等行为如何适用法律问题的答复》(2004年3月30日　法研〔2004〕38号)

行为人通过伪造国家机关公文、证件担任国家工作人员职务以后，又利用职务上的便利实施侵占本单位财物、收受贿赂、挪用本单位资金等行为，构成犯罪的，应当分别以伪造国家机关公文、证件罪和相应的贪污罪、受贿罪、挪用公款罪等追究刑事责任，实行数罪并罚。

★国家工作人员为请托人谋取利益，以三种交易形式收受请托人财物的，以受贿论处

《最高人民法院、最高人民检察院关于办理受贿刑事案件适用法律若干问题的意见》(2007年7月8日　法发〔2007〕22号)

一、关于以交易形式收受贿赂问题

国家工作人员利用职务上的便利为请托人谋取利益，以下列交易形式收受请托人财物的，以受贿论处：

(1)以明显低于市场的价格向请托人购买房屋、汽车等物品的；

(2)以明显高于市场的价格向请托人出售房屋、汽车等物品的；

(3)以其他交易形式非法收受请托人财物的。

受贿数额按照交易时当地市场价格与实际支付价格的差额计算。

前款所列市场价格包括商品经营者事先设定的不针对特定人的最低优惠价格。根据商品经营者事先设定的各种优惠交易条件，以优惠价格购买商品的，不属于受贿。

★国家工作人员为请托人谋取利益，收受请托人提供的干股的，以受贿论处

《最高人民法院、最高人民检察院关于办理受贿刑事案件适用法律若干问题的意见》（2007年7月8日　法发〔2007〕22号）

二、关于收受干股问题

干股是指未出资而获得的股份。国家工作人员利用职务上的便利为请托人谋取利益，收受请托人提供的干股的，以受贿论处。进行了股权转让登记，或者相关证据证明股份发生了实际转让的，受贿数额按转让行为时股份价值计算，所分红利按受贿孳息处理。股份未实际转让，以股份分红名义获取利益的，实际获利数额应当认定为受贿数额。

★国家工作人员为请托人谋取利益，由请托人出资，"合作"开办公司或者进行其他"合作"投资的，以受贿论处

《最高人民法院、最高人民检察院关于办理受贿刑事案件适用法律若干问题的意见》（2007年7月8日　法发〔2007〕22号）

三、关于以开办公司等合作投资名义收受贿赂问题

国家工作人员利用职务上的便利为请托人谋取利益，由请托人出资，"合作"开办公司或者进行其他"合作"投资的，以受贿论处。受贿数额为请托人给国家工作人员的出资额。

国家工作人员利用职务上的便利为请托人谋取利益，以合作开办公司或者其他合作投资的名义获取"利润"，没有实际出资和参与管理、经营的，以受贿论处。

★国家工作人员为请托人谋取利益，以委托请托人理财的名义，未实际出资而获取"收益"的，以受贿论处

《最高人民法院、最高人民检察院关于办理受贿刑事案件适用法律若干问题的意见》（2007年7月8日　法发〔2007〕22号）

第385条

四、关于以委托请托人投资证券、期货或者其他委托理财的名义收受贿赂问题

国家工作人员利用职务上的便利为请托人谋取利益，以委托请托人投资证券、期货或者其他委托理财的名义，未实际出资而获取

"收益",或者虽然实际出资,但获取"收益"明显高于出资应得收益的,以受贿论处。受贿数额,前一情形,以"收益"额计算;后一情形,以"收益"额与出资应得收益额的差额计算。

★以赌博形式收受贿赂的认定

《最高人民法院、最高人民检察院关于办理受贿刑事案件适用法律若干问题的意见》(2007年7月8日 法发〔2007〕22号)

五、关于以赌博形式收受贿赂的认定问题

根据《最高人民法院、最高人民检察院关于办理赌博刑事案件具体应用法律若干问题的解释》第七条规定,国家工作人员利用职务上的便利为请托人谋取利益,通过赌博方式收受请托人财物的,构成受贿。

实践中应注意区分贿赂与赌博活动、娱乐活动的界限。具体认定时,主要应当结合以下因素进行判断:(1)赌博的背景、场合、时间、次数;(2)赌资来源;(3)其他赌博参与者有无事先通谋;(4)输赢钱物的具体情况和金额大小。

★国家工作人员为请托人谋取利益,要求或者接受请托人以给特定关系人安排工作为名,不实际工作却获取薪酬的,以受贿论处

《最高人民法院、最高人民检察院关于办理受贿刑事案件适用法律若干问题的意见》(2007年7月8日 法发〔2007〕22号)

六、关于特定关系人"挂名"领取薪酬问题

国家工作人员利用职务上的便利为请托人谋取利益,要求或者接受请托人以给特定关系人安排工作为名,使特定关系人不实际工作却获取所谓薪酬的,以受贿论处。

★国家工作人员为请托人谋取利益,授意请托人将有关财物给予特定关系人的,以受贿论处

《最高人民法院、最高人民检察院关于办理受贿刑事案件适用法律若干问题的意见》(2007年7月8日 法发〔2007〕22号)

七、关于由特定关系人收受贿赂问题

国家工作人员利用职务上的便利为请托人谋取利益,授意请托人以本意见所列形式,将有关财物给予特定关系人的,以受贿论处。

特定关系人与国家工作人员通谋，共同实施前款行为的，对特定关系人以受贿罪的共犯论处。特定关系人以外的其他人与国家工作人员通谋，由国家工作人员利用职务上的便利为请托人谋取利益，收受请托人财物后双方共同占有的，以受贿罪的共犯论处。

★国家工作人员为请托人谋取利益，收受请托人房屋、汽车等物品，未变更权属登记的，不影响受贿的认定

《最高人民法院、最高人民检察院关于办理受贿刑事案件适用法律若干问题的意见》(2007年7月8日 法发〔2007〕22号)

八、关于收受贿赂物品未办理权属变更问题

国家工作人员利用职务上的便利为请托人谋取利益，收受请托人房屋、汽车等物品，未变更权属登记或者借用他人名义办理权属变更登记的，不影响受贿的认定。

认定以房屋、汽车等物品为对象的受贿，应注意与借用的区分。具体认定时，除双方交代或者书面协议之外，主要应当结合以下因素进行判断：(1)有无借用的合理事由；(2)是否实际使用；(3)借用时间的长短；(4)有无归还的条件；(5)有无归还的意思表示及行为。

★国家工作人员受贿后，为掩饰犯罪而退还或者上交的，不影响认定受贿罪

《最高人民法院、最高人民检察院关于办理受贿刑事案件适用法律若干问题的意见》(2007年7月8日 法发〔2007〕22号)

九、关于收受财物后退还或者上交问题

国家工作人员收受请托人财物后及时退还或者上交的，不是受贿。

国家工作人员受贿后，因自身或者与其受贿有关联的人、事被查处，为掩饰犯罪而退还或者上交的，不影响认定受贿罪。

★在职时为请托人谋利、离职后收受财物的性质认定

《最高人民法院、最高人民检察院关于办理受贿刑事案件适用法律若干问题的意见》(2007年7月8日 法发〔2007〕22号)

十、关于在职时为请托人谋利，离职后收受财物问题

国家工作人员利用职务上的便利为请托人谋取利益之前或者之

后，约定在其离职后收受请托人财物，并在离职后收受的，以受贿论处。

国家工作人员利用职务上的便利为请托人谋取利益，离职前后连续收受请托人财物的，离职前后收受部分均应计入受贿数额。

★“特定关系人”的范围

《最高人民法院、最高人民检察院关于办理受贿刑事案件适用法律若干问题的意见》(2007年7月8日　法发〔2007〕22号)

十一、关于“特定关系人”的范围

本意见所称“特定关系人”，是指与国家工作人员有近亲属、情妇(夫)以及其他共同利益关系的人。

★正确贯彻宽严相济刑事政策

《最高人民法院、最高人民检察院关于办理受贿刑事案件适用法律若干问题的意见》(2007年7月8日　法发〔2007〕22号)

十二、关于正确贯彻宽严相济刑事政策的问题

依照本意见办理受贿刑事案件，要根据刑法关于受贿罪的有关规定和受贿罪权钱交易的本质特征，准确区分罪与非罪、此罪与彼罪的界限，惩处少数，教育多数。在从严惩处受贿犯罪的同时，对于具有自首、立功等情节的，依法从轻、减轻或者免除处罚。

★医疗机构中的国家工作人员，在医药产品采购活动中，索取或者收受销售方财物，为销售方谋取利益，构成本罪

《最高人民法院、最高人民检察院关于办理商业贿赂刑事案件适用法律若干问题的意见》(2008年11月20日　法发〔2008〕33号)

四、医疗机构中的国家工作人员，在药品、医疗器械、医用卫生材料等医药产品采购活动中，利用职务上的便利，索取销售方财物，或者非法收受销售方财物，为销售方谋取利益，构成犯罪的，依照刑法第三百八十五条的规定，以受贿罪定罪处罚。

医疗机构中的非国家工作人员，有前款行为，数额较大的，依照刑法第一百六十三条的规定，以非国家工作人员受贿罪定罪处罚。

医疗机构中的医务人员，利用开处方的职务便利，以各种名义非

法收受药品、医疗器械、医用卫生材料等医药产品销售方财物，为医药产品销售方谋取利益，数额较大的，依照刑法第一百六十三条的规定，以非国家工作人员受贿罪定罪处罚。

★教育机构中的国家工作人员，在物品采购等活动中，索取或者收受销售方财物，为销售方谋取利益，构成本罪

《最高人民法院、最高人民检察院关于办理商业贿赂刑事案件适用法律若干问题的意见》(2008年11月20日 法发〔2008〕33号)

五、学校及其他教育机构中的国家工作人员，在教材、教具、校服或者其他物品的采购等活动中，利用职务上的便利，索取销售方财物，或者非法收受销售方财物，为销售方谋取利益，构成犯罪的，依照刑法第三百八十五条的规定，以受贿罪定罪处罚。

学校及其他教育机构中的非国家工作人员，有前款行为，数额较大的，依照刑法第一百六十三条的规定，以非国家工作人员受贿罪定罪处罚。

学校及其他教育机构中的教师，利用教学活动的职务便利，以各种名义非法收受教材、教具、校服或者其他物品销售方财物，为教材、教具、校服或者其他物品销售方谋取利益，数额较大的，依照刑法第一百六十三条的规定，以非国家工作人员受贿罪定罪处罚。

★依法组建的谈判小组、询价小组中国家机关或者其他国有单位的代表索取或者收受他人财物的，构成本罪

《最高人民法院、最高人民检察院关于办理商业贿赂刑事案件适用法律若干问题的意见》(2008年11月20日 法发〔2008〕33号)

六、依法组建的评标委员会、竞争性谈判采购中谈判小组、询价采购中询价小组的组成人员，在招标、政府采购等事项的评标或者采购活动中，索取他人财物或者非法收受他人财物，为他人谋取利益，数额较大的，依照刑法第一百六十三条的规定，以非国家工作人员受贿罪定罪处罚。

依法组建的评标委员会、竞争性谈判采购中谈判小组、询价采购中询价小组中国家机关或者其他国有单位的代表有前款行为的，依照刑法第三百八十五条的规定，以受贿罪定罪处罚。

★商业贿赂中的财物，既包括金钱和实物，也包括可以用金钱计算数额的财产性利益

《最高人民法院、最高人民检察院关于办理商业贿赂刑事案件适用法律若干问题的意见》(2008 年 11 月 20 日　法发〔2008〕33 号)

七、商业贿赂中的财物，既包括金钱和实物，也包括可以用金钱计算数额的财产性利益，如提供房屋装修、含有金额的会员卡、代币卡(券)、旅游费用等。具体数额以实际支付的资费为准。

★收受银行卡的，不论受贿人是否实际取出或者消费，卡内的存款数额一般应全额认定为受贿数额

《最高人民法院、最高人民检察院关于办理商业贿赂刑事案件适用法律若干问题的意见》(2008 年 11 月 20 日　法发〔2008〕33 号)

八、收受银行卡的，不论受贿人是否实际取出或者消费，卡内的存款数额一般应全额认定为受贿数额。使用银行卡透支的，如果由给予银行卡的一方承担还款责任，透支数额也应当认定为受贿数额。

★行贿犯罪中"谋取不正当利益"的认定

《最高人民法院、最高人民检察院关于办理商业贿赂刑事案件适用法律若干问题的意见》(2008 年 11 月 20 日　法发〔2008〕33 号)

九、在行贿犯罪中，"谋取不正当利益"，是指行贿人谋取违反法律、法规、规章或者政策规定的利益，或者要求对方违反法律、法规、规章、政策、行业规范的规定提供帮助或者方便条件。

在招标投标、政府采购等商业活动中，违背公平原则，给予相关人员财物以谋取竞争优势的，属于"谋取不正当利益"。

★非国家工作人员与国家工作人员通谋，共同收受他人财物构成共同犯罪的，根据双方利用职务便利的具体情形分别定罪处罚

《最高人民法院、最高人民检察院关于办理商业贿赂刑事案件适用法律若干问题的意见》(2008 年 11 月 20 日　法发〔2008〕33 号)

十一、非国家工作人员与国家工作人员通谋，共同收受他人财物，构成共同犯罪的，根据双方利用职务便利的具体情形分别定罪追究刑事责任：

(1)利用国家工作人员的职务便利为他人谋取利益的，以受贿罪追究刑事责任。

(2)利用非国家工作人员的职务便利为他人谋取利益的，以非国家工作人员受贿罪追究刑事责任。

(3)分别利用各自的职务便利为他人谋取利益的，按照主犯的犯罪性质追究刑事责任，不能分清主从犯的，可以受贿罪追究刑事责任。

★贿赂犯罪中的“财物”和“为他人谋取利益”的认定

《最高人民法院、最高人民检察院关于办理贪污贿赂刑事案件适用法律若干问题的解释》(2016年4月18日　法释〔2016〕9号)

第十二条　贿赂犯罪中的“财物”，包括货币、物品和财产性利益。财产性利益包括可以折算为货币的物质利益如房屋装修、债务免除等，以及需要支付货币的其他利益如会员服务、旅游等。后者的犯罪数额，以实际支付或者应当支付的数额计算。

第十三条　具有下列情形之一的，应当认定为“为他人谋取利益”，构成犯罪的，应当依照刑法关于受贿犯罪的规定定罪处罚：

(一)实际或者承诺为他人谋取利益的；

(二)明知他人有具体请托事项的；

(三)履职时未被请托，但事后基于该履职事由收受他人财物的。

国家工作人员索取、收受具有上下级关系的下属或者具有行政管理关系的被管理人员的财物价值三万元以上，可能影响职权行使的，视为承诺为他人谋取利益。

★对多次受贿未经处理的，累计计算受贿数额

《最高人民法院、最高人民检察院关于办理贪污贿赂刑事案件适用法律若干问题的解释》(2016年4月18日　法释〔2016〕9号)

第十五条　对多次受贿未经处理的，累计计算受贿数额。

国家工作人员利用职务上的便利为请托人谋取利益前后多次收受请托人财物，受请托之前收受的财物数额在一万元以上的，应当一并计入受贿数额。

★国家工作人员收受他人财物之后，将赃款赃物用于单位公务支出或者社会捐赠的，不影响受贿罪的认定

《最高人民法院、最高人民检察院关于办理贪污贿赂刑事案件适用法律若干问题的解释》（2016年4月18日　法释〔2016〕9号）

第十六条　国家工作人员出于贪污、受贿的故意，非法占有公共财物、收受他人财物之后，将赃款赃物用于单位公务支出或者社会捐赠的，不影响贪污罪、受贿罪的认定，但量刑时可以酌情考虑。

特定关系人索取、收受他人财物，国家工作人员知道后未退还或者上交的，应当认定国家工作人员具有受贿故意。

★国家工作人员利用职务上的便利，收受他人财物，为他人谋取利益，同时构成受贿罪和渎职犯罪的，实行数罪并罚

《最高人民法院、最高人民检察院关于办理贪污贿赂刑事案件适用法律若干问题的解释》（2016年4月18日　法释〔2016〕9号）

第十七条　国家工作人员利用职务上的便利，收受他人财物，为他人谋取利益，同时构成受贿罪和刑法分则第三章第三节、第九章规定的渎职犯罪的，除刑法另有规定外，以受贿罪和渎职犯罪数罪并罚。

★通过开设赌场或者为国家工作人员参与赌博提供资金，同时构成赌博犯罪的，实行数罪并罚

《最高人民法院、最高人民检察院、公安部办理跨境赌博犯罪案件若干问题的意见》（2020年10月16日　公通字〔2020〕14号）

四、关于跨境赌博关联犯罪的认定

（二）通过开设赌场或者为国家工作人员参与赌博提供资金的形式实施行贿、受贿行为，构成犯罪的，依照刑法关于贿赂犯罪的规定定罪处罚。同时构成赌博犯罪的，应当依法与贿赂犯罪数罪并罚。

类案检索指引

★低价购房、“合办”公司型受贿、承诺受贿等受贿形式

《潘玉梅、陈宁受贿案》（2011 年 12 月 20 日最高人民法院发布第一批指导性案例：指导案例 3 号）

【关键词】

刑事　受贿罪　“合办”公司受贿　低价购房受贿承诺谋利　受贿数额计算　掩饰受贿退赃

【裁判要点】

1. 国家工作人员利用职务上的便利为请托人谋取利益，并与请托人以“合办”公司的名义获取“利润”，没有实际出资和参与经营管理的，以受贿论处。

2. 国家工作人员明知他人有请托事项而收受其财物，视为承诺“为他人谋取利益”，是否已实际为他人谋取利益或谋取到利益，不影响受贿的认定。

3. 国家工作人员利用职务上的便利为请托人谋取利益，以明显低于市场的价格向请托人购买房屋等物品的，以受贿论处，受贿数额按照交易时当地市场价格与实际支付价格的差额计算。

4. 国家工作人员收受财物后，因与其受贿有关联的人、事被查处，为掩饰犯罪而退还的，不影响认定受贿罪。

★渎职过程中受贿的，实行数罪并罚

《赛跃、韩成武受贿、食品监管渎职案》（2014 年 2 月 20 日最高人民检察院发布第四批指导性案例：检例第 16 号）

【关键词】

受贿罪　食品监管渎职罪

【要旨】

负有食品安全监督管理职责的国家机关工作人员，滥用职权或玩忽职守，导致发生重大食品安全事故或者造成其他严重后果的，应当认定为食品监管渎职罪。在渎职过程中受贿的，应当以食品监管渎职罪和受贿罪实行数罪并罚。

★职务犯罪中认罪认罚从宽制度的适用

《金某某受贿案》(2020年7月16日最高人民检察院发布第二十批指导性案例:检例第75号)

【关键词】

职务犯罪　认罪认罚　确定刑量刑建议

【要旨】

对于犯罪嫌疑人自愿认罪认罚的职务犯罪案件,应当依法适用认罪认罚从宽制度办理。在适用认罪认罚从宽制度办理职务犯罪案件过程中,检察机关应切实履行主导责任,与监察机关、审判机关互相配合,互相制约,充分保障犯罪嫌疑人、被告人的程序选择权。要坚持罪刑法定和罪责刑相适应原则,对符合有关规定条件的,一般应当就主刑、附加刑、是否适用缓刑等提出确定刑量刑建议。

★受贿案件管辖原则、受贿罪和贪污罪界限

《张某受贿,郭某行贿、职务侵占、诈骗案》(2020年7月16日最高人民检察院发布第二十批指导性案例:检例第76号)

【关键词】

受贿罪　改变提前介入意见　案件管辖　追诉漏罪

【要旨】

检察机关提前介入应认真审查案件事实和证据,准确把握案件定性,依法提出提前介入意见。检察机关在审查起诉阶段仍应严格审查,提出审查起诉意见。审查起诉意见改变提前介入意见的,应及时与监察机关沟通。对于在审查起诉阶段发现漏罪,如该罪属于公安机关管辖,但犯罪事实清楚,证据确实充分,符合起诉条件的,检察机关在征得相关机关同意后,可以直接追加起诉。

★涉嫌巨额财产来源不明犯罪的人在立案前死亡，依法应当追缴其违法所得及其他涉案财产

《任润厚受贿、巨额财产来源不明违法所得没收案》（2021年12月9日最高人民检察院发布第三十二批指导性案例：检例第130号）

【关键词】

违法所得没收　巨额财产来源不明　财产混同　孳息

【要旨】

涉嫌巨额财产来源不明犯罪的人在立案前死亡，依照刑法规定应当追缴其违法所得及其他涉案财产的，可以依法适用违法所得没收程序。对涉案的巨额财产，可以由其近亲属或其他利害关系人说明来源。没有近亲属或其他利害关系人主张权利或者说明来源，或者近亲属或其他利害关系人主张权利所提供的证据达不到相应证明标准，或说明的来源经查证不属实的，依法认定为违法所得予以申请没收。违法所得与合法财产混同并产生孳息的，可以按照违法所得占比计算孳息予以申请没收。

★暂予监外执行情形消失且刑期未满的应收监执行

《社区矫正对象崔某某暂予监外执行收监执行监督案》（2022年1月30日最高人民检察院发布第三十三批指导性案例：检例第132号）

【关键词】

社区矫正监督　重点审查对象　变更执行地　保外就医情形消失　暂予监外执行收监执行

【要旨】

人民检察院开展社区矫正法律监督工作，应当加强对因患严重疾病被暂予监外执行以及变更执行地等社区矫正对象的监督管理活动的监督。人民检察院在监督工作中应当准确把握暂予监外执行适用条件，必要时聘请有专门知识的人辅助审查。发现社区矫正对象暂予监外执行情形消失且刑期未满的，应当依法提出收监执行的检察建议，维护刑罚执行公平公正。

★强化安全生产领域行政执法与刑事司法衔接工作

《浙江省湖州市王某钦受贿案》(2022年6月22日最高人民检察院发布检察机关落实"八号检察建议"典型案例)

【典型意义】

检察机关要牢固树立"抓前端、治未病"理念,由"案内"审查向"案外"治理延伸,注重发现案件背后的行业风险隐患。在依法办理涉安全生产领域职务犯罪案件时,要深入剖析案件成因和失职渎职行为造成的衍生影响,深挖行业管理漏洞以及由此造成的安全生产隐患,及时督促相关单位切实健全工作管理制度,堵塞监管漏洞、扫除监管盲区,对有关问题进行深度查摆整改。要注重不断强化安全生产领域行政执法与刑事司法衔接工作,深挖监督线索,督促相关职能部门开展执法检查和专项整治,积极参与社会治理,共同织密安全生产网。

★破除重打击受贿、轻打击行贿旧有观念,做到受贿行贿一起查

《陆某某受贿、行贿案》[2023年3月12日中共中央纪委办公厅、国家监察委员会办公厅、最高人民检察院办公厅印发行贿犯罪典型案例(第二批)]

【关键词】

受贿行贿一起查　监检协作　审判监督程序抗诉　认罪认罚

【要旨】

监察机关、检察机关要加强协作配合,在查办、提前介入受贿等案件过程中深挖行贿线索并补强相关证据,依法追诉。对以行贿手段获取立功线索导致原生效裁判错误的,要按照审判监督程序提出抗诉。强化释法说理,促使犯罪嫌疑人、被告人认罪悔罪,依法适用认罪认罚从宽制度,做到罚当其罪。

【典型意义】

(一)破除重打击受贿、轻打击行贿旧有观念,做到受贿行贿一起查。监察机关、检察机关要切实贯彻《关于进一步推进受贿行贿一起查的意见》,破除打击行贿不利于行贿人配合取证、影响查办受贿案件的片面观念，对向司法工作人员行贿、扰乱案件正常办理、妨害司法公正的，予以重点查处，从严惩治。对因行贿行为获得的“假立功”等生效裁判，依法履行审判监督职责，决不能让行贿人因行贿行为而获益。

（二）加强监检协作，增强打击行贿犯罪合力。监察机关、检察机关要始终坚持正确的政治方向，积极担当作为，善于抓住细节，加强关联案件比对，及时发现、深入挖掘行贿受贿案件背后的问题，依法立案查处、补充起诉、提出抗诉。在提前介入及后续处理阶段，监察机关与检察机关要主动加强工作衔接。就行贿事实认定、法律适用等重大问题，要加强会商沟通，夯实案件事实、证据基础，确保办案质量。

（三）坚持宽严相济，促使犯罪嫌疑人、被告人认罪悔罪。检察机关要认真听取犯罪嫌疑人及辩护人意见，充分释法说理，做好说服教育工作。积极向监察机关反馈案件办理过程中的情况，认真落实认罪认罚从宽制度，把宽严相济刑事政策落实到每一个刑事案件办理中，促进实现“三个效果”有机统一。

第三百八十六条 【受贿罪的刑事责任】对犯受贿罪的，根据受贿所得数额及情节，依照本法第三百八十三条的规定处罚。索贿的从重处罚。

立法动态

本条源自《中华人民共和国刑法》（1997 年 3 月 14 日第八届全国人民代表大会第五次会议修订，自 1997 年 10 月 1 日起施行）。

适用要点与裁判依据

★乡镇卫生院院长索取或者收受他人财物，为他人谋取利益的，构成受贿罪

《最高人民检察院法律政策研究室关于集体性质的乡镇卫生院院长利用职务之便收受他人财物的行为如何适用法律问题的答复》（2003年4月2日　〔2003〕高检研发第9号）

经过乡镇政府或者主管行政机关任命的乡镇卫生院院长，在依法从事本区域卫生工作的管理与业务技术指导，承担医疗预防保健服务工作等公务活动时，属于刑法第九十三条第二款规定的其他依照法律从事公务的人员。对其利用职务上的便利，索取他人财物的，或者非法收受他人财物，为他人谋取利益的，应当依照刑法第三百八十五条、第三百八十六条的规定，以受贿罪追究刑事责任。

★对于职务犯罪分子一般不适用缓刑或者免予刑事处罚的九种情形

《最高人民法院、最高人民检察院关于办理职务犯罪案件严格适用缓刑、免予刑事处罚若干问题的意见》（2012年8月8日　法发〔2012〕17号）

二、具有下列情形之一的职务犯罪分子，一般不适用缓刑或者免予刑事处罚：

（一）不如实供述罪行的；

（二）不予退缴赃款赃物或者将赃款赃物用于非法活动的；

（三）属于共同犯罪中情节严重的主犯的；

（四）犯有数个职务犯罪依法实行并罚或者以一罪处理的；

（五）曾因职务违纪违法行为受过行政处分的；

（六）犯罪涉及的财物属于救灾、抢险、防汛、优抚、扶贫、移民、救济、防疫等特定款物的；

（七）受贿犯罪中具有索贿情节的；

（八）渎职犯罪中徇私舞弊情节或者滥用职权情节恶劣的；

（九）其他不应适用缓刑、免予刑事处罚的情形。

三、不具有本意见第二条规定的情形，全部退缴赃款赃物，依法判处三年有期徒刑以下刑罚，符合刑法规定的缓刑适用条件的贪污、受贿犯罪分子，可以适用缓刑；符合刑法第三百八十三条第一款第（三）项的规定，依法不需要判处刑罚的，可以免予刑事处罚。

不具有本意见第二条所列情形，挪用公款进行营利活动或者超过三个月未还构成犯罪，一审宣判前已将公款归还，依法判处三年有期徒刑以下刑罚，符合刑法规定的缓刑适用条件的，可以适用缓刑；在案发前已归还，情节轻微，不需要判处刑罚的，可以免予刑事处罚。

四、人民法院审理职务犯罪案件时应当注意听取检察机关、被告人、辩护人提出的量刑意见，分析影响性案件案发前后的社会反映，必要时可以征求案件查办等机关的意见。对于情节恶劣、社会反映强烈的职务犯罪案件，不得适用缓刑、免予刑事处罚。

五、对于具有本意见第二条规定的情形之一，但根据全案事实和量刑情节，检察机关认为确有必要适用缓刑或者免予刑事处罚并据此提出量刑建议的，应经检察委员会讨论决定；审理法院认为确有必要适用缓刑或者免予刑事处罚的，应经审判委员会讨论决定。

★刑法修正案（九）施行前，受贿行为的法律适用

《最高人民法院关于〈中华人民共和国刑法修正案（九）〉时间效力问题的解释》（2015年10月29日　法释〔2015〕19号）

第八条　对于2015年10月31日以前实施贪污、受贿行为，罪行极其严重，根据修正前刑法判处死刑缓期执行不能体现罪刑相适应原则，而根据修正后刑法判处死刑缓期执行同时决定在其死刑缓期执行二年期满依法减为无期徒刑后，终身监禁，不得减刑、假释可以罚当其罪的，适用修正后刑法第三百八十三条第四款的规定。根据修正前刑法判处死刑缓期执行足以罚当其罪的，不适用修正后刑法第三百八十三条第四款的规定。

★犯受贿罪，“数额较大”“其他较重情节”的认定标准

《最高人民法院、最高人民检察院关于办理贪污贿赂刑事案件适用法律若干问题的解释》(2016年4月18日　法释〔2016〕9号)

第一条　贪污或者受贿数额在三万元以上不满二十万元的，应当认定为刑法第三百八十三条第一款规定的“数额较大”，依法判处三年以下有期徒刑或者拘役，并处罚金。

贪污数额在一万元以上不满三万元，具有下列情形之一的，应当认定为刑法第三百八十三条第一款规定的“其他较重情节”，依法判处三年以下有期徒刑或者拘役，并处罚金：

(一)贪污救灾、抢险、防汛、优抚、扶贫、移民、救济、防疫、社会捐助等特定款物的；

(二)曾因贪污、受贿、挪用公款受过党纪、行政处分的；

(三)曾因故意犯罪受过刑事追究的；

(四)赃款赃物用于非法活动的；

(五)拒不交待赃款赃物去向或者拒不配合追缴工作，致使无法追缴的；

(六)造成恶劣影响或者其他严重后果的。

受贿数额在一万元以上不满三万元，具有前款第二项至第六项规定的情形之一，或者具有下列情形之一的，应当认定为刑法第三百八十三条第一款规定的“其他较重情节”，依法判处三年以下有期徒刑或者拘役，并处罚金：

(一)多次索贿的；

(二)为他人谋取不正当利益，致使公共财产、国家和人民利益遭受损失的；

(三)为他人谋取职务提拔、调整的。

★犯受贿罪，“数额巨大”“其他严重情节”的认定标准

《最高人民法院、最高人民检察院关于办理贪污贿赂刑事案件适用法律若干问题的解释》(2016年4月18日　法释〔2016〕9号)

第二条　贪污或者受贿数额在二十万元以上不满三百万元的，

应当认定为刑法第三百八十三条第一款规定的“数额巨大”，依法判处三年以上十年以下有期徒刑，并处罚金或者没收财产。

贪污数额在十万元以上不满二十万元，具有本解释第一条第二款规定的情形之一的，应当认定为刑法第三百八十三条第一款规定的“其他严重情节”，依法判处三年以上十年以下有期徒刑，并处罚金或者没收财产。

受贿数额在十万元以上不满二十万元，具有本解释第一条第三款规定的情形之一的，应当认定为刑法第三百八十三条第一款规定的“其他严重情节”，依法判处三年以上十年以下有期徒刑，并处罚金或者没收财产。

★犯受贿罪，“数额特别巨大”“其他特别严重情节”的认定标准

《最高人民法院、最高人民检察院关于办理贪污贿赂刑事案件适用法律若干问题的解释》（2016年4月18日　法释〔2016〕9号）

第三条　贪污或者受贿数额在三百万元以上的，应当认定为刑法第三百八十三条第一款规定的“数额特别巨大”，依法判处十年以上有期徒刑、无期徒刑或者死刑，并处罚金或者没收财产。

贪污数额在一百五十万元以上不满三百万元，具有本解释第一条第二款规定的情形之一的，应当认定为刑法第三百八十三条第一款规定的“其他特别严重情节”，依法判处十年以上有期徒刑、无期徒刑或者死刑，并处罚金或者没收财产。

受贿数额在一百五十万元以上不满三百万元，具有本解释第一条第三款规定的情形之一的，应当认定为刑法第三百八十三条第一款规定的“其他特别严重情节”，依法判处十年以上有期徒刑、无期徒刑或者死刑，并处罚金或者没收财产。

★犯受贿罪，“可以判处死刑”或者“死刑缓期二年执行”的条件

《最高人民法院、最高人民检察院关于办理贪污贿赂刑事案件适用法律若干问题的解释》（2016年4月18日　法释〔2016〕9号）

第四条　贪污、受贿数额特别巨大，犯罪情节特别严重、社会影响特别恶劣、给国家和人民利益造成特别重大损失的，可以判处死刑。

符合前款规定的情形，但具有自首，立功，如实供述自己罪行、真诚悔罪、积极退赃，或者避免、减少损害结果的发生等情节，不是必须立即执行的，可以判处死刑缓期二年执行。

符合第一款规定情形的，根据犯罪情节等情况可以判处死刑缓期二年执行，同时裁判决定在其死刑缓期执行二年期满依法减为无期徒刑后，终身监禁，不得减刑、假释。

★犯受贿罪，对违法所得应当继续追缴或者责令退赔

《最高人民法院、最高人民检察院关于办理贪污贿赂刑事案件适用法律若干问题的解释》（2016年4月18日　法释〔2016〕9号）

第十八条　贪污贿赂犯罪分子违法所得的一切财物，应当依照刑法第六十四条的规定予以追缴或者责令退赔，对被害人的合法财产应当及时返还。对尚未追缴到案或者尚未足额退赔的违法所得，应当继续追缴或者责令退赔。

★犯受贿罪，罚金的适用标准

《最高人民法院、最高人民检察院关于办理贪污贿赂刑事案件适用法律若干问题的解释》（2016年4月18日　法释〔2016〕9号）

第十九条　对贪污罪、受贿罪判处三年以下有期徒刑或者拘役的，应当并处十万元以上五十万元以下的罚金；判处三年以上十年以下有期徒刑的，应当并处二十万元以上犯罪数额二倍以下的罚金或者没收财产；判处十年以上有期徒刑或者无期徒刑的，应当并处五十万元以上犯罪数额二倍以下的罚金或者没收财产。

对刑法规定并处罚金的其他贪污贿赂犯罪，应当在十万元以上犯罪数额二倍以下判处罚金。

第三百八十七条　【单位受贿罪】国家机关、国有公司、企业、事业单位、人民团体，索取、非法收受他人财物，为他人谋取利益，情节严重的，对单位判处罚金，并对其直接负责的主管人员和其他直接责任人员，处五年以下有期徒刑或者拘役。

前款所列单位，在经济往来中，在帐外暗中收受各种名义的回扣、手续费的，以受贿论，依照前款的规定处罚。

立法动态

本条源自《中华人民共和国刑法》(1997 年 3 月 14 日第八届全国人民代表大会第五次会议修订，自 1997 年 10 月 1 日起施行)。

类案检索指引

★集体研究收受回扣发放福利和单位开支的，构成单位受贿罪

《浙江省某县图书馆及赵某、徐某某单位受贿、私分国有资产、贪污案》(2020 年 7 月 16 日最高人民检察院发布第二十批指导性案例：检例第 73 号)

【关键词】

单位犯罪　追加起诉　移送线索

【要旨】

人民检察院在对职务犯罪案件审查起诉时，如果认为相关单位亦涉嫌犯罪，且单位犯罪事实清楚、证据确实充分，经与监察机关沟通，可以依法对犯罪单位提起公诉。检察机关在审查起诉中发现遗漏同案犯或犯罪事实的，应当及时与监察机关沟通，依法处理。

第三百八十八条　【受贿罪】国家工作人员利用本人职权或者地位形成的便利条件，通过其他国家工作人员职务上的行为，为请托人谋取不正当利益，索取请托人财物或者收受请托人财物的，以受贿论处。

立法动态

本条源自《中华人民共和国刑法》（1997年3月14日第八届全国人民代表大会第五次会议修订，自1997年10月1日起施行）。

适用要点与裁判依据

★“利用职权或地位形成的便利条件”的认定

《全国法院审理经济犯罪案件工作座谈会纪要》（2003年11月13日　法发〔2003〕167号）

三、关于受贿罪

（三）“利用职权或地位形成的便利条件”的认定

刑法第三百八十八条规定的“利用本人职权或者地位形成的便利条件”，是指行为人与被其利用的国家工作人员之间在职务上虽然没有隶属、制约关系，但是行为人利用了本人职权或者地位产生的影响和一定的工作联系，如单位内不同部门的国家工作人员之间、上下级单位没有职务上隶属、制约关系的国家工作人员之间、有工作联系的不同单位的国家工作人员之间等。

第三百八十八条之一　【利用影响力受贿罪】国家工作人员的近亲属或者其他与该国家工作人员关系密切的人，通过该国家工作人员职务上的行为，或者利用该国家工作人员职权或者地位形成的便利条件，通过其他国家工作人员职务上的行为，为请托人谋取不正当利益，索取请托人财物或者收受请托人财物，数额较大或者有其他较重情节的，处三年以下有期徒刑或者拘役，并处罚金；数额巨大或者有其他严重情节的，处三年以上七年以下有期徒刑，并处罚金；数额特别巨大或者有其他特别严重情节的，处七年以上有期徒刑，并处罚金或者没收财产。

离职的国家工作人员或者其近亲属以及其他与其关系密切的人，利用该离职的国家工作人员原职权或者地位形成的便利条件实施前款行为的，依照前款的规定定罪处罚。

立法动态

本条根据《中华人民共和国刑法修正案（七）》（自 2009 年 2 月 28 日起施行）第十三条增加。

适用要点与规则指引

★利用影响力受贿罪的定罪量刑适用标准参照司法解释关于受贿罪的规定执行

《最高人民法院、最高人民检察院关于办理贪污贿赂刑事案件适用法律若干问题的解释》（2016 年 4 月 18 日　法释〔2016〕9 号）

第十条　刑法第三百八十八条之一规定的利用影响力受贿罪的定罪量刑适用标准，参照本解释关于受贿罪的规定执行。

刑法第三百九十条之一规定的对有影响力的人行贿罪的定罪量刑适用标准，参照本解释关于行贿罪的规定执行。

单位对有影响力的人行贿数额在二十万元以上的，应当依照刑法第三百九十条之一的规定以对有影响力的人行贿罪追究刑事责任。

第三百八十九条　【行贿罪】为谋取不正当利益，给予国家工作人员以财物的，是行贿罪。

在经济往来中，违反国家规定，给予国家工作人员以财物，数额较大的，或者违反国家规定，给予国家工作人员以各种名义的回扣、手续费的，以行贿论处。

因被勒索给予国家工作人员以财物，没有获得不正当利益的，不是行贿。

立法动态

本条源自《中华人民共和国刑法》（1997 年 3 月 14 日第八届全国人民代表大会第五次会议修订，自 1997 年 10 月 1 日起施行）。

适用要点与裁判依据

★行贿犯罪中“谋取不正当利益”的认定

《最高人民法院、最高人民检察院关于办理商业贿赂刑事案件适用法律若干问题的意见》（2008 年 11 月 20 日　法发〔2008〕33 号）

九、在行贿犯罪中，“谋取不正当利益”，是指行贿人谋取违反法律、法规、规章或者政策规定的利益，或者要求对方违反法律、法规、规章、政策、行业规范的规定提供帮助或者方便条件。

在招标投标、政府采购等商业活动中，违背公平原则，给予相关人员财物以谋取竞争优势的，属于“谋取不正当利益”。

★在经济、组织人事管理等活动中，谋取竞争优势的，应当认定为“谋取不正当利益”

《最高人民法院、最高人民检察院关于办理行贿刑事案件具体应用法律若干问题的解释》（2012 年 12 月 26 日　法释〔2012〕22 号）

第十二条　行贿犯罪中的“谋取不正当利益”，是指行贿人谋取的利益违反法律、法规、规章、政策规定，或者要求国家工作人员违反法律、法规、规章、政策、行业规范的规定，为自己提供帮助或者方便条件。

违背公平、公正原则，在经济、组织人事管理等活动中，谋取竞争优势的，应当认定为“谋取不正当利益”。

★危害生产安全刑事犯罪与行贿并存时，实行数罪并罚

《最高人民法院、最高人民检察院关于办理危害生产安全刑事案件适用法律若干问题的解释》(2015 年 12 月 14 日　法释〔2015〕22 号)

第十二条　实施刑法第一百三十二条、第一百三十四条至第一百三十九条之一规定的犯罪行为，具有下列情形之一的，从重处罚：

(一)未依法取得安全许可证件或者安全许可证件过期、被暂扣、吊销、注销后从事生产经营活动的；

(二)关闭、破坏必要的安全监控和报警设备的；

(三)已经发现事故隐患，经有关部门或者个人提出后，仍不采取措施的；

(四)一年内曾因危害生产安全违法犯罪活动受过行政处罚或者刑事处罚的；

(五)采取弄虚作假、行贿等手段，故意逃避、阻挠负有安全监督管理职责的部门实施监督检查的；

(六)安全事故发生后转移财产意图逃避承担责任的；

(七)其他从重处罚的情形。

实施前款第五项规定的行为，同时构成刑法第三百八十九条规定的犯罪的，依照数罪并罚的规定处罚。

★以不正当手段“拒不执行”同时构成行贿罪的，实行数罪并罚

《最高人民法院、最高人民检察院关于办理危害生产安全刑事案件适用法律若干问题的解释(二)》(2022 年 12 月 15 日　法释〔2022〕19 号)

第三条　因存在重大事故隐患被依法责令停产停业、停止施工、停止使用有关设备、设施、场所或者立即采取排除危险的整改措施，有下列情形之一的，属于刑法第一百三十四条之一第二项规定的“拒不执行”：

（一）无正当理由故意不执行各级人民政府或者负有安全生产监督管理职责的部门依法作出的上述行政决定、命令的；

（二）虚构重大事故隐患已经排除的事实，规避、干扰执行各级人民政府或者负有安全生产监督管理职责的部门依法作出的上述行政决定、命令的；

（三）以行贿等不正当手段，规避、干扰执行各级人民政府或者负有安全生产监督管理职责的部门依法作出的上述行政决定、命令的。

有前款第三项行为，同时构成刑法第三百八十九条行贿罪、第三百九十三条单位行贿罪等犯罪的，依照数罪并罚的规定处罚。

认定是否属于“拒不执行”，应当综合考虑行政决定、命令是否具有法律、行政法规等依据，行政决定、命令的内容和期限要求是否明确、合理，行为人是否具有按照要求执行的能力等因素进行判断。

类案检索指引

★以行贿犯罪手段开路进行串通投标犯罪的，实行数罪并罚

《山东薛某某行贿、串通投标案》（2022 年 3 月 31 日国家监察委员会、最高人民检察院首次联合发布 5 起行贿犯罪典型案例）

【关键词】

行贿　串通投标　数罪并罚　监检配合　社会治理

【要旨】

推进受贿行贿一起查，监察机关、检察机关应当切实履行职责，加强协作配合，加大对招标投标等重点领域行贿犯罪查处力度，服务保障优化营商环境。要准确适用法律，对以行贿犯罪手段开路进行串通投标犯罪的，应实行数罪并罚。对案件暴露出的普遍性、典型性问题,检察机关可以依法提出检察建议,促进专项整治,提高社会治理能力。

★办理行贿案件要落实中央受贿行贿一起查的精神

《浙江贵某贵金属有限公司、李某某单位行贿案》(2022 年 3 月 31 日国家监察委员会、最高人民检察院首次联合发布 5 起行贿犯罪典型案例)

【关键词】

单位行贿　监检衔接　准确定性　一体化监督　生态修复

【要旨】

办理行贿案件要落实中央受贿行贿一起查的精神,准确把握单位犯罪和自然人犯罪的区别和联系,精准打击犯罪。要充分发挥监检职能,加强配合制约,深化融合监督,一体推进不敢腐、不能腐、不想腐,在案件办理、追赃挽损、生态修复等方面打好反腐败"组合拳",实现办理行贿犯罪案件"三个效果"有机统一。

★贯彻宽严相济刑事政策,准确认定从宽情节,积极适用认罪认罚从宽制度

《河南高某某行贿案》(2022 年 3 月 31 日国家监察委员会、最高人民检察院首次联合发布 5 起行贿犯罪典型案例)

【关键词】

医药领域　多次行贿　巨额行贿　认罪认罚　财产刑

【要旨】

监察机关与检察机关要加强衔接配合,对医疗药品等重点领域多次行贿、巨额行贿违法犯罪行为,依法惩处,形成联合惩戒行贿犯罪的工作合力。要贯彻宽严相济刑事政策,准确认定从宽情节,积极适用认罪认罚从宽制度办理。要注重综合运用多种措施及适用刑罚,从提高违法犯罪经济成本上进一步遏制行贿犯罪,提高打击行贿的精准性、有效性。

★检察机关对监察机关、公安机关分别移送起诉的互涉案件,可以依职权并案处理

《四川刘某富行贿、非法采矿案》(2022年3月31日国家监察委员会、最高人民检察院首次联合发布5起行贿犯罪典型案例)

【关键词】

移送问题线索　重点领域行贿　同步查处　并案审查起诉　追赃挽损

【要旨】

检察机关在办理公安机关移送案件的过程中,发现行为人可能涉嫌监察机关管辖的职务犯罪的,应当依照规定将线索移送监察机关。监察机关为主调查互涉案件时,应当统筹协调调查、侦查、审查起诉进度,并就事实认定、法律适用等重要事项进行充分论证,确保关联的受贿行贿案件均衡适用法律。检察机关对监察机关、公安机关分别移送起诉的互涉案件,可以依职权并案处理。在办案中应当注重追赃挽损,依法处理行贿犯罪违法所得及有关不正当利益,不让行贿人从中获利。

★犯伪造国家机关证件罪又构成行贿罪的,实行数罪并罚

《杨某锵等重大责任事故、伪造国家机关证件、行贿案——依法严惩生产安全事故首要责任人》(2022年12月15日最高人民法院、最高人民检察院发布人民法院、人民检察院依法惩治危害生产安全犯罪典型案例)

【典型意义】

一段时期以来,因为违法违规建设施工导致的用于经营活动的建筑物倒塌、坍塌事故时有发生,部分事故造成重大人员伤亡和高额财产损失,人民群众反映强烈。司法机关要加大对此类违法犯罪行为的打击力度,依法从严惩治建筑施工过程中存在的无证施工、随意改扩建、随意加层、擅自改变建筑物功能结构布局等违法违规行为,对于危及公共安全、构成犯罪的,要依法从严追究刑事责任。特别是对于导致建筑物倒塌、坍塌事故发生负有首要责任、行为构成重大责任事故罪等危害生产安全犯罪罪名的行为人，该顶格处刑的要在法定量刑幅度范围内顶格判处刑罚，充分体现从严惩处危害生产安全犯罪的总体政策，切实保障人民群众生命财产安全。

★对行贿犯罪与涉黑犯罪相交织，通过行贿帮助黑社会性质组织形成“保护伞”的，要坚决予以严惩

《陈某某行贿、对有影响力的人行贿、对非国家工作人员行贿案》［2023 年 3 月 12 日中共中央纪委办公厅、国家监察委员会办公厅、最高人民检察院办公厅印发行贿犯罪典型案例（第二批）］

【关键词】

行贿　对有影响力的人行贿　对非国家工作人员行贿　指定管辖　扫黑除恶

【要旨】

对行贿犯罪与涉黑犯罪相交织，通过行贿帮助黑社会性质组织形成“保护伞”的，要坚决予以严惩。对于一人犯数罪等关联犯罪案件，分别由不同地方的监察机关、公安机关调查、侦查后移送审查起诉的，应当统筹起诉、审判管辖。经审查起诉，拟改变罪名的，检察机关应当及时与监察机关沟通，依法处理。

【典型意义】

（一）办理行贿案件和关联案件过程中，应当统筹确定司法管辖。对于一人犯数罪等关联犯罪案件，由不同地方的监察机关、侦查机关分别调查、侦查的，监察机关、检察机关应当加强沟通，从保证整体办案效果出发，统筹提出司法管辖的意见，由检察机关及时商请人民法院办理。一般应当坚持随主案确定管辖的原则，由受理主案的司法机关一并管辖关联案件，确保案件统一认定、妥善处理。

第389条

（二）应当注重审查不同类型行贿犯罪的区别，检察机关拟改变定性的，应当及时与监察机关沟通，依法处理。对涉嫌行贿犯罪的，检察机关应当注意审查受贿人主体身份、职责范围、涉案人关系等方面证据，依法准确认定罪名。对于受贿人不属于国家工作人员的，不能认定为刑法第三百八十九条规定的行贿罪，应根据其实际身份及与国家工作人员的关系，符合第一百六十四条、第三百九十条之一规定的，分别认定为对非国家工作人员行贿罪、对有影响力的人行贿罪。在审查起诉中，检察机关发现监察机关移送审查起诉时认定的罪名可能定性不准的，应当及时与监察机关沟通，根据查明的事实依法准确认定罪名。

（三）办理行贿犯罪案件，检察机关应当根据犯罪事实、性质、情节和社会危害程度，依法提出量刑建议。对行贿犯罪与涉黑犯罪相交织，通过行贿帮助黑社会性质组织形成"保护伞"的，要坚决予以严惩。检察机关应综合考量谋取不正当利益的性质、所涉领域、国家和人民利益遭受损失等情况，依法提出从重处罚的量刑建议。

★对于严重破坏政治生态、经济生态的"家族式"腐败，必须坚决予以惩处

《郭某某行贿案》[2023年3月12日中共中央纪委办公厅、国家监察委员会办公厅、最高人民检察院办公厅印发行贿犯罪典型案例（第二批）]

【关键词】

行贿　矿产资源领域　"家族式"腐败　宽严相济

【要旨】

矿产资源领域资金密集、利润巨大，行政审批环节多、权力集中，是行贿受贿易发多发重点领域，监察机关、检察机关要加强对矿产资源领域行贿受贿犯罪的查办。对于严重破坏政治生态、经济生态的"家族式"腐败，必须坚决予以惩处。

【典型意义】

（一）坚持受贿行贿一起查，加大对重点领域行贿犯罪查办力度。国有企业尤其是矿产企业经营过程中，涉及资金量大，专业性强，监管难度较大。监察机关、检察机关要紧盯重点领域，加大办案力度。办理矿产资源领域行贿受贿案件时，要积极争取自然资源、审计等相关职能部门的支持，进一步强化协作配合。监察机关在办案中遇到证据收集、事实认定、案件定性、法律适用等问题，可以向行政机关进行咨询,听取检察机关意见或者邀请检察机关提前介入,也可以组织进行研究论证,共同形成打击行贿犯罪的合力。

（二）准确把握单位行贿罪与行贿罪的区分,从意志体现及利益归属两方面依法予以认定。对于公司、企业主管人员或实际控制人行贿的,应当结合单位性质、组织管理机制、资金来源、犯罪收益归属等进行综合判断,准确区分认定行贿罪及单位行贿罪。行贿罪的犯罪故意产生于行贿人自身,而非来源于单位意志,行贿所得利益亦归属于行贿人个人;单位行贿罪是出于单位意志,获取的不正当利益归属于单位。对于以单位名义行贿,而利益归个人所有的,应当认定为自然人犯罪。

（三）斩断腐败问题利益链,依法惩治"家族式"腐败。"家族式"腐败作案手段较为隐蔽,依仗领导干部的权力和影响力,以亲情为链条,通过经商办企业谋取私利,严重破坏政治生态和经济生态,危害极大。针对"家族式"腐败的特点,监察机关、检察机关要加大调查、审查力度,重点关注亲属间的资金流向、财产状况、关联企业等情况,全面分析腐败问题背后的利益链,深挖建立在亲情关系基础上权钱交易行为或者问题线索,营造和弘扬崇尚廉洁、抵制腐败的良好风尚。

★对多次行贿、向执法司法人员行贿的,依法加大惩处力度

《马某某、徐某某等九人系列行贿案》[2023 年 3 月 12 日中共中央纪委办公厅、国家监察委员会办公厅、最高人民检察院办公厅印发行贿犯罪典型案例(第二批)]

【关键词】

行贿　交通执法　洗钱　立案监督　监检配合　溯源治理

【要旨】

第389条

检察机关在提前介入受贿案件时,发现行贿犯罪人线索,应当向监察机关提出意见建议。对监察机关依法移送公安机关的洗钱等刑事犯罪线索,检察机关应履行立案监督职责,促使公安机关及时依法立案侦查。对案件暴露出的相关单位廉政、履职中的普遍性、倾向性问题，监察机关、检察机关可以督促相关单位进行整改。

【典型意义】

（一）加大行贿案件查处力度，对危害严重的行贿犯罪零容忍。监察机关、检察机关在打击受贿犯罪的同时，要积极能动履职，重视依法查办行贿犯罪。对多次行贿、向执法司法人员行贿的，依法加大惩处力度，斩断各种形式的行贿受贿链条，净化执法司法环境。

（二）强化“双查”意识，同步审查洗钱犯罪线索。监察机关、检察机关在调查、审查贿赂案件时，要注重调取审查犯罪所得及其收益的来源、性质及去向的相关证据，如资金的转账、交易记录等，注意分析发现洗钱犯罪线索，并做好线索的移送和跟踪监督工作，更加有力地惩治犯罪。

（三）注重发挥源头治理作用，努力做到“办理一案、治理一片”。监察机关、检察机关根据案件反映出的问题，从多发、频发案件中发现深层次原因，可以通过制发监察建议书、检察建议书的方式，督促相关单位积极整改，加强廉政教育和建章立制工作，并有针对性地开展法治宣传、廉政宣讲，有效推进执法环境改善。

★加大对行贿犯罪所获不正当利益的追缴力度及财产刑的运用

《张某、陆某行贿案》［2023 年 3 月 12 日中共中央纪委办公厅、国家监察委员会办公厅、最高人民检察院办公厅印发行贿犯罪典型案例（第二批）］

【关键词】

行贿　追赃挽损　财产刑运用　纠正不正当非财产性利益　能动履职

【要旨】

监察机关、检察机关要落实受贿行贿一起查的精神，强化协作配合，提高线索处置效率。加大对行贿犯罪所获不正当利益的追缴力度及财产刑的运用，纠正不正当非财产性利益。针对办案中发现的突出问题，积极能动履职、延伸职能，共同做好督促涉案单位整改落实工作。

【典型意义】

(一)强化对重点领域行贿犯罪的审查意识,提高查办行贿案件的能力。监察机关、检察机关要在办理受贿案件中注重梳理行贿犯罪线索,提高对行贿犯罪事实的认定和证据审查判断运用能力,加大对行贿犯罪惩处力度。同时持续强化监检协作配合,畅通移送线索渠道,形成惩治行贿犯罪工作合力。特别是针对关键领域行贿受贿犯罪案件查办过程中发现的线索,监察机关、检察机关要及时予以会商研判、加快线索移送、提高立案效率,形成对重点领域犯罪的严查快打态势。

(二)加大追赃挽损及财产刑的运用,最大程度消除行贿造成的不良后果。监察机关、检察机关在办理行贿案件过程中,要认真履行追赃挽损职责,尽力追缴非法获利,敦促行贿人退缴通过行贿行为获取的财产性利益,最大程度挽回损失。检察机关要依托认罪认罚从宽制度,促使行贿人自愿认罪认罚,结合行贿事实、情节、金额、获取不正当利益情况及认罪悔罪态度、退缴赃款赃物等情况,提出精准量刑建议并注重财产刑的运用。对于行贿所得的不正当非财产性利益,督促相关单位依照规定及时采取措施予以纠正,消除行贿行为产生的负面影响。

(三)强化能动履职,增强社会治理效能。在案件办理过程中发现腐败行为背后存在制度漏洞与管理隐患的,可以通过制发监察建议书、检察建议书等方式,积极督促相关单位或有关部门以案促改、建章立制,从制度层面查缺补漏,铲除行贿受贿等腐败行为滋生的土壤,实现对重点领域腐败问题的源头治理。注重开展多样化的警示教育,以案释法,加强宣传,以身边事教育身边人,以一案警示一方。

第三百九十条　【行贿罪的刑事责任】对犯行贿罪的，处五年以下有期徒刑或者拘役，并处罚金；因行贿谋取不正当利益，情节严重的，或者使国家利益遭受重大损失的，处五年以上十年以下有期徒刑，并处罚金；情节特别严重的，或者使国家利益遭受特别重大损失的，处十年以上有期徒刑或者无期徒刑，并处罚金或者没收财产。

行贿人在被追诉前主动交待行贿行为的，可以从轻或者减轻处罚。其中，犯罪较轻的，对侦破重大案件起关键作用的，或者有重大立功表现的，可以减轻或者免除处罚。

立法动态

本条源自《中华人民共和国刑法》（1997 年 3 月 14 日第八届全国人民代表大会第五次会议修订，自 1997 年 10 月 1 日起施行）。

原本条规定为：第三百九十条　（第一款）对犯行贿罪的，处五年以下有期徒刑或者拘役；因行贿谋取不正当利益，情节严重的，或者使国家利益遭受重大损失的，处五年以上十年以下有期徒刑；情节特别严重的，处十年以上有期徒刑或者无期徒刑，可以并处没收财产。（第二款）行贿人在被追诉前主动交待行贿行为的，可以减轻处罚或者免除处罚。

本条根据《中华人民共和国刑法修正案（九）》（自 2015 年 11 月 1 日起施行）第四十五条修改。

本条修改的主要内容为：一是增加罚金刑，并将“处十年以上有期徒刑或者无期徒刑，可以并处没收财产”修改为“处十年以上有期徒刑或者无期徒刑，并处罚金或者没收财产”；二是对行贿人在被追诉前主动交待行贿行为的，由“可以减轻或者免除处罚”修改为“可以从轻或者减轻处罚”，补充规定“犯罪较轻的，对侦破重大案件起关键作用的，或者有重大立功表现的，可以减轻或者免除处罚”。

适用要点与裁判依据

★多次行贿未经处理的，按照累计行贿数额处罚

《最高人民法院、最高人民检察院关于办理行贿刑事案件具体应用法律若干问题的解释》（2012年12月26日　法释〔2012〕22号）

第五条　多次行贿未经处理的，按照累计行贿数额处罚。

★行贿人谋取不正当利益的行为构成犯罪的，实行数罪并罚

《最高人民法院、最高人民检察院关于办理行贿刑事案件具体应用法律若干问题的解释》（2012年12月26日　法释〔2012〕22号）

第六条　行贿人谋取不正当利益的行为构成犯罪的，应当与行贿犯罪实行数罪并罚。

★行贿人在被追诉前主动交待行贿行为而破获相关受贿案件的，可以减轻或者免除处罚

《最高人民法院、最高人民检察院关于办理行贿刑事案件具体应用法律若干问题的解释》（2012年12月26日　法释〔2012〕22号）

第七条　因行贿人在被追诉前主动交待行贿行为而破获相关受贿案件的，对行贿人不适用刑法第六十八条关于立功的规定，依照刑法第三百九十条第二款的规定，可以减轻或者免除处罚。

单位行贿的，在被追诉前，单位集体决定或者单位负责人决定主动交待单位行贿行为的，依照刑法第三百九十条第二款的规定，对单位及相关责任人员可以减轻处罚或者免除处罚；受委托直接办理单位行贿事项的直接责任人员在被追诉前主动交待自己知道的单位行贿行为的，对该直接责任人员可以依照刑法第三百九十条第二款的规定减轻处罚或者免除处罚。

★行贿人被追诉后如实供述自己罪行，避免特别严重后果发生的，可以减轻处罚

《最高人民法院、最高人民检察院关于办理行贿刑事案件具体应用法律若干问题的解释》（2012年12月26日　法释〔2012〕22号）

第八条　行贿人被追诉后如实供述自己罪行的，依照刑法第六十七条第三款的规定，可以从轻处罚；因其如实供述自己罪行，避免特别严重后果发生的，可以减轻处罚。

★行贿人揭发受贿人与其行贿无关的其他犯罪行为，查证属实的，可以从轻、减轻或者免除处罚

《最高人民法院、最高人民检察院关于办理行贿刑事案件具体应用法律若干问题的解释》（2012年12月26日　法释〔2012〕22号）

第九条　行贿人揭发受贿人与其行贿无关的其他犯罪行为，查证属实的，依照刑法第六十八条关于立功的规定，可以从轻、减轻或者免除处罚。

★实施行贿犯罪，具有五种情形之一的，一般不适用缓刑和免予刑事处罚

《最高人民法院、最高人民检察院关于办理行贿刑事案件具体应用法律若干问题的解释》（2012年12月26日　法释〔2012〕22号）

第十条　实施行贿犯罪，具有下列情形之一的，一般不适用缓刑和免予刑事处罚：

（一）向三人以上行贿的；

（二）因行贿受过行政处罚或者刑事处罚的；

（三）为实施违法犯罪活动而行贿的；

（四）造成严重危害后果的；

（五）其他不适用缓刑和免予刑事处罚的情形。

具有刑法第三百九十条第二款规定的情形的，不受前款规定的限制。

★对于行贿犯罪取得的不正当财产性利益，应当予以追缴、责令退赔或者返还被害人

《最高人民法院、最高人民检察院关于办理行贿刑事案件具体应用法律若干问题的解释》（2012年12月26日　法释〔2012〕22号）

第十一条　行贿犯罪取得的不正当财产性利益应当依照刑法第六十四条的规定予以追缴、责令退赔或者返还被害人。

因行贿犯罪取得财产性利益以外的经营资格、资质或者职务晋升等其他不正当利益,建议有关部门依照相关规定予以处理。

★“被追诉前”的认定

《最高人民法院、最高人民检察院关于办理行贿刑事案件具体应用法律若干问题的解释》(2012年12月26日　法释〔2012〕22号)

第十三条　刑法第三百九十条第二款规定的“被追诉前”,是指检察机关对行贿人的行贿行为刑事立案前。

★行贿罪的起刑点及“犯罪较轻”“情节严重”“情节特别严重”“使国家利益遭受重大损失”的认定标准

《最高人民法院、最高人民检察院关于办理贪污贿赂刑事案件适用法律若干问题的解释》(2016年4月18日　法释〔2016〕9号)

第七条　为谋取不正当利益,向国家工作人员行贿,数额在三万元以上的,应当依照刑法第三百九十条的规定以行贿罪追究刑事责任。

行贿数额在一万元以上不满三万元,具有下列情形之一的,应当依照刑法第三百九十条的规定以行贿罪追究刑事责任:

(一)向三人以上行贿的;

(二)将违法所得用于行贿的;

(三)通过行贿谋取职务提拔、调整的;

(四)向负有食品、药品、安全生产、环境保护等监督管理职责的国家工作人员行贿,实施非法活动的;

(五)向司法工作人员行贿,影响司法公正的;

(六)造成经济损失数额在五十万元以上不满一百万元的。

第八条　犯行贿罪,具有下列情形之一的,应当认定为刑法第三百九十条第一款规定的“情节严重”:

(一)行贿数额在一百万元以上不满五百万元的;

(二)行贿数额在五十万元以上不满一百万元,并具有本解释第七条第二款第一项至第五项规定的情形之一的;

(三)其他严重的情节。

为谋取不正当利益,向国家工作人员行贿,造成经济损失数额在一百万元以上不满五百万元的，应当认定为刑法第三百九十条第一款规定的“使国家利益遭受重大损失”。

第九条 犯行贿罪，具有下列情形之一的，应当认定为刑法第三百九十条第一款规定的“情节特别严重”：

（一）行贿数额在五百万元以上的；

（二）行贿数额在二百五十万元以上不满五百万元，并具有本解释第七条第二款第一项至第五项规定的情形之一的；

（三）其他特别严重的情节。

为谋取不正当利益，向国家工作人员行贿，造成经济损失数额在五百万元以上的，应当认定为刑法第三百九十条第一款规定的“使国家利益遭受特别重大损失”。

★犯行贿罪，“犯罪较轻”及“重大案件”的认定

《最高人民法院、最高人民检察院关于办理贪污贿赂刑事案件适用法律若干问题的解释》（2016 年 4 月 18 日 法释〔2016〕9 号）

第十四条 根据行贿犯罪的事实、情节，可能被判处三年有期徒刑以下刑罚的，可以认定为刑法第三百九十条第二款规定的“犯罪较轻”。

根据犯罪的事实、情节，已经或者可能被判处十年有期徒刑以上刑罚的，或者案件在本省、自治区、直辖市或者全国范围内有较大影响的，可以认定为刑法第三百九十条第二款规定的“重大案件”。

具有下列情形之一的，可以认定为刑法第三百九十条第二款规定的“对侦破重大案件起关键作用”：

（一）主动交待办案机关未掌握的重大案件线索的；

（二）主动交待的犯罪线索不属于重大案件的线索，但该线索对于重大案件侦破有重要作用的；

（三）主动交待行贿事实，对于重大案件的证据收集有重要作用的；

（四）主动交待行贿事实，对于重大案件的追逃、追赃有重要作用的。

类案检索指引

★实施生产、销售有毒、有害食品犯罪，为逃避查处向国家工作人员行贿的，实行数罪并罚

《胡林贵等人生产、销售有毒、有害食品，行贿；骆梅、刘康素销售伪劣产品；朱伟全、曾伟中生产、销售伪劣产品；黎达文等人受贿、食品监管渎职案》(2014年2月20日最高人民检察院发布第四批指导性案例：检例第15号)

【关键词】

生产、销售有毒、有害食品罪　生产、销售伪劣产品罪　食品监管渎职罪　受贿罪　行贿罪

【要旨】

实施生产、销售有毒、有害食品犯罪，为逃避查处向负有食品安全监管职责的国家工作人员行贿的，应当以生产、销售有毒、有害食品罪和行贿罪实行数罪并罚。

负有食品安全监督管理职责的国家机关工作人员，滥用职权，向生产、销售有毒、有害食品的犯罪分子通风报信，帮助逃避处罚的，应当认定为食品监管渎职罪；在渎职过程中受贿的，应当以食品监管渎职罪和受贿罪实行数罪并罚。

第三百九十条之一　【对有影响力的人行贿罪】为谋取不正当利益，向国家工作人员的近亲属或者其他与该国家工作人员关系密切的人，或者向离职的国家工作人员或者其近亲属以及其他与其关系密切的人行贿的，处三年以下有期徒刑或者拘役，并处罚金；情节严重的，或者使国家利益遭受重大损失的，处三年以上七年以下有期徒刑，并处罚金；情节特别严重的，或者使国家利益遭受特别重大损失的，处七年以上十年以下有期徒刑，并处罚金。

单位犯前款罪的，对单位判处罚金，并对其直接负责的主管人员和其他直接责任人员，处三年以下有期徒刑或者拘役，并处罚金。

立法动态

本条根据《中华人民共和国刑法修正案(九)》(自2015年11月1日起施行)第四十六条增加。

适用要点与裁判依据

★对有影响力的人行贿罪的定罪量刑适用标准

《最高人民法院、最高人民检察院关于办理贪污贿赂刑事案件适用法律若干问题的解释》(2016年4月18日　法释〔2016〕9号)

第十条　刑法第三百八十八条之一规定的利用影响力受贿罪的定罪量刑适用标准,参照本解释关于受贿罪的规定执行。

刑法第三百九十条之一规定的对有影响力的人行贿罪的定罪量刑适用标准,参照本解释关于行贿罪的规定执行。

单位对有影响力的人行贿数额在二十万元以上的,应当依照刑法第三百九十条之一的规定以对有影响力的人行贿罪追究刑事责任。

第三百九十一条　【对单位行贿罪】为谋取不正当利益,给予国家机关、国有公司、企业、事业单位、人民团体以财物的,或者在经济往来中,违反国家规定,给予各种名义的回扣、手续费的,处三年以下有期徒刑或者拘役,并处罚金。

单位犯前款罪的,对单位判处罚金,并对其直接负责的主管人员和其他直接责任人员,依照前款的规定处罚。

立法动态

本条源自《中华人民共和国刑法》(1997年3月14日第八届全国人民代表大会第五次会议修订,自1997年10月1日起施行)。

本条第一款根据《中华人民共和国刑法修正案(九)》(自2015年11月1日起施行)第四十七条修改。

原本条第一款规定为:第三百九十一条 (第一款)为谋取不正当利益,给予国家机关、国有公司、企业、事业单位、人民团体以财物的,或者在经济往来中,违反国家规定,给予各种名义的回扣、手续费的,处三年以下有期徒刑或者拘役。

本条第一款修改的内容为:增加了对本罪"并处罚金"的法定刑。

适用要点与裁判依据

★对单位行贿罪的法律适用

《最高人民法院、最高人民检察院关于办理行贿刑事案件具体应用法律若干问题的解释》(2012年12月26日 法释〔2012〕22号)

第五条 多次行贿未经处理的,按照累计行贿数额处罚。

第六条 行贿人谋取不正当利益的行为构成犯罪的,应当与行贿犯罪实行数罪并罚。

第十条 实施行贿犯罪,具有下列情形之一的,一般不适用缓刑和免予刑事处罚:

(一)向三人以上行贿的;

(二)因行贿受过行政处罚或者刑事处罚的;

(三)为实施违法犯罪活动而行贿的;

(四)造成严重危害后果的;

(五)其他不适用缓刑和免予刑事处罚的情形。

具有刑法第三百九十条第二款规定的情形的,不受前款规定的限制。

第十一条 行贿犯罪取得的不正当财产性利益应当依照刑法第六十四条的规定予以追缴、责令退赔或者返还被害人。

因行贿犯罪取得财产性利益以外的经营资格、资质或者职务晋升等其他不正当利益,建议有关部门依照相关规定予以处理。

第十二条 行贿犯罪中的“谋取不正当利益”，是指行贿人谋取的利益违反法律、法规、规章、政策规定，或者要求国家工作人员违反法律、法规、规章、政策、行业规范的规定，为自己提供帮助或者方便条件。

违背公平、公正原则，在经济、组织人事管理等活动中，谋取竞争优势的，应当认定为“谋取不正当利益”。

第三百九十二条 【介绍贿赂罪】向国家工作人员介绍贿赂，情节严重的，处三年以下有期徒刑或者拘役，并处罚金。

介绍贿赂人在被追诉前主动交待介绍贿赂行为的，可以减轻处罚或者免除处罚。

立法动态

本条源自《中华人民共和国刑法》(1997 年 3 月 14 日第八届全国人民代表大会第五次会议修订，自 1997 年 10 月 1 日起施行)。

本条第一款根据《中华人民共和国刑法修正案(九)》(自 2015 年 11 月 1 日起施行)第四十八条修改。

原本条第一款内容为：向国家工作人员介绍贿赂，情节严重的，处三年以下有期徒刑或者拘役。

本条第一款修改的主要内容为：增加了对本罪“并处罚金”的法定刑。

适用要点与裁判依据

★行贿犯罪“谋取不正当利益”的认定标准

《最高人民法院、最高人民检察院关于办理行贿刑事案件具体应用法律若干问题的解释》(2012 年 12 月 26 日 法释〔2012〕22 号)

第十二条 行贿犯罪中的“谋取不正当利益”，是指行贿人谋取的利益违反法律、法规、规章、政策规定，或者要求国家工作人员违反法律、法规、规章、政策、行业规范的规定，为自己提供帮助或者方便条件。

违背公平、公正原则，在经济、组织人事管理等活动中，谋取竞争优势的，应当认定为“谋取不正当利益”。

第三百九十三条　【单位行贿罪】单位为谋取不正当利益而行贿，或者违反国家规定，给予国家工作人员以回扣、手续费，情节严重的，对单位判处罚金，并对其直接负责的主管人员和其他直接责任人员，处五年以下有期徒刑或者拘役，并处罚金。因行贿取得的违法所得归个人所有的，依照本法第三百八十九条、第三百九十条的规定定罪处罚。

立法动态

本条源自《中华人民共和国刑法》(1997 年 3 月 14 日第八届全国人民代表大会第五次会议修订，自 1997 年 10 月 1 日起施行)。

本条根据《中华人民共和国刑法修正案(九)》(自 2015 年 11 月 1 日起施行)第四十九条修改。

原本条规定为:第三百九十三条　单位为谋取不正当利益而行贿，或者违反国家规定，给予国家工作人员以回扣、手续费，情节严重的，对单位判处罚金，并对其直接负责的主管人员和其他直接责任人员，处五年以下有期徒刑或者拘役。因行贿取得的违法所得归个人所有的，依照本法第三百八十九条、第三百九十条的规定定罪处罚。

本条修改的内容为:增加了对直接负责的主管人员和其他直接责任人员“并处罚金”的刑罚。

适用要点与裁判依据

★商业贿赂中“财物”的认定

《最高人民法院、最高人民检察院关于办理商业贿赂刑事案件适用法律若干问题的意见》(2008 年 11 月 20 日　法发〔2008〕33 号)

七、商业贿赂中的财物,既包括金钱和实物,也包括可以用金钱计算数额的财产性利益,如提供房屋装修、含有金额的会员卡、代币卡(券)、旅游费用等。具体数额以实际支付的资费为准。

★行贿犯罪中“谋取不正当利益”的认定

《最高人民法院、最高人民检察院关于办理商业贿赂刑事案件适用法律若干问题的意见》(2008 年 11 月 20 日　法发〔2008〕33 号)

九、在行贿犯罪中,“谋取不正当利益”,是指行贿人谋取违反法律、法规、规章或者政策规定的利益,或者要求对方违反法律、法规、规章、政策、行业规范的规定提供帮助或者方便条件。

在招标投标、政府采购等商业活动中,违背公平原则,给予相关人员财物以谋取竞争优势的,属于“谋取不正当利益”。

★在经济、组织人事管理等活动中,谋取竞争优势的,应当认定为“谋取不正当利益”

《最高人民法院、最高人民检察院关于办理行贿刑事案件具体应用法律若干问题的解释》(2012 年 12 月 26 日　法释〔2012〕22 号)

第十二条　行贿犯罪中的“谋取不正当利益”,是指行贿人谋取的利益违反法律、法规、规章、政策规定,或者要求国家工作人员违反法律、法规、规章、政策、行业规范的规定,为自己提供帮助或者方便条件。

违背公平、公正原则,在经济、组织人事管理等活动中,谋取竞争优势的,应当认定为“谋取不正当利益”。

★以不正当手段“拒不执行”，同时构成单位受贿罪的，实行数罪并罚

《最高人民法院、最高人民检察院关于办理危害生产安全刑事案件适用法律若干问题的解释（二）》（2022年12月15日　法释〔2022〕19号）

第三条　因存在重大事故隐患被依法责令停产停业、停止施工、停止使用有关设备、设施、场所或者立即采取排除危险的整改措施，有下列情形之一的，属于刑法第一百三十四条之一第二项规定的“拒不执行”：

（一）无正当理由故意不执行各级人民政府或者负有安全生产监督管理职责的部门依法作出的上述行政决定、命令的；

（二）虚构重大事故隐患已经排除的事实，规避、干扰执行各级人民政府或者负有安全生产监督管理职责的部门依法作出的上述行政决定、命令的；

（三）以行贿等不正当手段，规避、干扰执行各级人民政府或者负有安全生产监督管理职责的部门依法作出的上述行政决定、命令的。

有前款第三项行为，同时构成刑法第三百八十九条行贿罪、第三百九十三条单位行贿罪等犯罪的，依照数罪并罚的规定处罚。

认定是否属于“拒不执行”，应当综合考虑行政决定、命令是否具有法律、行政法规等依据，行政决定、命令的内容和期限要求是否明确、合理，行为人是否具有按照要求执行的能力等因素进行判断。

类案检索指引

★并非为了谋取不正当利益以及被索要财物的，不构成单位行贿

《张文中诈骗、单位行贿、挪用资金再审改判无罪案》（2022年7月25日最高人民法院发布人民法院助力全国统一大市场建设典型案例）

【裁判结果】

单位不为谋取不正当利益，亦不属于情节严重，不符合单位行贿罪的构成要件；被索要而送给国家工作人员财物，且不具有为谋取不正当利益而行贿的主观故意，亦不符合单位行贿罪的构成要件。

【典型意义】

党的十八大以来，以习近平同志为核心的党中央践行以人民为中心的发展思想，大力加强产权保护，高度重视涉产权冤错案件的纠正工作。张文中案启动再审并改判无罪，充分体现了党中央依法平等保护包括非公有制经济在内的各种所有制经济产权，坚决消除影响民营企业生存发展的政策、法律和体制性障碍以及传统观念的束缚，毫不动摇地鼓励、支持、引导民营经济发展，努力打造法治化营商环境的坚强决心；也充分彰显了人民法院充分发挥审判职能作用，切实加强产权司法保护，坚持有错必纠的责任担当。对于依法妥善处理历史形成的涉产权案件，严格遵循罪刑法定、证据裁判、疑罪从无等法律原则，严禁把经济纠纷当作经济犯罪，把一般违法违规当作刑事犯罪来处理，切实保护企业家合法权益，促进经济社会持续健康发展，具有标杆性和重大现实意义。

第三百九十四条　【公务活动中接受礼物据为己有的刑事责任】国家工作人员在国内公务活动或者对外交往中接受礼物，依照国家规定应当交公而不交公，数额较大的，依照本法第三百八十二条、第三百八十三条的规定定罪处罚。

立法动态

本条源自《中华人民共和国刑法》（1997 年 3 月 14 日第八届全国人民代表大会第五次会议修订，自 1997 年 10 月 1 日起施行）。

第三百九十五条 【巨额财产来源不明罪】国家工作人员的财产、支出明显超过合法收入,差额巨大的,可以责令该国家工作人员说明来源,不能说明来源的,差额部分以非法所得论,处五年以下有期徒刑或者拘役;差额特别巨大的,处五年以上十年以下有期徒刑。财产的差额部分予以追缴。

【隐瞒境外存款罪】国家工作人员在境外的存款,应当依照国家规定申报。数额较大、隐瞒不报的,处二年以下有期徒刑或者拘役;情节较轻的,由其所在单位或者上级主管机关酌情给予行政处分。

立法动态

本条源自《中华人民共和国刑法》(1997 年 3 月 14 日第八届全国人民代表大会第五次会议修订,自 1997 年 10 月 1 日起施行)。

本条第一款根据《中华人民共和国刑法修正案(七)》(2009 年 2 月 28 日起施行)第十四条修改。

原本条第一款规定为:第三百九十五条(第一款)国家工作人员的财产或者支出明显超过合法收入,差额巨大的,可以责令说明来源。本人不能说明其来源是合法的,差额部分以非法所得论,处五年以下有期徒刑或者拘役,财产的差额部分予以追缴。

本条第一款修改的主要内容为:一是增加“差额特别巨大”的犯罪情节,使该罪的法定最高刑提高到十年有期徒刑;二是将“本人不能说明其来源是合法的”修改为“不能说明来源的”;三是将“可以责令说明来源”明确表述为“可以责令该国家工作人员说明来源”,并对条文的措辞做了适当修改。

适用要点与裁判依据

★“不能说明”和“非法所得”的标准

《全国法院审理经济犯罪案件工作座谈会纪要》(2003年11月13日　法发〔2003〕167号)

五、关于巨额财产来源不明罪

(一)行为人不能说明巨额财产来源合法的认定

刑法第三百九十五条第一款规定的“不能说明”,包括以下情况:

(1)行为人拒不说明财产来源;

(2)行为人无法说明财产的具体来源;

(3)行为人所说的财产来源经司法机关查证并不属实;

(4)行为人所说的财产来源因线索不具体等原因,司法机关无法查实,但能排除存在来源合法的可能性和合理性的。

(二)“非法所得”的数额计算

刑法第三百九十五条规定的“非法所得”,一般是指行为人的全部财产与能够认定的所有支出的总和减去能够证实的有真实来源的所得。在具体计算时,应注意以下问题:

(1)应把国家工作人员个人财产和与其共同生活的家庭成员的财产、支出等一并计算,而且一并减去他们所有的合法收入以及确属与其共同生活的家庭成员个人的非法收入。

(2)行为人所有的财产包括房产、家具、生活用品、学习用品及股票、债券、存款等动产和不动产;行为人的支出包括合法支出和不合法的支出,包括日常生活、工作、学习费用、罚款及向他人行贿的财物等;行为人的合法收入包括工资、奖金、稿酬、继承等法律和政策允许的各种收入。

(3)为了便于计算犯罪数额,对于行为人的财产和合法收入,一般可以从行为人有比较确定的收入和财产时开始计算。

第三百九十六条 【私分国有资产罪】国家机关、国有公司、企业、事业单位、人民团体，违反国家规定，以单位名义将国有资产集体私分给个人，数额较大的，对其直接负责的主管人员和其他直接责任人员，处三年以下有期徒刑或者拘役，并处或者单处罚金；数额巨大的，处三年以上七年以下有期徒刑，并处罚金。

【私分罚没财物罪】司法机关、行政执法机关违反国家规定，将应当上缴国家的罚没财物，以单位名义集体私分给个人的，依照前款的规定处罚。

立法动态

本条源自《中华人民共和国刑法》(1997 年 3 月 14 日第八届全国人民代表大会第五次会议修订，自 1997 年 10 月 1 日起施行)。

第九章 渎 职 罪

第三百九十七条 【滥用职权罪】【玩忽职守罪】国家机关工作人员滥用职权或者玩忽职守，致使公共财产、国家和人民利益遭受重大损失的，处三年以下有期徒刑或者拘役；情节特别严重的，处三年以上七年以下有期徒刑。本法另有规定的，依照规定。

国家机关工作人员徇私舞弊，犯前款罪的，处五年以下有期徒刑或者拘役；情节特别严重的，处五年以上十年以下有期徒刑。本法另有规定的，依照规定。

立法动态

本条源自《中华人民共和国刑法》(1997 年 3 月 14 日第八届全国人民代表大会第五次会议修订,自 1997 年 10 月 1 日起施行)。

立案标准

《最高人民检察院关于人民检察院立案侦查司法工作人员相关职务犯罪案件若干问题的规定》(2018 年 11 月 24 日 高检发研字〔2018〕28 号)

六、滥用职权罪(仅限司法工作人员)

1. 国家机关工作人员滥用职权,涉嫌下列情形之一的,属于“致使公共财产、国家和人民利益遭受重大损失”,处三年以下有期徒刑或者拘役:

(1)造成死亡 1 人以上,或者重伤 3 人以上,或者轻伤 9 人以上,或者重伤 2 人、轻伤 3 人以上,或者重伤 1 人、轻伤 6 人以上的;

(2)造成经济损失 30 万元以上的;

(3)造成恶劣社会影响的;

(4)其他致使公共财产、国家和人民利益遭受重大损失的情形。

2. 涉嫌下列情形之一的,属于“情节特别严重”,处三年以上七年以下有期徒刑:

(1)造成伤亡达到前款第 1 项规定人数 3 倍以上的;

(2)造成经济损失 150 万元以上的;

(3)造成前款规定的损失后果,不报、迟报、谎报或者授意、指使、强令他人不报、迟报、谎报事故情况,致使损失后果持续、扩大或者抢救工作延误的;

(4)造成特别恶劣社会影响的;

(5)其他特别严重的情节。

3. 国家机关工作人员滥用职权,有下列情形之一,致使盗窃、抢劫、诈骗、抢夺的机动车被办理登记手续,数量达到 3 辆以上或者价

值总额达到30万元以上的,以滥用职权罪定罪,处三年以下有期徒刑或者拘役:

(1)明知是登记手续不全或者不符合规定的机动车而办理登记手续的;

(2)指使他人为明知是登记手续不全或者不符合规定的机动车办理登记手续的;

(3)违规或者指使他人违规更改、调换车辆档案的;

(4)其他滥用职权的行为。

国家机关工作人员实施前款行为,致使盗窃、抢劫、诈骗、抢夺的机动车被办理登记手续,达到前款规定数量、数额标准5倍以上的,或者明知是盗窃、抢劫、诈骗、抢夺的机动车而办理登记手续的,属于“情节特别严重”,处三年以上七年以下有期徒刑。

国家机关工作人员徇私舞弊,实施上述行为,构成犯罪的,依照刑法第三百九十七条第二款的规定定罪处罚。

七、玩忽职守罪(仅限司法工作人员)

1. 国家机关工作人员滥用职权,涉嫌下列情形之一的,属于“致使公共财产、国家和人民利益遭受重大损失”,处三年以下有期徒刑或者拘役:

(1)造成死亡1人以上,或者重伤3人以上,或者轻伤9人以上,或者重伤2人、轻伤3人以上,或者重伤1人、轻伤6人以上的;

(2)造成经济损失30万元以上的;

(3)造成恶劣社会影响的;

(4)其他致使公共财产、国家和人民利益遭受重大损失的情形。

2. 涉嫌下列情形之一的,属于“情节特别严重”,处三年以上七年以下有期徒刑:

(1)造成伤亡达到前款第1项规定人数3倍以上的;

(2)造成经济损失150万元以上的;

(3)造成前款规定的损失后果,不报、迟报、谎报或者授意、指使、强令他人不报、迟报、谎报事故情况,致使损失后果持续、扩大或者抢救工作延误的；

(4)造成特别恶劣社会影响的；

(5)其他特别严重的情节。

3. 国家机关工作人员疏于审查或者审查不严，致使盗窃、抢劫、诈骗、抢夺的机动车被办理登记手续，数量达到5辆以上或者价值总额达到50万元以上的，以玩忽职守罪定罪，处三年以下有期徒刑或者拘役。

国家机关工作人员实施前款行为，致使盗窃、抢劫、诈骗、抢夺的机动车被办理登记手续，达到前款规定数量、数额标准5倍以上的，或者明知是盗窃、抢劫、诈骗、抢夺的机动车而办理登记手续的，属于"情节特别严重"，处三年以上七年以下有期徒刑。

国家机关工作人员徇私舞弊，实施上述行为，构成犯罪的，依照刑法第三百九十七条第二款的规定定罪处罚。

适用要点与裁判依据

★海关、外汇工作人员严重不负责任，造成大量外汇被骗购或者逃汇的刑事责任

《全国人民代表大会常务委员会关于惩治骗购外汇、逃汇和非法买卖外汇犯罪的决定》(1998年12月29日)

六、海关、外汇管理部门的工作人员严重不负责任，造成大量外汇被骗购或者逃汇，致使国家利益遭受重大损失的，依照刑法第三百九十七条的规定定罪处罚。

★镇财政所中按国家机关在编干部管理的工作人员系国家机关工作人员

《最高人民检察院关于镇财政所所长是否适用国家机关工作人员的批复》(2000年5月4日　高检发研字〔2000〕9号)

对于属行政执法事业单位的镇财政所中按国家机关在编干部管理的工作人员，在履行政府行政公务活动中，滥用职权或玩忽职守构成犯罪的，应以国家机关工作人员论。

★合同制民警在依法执行公务期间，以国家机关工作人员论

《最高人民检察院关于合同制民警能否成为玩忽职守罪主体问题的批复》(2000 年 10 月 9 日　高检发研字〔2000〕20 号)

根据刑法第九十三条第二款的规定，合同制民警在依法执行公务期间，属其他依照法律从事公务的人员，应以国家机关工作人员论。对合同制民警在依法执行公务活动中的玩忽职守行为，符合刑法第三百九十七条规定的玩忽职守罪构成条件的，依法以玩忽职守罪追究刑事责任。

★属工人编制的乡(镇)工商所所长依法履行管理职责时，以玩忽职守罪追究刑事责任

《最高人民检察院关于属工人编制的乡(镇)工商所所长能否依照刑法第 397 条的规定追究刑事责任问题的批复》(2000 年 10 月 31 日　高检发研字〔2000〕23 号)

根据刑法第 93 条第 2 款的规定，经人事部门任命，但为工人编制的乡(镇)工商所所长，依法履行工商行政管理职责时，属其他依照法律从事公务的人员，应以国家机关工作人员论。如果玩忽职守，致使公共财产、国家和人民利益遭受重大损失，可适用刑法第 397 条的规定，以玩忽职守罪追究刑事责任。

★企业事业单位的公安机构工作人员可以成为渎职侵权犯罪的主体

《最高人民检察院关于企业事业单位的公安机构在机构改革过程中其工作人员能否构成渎职侵权犯罪主体问题的批复》(2002 年 4 月 29 日　高检发释字〔2002〕3 号)

企业事业单位的公安机构在机构改革过程中虽尚未列入公安机关建制，其工作人员在行使侦查职责时，实施渎职侵权行为的，可以成为渎职侵权犯罪的主体。

★受委托从事公务的人员行使职权时有渎职行为构成犯罪的，依照渎职罪的规定追究刑事责任

《全国人大常委会关于〈中华人民共和国刑法〉第九章渎职罪主体适用问题的解释》(2002 年 12 月 28 日)

在依照法律、法规规定行使国家行政管理职权的组织中从事公务的人员，或者在受国家机关委托代表国家机关行使职权的组织中从事公务的人员，或者虽未列入国家机关人员编制但在国家机关中从事公务的人员，在代表国家机关行使职权时，有渎职行为，构成犯罪的，依照刑法关于渎职罪的规定追究刑事责任。

★在疫情预控工作中，国家机关工作人员滥用职权或者玩忽职守的，构成渎职犯罪

《最高人民法院、最高人民检察院关于办理妨害预防、控制突发传染病疫情等灾害的刑事案件具体应用法律若干问题的解释》(2003 年 5 月 14 日　法释〔2003〕8 号)

第十五条　在预防、控制突发传染病疫情等灾害的工作中，负有组织、协调、指挥、灾害调查、控制、医疗救治、信息传递、交通运输、物资保障等职责的国家机关工作人员，滥用职权或者玩忽职守，致使公共财产、国家和人民利益遭受重大损失的，依照刑法第三百九十七条的规定，以滥用职权罪或者玩忽职守罪定罪处罚。

★负有查处职责的国家机关工作人员在办理禁用剧毒化学品案件中渎职的刑事责任

《最高人民法院、最高人民检察院关于办理非法制造、买卖、运输、储存毒鼠强等禁用剧毒化学品刑事案件具体应用法律若干问题的解释》(2003 年 9 月 4 日　法释〔2003〕14 号)

第四条　对非法制造、买卖、运输、储存毒鼠强等禁用剧毒化学品行为负有查处职责的国家机关工作人员，滥用职权或者玩忽职守，致使公共财产、国家和人民利益遭受重大损失的，依照刑法第三百九十七条的规定，以滥用职权罪或者玩忽职守罪追究刑事责任。

★海事局的工作人员为国家机关工作人员

《最高人民检察院法律政策研究室关于对海事局工作人员如何适用法律问题的答复》(2003 年 1 月 13 日　高检研发〔2003〕第 1 号)

根据国办发〔1999〕90 号、中编办函〔2000〕184 号等文件的规定，海事局负责行使国家水上安全监督和防止船舶污染及海上设施检验、航海保障的管理职权，是国家执法监督机构。海事局及其分支机构工作人员在从事上述公务活动中，滥用职权或者玩忽职守，致使公共财产、国家和人民利益遭受重大损失的，应当依照刑法第三百九十七条的规定，以滥用职权罪或者玩忽职守罪追究刑事责任。

★国家机关工作人员、渎职犯罪、徇私的认定标准

《全国法院审理经济犯罪案件工作座谈会纪要》(2003 年 11 月 13 日　法发〔2003〕167 号)

一、关于贪污贿赂犯罪和渎职犯罪的主体

(一)国家机关工作人员的认定

刑法中所称的国家机关工作人员，是指在国家机关中从事公务的人员，包括在各级国家权力机关、行政机关、司法机关和军事机关中从事公务的人员。

根据有关立法解释的规定，在依照法律、法规规定行使国家行政管理职权的组织中从事公务的人员，或者在受国家机关委托代表国家行使职权的组织中从事公务的人员，或者虽未列入国家机关人员编制但在国家机关中从事公务的人员，视为国家机关工作人员。在乡(镇)以上中国共产党机关、人民政协机关中从事公务的人员，司法实践中也应当视为国家机关工作人员。

六、关于渎职罪

(一)渎职犯罪行为造成的公共财产重大损失的认定

根据刑法规定，玩忽职守、滥用职权等渎职犯罪是以致使公共财产、国家和人民利益遭受重大损失为构成要件的。其中，公共财产的重大损失，通常是指渎职行为已经造成的重大经济损失。在司法实践中，有以下情形之一的，虽然公共财产作为债权存在，但已无法实现债权的，可以认定为行为人的渎职行为造成了经济损失：

(1)债务人已经法定程序被宣告破产；

(2)债务人潜逃，去向不明；

(3)因行为人责任，致使超过诉讼时效；

(4)有证据证明债权无法实现的其他情况。

(二)玩忽职守罪的追诉时效

玩忽职守行为造成的重大损失当时没有发生，而是玩忽职守行为之后一定时间发生的，应从危害结果发生之日起计算玩忽职守罪的追诉期限。

(三)国有公司、企业人员渎职犯罪的法律适用

对于1999年12月24日《中华人民共和国刑法修正案》实施以前发生的国有公司、企业人员渎职行为(不包括徇私舞弊行为)，尚未处理或者正在处理的，不能按照刑法修正案追究刑事责任。

(四)关于"徇私"的理解

徇私舞弊型渎职犯罪的"徇私"应理解为徇个人私情、私利。国家机关工作人员为了本单位的利益，实施滥用职权、玩忽职守行为，构成犯罪的，依照刑法第三百九十七条第一款的规定定罪处罚。

★盗窃油气、破坏油气设备案件中国家机关工作人员渎职的刑事责任

《最高人民法院、最高人民检察院关于办理盗窃油气、破坏油气设备等刑事案件具体应用法律若干问题的解释》(2007年1月15日 法释〔2007〕3号)

第七条　国家机关工作人员滥用职权或者玩忽职守，实施下列行为之一，致使公共财产、国家和人民利益遭受重大损失的，依照刑法第三百九十七条的规定，以滥用职权罪或者玩忽职守罪定罪处罚：

(一)超越职权范围，批准发放石油、天然气勘查、开采、加工、经营等许可证的；

(二)违反国家规定，给不符合法定条件的单位、个人发放石油、

天然气勘查、开采、加工、经营等许可证的；

（三）违反《石油天然气管道保护条例》等国家规定，在油气设备安全保护范围内批准建设项目的；

（四）对发现或者经举报查实的未经依法批准、许可擅自从事石油、天然气勘查、开采、加工、经营等违法活动不予查封、取缔的。

★与盗窃、抢劫机动车相关案件中国家机关工作人员渎职的刑事责任

《最高人民法院、最高人民检察院关于办理与盗窃、抢劫、诈骗、抢夺机动车相关刑事案件具体应用法律若干问题的解释》（2007年5月9日　法释〔2007〕11号）

第三条　国家机关工作人员滥用职权，有下列情形之一，致使盗窃、抢劫、诈骗、抢夺的机动车被办理登记手续，数量达到三辆以上或者价值总额达到三十万元以上的，依照刑法第三百九十七条第一款的规定，以滥用职权罪定罪，处三年以下有期徒刑或者拘役：

（一）明知是登记手续不全或者不符合规定的机动车而办理登记手续的；

（二）指使他人为明知是登记手续不全或者不符合规定的机动车办理登记手续的；

（三）违规或者指使他人违规更改、调换车辆档案的；

（四）其他滥用职权的行为。

国家机关工作人员疏于审查或者审查不严，致使盗窃、抢劫、诈骗、抢夺的机动车被办理登记手续，数量达到五辆以上或者价值总额达到五十万元以上的，依照刑法第三百九十七条第一款的规定，以玩忽职守罪定罪，处三年以下有期徒刑或者拘役。

国家机关工作人员实施前两款规定的行为，致使盗窃、抢劫、诈骗、抢夺的机动车被办理登记手续，分别达到前两款规定数量、数额标准五倍以上的，或者明知是盗窃、抢劫、诈骗、抢夺的机动车而办理登记手续的，属于刑法第三百九十七条第一款规定的"情节特别严重"，处三年以上七年以下有期徒刑。

国家机关工作人员徇私舞弊，实施上述行为，构成犯罪的，依照刑法第三百九十七条第二款的规定定罪处罚。

★林业主管部门工作人员在发放林木采伐许可证之外滥用职权玩忽职守的刑事责任

《最高人民检察院关于对林业主管部门工作人员在发放林木采伐许可证之外滥用职权玩忽职守致使森林遭受严重破坏的行为适用法律问题的批复》(2007年5月16日 高检发释字〔2007〕1号)

林业主管部门工作人员违法发放林木采伐许可证，致使森林遭受严重破坏的，依照刑法第四百零七条的规定，以违法发放林木采伐许可证罪追究刑事责任；以其他方式滥用职权或者玩忽职守，致使森林遭受严重破坏的，依照刑法第三百九十七条的规定，以滥用职权罪或者玩忽职守罪追究刑事责任，立案标准依照《最高人民检察院关于渎职侵权犯罪案件立案标准的规定》第一部分渎职犯罪案件第十八条第三款的规定执行。

★渎职犯罪中"依法从严惩处"的情形及缓刑、免予刑事处罚的适用

《最高人民法院关于贯彻宽严相济刑事政策的若干意见》(2010年2月8日 法发〔2010〕9号)

8. 对于国家工作人员贪污贿赂、滥用职权、失职渎职的严重犯罪，黑恶势力犯罪、重大安全责任事故、制售伪劣食品药品所涉及的国家工作人员职务犯罪，发生在社会保障、征地拆迁、灾后重建、企业改制、医疗、教育、就业等领域严重损害群众利益、社会影响恶劣、群众反映强烈的国家工作人员职务犯罪，发生在经济社会建设重点领域、重点行业的严重商业贿赂犯罪等，要依法从严惩处。

对于国家工作人员职务犯罪和商业贿赂犯罪中性质恶劣、情节严重、涉案范围广、影响面大的，或者案发后隐瞒犯罪事实、毁灭证据、订立攻守同盟、负案潜逃等拒不认罪悔罪的，要坚决依法从严惩处。

对于被告人犯罪所得数额不大，但对国家财产和人民群众利益造成重大损失、社会影响极其恶劣的职务犯罪和商业贿赂犯罪案件，也应依法从严惩处。

要严格掌握职务犯罪法定减轻处罚情节的认定标准与减轻处罚的幅度，严格控制依法减轻处罚后判处三年以下有期徒刑适用缓刑的范围，切实规范职务犯罪缓刑、免予刑事处罚的适用。

★“致使公共财产、国家和人民利益遭受重大损失”“情节特别严重”的认定标准

《最高人民法院、最高人民检察院关于办理渎职刑事案件适用法律若干问题的解释(一)》(2012 年 12 月 7 日　法释〔2012〕18 号)

第一条　国家机关工作人员滥用职权或者玩忽职守，具有下列情形之一的，应当认定为刑法第三百九十七条规定的“致使公共财产、国家和人民利益遭受重大损失”：

(一)造成死亡 1 人以上，或者重伤 3 人以上，或者轻伤 9 人以上，或者重伤 2 人、轻伤 3 人以上，或者重伤 1 人、轻伤 6 人以上的；

(二)造成经济损失 30 万元以上的；

(三)造成恶劣社会影响的；

(四)其他致使公共财产、国家和人民利益遭受重大损失的情形。

具有下列情形之一的，应当认定为刑法第三百九十七条规定的“情节特别严重”：

(一)造成伤亡达到前款第(一)项规定人数 3 倍以上的；

(二)造成经济损失 150 万元以上的；

(三)造成前款规定的损失后果，不报、迟报、谎报或者授意、指使、强令他人不报、迟报、谎报事故情况，致使损失后果持续、扩大或者抢救工作延误的；

(四)造成特别恶劣社会影响的；

(五)其他特别严重的情节。

★国家机关工作人员因不具备徇私舞弊等情形，但构成本条规定的犯罪的，以滥用职权罪或者玩忽职守罪定罪处罚

《最高人民法院、最高人民检察院关于办理渎职刑事案件适用法律若干问题的解释(一)》(2012年12月7日　法释〔2012〕18号)

第二条　国家机关工作人员实施滥用职权或者玩忽职守犯罪行为，触犯刑法分则第九章第三百九十八条至第四百一十九条规定的，依照该规定定罪处罚。

国家机关工作人员滥用职权或者玩忽职守，因不具备徇私舞弊等情形，不符合刑法分则第九章第三百九十八条至第四百一十九条的规定，但依法构成第三百九十七条规定的犯罪的，以滥用职权罪或者玩忽职守罪定罪处罚。

★国家机关工作人员实施渎职犯罪并收受贿赂，同时构成受贿罪的，实行数罪并罚

《最高人民法院、最高人民检察院关于办理渎职刑事案件适用法律若干问题的解释(一)》(2012年12月7日　法释〔2012〕18号)

第三条　国家机关工作人员实施渎职犯罪并收受贿赂，同时构成受贿罪的，除刑法另有规定外，以渎职犯罪和受贿罪数罪并罚。

★国家机关工作人员与他人共谋，同时构成渎职犯罪和其他犯罪的共犯的，实行数罪并罚

《最高人民法院、最高人民检察院关于办理渎职刑事案件适用法律若干问题的解释(一)》(2012年12月7日　法释〔2012〕18号)

第四条　国家机关工作人员实施渎职行为，放纵他人犯罪或者帮助他人逃避刑事处罚，构成犯罪的，依照渎职罪的规定定罪处罚。

国家机关工作人员与他人共谋，利用其职务行为帮助他人实施其他犯罪行为，同时构成渎职犯罪和共谋实施的其他犯罪共犯的，依照处罚较重的规定定罪处罚。

国家机关工作人员与他人共谋，既利用其职务行为帮助他人实施其他犯罪，又以非职务行为与他人共同实施该其他犯罪行为，同时构成渎职犯罪和其他犯罪的共犯的，依照数罪并罚的规定定罪处罚。

★以“集体研究”形式实施的渎职犯罪，依法追究国家机关负有责任的人员的刑事责任

《最高人民法院、最高人民检察院关于办理渎职刑事案件适用法律若干问题的解释(一)》(2012年12月7日　法释〔2012〕18号)

第五条　国家机关负责人员违法决定，或者指使、授意、强令其他国家机关工作人员违法履行职务或者不履行职务，构成刑法分则第九章规定的渎职犯罪的，应当依法追究刑事责任。

以“集体研究”形式实施的渎职犯罪，应当依照刑法分则第九章的规定追究国家机关负有责任的人员的刑事责任。对于具体执行人员，应当在综合认定其行为性质、是否提出反对意见、危害结果大小等情节的基础上决定是否追究刑事责任和应当判处的刑罚。

★渎职犯罪的追诉期限，从危害结果发生之日起计算

《最高人民法院、最高人民检察院关于办理渎职刑事案件适用法律若干问题的解释(一)》(2012年12月7日　法释〔2012〕18号)

第六条　以危害结果为条件的渎职犯罪的追诉期限，从危害结果发生之日起计算；有数个危害结果的，从最后一个危害结果发生之日起计算。

★渎职犯罪立案后，行为人自行挽回或者减少的经济损失不予扣减，但可以作为酌定从轻处罚的情节

《最高人民法院、最高人民检察院关于办理渎职刑事案件适用法律若干问题的解释(一)》(2012年12月7日　法释〔2012〕18号)

第八条　本解释规定的“经济损失”，是指渎职犯罪或者与渎职犯罪相关联的犯罪立案时已经实际造成的财产损失，包括为挽回渎职犯罪所造成损失而支付的各种开支、费用等。立案后至提起公诉前持续发生的经济损失，应一并计入渎职犯罪造成的经济损失。

债务人经法定程序被宣告破产，债务人潜逃、去向不明，或者因行为人的责任超过诉讼时效等，致使债权已经无法实现的，无法实现的债权部分应当认定为渎职犯罪的经济损失。

渎职犯罪或者与渎职犯罪相关联的犯罪立案后，犯罪分子及其亲友自行挽回的经济损失，司法机关或者犯罪分子所在单位及其上级主管部门挽回的经济损失,或者因客观原因减少的经济损失,不予扣减,但可以作为酌定从轻处罚的情节。

★负有监督管理职责的国家机关工作人员滥用职权或者玩忽职守的,从严惩处

《最高人民法院、最高人民检察院关于办理渎职刑事案件适用法律若干问题的解释(一)》(2012年12月7日　法释〔2012〕18号)

第九条　负有监督管理职责的国家机关工作人员滥用职权或者玩忽职守,致使不符合安全标准的食品、有毒有害食品、假药、劣药等流入社会,对人民群众生命、健康造成严重危害后果的,依照渎职罪的规定从严惩处。

★履行安全监督管理职责时滥用职权、玩忽职守的刑事责任

《最高人民法院、最高人民检察院关于办理危害生产安全刑事案件适用法律若干问题的解释》(2015年12月14日　法释〔2015〕22号)

第十五条　国家机关工作人员在履行安全监督管理职责时滥用职权、玩忽职守,致使公共财产、国家和人民利益遭受重大损失的,或者徇私舞弊,对发现的刑事案件依法应当移交司法机关追究刑事责任而不移交,情节严重的,分别依照刑法第三百九十七条、第四百零二条的规定,以滥用职权罪、玩忽职守罪或者徇私舞弊不移交刑事案件罪定罪处罚。

公司、企业、事业单位的工作人员在依法或者受委托行使安全监督管理职责时滥用职权或者玩忽职守,构成犯罪的,应当依照《全国人民代表大会常务委员会关于〈中华人民共和国刑法〉第九章渎职罪主体适用问题的解释》的规定,适用渎职罪的规定追究刑事责任。

★国家工作人员查处非法集资过程中滥用职权、玩忽职守的刑事责任

《最高人民法院、最高人民检察院、公安部关于办理非法集资刑事案件若干问题的意见》(2019年1月30日　高检会〔2019〕2号)

十二、关于国家工作人员相关法律责任问题

国家工作人员具有下列行为之一,构成犯罪的,应当依法追究刑

事责任:

(一)明知单位和个人所申请机构或者业务涉嫌非法集资,仍为其办理行政许可或者注册手续的;

(二)明知所主管、监管的单位有涉嫌非法集资行为,未依法及时处理或者移送处置非法集资职能部门的;

(三)查处非法集资过程中滥用职权、玩忽职守、徇私舞弊的;

(四)徇私舞弊不向司法机关移交非法集资刑事案件的;

(五)其他通过职务行为或者利用职务影响,支持、帮助、纵容非法集资的。

★严格查办公职人员涉黑涉恶违法犯罪案件

《国家监察委员会、最高人民法院、最高人民检察院、公安部、司法部关于在扫黑除恶专项斗争中分工负责、互相配合、互相制约严惩公职人员涉黑涉恶违法犯罪问题的通知》(2019年10月20日　国监发〔2019〕3号)

二、严格查办公职人员涉黑涉恶违法犯罪案件

4.各级监察机关、人民法院、人民检察院、公安机关应聚焦黑恶势力违法犯罪案件及坐大成势的过程,严格查办公职人员涉黑涉恶违法犯罪案件。重点查办以下案件:公职人员直接组织、领导、参与黑恶势力违法犯罪活动的案件;公职人员包庇、纵容、支持黑恶势力犯罪及其他严重刑事犯罪的案件;公职人员收受贿赂、滥用职权,帮助黑恶势力人员获取公职或政治荣誉,侵占国家和集体资金、资源、资产,破坏公平竞争秩序,或为黑恶势力提供政策、项目、资金、金融信贷等支持帮助的案件;负有查禁监管职责的国家机关工作人员滥用职权、玩忽职守帮助犯罪分子逃避处罚的案件;司法工作人员徇私枉法、民事枉法裁判、执行判决裁定失职或滥用职权、私放在押人员以及徇私舞弊减刑、假释、暂予监外执行的案件;在扫黑除恶专项斗争中发生的公职人员滥用职权,徇私舞弊,包庇、阻碍查处黑恶势力犯罪的案件,以及泄露国家秘密、商业秘密、工作秘密,为犯罪分子通风报信的案件;公职人员利用职权打击报复办案人员的案件。

公职人员的范围，根据《中华人民共和国监察法》第十五条的规定认定。

5. 以上情形，由有关机关依规依纪依法调查处置，涉嫌犯罪的，依法追究刑事责任。

★国家机关工作人员既组织、领导、参加黑社会性质组织，又对该组织进行包庇、纵容的，应当从重处罚

《国家监察委员会、最高人民法院、最高人民检察院、公安部、司法部关于在扫黑除恶专项斗争中分工负责、互相配合、互相制约严惩公职人员涉黑涉恶违法犯罪问题的通知》（2019 年 10 月 20 日　国监发〔2019〕3 号）

三、准确适用法律

6. 国家机关工作人员包庇黑社会性质的组织，或者纵容黑社会性质的组织进行违法犯罪活动的，以包庇、纵容黑社会性质组织罪定罪处罚。

国家机关工作人员既组织、领导、参加黑社会性质组织，又对该组织进行包庇、纵容的，应当以组织、领导、参加黑社会性质组织罪从重处罚。

国家机关工作人员包庇、纵容黑社会性质组织，该包庇、纵容行为同时还构成包庇罪、伪证罪、妨害作证罪、徇私枉法罪、滥用职权罪、帮助犯罪分子逃避处罚罪、徇私舞弊不移交刑事案件罪，以及徇私舞弊减刑、假释、暂予监外执行罪等其他犯罪的，应当择一重罪处罚。

★非国家机关工作人员与国家机关工作人员共同实施犯罪的刑事责任

《国家监察委员会、最高人民法院、最高人民检察院、公安部、司法部关于在扫黑除恶专项斗争中分工负责、互相配合、互相制约严惩公职人员涉黑涉恶违法犯罪问题的通知》（2019 年 10 月 20 日　国监发〔2019〕3 号）

三、准确适用法律

7. 非国家机关工作人员与国家机关工作人员共同包庇、纵容黑社会性质组织，且不属于该组织成员的，以包庇、纵容黑社会性质组织罪的共犯论处。非国家机关工作人员的行为同时还构成其他犯罪，应当择一重罪处罚。

8. 公职人员利用职权或职务便利实施包庇、纵容黑恶势力、伪证、妨害作证，帮助毁灭、伪造证据，以及窝藏、包庇等犯罪行为的，应酌情从重处罚。事先有通谋而实施支持帮助、包庇纵容等保护行为的，以具体犯罪的共犯论处。

★国家机关工作人员在行使反兴奋剂管理职权时滥用职权或者玩忽职守的刑事责任

《最高人民法院关于审理走私、非法经营、非法使用兴奋剂刑事案件适用法律若干问题的解释》（2019 年 11 月 18 日　法释〔2019〕16 号）

第六条　国家机关工作人员在行使反兴奋剂管理职权时滥用职权或者玩忽职守，造成严重兴奋剂违规事件，严重损害国家声誉或者造成恶劣社会影响，符合刑法第三百九十七条规定的，以滥用职权罪、玩忽职守罪定罪处罚。

依法或者受委托行使反兴奋剂管理职权的单位的工作人员，在行使反兴奋剂管理职权时滥用职权或者玩忽职守的，依照前款规定定罪处罚。

★对长江流域重点水域水生生物资源保护负有监督管理、行政执法职责的国家机关工作人员，滥用职权或者玩忽职守的刑事责任

《最高人民法院、最高人民检察院、公安部、农业农村部依法惩治长江流域非法捕捞等违法犯罪的意见》（2020 年 12 月 17 日　公通字〔2020〕17 号）

二、准确适用法律，依法严惩非法捕捞等危害水生生物资源的各类违法犯罪

（五）依法严惩危害水生生物资源的渎职犯罪。对长江流域重点水域水生生物资源保护负有监督管理、行政执法职责的国家机关工作人员，滥用职权或者玩忽职守，致使公共财产、国家和人民利益遭

受重大损失的，应当依照刑法第三百九十七条的规定，以滥用职权罪或者玩忽职守罪定罪处罚。

负有查禁破坏水生生物资源犯罪活动职责的国家机关工作人员，向犯罪分子通风报信、提供便利，帮助犯罪分子逃避处罚的，应当依照刑法第四百一十七条的规定，以帮助犯罪分子逃避处罚罪定罪处罚。

类案检索指引

★基层组织人员协助人民政府从事行政管理工作时，滥用职权、玩忽职守构成犯罪的刑事责任

《陈某、林某、李甲滥用职权案》(2012 年 11 月 15 日最高人民检察院发布第二批指导性案例：检例第 5 号)

【关键词】

渎职罪主体　村基层组织人员　滥用职权罪

【要旨】

随着我国城镇建设和社会主义新农村建设逐步深入推进，村民委员会、居民委员会等基层组织协助人民政府管理社会发挥越来越重要的作用。实践中，对村民委员会、居民委员会等基层组织人员协助人民政府从事行政管理工作时，滥用职权、玩忽职守构成犯罪的，应当依照刑法关于渎职罪的规定追究刑事责任。

★滥用职权"造成恶劣社会影响的"，应当依法认定为"致使公共财产、国家和人民利益遭受重大损失"

《罗甲、罗乙、朱某、罗丙滥用职权案》(2012 年 11 月 15 日最高人民检察院发布第二批指导性案例：检例第 6 号)

【关键词】

滥用职权罪　重大损失　恶劣社会影响

【要旨】

根据刑法规定，滥用职权罪是指国家机关工作人员滥用职权，致使"公共财产、国家和人民利益遭受重大损失"的行为。实践中，对滥用职权“造成恶劣社会影响的”,应当依法认定为“致使公共财产、国家和人民利益遭受重大损失”。

★渎职犯罪的因果关系认定及数罪并罚的适用

《杨某玩忽职守、徇私枉法、受贿案》(2012 年 11 月 15 日最高人民检察院发布第二批指导性案例:检例第 8 号)

【关键词】

玩忽职守罪　徇私枉法罪　受贿罪　因果关系　数罪并罚

【要旨】

本案要旨有两点:一是渎职犯罪因果关系的认定。如果负有监管职责的国家机关工作人员没有认真履行其监管职责,从而未能有效防止危害结果发生,那么,对危害结果具有“原因力”的渎职行为,应认定与危害结果之间具有刑法意义上的因果关系。二是渎职犯罪同时受贿的处罚原则。对于国家机关工作人员实施渎职犯罪并收受贿赂,同时构成受贿罪的,除刑法第三百九十九条有特别规定的外,以渎职犯罪和受贿罪数罪并罚。

★对法院工作人员利用职权参与虚假诉讼违法犯罪的行为予以严厉打击

《法院工作人员利用职权与他人共同实施虚假诉讼犯罪的,从重处罚》(2021 年 11 月 9 日最高人民法院发布人民法院整治虚假诉讼典型案例)

【典型意义】

法律是维护社会秩序、保护人民群众合法权益的公器,不是可用于谋取违法利益的工具。法院工作人员应当带头遵守法律,捍卫法律尊严。法院工作人员利用职权,与他人共同实施虚假诉讼犯罪行为,严重影响司法公正和司法权威,与其他虚假诉讼犯罪行为相比,影响更恶劣,危害更严重,必须从严追究刑事责任。人民法院始终坚持刀刃向内,坚决清除害群之马,对法院工作人员利用职权参与虚假诉讼违法犯罪的行为予以严厉打击,依法从严从重追究法律责任,该判处重刑的坚决判处重刑,切实维护司法公正和司法权威,有效遏制了此类违法犯罪行为，维护了社会公平正义。

第三百九十八条　【故意泄露国家秘密罪】【过失泄露国家秘密罪】国家机关工作人员违反保守国家秘密法的规定，故意或者过失泄露国家秘密，情节严重的，处三年以下有期徒刑或者拘役；情节特别严重的，处三年以上七年以下有期徒刑。

非国家机关工作人员犯前款罪的，依照前款的规定酌情处罚。

立法动态

本条源自《中华人民共和国刑法》（1997 年 3 月 14 日第八届全国人民代表大会第五次会议修订，自 1997 年 10 月 1 日起施行）。

适用要点与裁判依据

★将国家秘密通过互联网予以发布，情节严重的，以故意泄露国家秘密罪定罪处罚

《最高人民法院关于审理为境外窃取、刺探、收买、非法提供国家秘密、情报案件具体应用法律若干问题的解释》（2001 年 1 月 17 日　法释〔2001〕4 号）

第六条　通过互联网将国家秘密或者情报非法发送给境外的机构、组织、个人的，依照刑法第一百一十一条的规定定罪处罚；将国家秘密通过互联网予以发布，情节严重的，依照刑法第三百九十八条的规定定罪处罚。

★"国家秘密"的鉴定机构

《最高人民法院、国家保密局关于执行〈关于审理为境外窃取、刺探、收买、非法提供国家秘密、情报案件具体应用法律若干问题的解释〉有关问题的通知》（2001 年 8 月 22 日　法发〔2001〕117 号）

为正确执行最高人民法院法释〔2001〕4 号《关于审理为境外窃

取、刺探、收买、非法提供国家秘密、情报案件具体应用法律若干问题的解释》，审理好涉及情报的刑事案件，现就有关情报的鉴定问题通知如下：

人民法院审理为境外窃取、刺探、收买、非法提供情报案件，需要对有关事项是否属于情报进行鉴定的，由国家保密工作部门或者省、自治区、直辖市保密工作部门鉴定。

★依法受委托从事公务的人员行使职权时有渎职行为构成犯罪的，依照渎职罪的规定追究刑事责任

《全国人大常委会关于〈中华人民共和国刑法〉第九章渎职罪主体适用问题的解释》（2002年12月28日）

在依照法律、法规规定行使国家行政管理职权的组织中从事公务的人员，或者在受国家机关委托代表国家机关行使职权的组织中从事公务的人员，或者虽未列入国家机关人员编制但在国家机关中从事公务的人员，在代表国家机关行使职权时，有渎职行为，构成犯罪的，依照刑法关于渎职罪的规定追究刑事责任。

第三百九十九条　【徇私枉法罪】司法工作人员徇私枉法、徇情枉法，对明知是无罪的人而使他受追诉、对明知是有罪的人而故意包庇不使他受追诉，或者在刑事审判活动中故意违背事实和法律作枉法裁判的，处五年以下有期徒刑或者拘役；情节严重的，处五年以上十年以下有期徒刑；情节特别严重的，处十年以上有期徒刑。

【民事、行政枉法裁判罪】在民事、行政审判活动中故意违背事实和法律作枉法裁判，情节严重的，处五年以下有期徒刑或者拘役；情节特别严重的，处五年以上十年以下有期徒刑。

【执行判决、裁定失职罪】【执行判决、裁定滥用职权罪】在执行判决、裁定活动中，严重不负责任或者滥用职权，不依法采取诉讼保全措施、不履行法定执行职责，或者违法采取诉讼保全措施、强制执行措施，致使当事人或者其他人的利益遭受重大损失的，处五年以下有期徒刑或者拘役；致使当事人或者其他人的利益遭受特别重大损失的，处五年以上十年以下有期徒刑。

司法工作人员收受贿赂，有前三款行为的，同时又构成本法第三百八十五条规定之罪的，依照处罚较重的规定定罪处罚。

立法动态

本条源自《中华人民共和国刑法》（1997 年 3 月 14 日第八届全国人民代表大会第五次会议修订，自 1997 年 10 月 1 日起施行）。

本条第三款根据《中华人民共和国刑法修正案（四）》（自 2002 年 12 月 28 日起施行）第八条增加。

立案标准

《最高人民检察院关于人民检察院立案侦查司法工作人员相关职务犯罪案件若干问题的规定》（2018 年 11 月 24 日　高检发研字〔2018〕28 号）

附：十四个罪名的立案标准

八、徇私枉法罪

司法工作人员徇私枉法、徇情枉法，对明知是无罪的人而使他受追诉、对明知是有罪的人而故意包庇不使他受追诉，或者在刑事审判活动中故意违背事实和法律作枉法裁判的行为，涉嫌下列情形之一的，应予立案：

1. 对明知是没有犯罪事实或者其他依法不应当追究刑事责任的人，采取伪造、隐匿、毁灭证据或者其他隐瞒事实、违反法律的手段，以追究刑事责任为目的立案、侦查、起诉、审判的；

2. 对明知是有犯罪事实需要追究刑事责任的人，采取伪造、隐匿、毁灭证据或者其他隐瞒事实、违反法律的手段，故意包庇使其不受立案、侦查、起诉、审判的；

3. 采取伪造、隐匿、毁灭证据或者其他隐瞒事实、违反法律的手段，故意使罪重的人受较轻的追诉，或者使罪轻的人受较重的追诉的；

4. 在立案后，采取伪造、隐匿、毁灭证据或者其他隐瞒事实、违反法律的手段，应当采取强制措施而不采取强制措施，或者虽然采取强制措施，但中断侦查或者超过法定期限不采取任何措施，实际放任不管，以及违法撤销、变更强制措施，致使犯罪嫌疑人、被告人实际脱离司法机关侦控的；

5. 在刑事审判活动中故意违背事实和法律，作出枉法判决、裁定，即有罪判无罪、无罪判有罪，或者重罪轻判、轻罪重判的；

6. 其他徇私枉法应予追究刑事责任的情形。

九、民事、行政枉法裁判罪

审判人员在民事、行政审判活动中，故意违背事实和法律作枉法裁判，情节严重的行为。涉嫌下列情形之一的，应予立案：

1. 枉法裁判，致使当事人或者其近亲属自杀、自残造成重伤、死亡，或者精神失常的；

2. 枉法裁判，造成个人财产直接经济损失10万元以上，或者直接经济损失不满10万元，但间接经济损失50万元以上的；

3. 枉法裁判，造成法人或者其他组织财产直接经济损失20万元以上，或者直接经济损失不满20万元，但间接经济损失100万元以上的；

4. 伪造、变造有关材料、证据，制造假案枉法裁判的；

5. 串通当事人制造伪证，毁灭证据或者篡改庭审笔录而枉法裁判的；

第399条

6. 徇私情、私利，明知是伪造、变造的证据予以采信，或者故意对应当采信的证据不予采信，或者故意违反法定程序，或者故意错误适用法律而枉法裁判的；

7. 其他情节严重的情形。

十、执行判决、裁定失职罪

司法工作人员在执行判决、裁定活动中，严重不负责任，不依法采取诉讼保全措施、不履行法定执行职责，或者违法采取保全措施、强制执行措施，致使当事人或者其他人的利益遭受重大损失的行为。涉嫌下列情形之一的，应予立案：

1. 致使当事人或者其近亲属自杀、自残造成重伤、死亡，或者精神失常的；

2. 造成个人财产直接经济损失 15 万元以上，或者直接经济损失不满 15 万元，但间接经济损失 75 万元以上的；

3. 造成法人或者其他组织财产直接经济损失 30 万元以上，或者直接经济损失不满 30 万元，但间接经济损失 150 万元以上的；

4. 造成公司、企业等单位停业、停产 1 年以上，或者破产的；

5. 其他致使当事人或者其他人的利益遭受重大损失的情形。

十一、执行判决、裁定滥用职权罪

司法工作人员在执行判决、裁定活动中，滥用职权，不依法采取诉讼保全措施、不履行法定执行职责，或者违法采取保全措施、强制执行措施，致使当事人或者其他人的利益遭受重大损失的行为。涉嫌下列情形之一的，应予立案：

1. 致使当事人或者其近亲属自杀、自残造成重伤、死亡，或者精神失常的；

2. 造成个人财产直接经济损失 10 万元以上，或者直接经济损失不满 10 万元，但间接经济损失 50 万元以上的；

3. 造成法人或者其他组织财产直接经济损失 20 万元以上，或者直接经济损失不满 20 万元，但间接经济损失 100 万元以上的；

4. 造成公司、企业等单位停业、停产 6 个月以上，或者破产的；

5. 其他致使当事人或者其他人的利益遭受重大损失的情形。

适用要点与裁判依据

★依法受委托从事公务的人员行使职权时有渎职行为构成犯罪的刑事责任

《全国人大常委会关于〈中华人民共和国刑法〉第九章渎职罪主体适用问题的解释》(2002年12月28日)

在依照法律、法规规定行使国家行政管理职权的组织中从事公务的人员,或者在受国家机关委托代表国家机关行使职权的组织中从事公务的人员,或者虽未列入国家机关人员编制但在国家机关中从事公务的人员,在代表国家机关行使职权时,有渎职行为,构成犯罪的,依照刑法关于渎职罪的规定追究刑事责任。

★非司法工作人员与司法工作人员勾结,共同实施徇私枉法行为的刑事责任

《最高人民检察院法律政策研究室关于非司法工作人员是否可以构成徇私枉法罪共犯问题的答复》(2003年4月16日 [2003]高检研发第11号)

非司法工作人员与司法工作人员勾结,共同实施徇私枉法行为,构成犯罪的,应当以徇私枉法罪的共犯追究刑事责任。

★渎职罪的主体及认定标准

《全国法院审理经济犯罪案件工作座谈会纪要》(2003年11月13日 法发〔2003〕167号)

六、关于渎职罪

(一)渎职犯罪行为造成的公共财产重大损失的认定

根据刑法规定,玩忽职守、滥用职权等渎职犯罪是以致使公共财产、国家和人民利益遭受重大损失为构成要件的。其中,公共财产的重大损失,通常是指渎职行为已经造成的重大经济损失。在司法实践中,有以下情形之一的,虽然公共财产作为债权存在,但已无法实现债权的,可以认定为行为人的渎职行为造成了经济损失:

(1)债务人已经法定程序被宣告破产;

(2)债务人潜逃,去向不明;

(3)因行为人责任,致使超过诉讼时效;

(4)有证据证明债权无法实现的其他情况。

(二)玩忽职守罪的追诉时效

玩忽职守行为造成的重大损失当时没有发生,而是玩忽职守行为之后一定时间发生的,应从危害结果发生之日起计算玩忽职守罪的追诉期限。

(三)国有公司、企业人员渎职犯罪的法律适用

对于1999年12月24日《中华人民共和国刑法修正案》实施以前发生的国有公司、企业人员渎职行为(不包括徇私舞弊行为),尚未处理或者正在处理的,不能按照刑法修正案追究刑事责任。

(四)关于"徇私"的理解

徇私舞弊型渎职犯罪的"徇私"应理解为徇个人私情、私利。国家机关工作人员为了本单位的利益,实施滥用职权、玩忽职守行为,构成犯罪的,依照刑法第三百九十七条第一款的规定定罪处罚。

★以"集体研究"形式实施的渎职犯罪,依法追究国家机关负有责任的人员的刑事责任

《最高人民法院、最高人民检察院关于办理渎职刑事案件适用法律若干问题的解释(一)》(2012年12月7日　法释〔2012〕18号)

第五条　国家机关负责人员违法决定,或者指使、授意、强令其他国家机关工作人员违法履行职务或者不履行职务,构成刑法分则第九章规定的渎职犯罪的,应当依法追究刑事责任。

以"集体研究"形式实施的渎职犯罪,应当依照刑法分则第九章的规定追究国家机关负有责任的人员的刑事责任。对于具体执行人员,应当在综合认定其行为性质、是否提出反对意见、危害结果大小等情节的基础上决定是否追究刑事责任和应当判处的刑罚。

类案检索指引

★国家机关工作人员犯徇私枉法罪，同时构成受贿罪的，实行数罪并罚

《杨某玩忽职守、徇私枉法、受贿案》（最高人民检察院2012年11月15日发布第二批指导性案例：检例第8号）

【要旨】

本案要旨有两点：一是渎职犯罪因果关系的认定。如果负有监管职责的国家机关工作人员没有认真履行其监管职责，从而未能有效防止危害结果发生，那么，这些对危害结果具有“原因力”的渎职行为，应认定与危害结果之间具有刑法意义上的因果关系。二是渎职犯罪同时受贿的处罚原则。对于国家机关工作人员实施渎职犯罪并收受贿赂，同时构成受贿罪的，除刑法第三百九十九条有特别规定的外，以渎职犯罪和受贿罪数罪并罚。

第三百九十九条之一 【枉法仲裁罪】依法承担仲裁职责的人员，在仲裁活动中故意违背事实和法律作枉法裁决，情节严重的，处三年以下有期徒刑或者拘役；情节特别严重的，处三年以上七年以下有期徒刑。

立法动态

本条根据《中华人民共和国刑法修正案（六）》（自2006年6月29日起施行）第二十条增加。

适用要点与裁判依据

★依法受委托从事公务的人员行使职权时有渎职行为构成犯罪的刑事责任

《全国人大常委会关于〈中华人民共和国刑法〉第九章渎职罪主体适用问题的解释》（2002 年 12 月 28 日）

在依照法律、法规规定行使国家行政管理职权的组织中从事公务的人员，或者在受国家机关委托代表国家机关行使职权的组织中从事公务的人员，或者虽未列入国家机关人员编制但在国家机关中从事公务的人员，在代表国家机关行使职权时，有渎职行为，构成犯罪的，依照刑法关于渎职罪的规定追究刑事责任。

第四百条　【私放在押人员罪】司法工作人员私放在押的犯罪嫌疑人、被告人或者罪犯的，处五年以下有期徒刑或者拘役；情节严重的，处五年以上十年以下有期徒刑；情节特别严重的，处十年以上有期徒刑。

【失职致使在押人员脱逃罪】司法工作人员由于严重不负责任，致使在押的犯罪嫌疑人、被告人或者罪犯脱逃，造成严重后果的，处三年以下有期徒刑或者拘役；造成特别严重后果的，处三年以上十年以下有期徒刑。

立法动态

本条源自《中华人民共和国刑法》（1997 年 3 月 14 日第八届全国人民代表大会第五次会议修订，自 1997 年 10 月 1 日起施行）。

立案标准

《最高人民检察院关于人民检察院立案侦查司法工作人员相关职务犯罪案件若干问题的规定》(2018 年 11 月 24 日 高检发研字〔2018〕28 号)

附:十四个罪名的立案标准

十二、私放在押人员罪

司法工作人员私放在押(包括在羁押场所和押解途中)的犯罪嫌疑人、被告人或者罪犯的行为。涉嫌下列情形之一的,应予立案:

1. 私自将在押的犯罪嫌疑人、被告人、罪犯放走,或者授意、指使、强迫他人将在押的犯罪嫌疑人、被告人、罪犯放走的;

2. 伪造、变造有关法律文书、证明材料,以使在押的犯罪嫌疑人、被告人、罪犯逃跑或者被释放的;

3. 为私放在押的犯罪嫌疑人、被告人、罪犯,故意向其通风报信、提供条件,致使该在押的犯罪嫌疑人、被告人、罪犯脱逃的;

4. 其他私放在押的犯罪嫌疑人、被告人、罪犯应予追究刑事责任的情形。

十三、失职致使在押人员脱逃罪

司法工作人员由于严重不负责任,不履行或者不认真履行职责,致使在押(包括在羁押场所和押解途中)的犯罪嫌疑人、被告人、罪犯脱逃,造成严重后果的行为。涉嫌下列情形之一的,应予立案:

1. 致使依法可能判处或者已经判处 10 年以上有期徒刑、无期徒刑、死刑的犯罪嫌疑人、被告人、罪犯脱逃的;

2. 致使犯罪嫌疑人、被告人、罪犯脱逃 3 人次以上的;

3. 犯罪嫌疑人、被告人、罪犯脱逃以后,打击报复报案人、控告人、举报人、被害人、证人和司法工作人员等,或者继续犯罪的;

4. 其他致使在押的犯罪嫌疑人、被告人、罪犯脱逃,造成严重后果的情形。

适用要点与裁判依据

★非在编监管人员可以成为本罪的犯罪主体

《最高人民检察院关于工人等非监管机关在编监管人员私放在押人员行为和失职致使在押人员脱逃行为适用法律问题的解释》(2001年3月2日　高检发释字〔2001〕2号)

为依法办理私放在押人员犯罪案件和失职致使在押人员脱逃犯罪案件,对工人等非监管机关在编监管人员私放在押人员行为和失职致使在押人员脱逃行为如何适用法律问题解释如下:

工人等非监管机关在编监管人员在被监管机关聘用受委托履行监管职责的过程中私放在押人员的,应当依照刑法第四百条第一款的规定,以私放在押人员罪追究刑事责任;由于严重不负责任,致使在押人员脱逃,造成严重后果的,应当依照刑法第四百条第二款的规定,以失职致使在押人员脱逃罪追究刑事责任。

★依法受委托从事公务的人员行使职权时有渎职行为构成犯罪的刑事责任

《全国人大常委会关于〈中华人民共和国刑法〉第九章渎职罪主体适用问题的解释》(2002年12月28日)

在依照法律、法规规定行使国家行政管理职权的组织中从事公务的人员,或者在受国家机关委托代表国家机关行使职权的组织中从事公务的人员,或者虽未列入国家机关人员编制但在国家机关中从事公务的人员,在代表国家机关行使职权时,有渎职行为,构成犯罪的,依照刑法关于渎职罪的规定追究刑事责任。

第四百零一条　【徇私舞弊减刑、假释、暂予监外执行罪】司法工作人员徇私舞弊,对不符合减刑、假释、暂予监外执行条件的罪犯,予以减刑、假释或者暂予监外执行的,处二年以下有期徒刑或者拘役;情节严重的,处三年以上七年以下有期徒刑。

立法动态

本条源自《中华人民共和国刑法》(1997 年 3 月 14 日第八届全国人民代表大会第五次会议修订,自 1997 年 10 月 1 日起施行)。

立案标准

《最高人民检察院关于人民检察院立案侦查司法工作人员相关职务犯罪案件若干问题的规定》(2018 年 11 月 24 日 高检发研字〔2018〕28 号)

附:十四个罪名的立案标准

十四、徇私舞弊减刑、假释、暂予监外执行罪

司法工作人员徇私舞弊,对不符合减刑、假释、暂予监外执行条件的罪犯予以减刑、假释、暂予监外执行的行为。涉嫌下列情形之一的,应予立案:

1. 刑罚执行机关的工作人员对不符合减刑、假释、暂予监外执行条件的罪犯,捏造事实,伪造材料,违法报请减刑、假释、暂予监外执行的;

2. 审判人员对不符合减刑、假释、暂予监外执行条件的罪犯,徇私舞弊,违法裁定减刑、假释或者违法决定暂予监外执行的;

3. 监狱管理机关、公安机关的工作人员对不符合暂予监外执行条件的罪犯,徇私舞弊,违法批准暂予监外执行的;

4. 不具有报请、裁定、决定或者批准减刑、假释、暂予监外执行权的司法工作人员利用职务上的便利,伪造有关材料,导致不符合减刑、假释、暂予监外执行条件的罪犯被减刑、假释、暂予监外执行的;

5. 其他徇私舞弊减刑、假释、暂予监外执行应予追究刑事责任的情形。

适用要点与裁判依据

★依法受委托从事公务的人员行使职权时有渎职行为构成犯罪的刑事责任

《全国人大常委会关于〈中华人民共和国刑法〉第九章渎职罪主体适用问题的解释》(2002 年 12 月 28 日)

在依照法律、法规规定行使国家行政管理职权的组织中从事公务的人员,或者在受国家机关委托代表国家机关行使职权的组织中从事公务的人员,或者虽未列入国家机关人员编制但在国家机关中从事公务的人员,在代表国家机关行使职权时,有渎职行为,构成犯罪的,依照刑法关于渎职罪的规定追究刑事责任。

★国家机关工作人员包庇、纵容黑社会性质组织,同时还构成徇私舞弊减刑、假释、暂予监外执行罪的,择一重罪处罚

《国家监察委员会、最高人民法院、最高人民检察院、公安部、司法部关于在扫黑除恶专项斗争中分工负责、互相配合、互相制约严惩公职人员涉黑涉恶违法犯罪问题的通知》(2019 年 10 月 20 日 国监发〔2019〕3 号)

三、准确适用法律

6. 国家机关工作人员包庇黑社会性质的组织,或者纵容黑社会性质的组织进行违法犯罪活动的,以包庇、纵容黑社会性质组织罪定罪处罚。

国家机关工作人员既组织、领导、参加黑社会性质组织,又对该组织进行包庇、纵容的,应当以组织、领导、参加黑社会性质组织罪从重处罚。

国家机关工作人员包庇、纵容黑社会性质组织,该包庇、纵容行为同时还构成包庇罪、伪证罪、妨害作证罪、徇私枉法罪、滥用职权罪、帮助犯罪分子逃避处罚罪、徇私舞弊不移交刑事案件罪,以及徇私舞弊减刑、假释、暂予监外执行罪等其他犯罪的,应当择一重罪处罚。

7. 非国家机关工作人员与国家机关工作人员共同包庇、纵容黑社会性质组织，且不属于该组织成员的，以包庇、纵容黑社会性质组织罪的共犯论处。非国家机关工作人员的行为同时还构成其他犯罪，应当择一重罪处罚。

8. 公职人员利用职权或职务便利实施包庇、纵容黑恶势力、伪证、妨害作证，帮助毁灭、伪造证据，以及窝藏、包庇等犯罪行为的，应酌情从重处罚。事先有通谋而实施支持帮助、包庇纵容等保护行为的，以具体犯罪的共犯论处。

类案检索指引

★监狱民警收受贿赂，对不符合条件的罪犯办理暂予监外执行，构成本罪

《林某徇私舞弊暂予监外执行案》（最高人民检察院 2010 年 12 月 31 日发布第一批指导性案例：检例第 3 号）

【要旨】

司法工作人员收受贿赂，对不符合减刑、假释、暂予监外执行条件的罪犯，予以减刑、假释或者暂予监外执行的，应根据案件的具体情况，依法追究刑事责任。

第四百零二条　【徇私舞弊不移交刑事案件罪】行政执法人员徇私舞弊，对依法应当移交司法机关追究刑事责任的不移交，情节严重的，处三年以下有期徒刑或者拘役；造成严重后果的，处三年以上七年以下有期徒刑。

立法动态

第
402
条

本条源自《中华人民共和国刑法》（1997 年 3 月 14 日第八届全国人民代表大会第五次会议修订，自 1997 年 10 月 1 日起施行）。

适用要点与裁判依据

★依法受委托从事公务的人员行使职权时有渎职行为构成犯罪的刑事责任

《全国人大常委会关于〈中华人民共和国刑法〉第九章渎职罪主体适用问题的解释》(2002 年 12 月 28 日)

在依照法律、法规规定行使国家行政管理职权的组织中从事公务的人员,或者在受国家机关委托代表国家机关行使职权的组织中从事公务的人员,或者虽未列入国家机关人员编制但在国家机关中从事公务的人员,在代表国家机关行使职权时,有渎职行为,构成犯罪的,依照刑法关于渎职罪的规定追究刑事责任。

★国家机关工作人员徇私舞弊,对刑事案件依法应当移交司法机关追究刑事责任而不移交,情节严重的,构成本罪

《最高人民法院、最高人民检察院关于办理危害生产安全刑事案件适用法律若干问题的解释》(2015 年 12 月 14 日　法释〔2015〕22 号)

第十五条第一款　国家机关工作人员在履行安全监督管理职责时滥用职权、玩忽职守,致使公共财产、国家和人民利益遭受重大损失的,或者徇私舞弊,对发现的刑事案件依法应当移交司法机关追究刑事责任而不移交,情节严重的,分别依照刑法第三百九十七条、第四百零二条的规定,以滥用职权罪、玩忽职守罪或者徇私舞弊不移交刑事案件罪定罪处罚。

★国家机关工作人员在履行安全监督管理职责时,对发现的刑事案件依法应当移交司法机关追究刑事责任而不移交,构成本罪

《最高人民法院、最高人民检察院关于办理危害生产安全刑事案件适用法律若干问题的解释》(2015 年 12 月 14 日　法释〔2015〕22 号)

第十五条　国家机关工作人员在履行安全监督管理职责时滥用职权、玩忽职守,致使公共财产、国家和人民利益遭受重大损失的,或者徇私舞弊,对发现的刑事案件依法应当移交司法机关追究刑事责任而不移交,情节严重的,分别依照刑法第三百九十七条、第四百零二条的规定,以滥用职权罪、玩忽职守罪或者徇私舞弊不移交刑事案件罪定罪处罚。

公司、企业、事业单位的工作人员在依法或者受委托行使安全监督管理职责时滥用职权或者玩忽职守,构成犯罪的,应当依照《全国人民代表大会常务委员会关于〈中华人民共和国刑法〉第九章渎职罪主体适用问题的解释》的规定,适用渎职罪的规定追究刑事责任。

★国家工作人员徇私舞弊不向司法机关移交非法集资刑事案件,构成本罪

《最高人民法院、最高人民检察院、公安部关于办理非法集资刑事案件若干问题的意见》(2019年1月30日　高检会〔2019〕2号)

十二、关于国家工作人员相关法律责任问题

国家工作人员具有下列行为之一,构成犯罪的,应当依法追究刑事责任:

(一)明知单位和个人所申请机构或者业务涉嫌非法集资,仍为其办理行政许可或者注册手续的;

(二)明知所主管、监管的单位有涉嫌非法集资行为,未依法及时处理或者移送处置非法集资职能部门的;

(三)查处非法集资过程中滥用职权、玩忽职守、徇私舞弊的;

(四)徇私舞弊不向司法机关移交非法集资刑事案件的;

(五)其他通过职务行为或者利用职务影响,支持、帮助、纵容非法集资的。

类案检索指引

★行政执法人员徇私舞弊,不移送有关刑事案件,构成本罪

《胡某、郑某徇私舞弊不移交刑事案件案》(2012年11月15日最高人民检察院发布第二批指导性案例:检例第7号)

【关键词】

诉讼监督　徇私舞弊不移交刑事案件罪

【要旨】

诉讼监督,是人民检察院依法履行法律监督的重要内容。实践中,检察机关和办案人员应当坚持办案与监督并重,建立健全行政执法与刑事司法有效衔接的工作机制,善于在办案中发现各种职务犯罪线索;对于行政执法人员徇私舞弊,不移送有关刑事案件构成犯罪的,应当依法追究刑事责任。

第四百零三条　【滥用管理公司、证券职权罪】国家有关主管部门的国家机关工作人员,徇私舞弊,滥用职权,对不符合法律规定条件的公司设立、登记申请或者股票、债券发行、上市申请,予以批准或者登记,致使公共财产、国家和人民利益遭受重大损失的,处五年以下有期徒刑或者拘役。

上级部门强令登记机关及其工作人员实施前款行为的,对其直接负责的主管人员,依照前款的规定处罚。

立法动态

本条源自《中华人民共和国刑法》(1997 年 3 月 14 日第八届全国人民代表大会第五次会议修订,自 1997 年 10 月 1 日起施行)。

适用要点与裁判依据

★依法受委托从事公务的人员行使职权时有渎职行为构成犯罪的刑事责任

《全国人大常委会关于〈中华人民共和国刑法〉第九章渎职罪主体适用问题的解释》(2002 年 12 月 28 日)

在依照法律、法规规定行使国家行政管理职权的组织中从事公务的人员,或者在受国家机关委托代表国家机关行使职权的组织中从事公务的人员,或者虽未列入国家机关人员编制但在国家机关中从事公务的人员，在代表国家机关行使职权时，有渎职行为，构成犯罪的，依照刑法关于渎职罪的规定追究刑事责任。

★渎职犯罪造成公共财产重大损失的认定标准

《全国法院审理经济犯罪案件工作座谈会纪要》(2003 年 11 月 13 日 法发〔2003〕167 号)

六、关于渎职罪

(一)渎职犯罪行为造成的公共财产重大损失的认定

根据刑法规定，玩忽职守、滥用职权等渎职犯罪是以致使公共财产、国家和人民利益遭受重大损失为构成要件的。其中，公共财产的重大损失，通常是指渎职行为已经造成的重大经济损失。在司法实践中，有以下情形之一的，虽然公共财产作为债权存在，但已无法实现债权的，可以认定为行为人的渎职行为造成了经济损失：

(1)债务人已经法定程序被宣告破产；

(2)债务人潜逃，去向不明；

(3)因行为人责任，致使超过诉讼时效；

(4)有证据证明债权无法实现的其他情况。

(二)玩忽职守罪的追诉时效

玩忽职守行为造成的重大损失当时没有发生，而是玩忽职守行为之后一定时间发生的，应从危害结果发生之日起计算玩忽职守罪的追诉期限。

(三)国有公司、企业人员渎职犯罪的法律适用

对于 1999 年 12 月 24 日《中华人民共和国刑法修正案》实施以前发生的国有公司、企业人员渎职行为(不包括徇私舞弊行为)，尚未处理或者正在处理的，不能按照刑法修正案追究刑事责任。

(四)关于“徇私”的理解

徇私舞弊型渎职犯罪的“徇私”应理解为徇个人私情、私利。国家机关工作人员为了本单位的利益，实施滥用职权、玩忽职守行为，构成犯罪的，依照刑法第三百九十七条第一款的规定定罪处罚。

★负有监督管理职责的国家机关工作人员渎职,对人民群众生命、健康造成严重危害后果的刑事责任

《最高人民法院、最高人民检察院关于办理渎职刑事案件适用法律若干问题的解释(一)》(2012年12月7日　法释〔2012〕18号)

第九条　负有监督管理职责的国家机关工作人员滥用职权或者玩忽职守,致使不符合安全标准的食品、有毒有害食品、假药、劣药等流入社会,对人民群众生命、健康造成严重危害后果的,依照渎职罪的规定从严惩处。

第四百零四条　【徇私舞弊不征、少征税款罪】税务机关的工作人员徇私舞弊,不征或者少征应征税款,致使国家税收遭受重大损失的,处五年以下有期徒刑或者拘役;造成特别重大损失的,处五年以上有期徒刑。

立法动态

本条源自《中华人民共和国刑法》(1997年3月14日第八届全国人民代表大会第五次会议修订,自1997年10月1日起施行)。

适用要点与裁判依据

★依法受委托从事公务的人员行使职权时有渎职行为构成犯罪的,依照渎职罪的规定追究刑事责任

《全国人大常委会关于〈中华人民共和国刑法〉第九章渎职罪主体适用问题的解释》(2002年12月28日)

在依照法律、法规规定行使国家行政管理职权的组织中从事公务的人员,或者在受国家机关委托代表国家机关行使职权的组织中从事公务的人员,或者虽未列入国家机关人员编制但在国家机关中从事公务的人员,在代表国家机关行使职权时,有渎职行为,构成犯罪的，依照刑法关于渎职罪的规定追究刑事责任。

第四百零五条　【徇私舞弊发售发票、抵扣税款、出口退税罪】税务机关的工作人员违反法律、行政法规的规定，在办理发售发票、抵扣税款、出口退税工作中，徇私舞弊，致使国家利益遭受重大损失的，处五年以下有期徒刑或者拘役；致使国家利益遭受特别重大损失的，处五年以上有期徒刑。

【违法提供出口退税凭证罪】其他国家机关工作人员违反国家规定，在提供出口货物报关单、出口收汇核销单等出口退税凭证的工作中，徇私舞弊，致使国家利益遭受重大损失的，依照前款的规定处罚。

立法动态

本条源自《中华人民共和国刑法》（1997 年 3 月 14 日第八届全国人民代表大会第五次会议修订，自 1997 年 10 月 1 日起施行）。

第四百零六条　【国家机关工作人员签订、履行合同失职被骗罪】国家机关工作人员在签订、履行合同过程中，因严重不负责任被诈骗，致使国家利益遭受重大损失的，处三年以下有期徒刑或者拘役；致使国家利益遭受特别重大损失的，处三年以上七年以下有期徒刑。

立法动态

本条源自《中华人民共和国刑法》（1997 年 3 月 14 日第八届全国人民代表大会第五次会议修订，自 1997 年 10 月 1 日起施行）。

适用要点与裁判依据

★依法受委托从事公务的人员行使职权时有渎职行为构成犯罪的，依照渎职罪的规定追究刑事责任

《全国人大常委会关于〈中华人民共和国刑法〉第九章渎职罪主体适用问题的解释》（2002年12月28日）

在依照法律、法规规定行使国家行政管理职权的组织中从事公务的人员，或者在受国家机关委托代表国家机关行使职权的组织中从事公务的人员，或者虽未列入国家机关人员编制但在国家机关中从事公务的人员，在代表国家机关行使职权时，有渎职行为，构成犯罪的，依照刑法关于渎职罪的规定追究刑事责任。

第四百零七条　【违法发放林木采伐许可证罪】林业主管部门的工作人员违反森林法的规定，超过批准的年采伐限额发放林木采伐许可证或者违反规定滥发林木采伐许可证，情节严重，致使森林遭受严重破坏的，处三年以下有期徒刑或者拘役。

立法动态

本条源自《中华人民共和国刑法》（1997年3月14日第八届全国人民代表大会第五次会议修订，自1997年10月1日起施行）。

适用要点与裁判依据

★犯本罪，情节严重致使森林遭受严重破坏等的认定标准

《最高人民法院关于审理破坏森林资源刑事案件具体应用法律若干问题的解释》（2000年11月22日　法释〔2000〕36号）

第十二条　林业主管部门的工作人员违反森林法的规定，超过批准的年采伐限额发放林木采伐许可证或者违反规定滥发林木采伐许可证许可证,具有下列情形之一的,属于刑法第四百零七条规定的"情节严重,致使森林遭受严重破坏",以违法发放林木采伐许可证罪定罪处罚:

(一)发放林木采伐许可证允许采伐数量累计超过批准的年采伐限额,导致林木被采伐数量在十立方米以上的;

(二)滥发林木采伐许可证,导致林木被滥伐二十立方米以上的;

(三)滥发林木采伐许可证,导致珍贵树木被滥伐的;

(四)批准采伐国家禁止采伐的林木,情节恶劣的;

(五)其他情节严重的情形。

★依法受委托从事公务的人员行使职权时有渎职行为构成犯罪的刑事责任

《全国人大常委会关于〈中华人民共和国刑法〉第九章渎职罪主体适用问题的解释》(2002年12月28日)

在依照法律、法规规定行使国家行政管理职权的组织中从事公务的人员,或者在受国家机关委托代表国家机关行使职权的组织中从事公务的人员,或者虽未列入国家机关人员编制但在国家机关中从事公务的人员,在代表国家机关行使职权时,有渎职行为,构成犯罪的,依照刑法关于渎职罪的规定追究刑事责任。

★林业主管部门工作人员违法发放林木采伐许可证,致使森林遭受严重破坏的刑事责任

《最高人民检察院关于对林业主管部门工作人员在发放林木采伐许可证之外滥用职权玩忽职守致使森林遭受严重破坏的行为适用法律问题的批复》(2007年5月16日　高检发释字〔2007〕1号)

林业主管部门工作人员违法发放林木采伐许可证,致使森林遭受严重破坏的,依照刑法第四百零七条的规定,以违法发放林木采伐许可证罪追究刑事责任;以其他方式滥用职权或者玩忽职守,致使森林遭受严重破坏的,依照刑法第三百九十七条的规定,以滥用职权罪或者玩忽职守罪追究刑事责任,立案标准依照《最高人民检察院关于渎职侵权犯罪案件立案标准的规定》第一部分渎职犯罪案件第十八条第三款的规定执行。

第四百零八条　【环境监管失职罪】负有环境保护监督管理职责的国家机关工作人员严重不负责任，导致发生重大环境污染事故，致使公私财产遭受重大损失或者造成人身伤亡的严重后果的，处三年以下有期徒刑或者拘役。

立法动态

本条源自《中华人民共和国刑法》(1997 年 3 月 14 日第八届全国人民代表大会第五次会议修订，自 1997 年 10 月 1 日起施行)。

适用要点与裁判依据

★依法受委托从事公务的人员行使职权时有渎职行为构成犯罪的刑事责任

《全国人大常委会关于〈中华人民共和国刑法〉第九章渎职罪主体适用问题的解释》(2002 年 12 月 28 日)

在依照法律、法规规定行使国家行政管理职权的组织中从事公务的人员，或者在受国家机关委托代表国家机关行使职权的组织中从事公务的人员，或者虽未列入国家机关人员编制但在国家机关中从事公务的人员，在代表国家机关行使职权时，有渎职行为，构成犯罪的，依照刑法关于渎职罪的规定追究刑事责任。

★"致使公私财产遭受重大损失或者严重危害人体健康"或者"致使公私财产遭受重大损失或者造成人身伤亡的严重后果"的认定标准

《最高人民法院、最高人民检察院关于办理环境污染刑事案件适用法律若干问题的解释》(2016 年 12 月 23 日　法释〔2016〕29 号)

第二条　实施刑法第三百三十九条、第四百零八条规定的行为，致使公私财产损失三十万元以上，或者具有本解释第一条第十项至第十七项规定情形之一的，应当认定为“致使公私财产遭受重大损失或者严重危害人体健康”或者“致使公私财产遭受重大损失或者造成人身伤亡的严重后果”。

类案检索指引

★行使国家行政管理职权的公司、企业和事业单位工作人员实施渎职行为构成犯罪的刑事责任

《崔某环境监管失职案》(2012 年 11 月 15 日最高人民检察院发布第二批指导性案例：检例第 4 号)

【关键词】

渎职罪主体　国有事业单位工作人员　环境监管失职罪

【要旨】

实践中，一些国有公司、企业和事业单位经合法授权从事具体的管理市场经济和社会生活的工作，拥有一定管理公共事务和社会事务的职权，这些实际行使国家行政管理职权的公司、企业和事业单位工作人员，符合渎职罪主体要求；对其实施渎职行为构成犯罪的，应当依照刑法关于渎职罪的规定追究刑事责任。

第四百零八条之一　【食品、药品监管渎职罪】负有食品药品安全监督管理职责的国家机关工作人员，滥用职权或者玩忽职守，有下列情形之一，造成严重后果或者有其他严重情节的，处五年以下有期徒刑或者拘役；造成特别严重后果或者有其他特别严重情节的，处五年以上十年以下有期徒刑：

（一）瞒报、谎报食品安全事故、药品安全事件的；

（二）对发现的严重食品药品安全违法行为未按规定查处的；

（三）在药品和特殊食品审批审评过程中，对不符合条件的申请准予许可的；

(四)依法应当移交司法机关追究刑事责任不移交的;

(五)有其他滥用职权或者玩忽职守行为的。

徇私舞弊犯前款罪的,从重处罚。

立法动态

本条根据《中华人民共和国刑法修正案(八)》(自 2011 年 5 月 1 日起施行)第四十九条增加。

本条第一款根据《中华人民共和国刑法修正案(十一)》(自 2021 年 3 月 1 日起施行)第四十五条修改。

原本条内容为:第四百零八条之一第一款　负有食品安全监督管理职责的国家机关工作人员,滥用职权或者玩忽职守,导致发生重大食品安全事故或者造成其他严重后果的,处五年以下有期徒刑或者拘役;造成特别严重后果的,处五年以上十年以下有期徒刑。

本条第一款修改的主要内容为:一是将犯罪主体“负有食品安全监督管理职责的国家机关工作人员”修改为“负有食品药品安全监督管理职责的国家机关工作人员”;二是犯罪构成中的将“导致发生重大食品安全事故或者造成其他严重后果的”修改为“有下列情形之一,造成严重后果或者有其他严重情节的”,并将这种加重犯罪情形细化为五项。

适用要点与裁判依据

★依法受委托从事公务的人员行使职权时有渎职行为构成犯罪的,依照渎职罪的规定追究刑事责任

《全国人大常委会关于〈中华人民共和国刑法〉第九章渎职罪主体适用问题的解释》(2002 年 12 月 28 日)

在依照法律、法规规定行使国家行政管理职权的组织中从事公务的人员,或者在受国家机关委托代表国家机关行使职权的组织中从事公务的人员，或者虽未列入国家机关人员编制但在国家机关中从事公务的人员，在代表国家机关行使职权时，有渎职行为，构成犯罪的，依照刑法关于渎职罪的规定追究刑事责任。

★食品监管渎职行为的定罪量刑

《最高人民法院、最高人民检察院关于办理危害食品安全刑事案件适用法律若干问题的解释》(2021年12月30日　法释〔2021〕24号)

第二十条　负有食品安全监督管理职责的国家机关工作人员滥用职权或者玩忽职守，构成食品监管渎职罪，同时构成徇私舞弊不移交刑事案件罪、商检徇私舞弊罪、动植物检疫徇私舞弊罪、放纵制售伪劣商品犯罪行为罪等其他渎职犯罪的，依照处罚较重的规定定罪处罚。

负有食品安全监督管理职责的国家机关工作人员滥用职权或者玩忽职守，不构成食品监管渎职罪，但构成前款规定的其他渎职犯罪的，依照该其他犯罪定罪处罚。

负有食品安全监督管理职责的国家机关工作人员与他人共谋，利用其职务行为帮助他人实施危害食品安全犯罪行为，同时构成渎职犯罪和危害食品安全犯罪共犯的，依照处罚较重的规定定罪从重处罚。

类案检索指引

★负有食品安全监督管理职责的国家机关工作人员渎职过程中受贿的，实行数罪并罚

《胡林贵等人生产、销售有毒、有害食品，行贿；骆梅、刘康素销售伪劣产品；朱伟全、曾伟中生产、销售伪劣产品；黎达文等人受贿、食品监管渎职案》(2014年2月20日最高人民检察院发布第四批指导性案例：检例第15号)

【关键词】

生产、销售有毒、有害食品罪　生产、销售伪劣产品罪　食品监

管渎职罪　受贿罪　行贿罪

【要旨】

实施生产、销售有毒、有害食品犯罪，为逃避查处向负有食品安全监管职责的国家工作人员行贿的，应当以生产、销售有毒、有害食品罪和行贿罪实行数罪并罚。

负有食品安全监督管理职责的国家机关工作人员，滥用职权，向生产、销售有毒、有害食品的犯罪分子通风报信，帮助逃避处罚的，应当认定为食品监管渎职罪；在渎职过程中受贿的，应当以食品监管渎职罪和受贿罪实行数罪并罚。

★在渎职过程中受贿的，应当以食品监管渎职罪和受贿罪实行数罪并罚

《赛跃、韩成武受贿、食品监管渎职案》（2014 年 2 月 20 日最高人民检察院发布第四批指导性案例：检例第 16 号）

【关键词】

受贿罪　食品监管渎职罪

【要旨】

负有食品安全监督管理职责的国家机关工作人员，滥用职权或玩忽职守，导致发生重大食品安全事故或者造成其他严重后果的，应当认定为食品监管渎职罪。在渎职过程中受贿的，应当以食品监管渎职罪和受贿罪实行数罪并罚。

第四百零九条　【传染病防治失职罪】从事传染病防治的政府卫生行政部门的工作人员严重不负责任，导致传染病传播或者流行，情节严重的，处三年以下有期徒刑或者拘役。

立法动态

本条源自《中华人民共和国刑法》（1997 年 3 月 14 日第八届全国人民代表大会第五次会议修订，自 1997 年 10 月 1 日起施行）。

适用要点与裁判依据

★依法受委托从事公务的人员行使职权时有渎职行为构成犯罪的，依照渎职罪的规定追究刑事责任

《全国人大常委会关于〈中华人民共和国刑法〉第九章渎职罪主体适用问题的解释》（2002 年 12 月 28 日）

在依照法律、法规规定行使国家行政管理职权的组织中从事公务的人员，或者在受国家机关委托代表国家机关行使职权的组织中从事公务的人员，或者虽未列入国家机关人员编制但在国家机关中从事公务的人员，在代表国家机关行使职权时，有渎职行为，构成犯罪的，依照刑法关于渎职罪的规定追究刑事责任。

★犯本罪，"情节严重"的认定标准

《最高人民法院、最高人民检察院关于办理妨害预防、控制突发传染病疫情等灾害的刑事案件具体应用法律若干问题的解释》（2003 年 5 月 14 日　法释〔2003〕8 号）

第十六条　在预防、控制突发传染病疫情等灾害期间，从事传染病防治的政府卫生行政部门的工作人员，或者在受政府卫生行政部门委托代表政府卫生行政部门行使职权的组织中从事公务的人员，或者虽未列入政府卫生行政部门人员编制但在政府卫生行政部门从事公务的人员，在代表政府卫生行政部门行使职权时，严重不负责任，导致传染病传播或者流行，情节严重的，依照刑法第四百零九条的规定，以传染病防治失职罪定罪处罚。

在国家对突发传染病疫情等灾害采取预防、控制措施后，具有下列情形之一的，属于刑法第四百零九条规定的"情节严重"：

（一）对发生突发传染病疫情等灾害的地区或者突发传染病病人、病原携带者、疑似突发传染病病人，未按照预防、控制突发传染病疫情等灾害工作规范的要求做好防疫、检疫、隔离、防护、救治等工作，或者采取的预防、控制措施不当，造成传染范围扩大或者疫情、灾情加重的；

（二）隐瞒、缓报、谎报或者授意、指使、强令他人隐瞒、缓报、谎报疫情、灾情，造成传染范围扩大或者疫情、灾情加重的；

（三）拒不执行突发传染病疫情等灾害应急处理指挥机构的决定、命令，造成传染范围扩大或者疫情、灾情加重的；

（四）具有其他严重情节的。

第四百一十条　【非法批准征收、征用、占用土地罪】【非法低价出让国有土地使用权罪】国家机关工作人员徇私舞弊，违反土地管理法规，滥用职权，非法批准征收、征用、占用土地，或者非法低价出让国有土地使用权，情节严重的，处三年以下有期徒刑或者拘役；致使国家或者集体利益遭受特别重大损失的，处三年以上七年以下有期徒刑。

立法动态

本条源自《中华人民共和国刑法》（1997 年 3 月 14 日第八届全国人民代表大会第五次会议修订，自 1997 年 10 月 1 日起施行）。

适用要点与裁判依据

★"非法批准征收、征用、占用土地"的立法解释

全国人大常委会关于《中华人民共和国刑法》第二百二十八条、第三百四十二条、第四百一十条的解释（2009 年 8 月 27 日　主席令第 18 号）

刑法第二百二十八条、第三百四十二条、第四百一十条规定的"违反土地管理法规"，是指违反土地管理法、森林法、草原法等法律以及有关行政法规中关于土地管理的规定。

刑法第四百一十条规定的"非法批准征收、征用、占用土地"，是指非法批准征收、征用、占用耕地、林地等农用地以及其他土地。

★依法受委托从事公务的人员行使职权时有渎职行为构成犯罪的刑事责任

《全国人大常委会关于〈中华人民共和国刑法〉第九章渎职罪主体适用问题的解释》(2002 年 12 月 28 日)

在依照法律、法规规定行使国家行政管理职权的组织中从事公务的人员,或者在受国家机关委托代表国家机关行使职权的组织中从事公务的人员,或者虽未列入国家机关人员编制但在国家机关中从事公务的人员,在代表国家机关行使职权时,有渎职行为,构成犯罪的,依照刑法关于渎职罪的规定追究刑事责任。

★"情节严重""致使国家或者集体利益遭受特别重大损失"的认定标准

《最高人民法院关于审理破坏林地资源刑事案件具体应用法律若干问题的解释》(2005 年 12 月 26 日　法释〔2005〕15 号)

第一条　违反土地管理法规,非法占用林地,改变被占用林地用途,在非法占用的林地上实施建窑、建坟、建房、挖沙、采石、采矿、取土、种植农作物、堆放或排泄废弃物等行为或者进行其他非林业生产、建设,造成林地的原有植被或林业种植条件严重毁坏或者严重污染,并具有下列情形之一的,属于刑法第三百四十二条规定的犯罪行为,应当以非法占用农用地罪判处五年以下有期徒刑或者拘役,并处或者单处罚金:

(一)非法占用并毁坏防护林地、特种用途林地数量分别或者合计达到五亩以上;

(二)非法占用并毁坏其他林地数量达到十亩以上;

(三)非法占用并毁坏本条第(一)项、第(二)项规定的林地,数量分别达到相应规定的数量标准的百分之五十以上;

(四)非法占用并毁坏本条第(一)项、第(二)项规定的林地,其中一项数量达到相应规定的数量标准的百分之五十以上,且两项数量合计达到该项规定的数量标准。

第二条　国家机关工作人员徇私舞弊，违反土地管理法规，滥用职权，非法批准征用、占用林地，具有下列情形之一的，属于刑法第四百一十条规定的"情节严重"，应当以非法批准征用、占用土地罪判处三年以下有期徒刑或者拘役：

（一）非法批准征用、占用防护林地、特种用途林地数量分别或者合计达到十亩以上；

（二）非法批准征用、占用其他林地数量达到二十亩以上；

（三）非法批准征用、占用林地造成直接经济损失数额达到三十万元以上，或者造成本条第（一）项规定的林地数量分别或者合计达到五亩以上或者本条第（二）项规定的林地数量达到十亩以上毁坏。

第三条　实施本解释第二条规定的行为，具有下列情形之一的，属于刑法第四百一十条规定的"致使国家或者集体利益遭受特别重大损失"，应当以非法批准征用、占用土地罪判处三年以上七年以下有期徒刑：

（一）非法批准征用、占用防护林地、特种用途林地数量分别或者合计达到二十亩以上；

（二）非法批准征用、占用其他林地数量达到四十亩以上；

（三）非法批准征用、占用林地造成直接经济损失数额达到六十万元以上，或者造成本条第（一）项规定的林地数量分别或者合计达到十亩以上或者本条第（二）项规定的林地数量达到二十亩以上毁坏。

第四条　国家机关工作人员徇私舞弊，违反土地管理法规，非法低价出让国有林地使用权，具有下列情形之一的，属于刑法第四百一十条规定的"情节严重"，应当以非法低价出让国有土地使用权罪判处三年以下有期徒刑或者拘役：

（一）林地数量合计达到三十亩以上，并且出让价额低于国家规定的最低价额标准的百分之六十；

（二）造成国有资产流失价额达到三十万元以上。

第五条　实施本解释第四条规定的行为，造成国有资产流失价额达到六十万元以上的,属于刑法第四百一十条规定的“致使国家和集体利益遭受特别重大损失”,应当以非法低价出让国有土地使用权罪判处三年以上七年以下有期徒刑。

第六条 单位实施破坏林地资源犯罪的,依照本解释规定的相关定罪量刑标准执行。

第七条 多次实施本解释规定的行为依法应当追诉且未经处理的,应当按照累计的数量、数额处罚。

★犯本罪,“情节严重”“致使国家或者集体利益遭受特别重大损失”等标准

《最高人民法院关于审理破坏草原资源刑事案件应用法律若干问题的解释》(2012年11月2日 法释〔2012〕15号)

第三条 国家机关工作人员徇私舞弊,违反草原法等土地管理法规,具有下列情形之一的,应当认定为刑法第四百一十条规定的“情节严重”:

(一)非法批准征收、征用、占用草原四十亩以上的;

(二)非法批准征收、征用、占用草原,造成二十亩以上草原被毁坏的;

(三)非法批准征收、征用、占用草原,造成直接经济损失三十万元以上,或者具有其他恶劣情节的。

具有下列情形之一,应当认定为刑法第四百一十条规定的“致使国家或者集体利益遭受特别重大损失”:

(一)非法批准征收、征用、占用草原八十亩以上的;

(二)非法批准征收、征用、占用草原,造成四十亩以上草原被毁坏的;

(三)非法批准征收、征用、占用草原,造成直接经济损失六十万元以上,或者具有其他特别恶劣情节的。

第四百一十一条　【放纵走私罪】海关工作人员徇私舞弊，放纵走私，情节严重的，处五年以下有期徒刑或者拘役；情节特别严重的，处五年以上有期徒刑。

立法动态

本条源自《中华人民共和国刑法》（1997年3月14日第八届全国人民代表大会第五次会议修订，自1997年10月1日起施行）。

适用要点与裁判依据

★海关工作人员收受贿赂又放纵走私的，实行数罪并罚

《最高人民法院、最高人民检察院、海关总署关于办理走私刑事案件适用法律若干问题的意见》（2002年7月8日　法〔2002〕139号）

十六、关于放纵走私罪的认定问题

依照刑法第四百一十一条的规定，负有特定监管义务的海关工作人员徇私舞弊，利用职权，放任、纵容走私犯罪行为，情节严重的，构成放纵走私罪。放纵走私行为，一般是消极的不作为。如果海关工作人员与走私分子通谋，在放纵走私过程中以积极的行为配合走私分子逃避海关监管或者在放纵走私之后分得赃款的，应以共同走私犯罪追究刑事责任。

海关工作人员收受贿赂又放纵走私的，应以受贿罪和放纵走私罪数罪并罚。

★依法受委托从事公务的人员行使职权时有渎职行为构成犯罪的刑事责任

《全国人大常委会关于〈中华人民共和国刑法〉第九章渎职罪主体适用问题的解释》（2002年12月28日）

在依照法律、法规规定行使国家行政管理职权的组织中从事公务的人员，或者在受国家机关委托代表国家机关行使职权的组织中从事公务的人员，或者虽未列入国家机关人员编制但在国家机关中从事公务的人员，在代表国家机关行使职权时，有渎职行为，构成犯罪的，依照刑法关于渎职罪的规定追究刑事责任。

第四百一十二条 【商检徇私舞弊罪】国家商检部门、商检机构的工作人员徇私舞弊，伪造检验结果的，处五年以下有期徒刑或者拘役；造成严重后果的，处五年以上十年以下有期徒刑。

【商检失职罪】前款所列人员严重不负责任，对应当检验的物品不检验，或者延误检验出证、错误出证，致使国家利益遭受重大损失的，处三年以下有期徒刑或者拘役。

立法动态

本条源自《中华人民共和国刑法》(1997 年 3 月 14 日第八届全国人民代表大会第五次会议修订，自 1997 年 10 月 1 日起施行)。

适用要点与裁判依据

★依法受委托从事公务的人员行使职权时有渎职行为构成犯罪的刑事责任

《全国人大常委会关于〈中华人民共和国刑法〉第九章渎职罪主体适用问题的解释》(2002 年 12 月 28 日)

在依照法律、法规规定行使国家行政管理职权的组织中从事公务的人员，或者在受国家机关委托代表国家机关行使职权的组织中从事公务的人员，或者虽未列入国家机关人员编制但在国家机关中从事公务的人员，在代表国家机关行使职权时，有渎职行为，构成犯罪的，依照刑法关于渎职罪的规定追究刑事责任。

第四百一十三条 【动植物检疫徇私舞弊罪】动植物检疫机关的检疫人员徇私舞弊，伪造检疫结果的，处五年以下有期徒刑或者拘役；造成严重后果的，处五年以上十年以下有期徒刑。

【动植物检疫失职罪】前款所列人员严重不负责任，对应当检疫的检疫物不检疫，或者延误检疫出证、错误出证，致使国家利益遭受重大损失的，处三年以下有期徒刑或者拘役。

立法动态

本条源自《中华人民共和国刑法》(1997 年 3 月 14 日第八届全国人民代表大会第五次会议修订，自 1997 年 10 月 1 日起施行)。

适用要点与裁判依据

★依法受委托从事公务的人员行使职权时有渎职行为构成犯罪的刑事责任

《全国人大常委会关于〈中华人民共和国刑法〉第九章渎职罪主体适用问题的解释》(2002 年 12 月 28 日)

在依照法律、法规规定行使国家行政管理职权的组织中从事公务的人员，或者在受国家机关委托代表国家机关行使职权的组织中从事公务的人员，或者虽未列入国家机关人员编制但在国家机关中从事公务的人员，在代表国家机关行使职权时，有渎职行为，构成犯罪的，依照刑法关于渎职罪的规定追究刑事责任。

第四百一十四条 【放纵制售伪劣商品犯罪行为罪】对生产、销售伪劣商品犯罪行为负有追究责任的国家机关工作人员，徇私舞弊，不履行法律规定的追究职责，情节严重的，处五年以下有期徒刑或者拘役。

立法动态

本条源自《中华人民共和国刑法》(1997 年 3 月 14 日第八届全国人民代表大会第五次会议修订,自 1997 年 10 月 1 日起施行)。

适用要点与裁判依据

★犯本罪,"情节严重"的认定标准

《最高人民法院、最高人民检察院关于办理生产、销售伪劣商品刑事案件具体应用法律若干问题的解释》(2001 年 4 月 9 日　法释〔2001〕10 号)

第八条　国家机关工作人员徇私舞弊,对生产、销售伪劣商品犯罪不履行法律规定的查处职责,具有下列情形之一的,属于刑法第四百一十四条规定的"情节严重":

(一)放纵生产、销售假药或者有毒、有害食品犯罪行为的;

(二)放纵依法可能判处二年有期徒刑以上刑罚的生产、销售、伪劣商品犯罪行为的;

(三)对三个以上有生产、销售伪劣商品犯罪行为的单位或者个人不履行追究职责的;

(四)致使国家和人民利益遭受重大损失或者造成恶劣影响的。

★依法受委托从事公务的人员行使职权时有渎职行为构成犯罪的刑事责任

《全国人大常委会关于〈中华人民共和国刑法〉第九章渎职罪主体适用问题的解释》(2002 年 12 月 28 日)

在依照法律、法规规定行使国家行政管理职权的组织中从事公务的人员,或者在受国家机关委托代表国家机关行使职权的组织中从事公务的人员,或者虽未列入国家机关人员编制但在国家机关中从事公务的人员,在代表国家机关行使职权时,有渎职行为,构成犯罪的,依照刑法关于渎职罪的规定追究刑事责任。

第四百一十五条 【办理偷越国(边)境人员出入境证件罪】【放行偷越国(边)境人员罪】负责办理护照、签证以及其他出入境证件的国家机关工作人员,对明知是企图偷越国(边)境的人员,予以办理出入境证件的,或者边防、海关等国家机关工作人员,对明知是偷越国(边)境的人员,予以放行的,处三年以下有期徒刑或者拘役;情节严重的,处三年以上七年以下有期徒刑。

立法动态

本条源自《中华人民共和国刑法》(1997 年 3 月 14 日第八届全国人民代表大会第五次会议修订,自 1997 年 10 月 1 日起施行)。

适用要点与裁判依据

★依法受委托从事公务的人员行使职权时有渎职行为构成犯罪的刑事责任

《全国人大常委会关于〈中华人民共和国刑法〉第九章渎职罪主体适用问题的解释》(2002 年 12 月 28 日)

在依照法律、法规规定行使国家行政管理职权的组织中从事公务的人员,或者在受国家机关委托代表国家机关行使职权的组织中从事公务的人员,或者虽未列入国家机关人员编制但在国家机关中从事公务的人员,在代表国家机关行使职权时,有渎职行为,构成犯罪的,依照刑法关于渎职罪的规定追究刑事责任。

第四百一十六条 【不解救被拐卖、绑架妇女、儿童罪】对被拐卖、绑架的妇女、儿童负有解救职责的国家机关工作人员,接到被拐卖、绑架的妇女、儿童及其家属的解救要求或者接到其他人的举报,而对被拐卖、绑架的妇女、儿童不进行解救,造成严重后果的,处五年以下有期徒刑或者拘役。

【阻碍解救被拐卖、绑架妇女、儿童罪】负有解救职责的国家机关工作人员利用职务阻碍解救的，处二年以上七年以下有期徒刑；情节较轻的，处二年以下有期徒刑或者拘役。

立法动态

本条源自《中华人民共和国刑法》（1997 年 3 月 14 日第八届全国人民代表大会第五次会议修订，自 1997 年 10 月 1 日起施行）。

适用要点与裁判依据

★依法受委托从事公务的人员行使职权时有渎职行为构成犯罪的刑事责任

《全国人大常委会关于〈中华人民共和国刑法〉第九章渎职罪主体适用问题的解释》（2002 年 12 月 28 日）

在依照法律、法规规定行使国家行政管理职权的组织中从事公务的人员，或者在受国家机关委托代表国家机关行使职权的组织中从事公务的人员，或者虽未列入国家机关人员编制但在国家机关中从事公务的人员，在代表国家机关行使职权时，有渎职行为，构成犯罪的，依照刑法关于渎职罪的规定追究刑事责任。

第四百一十七条　【帮助犯罪分子逃避处罚罪】有查禁犯罪活动职责的国家机关工作人员，向犯罪分子通风报信、提供便利，帮助犯罪分子逃避处罚的，处三年以下有期徒刑或者拘役；情节严重的，处三年以上十年以下有期徒刑。

立法动态

本条源自《中华人民共和国刑法》(1997 年 3 月 14 日第八届全国人民代表大会第五次会议修订,自 1997 年 10 月 1 日起施行)。

适用要点与裁判依据

★依法受委托从事公务的人员行使职权时有渎职行为构成犯罪的刑事责任

《全国人大常委会关于〈中华人民共和国刑法〉第九章渎职罪主体适用问题的解释》(2002 年 12 月 28 日)

在依照法律、法规规定行使国家行政管理职权的组织中从事公务的人员,或者在受国家机关委托代表国家机关行使职权的组织中从事公务的人员,或者虽未列入国家机关人员编制但在国家机关中从事公务的人员,在代表国家机关行使职权时,有渎职行为,构成犯罪的,依照刑法关于渎职罪的规定追究刑事责任。

★有查禁扰乱无线电管理秩序犯罪活动职责的国家机关工作人员通风报信的刑事责任

《最高人民法院、最高人民检察院关于办理扰乱无线电通讯管理秩序等刑事案件适用法律若干问题的解释》(2017 年 6 月 27 日　法释〔2017〕11 号)

第七条　负有无线电监督管理职责的国家机关工作人员滥用职权或者玩忽职守,致使公共财产、国家和人民利益遭受重大损失的,应当依照刑法第三百九十七条的规定,以滥用职权罪或者玩忽职守罪追究刑事责任。

有查禁扰乱无线电管理秩序犯罪活动职责的国家机关工作人员,向犯罪分子通风报信、提供便利,帮助犯罪分子逃避处罚的,应当依照刑法第四百一十七条的规定,以帮助犯罪分子逃避处罚罪追究刑事责任;事先通谋的,以共同犯罪论处。

★负有查禁破坏水生生物资源犯罪活动职责的国家机关工作人员通风报信的刑事责任

《最高人民法院、最高人民检察院、公安部、农业农村部依法惩治长江流域非法捕捞等违法犯罪的意见》(2020年12月17日　公通字〔2020〕17号)

二、准确适用法律,依法严惩非法捕捞等危害水生生物资源的各类违法犯罪

(五)依法严惩危害水生生物资源的渎职犯罪。对长江流域重点水域水生生物资源保护负有监督管理、行政执法职责的国家机关工作人员,滥用职权或者玩忽职守,致使公共财产、国家和人民利益遭受重大损失的,应当依照刑法第三百九十七条的规定,以滥用职权罪或者玩忽职守罪定罪处罚。

负有查禁破坏水生生物资源犯罪活动职责的国家机关工作人员,向犯罪分子通风报信、提供便利,帮助犯罪分子逃避处罚的,应当依照刑法第四百一十七条的规定,以帮助犯罪分子逃避处罚罪定罪处罚。

第四百一十八条　【招收公务员、学生徇私舞弊罪】国家机关工作人员在招收公务员、学生工作中徇私舞弊,情节严重的,处三年以下有期徒刑或者拘役。

立法动态

本条源自《中华人民共和国刑法》(1997年3月14日第八届全国人民代表大会第五次会议修订,自1997年10月1日起施行)。

适用要点与裁判依据

★依法受委托从事公务的人员行使职权时有渎职行为构成犯罪的刑事责任

《全国人大常委会关于〈中华人民共和国刑法〉第九章渎职罪主体适用问题的解释》(2002 年 12 月 28 日)

在依照法律、法规规定行使国家行政管理职权的组织中从事公务的人员,或者在受国家机关委托代表国家机关行使职权的组织中从事公务的人员,或者虽未列入国家机关人员编制但在国家机关中从事公务的人员,在代表国家机关行使职权时,有渎职行为,构成犯罪的,依照刑法关于渎职罪的规定追究刑事责任。

第四百一十九条 【失职造成珍贵文物损毁、流失罪】国家机关工作人员严重不负责任,造成珍贵文物损毁或者流失,后果严重的,处三年以下有期徒刑或者拘役。

立法动态

本条源自《中华人民共和国刑法》(1997 年 3 月 14 日第八届全国人民代表大会第五次会议修订,自 1997 年 10 月 1 日起施行)。

适用要点与裁判依据

★依法受委托从事公务的人员行使职权时有渎职行为构成犯罪的刑事责任

《全国人大常委会关于〈中华人民共和国刑法〉第九章渎职罪主体适用问题的解释》(2002 年 12 月 28 日)

在依照法律、法规规定行使国家行政管理职权的组织中从事公务的人员,或者在受国家机关委托代表国家机关行使职权的组织中从事公务的人员，或者虽未列入国家机关人员编制但在国家机关中从事公务的人员，在代表国家机关行使职权时，有渎职行为，构成犯罪的，依照刑法关于渎职罪的规定追究刑事责任。

★“后果严重”的认定标准

《最高人民法院、最高人民检察院关于办理妨害文物管理等刑事案件适用法律若干问题的解释》（2015 年 12 月 30 日　法释〔2015〕23 号）

第十条　国家机关工作人员严重不负责任，造成珍贵文物损毁或者流失，具有下列情形之一的，应当认定为刑法第四百一十九条规定的“后果严重”：

（一）导致二级以上文物或者五件以上三级文物损毁或者流失的；

（二）导致全国重点文物保护单位、省级文物保护单位的本体严重损毁或者灭失的；

（三）其他后果严重的情形。

第十章　军人违反职责罪

第四百二十条　【军人违反职责罪的定义】军人违反职责，危害国家军事利益，依照法律应当受刑罚处罚的行为，是军人违反职责罪。

立法动态

本条源自《中华人民共和国刑法》（1997 年 3 月 14 日第八届全国人民代表大会第五次会议修订，自 1997 年 10 月 1 日起施行）。

第四百二十一条　【战时违抗命令罪】战时违抗命令，对作战造成危害的，处三年以上十年以下有期徒刑；致使战斗、战役遭受重大损失的，处十年以上有期徒刑、无期徒刑或者死刑。

立法动态

本条源自《中华人民共和国刑法》(1997 年 3 月 14 日第八届全国人民代表大会第五次会议修订，自 1997 年 10 月 1 日起施行)。

立案标准

《军人违反职责罪案件立案标准的规定》(2013 年 2 月 26 日 政检〔2013〕1 号)

第一条　战时违抗命令案(刑法第四百二十一条)

战时违抗命令罪是指战时违抗命令，对作战造成危害的行为。

违抗命令，是指主观上出于故意，客观上违背、抗拒首长、上级职权范围内的命令，包括拒绝接受命令、拒不执行命令，或者不按照命令的具体要求行动等。

战时涉嫌下列情形之一的，应予立案：

(一)扰乱作战部署或者贻误战机的；

(二)造成作战任务不能完成或者迟缓完成的；

(三)造成我方人员死亡一人以上，或者重伤二人以上，或者轻伤三人以上的；

(四)造成武器装备、军事设施、军用物资损毁，直接影响作战任务完成的；

(五)对作战造成其他危害的。

第四百二十二条 【隐瞒、谎报军情罪】【拒传、假传军令罪】故意隐瞒、谎报军情或者拒传、假传军令，对作战造成危害的，处三年以上十年以下有期徒刑；致使战斗、战役遭受重大损失的，处十年以上有期徒刑、无期徒刑或者死刑。

立法动态

本条源自《中华人民共和国刑法》（1997 年 3 月 14 日第八届全国人民代表大会第五次会议修订，自 1997 年 10 月 1 日起施行）。

立案标准

《军人违反职责罪案件立案标准的规定》（2013 年 2 月 26 日 政检〔2013〕1 号）

第二条 隐瞒、谎报军情案（刑法第四百二十二条）

隐瞒、谎报军情罪是指故意隐瞒、谎报军情，对作战造成危害的行为。

涉嫌下列情形之一的，应予立案：

（一）造成首长、上级决策失误的；

（二）造成作战任务不能完成或者迟缓完成的；

（三）造成我方人员死亡一人以上，或者重伤二人以上，或者轻伤三人以上的；

（四）造成武器装备、军事设施、军用物资损毁，直接影响作战任务完成的；

（五）对作战造成其他危害的。

第三条 拒传、假传军令案（刑法第四百二十二条）

拒传军令罪是指负有传递军令职责的军人，明知是军令而故意拒绝传递或者拖延传递，对作战造成危害的行为。

假传军令罪是指故意伪造、篡改军令，或者明知是伪造、篡改的军令而予以传达或者发布,对作战造成危害的行为。

涉嫌下列情形之一的,应予立案:

(一)造成首长、上级决策失误的;

(二)造成作战任务不能完成或者迟缓完成的;

(三)造成我方人员死亡一人以上,或者重伤二人以上,或者轻伤三人以上的;

(四)造成武器装备、军事设施、军用物资损毁,直接影响作战任务完成的;

(五)对作战造成其他危害的。

第四百二十三条 【投降罪】在战场上贪生怕死,自动放下武器投降敌人的,处三年以上十年以下有期徒刑;情节严重的,处十年以上有期徒刑或者无期徒刑。

投降后为敌人效劳的,处十年以上有期徒刑、无期徒刑或者死刑。

立法动态

本条源自《中华人民共和国刑法》(1997 年 3 月 14 日第八届全国人民代表大会第五次会议修订,自 1997 年 10 月 1 日起施行)。

立案标准

《军人违反职责罪案件立案标准的规定》(2013 年 2 月 26 日政检〔2013〕1 号)

第四条 投降案(刑法第四百二十三条)

投降罪是指在战场上贪生怕死,自动放下武器投降敌人的行为。

凡涉嫌投降敌人的,应予立案。

第四百二十四条　【战时临阵脱逃罪】战时临阵脱逃的，处三年以下有期徒刑；情节严重的，处三年以上十年以下有期徒刑；致使战斗、战役遭受重大损失的，处十年以上有期徒刑、无期徒刑或者死刑。

立法动态

本条源自《中华人民共和国刑法》(1997 年 3 月 14 日第八届全国人民代表大会第五次会议修订，自 1997 年 10 月 1 日起施行)。

立案标准

《军人违反职责罪案件立案标准的规定》(2013 年 2 月 26 日 政检〔2013〕1 号)

第五条　战时临阵脱逃案(刑法第四百二十四条)

战时临阵脱逃罪是指在战斗中或者在接受作战任务后，逃离战斗岗位的行为。

凡战时涉嫌临阵脱逃的，应予立案。

第四百二十五条　【擅离、玩忽军事职守罪】指挥人员和值班、值勤人员擅离职守或者玩忽职守，造成严重后果的，处三年以下有期徒刑或者拘役；造成特别严重后果的，处三年以上七年以下有期徒刑。

战时犯前款罪的，处五年以上有期徒刑。

立法动态

本条源自《中华人民共和国刑法》(1997 年 3 月 14 日第八届全国人民代表大会第五次会议修订，自 1997 年 10 月 1 日起施行)。

立案标准

《军人违反职责罪案件立案标准的规定》(2013 年 2 月 26 日 政检〔2013〕1 号)

第六条　擅离、玩忽军事职守案(刑法第四百二十五条)

擅离、玩忽军事职守罪是指指挥人员和值班、值勤人员擅自离开正在履行职责的岗位,或者在履行职责的岗位上,严重不负责任,不履行或者不正确履行职责,造成严重后果的行为。

指挥人员,是指对部队或者部属负有组织、领导、管理职责的人员。专业主管人员在其业务管理范围内,视为指挥人员。

值班人员,是指军队各单位、各部门为保持指挥或者履行职责不间断而设立的、负责处理本单位、本部门特定事务的人员。

值勤人员,是指正在担任警卫、巡逻、观察、纠察、押运等勤务,或者作战勤务工作的人员。

涉嫌下列情形之一的,应予立案:

(一)造成重大任务不能完成或者迟缓完成的;

(二)造成死亡一人以上,或者重伤三人以上,或者重伤二人、轻伤四人以上,或者重伤一人、轻伤七人以上,或者轻伤十人以上的;

(三)造成枪支、手榴弹、爆炸装置或者子弹十发、雷管三十枚、导火索或者导爆索三十米、炸药一千克以上丢失、被盗,或者不满规定数量,但后果严重的,或者造成其他重要武器装备、器材丢失、被盗的;

(四)造成武器装备、军事设施、军用物资或者其他财产损毁,直接经济损失三十万元以上,或者直接经济损失、间接经济损失合计一百五十万元以上的;

(五)造成其他严重后果的。

第四百二十六条 【阻碍执行军事职务罪】以暴力、威胁方法，阻碍指挥人员或者值班、值勤人员执行职务的，处五年以下有期徒刑或者拘役；情节严重的，处五年以上十年以下有期徒刑；情节特别严重的，处十年以上有期徒刑或者无期徒刑。战时从重处罚。

立法动态

本条源自《中华人民共和国刑法》（1997 年 3 月 14 日第八届全国人民代表大会第五次会议修订，自 1997 年 10 月 1 日起施行）。

本条根据《中华人民共和国刑法修正案（九）》（自 2015 年 11 月 1 日起施行）第五十条修改。

原本条内容为：第四百二十六条 以暴力、威胁方法，阻碍指挥人员或者值班、值勤人员执行职务的，处五年以下有期徒刑或者拘役；情节严重的，处五年以上有期徒刑；致人重伤、死亡的，或者有其他特别严重情节的，处无期徒刑或者死刑。战时从重处罚。

本条修改的主要内容为：一是取消对本罪的死刑适用；二是将"情节严重"的法定刑限定为十年以下有期徒刑。

立案标准

《军人违反职责罪案件立案标准的规定》（2013 年 2 月 26 日 政检〔2013〕1 号）

第七条 阻碍执行军事职务案（刑法第四百二十六条）

阻碍执行军事职务罪是指以暴力、威胁方法，阻碍指挥人员或者值班、值勤人员执行职务的行为。

凡涉嫌阻碍执行军事职务的，应予立案。

第四百二十七条　【指使部属违反职责罪】滥用职权，指使部属进行违反职责的活动，造成严重后果的，处五年以下有期徒刑或者拘役；情节特别严重的，处五年以上十年以下有期徒刑。

立法动态

本条源自《中华人民共和国刑法》(1997 年 3 月 14 日第八届全国人民代表大会第五次会议修订，自 1997 年 10 月 1 日起施行)。

立案标准

《军人违反职责罪案件立案标准的规定》(2013 年 2 月 26 日政检〔2013〕1 号)

第八条　指使部属违反职责案(刑法第四百二十七条)

指使部属违反职责罪是指指挥人员滥用职权，指使部属进行违反职责的活动，造成严重后果的行为。

涉嫌下列情形之一的，应予立案：

(一)造成重大任务不能完成或者迟缓完成的；

(二)造成死亡一人以上，或者重伤二人以上，或者重伤一人、轻伤三人以上，或者轻伤五人以上的；

(三)造成武器装备、军事设施、军用物资或者其他财产损毁，直接经济损失二十万元以上，或者直接经济损失、间接经济损失合计一百万元以上的；

(四)造成其他严重后果的。

第四百二十八条　【违令作战消极罪】指挥人员违抗命令，临阵畏缩，作战消极，造成严重后果的，处五年以下有期徒刑；致使战斗、战役遭受重大损失或者有其他特别严重情节的，处五年以上有期徒刑。

立法动态

本条源自《中华人民共和国刑法》(1997 年 3 月 14 日第八届全国人民代表大会第五次会议修订,自 1997 年 10 月 1 日起施行)。

立案标准

《军人违反职责罪案件立案标准的规定》(2013 年 2 月 26 日 政检〔2013〕1 号)

第九条 违令作战消极案(刑法第四百二十八条)

违令作战消极罪是指指挥人员违抗命令,临阵畏缩,作战消极,造成严重后果的行为。

违抗命令,临阵畏缩,作战消极,是指在作战中故意违背、抗拒执行首长、上级的命令,面临战斗任务而畏难怕险,怯战怠战,行动消极。

涉嫌下列情形之一的,应予立案:

(一)扰乱作战部署或者贻误战机的;

(二)造成作战任务不能完成或者迟缓完成的;

(三)造成我方人员死亡一人以上,或者重伤二人以上,或者轻伤三人以上的;

(四)造成武器装备、军事设施、军用物资或者其他财产损毁,直接经济损失二十万元以上,或者直接经济损失、间接经济损失合计一百万元以上的;

(五)造成其他严重后果的。

第四百二十九条 【拒不救援友邻部队罪】在战场上明知友邻部队处境危急请求救援,能救援而不救援,致使友邻部队遭受重大损失的,对指挥人员,处五年以下有期徒刑。

立法动态

本条源自《中华人民共和国刑法》(1997 年 3 月 14 日第八届全国人民代表大会第五次会议修订,自 1997 年 10 月 1 日起施行)。

立案标准

《军人违反职责罪案件立案标准的规定》(2013 年 2 月 26 日　政检〔2013〕1 号)

第十条　拒不救援友邻部队案(刑法第四百二十九条)

拒不救援友邻部队罪是指指挥人员在战场上,明知友邻部队面临被敌人包围、追击或者阵地将被攻陷等危急情况请求救援,能救援而不救援,致使友邻部队遭受重大损失的行为。

能救援而不救援,是指根据当时自己部队(分队)所处的环境、作战能力及所担负的任务,有条件组织救援却没有组织救援。

涉嫌下列情形之一的,应予立案:

(一)造成战斗失利的;

(二)造成阵地失陷的;

(三)造成突围严重受挫的;

(四)造成我方人员死亡三人以上,或者重伤十人以上,或者轻伤十五人以上的;

(五)造成武器装备、军事设施、军用物资损毁,直接经济损失一百万元以上的;

(六)造成其他重大损失的。

第四百三十条 【军人叛逃罪】在履行公务期间，擅离岗位，叛逃境外或者在境外叛逃，危害国家军事利益的，处五年以下有期徒刑或者拘役；情节严重的，处五年以上有期徒刑。

驾驶航空器、舰船叛逃的，或者有其他特别严重情节的，处十年以上有期徒刑、无期徒刑或者死刑。

立法动态

本条源自《中华人民共和国刑法》（1997 年 3 月 14 日第八届全国人民代表大会第五次会议修订，自 1997 年 10 月 1 日起施行）。

立案标准

《军人违反职责罪案件立案标准的规定》（2013 年 2 月 26 日 政检〔2013〕1 号）

第十一条 军人叛逃案（刑法第四百三十条）

军人叛逃罪是指军人在履行公务期间，擅离岗位，叛逃境外或者在境外叛逃，危害国家军事利益的行为。

涉嫌下列情形之一的，应予立案：

（一）因反对国家政权和社会主义制度而出逃的；

（二）掌握、携带军事秘密出境后滞留不归的；

（三）申请政治避难的；

（四）公开发表叛国言论的；

（五）投靠境外反动机构或者组织的；

（六）出逃至交战对方区域的；

（七）进行其他危害国家军事利益活动的。

第四百三十一条　【非法获取军事秘密罪】以窃取、刺探、收买方法，非法获取军事秘密的，处五年以下有期徒刑；情节严重的，处五年以上十年以下有期徒刑；情节特别严重的，处十年以上有期徒刑。

【为境外窃取、刺探、收买、非法提供军事秘密罪】为境外的机构、组织、人员窃取、刺探、收买、非法提供军事秘密的，处五年以上十年以下有期徒刑；情节严重的，处十年以上有期徒刑、无期徒刑或者死刑。

立法动态

本条源自《中华人民共和国刑法》（1997 年 3 月 14 日第八届全国人民代表大会第五次会议修订，自 1997 年 10 月 1 日起施行）。

立案标准

《军人违反职责罪案件立案标准的规定》（2013 年 2 月 26 日 政检〔2013〕1 号）

第十二条　非法获取军事秘密案（刑法第四百三十一条第一款）

非法获取军事秘密罪是指违反国家和军队的保密规定，采取窃取、刺探、收买方法，非法获取军事秘密的行为。

军事秘密，是关系国防安全和军事利益，依照规定的权限和程序确定，在一定时间内只限一定范围的人员知悉的事项。内容包括：

（一）国防和武装力量建设规划及其实施情况；

（二）军事部署，作战、训练以及处置突发事件等军事行动中需要控制知悉范围的事项；

（三）军事情报及其来源，军事通信、信息对抗以及其他特种业务的手段、能力，密码以及有关资料；

（四）武装力量的组织编制，部队的任务、实力、状态等情况中需

第431条

要控制知悉范围的事项，特殊单位以及师级以下部队的番号；

（五）国防动员计划及其实施情况；

（六）武器装备的研制、生产、配备情况和补充、维修能力，特种军事装备的战术技术性能；

（七）军事学术和国防科学技术研究的重要项目、成果及其应用情况中需要控制知悉范围的事项；

（八）军队政治工作中不宜公开的事项；

（九）国防费分配和使用的具体事项，军事物资的筹措、生产、供应和储备等情况中需要控制知悉范围的事项；

（十）军事设施及其保护情况中不宜公开的事项；

（十一）对外军事交流与合作中不宜公开的事项；

（十二）其他需要保密的事项。

凡涉嫌非法获取军事秘密的，应予立案。

第十三条　为境外窃取、刺探、收买、非法提供军事秘密案（刑法第四百三十一条第二款）

为境外窃取、刺探、收买、非法提供军事秘密罪是指违反国家和军队的保密规定，为境外的机构、组织、人员窃取、刺探、收买、非法提供军事秘密的行为。

凡涉嫌为境外窃取、刺探、收买、非法提供军事秘密的，应予立案。

第四百三十二条　【故意泄露军事秘密罪】【过失泄露军事秘密罪】违反保守国家秘密法规，故意或者过失泄露军事秘密，情节严重的，处五年以下有期徒刑或者拘役；情节特别严重的，处五年以上十年以下有期徒刑。

战时犯前款罪的，处五年以上十年以下有期徒刑；情节特别严重的，处十年以上有期徒刑或者无期徒刑。

立法动态

本条源自《中华人民共和国刑法》(1997 年 3 月 14 日第八届全国人民代表大会第五次会议修订,自 1997 年 10 月 1 日起施行)。

立案标准

《军人违反职责罪案件立案标准的规定》(2013 年 2 月 26 日 政检〔2013〕1 号)

第十四条　故意泄露军事秘密案(刑法第四百三十二条)

故意泄露军事秘密罪是指违反国家和军队的保密规定,故意使军事秘密被不应知悉者知悉或者超出了限定的接触范围,情节严重的行为。

涉嫌下列情形之一的,应予立案:

(一)泄露绝密级或者机密级军事秘密一项(件)以上的;

(二)泄露秘密级军事秘密三项(件)以上的;

(三)向公众散布、传播军事秘密的;

(四)泄露军事秘密造成严重危害后果的;

(五)利用职权指使或者强迫他人泄露军事秘密的;

(六)负有特殊保密义务的人员泄密的;

(七)以牟取私利为目的泄露军事秘密的;

(八)执行重大任务时泄密的;

(九)有其他情节严重行为的。

第十五条　过失泄露军事秘密案(刑法第四百三十二条)

过失泄露军事秘密罪是指违反国家和军队的保密规定,过失泄露军事秘密,致使军事秘密被不应知悉者知悉或者超出了限定的接触范围,情节严重的行为。

涉嫌下列情形之一的,应予立案:

(一)泄露绝密级军事秘密一项(件)以上的;

(二)泄露机密级军事秘密三项(件)以上的;

（三）泄露秘密级军事秘密四项（件）以上的；

（四）负有特殊保密义务的人员泄密的；

（五）泄露军事秘密或者遗失军事秘密载体，不按照规定报告，或者不如实提供有关情况，或者未及时采取补救措施的；

（六）有其他情节严重行为的。

第四百三十三条 【战时造谣惑众罪】战时造谣惑众，动摇军心的，处三年以下有期徒刑；情节严重的，处三年以上十年以下有期徒刑；情节特别严重的，处十年以上有期徒刑或者无期徒刑。

立法动态

本条源自《中华人民共和国刑法》（1997 年 3 月 14 日第八届全国人民代表大会第五次会议修订，自 1997 年 10 月 1 日起施行）。

本条根据《中华人民共和国刑法修正案（九）》（自 2015 年 11 月 1 日起施行）第五十一条修改。

原本条内容为：第四百三十三条 （第一款）战时造谣惑众，动摇军心的，处三年以下有期徒刑；情节严重的，处三年以上十年以下有期徒刑。（第二款）勾结敌人造谣惑众，动摇军心的，处十年以上有期徒刑或者无期徒刑；情节特别严重的，可以判处死刑。

本条修改的主要内容为：一是取消对本罪的死刑适用；二是将原第二款中“勾结敌人造谣惑众，动摇军心”的情形修改为“情节严重的”，并将原本条的两款合并为一款。

立案标准

《军人违反职责罪案件立案标准的规定》（2013 年 2 月 26 日 政检〔2013〕1 号）

第十六条 战时造谣惑众案（刑法第四百三十三条）

战时造谣惑众罪是指在战时造谣惑众，动摇军心的行为。

造谣惑众，动摇军心，是指故意编造、散布谣言，煽动怯战、厌战或者恐怖情绪，蛊惑官兵，造成或者足以造成部队情绪恐慌、士气不振、军心涣散的行为。

凡战时涉嫌造谣惑众，动摇军心的，应予立案。

第四百三十四条　【战时自伤罪】战时自伤身体，逃避军事义务的，处三年以下有期徒刑；情节严重的，处三年以上七年以下有期徒刑。

立法动态

本条源自《中华人民共和国刑法》(1997年3月14日第八届全国人民代表大会第五次会议修订，自1997年10月1日起施行)。

立案标准

《军人违反职责罪案件立案标准的规定》(2013年2月26日政检〔2013〕1号)

第十七条　战时自伤案(刑法第四百三十四条)

战时自伤罪是指在战时为了逃避军事义务，故意伤害自己身体的行为。

逃避军事义务，是指逃避临战准备、作战行动、战场勤务和其他作战保障任务等与作战有关的义务。

凡战时涉嫌自伤致使不能履行军事义务的，应予立案。

第四百三十五条　【逃离部队罪】违反兵役法规，逃离部队，情节严重的，处三年以下有期徒刑或者拘役。

战时犯前款罪的，处三年以上七年以下有期徒刑。

立法动态

本条源自《中华人民共和国刑法》(1997 年 3 月 14 日第八届全国人民代表大会第五次会议修订,自 1997 年 10 月 1 日起施行)。

立案标准

《军人违反职责罪案件立案标准的规定》(2013 年 2 月 26 日　政检〔2013〕1 号)

第十八条　逃离部队案(刑法第四百三十五条)

逃离部队罪是指违反兵役法规,逃离部队,情节严重的行为。

违反兵役法规,是指违反国防法、兵役法和军队条令条例以及其他有关兵役方面的法律规定。

逃离部队,是指擅自离开部队或者经批准外出逾期拒不归队。

涉嫌下列情形之一的,应予立案:

(一)逃离部队持续时间达三个月以上或者三次以上或者累计时间达六个月以上的;

(二)担负重要职责的人员逃离部队的;

(三)策动三人以上或者胁迫他人逃离部队的;

(四)在执行重大任务期间逃离部队的;

(五)携带武器装备逃离部队的;

(六)有其他情节严重行为的。

适用要点与裁判依据

★军人违反兵役法规,在非战时逃离部队,情节严重的,以逃离部队罪处罚

《最高人民法院、最高人民检察院关于对军人非战时逃离部队的行为能否定罪处罚问题的批复》(2000 年 12 月 5 日　法释〔2000〕39 号)

军人违反兵役法规,在非战时逃离部队,情节严重的,应当依照刑法第四百三十五条第一款的规定定罪处罚。

第四百三十六条　【武器装备肇事罪】违反武器装备使用规定，情节严重，因而发生责任事故，致人重伤、死亡或者造成其他严重后果的，处三年以下有期徒刑或者拘役；后果特别严重的，处三年以上七年以下有期徒刑。

立法动态

本条源自《中华人民共和国刑法》(1997 年 3 月 14 日第八届全国人民代表大会第五次会议修订，自 1997 年 10 月 1 日起施行)。

立案标准

《军人违反职责罪案件立案标准的规定》(2013 年 2 月 26 日 政检〔2013〕1 号)

第十九条　武器装备肇事案(刑法第四百三十六条)

武器装备肇事罪是指违反武器装备使用规定，情节严重，因而发生责任事故，致人重伤、死亡或者造成其他严重后果的行为。

情节严重，是指故意违反武器装备使用规定，或者在使用过程中严重不负责任。

涉嫌下列情形之一的，应予立案：

(一)影响重大任务完成的；

(二)造成死亡一人以上，或者重伤二人以上，或者轻伤三人以上的；

(三)造成武器装备、军事设施、军用物资或者其他财产损毁，直接经济损失三十万元以上，或者直接经济损失、间接经济损失合计一百五十万元以上的；

(四)严重损害国家和军队声誉，造成恶劣影响的；

（五）造成其他严重后果的。

第四百三十七条　【擅自改变武器装备编配用途罪】违反武器装备管理规定，擅自改变武器装备的编配用途，造成严重后果的，处三年以下有期徒刑或者拘役；造成特别严重后果的，处三年以上七年以下有期徒刑。

立法动态

本条源自《中华人民共和国刑法》（1997 年 3 月 14 日第八届全国人民代表大会第五次会议修订，自 1997 年 10 月 1 日起施行）。

立案标准

《军人违反职责罪案件立案标准的规定》（2013 年 10 月 23 日）

第二十条　擅自改变武器装备编配用途案（刑法第四百三十七条）

擅自改变武器装备编配用途罪是指违反武器装备管理规定，未经有权机关批准，擅自将编配的武器装备改作其他用途，造成严重后果的行为。

涉嫌下列情形之一的，应予立案：

（一）造成重大任务不能完成或者迟缓完成的；

（二）造成死亡一人以上，或者重伤三人以上，或者重伤二人、轻伤四人以上，或者重伤一人、轻伤七人以上，或者轻伤十人以上的；

（三）造成武器装备、军事设施、军用物资或者其他财产损毁，直接经济损失三十万元以上，或者直接经济损失、间接经济损失合计一百五十万元以上的；

（四）造成其他严重后果的。

第四百三十八条 【盗窃、抢夺武器装备、军用物资罪】盗窃、抢夺武器装备或者军用物资的,处五年以下有期徒刑或者拘役;情节严重的,处五年以上十年以下有期徒刑;情节特别严重的,处十年以上有期徒刑、无期徒刑或者死刑。

盗窃、抢夺枪支、弹药、爆炸物的,依照本法第一百二十七条的规定处罚。

立法动态

本条源自《中华人民共和国刑法》(1997 年 3 月 14 日第八届全国人民代表大会第五次会议修订,自 1997 年 10 月 1 日起施行)。

立案标准

《军人违反职责罪案件立案标准的规定》(2013 年 2 月 26 日 政检〔2013〕1 号)

第二十一条 盗窃、抢夺武器装备、军用物资案(刑法第四百三十八条)

盗窃武器装备罪是指以非法占有为目的,秘密窃取武器装备的行为。

抢夺武器装备罪是指以非法占有为目的,乘人不备,公然夺取武器装备的行为。

凡涉嫌盗窃、抢夺武器装备的,应予立案。

盗窃军用物资罪是指以非法占有为目的,秘密窃取军用物资的行为。

抢夺军用物资罪是指以非法占有为目的,乘人不备,公然夺取军用物资的行为。

凡涉嫌盗窃、抢夺军用物资价值二千元以上,或者不满规定数额,但后果严重的,应予立案。

第四百三十九条 【非法出卖、转让武器装备罪】非法出卖、转让军队武器装备的，处三年以上十年以下有期徒刑；出卖、转让大量武器装备或者有其他特别严重情节的，处十年以上有期徒刑、无期徒刑或者死刑。

立法动态

本条源自《中华人民共和国刑法》(1997 年 3 月 14 日第八届全国人民代表大会第五次会议修订，自 1997 年 10 月 1 日起施行)。

立案标准

《军人违反职责罪案件立案标准的规定》(2013 年 2 月 26 日政检〔2013〕1 号)

第二十二条 非法出卖、转让武器装备案(刑法第四百三十九条)

非法出卖、转让武器装备罪是指非法出卖、转让武器装备的行为。

出卖、转让，是指违反武器装备管理规定，未经有权机关批准，擅自用武器装备换取金钱、财物或者其他利益，或者将武器装备馈赠他人的行为。

涉嫌下列情形之一的，应予立案：

(一)非法出卖、转让枪支、手榴弹、爆炸装置的；

(二)非法出卖、转让子弹十发、雷管三十枚、导火索或者导爆索三十米、炸药一千克以上，或者不满规定数量，但后果严重的；

(三)非法出卖、转让武器装备零部件或者维修器材、设备，致使武器装备报废或者直接经济损失三十万元以上的；

(四)非法出卖、转让其他重要武器装备的。

第四百四十条　【遗弃武器装备罪】违抗命令，遗弃武器装备的，处五年以下有期徒刑或者拘役；遗弃重要或者大量武器装备的，或者有其他严重情节的，处五年以上有期徒刑。

立法动态

本条源自《中华人民共和国刑法》（1997 年 3 月 14 日第八届全国人民代表大会第五次会议修订，自 1997 年 10 月 1 日起施行）。

立案标准

《军人违反职责罪案件立案标准的规定》（2013 年 2 月 26 日政检〔2013〕1 号）

第二十三条　遗弃武器装备案（刑法第四百四十条）

遗弃武器装备罪是指负有保管、使用武器装备义务的军人，违抗命令，故意遗弃武器装备的行为。

涉嫌下列情形之一的，应予立案：

（一）遗弃枪支、手榴弹、爆炸装置的；

（二）遗弃子弹十发、雷管三十枚、导火索或者导爆索三十米、炸药一千克以上，或者不满规定数量，但后果严重的；

（三）遗弃武器装备零部件或者维修器材、设备，致使武器装备报废或者直接经济损失三十万元以上的；

（四）遗弃其他重要武器装备的。

第四百四十一条　【遗失武器装备罪】遗失武器装备，不及时报告或者有其他严重情节的，处三年以下有期徒刑或者拘役。

立法动态

本条源自《中华人民共和国刑法》(1997 年 3 月 14 日第八届全国人民代表大会第五次会议修订,自 1997 年 10 月 1 日起施行)。

立案标准

《军人违反职责罪案件立案标准的规定》(2013 年 2 月 26 日 政检〔2013〕1 号)

第二十四条 遗失武器装备案(刑法第四百四十一条)

遗失武器装备罪是指遗失武器装备,不及时报告或者有其他严重情节的行为。

其他严重情节,是指遗失武器装备严重影响重大任务完成的;给人民群众生命财产安全造成严重危害的;遗失的武器装备被敌人或者境外的机构、组织和人员或者国内恐怖组织和人员利用,造成严重后果或者恶劣影响的;遗失的武器装备数量多、价值高的;战时遗失的,等等。

凡涉嫌遗失武器装备不及时报告或者有其他严重情节的,应予立案。

第四百四十二条 【擅自出卖、转让军队房地产罪】违反规定,擅自出卖、转让军队房地产,情节严重的,对直接责任人员,处三年以下有期徒刑或者拘役;情节特别严重的,处三年以上十年以下有期徒刑。

立法动态

本条源自《中华人民共和国刑法》(1997 年 3 月 14 日第八届全国人民代表大会第五次会议修订,自 1997 年 10 月 1 日起施行)。

立案标准

《军人违反职责罪案件立案标准的规定》（2013 年 2 月 26 日政检〔2013〕1 号）

第二十五条　擅自出卖、转让军队房地产案（刑法第四百四十二条）

擅自出卖、转让军队房地产罪是指违反军队房地产管理和使用规定，未经有权机关批准，擅自出卖、转让军队房地产，情节严重的行为。

军队房地产，是指依法由军队使用管理的土地及其地上地下用于营房保障的建筑物、构筑物、附属设施设备，以及其他附着物。

涉嫌下列情形之一的，应予立案：

（一）擅自出卖、转让军队房地产价值三十万元以上的；

（二）擅自出卖、转让军队房地产给境外的机构、组织、人员的；

（三）擅自出卖、转让军队房地产严重影响部队正常战备、训练、工作、生活和完成军事任务的；

（四）擅自出卖、转让军队房地产给军事设施安全造成严重危害的；

（五）有其他情节严重行为的。

第四百四十三条　【虐待部属罪】滥用职权，虐待部属，情节恶劣，致人重伤或者造成其他严重后果的，处五年以下有期徒刑或者拘役；致人死亡的，处五年以上有期徒刑。

立法动态

本条源自《中华人民共和国刑法》（1997 年 3 月 14 日第八届全国人民代表大会第五次会议修订，自 1997 年 10 月 1 日起施行）。

立案标准

《军人违反职责罪案件立案标准的规定》(2013 年 2 月 26 日政检〔2013〕1 号)

第二十六条　虐待部属案(刑法第四百四十三条)

虐待部属罪是指滥用职权,虐待部属,情节恶劣,致人重伤、死亡或者造成其他严重后果的行为。

虐待部属,是指采取殴打、体罚、冻饿或者其他有损身心健康的手段,折磨、摧残部属的行为。

情节恶劣,是指虐待手段残酷的;虐待三人以上的;虐待部属三次以上的;虐待伤病残部属的,等等。

其他严重后果,是指部属不堪忍受虐待而自杀、自残造成重伤或者精神失常的;诱发其他案件、事故的;导致部属一人逃离部队三次以上,或者二人以上逃离部队的;造成恶劣影响的,等等。

凡涉嫌虐待部属,情节恶劣,致人重伤、死亡或者造成其他严重后果的,应予立案。

第四百四十四条　【遗弃伤病军人罪】在战场上故意遗弃伤病军人,情节恶劣的,对直接责任人员,处五年以下有期徒刑。

立法动态

本条源自《中华人民共和国刑法》(1997 年 3 月 14 日第八届全国人民代表大会第五次会议修订,自 1997 年 10 月 1 日起施行)。

立案标准

《军人违反职责罪案件立案标准的规定》(2013年2月26日 政检〔2013〕1号)

第二十七条　遗弃伤病军人案(刑法第四百四十四条)

遗弃伤病军人罪是指在战场上故意遗弃我方伤病军人,情节恶劣的行为。

涉嫌下列情形之一的,应予立案:

(一)为挟嫌报复而遗弃伤病军人的;

(二)遗弃伤病军人三人以上的;

(三)导致伤病军人死亡、失踪、被俘的;

(四)有其他恶劣情节的。

第四百四十五条　【战时拒不救治伤病军人罪】战时在救护治疗职位上,有条件救治而拒不救治危重伤病军人的,处五年以下有期徒刑或者拘役;造成伤病军人重残、死亡或者有其他严重情节的,处五年以上十年以下有期徒刑。

立法动态

本条源自《中华人民共和国刑法》(1997年3月14日第八届全国人民代表大会第五次会议修订,自1997年10月1日起施行)。

立案标准

《军人违反职责罪案件立案标准的规定》(2013年2月26日 政检〔2013〕1号)

第二十八条　战时拒不救治伤病军人案(刑法第四百四十五条)

战时拒不救治伤病军人罪是指战时在救护治疗职位上,有条件救治而拒不救治危重伤病军人的行为。

有条件救治而拒不救治，是指根据伤病军人的伤情或者病情，结合救护人员的技术水平、医疗单位的医疗条件及当时的客观环境等因素，能够给予救治而拒绝抢救、治疗。

凡战时涉嫌拒不救治伤病军人的，应予立案。

第四百四十六条　【战时残害居民、掠夺居民财物罪】战时在军事行动地区，残害无辜居民或者掠夺无辜居民财物的，处五年以下有期徒刑；情节严重的，处五年以上十年以下有期徒刑；情节特别严重的，处十年以上有期徒刑、无期徒刑或者死刑。

立法动态

本条源自《中华人民共和国刑法》（1997 年 3 月 14 日第八届全国人民代表大会第五次会议修订，自 1997 年 10 月 1 日起施行）。

立案标准

《军人违反职责罪案件立案标准的规定》（2013 年 2 月 26 日 政检〔2013〕1 号）

第二十九条　战时残害居民、掠夺居民财物案（刑法第四百四十六条）

战时残害居民罪是指战时在军事行动地区残害无辜居民的行为。

无辜居民，是指对我军无敌对行动的平民。

战时涉嫌下列情形之一的，应予立案：

（一）故意造成无辜居民死亡、重伤或者轻伤三人以上的；

（二）强奸无辜居民的；

（三）故意损毁无辜居民财物价值五千元以上，或者不满规定数额，但手段恶劣、后果严重的。

战时掠夺居民财物罪是指战时在军事行动地区抢劫、抢夺无辜居民财物的行为。

战时涉嫌下列情形之一的，应予立案：

（一）抢劫无辜居民财物的；

（二）抢夺无辜居民财物价值二千元以上，或者不满规定数额，但手段恶劣、后果严重的。

第四百四十七条 【私放俘虏罪】私放俘虏的，处五年以下有期徒刑；私放重要俘虏、私放俘虏多人或者有其他严重情节的，处五年以上有期徒刑。

立法动态

本条源自《中华人民共和国刑法》（1997 年 3 月 14 日第八届全国人民代表大会第五次会议修订，自 1997 年 10 月 1 日起施行）。

立案标准

《军人违反职责罪案件立案标准的规定》（2013 年 2 月 26 日 政检〔2013〕1 号）

第三十条 私放俘虏案（刑法第四百四十七条）

私放俘虏罪是指擅自将俘虏放走的行为。

凡涉嫌私放俘虏的，应予立案。

第四百四十八条 【虐待俘虏罪】虐待俘虏，情节恶劣的，处三年以下有期徒刑。

立法动态

本条源自《中华人民共和国刑法》(1997 年 3 月 14 日第八届全国人民代表大会第五次会议修订,自 1997 年 10 月 1 日起施行)。

立案标准

《军人违反职责罪案件立案标准的规定》(2013 年 2 月 26 日 政检〔2013〕1 号)

第三十一条 虐待俘虏案(刑法第四百四十八条)

虐待俘虏罪是指虐待俘虏,情节恶劣的行为。

涉嫌下列情形之一的,应予立案:

(一)指挥人员虐待俘虏的;

(二)虐待俘虏三人以上,或者虐待俘虏三次以上的;

(三)虐待俘虏手段特别残忍的;

(四)虐待伤病俘虏的;

(五)导致俘虏自杀、逃跑等严重后果的;

(六)造成恶劣影响的;

(七)有其他恶劣情节的。

第四百四十九条 【战时缓刑】在战时,对被判处三年以下有期徒刑没有现实危险宣告缓刑的犯罪军人,允许其戴罪立功,确有立功表现时,可以撤销原判刑罚,不以犯罪论处。

立法动态

本条源自《中华人民共和国刑法》(1997 年 3 月 14 日第八届全国人民代表大会第五次会议修订,自 1997 年 10 月 1 日起施行)。

第四百五十条　【军人违反职责罪的主体】本章适用于中国人民解放军的现役军官、文职干部、士兵及具有军籍的学员和中国人民武装警察部队的现役警官、文职干部、士兵及具有军籍的学员以及文职人员、执行军事任务的预备役人员和其他人员。

立法动态

本条源自《中华人民共和国刑法》(1997 年 3 月 14 日第八届全国人民代表大会第五次会议修订,自 1997 年 10 月 1 日起施行)。

原本条内容为:第四百五十条　本章适用于中国人民解放军的现役军官、文职干部、士兵及具有军籍的学员和中国人民武装警察部队的现役警官、文职干部、士兵及具有军籍的学员以及执行军事任务的预备役人员和其他人员。

本条根据《中华人民共和国刑法修正案(十一)》(自 2021 年 3 月 1 日起施行)第四十七条修改。

本条修改的主要内容为:在本章的适用对象“以及执行军事任务的预备役人员和其他人员”前增加了“文职人员”。

第四百五十一条　【战时的定义】本章所称战时,是指国家宣布进入战争状态、部队受领作战任务或者遭敌突然袭击时。

部队执行戒严任务或者处置突发性暴力事件时,以战时论。

立法动态

本条源自《中华人民共和国刑法》(1997 年 3 月 14 日第八届全国人民代表大会第五次会议修订,自 1997 年 10 月 1 日起施行)。

附　则

第四百五十二条　【刑法的生效时间及溯及力】本法自1997年10月1日起施行。

列于本法附件一的全国人民代表大会常务委员会制定的条例、补充规定和决定，已纳入本法或者已不适用，自本法施行之日起，予以废止。

列于本法附件二的全国人民代表大会常务委员会制定的补充规定和决定予以保留。其中，有关行政处罚和行政措施的规定继续有效；有关刑事责任的规定已纳入本法，自本法施行之日起，适用本法规定。

附件一

全国人民代表大会常务委员会制定的下列条例、补充规定和决定，已纳入本法或者已不适用，自本法施行之日起，予以废止：

1. 中华人民共和国惩治军人违反职责罪暂行条例
2. 关于严惩严重破坏经济的罪犯的决定
3. 关于严惩严重危害社会治安的犯罪分子的决定
4. 关于惩治走私罪的补充规定
5. 关于惩治贪污罪贿赂罪的补充规定
6. 关于惩治泄露国家秘密犯罪的补充规定
7. 关于惩治捕杀国家重点保护的珍贵、濒危野生动物犯罪的补充规定
8. 关于惩治侮辱中华人民共和国国旗国徽罪的决定

9. 关于惩治盗掘古文化遗址古墓葬犯罪的补充规定

10. 关于惩治劫持航空器犯罪分子的决定

11. 关于惩治假冒注册商标犯罪的补充规定

12. 关于惩治生产、销售伪劣商品犯罪的决定

13. 关于惩治侵犯著作权的犯罪的决定

14. 关于惩治违反公司法的犯罪的决定

15. 关于处理逃跑或者重新犯罪的劳改犯和劳教人员的决定

附件二

全国人民代表大会常务委员会制定的下列补充规定和决定予以保留,其中,有关行政处罚和行政措施的规定继续有效;有关刑事责任的规定已纳入本法,自本法施行之日起,适用本法规定:

1. 关于禁毒的决定

2. 关于惩治走私、制作、贩卖、传播淫秽物品的犯罪分子的决定

3. 关于严禁卖淫嫖娼的决定

4. 关于严惩拐卖、绑架妇女、儿童的犯罪分子的决定

5. 关于惩治偷税、抗税犯罪的补充规定

6. 关于严惩组织、运送他人偷越国(边)境犯罪的补充规定

7. 关于惩治破坏金融秩序犯罪的决定

8. 关于惩治虚开、伪造和非法出售增值税专用发票犯罪的决定

立法动态

本条源自《中华人民共和国刑法》(1997 年 3 月 14 日第八届全国人民代表大会第五次会议修订,自 1997 年 10 月 1 日起施行)。

修订后的《中华人民共和国刑法》施行期间,全国人大常委会相继对本条“附件二”的法律文件作出修改或者废止:

1.《关于禁毒的决定》:根据《中华人民共和国禁毒法》(2007 年 12 月 29 日)废止。

2.《关于惩治走私、制作、贩卖、传播淫秽物品的犯罪分子的决定》:根据《全国人民代表大会常务委员会关于修改部分法律的决定》(2009年8月27日)第八十条的规定,本决定第二条、第三条中引用的“治安管理处罚条例”修改为“治安管理处罚法”。

3.《关于严惩拐卖、绑架妇女、儿童的犯罪分子的决定》:根据《全国人民代表大会常务委员会关于修改部分法律的决定》(2009年8月27日)第八十条的规定,本决定第二条、第三条中引用的“治安管理处罚条例”修改为“治安管理处罚法”。

4.《关于严禁卖淫嫖娼的决定》:根据《全国人民代表大会常务委员会关于修改部分法律的决定》(2009年8月27日)第八十条的规定,本决定第二条、第三条中引用的“治安管理处罚条例”修改为“治安管理处罚法”。

5.《关于惩治偷税、抗税犯罪的补充规定》:本决定根据《全国人民代表大会常务委员会关于废止部分法律的决定》(2009年6月27日)第六条予以废止。

6.《关于严惩组织、运送他人偷越国(边)境犯罪的补充规定》:本决定根据《全国人民代表大会常务委员会关于废止部分法律的决定》(2009年6月27日)第六条予以废止。